LA FRANCE

LITTÉRAIRE.

IMPRIMERIE DE FIRMIN DIDOT FRÈRES,
RUE JACOB, N° 56.

LA FRANCE LITTÉRAIRE,

OU

DICTIONNAIRE BIBLIOGRAPHIQUE

DES SAVANTS, HISTORIENS ET GENS DE LETTRES DE LA FRANCE, AINSI QUE DES LITTÉRATEURS ÉTRANGERS QUI ONT ÉCRIT EN FRANÇAIS, PLUS PARTICULIÈREMENT PENDANT LES XVIIIe ET XIXe SIÈCLES.

Ouvrage dans lequel on a inséré, afin d'en former une Bibliographie nationale complète l'indication 1° des réimpressions des ouvrages français de tous les âges; 2° des diverses traductions en notre langue de tous les auteurs étrangers, anciens et modernes; 3° celle des réimpressions faites en France des ouvrages originaux de ces mêmes auteurs étrangers, pendant cette époque.

PAR J.-M. QUÉRARD.

The chief glory of every people arises from its authors.   JOHNSON.

TOME DIXIEME.

———— ⚬⚬⚬ ————

PARIS,

CHEZ FIRMIN DIDOT FRÈRES, LIBRAIRES,

RUE JACOB, N° 56.

M DCCC XXXIX.

LA FRANCE
LITTÉRAIRE.

V

VABEDEN (Norberto-Meto-Cetina de).
— Don Niceto, drama en tres actos en
verso.. *Bayonne, de l'impr. de Cluseau,*
1819, pet. in-8.

VACCA BERLINGHIERI (Leop.).—
Examen des opérations et des travaux de
César au siége d'Alesia, ouvrage posthume;
trad. de l'italien, avec la vie de cet auteur, par Ch. Dupin. *Paris*, 1812, in-8,
3 fr. 50 c.

VACCA BERLINGHIERI (André),
professeur de clinique chirurgicale à l'U-
niversité imp. et roy. de Pise.
— Lithotomie (de la) dans les deux sexes,
quatrième Mémoire; trad. de l'italien par
J.-C. Morin, D. Ch. P. *Genève, et Paris,
Paschoud,* 1826, in-8 de 104 pages, avec
2 pl., 2 fr. 50 c.
— Mémoire sur la méthode d'extraire la
pierre de la vessie urinaire par la voie de
l'intestin rectum; trad. de l'italien par
L.-J.-E. Blaquière, D. M. P. 1821.

Traduction imprimée à la suite d'un ouvrage
de M. L.-J. Sanson (voy. ce nom) sur le même
sujet.

— Mémoire sur la méthode d'extraire la
pierre de la vessie urinaire, par la voie de
l'intestin rectum ; trad. de l'ital. par J.-C.
Morin. *Genève, et Paris, Paschoud,*
1823, in-8, 3 fr.

VACCA-BERLINGHIERI (L.-C.), D.
M., fils du précédent.
— Observations sur le choléra-morbus et
sur diverses maladies de l'enfance; leurs
causes, symptômes et traitements à l'aide

du sucre sapotille. *Paris, Crochard,* 1837,
in-8 de 176 pag., avec un portrait, 5 fr.

Sur le frontispice de cet écrit le nom de l'auteur
est imprimé, par abréviation, *Vacca Berri*, au
lieu de Vacca Berlinghieri.

VACHER (Gilles Le). Voy. Le Vacher.

VACHER (J.-J.), professeur de mathématiques.
— Indispensable (l'), ou Barême indiquant le prix des marchandises de tout
genres, d'après les nouveaux poids et mesures. 1801, in-4, 40 c.

VACHER (A.).— Éléments de physique et de chimie, avec problêmes et so-
lutions. *Paris, Hivert,* 1837, in-12 avec
2 planches, 2 fr.

Le faux-titre porte : *Cours complet et méthodique
d'instruction à l'usage des établissements d'éducation.*

VACHER DE CHARNOIS. Voy. Le
Vacher de Ch.

VACHER DE LA FEUTRIE. Voy. Le
Vacher de la F.

VACHIER, médecin, ex-docteur-régent
de la Faculté et ancien professeur des
écoles de médecine de Paris.
— Méthode pour traiter toutes les maladies, très-utile aux jeunes médecins, aux
chirurgiens et aux gens charitables qui
exercent la médecine dans les campagnes.
Paris, Méquignon l'aîné, 1785-1789, 14
vol. in-12.

VACQUIÉ (Félix), D. M., membre
de plusieurs sociétés savantes.

— Influence (de l') des nouvelles doctrines médicales françaises sur la connaissance et le traitement des maladies aiguës. *Paris*, 1825, in-8, 2 fr. 50 c.

— Mémoire qui a obtenu une médaille pour la solution des questions suivantes, mises au concours, en 1824, par la Société de médecine pratique de Paris : Existe-t-il toujours des traces d'inflammation dans les viscères abdominaux après les fièvres putride et ataxique ? Cette inflammation est-elle cause, effet ou complication de la fièvre. *Paris, Baillière*, 1825, in-8 de 48 pages, 1 fr. 50 c.

—Résumé complet de médecine ou de pathologie interne, présentant la doctrine générale des maladies, précédé d'une Introduction historique, et suivi d'un Tableau synoptique des maladies, d'une Biographie des plus célèbres médecins, d'un catalogue et d'un vocabulaire. *Paris, au bur. de l'Encyclopédie port.*, 1826, in-32, 3 fr. 50 c.

, Faisant partie de l'Encyclopédie portative.

VADÉ (Jean-Joseph), poëte et auteur dramatique comique ; né à Ham, en Picardie, au mois de janvier 1720, mort le 4 juillet 1757.

—Bouquet du roi, opéra-comique en un acte. *Paris, Duchesne*, 1752, et 1753, in-8.

Avec Fleury et Lattaignant.

— Bouquets poissards....

— Canadienne (la), comédie en un acte et en vers. *Paris, N.-B. Duchesne*, 1758, in-8.

— Compliments (quatre) de clôture de la foire Saint-Germain et de celle de Saint-Laurent, en 1755, 1756, 1757. 4 broch. in-8.

—Confident (le) heureux, opéra-comique en un acte. *Paris, Duchesne*, 1755, in-8.

— Déjeuné (le) de la Rappée.

—* Écosseuses (les), ou les OEufs de Pâques. *Troyes, veuve Oudot*, 1739, in-12.

Avec le comte de Caylus et la comtesse de Verrue.
Cet ouvrage a été inséré dans les OEuvres badines du comte de Caylus.

— Fileuse (la), parodie d'Omphale, en un acte (tout en vaudevilles). *Paris, Duchesne*, 1752, in-8.

— Folette, ou l'Enfant gâté, parodie du Carnaval et la Folie (en un acte, tout en vaudevilles). *Paris, Duchesne*, 1755, in-8.

Il existe une réimpression de cette pièce sous le titre de *l'Enfant gâté, ou Folette et Roger Bontemps,* etc. Paris, communauté des impr., 1758, in-8.

— Fontaine (la) de Jouvence, ballet nouveau (en un acte), de la composition de M. Noverre (paroles de Vadé). *Paris, Duchesne*, 1755, in-8.

—Goûté (le) des porcherons....

—Il était temps! parodie, de l'acte d'Ixion, dans le ballet des « Éléments », en un acte. *Paris, Duchesne*, 1754, in-8.

— Impromptu (l') du cœur, opéra-comique en un acte. *Paris, Duchesne*, 1757, in-8.

— Jérome et Fanchonnette, pastorale de la Grenouillère en un acte. *Paris, Duchesne*, 1755, et 1764, in-8.

Parodie de Daphnis et Alcimadure.

—* Lettres de la Grenouillère, entre M. Jérôme du Bois, pêcheur du Gros-Caillou, et mademoiselle Nanette Dubut, blanchisseuse de linge fin. 1749, in-12.

— Mauvais (le) plaisant, ou le Drôle de corps, opéra-comique en un acte. *Paris, Duchesne*, 1757, in-8.

— Nicaise, opéra-comique en un acte. *Paris, Duchesne,* 1756, in-8.

— La même pièce, avec les changements (de Framery) jugés nécessaires et de la musique nouvelle (de Bambini). *Paris, veuve Duchesne*, 1767, in-8 ; — 1770, in-12.

— La même pièce, retouchée par Léger. *Paris, Cailleau*, an 11 (1794), in-8.

— La même pièce, arrangée avec des airs nouveaux, par Arm. Gouffé. *Paris, Barba*, an IV (1796), in-8.

—Nouvelle (la) Bastienne, opéra-comique en un acte; suivi du divertissement de la Fontaine de Jouvence. *Paris, * Duchesne*, 1755, in-8 de 38 pages, avec les airs notés, 1 fr.

— OEuvres poissardes de Vadé, suivies de celles de l'Écluse. *Paris*, 1796, gr. in-8.

Volume réimprimé très-souvent et sous divers titres. Nous citerons, entre autres, les réimpressions suivantes :

1° OEuvres poissardes. 1801, in-18 de 176 pag.

2° OEuvres choisies de Vadé et de ses imitateurs, contenant différents sujets pour les halles, ports, marchés, rencontres de poissardes, couplets grivois, etc. Paris, Tiger, 1812, 1818, in-18, 50 c.

3° Les mêmes. Paris, Aubry, 1813, in-18.

4° Paris, Cellot, 1814, in-18.

5° OEuvres poissardes de Vadé et de ses imitateurs, etc. Metz, Gerson-Levy, 1815, in-18.

6° OEuvres choisies, etc. Paris, Vauquelin, 1816, 1820, in-18.

7° Avignon, Bonnet, 1820, in-18.

8° Paris, Chassaignon, 1825, in-18.

9° Œuvres badines de Vadé. Paris, les marchands de nouveautés, 1831, in-18.

10° Œuvres de Vadé et de ses imitateurs, contenant différents sujets pour les halles, ports, marchés, etc., par un amateur. Paris, les marchands de nouveautés, 1835, 1838, in-18.

11° Œuvres de Vadé et de ses imitateurs, contenant différents sujets pour les halles, ports, marchés, rencontres de poissardes. Paris, les marchands de nouveautés, 1838, in-18.

12° Œuvres poissardes de Vadé et de Lécluse, suivies de rencontres et de scènes d'arsouilles, par un engueuleur. Paris, tous les libraires, 1835, in-18, avec une grav.

— * Paquet (le) de mouchoirs, monologue en vaudevilles et en prose ; dédié au beau sexe : enrichi de cent trois notes très-curieuses, dont on a jugé à propos de laisser quatre-vingt-dix-neuf en blanc, pour la commodité du lecteur et la propreté des marges. Calcéopolis (Paris), 1755, in-12.

Ouvrage attribué à Vadé.

— * Pipe (la) cassée, poëme épi-tragi-poissardi-héroï-comique, en IV chants, suivis de quatre bouquets poissards. A la liberté, chez P. Bonhumeur (Paris), in-12.

Autre édition :
Paris, de l'impr. de Bellemain, 1826, in-32, 30 cent.

— Poirier (le), opéra-comique en un acte. Paris, Duchesne, 1752, in-8.

Cette pièce a été remise au théâtre à deux fois différentes, et imprimée sous les titres suivants :
Arbre (l') enchanté, ou le Tuteur dupé, opéra-com. en un acte (et en prose), mêlé d'ariettes. La Haye, Constapel, 1771, in-8.
Arbre (l') enchanté, opéra-comique en un acte, imité du Poirier (de Vadé), mis en vers libres et en ariettes, par M. Molinf. Sans nom de ville, ni d'impr., 1777, in-8.

— Raccoleurs (les), opéra-comique en un acte. Paris, Duchesne, 1756, 1760 et 1776, in-8.
— Rien (le), parodie (de l'opéra de Titon et l'Aurore) en un acte. Paris, Duchesne, 1753, in-8.
— Suffisant (le), opéra-comique en un acte. Paris, Duchesne, 1753, in-8.
— Trompeur (le) trompé, ou la Rencontre imprévue, opéra-comique en un acte. Paris, Duchesne, 1754, in-8.
— Troqueurs (les), opéra-comique en un acte. Paris, Duchesne, 1753, in-8.
— Troyennes (les) de Champagne, opéra-comique en un acte. Paris, Duchesne, 1755, in-8.
— Veuve (la) indécise, opéra-comique en un acte. Paris, Duchesne, 1759, in-8.

Nous connaissons dans la bibliothèque d'un ama-

teur une comédie manuscrite de Vadé, en un acte et en prose, intitulée : les Visites du jour de l'an : elle a été jouée à la Comédie française.

— Opéras-comiques, parodies, airs, rondes. Paris, Duchesne, 1755, 4 vol. in-8.
— Œuvres, ou Recueil de ses opéras-comiques et parodies. La Haye, 1760, 4 vol. in-12.
— Les mêmes, sous le titre d'Œuvres complètes de Vadé. Paris, 1775, 4 vol. in-8.

Autres éditions :
Genève, 1777, 4 vol. in-18.
— 1785, 6 vol. in-12.
Lyon, 1787, 4 vol. in-12.
Troyes, 1798, 6 vol. in-18.
Il existe deux différents choix de pièces de théâtre de Vadé : le premier sous le titre de Choix de pièces de théâtre (Paris, 1786, 2 vol. in-18) faisant partie de la « petite Bibliothèque des théâtres » ; le second, sous celui de Chefs-d'œuvre dramatiques, 3 vol. in-18, avec portr.

VADÉ (Guillaume), pseudon. Voy. VOLTAIRE.

VADÉ (Antoine-Martin), pseudon. Voy. A.-M. DANTU.

VADÉ, pseudon. Voy. FRANÇOIS DE NEUFCHATEAU.

VADÉ (Blaise), fils d'Antoine et neveu de Guillaume, pseudon. Voy. LANDES.

VADÉ (Émile), pseudon. Voy. JUBÉ DE LA PERELLE.

Outre les cinq pseudonymes précédents, M. N.-J. HARVANT a encore publié un ouvrage sous le titre du Petit neveu de Vadé (Paris, 1791, in-12).

VADÉ (l'abbé), aumônier des sœurs hospitalières de l'Hôtel-Dieu, membre de l'ancienne congrégation des pères de la doctrine chrétienne ; mort le 11 janvier 1825.
— Discours pour le renouvellement des vœux de religion, prononcé devant les religieuses hospitalières de l'Hôtel-Dieu. Paris, de l'impr. de Casimir, 1826, in-12 de 8 pag.

VADIER (Marc-Guillaume-Alexis), d'abord conseiller au présidial de Pamiers, ensuite député de l'Arriège à l'Assemblée constituante et à la Convention nationale ; condamné à la déportation avec Barrère, et rappelé avec lui ; mort en exil, à Bruxelles, le 14 décembre 1828.
— Opinion (son) dans le procès du roi. 1792, in-8.

VADILLO (D. José-Manuel de). —

Discursos económico-políticos sobre si la moneda es comun medida de los generos comerciables, etc. *Paris, J. Renouard,* 1829, in-12.

VAERNEWICK. — Duc (le) de Montmouth, tragédie en cinq actes. *La Haye, Adr. Moëjens,* 1701, et 1702, in-12.

VAEZ (Gustave Van Nieuwenhuysen, connu sous le pseudonyme de), auteur dramatique; né à Bruxelles.
— Belle (la) écaillière, drame-vaudev. en trois actes. *Paris, Barba,* 1836, in-8, 3 fr.

Avec M. Gabriel, qui est nommé seul sur la pièce.

— Cheval (le) de Grammont, comédie-vaudev. en trois actes (en prose). *Bruxelles, P.-J. Voglet,* 1838, in-12.

Non représentée.

— Il signor Barilli, vaudeville en un acte. *Paris, Nobis,* 1836, in-8, 20 c.

Le faux-titre porte : Musée dramatique.

— Scènes de la vie privée, com.-vaud. en un acte (en prose). *Bruxelles, P.-J. Voglet,* 1835, in-12.

On a aussi de M. G. Vaëz quelques morceaux de littérature dans l'Artiste.

VAFFIER (Pierre-Yves), de Tournus (Saône-et-Loire).
— Essai sur l'asphyxie. *Strasbourg, de l'impr. de L. Eck,* 1812, in-4 de 80 pag.

Thèse.

VAGINEY (Jean). — * Comte (le) imaginaire démasqué, et la véritable origine de la famille de Fenoil, de Lyon. In-fol.

VAGNAT (J.-M.), architecte, à Grenoble.
— Dictionnaire portatif des termes usités en architecture. *Grenoble, veuve Peyronnard,* 1819, in-8.

Réimprimé sous ce titre :
Dictionnaire d'architecture, contenant.... Grenoble, Falcon; Prudhomme; Paris, Carilian-Gœury, 1827, in-8, 6 fr.

— Parallèle des lois des bâtiments et de la propriété, contenant les articles des Codes civil, de procédure et pénal; les lois, édits, arrêts, avis, décrets, ordonnances, us et coutumes; suivis d'explications analytiques, des termes d'architecture, et d'une

table des matières. *Paris, Carilian-Gœury,* 1836, in-8, 7 fr. 50 c.

VAGNER (N.). — Examen critique de la doctrine dite religion Saint-Simonienne. *Nanci, l'Auteur; Vincenot,* 1832, in-8 de 44 pag.

VAGNON (Ant.). — Notice sur le corindon rouge-jaunâtre de Traverselle, vallée de Brozzo; sur le psalma de Locana; sur la manganèse couleur de rose de Pian-Prà, vallée de Soana; objets qui n'avaient pas été encore découverts en Piémont. — Imprimée dans les Mémoires de l'Académie de Turin, volume publié en 1813.

VAGUE. — Art (l') d'apprendre la musique, exposé d'une manière nouvelle et intelligible, par une suite de leçons qui se servent successivement de préparation. *Paris, Ribou,* 1733, in-fol.

VAHIA (Fr.-Jeronimo). — Elysabetha triunfante, poema heroico latino em dois cantos trasladado em versos soltos por J.-A.-C. H. *Paris, de l'impr. de Renouard,* 1831, in-12.

Le texte latin est en regard de la traduction.

VAIDY (Jean-Vincent-François), professeur de médecine; né à la Flèche, le 23 juillet 1776, entra, en 1794, au service de santé militaire, en qualité d'élève, fut reçu docteur à la Faculté de Paris, en 1803, et nommé l'année suivante médecin aux armées. Élevé en 1813 au grade de médecin principal, il obtint, en 1814, la place qu'il occupe encore aujourd'hui dans les hôpitaux militaires d'instruction. M. Vaidy possède beaucoup plus de littérature que ne le comporte son état de médecin; il joint à la connaissance des langues anciennes, celle de la plupart des langues vivantes de l'Europe, et fait avec beaucoup de distinction un cours d'hygiène et de thérapeutique.

— Juliette Belcourt, ou les Talents récompensés. *Paris,* an XI (1803), in-12.

Ce roman, imprimé sous le nom de madame de La Grave, a été, d'après Van Thol, composé par M. Vaidy.

— Plan d'études médicales, à l'usage des aspirants aux grades de docteur en médecine, de docteur en chirurgie, et d'officier de santé, contenant : 1° un Tableau des cours préparatoires et de ceux qui constituent l'enseignement médico-chirurgical,

distribués dans l'ordre suivant lequel ils doivent se succéder; 2° un Tableau des mêmes cours, distribués dans l'ordre de leur importance relative; précédé d'une indication des qualités intellectuelles et morales, nécessaires à l'homme qui veut exercer dignement l'art de guérir. *Paris, Panckoucke, 1817, in-8 de 96 pag.*
— Usu (de) et abusu venæsentionis, etc. *Parisiis, 1815, in-8.*

Nous ne connaissons que ces deux opuscules qui aient été imprimés à part; mais le docteur Vaidy a fourni un grand nombre d'articles à divers recueils consacrés à la médecine, et notamment aux suivants : le Dictionnaire des sciences médicales (M. Vaidy était chargé de la bibliographie), les Annales des faits et des sciences militaires, le Journal général de médecine française et étrangère, dont il est, conjointement avec M. Sédillot, l'éditeur de la seconde série, commencée en 1818 (Paris, Crochard).

Nous connaissons aussi de lui, imprimées dans les Mémoires de la Société d'émulation de Cambrai, des *Observations constatant les bons effets des sangsues appliquées sur les surfaces muqueuses, palpébrale, buccale et nasale* (1825).

VAIL (Eugène-A.). — Réponse à quelques imputations contre les États-Unis, énoncées dans des écrits et journaux récents. *Paris, Delaunay, 1837, in-8 de 36 pages.*

VAILHEN (l'abbé Joseph).—Critique de *chose*. 1742, in-12.
— Essais d'un abrégé chronologique sur Villeneuve-lès-Avignon. 1743, in-8.

VAILLANT (J. Fox). Voy. Fox-Vaillant.

VAILLANT (Sébastien), botaniste, membre de l'Académie des sciences, démonstrateur du jardin des Plantes; né à Vigny, près Pontoise, en 1669, mort à Paris, en 1722.
— Botanicou Parisiense, ou Dénombrement par ordre alphabétique des plantes qui se trouvent dans les environs de Paris, avec plusieurs descriptions des plantes, et une critique des auteurs de botanique, avec 300 figures dessinées par Aubriet. *Lug. Batav., 1723, in-8; — ou Amsterdam, Lakeman, 1727, in-fol.*
— Sermo de structura florum, et constitutio trium novorum generum plantarum, cum descriptione duarum plantarum novarum, latino-gallicum. *Lugduni-Batavorum, Vander Aa, 1728, in-4.*

VAILLANT. — Églogues de Virgile, traduction nouvelle, avec des notes où l'on a inséré les endroits que Virgile a imités de Théocrite, avec un Discours sur la poésie pastorale. *Paris, F. Barrois, 1724, in-12.*

VAILLANT. — Essai sur les devoirs des vivants envers les mourants. 1743, in-12.

VAILLANT (Le). Voy. Le Vaillant.

VAILLANT (J.-P.), capitaine de génie.
— Essai sur les principes et la construction des ponts militaires, et sur les passages des rivières en campagne; trad. de l'angl. (1823). Voy. How. Douglas.

VAILLANT, écrivain politique.
— Canard (le) royal. Réponse du Pilori au superbe discours du roi. *Paris, de l'impr. d'Herhan, 1834, in-4 d'un quart de feuille.*
— Duel de M. Dulong, député patriote, et M. Bugeaud, général, député ministériel, gardien de la duchesse de Berri au château de Blaye, fameux champion et défenseur de Louis-Philippe. *Paris, de l'impr. de Selligue, 1834, in-4 de 2 pag.*
— Histoire de M. François Guizot, ministre de l'instruction publique; de M. Comte, directeur général de l'administration des postes; publiées par l'éditeur du Pilori. *Paris, rue de la Lune, n. 6 bis, 1834, in-4 de 8 pag.*
—Histoire de M. Sébastiani, chevalier des ordres de la Légion-d'Honneur, de Saint-Louis et du Croissant, ministre sans ministère, et inventeur du système de non intervention. Publiée par l'éditeur du Pilori. *Paris, de l'impr. de Selligue, 1834, in-4 de 8 pag.*

A la suite de cette Biographie se trouve celle de M. Méchin, baron de l'empire.
Ces divers opuscules sont extraits du « Pilori », dont M. Vaillant a été l'éditeur.

VAILLANT de Saint-Denis, alors l'un des écuyers du roi.
— Recueil d'opuscules sur les différentes parties de l'équitation, auxquelles on a joint un meilleur régime que l'on doit faire suivre aux différentes espèces de chevaux pour en tirer le parti le plus avantageux, et les conserver le plus long-temps qu'il est possible. *Versailles, et Paris, 1790, in-8.*

VAINES (dom de), religieux bénédictin, peut-être le même que le suivant.

— Dictionnaire raisonné de diplomatique. *Paris, Lacombe,* 1774, 2 vol. in-8.

VAINES (J. de). Voy. DEVAINES.

VAINTRAS. — Leçons élémentaires de géographie. *Paris, Eymery, Fruger et comp. ; Thomine,* 1829, in-12.

VAIRASSE (Denis), d'Alais, écrivain français du XVIIe siècle.
— * Grammaire raisonnée et méthodique, contenant en abrégé les principes de cet art et les règles les plus nécessaires de la langue française. Nouv. édit. *Paris, D. Mariette,* 1702, in-12.

La première édition a paru en 1681.

— * Histoire des Sevarambes. (Roman politique). Nouv. édit. *Amsterdam, Étienne Roger,* 1716, 2 vol. in-12.

La première édition parut de 1677 à 1679, en trois vol. in-12.
Cet ouvrage a été réimprimé dans la Collection des Voyages imaginaires.

VAIRELLE (René), d'Angers, poëte.
— Chants sacrés, essais. *Bordeaux, de l'impr. de Teycheney,* 1837, in-8 de 16 pages.
— * Odes sur Rome et sur le Vésuve. *Paris, de l'impr. de Proux,* 1838, in-8 de 16 pag., 50 c.
— Trois (les) victimes, ou les Cœurs mal assortis. 1835, 1836, 1837. *Bordeaux, de l'impr. de Pichade,* 1838, in-8 de 8 pages.

VAIRIN, alors professeur de mathématiques à l'École centrale des Ardennes.
— * Annuaire du département des Ardennes pour l'an VIII. *Mézières,* an VIII (1800), in-16 de 224 pag.

Antérieurement, M. Math. Bouhon avait publié, pour 1791, un Almanache historique, civil, ecclésiastique, militaire et topographique du même département, in-18.

VAISSE. Ode sur les tremblements de terre de la Calabre, arrivés en 1783. *Paris,* 1803.

VAÏSSE (Jean-Claude-Marius-Magdelaine), né à Marseille (Bouches-du-Rhône), le 8 août 1799.
— Prologue historique de la révolution française. *Marseille, de l'impr. d'Achard,* 1838, in-8 de 28 pages.

VAISSE (Léon). — Mécanisme (le) de la parole mis à la portée des sourds-muets de naissance. *Paris, de l'impr. lithogr. de J. Desportes,* 1838, in-8 de 8 pages.

VAISSETTE (dom Dominique-Joseph), bénédictin de la congrégation de Saint-Maur ; né à Gaillac, dans le diocèse d'Alby, en 1685, mort à Paris, en 1756.
— Abrégé de l'Histoire du Languedoc. *Paris, Vincent,* 1749, 6 vol. in-12.
— * Dissertation sur l'origine des Français, où l'on examine s'ils descendent des Tectosages ou anciens Gaulois établis en Germanie. *Paris, Vincent,* 1722, in-12 de 76 pages.
— Dissertation pour servir à l'histoire de Romée, de Villeneuve. *Paris,* 1751, in-12.
— Géographie historique, ecclésiastique et civile, avec des cartes. *Paris, Hérissant,* 1755, 4 vol. in-4 et 12 vol. in-12.
— Géographie universelle. 1755, 4 vol. in-4.
— * Histoire générale de la province de Languedoc, avec des notes. *Paris, J. Vincent,* 1730-45, 5 vol. in-fol., avec figures.

Avec dom de Vic.
Les pères Marcland et Boyer donnèrent les premiers soins à cet ouvrage ; mais leur âge et leurs emplois ne leur ayant pas permis de continuer, on leur substitua dom de Vic et dom Vaissette.

— Histoire générale du Languedoc, avec des notes et les pièces justificatives composées sur les auteurs et les titres originaux, et enrichie de divers monuments, par dom Claude de VIC et dom VAISSETTE. Commentée et continuée jusqu'en 1830, et augmentée d'un grand nombre de chartres et de documents inédits sur les départe-de la Haute-Garonne, etc., par le chev. (Alex.) DU MÈGE. *Toulouse, Paya ; Paris, rue de Seine,* n° 6, 1838, in-8.

Cette édition est promise en dix volumes, qui doivent être publiés en quarante livraisons.

VAISSIÈRE (A.). — Étrennes aux Dames. — La Brune et la Blonde, conte. *Paris, de l'impr. de Plassan,* 1821, in-8 de 16 pages.
— Mon kaléidoscope ; joujou de circonstance. *Libourne, de l'impr. de Tronche,* 1818, in-8 de 64 pag.
— Union et oubli, bouquet pour la fête du roi, comédie-vaudeville en un acte. *Cahors, de l'impr. de Combarieu,* 1821, in-8.

VAISSIÈRE (J.-Joseph), rédacteur de l'Ami de la Charte.

— Aux électeurs de 1824. *Clermont, de l'impr. d'Aug. Veysset*, 1824, in-8 de 20 pag., 50 c.

— Plaidoyer pour l'Ami de la Charte, journal du Puy-de-Dôme, prononcé par M. Vaissière, devant le tribunal de police correctionnelle de Clermont-Ferrand. *Clermont, Aug. Veysset*, déc. 1824, in-8 de 112 pag.

Se vendait au profit de l'éditeur responsable.

VALABREGUE (J.-B. de), juif et interprète de la Bibliothèque du roi.

— Lettre sur la requête des marchands des six corps, contre l'admission des Juifs aux brevets. *Londres (Paris)*, 1767, in-12.

VALABRÈGUE.—État du Théâtre roy. italien sous la direction de madame Catalani. *Paris, de l'impr. de Patris*, 1818, in-8 de 16 pag.

VALADE (J.-F.). — * Discours philosophique sur la création et l'arrangement du monde, où l'on fait voir les rapports qu'il y a entre les créatures, *Amsterdam, Paul Marret*, 1700, in-12.

VALADE (Jacques-François), impr.-libr. à Paris; né à Toulouse, mort le 24 juin 1784.

— Catalogue de la bibliothèque du garde des sceaux Hue de Miroménil. *Paris*, 1781, in-4.

— Catalogue de la bibliothèque du lieutenant-général de police. *Paris*, 1782, in-4.

VALADE (J.-J.-Denis), ancien imprimeur du roi, à Paris.

— Bonne (la) fête (divertissement en un acte et en prose, mêlé de vaudevilles. *Paris, sans nom d'impr.*, 1783, in-8.

— * Dialogue entre mademoiselle Manon Dubut et M. Eustache Dubois, au sujet de l'inauguration de la statue de Henri IV, sur le Pont-Neuf, à Paris, le 25 août 1818. Par M. V. L. D. In-8 de 4 pag.

— Erreur (l') d'un moment, ou la Lettre supposée, divertissement en un acte et en prose. *Paris, sans nom d'impr.*, 1785, in-8.

— * État de la Corse pendant la révolution française, ou Mémoire en faveur des réfugiés corses. 1800, in-8.

— Fausse (la) sorcière, opéra-comique

en un acte. *Paris, sans nom d'impr.*, 1792, in-8.

— * Mes délassements, ou Amusements de société. Par M. V. *Paris*, 1787, in-18.

Il existe deux éditions de ces opuscules, bien différentes l'une de l'autre : la première, sans date, a 76 pages, et est imprimée avec de jolis caractères, sur papier azuré. Cette édition ne renferme que l'*Heureuse rencontre*, comédie en deux actes et en prose, et des *Poésies fugitives* qui remplissent les pages 61 à 76. La seconde édition, tirée seulement à 25 exemplaires, et portant la date de 1787, a 226 pages, et est imprimée avec des caractères un peu plus grands, et tirée sur papier d'un blanc bis. Cette dernière édition est plus complète que la précédente : elle renferme trois pièces : 1º *la Bonne fête*, divertissement ; 2º *le Petit espiègle*, etc. ; 3º *l'Heureuse reconnaissance*. Des *poésies lyriques* remplissent les pages 189 à 226.

— * Mystificateurs (les) mystifiés, ou Rira bien qui rira le dernier, proverbe. Par M. V. L. D. *Paris*, 1827, in-8 de 37 pag.

— Motion en faveur de la gaité française, ou Chanson sur l'air : le Petit mot pour rire. 1790, in-8.

— * Notes sur l'ancien imprimeur de la liste civile de Louis XVI. *Paris*, sans date (1822), broch. in-8.

— * Perruque (la), comédie-parade (en un acte), mise en vaudevilles (et en prose), par M***. *Paris, sans nom d'imprimeur*, 1793, in-8.

— * Petit (le) espiègle, ou Il ne faut pas lui en vouloir, divertissement en un acte en prose et en vaudevilles. *Paris, sans nom d'impr.*, 1786, in-8.

— * Poésies légères. (*Paris*), 1791, in-8 de 42 pages.

Ce sont, à peu de chose près, les poésies qu'on trouve dans *Mes délassements*.

— * Pouvoir (le) de la beauté, divertissement pastoral (en un acte), en prose et vaudevilles. *Paris, sans nom d'impr.*, 1787, in-8.

— Révolution de Paris, en vers.

VALADE-GABEL. — Cours analytique de lecture, par enseignement mutuel et simultané; inventé par M. Lecomte, modifié et publié par Valade-Gabel. *Paris, Igonette*, 1829, in-8 de 32 pag., avec 3 planches.

— Institut royal des sourds-muets de Paris. Conférences sur la méthode. Rapport sur un plan de nomenclature générale appropriée à l'enseignement des sourds-muets, lu dans la séance du 16 mars. *Paris, de l'impr. de Plassan*, 1831, in-8 de 28 pages.

VALADIER.—Cora, opéra en .. actes. *Paris, Delormel,* 1791, in-4.

Valadier avait antérieurement présenté à l'Académie deux autres opéras qui n'ont été ni représentés, ni imprimés : *Lisisipile*, en trois actes (1787), et *Mesance, ou Lausus et Lydie*, fragment lyrique en trois actes (1788).

VALADON (Emmanuel), entrepreneur de maçonnerie.
— Projet de pétition proposé à MM. les constructeur de bâtiments. *Paris, de l'impr. d'Herhan,* 1833, in-8 de 3½ pag.

VALADOUS (le marq. Eugène de).— Fables. *Paris, Dentu,* 1820, in-12, 2 fr.

VALAMONT (J.-J.), pseudon. Voy. Porchat.

VALAMBERT, directeur du théâtre de Brest.
— Réflexions présentées à M. le maire de Brest par Valembert, directeur privilégié, sur sa gestion du théâtre de la ville, et en demande de rétrocession. *Brest, Rozais,* 1829, in-8 de 24 pag., 75 c.

VALANGIN, pseudon. Voy. Montaudon.

VALANT (Joseph-Honoré), instituteur avant et après la révolution de 1789; né à Perpignan, en 1763, mort à Paris.
— Abrégé du Code moral. 1799, in-12.
— Code moral, pour servir à l'instruction de la jeunesse et des différentes classes de la Société, depuis le simple citoyen jusqu'à l'homme d'état; ouvrage élémentaire, contenant les traits moraux des historiens, des orateurs et des poëtes les plus célèbres, des moralistes et des publicistes anciens et modernes. *Paris,* 1799, in-12. — Autre édition. *Paris, Dentu,* 1805, in-12, 2 fr. 50 c.
— Cosmète (le), ou l'Ami de l'instruction publique. 1799, in-8.
— Éducation (l') du poëte, poëme imité de Vida; suivi de xv Lettres académiques sur le style de plusieurs écrivains célèbres, par J.-H. Valant, et de quelques poésies de M. J.... G.... *Paris, Michaud frères,* 1814, in-12, 2 fr. 50 c. — Sec. édition. *Paris, l'Auteur,* 1824, in-8 de 40 pag.
— * Epître à Louis XVI, sur son acceptation des lois constitutionnelles. 1791, in-8.
— Essai de traduction en vers du Télémaque.

Cette entreprise ne fut pas heureuse, et ne devait

pas l'être ; elle eut découragé le talent le plus poétique, le plus distingué.

— Essai sur la peine de mort....
— Essais (nouv.) sur la peine de mort. *Paris, Pélicier ; l'Auteur,* 1827, in-18, avec un portrait.
— Garantie (de la) de société considérée dans son opposition avec la peine de mort, imprimée par l'ordre de la commission des Onze. 1796, in-8.
—Henri IV renaissant de sa gloire, poëme, suivi de bons-mots de ce prince, et de notes historiques ; orné de la nouvelle statue équestre et du fac-simile d'une Lettre de Henri à Corisandre d'Audouins, comtesse de Guiche. *Paris, Chevalier,* 1818, in-8 de 32 pag., avec fig. et fac-simile, 3 fr. 50 c., et sur pap. vélin, 7 fr.
— Hymne pour la fête de la Saint-Louis. *Paris, Debray,* 1817, in-8 de 8 pag.
— Lettre à M. François de Neufchâteau, sur cette question : les mots *avant que* peuvent-ils avoir la négation *ne* pour complément. *Paris,* 1810, in-8.
— * Lettres académiques sur la langue française, où l'on examine le style de nos meilleurs écrivains. *Paris, Brunot-Labbe,* 1811-12, in-8.

Cet ouvrage a paru par livraisons de trois à quatre feuilles. La septième a été publiée à la fin de 1812. Les *Lettres académiques* ont été imprimées au nombre de quinze, à la suite de « l'Éducation du poëte », citée plus haut.

— Mânes (les) de Lamoignon de Malesherbes, ancien ministre d'état, ode ; suivie d'un extrait de ses pensées mises en vers. 1803, in-8.
— * Nécessité d'abolir la peine de mort, discours en vers, suivi de quatre discussions en prose, où l'on examine l'opinion de Mably, de J.-J. Rousseau. *Paris, Pélicier,* 1822, in-8, 3 fr.

VALARINO (J.). — Historia de Napoleon, segun il mismo, etc. ; traducida del francés (1825). Vease L. Gallois.

VALART (l'abbé Joseph), prêtre, professeur à l'École royale militaire, membre de l'Académie d'Amiens; né à Frévent, paroisse Saint-Wast, mort, d'après quelques notices, en 1779, et d'après d'autres, en 1786.
— Abrégé de la Grammaire latine. 1738, 1760, in-8.
— Analogies des genres, des prétérits et des supins. 1759, in-8.
— Art (l') d'apprendre à lire en très-peu

de temps, en français et en latin, en donnant aux lettres la dénomination la plus naturelle. *Paris, Musier*, 1743, in-8.

— Conquête de la Gaule, faite et écrite par Jules-César (extraite par l'abbé Valart), à l'usage de l'École militaire. *Paris, Barbou*, 1761, in-12.

— Cornelius Nepos, traduit en français, avec des notes (1759). Voy. CORNELIUS NEPOS.

— Dialogi selecti, ad usum scholæ regiæ militaris. 1761, in-12.

—*Examen de la latinité du P. Jouvency, avec la critique de Fréron. In-12 de 26 pag.

— Géographie abrégée. *Paris, Robinet*, 1743, in-12.

— Grammaire française. 1744, in-12.

— Imitation (l') de Jésus-Christ, traduite du latin (1759). Voy. KEMPIS.

— Lettre au P. Guillot au sujet de la huitième édition de sa Grammaire latine. 1750, in-12.

— * Lettre critique à M. l'abbé Lenglet Dufresnoy, auteur des « Tablettes chronologiques ». (1744), in-8 de 24 pages.

L'abbé Valart se déclare l'auteur de cette critique dans l'avertissement qui précède son Examen de la latinité du P. Jouvency, etc. Il relève quatre-vingt fautes qu'il a aperçues dans deux pages du premier volume de l'abbé Lenglet, la cinquante-deuxième et la cinquante-troisième. L'abbé Desfontaines rendit de cette lettre un compte très-avantageux.

Les fautes reprochées à l'abbé Lenglet n'étaient que trop réelles; elles se trouvent corrigées dans les nouvelles éditions de ses « Tablettes ». *Barb.*

—Méthode pour la traduction du français en latin. 1759, in-8.

— Nouveau (le) Testament de notre seigneur Jésus-Christ, trad. en français sur la Vulgate, avec une explication des noms de monnaies, poids, mesures, sectes et tribunaux qui se trouvent dans ce livre, par VALART. 1760, in-24.

Traduction souvent réimprimée.

— Parabolæ evangelicæ mysteria. 1742, in-8.

— Paraboles évangéliques, mystères, miracles et enseignements de Jésus-Christ, recueillies et mis en ordre par Jos. Valart....; traduction interlinéaire, à l'usage des jeunes gens qui apprennent la langue latine. *Marseille, Mossy*, 1817, in-12.

— Prosodie, ou Versification latine. In-12.

— Règles des genres, des prétérits et des supins. 1736, in-12.

— Réponse aux deux dernières apologies de la latinité du P. J. (Jouvency). 1767, in-12.

— Rudiments de la langue latine. 1749.

— VIIIᵉ édit. 1758, in-8.

— Supplément à la Grammaire générale de M. Beauzée sur les gallicismes, les latinismes, l'usage de l'ellipse, le supin, etc. 1769, in-8.

L'abbé Valart, en outre, a coopéré aux nouveaux Bréviaires d'Amiens et de Noyon.

Comme éditeur, on doit à ce savant humaniste la publication de plusieurs éditions de classiques latins pour la collection de Barbou, recherchées pour leur pureté et les notes dont elles sont enrichies. En voici la liste :

1° Marcii Tullii CICERONIS Cato major ad Titum Pomponium Atticum. Lutetiæ, 1738, in-32.—L'imprimeur Lottin l'aîné (voy. ce nom) a publié une critique très-piquante et souvent juste de cette édition.

2° Imitatione (de) Christi libri IV, ad msc. ac primarum editionum fidem expurgati. 1758, in-12.

— Nous avons cité plus haut la traduction que Valart a donnée de ce livre.

3° Un *Glossarium* joint à l'édition latine donnée par Capperonnier, des Comédies de PLAUTE (1759).

4° Flavii VEGETII Renati institutiorum rei militaris, libri V, ou Institutions de Végèce, avec une table de matières et un Glossaire. 1763, in-12.

5° Sexti Julii FRONTINI stratagematicon libri III, ou Stratagèmes de Frontin, revus et corr. sur onze manuscrits de la Bibliothèque du roi, avec la vie de Frontin. 1763, in-12.

6° Q. CURTII RUFI de rebus gestis Alexandri magni libri decem, selectissimis notis variorum illustrati. Parisiis, 1764, in-12.—Cette édition a été réimprimée, à Rouen, en 1770, avec le Supplément de Christ. Bruno, in-18; mais le libraire a omis les noms de Valart et Bruno.

7° Q. HORATII Flacci opera ad fidem 76 codd. illustrata. 1770, in-8. Dès 1763, l'abbé Valart avait donné ses soins à la réimpression de l'Horace de St.-And. Philippe.

8° Cornelii CELSI de re medica, libri VIII, ex fide inscr. et vetuss. librorum summa diligentia rec. 1772, in-8.

VALAT. — Éléments d'arithmétique. *Bordeaux, Gazay*, 1837, in-8.

VALAT (L.-J.-A.), de Montpellier.
— Mémoire concernant un service rural de santé à fonder en France pour les indigents et les simples journaliers, présentés à M. le préfet du département de la Nièvre. *Paris, Levrault; Baillière*, 1833, in-8, avec une planche, 4 fr.

VALATOUR (A.), professeur agrégé au collége royal de Bourbon.
— Choix méthodique des histoires variées d'Élien, suivi de deux vocabulaires et de notes sur le texte, à l'usage des écoles. (Texte grec). *Paris, Maze*, 1824, in-12.

— IVᵉ édition. *Paris, Maire-Nyon*, 1838, in-12, 2 fr. 50 c.

— Choix méthodique des histoires variées d'Élien, grec-français. *Paris, Maire-Nyon*, 1833, in-12, 4 fr.

— Extraits historiques, littéraires et philosophiques de Lucien, suivis d'un choix des dialogues, des lieux, des contemplateurs, etc., avec des notes sur le texte, par A. Valatour. *Paris, Maire-Nyon*, 1828, in-12, 3 fr.

VALAZÉ (Charles-Éléonore DUFRICHE DE), membre de la Convention nationale; né à Alençon (Orne), le 23 janvier 1751, prit d'abord le parti des armes, qu'il abandonna ensuite pour se livrer à l'étude des lois. Devenu avocat, il en exerçait les fonctions avec succès dans sa ville natale lorsque le tocsin national se fit entendre. Valazé fut nommé maire d'Essay, petite commune voisine d'Alençon, et choisi, en 1792, par les électeurs de l'Orne pour leur député à la Convention nationale. Valazé se rangea dans le parti des Girondins. Condamné à mort par le tribunal révolutionnaire dans les premiers jours du mois d'octobre 1793 avec ses collègues, Valazé se perça le cœur d'un stilet en entendant son arrêt.

— A mon fils (sur l'éducation). *Alençon, J.-Z. Malassis le jeune*, 1785, in-8.

— * Lois (les) pénales dans leur ordre naturel, présentées à la suite du Tableau comparatif des vertus, des devoirs et des crimes ; ouvrage dédié et présenté à Monsieur, frère du roi. *Paris, Royez*, 1784, in-8.

Ouvrage que Debray, dans ses Tablettes des écrivains français attribue à Valazé.

— Rêve (le), (conte philosophe).

Inséré dans la Bibliothèque des romans, en 1783.
Valazé a laissé sa défense publiée en 1795, et plusieurs autres manuscrits non encore imprimées.
Outre les articles de nos biographies modernes, il existe une Notice historique et littéraire sur Dufriche de Valazé, député de la Convention nationale, par M. D. L. Dubois. Paris, Goujon, 1802, 1811, in-8.

VALAZÉ (le baron Éléonore-Bernard-Anne-Christophe-Zoa DUFRICHE DE), fils du précédent; né à Essay (Orne), le 12 février 1780, l'un des braves officiers généraux de l'Empire, depuis la Restauration successivement inspecteur et membre du comité du génie (en 1816), commandant du génie dans l'armée expéditionnaire d'Afrique (en 1830) directeur des travaux de la défense de la capitale (de 1830 à la fin de 1832), lieutenant-général (le 13 décembre 1830). Le général Valazé est compris dans les cadres d'activité de l'état-major de l'armée depuis le 7 février 1831.

— Capitulation. (Article de l'Encyclopédie moderne). *Paris, de l'impr. de Moreau,* 1825, in-8 de 12 pages.

— Caserne. (Article de l'Encycl. mod.) *Paris, de l'impr. de Moreau,* 1825, in-8 de 12 pages.

— Fortifications de Paris. Du système à suivre pour mettre cette capitale en état de défense. *Paris, de l'impr. de Renouard,* 1833, in-8 de 32 pages, et un plan.

— Observations sur les siéges de Sarragosse et de Burgos, appliquées à la défense des places en général. *Paris, de l'impr. de Moreau,* 1826, in-8 de 20 pag. — De la Défense des places, pour faire suite aux Observations précédentes. *Paris, de l'impr. du même,* 1826, in-8 de 8 pag.

Ces deux écrits sont extraits du « Spectateur militaire », qui compte le général Valazé au nombre de ses rédacteurs.

— Opinion (de l') de Vauban sur l'utilité des places fortes.

Imprimée dans le tome VIII du « Spectateur militaire ».

— Places (des) fortes et du système actuel.

Impr. dans le tome VII du Spectateur militaire.
Enfin, cet officier-général, chargé, jusqu'à la fin de 1832, de la direction des travaux de défense de Paris, ne s'étant déterminé que par une conviction profonde, dans le choix qu'il avait fait du système à suivre pour fortifier la capitale, a cru devoir faire connaître les motifs qui l'ont engagé à persister dans son opinion sur cette importante question : il les a exposés dans un écrit inséré dans le Spectateur militaire, tome XV, pag. 1 à 31.
Ce général a aussi fourni des articles à l'Encyclopédie moderne, publ. par M. Courtin, outre le deux, tirés à part, que nous avons cités.
Ce général, en outre, a donné une édition du Traité de la défense des places par VAUBAN (1829).

VALBLETTE (de). — Observations préliminaires pour la défense. *Paris, quai des Augustins,* 1830, in-8 de 48 pages.

Le faux-titre porte : *la Guillotine et les ministres.*

VALBONNAIS (le marquis de). **Voy.** BOURCHENU.

VALBRAY (de).—Heureuse (l') nouvelle, comédie en un acte (et en prose), mêlée de vaudevilles. *Liége, F.-J. Desoer,* 1712, in-8.

VALBRUNE. — Compression (de la) par des bandelettes agglutinatives. *Paris,* 1832, in-4, 1 fr. 50 c.

VALBUENA (D. Manuel de). — Diccionario latino-espagnol. VII^a édit., corregida y considerablemente aumentada por don Vicente SALVA. *Paris, V. Salva,* 1832, in-8, 10 fr.

Voyez aussi l'art. de M. SALVA.

VALCOUR (Aristide et Plancher de). Voy. PLANCHER DE VALCOUR.

VALCOURT (L.). — Culture (de la) des betteraves, rutabagas, choux et autres plantes sarclées, par W. COBBETT, trad. de l'anglais par L. Valcourt, avec sa propre manière de cultiver les mêmes plantes, suivie de divers mémoires sur l'argile brûlée, etc. *Paris, de l'imp. de madame Huzard,* 1835, in-8 de 112 pag., 2 fr. 25 c.

VALDENAIRE, directeur-général de la caisse de libération des dettes hypothécaires.
— Exposé du but de la caisse de libération des dettes hypothécaires, établie à Nanci, le 1er janvier 1830, et dont le siége sera transporté à Paris dans le courant de l'année 1837, et des attributions des directeurs. *Nanci, de l'impr. de Thomas,* 1837, in-8 de 16 pages.
— Réflexions sur la banque d'amortissement établie sous la raison d'Olivier et compagnie. *Nanci, de l'impr. de Thomas,* 1836, in-8 de 16 pages.
— Un mot sur la réfutation publiée par la banque d'amortissement établie sous la raison d'Olivier et compagnie. *Paris, rue Blanche, n° 43,* 1837, in-8 de 16 pages.

VALDEZ (D. Juan Melendez).—Eglogas (1835). Voy. J. de JAUREGUI.

VALDEZ (D. José-Manuel). — Memorias medicas. Publicadas en lima en diferentes epocas, y reimpresas en 1836. *Paris, rue du Temple, n° 69,* 1836, in-18.
— Salteriano pernano, a Parafrasis de los ciento cincuenta salmos de DAVID, y de algunos canticos sagrados, en versa castellano. *Paris, rue du Temple, n° 69,* 1835, 2 vol. in-18.

VALDORY (Guillaume de). — Anecdotes du ministère du cardinal de Richelieu et du règne de Louis XIII, avec quelques particularités du commencement de la régence d'Anne d'Autriche, tirées et traduites du « Mercurio » de SIRI. *Amsterdam,* 1717, 2 vol. in-12.
— Anecdotes du ministère du comte duc d'Olivarès, trad. de l'italien de SIRI. *Paris, Musier,* 1722, in-12.
— * Histoire de madame de Mucy, par mademoiselle D***. *Amsterdam (Paris),* 1731, in-12.

Réimprimée par les soins de J.-Fréd. Bernard, à la suite des Mémoires de d'Aubigné. Amsterdam, 1731, 2 vol. in-12.

VALDRUCHE, l'un des auteurs du Supplément au Dictionnaire de Trévoux (1752).

VALDY, médecin, l'un des auteurs du « Dictionnaire des sciences médicales ».

VALELION (B.), négociant, à Bercy. — Observations sur les impositions indirectes. *Paris, de l'impr. de P. Didot l'aîné,* 1816, in-8 de 16 pages.

Écrit qui n'a pas été destiné au commerce.

VALEMBURGH (Adr. et P.). — De controversiis fidei tractatus. Editio nova, edente J.-F. GODESCARD. *Parisiis,* 1768, in-12.

Avec la vie des auteurs.

VALENCE (Cyrus-Marie-Alexandre de THIMBRUNE, THIEMBROUNE, comte de), général en chef de l'armée française des Ardennes en 1792, membre du sénat conservateur, président du canton de Verzy (Marne); né à Agen en 1757, mort pair de France, le 4 février 1822.
— * Essai sur les finances de la république française et sur les moyens d'anéantir les assignats. *Hambourg,* 1796, in-8.

VALENCE (Jules). — Messéniennes (trois). *Paris, Dentu,* 1819, in-8 de 16 pages, 75 c.
— Politicomane (le), comédie en un acte (et en vers). *Marseille,* 1825, in-8.
— Trois Messéniennes françaises. *Sainte-Ménéhould, de l'impr. de Poignée,* 1830, in-8.

Ces trois pièces sont datées du 27 juin. La première est intitulée : *la Vendée;* la seconde, *les Cent-jours;* la troisième, *les Royalistes persécutés.*

VALENCIENNES (Pierre-Henri),peintre, membre de la Société philotechnique, de celle libre des sciences et arts de Paris; mort à Paris, le 16 février 1819, dans sa soixante-neuvième année.
— Éléments de perspective pratique, à l'usage des artistes, suivis de réflexions et conseils à un élève sur la peinture, et particulièrement sur le genre du paysage. *Paris, Desenne; Duprat,* 1800, in-4, avec 36 planches. — Sec. édition. *Paris, Payen,* 1820, in-4, 18 fr.

On y trouve beaucoup de clarté, des principes

purs, et une connaissance approfondie des difficultés de ce genre, qui long-temps a été regardé mal
à propos comme tout à fait secondaire. Aussi cet
ouvrage est-il devenu classique.

VALENCIENNES (Achille), naturaliste, professeur de zoologie au Muséum
d'histoire naturelle, et d'anatomie à l'École
normale, membre de l'Académie royale
des sciences de Berlin, de la Société zoologique de Londres, etc.; né à Paris, en
1794.
— Histoire naturelle des poissons, ouvrage
contenant plus de cinq mille espèces de ces
animaux, décrites d'après nature et distribuées conformément à leurs rapports d'organisation, avec des observations sur leur
anatomie et des recherches critiques sur
leur nomenclature ancienne et moderne.
Strasbourg et Paris, Levrault, 1835 et
ann. suiv., in-8 et in-4, fig.

Avec le baron Geo. Cuvier.
Cet ouvrage est promis en vingt volumes in-8 et
in-4, avec un cahier de 15 à 20 planches pour
chaque volume.
Douze volumes de texte et quinze cahiers de planches ont paru jusqu'à ce jour.
Prix de chaque volume, avec un cahier de planches : sur papier carré superfin satiné, planches
noires, 13 fr.; et fig. color., 23 fr. 50 c.; sur pap.
cavalier vélin, planches noires, 18 fr, et planches
color., 28 fr. Il n'a été tiré sur ce dernier papier
qu'un petit nombre d'exemplaires, texte et planches, destinées à accompagner l'édition des OEuvres
de Buffon, imprimée dans ce format. In-4 sur carré
superfin satiné, planches noires, 18 fr., et avec
les planches color., 28 fr. Ce dernier format, tiré
à petit nombre, est destiné à faire suite au Buffon,
édition de l'impr. royale.
Nous connaissons encore de M. A. Valenciennes les
mémoires suivants imprimés dans les Mémoires du
Muséum d'histoire naturelle :
Observations sur le genre *Langrayens* (*Ocypte-
rus*), et Description de quatre nouvelles espèces de
ce genre, avec 3 pl. (tom. VI, 1820). — Sur le
sous-genre Marteau, Zygœna, avec 2 pl. (tom. IX,
1822) — Description du Cernié : *Polyprion cernium*,
avec une pl. (tom. XI, 1824).
On doit aussi à ce savant des notes dans l'édition latine-française du Pline, publiée par Panckoucke.
M. Guyot de Fère, dans sa Statistique des gens
de lettres de Paris, dit que M. A. Valenciennes a
traduit, avec M. de Humbold, un Recueil des
Observations de zoologie que ce savant publia par
livraisons depuis. Nous ferons faire la remarque,
en passant, que M. Valenciennes, en 1811, n'avait
que dix-huit ans, et qu'alors il pourrait bien y avoir
erreur dans cette indication. Le statisticien cité dit
encore que l'on doit aussi au professeur du Jardin
des Plantes et de l'École normale une *Histoire des
mollusques, des anélides et des zoophytes* : c'est vraisemblablement d'un ouvrage inédit dont il est
question.

VALENGIN, vice-connétable, grand-
veneur de l'empire français, etc.
— Mon journal de l'an 1807, etc. (1808).
Voy. PARFAIT.

VALENTHIENNES (J.-N.-B.). —
Grammaire pratique anglaise, à l'usage des
Français. *Paris, tous les libraires ; Ver-
sailles, Jalabert*, 1828, in-12.

VALENTIA (Petrus de). Voy. CICÉRON :
Académiques.

VALENTIA (le comte Georges). —
Voyages dans l'Indoustan, à Ceylan, sur
les deux côtes de la mer Rouge, en Abyssinie et en Égypte, durant les années
1803-06; traduits de l'anglais par P.-F.
HENRY. *Paris, veuve Lepetit*, 1813, 4 vol.
in-8, avec un Atlas de 26 planches et deux
cartes, 42 fr. ; et sur pap. vélin (tiré à 50
exempl.), 84 fr.
— Voyage en Abyssinie, par M. SALT,
trad. de l'angl., et extrait des Voyages de
lord VALENTIA. *Genève et Paris, Paschoud*,
1812, 2 vol. in-8, 9 fr.

VALENTIN (G.-T. de). — Franc (le)
Bourgeois, comédie (en cinq actes et en
vers). *Bruxelles, Ant. Claudinot*, 1706,
in-12.

VALENTIN (Louis-Antoine), chirurgien, ancien maître en chirurgie de Paris,
membre de l'ancienne Académie royale de
chirurgie, membre honoraire de l'Académie
royale de médecine; né à Saint-Jean d'An-
gely, en 1736, mort à Paris, le 9 août
1823, âgé de 90 ans.
— Éloge de M. Lecat. *Paris*, 1769, in-8
de 19 pages.
— Observations sur les rapports de MM. les
docteurs en médecine et en chirurgie qui
ont été appelés auprès de S. A. R. Mgr. le
duc de Berri, et Lettre à MM. les docteurs.
Paris, de l'impr. de Pillet aîné, 1820,
in-8 de 20 pages.
— Question chirurgico-légale relative à
l'affaire de la demoiselle Famin, femme du
sieur Lancret, accusée de suppression de
part. *Berlin et Paris, Lottin le jeune*,
1768, in-12.
— * Question médico-légale, examen du
procès-verbal de l'ouverture du corps de
Louis XVII, et des causes de sa mort.
Paris (ou plutôt impr. à l'étranger, 1795),
in-8 de 16 pages.

Valentin était dans l'émigration à l'époque de
la mort du jeune prince. Il a publié alors l'écrit
précité, et y soutient que, d'après l'autopsie même,
Louis XVII a été empoisonné; mais l'opinion con-

traire, appuyée sur les témoignages de Desault et de M. Pelletan, a généralement prévalue. M. Eckard, qui a fait la notice de ce docteur, assure qu'en lui donnant le seul exemplaire qui lui fut resté de sa dissertation, il lui avait dit que tous ceux qu'il avait essayé de faire pénétrer en France avaient été saisis et mis au pilon.

— Recherches critiques sur la chirurgie moderne, avec des Lettres à M. Louis. *Amsterdam et Paris, Gogué*, 1772, in-12.

VALENTIN (Louis-François-Marie), médecin ; né à Montmédy.
— Account (an) of remarkable effects from the application of the actual cautery to the nape of the neck and the top of the head, in general diseases , both Idiopathic and Symptomatic, of the eyes rars and Brain (Medical repository, t. IV, 1801, p. 364).
— Coup-d'œil sur les différents modes de traiter le tétanos en Amérique, précédé d'une Notice sur les bons effets du solanum ..... et du suc d'ail dans cette maladie. *Paris*, 1811, in-8.

Extrait du Journal général de médecine, t. XL.

— Dissert. medico-chirurgicæ de morbis venereis latentibus sub forma aliorum morborum. *Nanceii, vid. Bachot*, 1725.
— Dissert. medico-chirurgicæ de strumâ branchoide dicta et de Hemeralopia. *Nanceii , vid. Bachot*, 1787 , in-4.
— Mémoire sur la lèpre et l'éléphantiasis.

Impr. dans le tome .. des Mémoires de l'Académie royale de médecine.

— Remarks on the efficacy of the extrait of Hemlock in the cure of tetters , and particularly in the cure of an inveterate disease of the bledder. (Ibid., t. 6, p. 337, 1803.)
— Les mêmes , traduits en français par le docteur MACARTAN, à Paris, dans la Bibliothèque américaine, n° 9, avec une Lettre au docteur W. L. sur les maladies dartreuses; et par BEAUMES, dans les Annales chimiques de Montpellier, n° 70, octobre 1808.
— Traité de la fièvre jaune d'Amérique , ouvrage dans lequel on recherche son origine , les causes tant sur terre que sur les vaisseaux, et l'analogie qu'elle présente avec d'autres maladies ; on y examine, d'après les faits et l'expérience, si elle est contagieuse; on y indique , non-seulement les différents moyens curatifs, mais encore ceux qui peuvent en préserver les militaires , les marins, et ceux qui passent dans

les deux Indes et en Afrique. *Paris , Méquignon ,* an XI (1803), in-8, 3 fr. 25 c.

VALENTIN (Louis), médecin, cousin-germain du précédent, né à Soulanges , près Vitry-le-Français , le 13 octobre 1758. Il était à peine âgé de seize ans lorsqu'il entra, comme élève en chirurgie, au régiment du roi infanterie , dont son oncle était chirurgien-major. Ce régiment possédait une école où le jeune Valentin fut nommé professeur, et quelque temps après il obtint le titre de chirurgien-major-aide. L'Académie royale de chirurgie lui accorda, à cette époque , une médaille en or , pour un *Mémoire* qu'il lui avait envoyé *sur le goitre*, et qui est ensuite demeuré inédit. En 1790, les événements qui se succédaient en France inspirèrent à Valentin le désir de se rendre à Saint-Domingue, afin d'observer les maladies des Antilles. Il exerçait dans cette colonie les fonctions de premier médecin des armées , lorsque la révolution, dont elle devint le théâtre , le força de se réfugier aux États-Unis d'Amérique , où le consul de France ne tarda pas à lui confier la direction des hôpitaux de la Virginie , destinés à recevoir nos marins. Valentin revint en France, en 1799, et se fixa à Nanci, dans une retraite agréable, qu'il ne quitta plus que pour faire quelques excursions en Angleterre , dans diverses parties de la France et en Italie. En 1815 , il fit partie de la commission chargée de rendre compte au roi de l'état de l'enseignement dans les écoles de médecine et de chirurgie. Valentin est mort en 1829. Il était membre d'un grand nombre de sociétés savantes de l'ancien et du nouveau monde.

— Fragments d'un Voyage médical en Angleterre.

Imprimés dans le Journal général de médecine, tomes XXII et XXIV.

— Géographie des États - Unis d'Amérique, selon l'ordre observé par Jedediah Morse, d'après des notes prises sur les lieux et celles extraites des meilleurs auteurs , tant nationaux qu'étrangers.

Imprimée dans le VIe volume de la Géographie du Guthrie, troisième édition. Paris, Langlois, 1802.

— Lettre à M. Millin sur les monuments antiques transportés d'Égypte à Londres.

Imprimée dans le Magasin encyclopédique, IXe année, 1803, tome III.

— Mémoire et Observations concernant les

bons effets du cautère actuel appliqué sur la tête ou sur la nuque dans plusieurs maladies des yeux , des enveloppes du crâne, du cerveau, et du système nerveux. *Nanci, veuve Bontoux et Vincenot; Paris, Gabon,* 1815, in-8 de 176 pag. , 3 fr.

— Mémoire sur les fluxions de poitrine. *Nanci,* 1815, in-8, 2 fr. 50 c.

— Notice historique sur le docteur Jenner, auteur de la découverte de la vaccine ; suivie de notes relatives à sa découverte de la vaccine. *Nanci,* 1823 , in-4 de 48 pag. — Seconde édition, revue et augmentée. *Nanci, veuve Bontoux; et Paris, Gabon* , 1824 , in-8 de 52 pages, 1 fr. 75 c.

La second édition a été contrefaite à Anvers, en 1824 , in-8.

Les Annales cliniques de Montpellier pour 1805 renferme déjà de L. Valentin une *Notice biographique sur le docteur Jenner :* c'est vraisemblablement celle-là que l'auteur a depuis remaniée.

— Notice sur l'histoire naturelle de l'opossum et sur quelques animaux à bourse.

Imprimé dans le tome X des Mémoires de l'Académie de Marseille (1812).

— Notice sur le mamoth ou mammouth, suivie d'une traduction de quelques faits d'histoire naturelle observés par le professeur Mitchell, de New-York.

Imprimée dans le Journal de physique et d'histoire naturelle, tome LIV.

— Notice sur le melia azedarach, avec quelques détails sous le point de vue de sa culture en grand , ou comme arbre forestier, et sous celui de ses usages médicinaux. *Paris, Colas* , 1810, in-18.

Extrait du Journal d'agriculture et d'économie rurale.

— Notice sur les établissements de charité et de bienfaisance, et sur l'hospitalité dans les États-Unis d'Amérique. Seconde édit. *Marseille, Achard,* 1816, in-8 de 24 pag.

Imprimée d'abord dans le tome VII des Mémoires de l'Académie de Marseille (1808).

— Notices sur l'état présent des sciences physiques et naturelles, et sur quelques découvertes récemment faites dans les États-Unis d'Amérique.

Imprimées dans les tomes V et VII des Mémoires de l'Académie de Marseille (1806 et 1808).

— Observation d'un épanchement de sang considérable causé par la lésion de l'artère mammaire droite, guéri par l'opération de l'empyème au lieu d'élection.

Impr. dans le Journal de chirurgie de Desault, tome IV, page 108.

— Optima (de) methodo variolas inoculandi et inoculatas tractandi : dissertatio

medicæ. *Nanceii, vid. Bachot* , 1786 , in-4.

Refondue pour la partie historique dans le « Traité historique et [pratique de l'inoculation (voy. plus bas).

— Recherches anatomiques sur l'action des vaisseaux lymphatiques conservée long-temps après la mort, et Variétés anatomiques.

Impr. dans l'anc. Journal de médecine et de chirurgie, tome LXXXVI.

— Recherches historiques et pratiques sur le croup. *Paris, Le Normant,* 1812, in-8, 7 fr. 50 c.

— Réflexions sur le rapport de la Faculté de médecine , à Paris, concernant la fièvre jaune.

Imprimé dans le Journal universel des sciences médicales , tome II.

— Résultats de l'inoculation de la vaccine dans les départements de la Meurthe , de la Meuse , des Vosges et du Rhin ; précédés d'un Discours préliminaire et suivis de ceux de la vaccine sur divers animaux. *Nanci , Haener et Delahaye* , an x (1802), in-8 , 1 fr. 20 c.

— Sur la fièvre jaune qui a régné , en 1817, à la Nouvelle-Orléans, et, en 1818, à la Martinique.

Imprimé dans le Journal univ. des sciences médicales , tome XIV.

— Traité historique et pratique de l'inoculation. *Paris, Agasse, Fuchs,* an VIII (1800), in-8 de 440 pages.

Cet ouvrage porte les noms de F. Desoteux et L. Valentin , mais le premier de ces praticiens n'en composa que l'introduction.

Ce Traité renferme les articles les plus importants de l'ouvrage de GANDOGER ; on y expose les avantages et les règles de conduite relatives non-seulement à la facilité de cette opération , mais encore au traitement de la petite-vérole; on y indique les moyens d'empêcher l'extension de la contagion variolique, et l'on y propose un plan d'inoculation générale par cantons.

C'est le premier ouvrage français de médecine dans lequel se trouve annoncée la découverte de Jenner, page 301.

— Voyage médical en Italie , fait en 1820, précédé d'une excursion au volcan du mont Vésuve, et aux ruines d'Herculanum et de Pompéia. *Nanci, de l'impr. d'Hissette* , 1822 , in-8. — Autre édition, sous ce titre : Voyage en Italie, fait en 1820. Deuxième édition, corrigée et augmentée de nouvelles observations faites dans un second voyage en 1824. *Paris, Gabon et compe.,* 1826, in-8, 5 fr.

Nous venons de citer les écrits principaux de L. Valentin : un grand nombre de notices scientifiques et d'observations ont été insérées par lui dans les divers journaux consacrés aux sciences médicales, et dans les suivants, entre autres : le Recueil périodique de la Société de médecine de Paris, les Annales cliniques de Montpellier, le Magasin encyclopédique, le Journal d'économie rurale, le Journal universel des sciences médicales, le Nouv. Journal général de médecine.

Le docteur Valentin a laissé plusieurs *Mémoires* inédits : quelques autres qu'il avait composés pendant son séjour à Saint-Domingue, périrent lors de l'incendie du Cap.

Valentin s'est montré pendant toute sa vie animé du désir d'être utile aux hommes. La vaccine le compte parmi ses plus ardents propagateurs ; il n'épargna ni soins, ni fatigues, ni dépenses même, pour naturaliser cette pratique salutaire dans la partie de la France qu'il habitait. Il se prononça fortement, et l'un des premiers, contre la contagion de la fièvre jaune, opinion qui paraît aujourd'hui généralement prévaloir sur la doctrine opposée. Valentin a beaucoup écrit, et ses ouvrages ont en général pour bases des faits observés avec exactitude, des résultats-pratiques importants.

Article de M. L.-J. BEGIN, *tiré de la Biographie médicale.*

VALENTIN (C.-H.). — Essai sur les pertes qui précèdent, accompagnent ou suivent l'accouchement. 1802, in-8, 1 f. 50 c.

VALENTIN. — M. Botte, ou le nouveau Bourru bienfaisant, comédie en quatre actes et en prose, imitée du roman de M. Pigault-Lebrun. *Paris, Fages,* an XI (1803), in-8.

Avec M. Théophile (Dumersan).

VALENTIN (J.-Ch.-J.-B.), de Vézelise (Meurthe), ex-chirurgien aide-major de la garde.
— Considérations sur les plaies pénétrantes simples de l'abdomen, et sur l'abus de la gastrographie dans leur traitement. *Strasbourg, de l'impr. de Levrault,* 1815, in-4 de 24 pag.

Thèse.

VALENTIN (F.). — Abrégé de l'Histoire des croisades (1095-1291). *Paris, Lavigne,* 1836, in-12, avec 4 gravures, 2 fr. 50 c.

Le faux-titre porte : « Bibliothèque des familles ».

— Abrégé de l'Histoire du Bas-Empire, ou le Lebeau de la jeunesse ; suivi d'une Notice sur l'origine et les mœurs des anciens Turcs, de Considérations sur le gouvernement de l'empire ottoman. Deuxième édition, augmentée d'une table alphabétique des personnages remarquables par leurs actions ou leurs dignités ; des contrées, villes, mers, fleuves, combats, événements mémorables, etc., dont il est parlé dans

cet ouvrage. *Paris, Aug. Delalain,* 1830, 2 vol. in-12, avec fig., 6 fr.
— * Éléments de rhétorique et de l'art d'écrire, extraits des Éléments de littérature de Marmontel. *Paris, Delalain,* 1820, in-12, 2 fr. 50 c.
— Histoire d'Angleterre abrégée de Hume et Smolett, depuis la domination romaine jusqu'à la réforme électorale de 1822. *Paris, Lavigne,* 1837, in-12, avec 4 grav., 2 fr. 50 c.

Volume faisant encore partie de la « Bibliothèque des familles ».

VALENTIN (Ph.), maître charpentier.
— Manuel du charpentier, ou Traité complet et simplifié de cet art. *Paris, Roret,* 1827, in-18, avec 10 planches, 3 fr. 50 c.

VALENTIN (G.-B.). — Minorité (la). Manuel à l'usage des tuteurs, subrogés tuteurs. *Strasbourg, de l'impr. de Leroux,* 1835, in-18.

VALENTIN, D. M. — Manuel (nouveau) de santé ou d'hygiène domestique, contenant.... *Paris, rue du Paon, n. 1,* 1836, in-18, avec une gravure, 2 fr. 50 c.
— Précis du système de Lavater, ou l'Art de dévoiler le cœur humain à l'aide de la physionomie, etc. *Paris, Desbleds aîné,* 1839, vol. in-18, avec gravures.
— Précis du système phrénologique du docteur Gall, ou l'Art de connaître les hommes par l'inspection du crâne, et de se prémunir contre toute espèce de séductions et de dangers ; trad. de l'angl. par le doct. Valentin. *Paris, Garnier,* 1838, in-18, ensemble, 2 vol. in-18, avec grav., 6 fr.
— Secrets (les) de la procréation, etc. *Paris, Garnier frères,* 1839, vol. in-18.

M. Valentin, en outre, a revu une nouvelle édition de l'Onanisme de TISSOT (1836).

VALENTIN DE LAPELOUZE (J.-B.), l'un des gérants du « Courrier français » ; né à Bruyères (Vosges), en 1777.

VALENTINI (le baron de), général prussien.
— Précis des dernières guerres des Russes contre les Turcs, avec des Considérations militaires et politiques ; traduit de l'allem., par Eugène de LA COSTE. *Paris, F. Didot ; Anselin et Pochard ; Ponthieu,* 1825, in-8, avec 4 planches, 6 fr.
— Traité sur la guerre contre les Turcs ;

trad. de l'allem. par L. BLESSON. *Berlin*, *Fincke*, 1830, 2 vol. in-8, avec 9 plans et cartes et frontispices grav., 16 fr.

VALENTINOIS. — Chambre des pairs. Session de 1837. Opinion de M. le duc de Valentinois sur Alger. *Paris, de l'impr. de madame Agasse*, 1837, in-8 de 8 pag.

VALENVIN JUNGERMAN, pseudon. Voy. BRUZEN DE LA MARTINIÈRE.

VALERIANI (J. de). — Discours.... sur la musique italienne, trad. de l'italien. (1827). Voy. MAJER.

VALÉRIO (Augustin), évêque de Vérone et cardinal.
— Rhétorique du prédicateur, ou Traité de l'éloquence du corps dans le ministère de la chaire; trad. par A.-J.-F. DINOUART. *Paris, Nyon*, 1750, in-12. — Nouv. édit. 1761, in-12.

VALERIUS. — Minéralogie, ou Description des substances du règne minéral; trad. de l'allem. par P.-Th. baron d'HOLBACH. 1753, 2 vol. in-8.

VALERIUS FLACCUS (Caius), poëte latin.
— Argonauticon libri octo, ad optimas editiones collati. Studio societatis Bipontinæ. *Biponti (Argentorati et Parisiis), Treuttel et Wurtz*, 1786, in-8.
— Argonauticon libri octo, veteri novâque lectionum varietate, commentariis, excursibus, testimoniis, Argonautarum catologo, indice nominum, rerum et verborum universo instructos ac diligenter recensitos edidit N.-E. LEMAIRE. *Parisiis, typis F. Didot. — Lemaire*, 1825-26, 2 vol. in-8, 25 fr.
— C. Valerii Flacci Setini Balbi Argonauticon libri octo, quos suis variorumque notis illustravit A. HUGUET. *Parisiis, Panckoucke*, 1837, in-8, 4 fr.

Cette édition fait partie de la « Nova scriptorum latinorum Bibliotheca », publiée par M. Panckoucke.

— Argonautique de Valerius Flaccus, ou la Conquête de la Toison d'or, poëme traduit en vers français; par M. Adolphe DUREAU DE LA MALLE. *Paris, Michaud frères*, 1811, 3 vol. in-8 de cxv-411, 525 et 424 pages, avec la carte du Pont-Euxin, 18 fr.

Le texte latin est en regard de la traduction, avec ce titre :
Caii Valerii Flacci Argonauticon libri octo, co-

dices Vaticanum, Monacensem, Bononiensem contulit, delectum notarum superiorum, suasque tabulamque geographicam adjecit Adolphus DUREAU DE LA MALLE. Parisiis, typis fratrum Michaud, 1811.

C'est la première traduction qui ait paru de cet ouvrage. L'auteur y a travaillé pendant dix ans; il ne s'est pas contenté de donner à la traduction tous les soins nécessaires, il a voulu que le texte latin, imprimé en regard, fût aussi exact qu'il était possible. Il en a conservé dans des notes savantes toutes les variantes.

— Argonautique (l'), poëme trad. pour la première fois par J.-J.-A. CAUSSIN DE PARCEVAL. *Paris, Panckoucke*, 1828, in-8, 7 fr.

Il paraît que ni M. Caussin de Parceval ni M. Panckoucke n'ont connu la traduction précédente, à moins qu'avec la phrase, *traduit pour la première fois*, on ait sous-entendu *en prose*.
Cette édition fait partie de la Bibliothèque latine-française publiée par M. Panckoucke.

VALERIUS-MAXIMUS, historien latin, né vers 710 de Rome (44 ans avant J.-C.), mort en 776 de Rome (23 ans depuis J.-C.).
— Valerii-Maximi Dictorum, factorumque memorabilium libri IX, ad optimas editiones collati, præmittitur notitia litteraria, accedit index, studiis societatæ Bipontinæ. Editio accurata. *Biponti, ex typographiâ societatis (*Argentorati et Parisiis), 1783, in-8.
— Valerii-Maximi factorumque memorabilum libros novem ad optimas editiones recensuit E.-P. ALLAIS. *Parisiis, Delalain*, 1822, in-12, 5 fr.
— Valerius-Maximus de dictis factisque memorabilibus, et Julius OBSEQUENS de prodigiis, cum supplementis Conradi LYCOSTHENIS et selectis eruditorum notis quos recensuit novisque accessionibus locupletavit Car. Benedict. HASE. *Parisiis, Lemaire*, 1822-23, 3 vol. in-8, 32 fr. 50 c.

Cette édition, publiée sous le nom de M. Ben. Hase, a été soignée par un M. KECHI, juif polonais, qui se trouvait alors à Paris.

— Valerii-Maximi opera, cum variorum notis, quibus suas adjecit Salvini de LENNEMAS. *Paris, Panckoucke*, 1836, 2 vol. in-8, 8 fr.

Cette édition fait partie de la « Nova scriptorum latinorum Collectio », publiée par M. Panckoucke.

— Valère-Maxime, latin-français (de la traduction du sieur CLAVERET). Nouv. édition. *Lyon, Molin*, 1700, 2 vol. in-12.

La première édition de cette traduction est de 1656.

— Actions (des) et paroles remarquables des anciens. *Paris, Brunet*, 1713, 2 vol. in-12.

— Valère-Maxime, trad. du latin par René BIXET. *Paris, Jansen*, an iv (1796), 2 vol. in-8 et 2 vol. in-12.

— Valère-Maxime, traduit en français par Ch.-Hub. PEUCHOT et E.-P. ALLAIS, avec le latin en regard. *Paris, Delalain*, 1822, 2 vol. in-12, 5 fr.

Les cinq premiers livres sont traduits par Peuchot et les autres par Allais.

— Valère-Maxime, faits et paroles mémorables. Traduction nouvelle, par C.-A. FRÉMION. *Paris, Panckoucke*, 1827-1828, 3 vol. in-8, 21 fr.

Cette édition fait partie de la Bibliothèque latine-française publiée par M. Panckoucke.

VALERNE (le vicomte Ed. de). — Préjugés (des) contraires à la Charte. *Paris, les march. de nouv.*, 1829, in-8 de 64 pages.

VALERNOD (l'abbé Marie-Éléazar de), chanoine du chapitre noble de Saint-Martin d'Ainay ; né en 1704, membre de l'Académie de Lyon, bienfaiteur de la Bibliothèque de cette ville, à laquelle il légua cent volumes rares de la sienne ; mort en 1778.
— Problème : Diminuer des deux tiers la dépense de l'eau dans les machines mues par son choc, proposé et résolu. *Lyon, Chavance*, 1773, in-4.

VALÉROT (l'abbé Guillaume). — * Journal historique et chronologique de la France. Par l'abbé V***. *Paris, Thiboust*, 1719, in-8 ; — *Paris, Delatour*, 1722, in-8 ; — ou *Paris, Mérigot père*, 1753, in-8.

Barbier ne cite pas l'édition de 1719.

VALERY (Antoine-Claude PASQUIN, plus connu sous le nom de), conservateur-administrateur des bibliothèques de la couronne sous Charles X, bibliothécaire des palais de Versailles et Trianon, depuis 1830.
— Études morales, politiques et littéraires, ou Recherche de la vérité par les faits. *Paris, Ladvocat*, 1823, in-8, 6 fr. — Seconde édition. *Paris, le même*, 1824, in-8, 6 fr.
—Sainte-Périne : Souvenirs contemporains. *Paris, Ponthieu*, 1826, in-12, 4 fr.
— Voyages en Corse, à l'île d'Elbe et en Sardaigne. *Paris, Bourgeois-Maze*, 1837-38, 2 vol. in-8, 15 fr.
— Voyages historiques et littéraires en Italie pendant les années 1826, 1827 et

1828, ou l'Indicateur italien. *Paris, Le Normant*, 1831-1833, 5 vol. in-8, 35 fr.

L'impression du commencement de cet ouvrage remonte à 1829 ou 1830. Le premier volume était terminé d'imprimer, et allait être livré au public, lorsque survint la révolution de juillet 1830. M. Valery, qui, à chaque page de son livre, avait fait un pompeux éloge de l'absolutisme et du monachisme, ne jugea pas l'instant favorable pour l'émettre alors. Un retour à la légitimité, désiré par M. Valery et les adhérents carlistes, n'ayant pas eu lieu, l'auteur de l'Indicateur italien se décida à mutiler ce premier volume, le fit réimprimer entièrement, et il reparut en 1831. Le premier volume de 1829 ou 1830 se trouvait annoncé au nombre de 1550, dans la Notice de livres en feuilles et brochés composant la librairie de Barbezat, dont la vente a eu lieu le 20 mars 1833.

— Le même ouvrage, sous ce titre : Voyages historiques, littéraires et artistiques, en Italie. Guide raisonné et complet du voyageur et de l'artiste. Seconde édition, entièrement revue, corrigée. *Paris, Aimé André ; Baudry*, 1838, 3 vol. in-8, avec une carte routière de l'Italie, 24 fr.

Sous sa nouvelle forme, cet ouvrage a obtenu un succès justement mérité : il a été déjà traduit en plusieurs langues.
M. Valery est l'éditeur des Œuvres du comte Xavier de MAISTRE, auxquelles il a ajouté trois avertissements.

VALÉRY (J.). — Cambiste (le) portatif. *Bayonne, de l'impr. de Lamaignère*, 1826, in-16 de 36 pag.
— Manuel du négociant, ou Tableau des réductions pour le commerce national et étranger, utile aux marchands d'aunage, négociants, banquiers, financiers, agents de change, courtiers, et autres professions. *Bayonne, de l'impr. de Lamaignère*, 1821, in-8 de 64 pag.

VALET-RÉGANHAC. Voy. REGANHAC.

VALETTA (Ignazio). — Nozze (le) di Buondelmonti, ossia Origine della divisione de' Guelfi et Ghibellini di Firenza. *Parigi, Cormon i Blanc*, 1836, in-18.

VALETTE (le P. Jean-Philippe), né à Caraman, diocèse de Toulouse, reçu dans la congrégation de la Doctrine chrétienne en 1699, mort en 17...
— Élévations à J.-C. sur sa vie et ses mystères, trad. de Th. à Kempis ; avec une poésie chrétienne sur quelques idées du même auteur. *Paris, Prault*, 1728, in-12.
— * Étrennes de Salomon, contenant autant de sentences qu'il y a de jours dans l'année, en distiques français. *Paris, Lottin*, 1741, in-24.

— Étrennes (nouvelles) utiles et agréables , contenant un recueil de fables choisies dans le goût de La Fontaine , sur de petits airs et vaudevilles connus (par le P. VALETTE). *Paris, Lottin,* 1734 , in-32. — Les mêmes, avec des augmentations. *Paris, Lottin,* 1739 , 1746 , in-24. — Les mêmes, contenant un recueil de chansons morales et d'emblêmes , de même sur de petits airs et vaudevilles connus (par madame MASSUAU , religieuse de l'abbaye de Voysin, diocèse d'Orléans, morte en décembre 1748). *Paris, Lottin et Butard,* 1749 , 2 vol. in-16.

Il existe une autre réimpression sous ce titre : Recueil de Fables choisies dans le goût de M. de La Fontaine, sur des petits airs et vaudevilles connus , notés en gravure pour en faciliter l'intelligence. Nouvelle édition, corr. et augm. Paris , Butard , 1767, in-24.
Ce recueil contient la plupart des fables de La Fontaine mises en chansons.

(*Art. de Barbier*).

VALETTE (Siméon FAGON, connu sous le nom de), professeur de mathématiques à Montauban, sa patrie ; né le 18 avril 1719, mort dans sa campagne de l'Honor de Cos , près de Montauban , le 29 décembre 1801.

— * Contes nouveaux et plaisans, par une société. *Amsterdam (Montauban)*, 1770 , 2 parties petit in-12.

Il y a dans ce volume quelques contes de Vergier, de Grécourt, de Ferrand, de Voltaire, de Perrault, de La Monnoye et de Piron. De là viennent sans doute les mots *par une société* qui se trouvent sur le frontispice.

— Trigonométrie (la) sphérique , résolue par le moyen de la règle et du compas. 1757, in-8.

Siméon Valette est l'original dont Voltaire s'est moqué si plaisamment dans son « Pauvre Diable ». Voyez une curieuse Notice sur la vie et les aventures de S. Valette, par Tourlet, dans le Magasin encyclopédique, 1811, tome II, page 68 et suivantes. Il en a été tiré des exemplaires séparément.

VALETTE (Honoré), de Cahors, avocat au parlement de Toulouse.
— Épître sur la diversité des talents. 1761.

VALETTE, arithméticien. — Arithmétique (l') dans sa véritable intelligence, etc. *Toulouse, de l'impr. de Navarre,* 1816, in-8 de 24 pag.
— Épître à P.-J. de Béranger. *Paris, Ladvocat; Delaunay,* 1825 , in-8 de 24 pag., 1 fr.

VALETTE (A.-J.-H.), professeur de philosophie à la Faculté des lettres de Paris.

— Cours de philosophie à la Faculté des lettres de Paris. Discours d'ouverture. Ire année. *Paris, Hachette,* 1829, in-8 de 32 pag.

Nous connaissons encore, comme ayant été imprimé, un Discours d'ouverture de la deuxième année (1831, in-8 de 28 pag.), et un de la sixième année (1835, in-8 de 28 pag.).

— Enseignement (de l') de la philosophie à la Faculté des lettres (Académie de Paris), et en particulier des principes et de la méthode de M. Cousin. *Paris, Hachette,* 1829, in-8 de 84 pages.

VALETTE (Auguste). — Pairie (de la) héréditaire , considérée comme pouvoir législatif et comme pouvoir judiciaire, et du mode de constitution d'une seconde chambre. *Paris, Delaunay ; Desbarres,* 1830, in-8 de 60 pag.

VALETTE (J.-B.-Philippe), avocat à la Cour royale de Paris, et secrétaire de la présidence de la chambre des députés.
— Manuel financier, contenant le texte des dispositions législatives et autres documents qu'il importe de connaître pour éclaircir le vote des lois de finances. *Paris, Joubert,* 1837, in-18 , 2 fr.

Ouvrage composé pour l'instruction de MM. les députés. Quelques exemplaires ne portent pas le nom de l'auteur.

— Traité de la confection des lois , ou Examen raisonné des règlements suivis par les assemblées législatives françaises, comparés aux formes parlementaires de l'Angleterre, des États-Unis, de la Belgique , de l'Espagne, de la Suisse, etc. *Paris, Joubert,* 1839, in-18, 3 fr.
Avec M. Benat de Saint-Marsy.

VALETTE DE TRAVESSAC (l'abbé Antoine), prieur de Bernis; né à Nîmes, le 10 février 1712.
— Abrégé de l'histoire de la ville de Nîmes. 1756, in-8.
— Apothéose de la ville de Nîmes. 1744, in-8.

Réimpr. sous ce titre : *Sonnets sur les antiquités de Nîmes*, 1748, in-8.

— Étrennes aux protestants pour l'année 1746. In-12.
— Lettre du tripot de Milhaud à MM. les journalistes. 1759 , in-8.
— Vie de saint André, en vers. 1740, in-18.

VALETTE DES HERMAUX, membre de la chambre des députés.

— Discours de M. Valette des Hermaux, membre de la chambre des députés, à l'occasion de la discussion générale de la loi contre les barricades. *Mende, de l'impr. d'Ignon*, 1834, in-8 de 16 pages.

VALGUER. Voy. BONNEL DU V.

VALHEN (J.). — * Essai d'un abrégé chronologique de l'histoire de Villeneuve-les-Avignon. 1743, in-8.

VALIGNY (P. de), avocat au parlement.
— Bon (le) colonel fait le bon soldat, scène dialoguée (en prose), entre l'invalide et le nouveau venu. *Paris, l'Auteur*, 1777, in-8.
— Fausses (les) affirmations, ou le Juge équitable, comédie nouvelle en un acte et en vers. *Paris, l'Auteur*, 1786, in-8.
— Fille (la) bourru, comédie en un acte et en prose. *Paris, l'Auteur* (1784), in-8.
— Fou (le) théâtral, ou la Suite du poëte au foyer, scène lyrique.
— *Henri IV, ou la Reddition de Paris, poëme en trois actes. Par M. P. de V. *Leyde, et Paris, Lacombe*, 1768, in-8.
— Maiso-manie (la), ou les Plaisirs de la campagne variés, comédie en deux actes et en prose. *Paris, l'Auteur*, 1785, 1788, in-8.
— Parents-(les) du jour, ou les Égoïstes, comédie en trois actes et en prose. *Paris, l'Auteur*, 1785, in-8.
— Poëte (le) au foyer, à l'éloge des grands hommes du théâtre de la nation, y compris celui de Mirabeau, scène lyrique nouvelle. *Paris, l'Auteur*, 1791, in-8.

Cet écrit avait d'abord paru sous ce titre : Poëte (le) au foyer, ou l'Éloge des grands hommes du Théâtre-Français, scène lyrique nouvelle en prose. *Paris*, 1786, in-8.

VALIN (René-Josué), avocat et procureur du roi de l'amirauté et de l'hôtel de ville de la Rochelle, membre de l'Académie de la même ville, sa patrie, mort en 1765.
— Commentaire (nouveau) sur la coutume de la Rochelle. *La Rochelle*, 1756, 3 vol. in-4; — Avec des additions à la fin du troisième volume. *Paris, Vincent*, 1768, 3 vol. in-4.

Le Commentaire de Valin sur la coutume de la Rochelle est en grande partie le résultat de conférences tenues entre les avocats du présidial.

— Commentaire (nouveau) sur l'ordon-

nance de la marine du mois d'août 1681. *La Rochelle, Jér. Legier*, 1760. — Sec. édition. 1766, 2 vol. in-4.

Il existe une contrefaçon de cet ouvrage sous la date de 1773.

— Le même Commentaire, avec des notes et explications coordonnant l'ordonnance, le Commentaire et le Code de commerce; par V. BÉCANE, avocat. *Paris, Videcoq; Charles-Béchet; Poitiers, madame Loriot*, 1828-29, 2 vol. in-8, 15 fr.

Cette dernière édition est réduite aux parties qui ont un rapport direct avec le Code de commerce.
Avant que M. Bécane publiât cette édition, M. San-fourche-Laporte avait donné un *Nouveau Valin, ou Code commercial maritime*; Paris, 1810, in-4. C'est un Commentaire sur le deuxième livre du Code de commerce.

— Traité des prises, ou Principes de la jurisprudence française, concernant les prises qui se font sur mer. *La Rochelle, et Paris, Jér. Legier*, 1763, 2 vol. in-8; ou *La Rochelle, J. Legier; et Paris, Mérigot père*, 1782, 2 vol. in-8.

Ces deux volumes sont souvent reliés en un.
Valin se fit d'abord connaître par un Commentaire estimé sur la coutume de La Rochelle. Un second ouvrage, qui fit encore plus d'honneur et de réputation à Valin, est le *Commentaire* sur l'ordonnance du mois d'août 1681, concernant la marine, imprimé à La Rochelle, en 1760, et réimprimé en 1766, 2 vol. in-4. La première édition fut promptement enlevée par les jurisconsultes allemands, anglais, italiens, et les nations du nord de l'Europe. L'auteur ne jouit pas long-temps de sa gloire; il mourut en 1765. C'était non-seulement un profond jurisconsulte, mais un homme de lettres, un versificateur agréable. Il fut un des premiers membres de l'Académie royale établie à La Rochelle, par lettres patentes du mois d'avril 1733. Malgré ses grandes occupations au barreau et dans son cabinet, Valin était très-exact aux réunions de la société littéraire qui avaient lieu une fois par semaine.

VALINCOUR (J.-B.-Henri DU TROUS-SET DE), littérateur; né en 1653, à Paris, où il est mort, en 1730.
— *Lettres à madame la marquise *** sur le sujet de la « Princesse de Clèves » (de madame de La Fayette). *Paris, Cramoisy*, 1678, in-12.

Le P. Bouhours a revu le style de ces Lettres. Niceron, tome X, page 97 : elles ont été réimprimées par les soins du P. Adry, à la suite d'une édition publiée par lui, de la Princesse de Clèves (1807, 2 vol. in-12).

— * Vie de François de Lorraine, duc de Guise. *Paris, Cramoisy*, 1681, in-12.

On a de ce littérateur plusieurs pièces de vers, telles que des *contes*, des *fables*, des *stances*, qui n'ont pas été réimprimées depuis sa mort.
Valincour a été l'éditeur de l'édition de 1713 des

OEuvres de Boileau, commencée par le poëte lui-même, et terminée après sa mort par de Valincour.

VALINCOURT (madame de). — Ode sur la vie et le dévouement héroïque du prince de Brunswick. *Paris, l'Auteur,* 1787, in-8.

VALINGAYET. — Principes de physique, d'arithmétique et d'idéologie; suivis d'un Précis sur la littérature ancienne et moderne. *Paris, Constant Letellier fils; l'Auteur,* 1828, in-12.
— Tablettes historiques : Rome depuis sa fondation jusqu'à la destruction de l'empire d'Occident. *Paris, Truchy; l'Auteur,* 1837, in-12, 5 fr.
— Une des victimes de juillet 1830. *Paris, les march. de nouv.,* 1830, in-8 de 96 pag.

VALISNIERI (Antoine). — Lettre (sa) critique à l'auteur du livre de la génération des vers dans le corps de l'homme (Nic. Andry), traduite de l'italien (par Vergès). *Paris,* 1727, in-12.

VALLA (le P. Joseph), anc. professeur de théologie à Soissons sous M. de Fitz-James, et ensuite à Lyon, sous M. de Montazet; mort à Dijon, le 26 février 1790.
— * Institutiones philosophicæ auctoritate D. D. archiepiscopi Lugdunensis, ad usum scholarum suæ diœcesis editæ. *Lugduni,* 1782, 5 vol. in-12.

Cet ouvrage a été souvent réimprimé sous ce titre : *Institutionum philosophicarum cursus, ad usum studiosæ juventutis, præsertimque seminariorum accommodatus.* Lugduni, 1808 ; Parisiis, 1813 ; 3 vol. in-12.

— * Institutiones theologicæ, auctoritate D. D. archiepiscopi Lugdunensis, ad usum scholarum suæ diœcesis editæ (auctoribus Valla, Tabaraud et Charrier de La Roche). *Lugduni,* 1784, 6 vol. in-12.
— Eadem nunc primum observationibus illustrata et notis apologeticis vindicatæ (à P. Molinelli, piaristâ). *Lugduni, et Genuæ,* 1788, 6 vol. in-8.

Le P. Valla avait publié, dès 1780, la première édition de cet ouvrage, sans l'autorisation de l'archevêque. C'est probablement à lui qu'on doit : *Compendium institutionum theologicarum quæ anno* 1780 Lugduni editæ sunt. Lugduni, 1781, 2 vol. in-12.

La Théologie du P. Valla, dite *de Lyon,* est très-estimée. On estime beaucoup sa *Philosophie;* mais on a fait des corrections aux nouvelles éditions.

VALLADE (J.-F.), docteur en médecine.
— Discours philosophique sur la création et l'arrangement du monde, où l'on fait voir les rapports qu'il y a entre les créatures, et leur dépendance sous les lois de la providence. *Amsterdam, P. Marret,* 1700, in-8.

VALLADE. Voy. Valade.

VALLADIER père, avocat.
— Aux lecteurs obligés du Courrier du Gard. *Nimes, de l'impr. de Durand-Belle,* 1832, in-8 de 10 pag.
— Dissertation sur cette question : Sous le régime constitutionnel, les contribuables sont-ils sujets du roi? *Nimes, de l'impr. de Durand-Belle,* 1833, in-8 de 24 pag.

VALLAIN (Louis-Pierre), écrivain juré expert; né à Paris, le 10 mars 1722.
— Lettres à M. de.... sur l'art d'écrire. *Paris, Aug.-Mar. Lottin,* 1760, in-12.
— Traité sur la preuve par comparaison d'écritures. *Paris, Durand,* 1761, in-12.

VALLANCEY (le général Charles). — Comparaison de la langue punique et de la langue irlandaise, trad. de l'anglais, par A.-L. Millin. 1796.

Imprimée, selon toute apparence, dans quelque ouvrage.

VALLANCIER. — Festes (les) d'Ainay (en trois scènes et en vers libres), chantées à l'Académie roy. des beaux-arts de Lyon, en réjouissance des victoires remportées par S. M. Louis XV. *Lyon (Aimé Delaroche),* 1747, in-8.

VALLANGE (de). — Art (l') d'élever les jeunes princes dès le berceau. *Paris,* 1732, in-12.

VALLANSAN. — Un Père à son fils sur le monde, poëme en six chants. *Marseille, de l'impr. de Rouchon,* 1829, in-8 de 68 pag.

VALLANT (C.). — * Consultation sur la maladie de Provence. Par C. V. *Lyon,* 1721, in-8.

VALLANT (Jean-François).—Questio medica de febribus malignis. *Monspelii, Franç. Roche,* 1727, in-8.

VALLARD. — Grammaire régénérée de la langue française, rédigée sur un plan entièrement nouveau. Méthode normale, où les principes orthographiques sont exposés avec la plus grande précision. *Versailles, l'Auteur*, 1834, in-12.—VIe édit. *Paris, à la Sorbonne*, 1838, in-12.

Cette Grammaire a été corrigée et augmentée dès la seconde édition, publiée en 1836.

VALLART (l'abbé). Voy. VALART.

VALLAT-LA-CHAPELLE (Pierre), libraire; né à Paris, en 1729, mort le 12 décembre 1772.
— Calendrier des règlements, ou Notice des édits, déclarations, lettres-patentes, ordonnances, règlements et arrêts des jurisdictions du royaume, qui ont paru pendant l'année 1763. 1765, in-16; — pendant l'année 1766, et pour 1769.
— Lettre sur l'édition de l'Almanach des Muses, de 1768. 1768, in-4.

VALLE (P. Della). Voy. DELLA VALLE.

VALLÉ (l'abbé Gilbert-Joseph), professeur de philosophie au collège du cardinal Le Moine; né à Arras, le 4 octobre 1715, mort le 7 juin 1784.
— * Lettre sur la nature de la matière et du mouvement (adressée par l'abbé VALLÉ), à l'auteur des « Institutions de physique » (la marquise Du Châtelet). *Paris, Thiboust*, 1747, in-12.
— * Réfutation du système des monades. *Paris, Thiboust*, 1754, in-12 de 75 pages.

VALLÉE (Joseph La). Voy. LA VALLÉE.

VALLÉE (Alexandre).—Discours sur les abeilles. Broch. in-8, 40 c.
— Instructions élémentaires d'agriculture, ou Guide nécessaire au cultivateur; trad. de l'italien de M. Ad. FABRONI, augmenté et approprié au sol et au climat de la France; suivi d'une Lettre de l'auteur au traducteur. *Paris, Meurant*, 1803, in-8, 4 fr.

VALLÉE (Antoine). — Traité élémentaire sur le sucre de raisin, sa fabrication, ses propriétés et ses usages dans l'économie domestique et commerciale; suivi du Mémoire de M. PROUST sur le même objet. *Paris, Colas*, 1808, in-8.

VALLÉE, membre de l'Athénée des arts et de la Société académique des sciences de Paris.

— Belle (la) hôtesse, comédie en un acte, mêlée de vaudevilles. *Paris, madame Cavanagh*, 1806, in-8, 1 fr. 20 c.

Avec M. Alissan de Chazet.

— Jugement (le) de Daniel, ou l'Innocence de Suzanne, mélodrame en trois actes *Paris*, 1805, in-8.
— Muets (les), arlequinade en un acte et en vaudevilles. *Paris, madame Masson*, 1804, in-8, 1 fr.

VALLÉE (Auguste). — Oui et non, ou les Imprudences. Comédie en trois actes et en vers. *Saint-Pétersbourg, Florent*, 1820, in-8.

VALLÉE (Hippolyte), romancier, ancien libraire.
— Ami (l') intime, roman de mœurs. *Paris, Lachapelle*, 1838, 4 vol. in-12, 12 fr.
— Bigame (le), roman de mœurs. *Paris, Lachapelle*, 1834, 4 vol. in-12, 12 fr.
— Campagne d'Austerlitz. *Paris, au bur. de la Bibl. popul.*, 1832, in-18, 25 c.

Avec M. L. Couailhac. M. Vallée s'est caché sous le pseudonyme de V. Fleury. Ce volume fait partie de la « Bibliothèque populaire ».

— Chanoines (les) de Paris. *Paris, Lecomte; Corbet*, 1834, 4 vol. in-12, 12 fr.
— Chevaliers (les) d'industrie, roman de mœurs. *Paris, Lachapelle; Corbet*, 1831, 4 vol. in-12, 12 fr.

Publié sous le pseudon. d'Eugène Sainville.

— Colette, ou la Fille adoptive. *Paris, Lecointe et Pougin; Corbet*, 1833, 4 vol. in-12, 12 fr.
— Enfants (les) de troupe. *Paris, Baudouin; Pougin*, 1836, 4 vol. in-12, 12 fr.
— Escrocs (les) de Paris, roman de mœurs. *Paris, Pougin; Corbet*, 1836, 4 vol. in-12, 12 fr.
— Famille (la) d'un condamné, ou la Peine de mort. *Paris, madame Ogé; Lecointe; Pigoreau*, 1829, in-12, 3 fr. 50 c.

Publié sous le pseudonyme de V. Fleury.

— Faux (le) Démétrius, ou l'Imposteur, roman historique, traduit du russe (1833). Voy. T. de BULGARINE.
— Figurante (la), roman de mœurs. *Paris, Lachapelle*, 1831, 4 vol. in-12, 12 fr.
— Jésuites (les) vengés, satire en vers

français. *Paris, Ponthieu,* 1826, br. in-8.

— Encore une jésuitique, ou Mon dernier mot sur les révérends pères, satire. *Paris, Setier,* 1827, in-8 de 32 pag.

Publiés sous le pseudonyme d'Hipp. Fleury. Ces deux écrits ont été réunis, en 1827, sous le titre de *Deux Jésuitiques,* in-8.

— Noiraut le Juif, ou les Brigands du château de Saint-Chaumont. *Paris, Dolm,* 1839, 3 vol. in-12, 9 fr.

— Nuit (la) de sang, roman historique. *Paris, Lecointe; Corbet,* 1830, 4 vol. in-12, 12 fr.

Publié sous le pseudon. de Fleury.

— * Par ma faute. Par l'auteur de la « Famille d'un condamné ». *Paris, Vimont,* 1833, 2 vol. in-8, 15 fr.

— Pauvre Jeannette. Actualité. *Paris, Lachapelle,* 1837, 4 vol. in-12, 12 fr.

— Phases (les) de la liberté française, essai dithyrambique. *Paris, Vimont,* 1831, in-8 de 16 pag.

— Prêteur (le) sur gages. *Paris, Lachapelle,* 1833, 5 vol. in-12, 15 fr.

Publié sous le pseudon. d'Eugène Sainville.

— Recéleur (le). *Paris, Lecointe; Corbet,* 1835, 4 vol. in-12, 12 fr.

— Souterrain (le) de la forêt des Ardennes. *Paris, Germ. Mathiot,* 1823, 2 vol. in-12, ornés de 2 portr., 6 fr.

— Tableaux chronologiques et biographiques, avec des développements historiques, pour servir à l'histoire de France. *Paris, l'Auteur; Esnaux,* 1825-26, in-8 de 115 tableaux, 7 fr., et sur pap. vélin, 14 fr.

— * Tartuffes (les) politiques. Par un ami du Roi, des Bourbons et de la Charte. (En vers). *Paris, Égron,* 1820, in-8 de 40 pag.

VALLÉE (L.-L.), inspecteur divisionnaire des ponts et chaussées, ancien élève de l'École polytechnique, etc.

— Alimentation (de l') des canaux....

Imprimé dans les Annales des ponts et chaussées, année 1829.

— Améliorations à introduire dans les ponts et chaussées. *Paris, Carilian-Gœury,* 1829, in-8, 2 fr. — De l'Aliénation des canaux, pour faire suite au n° Ier de l'écrit intitulé : Améliorations à introduire dans les ponts et chaussées. N° II. *Paris, le même,* 1829, broch. in-8, 1 fr.

La pagination du dernier écrit fait suite à celle du précédent, et finit à la page 124. Trois autres écrits cités dans cet article complètent la série de ceux que M. Vallée a publiés sur les voies de communication.

— Concession des chemins de fer de Paris en Belgique. N° IV, faisant suite à l'écrit intitulé : Des voies de communication sous le point de vue de l'intérêt public. *Paris, Carilian-Gœury,* 1837, in-8 de 32 pag.

— De trois lois à faire sur les travaux publics. N° V, faisant suite à l'écrit intitulé : Concession des chemins de fer de Paris en Belgique. *Paris, Carilian-Gœury,* 1838, in-8 de 72 pag., 3 fr.

— Lettre à M. Urbain Sastoris. *Paris, Carilian-Gœury,* ...., brochure in-4, 1 fr.

— Mémoire sur les réservoirs d'alimentation des canaux, et notamment sur ceux du canal du centre. *Paris, de l'impr. de Fain,* 1833, in-8 de 64 pag.

— Traité de la coupe des pierres, faisant suite aux Traités de la géométrie descriptive et de la science du dessin. *Paris, Carilian-Gœury,* 1828, in-4.

Cet ouvrage avait été promis en dix livraisons, mais il n'a été publié que les deux premières, ensemble de 16 feuilles de texte et quinze planches. Prix : 5 fr.

— Traité de la géométrie descriptive, avec Atlas de 60 planches. *Paris, veuve Courcier,* 1819, in-4, 20 fr. — Sec. édit., revue, corr., augmentée et mise à la portée des personnes qui n'ont étudié que la géométrie élémentaire. *Paris, Bachelier,* 1825, 2 vol. in-4, dont un d'Atlas de 67 planches, 20 fr.

— Traité de la science du dessin, contenant la théorie générale des ombres, la perspective linéaire, la théorie générale des images d'optique, et la perspective aérienne appliquée au lavis; pour faire suite à la « Géométrie descriptive. » *Paris, veuve Courcier,* 1821, in-4, avec un cahier de 55 planches et 8 pages de texte.

— Autre édition. *Paris, Bachelier,* 1838, in-4, avec un Atlas de 56 planches, 20 fr.

— Voies (des) de communication considérées sous le point de vue de l'intérêt public, avec un appendice sur les chemins de fer de Paris à Boulogne, Calais, Dunkerque, Lille et Valenciennes. N° III, faisant suite à l'écrit intitulé : De l'alimentation des canaux. *Paris, Carilian-Gœury,* 1836, in-8, 3 fr.

VALLEIX (F.-L.-J.), docteur en médecine, médecin du bureau central des hôpitaux.

— Clinique des maladies des enfants nouveau-nés. *Paris, J.-B. Baillière,* 1838, in-8, avec 2 planches, 8 fr. 50 c.

VALLEJO (D. Angel), traducteur espagnol.

Nous connoissons de lui la traduction suivante, imprimée en France : les Principes de métallurgie par A. GUENIVEAU, traduction considérablement augmentée (1826).

VALLEJO (D. José-Mariano), mathématicien espagnol.

— Cartilla (nueva) par ensenar y aprender a leer, etc. *Paris, Bossange padre*, 1824, in-12 de 48 pag.

— Compendio de matematicas puras y mistas. Nueva edicion. *Paris, Bossange padre*, 1826, 2 vol. in-8, 20 fr.

— Ideas primarias que deben darse a los niños en la escuelas acerca de los numeros, al mismo tempo que se estam ejercitando en la clave analitica de la lectura. *Paris, Bossange padre*, 1826, in-8.

— Metodo de ensenar a escriber en toda clase de escuelas, sean o no de ensenanza mutua uniformado al nuevo metodo de leer publicado bajo el titulo de : « Teoria de la lectura ». *Paris, de la impr. de F. Didot*, 1827, in-12.

— Modo de poner en ejecucion, el nuevo metodo de ensenar a leer, publicato bajo el titulo de : « Teoria de la lectura » en toda clase de escuelas sean o no de ensenanza mutua, etc. *Paris, Bossange padre*, 1826, in-12.

La Teoria de la lectura a été imprimée à Madrid, en 1825, in-8.

VALLEMONT (Pierre LORRAIN, plus connu sous le nom d'abbé de), physicien numismate et littérateur fort médiocre, docteur de Lisieux, docteur en théologie, prieur de Saint-Jacques de Bressuire en Poitou ; né à Pontaudemer, le 10 septembre 1649, mort dans la même ville, le 30 décembre 1721.

— Curiositez de la nature et de l'art, apportées dans deux voïages des Indes occidentales et orientales, avec une relation abrégée de ces deux voyages faits par le sieur Biron, parisien, chirurgien-major du régiment de M. le marquis de Vallière. *Paris, Moreau*, 1703, in-12.

Réimprimées sous ce titre : *Curiositez de la nature et de l'art sur la végétation, ou l'Agriculture et le jardinage dans leur perfection.* Paris, Cl. Cellier, 1705, in-12. — Édition revue et augm, Paris, Moreau, 1709, ou 1711, in-12 ; ou Paris, Moreau, 1734, in-8 ; et Paris, 1753, 2 vol. in-12.

— Description de l'aimant qui s'est formé à la pointe du clocher neuf de Nôtre-Dame de Chartres, avec plusieurs expériences sur l'aimant et sur d'autres matières de physique. *Paris, Couterot*, 1692, in-12.

— Dissertation sur une médaille singulière d'Alexandre-le-Grand, par laquelle on justifie l'histoire de Quinte-Curce. *Paris, J. Mariette*, 1603 (lisez 1703), in-12.

L'année suivante parut une critique sous ce titre : *Lettres (trois) à M. le marquis de Dangeau sur une prétendue médaille d'Alexandre, publiée par M. de Vallemont, où l'on traite plusieurs matières curieuses d'antiquités* (par BAUDELOT). Paris, P. Cot, 1704, in-12. L'abbé de Vallemont répliqua par une *Réponse à M. Baudelot*, où se trouve détruit tout ce qu'il a avancé contre l'antiquité de la médaille d'Alexandre-le-Grand, et contre la Dissertation faite sur cette médaille singulière. Trévoux, 1706, in-12.

— Éloge de M. Le Clerc, dessinateur et graveur du roi, avec le catalogue de ses ouvrages. *Paris, J.-F. Gros; Nic. Caillou*, 1715, in-12.

— Éléments (les) de l'Histoire, ou ce qu'il faut savoir de chronologie, de géographie, de blazon, et de l'histoire universelle des monarchies anciennes et nouvelles. *Paris, Anisson*, 1696, 2 vol. in-12. — Sec. édit., augmentée d'une petite suite de médailles impériales. *Paris, le même*, 1700, 3 vol. in-12. — IIIe édition. *Paris, le même*, 1702, 3 vol. in-12. — *Paris, Rigaud*, 1708, 3 vol. in-12, ou 1714, 2 vol. in-12. — *Amsterdam, Pierre de Coup*, 1714, 3 vol. in-12. — (Nouv. édition, augmentée par l'abbé LE CLERC). *Paris, Martin*, 1729, 4 volumes in-12. — Autres éditions. 1745, 4 vol. in-12. — *Paris*, 1758, 5 vol. in-12.

Quelques bibliographes attribuent à l'abbé Granet les augmentations contenues dans l'édition de 1729 ; ils ont été induits en erreur par le « Second Supplément au Dictionnaire de Moréri », de l'année 1749, et par le Moréri de 1759, à l'article de l'abbé de Vallemont. L'abbé Desfontaines, dans la table des matières du « Nouvelliste du Parnasse », assure que ces augmentations sont de l'abbé Le Clerc ; et je suis d'autant plus porté à le croire, qu'ayant inséré une notice exacte sur la vie et les ouvrages de l'abbé Granet, son collaborateur, dans le tome vingt-quatre des « Observations sur les écrits modernes », il n'a point compris les « Éléments de l'Histoire » parmi les ouvrages réimprimés par les soins de cet abbé. (*Note de Barbier*).

Les éditions de 1745 et de 1758 de ces *Éléments* sont avec de nouvelles augmentations, dont plusieurs sont de l'abbé Goujet. L'édition de 1758 est la plus estimée.

— Explication (nouv.) d'une médaille d'or du cabinet du roi, sur laquelle on voit la tête de l'empereur Gallien, et cette légende : « Gallianæ augustæ ». Première et deuxième lettres. *Paris, Anisson*, 1698-99, in-12.

— Physique (la) occulte, ou Traité de la baguette divinatoire et de son utilité pour la découverte des sources d'eau, des minières, des trésors cachés, des voleurs et des meurtriers fugitifs. *Paris, Anisson,* 1693, in-12 ; — ou *Amsterdam, Braakman,* 1696, in-12 ; et *Paris, J. Boudot,* 1709, in-12 ; —*La Haye, Adr. Moetjens,* 1722, 2 vol. in-12.

D'après Barbier, l'édition de 1722 est anonyme. Le P. Lebrun (voy. ce nom) a publié des Lettres contre cet ouvrage.

— Secret (du) des mystères, ou Apologie de la rubrique des missels : dissertation théologique et historique. *Paris, Lecomte,* 1710, 2 vol. in-12.

C'est une réfutation de l'ouvrage de D. Claude de Vert (voy. ce nom). Baudouin, chanoine de Laval (voyez ce nom), en prit la défense.

— Sphère (la) du monde, selon l'hypothèse de Copernic, démontrée et comparée au système de Copernic et de Tycho-Brahé. *Paris, Prosper Marchand,* 1701 ou 1707, in-12.

— * Suite des médailles impériales, où l'on voit les empereurs, les impératrices, leurs proches parentes. 1706, in-12.

L'abbé de Vallemont a été l'éditeur du Voyage du tour de la France, par H. de Rouvière, et il y a joint une préface.

VALLERAN, pseudon. Voy. LE MAZURIER.

VALLERY (Ch.). — Considérations générales sur la conservation des grains, et description d'un appareil propre à cet usage. *Rouen, de l'impr. de Lapommeraye,* 1836, in-8 de 48 pag. et une planche.
— Dictionnaire (nouveau) de la langue française, par une société de professeurs, sous la direction de M. Vallery. *Paris, Houdaille,* 1835, 2 vol. in-8.

Ce Dictionnaire n'est autre que celui de M. Verger. Voyez pour l'historique du livre l'art. VERGER.

VALLÈS (J.), ancien commissaire des guerres de l'armée lyonnaise.
— Abrégé de la doctrine chrétienne. *Paris, l'Auteur,* 1833, in-8, 5 fr. — Suite de l'Abrégé de la doctrine chrétienne. *Paris, Constant Letellier,* 1834, in-8, 5 fr. — Complément de l'Abrégé de la doctrine chrétienne et de l'harmonie du monde. *Paris, Constant Letellier,* 1835, in-8, 3 fr.
— Dissertations sur quelques sujets de la morale chrétienne et de l'harmonie du système du monde. *Paris, Constant Letellier,* 1835, in-8 de 108 pages, 2 fr. 50 c.— Mémoire à l'Institut royal de France, ou Suite des Dissertations sur la morale chrétienne et l'harmonie du système du monde. *Paris, Constant Letellier,* 1836, in-8, 3 fr. — Mémoire à l'Académie des sciences de l'Institut royal de France, sur la morale chrétienne et l'harmonie du système du monde. *Paris, de l'impr. d'Herhan,* 1837, in-8 de 80 pag., 2 fr.
— Itinéraire et vie de Jésus-Christ pendant sa mission sur la terre. *Paris, Carilian-Gœury,* 1832, 2 vol. in-8, 8 fr.
— Réflexions historiques sur quelques chapitres d'un ouvrage de M. l'abbé Guillon, de Lyon, ayant pour titre : « Mémoires pour servir à l'histoire de Lyon pendant la révolution ». *Paris, Maurice,* 1825, in-8 de 108 pages, 2 fr. 50 c.

VALLET (Pierre), lieutenant-général de police à Grenoble, ensuite à Paris, mort dans la première de ces deux villes, en 1780.
— Art (l') de limiter les terres à perpétuité, et de manière à retrouver en tout temps la position des limites arrachées, couvertes, ou perdues : ouvrage utile à tous les possesseurs de fonds, et surtout aux seigneurs, aux décimateurs et aux notaires. *Lyon, et Paris,* 1769, in-12, avec figures.
— Méthode pour faire promptement des progrès dans les sciences et dans les arts. *Grenoble, veuve d'André Faure,* 1767, in-12.

On a encore du même quelques Mémoires et plusieurs articles dans l'Encyclopédie d'Yverdun.

VALLET, ancien procureur fiscal et receveur de la baronnie de Romainville, près Paris.
— Manuel économique pour les bâtiments et jardins, très-utile aux propriétaires et aux entrepreneurs, ou Moyens sûrs et faciles de connaître par soi-même, et sans le secours de la géométrie, tous les toisés et les différents prix de toutes sortes de travaux relatifs auxdits bâtiments et jardins ; précédé des quatre premières règles de l'arithmétique, et suivi d'un Traité complet des règles simples et composées appliquées à des objets utiles. *Paris, Ph.-D. Pierres,* 1775, in-8.

VALLET (Auguste), de l'École des chartes, membre de l'Institut historique.
— Mémoire adressé à l'Institut historique sur la manière dont on doit écrire le nom de famille que portait la pucelle d'Orléans

(Extr. du Jour. de l'Inst. histor.). *Sèvres, de l'impr. d'A. René*, 1839, gr. in-8 de 10 pag. à 2 colonnes.

Une note de cet écrit dit que la substance de ce travail est extraite d'un ouvrage inédit de M. Auguste Vallet, sur Agnès Sorel et la pucelle d'Orléans.

— Saint-Germain par le chemin de fer, promenade philosophique, historique et littéraire. *Paris, Bohaire*, 1837, in-18, avec une carte, 50 c.

— Saint-Germain l'Auxerrois. *Paris, madame Lamothe*, 1837, in-8 de 40 pag. et une pl., 1 fr.

VALLET D'ARTOIS. — Manuel du fabricant de gants, considéré dans ses rapports avec la mégisserie, la chamoiserie et les diverses opérations de teinture qui s'y rattachent; enrichi de notions empruntées à la physique, à la chimie et autres sciences. *Paris, l'Auteur*, 1834, in-18, avec 4 planches.

VALLET DE CHEVIGNY (Pierre), docteur en droit de l'Université d'Orléans; né à Jargeau, le 4 septembre 1695.
— Exercitationes juris civilis de inofficioso testamento. 1716, in-4.
— Inauguralis dissertatio synoptica ad legem 23 contractus, digest. de regulis juris. 1717, in-4.

VALLET DE VILLENEUVE (J.-F.).
— Manuel pour la culture en pleine terre des ipomées-batates sur grande, moyenne ou petite extension dans les contrées d'Europe, suivant de nombreux essais faits sans interruption, de 1815 à 1837, en Italie et en France, successivement et sous toutes les latitudes du 43e au 49e degré inclusivement : orné de plusieurs planches de dessins, soit des produits de ces plantes, soit de divers instruments et objets nécessaires pour cette culture. *Paris, madame Huzard*, 1838, in-8, avec pl.

VALLETTE (l'abbé de). — * Antoine, ou le Retour au village. *Paris, Débécourt*, 1833, in-18, 1 fr.
— * Quelques semaines en Italie. Par l'auteur d'Antoine, ou le Retour au village. *Paris, Débécourt*, 1834, 2 vol. in-12, 2 fr.
— * Vittoria Accorambuoni. Nouvelle italienne du XVIe siècle. *Paris, Débécourt*, 1836, in-12, 1 fr.

VALLETTE-VIALLARD, anc. chef de la division des finances à la préfecture de la Seine-Inférieure.
— Instruction sur la perception des contributions directes, basée sur les lois, sur les décisions ministérielles et sur les réglements administratifs qui ont été publiés à ce sujet; terminée par une table raisonnée des matières. *Rouen, Em. Périaux fils aîné; Lance*, 1822, in-8 de 114 pag., plus 5 tableaux, 3 fr.

VALLEYRE (Guillaume-Amable), anc. professeur de philosophie en l'Université de Paris.
— Histoire des divers changements et mutations des monnaies de France, depuis 1666 jusqu'à présent ; et nouveau tarif général des monnaies. *Paris, Cl. Cellier*, 1705, in-12.
— Ouvrage nouveau dans le goust des Caractères de Théophraste et des Pensées de Pascal. *Paris*, 1698, in-12.

VALLI. — Lettre (sa) à M. Astier sur la découverte de la vertu anti-fermentescible de l'oxide rouge de mercure. *Paris, de l'impr. de la veuve Courcier*, 1816, in-8 de 24 pag.

VALLIENNE. — Caserne (la), ou le Départ de la première réquisition, bluette patriotique en un acte, en prose, mêlée de vaudevilles. *(Paris), au théâtre du Palais-Variétés*, an II (1794), in-8.

Avec Bizet.

VALLIENNE (J.). — Tableau synoptique des produits immédiats des végétaux. *Angers, de l'impr. de Lesourd*, 1838, une feuille in-plano.

VALLIER (D.-A.), chef de bataillon au corps royal d'artillerie.
— Notes sur les obusières construites et éprouvées à Bayonne par le chef de bataillon d'artillerie Vallier. *Paris, de l'impr. de Guiraudet*, 1822, in-8 de 24 pages, avec une planche gravée. — Addition à la Note sur les obusières, publiée en 1823. *Paris, de l'impr. de Guiraudet*, 1826, in-8 de 24 pag., avec une planche.
— Nouveau système de défense contre l'invasion. *Paris, de l'impr. de Guiraudet*, 1834, in-8 de 20 pages et un plan.

VALLIER, artiste dramatique. Voy. TOLMER.

VALLIER (François-Charles), comte DU SAUSSAY, chevalier de l'ordre de Saint-Louis, capitaine au régiment de Champagne, colonel d'infanterie, membre des académies d'Amiens et de Nanci; né au commencement du xviiie siècle, à Paris, où il est mort dans les premiers jours de 1778.

— Amour (l') de la patrie, poëme. 1754, in-8.

— Citoyen (le), poëme. 1759, in-8.

— Églé, comédie en un acte, en vers, avec un prologue, jouée à Fontainebleau, en 1765. *Paris, Chr. Ballard*, 1767, in-8.

— Éloge de M. de Chevert, lu le 25 août 1769, dans l'assemblée publique de l'Académie d'Amiens. *Paris*, 1769, in-12.

— Épître à la nation française sur l'établissement des invalides de l'École militaire, etc. 1768, in-4.

— Épître en vers aux grands et aux riches. 1764, in-8.

— * Journal en vers de ce qui s'est passé au camp de Richemont, commandé par M. de Chevert. *Metz, Collignon*, 1755, in-4.

— Odes sur les eaux de Barège et de Bagnères, avec un Essai sur la guerre, en vers, et une Lettre en prose. 1762, in-8.

— Triomphe (le) de Flore, ballet en un acte (en vers libres), représenté à Fontainebleau, le 29 octobre 1765. *Paris, Christ. Ballard*, 1765, in-8.

VALLIÈRE (le marquis Jean-Florent de), lieutenant-général des armées du roi, membre de l'Académie des sciences; né à Paris, le 7 septembre 1667, mort le 6 janvier 1759, âgé de 92 ans.

— * Lettre d'un des plus anciens lieutenants de l'un des régiments du corps royal d'artillerie à l'auteur de la brochure intitulée : « Observations, etc. ; — Suite de la précédente lettre. *Amsterdam (Paris)*, 1772, in-8.

Cette Lettre a été aussi attribuée à Saint-Auban.

— Mémoire touchant la supériorité des pièces d'artillerie longues et solides. 1775, in-8.

— * Traité de la défense des places par les contre-mines, avec des Réflexions sur les principes de l'artillerie. — Mémoire sur les charges et les portées des bouches à feu, au sujet des observations du sieur Belidor, par rapport aux épreuves faites à son instigation, en 1740, à Metz. *Paris, Jombert*, 1768, in-8.

Voyez l'Histoire de l'Académie des sciences, 1759.

VALLIÈRE (La). Voy. LA VALLIÈRE.

VALLIN (J.-B.), maître de principes de grammaire à Saumur.

— Nouveaux (les) Rudiments de la grammaire latine, à l'usage du collége royal de Saumur. *Saumur*, 1768, in-12.

VALLIN. — * Annales de calcographie générale. *Paris*, 1806, in-8, vingt-trois numéros.

VALLIVON (la comtesse Albitre de). Voy. Julie MOLÉ.

VALLOS (A.). — École (l') de la piété filiale, ou la Religion, la nature et l'exemple enseignant à l'homme ses devoirs envers les auteurs de ses jours. *Lyon, Guyot*, 1833, in-12.

— Lecture (la) enseignée en 54 leçons, de 10 à 20 minutes chacune. Méthode éprouvée avec beaucoup de succès sur des personnes de tout âge, et principalement sur des enfants de quatre à cinq ans. Sec. édition, revue et augmentée de la Lecture du latin. *Lyon, et Paris, Périsse*, 1836, in-8.

— Trésor poétique de l'enfance. *Lyon, Guyot*, 1836, in-18.

VALLOT (J.-N.), ancien professeur d'histoire naturelle à l'École centrale de la Côte-d'Or (à Dijon), membre de plusieurs sociétés d'agriculture.

— Concordance systématique servant de table des matières à l'ouvrage de Réaumur intitulé : Mémoires pour servir à l'histoire des insectes. *Paris, Grégoire*, 1802, in-4, 5 fr.

— Dictionnaire critique d'histoire naturelle, contenant l'origine et l'explication de tous les contes étranges, de tous les dessins bizarres, de toutes les figures monstrueuses et toutes les opinions singulières ou erronées dont on a chargé cette science. *Dijon, et Paris, Renouard*, 1822, 2 vol. in-8, avec environ 200 fig., 12 fr.

— Ichtiologie française, ou Histoire des poissons d'eau douce de la France. *Dijon, de l'impr. de Frantin*, 1837, in-8, avec un portrait.

VALLOTHON-D'ANDRÉ, l'un des directeurs et rédacteurs du Journal des beaux-arts et de la littérature (1835).

VALLOUY (Alex.-Domin.), pasteur.
— Coup-d'œil sur les missions. *Vevey*, 1821, br. in-8.

VALMALETTE (J. de), connu plus tard sous le nom de VALMALETTE DÉSABRETS.
— Fables politiques. *Paris, de l'impr. de Trouvé*, 1821, in-12. —, Nouv. édition, corrigée et augmentée. *Paris, de l'impr. de Pihan-Delaforest-Morinval*, 1831, in-12, avec 4 lithographies, 4 fr.
— Goffin, ou les Mines de Beaujonc. *Paris, Delaunay ; Dentu*, 1812, in-8 de 16 pages.
— Retour (le) des Bourbons. (En vers). *Paris, de l'impr. de Porthmann*, 1814, in-8 de 8 pag.
— * Spectateur (le) français. Tome Ier et unique. An v (1797), in-12.

Avec M. Marchena.

VALMÉRON (l'abbé de), pseudon. Voy. l'abbé JARRY.

VALMESNIL (le P. C. T. de), jésuite.
— Épigramme sur le rétablissement de la santé du roy. *Paris, Thiboust*, 1744, in-4.

VALMIRE (Sissous de). Voy. SISSOUS.

VALMONT (de). — * Dissertation sur les maléfices et les sorciers, selon les principes de la théologie et de la physique, où l'on examine l'état de la fille de Tourcoing. *Tourcoing*, 1753, petit in-12.

VALMONT DE BOMARE (Jacques-Christophe), naturaliste, membre des académies de Clermont, Caen et Rouen ; né à Rouen, en 1731, mort à Chamilly, en 1807.
— Catalogue d'un cabinet d'histoire.naturelle. 1758, in-12.

Ce Catalogue a été désavoué par Valmont, bien qu'on le lui attribue généralement.

— Dictionnaire raisonné universel d'histoire naturelle, contenant l'histoire des animaux, des végétaux et des minéraux, et celle des corps célestes, des météores et des autres principaux phénomènes de la nature, avec l'histoire des trois règnes et une table concordante des noms latins. 1764, 5 vol. in-8. — Édition (2e) augmentée de plusieurs articles nouveaux et d'un nombre d'additions fournies par MM. Haller et de Leuze. 1768-69, 12 vol. in-8.— IVe édition. *Lyon*, 1791, 15 vol. in-8.

La troisième édition, publiée en 1775, forme 6 volumes in-4, ou 9 vol. grand in-8, et 9 vol. petit in-8.

— Extrait nomenclateur du système complet de minéralogie. 1759, in-12.
— Minéralogie, ou nouvel Exposé du règne minéral. 1761-62, et 1774, 2 vol. in-8.
— Prospectus d'un Cours d'histoire naturelle des minéraux, végétaux et animaux. 1759, in-12.

VALMORE. — Fête (la) de l'agriculture, où l'Heure du repos aux bruyères, comédie en un acte, en prose, mêlée de vaudevilles. *Rouen, veuve L. Dumesnil et Montier*, an II (1794), in-8.

Avec Beauval.

VALMORE, officier russe.
— Moscovites (les). Poésies nouvelles. *Paris, les march. de nouv.*, 1825, in-8 de 78 pag., 4 fr.
— Sophie de Menthon, ou la Pupille infortunée. *Paris, Pigoreau*, 1826, 2 vol. in-12, 5 fr.

VALNY (F.). — Notices géologiques et minéralogiques. *Lyon, de l'impr. de Perrin*, 1832, in-8 de 28 pag.

VALOIS (Marguerite de). Voy. MARGUERITE.

VALOIS (Charles de), duc d'Angoulême, fils naturel de Charles IX. Voy. ANGOULÊME.

VALOIS (le P. Yves), jésuite, ancien professeur d'hydrographie à La Rochelle, et membre de l'Académie roy. des belles-lettres de la même ville ; né à Bordeaux, le 2 novembre 1694.
—*Avis charitable à ceux qui ont le malheur de vivre dans l'incrédulité. 1767, in-8.
— Avis sur l'incrédulité moderne. 1766, in-8.
— Conjectures physiques sur le sel marin. 1752, in-8.
— Discours sur les bibliothèques publiques. *Bresce, J.-M. Rizzardi*, 1751, in-8.
·— Entretiens sur les vérités fondamentales de la religion. *La Rochelle, Desbordes et Mesnier*, 1747, in-12.
— Entretiens sur les vérités pratiques de la religion. 1751, 4 vol. in-12.
— * Lectures de piété, à l'usage des mai-

sons religieuses. *Paris, Méquignon*, 1764, in-12.

— *Lettres d'un père à son fils sur l'incrédulité. 1756, in-12.

— * Observations curieuses sur ce que la religion a à craindre ou à espérer des académies littéraires, et Observations sur la critique qui s'exerce dans les académies pour la perfection du style. *Amsterdam*, 1755, in-12.

> Réimprimées dans le Recueil de dissertations littéraires de l'auteur.

— Observations sur les auteurs qui cachent leurs noms par de mauvais motifs. 1749, in-4.

— * Recueil de dissertations littéraires, par l'auteur des « Lectures de piété, etc. » *Paris, et Senlis*, 1763 ;— *Nantes, Marie*, 1766, in-8.

— Science et pratique du pilotage. 1735, in-4.

VALOIS (Adrien-Joseph de), seigneur d'ORVILLE, de Paris.

— Béquille (la), opéra-comique en un acte (en prose, mêlée de vaudevilles). *Paris, Mahault*, 1738, in-12.

> Avec Laffichard.

— Étrennes d'Iris, cantate, du poëme en vers intitulé : les nouvelles Lanternes.

— Nouvelles (les) lanternes, poëme. *Paris*, 1746, in-12.

— Peinture (la), poëme. In-8, 3 fr.

— Platée, ballet bouffon en trois actes, précédé d'un prologue (intitulé la Naissance de la comédie : le tout en vers libres). (*Paris, Ballard*), 1745, in-4; — Seconde édition *Paris, veuve Delormel et fils*, 1750, in-4.

— Souhaits (les) pour le roi, comédie en un acte. *Paris, Cailleau*, 1750, in-12.

> Avec Dubois, avocat au parlement de Paris.
> Valois d'Orville est auteur de plusieurs almanachs chantants.
> Cet écrivain a composé seul ou en société un plus grand nombre de pièces que celui que nous citons ; mais aucune autre n'a été imprimée.

VALOIS. — * Zelmire et Osmin, comédie lyrique en trois actes (et en prose), paroles d'un soldat du régiment du roi, infanterie. *Besançon, Jean-Félix Charmet*, s. d. (1777), in-8.

VALOIS.—Cours d'hippiatrique, comprenant des notions sur la charpente osseuse du cheval, la description de toutes ses parties extérieures, les beautés et les défectuosités naturelles ou accidentelles dont elles sont susceptibles, suivies des précautions que cet animal exige pour sa santé. *Paris*, 1814, in-12. — Sec. édit., revue et augmentée. *Paris, madame Huzard*, 1825, in-12, 3 fr. 50 c.

VALOIS (Le). Voy. LE VALOIS.

VALOIS-VALOIS.—Plaidoyer pour «le Précurseur », en l'audience du tribunal de police correctionnelle de Lyon, le 28 juillet 1829. *Lyon, de l'impr. de Brunet*, 1829, in-8 de 28 pag.

VALON (le comte), député de la Corrèze.

— Opinion (son), prononcée dans le comité secret du 17 juin 1824, sur la proposition de soumettre à la réélection de son département tout député promu à un emploi salarié. *Paris, de l'impr. de Trouvé*, 1824, in-8 de 8 pag.

VALON (J.-A.). — Annuaire administratif du département de Seine et Marne. Année 1836. *Melun, Michelin*, 1836, in-12, 2 fr. — Année 1837. *Melun, le même*, 1837, in-12.

VALORI (Nicolas). — Vie de Laurent de Médicis, traduite du latin (par l'abbé GOUJET). *Paris, Nyon*, 1761, in-12.

VALORY (de). — Mariage (le) extravagant, comédie-vaudeville en un acte et en prose. *Paris, madame Masson*, 1812, in-8.

> Avec Désaugiers.
> Selon quelques personnes, le M. de Valory, collaborateur de Désaugiers pour cette pièce, serait le marquis de Valory.

— * Quitte à puitte, ou les jeunes Vieillards, comédie en un acte et en prose, mêlée de vaudevilles. *Paris, Barba*, 1807, in-8.

> Avec M. Ourry.

VALORY (le comte François-Florent), né à Huningue, le 9 février 1755, d'une ancienne et nombreuse famille qui a donné plusieurs lieutenants-généraux à la France, et dont un des membres fut ambassadeur de France à Berlin, auprès du grand Frédéric. Le comte Valory était garde-du-corps (compagnie Beauvau), et fut licencié avec le rang de capitaine, après les journées des 5 et 6 octobre 1789; il émigra de France le 16 septembre 1791, se rendit à Berlin, et entra au service de Prusse, en qualité d'aide-de-camp du général Kalkreuth. Revenu en France seulement en 1814, il fut nommé maréchal-de-camp et sous-aide-major des gardes-du-corps, compagnie de Wagram. En 1815, il suivit Louis XVIII à Gand, et, après son retour, fut nommé prévôt du département du Doubs. M. de Valory a terminé sa carrière à Toul, le 17 juillet 1822.

— Précis historique du voyage entrepris par S. M. Louis XVI, le 21 juin 1791, de l'arrestation de la famille royale à Varennes, et de son retour à Paris. *Paris, Michaud,* 1815, in-8 de 95 pages, 1 fr. 80 c.

Cette relation a été réimprimée dans la « Collection des Mémoires relatifs à la révolution française (XIe livraison) ».

Ce Précis a été contredit, quant aux circonstances de la première partie, par M. le duc de Choiseul, dans sa « Relation du départ de Louis XVI, le 20 juin 1791 » (Paris, 1822, in-8).

VALORY (le comte Henri), chevalier de l'ordre de Saint-Jean de Jérusalem.

— Dissertation sur la statue de Milo, offerte au roi le 1er mars 1821 par M. le marquis de Rivière. *Paris, de l'impr. de F. Didot,* 1822, in-4 de 24 pag., avec une pl. lithogr.

— Journal militaire de Henri IV, depuis son départ de la Navarre; rédigé et collationné sur les manuscrits originaux; précédé d'un Discours sur l'art militaire du temps, avec dessins et fac-simile. *Paris, F. Didot père et fils,* 1821, in-8, avec un portr., un fac-simile et deux planches lithogr., 6 fr., et sur pap. vélin, 12 fr.

Cet ouvrage a été rédigé sur les mémoires manuscrits de la Bibliothèque royale, par M. Valory. Ce journal militaire a été recueilli et écrit par Guy d'Hermay, sous les yeux et d'après les souvenirs de Henri IV. Chaque relation de ce journal est accompagnée d'une pièce officielle ou dépêche du temps, ayant trait à l'époque. Ce journal n'avait pas encore été publié; peu de pièces qui l'accompagnent l'avaient été. On y a joint une collection curieuse de lettres inédites de ce grand roi. Enfin, tous les documents que renferme ce journal ont assez d'importance pour caractériser davantage, s'il se peut, les hautes qualités de Henri IV, et le faire encore mieux connaître, même après les Économies royales de Sully.

M. le comte de Valory a fait précéder cet intéressant recueil d'un discours sur l'art militaire du temps.

— Mémoire pour l'ordre souverain de Saint-Jean de Jérusalem, lu à la commission des vénérables langues de France, le 30 août 1814. *Paris, de l'impr. de madame Huzard,* 1814, in-8 de 24 pag.

— Mémoires des négociations du marquis de Valory, ambassadeur de France à la cour de Berlin; accompagnés de lettres de Frédéric-le-Grand, des princes ses frères, de Voltaire, et des plus illustres personnages du XVIIIe siècle; précédés d'une Notice historique sur la vie de l'auteur, par le comte H. de Valory. *Paris, F. Didot père et fils,* 1820, 2 vol. in-8, avec un portrait et 3 fac-simile.

On sait que M. de Valory, deux fois ambassadeur à Berlin, où il résida onze années, était dans l'intimité du grand Frédéric et de toute la famille royale. Voltaire, dans sa correspondance avec le roi de Prusse, parle de M. de Valory dans les termes les plus flatteurs.

Ces mémoires sont divisés en trois parties bien distinctes, savoir : 1° Les premières campagnes de Frédéric; 2° La plus belle époque militaire de la vie de ce grand prince; 3° La mission du marquis de Valory à la cour du Hanovre, et celle qui précéda son retour en 1756, où finissent ses négociations.

Un recueil de lettres écrites à M. de Valory par Frédéric, les princes ses frères, Charles VII, Stanislas, le prince de Conti, le maréchal de Bellisle, Voltaire, etc., est joint à ces mémoires.

— Moucheron (le) : poëme de VIRGILE, traduit en vers français; enrichi du texte latin du cardinal BEMBO, et de son dialogue à Hercule Strozzi; suivi des imitations poétiques de Parmindo, Spencer et Voss, accompagnées des commentaires de Jos. Scaliger, Burmann et Heyne, avec le *Culex probabiliter restitutus* de ce dernier, et des notes du traducteur-éditeur. *Paris, L.-G. Michaud,* 1817, in-18, 2 fr. 50 c.

— Odes choisies, précédées d'un Discours sur la poésie et les poëtes lyriques des anciens et modernes. *Paris, Pillet aîné,* 1818, in-8, 3 fr.

VALORY (Caroline TOCHON, comtesse de), femme du précédent.

— Céline de Saint-Albe.

— Greuze, ou l'Accordée de village, comédie-vaudeville en un acte; précédée d'une Notice sur Greuze et sur ses ouvrages. *Paris, Fages,* 1813, in-8, 1 fr. 25 c.

Avec Baunoir.

— *Lisady de Rainville. Par madame de ***. *Paris, Germain Mathiot,* 1814, 3 vol. in-12, 5 fr.

VALORY (le marquis de). — A mademoiselle de Fauveau. Stances. *Paris, de l'impr. de Pillet aîné,* 1832, in-8 de 8 pages.

— Deux Charles en Écosse. Poëme. *Paris, Pillet aîné,* 1833, in-8 de 40 pag., 1 fr. 25 c.

— Enfautement de la Vierge, traduit du latin (1838). Voy. SANNAZAR.

—Épître sur le xixe siècle. *Paris, Pillet,* 1829, in-8 de 16 pag., 75 c.

— Hommage au roi, en mars 1824. *Paris, de l'impr. de Pillet aîné,* 1824, in-4 de 8 pages.

— Ode sur la conquête d'Alger par l'armée française. *Paris, de l'impr. de Pillet,* 1830, in-8 de 8 pag.

— Ode sur le génie du christianisme, à M. de Châteaubriand. *Paris, de l'impr. de Boucher,* 1824, in-4 de 8 pag., 30 c.

— Sur la mort de Girodet, ode. *Paris, de l'impr. de Boucher,* 1824, ou 1825, in-8 de 8 pag., 75 c.

— Troisième (le) exil, poëme. *Paris, les march. de nouv.,* 1832, in-8 de 40 pages, 1 fr.

— Veillée (la) des armes, poëme lyrique à l'occasion du sacre du roi. *Paris, de l'impr. de F. Didot,* 1825, in-4 de 24 pag., ou in-8 de 24 pag.

— OEuvres (ses) poétiques. *Paris, Pillet aîné,* 1830, in-8, 6 fr.

Quelques personnes attribuent au marquis de Valory les deux pièces de théâtre citées à un article plus haut.

VALORY, pseudon., auteur dramatique. Voy. Ch. MOURIER.

VALPERGA DI CALUSO (Thomas), érudit italien; né le 20 décembre 1737, mort le 1er avril 1815.

— Principes de philosophie pour les initiés aux mathématiques. *Turin, Vinc. Bianco,* 1811, in-8.

Valperga di Caluso est auteur de beaucoup de dissertations en italien, latin et français. M. le comte Prosp. de Balbe a inséré, dans le Magasin encyclopédique, août 1813, une notice sur cet écrivain, et à la suite une Bibliographia Calusiana, où tous ses ouvrages se trouvent mentionnés. *Beuchot.*

VALPÊTRE (Jos.-Ch.), médecin.

— Manuel de santé, ou Moyens simples et faciles de se traiter soi-même dans les maladies qui ne réclament pas la présence d'un médecin; précédé de quelques préceptes généraux sur la conservation de la santé, et suivi d'un Recueil de formules les plus usités, etc. *Paris, Moronval,* 1824, 1826, in-18, 1 fr.

VALTERIE (La). Voy. LA VALTERIE.

VALTERRE (le chev. de).—Muse (la) chrétienne, ou les Mystères du Rosaire, en vers héroïques, divisés en trois livres. *Besançon, Gabr. Benoit,* 1700, in-8.

VALVERDE (le P. M.-Pierre-Ferdinand

de), définiteur de la province du Pérou.

— Vie de Jésus-Christ, dieu-homme; traduite en français par M. BEGUIER, prêtre, déporté sur le territoire espagnol en 1792. *Angers, Pavie,* 1828, 5 vol. in-8.

VALVILLE (PITOU, dit de). Voy. PITOU.

VALVILLE (François BERNARD), auteur dramatique. Voy. BERNARD - VALVILLE.

VALZ (Benjamin). — Mémoire sur un nouveau projet de docks, de port auxiliaire et de passe de sortie pour le port de Marseille, dans les vallons de la Joliette. *Paris, Bachelier,* 1838, in-8 de 32 pages, et une planche.

Signé B. Valz et comp^e.

— Observations, rapports et mémoire, relatifs au projet d'amener à Nîmes les eaux du Gardon, présentés au conseil municipal. *Nîmes, de l'impr. de veuve Gaude,* 1832, in-4.

Avec M. Fauquier.

VAMMALLE (l'abbé Antoine BRÈS DE), vicaire-général; né à Alais, en 1725, mort à Brienne, en 1781.

— Oraison funèbre de Louis XV, prononcée dans l'église de Toulouse. *Toulouse, Dalles,* 1774, in-8.

— Panégyrique de saint Louis. 1766, in-8.

Secrétaire de la commission établie en 1766 pour la réforme des ordres religieux, Vammalle eut la plus grande part à la rédaction des Mémoires publiés par cette commission.

VAN AELBROECK. Voy. (la Littér. franç. contemp.) AELBROECK.

VANASPROECK (   ), docteur-médecin, à Bruxelles.

— * Coup-d'œil sur les remarques du médecin Caels, touchant l'ouvrage intitulé : la Nature médecin. *Bruxelles,* 1797, in-8.

— Nature (la) médecin. *Bruxelles,* 1796, in-8.

VANAULD (Alfred). — Marie Ange. *Paris, Renduel,* 1837, 2 vol. in-8, 15 fr.

VAN AYLDE JONGHE (Elz.). Voy. Ida SAINT-ELME.

VAN BEMMEL. Voy. BEMMEL.

VAN BENEDEN. Voy. (la Littér. franç. contemp.) BENEDEN.

VANBERCHEN. Voy. BERTHOUD-VAN-
BERCHEN.

VAN BIERVLIET. Voy. (*la Littér.
franç.*) BIERVLIET.

VANBLOTAQUE (le P.). Voy. l'abbé
SAINT-PARD.

VANBRUGH (John).—Mari (le) poussé
à bout, ou le Voyage de Londres, comédie en cinq actes (en prose), commencée
par le chevalier Vanbrugh, et achevée par
Colley-Cibber; traduite de l'angl. *Londres,
et Lausanne, Fr. Grasset,* 1761, 1783,
in-8.

VAN CAMP. Voy. (*la Littér. française
contemp.*) CAMP.

VANCLEEMPUTTE fils. — Recueil de
vers, acrostiches, etc., relatifs au séjour de
Bonaparte en France; suivi d'une Ode sur
le retour des Bourbons. *Paris, de l'impr.
de Dondey-Dupré,* 1815, in-8 de 24 pag.

VAN COETSEM. Voy. (*la Littér. franç.
contemp.*) COETSEM.

VANCOUVER (George), voyageur anglais.
— Voyages de découvertes à l'Océan Paci-
fique du Nord et autour du monde, ordon-
nés par le roi d'Angleterre, et exécutés en
1790-1795 par le capitaine Vancouver;
trad. de l'angl. (par DEMEUNIER et l'abbé
MORELLET). *Paris, de l'impr. de la répubr.
franç.,* an VII (1799), 3 vol. in-4, avec
Atlas de 18 cartes, 72 fr., et sur gr. pap.
vélin, 100 fr.; ou 6 vol. in-8, avec cartes,
30 fr.
— Le même Voyage, traduit par P.-F.
HENRY. *Paris, Lepetit jeune,* an X (1802),
6 vol. in-8, y compris un Atlas composé
de neuf cartes et de dix-sept vues de nouvelles découvertes, gravé par Tardieu,
36 fr., et sur pap. vélin, Atlas avant la
lettre (tiré à 18 exempl.), 72 fr.

VAN CUYCK. Voy. (*la Littér. franç.
contemp.*) CUYCK.

VANCY (DUCHÉ DE). Voy. DUCHÉ DE
VANCY.

VANDAEL, tailleur. — Manuel théorique et pratique du tailleur, ou Traité complet et simplifié de cet art, contenant la
manière de tracer, couper et confectionner
les vêtements; précédé d'une Notice sur les
outils du tailleur, sur les étoffes à employer
pour les vêtements d'hommes, etc.; ainsi
que les uniformes de tous les corps de l'armée. *Paris, Roret,* 1832, in-18, avec 6
planches, 2 fr. 50 c.

VANDAMME (le comte), lieutenant-
général.
— Exposé de sa conduite. *Paris, Chaumerot,* 1815, in-4 de 12 pag.

VANDEBERGUE-SEURRAT (Claude),
négociant d'Orléans, estimable et instruit;
né à Versailles, où il est mort, le 15 décembre 1783.
— *Voyages de Genève et de la Touraine,
suivi de quelques Opuscules. Par M. ***.
Orléans, Rouzeau-Montaut, et Paris, On-
froy,* 1779, in-12 de viij et 394 pag.

Nous voyons, d'après l'approbation, en date du
21 juin 1779, signée de Reyrac, que le manuscrit
de l'ouvrage que nous venons de décrire portait
pour titre : *Voyage d'Orléans à Genève, suivi d'un
Voyage de la Touraine et de quelques opuscules.*
Le volume imprimé contient : 1° *Voyage d'Orléans à Genève,* en dix lettres, adressées à une
femme de lettres. Dans l'avis de l'éditeur il est dit
que ce voyage a paru successivement dans quelques
journaux ;—2° *Voyage de la Touraine,* en une lettre
adressée à l'abbé Ameilhon : celui-ci a été imprimé
d'abord dans le Journal de Verdun. Les Opuscules
qui terminent le volume, sont :—3° *Réflexions sur
la nécessité d'accorder de la considération à l'état de
commerçant.* A M. l'abbé A** (Ameilhon);—4° Projet
de création de consulats supérieurs dans les grandes
villes du royaume, avec établissement d'une chaire
de droit consulaire; — 5° Notice sur le commerce
d'Orléans, adressée à l'abbé A** (Ameilhon); —
6° Table alphabétique.
Sous le n° 12,577 de ses ouvrages anonymes,
Barbier attribue un *Nouveau Voyage à Genève,* 1783,
in-8, à un Van Debergue, mais nommé *Crignon
Vandebergue;* sous le numéro 19427 du même livre,
notre bibliographe donne le titre de *Voyages de
Genève et de la Touraine,* Orléans, 1779, in-12,
qu'il attribue à M. *Crignon d'Auzouer.* Il doit y avoir
ici confusion, pensons nous; le volume de 1783, si
la date donnée n'est pas fausse, ne doit être que la
réimpression de celui de 1779, volume que M. Vergnaud-Romagnési ne donne ni à Crignon d'Auzouer,
ni à Crignon Vandebergue, mais à Vandebergue-
Seurrat.
On doit encore à Vandebergue-Seurrat un *Mémoire* intéressant sur le *commerce d'Orléans,* cité par
M. Vergnaud-Romagnési, dans son Indicateur orléanais, page 672; c'est, sans aucun doute, celui
imprimé à la suite des deux voyages de l'auteur.
M. Vergnaud-Romagnési parle aussi d'un autre
Vandebergue (George), avocat du roi au bailliage
d'Orléans, prévôt, lieutenant-général de police,
mort en 1748, auteur de *poésies latines.*

VANDEN-BOSCH. — Colonie (de la)
de Fredericks-Oord et des moyens de sub-
venir aux besoins de l'indigence, etc.; trad.
du hollandais sur le mss. de l'auteur, par
M. le baron de KEVERBERG DE KESSEL.

Gand, Houdin, 1821, in-8, avec planches, 1 fr.

VANDENBOSSCHE (F.-J.). — Cours simultané d'anglais et de français, ou nouvelle Méthode prompte et facile, basée sur celle de M. Jacotot, à l'usage des deux nations, etc. *Paris, Baudry,* 1829, in-8 de 126 pag., 2 fr. 50 c.
— Grammaire (nouv.) raisonnée pour apprendre facilement le flamand et le hollandais. *Lille, Vanackère père,* 1825, in-12.
— Guide du commerçant et du voyageur : Almanach du commerce du département du Nord. *Lille, l'Auteur,* 1838, in-8 , 6 fr. 50 c.

Ce volume a été publié aussi pour 1839, mais cette dernière année porte le nom d'un collaborateur, celui de M. Jules Deligue.

— Télémaque polyglotte, français, latin, anglais, hollandais, avec les traductions en regard , et d'autres morceaux non traduits. *Lille, Bronner,* 1830, in-8, 1 fr. 50 c.

VAN DEN BOSSCHE, avocat à Bruxelles, membre de la chambre des représentants; né à Alost.
— Exposé des droits et actions du gouvernement belge à charge à la société générale pour favoriser l'industrie nationale. *Bruxelles, veuve Demat,* 1836.

On a du même quelques autres mémoires.

VAN DEN DRIESSCHE, docteur en médecine à Bruges, membre correspondant de la Société de médecine de Gand.

D'après le Dictionnaire des hommes de lettres, etc., de la Belgique , ce médecin est auteur des ouvrages suivants; mais qui ne paraîtraient pas avoir été imprimés, si nous en jugeons par le peu de précision avec laquelle ils sont cités : 1° Cours complet des maladies des voies urinaires d'après les leçons de M. Marjolin , à Paris; — Recueil d'observations de maladies d'yeux, observées et rédigées à la clinique ophtalmique de M. le docteur Jules Sichel , à Paris ; — 3° Coup-d'œil sur les appareils employés pour le traitement des fractures des membres inférieurs dans les principaux hôpitaux de Londres ;—4° Mémoire sur les maladies de l'organe de la vision ; — 5° Mémoire sur des cas rares de chirurgie, observés dans les hôpitaux de Londres. Tous ces ouvrages, dit l'autorité dont nous nous appuyons , ont été présentés à la Société de médecine de Gand.

**VANDENESSE (J.). Voy. J.-B. Les-
broussart.**

VAN DEN HULL (W.), alors chef d'une maison d'éducation à Harlem en Hollande.
— Essai d'une explication géologique de la station apparente du soleil et de la lune à l'ordre de Josué. *Paris, Gabr. Dufour,* 1821, in-8 de 60 pag.

VANDENPÛTTE (Jean-Baptiste), à Malines, artiste vétérinaire de première classe , premier rang.
— Rapport succinct sur une maladie particulière qui a régné parmi les bêtes à cornes de l'arrondissement de Malines. Imprimé dans le Journal d'agriculture, de la Belgique, 2e série, tome IX.

VANDENSTEEN(Michel-Jean-Baptiste), capitaine d'artillerie détaché à la fonderie de canons à Liége; né à Louvain.
— Plan détaillé de la fonderie royale de canons de Liége. *Liége, ...,* 3 feuilles in-plano.

VAN DE VIVÈRE (E.-C.-J.).— Mausolée (le) de S. A. R. Marie-Christine d'Autriche, exécuté par le chevalier Ant. Canova, et expliqué par E.-C.-J. Van de Vivère (traduit de l'italien par M. l'abbé d'Auribeau). *Rome, L. Perego Salvioni,* 1805, in-12.

VAN DEN WYENBERG (B.).— Lettres adressées à M. Mollard-Lefèvre, à Lyon, en réponse à celle qu'il a publiée sur les motif qui l'ont déterminé à embrasser la religion chrétienne prétendue réformée. *Lyon, et Paris, Rusand,* 1825, in-8 de 96 pag.

VAN DEN YZER (J.-L.), pseudon. Voy. **Ferry de Saint-Constant.**

VANDERBOURG (Charles de), membre de l'Académie des inscriptions et belles-lettres (de l'Institut); mort le 16 novembre 1827.
— Notice sur la philosophie de Kant....
— Observations sur les fables récemment publiées à Naples et attribuées à Phèdre.

Imprimées dans le tome VII des Mémoires de l'Académie des inscriptions, publié en 1827.
Les écrits de Vanderbourg sont tous de philologie, et n'ont point été l'objet de publications spéciales : ils sont consignés dans divers recueils, tels que les Archives littéraires de l'Europe, le Publiciste (du 21 mars 1801 au 30 octobre 1810), le Journal des savants, depuis sa reprise, en 1816; les Annales de la littérature et des arts, etc. (1er octobre 1820).
Comme traducteur, Vanderbourg a publié les cinq ouvrages suivants, qui sont traduits de l'allemand: Woldemar, par J. H. Jacobi (1796, 2 vol. in-12); —Du Laocoon, ou des Limites respectives de la poésie et de la peinture, par Lessing (1802, in-8); — Voyage en Italie, par F.-J.-L. Meyer (1802, in-8; — les Odes d'Horace, traduites en vers, avec des arguments et des notes, et revues, pour le

texte, sur xviii manuscrits de la Bibliothèque impériale. (Avec le texte en regard. Paris, 1812—13, 2 vol. in-8); — Cratès et Hipparque, roman de WIELAND; suivis des Pythagoriciennes, par le même (1818).

Il est aussi l'éditeur, et peut-être quelque chose de mieux, des Poésies de madame de SURVILLE (1803, in-8 et in-18). (Voy. l'art. SURVILLE).

VANDER BURCH (Émile-Louis), fécond auteur dramatique, membre de la Société d'Apollon; né à Paris, en 1794.

THÉATRE ET POÉSIES.

— Allez-vous coucher! folie vaudeville en un acte. *Paris, Barba*, 1835, in-8, 1 fr. 50 c.

Avec M. Gabriel.

— Amaglia, ou la Fille du Danube. Drame fantastique en cinq actes, mêlé de chant. *Paris, Barba*, 1836, in-8, 2 fr.
— Arc (l') de triomphe, tableau-vaudeville. *Paris, madame Huet; Barba*, 1824, in-8, 50 c.
— Avoué (l') et le Normand, ou Fin contre fin; comédie-vaudeville en un acte. *Paris, Barba*, 1837, in-8, 2 fr. — Autre édition. *Paris, Barba*, 1838, in-8.

La dernière édition fait partie de la France dramatique au xixe siècle.

— Baigneuses (les), ou la nouvelle Suzanne, comédie-vaudeville en un acte. *Paris, Barba*, 1833, in-8, 1 fr. 50 c.

Avec MM. A. de Leuven et Deforges.

— Bandeau (le), comédie-vaudeville en un acte. *Paris, Barba*, 1832, in-8, 1 fr. 50 c.

Avec M. Bouilly.

— Barbier (le) de Paris, drame en trois actes. *Paris, Brunet*, 1827, in-8, 1 fr. 50 c.

Avec M. Paul de Kock.

— Baron (le) d'Hildburghausen, ou le Bal diplomatique, folie-vaudeville en deux actes. *Paris, Barba*, 1831, in-8, 2 fr.

Avec MM. Mélesville et Brazier.

— Brelan de gascons, ou C'est un des trois, comédie en un acte et en vers. *Paris, Barba*, 1816, in-8, 1 fr. 25 c.
— Cadet (le) de famille, vaudeville en un acte. *Paris, Marchant*, 1833, in-8, 1 fr. 50 c.

Avec M. Brunswick.

— Camarade (le) de lit, comédie en deux

actes, mêlée de couplets. *Paris, Barba*, 1833, in-8, 1 fr. 50 c. — Autre édition. *Paris, Barba*, 1834, in-8 à 2 colonnes.

Avec M. Ferdinand Langlé.
La dernière édition fait partie de la France dramatique au xixe siècle.

— Camarades (les) du ministre, comédie en un acte et en vers. *Paris, de l'impr. de Le Normant*, 1839, in-8 de 16 pag.
— Charmettes (les), ou une Page des Confessions, comédie mêlée de couplets. *Paris, Marchant*, 1834, in-8 à deux colonnes, 15 c. — Autre édition, à longues lignes. *Paris, le même*, 1834, in-8, 1 fr. 50 c.

Avec MM. Bayard et Deforges.

— Chaumière (la) béarnaise, ou la Fête du roi, vaudeville anecdotique à l'occasion de la fête de S. M. *Paris, Duvernois*, 1823, in-8.
— Clermont, ou Une femme d'artiste, comédie-vaudeville en deux actes. *Paris, J.-Barba*, 1838, in-8.

Avec M. Scribe.

— Compagnons (les) du devoir, ou le Tour de France; tableau-vaudeville en un acte. *Paris, Pollet*, 1827, in-8, 1 fr. 50 c.

Avec MM. Lafontaine et Étienne.

— Cotillon III, ou Louis XV chez madame Dubarry, comédie-vaudeville en un acte. *Paris, Malaisie*, 1831, in-8, 1 fr. 50 c. — Autre édition. *Paris, de l'imp. de Mevrel*, 1835, in-8 à deux colonnes.

Avec M. Anicet Bourgeois.
L'édition à longues lignes, celle de 1831, a eu une seconde édition ou tirage dans la même année 1831. Il y a des exemplaires de la seconde édition qui portent pour premier titre : *Louis XV chez madame Dubarry*.

— Dame (la) de la halle, comédie-anecdote en deux actes, mêlée de couplets. *Paris, de l'impr. de Dondey-Dupré*, 1838, in-8.

Avec M. Dupeuty.

— Deux (les) créoles, comédie-vaudev. en deux actes. *Paris, de l'impr. de Bacquenois*, 1835, in-8, 2 fr.; — ou 1835, in-8 à deux colonnes.

Avec M. Bayard.

— Deux vieux garçons, vaudeville en un acte. *Paris, Barba*, 1838, in-8, 30 c.

Avec M. Mallian.
Cette édition fait partie de la France dramatique au xixe siècle.

— Doge (le) et le dernier jour d'un condamné, ou le Canon d'alarme , vaudeville en trois tableaux. *Paris , Quoy* , 1829, in-8, 1 fr. 5o c.

Avec M. Simonnin.

— Enfant (l') de la nature, roman de mœurs en trois actes. *Paris , faubourg Saint-Martin , n.* 28 ; *Riga,* 1832 , in-18, 1 fr.

Avec M. Henry.

—Ennemi (l') intime, comédie-vaudeville en deux actes. *Paris , Marchant ,* 1836 , in-8 , 15 c.

Avec MM. Brunswick et Barthélemy.

— Épître à Walter Scott. *Paris , A. G. Brunet ,* 1826, in-8 de 16 pages, 75 c.
— Fermière (la), ou Mauvaise tête et bon cœur, tableau villageois en un acte, mêlé de couplets. *Paris, Pollet ,* 1822 , in-8, 5o c.

Avec M. Brazier.

— Fils (le) adoptif, vaudeville en un acte, (et en prose). *Paris , Barba ,* 1834 , in-8.

Avec MM. de Rougemont et Brazier.

— Flaneur (le). 1836.
— Fleurs (les) du château, bouquet (en un acte et en prose , mêlé de vaudevilles), à l'occasion de la Saint-Louis. *Paris , madame Huet ; Barba ,* 1823 , in-8 , 1 fr. 5o c.

Avec MM. Théaulon et Carmouche.

— Gamin (le) de Paris, comédie-vaudev. en deux actes. *Paris , Marchant ,* 1836 , in-8 , 2 fr. 5o c.; — ou *Paris , de l'impr. de Dondey-Dupré ,* 1836 , in-8 à deux colonnes.

Avec M. Bayard.

— Grisette (la) mariée, comédie-vaudev. en deux actes. *Paris, galerie de Chartres ,* 1829, in-8 , 2 fr.

Avec MM. Dartois et ***.

— Henri IV en famille , tableau-anecdote en un acte et en prose, mêlé de couplets. *Paris , Bocquet et compᵉ ,* 1828 , in-8.
— Henri IV en famille , comédie-vaudev. en un acte. *Paris , Barba ; Bezou ,* 1828, in-8.

Avec MM. de Villeneuve et Deforges.

— Hommes (les) de quinze ans, comédie-

vaudeville en deux actes. *Paris , Breauté ,* 1837, in-8 , 40 c.

Avec M. Simonnin.

— Isabelle et Gertrude , pièce de FAVART, avec des changements. *Paris , madame Huet ,* 1822 , in8 , 1 fr. 25 c.

Avec MM. Carmouche et de Courcy.

— Jacques II, drame historique en cinq actes et en prose. *Paris , Marchant ; Barba ,* 1835, in-8, 3 fr. — Autre édition. *Paris , de l'impr. de Dondey-Dupré ,* 1835, in-8 à deux colonnes.

Représenté sur le Théâtre-Français.

— Jean de Calais, comédie en deux actes, mêlée de couplets. *Paris , Barba ; Duvernois ,* 1827, in-8 , 1 fr. 5o c.
— Jeunesse (la) de Marie Stuart , drame en deux parties , mêlé de chants. *Paris , rue du Faubourg - Poissonnière , n.* 10 , 1829, in-8, 2 fr.

Avec M. F. de Villeneuve.

— Loterie (la) à la mode , intermède-vaudeville. *Paris , Barba ,* 1835 , in-8, 1 fr. 5o c.

Avec M. Brunswick.

— Louis Bronze et le Saint-Simonien , parodie de Louis XI , en trois actes et en vers burlesques. *Paris , Barba ,* 1832, in-8, 1 fr. 5o c.

Avec M. Ferdinand Langlé.

— Louis XI et Louis XVIII. (Pièce de vers). *Paris , Ponthieu ; Ladvocat , etc. ,* 1824 , in-8 de 24 pag.
— Louis XV chez madame Dubarry. Voy. plus haut : *Cotillon III.*
— Maison (la) du bon Dieu, comédie-vaudeville en un acte. *Paris , Nobis ,* 1836, in-8.

Avec M. P. Tournemine.

— Maison (la) du faubourg, comédie-vaudeville en deux actes. *Paris , Quoy ,* 1829 , in-8, 1 fr. 5o c.

Avec MM. de Villeneuve et Simonnin.

— Marchand (le) de chansons, vaudev. en un acte. *Paris , Morain ,* 1837, in-8, 3o c.

Avec M. Simonnin.

—Marchand (le) de la rue Saint-Denis, ou le Magasin, la mairie et la cour d'assises, comédie-vaudeville en trois actes.

Paris, Riga, Hautecœur-Martinet, 1830, in-8, 2 fr.

Avec MM. Brazier et de Villeneuve.

— Marchand (le) de parapluies, ou la Noce à la guinguette, comédie-grivoise en un acte, mêlée de couplets. *Paris, Brunet*, 1832, in-8, 1 fr. 50 c.

Avec MM. Desaugiers et Lafontaine.

— Mathieu Laensberg, comédie-vaudeville en deux actes. *Paris, rue du Faubourg-Poissonnière*, 1829, in-8, 1 fr. 50 c.

Avec MM. de Villeneuve et Anicet (Bourgeois).

— Moustache (la) de Jean Bart, vaudev. en un acte. *Paris, Marchant*, 1832, in-8, 1 fr. 50 c.

Avec MM. Duvert et Desvergers (Chapeau).

— Nappe (la) et le torchon, drame-vaudeville en trois actes. *Paris, Marchant*, 1834, in-8, 1 fr.; — *Paris, Marchant*, 1834, in-8 à deux colonnes, 30 c.

Avec M. Alboize.

— Neveu (le petit) de Berquin, théâtre d'éducation pour le second âge. *Paris, A. Imbert*, 1825, 2 vol. in-12, avec deux gravures, 6 fr.

Ces deux volumes renferment seize petites pièces. Deux autres pièces pour les enfants, du même auteur, *le Mari de cinq ans* et *le petit Poucet*, ont été imprimées dans le premier volume du Théâtre de M. Comte.

— Oncle (l') en tutelle, comédie-vaudev. en un acte. *Paris, Barba; Bezou*, 1828, in-8.

Avec M. Étienne.

— Paysanne (la) de Livonie, comédie historique en deux actes, mêlée de chants. *Paris, Barba*, 1830, in-8, 1 fr. 50 c.

Avec MM. Xavier (Boniface) et de Villeneuve.

— Pendule (la), comédie-vaudev. en un acte. *Paris, Bréauté*, 1832, in-18, 75 c.
— Petit (le) souper, ou Louis XV et le Régent, vaudeville en un acte. *Paris, Barba*, 1832, in-8, 1 fr. 50 c.

Avec M. Anicet Bourgeois.

— Plébéiennes (les). Chansons populaires, et autres. *Paris, de l'impr. de Locquin*, 1832, in-18.
— Précepteur (le) dans l'embarras, comédie-vaudeville en un acte. *Paris, Pollet*, 1823, in-8, 50 c.

Avec MM. Carmouche et de Courcy.

— Procès (le), ou Racine conciliateur, comédie-proverbe en un acte et en prose. *Paris, Chanson*, 1822, in-8, 75 c.
— Procès (le) du cancan, ou la Chasse aux pierrots, folie de carnaval en un acte, mêlé de couplets. *Paris, Duvernois*, 1834, in-8, 1 fr. 50 c.
— Quatre-vingt-dix-neuf moutons et un champenois, tableau en un acte, mêlé de couplets. *Paris, J.-N. Barba*, 1838, in-8.
— Reine (la) de six ans, comédie historique en acte, mêlée de couplets. *Paris, Bréauté*, 1832, in-18.
— Remplaçant (le). Tableau militaire en un acte, mêlé de couplets. *Paris, Bezou*, 1834, in-8.
— Roman (le) nouveau, comédie-vaudev. en un acte. *Paris, Barba*, 1833, in-8, 1 fr. 50 c.

Avec M. Varin.

— Rossignol, comédie en un acte, mêlée de couplets. *Paris, Barba*, 1838, in-8.

Cette édition fait partie de la France dramatique au xixe siècle.

— Salle (la) de police, tableau militaire en un acte, mêlé de vaudevilles, à l'occasion de la Saint-Charles. *Paris, Bezou*, 1826, in-8, 1 fr. 50 c.

Avec M. Carmouche.

— Saute-ruisseau (le). Tableau d'étude en un acte, mêlé de couplets. *Paris, Barba; Marchant*, 1838, in-8, 1 fr. 50 c.

Avec M. de Biéville.

— * Scènes contemporaines laissées par feue madame la vicomtesse de Chamilly. *Paris, Urbain Canel*, 1827, in-8. — Seconde édition, augmentée du Dix-huit brumaire, scènes nouvelles. *Paris, le même*, 1828, in-8, 7 fr. 50 c.

Avec MM. Loeve-Wemars et Aug. Romieu.

— Serrurier (le), comédie en un acte, mêlée de vaudevilles. *Paris, Barba*, 1832, in-8.

Avec MM. Bayard et Alexis.

— Spectacle (le) gratis, tableau-vaudev. à l'occasion de la Saint-Louis. *Paris, madame Huet*, 1823, in-8, 75 c.

Avec MM. Carmouche et de Courcy.

— Stances élégiaques aux enfants d'Apollon, à la mémoire de J. Bisch, doyen d'âge de la Société. *Paris, de l'impr. de Plassan*, 1824, in-8 de 4 pages.

— Suisse (la) à Trianon, comédie en un acte, mêlée de chants. *Paris, Marchant,* 1838, in-8.

Avec MM. de Saint-George et Leuven.

— Tailleur (le) et la fée, ou les Chansons de Béranger, conte fantastique, mêlé de couplets. *Paris, Barba,* 1831, 1832, in-8, 1 fr. 50 c.

Avec M. Ferdinand Langlé.

— Trois (les) héritiers, ou le Revenant, proverbe mêlé de couplets. *Paris, Duvernois,* 1822, in-8, 75 c.

— Un coup de canne, drame-vaudev. en trois actes. *Paris, Barba,* 1836, in-8, 40 c.

Avec M. Valory (Ch. Mourier).

— Un mensonge, comédie-drame, en trois actes; précédée de Maria, prologue. *Paris, Michaud,* 1838, in-8, 40 c.

Avec M. Léonce.

— Un premier amour, comédie-vaudev. en trois actes. *Paris, Bezou,* 1834, in-8.

Avec M. Bayard.

— Vanité (la) punie, drame en un acte, de BERQUIN, mis en vaudeville. *Paris, Quoy,* 1822, in-8, 50 c.

VARIA.

— Curé (le) de Salbris, ou le Fénélon de village, histoire contemporaine. *Paris, Magen,* 1838, in-12.

— Discours prononcé à la séance publique de la Société académique des enfants d'Apollon, le jeudi 24 mai 1827. *Paris, de l'impr. de Plassan,* 1827, in-8 de 16 pag.

— Épingle (l') noire, épisode de 1816. *Paris, Mame et Delaunay-Vallée,* 1829, 4 vol. in-12, 12 fr.

— Résumé de l'histoire du monde jusqu'à nos jours. *Paris, L. Janet,* 1824, in-18, 2 fr. 25 c.

Avec M. Loève-Veimars.

— Roi (le) Margot. Épisode de la fin du xve siècle (1589-1599). *Paris, Mame,* 1835, 2 vol. in-8, 15 fr.

— Vieil (le) Écossais. Souvenirs de France, d'Écosse et d'Angleterre, pendant les règnes de François Ier, Henri II, François II, Marie Stuart et Élisabeth. *Paris, Louis Janet,* 1832, in-12, avec 4 planches, 5 fr.

VANDER-BURCH (H.). — Essai sur la peinture de paysage à l'huile, précédé de la méthode de peinture à l'aquarelle, à l'usage des paysagistes, et suivi d'une revue des différentes écoles, depuis le xve siècle jusqu'à nos jours. *Paris, Colcomb Bourgeois; Paul,* 1839, in-8 de 128 pag.

— Méthode (nouvelle) de peinture à l'aquarelle, à l'usage des paysagistes. *Paris, l'Auteur, rue Saint-Jacques, n. 161; Bourgeois-Colcomb,* 1835, in-18 de 36 pag.

VAN DER ELST (P.-C.), à Bruxelles. — Atlas historique des Pays-Bas. *Bruxelles,* 1831, in-fol. de 15 cartes, avec texte.

VAN DER ELST (V.-J.), à Cuesmes, près de Mons, géomètre de première classe, ingénieur belge, membre de la Société des sciences, des lettres et des arts du Hainaut.

— Considérations sur le chemin de fer à l'usage des charbonnages de Cache-après, Crachet et Ostennes, et discussion des avantages que la commune de Cuesmes doit en retirer. *Mons, Pierart,* 1835.

VANDER HAA (Laur.). — Coutumes (les) et lois des villes du comté de Flandre, traduites en français, par M. LEGRAND, avocat, avec des notes latines et flamandes. *Cambrai, N. Josse Douillet,* 1719, 3 vol. in-8.

VANDERHEYDEN (Jean-Baptiste), professeur émérite à la faculté des sciences de l'Université de Liége.

Il a fait insérer un long mémoire sur l'*électromagnétisme,* dans le Journal de physique publié par M. Ducrotay de Blainville, année 1832, cahier de mai et de juin.

VANDERLINDEN (P.-L.), docteur en médecine de l'université de Bologne.

— Compte rendu des travaux de la Société des sciences médicales et naturelles de Bruxelles. *Bruxelles, Berthot,* 1827, in-8, 2 fr. 11 c. (1 flor.).

— Essais sur les insectes de Java et des îles voisines. Premier Mémoire : Cicindelètes. *Bruxelles,* 1829, in-4 de 28 pages, 1 fr. 50 c.

— Notice sur une empreinte d'insecte renfermée dans un échantillon de calcaire schisteux de Sollenhofen, en Bavière; lue à la séance du 23 décembre 1826. *Bruxelles,* 1827, in-4, avec une fig., 1 fr. 50 c.

— Observations sur les hyménoptères d'Europe, de la famille des fouisseurs. Première partie : scoliètes, sapygites, pompiliens et sphégides. — Deuxième partie : bembecides, larrates, nyssoniens et crabronites. *Bruxelles, Frank*, 1827-29, in-4 de 125 pages.

Ces trois derniers ouvrages sont extraits de Mémoires de l'Académie de Bruxelles.

— Précis de la nouvelle doctrine médicale italienne, etc.; trad. de l'italien, avec une préface et des notes (1822). Voy. TOMMASINI.

— Quelques mots sur le choix d'un nouveau souverain pour la Belgique. *Paris, de l'impr. de Rignoux*, 1831, in-8 de 16 pages.

Vanderlinden a été l'un des rédacteurs de la Bibliothèque médicale, nationale et étrangère.

On trouve une notice sur lui dans le septième volume des Nouveaux Mémoires de l'Académie de Bruxelles (1832).

VANDERMAELEN (Philippe), géographe, fondateur et propriétaire du bel établissement géographique de Bruxelles; membre de l'Académie royale des sciences et belles-lettres de cette ville, des académies royales des sciences de Turin et de Lucques; de l'Académie impériale et royale des géorgophiles de Florence; de l'Académie des belles-lettres, sciences et arts économiques de la Vallée du Tibre, orgo à-San-Sepolcro; de l'Académie de l'industrie agricole, manufacturière et commerciale de Paris; de l'Institut historique de Paris; de la Société géographique de Paris, et de dix-huit autres sociétés savantes.

— Atlas universel de la géographie physique, politique, statistique et minéralogique de toutes les parties du monde sur l'échelle de $\frac{1}{3164168}$ ou d'une ligne pour 1900 toises, dressé et dessiné d'après les meilleures cartes, voyages et observations astronomiques de tous les pays; dessiné sur pierre et lithographié par H. Ode et P. Lippens. *Bruxelles, Van der Maelen*, 1825, et ann. suiv., 40 livraisons de 10 planches sur pap. gr. impér. vélin, 250 flor. (529 fr. 10 c.).

M. Vandermaelen est encore auteur de quelques cartes de géographie; il en a publié un plus grand nombre comme éditeur-géographe, mais leur indication ici sortirait du plan que nous nous sommes imposé.

— Dictionnaire géographique du Luxembourg. *Bruxelles*, 1838, in-8 de 282 et 210 pag.

VANDERMAELEN (J.-F.), horticulteur, à Bruxelles, membre des Sociétés royales d'horticulture de Bruxelles, de Londres et de Paris, de la Société royale d'agriculture et de botanique de Gand; de la Société d'horticulture d'Anvers, de la Société de Flore de Bruxelles, etc., etc.
—Iconographie des orchidées, ou Description, avec planches coloriées des espèces les plus rares et les plus remarquables de chaque genre de cette famille. *Bruxelles, établissement géographique*, 1836.

En société avec M. Scheidweiler, professeur de botanique, pour la partie scientifique et descriptive, et M. Jacquemin, pour les dessins.

VANDERMEERSCH, à Audenarde. — Recherches sur la bataille de Roosebeke. Imprimées dans le « Messager des arts et des sciences de la Belgique, première série, vol. V, années 1827-28.

VANDER MEY (Henri), secrétaire de la Société d'émulation d'Anvers.
— Mémoire sur le défrichement des landes; lu à la Société d'émulation d'Anvers. *Anvers, de l'impr. de Vander Hey*, sans date, in-8 de 45 pag., plus 20 tableaux.

VANDERMONDE (Charles-Augustin), médecin, docteur régent de la Faculté de médecine ds Paris, censeur royal et membre de l'Institut de Bologne; né à Macao, en Chine, le 18 juin 1727, mort le 28 mai 1762.
— Avertissement au sujet du « Recueil périodique d'observations de médecine». 1755, in-12.

C'est sous le titre de *Recueil périodique d'observations de médecine, de chirurgie et de pharmacie*, qu'a commencé à paraître, en juillet 1754, le *Journal de médecine*, que Vandermonde a rédigé depuis le mois de janvier 1756 jusqu'à sa mort, arrivée en 1762, et continuée depuis par Roux et autres médecins.

—*Avis aux ouvriers en fer, sur la fabrication de l'acier, publié par ordre du Comité de salut public. *Paris, de l'impr. du département de la guerre* (sans date), in-4 de 34 pag., avec 5 planches.

Avec Monge et Berthollet.

— * Dissertation anatomique et pratique sur une maladie de la peau d'une espèce rare et singulière; trad. de Cunzio. *Paris*, 1755, in-12.
— * Dictionnaire portatif de santé... par M. L**, ancien médecin des armées du roi, et M. de B**. *Paris, Vincent*, 1759, 1760, 1761, un vol. in-8. — IVe édition, revue et considérablement augmentée. *Paris, le même*, 1771, 2 vol. in-8.

Vandermonde ne voulait pas être connu comme

auteur de cet ouvrage. Il n'y avait que ses plus intimes amis à qui il avait osé en faire l'aveu. Cela vient, sans doute, de ce qu'il avait été chargé de l'examiner en qualité de censeur. La même chose est arrivée à Montucla, qui eut à examiner, en 1778, les Récréations mathématiques d'Ozanam, auxquelles il avait fait des augmentations considérables, dont il ne voulait pas se dire l'auteur.

(Note de Barbier).

— Essai sur la manière de perfectionner l'espèce humaine. *Paris, Vincent,* 1756, 2 vol. in-12.

On a quelquefois attribué à Vandermonde la publication de l'édition de 1764 du Tableau de l'amour conjugal, édition qu'au dire de Lignac Vandermonde aurait augmentée de nouvelles observations; mais c'est difficile à croire. (Voy. l'art. VENETTE).

VANDERMONDE, membre de l'ancienne Académie des sciences, et plus tard de l'Institut national, section de mécanique; né à Paris, en 1735, mort le 1er janvier 1796.

— Mémoire (second) sur un nouveau système d'harmonie applicable à l'état actuel de la musique. 1781, in-4.

Il est encore auteur de plusieurs *Mémoires* qui ont été insérés dans le recueil de l'Académie des sciences : quelques observations de Vandermonde accompagnent le Mémoire sur les proportions musicales, etc., de La Borde (1781, in-4).

VANDERMURTCHS (D.), D. M., à Audenarde.

Nous connaissons de ce médecin les observations suivantes, imprimées dans le quatrième volume de la Bibliothèque médicale (Bruxelles, 1827) : Observation d'une catalepsie; — Observation d'une dyssenterie aiguë, et autres observations de médecine pratique.

VANDER PALM (J.-H.). — Mémoire historique sur la restauration des Pays-Bas en 1813; traduit du hollandais par Aug. Joos, avocat. *Bruges, Bogaert-Dumortier,* 1828, in-8, 2 fr. 11 c.

VANDERPYL (R.). — Abrégé de la Grammaire hollandaise. *Dordrecht,* 1816, in-12, 2 fr.

—Éléments (nouveaux) de la conversation, en hollandais et en français, ouvrage à l'usage des deux nations. *Dordrecht,* 1815, in-8, 2 fr. 25 c.

— Grammaire hollandaise pratique, à l'usage des étrangers, et principalement des Français qui veulent apprendre cette langue. *Dordrecht,* 1816, in-8, 4 fr. 50 c.

VANDERSTEEGEN DE PUTTE, anc. bourgmestre de la ville de Bruxelles.

—Cours d'histoire naturelle. *Bruxelles,*

Emm. Flon, ans VI et VII, 17 cah. in-8.
— *Bruxelles, le même,* 1806, 2 vol. in-8.
— Système de la nature de Ch. Linné, trad. en franç. (1793). Voy. LINNÉ.

VANDERSTRAETTEN (Ferdinand), économiste belge, ancien négociant; né à Gand, le 9 mars 1771, mort à Bruxelles, le 2 février 1823.

— Considérations sur le projet de loi concernant le nouveau système financier du royaume des Pays-Bas. *Bruxelles,* 1821, in-8.

—État (de l') actuel du royaume des Pays-Bas, et des moyens de l'améliorer. *Bruxelles,* 1819-1823, 2 vol. in-8, 10 fr.

Le premier volume de cet ouvrage est le développement de deux Mémoires présentés par l'auteur au roi des Pays-Bas, l'un sur la nécessité d'apporter quelques restrictions au commerce des grains, l'autre relatif à l'importance des manufactures. Ce premier volume exposa l'auteur à des poursuites de la part du gouvernement, sous le prétexte qu'en prédisant la ruine de l'industrie belge, il jetait l'alarme dans les esprits, et provoquait la désunion parmi les habitants du royaume. Vanderstraëtten fut arrêté, et subit une longue procédure. Des avocats de Bruxelles, dont il réclama les conseils, rédigèrent une consultation qui fut livrée à l'impression. Cette publication provoqua l'arrestation des défenseurs eux-mêmes, au nombre de sept; puis, par suite, leur suspension. La même procédure donna lieu à un autre épisode plus remarquable. Le fils de l'accusé, jeune homme mineur, qui avait satisfait aux premières interpellations du juge d'instruction jusqu'à l'époque de la consultation dont nous venons de parler, ayant refusé constamment depuis lors de répondre aux questions qui lui étaient adressées par le magistrat, fut emprisonné comme son père. Le motif de ses refus était fondé sur ce que les lois de la nature, plus puissantes que les lois humaines, lui défendaient de déposer dans une affaire où son père était impliqué. Néanmoins le jeune homme fut élargi sur la déclaration de la chambre du conseil du tribunal qu'il n'y avait lieu à inculpation. Quant à M. Vanderstraëtten, la cour d'assises de Bruxelles le condamna à 3000 florins d'amende et aux frais de la procédure. Il fut reconduit dans son domicile aux applaudissements des spectateurs, et l'amende fut payée au moyen d'une souscription. Les nombreux témoignages d'intérêt qu'il reçut de ses concitoyens, dans cette circonstance, le dédommagèrent de ces persécutions, qui néanmoins furent plusieurs fois renouvelées à propos de différents articles de son journal, *l'Ami du roi et de la patrie.* Il venait de comparaître encore devant la cour d'assises, après deux mois et demi de détention, lorsque l'invasion subite de la maladie lui ayant fait obtenir d'être transporté dans sa maison, il y mourut le même jour, 2 février 1823. Le second volume de son ouvrage, *De l'état actuel du royaume des Pays-Bas,* qui parut en trois parties, de 1820 à 1823, est infiniment supérieur au premier, sous le rapport de la méthode et du style. L'un et l'autre annoncent des connaissances profondes en économie politique, des vues presque toujours saines, et le plus ardent amour du bien public. L'auteur, excellent père de famille, ami zélé, citoyen courageux, jouissait, à juste titre, de l'estime générale. (*Note de M. le baron Stassart.*)

VANDERVELDE (C.-F.), célèbre romancier allemand du xixe siècle.

— Ambassade (l') en Chine. *Paris, J. Renouard ; Ch. Gosselin*, 1827, in-12, 3 fr.

— Ambassade (l') en Chine, traduit de l'allem., et suivi d'un Vocabulaire allemand-français, à l'usage des écoles. *Dresde, Hilscher*, 1829, in-8, 3 fr.

— Anabaptistes (les), histoire du commencement du seizième siècle, d'après les chroniques et les documents du temps ; trad. de l'allemand. *Paris, J. Renouard ; Ch. Gosselin*, 1826, in-12, 3 fr.

— Arwed Gyllenstierna, histoire du commencement du dix-huitième siècle ; traduit de l'allemand. *Paris, les mêmes*, 1826, 2 vol. in-12, 6 fr.

— Christine et sa cour. *Paris, J. Renouard ; Ch. Gosselin*, 1827, ou 1828, in-12, 3 fr.

— Christine et sa cour avant et après son abdication ; trad. par M. LE MART. *Paris, Bernard*, 1827, 2 vol. in-12, 6 fr.

— Conquête (la) du Mexique. *Paris , J. Renouard ; Ch. Gosselin*, 1827, 2 vol. in-12, 6 fr.

— Contes et légendes historiques. *Paris, J. Renouard ; Ch. Gosselin*, 1827, ou 1830,4 vol. in-12, 12 fr.

Les quatre volumes se composent des ouvrages suivants : Tome Ier, l'Horoscope, histoire du temps des guerres civiles en France. —Alex. Tome II, le Flibustier. — Les Tartares en Silésie. Tomes III et IV, la Guerre des servantes, histoire tirée des vieilles choniques de Bohême. — la Druidesse.

— Flibustero (el), o el Pirato generoso ; novela americana, escrita en aleman por C.-F. Vandervelde ; traducida en francès, y este al español. *Paris, Wincop*, 1828, in-18.

— Gunima, nouvelle africaine du dix-huitième siècle, imitée de l'allemand , par Hippolyte C..... (CARNOT, un des fils du général). *Paris, Barba*, 1824, in-12, 3 fr.

— Hussites (les). *Paris, J. Renouard ; Ch. Gosselin*, 1827, ou 1828, in-12, 3 fr.

— Naddok le Noir, ou le Brigand des Pyrénées, trad. de l'allem. (par M. Léon Astouin). *Paris, Pigoreau*, 1825, 3 vol. in-12, 7 fr. 50 c.

— Patriciens (les), histoire de la fin du seizième siècle, d'après d'anciennes chroniques ; trad. de l'allemand. *Paris, J. Renouard ; Ch. Gosselin*, 1826, in-12 , 3 fr.

— Paul de Lascaris, ou le Chevalier de Malte (suivi d'Asmund Thyrsklingurson et de Gunima). *Paris, Ch. Gosselin*, 1827, ou 1828, 2 vol. in-12, 6 fr.

Les faux-titres portent : « Romans historiques » de C.-F. Vandervelde , trad. par A. LOEVE-VEIMARS, tomes V et VI.

— Théodore, le roi d'été , ou la Corse en 1736. *Paris, J. Renouard ; Ch. Gosselin*, 1827, in-12, 3 fr.

Le faux-titre porte : « Romans historiques » de C.-F. Vandervelde, trad. de l'allem. par A. LOEVE-VEIMARS, tome IX.

— Wlaska, ou les Amazones de Bohême, roman traduit de l'allem, par Léon *** (ASTONIN). *Paris, Pigoreau*, 1826, 3 vol. in-12, 7 fr. 50 c.

— Romans (ses) historiques, traduits de l'allem. par A. LOEVE-VEIMARS. *Paris, J. Renouard ; Ch. Gosselin*, 16 vol. in-12, 48 fr.

Les romans compris dans cette collection , sont : Tomes I et II , Arwed Gyllenstierna, 2 vol.; — Tome II , les Patriciens, 1 vol. ; — Tome IV, les Anabaptistes, 1 vol. ; — Tomes V et VI, Paul de Lascaris (suivi d'Asmund Thyrsklingurson et de de Gunima); — Tome VII, Christine et sa cour, 1 vol. ; — Tome VIII, les Hussites, 1 vol. — Tome IX, Théodore, le roi d'été, 1 vol. ; — Tome X , l'Ambassade en Chine, 1 vol. ; — Tomes XI et XII, la Conquête du Mexique, 2 vol ; —Tomes XIII à XVI, Contes et Légendes historiques, 4 vol. in-12. On pouvait se procurer chaque roman séparément. Aujourd'hui cette collection est entièrement épuisée.

VANDER VIJVER (C.). — Cours de littérature en prose et en vers, ou Leçons françaises, choisies des meilleurs écrivains, à l'usage de tous les établissements d'instruction publics et particuliers , de l'un et de l'autre sexe. *Amsterdam, Schalekamp et van de Grampel*, 1827, gr. in-8, 5 fr. 7 c.

VANDERVYNCKT (J.-J.).—Histoire des troubles des Pays-Bas, avec un Discours préliminaire et des notes, par F. B. D. R. (F. bar. de REIFFENBERG). *Bruxelles, Lacrosse*, 1822, 3 vol. in-8, 18 fr.

— Histoire des troubles des Pays-Bas, sous Philippe II ; ouvrage corrigé, quant au style, et augmenté d'un discours préliminaire et de notes, ainsi que de pièces inédites, par J. TARTRE cadet, avocat. *Bruxelles, Hublou,* 1822-23 , 4 vol. in-8, 24 fr.

VANDER-WIEL. — Observations rares de médecine, d'anatomie et de chirurgie ; traduites du latin par M. PLANQUE. 1758, in-12.

VANDEUL (de), député de la Haute-Marne.

— Lettre adressée, par M. de Vandeul, député de la Haute-Marne, à M. le rédacteur du Constitutionnel. *Paris, de l'impr. de Lachevardière*, 1830, in-8 de 8 pag.

— Opinion de M. de Vandeul, député de la Haute-Marne, sur la proposition de M. Bérard. *Paris, de l'impr. de Lachevardière*, 1830, in-8 de 4 pag.

VANDEUL (madame de), fille de Diderot.

— Mémoires pour servir à l'histoire de la vie et des ouvrages de Diderot. *Paris, Sautelet*, 1830, in-8 de 68 pages.

Ces Mémoires se trouvent aussi en tête des OEuvres inédites de Diderot.

VANDEWEYER (Sylvain), ex-envoyé extraordinaire et ministre plénipotentiaire à Londres, bibliothécaire honoraire de la ville de Bruxelles, membre correspondant de l'Académie royale des sciences et belles-lettres de la même ville; né à Louvain.

— Belgique (la) et la Hollande.

Publié sous le pseudonyme de Victor de La Marre.

— Coup-d'œil sur la philosophie d'Hemsterhuis....

— Discours sur l'histoire de la philosophie.

— Dissertation sur le devoir. In-8.

— Hollande (la) et la conférence....

Publié sous le pseudonyme de Goubeau de Rospoel.

— Lettre à M. Munch, sur la langue nationale.

— * Lettre sur la révolution belge.

— Opuscules de morale....

Cette liste des ouvrages de M. Vandeweyer nous est fournie par le Dictionnaire des hommes de lettres, etc., de la Belgique : nous la reproduisons avec aussi peu de précision qu'il l'a donnée.

VANDIÈRE, pseudon. Voy. (*Littérature franç. contemp.*) CHAPAIS.

VAN DUYSE (Prudent). Voy. DUYSE.

VANDYCK. — Iconographie, ou Vie des hommes illustres du xviie siècle, savoir : les princes, ducs, comtes, peintres, sculpteurs, graveurs, etc. *Amsterdam*, 1759, in-folio.

VANE (Charles-William), marquis de LONDONDERRY, lieutenant-général anglais, et commissaire de S. M. britannique près les armées confédérées.

— Histoire de la guerre de la Péninsule (années 1808 et suiv.). Tomes I et II. *Paris, Bossange*, 1828, 2 vol. in-8, 12 fr.

— Histoire de la guerre de 1813 et 1814, en Allemagne et en France (Trad. de l'angl.). *Paris, Michaud*, 1833, 2 vol. in-8, avec une carte, 12 fr.

VAN EECKHOVEN (J.). Voy. EECKHOVEN.

VAN EFFEN. Voy. EFFEN.

VANEL, conseiller en la cour des comptes de Montpellier.

— Abrégé nouveau de l'Histoire d'Angleterre et d'Irlande. *Paris, Osmont*, 1689, 4 vol. in-12.

— * Abrégé nouveau de l'Histoire d'Espagne, depuis son origine jusqu'à présent. *Paris, Cavelier*, 1689 ; ou *Bruxelles, Foppens*, 1704, 3 vol. in-12.

— * Abrégé nouveau de l'Histoire générale des Turcs. *Paris, Osmont*, 1689, 4 vol. in-12 ; — *Bruxelles, Foppens*, 1704, 4 vol. in-12.

— * Divertissements (les) de Cassandre et de Diane. *Paris*, 1685, in-12.

— * Galanteries des rois de France, depuis le commencement de la monarchie (par VANEL). *Bruxelles*, 1694 ; *Cologne, P. Marteau*, 1695-98, 2 vol. in-12. — Nouvelle édition (augmentée des Amours des rois de France, par SAUVAL). *Paris, Charles Moette (Hollande)*, 1731, 1738, 2 vol. pet. in-8.

Il existe plusieurs éditions plus récentes sous des titres différents ; et entre autres celles-ci :
Intrigues (les) galantes de la cour de France, depuis le commencement de la monarchie jusqu'à présent. Cologne, P. Marteau, 1740, 2 vol. in-12.
Galanteries de la cour de France. Cologne (Paris), 1753, 3 vol. in-12.

— * Histoire des conclaves, depuis Clément V jusqu'à présent; traduite de l'italien. *Paris, Barbin*, 1689, in-4. — Seconde édition, augmentée de trois conclaves. *Lyon*, 1691, 2 vol. in-12. — Autre édition, augmentée. *Cologne*, 1694, 2 vol. in-12. — Troisième édition (encore augmentée). *Cologne*, 1703, 2 vol. in-8.

« Le catalogue manuscrit de la bibliothèque du roi m'a appris le nom du premier auteur (Vanel). Son travail n'était, pour ainsi dire, que la traduction d'un ouvrage italien publié en 1667, in-4, et en 1668, 2 vol. in-12. Il en fut fait à Lyon, en 1691, une seconde édition, augmentée. Si le baron de HUYSSEN a eu part à cet ouvrage, il n'a dû s'en occuper que lors de la troisième édition, donnée en 1694.
L'édition de 1703, qui porte sur le titre, *troisième*

édition, est la quatrième. Elle a reçu de nouvelles augmentations, et contient d'ailleurs d'assez jolies figures ».

« Je serais porté à croire que Casimir Freschot a dirigé l'édition de 1703. A cette époque, le baron de Huyssen était conseiller de Pierre Ier, empereur de Russie. » (*Note de Barbier*).

—* Histoire des troubles de Hongrie. *Paris, veuve Blageard*, 1685-87, 5 vol. in-12.

L'abbé Lenglet cite cet ouvrage comme étant composé de six volumes. Il prenait apparemment pour le sixième l'ouvrage intitulé : *Histoire et description, etc.* (Voy. plus bas).

— * Histoire du temps, ou Journal galant; par M. V***. *Paris, Auroy*, 1685, 2 vol. in-12.

—*Histoire et description ancienne et moderne du royaume de Hongrie. *Paris, de Sercy*, 1688, in-12.

Cet ouvrage paraît être de l'auteur de l'*Histoire des troubles de Hongrie.*

VANEL (E.). — Dix-neuf coups de canon!!! à-propos en un acte, mêlé de couplets. *Paris, les march. de nouv.*, 1838, in-8.

Avec M. Oscar.

VAN ENGELGON. Voy. (la *Littérature franç. contemp.*) ENGELGON.

VAN-ESBECQ. Voy. GRANDMAISON.

VAN ESPEN. Voy. ESPEN.

VAN ESSCHEN (P.-J.). Voy. ESSCHEN.

VANESSE (J.). — Description géographique et commerciale du royaume des Pays-Bas. *Anvers*, 1819, in-8.

VAN GEEL. Voy. (la *Littér. franç. contemp.*) GEEL.

VANGEL BRET. — Réflexions sur le ministère du 10 août. *Paris, les march. du Palais-Royal*, 1829, in-8, 1 fr.

VAN GOENS. Voy. GOENS.

VAN HALEN (Juan). Voy. (*Littér. franç. contemp.*) HALEN.

VAN HALL. Voy. HALL.

VAN HASSELT (André-Henri-Constant). Voy. HASSELT.

VANHECK. — Vieux Almanach nouveau, ou Description de l'empire du Soleil. *Londres (Paris)*, 1765, in-8.

VAN HECKE (Engelb.-Théoph.). Voy. HECKE.

VANHENDE (C.). — Cours théorique et pratique sur les synonymes français les plus usités; à l'usage des collèges et des pensionnats. Exercices faits. *Paris, Delalain*, 1834, in-12, 2 fr.

Avec M. J.-B. Cocquempot.

VAN HERBERGHEN (H.). Voy. HERBERGHEN.

VAN HOEKE (J.). Voy. HOECKE.

VAN HOEY (M.), ambassadeur de Hollande à la cour de France.
— Lettres et Négociations pour servir à l'histoire de la vie du cardinal de Fleury. *Londres, Nourse*, 1743, in-12.

VANHONSEBROUCK (Corneille), à Anvers, docteur en médecine, membre de plusieurs sociétés savantes; né à Wercken, dans la Flandre occidentale. (Voy. le Dictionnaire des hommes de lettres, etc., de la Belgique, 1837, in-8, pag. 211).

VAN HOUTTE (Van). Voy. HOUTTE.

VANHOVE (Mlle), depuis madame PETIT, ensuite madame TALMA, et enfin comtesse de CHALOT. (Voy. ce dernier nom).

VANHOVE (Mlle), auteur d'ouvrages pour la jeunesse, de romans et de quelques pièces de théâtre.

OUVRAGES POUR LA JEUNESSE.

— Aimable (l') instituteur. *Paris, Belin-Leprieur*, 1835, in-12, avec 2 gravures, 3 fr.
— Bonbonnière (la) des enfants studieux, histoires amusantes, instructives et intéressantes. *Paris, Belin-Leprieur*, 1827, in-12, avec grav., 3 fr.
— Contes (nouv.) instructifs et moraux, imités de Berquin. *Paris, D. Belin*, 1828, in-12, avec une grav., 3 fr.
— Ile (l') des Fées, ou la bonne Perruche, contes moraux à l'usage de la jeunesse. *Paris, Hautecœur et Gayet jeune*, 1822, 2 vol. in-18, 3 fr.
— Lanterne (la) magique, ou nouvelles Historiettes et Contes, mis à la portée de l'enfance et de la jeunesse. *Paris, Belin*, 1829, ou 1835, in-12, avec 4 gravures, 3 fr.

— Pension (la) de jeunes demoiselles. *Paris, Genets,* 1821, in-12 ; et *Paris, Belin-Leprieur,* 1834, in-12, 3 fr.

— Récréations (les) de la jeunesse, ou nouveaux Contes moraux pour servir à l'instruction et à l'amusement des deux sexes. *Paris, P. Blanchard,* 1820, in-18.

— Seconde édition. *Paris, madame Lechard; P. Blanchard,* 1823, in-18, orné de 8 gravures, 2 fr.

POÉSIES, THÉATRE ET ROMANS.

— Carlos de Montilla, ou les Apparitions du château des Apennins. *Paris, Lerouge,* 1823, 4 vol. in-12, 10 fr.

— Château (le) de Valmire, ou Pauline et Théodore. *Paris, madame Lechard,* 1821, 2 vol. in-12, 5 fr.

— Edmond et Juliette, ou les Amants somnambules. *Paris, mademoiselle Deville,* 1820, 2 vol. in-12, 5 fr.

— Élinor, ou l'Épouse coupable. *Paris, Lerouge,* 1824, 3 vol. in-12, fig., 7 fr. 5o c.

— Enfant (l') du désert, ou les Malheurs de Léontine d'Armainville. *Paris, Lerouge,* 1822, 4 vol. in-12, 10 fr.

— Épître à Talma. *Paris, Petit,* 1821, in-8 de 8 pages.

— Réginalde, ou la Vénitienne. *Paris, Lerouge,* 1821, 4 vol. in-12, 10 fr.

— Spoliateur (le), ou l'Abus du droit d'aînesse. *Paris, l'Auteur,* 1826, 3 vol. in-12, 7 fr. 5o c.

— Vengeance (la), ou le Fou par amour. *Paris, Germain Mathiot,* 1814, 3 vol. in-12, 5 fr.

Mademoiselle Vanhove a fait jouer, depuis le commencement de ce siècle, deux pièces de théâtre, mais elles ne paraissent pas avoir été imprimées : l'une est *les deux Méricourt,* l'autre *les Heureux mensonges,* comédie.

VAN HULST (F.-A.). Voy. HULST.

VANIER (Victor-Augustin), grammairien.

— Art (l') d'enseigner à lire aux enfants et aux adultes. *Paris, Levrault,* 1838, in-8.

— Clé (la) des participes, ou les Participes réduits à une seule règle. *Paris, Debray,* 1807. — V^e édition. *Paris, Delalain; Garnier,* 1834, in-12, 1 fr. 5o c.

— Dictionnaire grammatical critique et philosophique de la langue française. *Paris, l'Auteur; Brunot-Labbe; Delalain,* 1836, in-8, 7 fr.

— Grammaire pratique adoptée par l'Université pour l'usage des écoles primaires, avec cinq tableaux gradués. *Paris, veuve Lepetit,* 1812, in-12. — IVe édition. *Paris, Garnier; l'Auteur,* 1831, in-12, 75 c.

— Instruction pour l'intelligence du tableau synoptique des quatre conjugaisons, dressé par V.-A. Vanier, extrait de la Grammaire pratique adoptée par l'Université. *Paris, Garnier; l'Auteur,* 1827, in-12 de 12 pag. ; — avec le tableau, 2 fr.

— Oraison funèbre de feu Achille Etna Michallon, pensionnaire du roi, peintre en paysage historique. *Paris, de l'impr. de Boucher,* 1822, in-12 de 24 pages, 5o c.

Michalon était le cousin de M. V. A. Vanier.

— Participes (les) réduits à une seule règle mise à la portée de toutes les intelligences. *Paris, Garnier,* 1829, in-32, 5o c.

Impr. aussi en tête du Nouveau Dictionnaire de la langue française, par Ch. Martin, 1838, in-32.

— Réforme (la) orthographique aux prises avec le peuple, ou le pour et le contre. *Paris, Garnier,* 1829, in-32, 5o c. — Sec. édition. *Paris, le même;* 1829, in-32, 5o c.

— Traité d'analyse logique et grammaticale. *Paris,* 1826. — Sec. édition. *Paris, Garnier,* 1827, in-12, 1 fr. 5o c.

— Traité simplifié des conjugaisons françaises. *Paris, veuve Lepetit,* 1813, in-12, 1 fr. 5o c.

M. Vanier a eu part à la rédaction des Annales de grammaire (1818, et ann. suiv.), à celle de la Revue élémentaire (1831), enfin, il a dirigé et rédigé en grande partie l'*Écho des écoles primaires,* journal des instituteurs et de toutes les personnes qui s'intéressent au progrès de l'enseignement; par une société de professeurs, sous la direction de M. Vanier. (Paris, Saintin, 1837, in-8).

VANIER (Vincent de), ou peut-être mieux VINCENT DE VANIER.

— Essai historique sur le gouvernement monarchique français. *Paris, Tardieu-Denesle; Delaunay,* 1814, in-8 de 56 pages.

VANIER (E.), propriétaire à Honfleur, membre de la Société centrale d'agriculture du département de la Seine-Inférieure.

— Essai historique sur l'origine des grandes propriétés dans l'ancienne Normandie; suivi d'une Dissertation sur l'avantage de leur division, et sur les inconvénients de trop grandes exploitations. *Rouen, de l'impr. de Brière,* 1833, in-8 de 16 pages.

— Essai sur les grandes routes ou chemins publics, et sur leur utilité; suivi de quelques réflexions sur leur entretien et leur police. *Rouen, de l'impr. de Nicetas Périaux,* 1830, in-8 de 24 pag.

— Mémoire sur l'avantage du séjour des propriétaires dans leurs terres, lu le 22 octobre 1828 à la séance publique de la Société centrale d'agriculture du département de la Seine-Inférieure. *Rouen, de l'impr. de Périaux,* 1828, in-8 de 8 pag.

— Mémoire sur l'état actuel de l'arrondissement de Pont-l'Évêque, et sur les moyens d'améliorer le sort de sa population. *Rouen, Frère,* 1828, in-8 de 16 pag., 75 c.

— Mémoire sur les avantages du partage et de l'aliénation des biens communaux, lu le 13 août 1829 à la séance de la Société d'agriculture du département de la Seine-Inférieure. *Rouen, de l'impr. de Nicetas-Périaux,* 1829, in-8 de 16 pag.

— Mémoire sur un procédé d'amélioration (le parcage des vaches), inusité dans le département du Calvados. *Rouen, de l'impr. de P. Périaux,* 1812, in-8 de 8 pag.

— Observations sur le trèfle blanc et sur l'avantage de son introduction dans nos assolements. *Rouen, de l'impr. de Périaux jeune,* 1827, in-8 de 4 pag.

Extrait des travaux de la Société centrale d'agriculture du département de la Seine-Inférieure.

— Observations sur les effets du noir animal et sur quelques nouvelles expériences en économie rurale. *Rouen, de l'impr. de Périaux jeune,* 1827, in-8 de 4 pag.

Extrait des travaux de la Société d'agriculture du département de la Seine-inférieure.

VANIER (Hippolyte). — Cours de lecture sans épellation, sur un plan simple, rationnel et très-abréviatif, où nouvelle Méthode qui résout la difficulté de l'enseignement et de la lecture sans l'étude préalable de l'alphabet. *Paris, Levrault; l'Auteur,* 1838, in-8 de 32 pag., avec 24 tableaux in-fol.; ou *Paris, le même,* 1838, in-18 de 36 pag. et un tabl.

VANIÈRE (le P. Jacques), de la société de Jésus, poëte latin; né à Béziers, en 1664, mort à Toulouse, en 1739.

—Apes. *Tolosæ,* 1727, in-12.

— Carmina (Vites et Vinum). *Parisiis, vid. Sim. Bernard,* 1696, in-12.

— Opuscula. *Parisiis, P. Simon,* 1730, 1746, in-12.

— Prædium rusticum, carmen, libri X. *Parisiis, Jos. Leclerc,* 1707, in-12; — *Parisiis, Robert,* 1730, in-12. — Nova editio, auctior et emendatior. *Parisiis,* 1746, 1756, in-12.

— Prædium rusticum, nova editio (curâ et studio BERLAND D'HALOUVRY). 1758.

Très-bonne édition.

— Prædium rusticum, nova editio cæteris emendatior, cum indice locupletiori (curâ et studio J.-Aug. CAPPERONNIER). *Parisiis, Jos. Barbou,* 1774, in-12; 1786, in-12. —Nova editio, cæteris emendatior, cum indice locupletiori. Accedit vita auctoris nunc primum in lucem edita. *Parisiis, Aug. Delalain,* 1817, in-12, 5 fr.; — seu *Parisiis, Maire-Nyon,* 1829, in-12, 4 fr.

L'édition de Delalain, 1817, fait partie de la collection de Barbou. Le même libraire en a donné une autre à l'usage des classes, dont le prix est de 3 fr.

— Économie rurale, trad. du poëme du P. VANIÈRE, intitulé : «Prædium rusticum», par BERLAND D'HALOUVRY, avocat. *Paris, Estienne,* 1756, 2 vol. in-12.

Le cœur d'un citoyen y conduit partout la main du traducteur.

— Traduction en vers français du « Prædium rusticum », poëme du P. VANIÈRE, par ROULHAC DE CLUSAUD, ouvrage couronné par l'Académie des sciences et belles-lettres de Montauban. *Limoges,* 1779, in-8.

On doit à Ant. LECAMUS une autre traduction française, en prose, de cet ouvrage, sous le titre de *l'Économie champêtre* : on la trouve dans différents numéros du Journal économique, années 1755 et 1756.

— * Regia Parnassi, etc., editio nova à P. V. S. J. *Parisiis,* 1679, 1683, in-8.

Le P. Vanière a aussi dirigé l'édition du Gradus ad Parnassum publiée à Paris en 1722.

VANIÈRE (Ignace), neveu du précédent; né à Caux, diocèse de Béziers, mort en 1768.

— * Amusements (nouveaux) poétiques. *Paris, Duchesne,* 1756, in-12.

— Cours de latinité, ou Méthode nécessaire aux personnes de l'une et de l'autre sexe qui désirent apprendre la langue latine en peu de temps, sans secours de maîtres, et sans déranger le cours de leurs occupations ordinaires. *Paris, Ant. Boudet,* 1759, 2 vol. in-8. — IVe édition. *Pa-*

ris, *Belin*, an VII (1799), 2 vol. in-8.
— Discours sur l'Éducation. *Paris, Boudet*, 1760, in-8. — Second Discours sur l'Éducation. *Paris, Butard*, 1763, in-8.
— Discours sur l'art et la nécessité d'apprendre aisément et en peu de temps la langue latine. 1763, in-8.
— Traduction des odes d'Horace, livre premier. 1761, in-8.

VANIÈRE, fils du précédent.
— Éclairs du sentiment, ou Pensées. *Rouen, Périaux*, 1798, in-8.
— Journal de pensées. *Rouen*, 1798.

Recueil périodique qui a paru pendant quelques mois.

VANIÈRE-CHATELET (l'abbé de). — l'Art de former l'Homme. *Paris, Desenne*, 1789, in-8.

VAN LOKEREN (Aug.). Voy. LOKEREN.

VAN LOON. Voy. LOON.

VAN MEENEN. Voy. MEENEN.

VAN MONS. Voy. MONS.

VAN NIEUWENHUYSEN (Gustave Van). Voy. NIEUWENHUYSEN.

VANNE, alors apothicaire à Besançon.
— Mémoire sur la manière de brûler ou de distiller les vins la plus avantageuse, relativement à la quantité d'eau-de-vie, et à l'épargne des frais. *Lyon*, 1770, in-8.

VANNOZ (mademoiselle de SIVRY, dame de), poëte, membre de l'Académie des Arcades de Rome et de Goritz en Frioul, et de celle de Lyon; né à Nanci, en juillet 1775.
— Conseils à une femme sur les moyens de plaire dans la conversation; suivis de Poésies fugitives. *Paris, Michaud*, 1812, in-12, 2 fr. 50 c.
— Le même ouvrage, sous ce titre : Épitres à une femme sur la conversation, suivie de Poésies fugitives. Sec. édit. *Paris, Michaud frères*, 1812, in-8, 3 fr. — IIIe édit., revue et corrigée. *Paris, le même*, 1815, in-18, 3 fr.
— Profanation des tombes royales de Saint-Denis, en 1793, poëme élégiaque. *Paris, Michaud frères*, 1806, in-8.— IVe édition, revue et corr. *Paris, les mêmes*, 1810, in-12, sur pap. vélin, 1 fr. 50 c.
— Vingt-et-un (le) janvier, élégie. *Paris,*

L.-J. Michaud, 1814, in-8 de 16 pages.

Madame de Vannoz a fourni sur des femmes célèbres plusieurs notices à la Biographie universelle, et, entre autres, les suivantes ; mademoiselle *Aïssé*, madame *du Bocage*, madame *de Caylus*, mademoiselle *de Calage*, mesdames *de Graffigny, Héloïse*, etc.

VAN OOST. Voy. OOST.

VAN OOTEGHEM. Voy. OOTEGHEM.

VAN PEENE (J.-H.). Voy. PEENE.

VAN PRADELLES. Voy. PRADELLES.

VAN PRAET. Voy. PRAET.

VAN REKUM (André). Voy. REKUM.

VAN ROOSBROECK. Voy. ROOSBROECK.

VAN ROST. Voy. ROOST.

VAN SPAENDONCK. Voy. SPAENDONCK.

VAN SWINDEN (J.-H.). Voy. SWINDEN.

VAN SWIETEN. Voy. SWIETEN.

VAN SWYGENHOVEN. Voy. SWYGENHOVEN.

VAN TENAC. — Album maritime, illustré de vignettes sur bois, publié sous la direction de M. Van Tenac. *Paris, Postel*, 1837, in-8, 75 c.

VANTENAC (Ch.). — Arithmétique des demoiselles, ou Cours élémentaire d'arithmétique théorique et pratique; en douze leçons. Ouvrage destiné particulièrement aux pensionnats de jeunes demoiselles. *Paris, Roret*, 1830, in-8, 2 fr. 50 c.

VAN TROYEN DE RABANON. Voy. TROYEN DE RABANON.

VANUCCI (le docteur Ange).—Projet d'organisation d'une école préparatoire dans la ville de Corté, présenté au conseil municipal de cette ville. *Paris, de l'impr. de Beaulé*, 1836, in-8 de 4 pag.

VANUFEL (Antoine-Charles).—Code civil des colons de Saint-Domingue, avec des notes explicatives. *Paris, Vergne*, 1826, in-8, 5 fr.

Avec Champion de Villeneuve.

— Loi de l'indemnité, expliquée par les motifs et la discussion (1825). Voy. CARRÉ.

VAN WEST (O.). Voy. WEST.

VANWORHMHOUDT (Auguste); né à Dunkerque, en 1799.

Il est connu par quelques morceaux de poésie,

insérés dans l'Abeille du Nord, et dans le Journal de Dunkerque, qui a succédé à la Gazette de Dunkerque et au Messager du Nord, et dont il est un des rédacteurs.   -(*Biogr. dunkerquoise*).

VAN WYN. Voy. WYN.

VAQUÉ (Pierre), alors colonel de la garde nationale de Calonge.
— Citoyens (les) français, ou le Triomphe de la révolution, drame en cinq actes et en prose. *Paris, Cussac,* 1791, in-8.
— Essai historique sur les gardes nationales. 1791.

VAQUETTE D'HERMILLY. Voy. HER-MILLY.

VAQUIER (l'abbé Louis-Pâris), chanoine et grand vicaire de Lectoure, sa patrie ; né en 1690, mort le 4 janvier 1765.
— Lettre d'un prêtre français, au sujet de l'état et des droits de l'Église catholique d'Utrecht. 1753, in-12.

Vaquier a publié une édition, revue, corrigée et augmentée, du Catéchisme historique, etc., de l'abbé FOURQUEVAUX (1736, 2 vol. in-12).
Voyez les « Nouvelles ecclésiastiques » du 26 décembre 1765, et le Nécrologe des défenseurs de la vérité, tome VI.

VAQUIER-LIMON (le marquis de), officier des chevaux-légers de la garde ordinaire du roi, sous Louis XVI, plus tard major de cavalerie, etc.
— * Augusta, ou Tableau comparatif des mœurs françaises et des mœurs anglaises, avec des notes très-instructives. Par un émigré. *Paris, Ducauroy,* an IX (1801), 2 vol. in-12, fig., 3 fr.
— Récit historique des grandes choses opérées sous le règne de Louis XVI ; réflexions importantes sur différents sujets, prouvant que l'intérêt de tous les Français est de se réunir autour du trône de Louis XVIII. *Paris, de l'impr. de Dentu,* 1816, in-8 de 100 pag.

Tiré à 100 exemplaires qui n'ont pas été mis dans le commerce.

— Théodora, femme de Justinien, roman historique. *Paris, Mongie l'aîné ; Delaunay,* 1814, 2 vol. in-12. 5 fr.

Le marq. de Vaquier-Limon rappelle, sur le titre de sa « Théodora », qu'il est auteur de plusieurs ouvrages politiques, lesquels ont échappé à nos recherches, parce qu'ils ont peut-être été publiés pendant l'émigration, ou qu'ils ont paru sans nom d'auteur.

VARACK (le comte de). — Mémoires (ses), contenant ce qui s'est passé de plus particulier au congrès de Cambrai, avec les Voyages de l'auteur, et une Relation abrégée de l'établissement de la république

de Hollande, etc., etc. *Amsterdam,* 1733, in-12 ; 1751, 2 vol. in-12.

VARAIGNE. — Esquisses historiques, politiques et statistiques de Buénos-Ayres, etc. ; trad. de l'espagnol, avec des notes et des additions. (1826). Voy. Ign. NUNEZ.

VARANÇAI (Adélaïde de), pseudon. Voy. madame RICCOBONI.

VARCHI (Benedetto). — Histoire des révolutions de Florence, sous les Médicis ; trad. du toscan, par J.-B. REQUIER. *Florence, et Paris, Musier fils,* 1764, 3 vol. in-12.

VARCLOW. — Hymne à Catherine II, impératrice de Russie, traduite du russe par M. CHALUMEAU. *Paris, veuve Thiboust,* ...., in-8.

VARCOLLIER. — Poésies de Michel-Ange Buonarrotti ; traduites de l'italien. (1825). Voy. BUONARROTTI.

VARDON (Louis-Alexandre). — Réflexions d'un citoyen de la ville de F..... (Falaise), sur les révolutions de la France, de l'Angleterre, de l'Allemagne. Par M. V..... (Vers 1789), in-8.

VARDON (Gabriel), alors employé dans les ponts et chaussées ; né à Caen.
— * Réflexions sur la Société des amis de la liberté de la presse, et autres comités ; par M. Gabriel V***. *Paris, Ponthieu,* 1819, in-8 de 20 pag.

VARDON. — Tailleur (le) des bossus, ou l'Orthopédie, contrefaçon en un acte (en prose) et en vaudeville. *Paris, J.-N. Barba,* 1826, in-8.

Avec M. Geo. Duval et Rochefort. M. Vardon n'est pas nommé sur le titre de la pièce.

VAREILLES (Jean-Marie de LABROUF, comte de), maréchal de camp, lieutenant des gardes du roi, mort en 1760.
— Lettres sur l'éducation des princes. 1757, in-12 et in-8.

VAREILLES-SOMMIÈRES (Auguste-Jean-François-Antoine). Voy. LABROUE.

VARELIAUD. — Essai sur les monographies médicales. *Paris,* 1804, br. in-8, 1 fr.

VAREMBEY (J.). — Ruche (la) française, avec la manière de s'en servir ; ou nouveau Procédé qui réunit les avantages de tous ceux publiés jusqu'à ce jour sur l'éducation des abeilles. *Bourg, Janinet,*

et Paris, Michaud; Brunot-Labbe, 1811,
in-8 de 171 pag., 1 fr. 50 c.

VARENIUS. — Géographie générale,
composée en latin; trad. par Is. NEWTON,
augm. par Jac. JURIN, et traduit en français par Ph.-Fl. de PUISIEUX. *Paris*, 1755,
4 vol. n-12.

VARENNE (le P. Bernard de), ancien
supérieur des théatins.

— * Histoire de Constantin le Grand, premier empereur chrétien. *Paris, H.-L. Guérin*, 1728, in-4.

La description des batailles est du maréchal de
Catinat. (*Note manuscrite*).

Catinat avait donné toute sa confiance au P. Bernard; on espérait qu'il mettrait au jour l'histoire
de ce général : mais on assure que ce grand
homme, par un excès de modestie, brûla tous les
matériaux qui pouvaient servir à son histoire. Voy.
les Nouvelles littéraires de Du Sauzet, Amsterdam, 1718, tome VIII, pag. 405.

VARENNE (J.-B. de), ou LA VARENNE
(J.-B.).

— * Glaneur (le) historique, moral,
littéraire et galant, pour l'année 1731 et
années suivantes. *La Haye*, 1731-1733,
3 vol. petit in-8.

— * Observateur (l'), ouvrage polygra-
phique et périodique. *Amsterdam*, 1736,
12 vol. in-8.

VARENNE (Jacques de). — * Mémoires du chevalier de Ravanne, page de
son altessse le duc d'Orléans, et mousquetaire. *Liége*, 1740, 2 tomes en 3 vol. in 12;
— *Londres (Paris)*, 1751, 3 vol.; — *Paris, Léop. Collin*, 1807, 6 vol. in-12.

Indépendamment de cet ouvrage, on doit au
même la traduction de deux ouvrages importants :
1° de la Physique sacrée, ou Histoire naturelle de
la Bible, traduit du latin de J.-J. SCHEUCHZER
(1732, 8 vol. in-fol.); — 2° des Ruines de Pœs-
tum, etc., trad. de l'angl. de Thom. MAJOR (1769,
in-fol.).

VARENNE (Jacques de), secrétaire en
chef des États de Bourgogne; mort à Paris,
dans un âge fort avancé.

— * Considérations sur l'aliénabilité du
domaine de la couronne. *Paris, Le Jay*,
1775, in-8.

Boncerf a publié sous le voile de l'anonyme la
brochure intitulée : « De l'aliénabilité et de l'aliénation du domaine (1791), in-8 de 131 pag.

— * Mémoire pour les élus généraux des
États du duché de Bourgogne, contre le
parlement de la cour des aides de Dijon.
Par M. V***, S. E. C. D. E. D. B. *Paris*,
1762, in-8.

On trouve des détails curieux sur l'affaire de
M. de Varenne dans le volume intitulé : Mémoires
pour servir à l'histoire du droit public de France

en matières d'impôts. Bruxelles, 1779, in-4, pages
304 à 369.

— Registres du parlement de Dijon, de
tout ce qui s'est passé pendant la Ligue.
(*Paris, Desventes de Ladoué*), in-12.

Ce volume ne porte ni date, ni lieu d'impression; une note, écrite par Popon de Maucune,
amateur de livres très-éclairé, sur un exemplaire
qui était tombé dans les mains d'A.-A. Barbier,
indique qu'il a été imprimé en 1763, tandis que
le Catalogue des livres de la bibliothèque de M. de
Fontette le présente comme ayant paru, en 1771,
l'exemplaire y étant accompagné d'une dénonciation
faite le 12 juillet de cette année.

J'ai, dit Barbier, sous le n° 15,983 de ses anonymes, demandé des renseignements sur cet ouvrage à M. Leschevin, commissaire du gouvernement pour les poudres et salpêtres à Dijon, qui
joignait l'étude de l'histoire littéraire à celle des
sciences. Il m'a fait une réponse très-satisfaisante,
que j'insérerai ici, en la combinant avec la note
de Maucune, la notice historique sur Malesherbes,
par Dubois, et la partie des Mémoires pour servir
à l'histoire du Droit public de la France, en matière d'impôts, intitulée : Affaire de Varenne.

Varenne avait publié en 1762 le fameux *Mémoire
pour les élus généraux des États du duché de Bourgogne*. Cet écrit ayant été brûlé par le bourreau, en
vertu de l'arrêt du parlement de Dijon, du 7 juin
1762, et sur la dénonciation qui en avait été faite
le 10 mai précédent, Varenne craignit pour sa liberté, et vint se réfugier à Versailles. La cour des
aides de Paris le fit décréter d'ajournement personnel. Varenne opposa aux huissiers un ordre du roi
qui lui enjoignait de rester à Versailles. Malesherbes,
premier président de la cour des aides, fit continuer la procédure dans Versailles même, et Varenne
fut condamné par contumace.

Les ministres, dit Dubois, persuadèrent au roi
que cet acte de rigueur devait être réprimé; Louis XV, pour en témoigner son mécontentement,
décora le coupable du cordon de St.-Michel. Aussi-
tôt Malesherbes le fit décréter de prise de corps,
et le jugement définitif allait être rendu, lorsque
le monarque fit expédier des lettres d'absolution,
qu'il envoya à l'enregistrement de la cour des aides.
Varenne fut obligé d'y paraître à genoux, et Malesherbes prononça de son tribunal ces paroles remarquables : « Le roi vous accorde des lettres de
grâce; la cour les entérine : retirez-vous, la peine
vous est remise, mais le crime vous reste. » L'arrêt
d'entérinement est daté du 29 août 1763. Pour donner au parlement de Bourgogne une sorte de satisfaction, la place de Varenne fut supprimée. La protection du prince de Condé lui procura, en 1766,
la place de receveur-général des finances des États
de Bretagne.

Ce fut pendant son séjour à Paris, en 1763, que
Varenne fit imprimer les pièces qu'il avait recueillies dans les archives du parlement de Dijon, sous
ce titre : Registres du parlement de Dijon, etc.

L'éclat que son affaire avait eu l'empêcha de
donner de la publicité à ce volume. Il se contenta
d'en confier quelques exemplaires à des amis; mais,
en 1771, le chancelier Maupeou, cherchant toutes
les occasions possibles d'humilier les parlements,
fit engager Varenne à répandre toute l'édition. Celui-
ci saisit avidement l'occasion de se venger : le volume fit une grande sensation. Ayant été dénoncé
le 12 juillet au parlement de Dijon, il fut supprimé
le 13, comme tendant à donner une fausse idée de
la conduite et des sentiments des magistrats. Le
même arrêt porte que l'Avertissement en sera tiré
pour être lacéré et brûlé par l'exécuteur de la haute

justice, arrêt qui eut son exécution le 15. Il existe des exemplaires de ce volume ainsi intitulés : *Monuments précieux et intéressans pour l'histoire de Bourgogne, sous le règne de Henri IV.* Paris, 1772.

La dénonciation de l'ouvrage en est une solide réfutation. Elle est faite avec beaucoup d'art ; son auteur est Guénichot de Nugent, conseiller au parlement. Elle a été imprimée et publiée avec l'arrêt, en 75 pages in-12.   (*Note tirée de Barbier*).

VARENNE (Raymond de). — Idées patriotiques sur la méthode et l'importance d'une éducation nationale pour assurer la régénération de France. *Angers*, 1790, in-8.

VARENNE (Henry de), né le 16 août 1762.
— Fragment ébauché d'un ouvrage qui aurait pour titre : Quinze jours dans un château de Franche-Comté, en 1779. Épisode de mon éducation. *Paris, de l'impr. de F. Didot*, 1838, in-8 de 56 pag.

VARENNE DE BEOST (Claude-Marc-Antoine), fils du secrétaire des États de Bourgogne (voy. ci-dessus), correspondant de l'Académie royale des sciences.
— * Cuisine (la) des pauvres, ou Collection des meilleurs Mémoires qui ont paru depuis peu, soit pour remédier aux accidents imprévus de la disette des grains, etc. *Dijon, Defay*, 1772, in-4.
—Instruction concernant les mûriers blancs. 1759, in-8.

VARENNE DE FENILLE (P.-C.), fils de Jacq. Varenne, anc. secrétaire des Etats de Bourgogne (voy. ci-dessus), receveur général des impositions de la Bresse, membre de plusieurs sociétés littéraires, correspondant de la Société royale d'agriculture de Paris, et associé de celles de Lyon, Dijon, Bourg, etc. ; guillotiné à Lyon, sous la domination triumvirale, le 26 pluviose an II (14 février 1794).
— Mémoire (premier et second) sur l'aménagement des forêts nationales. 1791, in-8.
—Mémoires sur l'administration forestière et sur les qualités individuelles des bois indigènes, ou qui sont acclimatés en France ; auquel on a joint la description des bois exotiques que nous fournit le commerce. *Bourg, et Paris*, 1792, 2 vol in-8, fig.
— Observations, Expériences et Mémoires sur l'agriculture et les causes de la mortalité des poissons dans les étangs pendant l'hiver de 1789. *Lyon*, 1789, in-8.
— Observations sur les étangs. *Bourg*, 1791, in-8.

— Réflexions sur une question importante (le cadastre). 1790, in-8.
— OEuvres (ses) d'agriculture. *Paris, madame Huzard*, 1807-08, 3 vol. in-8, 9 fr.

VARENNE DE FENILLE (J.-C.-B.), alors auditeur au conseil d'État, membre de la Société d'émulation et d'agriculture de Bourg, et de celle de Mâcon.
— Essai sur les produits de l'incinération des végétaux, et particulièrement sur la potasse. *Bourg, de l'impr. de Bottier*, 1812, in-12 de 66 pag.
— Mémoire sur les forêts de pins. *Bourg, de l'impr. de Bottier*, 1812, in-12 de 54 pages.

Voyez aussi Maton de Varenne ; — Mauduit de Varenne.

VARENNES (l'abbé Jacques-Philippe de), chapelain du roi.
— * Amusements (les) de l'amitié rendus utiles et intéressants. Recueil de lettres écrites de la cour vers la fin du règne de Louis XIV. *Paris, Langlois*, 1729, in-12 ; Sec édition. *Paris, L.-E. Ganeau*, 1741, in-12, — Troisième édition. *Halle*, 1770, in-8.

Ouvrage que la Biographie universelle a attribué, à tort, à Dupuy, secrétaire au congrès de Riswick. Ces lettres sont adressées à mademoiselle Aubert du Petit-Thouars de Rassay, morte en 1768, âgée de 96 ans. On trouve dans le volume plusieurs lettres de cette demoiselle

— * Hommes (les). Nouvelle (2e) édition, augmentée. *Paris, Barbou*, 1727 ; in-12. *Paris, Henri*, 1734. — Cinquième édit., revue et corr. par l'auteur. *Paris, Ganeau*, 1751, 2 vol. in-12.

VARENNES (Pierre-Augustin de), ancien officier de la première compagnie des mousquetaires ; né en Normandie.
— * Essai d'une morale relative au militaire français. *Paris, Durand*, 1771, in-12.

Cet essai a été faussement attribué à Conti, ancien professeur de l'École militaire, qui en a seulement dirigé l'impression. Ce volume a eu une seconde édition, qui a été publiée sous ce titre : *Morale militaire relative au caractère des Français.* Paris, 1778, in-12.

— * Réflexions morales, relatives au militaire français. *Paris, Cellot et Jombert*, 1779, in-8.

Nouvelle édition avec augmentation du livre précédent.

VARENNES. — Art du dessin chez les

Grecs, ou Méthode élémentaire de dessin. In-12, 3 fr. 50 c.

VARENNES DE MONDASSE (de), ancien colonel d'infanterie ; né en Auvergne.

— * Découverte (la) de l'empire de Cantauhar. *Paris, Prault*, 1730, in-12.

— Histoire généalogique des Tatars. Traduction. 1759, 2 vol. in-12.

— *Lettres de M.... à son ami (ou Lettres de M... à Caron et de Caron à M... *Amsterdam, et Paris*, 1750, in-12.

VARENNES (Pelée de). Voy. Pelée de V.

VARÈSE. — Sibille Odaleta, épisode des guerres d'Italie à la fin du quinzième siècle, roman historique, trad. de l'italien. *Paris, Mame et Delaunay-Vallée*, 1828, 4 vol. in-12, 12 fr.

VAREZ (E.-F.), aussi médiocre auteur dramatique que romancier, flon-floneur de circonstance sous la Restauration, et régisseur de l'un des petits théâtres des boulevards (celui de la Gaîté).

THÉATRE.

— Adieu à la Chaussée d'Antin, comédie en un acte, mêlée de couplets. *Paris, Ducernois*, 1822. in-8, 1 fr.

Avec M. Hipp. Magnien.

— Baptême (le), ou la double Fête, vaudeville en un acte (et en prose), à l'occasion du baptême de S. A. R. Mgr le duc de Bordeaux. *Paris, Fages*, 1821, in-8.

Avec M. A. Coupart.

— * Calas, mélodrame en trois actes et en prose. *Paris, J.-N. Barba*, 1819, in-8.

Cette pièce, imprimée sous le nom de Victor, est de Ducange et M. Varez.

— Chambre à louer, comédie en un acte. *Paris, Fages*, 1815.—IVe édition. *Paris, Barba*, 1834, in-8.

— Château (le) d'Oppenheim. *Paris, rue de Chabrol-Poissonnière*, 1835, in-32, 20 c.

— Comédie (la) au château, pièce en deux actes (et en prose), mêlée de couplets.

Avec MM. Coupart et Jacquelin.

— Demoiselle (la) et la paysanne, comédie en un acte et en prose. *Paris, Bezou*, 1828, in-8.

Avec M. Théod. N. (Nezel).

— Deux (les) fugitifs, comédie en deux actes. *Paris, Fages*, 1818, in-8, 75 c. ; ou *Paris, Bezou*, 1823, in-8.

— Élodie, ou la Vierge du monastère, mé-

lodrame en trois actes (et en prose), précédé de la Bataille de Nanci, prologue en un acte (et en prose). *Paris, Pollet*, 1822, in-8.

Avec M. Victor Ducange, qui seul est nommé sur le titre de la pièce.

— Entre chien et loup, comédie en un acte et en prose. *Paris, au bur. de la Lorgnette*, 1824, in-8.

Avec M. Hipp. Magnien.

—Eustache, folie-vaud. en un acte. *Paris, Tresse; Delloye, Bezou*, 1839, in-8, 30 c.

Avec M. Aug. Duchâtelard.

— * Famille (la) irlandaise, mélodrame en trois actes. *Paris, Quoy*, 1821, in-8, 75 c.

Avec M. Théod. Nezel.

— Fête (la) d'automne, tableau villageois en un acte, mêlé de vaudevilles. *Paris, Barba*, 1824, in-8.

— Fille (la) coupable et repentante, mélodrame en trois actes. *Paris*, 1804, in-8.

— Fils (le) de l'invalide, pièce en un acte, mêlée de couplets, à l'occasion de la fête de S. M. *Paris, Bezou*, 1826, in-8.

Avec M. Coupart.

— Fils (le) de Ninon, drame en trois actes (en prose), mêlé de chants. *Paris, Marchant*, 1825, in-8.

Avec MM. Ancelot et Hipp. Raimbaut. M. Varez n'est point nommé sur la pièce.

— Frédéric, duc de Nevers, mélodrame en trois actes (et en prose). *Paris, Barba*, 1810, in-8.

Avec M. Mardelle.

— * Gourmand (le) puni, comédie en un acte et en prose, par E.-F. V***. *Paris, Rilliot*, an XII (1804) in-8.

— * Herminie, ou la Chaumière allemande, mélodrame en trois actes (en prose). *Paris, Barba*, 1812, in-8.

Avec M. E. Rousseau, qui seul est nommé sur le titre de la pièce.

— Hilberge l'amazone, ou les Monténégrins, pantomime en trois actes. *Paris, Barba*, an VI (1798), in-8.

Avec M. Cuvelier.

—Inconnu (l'), ou les Mystères, mélodrame en trois actes. *Paris, Pollet*, 1822, in-8, 1 fr.

Avec MM. Boullé et Mathias.

—*John Bull, ou le Chaudronnier anglais, pièce en deux actes (et en prose), imitée de l'anglais de Colman. *Paris, Quoy*, 1830, in-8.

Avec MM. Théodore N. (Nezel) et *** (Overnay).

— Laissez-moi faire, ou la Soubrette offi-cieuse, vaudeville en un acte. *Paris, Fages*, 1813, in-8.

Avec M. Armand Séville.

— Lanciers (les) et les marchandes de modes, pièce en un acte, mêlée de cou-plets. *Paris, Rémond*, 1828, in-8, 1 fr. 50 ,c.

Avec MM. Benjamin (Antier), Théod. N. (Nezel), Armand Ov.... (Overnay).

— * Mari (le) confident, comédie-vaude-ville en un acte (et en prose). *Paris, Fa-ges*, 1820, in-8.

Avec M. Armand Ov... (Overnay) et Constant B... (Berrier).

— Métusko, ou les Polonais, mélodrame en trois actes. *Paris, Barba*, 1808, in-8.

Avec M. Armand Séville.

— * Ours (l') et l'Enfant, ou la Fille ban-nie, mimodrame en trois actes et en prose. *Paris, Fages*, 1819, in-8.

Avec M. Cuvelier, qui seul est nommé sur la pièce.

— Petit (le) Postillon de Fîmes, ou Deux fêtes pour une, à-propos historique en un acte, mêlé de couplets, à l'occasion de la fête de S. M. *Paris, Bezou*, 1825, in-8.

Avec MM. Jacquelin et Coupart.

— * Poule (la) aux œufs d'or, ou l'Amour et la Fortune, comédie féerie en un acte (et en prose), mêlée de vaudevilles. *Paris, Fages*, 1823, in-8.

Cette pièce, imprimée sous le nom de M Saint-Félix, est de MM. Touchard-Lafosse et Varez.

— Retour (le) d'un brave, vaudeville en un acte, pour la fête du roi. *Paris, Be-zou*, 1824, in-8.

Avec MM. Coupart et Jacquelin.

— Retournons à Paris, comédie en un acte, mêlée de vaudevilles. *Paris, Barba*, 1817, in-8, 75 c.

Avec M. Desprez.

— * Sigismond, ou les Rivaux illustres, mélodrame en trois actes (et en prose). *Paris, Quoy*, 1820, in-8.

Avec M. Hubert (?), seul nommé sur la pièce.

— Tartufe (le) de village, vaudeville en un acte. *Paris, Marchant*, 1833, in-8, 1 fr. 50 c.

Avec MM. Petit et Lubize.

— Tout pour ma fille, drame vaudeville en un acte. *Paris, Barba*, 1832, in-8.

Avec MM. Léonce Petit et H. Lubize.

— * Troubadour (le) portugais, mélodrame en trois actes (et en prose). *Paris, Fages*, 1815, in-8.

Avec MM. C.-P. de Kock et Théodore (   ).

— Un trait de bienfaisance, ou la Fête d'un bon marin, à propos en un acte. mêlé de couplets à l'occasion de la Saint-Louis. *Paris, Fages*, 1822, in-8, 1 fr.

Avec M. Coupart.

— Une Journée de Frédéric II, roi de Prusse, comédie anecdote en un acte et en prose. *Paris*, 1804, in-8.

Avec Bernard.

— Une partie de campagne. *Paris, rue de Chabrol-Poissonnière*, n. 24, 1834, in-32, 20 c.

Avec M. Coupart.

— * Une vengeance de l'amour, ballet-pan-tomime en un acte. *Paris, Dentu*, 1813, in-8.

— Vive la paix! ou le Retour au village, impromptu en un acte et en prose, mêlé de chants et de danses. *Paris, Maugeret*, 1814, in-8.

Avec M. Coupart.

— Voilà notre bouquet! ou le Cabinet lit-téraire, impromptu-vaudeville en un acte (et en prose), à l'occasion du retour de S. M. *Paris, J.-N. Barba*, 1815, in-8.

Avec M. Coupart.

ROMANS.

— Criminel (le) invisible. 2 vol. in-12.
— Frédéric de Guérehard, duc de Lor-raine. *Paris*, 1808, 2 vol. in-12, 3 fr.
— Homme (l') de la forêt. *Paris, Léopold Collin*, 1808, 2 vol. in-12, 3 fr.
— Jour (le) fatal. *Paris, Bouquin de la Souche*, 1826, in-12, 3 fr.

VARGAS (François de). — Lettres et Mémoires de François de Vargas, de Pierre de Malvenda, et de quelques évêques d'Es-pagne, touchant le concile de Trente, trad. de l'espagnol par Michel LEVASSON. *Ams-terdam*, 1700, 1720, in-8.

VARGAS (Bern.-Perez de). — Métallur-gie (sa), traduite en français, par G.-G. *Paris, Prault père*, 1743, 2 vol. in-12.

VARGAS (le comte Ed.-R. de), comte

palatin, chevalier de l'ordre de Latran, membre des académies de Sienne, Florence, Cortonne, Volterre, etc., résident à Sienne.

— Précis de l'histoire du régiment de Bretagne. *Lyon*, 1787, in-8.

— Sur l'égoïsme, ou Nouveau système de morale.

VARGAS Y PONCE (Jose). — Proclama de un solteron a las que aspiren a su mano. (En stances). *Marseille, Camoin*, 1827, in-8 de 32 pag.

VARGEMONT (le vicomte de), gentilhomme français.

— Loto d'Étupes. *Montbéliard*, 1786, in-12 de 8 pag.

Petit poëme en vers faciles et parfois malins, dans lequel l'auteur a tracé les portraits de tous les personnages de la cour de Frédéric-Eugène, duc de Montbéliard, dont lui-même faisait partie.

VARICLÉRY (le vicomte de), pseudonyme. Voy. LAMOTHE-LANGON.

VARICOURT (Charles-Jacques BOUDEQUIN DE), avocat au parlement de Paris.

Il a publié et augmenté la nouvelle édition de la Collection de décisions relatives à la jurisprudence, par feu M. DENIZART. 1768, 3 vol. in-4.

VARIGNON (P.), professeur de mathématiques au XVIIe siècle, membre de l'Académie royale des sciences de Paris, de celle de Berlin et de la Société royale de Londres.

— Conjectures (nouvelles) sur la pesanteur. *Paris, E. Martin*, 1690, in-12.

— Éclaircissements sur l'analyse des infiniment petits. *Paris, Rollin*, 1725, in-4.

— Éléments de mathématiques (trad. du latin par l'abbé COCHET). *Paris, Brunot*, 1731, in-4.

— Mécanique (nouv.), ou Statique dont le projet fut publié en 1687. Ouvrage posthume (publié par de BEAUFORT et l'abbé CAMUS). *Paris, Jombert*, 1725, 2 vol. in-4.

— * Pièces fugitives sur l'Eucharistie (attribuées à MALEBRANCHE, VARIGNON et autres, publiées avec une préface, par J. VERNET). *Genève, Bousquet*, 1730, in-8.

— Projet d'une nouvelle mécanique, et un Examen de l'opinion de Borelli sur les propriétez des poids suspendus par des cordes. *Paris, E. Martin*, 1687, in-4.

— Theses mathematicæ. In-4.

— Traité du mouvement et de la mesure des eaux courantes et jaillissantes, avec un traité préliminaire du mouvement en général; tiré des mss. de l'auteur, par M. l'abbé PUJOL. *Paris, Pissot*, 1725, in-4.

VARILLAS (Antoine), de Guéret, capitaine de la Marche, fils d'un procureur de ce pays. Il fut précepteur du fils de M. de Sève, lieutenant-général de Lyon, ensuite du marquis de Caraman, breton. Il a demeuré chez M. Amelot de Biseuil, comme homme de lettres; puis il fut mis à la bibliothéque du roi sous M. l'abbé C., évêque de Lucon, d'où il se retira dans la communauté de Saint-Côme, où il mourut le 9 juin 1696.

— Anecdotes (les) de Florence, ou l'Histoire secrète de la maison de Médicis. *La Haye, Leers*, 1685, et 1687, in-12.

— * Esprit (l') d'Yve de Chartres, dans la conduite de son diocèse et dans les cours de France et de Rome. *Paris, Anisson*, 1701, in-12.

— Factum pour la généalogie de la maison d'Estrées. *Paris*, 1676, in-12.

Publié sous le pseudonyme de Bonnaire.

— Histoire de Charles VIII. *Paris, Cl. Barbin*, 1691, in-4, ou 3 vol. in-8.

— Histoire de Charles IX. *Paris, Cl. Barbin*, 1683, 2 vol. in-4. — Deuxième édition, avec les corrections, augmentations et illustrations de M. Ch. d'Hozier. *Paris, Barbin*, 1684, 2 vol. in-4. — Nouv. édition, enrichie à la fin de chaque tome des principaux endroits qu'on a retranché dans l'édition de Paris. *Cologne, P. Marteau*, 1686, 2 vol. in-12.

— Histoire de François Ier, en XIII livres. *Paris, Cl. Barbin*, 1685, 2 vol. in-4; ou *La Haye*, 1684, 2 vol. in-12; et *La Haye*, 1690, 3 vol. in-12.

— Histoire de François II. *La Haye*, 1693, in-12.

— Histoire de Henri II et de François II. *Paris, Cl. Barbin*, 1692, 2 vol. in-4.

— Histoire de Henri III. *Paris, Cl. Barbin*, 1694, 2 vol. in-4, ou 1695, 6 vol. in-8.

— * Histoire de l'hérésie de Wiclef, Jean Hus et Jérôme de Prague. *Lyon, J. Certe*, 1682, 2 vol. in-12.

Il existe des exemplaires de cette édition qui portent pour titre : *Histoire du Wicléfianisme, ou la Doctrine de Wiclef, J. Hus et Jérôme de Prague.* Lyon, Certe.

— Histoire de Louis XI. *Paris, Barbin*, 1689, 2 vol. in-4, ou 4 vol. in-8.

— Histoire de Louis XII. *Paris, Claude Barbin*, 1688, 3 vol. in-4, ou 6 vol. in-12.

— Histoire des révolutions arrivées dans l'Europe, en matière de religion, depuis 1374 jusqu'en 1569. *Paris, Barbin*, 1686-88, 6 vol. in-4, ou 12 vol. in-12.

— Histoire du quakérisme. 1692 , in-12.

— * Histoire et parallèle de Charles V et de François Ier...., tiré d'un manuscrit de la bibliothèque du Vatican, et trad. en français. *Paris*, 1707, in-12.

C'est le XVIIIe livre de l'*Histoire de François Ier*, par Varillas. On l'a attribué par erreur à Pelisson. Il a été imprimé séparément, in-12, en 1707, pour la première fois : et réimprimé en 1730, aussi in-12, à la suite de la Campagne de Louis XIV, par Pelisson.

— Minorité (la) de saint Louis. — L'Histoire de Louis XI et de Henri II. *La Haye, Adr. Moetjens*, 1685, ou 1687, in-12.

— Politique (la) de Ferdinand le Catholique, roi d'Espagne. *Amsterdam , Desbordes*, 1688, deux tomes en un vol. in-12.

— Politique (la) de la maison d'Autriche : Discours sur la conjecture présente des affaires d'Allemagne : De l'élection et couronnement des empereurs et des rois des Romains. *Paris, de Sommaville*, 1658, in-4; — *La Haye*, 1659, in-12.

— Pratique (la) de l'éducation des princes, ou l'Histoire des premières années de la vie de l'empereur Charles V, sous la conduite de Guillaume de Croy, seigneur de Chièvres. *Paris , Cl. Barbin*, 1684, in-4, ou 1689; 2 vol. in-12; — *Amsterdam, H. Wetstein*, 1684, 1686, in-12.

L'édition de 1684 porte pour titre : *Pratique de l'éducation des princes, contenant l'histoire de Guillaume de Croy, gouverneur de Charles d'Autriche.*

— Réponse à la critique de Burnet sur les deux premiers tomes de l'Histoire de l'hérésie , touchant ce qui regarde l'Angleterre. *Paris, Barbin*, 1687, in-8.

VARILLE (Pyrrhis de), alors en Pologne.

— Lettres sur la constitution de la Pologne et la tenue de ses diètes. *Varsovie*, 1771, in-8.

VARIN (Victor), fécond vaudevilliste.

— Amour (l') et la guerre, vaud. en un acte et en prose. *Paris, Quoy*, 1825, in-8.

Avec MM. Ét. Arago et Desnoyers.

— Arwed, ou les Représailles, épisode de la guerre d'Amérique, drame en deux actes, mêlé de couplets. *Paris , Bezou*, 1830, in-8.

Avec MM. Étienne (Arago) et Desvergers (Chapeau).

— Au clair de la lune, ou les Amours du soir, vaudeville en trois actes. *Paris, Marchant*, 1835 , in-8, 40 c.

Cette édition fait partie du Magasin théâtral.

— Bal (le) d'ouvriers , comédie-vaudeville en un acte. *Paris, Bezou*, 1831, in-8, 2 fr.

Avec M. Louis.

— Balthasar, ou le Retour d'Afrique, vaudeville en un acte. *Paris, de l'impr. de Dondey-Dupré*, 1836, in-8.

Avec MM. Desvergers (Chapeau) et Derville (L. Desnoyers).

— Belles (les) femmes de Paris , vaud. en trois tableaux. *Paris, Marchant*, 1839, in-8, 40 c.

Avec MM. Desvergers (Chapeau) et Maur. Alhoy.

— Capitaine (le) Roland, comédie-vaudeville en un acte. *Paris, Marchant*, 1834, in-8 à deux colonnes, 15 c. ; — Autre édition. *Paris, le même*, 1834, in-8 à longues lignes, 2 fr.

Avec M. Desvergers (Chapeau).

— Casanova au fort Saint-André, comédie en trois actes , mêlée de couplets. *Paris, de l'impr. de Dondey-Dupré*, 1835, in-8.

Avec MM. Él. Arago et Desvergers (Chapeau).

— Chapitre (le) des informations, comédie en un acte. *Paris, de l'impr. de Dondey-Dupré*, 1836 , in-8.

Avec M. Desvergers (Chapeau).

— Choix (le) d'une femme , comédie-vaudeville en un acte. *Paris, galerie de Chartres*, 1829, in-8.

Avec M. Desvergers (Chapeau).

— Christophe, ou Cinq pour un, vaudeville en un acte. *Paris, Bezou*, 1833, in-8.

Avec MM. Paul Duport et Desvergers (Chapeau).

— Couturière (la), comédie en trois actes, mêlée de couplets. *Paris, Bréauté*, 1829, in-8, 2 fr.

Avec MM. Duvert et Desvergers (Chapeau).

— Demoiselle (la) majeure, comédie-vaudeville en un acte. *Paris, de l'impr. de Dondey-Dupré*, 1838, in-8.

Avec M. Laurencin (Chapelle).

— Départ, séjour et retour, roman-vaudeville en trois époques (et en prose). *Paris, Quoy*, 1827, in-8.

Avec MM. Et. Arago et Desvergers (Chapeau).

— Dernier (le) jour de deuil , vaudeville en un acte. *Paris, Bezou*, 1830, in-8.

Avec M. Desvergers (Chapeau).

— Deux (les) font la paire , comédie-vaudeville en un acte. *Paris, Quoy*, 1832, in-8, 1 fr. 50 c.

Avec M. Bayard.

— Enfant (l') et le vieux garçon, ou la Réputation d'une femme, comédie-vaud. en un acte (et en prose). *Paris, Bezou,* 1828, in-8.

Avec MM. de Villeneuve et Desvergers (Chapeau).

— Famille (la) de l'apothicaire, ou la petite Prude, vaudeville en un acte. *Paris, Barba,* 1830, in-8, 1 fr. 50 c.

Avec MM. Duvert et Desvergers (Chapeau).
Réimprimée, en 1837, dans la France dramatique au xixe siècle.

— Femme (la) de l'épicier, comédie-vaudeville en un acte. *Paris, de l'impr. de Dondey-Dupré,* 1836, in-8.

Avec M. Laurencin (Chapelle).

— Femmes (les) d'emprunt, comédie-vaudeville en un acte. *Paris, Marchant; Barba,* 1833, in-8, 1 fr. 50 c.

Avec M. Desvergers (Chapeau).

— Follet, ou le Sylphe, vaudeville en deux actes. *Paris, Quoy,* 1832, in-8, 1 fr. 50 c.

Avec MM. Rochefort et Desvergers (Chapeau).

— Georgette, comédie-vaudeville en un acte. *Paris, Marchant,* 1834, in-8, 15 c.; — Autre édition. *Paris, le même,* 1835, in-8 à longues lignes.

Avec MM. Desvergers (Chapeau) et Laurencin (Chapelle).

— Hydrophobe (l') de Marcoussis, folie-vaudeville en un acte. *Paris, de l'impr. de David,* 1829, in-8.

Avec MM. Desvergers (Chapeau) et Adolphe.

— If (l') de Croissey, comédie-vaudeville en deux actes. *Paris, Marchant,* 1835, in-8, 40 c.

Avec MM. Desvergers (Chapeau) et Laurencin (Chapelle).

— Jeune (le) homme à marier, ou le Choix d'une femme, comédie-vaudeville en un acte. *Paris, Bezou,* 1832, in-8, 1 fr. 50 c.

Avec MM. Delestre et Desvergers (Chapeau).

— Jeunes (les) bonnes et les vieux garçons, vaudeville en un acte. *Paris, Bezou,* 1831, in-8, 1 fr. 50 c.

Avec M. Desvergers (Chapeau).

— Lions (les) de Gisors, ou les Bêtes de contrebande, bêtise en un acte (et en prose, mêlée de vaud.). *Paris, Barba,* 1831, in-8.

Avec MM. Desvergers (Chapeau) et Edmond.

— Malade (le) par circonstance, vaudev.

en un acte. *Paris, Bezou,* 1829, in-8, 1 fr. 50 c.

Avec M. Desvergers (Chapeau).

— Malheurs (les) d'un joli garçon, vaudeville en un acte. *Paris, Bezou,* 1834, in-8.

Avec MM. Et. Arago et Desvergers (Chapeau).
Réimprimé en 1837, dans la France dramatique au xixe siècle.

— Mari (le) à la ville et la femme à la maison, comédie-vaudeville en deux actes. *Paris, de l'impr. de Dondey-Dupré,* 1837, in-8.

— Matinée (la) aux contre-temps, com.-vaud. en un acte. *Paris, Duvernois,* 1828, in-8.

Avec MM. Duvert et Desvergers (Chapeau).

— Mon oncle Ruinard, ou l'Esprit de désordre. *Paris, Marchant,* 1836, in-32, 15 c.

Avec M. Desvergers (Chapeau).

— M. Lombard, ou le Voyage d'agrément, folie-vaudeville en un acte. *Paris, Marchant,* 1832, in-8, 1 fr. 50 c.

Avec MM. Desvergers (Chapeau) et Lubize.

— Moustache, comédie-vaudeville en trois actes. *Paris, de l'impr. de Dondey-Dupré,* 1838, in-8.
Avec M. Paul de Kock.

— Muet (le) de Saint-Malo, ou les grandes Émotions, vaudeville en un acte. *Paris, de l'impr. de Dondey-Dupré,* 1837, in-8.

Avec M. Lubize.

— Nouveau (le) préfet, ou le Juste milieu, comédie-vaudeville en un acte. *Paris, Barba,* 1831, in-8, 1 fr. 50 c.

Avec MM. Derville (Louis Desnoyers) et Desvergers (Chapeau).

— Oui (le) fatal, ou le Célibataire sans le savoir, comédie-vaudeville en un acte. *Paris, Marchant,* 1836, in-32, 15 c.

Avec M. Desvergers (Chapeau).
Cette édition fait partie du nouveau Répertoire dramatique.

— Paganini en Allemagne, à propos anecdotique en un acte. *Paris, Bréauté; Barba,* 1831, in-8, 2 fr.

Avec M. Desvergers (Chapeau).

— Pages (les) de Bassompière, comédie en un acte, mêlée de couplets. *Paris, Marchant,* 1835, in-8, 20 c.

Avec MM. Ét. Arago et Desvergers (Chapeau).
Cette édition fait partie du Magasin théâtral.

— Père (le) de l'enfant, comédie-vaudeville en un acte. *Paris, de l'impr. de Dondey-Dupré*, 1837, in-8.

Avec M. Desvergers (Chapeau).

— Père (le) Pascal, com.-vaud. en deux actes (en prose), mêlée de couplets. *Paris, J.-N. Barba*, 1839, in-8.

Avec MM. Laurencin (Chapelle).

— Plus (la) belle nuit de la vie, comédie-vaudeville en un acte. *Paris, Bezou*, 1831, in-8, 1 fr. 50 c.

Avec MM. Desvergers (Chapeau) et Henri.

— Puff (le), revue en trois tableaux (prose et vaud.), ornée de Ruy-Blag, parodie en prose rimée de Ruy-Blas. *Paris, Marchant*, 1838, in-8.

Avec MM. Carmouche et Huart.

— Roman (le) nouveau, comédie-vaudeville en un acte. *Paris, Barba*, 1833, in-8, 1 fr. 50 c.

Avec M. Em. Vanderburch.

— Salade (la) d'oranges, ou les Étrennes dans la mansarde, vaudeville en un acte. *Paris, Bezou*, 1832, in-8, 1 fr. 50 c.

Avec M. Desvergers (Chapeau).

— Saltimbanques (les), comédie-parade en trois actes, mêlée de couplets. *Paris, de l'impr. de Dondey-Dupré*, 1838, in-8.

Avec M. Dumersan.

— Secret (le) de mon oncle, vaudeville en un acte. *Paris, de l'impr. de Dondey-Dupré*, 1837, in-8.
— Théophile, ou Ma vocation, comédie-vaudeville en un acte. *Paris, Marchant*, 1834, in-8 à deux colonnes. —Autre édition. *Paris, le même*, 1834, in-8 à longues lignes.

Avec MM. Étienne Arago et Desvergers (Chapeau).

— Tourlouron (le), vaud. en cinq actes (et en prose). *Paris, Marchant*, 1837, in-8.

Avec MM. Paul de Kock et Desvergers (Chapeau).

— Troisième et quatrième au-dessus de l'entresol, vaudeville en un acte. *Paris, de l'impr. de Dondey-Dupré*, 1837, in-8.

Avec M. Dupouchel.

— Un bal du grand monde, comédie-vaudeville. *Paris, de l'impr. de Dondey-Dupré*, 1836, in-8.

Avec M. Desvergers (Chapeau).

— Un jeune homme charmant, drame-vaud. en cinq actes. *Paris; Tresse; Bezou*, 1829, in-8, 60 c.

Avec M. Paul de Kock.

— Une passion, vaudeville en un acte. *Paris, Marchant*, 1833, in-8, 1 fr. 50 c.

Avec MM. Desvergers. et ***.
Réimprimée dans la même année, et aussi en 1835, dans le Magasin théâtral.

VARINOT (A.), anc. élève de l'École polytechnique.
— Dictionnaire des métaphores françaises, extraites des meilleurs auteurs français, dans le style soutenu et même dans le style familier. *Paris, A. Bertrand*, 1818, in-8, 5 fr.

VARLET (J.), chanoine de Saint-Amé de Douai.
— *Lettres d'un ecclésiastique de Flandre, à l'évêque de Soissons. 1728, in-4.

VARLET, ancien contrôleur du roi.
— Finances. *Paris, de l'impr. d'Éverat*, 1814, in-fol. de 16 pag.
Mémoire.

VARLET. — Magnanimité de l'empereur des Français envers ses ennemis à l'occasion de la nouvelle déclaration des puissances, qui met ce héros hors de la loi des nations. *Paris, de l'impr. de Chaignieau jeune*, 1815, in-8 de 8 pag.

VARLET (L.), bachelier ès-lettres.
— Grammaire française, rédigée d'après les meilleurs ouvrages des auteurs modernes, contenant une méthode abrégée et facile pour l'étude des participes; suivie d'un recueil de locutions vicieuses, généralement répandues dans le langage populaire, et même dans celui de la bonne société. *Strasbourg, Février, veuve Eck*, 1821, in-8 de 336 pag.

VARLET ; D. M.). — Éloge funèbre du docteur Gérard, médecin titulaire de l'hospice, membre du conseil municipal de la ville de Saint-Dié, décédé le 25 avril 1830. *Strasbourg, de l'impr. de veuve Silbermann*, 1830, in-8 de 8 pag.

VARLET (Jean-François), né à Paris, en 1764.
— Déclaration des droits de l'homme maritime et du citoyen nautique. *Nantes, Luçon*, 1831, in-4 de 4 pag.
— Nantes, l'an II de l'héroïsme parisien, septembre 1831. *Nantes, de l'impr. de Mellinet*, 1831, in-8 de 4 pag.

— Phénix (le), le hibou et les oiseaux de proie, fable nouvelle et inédite, dédiée à MM. les membres de la légion d'honneur. *Nantes, de l'impr. d'Hérault,* 1831, in-8 de 4 pag.

VARLEZ, à Bruxelles, docteur en médecine, membre de la Société des sciences naturelles et médicales de Bruxelles, auteur de l'opuscule intitulé : Phénomènes d'un accès de fièvre intermittente, expliqués d'après les lois de la physiologie (compte-rendu des travaux de la Société des sciences médicales et naturelles, par M. Vandérlinden, 1826.) (*Dict. des hommes de lettres, etc., de la Belgique.*)

VARNER (Antoine-François), spirituel vaudevilliste, l'un des principaux collaborateurs de M. Scribe ; ancien militaire, chef de bureau de la garde nationale, à la préfecture du département de la Seine; né à Paris, le 23 avril 1790.

— Art (l') de payer ses dettes, comédie-vaudeville en un acte. *Paris, Riga,* 1832, in-8, 1 fr. 50 c.

Avec M. Mélesville.

— Bourgeois (le) de Paris, ou la Partie de plaisir, pièce en trois actes et en cinq tableaux (en prose mêlée de vaud.). *Paris, J.-N. Barba,* 1828, in-8.

Avec MM. Dartois et Dupin.

— Bout (le) de l'an, ou les deux Cérémonies. *Paris, Bezou,* 1837, in-8, 2 fr.

— César, ou le Chien du château, comédie-vaudeville en deux actes. *Paris, Bezou,* 1837, in-8, 2 fr. 50 c.

Avec M. Scribe.

— C'est Monsieur qui paie, vaudeville en un acte (et en prose). *Paris, J.-N. Barba,* 1838, in-8.

Avec M. Bayard.

— Chantre et choriste, vaudeville en un acte. *Paris, Tresse; Bezou,* 1839, in-8, 30 c.

— Charge (la) à payer, ou la Mère intrigante, comédie-vaudeville en un acte. *Paris, Pollet,* 1825, in-8, 1 fr. 50 c.

— Château (le) de la Poularde, comédie-vaudeville en un acte. *Paris, Pollet,* 1824, in-8, 1 fr. 50 c.

Avec MM. Scribe et Dupin.
Cette pièce a été réimprimée en 1828 dans le Répertoire du théâtre de Madame, in-32.

— Chipie (la), comédie-vaudeville en un acte. *Paris, Barba,* 1833, in-8, 1 fr. 50 c.

Avec M. Bayard.

—* Comices (les) d'Athènes, ou les Femmes orateurs, com.-vaud. en un acte, traduite du grec (d'Aristophane). *Paris, Mme Ladvocat,* 1817, in-8.

Avec M. Eug. Scribe, seul nommé sur la pièce. Voy. au sujet du titre de cette pièce l'art. de M. E. Scribe.

— Convalescente (la), comédie-vaudeville en un acte. *Paris, Bezou,* 1830, in-8, 1 fr. 50 c.

Avec M. Mélesville.

— Cour (la) d'assises, tableau vaudeville en un acte. *Paris, Pollet,* 1830, in-8.

Avec M. Scribe.

— Cousin (le) du ministre, comédie en un acte, mêlée de couplets. *Paris, de l'impr. de Dupont,* 1839, in-8, 30 c.

— Deux (les) maris, comédie en un acte, mêlée de vaudevilles. *Paris, Fages,* 1819, in-8, 1 fr. 25 c.

Avec M. Eugène Scribe.
Cette pièce a été réimprimée dans la Suite du Répertoire du théâtre de Madame, in-32, et aussi dans la France dramatique au xixe siècle, in-8.

— Deux (les) novices, comédie-vaudeville en trois époques. *Paris, Riga; Bezou,* 1831, in-8, 2 fr.

Avec M. Bayard.

— Dîner (le) de garçons, comédie en un acte, mêlée de vaudevilles *Paris, madame Huet,* 1820, in-8, 1 fr. 25 c.

Avec M. Ymbert.

— Famille (la) du fumiste, comédie en deux actes, mêlée de couplets. *Paris, Tresse,* 1840, in-8.

Avec MM. Duvert et Lauzanne.

— Faubourien (le), ou le Philibert de la rue Mouffetard, comédie grivoise en un acte, mêlée de couplets. *Paris, madame Huet; Barba,* 1823, in-8, 1 fr. 50 c.

Avec M. Ymbert.

— Françoise et Francesca, comédie en deux actes (et en prose) mêlée de couplets. *Paris, J.-N. Barba,* 1838, in-8, 60 c.

— Grande (la) aventure, comédie-vaudeville en un acte. *Paris, Pollet,* 1832, in-8.

Avec M. Scribe.

— * Homme (l') automate, folie-parade (en un acte et en prose), mêlée de couplets. Par MM***. *Paris, Pélicier,* 1820, in-8.

Avec M. Ymbert.

— Intérieur (l') d'un bureau, ou la Chanson, comédie-vaudeville en un acte. *Paris, Duvernois,* 1823, in-8, 1 fr. 50 c.

Avec MM. Scribe et Ymbert.

Cette pièce a été réimprimée, en 1828, dans le Répertoire du théâtre de Madame, in 32.

— Léocadie (la) de Pantin, parodie de la Léocadie de Feydeau. *Paris, Barba; Martinet,* 1829, in-8, 1 fr. 50 c.

Avec MM. Dartois et Dupin.

— Madame de Saint-Agnès, comédie-vaudeville en un acte. *Paris, Pollet,* 1829, in-8, 2 fr.

Avec M. Scribe.

Réimprimée en 1829 dans le Répertoire du théâtre de Madame.

— Ma maison du Pecq, vaudeville en un acte. *Paris, de l'impr. de Dondey-Dupré,* 1837, in-8.

Avec M. Mélesville.

— Mansarde (la) des artistes, comédie-vaudeville en un acte. *Paris, Pollet,* 1824, in-8, 1 fr. 50 c.

Avec MM. Scribe et Dupin.

Cette pièce a eu une seconde édition dans la même année, deux autres en 1825, et a été réimprimée en 1828 dans le Répertoire du théâtre de Madame, in-32.

— Manteaux (les), com.-vaud. en deux actes (et en prose). *Paris, J.-N. Barba,* 1829, in-8.

Avec MM. Scribe et Dupin.

— Marchande (la) de coco, ou les Projets de réforme, folie grivoise en un acte, mêlée de couplets. *Paris, madame Huet; Barba,* 1822, in-8, 1 fr. 50 c.

Avec M. Ymbert.

— Mari (le) d'une Muse, comédie-vaudeville en un acte. *Paris, Marchant; Barba,* 1834, in-8.

Avec M. Bayard.

— * Mari (le) sans le savoir, comédie-vaudeville en un acte (et en prose). *Paris, Huet-Masson,* 1817, in-8.

Avec M. Ymbert.

— Mariage (le) de raison, comédie-vaudeville en un acte. *Paris; Pollet,* 1826, in-8, 2 fr. — (Ve édit.) *Paris, Baudouin frères; Pollet,* 1827, in-32, 1 fr.

Avec M. Eug. Scribe.

Cette édition fait partie du Répertoire du théâtre de Madame.

— Marino Faliero à Paris, folie à propos vaudeville en un acte. *Paris, rue d'Enfer, n. 4,* 1829, in-8.

Avec M. Bayard.

— M. Barbe-Bleue, ou le Cabinet mysté-

rieux, folie en un acte, mêlée de couplets. *Paris, Duvernois,* 1823, in-8.

Avec M. Dupin.

— Moralistes (les), comédie-vaudeville en un acte. *Paris, Pollet,* 1828, in-8, 2 fr.

Avec M. Scribe.

Réimprimée en 1829 dans le Répertoire du théâtre de Madame.

— Obligeant (l'), ou la Fureur d'être utile, comédie en un acte, mêlée de vaudevilles. *Paris, madame Huet,* 1820, in-8, 1 fr. 25 c.

Avec M. Ymbert.

— Oiseau (l') bleu. Pièce en trois actes, mêlée de chants. *Paris, de l'impr. de Dondey-Dupré,* 1836, in-8 à deux colonnes. — Autre édition, à longues lignes. *Paris, Marchant,* 1836, in-8, 2 fr.

Avec M. Bayard.

— Paris malade. Revue mêlée de couplets. *Paris, Barba,* 1833, in-8, 1 fr. 50 c.

Avec M. Bayard.

— Pensionnaire (la) mariée, comédie-vaudeville en un acte. *Paris, Marchant,* 1835, in-8, 40 c.

Avec M. Scribe.

— Petits (les) appartements, opéra-comique en un acte. *Paris, Bezou,* 1827, in-8, 2 fr.

Avec M. Dupin.

— Pièce (la) nouvelle, ou les Assureurs dramatiques, comédie en un acte et en vers. *Paris, madame Huet; Barba,* 1823, in-8, 1 fr. 50 c.

— Piou-piou (le), ou la Gloire et l'amour, comédie en deux actes, mêlée de couplets. *Paris, Barba; Delloye,* 1838, in-8.

Cette édition fait partie de la France dramatique au xixe siècle.

— Plus (le) beau jour de la vie, comédie-vaudeville en deux actes. *Paris, Pollet,* 1825, in-8, 1 fr. 50 c.

Avec M. Scribe.

Cette pièce a eu une seconde édition dans la même année, et a été réimprimée, en 1828, dans le Répertoire du théâtre de Madame.

— Précepteur (le) dans l'embarras, comédie-vaudeville en un acte. *Paris, madame Huet; Barba,* 1823, in-8°, 1 fr. 50 c.

Avec M. Ymbert.

— Propriétaire (le) sans propriété, comédie-vaudeville en un acte. *Paris, Fages,* 1820, in-8, 75 c.

Avec M. Ymbert.

— Salon (le) de 1831, à-propos en un acte, mêlé de couplets. *Paris, Riga,* 1831, in-8, 1 fr.

Avec MM. Brazier et Bayard.

— * Solliciteur (le), ou l'Art d'obtenir des places, com. en un acte (et en prose), mêlée de vaudevilles. *Paris, Mme Ladvocat,* 1817, in-8.

Avec MM. Eug. S..... (Scribe) et M*** (Ymbert).

— Théobald, ou le Retour de Russie. *Paris, Pollet,* 1829, in-32, 1 fr.

Avec M. Scribe.
Cette édition fait partie du Répertoire du théâtre de Madame.

— Toujours, ou l'Avenir d'un fils, comédie-vaudeville en deux actes. *Paris, Pollet,* 1832, in-8.

Avec M. Scribe.
Réimprimée en 1834 dans la France dramatique au xixe siècle.

— Trottin, ou le Retour du sérail, folie-vaudeville en un acte. *Paris, Quoy,* 1820, in-8, 75 c.

Avec M. Ymbert.

— Un ménage d'ouvrier, comédie-vaudev. en un acte. *Paris, Marchant,* 1834, in-8, 15 c.

Avec M. Bayard.
Réimprimée dans la même année.

— Une soirée à la mode, comédie-vaudeville en un acte. *Paris, cour des Fontaines,* n. 7, 1827, in-8, 1 fr. 50 c.

Avec MM. Bayard et Hippolyte.

— Veste (la) et la livrée, comédie-vaudeville en un acte. *Paris, Barba,* 1829, in-8, 1 fr. 50 c.

Avec M. Mélesville.

— Ville (la) neutre, ou le Bourguemestre de Neustadt, comédie-vaudeville en un acte. *Paris, Duvernois,* 1825, in-8, 1 fr. 25 c.

Avec M. Ymbert.

VARIA.

— * Art (l') d'obtenir des places, ou Conseils aux solliciteurs. Ouvrage dédié aux gens sans emploi. *Paris, Pélicier; Petit,* 1816, in-8 de 120 pages.

Avec M. Ymbert.
Il fut publié, dans la même année, une seconde édition, qui parut avec une modification dans le titre, et qui est ainsi conçu : l'Art d'obtenir des places, ou la Clef des ministères; ouvrage dédié aux gens sans emploi, et aux solliciteurs de toutes les classes. Deuxième édition, revue et augmentée. Paris, Pélicier; Petit, 1816, in-8 de 128 pag.

— * Dénonciateurs (des) et des dénonciations; par l'auteur de « l'Art d'obtenir des places ». *Paris, Pélicier; Delaunay,* 1816, in-8, 4 fr.

Avec le même.
M. Varner, en outre, a pris part à la rédaction des « Lettres normandes », fondées par M. Léon Thiessé.

VARNERAT, curé de Lucey.
— Histoire abrégée de l'ancien et du nouveau Testament. Deuxième édition. *Toul,* 1739, in-12.

VARNET. — * Mémoires d'un fou. *Paris,* an ix (1802), 2 vol. in-12.

Réimprimés en 1818, avec le nom de l'auteur, et sous le titre de *Folie et jeunesse, ou Aventures d'un jeune militaire,* 2 vol. in-12, avec 2 fig., 6 fr.

VARNEY (J.-B.), traducteur,
Nous connaissons de M. Varney les quatre traductions suivantes : 1° le Paresseux, du docteur JOHNSON (1791, 2 vol. in-8); — 2° les célèbres Lettres de Junius, attribuées à dix ou douze personnes différentes (1791, 2 vol. in-8); — 3° l'Histoire de miss Nelson, trad. de l'angl. (1792, 4 vol. in-8); —4° les Commentaires de CÉSAR, traduction nouvelle, avec des notes militaires (1810, 2 vol. in-8).

VARNHAGEN D'ENSE (K.-A.), ancien ministre plénipotentiaire de Prusse à la cour de Bade.
— Étoiles (les) et les perroquets, roman historique, par M. VARNHAGEN D'ENSE; trad. de l'allem. par MM. de SAUR et de SAINT-GENIÈS; suivi de Rodolphe de Hapsbourg, drame en trois actes, par les mêmes. *Paris, P. Corneille,* 1823, in-8.
— Hambourg avant le maréchal Davoust, ou Récit de ce qui s'est passé à Hambourg en 1813, depuis la sortie des Français jusqu'à leur rentrée. *Paris, Schœll,* 1814, in-8, 2 fr.

VARNIER (Louis), médecin, membre de la Société de Châlons-sur-Marne; né à Vitry-le-Français.
— Mémoire sur la saignée du bras. 1742, in-12.
— Mémoire sur l'indigence et les moyens de la faire cesser. 1802, in-8.

VARNIER. — Choix de synonymes allemands.
Imprimés à la suite de la nouvelle Grammaire de la langue allemande de FAUES, seconde édition, 1835.

VARNKOENIG. Voy. WARNKOENIG.

VARON (   ), administrateur du département de Jemmapes ; mort à Mons, le 8 décembre 1796, âgé de 35 ans.

— Étrennes du Parnasse. *Paris*, 1788, in-12.

— Hymne à la liberté.

Elle a été imprimée dans plusieurs journaux.

On trouve de Varon, dans l'an iii de la *Décade philosophique*, la traduction du *Cantique de Vénus* (n. 27) ; des fragments des *Voyages* de l'auteur *dans les environs de Rome* (n. 32 et 33) ; la traduction d'une élégie de Tibulle (n. 62).

Il a coopéré à plusieurs ouvrages sur la littérature et les arts, entre autres aux Voyages de Le Vaillant en Afrique, dont la rédaction est entièrement de lui, et à une traduction de l'ouvrage de Winkelman.

VAROQUIER.— * Époux (l') par stratagème, opéra-comique en un acte (tout en vand.). *Bruxelles, J.-Jos. Bouchoirie*, 1748, in-8.

VARREN (Samuel). — Passages from the diary of a late physician. I[st] and II[d] series. *Paris, Baudry ; Amyot*, 1837, or 1838, 2 vol. in-8, 10 fr.

Le faux-titre porte : Collection of ancient and modern English authors.

VARRON (M.-Terentius.). — M. T. Varronis librorum de linguâ latinâ quæ supersunt, cum fragmentis ejusdem. Accedunt notæ Antonii Augustini, Adriani Turnebi, Jos. Scaligeri, et Auson. Papinæ. *Biponti, ex typogr. societatis*, 1783, 2 vol. in-8, 4 fr. 50 c.

— Iidem. Juxta recensionem et cum argumentis C. O. MUELLERI. *Parisiis, Bourgeois - Maze*, 1837, in-16.

VARROT, élève de L.-S. Mercier, auteur du « Tableau de Paris ».

— Nécessité (de la) où l'on est en France de suivre les principes libéraux. *Paris, Vauquelin*, 1815, in-8 de 80 pag.

— Nuits sentimentales d'un jeune solitaire. *Paris, Chanson*, 1814, in-8, 5 fr.

— Tribut de mon dernier hommage aux mânes de L. - S. Mercier. *Paris, Germain Mathiot*, 1814, in-8 de 16 pag., 50 c.

VARROT (madame), née CABROL, femme du précédent.

— Lanski, ou Une victime des troubles d'Avignon, en 1815. *Paris, Davi et Locard*, 1820, 2 vol. in-12, 5 fr.

En 1820, on publia le prospectus des *OEuvres posthumes de cette dame*, lesquelles devaient former 5 volumes in-8 ; mais il n'en a rien paru.

VARSAVAUX-KERLIN, avocat en parlement, archiviste de M. de Rohan, à Blain, en 1776.

— Traité des droits des communes et des bourgeoisies. *Nantes, veuve Marie, et Paris*, 1759, in-16.

VARTAN.—Choix de Fables de Vartan, en arménien et en français (de la traduction de J.-A. SAINT-MARTIN). *Paris, Dondey-Dupré fils*, 1825, in-8.

La préface est signée : J. S. M.
Voyez aussi ORBELIAN.

VASARI (Giorgio), peintre et architecte aretin.

— — Peinture (de la) sur verre, traduction de l'italien en français, d'après Vasari. Par Ch.-Cl. LE BAS DE COURMONT. *Paris, de l'impr. de F. Didot*, 1825, in-8.

— Vies des peintres, sculpteurs et architectes les plus célèbres ; traduites de l'ital., avec des notes, particulièrement celles de BOTTARI (par M. LE BAS DE COURMONT). *Paris, Boiste*, an xi (1803), 3 vol. in-8.

— Vies des plus célèbres peintres, sculpteurs et architectes ; traduites et annotées par JEANRON et Léopold LECLANCHÉ. Tomes I-III. *Paris, rue Martel, n. 12 ; Just Tessier*, 1839, 3 vol. in-8, 18 fr.

Un prospectus promettait cette édition en 120 livraisons, chacune composée de deux feuilles de texte et d'un portrait gravé sur acier ou *fac-simile* ; l'ouvrage formera huit ou dix volumes.

VASCONCELLE (madame Aug. Poisson de Gomez de). Voy. GOMEZ.

VASI (Marien), Romain, de l'Académie étrusque de Cortone et d'autres.

— Description de la basilique du Vatican. *Rome*, 1792, in-12.

— Itinéraire de Rome, monuments antiques et modernes, peintures, etc. *Rome*, 1816, 2 vol. in-12.

— Itinéraire instructif de Rome ancienne et moderne, ou Description générale des monuments antiques et modernes, et des ouvrages les plus remarquables en peinture, sculpture et architecture de cette célèbre ville et de ses environs. *Rome, l'Auteur*, 1804, 2 vol. in-12 ; ou 1811, in-12, avec une carte et 18 planches, 5 fr. ; — *Rome, Puccinelli*, 1813, in-12.

VASLET (L.). — Abrégé des antiquités romaines, trad. du latin. (1823). Voy. CELLARIUS.

VASSAL (Pierre-Gérard), docteur en médecine , secrétaire-général de la Société médico-pratique, médecin du bureau de charité du 7ᵉ arrondissement, officier du Grand-Orient depuis 1815 , secrétaire-général de ce corps, depuis 1819 , et , depuis 1827 , président du collége des rites; né le 14 octobre 1769.

— Considérations médico-chimiques sur l'acétate de morphine, par le doct. Vassal ; suivies d'analyses chimiques et d'un procédé pour démontrer la présence de la morphine après la mort. Par Dublanc jeune, pharmacien. *Paris, l'Auteur,* 1824 ; in-8 de 116 pages, plus un portrait.

— Cours complet de maçonnerie, ou Histoire générale de l'initiation, depuis son origine jusqu'à son institution en France. *Paris, l'Auteur, rue des Fossés Saint-Germain des Prés,* 1831, in-8, 8 fr. 75 c.

Cet ouvrage a été publié en sept livraisons , chacune composée de cinq feuilles.

— Éloge historique de Théodore Ducamp, lu à la Société médico-pratique de la séance du 14 mai 1823, et imprimé par décision de la Société. *Paris, de l'impr. de Dondey-Dupré,* 1823 , in-8 de 32 pag.

— Monographie sur la digitale pourprée.

On ne faisait presque point usage de cette plante en France, avant le docteur Vassal ; son emploi guérit pourtant plusieurs hydropisies, et quelques maladies du cœur.

Le docteur Vassal est un maçon fort instruit et laborieux. Ses comptes rendus, comme secrétaire général , ont été souvent remarqués ; c'est un des officiers les plus zélés et les plus actifs du Grand-Orient.

(*Bésuchet,* Biogr. maçonnique, 1829).

VASSAL DE MONTVIEL, alors député de Lot-et-Garonne.

— Opinion (son) sur le projet d'amnistie présenté par les ministres le 8 décembre 1815. *Paris, de l'impr. d'Égron,* 1816, in-8 de 16 pages.

— Opinion (son) sur la loi des finances, contre la vente des forêts de l'État. *Paris, de l'impr. de Patris,* 1817, in-8 de 80 pages.

VASSALI-EANDI (l'abbé Antoine-Marie), professeur de physique, et secrétaire-perpétuel de l'Académie de Turin; né le 30 juin 1761, à Turin, où il est mort, le 5 juillet 1825.

— Annales de l'Observatoire de l'Académie de Turin , avec des notices statistiques concernant l'agriculture et la médecine. 1810. Premier semestre. *Turin, de l'impr. soc.,* 1810, in-4. — 1811. Premier semestre. *Turin, de l'impr. de Appiano,* 1812, in-4 de 280 pages , 6 fr.

Un recueil biographique dit que ces Annales ont paru de 1809 à 1828.

— Conjectures sur l'art d'établir des paratonnères, chez les anciens Romains. *Turin,* 1791.

— Expériences et observations sur le fluide de l'électro-moteur de Volta. In-4.

Un extrait de cet ouvrage , Paris, Delaplace, 1803, in-8.

— Lettre à J.-C. Delamethrie sur le galvanisme et sur l'origine de l'électricité animale. *Paris,* 1799, in-4.

— Lettre sur le vitalitomètre d'Ant.-Mar. Vassali-Eandi. *Paris,* 1800, in-8.

— Mémoire historique. *Turin, de l'impr. de F. Galletti,* 1813, in-4 de 66 pages , 2 fr.

— Mémoire sur les affinités du gaz. *Paris,* 1800, in-8.

— Meteorologia (la) Torinese, ossia Risultamenti delle osservazioni fatte del 1757 al 1817. *Torino,* 1817 , in-4.

— Physicæ experimentalis et Geometriæ lineamenta, ad Sub-Alpinos. *Turin,* 1793, 3 vol. in-8.

— Rapport présenté à la classe des sciences exactes de l'Académie de Turin, le 27 thermidor, sur les expériences galvaniques faites les 22 et 26 du même mois, sur la tête et le tronc de trois hommes après leur décapitation. *Turin, de l'impr. nation.,* an x (1802), in-4.

— Rapport sur le tremblement de terre qui a commencé le 2 avril 1808 dans les vallées du Pelis , du Cluson, du Pô, etc. *Turin, de l'impr. de Fel. Galletti,* 1808, in-8.

Nous connaissons encore de Vassali-Eandi les trois mémoires suivants , qui sont imprimés dans le recueil de l'Académie de Turin : Sur l'électricité dans le vide (tome X). — Résolution des questions suivantes sur l'électricité : 1° l'air est-il électrique par frottement ? 2° la lumière excitée par le frottement des corps est-elle électrique ? 3° les corps résineux décèlent-ils de l'électricité par la chaleur et la fusion ? (tome XI); — Essai sur l'histoire des théories de la respiration et de la combustion, etc. (id.). Ce savant en a fourni d'autres de 1792 à 1809.

Ce savant a aussi fourni des articles à la Bibliothèque italienne, ou Tableau des progrès des sciences et des arts en Italie (Turin, 1803, in-8), et aux Archives littéraires de l'Europe.

Un neveu de Vassali-Eandi, M. Secondo-Barutti , a publié : « Saggio sulla vita e sugli scritti del professore A.-M. Vassali-Eandi », Turin, veuve Pomba, 1825, in-8 de 198 pages , orné du portrait de Vassali. Les Annales biographiques, pour 1826 , ainsi que la Revue encyclopédique, tomes XXVII et

XXXVIII, renferment des notices sur ce savant distingué.

VASSE (l'abbé), du diocèse de Lizieux; mort curé de Noroles, du même diocèse.
— Danger (le) de la lecture des livres contre la religion par rapport à la société. 1768.

Ce discours a concouru à l'Académie de Rouen.

— Discours sur l'indécence et le danger de la raillerie en matière sérieuse, et principalement en matière de religion. 1773.

Couronné par l'académie de l'Immaculée Conception de Rouen, en 1770.

VASSE (Guillaume); né à Paris, le 14 mars 1721, mort en 1779.
— Currucades (les).
— Ma réponse, ou Ma rapsodie.

Il a fourni plusieurs pièces dans le Mercure de France et dans le journal de Verdun.

VASSE (Abraham). — Administration (de l') des douanes, par rapport aux employés, et de son influence sur les administrés. *Dieppe, Delevoye-Barbier,* 1838, in-8 de 24 pag., 1 fr.

VASSE (Cornélie WOUTERS , baronne de); née à Bruxelles, en 1739, morte le 3 avril 1802.
— * Art (l') de corriger et de rendre les hommes constants. *Paris, Ballard,* 1783, in-18. — Revu, corrigé et considérablement augm. *Paris, Royez,* 1789, in-18 de 248 pag.

L'Art de rendre les femmes fidèles donna lieu à cet ouvrage.

— * Aveux (les) d'une femme galante, ou Lettres de madame la marquise de *** à miladi Fanny Stapelton. *Londres, et Paris, veuve Ballard,* 1782, in-12.
— Constitutions des empires, royaumes et républiques de l'Europe, avec un précis de leurs finances, dettes nationales, ressources, commerce, etc., auquel on a joint des anecdotes, des nouvelles authentiques de Londres, du Brabant et d'autres pays.

Recueil périodique qui a commencé à paraître en 1790, mais dont nous ne pouvons indiquer la durée.

C'est surtout comme traductrice que madame de Vasse s'est fait un nom dans la littérature. On lui doit la publication des ouvrages suivants ; 1° (en société avec Marie Wouters, sa sœur) la traduction du Théâtre anglais, depuis l'origine des spectacles jusqu'à nos jours, divisés en trois époques (1784 et ann. suiv., 12 vol. in-8) ; — 2° le Plutarque anglais, contenant la vie des hommes les plus illustres de la Grande-Bretagne, depuis Henri IV jusqu'à nos jours (traduit de Thomas MORTIMER, 1785 et ann. suiv., 12 vol. in-8) ; — 3° les Impru-

dences de la jeunesse, par l'auteur de « Cécilia » (1788, 4 vol. in-12); — 4° le Mariage platonique (1789, 2 vol. in 12); — 5° la Belle Indienne, ou les Aventures de la petite-fille du grand mogol (1798, 2 vol. in-12).

Cette dame a donné des *contes* français, anglais et autres, à la « Bibliothèque choisie de contes », et a laissé des manuscrits.

VASSE DE SAINT-OUEN (G.), inspecteur de l'Université, etc.
— Discussion des principes sur lesquels est fondée la nouvelle jauge et indication du procédé pratique.

Imprimée dans le deuxième volume des Mémoires de la Société académique d'Aix.

— Système d'abréviation dans l'enseignement de la langue latine, ou Moyen de faire plusieurs classes simultanément en facilitant les progrès des élèves. *Aix, de l'impr. d'Augustin Pontier,* 1822, in-8 de 82 pages.—Seconde édition. *Toulouse, Henault, et Paris, Colas,* sans date (1831), in-8 de 80 pag., avec 4 tableaux.

VASSELIER (Joseph), poëte érotique, membre de l'Académie de Lyon, et de celle de Dijon ; mort à Lyon, le 10 octobre 1798.
— Contes gais et badins, suivis de la Servante du curé (opera-comiq. en deux actes). *Londres,* 1819, in-18.
— Épitre sur la paix. 1783.
— Poésies (ses). *Paris, Louis,* an VII (1799), petit in-12 de près de 300 pages, avec le portr. de l'auteur, 3 fr.

Ce recueil de poésies prouve qu'on peut ne pas habiter Paris, et faire pourtant de jolis vers. Ceux de Vasselier ont de l'agrément et de la facilité. Ce n'est pas la touche brillante de Bernis, ni l'originalité piquante de Chaulieu ; mais dans les épitres, c'est Pavilloco ; dans les contes, c'est Vergier ou Grécourt ... Vasselier pourrait avoir sa place dans le calendrier poétique, et l'éditeur de ses OEuvres a bien fait de la lui assurer. (Vigée, *Courrier des spectacles*).

—OEuvres (ses). 1800, 3 vol. in-18.

Recueil cité par Debray, dans ses « Tablettes des écrivains français ».

VASSELIN (Georges-Victor), docteur en droit de l'ancienne faculté de Paris, et ancien avocat ; né à Paris, en 1767, mort le 31 juillet 1801.
— * Adresse d'un citoyen français à ses représentants sur la constitution de 1793. *Paris,* 1795, in-8.
— Cours élémentaire de droit civil. *Paris, l'Auteur,* 1801, in-8.

Ce volume a été publié en sept cahiers : le dernier a paru en 1802 par les soins de M. Guinemer, alors commissaire du gouvernement près le tribunal de première instance.

— Déclaration des droits des enfants et des devoirs des parents. In-8.

— Mémorial révolutionnaire de la Convention, ou Histoire des révolutions en France, depuis le 30 septembre 1792 jusqu'au 26 octobre 1795. *Paris, J. Baillot*, 1797, 4 vol. in-12.

— Théorie des peines capitales, ou Abus et dangers de la peine de mort et des tourments ; ouvrage présenté à l'Assemblée nationale. 1790, in-8.

VASSELIN (Louis-François), négociant à la Martinique.

— Vrai (le) missionnaire, ou le Miroir de l'âme. *Paris, de l'impr. de Tillard*, 1829, in-8.

VASSETZ (l'abbé de). — Contre la médisance, dialogues et réflexions. *Paris, L. d'Houry*, 1693, in-12.

— Obligation (de l') que les pères et mères ont d'instruire eux-mêmes leurs enfants. *Paris, Coignard*, 1695, in-12.

— Traité du mérite. *Paris, G. Vandive*, 1703, in-12.

VASSIF-EFENDI, historien turc.

— Précis historique de la guerre des Turcs contre les Russes, depuis l'année 1769 jusqu'à l'année 1774 ; tiré des annales de l'historien turc Vassif-Efendi, par P.-A. CAUSSIN DE PERCEVAL, professeur d'arabe à l'École royale et spéciale des langues orientales vivantes. *Paris, Le Normant*, 1822, in-8, 4 fr.

VASSEUR, chef des bureaux de la mairie du premier arrondissement.

— * Seine (la) au roi, réclamation contre le projet extraordinaire de faire servir l'eau du Jourdain au baptême de S. A. R. le duc de Bordeaux. *Paris, Ladvocat*, 1821, in-8 de 18 pag.

Voy. aussi LE VASSEUR.

VASSOR. Voy. LE VASSOR.

VASSOULT (l'abbé J.-B.), confesseur et prédicateur ordinaire de la maison du roi.

— * Abrégé de la vie du B. Alex. Sauli. *Paris*, 1742, in-12.

— Apologétique de TERTULLIEN, trad. en français avec des notes. *Paris, J. Collombat*, 1714, in-4.

— Psaumes de David selon l'esprit, ou les Psaumes en forme de prières chrétiennes. *Paris, J. Collombat*, 1733, in-12.

VASSOULT (Henry). — * Abrégé chronologique de la fondation et Histoire du collége de Boissy, avec la généalogie de la famille de ses fondateurs. *Paris*, 1724, in-fol.

Avec Guill. Bodey.

VASTAN (de), procureur-général de la chambre royale de Nantes.

— Discours prononcés en la chambre roy. de Nantes. *Nantes, Verger*, 1720, in 12.

VASTEL (Louis-Guillaume-François), membre du Lycée, et de la Société d'agriculture et de commerce de Caen ; né le 5 juillet 1746 à Cherbourg, où il est mort, le 19 mai 1819.

— * Arithmétique du jeu de boston, ou Chances bostoniennes ; par l'auteur de « l'Arithmétique normande ». *Cherbourg*, 1815, in-12.

— Arithmétique normande, ou Règles pour calculer le mariage des filles de Normandie. *Rouen, Leroy*, 1782, in-12.

— Art (l') de conjecturer, par Jacq. Bernouilli, trad. du latin, avec des observations, éclaircissements et additions du traducteur. Première partie (1802). Voy. BERNOUILLY.

— Conduite (la) de l'homme, ou Économie de la vie humaine ; trad. de l'angl. (1802), Voy. DODSLEY.

— Essai sur les obligations civiles des frères envers les sœurs en Normandie. *Rouen*, 1783, in-12.—Supplément. 1787, in-12.

Outre sa traduction des trois dernières parties, en manuscrit, de l'Art de conjecturer, Vastel a laissé dix-sept ouvrages, soit originaux ou traduits. M. Beuchot, dans sa Bibliographie de la France, année 1822, pages 406 et 407, en a donné la nomenclature.

VASTEL (l'abbé P.).—Système (nouv.) sur le flux et reflux des mers, ou Dissertation sur la vraie cause du flux et reflux de l'Océan et de toutes les mers ; suivie d'une autre dissertation sur les courants qui se trouvent dans les différentes mers, sous toutes les latitudes. *Paris, Eberhart*, 1836, in-8, 3 fr. — Éclaircissement. Suite de ma Dissertation sur le flux et le reflux des mers. *Honfleur, de l'impr. de Dupray*, 1838, in-8 de 12 pag., avec une planche.

VASTEL (le docteur Édouard).—Guide des voyageurs et des malades aux Eaux-Bonnes. *Paris, Béchet jeune*, 1838, in-18, 2 fr. 50 c.

VASTEL (Pierre), de la commune du Vast , arrondissement de Cherbourg.
—Nouvelles Poésies. *Cherbourg, de l'impr. de Beaufort*, 1838, in-8, 2 fr. 25 c.

VASTELAIN (le P.·), jésuite dans la Flandre belgique , originaire de Maroilles en Haynaut.
—Description de la Gaule belgique. 1761, in-4.

VASTEY (le baron Pompée-Valentin de), d'abord littérateur à Paris, plus tard chancelier du roi d'Haïti , etc.
—Anaïde et Alcidore, poëme érotique en quatre chants. *Paris, Mongie*, 1800, in-8.
— Délassements poétiques , ou la Cruche d'Hypocrène. *Paris*, 1799, in-8. — Sec. édition. *Ibid.*, 1802, in-12.
— Essai sur les causes de la révolution et des guerres civiles d'Haïti, faisant suite aux Réflexions politiques sur quelques ouvrages et journaux français concernant Haïti. *Sans-Souci (Port-au-Prince), impr. roy.*, 1819, in-12.

Pour une critique de cet ouvrage, voy. Colombel.

— Réflexions politiques sur la civilisation des noirs. . . .

Cité par la Revue encycl. , tome V, pp. 147, 547.

— Réflexions politiques sur quelques ouvrages et journaux français concernant Haïti. *Sans-Souci (habitation du roi Henry)*, 1817, in-8.

VATABLE (François), professeur de langue hébraïque ; né à Gamaches, village de Picardie.

On a une édition latine de la Bible , avec des notes (Paris, 1729-45, 2 vol. in-fol.), qui lui est attribuée.

VATAN (le chev. de).

Il a laissé en manuscrit une tragédie en cinq actes et en vers , intitulée : *le Czarowitz, ou le Fils de Pierre le Grand.* Des fragments de cette pièce ont été insérés par Dorat dans la préface de son Amilka, ou Pierre-le-Grand.

VATAR (Guillaume), prêtre, habitué en la paroisse de Saint-Paul ; mort à Paris, le 8 mars 1708.
— Processions (des) de l'Église, de leur antiquité, utilité, et des manières d'y bien assister. *Paris, J. Le Fèvre*, 1705, in-12.

VATAR (J.-Ch.), imprimeur à Rennes.
— Éléments d'orthographe. IIIe partie. *Rennes*, 1780, in-8.

Il a participé à la rédaction du Journal des hommes libres de tous les pays, etc. (1792-1800).

VATAR, ex-agent du trésor. — Vingt questions sur le cercle, résolues de la manière la plus courte , la plus simple et la plus exacte. *Rennes, Vatar ; et Paris, Raynal*, 1825, in-8 de 140 pag., 3 fr.

Un appendice contient des Notices biographiques sur les trois principaux quadrateurs cités dans l'ouvrage (Archimède , Métius et M. de Lagny), etc.

VATEL (Pierre-Isidore), médecin vétérinaire du département de la Seine, expert au marché aux chevaux, ancien professeur de clinique , de médecine opératoire et de médecine légale aux écoles royales vétérinaires de Lyon et d'Alfort , membre de la Société linnéenne et de celle des sciences physiques et chimiques de Paris , correspondant de la Société royale d'agriculture, d'histoire naturelle et arts utiles de Lyon , de la Société linnéenne de la même ville , etc. , etc. ; né à Paris, le 7 mars 1795.
— Éléments de pathologie vétérinaire, ou Précis théorique et pratique de la médecine et de la chirurgie des principaux animaux domestiques ; suivis d'un Formulaire pharmaceutique vétérinaire, et terminés par un Vocabulaire pathologique, contenant les noms anciens et modernes proposés ou employés dans le langage médical vétérinaire. *Paris, et Montpellier, Gabon et Cie*, 1827-28, 2 tomes en 3 vol. in-8, avec planches, 20 fr.

Cet ouvrage devait paraître primitivement sous le titre de *Manuel de médecine , de chirurgie et de pharmacie vétérinaires*, et c'est qui a porté les auteurs de la « Revue encyclopédique à le citer sous ce dernier titre.

— Journal pratique de médecine vétérinaire , consacré à l'étude des maladies sporadiques des animaux, aux épizooties et à leur thérapeutique. *Paris, et Montpellier, Gabon et Cie*, janvier 1826 à décembre 1827, 24 numéros formant deux vol. in-8, 24 fr.

Avec M. Dupuy, professeur de pathologie , etc., à l'École vétérinaire d'Alfort.
Recueil dont il paraissait par mois un cahier de deux à trois feuilles : le tout formant un volume par an , avec une table alphabétique des matières.
M. Vatel est aussi l'un des rédacteurs-fondateurs et l'un des principaux propriétaires du Recueil de médecine vétérinaire, qui a commencé à paraître en 1824 , ainsi que du Cours complet d'agriculture, ou Nouveau Dictionnaire d'agriculture théorique et pratique, etc. (1834 et ann. suiv.).
On attribue aussi à M. Vatel la révision de la troisième édition du Manuel complet du vétérinaire, etc., de Leseaud, dite revue et augmentée par un professeur vétérinaire (Paris, Roret).

VATER (Jean-Severin). — Grammaire abrégée de la langue polonaise, consistant en tableaux, règles et exemples. *Halle*, 1807, in-8.

— Résumé. des tables synchronistiques de J.-S. Vater. Traduit sur la sixième édition allemande, augmenté et mis dans un ordre nouveau; par D. de BRAY (de Bolbec, Seine-Inférieure). (Première partie. Histoire ecclésiastique). *Strasbourg, de l'impr. de Silbermann*, 1835, in-4 de 8 pag. — Seconde partie, depuis la réformation jusqu'à nos jours. 1517 à 1824. *Strasbourg, de l'impr. du même*, 1835, in-4 de 10 pag.

VATIER (le P. Antoine). — Conduite (la) de Saint-Ignace de Loyola, menant une âme à la perfection par les exercices spirituels, avec des remarques, etc. Nouv. édition. *Au Mans, de l'impr. de Fleuriot*, 1835, in-12.

VATIGUERRO (Jean de). — Prophétie recueillie et transmise par Jean de Vatiguerro, extraite du « Liber mirabilis », page 35, v° de l'édition de 1523. En latin et en français. *Carpentras, de l'impr. de Devillario-Quenin*, 1815, in-8 de 36 pag.

VATIN (Casimir). — Nécessité (de la) de réformer le régime des maisons d'arrêts. *Paris, Guyot et Scribe*, 1838, in-8 de 76 pag.

VATISMÉNIL (LEFEBVRE DE), avocat-général de la Cour de cassation, ministre de l'Instruction publique, de .... 1828 au 8 août 1829, député en juin 1830, jusqu'au 25 mai 1834; né en 1789.

— Clémence (de la), en deux livres, trad. du latin (1832). Voy. SÉNÈQUE.

— Extrait de la réplique de M. de Vatisménil, substitut de M. le procureur du roi, au plaidoyer de M. Mérilhou; audience du 5 août 1817. *Paris, de l'impr. de Renaudière*, 1817, in-8 de 44 pages.

On trouve des notices sur M. de Vatismenil dans la Biographie universelle et portative des contemporains, de MM. Rabbe, Boisjolin et Sainte-Preuve, tome V, et dans celle des hommes du jour, de MM. Sarrut et Saint-Edme, tome Ier, 2e part., p. 249.

VATOUT (Jean, dit Julien), d'abord sous-préfet de Libourne (Gironde), puis sous-préfet de Saumur (Côte-d'Or), en 1819; ensuite conservateur de la galerie de S. M., connue sous le nom de Galerie d'Orléans; aujourd'hui secrétaire et premier bibliothécaire particulier du roi, membre de la chambre des députés, etc.; né à Villefranche (Rhône), le 26 mai 1792.

— *Assemblée (de l')constituante, ou Ré-

ponse à M. Ch. Lacretelle. *Paris, Corréard; Ponthieu ; Delaunay*, 1822, in-8, 1 fr. 50 c.

Cet écrit a eu deux autres éditions dans la même année : il a été souvent attribué, mais bien à tort, à M. Alexandre de Lameth.

— * Aventures (les) de la fille d'un roi, racontées par elle-même. *Paris, Delaunay; Ponthieu*, 1820, in-8 de 40 pag., 1 fr. 25 c.—Second chapitre. *Paris, les mêmes*, 1821, in-8 de 36 pages, 1 fr. — Troisième chapitre. *Paris, les mêmes*, 1821, in-8.

C'est, sous le voile de l'allégorie, l'histoire de la Charte octroyée par Louis XVIII.

Le premier chapitre a eu cinq éditions au commencement de 1821, et le second a été réimprimé dans le mois même de sa première publication.

— Catalogue historique et descriptif des tableaux appartenant à S. A. S. Mgr le duc d'Orléans. Tome Ier. *Paris, de l'impr. de Gaultier-Laguionie*, 1823, 1 vol. — Notices historiques sur les tableaux de la galerie de S. A. R. Mgr le duc d'Orléans. Tomes II-IV. *Paris, de l'impr. du même*, 1825-26, 3 vol. En tout 4 vol. in-8.

Ces quatre volumes n'ont point été destinés au commerce. Il en a été tiré 25 exemplaires sur format in-folio écu, qui ne l'ont pas été davantage.

Nous avons dit autre part (voy. l'article Louis-Philippe Ier), et, d'après des données certaines que ces Notices ont été rédigées sous la direction particulière du duc d'Orléans, depuis roi des Français, et qu'elles renferment même plusieurs morceaux de sa composition.

— Château (le) d'Eu. Notices historiques. *Paris, de l'impr. de Malteste*, 1837, 5 vol. in-8, 25 fr.

— Conspiration (la) de Cellamare. Épisode de la Régence. *Paris, Ladvocat*, 1832, 2 vol. in-8, avec deux portraits, 15 fr.

— Galerie lithographiée des tableaux de S. A. R. Mgr le duc d'Orléans, publiée par MM. J. Vatout et J.-P. Quénot. *Paris, Ch. Motte*, 1824-29, 2 vol. in-fol., fig.

Cette Galerie a été publiée en 50 livraisons, chacune composée de quatre planches, avec texte. Le prix de souscription de la livraison était de 15 fr., et sur grand papier demi-colombier, 25 fr.

— Gouvernements (les) représentatifs au congrès de Troppau. *Paris, Delaunay; Brissot-Thivars*, 1821, in-8 de 60 pag., 1 fr. 75 c.

— Histoire du Palais-Royal. *Paris, de l'impr. de Gaultier - Laguionie*, 1830, in-8.

— Histoire lithographiée du Palais-Royal. *Paris, Ch. Motte; F. Didot*, 1833-34, 12 livraisons in-fol. de 40 planches lithogr., avec texte.

Le Palais Royal est un des monuments qui se recommandent le plus par leurs souvenirs. Nos plus habiles artistes, tels que Hersent, Horace Vernet, etc., etc., ont exécuté des tableaux des principales scènes historiques dont le Palais-Royal a été le théâtre : ils en sont un des plus beaux ornements.

L'*Histoire lithographiée du Palais-Royal* a paru en douze livraisons, chacune contenant deux tableaux et un beau portrait authentique et inédit des principaux personnages figurant dans l'histoire du Palais-Royal.

Le texte, par M. Vatout, retrace le récit des événements que rappellent les tableaux.

Cet ouvrage peut être considéré comme faisant partie de la « Galerie d'Orléans, publiée de 1814 à 1829. (Voy. plus haut). »

Chaque livraison a coûté par souscription : sur pap. de Chine, format demi-jésus, 15 fr., et sur demi-colombier (tiré seulement à 50 exempl.), 25 fr.

— Hommage à la mémoire de Stanislas Girardin. 1er mars 1827. *Paris, de l'impr. de Gaultier-Laguionie*, 1827, in-8 de 2 pages.

—*Idée (l') fixe. Par l'auteur des « Aventures de la fille d'un roi ». *Paris, P. Dupont*, 1830, 2 vol. in-8, 10 fr.

Cette édition a été reproduite deux fois au moyen de nouveaux titres : la dernière fois en 1833, et le frontispice porte : *troisième édition* et la date de 1833.

— Lettre aux habitants de l'arrondissement de Semur (Côte-d'Or). *Paris, de l'impr. de Dupont*, 1820, in-4 de 24 pag.

L'auteur était alors sous-préfet de cet arrondissement.

— Mémoires de M. le baron Pergami (lisez Bergami), chambellan, chevalier de Malte, chevalier du Saint-Sépulcre, etc. Traduits d'après le manuscrit italien, par M. ***. *Paris, Brissot-Thivars; Ponthieu; Leroy*, 1820, in-8 de 80 pag., plus un portrait et un fac-simile.

D'après le Corsaire, du 2 mars 1836, ces Mémoires ont été composés par M. Vatout.

— * Memorias del baron de Pergami, traducidas al castellano. *Burdeos*, 1821, in-18.

— * Nièce (la) d'un roi. *Paris, Dupont*, oct. 1824, in-8 de 30 pag., 1 fr. 50 c.

Réimpr. dans le même mois.

— Opinions et Discours de M. Vatout, député de la Côte-d'Or, pendant la session de 1831. *Paris, de l'impr. de madame Agasse*, 1832, in-8 de 48 pages.

— Polissons (les). *Paris, de l'impr. de Gaultier-Laguionie*, 1827, in-8 de 24 p.

Chanson en sept couplets.

— Souvenirs historiques des résidences royales de France. I. Palais de Versailles. *Paris, F. Didot*, 1837, in-8, 6 fr.—II. Palais-Royal. *Paris, les mêmes*, 1837, in-8, 6 fr. — III. Château d'Eu. *Paris, les mêmes*, 1839, in-8, 6 fr.

Le volume qui renferme l'histoire du *Palais de Versailles* a été imprimé aussi dans le format in-18. Paris, F. Didot, 1837, 2 fr.

Un quatrième volume doit paraître prochainement : il aura le *Palais de Fontainebleau* pour objet.

M. Vatout, en outre, a annoté le Code vicinal, publié par M. le comte O'Donnel (1836, in-18).

On trouve des Notices sur M. Vatout dans la Biographie universelle et portative des contemporains, de MM. Rabbe, Boisjolin et Sainte-Preuve, et dans celle des hommes du jour, de MM. Sarrut et B. Saint-Edme, tome III, 2e partie, pag. 299.

VATRY (J.), l'un des rédacteurs du Journal des savants, du 28 octobre 1739 au 24 juillet 1743.

VATRY (Louise-Marguerite Buttet, dame), naquit en 1682. Belle, spirituelle et vertueuse, elle fut l'objet des chants de plusieurs poëtes. Elle eut le bonheur d'avoir pour amie madame de Lambert. Madame Vatry mourut à Paris, le 22 mai 1752. Elle a composé des *Poésies fugitives*, dont plusieurs ont été insérées dans les « Amusements du cœur et de l'esprit ».

VATTEL (Emer de), publiciste célèbre, conseiller privé de l'électeur de Saxe, roi de Pologne, antérieurement ministre résident, du même prince, près la république de Berne; né le 25 avril 1714, à Couvet, dans la principauté de Neuchâtel, mort au chef-lieu de cette principauté, des suites d'une hydropisie de poitrine, le 28 décembre 1767.

— Amusements de littérature, de morale et de politique. *La Haye*, 1765, in-8.

Ouvrage que nous n'avons pu voir, mais qui doit cependant exister, puisque, sous le n° 14,213 de son Dictionnaire des ouvrages anonymes, Barbier y dit que les *Pièces diverses*, imprimées en 1746, ont été réimprimées dans les *Amusements*, lesquels, selon toute apparence, ont eux-mêmes été édités de nouveau sous le titre de *Mélanges de morale, etc.*

— Défense du système de Leibnitz (contre Crousaz). *Leyde, Élie Luzac*, 1742, in-12.

Dédiée à Frédéric II, roi de Prusse, qui venait de parvenir au trône, et dont Vattel espérait mériter les bontés.

— Droit (le) des gens, ou Principes de la loi naturelle appliqués à la conduite et aux affaires des nations et des souverains. *Londres (Neuchâtel)*, 1758, 2 vol. in-4.

Première édition de cet excellent ouvrage si souvent réimprimé depuis.

—Le même ouvrage. Nouv. édition, augm. *Neuchâtel, de l'impr. de la Société typo-*

graphique, 1773, 2 vol. in-4, ou 3 vol. in-12.

— Le même ouvrage. Nouv. édition, augmentée, revue et corr. *Amsterdam, Van Harrevelt*, 1775, 2 vol. in-4.

C'était la meilleure édition de l'ouvrage de Vattel avant la publication de celles de M. de Hoffmnans.

— Le même ouvrage. Nouv. édition. *Bâle*, 1777, 3 vol. in-12.

— Le même ouvrage (avec des altérations, et le titre bizarrement tronqué, ainsi conçu: le Droit des gens et les Devoirs des citoyens, ou, Principes de la loi naturelle....) Nouv. édition. *Nîmes, Buchet*, 1783, 2 tomes in-4, imprimés en cicéro, à deux colonnes.

— Le même ouvrage. *Lyon*, 1802, 3 vol. in-12.

— Le même ouvrage. Nouv. édition, augmentée, revue et corrigée, avec quelques remarques de l'éditeur. *Paris, Rey et Gravier ; et Lyon, Ant. Blache*, 1820, 2 vol. in-8.

Mauvaise édition, faite, il est vrai, sur celle de 1775, mais on ne peut plus mal copiée.

— Le même ouvrage. Nouv. édition, augmentée, revue et corrigée, avec quelques notes de l'auteur et des éditeurs. *Paris, Janet et Cotelle*, 1820, in-8, 8 fr.

L'éditeur, M. Cotelle, semble avoir pris l'édition de Nîmes pour base de la sienne, car, ainsi que l'éditeur protestant, il a supprimé fort inconsidérément les notules des §§, et bouleversé l'économie de l'ouvrage de Vattel au point de le rendre méconnaissable.

— Le même ouvrage. Nouvelle édition, précédée d'un Discours sur l'étude du droit de la nature et des gens, par sir James MACKINTOSH, trad. de l'anglais par M. Paul ROYER-COLLARD, ...; suivie d'une Bibliographie spéciale (*sic*). *Paris, Aillaud*, 1830, 2 vol. in-8.

Édition faite sur celle de Lyon, 1820, dont on a reproduit toutes les bévues et toutes les fautes.

La prétendue Bibliographie a quinze pages ; le Discours de sir James Mackinstosh avait déjà été imprimé séparément.

— Le même ouvrage. Nouvelle édition, revue et corrigée d'après les textes originaux, augmentée de quelques remarques nouvelles, et d'une Bibliographie choisie et systématique du droit de la nature et des gens, par M. de HOFFMANNS ; précédée d'un Discours sur l'étude du droit de la nature et des gens, par sir James MACKINTOSH, traduit en français par M. Paul ROYER-COLLARD. *Paris, Aillaud*, 1835, 2 vol. in-8, 12 fr. — Tome III. Notes et

Table générale analytique (*sic*) de l'ouvrage, par M. S. PINHEIRO-FERREIRA. *Paris, le même*, 1838, in-8, 7 fr. 50 c.

Cette édition n'aurait rien laissé à desirer s'il avait été loisible à M. de Hoffmanns d'y ajouter tout ce dont il a enrichi la suivante. Il a fait des corrections essentielles à la traduction de M. P. Royer-Collard.

— Le même ouvrage. Édition précédée d'un Essai (de l'auteur) sur le droit naturel, pour servir d'introduction à l'Étude du droit des gens; illustrée de questions et d'observations par M. le baron de CHAMBRIER D'OLEIRES, ancien ministre, avec des annexes nouvelles de M. de VATTEL et de M. J.-G. SULZER, et un Compendium bibliographique du droit de la nature et des gens, et du droit public moderne ; par M. le comte d'HAUTERIVE, membre de la chambre des députés. *Paris, Rey et Gravier*, 1839, 2 vol. in-8, 14 fr.

Au lieu de M. le comte d'Hauterive, lisez par M. de Hoffmanns, que des raisons de pure de délicatesse ont empêché d'y mettre son nom.

Les principales augmentations sont :

Dans le tome Ier : 1° Essai sur le fondement au droit naturel, et sur le premier principe de l'obligation où se trouvent les hommes d'en observer les lois (par Vattel), pour servir d'introduction à l'Étude du droit des gens; 2° le commencement des Questions de droit des gens et observations sur le Traité du droit des gens de M. de Vattel, par M. de Chambrier d'Oleires ; 3° une Dissertation sur cette question : « La loi naturelle peut-elle porter la société à sa perfection, sans le secours des lois politiques ? (par Vattel) » ; — 4° des Recherches sur un principe fixe qui serve à distinguer les devoirs de la morale de ceux du droit naturel, par M. J.-G. Sulzer.

Dans le tome second : 1° la suite des Questions de droit des gens et observations sur le Traité du droit des gens de M. de Vattel, par M. de Chambrier d'Oleires ; 2° un Dialogue entre Jules César et Cicéron (par Vattel) sur la question de savoir s'il est permis, en certaines circonstances, d'attenter à la vie du chef de l'État. (Quelques exemplaires ont été imprimés à part sous ce titre : Est-il permis, en laines circonstances, d'attenter à la vie du chef de l'État ? dialogue entre Jules-César et Cicéron. Extrait des Annexes du 3e (du 2e) volume d'une nouvelle édition du « Droit des gens », publiée avec un commentaire et des notes de M. le baron de Chambrier (par M. de Hoffmanns). Paris, Rey et Gravier, 1er janvier 1837, de IV et 17 pages. Il n'a été tiré de ce Dialogue remarquable qu'une quarantaine d'exemplaires; l'impression ayant été interrompue par les libraires, pour complaire à un grand prince, qui pensa que cette publication toute de principes pourrait avoir des conséquences; 3° un Compendium bibliographique du droit de la nature et des gens, et du droit public moderne, en six divisions, subdivisées en sections et paragraphes, comprenant 746 articles. Le Bibliographie choisie, mise, par M. de Hoffmanns, à la suite de l'édition de 1835, ne comprenait que 309 articles.

— Derecho (el) de gentes, ó Principios de la ley natural, aplicados á la conducta y los intereses de las naciones y de los principos. Trad. por J. B. J. G.; y terminada por algunas reflexiones acerca de ciertas ideas fundamentales da esta obra. *Burdeos, Lavalle*, 1822, 4 vol. in-12.

— El mismo, traducidoz en castellano, por Lucas-Mig. OTARENA, etc. *Paris, Masson y hijo*, 1824, 4 vol. in-18, 14 fr.

Ces prétendues traductions en langue espagnole ne sont, à quelques changements près, que des reproductions textuelles de celle del « licenciado D. Manual Pascual Hernandez, individuo del illustre colegio deAbogados de esta corte », publiée à Madrid, imprenta de J. Sancha, en 1820.

— * Loisir philosophique, ou Pièces diverses de philosophie, de morale et d'amusement. *Dresde, Walther*, 1747, in-12.

C'est une réimpression, avec quelques augmentations, des *Pièces diverses* ci-après.

—Mélanges de morale, de littérature et de politique. *Neuchâtel*, 1770, br. in-12.

— * Pièces diverses, avec quelques lettres de morale et d'amusement. *Paris, Briasson*, 1746, in-12.

Réimprimées sous le titre de *Loisir philosophique* (voy. ci-dessus) et dans les *Amusements de littérature, de morale et de politique*, par le même auteur.

— * Poliergie, ou Mélanges de littérature et de poésies, par M. de V***. *Amsterdam, Arsktée et Merkus (Paris, Vincent)*, 1757, in-12.

Il y a des exemplaires qui portent l'adresse de Vincent, avec un titre (rajeuni) de deuxième édition, et le millésime de 1762.

— Questions de droit naturel, et observations sur le « Traité du droit de la nature », de M. le baron de Wolf. *Berne*, 1762, in-12; — ou *Paris, Desaint et Saillant*, 1763, in-12.

Barbier a fait erreur en attribuant à Vattel l'ouvrage intitulé : « Mémoires politiques concernant la guerre et la paix, ou Principes de la loi naturelle appliqués à la conduite et aux affaires des nations et des souverains ». Par M. D. V***. Francfort et Leipzig, 1758, 2 vol. in-12 (à moins cependant que cet ouvrage ne soit une contrefaçon du Droit des gens, sous un titre altéré). Notre bibliographe s'est encore trompé en présentant Vattel comme l'éditeur des « Mémoires pour servir à l'histoire de notre temps, etc. (de Moreau), 1758 à 1762, 30 volumes in-8.

VATTEMARE (Alexandre), électeur de Seine-et-Oise, anc. acteur connu à Saint-Pétersbourg sous le nom d'Alexandre.

— Pétition aux chambres pour solliciter une loi qui autorise l'établissement d'un système général d'échanges de doubles de livres et d'objets d'art existant dans les collections, dans les musées, les bibliothèques du royaume, avec les établissements du même genre qui existent dans les divers États de l'Europe. *Paris, de l'impr.*

de Crapelet, 1835, in-4 de 16 pages.

VATTIER (le baron).— Vilemnie, ou le Tableau de la générosité, histoire imitée de l'allemand; suivie d'une Dissertation sur le goût, le jugement et le caractère. *Paris, Guyot; Ponthieu*, 1822, in-18.

M. le baron Vattier a été l'éditeur des Aventures du comte de Virevil et d'Ardelise, etc., traduites de l'anglais par ABBOT de BAZINGHEN, et des Recherches historiques, concernant la ville de Boulogne-sur-Mer, et l'ancien comté de ce nom, par le même ABBOT DE BAZINGHEN (1822).

VAUBAN (Sébastien LEPRÊTRE DE), l'une des plus belles illustrations de la France, commissaire général des fortifications, qui donna des frontières à sa patrie là où elle en manquait, maréchal de France, en 1703, académicien honoraire de l'Académie royale des sciences; né à Dijon, où il fut baptisé le 15 mai 1633, mort à Paris, le 30 mars 1707.

— Communauté de principes entre la tactique et la fortification démontrée à l'aide du dessin des travaux de l'attaque; publié par M. IMBÉRT. *Paris*, 1825, in-8, 1 fr. 50 c.

—Essais sur la fortification. *Paris*, 1739, in-12.

— Importance (de l') dont Paris est à la France, et le soin que l'on doit prendre de sa conservation. Mémoire inédit. *Londres et Paris, Treuttel et Wurtz*, 1821, br. in-8, avec un portrait et deux planches lithogr., 2 fr. 25 c.

—Ingénieur (l') français. In-8.

— Lettres (cinq) inédites, adressées au baron Michel-Ange de Vuoerden.

Imprimées par les soins de M. le docteur Le Glay, dans le premier volume des Archives hist. et littér. du nord de la France, etc., pag. 145—50 (1829).

— Mémoire pour servir d'instruction dans la conduite des sièges, et dans la défense des places. *Leyde*, 1740, in-4.

— * Projet d'une dixme royale. Avec les Réflexions sur le même sujet. 1707, in-4 et in-12.

L'édition in-12 de la même année porte le nom de l'auteur.

Voltaire s'est trompé lorsqu'il a attribué ce traité à Bois-Guillebert, qui, au contraire, avait fait un ouvrage exprès pour le combattre. Voici l'énoncé de ce fait tel qu'il est articulé dans les Éphémérides de l'année 1769, tome IX, page 13. « Nous avons vu et lu, entre les mains de l'illustre ami des hommes, un manuscrit original de M. Bois-Guillebert (confié par la veuve de son fils). C'est une critique très-solide de la Dixme royale, qui fait voir que le projet est inexécutable, et qu'il entraînerait trop d'inconvénients ». Voy. Œuvres de

Voltaire, édition de Beaumarchais, in-8, t. xxxvii, pag. 114. *(Note de Barbier).*

— Traité de l'attaque et de la défense des places, suivi d'un Traité des mines. *La Haye*, 1737, 2 vol. in-4; et *La Haye, P. de Hondt*, 1742, 2 vol. in-8.

— Traité de l'attaque des places. Nouvelle édition, entièrement conforme au manuscrit présenté par l'auteur au duc de Bourgogne, et augmentée de l'Éloge du maréchal, de Fontenelle; publiée avec l'autorisation de S. Exc. le ministre de la guerre, par M. AUGOYAT, chef de bataillon du génie. *Paris, Anselin*, 1829, in-8.—Traité de la-défense des places. Nouvelle édition, augmentée des agenda du maréchal sur l'attaque et la défense, et de ses notes critiques sur les discours de Deshoulières, relatif à la défense; publiée avec l'autorisation du ministre de la guerre par le baron de VALAZÉ. *Paris, Anselin*, 1829, in-8. En tout, 2 vol. in-8, avec un Atlas de 48 planches, 24 fr.

— Traité de la défense des places. *Paris, Jombert*, 1769, in-8.

— Traité des mines, avec des tables pour l'approvisionnement des places de guerre. *Paris*, 1740, in-12.

— Traité théorique et pratique des mines, avec un Traité de la guerre en général. *Paris*, 1779, in-8. — Autre édition, publiée par (le général) FOISSAC (-LATOUR). *Paris*, an III (1795), in-8.

— Traité des siéges, pour servir de Supplément à l'attaque et à la défense des places. *Berlin*, 1747, in-8.

— Traité des siéges et de l'attaque des places. Nouvelle édition, entièrement conforme au manuscrit présenté par l'auteur au duc de Bourgogne. *Paris, Anselin*, 1829, in-8.

— OEuvres militaires, contenant le Traité de l'attaque des places; le Traité de la défense des places et le Traité des mines. Nouv. édition, revue, rectifiée et augmentée de développements (considérables), de notes, et de beaucoup de planches. Par (le général) P.-F. FOISSAC (-LATOUR). *Paris*, 1796, 3 vol. in-8, avec 56 planches, 15 fr.

On ne peut même donner qu'une idée imparfaite du travail de l'éditeur, en signalant les rectifications, additions, développements, notes et tables de matières, dont il a enrichi cette édition, qu'il a fait précéder de l'Éloge de Vauban, par Fontenelle.

On cite deux éditions antérieures : 1779 et 1791, 3 vol. in-8.

ÉCRITS

RELATIFS à LA PERSONNE ET AUX OUVRAGES DE VAUBAN.

1° Directeur (le) général des fortifications, attribué à M. de Vauban. La Haye, Bulderen, 1685, in-12.

2° Manière de fortifier selon la méthode de M. de Vauban ; par l'abbé Du Fay. Paris, Coignard, 1691, in-12.

3° Véritable (le) se montrant au lieu du faux Vauban, qui a couru jusqu'ici par le monde, et enseignait, par le moyen d'une arithmétique et d'une géométrie courtes et aisées, non-seulement les règles pour tracer proprement cette manière célèbre de fortifier, mais aussi ses maximes fondamentales et plusieurs autres règles utiles qu'on y a ajoutées, avec une méthode toute nouvelle pour fortifier irrégulièrement, etc., etc., etc. Le tout démontré distinctement par Léonard-Christophe STURM. La Haye, 1708, in-8.

4° Réflexions sur le traité de la dixme royale de M. de Vauban. (Par P. Le Pesant, s' de Bois-Guillebert). 1716, in-12.

5° Testament politique de Vauban (ou le Détail de la France sous Louis XIV; par Pierre Le Pesant, s' de Bois-Guillebert. (Voy.   ).

6° Éloge historique de M. le maréchal de Vauban. Par B. Le Bouyer de Fontenelle. — Impr. dans le recueil des « Éloges historiques des académiciens morts, etc. », 1708, in-12, et dans les éditions postérieures plus complètes.

7° Véritable manière de fortifier, où l'on voit de quelle méthode on se sert aujourd'hui en France pour la fortification des places ; le tout mis en ordre par M. l'abbé DUFAY et le chevalier de CAMBRAY. Amsterdam, 1718, 2 vol. in-8, avec un grand nombre de planches.

8° Considérations sur l'influence du génie de Vauban dans la balance des forces de l'État. Par J. Cl. E. Le Michaud d'Arçon. 1780, in-8.

9° Éloge de M. le maréchal de Vauban, discours qui a remporté le prix de l'Académie de Dijon. Par Carnot (plus tard ministre de la guerre). 1784, in-8.

10° Lettre à MM. de l'Académie française sur l'Éloge proposé de M. de Vauban. Par P. A. Choderlos de Laclos. La Rochelle, 1785, in-8.

11° Observations sur la Lettre de M. Choderlos de Laclos, concernant l'Éloge de M. le maréchal de Vauban. Par Carnot (depuis ministre de la guerre). 1785, in-8.

12° Mémoire pour servir à l'éloge du maréchal de Vauban. Par le chev. Nic.-Fr. de Curel. 1786, in-8.

13° Recueil de quelque Mémoires sur la grande quantité de plans de guerre qui subsistent en France, extraits des manuscrits du maréchal de Vauban. 1788, in-fol.

14° Éloge du maréchal de Vauban. Par F.-J. Noel. 1790, in-8.

15° Éloge du maréchal de Vauban, qui a concouru pour le prix de l'Académie française. Par le général J.-A.-E. de Sauviac. 179., in-12.

16° Vauban à Charleroi, comédie historique en trois actes et en vers ; par MM. (RÉVERONI) SAINT-CYR et VIAL. Paris, Barba, 1827, in-8.

17° Abrégé des services du maréchal de Vauban, fait par lui-même, en 1703, publié par M. AUGOYAT. Paris, Gaultier-Laguionie, 1839, in-8 de 32 pag.

18° Vie de Vauban, par M. le marq. de CHAMBRAY, 1840. — Imprimée dans les « Mélanges de l'auteur ».

VAUBAN (le comte de). — Mémoires pour servir à l'histoire de la guerre de la Vendée. *Paris*, 1806, in-8.

On lit dans les Mémoires de M. de Puisaye, Londres, 1807 et 1808, in-8, tome VI, page 40, la note suivante :

« On a imprimé à Paris des Mémoires pour servir à l'histoire de la guerre de la Vendée, par M. le comte de....(Vauban).Cet ouvrage contient une mauvaise traduction de la proclamation répandue lors de la descente à Quiberon. On peut douter que cet ouvrage soit de lui, quoiqu'une partie n'ait pu être rédigée que sur des notes qui auront été trouvées dans ses papiers ».

M. de Puisaye était bien près de la vérité. Voici ce que le respectable M. de Montvéran raconte de ce livre dans ses Souvenirs personnels, encore inédits. Le comte de Vauban, qui s'était gravement compromis dans les menées vendéennes, était en état d'arrestation. Il rédigea, dans sa prison, des mémoires apologétiques de la guerre de la Vendée. Avec, ou sans permission, son manuscrit lui fut enlevé, et communiqué au chef de l'État. Napoléon, qui désirait de tout son cœur la pacification de la Vendée, vit qu'on pouvait tirer un très grand parti de ces Mémoires écrits par un des hommes les plus dévoués à la cause des Vendéens, en y faisant toutefois des altérations que la politique réclamait. Une proposition d'élargissement fut faite au comte de Vauban, à condition qu'il abandonnerait son manuscrit; et la proposition fut acceptée par lui. Les Mémoires du comte de Vauban furent remis à Alph. de Beauchamps, qui les arrangea d'après les instructions qu'il avait reçues, et compromit par là le nom de Vauban près des royalistes.

VAUBERT (le P. L.), de la compagnie de Jésus.

— Dévotion (la) à N. S. J. C. dans l'eucharistie. Sec. édit. *Paris, E. Couterot*, 1706. 2 vol. in-12. — Nouv. édition. *Saint-Brieuc, Prud'homme*, 1813, 1835, 2 vol. in-12. — *Marseille, Mossy*, 1835, 2 vol. in-12.

— Instruction sur la fréquente communion.

Réimprimée à la suite des Entretiens avec Jésus-Christ, par le P. Du Sault, 1836, in-12.

— Saint (le) exercice de la présence de Dieu. Nouvelle édition. *Avignon, Séguin aîné*, 1824, in-24.

Autres éditions :
Lyon, Rusand, 1829, in-32.
Lyon, Périsse frères, 1833, in-32.

— Traité de la communion, ou Conduite pour communier saintement. Plus, les Exercices de piété pour les associés à l'adoration perpétuelle du saint sacrement. *Paris, Coustelier*, 1704, in-12.

Le P. Vaubert a corrigé avec soin les Entretiens avec Jésus-Christ, du père Du Sault.

VAUBERTRAND.—Iphigénie en Tauride, tragédie en cinq actes et en vers. *Sans lieu d'impr. (Paris)*, 1757, in-12.

Non représentée.

VAUBLANC (le comte Vincent-Marie Viennot de), ex-membre du Corps législatif, directeur des droits réunis du département de a Loire, plus tard député du Calvados, ministre d'état au département de l'intérieur sous Louis XVIII, membre libre de l'Académie des Beaux-Arts; né à Montargis, le 2 mars 1756.

— Commerce (du) de la France en 1820 et 1821. *Paris, Trouvé*, 1822, in-8.

— Commerce (du) de la France : examen des états de M. le directeur général des douanes. *Paris, Ladvocat*, 1824, in-8.

— Commerce (du) maritime considéré sous le rapport de la liberté entière du commerce et sous le rapport des colonies. *Paris, Trouvé*, 1828, in-8 de 242 pages.

— Considérations critiques sur la nouvelle ère, sous la forme d'un discours supposé à la tribune des Cinq-Cents; suivi de l'extrait d'un Mémoire de l'astronome Delambre sur les moyens de trouver les années sextiles du nouveau calendrier. *Paris*, 1801, in-8, 60 c.

— Dernier (le) des Césars, ou la Chute de l'empire romain d'Orient. (Poëme en XII chants). *Paris, rue Jacob*, n. 24, 1836, in-8, 6 fr.

Ce doit être ou une reproduction ou une nouvelle édition : car, d'après Barbier, n° 22,288 de ses Anonymes, l'ouvrage aurait paru dès 1819.

— Discours en vers sur le courage des Françaises. *Paris, de l'impr. de F. Didot*, 1834, in-8 de 16 pag.

— Essai sur l'instruction et l'éducation d'un prince au dix-neuvième siècle; suivi d'une réfutation de reproches graves adressés à Charles X par l'auteur de l'Histoire de la Restauration (M. Capefigue). *Paris, Thoisnier-Desplaces*, 1833, in-8, 4 fr.

— Fastes mémorables de la France. *Paris, Ponce-Lebas*, 1838, in-8, 3 fr.

— Gouvernement (du) représentatif en France. *Paris, de l'impr. de F. Didot*, 1820, in-8 de 52 pag.

— Mémoires sur la révolution de France, et recherches sur les causes qui ont amené la révolution de 1789 et celles qui l'ont suivie. *Paris, Dentu*, 1832, 4 vol. in-8, 30 fr.

— Opinion (son) sur le projet de loi relatif au rétablissement du port de Dunkerque, prononcée dans la séance du 1er juin 1821. *Paris, de l'impr. d'Égron*, 1821, in-8 de 4 pag.

— Rivalité de la France et de l'Angleterre, depuis la conquête de l'Angleterre par Guillaume, duc de Normandie, en 1066, jusqu'à la rupture du traité d'Amiens par l'Angleterre, en 1803. *Paris, Bernard,* 1808, in-8, 4 fr. 50 c.

Cet ouvrage donne l'histoire de la querelle consécutive entre les deux nations, celle des descentes et des conspirations anglaises. Il peut compléter l'excellent ouvrage de Gaillard, en onze volumes, et y suppléer comme un tableau rapide des événements jusqu'à ce jour.

— Souvenirs. *Paris, Ponce-Lebas,* 1839, 2 vol. in-8, 15 fr.

— * Tables synchroniques de l'histoire de France, ou Chronologie des princes et des États contemporains sous les diverses périodes de la monarchie française, pour servir de suite à toutes les histoires de France. Par M. de V. *Paris, Janet et Cotelle,* 1818, in-8. (D. M.).

Ces Tables ont paru avec les nouvelles éditions de l'Histoire de France d'Anquetil, publiées par Janet et Cotelle : elles ont été reproduites, en 1829, avec un frontispice portant : *seconde édition, augm.,* et avec le nom de l'auteur. (Paris, Janet et Cotelle).

— Tragédies. *Paris, de l'impr. de Locquin,* 1839, in-8.

Ce volume renferme cinq pièces : 1° Soliman II, surnommé le Magnifique; 2° Attila ; 3° Aristomène; 4° les Héraclides, ou Corinthe livrée à l'anarchie, 5° la Mort de Nicias, ou les Athéniens en Sicile.

Le comte de Vaublanc a participé à la rédaction du Moniteur de Gand, 1815, petit in-fol. On cite comme étant de lui l'article *Politique et Finances* de ce journal.

On trouve des Notices sur le comte de Viennot-Vaublanc dans la Biographie universelle et portative des contemporains, de MM. Rabbe, Boisjolin et Sainte-Preuve, tome V; et dans celle des hommes du jour, de MM. Sarrut et B. Saint-Edme, tome III, 2ᵉ partie, p. 288.

VAUBRIÈRES (de). — Dissertation succincte et méthodique sur le poëme dramatique, concernant la tragédie et la comédie, où l'on fait précéder le poëme épique, et succéder différents autres genres de poésie qui ont rapport au drame. *Nuremberg, J.-A. Lokner,* 1767, 2 vol. in-8.

— Principes sur l'éducation pour la noblesse. Nouv. édit., considérablement augmentée. *Liége,* 1761, 3 vol. in-8.

VAUCANSON (Jacques de), célèbre mécanicien, membre de l'Acad. des sciences; né à Grenoble, le 24 janvier 1709, mort le 21 novembre 1782.

— Mécanisme du flûteur automate, avec la description d'un canard artificiel, et aussi celle d'une autre figure jouant du tambourin et de la flûte. *Paris, J. Guérin,* 1738, in-4.

Il a fourni plusieurs Mémoires au recueil de l'Académie des sciences. Voy. son Éloge dans le Mercure, ann. 1783.

VAUCELLE (L.), orientaliste.

— Adjroumieh ('l'), grammaire arabe; trad. en français (1834). Voy. MOKHAMMED-BEN-DAOUD.

— Chronologie des monuments antiques de la Nubie, d'après l'interprétation des légendes royales contenues dans les bas-reliefs hiéroglyphiques. *Paris, Dondey-Dupré fils,* 1829, in-8 de 24 pages et 4 planches.

VAUCELLES (Lair du). Voy. LAIR DU VAUCELLES.

VAUCHELLE aîné. — * Réflexions ou Recherches sur l'origine des Français, leurs mœurs, leurs usages, l'origine de la noblesse, du gouvernement féodal et de la servitude, ainsi que sur les causes qui ont renversé du trône les descendants de Clovis et de Charlemagne, etc., etc.; par M***. *Paris, Millet,* 1791, in-8 de 98 pages.

Ce petit ouvrage offre en sommaire des recherches très-curieuses sur plusieurs abus qui se sont glissés sous les premières races de nos rois.
Il est terminé par un Appendice qui comprend un extrait de Tacite sur les mœurs des Germains, et des remarques sur divers paragraphes de cet historien

VAUCHELLE, sous-intendant militaire, professeur d'administration militaire à l'École d'application du corps royal d'état-major.

— Cours élémentaire d'administration militaire. *Paris, Anselin,* 1829, 2 vol. in-8, 14 fr. — Tom. III. Appendice. Service de campagne. *Paris, le même,* 1830, in-8, 7 fr.

VAUCHER (Jean-Pierre-Étienne), pasteur de l'Église réformée, théologien et naturaliste, d'abord professeur de botanique à l'Académie de Genève, et ensuite d'histoire ecclésiastique, membre de la Société de physique et d'histoire naturelle, de la Société des arts, correspondant des académies et sociétés savantes de Harlem, de Lund, de Munich, de Dijon, d'Avignon, de la Société philomatique de Paris, membre de la Société helvétique des sciences naturelles; né à Genève, en 1761.

— Histoire des conferves d'eau douce, contenant leurs différents modes de reproduction, et la description de leurs principales espèces; suivie de l'Histoire des tremelles et des ulves d'eau douce. *Genève, J.-J. Paschoud; Paris, Fuchs; Levrault; Maradan; G. Dufour,* 1803, in-4, avec 17 planches, 15 fr.

— Monographie des orobanches. *Genève, les héritiers de J.-J. Paschoud,* 1827, in-4, avec 16 planches, 8 fr., fig. color., 12 fr.

— Monographie des prêles. Histoire générale et physiologique du genre. *Genève, et Paris, J.-J. Paschoud,* 1822, in-4, avec 13 planches.

Ces deux monographies sont extraites des Mémoires de la Société de physique et d'histoire naturelle de Genève.

Les trois ouvrages que nous venons de citer ne constituent pas tout le bilan scientifique de ce professeur distingué : plusieurs recueils ont été enrichis par lui de Mémoires plus ou moins importants. Il en a fourni au Journal de physique de l'abbé Rozier, de 1799 à 1802 : aux Annales et Mémoires du Muséum d'histoire naturelle. Nous avons remarqué, dans le premier de ces deux derniers recueils, une *Notice sur le développement de la salvinie,* avec une planche (tome XVIII, 1811), et dans le deuxième, un *Mémoire sur la germination des orobanches,* avec une planche. — *Mémoire sur la fructification des prêles,* avec une planche (tom. X, 1823). Au recueil de l'Académie de Munich, il a fourni un *Mémoire sur la sève d'août;* la Bibliothèque univ. de Genève renferme de lui un compte rendu de l'ouvrage de M. Mirbel, intitulé Expériences sur les pommes de terre, et des Notices biographiques sur MM. Escher de la Linth et M. A. Pictet. Enfin, le recueil de la Société de physique et d'histoire naturelle de Genève renferme de M. Vaucher les Mémoires suivants : Mémoire sur la chute des feuilles. — Mémoires sur les charagnes, avec une planche. — Notice sur la Société de physique et d'histoire naturelle (de Genève). — Mémoire sur la sève d'août et sur les divers modes de développement des arbres. (Tome Ier, 1821). — Mémoire sur les seiches (accroissement et décroissements subits) du lac de Genève, composé de 1803 à 1804 (tom. VI, 1833).

M. Vaucher s'occupe d'une Histoire physiologique des genres de prêles d'Europe.

VAUCHER (J.-Louis), fils du précédent, docteur ès-lettres, helléniste, bibliothécaire de la ville de Genève, correspondant de l'Académie d'Avignon.

— Catalogue de la Bibliothèque publique de Genève. *Genève, les principaux libraires,* 1834, 2 part. in-8, ensemble de 948 pag., plus la table de 133 pag., 14 fr.

Catalogue rédigé avec beaucoup de soin, et dans lequel l'auteur a introduit quelques nouvelles dénominations et des changements au système caduc de bibliographie suivi en France.

— Choro (de) Græcorum tragico, dissertatio critica. *Genève, Paschoud.* 1821, in-8.

— Cours de thèmes grecs. *Genève, et Paris, Paschoud,* 1824, 2 vol. in-8, 6 fr.

— Éléments de la grammaire grecque, à l'usage des commençants. *Genève,* 1821, in-8.

En 1828, l'auteur en préparait une seconde édition qui a dû paraître depuis.

— Traité de la syntaxe latine, précédé de remarques sur les parties du discours, et composé d'après les meilleures grammaires employées dans les colléges d'Allemagne. *Genève, et Paris, Paschoud,* 1827, in-8, 7 fr. 50 c.

M. Vaucher a publié, en outre, un Théâtre choisi d'Eschyle, contenant Prométhée, les sept chefs devant Thèbes, avec une Introduction sur la vie d'Eschyle et ses ouvrages, les sommaires français des pièces et un index des mots difficiles (Genève, Paschoud, 1823, in-8); il a aussi coopéré aux Harangues politiques de Démosthène, publiées à Genève, en 1825, par M. R. Tœpffer, en faisant les notes des deux premières Olynthiennes, et celles de la Harangue sur la paix.

VAUCHER (J.-B.). — Notice sur M. César Moreau, fondateur de la Société française de statistique universelle, etc., etc. *Paris, de l'impr. de Thomas,* 1836, in-8 de 16 pag.

VAUCHER (J.), ancien assureur.
— Polices (des) d'assurances maritimes, ou Renseignements sur les conditions et les usages des diverses places commerçantes; suivis de tableaux comparatifs des risques assurés sur chacune de ces places. *Paris, Renard,* 1836, in-4 de 132 pag.

VAUCIENNES (de). — Mémoires politiques sur l'origine des guerres. *Amsterdam, David Mortier,* 1715, 2 vol. in-12.

VAUCLUSE (madame de). Voy. mademoiselle FAUQUE.

VAUDAUX (Pierre), négociant; né à Habière Poche, dans l'arrondissement de Thonon (Léman), le 11 juin 1717.
— Essai sur l'abolition des parcours (soit paturages communs). *Lausanne, A. Fischer et Luc Vincent,* 1805, in-8.

VAUDIN. — Fables diverses en quatre vers. *Paris, d'Houry,* 1707, in-12 obl.

VAUDON, de Saint-Pierre-sur-Dive (Calvados).
— * Dialogues sur plusieurs choses que tout le monde à intérêt de connaître, etc. *Sans indication de lieu,* an x (1802), in-12 de 60 pag.

VAUDONCOURT (G. de). Voy. (au Suppl.) GUILLAUME DE VAUDONCOURT.

VAUDORÉ. (J.-F.), avocat. — Droit (le) rural français, ou Analyse des lois, des soixante coutumes générales, des trois cents coutumes locales de France, des usages non écrits, des règlements, décrets, des ordonnances, des avis du conseil d'État, des décisions préfectorales, des arrêts, des commentaires, soit anciens, soit modernes, et enfin de questions nouvelles tirées

de la pratique ; formant un traité de législation rurale, et des attributions des juges de paix. *Argentan, Marre, et Paris, Al. Eymery,* 1823, 2 vol. in-8, 6 fr.
— Appendice au Droit rural français, ou Analyse des lois promulguées depuis la Restauration jusqu'à la session de 1825. *Argentan, de l'impr. de Marre aîné,* 1824, in-8 de 24 pag.

VAUDORÉ (G. Symphor.).— Suppression (de la) des tours établis dans les chefs-lieux d'arrondissement. *Caen, de l'impr. d'Hardel,* 1838, in-8 de 32 pag.
Cet écrit est contre la suppression des tours.

VAUDOYER (Antoine-Laurent-Thomas), architecte, membre du conseil des bâtiments civils, et membre de l'Académie des beaux-arts, architecte pensionnaire du roi à l'Académie de France, à Rome, en 1786; né à Paris, le 21 décembre 1756.
— Description du théâtre de Marcellus à Rome, rétabli dans son état primitif, d'après les vestiges qui en restent encore : Mémoire joint aux plans, coupes, élévations et détails mesurés à Rome. *Paris, Dusillion, au palais des Beaux-Arts,* 1812, in-4 de 52 pag.
— Discours nécrologique prononcé par M. Vaudoyer sur la tombe de Jean Rondelet, le 29 septembre 1828. *Paris, de l'imp. de Fain,* 1829, in-4 de 8 pages.
— Funérailles de M. Poyet. Discours. *Paris, de l'impr. de F. Didot,* 1824, in-4 de 4 pag.
— Institut royal de France : Académie royale des beaux-arts : Funérailles de M. Thibault (discours de M. Vaudoyer). *Paris, de l'impr. de F. Didot,* 1826, in-4 de 4 pag.
— Grands prix d'architecture et autres productions de cet art. *Paris, Vaudoyer,* 1802 et ann. suiv., 4 vol. in-fol. de 120 planches chacun; sur pap. ordinaire, 400 fr.; sur pap. de Hollande, 480 fr., et avec les planches lavées, 2000 fr.

M. Vaudoyer a eu pour collaborateurs : pour le premier volume, M. Van Clinputh ; pour le second, M. Detournelle; et pour les troisième et quatrième, M. Baltard.

— Idées d'un citoyen français sur le lieu destiné à la sépulture des hommes illustres de France. 1791, in-12.
— Restauration des piliers du Panthéon français, présentée au ministre de l'intérieur, le 1er pluviôse an VI. *Paris,* an VI (1798), in-4.

VAUDRECOURT (de), alors major du régiment d'infanterie du Rouergue.
— Commentaires (les) de CÉSAR, traduction nouvelle, suivie d'un examen de l'analyse critique que M. Davon a faite de ses guerres. 1787, 2 vol. gr. in-8.

VAUDREUIL (le comte Pierre-Louis RIGAUD DE), cousin du comte Charles Rigaud de Vaudreuil, pair de France, membre de la Société d'encouragement pour l'industrie, associé correspondant de la Société royale et centrale d'agriculture de Paris, membre de la Société archéologique de Saintes ; né à Saintes (Charente-Inférieure), le 18 septembre 1770.
— * Afrique (de l') et des chevaliers de Saint-Jean de Jérusalem. Par L. C. P. D. V. *Paris, Égron,* 1818, in-8 de 97 pag.
— * Considérations sur les sciences, les arts et les mœurs des anciens. Par L. C. P. D. V. *Paris, Dentu,* 1840, in-8, 7 fr 50 c.

Dans treize chapitres dont se compose ce volum, l'auteur traite : 1° de l'astronomie; 2° de la navigation ; 3° de la géographie; 4° de la mécanique 5° des travaux publics; 6° des beaux-arts; 7° des arts industriels; 8° des festins; 9° des arts et de la magnificence ; 10° de la guerre; 11° de l'agriculture ; 12° de l'amour conjugal; 13° des mœurs.

— * Empire (de l') ottoman, et de l'équilibre de l'Europe. *Paris, Égron ; Delaunay, etc.,* 1821, in-8 de 48 pages, 1 fr. 25 c.
— * Promenade de Paris à Bagnères de Luchon, par l'Ile de France, l'Orléanais, le Berry, le Bourbonnais, l'Auvergne, le Rouergue, l'Albigeois, le Languedoc, le Roussillon, et la partie orientale des Pyrénées. Par le comte de P. de V. *Paris, Égron,* 1820, in-8.
— * Promenade de Bagnères de Luchon à Paris, par la partie occidentale de la chaîne des Pyrénées, la Gascogne, le Languedoc, la Guyenne, la Saintonge, le Poitou, la Bretagne et la Normandie. Par le comte P. de V. *Paris, Égron,* 1820-21, 2 vol. in-8.
— * Tableau des mœurs françaises aux temps de la chevalerie, tiré du roman de « Sire Raoul et de la Belle Ermeline », mis en français moderne, et accompagné de notes, etc., etc. *Paris, Goujon; Delaunay ; Brédif,* 1825, 4 vol. in-8, avec 2 pages de musique, 20 fr.

M. le comte de Vaudreuil possède en portefeuille un *Voyage en Provence, en Savoie et en Suisse.*

VAUDREY, directeur de la Monnaie de Dijon.

— * Mémoire sur les distinctions qu'on peut accorder aux riches laboureurs, avec les moyens d'augmenter l'aisance et la population dans les campagnes ; pièce qui a obtenu l'accessit au prix de l'Académie de Caen, en 1766. *Dijon*, 1789, in-8.

— * Nouveau Mémoire sur l'agriculture. Par M. V***. *Paris, Desventes de la Doué*, 1767, in-12.

— * Projet d'un décret sur les subsistances.*Dijon, Causse*, 1792, in-8 de 30 pages.

VAUDRON.—* Concordance française, ou Explication du Nouveau-Testament, par lettres alphabétiques. *Paris, Le Gras; Pissot; Briasson et Chaubert*, 1745, in-12.

VAUDRY, versificateur des Aventures de Télémaque. 179.

VAUFRELAND (le baron Ludovic de), ácien magistrat ; né en Dauphiné.

- Discours prononcé à la rentrée de la cour royale de Paris, le 5 novembre 1828. *Paris ; de l'impr. de Doyen*, 1828, in-8 de 32 pag.

VAUGE (le père Gilles), prêtre de l'Oratoire, né à Beric, dans le Morbihan, professa la théologie au séminaire de Grenoble, sous l'épiscopat du cardinal Le Camus et sous celui de M. de Montmartin, son successeur, qui firent un cas tout particulier de ses lumières et de ses vertus. Il se retira sur la fin de ses jours, dans la maison de l'Oratoire, à Lyon, où il est mort, le 28 octobre 1739, dans un âge avancé.

— Catéchisme de Grenoble.....

Réimprimé plusieurs fois.

— * Directeur (le) des âmes pénitentes. *Paris, Babuty*, 1721, 1726, 2 vol. in-12.

Il y a des exemplaires dont le second volume a été revu et augmenté (par le père Molinier, de l'Oratoire). *Barb.*

— *Traité de l'espérance chrétienne contre l'esprit de pusillanimité, et de défiance contre la crainte excessive. Nouv. édition, revue, corr. et augmentée. *Paris*, 1730 ; —*Paris, Lottin*, 1732, in-18 ; — 1777, in-12.

Ouvrage solide et profond.

VAUGEL. Voy. VOGEL.

VAUGELAS (Claude FABRE DE), écrivain du XVIIe siècle, traducteur de Quinte-Curce ; né à Bourg (Bresse), en 1585, mort à Paris, en 1649.

— Remarques sur la langue française, avec des notes de Patru et de Th. Corneille. (Nouv. édit.) *Paris, Pigel*, 1738, 3 vol. in-12.

Ouvrage souvent réimprimé depuis la première édition, qui parut à Paris en 1647, in-4.

— Les mêmes, avec les Observations de l'Académie française. *Paris, Coignard*, 1704, in-4.

VAUGEAULD. Voy. VAULGEARD.

VAUGENCY (André-Guillaume-Nicolas France de). Voy. FRANCE DE VAUGENCY.

VAUGEOIS (Gabriel), antiquaire, membre de la Société royale des antiquaires de France et de celle de Normandie.

Nous ne connaissons de M. Vaugeois aucun livre proprement dit, mais il est auteur de plusieurs mémoires et notices imprimés dans les recueils particuliers à la science qui fait l'objet de ses études. Nous connaissons de lui : 1° deux Lettres à N. Éloi Johanneau, sur la Pierre du Diable, de Namur, et l'étymologie du nom de cette ville, avec la réponse de M. E. Johanneau (impr. dans les Mémoires de l'Académie celtique, tome III, 1809) ; 2° une Notice abrégée du Journal d'un voyage archéologique et géologique, fait en 1820, dans les Alpes de la Savoie et dans les départements méridionaux de la France (impr. dans les Mémoires de la Société des antiquaires de France, tome III, 1821) ; — 3° un Mémoire sur la pierre conplée de la forêt de Saint-Sever (impr. dans les Mémoires de la Société des antiquaires de Normandie, tome II, 1825) ; — 4° Coup d'œil sur quelques-unes des voies romaines qui traversent l'arrondissement de Mortagne (Orne). (Ibid., ann. 1830).

VAUGEOIS (Hippolyte). — * Brigand (le) de Langerooge, ou les Ruines mystérieuses. Par deux ermites de Langerooge. *Paris, Pigoreau*, 1824, 3 vol. in-12, 6 fr.

Avec M. ***.

— Brigand (le) saxon, ou les Souterrains du château de Honstein, aventures d'un jeune officier français revenant des prisons de la Bohême. *Paris, Pigoreau*, 1825, 2 vol. in-12, 5 fr.

VAUGHAN (B.), membre du parlement d'Angleterre.

— État (de l') politique et économique de la France, sous la constitution de l'an III (1795), ouvrage traduit de l'allemand (ou plutôt de l'anglais de M. de VAUGHAN, par BLACHON, ministre protestant). *Strasbourg*,

Levrault ; et Paris , Fuchs , an iv (1796), pet. in-8.

L'original anglais n'a pas été imprimé. *Barb.*

— Principes du commerce entre les nations, trad. de l'anglais (par GÉRARD DE RAYNEVAL). *Paris ,* 1789, in-8.

Des Mémoires de B. Vaughan ont été imprimés dans le troisième volume de la Collection complémentaire des Mémoires relatifs à la révolution d'Espagne, publié en 1823, chez G.-L. Michaud.

VAUGIMOIS Voy. FYOT DE V.

VAUGIRAUD (le comte), contre-amiral; né aux Sables d'Olonne, en 1741, mort à Paris, le 14 avril 1819.
— Rapport fait au roi sur le gouvernement de la Martinique et de la Guadeloupe. Précédé d'une Notice biographique de cet amiral. *Paris, Migneret,* 1822, in-8 de 76 pages.

VAUGIRAULD (Jean), évêque d'Angers au XVIIIe siècle.

C'est par son ordre qu'ont été imprimées les « Conférences ecclésiastiques du diocèse d'Angers »·

VAUGONDY. Voy. ROBERT DE VAUGONDY.

VAUGUYON (de). — Déclaration de M. de Vauguyon, ex-député, en réponse aux électeurs qui l'ont adopté pour candidat dans le premier arrondissement du Mans. *Au Mans, de l'impr. de Fleuriot,* 1831, in-4 de 4 pages.

Voy. aussi LA VAUGUYON et QUELEN.

VAUGRIGNEUSE (mademoiselle de).
— Abrégé de la Grammaire française. *Paris, l'Auteur; madame Leneveux,* 1835, in-18.

VAULABELLE (Achille de), journaliste; né à Châtel-Censoir, canton de Vézelay (Yonne), en octobre 1799.
— Histoire moderne de l'Egypte, depuis le départ des Français, et sous le gouvernement de Mohammed-Aly. *Paris, Denain,* 1835-36, 2 vol. in-8.

Cet ouvrage fait partie de l'Histoire scientifique et militaire de l'expédition française en Égypte, en dix volumes in-8, et deux Atlas oblongs, publiés de 1830 à 1836. M. Guyot de Fère, dans sa Statistique des gens de lettres et des savants, a présenté, à tort, M. Achille de Vaulabelle comme le seul auteur de cet ouvrage, tandis qu'il ne l'est que de la partie que nous venons de citer. M. L. Reybaud seul, ou en société avec M. Marcel, pour quelques parties, a rédigé les huit autres volumes.
M. Achille de Vaulabelle a coopéré et coopère encore à la rédaction de plusieurs journaux politiques et littéraires : ses débuts dans la carrière de

journaliste commencèrent par la rédaction principale de la « Révolution de 1830 »; plus tard il fut rédacteur en chef et gérant du « Messager »; aujourd'hui il est un des principaux rédacteurs du « National ». M. Ach. de Vaulabelle, en outre, a fourni des articles au Dictionnaire de la conversation, etc.

VAULABELLE (Éléonore de), frère du précédent, journaliste et littérateur; né à Châtel-Censoir (Yonne), en octobre 1802.
— Clémentine, comédie-vaudeville en un acte. *Paris, de l'impr. de Dondey-Dupré,* 1836, in-8 de 16 pag., 20 c.

Avec M. Ancelot.

— Contre fortune, bon cœur, comédie-vaudeville en un acte. *Paris, de l'impr. de Dondey-Dupré,* 1838, in-8 de 16 pag.
— * Épître à Sidi-Mahmoud. *Paris, Ladvocat,* 1825, in-8 de 16 pages.

Avec le poète J. Méry.
L'*Épître à Sidi-Mahmoud* est le premier ouvrage en vers que M. Mery a publié, et qui l'a fait connaître.
La première édition parut sans nom d'auteur, e l'Épître parut plus tard , avec deux autres pièces, sous le titre des « Sidiennes » (voy. l'art. MÉRY), mais sans que le nom de M. de Vaulabelle ait été rappelé pour la première des pièces du recueil.

— Femmes (les) vengées. *Paris, Ledoux,* 1834, et 1835, 2 vol. in-8, 15 fr.

Publiées sous le pseudonyme d'Ernest Desprez.

— Jours (les) heureux. Contes et morale. *Paris, Dumont,* 1836, in-12, avec un gravure, 3 fr.

De cet ouvrage l'auteur a tiré plusieurs petites pièces, lesquelles ont été représentées sur le théâtre de Comte; elles seront probablement imprimées un jour.

— Tireuse (la) de cartes, mélodrame en trois actes (et en prose). *Paris, Barba,* 1833, in-8, 2 fr.

Avec M. Alhoize. M. de Vaulabelle a caché sa coopération à cette pièce sous le nom d'Ernest Desprez.

— Trois (les) dimanches, comédie-vaudeville en trois actes. *Paris, de l'impr. de Dondey-Dupré,* 1838, in-8.

Avec M. Cognard frères.

— Un enfant. *Paris, Ch. Gosselin,* 1833, 3 vol. in-8 , 15 fr.

Publié sous le pseudon. d'Ernest Desprez.

— Un enfant, drame en quatre actes (et en prose), imité du roman de M. Ernest Desprez. *Paris, Marchand,* 1835, in-8 30 c.

Avec M. Charles Desnoyers.

— Une épouse, drame en . . . actes.

M. Éléonore de Vaulabelle nous a affirmé que ce

drame, représenté sur le théâtre des Folies dramatiques, a été imprimé; toutefois nous n'avons pas
pu le trouver.

M. de Vaulabelle, pour toutes les pièces de théâtre
que nous venons de citer, s'est caché sous les pseudonymes d'Ernest Desprez et de Jules Coadier.

Cet écrivain, s'occupant depuis quelques années
exclusivement de théâtre, a fait représenter plus
de pièces que nous n'en citons: parmi celles dont
il est encore auteur, et qui n'ont pas été imprimées, nous citerons les suivantes: 1° Avec M. Ancelot, *la Veuve à marier*, comédie en deux actes,
jouée en 1838, sur le théâtre de l'Odéon; 2° *le Dernier souper d'un garçon*, comédie-vaud. jouée au Palais Royal; 3° *l'Ami de la maison*, comédie représentée sur le Théâtre-Français.

M. Éléon. de Vaulabelle s'est occupé de journalisme pendant dix ans, c'est assez dire qu'il a coopéré à un grand nombre de journaux, et il a été le
fondateur et le principal rédacteur de plusieurs d'entre
eux: dans un autre genre de journaux, après avoir
été le rédacteur en chef d'un *Courrier* de l'enfance ou
de la jeunesse, nous ne savons trop lequel, il devint l'un des fondateurs-rédacteurs du Journal des
enfants.

L'écrivain qui fait le sujet de cette notice a fourni
des articles à plusieurs recueils littéraires d'une durée
plus ou moins éphémère, tels que la France littéraire, publiée
alors par M. Ch. Malo; l'Europe littéraire; le Dictionnaire de la conversation et de la lecture, où l'on
trouve de lui, entre autres, l'article *Baroque*, le
seul article qu'il ait signé; le Livre des cent-et-un,
qui lui doit le morceau intitulé *les Grisettes*; le Tableau de Paris, auquel il a fourni les articles *les
Tireuses de cartes*, et *le Dimanche à Paris*; et quelques
autres recueils.

On attribue à M. Éléon. de Vaulabelle, en société
avec M. Alph. Karr, une débauche d'esprit, qui a
eu quelque succès: c'est l'une des nombreuses histoires du personnage mythe désigné sous le nom de
Mayeux.

VAULGEARD, ou **Vaugeauld** (A. de),
professeur en l'Université de Paris.

— * Traités élémentaires de mathématiques
dictés en l'Université de Paris; traduits du
latin de l'auteur, et augm. par M. A. de V.
Seconde partie. *Paris*, 1761, in-8.

VAULPRÉ (le doct.), membre du conseil général du département de l'Ain.
— Cours de culture des étangs de la Bresse,
ou Mémoire sur l'importance et l'utilité de
ces étangs; précédé d'une courte Notice
sur l'auteur. *Bourg, de l'impr. de Bottier*,
1812, in-12 de 84 pag.

VAULTIER, commissaire ordinaire de
l'artillerie.
— Journal des marches, campements, batailles, sièges, et mouvements des armées
du roi en Flandre, et de celles des alliés,
depuis 1690 jusqu'à 1694. *Paris, veuve
Coignard*, 1694, in-12.
— Observations sur l'art de faire la guerre.
Amsterdam, 1744, in-8.

VAULTIER, l'un des nombreux au-

teurs (en 1705 et 1707) du Supplément
au Dictionnaire de Moréri.

VAULTIER. — Recherches historiques
sur l'ancien pays de Cinglais, du diocèse
de Bayeux. *Caen, Hardel*, 1837, in-8 de
304 pag.

VAUME (de). — * Fermentation (de
la) des vins, et de la meilleure manière de
faire de l'eau-de-vie. Mémoires (par J.
Rozier, de Vaume et Munier). *Lyon*,
1770, in-8.

VAUME (Joseph-S.), docteur médecin,
médecin adjoint de l'hospice du Roule à Paris, ancien chirurgien major du régiment
du prince de Ligne, ancien chirurgien en
chef de l'hôpital d'Ajaccio, médecin de
l'Université de Louvain, membre du collége
de médecine de Bruxelles; né à Bruxelles.
— Dangers (les) de la vaccine, démontrés par des faits authentiques, consignés
dans quelques mémoires et dans différentes
lettres adressées au comité médical et central établi à Paris, pour faire des épreuves
sur ce nouveau genre d'inoculation. *Paris,
Petit*, an ix (1801), in-8. — Nouvelles
Preuves des dangers de la vaccine, pour
servir de supplément et de conclusion à
tout ce qui a été publié contre ce nouveau
genre d'inoculation. *Paris, Petit*, an ix
(1801), in-8.
— Dissertation sur le mercure, ses préparations et leurs effets dans le corps de
l'homme. *Paris, l'Auteur*, 1826, in-12 de
24 pag.
— Doctor Vaume's dragées. A new mer-
curial preparation, etc. *Paris, printed by
Pihan Delaforest-Morinval*, 1830, in-8 de
12 pag.
— Rapport sur la Société d'agriculture de
Tours et sur l'enseignement public. 1793.
— Réflexions sur la canthari-sangsues-
manie. *Paris, Boucher*, 1823, in-8 de 16
pag., 60 c.
— Réflexions sur la nouvelle méthode d'i-
noculer la petite vérole avec le virus des
vaches. *Paris*, 1800, in-8.
— Tableau élémentaire d'histoire naturelle,
à l'usage de l'École centrale du département d'Indre-et-Loire. An vii (1799), in-8.
— Traité de la fièvre putride, précédé
d'une Dissertation sur les remèdes généraux, et d'un plan pour former un code
complet de médecine et de chirurgie pratiques, d'après l'observation et l'expérience,
dont l'utilité est circonscrite aux habitants

qui sont entre le 43ᵉ et le 60ᵉ degré de latitude , et le 7ᵉ et 40ᵉ degré de longitude de notre hémisphère. 1796 , in-8.

— Traité de l'inoculation de la variole : méthode de faire cette opération avec facilité et avec un succès constant. *Paris, Béchet jeune*, 1825 , in-8 de 48 pag., 1 fr. 50 c.

— Traité de médecine pratique sur les remèdes généraux et sur la fièvre putride. *Paris*, 1798, in-8.

VAUMÈNE (N.-E.-D.). — Dictionnaire (petit) du langage politique, diplomatique et parlementaire, pour faciliter la lecture et l'intelligence de tous les journaux, dans lequel sont clairement expliqués les principaux termes de ce langage (ainsi que beaucoup d'autres), dont la signification n'est pas familière à tout le monde, etc. *Paris, Ab. Ledoux ; Johanneau*, 1831, in-18 , 4 fr. 50 c.

L'utilité de cet ouvrage sera vivement sentie par la classe aujourd'hui si nombreuse des lecteurs de journaux. En toute science, il y a nécessairement des expressions techniques qui ne peuvent être familières à tout le monde. L'homme d'éducation, lui-même, peut quelquefois être arrêté par certains termes qui se rencontrent dans ses lectures. C'est pour obvier à cet inconvénient que M. Vaumène a publié son petit Dictionnaire, auquel il a joint un tableau chronologique des dynasties françaises, un vocabulaire géographique et une carte détaillée de l'Europe.

— Manuel des principales difficultés de la langue française, réduites en exemples, et dégagées des règles abstraites de la grammaire ; suivies de la manière d'employer les participes ; d'un choix de synonymes ; d'une nomenclature curieuse et peu connue des cris des animaux, etc., etc. Deuxième édition, corrigée et augmentée. *Paris, Delalain*, 1831, in-8 de 148 pages, 2 fr.

VAUMORIÈRE (Pierre Dortigue de), romancier français du XVIIᵉ siècle.

—*Adélaïde de Champagne. *Paris*, 1680, 1690, 4 vol. in-12.

— Agiatis, reine de Sparte, ou les Guerres civiles des Lacédémoniens sous les rois Agis et Léonidas. *Paris*, 1685, 2 vol. in-12.

— * Art (l') de plaire dans la conversation. Nouv. édition. *Amsterdam*, 1711, in-12.

C'est au moins la cinquième édition , car Barbier, sous le nᵒ 1272 de ses anonymes, cite la troisième, portant la date de 1698; Demanne a donc fait erreur en présentant cette édition de 1698 comme la première. La quatrième est de Paris, Guignard, 1701, in 12.

Nul ne posséda mieux que Vaumorière, dit mademoiselle de Scudéry, l'art dont il écrivit les principes.

Jean Le Clerc, dans sa Bibliothèque universelle, tome II, page 500, donne sans raison cet ouvrage au P. Bouhours, jésuite.

On ne sait non plus comment l'ouvrage de Vaumorière a été inséré dans les OEuvres de l'abbé de Bellegarde et comme l'ouvrage de ce dernier.

— Diane de France, nouvelle historique. *Paris*, 1674, 1675 , in-12.

— Grand Seigneur (le). *Paris*, 1656, 1661, 4 vol. in-12.

— Harangues sur toutes sortes de sujets , avec l'art de les composer. *Paris, J. Guignard*, 1688, 1693, in-4.

— Les mêmes. IIIᵉ édition, augmentée d'une Dissertation sur les oraisons funèbres, par l'abbé Du Jarry. *Paris, Guignard; Robustel*, 1713, in-4.

— Histoire de la galanterie des anciens. *Paris, P. Le Monnier*, 1671, 1676, 2 vol in-12.

— Lettres sur toutes sortes de sujets : t avis sur la manière de les écrire. Deuxième édition. *Paris, Guignard*, 1695, 2 vl. in-12.

—* Mademoiselle d'Alençon. *Paris*, 1670, in-12.

Ce roman a été inséré mal à propos dans quelques éditions des OEuvres de madame de Villedieu. Le P. Niceron, tome XXXV, le donne à Vaumorière. C'est le même ouvrage que « le Comte de Dunois, Paris, Billaine, 1671, in-12 , attribué à madame de Murat; mais cette dame était à peine au monde lorsque ce roman parut.

— * Mademoiselle de Tournon. *Paris, Osmont*, 1679, 2 vol. in-12.

Voyez Niceron, tome XXXV, page 236.
Réimprimé dans la collection des OEuvres de madame de Villedieu.
Dans une édition de Toulouse, 1701, l'épître dédicatoire est signée de Villedieu. On lit sur le frontispice de l'édition originale les lettres C. C, , qui sont les initiales de Charles Cotolendi.
Quelques bibliographes attribuent ce roman au marquis de La Chetardie.

— Pharamond, ou Histoire de France. *Paris, Ant. de Sommaville*, 1641, 1661, 12 vol. in-8 ;—*Amsterdam*, 1664, 1666, 1671, 12 vol. in-8.

Ce roman a fait beaucoup de bruit dans son temps, et il était encore recherché lorsque Lenglet Dufresnoy composait sa Bibliothèque des romans. La Calprenède n'en avait fait que les sept premiers volumes, lorsqu'il mourut, et Vaumorière fit les cinq autres, et, quoique La Calprenède n'eût laissé aucuns mémoires, cependant son continuateur est si bien entré dans son génie, qu'on ne s'aperçoit de la différence que parce que Vaumorière a surpassé La Calprenède par l'élocution, l'ordre et l'arrangement.
Il existe une édition abrégée de ce roman , par le

marquis de Surgères, publiée par J.-P. Moet, Paris, 1753, 4 vol. in-12.

— Scipion. *Paris, Courbé*, 1656, 2 vol. in-8.

VAUNOIR, pseudonyme.— Biographie des académiciens radiés, suivie de celle des académiciens élus par l'ordonnance du 21 mars 1816, contre-signée Vaublanc. *Paris, les march. de nouv.*, 1822, in-8 de 108 pag.

VAUQUELIN (Nicolas), prêtre du diocèse de Lizieux.
— Prospectus de la vérification du système de Moïse. 1758, in-8.

VAUQUELIN (Nicolas-Louis), célèbre chimiste, l'un des fondateurs de la Société philomatique ; né en 1763, à Saint-André-d'Hébertot (Calvados), avait quatorze ans lorsqu'il entra comme garçon de peine chez un pharmacien de Rouen. Deux années après, il vint à Paris, où il se livra à l'étude avec trop peu de réserve, tomba malade, et fut transporté à l'Hôtel-Dieu. Fourcroy, qui visitait souvent cette pharmacie, prit Vauquelin en affection, et se l'associa. Vauquelin trouva ensuite les moyens d'avoir une pharmacie à son compte. Ses travaux le faisant connaître, il devint successivement inspecteur des mines, membre de l'ancienne Académie des sciences, et plus tard de l'Institut, professeur de physique et de chimie à l'École centrale des travaux publics, professeur au Muséum d'histoire naturelle et à l'École de pharmacie ; professeur à la Faculté de médecine et au Collége de France, membre du conseil des arts et du commerce du département de la Seine, essayeur du bureau de garantie du même département, inspecteur-général de la Monnaie, député du Calvados. Vauquelin est mort le 14 novembre 1830, dans son lieu natal : il était membre d'un grand nombre de sociétés savantes. Ce chimiste n'était pas un professeur brillant, mais il était simple, méthodique, et possédait le talent de l'analyse.
— Dictionnaire de chimie et de métallurgie. *Paris, veuve Agasse*, ...-1815, 6 vol. in-4, avec 65 planches, 124 fr.

Ce Dictionnaire fait partie de « l'Encyclopédie méthodique ».
Il s'en faut de beaucoup que Vauquelin soit le seul auteur de ce Dictionnaire auquel ont travaillé Fourcroy, de Morveau, Guillot, membres de l'Institut ; MM. Hassenfratz, Chevreul et autres.

— Discours prononcé à l'ouverture des cours de l'École des mines, pour l'an VII. *Paris*, 1802, in-8.

Imprimé aussi dans le tome XI du Journal des mines.

— Expériences sur les sèves des végétaux. 1798, in-8.
— Instruction sur la combustion des végétaux, la fabrication du salin, de la cendre gravelée, et sur la manière de saturer les eaux salpêtrées. *Tours, Aug. Vauquier*, 1794, 1799, 1803, in-4.
— Manuel de l'essayeur, approuvé en l'an VII par l'administration des monnaies, sur le rapport de M. Darcet, inspecteur-général des essais. *Paris, Klosterman*, 1812, in-8, 2 fr. 50 c.
— Le même ouvrage, sous ce titre : Manuel complet de l'essayeur, par VAUQUELIN ; suivi de l'Instruction de M. GAY-LUSSAC, sur l'essai des matières d'argent par la voie humide, et des Dispositions du laboratoire de la Monnaie de Paris, par M. DARCET. Nouv. édit., entièrement refondue, augmentée de plusieurs tableaux d'essais et d'un grand nombre de figures, par Ad. VERGNAUD. *Paris, Roret*, 1835, in-18, avec planches, 3 fr.
— Manuel del ensayador de oro, plata y otros metales, trad. de la ultima edicion francesa. *Paris, Wincop*, 1826, in-12.
— Mémoire sur la nature de l'alun du commerce, sur l'existence de la potasse dans ce sel, et sur diverses combinaisons simples ou triples de l'alumine avec l'acide sulfurique. *Paris*, an V (1796-97), in-8.

Imprimé aussi dans le tome V du Journal des mines.

— Note sur le diabètes sucré. *Paris, de l'impr. de Lachevardière*, 1825, in-8 de 8 pag.

Avec M. Segalas d'Etchepare. Cette Note est extraite du Journal de physiologie, octobre 1824.

— Rapports faits par Vauquelin et Fourcroy sur un Mémoire de Brogniart, qui a pour titre : Essai sur les couleurs obtenues des oxides métalliques, et fixées par la fusion sur les différents corps vitreux. 1802, in-4, 50 c.
— Rapport de MM. Vauquelin, Roard de Cléchy et Payen, tous professeurs de chimie, nommés par M. A. Martin, sous-préfet à Pontoise, à l'effet de constater la validité des plaintes faites par les sieurs Boudault, Truffaut et Baton, contre la fabrique des produits chimiques du sieur F. Cartier, propriétaire. *Paris, de l'impr. de Bailleul*, 1822, in-8 de 16 pag.

— Rapport de MM. VAUQUELIN, DARCET et BARRUEL, sur les cafés-chicorées de la fabrique du sieur Liépin, à Senlis, ordonné par arrêt de la Cour royale de Paris. *Paris, de l'impr. de Rignoux*, 1822, in-4 de 12 pages.

Vauquelin est l'auteur d'un assez grand nombre de rapports faits à l'Académie des sciences ; mais tous sont consignés dans le recueil de l'Académie qui les a entendus.

— Réflexions sur le mémoire de M. Deschamps, pharmacien, sur les extraits à l'occasion des dépôts qui s'y forment, avec la démonstration de la fausse application de l'oxigène à ces dépôts. *Lyon, Reymann*, an VII (1799), in-8.

— Thèse sur les opérations chimiques et pharmaceutiques. *Rouen, Périaux*, 1820, in-4.

Ce savant, ainsi qu'on le voit, a publié peu de livres ; mais, en revanche, a-t-on de lui une quantité prodigieuse de *mémoires* et de *dissertations*, insérés dans plusieurs recueils scientifiques, et dont la réunion formerait une collection volumineuse. Nous allons indiquer ici les divers recueils qui en renferment, et, autant que faire se peut, citer les principaux mémoires qui sont contenus dans chacun d'eux.

I. *Journal de physique*, de l'abbé Rozier

II. *Journal des mines*, de 1794 à 1810, où l'on trouve toutes les analyses et expériences suivantes :

Efflorescences de soude observées par Vauquelin dans divers lieux (tome I).

Analyse de la *salsola soda*, des côtes de Cherbourg (ibid).

Analyse de la pyrite arseniacale de la Farenque (tome II).

De la pyrite d'Enghien ; — de la galène de la Cannette ; — de la mine de plomb d'Erlenbach (ibid.).

De quelques minerais du duché de Deux-Ponts (ibid.).

D'une mine de cuivre ferrugineuse de la Barde (ibid.).

De la plombagine de Pluffier (ibid.).

De la mine de plomb de Sirault (ibid.).

(Avec M. HECHT) : Analyse du schorl rouge de France (tome III).

Examen de l'argent rouge transparent (ibid.).

Analyse du minerai de manganèse de Laveline (ibid.).

(Avec M. HECHT) : Examen chimique du wolfram de France (ibid.).

(Avec *le même*) : De l'acide tungstique (ibid.).

(Avec *le même*) : D'un fossile de Bavière, qui contient de l'oxide de titane, uni à du fer et à du manganèse (ibid.).

Du schorl violet (tome IV).

De la topaze blanche de Saxe (ibid.).

Du péridot du commerce (ibid.).

De quelques échantillons d'acier ; nouveaux moyens employés pour cette analyse (tome V).

Essai des terres pyriteuses de Rollot (ibid.).

Analyses comparées des hyacinthes de Ceylan et d'Expailly (ibid.).

Expériences sur la leucite (ibid.).

Analyse de la sommite, de la topaze, du mica, de l'alun (ibid.).

Mémoire sur la nature de l'alun du commerce, sur l'existence de la potasse dans ce sel, et sur diverses combinaisons simples ou triples de l'alumine avec l'acide sulfurique (ibid.).

Analyse du fer aseniaté sulfuré (tome VI).

Analyse du plomb rouge (ibid.).

Analyse de la chrysolite de M. Romé de l'Isle (ibid.).

Analyses de plusieurs variétés de silex pyromaque (ibid.).

Analyse du plomb rouge de Sibérie, et expériences sur le nouveau métal qu'il contient (ibid.).

Essai d'une pierre de Vulpino (ibid.).

Analyse du sulfate de strontiane de France (tome VII).

De la chrysolithe de joailliers (ibid.).

Du rubis spinelle (ibid.).

De l'émeraude du Pérou (ibid.).

De la stilbite (ibid.).

De la chlorite verte pulvérulente (ibid.).

Du pyroxène de l'Etna (ibid.).

Analyse de l'aigue-marine ou béril, et découverte d'une terre nouvelle de cette pierre (tome VIII).

Analyse des grenats noirs du pic d'Erès-Lids ; — des grenats rouges du même pic (ibid.).

De la zéolithe de Ferroe (ibid.).

Du feldspath vert de Sibérie (tome IX).

Examen d'un échantillon de sulfate de magnésie de la manufacture de M. Paquot, de Flône (ibid.).

Discours prononcé à l'ouverture des cours de l'École des mines, pour l'an VII (ibid.).

Ordre et divisions du cours de docimasie fait par Vauquelin (ibid.).

Analyse du sulfate de baryte de Zineof, en Sibérie (ibid.).

Analyse de la staurotide du Morbihan (ibid.).

Examen d'une boule de sulfate de strontiane, trouvée à Montmartre (ibid.).

Analyse de la tourmaline de Ceylan (ibid.).

De la mine de fer de Fréteval (Loir-et-Cher) (ibid.)

De la mine de manganèse de Franc-le-Château, près de Vesoul (ibid.).

De l'euclase (tome X).

Du fer chromaté (ibid.).

Du cuivre arseniaté en lames (ibid.).

D'une terre que mangent les habitants de la nouvelle Calédonie (ibid.).

De l'antimoine oxydé blanc d'Allemont (Isère) (ibid.).

De la terre de Salinelle (Gard) ; — Observations sur cette terre et sur la quantité de sulfate de magnésie qu'elle est susceptible de produire avec l'acide sulfurique (ibid.).

Extrait d'un mémoire de Vauquelin sur un phosphate natif de fer, mélangé de manganèse (tome XI).

Expériences sur l'anastase, qui prouvent que cette substance est un métal (ibid.).

Analyse des cendres de sarrasin (ibid.).

Analyse de la koupholite (tome XII).

Analyses comparées des plombs sulfurés venant de Cologne et de la mine de la Croix (ibid.).

Extrait du mémoire de M. Pontier, sur la fabrication du sel de Saturne, acétite de plomb (ibid.).

Analyse de la gadolinite, et Examen de cette analyse, par M. Eckeberg (ibid.).

Analyse de l'épidote (tome XIII).

Mémoire sur les pierres dites tombées du ciel (ibid.).

Analyse du cuivre arseniaté (ibid.).

Du béril de Saxe, dans lequel M. Trommsdorff a annoncé l'existence d'une terre nouvelle qu'il a nommée *agustine* (tome XV).

Analyse comparée de plusieurs talcs (ibid.).

Analyse du pechstein de Planitz en Saxe (t. XVI).

Extrait d'un mémoire de Vauquelin, intitulé : Analyse comparée de différentes sortes d'alun (ibid.).

Expériences sur les topazes (ibid.).

Extrait d'un mémoire sur les propriétés chimiques de l'oisanite, comparées à celles du titane (ibid.).

Analyse de quelques mines de fer de la Bourgogne et de la Franche-Comté, à laquelle on a joint l'examen des fontes, fers et scories qui en proviennent (tome XX).

Analyse de la yénite (tome XXI).

Analyse de la haüyne (ibid.).

Analyses de l'analcime et de la sarcolite (t. XXII).

Analyse de la topaze du Brésil et de la pycnite (ibid.).

(Avec FOURCROY). Analyses comparatives de la chaux carbonatée et de l'arragonite (ibid.).

Du diopside et sa comparaison avec les analyses de la cocolithe d'Arandal, et du pyroxène de l'Etna (ibid.).

Analyse de la mélanite (ibid.).

De la tourmaline de Sibérie (ibid.).

(Avec FOURCROY): Analyse de l'apophyllite (ibid.).

Du gemeiner augit, de Werner, et du kœrniger augit, du même (tome XXVI).

D'un grès mêlé de chlorite, du département de Saône-et-Loire ; — du chrôme oxydé natif du même département (tome XXVII).

Analyse d'un minéral de l'Amérique septentrionale (ibid.).

Expériences sur le phosphate acide de potasse (tome XXVIII).

III. *Journal de l'École polytechnique.*

Cours de chimie des substances salines (tome Ier, 1794).

(Avec FOURCROY): Des propriétés de l'acide sulfureux, et de ses combinaisons avec les bases terreuses et alcalines (id. , id.).

IV. *Annales de chimie*, de 1789 à 1799.

Sur la nature de l'alun (ann. 1797).

Sur la nouvelle substance métallique contenue dans le plomb rouge de Sibérie (chrôme). (Ann. 1798).

Notice sur la terre du Brésil. (Ibid.). Cette terre (la glucine) était inconnue avant Vauquelin.

(Avec FOURCROY): Mémoires sur l'urine.

Sur l'eau de l'amnios des femmes et des vaches. (Ann. 1800).

Sur le vert d'antimoine.

(Avec FOURCROY): Observations sur l'identité des pyro-muqueux, pyro-tartareux, pyro-ligneux, et sur la nécessité de ne plus les regarder comme des acides particuliers.

(Avec FOURCROY): sur les pierres dites tombées du ciel (Ann. 1803).

(Avec *le même*): sur le platine. (Ann. 1803).

(Avec *le même*): Sur la présence d'un nouveau sel phosphorique terreux dans les os des animaux (Ibid.).

V. *Bulletin de la Société philomatique.*

VI. *Journal de la Société des pharmaciens de Paris*, ou Recueil d'observations de chimie et de pharmacie, publié pendant les années 6, 7 et 8, pour servir de suite aux Annales de chimie. (Paris, Bernard, an. IV). Ce journal était rédigé par Fourcroy, Vauquelin, Parmentier, Deyeux et Bouillon-Lagrange.

VII. *Mémoires de l'Institut*, section des sciences mathématiques et physiques :

Observations sur une maladie des arbres, et spécialement de l'orme (ulmus campestris, Lin.), analogue à un ulcère (tome IV, 1799).

(Avec FOURCROY): Expériences sur les détonations par le choc (id. , id.).

(Avec *le même*): Mémoire sur les propriétés de la baryte pure, et sur ses analogies qui en résultent (id. , id.).

(Avec *le même*): Mémoire sur la comparaison et la différence de la strontiane et de la baryte (id. , id).

(Avec *le même*): Expériences sur les deux états

du phosphate de chaux, sur l'analyse de la base des os, et sur la préparation du phosphore (id. , id.).

Avec *le même* : Mémoire sur l'urine du cheval comparée à l'urine de l'homme, et sur plusieurs points de physique animale (id. , id.).

(Avec *le même*): Mémoire sur l'analyse des calculs urinaires humains et sur les divers matériaux qui les forment (tome IV, 1801).

(Avec *le même*): Mémoires (deux) pour servir à l'histoire naturelle chimique et médicale de l'urine humaine, contenant quelques faits nouveaux sur son analyse, et son altération spontanée (id. , id.).

VIII. *Annales du Muséum d'histoire naturelle :*

(Avec FOURCROY): Mémoire sur la nature chimique et la classification des calculs ou concrétions qui naissent dans les animaux, et que l'on connaît sous le nom de Bézoards (tome IV, 1804).

(Avec *le même*): Expériences comparées sur l'arragonite d'Auvergne, et le carbonate de chaux d'Islande (id. , id.).

Analyse de l'émeri de Gersey (id. , id.).

(Avec FOURCROY): Analyse de l'ichtyophtalmite (tome V, 1804).

Précis des expériences faites sur un minéral appelé *cérite*, et sur la substance particulière qu'il contient, et qu'on regarde comme un métal nouveau (id., id.).

Analyse des *topazes* de Saxe, de Sibérie et du Brésil (tome VI, 1805).

Analyse d'une variété de *titane* (id. , id.).

Examen d'une pierre jaunâtre trouvée par MM. Desbassins et Godon, au sommet du Puy de Sarcouy (chaîne du Puy-de-Dôme) (id. , id.).

Analyse d'un minéral particulier connu sous le nom de cristaux trouvés à Fahlun, en Suède, envoyé par MM. Hisenger et Berzélius (id., id.).

Analyse de l'oxyde de manganèse sulfuré de Nagyag (id. , id.).

(Avec FOURCROY): Mémoire pour servir à l'histoire chimique de la germination et de la fermentation des graines et des farines (tome VII, 1806).

(Avec *le même*): Notice sur les propriétés comparées des quatre métaux nouvellement découverts dans le platine brut, lu à l'Institut, le 17 mars 1806 (id. , id.).

Essais analytiques des racines d'ellébore d'hiver (*elleborus hiemalis*) et de brione (tome VIII, 1806).

Recherches chimiques sur la couleur verte que prennent certains bois enfouis dans la terre ou plongés dans l'eau (id. , id.).

Extrait d'un mémoire de M. Vauquelin sur l'analyse de quelques mines de fer limoneuses de la Bourgogne et de la Franche-Comté, à laquelle il a joint l'examen des fontes, des fers et des scories qui en proviennent (id. , id.).

Analyse d'une stéatite verte remise par M. Faujas de Saint-Fond (tome IX, 1807).

Analyse de la terre de Vérone (id. , id.).

Analyse d'un madréporite à odeur de truffes (id. , id.)

Analyse comparée de l'*analcime* de Haüy, et de la sarcolite de M. Tomson (id. , id.).

(Avec FOURCROY): Analyse du suc de bananier (id. , id.).

Analyse de la *chabasie*, de l'île de Feroë, pour faire suite à celle de la sarcolite et de l'analcime (id. , id.).

(Avec FOURCROY): Expériences sur l'acide tartareux, et particulièrement sur l'acide qu'il fournit par la distillation sèche (id. , id.).

(Avec *le même*): Expériences faites sur des os retirés d'un tombeau du onzième siècle, trouvé dans le sol de l'ancienne église de Sainte-Geneviève, à Paris (tome X, 1807).

(Avec *le même*): Extrait d'un mémoire ayant pour titre : Expériences chimiques pour servir à l'histoire de la laite des poissons (id., id.).

(Avec *le même*): Description et Analyse d'une con-

crétion calculeuse tirée d'un poisson , avec une pl.
(id. , id.).

(Avec *le même*) : Extrait d'un mémoire sur l'analyse chimique de l'oignon (*allium cœpa*) ; lu à l'Institut, le 9 nov. 1807 (id., id.).

Analyse de la substance remise par M. Faujas, sous le nom de sarcolite , et qui a été recueillie par feu Dolémieu, dans les laves du Montechio Maggiore et de Castel, dans le Vicentin (tome XI, 1808).

Analyse de la datholithe , ou chaux boratée-siliceuse de M. Hauy (id. , id.).

(Avec Fourcroy) : Extrait d'un mémoire lu, le 7 mars 1808, à la première classe de l'Institut, et ayant pour titre : Nouvelles expériences sur l'urée (id. , id.).

(Avec *le même*) : Mémoire sur l'existence du fer et du manganèse dans les os (tome XII, 1808).

(Avec *le même*) : Mémoire sur l'existence calcaire dans les végétaux, et sur l'état où se trouve la chaux dans les plantes (tome XIII, 1809).

Analyse du salsola tragus (id., id.).

Examen chimique d'une matière blanche filamenteuse qui se trouve dans les cavités de la fonte qui reste attachée aux parois des hauts fourneaux (id. , id.).

Analyse de deux variétés de tabac, *nicotiana tabacum*, la tifolia et angustifolia (id. , id.).

(Avec Fourcroy) : Expériences sur les os humains, pour faire suite au Mémoire sur les os de bœuf (id. , id.).

Extrait d'un mémoire sur les tabacs préparés (tome XIV, 1809).

Examen chimique de quelques substances végétales, envoyées au Muséum (id. , id.).

(Avec Fourcroy) : Mémoire sur l'existence d'une combinaison de tannin et d'une matière animale dans quelques végétaux (tome XV, 1810).

Expériences comparatives sur l'yttria, la glucine et l'alumine (id. , id.).

Analyse d'un minéral de l'Amérique septentrionale (id. , id.).

Analyse du platine trouvé à Saint-Domingue (id. , id.).

Expériences comparatives sur le sucre, la gomme et le sucre de lait (tome XVI, 1810).

(Avec Fourcroy) : Analyse de l'urine d'Autruche, et Expériences sur les excréments de quelques autres familles d'oiseaux (tome XVII, 1811).

Analyse de la pierre tombée à Charsouville, près de Beaugency, le 23 novembre 1810 (id. , id.).

Expériences pour déterminer la quantité de soufre que quelques métaux peuvent absorber par la voie sèche (id. , id.).

Expériences sur une matière rose que les urines déposent dans certaines maladies (id. , id.).

Sur deux espèces de roches qui se trouvent dans les États-Unis (id. , id.).

(Avec Fourcroy) : Analyse d'une espèce de madrépore pêché à la sonde, à trente-cinq brasses de profondeur, aux environs du cap Leuwin, et rapporté par M. Péron (tome XVIII, 1811).

Analyse comparée des urines des divers animaux (id. , id.).

Analyse des coquilles d'œufs (id. , id.).

Analyse de la matière cérébrale de l'homme et de quelques animaux (id. , id.).

Analyse du chyle de cheval (id. , id.).

Expériences sur les différentes parties du marronnier d'Inde, commencées le 7 mars 1808 (id. , id.).

Questions sur la formation des bezoards intestinaux (id. , id.).

Analyse d'une nouvelle variété de mine d'antimoine (tome XIX, 1812).

Expériences sur le *daphne alpina* (id. , id.).

Analyse de divers échantillons de la mine de cuivre nommée *vert de cuivre ferrugineux* par les minéralogistes étrangers (id. , id.).

Nouvelles expériences sur l'analyse du soufre liquide de M. Lampadius (id. , id.).

Analyse de deux variétés de carbonate de cuivre de Chessy, près de Lyon (tome XX, 1813).

Analyse du minéral décrit dans le Journal américain, comme uniquement composé de 70 pour cent de magnésie et de 30 d'eau de cristallisation (id. , id.).

IX. *Mémoires du Muséum d'histoire naturelle.*

Observations sur la préparation de l'acide acétique retiré du bois (tome II, 1815).

Analyse d'une matière colorante végétale (id., id.).

Analyses du seigle ergoté du bois de Boulogne, près Paris ; du riz ; de différentes variétés de pommes de terre ; du gaz trouvé dans l'abdomen de l'éléphant mort au Muséum d'histoire naturelle, la nuit du 14 au 15 mars ; d'une espèce de concrétion trouvée dans les glandes maxilliaires du même éléphant (tome III, 1817).

Expériences sur l'acide sorbique (tome IV, 1818).

De l'influence des métaux sur la production du potassium à l'aide du charbon (id., id.).

Expériences pour connaître la quantité d'alcali contenue dans les fanes de pommes de terre (id. , id.).

Mémoire sur le cyanogène et sur l'acide hydrocyanique (id. , id.).

Essai de la cochenille végétale que M. Taunay a rapportée du Brésil (tome VI, 1820).

Examen chimique des cubèbes (id. , id.).

Expériences sur l'acide purpurique (tome VII et IX, 1821 et 1822).

Analyse du fruit du Baobab Adansonia (tome VIII, 1822).

Analyse d'une eau minérale de l'île de Bourbon (tome IX, 1822).

Analyse des cendres du Vésuve (id. , id.).

Sur l'influence des alcalis, et particulièrement de la potasse, sur l'oxyde d'arsenic (id., id.).

Expériences sur les acétates de cuivre (tome X, 1823).

Rapport à l'assemblée des professeurs du Jardin du Roi, sur une résine (id. , id.).

Examen chimique de l'écorce du *strycknos pseudoquina*, appelé vulgairement *quina do campo* ou de *mandana* (id. , id.).

Analyse d'une eau minérale située commune d'Auteuil, près Paris (tome XI, 1824).

Analyse de l'écorce du *solanum pseudoquina* (t. XII, 1825).

X. *Journal de pharmacie et des sciences accessoires* (1815).

XI. *Journal universel des sciences médicales* (janv. 1816).

XII. *Éphémérides des sciences naturelles et médicales* (juillet 1816).

VAUQUELIN (Jean - Guillaume - Bernard), architecte à Rouen, sa patrie.

M. Guilbert, dans sa Biographie de la Seine-Inférieure, nous apprend que cet architecte est auteur d'un *Essai historique sur l'architecture*, lu dans une des séances de l'Académie de Rouen, en 1809, et de deux Notices : l'une, biographique, sur Lebrument, l'autre historique, sur M. Jadoulle, sculpteur.

VAUQUELIN (madame). — Réflexions sur l'éducation des jeunes demoiselles. *Paris, Pillet,* 1810, in-8 de 12 pag., 75 c.

VAUQUELIN (P.-H.), anc. libraire à Paris.

— Parfait (le) Parisien, ou Indicateur général, contenant, etc. *Paris*, *Vauquelin*, 1823, in-24 oblong, avec un plan de Paris.

VAUQUELIN DE LA FRESNAYE. Voy. La Fresnaye.

VAURÉAL (le comte de), ancien officier au ci-devant corps royal du génie.
— Plan ou Essai d'éducation générale et nationale. *Bouillon*, 1783, in-8.

VAUREIX (P.-E.), instituteur.
— Instituteur (l') chrétien, ou Manuel des écoles catholiques. 1802, in-12.

VAURY (S.)—Guide (le) du boulanger, indiquant les moyens à prendre pour bien fabriquer le pain, et les économies que le boulanger peut apporter dans son travail. *Paris*, *Legouix*, 1834, in-18, 6 fr.

VAUST (J.-F.). — Recherches sur la structure et les mouvements du cœur. *Liége*, *de l'impr. de P.-J. Collardin*, 1821, in-8, avec une pl.

VAUTHIER (Jules-Antoine), peintre et graveur, mort en 1832. Il avait remporté le deuxième grand prix de l'Institut.
— Monuments de sculpture anciens et modernes. *Paris*, *Bance aîné*, 1812, in-fol. de .. pages de texte et 72 planches, 50 fr.

> Avec M. Lacour.
> Vauthier est auteur de quelques tableaux d'histoire, et a gravé une partie des dessins du « Musée des antiques » de Bouillon. Il a gravé aussi les dessins de quelques autres collections.

VAUTHIER. — Théorie (de la) du mouvement permanent des eaux courantes et de ses applications à la solution de plusieurs problèmes d'hydraulique. *Paris*, *Carilian-Gœury*, 1836, in-8 de 80 pages, 3 fr.

> Extrait des « Annales des ponts et chaussées ».

VAUTIER (Antoine), alors négociant; né à Genève, en 1710.
— Description de la ville de Gênes. *Gênes*, ..., in-12.

VAUTIER (Gamaliel), pasteur à Genève, en 1712; mort en 1747.
— Sermon sur le jeu. *Genève*, 1727, in-8.

> Sermon excellent.

VAUTIER, l'un des auteurs des « Conférences d'Angers ».

VAUTIER, auteur de quelques articles insérés dans la « Décade égyptienne », journal littéraire et d'économie politique (au Kaire, 3 vol. in-4).

VAUTIER (E.).—Typographe moderne, ou le véritable Instituteur. *Paris*, *Sajou; et Étampes*, *Vautier*, 1816, in-12 de 60 pag., 60 c.

VAUTIER (F.), filateur.
— Art du fileur de coton, ouvrage dans lequel on expose tout ce qui est relatif à cet art. *Paris*, *Renard*, 1821, in-8, avec 10 planches, 15 fr.

> Le prix de mise en vente était de 30 fr.

VAUTIER (Charles.)— Extrait du registre des dons, confiscations, main-tenues et autres actes faits dans le duché de Normandie, pendant les années 1418, 1419 et 1420, par Henri V, roi d'Angleterre, contenant les noms des Anglais auxquels ce prince donna des terres, ceux des familles qui les perdirent, et les noms des propriétaires qui conservèrent leurs biens. *Paris*, *rue Croix-des-Petits-Champs*, *n. 64*, 1828, in-12, avec une planche.

VAUTIER. — Deux mots sur le système électoral. *Paris*, *de l'impr. de Lebègue*, 1837, in-4 de 16 pag.

VAUTRÉ (le général).
— Lettres adressées à M. le maréchal Soult, ministre de la guerre, et à M. Casimir Périer, président du conseil, par le général Vautré; avec quelques réponses de ces ministres et les observations du général. *Paris*, *Levavasseur*, 1831, in-8 de 64 pag.

VAUTRIN (Hubert), ex-jésuite, chanoine de la cathédrale de Nanci, ancien censeur des études au collége royal de Metz, membre de la Société académique de Nanci; né à Saint-Nicolas, le 27 juin 1742, mort à Nanci, le 26 février 1822.
— Cadran à la portée de tout le monde, ou Moyen de connaître l'heure à l'ombre d'un bâton. *Metz*, *de l'impr. de Collignon*, 1812, in-12 de 15 pag., 40 c
— Observateur (l') en Pologne. *Paris*, *Giguet et Michaud*, 1807, in-8, 5 fr.

> On a encore du même quelques *Mémoires de physique.*

VAUTRIN, chevalier de Saint-Louis.
— Mémoire sur la nécessité d'étendre aux bois des particuliers, notamment des grands propriétaires, les lois établies pour l'administration des forêts royales, des commu-

nes et des établissements publics, et pour la répression des délits qui s'y commettent. *Paris, de l'impr. de Tastu*, 1816, in-4 de 24 pag.

VAUTRO (P.-C.-L.), professeur, anc. teneur de livres à Madrid.

— Erreurs financières dévoilées, qu'il importe de détruire, pour voir clair dans la question de la conversion des rentes, en opposition avec M. Jules Ouvrard fils. *Paris, de l'impr. de Thomassin*, 1838, in-8 de 24 pag.

—Manuel de la tenue des livres, ou nouvelle Méthode contenant la balance journalière des comptes. *Paris, N. Pichard*, 1828, in-8 de 132 pag.

—Paralipomènes sur la question financière de la conversion des rentes sur l'État. Réponse à une brochure de M. J. de Ceva Grimaldi, imprimée à Naples en 1836. *Marseille, de l'impr. de Barile*, 1836, in-8 de 64 pag.

—Tenue (de la) des livres en partie double : démonstration analytique d'une nouvelle méthode tellement simplifiée qu'elle présente à chaque instant la balance et tous les résultats d'une comptabilité quelconque, au moyen de l'application des véritables écritures en partie double, dont on avait jusqu'ici négligé de retrouver l'origine ou de donner connaissance au public. *Paris, Emler*, 1826, in-8 de 40 pages, 2 fr.

VAUVENARGUES (Luc CLAPIERS, marquis DE), écrivain moraliste; né à Aix, le 6 août 1715, mort à Paris, le 28 mai 1747.

— * Introduction à la connaissance de l'esprit humain, suivie de réflexions et de maximes. *Paris, Briasson*, 1746.— (Seconde édit., publiée par les abbés Trublet et Seguy). 1747, in-12;— *Paris, Barrois aîné*, 1781, in-12.

« On trouve dans cet ouvrage des jugements sur nos principaux écrivains. L'article sur J.-B. Rousseau a été réimprimé dans le Mercure de juillet 1753, pages 14 et suiv. Il est terminé par des réflexions sur Voltaire, que l'on ne trouve pas dans le volume dont il est ici question. M. de Fortia a inséré, sous un titre particulier, cette partie relative à Voltaire, dans le tome 1er de la collection des OEuvres de Vauvenargues, qu'il a fait imprimer en 1797, à Paris, chez Delance, 2 vol. in-12. Il paraît s'être servi d'une copie à laquelle Vauvenargues avait fait des changements, et se trompe en disant dans une note que cet article n'avait jamais été imprimé ». (*Note de Barbier*).

La Bibliothèque publique d'Aix possède un exemplaire de l'édition de 1746, enrichi de notes et de corrections autographes qui ont servi pour celle de 1747. On lit en tête de la méditation sur la foi : *à renvoyer dans un autre ouvrage de piété*.

L'*Introduction à la connaissance de l'esprit humain* a été réimprimée plusieurs fois dans le XIXe siècle, et notamment :

Paris, Persan, 1828, in-18, volume qui porte aussi le titre d'*OEuvres choisies*.

Édition suivie de morceaux choisis des ouvrages de l'auteur. Paris, Carpentier-Méricourt, 1825, in-18, 3 fr.

—OEuvres (ses) complètes, avec des notes et une préface, par L.-P. COURET DE VILLENEUVE. 2 vol. in-12.

—Les mêmes, revues et augmentées sur les manuscrits communiqués par sa famille, accompagnées de notes, et terminées par une table analytique des matières (publiées par M. le marquis de FORTIA D'URBAN). *Paris, Delance*, 1797, 2 vol. in-8, et 2 vol. in-12.

— Les mêmes, nouvelle édition, augmentée de plusieurs ouvrages inédits, et de notes critiques et grammaticales (par SUARD, éditeur, l'abbé MORELLET et VOLTAIRE); précédée d'une Notice sur la vie et les écrits de Vauvenargues, par SUARD. *Paris, Dentu*, 1806, 2 vol. in-8.

— OEuvres de LA BRUYÈRE;— OEuvres de François de LA ROCHEFOUCAULT;— OEuvres de VAUVENARGUES. *Paris, A. Belin*, 1820, in-8, 10 fr.— Supplément aux OEuvres de Vauvenargues. *Paris, le même*, 1820, in-8 de 112 pag., 2 fr.

Cette édition fait partie de la « Collection des prosateurs français ». Le Supplément est destiné à accompagner l'édition de Vauvenargues, qui fait partie de la « Collection des prosateurs français »; il contient dix-huit Dialogues, des Réflexions sur divers sujets; dix Caractères; dix-neuf Variantes; deux cent quarante-quatre Réflexions et Maximes; l'Éloge de Louis XIV; les Réflexions sur le caractère de différents siècles (avec des variantes considérables).

— Les mêmes, précédées d'une Notice sur sa vie et ses ouvrages, et accompagnées des notes de VOLTAIRE, MORELLET et SUARD. Nouvelle édit. *Paris, J.-L.-J. Brière*, 1821, 2 vol. in-8, 12 fr., et sur gr. pap. vélin superfin d'Annonay, 40 fr. — OEuvres posthumes de Vauvenargues, précédées de son Éloge, par M. Ch. de SAINT-MAURICE, et accompagnées de notes et de lettres de Voltaire. *Paris, le même*, 1821, in-8, 6 fr., et sur gr. pap. vélin superfin d'Annonay satiné, 20 fr.

Cette édition ayant changé de propriétaire, il y a des exemplaires de ces trois volumes au nom de Brissot-Thivars, et portant la date de 1827.

L'Éloge de Vauvenargues, imprimé en tête des OEuvres de cet écrivain, est l'un de ceux qui ont concouru, en 1822, pour le prix proposé par la Société académique d'Aix. L'éloge de M. de Saint-Maurice n'obtint que l'accessit : ce fut celui de

M. Thiers, depuis ministre (voy. l'art. de ce dernier), qui obtint le prix.

— Les mêmes (de la même édition). *Paris, J.-L.-J. Brière,* 1823, 3 vol. in-18, 9 fr.; sur gr. raisin d'Annonay, 15 fr., et sur gr. pap. vélin d'Annonay satiné, 24 fr.

Quoique réimprimée fidèlement sur l'édition précédente, celle-ci n'en renferme pas moins quelques nouvelles notes de Suard., qu'il avait communiquées depuis l'impression de l'édition in-8 : elles ont peu d'étendue,

—OEuvres choisies, précédées d'une Notice biographique sur l'auteur. *Paris, Persan,* 1822, in-18,

Ce volume ne renferme que l'*Introduction à la connaissance de l'esprit humain.*

—OEuvres choisies (précédées d'une Notice sur l'auteur, par J.-B.-J. CHAMPAGNAC. *Paris, Menard et Desenne,* 1824, in-18.

Volume faisant partie de la « Bibliothèque française » ; sa composition est la même que celle du du volume cité précédemment.

—OEuvres de La Bruyère, de La Rochefoucault et de Vauvenargues, avec les notes des divers commentateurs et des notices historiques sur la vie de chacun d'eux. *Paris, Salmon,* 1825, in-18, orné de 3 portraits, 7 fr.

Chaque auteur a sa pagination distincte.

— OEuvres (ses) complètes.

Impr. dans les « Moralistes français », 1834, in-8. —Nouv. édit., 1837, in-8. (*Firmin Didot*).

— OEuvres (ses).

Imprimées dans le « Choix de moralistes français », avec Notices biographiques, par J.-A.-C. Buchon, 1836, in-8.

———

—La Rochefoucault et Vauvenargues, Pensées et Maximes. *Paris, Salmon,* 1823, in-32, avec portraits, 2 fr. 50 c.

Les maximes de Vauvenargues se trouvent très-souvent imprimées à la suite de La Rochefoucault.
Dans le « Recueil philosophique (Amst., 1770, 2 vol. in-12), on a imprimé sous le nom de Vauvenargues, un morceau intitulé : « De la suffisance de la religion naturelle », qui parait être de Diderot.

VAUVENARGUES (le comte d'ISOARD). — Numismatique (de la) appliquée comme moyen mnémotechnique à l'étude de l'histoire grecque et romaine. *Paris, de l'impr. de Duverger,* 1838, in-8 de 8 pag.

VAUVERT (de).—* Lettre de Julie d'É-tange à son amant, à l'instant où elle va épouser Wolmar. *Paris,* 1772, in-8. —* Lettre du chevalier de Séricourt à son frère, héroïde. *Paris,* 1772, in-8.

VAUVERTE. —* Réflexions sur l'établissement de la caisse de Poissy. *Paris, Prault,* 1790, in-8.

VAUVILLIERS (Jean), professeur émérite en l'Université de Paris, ancien professeur royal, et censeur royal; né à Noyers, diocèse de Langres, mort le 17 juillet 1766, âgé de 68 ans.
— Ludovico victori moderato, oratio. 1746, in-4.

Il a donné une édition de Cornelii SCHREVELLII Lexicon (Parisiis, 1752, in-8).

VAUVILLIERS (Jean-François), fils du précédent, professeur de lettres grecques au Collége royal jusqu'à la fin de l'année 1792 ; membre de l'ancienne Académie royale des inscriptions et belles-lettres; arrêté en février 1797, à cause de la conspiration royale avec Brottier, mais absous ; puis membre du Conseil des cinq-cents, condamné à être déporté par la loi du 19 fructidor an v (5 septembre 1797) ; né à Noyers (Bourgogne), en 1737, mort à Saint-Pétersbourg, en 1801.
— Abrégé de l'Histoire universelle en figures, ou Recueil d'estampes représentant les sujets les plus frappants de l'histoire, tant sacrée que profane, ancienne et moderne, dessinées par Monnet et gravées par Duflos le jeune, avec des explications qui s'y rapportent; par MM. Vauvilliers et Auger, continué par M***. *Paris, Duflos jeune,* 1785 et ann. suiv., 33 livraisons, formant 5 vol. in-8, avec 198 grav. 100 fr.; et sur gr. raisin, 150 fr.; sur format in-4, 200 fr.
— Essais sur Pindare, contenant une traduction de quelques odes de ce poëte, avec une analyse raisonnée et des notes historiques, poétiques et grammaticales; le tout précédé d'un Discours sur Pindare et sur la vraie manière de traduire. On y a joint les Discours prononcés par l'auteur et son père, pour leur réception au collége royal. *Paris, Brocas,* 1772, in-12.
—Examen historique et politique du gouvernement de Sparte, ou Lettres sur la législation de Licurgue, en réponse aux doutes proposés par Mably sur l'ordre naturel des sociétés. *Paris, Desaint,* 1769, in-12.
—Extraits des différents auteurs grecs, à l'usage de l'École royale militaire, avec la traduction française et les explications grammaticales des mots. *Paris,* 1788, 6 vol. in-12.

— Idylle sur la naissance de Mgr le Dauphin. 1781, in-4.

— Lettre à MM. les auteurs du Journal des savants, sur Horace. *Paris*, 1768, in-8.

— Lettre pour l'exécution d'un arrêté de la commune, par lequel elle offrait de prêter 300,000 liv. aux boulangers peu fortunés. 5 mars 1789, in-4.

— *Lettres d'un gentilhomme des États de Languedoc à un membre du parlement de Rouen, sur la cherté des grains. 1768, in-12.

— Ludovico XV. — Laudatio funebris. 1774.

— Éloge funèbre de Louis XV, trad. du latin, par l'auteur. *Paris*, 1774, in-4.

— Motion faite dans l'Assemblée des représentants de la commune, le 14 déc. 1789, sur l'étendue du gouvernement de Paris. 1789, in-8.

— * Observations sur la constitution présentée à l'Assemblée primaire de Corbeil, par un de ses membres. (*Corbeil*, 1795), in-8.

— *Questions sur les serments ou promesses politiques en général, et en particulier sur le vœu de haine éternelle à la royauté. *Bâle, Thourneisen*, 1796, in-8.

— * Témoignage (le) de la raison et de la foi contre la constitution civile du clergé (ou Réfutation du « Préservatif » contre le schisme » de Larrière). *Paris*, 1791, in-8.

— * Vrais (les) principes de l'Église, de la morale et de la raison, sur la constitution civile du clergé, renversés par les faux évêques des départements, membres de l'Assemblée nationale, prétendue constituante. *Paris, Dufrêne*, 1791, in-8. (D.M.).

Vauvilliers, en outre, a fourni plusieurs *Mémoires* à l'ancien recueil de l'Académie des inscriptions et belles-lettres, et, entre autres : la quatrième ode isthmique de PINDARE, avec la traduction, et la septième ode olympique, du même poète, avec traduct. et remarques (tome XLVI); un Mémoire *sur les Orthogorides, tyrans de Sycione.* Dans le recueil publié par les membres de l'Académie des inscriptions, sous le titre de « Notices et Extraits des manuscrits de la Bibliothèque du Roi » Vauvilliers a donné seize notices sur les manuscrits de Pindare, douze autres sur ceux d'Eschyle, et un autre sur l'Œdipe-Colone de Sophocle; il est l'auteur des *Notices* qui accompagnent les recueils des Portraits des hommes et des femmes illustres de toutes les nations, publiés par Duflos, en 1787.

Il est encore auteur de plusieurs *Mémoires sur l'approvisionnement de Paris en bois et en charbon,* et *sur la navigation de la Seine et des rivières affluentes,* impr. en 1799.

Comme helléniste, cet académicien a donné une édition de SOPHOCLIS tragœdiæ septem græce, cum interpretatione latina et scholiis veteribus ac novis; edit. curavit Capperonnier; eo defuncto, edidit notas, præfationem et indicem adjecit (1781, 2 vol. in-4). Des notes et observations de lui ont été imprimées avec celles de Clavier et Brottier, dans une nouvelle édition de Plutarque, de la traduction d'Amyot (1785-87).

Ersch, dans sa France littéraire, présente Vauvilliers comme ayant été l'un des collaborateurs des Annales de chimie.

VAUVILLERS, avocat.

— Traité (nouveau) des priviléges et des hypothèques. *Paris, H. Nicolle,* 1809, in-12, 2 fr. 50 c.

VAUVILLIERS (Mademoiselle). — Histoire de Jeanne d'Albret, reine de Navarre. *Paris, F. Guitel,* 1818, 3 vol. in-8, ornés d'un beau portrait, 18 fr., et sur pap. vélin, 36 fr.

Il existe des exemplaires avec de nouveaux titres, portant : *seconde édition.* Paris, Leblanc, 1823.

— Méthode (nouvelle) pour enseigner le français aux demoiselles, ou le Guide des mères qui dirigent elles-mêmes l'éducation de leurs filles. Seconde édition, corrigée et augmentée. *Paris, F. Guitel,* 1812, in-12, 2 fr. 50 c.

VAUVILLIERS. — Instruction sur le service des agents institués pour l'établissement et l'entretien des routes en Prusse, communiquée par M. Vauvilliers. *Paris, Carilian-Gœury,* 1834, in-8 de 24 pag.

VAUVILLIERS (Émile). — Ode à l'arc de triomphe. — Madame Lætitia Bonaparte. (Pièces de vers). *Paris, l'Henry,* 1838, in-8 de 20 pag.

VAUX (Charles GRANT, vicomte de), émigré en 1790 en Angleterre.

— Mémoires historiques, généalogiques, politiques et militaires de la maison de Grant. *Londres*, 1796.

VAUX (Roberts). — Mémoires sur la vie d'Antoine Benezet, abrégé de l'ouvrage original, trad. de l'anglais. *Paris*, 1824, in-12.

Voy. aussi DEVAUX.

VAUXCELLES. Voyez BOURLET DE V.

VAUZELLE, peintre. Voy. LA VALLÉE.

VAUZELLES (Jean-Baptiste de), anc. magistrat, conseiller à la cour royale de Caen, en 1829; né à Brioude (Haute-Loire), le 26 novembre 1792.

— Essai d'un traité sur la justice universelle, ou les Sources du droit; suivi de quelques opuscules, par François BACON; traduction nouvelle avec le texte en regard; précédée de la Vie de Bacon et d'un Discours préliminaire, accompagnée et suivie de notes, par J.-B. de VAUZELLES. *Paris, B. Warée fils aîné,* 1824, in-8, avec 2 gravures.

Les opuscules, qui sont à la suite de l'Essai, sont relatifs aux matières de droit.

La notice sur Bacon, le Discours préliminaire et les notes que M. de Vauzelles à joints à sa traduction, ont paru fixer l'attention des gens de loi, qui y ont reconnu une raison droite, une pensée élevée, un goût pur et une érudition étendue. Quant à la traduction, ils lui ont accordé le mérite d'une fidélité rigoureuse, de l'élégance et la précision du style (voy. Recueil de Sirey, ann. 1825, 1er cah., t. XXV, et Journal du Palais, tome III, de 1824). Le texte a été revu avec le plus grand soin.

— Histoire de la vie et des ouvrages de François Baron de Verulam, et vicomte de Saint-Alban, suivie de quelques-uns de ses écrits, traduits pour la première fois en français par J.-B. de Vauzelles. *Strasbourg, Levrault*, 1833, 2 vol. in-8, 10 fr.

A la suite de l'Histoire de Bacon se trouvent une liste chronologique des ouvrages de ce philosophe, une Notice bibliographique des éditions et des traductions françaises; les témoignages sur Bacon, depuis Gassendi jusqu'à M.-J. Chénier; trois opuscules de Bacon : *Profession de foi; Apologie* (son); *Testament,* ou Dernière volonté de François Bacon.

Cette Histoire avait obtenu les suffrages de MM. Guizot et Villemain, avant que son auteur l'ait livrée à l'impression.

— Jésuites (des) et de la cour de Rome; par le chancelier BACON (trad. par M. de Vauzelles). *Paris, Ponthieu*, 1826, in-8 de 36 pag.

Cet écrit est la traduction de divers passages où l'illustre chancelier a parlé des Jésuites. Il a été publié, en réponse à ce qu'a dit Me Berryer fils, avocat de la famille La Chalotais, dans son procès contre le « Drapeau blanc », que Bacon avait été partisan des jésuites.

— Procès de François Bacon, baron de Verulam, devant la chambre des pairs, en l'an de grâce 1621. *Paris, Ponthieu*, 1826, in-8 de 68 pag., 3 fr.

Fragment de l'Histoire de Bacon, de l'auteur, qui alors était inédite.

VAUZIÈRES (M.-D.).—Édouard et Fanny, anecdote anglaise du 18e siècle. 1802, in-12.

VAVASSEUR (le P. François), jésuite. — Vavassoris opera. *Amstelodami*, 1705, in-fol.

VAVASSEUR (Pierre Le). Voyez LE VAVASSEUR.

VAVASSEUR (Pierre-Henri-Louis-Dominique), docteur en médecine; né à Paris en 1797.
— Botanique médicale et industrielle, ou Dictionnaire raisonné des plantes indigènes et exotiques employées dans la médecine, l'économie domestique, rurale et la technologie. *Paris, rue du Battoir,* no 7, 1835, in-4, impr. à 2 colonn.

Avec M. P.-L. Cottereau.

Cet ouvrage devait paraître par livraisons de deux feuilles de texte et deux planches : prix de chacune, 35 c.

On promettait 120 livraisons qui eussent formées, réunies, un fort volume, avec plus de 800 planches gravées; mais la publication de ce volume a été suspendue dès la première livraison. L'année suivante, cette publication a été reprise sous un nouveau titre ainsi conçu : *Dictionnaire universel de botanique agricole, industrielle, médicale et usuelle, comprenant toutes les plantes vénéneuses et les champignons délétères et comestibles, etc.;* par P. VAVASSEUR, P.-L. COTTEREAU et A. GILLET DE GRANDMONT. Sous ce nouveau titre il n'a pas mieux réussi, et l'on s'est borné à la reproduction de l'unique livraison publiée l'année précédente.

— Formulaire (nouveau) pratique des hôpitaux, ou Choix de formules des hôpitaux civils et militaires de France, d'Angleterre, d'Allemagne, d'Italie, etc., contenant l'indication des doses auxquelles on administre les substances simples, et les préparations magistrales et officinales du Codex; l'emploi des médicaments nouveaux, et des notions sur l'art de formuler. *Paris, Crochard*, 1832, in-24. — Troisième édit. *Paris, le même*, 1838, in-24, 4 fr.

Avec M. H. Milne Edwards.

— Manuel (nouveau) complet des aspirants au doctorat en médecine, ou Résumé analytique de toutes les connaissances nécessaires aux élèves pour subir les cinq examens exigés par la Faculté de médecine. *Paris, Crochard*, 1833, 5 vol. in-18. Prix de chaque volume : 5 fr. 50 c.

Avec des professeurs agrégés et des docteurs de la Faculté de Paris.

— Manuel de matière médicale, ou Description abrégée des médicaments, avec l'indication des caractères botaniques, des plantes médicinales, et celle des principales préparations officinales des pharmacopées de Paris, de Londres et d'Édimbourg; des considérations sur l'art de formuler, et des tableaux synoptiques. *Paris, Compère jeune*, 1825, in-18, avec 3 tableaux, 5 fr. 50 c.— Quatrième édition, revue et augm. *Paris, Crochard*, 1836, in-18, 6 fr.

Avec M. H. Milne Edwards.

—*Rapport du conseil de santé d'Angleterre, sur la maladie appelée dans l'Inde choléra spasmodique; traduit de l'anglais (1831). Voy. ce titre aux ouvr. anon.

VAVERAY (de), de Viaspres, alors président à l'élection de Vitry-le-Français.
—Essai sur les priviléges des gens d'église. 1757, in-12.

VAYER (Le). Voy. LE VAYER.

VAYER DE BOUTIGNY (LE). Voy. LE VAYER DE B.

VAYER DE MARSILLY (LE). Voy. LE VAYER DE M.

VAYNY D'ARBOUZE, marquis de VILLEMONT, ancien officier des gardes-du-corps.

— Crayon du département du Puy-de-Dôme, pour servir de statistique. *Paris, Demonville; Laval*, 1826, in-8, 8 fr.

VAYRAC (Jean de), abbé de Cahors, en Quercy.

— État présent de l'Empire. *Paris*, 1711, in-12.

— État présent de l'Espagne. *Paris, A. Deshayes*, 1715, 5 tomes en 4 vol. in-12. *Amsterdam, Wytwels*, 1719, 3 vol. in-12.

— *Maximes de droit et d'État, pour servir de réfutation au Mémoire qui paraît sous le nom du duc du Maine, sur le rang des princes du sang. 1716, in-8.

— Grammaire (nouv.) espagnole. Sec. édit. *Paris, P. Witte*, 1714, in-12.

— Mémoires ou Journal du cardinal Bentivoglio, trad. de l'italien (1713). Voy. BENTIVOGLIO.

— Reflexiones morales y christianas sobre el premer libro de la Imitacion de Cristo, traduzidas del francès en español. *Paris, Witte*, 1734, in-16.

— Remarques historiques sur les lieux qui ont été honorés de la présence du roi à son voyage de Reims. *La Haye, Alberts*, 1723, in-12.

—*Réponse à la Lettre d'un Espagnol à un Français au sujet de la contestation qui est entre les princes du sang et les légitimés. 1716, in-8.

L'abbé J. de Vayrac a été l'éditeur de « l'*Histoire des révolutions d'Espagne* », de DUPIN.

VAYSSE DE VILLIERS (Regis-Jean-François), anc. inspecteur des postes-relais, membre de la Société des Arcades de Rome, de celles du Mans, de Dijon, de Turin; né à Rodez, en 1767, d'une famille célèbre dans la magistrature.

—Cinq (les) partis qui ont dominé successivement en France depuis 1789, détruits tous, sans exception, par leurs propres excès. *Paris, Potey*, 1814, in-8 de 8 pag.

— * Description routière et géographique de l'Empire français, divisé en quatre régions; par R.. V... *Paris, Potey*, 1813, 6 vol. in-8.

Le succès qu'obtint cet ouvrage décida l'auteur à publier la suite, et à y attacher son nom. Le titre subit aussi un changement, et il s'appela *Itinéraire, etc.* (Voy. l'article suivant).

—Le même ouvrage, sous ce titre : Itinéraire descriptif de la France, ou Géographie complète, historique et pittoresque de ce royaume [et de l'Italie], par ordre de routes, divisé en huit régions correspondant aux quatre points cardinaux, et aux quatre points intermédiaires. *Paris, Potey; Arthus-Bertrand; J. Renouard (* J. Renouard)*, 1813 — 39, in-8.

Ouvrage auquel tous les journaux ont rendu justice.

Cette édition formera environ trente volumes, accompagnés chacun d'une carte routière. Vingt volumes ont paru, et se sont les suivants que l'on peut se procurer séparément.

Première partie. Région de *sud-est*, embrassant depuis Paris jusqu'à Naples, et depuis les sources du Rhône jusqu'à son embouchure.

Tome Ier. Routes de Paris à Lyon, par Melun, Sens, Auxerre, Autun, Châlons-sur-Saône et Mâcon; et par Fontainebleau, Montargis, Nevers, Moulins et Roanne (1813), avec cartes, 4 fr.

Tome II. Route de Lyon à Turin (1813), avec une carte, 3 fr. 75 c.

Tome III. Route de Turin à Florence (1813), avec une carte, 3 fr. 75 c.

Tome IV. Route de Florence à Rome et à Naples (1813), avec deux cartes, 5 fr. 50 c.

Tome V. Route de Lyon à Marseille (1813), avec une carte, 3 fr. 75 c.

Tome VI. Routes de Marseille à Gênes et à Turin (1813), avec une carte, 3 fr. 75 c.

Tome VII. Routes de Paris à Dijon et Genève, et de Mâcon à Genève (1817), avec une carte, 4 fr.

Tome VIII. Routes de Genève à Milan et de Turin à Milan (1819), avec une carte, 4 fr. 50 c.

Deuxième partie : *Sud*.

Tome Ier. Route de Lyon à Beaucaire, Nîmes et Montpellier, et de Moulins à Clermont, Montpellier, Nîmes et Beaucaire (1816), avec une carte, 5 fr.

Tome II. Route de Paris aux deux Bagnères, Baréges, et autres eaux des Pyrénées (1830), en deux parties, avec une carte, 9 fr. 50 c.

Tome III. Routes de Paris à Toulouse (1830), en deux parties, avec deux cartes, 9 fr. 50 c.

Tome IV. Route de Paris à Narbonne, en Espagne, par les Pyrénées orientales (1823, 1835), avec une carte, 5 fr.—XIVe vol. de la collection.

Troisième partie : Région *sud-ouest*.

Tome Ier. Routes de Paris à Bordeaux par Chartres, Tours, Angoulême; par Orléans, Tours, Angoulême; par Orléans, Limoges, Périgueux (1818), en deux parties, avec deux cartes, 9 fr. 50 c.

Tome II. Route de Paris à Nantes (1821), avec une carte, 6 fr. — XIIe volume de la collection.

Tome III. Route de Bordeaux à Bayonne (1823), avec une carte, 3 fr. 30 c.

Tome IV. Routes de Paris à Bourbon-Vendée, aux Sables, à la Rochelle, à Rochefort, et de Nantes à Bordeaux (1831), avec une carte, 4 fr.

Quatrième partie : Région *nord-ouest*.

Tome Ier. Routes de Paris à Calais par Abbeville et Boulogne, ou par Abbeville et Saint-Omer; route de Paris à Dunkerque par Amiens (1816), avec deux cartes, 3 fr. 50 c.

Tome II. Route de Paris à Calais et à Dunkerque (1816), avec une carte.

Cinquième partie : Région de l'*ouest*.

Route de Paris à Rennes (1822), avec une carte,

5 fr.—Ce volume est le tome XIII de la collection.

On a extrait de ce volume :

Route de Paris à Versailles, ville, château et parc (1822), in-8, avec une carte, 3 fr. 50 c.

Sixième partie. Région *nord-est.*

De Paris à Rouen, au Havre, Honfleur, Fécamp, Dieppe (1830), avec une carte, 5 fr. — Ce volume est le seizième de la collection.

Chaque volume contient les embranchements et les communications entre les grandes routes.

Dans les dix volumes qui restent à publier, l'auteur franchira les frontières actuelles de la France pour conduire les voyageurs aux principaux points des pays voisins, tels que Londres, Bruxelles, Munich.

— Itinéraire descriptif, historique et pittoresque des trois routes de Paris à Reims. *Paris, l'Auteur, rue de Condé, n°* 19, 1825, in-18, avec une carte.

— * Lettre confidentielle adressée à un journaliste. Par un ami du roi, de la charte, et du repos. *Versailles, de l'impr. de Vitry,* 1828, in-8 de 8 pages.

— Ode au soleil. *Au Mans, de l'impr. de Monnoyer,* 1823, in-8 de 8 pag.

Tirée à 100 exempl.

—Ode sur l'antique Rome. *Au Mans, Fleuriot; et Paris, Potey,* 1822, in-8 de 20 pag.

— Ode sur les inondations de l'an x. *Paris,* 1803, in-8.

—Ode sur les tremblements de terre de la Calabre et de la Sicile, arrivés en 1783. *Paris,* an x (1802). — Nouv. édit. *Paris, Potey,* 1821, in-8 de 16 pag.

L'édition de 1821 n'a été tirée qu'à 100 exempl.

— * Opinion impartiale d'un capitaliste sur le projet de la réduction des rentes, etc. *Paris, Le Normant fils,* sans date (1826), broch. in-8.

M. Vaysse de Villiers s'est occupé des affaires publiques; mais il y mêla sans ambition une voix savante, n'en voulant aucun prix, si ce n'est celui d'être utile. Aussi a-t-il publié, outre la *Lettre* et l'*Opinion* que nous citons, plusieurs brochures sous le voile de l'anonyme.

— Recueil complet des monuments et perspectives de Versailles. *Paris, Giraldon-Bovinet; Versailles, Lepoitevin,* 1831, in-8 oblong.

— Tableau descriptif, historique et pittoresque de la ville, du château et du parc de Versailles, compris les deux Trianons. *Versailles, Étienne; Paris, Delaunay,* 1827, in-18, avec plan., 3 fr. 50 c. — II.e édit. *Paris, Audin,* 1828, in-18.

La seconde édition n'est que la première et unique, à laquelle on a ajouté quelques cartons.

M. Vaysse de Villiers se propose de publier prochainement un volume de *Poésies diverses.*

On trouve une Notice sur M. Vaysse de Villiers dans la Biographie univ. et portative des contempo-

rains, de MM. Rabbe, Boisjolin et Sainte-Preuve, tome V, p. 848.

VAZEILLE (F.-A), ancien avocat à la cour royale de Riom, et aujourd'hui à celle de Paris.

—Résumé et conférence des commentaires du Code civil sur les successions. *Riom, Thibaud; Clermont - Ferrand, Thibaud-Landriot,* 1834, in-8.

—Résumé et conférence des commentaires du Code civil sur les successions, donations et testaments. *Riom, Thibaud; Clermont-Ferrand, Thibaud-Landriot,* 1837, 3 vol. in-8, 21 fr.

— Traité des prescriptions suivant les nouveaux codes français. *Riom, Thibaud,* 1822, in-8; *Paris, Bavoux,* 1824, in-8, 7 fr.; et *Paris, Alex-Goblet,* 1832, 2 vol. in-8, 12 fr.

—Traité du mariage, de la puissance maritale, et de la puissance paternelle. *Paris, l'Auteur; Bavoux,* 1826, 2 vol. in-8, 12 fr.

VASQUEZ (don Francesco). Voy. Almeyda.

VEAU DE LAUNAY (Pierre-Louis-Athanase), d'abord homme de loi, ensuite professeur d'histoire nationale à l'école centrale d'Indre-et-Loire, et plus tard médecin; membre de la Société d'instit. et du Lycée des arts de Paris, de la Société d'agriculture, du Musée de Tours, secrétaire perpétuel de la Société des sciences, arts et belles-lettres de cette même ville.

— Corps de garde (le) national, comédie en un acte et en prose. *Tours, Vauquer-Lambert,* 1790, in-8.

—Discours prononcé au bailliage de Tours. 1781.

—Éloge funèbre de Mirabeau. *Tours,* 1791, in-8.

—Épître d'un père à son fils sur le bonheur; présentée à l'Athénée de Toulouse, au mois de pluviôse an XI. *Paris, Dondey-Dupré,* 1816, in-8 de 8 pag.

—Fragment d'un Commentaire sur la coutume de Touraine...

—Lettre sur l'usage de l'alcali fluor...

— Manuel de l'électricité. 1809, in-8, fig.

—Mémoires, Plaidoyers, etc.

—Rapport sur la Société d'agriculture (de Tours) et sur l'enseignement public. *Tours,* 1793.

— * Stéphaninn, ou le Mari supposé, opéra com. en un acte, en prose, avec des airs parodiés. *Tours, Vauquer-Lambert,* 1791, in-8.

—Tableaux élémentaires d'histoire naturelle, à l'usage de l'école centrale d'Indre-et-Loire. *Tours*, 1799, in-8.

—Voltaire et autres poésies. 1780.

Nous connaissons, en outre, de M. Veau de Launay les deux notices suivantes, imprimées parmi les Mémoires de l'Académie celtique : Notice sur la pile de Saint-Mars, monument antique attribué aux Romains, élevé sur la rive droite de la Loire, entre Tours et Langeais ;— Notice sur un dolmen appelé Pierre de Minuit, monument druidique situé à trois myriamètres, six lieues sud-ouest de Blois (Loir-et-Cher). (Tom. IV, 1809).

VEAU-MARIN (de), pseudonyme.
— Méditation de M. de Martignac devant la baleine, recueillie et publiée par M. de Veau-Marin. *Paris, Levavasseur*, 1829, in-8 de 16 pag., 1 fr.

VEAUMOREL (C. de). Voy. CAULLET DE V.

VEAUX (J.-Ch. de La). Voy. LAVEAUX.

VECCHIARELLI (S.). — Mémoires de A. Galotti, officier napolitain, condamné trois fois à mort, écrits par lui-même ; trad. de l'ital. (1831). Voy. GALOTTI.

VEDEAUX (Madame P.) — Traité des corsets, ou Aperçu sur leurs effets physiques, leurs inconvénients, leurs avantages, à l'usage des mères de famille, avec l'exposé de quelques notions d'orthopédie, et des ressources que peut offrir à cette partie de la médecine un nouveau genre de corsets ou corps orthopédique. *Paris, Labé*, 1838, in-8 de 102 pages, avec 2 planches, 2 fr. 50 c.

VEDEL (Gabriel), avocat à Lansargues, diocèse de Montpellier.
— Dissertation critique sur le livre de Solier, intitulé : l'Opinion des Canonistes. 1724, in-12.
— Éloge de l'avocat. 1723.
—Observations sur les arrêts de Catellan. *Toulouse*, 1733, 1747, in-4.

VEDEL (le comte Dominique-Honoré-Marie-Antoine), lieutenant-général, issu d'une ancienne famille militaire du département du Gard ; né à Monaco, le 2 février 1773.
—Précis des opérations militaires en Espagne, pendant les mois de juin et juillet 1808, avant la capitulation du général en chef Dupont, à Baylen et à Andujar ; suivi de pièces justificatives. *Paris*, 1823, in-8, avec une carte lithogr.

La Biographie universelle et portative des con-

temporains, de MM. Rabbe, Boisjolin et Sainte-Preuve, et celle des hommes du jour, de MM. Sarrut et Saint-Edme (tome Ier, 2e partie, pag. 328) renferment des notices sur le général Vedel.

VÉE.—Héroïne (l') de Mithier, fait historique en un acte et en prose, mêlé de vaudevilles. *Paris, Brunet*, an II (1794), in-8.

Avec Barral.

VEGA. Voy. GARCILLASSO et LOPE DE VEGA.

VÉGÈCE (Flavius Vegetius Renatus), écrivain militaire latin, né vers 1093 de Rome (340 depuis J.-C.), mort l'an de Rome 1143.
—Institutions militaires (trad. en franç. par Cl. Guill. BOURDON DE SIGRAIS). *Paris, Prault père*, 1743 ; *Amsterdam*, 1744 ; *Paris, Prault*, 1749, in-12 ; *Amsterdam*, 1757, in-8, fig.; et *Paris, veuve David*, 1759, in-12, fig.
— Institutions militaires, en cinq livres, avec une table des matières et un glossaire, par l'abbé VALART, de l'Académie d'Amiens. *Paris, Didot le fils*, 1763, in-12.
— Le même ouvrage sous ce titre : L'Art militaire de Végèce, traduction nouvelle , avec des Réflexions par M. le chev. de BONGARS, lieutenant de roi de l'École royale militaire. *Paris, Jombert*, 1772, in-12.
—Institutions militaires, avec les commentaires de M. le comte TURPIN DE CRISSÉ. *Paris*, 1783, 2 volumes in-4, avec 20 planches, 20 à 24 fr.

VEGOBRE, éditeur des œuvres de Firm. ABAUZIT, précédées de son éloge, sous le titre d'Avertissement (1770).

VEILLARD.—Vocabulaire portatif d'agriculture, etc. (1810). Voy. SONNINI.

VEILLARD (Louis), avocat, ancien régent de sixième classe au collége académique de Genève ; né à Genève, le 30 novembre 1777.
—Enseignement (de l') primaire à Genève. 1831, broch. in-8.
— Essai d'un plan de collége spécial. *Genève*, 1831, broch. in-8.
— Leçons de grammaire latine, ouvrage pratique fait sur un nouveau plan, et adopté par l'académie de Genève pour le collége de cette ville. *Genève*, 1815, 2 vol. in-12.
—Sec. édit. *Genève*, 1825, un vol. in-12.
—Système de leçons indépendantes et facultatives, comparé avec le système des

leçons réunies et obligatoires, suivi dans les colléges et les lycées. *Genève, de l'impr. de Luc Sestié*, 1827, in-8 de 24 pag.
— Vocabulaire latin-français par familles, ouvrage pratique, fait sur un nouveau plan, et adopté par l'académie de Genève pour le collége de cette ville. *Genève*, 1817, in-12.
— Le même, abrégé. *Genève*, 1825, in-12.

VEILLAS (Mathieu). — Discours prononcé en L∴ par le f∴ Mathieu Veillas à Lyon, le 18e j∴ du 3e m∴ 5827. *Lyon, de l'impr. de Boursy*, 1827, in-8 de 16 pag.

VEILLON. — * Tombeau du prince Léopold de Brunswick. *En Suisse, ...*, broch. in-4.

VEIMARS (L.). Voy. LOÈVE-VEIMARS.

VEIRIEU (G.). — Moyens d'accroître et d'affermir la puissance nationale, en augmentant la richesse particulière du citoyen. *Paris*, 1793, in-8.

VEÏSSIER (Alphonse), maître d'études au collége d'Henri IV.
— Éléments de la grammaire grecque, ou nouv. Méthode pour les thèmes grecs, rédigée d'après la grammaire latine de Lhomond. |Deuxième partie. Syntaxe. Méthode. *Paris, veuve Maire-Nyon*, 1837, in-12, 3 fr.

VEISSIER-DESCOMBES, professeur au collége royal de Henri IV, et plus tard au collége de Bourbon.
— Élégie sur Adrien Richomme. *Paris, de l'impr. de Plassan*, 1823, in-8 de 8 pag.
— Entrée de Henri IV à Paris, pièce qui a obtenu une mention honorable à la Société des amis des arts. *Paris, Compère jeune*, 1828, in-8 de 16 pag.
— Odes d'ANACRÉON, trad. en vers français. *Paris, Compère jeune*, 1825, in-32, 3 fr.
— Les mêmes, avec le texte en regard. *Paris, Compère jeune; Aimé André*, 1826, in-32, 6 fr.

Cette traduction accompagne aussi les odes d'Anacréon, édit. polyglotte, 1835, in-8.

— Pauvre (le) enfant. (En vers). *Paris, de l'impr. de Plassan*, 1824, in-8 de 4 pag.
— Traité (nouv.) de prosodie latine. *Paris, Compère jeune*, 1827, in-12, 1 fr. 80 c.

VEISSIER-HEDENCOUR. — Élégie sur la mort de Bernardin de Saint-Pierre. *Rouen, de l'impr. de Baudry*, 1814, in-8 de 16 pag.

VEIT-WEBER, romancier allemand de ce siècle.
— Adolf de Dachsburg, trad. de l'allem. par feu M. l'abbé de L'ECLUSE. *Paris, rue des Grands-Augustins*, n° 18; *Lecointe*, 1830, 5 vol. in-12, 15 fr.

Le faux-titre porte : Traditions du temps passé.

— Henri de Hochfurth, ou la Destinée; suivi de la Parole d'un chevalier, trad. de l'allem. *Paris, Urbain Canel*, 1830, 2 vol. in-12, 6 fr.
— Serments d'homme et fidélité de femme, trad. de l'allem. par M. l'abbé de L'ÉCLUSE. *Paris, Jules Lefebvre*, 1830, 2 vol. in-12, 6 fr.

Le faux-titre porte : Traditions du temps passé.

— Tribunal (le) secret, ou les Francs-Juges (roman dramatique), trad. de l'allem. *Paris, Urbain Canel*, 1830, 2 vol. in-12, 6 fr.

VELASCO. — Énéide et Bucoliques de Virgile, trad. en espagnol. Voy. VIRGILE.

VELASCO (don Ant. Palomino), peintre de la chambre de Philippe V, roi d'Espagne.
— Vies des peintres et statuaires espagnols les plus célèbres; trad. de l'espagnol. *Paris*, 1749, in-12.

VELASQUEZ (L.-J.). — Essai sur les alphabets des caractères inconnus qui se trouvent sur les médailles et les monuments les plus anciens de l'Espagne...

Trad. par extrait, par M. Éloi Johanneau, et inséré dans les volumes III et IV des Mémoires de l'Académie celtique.

VELAY (E.) — Abrégé chronologique de l'histoire de France, comprenant : 1° des tableaux généalogiques des rois de France; 2° les noms de tous les princes contemporains, avec la date précise de leur avénement au trône, et de leur chute ou de leur mort, etc., pour servir à l'enseignement de l'Histoire. *Paris, l'Auteur; Hachette*, 1834, in-8 de 12 pag.
— Tableaux généalogiques et chronologiques des diverses races ou dynasties qui ont régné dans les Gaules ou en France, depuis les temps les plus reculés jusqu'à nos jours. *Paris, Hachette*, 1836, une feuille in-plano.

VELDE (Van der). V. VANDER VELDE.

VELDEN (Corn. van de), pseudon. Voy. GERBERON.

VELEY (Em. de). Voy. DE VELEY.

VELLEIUS PATERCULUS. Voy. Paterculus.

VELLIS. Voy. l'abbé de Vely.

VELLY (l'abbé Paul-François), historien ; né à Crugny, à quatre lieues de Reims, le 9 avril 1709, mort le 4 septembre 1759, âgé d'environ 50 ans.

— Histoire de France, depuis le commencement de la monarchie (commencée par les abbés Velly et Villaret, et amenée jusqu'au règne de Charles VII inclusivement ; continuée par l'abbé J.-Jacq. Garnier, de l'Académie des inscriptions, depuis le règne de Louis XI jusqu'au commencement de celui de Charles IX). *Paris, Saillant et Nyon, Desaint, etc. (madame Huzard)*, 1765 à 1785, 30 vol. in-12, 75 fr. ; — Table générale des matières de trente premiers volumes de l'Histoire de France, 3 vol. En tout 33 vol. in-12 ; — ou 1770 à 1785, 15 vol. in-4, avec fig., 150 fr.

L'abbé Garnier avait aussi terminé la dernière partie du règne de Charles IX : mais ne voulant pas mettre sous les yeux du peuple les sanglants tableaux de ce règne, il détruisit cette partie de son manuscrit.

On joint à ces deux éditions une collection de portraits des grands hommes dont il est fait mention dans cette histoire (1778-85, 8 vol. in-4 ; ou 1785, 2 vol. in-12). Prix d'origine de ces portraits : in-4, 127 fr., et in-12, 36 fr. La collection des portraits dans le format in-12 n'était primitivement que de 90 ; le nombre a été porté à 118 dans la reproduction faite par le libraire Desray, avec une nouvelle continuation par M. Dufau. (Voy. ci-après).

Ant. Fantin Desodoards (voy. ce nom), antérieurement à M. Dufau, avait déjà porté le nombre de volumes de l'Histoire de France de Velly et de ses continuateurs, à 56 volumes, par une continuation depuis Charles IX jusqu'à la mort de Louis XVI.

En même temps que Fantin Desodoards faisait imprimer sa continuation de Velly, etc., il publiait une nouvelle édition de l'œuvre des trois premiers auteurs, refait, réduit et corrigé par lui, laquelle devait former 19 vol. in-8, mais dont il n'a paru que les sept premiers.

— La même Histoire, de la même édition, sous ce titre : Histoire générale de France, avant et depuis l'établissement de la monarchie dans la Gaule, jusques et y compris le règne de Henri IV. (Reproduction précédée de l'Histoire de la Gaule sous les Gaulois et les Romains, servant d'introduction à cette histoire), par M. P.-A. Dufau, et la fin du règne de Charles IX, par le même. *Paris, Desray (* Mad. Huzard)*, 1819, 32 vol. — Histoire du règne de Henri III, par M. Dufau, 1820 2 vol. — Histoire du règne de Henri IV, par le même. 1821, 4 vol. — Portraits (au trait, au nombre de 118), 2 vol. — Tables, 3 vol. En tout, 43 vol. in-12, 100 fr.

On peut se procurer séparément, pour compléter les anciens exemplaires, les parties de M. Dufau. (Voy. ce nom).

Avant M. Dufau, Laureau, (voy. ce nom) avait publié une Histoire de France avant Clovis, pour servir d'introduction à celle de MM. Velly, Villaret et Garnier, Paris, 1786, in-12, avec figures.

— * Procès (le) sans fin, ou l'Histoire de John Bull, traduit de l'anglais (1753). Voy. Arbuthnot.

VELNOS (de). — * Dissertation sur un nouveau remède anti-vénérien végétal. *Paris*, 1765, in-12.

VÉLOCIFÈRE, pseudon. Voy. Cuisin.

VELOSO (Jose Valerio), cavalleiro professo da ordem de Christo.

— Exposiçao dos factos que derao causa a emigraçao de Jose Valerio Veloso.... *Burdeos, Lavalle jeune*, 1817, in-8 de 100 pag.

VELPEAU (Alfred-Armand-Louis-Marie), chirurgien de la Pitié, ancien professeur d'accouchements, membre de l'Académie royale de médecine, des sociétés médicales de Louvain, de Rio-Janeiro, Palerme, etc. ; né à Brèche (Indre-et-Loire), le 18 mai 1795.

— An tuberculorum eruderum in pulmonibus. *Parisiis*, 1824, in-4, 1 fr. 50 c.

— Choléra (du) épidémique de Paris. *Paris*, 1832, broch. in-8, 1 fr. 25 c.

— Concours pour une chaire de physiologie à la Faculté de médecine de Paris (23 mai 1831). Généralités sur la physiologie et sur la marche à suivre dans l'enseignement de cette science. *Paris, de l'impr. de Demonville*, 1831, in-4 de 48 pag.

— Convulsions (des) chez les femmes pendant la grossesse, pendant le travail et après l'accouchement. *Paris, J.-B. Baillière*, 1834, in-8 de 132 pag., 3 fr. 50 c.

— Éléments (nouveaux) de médecine opératoire, accompagnés d'un atlas de 20 planches in-4, gravées, représentant les principaux procédés opératoires, et un grand nombre d'instruments de chirurgie. *Paris, Baillière*, 1832, 3 vol. in-8 et Atlas, 30 fr.

Cet ouvrage, indépendamment des procédés particuliers à l'auteur, peut être considéré comme le plus complet sur la matière, et dénote dans son auteur les plus profondes connaissances jointes à une immense érudition.

— Embryologie, ou Ovologie humaine, contenant l'histoire descriptive et iconographique de l'œuf humain. *Paris, J.-B. Baillière*, 1833, in-folio de 102 pag. et 15 planches, 25 fr.

Cet ouvrage est, sans contredit, le plus remarquable des productions de notre auteur ; c'est le résultat de plus de dix années de recherches et de dissections minutieuses.

— Exposition d'un cas remarquable de maladie cancéreuse, avec oblitération de l'aorte, et réflexions en réponse aux explications données à ce sujet par M. Broussais. *Paris, Béchet jeune*, 1825, in-8 de 102 pag., 2 fr. 50 c.

—Manuel d'anatomie chirurgicale, générale et topographique. *Paris, Méquignon-Marvis père et fils*, 1837, in-8, 7 fr. 50 c.

— Mémoire sur l'inflammation aiguë des membranes synoviales tendineuses et articulaires. *Paris*, 1826, in-8, 1 fr. 50 c.

— Notice sur les travaux de M. A. Velpeau, membre de l'Académie royale de médecine, chirurgien de la Pitié et des dispensaires de la Société philanthropique. *Paris, de l'impr. de Plassan*, 1834, in-4 de 32 pag.

Pour candidature à l'Institut.

—Opération (de l') du trépan dans les plaies de la tête. *Paris*, 1834, in-8, 4 fr. 50 c.

— Remarques (nouvelles) sur la membrane caduque et sur les rapports qu'elle contracte avec l'œuf humain. *Paris*, 1830, in-8, 1 fr.

— Traité complet d'anatomie chirurgicale, générale et topographique du corps humain, ou Anatomie considérée dans ses rapports avec la pathologie chirurgicale et la médecine opératoire. Sec. édition, entièrement refondue et augmentée, en particulier, de tout ce qui concerne l'anatomie générale. *Paris, Méquignon-Marvis père et fils*, 1833, 2 vol. in-8 et Atlas in-4 de 14 planches, 25 fr.—Troisième édit. *Paris, les mêmes*, 1837, 2 vol. in-8, avec Atlas in-4 de 27 planches, 25 fr.

La première édition a paru de 1825 à 1826, Paris, Crevot, 2 vol. in-8, fig.

— Traité complet de l'art des accouchements, ou Tocologie théorique et pratique, avec un abrégé des maladies qui compliquent la grossesse, le travail et les couches, et de celles qui affectent les enfants nouveau-nés. Sec. édit. *Paris, et Londres, J.-B. Baillière*, 1834, 2 vol. in-8, avec 16 planches, 16 fr.

La première édition a paru sous ce titre :
Traité élémentaire de l'art des accouchements, ou Principes de tokologie et d'embryologie, Paris, J.-B. Baillière, 1828, 2 vol. in-8, avec 4 tableaux, 12 fr.

— Traité (petit) des maladies du sein. *Pa-*

ris, de l'impr. de Rignoux, 1838, in-8 de 120 pag.

Extrait du Dictionnaire de médecine en 25 vol.

Outre les ouvrages que nous venons de citer, on doit encore à M. le docteur Velpeau un grand nombre de mémoires, imprimés depuis 1824, dans divers recueils de médecine et de sciences naturelles sur les altérations du sang , sur le cancer, les hémorragies, sur quelques opérations, sur le traitement de diverses maladies, etc.

La Biographie universelle et portative des contemporains, de MM. Rabbe, Boisjolin et Sainte-Preuve (tom. V, pag. 850), et celle des hommes du jour, de MM. G. Sarrut et B. Saint-Edme (tom. II, 2ᵉ partie, p. 196), renferment des notices sur le docteur Velpeau.

VELY (l'abbé de), ou VELLYS.—*Fluide (du) universel, de son activité et de l'utilité de ses modifications, par les substances animales, dans le traitement des maladies; aux étudiants qui suivent le cours de toutes les parties de la physique. *Paris, Amand Koenig*, 1806, in-8 de 24 pag., 2 fr. 50 c.

—*Somnambulisme (le), suppléments aux journaux dans lesquels il a été question de ce phénomène physiologique. *Paris, Brebant*, 1813, in-8 de 84 pag., 2 fr.

On trouve dans la table du Dictionnaire des anonymes le premier de ces deux opuscules cité à deux noms différents : *Vellis* et l'abbé de *Velly.*

VENANCE (Honoré-Fortunat), évêque de Poitiers au vɪᵉ siècle, poëte latin.

— Carmina. *Cameracense, ex typ. Hurez*, 1822, in-12.

Faisant partie de la collection intitulée : *Poetæ ecclesiastici.*

VENANCE (Jean-François DOUGADOS, plus connu sous le nom du P.), capucin et poëte; né à Carcassonne, le 12 août 1763, mort à Paris, en 1793.

— Poésies (ses). 1806, in-12.

Les principales pièces du P. Venance, comprises dans ce volume, sont *la Quête du blé*, une *Élégie sur l'ennui*, un *Cantique sur le jour de Noël.*

— OEuvres (ses), publiées par M. Aug. LaBouisse. *Paris, Delaunay*, 1810, in-18, 1 fr. 80 c., et sur pap. vél., 3 fr. 60 c.

VENARD (l'abbé), curé de Faverolles.

—Rêveries (les) d'un curé de campagne. *Paris, Jeanthon*, 1835, in-8, 4 fr. 50 c.

Contient une nouvelle en prose , quelques poésies, et un drame de pension, intitulé : *le Triomphe de la vertu, ou Louis rendu à ses enfans.*

VENAULT DE CHARMILLY. — Lettre à M. Bryan Edwards, en réfutation de son ouvrage intitulé : Vue historique sur la colonie française à Saint-Domingue. 1797, in-4.

VENCE (l'abbé Henri-Fr. de).

Il a été l'éditeur du Commentaire littéral sur la Bible, inséré dans la traduction française, par le R. P. de Carrières (Nanci, 1738—1741, 16 vol. in-8) : il est l'auteur de quelques dissertations qui ont été insérées, par L.-F. Rondet, dans les éditions de la Bible, de la version de Sacy, paraphrasée par le P. de Carrières, qu'il a données en 1748—50, 24 vol. in-4, et en 1767—73, 17 vol. in-4.

VENCE (Fr. de Villeneuve de), oratorien, mort en 1741.

On lui doit la traduction de deux ouvrages de Saint-Augustin, et qui sont ceux-ci : Six Livres contre Julien, défenseur de l'hérésie pélagienne (1736, 2 vol. in-12), et les Deux Livres de la grâce de Jésus-Christ et du péché originel (1738, 1 vol. in-12).

VENDEL (de). — *Liberté individuelle sous le règne des Bourbons, ou Procédure instruite contre MM. P., de V***, L*** et R***, accusés d'avoir entretenu correspondance avec l'île d'Elbe, et d'avoir voulu opérer, en août 1814, le retour de l'Empereur ; publiée par MM. P. et de V***. Paris, Laurent-Beaupré, 1815, in-8 de 78 pag.

VENDEL - HEYL (L.-A.), helléniste, professeur au collége Saint-Louis, aujourd'hui professeur particulier d'histoire à bord de l'Oriental, vaisseau parti de Nantes, en 1839, comme collége flottant, et pour faire le tour du Monde.

— Classiques grecs annotés pour l'examen du baccalauréat ès-lettres, avec une traduction très-littérale en regard du texte. Paris, L. Desessart ; Crochard, 1836-39, 20 numéros en 13 livraisons grand in-18, 24 fr.

Avec M. Chappuyzi.

On peut se procurer séparément chaque ouvrage de cette collection.

— Cornelius Nepos. Vies des grands capitaines de l'antiquité, en latin et en français, avec version interlinéaire en regard, et précédées d'une Notice sur la vie et les ouvrages de l'auteur. Paris, Poilleux, 1835-36, 2 vol. in-12, 10 fr.

— Le même, texte et traduction française en regard. Paris, Poilleux, 1836, 2 vol. in-12, 10 fr.

La dernière édition fait partie d'une « Nouvelle Bibliothèque classique latine-française ».

— Cours de thèmes grecs, précédés d'une Grammaire grecque ; ouvrage approuvé par la commission de l'instruction publique. Première partie. Cinquième édit. Paris, Le Normant père, 1830, in-8, 2 fr. —Deuxième

partie. Syntaxe et idiotismes. Troisième édit. Paris, le même, 1831, in-8, 3 fr.

La première édition de la première partie est de 1818, et celle de la seconde est de 1819.

—Dictionnaire grec-français de J. Planche. Nouv. édit., sur un plan entièrement nouveau, augmenté de plus de 15,000 articles, d'après les travaux de la critique moderne, et formant un dictionnaire complet de la langue grecque ; par L.-A. Vendel-Heyl et Alexandre Pillon. Paris, Le Normant, 1836, in-8, 15 fr.

La publication de cette nouvelle édition de ce Dictionnaire est due en grande partie à M. Pillon seul ; M. Vendel Heyl y a fort peu travaillé.

—Narrationes collectæ ex scriptoribus latinis. Narrations choisies des meilleurs auteurs latins : Valère-Maxime, Aulu-Gelle, Pline le Jeune, Pline l'Ancien, Cicéron, Sénèque, Justin, Quinte-Curce, Tite-Live, Florus, Velleius-Paterculus, Salluste, César, Suétone, Tacite ; précédées de sommaires, et accompagnées d'analyses. Paris, Aug. Delalain, 1833, in-12, 3 fr. 50 c. — Le même ouvrage avec la traduction française. Paris, le même, 1833, 2 vol. in-12, 10 fr.

— Œuvres complètes d'Eschyle, traduction interlinéaire, d'après un système plus commode et plus clair, accompagnée du texte pur et de la traduction française en regard ; suivie de notes et d'un lexique des mots qui ne sont pas, ou qui sont mal expliqués encore dans les meilleurs dictionnaires. Paris, Poilleux, 1834—36, 2 vol. in-12, 10 fr. 50 c.

On peut se procurer séparément chacune des pièces qui font partie de cette traduction.

— Euripide. Iphigénie à Aulis. Tragédie, expliquée en français, suivant la méthode des colléges, par deux traductions, l'une littérale et interlinéaire, avec la construction du grec dans l'ordre naturel des idées ; l'autre conforme au génie de la langue française ; précédée du texte pur, et accompagnée de notes explicatives d'après les principes de MM. de Port-Royal, Dumarsais, Beauzée, et des plus grands maitres. Paris, Aug. Delalain, 1834, in-12, 6 fr.

— Sophocle. Électre, expliquée en français, suivant la méthode des colléges, par deux traductions, l'une littérale et interlinéaire, avec la construction du grec dans l'ordre naturel des idées ; l'autre conforme au génie de la langue française ; précédée du texte pur, et accompagnée de notes explicatives, d'après les principes de MM. de Port-Royal, Dumarsais, Beauzée et des plus grands maîtres. *Paris, Aug. Delalain,* 1831, in-12, 4 fr. 50 c.

— SOPHOCLE. Philoctète, expliqué en français, suivant la méthode des colléges, par deux traductions, l'une littérale et inter-linéaire, avec la construction du grec dans l'ordre naturel des idées; l'autre conforme au génie de la langue française; précédée du texte pur, et accompagnée de notes explicatives, d'après les principes de MM. de Port-Royal, Dumarsais, Beauzée et des plus grands maîtres. *Paris, Aug. Delalain,* 1830, in-12, 4 fr. 50 c.

M. Vendel-Heyl a donné un grand nombre d'éditions d'opuscules d'auteurs grecs, avec des analyses, des notes, des tables, etc., à l'usage des classes : nous nous sommes bornés à ne citer ici que les principales.

VÈNE (A.), chef de bataillon du génie, correspondant de l'Académie royale de Bruxelles.

— Essai sur une nouvelle théorie de l'électricité, contenant une réfutation du système des deux fluides vitré et résineux, et une explication de plusieurs phénomènes météorologiques. *Arras, de l'impr. de Bocquet,* 1819, in-8 de 120 pag.

— Exposé des motifs d'un projet de règlement concernant le gouvernement des colonies. *Paris, de l'impr. de Bourgogne,* 1838, in-8 de 20 pages.

— Exposé des motifs d'un projet de règlement sur le service du génie, présenté au comité des fortifications. *Paris, rue Feydeau, n. 28,* 1837, in-8 de 24 pag.

— Mémoire sur la loi que suivent les pressions, et sur l'application de cette loi à la pratique des constructions. *Paris Carilian-Gœury,* 1836, in-4 de 12 pag. et une planche, 3 fr. 75 c.

— Mémoire sur l'élimination entre deux équations à deux inconnues; mémoire couronné par l'Académie royale de Bruxelles. *Bruxelles, P.-J. Demat,* 1824, in-4 de 26 pag., 1 fr. 50 c.

Impr. aussi dans le quatrième volume des Mémoires couronnés par la même académie.
M. Vène doit avoir fourni quelques autres Mémoires au recueil de l'Académie de Bruxelles : le volume de Questions proposées, publié en 1820, en renferme de lui un dont nous ne pouvons donner le titre.

VENEDEY (J.). — Dictionnaire français-allemand ; et dictionnaire allemand-français, composé sur les meilleurs dictionnaires publiés dans les deux langues, et plus particulièrement sur ceux de Mozin et Thibault. *Paris, Baudry,* 1836, in-32, 5 fr.

VENEGAS (Michel). — Histoire naturelle et civile de la Californie; trad. de l'anglais (d'André-Marc BURRIEL, jésuite espagnol, d'après les Mémoires de Michel VENEGAS, par EIDOUS). *Paris, Durand,* 1767, 3 vol. in-12.

VENEL, alors médecin à Morges (Suisse). — Dissertation sur les vapeurs qui nous arrivent. *Yverdon,* 1726, in-8.

VENEL (Jean-André), docteur et professeur.

— Description d'une nouvelle machine hydraulique, inventée et exécutée à Orbe. Broch. in-4.

— Description de plusieurs nouveaux moyens mécaniques propres à prévenir, borner, et même corriger dans certain cas, les courbures latérales et la torsion de l'épine du dos.

Imprimée dans les Mémoires de la Société des sciences physiques de Lausanne, tome II, première partie, page 197.

— Description d'une nouvelle machine hydraulique, inventée et exécutée à Orbe.

Impr. dans le recueil précité, tome II, deuxième partie, page 81.

— Essai sur la santé et sur l'éducation médicinale des filles destinées au mariage. *Yverdon,* 1776, in-8.

— Mémoire sur la meilleure construction des poêles et cheminées.

Impr. parmi les Mémoires de la Société économique de Berne, première partie, 1769, page 105.

— Mémoire sur la construction des fourneaux de chimie (pour servir de suite au Mémoire précédent).

Impr. dans le recueil cité précédemment, deuxième partie, page 3.

— Nouveaux secours pour les corps arrêtés dans l'œsophage, ou Description de quatre instruments plus propres qu'aucun des anciens moyens à retirer ces corps par la bouche. *Lausanne, F. Grasset,* 1769, in-12 fig.

VENEL (H.). — Notice sur M. Jean-André Venel, D. M. C.

Imprimée dans le *Nouvelliste Vaudois,* de 1826, n. 69 et 70.

VENEL (Gabriel - François), médecin, d'abord médecin ordinaire du duc d'Orléans, chargé par le roi, en 1753, de l'examen de toutes les eaux minérales du royaume, ensuite professeur de chimie appliquée à la médecine, en l'Université de Montpellier, depuis le mois de septembre 1759 jusqu'à sa mort, membre de la Société royale des sciences de la même ville; né à Pézenas au mois d'août 1723, mort à Montpellier, le 29 octobre 1775.

— * Analyse chimique des eaux de Passy. *Paris*, 1757, in-12.

Avec Bayen.

— Catharticis (de), dissertatiuncula. 1761. in-4.

— Dissertatio de humorum crassitudine, ubi de incidentibus et attenuantibus, cum theoria et curatione obstructionum in genere. *Monspellii*, 1741, in-4.

— Examen (chimique) des nouvelles eaux minérales de M. Calzabigi découvertes à Passy par M. Cadet. *Paris*, 1755, in-8.

Avec Bayen.

— Hygienes prospectum et prolegomena sistens, dissertatiuncula. *Monspellii*, 1762, in-4.

Production remarquable.

— * Instructions sur l'usage de la houille, plus connue sous le nom impropre de charbon de terre, pour faire du feu; sur la manière de l'adapter à toutes sortes de feu; et sur les avantages, tant publics que privés, qui résulteront de cet usage. Publiées par ordre des États-Généraux de la province de Languedoc. *Avignon, et Lyon, Regnault*, 1775, in-8 fig.

Des exemplaires portent le nom de l'auteur.

— Medicamentis (de) compositis, dissertatio. 1761, in-4.

— Mémoire sur l'analyse des végétaux.

Imprimé dans le deuxième volume des Mémoires des savants étrangers de l'Académie royale des sciences de Paris.

— Mémoires (deux) sur les eaux minérales de Seltz.

Imprimés dans le second volume des Mémoires présentés à l'Académie royale des sciences, par des savants étrangers.

— Précis de matière médicale, par Venel, augmenté de notes, additions et observations, par CARRÈRE. *Paris, Cailleau*, 1786, 2 vol. in-8. — Autre édition. *Paris, Richard, Caille et Ravier*, 1800, 2 vol. in-8, 10 fr.

— Quæstiones chemiæ duodecim pro re-

giâ cathedrâ vacante per obitum D. Serane. *Monspellii, A. F. Bachard*, 1759, in-4.

— Questio medica, de innocentia, sufficentia, utilitate, præstantia hydrargyrosis ex compositis mercurialibus salinis intus exhibitis, in curatione morborum venereorum. 1764, in-4.

— Questio medica de medicamentis terreis. 1762, in-4.

Venel, en outre, est l'auteur d'une foule d'articles de chimie, pharmacie, matière médicale, et de plusieurs autres articles de médecine, dans l'Encyclopédie, depuis le commencement de la lettre C, et, entre autres, des suivants, qui lui ont valu une réputation européenne : *Principes, Distillation, Lait, Digestion, Climat.*

On trouve une bonne notice sur ce professeur, par le baron Desgenettes, dans la Biographie médicale, tome VII, pages 407—11.

VENEL (André-Joseph), médecin, frère du précédent.

— Dissertatio medica, eaque physiologia de fonte seu causa caloris animalis. 1756, in-4.

VENEL (J.-Henri), d'Orbe. — * Théophron, ou l'Étude des choses : de la nature de l'homme et de la société. Par J.-Henri***, d'Orbe. *Paris, Sédillot*, 1832, in-8, 6 fr.

VENERONI (Jean VIGNERON, connu sous le nom de), grammairien italien, interprète du roi pour la langue italienne; né à Verdun, en 1642, mort à Paris, le 27 juin 1708.

— Dictionnaire (nouv.) italien et français et français et italien. *Venise*, 1730, 2 vol. in-4. — Nouv. édition, revue et corrigée par PLACARDI. *Bâle*, 1794, 2 vol. in-4.

— Dictionnaire impérial dans les quatre langues principales de l'Europe, savoir : l'italienne, la française, l'allemande et la latine. *Cologne*, 1766, 2 vol. in-4.

— Grammaire italienne pratique de Veneroni, réduite à trente-trois leçons, par Séb. Esu. *Lausanne*, 1796, in-8. — VIIIe édit. *Genève, Paschoud*, 1811, in-8.

— Lettres de Loredano, sur diverses matières de politique et autres sujets importants; traduites (du card. BENTIVOGLIO) en français, avec l'italien à côté. *Bruxelles*, 1728, in-12.

— Maître (le) italien, ou Grammaire française et italienne de Veneroni, contenant tout ce qui est nécessaire pour apprendre facilement la langue italienne. Nouv. édition, mis en meilleur ordre, entièrement refondue, purgée des fautes nombreuses qui déparaient toutes les éditions précédentes, augmentées d'un recueil des italicismes, des synonymes italiens, d'un nouveau traité de la poésie italienne, d'un vocabulaire poétique, d'une liste des principales productions des meilleurs auteurs italiens, et de plusieurs additions dans le vocabulaire des deux langues. Par C.-M. GATTEL, prof. de grammaire générale à l'Ecole centrale du département de l'Isère. *Lyon, Bruyset aîné et comp., et Paris, Leclère,* an VIII (1800), in-8 de x et 632 pag., 4 fr.; ou *Ibid.,* 1806, in-8.

— Maître (le) italien, ou Grammaire française et italienne. Nouvelle édition, revue, corrigée et augmentée, par H. BARRÈRE. *Paris, rue de Corneille; Bruxelles et Gand, Le Charlier,* 1803, in-8, 5 fr. 50 c.

— Maître (le) italien, ou la Grammaire française et italienne, contenant tout ce qui est nécessaire pour apprendre facilement, et en peu de temps, la langue italienne; suivi d'un Vocabulaire français-italien, plus étendu que tous ceux qui ont paru jusqu'à présent; par MM. DUPONT et PUJOULX. *Paris, libr. économ.* 1803, in-8 de 260 pag., 2 fr. 50 c.

Cet ouvrage est fait sur les meilleures éditions de la grammaire de Veneroni; on a eu soin d'élaguer ce qui était inutile, et de corriger les expressions qui avaient vieilli; on y a mis plus d'ordre et de méthode, et complété quelques chapitres importants.

— Le même ouvrage, sous ce titre : Maître italien, ou nouvelle Grammaire pratique française et italienne de Veneroni. Édition mise en méthode pratique et en meilleur ordre; par M. LAURI, professeur de langue italienne. *Avignon, J.-A. Joly,* 1816, in-8.— Troisième édition. *Lyon, Savy,* 1820, in-8.

La Grammaire italienne de Veneroni parut pour la première fois vers 1686; depuis cette époque, elle a été réimprimée un grand nombre de fois; mais, ayant vieillie, elle a été remaniée, améliorée par des nouveaux éditeurs, et nous avons cru qu'il suffirait de relater ici les éditions qui appartiennent au xixe siècle. La Grammaire italienne, publiée par Vergani (voy. ce nom), est encore une réduction de celle de Veneroni.

VENETTE (Nicolas), médecin qui acquit assez de réputation vers la fin du xviie siècle, et fut professeur royal d'anatomie et de chirurgie à la Rochelle; né en 1633, à la Rochelle, où il est mort, en 1698.

— Génération (la) de l'Homme, ou Tableau de l'amour conjugal. Nouvelle édition, augmentée de remarques importantes par M. F. P. D. E. M. (François PLANQUE, docteur en médecine). *Londres (Paris),* 1751, 2 vol. in-12. — Le même ouvrage, sous le même titre, mais avec les lettres initiales de l'éditeur. *Londres,* 1751, 2 vol. in-12. — Le même ouvrage. Nouvelle édit., augmentée d'observations curieuses et historiques, et de remarques utiles et importantes pour l'humanité. *Sans indication de lieu,* 1764, 2 vol. in-12.

« Livre populaire, rempli d'erreurs de tous les « genres, et peu digne de trouver place dans la « bibliothèque du médecin ».

On sait que cet ouvrage parut, dès 1686, à Amsterdam, sous le nom de SALOCINI, Vénitien, nom rétrograde de Nicolas Venette, et sous le titre de *Tableau de l'amour considéré dans l'état du mariage.* Les remarques du docteur Planque sur cet ouvrage sont nombreuses et instructives.

Le premier volume de la première des éditions citées ici a 472 pages, et le second en a 494. La seconde édition a 420 et 406 pages; la troisième en a 406 et 448. Dans ces deux nouvelles éditions, les remarques du docteur Planque ont été insérées en grande partie dans le texte. Le tome II, de 1764, contient des additions du nouvel éditeur.

La seconde des éditions citées n'a dû paraître qu'en 1755 et 1756, puisqu'à la page 179 du premier volume on dit que le duc de Saint-Simon est *actuellement mort.* Or, la mort du second duc de Saint-Simon arriva le 2 mars 1755, dans sa quatre-vingtième année; ce qui doit faire rapporter au père de ce duc, mort en 1693, l'anecdote racontée par Venette, savoir, que le duc de Saint-Simon fit un enfant à l'âge de soixante-douze ans.

De Lignac, dans l'avertissement qui précède le premier volume de la nouvelle édition de « l'Homme et de la Femme », etc., 1773, assure que Vandermonde a été éditeur de l'édition de 1764, dans laquelle il a inséré de nouvelles observations. Cette édition est si mal imprimée et si incorrecte, qu'il est difficile de croire qu'un homme si instruit que l'était Vandermonde, y ait donné des soins. Au reste, de Lignac n'a point reproduit son assertion dans l'avertissement qu'il a mis en tête de la réimpression de son ouvrage, faite en 1778.

(*Note de Barbier*).

— Le même ouvrage, sous ce titre : Tableau de l'amour conjugal, ou Histoire complète de la génération de l'Homme. (Ouvrage entièrement refondu, et mis à la hauteur des connaissances modernes en physiologie et en médecine, etc.; par M. DUBUISSON, médecin). *Paris, Duprat-Duverger,* 1810, 2 vol. in-12; — *Paris, Depelafol,* 1812, 4 vol. in-18, avec 19 fig.

Cette édition a été souvent réimprimée, et nous citerons, entre autres, les reproductions suivantes :

Paris, Ledentu, 1812, 1818, 2 vol. in-12, ornés de douze gravures, 5 fr.

Rouen, Mégard, 1813, 4 vol. in-18.

Paris, Cogez, André, 1813, 1819, 4 vol. in-18.

Paris, Vauquelin, 1815, 4 vol. in-18.

Paris, Pigoreau, 1817, 4 vol. in-18.

Paris, Chassaignon, 1819, 4 vol. in-18.

Paris, Masson, 1819, 4 vol. in-18.

Paris, Masson et Yonnet, 1828, 1838, 4 vol. in-18.

Avignon, Offray, 1820, 1828 et 1830, 4 vol. in-18.

Les deux dernières éditions ont paru sous le titre de *Traité de l'état du mariage, ou Tableau de l'amour conjugal.*

13

— Pintura del amor conyugal, obra traducida del francès con notas del traductor don L...., doctor de la Universidad de Alcala. *Paris, Tournachon-Molin*, 1826, 4 vol. in-32.

— * Observations sur les eaux minérales de la Rouillasse en Saintonge, avec une dissertation sur l'eau commune. *La Rochelle, Savouret*, 1682, in-8.

— Traité des pierres qui s'engendrent dans les terres et dans les animaux, où l'on parle des causes qui les forment dans les hommes, de la méthode de les prévenir, et des abus qu'on commet pour s'en garantir et les chasser hors du corps. *Amsterdam*, 1701, in-12, avec planches.

— * Traité du scorbut; par N. V. *La Rochelle, de Goüy*, 1671, in-12.

Ces trois derniers ouvrages sont tombés dans l'oubli.

VENIERI (le chev.), ambassadeur de Venise près la cour de France.

— * Voluptueux (le) hors de combat, ou le Défi amoureux de Lygdame et de Chloris; nouvelles poésies galantes en latin et en français (poëme latin apporté en France par le chev. VENIERI; trad. en vers français par ANSSELIN; il y a quelques vers de l'abbé d'ESTRÉES). *Cythéropolis, Pierre l'Aretin*, imprimeur de l'Académie des Dames, à la Vénus de Grèce (vers 1738), in-8.

Renseignements trouvés sur un exemplaire.

VENISSAT.— Maladies (des) qui attaquent les Européens dans les pays chauds et dans les longues navigations, traduit de l'italien (1818). Voy. Nic. FONTANA.

VENN (H.). — Lettre du révérend H. Venn à Jonathan Scott, trad. de l'anglais. *Paris, de l'impr. de Smith*, 1833, in-32 de 48 pag.

VENOT (J.-B.).—Aperçu de statistique médicale et administrative sur l'hospice des vénériens de Bordeaux. *Paris, Baillet; Bordeaux, l'Auteur*, 1837, in-8 de 112 pag.

VENT (D.-C.-H.). — Aventures de Télémaque, etc. (de FÉNÉLON), traduit en allemand. (Avec le texte en regard). Livres I-III. *Paris, Aug. Delalain*, 1829—30, 3 cah. in-12, 3 fr. 75 c.

A l'usage de l'enseignement universel (méthode Jacotot).
Le premier livre a été réimprimé en 1834.

VENT (Le). Voy. GRANGÉ.

VENTE , alors libraire à Paris.

— État actuel de la musique de la chambre du roi et des trois spectacles de Paris. 1760, in-12.

VENTE (l'abbé DE LA). Voy. (aux additions et corrections) LA VENTE.

VENTENAT (Étienne-Pierre), botaniste, surtout célèbre iconographe, anc. chanoine régulier de Sainte-Geneviève, d'abord professeur de botanique au Lycée républicain, plus tard bibliothécaire en chef de la bibliothèque de Sainte-Geneviève, membre de l'Académie royale des sciences; né à Limoges, le 1er mars 1757, mort à Paris, le 13 août 1808.

— Botaniste (le) voyageur aux environs de Paris. *Paris*, 1803, in-12, avec carte.

— Choix de plantes, dont la plupart sont cultivées au jardin de Cels. *Paris*, 1803 et ann. suiv., 10 livraisons formant 3 vol. in-fol., orné de 60 planches, 250 fr.

Suite du Jardin de Cels.

— Decas generum novorum. *Parisiis*, 1808, in-fol.

— Description des plantes nouvelles et peu connues, cultivées dans les jardins de Cels. Ornée de 200 planches. *Paris, de l'impr. de Crapelet; — l'Auteur*, 1800, 20 livraisons (de 10 planches) gr. in-4.

Chaque livraison a coûté par souscription : 12 fr., et sur grand raisin vélin, 24 fr.
Le jardin de Cels était l'un des plus abondants en plantes exotiques à fleurs apparentes.

— Dissertation sur les parties des mousses, qui ont été regardées comme fleurs mâles ou fleurs femelles. (Journ. d'Histoire natur., tom. Ier, 1792).

— Jardin (le) de la Malmaison. 120 planches coloriées. *Paris, Ventenat*, 1803 et ann. suiv., 20 livraisons formant 2 vol. infol., 800 fr.

Ouvrage supérieur pour le fini à tout ce qu'on avait fait jusqu'alors en France, ou dans l'étranger.
Pour une suite à cet ouvrage, voyez l'article BONPLAND.

— Mémoire sur les meilleurs moyens de distinguer le calice de la corolle. 1795.

— Principes élémentaires de botanique, expliqués au Lycée républicain. *Paris, Salior*, 1794-95, in-8, avec 13 figures, 5 fr.

— Tableau du règne végétal, selon la méthode de Jussieu. *Paris, Drissonnier*, 1794, 4 vol. in-8, avec 24 fig. Rare, 40 fr.

Ventenat a eu part à l'Histoire des champignons de la France de BULLIARD. (Voy. ce nom).

Nous connaissons encore de ce savant, imprimées parmi les Mémoires de l'Académie des sciences de l'Institut, les trois pièces suivantes : 1° Dissertation sur le genre phallus (tome Ier, 1798); 2° Observations sur l'*epigœa repens*, Lin., et Description d'un genre nouveau, avec deux planches (tome II, 1799); 3° Monographie du genre tilleul, avec cinq planches (tome IV, 1803). Il a été tiré à part des exemplaires de ces Mémoires (Paris, Baudouin).

Voyez l'Éloge de Ventenat par Cuvier.

VENTO DES PENNES (le marquis de). —* Noblesse (la) ramenée à ses vrais principes, ou Examen du développement de la Noblesse commerçante. *Amsterdam (Paris)*, 1759, in-12.

VENTOTI (Georges). — Dictionnaire en trois langues, français, grec-vulgaire et italien. *Vienne (Autriche)*, 1790, 3 vol. in-4.

VENTOUILLAC (L.-T.), né à Calais, en 1798, passa en Angleterre en 1816, où il enseigna la langue française. Ses succès en ce genre le firent nommer, en 1830, professeur de littérature au Collége royal de Londres, où ses leçons, sa parfaite connaissance des littératures des deux nations, et sa facilité de s'énoncer purement dans la langue anglaise, lui attirèrent un grand nombre d'auditeurs. La plupart de ses publications sont des ouvrages élémentaires; mais sa *Traduction* en français de l'*Apologie de l'évêque Watson*, et quelques-unes des *préfaces* ou *introductions* en anglais qui précèdent ses ouvrages, dénotent beaucoup de goût et de talent. Peu après son arrivée en Angleterre, il avait abjuré la religion de ses ancêtres pour embrasser la religion anglicane. Aux ouvrages que nous venons de citer de lui, il faut ajouter :

— French (the) Librarian, or Literary Guide, pointing out the best works of the principal writers in France in every branch of literature; with criticisms, personal Anecdotes and bibliographical Notices. *London, and Paris, Treuttel et Wurtz*, 1829, in-8, 22 fr. 50 c.

— Petit (le) Hermite, ou Tableau des mœurs françaises, tiré des ouvrages de Jouy. *Londres*, 1824, 2 vol. in-18, 6 shell.

Ventouillac a été encore l'éditeur d'une petite collection d'auteurs français, publiée à Londres, chez MM. Treuttel et Wurtz, dans le format in-18.

VENTUM (Henriette). — Leçons sur la nature, ou Descriptions morales de quelques sujets de physique et d'histoire naturelle, ouvrage destiné à l'éducation de la jeunesse, trad. de l'angl., par Madame L.-Alex.

de GUIBERT. *Paris, Debray*, 1803, ou 1806, in-18, avec fig., 1 fr. 20 c.

VENTURE (Mardochée). — Prières journalières, à l'usage des Israélites, traduites de l'hébreu, par Mardochée Venture. *Nice (Paris)*, 1773-83, 4 vol. in-12. — Nouv. édit. *Bordeaux, Lazare Lévy*, 1838, in-8.

VENTURI (J.-B.), professeur de physique, d'abord à Pavie, ensuite à Modène. — Considérations sur la connaissance de l'étendue que donne le sens de l'ouie.

Imprimées dans le Magasin encyclopédique, 2e année, tome 3.

—Essai sur les ouvrages physico-mathématiques de Léonard de Vinci, avec des fragments tirés de ses manuscrits apportés de l'Italie; lus à la première classe de l'Institut. *Paris*, 1797, in-4.

— Précis de quelques expériences sur la section que des cylindres de camphre éprouvent à la surface de l'eau, et réflexions sur les mouvements qui accompagnent cette section.

Imprimé dans le tome Ier des Mémoires des savants étrangers de l'Institut (1805).

Le professeur Venturi est auteur d'un assez grand nombre d'ouvrages écrits en italien et imprimés dans sa patrie.

VENUTI (l'abbé Philippe de), antiquaire et littérateur, chanoine de S. Jean de Latran et abbé de Clérac, en France, plus tard prieur de Livourne (Toscane), membre de presque toutes les sociétés savantes d'Italie, de l'Académie des sciences de Paris, et de celle des sciences et arts de Bordeaux; né en 1709, à Cortone, où il mourut en 1769.

—Dissertations sur les anciens monuments de la ville de Bordeaux, sur les gabets, les antiquités et les ducs d'Aquitaine; avec un traité historique sur les monnaies que les Anglais ont frappées dans cette province. *Bordeaux, J. Chappuis*, 1754, in-4, avec 8 pl.

Ce volume dont le baron de Secondat, fils de Montesquieu, fut l'éditeur, est le recueil des dissertations communiquées à l'Académie de Bordeaux par l'abbé Venuti; elles sont pleines de recherches curieuses, et plusieurs points de cette histoire encore obscurs y sont éclaircis d'une manière satisfaisante.

— Dissertazione sopra il Tempio di Giano, che ha riportate il præmio dell' Academia reale delle Iscrizioni e Belle-Lettere di Parigi, nel anno 1740. In-4.

— Trionfo (il) litterario della Francia,

poemetto in terza rima. *Avignone,* 1750, in-8.

C'est une sorte d'apothéose des savants et des poëtes que la France possédait à cette époque.

On doit aussi à l'abbé Venuti une traduction italienne de la Didon, tragédie de Le Franc de Pompignan (1746), une autre de la Religion, poëme de Racine (Avignon, 1748, in-8), et encore du Temple de Gnide, de Montesquieu.

On a encore de l'abbé Venuti plusieurs *Dissertations* imprimées dans les recueils des sociétés d'Italie dont il était membre.

VERA Y ZUNIGA (J.-Antonio de).
— Parfait (le) ambassadeur, trad. de l'espagnol (par LANCELOT). Imprimé (en Hollande) sur la copie de Paris. Nouv. édit. *Leyde,* 1709, pet. in-8, et 2 vol. in-12.

La première édition, qui est de Paris, 1642, porte le nom du traducteur.

VERAN (Jacques-Didier), antiquaire, notaire à Arles; né le 22 mai 1764, à Arles, d'une famille où l'amour de l'antiquité est héréditaire; amateur dans tous les genres, et ayant des connaissances profondes dans l'archéologie et dans d'autres sciences, membre de l'Académie de Marseille, de la commission des fouilles de la ville d'Arles, de celles des monuments historiques du département des Bouches-du-Rhône, correspondant de la Société royale des antiquaires de France, de l'Institut archéologique de Rome, etc., etc.

M. Veran est auteur de plusieurs ouvrages inédits, ayant ramassé une immense collection de titres relatifs à l'histoire de sa patrie; mais nous ne connaissons de ce savant, imprimés jusqu'à ce jour, que les articles suivants : 1° des notes et titres sur la langue et la littérature provençale (dans le Magasin encycl., en 1807); — 2° Lettre à A.-L. Millin, sur une inscription antique, trouvée dans la Camargue, et sur la position de l'ancienne Anatilia (dans le même recueil, année 1809, tome II); — 3° sur une inscription romaine (dans le même recueil, année 1812, tome Ier); — 4° Mémoire sur des tuyaux de plomb, trouvés dans le Rhône, à Arles, en 1822 (dans le cinquième volume des Mémoires de la Société des antiquaires de France, 1823); — 5° Notice des anciens monuments de la ville d'Arles (Paris, Moreau, 1824, in-8); — 6° Mémoire sur les cloaques d'Arles (dans le tome VII des Mémoires de la Société des antiquaires de France, 1826); — 7° Dissertation sur la question de savoir si l'amphithéâtre d'Arles a été achevé (dans le tome IX du même recueil, 1832).

Le nombre des ouvrages inédits de M. Veran pourrait former au-delà de quarante volumes.

VÉRAND (J.).— Druides (les), trag. en cinq actes. *Paris, Ponthieu,* 1823, in-8.

VÉRARDI, pseudon. Voy. BOITARD.

VERATI (J.-Joseph). — Observations physico-médicales sur l'électricité. *Paris,* 1752, in-12.

VERCELLONI (Jacques), docteur en médecine de la ville d'Aost en Piémont.
— Traité des maladies qui arrivent aux parties génitales des deux sexes, et particulièrement de la maladie vénérienne; trad. de l'édition latine de Leyde, de 1722, par J. DEVAUX. *Paris, Clousier,* 1730, in-12.

VERCIA (L.-M.-D. de), anc. élève de l'École polytechnique.
—Traité (nouv.) d'arithmétique. *Besançon, Victor Cabuchet,* 1822, in-8 de 120 pag., avec une planche.

VERCLOS (le R. P. Hyacinthe de), d'Avignon, ex provincial des Capucins.
— Vie de la rév. mère d'Aguillenqui. *Avignon, Marc Chave,* 1740, in-8.

VERDALLE (le comte J.-L.-C.-D. de), chevalier de l'ordre de Charles III.
— Corporations (des) et de l'esprit qui s'oppose à leur rétablissement. *Paris, de l'impr. de Boucher,* 1820, in-8 de 16 pag.
—Loisirs (les) de ma solitude, ou Mélanges de poésies diverses. *Paris, De Roy,* an IX (1801), in-8.
—Toujours la vérité. *Paris, de l'impr. de Boucher,* 1820, in-8 de 12 pag.
—Un quart d'heure de revue après trente et un de révolution, ou Encore la vérité, toujours la vérité. *Paris, de l'impr. de Boucher,* 1821, in-8 de 16 pag. — Toujours la vérité. *Ibid.,* 1821, in-8 de 8 pag.
—La Vérité, chanson nouvelle. *Ibid.,* 1821, in-8 de 4 pag.

VERDÉ DE LISLE (H.).—De la petite Vérole considérée comme agent thérapeutique des affections scrofuleuses et tuberculeuses; suivi de Considérations nouvelles sur la nature de ces maladies, et sur les résultats funestes de la vaccine. *Paris, Béchet jeune,* 1838, in-8, 2 fr. 50 c.

VERDEIL ( ), docteur en médecine, vice-président du conseil de santé du canton de Vaud, membre du conseil académique, etc.

Nous ne connaissons de ce médecin aucun ouvrage proprement dit; mais il a inséré quelques mémoires dans le tome Ier du Recueil de la Société des sciences physiques de Lausanne, et dans les Feuilles d'agriculture et d'économie générale, publiées par D.-A. Chavannes (Lausanne, 1812 et ann. suiv.). Ceux que nous avons trouvés dans ces deux recueils, sont: 1° Observations et expériences faites à l'occasion d'un coup de foudre tombé sur l'église cathédrale de Lausanne (Mémoire de la Société des sciences physiques de Lausanne, tome Ier, page 158); — 2° Mémoire sur les brouillards électriques vus en juin et juillet 1783 ; et sur le tremblement de terre arrivé à Lausanne , le 6 juillet de la même année (Ibid. , pag. 110 et suiv.); — 3° Observations générales sur le climat de Lausanne, et résultats des observations météorologiques faites en cette ville pendant l'espace de dix ans (Ibid., page 218); — 4° Observations sur la constitution de l'air et sur les maladies qui ont régné à Lausanne pendant l'année 1783 (Ibid., pages 245 et suiv.); — 5° (Avec FORNEROD): Addition au Rapport sur l'eau minérale de l'Alliaz (dans les Feuilles d'agriculture et d'économie générale, tome Ier, 2e partie, page 63); — 6° Sur le traitement de la rougeole (Ibid., tome VI, pag. 163).

VERDEIL (Auguste), fils du précédent, D. M., correspondant de la Société royale de médecine d'Édimbourg.

— Dissertatio physica inauguralis de situs geologici efficacia in vitam animalem. *Edinburgi*; 1818, in-8.

Ainsi que son père, M. Aug. Verdeil a fourni quelques mémoires aux « Feuilles du canton de Vaud », et nous citerons, entre autres, les suivants : 1° Sur la vaccine (tome VII, page 253); — 2° Rapport sur la nouvelle méthode suivie en Angleterre pour la construction des routes (tome XII, pag. 83); 3° (avec MM. LEVRAT et MAYOR).: Observations sur l'amélioration des races de chevaux (tome XIV, page 55).

VERDELIN (l'abbé), vicaire général de Cahors.

—*Institutions aux lois ecclésiastiques de France, ou Analyse des actes et titres qui composent les Mémoires du clergé. *Paris, Demonville*, 1783, 3 vol. in-12. — Seconde édit., corr. et augm. *Toulouse, de l'impr. de Manavit*, 1822, 2 vol. in-8.

La nouvelle édition a été publiée avec le nom de l'auteur.

VERDET, curé de Sarguemines (diocèse de Metz), anc. membre de l'Assemblée constituante.

— *Étalon fixe de poids et de mesures, ou Mémoire pour servir à la solution d'un ancien problème renouvelé par l'Assemblée constituante, sur le choix d'un talon fixe perpétuel et universel, pris dans la nature, pour servir de base aux mesures de toutes les nations. *Paris, Verdière*, 1815, in-8 de 48 pag.

VERDET père.—Manuel d'écriture cursive française, à l'usage des écoles primaires, où toutes les règles sont démontrées si exactement qu'il est impossible de se tromper, et de ne pas savoir très-bien écrire dans peu de temps. *Paris, Clément; veuve Maire-Nyon*, 1833, in-4 obl. de 4 pag. et 18 planches, 3 fr.

VERDEYEN (Camille), instituteur à Louvain, ex-professeur à Hérenthals.

— Antiquités grecques. *Louvain*, 1836, 2 vol. in-12.

—Tableau synoptique des calendriers grecs et romains....

Et quelques autres écrits.

VERDI DU VERNOIS. Voy. VERDY.

VERDIÉ (A), littérateur bordelais.

—Alexis, ou l'Infortuné laboureur, pastorale. *Bordeaux, l'Auteur*, 1818, in-8 de 16 pag.

—Amour (l') et le célibat, com. en un acte et en vers. *Bordeaux, veuve Cavazza*, 1819, in-8.

—Corne (la) d'abondance, ouvrage poétique et récréatif; per une societat de poetes gascouns, et redigeat per meste Verdié. *Bordeaux, de l'impr. de veuve Cavazza*, 1819, in-8, 5 fr.

Il a paru de ce recueil neuf numéros qui formaient un trimestre.

—Enfants (les) sans souci, ou l'Art de banir (*sic*) la tristesse : lettre écrite par M. le président des disciples de Bacchus aux amis de la joie de la ville de Bordeaux ; suivie de la vie de Grégoire, chanson de table. (Le tout en vers). *Bordeaux, l'Auteur*, 1818, in-8 de 16 pag.

—Fables nouvelles. Première édition. *Bordeaux*, 1819, in-8.

—Mort (la) de Guillaumet, tragéd. burlesque en deux actes et en vers. *Bordeaux, l'Auteur; Cavazza*, 1817, in-8.

—Procès (le) de carnaval, ou les Masques en insurection, comédie-folie en un acte et en vers. *Sans nom de ville (Bordeaux)* et sans date, in-8.

—Revue (la) de meste Jantot dans l'arrondissement de Bordeaux, ou la Rentrée des Bourbons en France, poëme dialogué, dédié aux amis du Roi. Première édition. *Bordeaux, l'Auteur*, 1816, in-8.

— Sabat (lou) daou Medoc ou Jacoutin lou debinaeyre dam piarille lou Boussut. *Bordeaux, l'Auteur*, 1818, in-8 de 16 pages.

Presque aussitôt parut une réponse à cet opuscule, sous ce titre : « Respounse à meste Verdié, autur daou Sabat daou Medoc, satire patoise, par un Medouquin », Bordeaux, de l'impr. de Moreau, 1818, in-8 de 16 pages. M. Verdié répliqua par une *Réponse de M. Verdié à la satire qui a été publiée contre lui, ou Rira bien qui rira le dernier,* 1819, in-8 de 8 pages.

Les opuscules de M. Verdié, que nous venons de citer, sont les principaux; nous omettons une foule d'écrits qui forment de deux à quatre pages chacun.

VERDIER (César), chirurgien et démonstrateur royal ; né le 24 juin 1685 , à Morlière, près d'Avignon, d'un père qui exerçait lui-même la chirurgie dans cette ville ; mort à Paris, le 19 mars 1759.

— *Abrégé de l'anatomie du corps humain, où l'on donne une description courte et exacte des parties qui le composent, avec leurs usages. *Paris , Lemercier,* 1734, 1739 , 1746, 2 vol. in-12 ; — *Bruxelles , Jean Léonard*, 1752 , 2 vol. in-12 ; — *Paris,* 1759 , 1761 , 1765 , 2 vol. in-12.

Les trois dernières éditions portent le nom de l'auteur.

Les leçons de Verdier étaient très-fréquentées, mais l'ouvrage qu'il a laissé sur l'anatomie est peu remarquable. On ne peut le considérer que comme un extrait de celui de Winslow, à la méthode duquel Verdier se montre servilement attaché , et auquel il se contente d'ajouter quelques réflexions chirurgicales, dont on trouve déjà la plupart dans Palfyn. Ce traité, d'ailleurs très-succinct, a beaucoup gagné entre les mains de Sabatier, qui y a fait de nombreuses corrections et additions.

— Le même ouvrage. Nouvelle édition, revue, corrigée et augmentée, par M. SABATIER. *Paris , Didot le jeune ,* 1768 , 2 vol. in-12 ; et *Bruxelles ,* 1782 , 2 vol. petit in-8.

Verdier, en outre, a inséré, dans le recueil de l'Académie chirurgicale, quelques *Mémoires ,* parmi lesquels on distingue surtout ses *Recherches sur la hernie de la vessie.* Ce mémoire , dit Morand, passera, dans tous les temps , pour un chef-d'œuvre, ainsi que la planche anatomique qui l'accompagne, et qui a été gravée par Ingram.

Ce professeur a donné une édition, avec des notes, de l'Abrégé de l'art des accouchements, composé par madame Boursier du Coudray (Paris , 1759 , in-12).

VERDIER, conseiller de M. le margrave de Brandebourg-Culmbach.

— * Idée d'un bon gouvernement, ou Traduction commentée de l'ouvrage allemand de MOSER, connu sous le nom du « Maître et du sujet ». *A Politicopolis,* 1761, in-8 ; 1762, 3 vol. in-12.

— Lettres qui servent de supplément à la traduction commentée de l'ouvrage de M. Moser. 1761, in-8.

VERDIER (Jean), né à la Ferté-Bernard, dans le Maine, le 25 avril 1735, fut conseiller médecin ordinaire du roi de Pologne , et avocat au parlement de Paris. Sa double qualité d'avocat et de médecin lui suggéra d'abord l'idée de traiter la grande question de la jurisprudence de l'art de guérir en France ; mais, après quelques essais en ce genre, qui furent assez favorablement accueillis , il tourna ses vues vers d'autres objets, se fit instituteur d'une

maison d'éducation, à Paris, et s'occupa spécialement de l'éducation dans la vue de démontrer que l'étude de la structure et des fonctions du corps humain devrait nécessairement entrer dans le plan de toute éducation parfaite. Verdier était sur le chemin de la fortune, lorsque Buffon, qui voulait l'agrandissement du Jardin du Roi, spécula, à ce qu'on paraît croire, sur la propriété tenue à bail par Verdier, l'acheta, et la revendit au roi. Ainsi furent ruinés l'établissement et celui qui l'avait fondé. Bientôt la révolution acheva ce qu'une opération mercantile avait commencé. Membre de la municipalité de Paris , au 10 août 1792 , et chargé de veiller aux besoins de Louis XVI, lors de sa détention au Temple, Verdier eut des preuves multipliées de la bonté de ce prince, qui l'entretint plusieurs fois de son établissement et de la spoliation de Buffon, qu'il assura avoir toujours ignorée. En 1794, on envoya Verdier à Compiègne, à l'occasion d'une épidémie qui y régnait, et qu'il fit cesser. Il fut moins heureux à Senlis, parce que les médecins de l'hôpital militaire ne voulurent pas suivre ses conseils pour combattre la fièvre putride qui y régnait. La même année, ses compatriotes le nommèrent l'un des élèves de l'École normale. Depuis cette époque, il professa la médecine légale, à l'Académie de législation, et composa une foule d'ouvrages. J. Verdier mourut à Paris, le 6 juin 1820.

— Art (l') de discourir grammaticalement, ou Grammaire générale du discours purement grammatical. In-12.

— Art (l') d'étudier et d'enseigner les langues française et latine, séparément ou conjointement, contenant l'histoire de ces deux langues, etc. *Paris, l'Auteur,* 1804, in-12 de 400 pages , 2 fr. 50 c.

— Art (l') poétique d'HORACE, corrigé dans cent vingt endroits du texte, avec nouvelle traduction, des analyses grammaticales, logiques et poétiques, et des critiques de la plupart des éditions, etc. *Paris,* 1804, in-12.

— Calendrier des amateurs de la vie et de l'humanité, ou Avis sur l'asphyxiatrique, la médecine des asphyxiés ou trépassés, nouvel art de démontrer, 1° qu'un trépassé n'est pas mort, et que le trépas est toujours suivi d'une vie obscure ou mort apparente, dite asphyxie; 2° de rappeler à la vie les trépassés qui ne sont pas frappés de mort; 3° de caractériser la vie et la mort par un signe général et certain, qui garantisse d'être enseveli et enterré vivant ; 4° de préserver de tous les agens d'asphyxie, en santé et en maladie ; de ranimer les moribonds ; art qui doit mettre le complément à la médecine pratique. *Paris, l'Auteur; Gabon, etc.*, 1816, in-12.

— Cours d'éducation, à l'usage des élèves destinés aux premières professions et aux grands emplois de l'État, etc. *Paris , l'Auteur ; veuve Tilliard et fils*, 1778 , in-12.

C'est vraisemblablement l'ouvrage cité par la Biographie universelle et portative des contemporains, sous le titre de *Cours d'éducation physique , morale , littéraire , religieuse , ou Plan et système adopté par l'auteur dans sa maison.* Ouvrage aussi curieux qu'important, ajoute la Biographie que nous venons de citer, qui lui valut de la part des corps privilégiés un procès au Parlement. Ce procès, qu'il gagna d'une manière honorable, donna lieu à l'ouvrage suivant : *Mémoire historique et politique sur les fonctions et les droits respectifs des trois classes d'instituteurs de la jeunesse, établies en France pour les trois ordres de l'État.* In-12.

—Cranomancie (la) du docteur Gall, anéantie au moyen de l'anatomie et de la physiologie de l'âme. *Paris,* 1808 , in-8.

— Discours sur l'éducation nationale, physique et morale des deux sexes. 1792, in-18.

— Essai sur la jurisprudence de la médecine en France. *Paris ,* 1763, in-12.

Servant d'Introduction à la Jurisprudence de la médecine , etc.

— Introduction à la connaissance des plantes.

Imprimée à la tête du « Bon jardinier », pour l'an IX.

— Journal de médecine populaire, d'éducation et d'économie. *Paris ,* 1800 , 2 vol. in-8.

— Jurisprudence (la) particulière de la chirurgie en France. 1764 , 2 vol. in-12.

—Jurisprudence (la) de la médecine en France, ou Traité historique et juridique des établissements, règlements , etc. . concernant cette science. *Alençon , et Paris , Guillyn*, 1763 , 3 vol. in-12.

Cet ouvrage devait être plus volumineux : l'auteur avait promis, dans l'origine, de publier huit volumes de 700 pages chacun.

—Plan d'ostanthropie, nouvel art de traiter les difformités organiques, etc.

— Poëme séculaire d'HORACE, augmenté d'une strophe, corrigé d'après le texte, traduit en français, et comparé, dans une de ses odes, avec le sublime cantique de Moïse sur le passage de la mer Rouge, aussi traduit sur le texte hébreu....

— Recueil de Mémoires et d'Observations sur la perfectibilité de l'homme. 2 vol. in-12.

— Recueil de mots variables français et latins. In-12.

— Système de la langue latine pour en rétablir l'usage particulier par la double traduction. In-12.

— Tableau analytique de la Grammaire générale appliquée aux langues savantes. *Paris , l'Auteur,* 1803 , in-12.

— Tableaux analytiques et critiques de la vaccine et de la vaccination, qui présentent, avec impartialité, 1° leur histoire : 2° des doutes sur leur faculté préservative de la petite vérole, et sur leurs autres avantages ; 3° des craintes sur les suites du virus vaccin ; 4° le parallèle des inoculations, vaccine et varioleuse. *Paris , l'Auteur ; Méquignon l'aîné,* germinal an IX, in-8 de 16 pag. , 30 c.

— Vocabulaire latin et français.

Ce savant laborieux avait fait sur les aphorismes d'Hippocrate un travail analytique semblable à celui qui a été imprimé sur l'Art poétique d'Horace. Il fit aussi des tableaux analytiques et synthétiques de l'entendement et de l'esprit humain , dans lesquels il prit pour base de sa critique Condillac et C. Bonnet. Une foule d'autres recherches savantes avaient occupé sa studieuse carrière. Dans les dernières années de sa vie , cherchant à concilier la chronologie de la Genèse avec les systèmes chronologiques des naturalistes, il avait découvert une foule d'erreurs dans la traduction du texte sacré, et l'existence de deux personnages du nom d'Adam, à deux époques différentes, d'où naissent les erreurs et les discordances entre les systèmes religieux et philosophiques; il est à craindre que ces recherches ne soient perdues.

VERDIER (Jean-François), fils du précédent. Voy. VERDIER-HEURTIN.

VERDIER (Pierre-Louis), chirurgien-herniaire de la marine royale, des hôpitaux militaires ; né à la Ferté-Bernard , le 16 août 1780, était neveu et cousin de deux hommes distingués dans la carrière qu'il a suivie avec éclat. Il se livra d'abord à l'étude de l'horlogerie, et y acquit cette dextérité, cette adresse et cette finesse de tact si nécessaires dans la profession qu'il exerça depuis.

— Mémoire sur l'appareil compressif de l'artère iliaque externe, dans le cas d'anévrisme inguinal ; lu à l'Académie royale de médecine, section de chirurgie, le 22 février 1822. *Paris, de l'impr. de Scherff,* 1823, in-8 de 36 pag., 1 fr. 50 c.

—Observations d'une hernie sus-pubienne entéro-épiploïque volumineuse , guérie par l'emploi du mercure doux; présentées à la Société médicale d'émulation. *Paris, de*

l'impr. de Scherff, 1819, in-8 de 8 pages.
—Rapport et notes sur les bandages et appareils inventés par M.-Verdier....

M. Verdier a inventé des instruments contre les difformités humaines, un mannequin perfectionné pour l'instruction des élèves dans l'art des accouchements. Il est le premier qui ait établi en France les instruments de chirurgie en gomme élastique.

On trouve une Notice sur M. P.-L. Verdier dans la Biographie univ. et portative des contemporains, de MM. Rabbe, Boisjolin et Sainte-Preuve, tome V. page 853.

VERDIER (Suzanne ALLUT, dame), naquit à Montpellier, le 19 janvier 1745. Dès l'âge de dix ans, elle montra du goût pour la poésie. Mais ce ne fut qu'à l'époque de l'attentat commis sur la personne de Louis XV que sa verve naissante éclata dans une petite élégie, qui révéla à son père une muse dans sa famille : Suzanne Allut atteignait à peine sa douzième année. Ami passionné des lettres et des arts, son père entrevit tout ce que promettaient des germes si précoces ; il conduisit sa fille à Paris, où, guidée par lui, elle fortifia son talent par l'étude, et se rendit familières les langues anciennes et modernes ; elle se distingua aussi dans la peinture et la musique. Mariée à un riche négociant d'Uzès, ses enfants, dont elle fut la première institutrice, recueillirent, dans la suite, les fruits d'une éducation si soignée et si étendue. La grâce, la sensibilité surtout, brillaient dans les compositions de cette dame. L'idylle de *la Fontaine de Vaucluse*, pièce trop peu connue, est mise par La Harpe au nombre des beaux morceaux de poésie française : c'est lui qui a dit :

Et Verdier dans l'idylle a vaincu Deshoulières.

Son mari, enlevé à la fleur de l'âge à sa tendresse, la mort d'une fille chérie, un frère mourant sur l'échafaud, la France décimée et couverte de deuil, ne laissaient point de relâche à cette lyre plaintive, seulement, de loin en loin, des sujets moins tristes, mais touchants, tels que la naissance de son premier enfant, et l'entrée d'une de ses amies dans un monastère, semblèrent la distraire quelquefois. Plusieurs de ces pièces ont été imprimées dans l'Almanach des Muses, de 1775, 1777, 1785-87. La « Notice des travaux de l'Académie du Gard », pour 1807 et 1810, contient de longs fragments des *Géorgiques languedociennes*, poëme en quatre chants, le plus étendu et le dernier des ouvrages de cette femme distinguée. Elle obtint trois couronnes aux Jeux floraux, qui lui valurent

le titre de *maître* de cette académie à sa restauration, et son entrée à celle des Arcades de Rome et du Gard, ainsi qu'à l'Athénée de Vaucluse. Madame Verdier joignait à tous ses talents une grande modestie, et il faut que cette modestie ait été bien réelle, que ses talents fussent bien incontestables, puisqu'ils ont fait dire à madame Viot, parlant à madame Dufresnoy : « Nous sommes une foule de *musettes*, madame Verdier *seule* est une *muse* »; et ailleurs : « Madame Verdier n'a de froid que l'épiderme », apparemment parce que son esprit, sa bienfaisance, ses vertus ne se montraient jamais au dehors, tant elle prenait soin de les cacher. Cette dame mourut à Uzès, le 27 février 1813. La plupart de ses ouvrages sont inédits; ils appartiennent à sa famille, qui, il faut l'espérer, en fera jouir un jour ou l'autre le public.

VERDIER (P.), médecin et littérateur. —* Histoire du jeune comte d'Angelli ; par P. V. *Paris, Lerouge*, 1812, 2 vol. in-12, 5 fr.
—* Hortense de Rainville, ou la jeune Veuve ; par V. D. M. *Paris, G. Mathiot*, 1820, 3 vol. in-12, 7 fr. 50 c.

VERDIER, jurisconsulte, l'un des rédacteurs du Journal d'agriculture du Midi (Marseille, juillet 1824, in-8).

VERDIER (l'abbé J.-B.-A.).—De l'Infaillibilité du Pape. Conférence ecclésiastique, prononcée le 6 octobre 1834, à la Rocheblanche. *Clermond-Ferrand, de l'imp. de Vaissière*, 1835, in-8 de 32 pag.
— Modèle (le) des évêques et des prêtres. Vie de saint Alphonse-Marie de Liguori, évêque de Sainte-Agathe-des-Goths, et fondateur de la congrégation du très-saint Rédempteur. *Clermond-Ferrand, au bureau de la Société catholique des livres de piété*, 1834 in-18.
— Neuvaine de prières à Notre-Dame de l'Arbre, près Chanonat. *Clermont-Ferrand, Thibaud-Landriot*, 1839, in-18.

Il existe de ce volume des exemplaires qui portent pour titre : *Neuvaines de prières, pour servir de préparation aux fêtes de Marie*. On doit aussi à l'abbé Verdier les traductions suivantes : 1° Instructions familières au peuple sur les préceptes du décalogue, etc. (1832);—2° Selva (1832); — 3° l'Amour des âmes (1834); — 4° le bon Confesseur (1834). Ces quatre ouvrages sont traduits de l'italien, de Liguori.

VERDIER.—Nouveau Manuel complet de marine. Première partie : Gréement. Seconde partie : Manœuvres du navire et de

l'artillerie. *Paris, Roret,* 1837, 2 vol. in-18,
5 fr.

Voy. aussi Du Verdier.

VERDIER DE LACOSTE. Voy. Lacoste.

VERDIER-HEURTIN (Jean-François),
docteur en médecine, fils de Jean Verdier,
né à Paris, en 1767. Il fut quelque temps
collaborateur de son père pour les articles
de jurisprudence et de médecine de l'En-
cyclopie méthodique, et pour la rédaction
de son Journal populaire. Lorsque la Révolution eut porté le dernier coup à l'établissement de Jean Verdier, le fils, qui
avait été reçu maître-ès-arts dans l'ancienne
université, et bachelier en médecine, alla
servir comme chirurgien dans les armées
de la république. Il revint ensuite à Paris,
où il exerça la médecine, et se fit recevoir
docteur, et devint membre de la Société
médicale de Paris. Mort à Paris, presque
subitement, le 24 mai 1823.
— Discours et Essai aphoristique sur l'allaitement et l'éducation physique des enfants, et Dissertation sur un fœtus trouvé
à Verneuil, dans le corps d'un enfant mâle.
Paris, l'Auteur, 1805, in-8, avec planches,
2 fr. 50 c.

Le *Discours* et l'*Essai* sont la thèse soutenue par
Verdier, en 1804, et dans laquelle il a développé
son sujet en médecin, en homme de bien et en littérateur. L'auteur y a prouvé que la médecine infan-
tile, trop négligée par la plupart des médecins,
pouvait exciter un grand intérêt lorsqu'on réunis-
sait à l'utilité des préceptes le mérite du style et une
longue expérience. Au moment où Verdier faisait
imprimer ses deux écrits, on parlait beaucoup d'un
fœtus trouvé dans le corps d'un jeune homme de
Verneuil; un fait aussi singulier était loin de fixer
toutes les opinions. Verdier annexa à son Discours et
Essai une Dissertation sur ce sujet, avec une gravure représentant le fœtus dans la même position
qu'il occupait, avec les mêmes dimensions, d'après
nature.

— Discours sur le devoir et le besoin d'aimer, avec une épigraphe tirée de Saint-
Peravi. *Paris,* 1800, in-12.
— Discours sur un nouvel art de développer la belle nature, et de guérir les difformités au moyen d'exercices aidées par les
machines mobiles de M. Tiphaine. *Paris,*
1784, in-8.
— Mémoire et réclamation présentés à
M. Frochot, préfet de la Seine. *Paris,*
1805, in-4.

Ce docteur était chargé de constater les décès dans
un des arrondissements de Paris. Cette place quelques modiques qu'en fussent les émoluments, excita
l'envie : il fut dénoncé et remplacé. Peu de temps
après la publication de son Mémoire, Verdier fut

réintégré dans ses fonctions, mais on le changea
d'arrondissement.

VERDIÈRE (N.-F.), ancien notaire à
Rouen.
— Dictionnaire raisonné, et par ordre al-
phabétique, des matières du Code civil.
Paris, Firmin Didot; Ant. Bailleul, 1806,
in-12, 3 fr.

VERDILHON (A.). — Domaines engagés. Moyens de défense pour les possesseurs actuels des domaines aliénés par les
anciens souverains de la Provence, contre
l'administration générale de l'enregistrement et des domaines; sur le mérite et l'exécution en Provence des lois relatives aux
domaines aliénés ou engagés par les anciens
rois de France. *Marseille, de l'impr. de
Feissat,* 1829, in-8 de 116 pag.

VERDOT (C.).— Historiographie de la
table, ou Abrégé historique, philosophique, anecdotique et littéraire, des substances alimentaires et des objets qui leur
sont relatifs, des principales fêtes, cérémonies, mœurs et coutumes de tous les
peuples anciens et modernes. *Paris, Delaunay; l'Auteur,* 1833, in-18, 3 fr. 50 c.

Reproduit dans la même année avec un titre portant : *seconde édition.* Paris, l'Auteur, 16, rue de
Seine ; Seguien, 64, rue du Faub.-St.-Martin.

VERDOT (J.-M.). — Notice historique
sur l'hôtel de Carnavalet. *Paris, l'Auteur,*
1838, in-12 de 72 pag.

VERDUC (Laurent), de Toulouse,
mourut le 18 juillet 1695, à Paris, où il
s'était fait recevoir maître en chirurgie, et
où il ne devint pas moins célèbre par son
habilité dans la pratique que par le grand
nombre d'élèves qui sortirent de son école.
— Manière (la) de guérir les fractures et
les luxations par le moyen des bandages.
IIIe édition. *Paris,* 1711, in-12.

Le livre de Verduc est assez peu remarquable : il
est extrait en grande partie d'Hippocrate, avec des
additions tirées des faits découverts par les modernes. Il s'en faut de beaucoup que les préceptes
contenus dans ce livre soient avoués par la chirurgie rationnelle, telle qu'elle est conçue et mise en
exécution de nos jours.
La première édition parut en 1685 ; la seconde,
publiée en 1689, est augmentée d'un petit traité
sur les plaies d'armes à feu.

VERDUC (Jean-Philippe), fils du précédent, chirurgien juré de Saint-Côme,
et docteur en médecine, mourut à Paris,
dans un âge très-peu avancé.
— Opérations (les) de la chirurgie, avec

une Pathologie de la chirurgie. *Paris,* 1693, 1701, 1703, in-8; — *Amsterdam,* 1739, in-8.

— Ostéologie (nouvelle), avec le squelette du fœtus. *Paris,* 1690, 1693, in-8. — Suite de la nouvelle Ostéologie, contenant un traité de myologie raisonnée. *Paris,* 1698, 1711, in-12.

La seconde édition du premier ouvrage est accompagnée d'une Dissertation sur la marche de l'homme et des animaux, le vol des oiseaux et le nager des poissons, extraite en grande partie de Borelli.

— Pathologie de la chirurgie. *Paris,* 1710, in-12 ;—*Amsterdam,* 1714, 1717, in-8.

C'est une quatrième édition, à part, de la seconde partie des « Opérations de la chirurgie ».

— Traité de l'usage des parties (publié par Laur. Verduc, frère de l'auteur). *Paris,* 1696, 1711, in-8.

« Les ouvrages de J.-Ph. Verduc, assez nombreux, « sont peu remarquables. On ne distingue guère « que le Traité d'ostéologie, dans lequel il établit « que les os sont nourris par le sang, et non par « la moëlle; mais les principaux faits qu'il rap- « porte, au sujet de l'ostéologie, sont tirés, et « quelquefois traduits littéralement de Kerkring. « Verduc a fait quelques expériences curieuses sur « les effets de l'ablation totale ou partielle du cer- « veau. Son Traité de chirurgie est faible et pure- « ment compilatoire. Celui de physiologie est rem- « pli d'explications futiles, et l'on n'y trouve rien « qui mérite d'être signalé. »

VERDUC (Laurent), frère du précédent, embrassa la même carrière que son père, et ne tarda pas à s'y distinguer. Ses talents lui méritèrent le titre de maître en chirurgie, qui lui fut accordé gratis. Il s'appliqua ensuite aux démonstrations anatomiques, et fut assez suivi dans ses leçons. Mais il mourut à la fleur de l'âge, le 6 février 1703, après avoir publié l'ouvrage suivant, qu'il fit d'abord paraître sous le nom de son père.

— Maître (le) en chirurgie, ou Abrégé de la chirurgie de Guy de Chauliac. *Paris,* 1691, 1699, 1704, 1716, 1731, in-12.

Malgré le titre, ce livre ne contient presque rien de Guy de Chauliac. L'auteur y traite, en abrégé, par demandes et réponses, de tout ce qu'il est nécessaire à un chirurgien de connaître. Après des détails très-généraux sur la chirurgie, il donne un précis succinct de la physiologie, telle qu'on la concevait alors, c'est-à-dire vague et obscure; puis un examen des maladies chirurgicales, et, enfin, un abrégé d'ostéologie.

Laur. Verduc a aussi publié, mais comme éditeur, le Traité de l'usage des parties, de son frère. (Voy. l'art. précédent).

VERDUIN (Pierre-Adrien), chirurgien hollandais de la fin du xviie siècle.

— Amputation (de l') à lambeau, ou nouvelle Méthode d'amputer les membres; tra-

duite du latin, par P. Massuet. *Amsterdam, et Paris,* 1756, in-8 fig.

VERDUN (N.-L.), de Sierck. — Légataires (les), ou le Testament supposé, comédie en un acte et en vers libres, mêlée de vaudevilles. *Strasbourg, L. Eck,* 1805, in-8.

VERDUN (l'abbé J.-G.), curé de Morville-lez-Vic.

— Explication du symbole des apôtres, selon l'ordre du catéchisme de Nanci, accompagnée des prières de la messe et des vêpres, pour tous les dimanches et fêtes de l'année. Première édition. *Vic, Gabriel,* 1832, in-18, 1 fr.

— République (la), dédiée à tous les évêques et à tous les prêtres, à toute la représentation nationale, à tous les magistrats, à tous les citoyens, à tous les gardes nationaux et à tous les soldats français. *Nanci, Hinzelin,* 1835, in-8 de 90 pag., 1 fr.

VERDUN DE LA CRENNE, lieutenant de vaisseau. Voy. Borda.

VERDURE (L.), ancien principal du collége au Blanc (Indre), d'abord imprimeur au même lieu.

— Cantique des Cantiques de Salomon, traduit en vers latins, avec le français en regard; suivi de la Naissance et d'une boutade, ou derniers vœux de l'auteur. *Châteauroux, de l'impr. de Migné,* 1823, in-18 de 90 pag.

— Poésies diverses, françaises et latines, profanes et sacrées. *Poitiers, Catineau,* 1818, in-12, 2 fr.

VERDY DU VERNOIS (le chev. Adrien-Marie-François de) (1), avant la révolution maréchal des logis des gardes du corps de M. le comte d'Artois, et depuis chambellan du roi de Prusse, membre de l'Académie de Berlin (2).

— * Encyclopédie militaire, par une société d'anciens officiers et de gens de lettres. *Paris, Valade,* 1770—72, 12 vol. in-8.

Verdy du Vernois a eu plusieurs collaborateurs pour cet ouvrage.

— * Essais de géographie, de politique et d'histoire, sur les possessions de l'empe-

----

(1) Cet écrivain n'a point d'article dans la Biographie universelle ni dans son Supplément.

(2) Cet article a été déjà imprimé, par erreur, dans le tome II, au nom de Duvernois, et d'une manière incomplète.

reur des Turcs en Europe; par M. L. C. D.
M. D. L. D. G. D. C. D. M. L. C. d'A.,
pour servir de suite aux *Mémoires du baron
de Tott. Londres*, 1785, in-8.

— * Hommage à la vertu guerrière, ou
Éloges de quelques-uns des plus célèbres
officiers français qui ont vécu, et qui sont
morts sous le règne de Louis XV. *Hambourg*, 1779, in-12.

Cet ouvrage a été reproduit sous ce titre : *Éloges
de quelques-uns des plus célèbres guerriers français, etc.*
Strasbourg, 1797.

— * Recherches sur les carrousels anciens
et modernes. *Cassel*, 1784, in-8.

—* Réflexions sur l'éducation des jeunes
gens destinés à l'état militaire, précédées
d'un Discours sur la nécessité de perfectionner l'art de la guerre. *Berlin*, 1788,
1792, in-8.

Indépendamment des ouvrages que nous venons
de citer, le chev. Verdy du Vernois a fait imprimer,
dans le recueil de l'Académie de Berlin, une série
de *mémoires* dont la réunion pourrait former plusieurs volumes ; la plupart ont rapport aux maisons
souveraines de l'Allemagne. En voici la nomenclature : 1° Dissertation sur l'origine du bailliage de
l'ordre de St. Jean de Jérusalem dans l'électorat de
Brandebourg (1788—89); — 2° Discours sur la manière d'écrire l'Histoire (1790—91) ; — 3° Essai sur
la manière de rédiger l'histoire du règne de Frédéric II, roi de Prusse (id., id.); — 4° Mémoire sur
la vente de la baronnie d'Herstal à l'évêque de
Liége (id., id.) ; — 5° Recherches sur les possessions de la maison royale de Prusse, électorale de
Brandebourg, etc., en deux mémoires (1794—96);—
6° Examen raisonné de l'origine de l'ancienne et sérénissime maison landgraviale de Hesse (1797);—
7° Généalogie historique, diplomatique et raisonnée
de la maison des anciens comtes de Hohen-Zollern ;
et, en particulier, de la branche de cette maison,
qui a formé celle des bourgraves de Nuremberg,
devenue électorale de Brandebourg et royale de
Prusse (1798) : — 8° Maison des premiers comtes
de Hohen-Zollern (1799—1800) ; — 9° Maison des
premiers bourgraves de Nuremberg (id., id.) ;—
10° Remarques sur Levin de Schulenbourg, que
l'on croit, par tradition, avoir été le premier Herrn
Meister de l'ordre de St-Jean de Jérusalem dans l'électorat de Brandebourg, et dont quelques autres
ont parlé comme tel (1802) ; — 11° De la constitution des troupes chez les Gaulois, et des armes qui
leur étaient propres (id.); — 12° Recherches sur
l'ancienneté et les illustrations de la sérénissime
maison de Hesse, avec cinq tableaux chronologiques (1803).

VERELIER DUCLOS, docteur en médecine de l'Académie de Nanci.
— Histoire d'une symphysectomie pratiquée avec succès pour la mère et pour
l'enfant. *Le Mans, et Paris*, 1787, in-8.

VERENET (J.-C.), instituteur à Amsterdam.
— Invalide (l'), ou l'Ami du jeune âge,
roman d'éducation.

—Tables chronologiques et synchronistiques de l'histoire ancienne et moderne.

Ces deux ouvrages paraissent avoir été imprimés
hors de France. On trouve des comptes rendus de
l'un et de l'autre dans la *Revue encyclopédique*,
tomes 33 et 34.

VERENET (L.-F.), littérateur belge.
— Charles, nouvelle helvétique.
— Poésies françaises.

Ces deux ouvrages se trouvent dans le même cas
que les deux cités au précédent article : c'est-à-dire
qu'ils ont été imprimés hors de France. La *Revue
encyclopédique*, tome XXXVIII, page 727, donne
un compte rendu de l'un et de l'autre.

—Un jour en Suisse, ou Tableau de ce
pays dans sa partie la plus pittoresque,
suivi d'un Parallèle en vers et en prose
entre la Hollande et l'Helvétie. *Amsterdam*,
1826, in-12, 2 fr. 25 c.

VERENFELS (Samuel). — OEuvres diverses concernant la religion. *Neufchâtel*,
1749, 3 vol. in-12.

VERFÈLE, pseudon. Voy. D.-J.-L. LÉFÈVRE.

VERGANI (l'abbé Paul), ex-législateur, chanoine de Saint-Jean de Latran.
—* Discussion historique sur un point intéressant de la vie de Henri IV. *Paris,
Égron*, 1818, in-8 de 54 pag.
—*Énormité (de l') du duel, traité traduit
de l'italien de M. le docteur P. V., par
M. C*** (Cousin), des Arcades de Rome.
Berlin, Ch. Fr. Woss, 1783, in-12.
—*Essai historique sur la dernière persécution de l'Église (revu par M. TABARAUD).
Paris, Égron, 1814, in-8, 1 fr. 50 c.
—Législation (la) de Napoléon-le-Grand,
considérée dans ses rapports avec l'agriculture. *Paris, L. Colas; Delaunay*, 1813,
in-8, 4 fr.
—Traité de la peine de mort, traduit de
l'italien de M. Paolo VERGANI, sur la
2ᵉ édition qui parut à Milan, en 1780, et
suivi d'un Discours sur la justice criminelle,
dédié à Mgr. le marquis de Miroménil,
garde des sceaux de France, par M. Cousin, avocat. *Paris, Guillot*, 1782, in-12.

VERGANI (Angelo), ancien professeur
de langues au collége de la Marche.
— Bellezze (le) della poesia italiana, tratte
dai più celebri poeti, accompagnate d'un
Trattato della poesia italiana, e d'alcune
brevi note; ad uso degli stanieri. Nuova
ediz., con molte aggiunte e corezioni, di

Pietro PIRANESI. *Parigi, Théoph. Barrois figlio*, 1818, in-12, 3 fr.

La première édition parut sous le titre de *Poesie italiane*. Parigi, 1802, in-12.

— English (the) Instructor, or, Useful and entertaining passages in prose, selected from the most eminent English writers, and designed for the use and improvement of those who learn that language. The second edition. *Paris, Vergani ; Favre*, an IX (1801), in-12 ; or *Paris, Théoph. Barrois*, 1812, in-12, 2 fr.

— The same work. A new edition, carefully corrected and considerably enlarged. By HAMONIÈRE. *Paris, Théoph. Barrois*, 1819, in-12, 3 fr. 50 c.

Cette édition, de M. Hamonière, a eu une quatrième édition en 1830 (Paris, Bohée et Hingray, in-12), et une plus récente, en 1837 (Paris, Théoph. Barrois, in-18).

— Grammaire anglaise simplifiée et réduite à vingt-et-une leçons, etc. IVe édition, revue, corrigée, et considérablement augmentée ; par G. HAMONIÈRE. *Paris, Théoph. Barrois*, 1814, in-12, 2 fr. 50 c.

Édition souvent réimprimée, et notamment en 1817, 1820, 1825, 1829, 1832, 1833, 1836 (Paris, Hingray).

— La même, revue avec soin, corrigée, et abondamment enrichie de notes, par P. SADLER. *Paris, Amyot ; Baudry*, 1831, in-12, 2 fr. 50 c.

Les Belges en ont publié une éditon, revue avec soin, corrigée et augmentée de notes, d'après toutes les grammaires italiennes publiées jusqu'à ce jour, par A. FRONOLDSON. In-12.

— Grammaire italienne (de Veneroni), simplifiée et réduite à vingt leçons, avec des thèmes, des dialogues et un petit recueil de traits d'histoire en italien, à l'usage des commençants. *Paris*, an VIII, in-12. — IXe édition, corrigée et augmentée. *Paris, l'Auteur, rue de Tournon, n° 15 ; Théoph. Barrois fils*, 1819, in-12 de 200 pages.

— La même, corrigée et augmentée par P. PIRANESI. *Paris, Théoph. Barrois fils*, 1822, in-12, 1 fr. 80 c.

Cette édition a été aussi souvent réimprimée : 1827, 1828, 1830, 1831, 1835 (Paris, Baudry, Hingray), in-12, 1 fr. 50 c.

— La même, augmentée de quatre nouvelles leçons, par le professeur MORETTI, qui a conservé en entier l'ouvrage original. *Paris, Froment*, 1827. — VIe édition. *Paris, Lequien fils ; Ledentu*, 1831, in-12.

— La même, édition revue et corrigée par le chev. BRICCOLANI. *Paris, Fayolle*, 1837, in-12, 1 fr. 50 c.

— Lettere di diversi autori italiani. *Birm.*, 1791, in-12.

— New (a) and complete italian Grammar, etc., calculated for the attainment of the italian tongue, in ist greatest purity and perfection. *Paris, Théoph. Barrois son*, 1818, in-12, 3 fr. 50 c.

— Prose italiane sopra diversi soggetti piacevoli ed istruttivi. *Parigi, Vergani*, an IX (1801), in-12 de IV et 211 pages, 2 fr. Nuov. ediz., corr. ed accresciuta. *Parigi, Theof. Barrois figlio*, 1817, in-12, 2 fr. 50 c.

— Racconti istorici, messi in lingua italiana, destinati ad uso de' giovani studiosi della lingua italiana. *Parigi, l'Autore*, 1806, in-12. — IIIe ediz. *Parigi, Teof. Barrois*, 1817, in-12, 2 fr.

— Le medesime. Nuov. ediz., accresc. di racconti moderni dei più celebri storici italiani, da P. PIRANESI. *Parigi, Teof. Barrois figlio*, 1820 ; ovvero *Parigi, Duplessis e comp.*, 1825, in-12, 3 fr. 50 c. ; — *Parigi, Hingray*, 1833, in-12, 3 fr. 50 c.

CARDELLI (voy. ce nom) a publié un *Scelta* de cet ouvrage (1830, in-18).

VERGÉ (C.), avocat à la Cour royale de Paris.
— Tutelle (de la) des impubères, et de la tutelle des femmes, en droit romain. *Paris, Joubert*, 1833, in-8 de 96 pag., 3 fr.

M. Vergé écrit dans plusieurs journaux judiciaires et politiques.

VERGENNES (Charles GRAVIER, comte de), ministre de Louis XVI, né en Bourgogne, en 1719, mort à Paris, en 1787.
— Mémoire historique et politique sur la Lousiane. *Paris, Lepetit jeune*, an X (1802), in-8 de 320 pag., avec le portrait de l'auteur, 5 fr.

Ce Mémoire contient un précis de la vie de M. de Vergennes ; il est suivi d'autres Mémoires sur l'Indostan, Saint-Domingue, la Corse et la Guiane.
La Politique de tous les cabinets de l'Europe, pendant les règnes de Louis XV et de Louis XVI, ouvrage publié primitivement par Favier, et depuis par le comte L.-P. de Ségur, renferme un ou deux mémoires du comte de Vergennes.

VERGENNES (Claire-Élisabeth-Jeanne GRAVIER DE), petite-nièce du précédent. Voy. la comtesse de RÉMUSAT.

VERGER (Pierre-Victor), lexicographe et traducteur, ancien membre de l'université impériale, licencié ès-lettres de l'Académie de Caen, aujourd'hui employé à la Bibliothèque du Roi; né le 7 janvier 1792, à Pont-l'Évêque (Calvados).

— Abrégé de l'histoire sainte, d'après la méthode de l'abbé Fleury. *Paris, A. Johanneau,* 1828, in-12.

— * Dictionnaire classique de la langue française, avec des exemples tirés des meilleurs auteurs français, et des notes puisées dans les manuscrits de Rivarol, contenant, etc. Ouvrage renfermant 60,000 mots, publié et mis en ordre par quatre professeurs de l'Université. *Paris, Brunot-Labbe; Baudouin,* 1827—28, un très-gros in-8, 12 fr.

Ce Dictionnaire, cliché, a d'abord été publié en six livraisons. Une seconde édition, ou tirage, fut publiée en 1828; une autre, portant également *deuxième édition,* parut en 1829. De 1834 à 1835, M. Houdaille en a fait un autre tirage.

On lit dans le Nouv. Recueil d'ouvrages anonymes de M. Demanne, n° 377 : Les éditeurs du premier Dictionnaire composé par M. Verger ayant formé opposition à ce que M. Verger se fît connaître comme l'auteur du second, notre lexicographe fut contraint de garder l'anonyme pour son second Dictionnaire, dont quelques exemplaires, pourtant, portent son nom.

Les Baudouin ayant fait de malheureuses affaires, leurs livres de fonds devinrent la propriété des frères Pourrat, leurs bailleurs d'argent. Le Dictionnaire de M. Verger partagea le mauvais sort des autres livres fabriqués par les Baudouin. MM. Pourrat firent subir plusieurs métamorphoses au travail de M. Verger, et le recommandèrent au public non-seulement sous des titres différents, mais encore sous des noms de nouveaux auteurs. Voici l'indication des diverses transformations :

1° Dictionnaire abrégé de l'Académie française, avec tous les mots nouveaux adoptés dans les sciences, les lettres et les arts. Par une société d'hommes de lettres; précédé des éléments de la langue française, et d'un Dictionnaire des difficultés; terminé par un traité des tropes, un traité de versification française, un Dictionnaire des rimes, une nomenclature des homonymes et paronymes, un Vocabulaire de mythologie, des grands hommes et de géographie. Par V. Verger, Paris, Pourrat frères, 1832, 2 vol. in-8.

Il y a des exemplaires de cette édition qui ne portent pas le nom de M. Verger.

2° Nouveau Dictionnaire de la langue française. etc. Par une société de professeurs, sous la direction de M. Vallery, philologue. Paris, Houdaille, 1834—35, 2 part. in-8. Le premier volume de cette édition, publiée par livraisons, avait paru sous le titre de *Dictionnaire classique de la langue française;* mais lorsqu'on mit en vente la seconde, on le remplaça par celui que nous venons de donner.

3° Dictionnaire abrégé de l'Académie française, comprenant, sans exception, tous les mots de la langue écrite ou parlée, tous les termes d'arts et métiers, et tous les mots adoptés dans les nouvelles nomenclatures scientifiques; revu et corrigé sur la dernière édition du Dictionnaire de l'Académie française; suivi des Éléments de la grammaire française, d'un Dictionnaire des difficultés, d'un Traité des tropes, de versification française, d'un Dictionnaire des rimes, d'une nomenclature des homonymes et paronymes, et de trois Vocabulaires de mythologie, des noms historiques et de géographie. Avec une préface, par M. Vivien. Paris, Pourrat frères, un vol. en deux part. in-8, 14 fr.

Ainsi, comme on le voit, le Dictionnaire de M. Verger a été donné trois fois sous des noms d'auteurs différents, et une fois sans nom d'auteur.

En 1839, MM. F. Didot frères, propriétaires du Dictionnaire de l'Académie, 5e édition, traduisirent devant les tribunaux MM. Pourrat frères, pour avoir donné à leur livre un titre qu'ils n'avaient pas le droit de prendre, et qui était un mensonge fait au public, puisque leur Dictionnaire existait déjà en 1827, huit ans avant la publication de la 5e édition du Dictionnaire de l'Académie. MM. Pourrat furent condamnés à la suppression de leur titre trompeur, et à 500 fr. de dommages envers MM. Didot, propriétaires du Dictionnaire de l'Académie, et ayant seuls le droit d'en publier des abrégés.

— Dictionnaire de la Fable, ou Mythologie grecque, latine, égyptienne, celtique, etc. *Paris, Alex. Baudouin,* 1829, in-32.

— Dictionnaire portatif de l'antiquité sacrée, rédigé d'après le texte de la Bible et d'après Josèphe, Calmet, etc. *Paris, Baudouin,* 1830, in-32.

— Dictionnaire universel de la langue française, rédigé d'après le dictionnaire de l'Académie et ceux de Laveaux, Gattel, Boiste, Mayeux, Wailly, Cormon, etc., contenant, etc. Ouvrage enrichi de plus de 3000 mots qui ne se trouvent dans aucun dictionnaire du même format, et d'un grand nombre d'acceptions omises dans les autres dictionnaires. *Paris, Lesage (* Belin-Mandar),* 1822, 1827, 2 gros vol. in-8, 16 fr.

Ce Dictionnaire est cliché. Un second tirage, fait en 1826, ou au moins le titre porte avec le nom de M. Verger celui de M. Ch. Nodier. Mais ce Dictionnaire est entièrement de V. Verger. M. Nodier n'a fait qu'y joindre une seconde préface, qui n'a même été ajoutée que plusieurs mois après la publication de l'ouvrage.

Ce Dictionnaire a obtenu un 7e tirage en 1835 (Paris, Belin-Mandar).

Le troisième tirage, publié en 1829, porte pour adresse de vendeur, celle de Philippe.

— Napoléon (de) et des Bourbons, ou de la Nécessité de nous rallier à notre empereur magnanime, pour le bonheur de la France entière. *Paris, Mad. Goullet,* 1815, in-8 de 28 pag.

A cette liste des ouvrages de M. V. Verger, il faut ajouter les traductions que, seul ou en société, il a publiées.

1° Brutus, ou Dialogue sur les orateurs illustres; trad. de Cicéron, précédé d'une Introduction, et suivi de remarques. (Impr. dans le tome III du Cicéron latin-franç. publ. par F. J. Fournier, 1815, et ann. suiv., in-8).

2° Traité de la nature des dieux, traduit du même (impr. dans les tomes XXIII et XXIV de la collection précitée).

3° Nuits (les) attiques d'Aulugelle, traduites en français, avec le texte en regard, et accompagnées de remarques (Paris, Fournier, 1820, 3 vol. in-8; deuxième édition, Paris, Brunot-Labbe, 1830, 3 vol. in-8).

4° Livre (le) des prodiges de Julius Obsequens,

et les Distiques moraux de Dionys. CARON. Trad. en français, avec le texte en regard, et accompagné de remarques (Paris, Audin, 1825, in-12).

5° Avec MM. A.-A.-J. Liez et N.-A. Dubois : l'Histoire romaine, de TITE-LIVE (dans le Bibliothèque latine-française, publiée par Panckoucke, 1830).

6° Avec MM. A.-N. Dubois, J. Mangeart et *** (J.-A. Trognon) : Épigrammes de M. Val. MARTIAL. Traduction nouvelle, avec le texte en regard, 1834-35, 4 vol. in-8. (Cette traduction fait partie de la même bibliothèque que l'auteur précédent).

Comme éditeur, M. Verger a publié, en société avec M. Charles Nodier, une nouvelle édition de la Satire ménippée de la vertu du catholicon d'Espagne, et de la tenue des estats de Paris, augmentée de notes tirées des éditions de Dupuy et de Leduchat, par M. Verger ; et d'un commentaire historique, littéraire et philosophique, par Ch. Nodier (1825, 2 vol. gr. in-8, avec vignettes et gravures). La moitié des notes est de M. Nodier, qui a fait les Observations préliminaires, formant vingt-et-une pages ; l'autre moitié est de M. Verger, auteur de la table des matières.

VERGER, avocat.— A mes concitoyens. Dissertation sur les distinctions à faire entre l'avocat et l'avoué. *Paris, Béchet aîné,* 1822, in-8 de 20 pag.

VERGER (F.-J.), archéologue, à Nantes. — Archives curieuses de la ville de Nantes et des départements de l'Ouest. Pièces authentiques inédites, ou devenues très-rares, sur l'histoire de la ville et du comté de Nantes et ses environs, auxquelles on a joint un résumé des faits modernes contemporains, recueillies et publiées par F.-J. Verger. *Nantes, Forest; et Paris, Pesron,* janvier 1837 et ann. suiv. in-8.

Recueil périodique qui paraît mensuellement par cahiers de deux feuilles, ornés de lithogr. format in-4. Prix de l'abonnement annuel formant un volume, 6 fr.

— Notice sur Jublains, dans le département de la Mayenne. (Fouilles faites en 1834). *Nantes, de l'impr. de Mellinet,* 1834, in-8 de 40 pages, avec 8 planches.

On trouve à la tête l'indication des écrits sur Jublains.

— La même Notice. Sec. édition, suivie de la relation de nouvelles fouilles faites en 1835, de diverses excursions dans plusieurs communes du département de la Mayenne, notamment à Saulges, ancienne capitale des Arviens (*Vagoritum*), d'une visite au prieuré de Solesmes (Sarthe), et d'une liste alphabétique des vieux mots en usage dans le Bas-Maine, avec figures. *Nantes, de l'impr. de Mellinet,* 1835, in-8, avec 6 planches, 3 fr. 50 c.

— Notice sur la Claire-au-Diable, près de Jublains (Mayenne). *Poitiers, Saurin*

frères, 1835, in-8 de 8 pages, avec une planche, 1 fr.

VERGERON (Armand de), l'un des éditeurs de la « Jurisprudence municipale en matière civile, criminelle et administrative » (Paris, janvier 1835, in-8).

VERGES. — * Généalogie de la maison de Montesquiou-Fézensac. *Paris,* 1784, in-4.

Avec Chérin.

VERGIER (Jacques), poëte érotique ; né à Lyon, en 1657, mort à Paris, en 1720.
— Contes, Nouvelles et Poésies. (*Amsterdam*), 1727, 2 vol. in-8.
— OEuvres (ses). 1731, 2 vol. in-12.
— Les mêmes. *La Haye,* 1731, 3 vol. in-12.
— OEuvres diverses. *Amsterdam, Lucas,* 1742, 2 vol. in-12.
— OEuvres. *Lausanne,* 1750, 1752, 2 vol. in-12.
— OEuvres et Contes. *Londres (Paris, Cazin),* 1780, 3 vol. in-18.
— Contes et Poésies érotiques, dégagés des longueurs qui les défiguraient, corrigés et mis en meilleur ordre, suivis d'un choix de ses Chansons bachiques et galantes, et de plusieurs jolis Contes de B. de La Monnaye. Publiés par P.-J.-B. N. (NOUGARET). *Paris, Goujon,* 1801, 2 vol. in-18, 2 fr.

VERGNAUD (A.-D.), capitaine au 2e régiment d'artillerie à cheval, ancien élève de l'École polytechnique.
— Charte (de la) d'un peuple libre. Le peuple français ayant reconquis ses droits, quelle sera désormais la charte d'un peuple libre et digne de la liberté. *Strasbourg, de l'impr. de la veuve Silbermann,* 1830, in-8 de 40 pag.

Cet écrit s'est vendu au profit des blessés.

— Essai sur les poudres fulminantes, sur leur emploi dans les fusils de chasse et dans les armes portatives de guerre. *Paris, Anselin et Pochard,* 1824, in-8 de 48 pag., 1 fr.
— Examen du salon de 1834. *Paris, Delaunay; Roret,* 1834, in-8 de 64 pag.
— Manuel d'équitation, à l'usage des deux sexes, contenant : le manége civil et militaire, le manége pour les dames, la conduite des voitures, etc. *Paris, Roret,* 1834, in-18, avec 24 lithogr., 3 fr.
— Manuel de l'artificier, ou l'Art de faire toutes sortes de feux d'artifice à peu de

frais, et d'après les meilleurs procédés. *Paris, Roret,* 1826, in-18, avec figures, 3 fr. — Deuxième édition, revue, etc. *Ibid.,* 1828, in-18, 3 fr.

— Le même ouvrage sous ce titre : nouveau Manuel de l'artificier, du poudrier et du salpêtrier. Nouv. édit. *Paris, le même,* 1838, in-18, avec 2 planches et 5 tableaux, 3 fr.

— Manuel de perspective, du dessinateur et du peintre. *Paris, Roret,* 1825, in-18, avec 8 planches.— IVᵉ édition, revue, corrigée, augmentée et ornée d'un grand nombre de figures. *Paris, le même,* 1835, in-18, avec une gravure et 8 planches, 3 fr.

— Pamphlet (petit) sur quelques tableaux du salon de 1835, et sur beaucoup de journalistes qui en ont rendu compte. *Paris, Roret,* 1835, in-8 de 8 pag., 30 c.

M. Vergnaud a revu , souvent refondu , et considérablement augmenté, au moins d'après les titres, un assez grand nombre de livres populaires qui font partie de la collection des Manuels-Roret. Le libraire-éditeur a presque toujours fait disparaître, dans ces réimpressions, les noms des auteurs primitifs pour n'y laisser que celui de M. Vergnaud, qui paraît être le directeur actuel de cette collection. Notre observation s'applique surtout aux manuels composés par M. RIFFAULT. (Voy. ce nom).

VERGNAUD (P.), traducteur.

M. P. Vergnaud a traduit, pour la collection des Manuels-Roret : Manuel complet de la danse, etc. ; trad. de l'angl. de BARTON (1830) ; — Manuel des jeunes gens, ou Sciences, arts et récréations qui leur conviennent, etc ; trad. de l'angl. (1831 , 2 vol. in-18); — Manuel d'optique, ou Traité complet et simplifié de cette science; trad. de l'angl., de BREWSTER (1833, 2 vol. in-18).

VERGNAUD (Ad.), traducteur.

Ainsi que le précédent, il a traduit, pour la collection des Manuels-Roret, les ouvrages suivants : 1° Manuel complet du travail des métaux. Fer et acier manufacturés, trad. de l'anglais du docteur LARDNER (1834, 2 vol. in-18) ; — 2° nouv. Manuel complet d'astronomie, etc., trad. de l'angl. d'HERSCHELL (1837, in-18) ; — 3° nouv. Manuel de mécanique appliquée à l'industrie. Première partie. Statistique et hydrostatique, d'après MOSELEY (1838, in-18) ; — 4° nouv. Manuel de chimie agricole, trad. de H. DAVY (1837, in-18).

VERGNAUD (N.), architecte, à Paris.

— Art (l') de créer les jardins, contenant les préceptes généraux de cet art, leur application développée sur des vues perspectives, coupes et élévations, par des exemples choisis dans les jardins les plus célèbres de France et d'Angleterre, et le tracé pratique de toute espèce de jardin. *Paris, Roret; Thierry ; l'Auteur,* 1834, 1839, in-fol. de 100 pag. de texte et de 21 planches, dont trois doubles : sur papier blanc, 72 fr.; sur papier de Chine, 90 fr., et avec planches coloriées, 144 fr.

Cet ouvrage a été publié en six livraisons.

VERGNAUD-ROMAGNÉSI (C.-F.),

historien et archéologue, membre de la Société royale des sciences, belles-lettres et arts d'Orléans, de la Société d'encouragement pour l'industrie nationale, de la Société linnéenne de Paris, de la Société nantaise d'horticulture, de la Société d'émulation des Vosges, de la Société académique de la Loire-inférieure, de l'Académie de l'industrie agricole, manufacturière et commerciale, de la Société royale des antiquaires de France, de celle de Normandie, de la Morinie, l'un des correspondants du ministre du commerce et des travaux publics pour la recherche et la conservation des monuments publics dans le département du Loiret.

— Album du département du Loiret, par M. C.-F. Vergnaud-Romagnesi, pour le texte, et MM. N. Romagnesi et C. Pensée, pour les dessins. *Orléans, les Auteurs; Paris, Roret; Senefelder,* 1826—28, petit in-fol. de 15 feuilles de texte et de 20 planches, 35 fr.

Cet album a été publié en cinq livraisons.

— Écusson-greffe, ou nouvelle Manière d'écussonner les ligneux avec plus de célérité et un succès plus assuré. *Paris, Roret,* 1830, in-12 de 42 pag., avec une planche, 1 fr.

— Figurine antique trouvée à Tigy (Loiret). Rapport fait à la section des arts de la Société royale des sciences, belles-lettres et arts d'Orléans, sur une notice de M. Jollois, relative à cette figurine. *Paris, Roret,* 1833, in-8 de 15 pag, avec une planche lithogr.

Extrait du tome XII des Annales de la Société royale, etc d'Orléans.

— Histoire de la ville d'Orléans, de ses édifices, monuments, établissements publics, etc. Sec. édition de « l'Indicateur orléanais, augmentée d'un Précis sur l'histoire d'Orléans ». *Orléans, Rouzeau-Montaut, et Paris, Roret,* 1830 et ann. suiv., 2 vol. in-12, avec 7 cartes et vues, 12 fr.

— Indicateur (l') orléanais, ou Guide des étrangers et dans le département du Loiret. *Orléans, l'Auteur; Rouzeau-Montaut,* 1827—29, 2 vol. in-12, avec planches, 12 fr.

Il existe un *Extrait* de cet Indicateur, publié en 1827, in-12 de 6 feuilles 2/3.

— Manuel du Veneur. — Jouve, Palais-Royal....

— Mémoire sur des médailles romaines, divers objets antiques et une statuette, trouvés près du chemin de Meung à Charsonville, et dans les communes de Bacon, Cravant, Josne et Orléans. *Paris, Roret,* 1833, in-8 de 20 pag., avec une planche lithogr.

Extrait du tome XIII des Annales de la Société royale, etc. d'Orléans.

— Mémoire sur des instruments antiques en bronze trouvés près de Gien (Loiret). *Paris,* 1833, in-8 de 15 pag., avec une planche lith.

Extrait du tome XII des Annales de la Société royale, etc. d'Orléans.

— Mémoire sur des sculptures antiques trouvées à Orléans, lors des fouilles pratiquées sur le quai de la Tour-Neuve, près la rue des Bouchers, en août, septembre et octobre 1833. *Paris, Roret; et Orléans, Gatineau,* 1834, in-8 de 26 pag., avec une planche lith.

Extrait du tome XIII des Annales de la Société royale, etc. d'Orléans.

— Mémoire sur l'ancienne porte de Saint-Laurent, à Orléans. *Orléans, Gatineau; et Paris, Roret,* 1836, in-8 de 28 pag.

Extrait du tome XIV des Annales de la Société royale.... d'Orléans.

— Mémoire sur la mosaïque de Mienne, près de Châteaudun...

Impr. dans les Annales de la Société d'Orléans, tome XIII, pag. 192 Une Addition à ce Mémoire a été publiée séparément en 1835, Orléans, in-8 de 4 pag., avec une planche.

— Mémoire sur le maronnier d'Inde, sur ses produits, et particulièrement sur le parti avantageux qu'on peut tirer de l'amidon ou fécule de son fruit, extrait par un procédé particulier. *Paris, Roret,* 1825, in-8 de 48 pag., avec une planche, 1 fr.

Le trait du dessin de la planche a été transporté sur pierre au moyen du papier autographe préparé avec l'amidon de marron d'Inde.

— Mémoire sur une mosaïque et des antiquités romaines trouvées près de Châteaudun (Eure-et-Loir). *Paris, Roret, et Orléans, Gatineau,* 1835, in-8 de 26 pag., avec 4 planches lith.

Extrait du tome XIII des Annales de la Société royale, etc. d'Orléans.

— Mémoires sur la culture de la citrouille des vaches et sur celle du chou vert.

— Notice d'un ancien bas-relief en bois, trouvé à Sully-sur-Loire, avec une planche.

Imprimé dans le tome VIII des Mémoires de la Société royale des Antiquaires de France, 1829, pag. 387.

— Notice historique et description de l'église de Saint-Pierre-en-Pont d'Orléans. *Orléans, Gatineau; et Paris, Roret,* 1835, in-8 de 22 pag., avec une planche.

— Notice historique sur l'église cathédrale de Sainte-Croix d'Orléans. *Orléans, de l'impr. de Rouzeau-Montaut,* 1829, in-8 de 24 pag.

— Notice historique sur le cimetière romain et primitif d'Orléans (Genabum-Aurelianum). *Paris, Roret,* 1831, in-8 de 19 pag., avec un plan lith.

Extrait du tome XI des Annales de la Société royale, etc. d'Orléans.

— Notice historique sur le fort des Tourelles de l'ancien pont de la ville d'Orléans, où Jeanne d'Arc combattit et fut blessée, et sur la découverte de ses restes en juillet 1831. *Orléans, l'Auteur; et Paris, Roret,* 1832, in-8 de 50 pag., avec 2 plans lithogr.

Extrait du tome XII des Annales de la Société royale, etc. d'Orléans.

— Notice sur la porte Saint-Jean d'Orléans. *Paris, Roret,* 1833, in-8 de 21 pag., avec une pl. lith.

Extrait du tome XIII des Annales de la Société royale, etc., d'Orléans.

— Notice sur la restauration du mausolée de Philippe Ier, sur la découverte et l'ouverture de son tombeau à Saint-Benoît-sur-Loire. *Orléans, l'Auteur; Paris, Roret,* 1831, in-8 de 26 pag., avec 2 planches lithogr.

Extrait du tome XI des Annales de la Société royale, etc., d'Orléans.

— Notice sur la vie et les ouvrages de M. Pellieux aîné, de Beaugency. *Paris, Roret,* 1833, in-8 de 11 pag.

Extrait du tome XII des Annales de la Société royale, etc., d'Orléans.

— Notice sur le château de Chambord, sur ses dépendances, sur les moyens de l'utiliser d'une manière digne de sa destination primitive, et de la France qui l'a racheté. *Orléans, l'Auteur; et Paris, Roret,* 1832, in-8 de 40 pag., avec une pl.

Extrait du tome XII des Annales de la Société royale, etc. d'Orléans.

Il existe un Rapport sur cette Notice, présenté à
la Société des sciences d'Orléans, dans sa séance
du 16 mars 1832, par M. Verdier, propriétaire
agronome. 39 pages in-8.

— Notice sur M. J. R. D. Riffault, ex-ré-
gisseur général des poudres et salpêtres, etc.
Orléans, de l'imp. de Danicourt-Huet, 1826,
in-8 de 8 pag.

— Notice sur une ancienne bannière de la
ville d'Orléans, portée jadis aux processions de la délivrance de la ville, le 8 mai.
Orléans, Gatineau; et Paris, Roret, 1836,
in-8 de 24 pag., avec une planche.

Extrait du tome XIV des Annales de la Société
royale .... d'Orléans.

— Notices historiques sur l'ancien grand
cimetière et les cimetières actuels de la
ville d'Orléans. *Orléans*, 1824.
— Rapport sur le département du Loiret,
fait à la Société pour la conservation des
monuments historiques, réunie à Tours,
le 25 juin 1838. *Orléans, de l'impr. de
Danicourt-Huet*, 1839, in-8 de 12 pag.
— Réponse à la Lettre de M. Jollois, sur
l'emplacement du fort des Tourelles du
pont d'Orléans, adressée à la Société royale
des Antiquaires de France. *Orléans, Gatineau ; et Paris, Roret*, 1834, in-8 de 38
pages.

Seize des Mémoires et Notices, lus à la Société
royale d'Orléans, cités dans cet article, ont été
réunis, sans réimpression, sous un titre collectif,
ainsi conçu : *Archéologie du département du Loiret et
de quelques localités voisines.* Tome Ier. Orléans, Gatineau ; et Paris, Roret, 1836, in 8, avec un grand
nombre de lithogr. (15 fr.). L'auteur s'est proposé
d'en former un autre volume.

Une note placée au verso du titre de ce volume
annonce comme devant paraître prochainement :
Histoire et statistique du Loiret ; — Éphémérides
orléanaises, ou Tablettes chronologiques de l'ancien orléanais ; — Histoire complète et critique du
siége d'Orléans, en 1429, avec des documents inédits jusqu'à ce jour. Une précédente note imprimée en 1831, à la tête d'un autre opuscule de
M. Verguaud Romagnési, annonçait un Mémoire
sur les usages pratiqués dans tous les temps pour
les sépultures dans l'Orléanais. En tout quatre ouvrages inédits.

— Traité sur la poudre la plus convenable
aux armes à piston. Procédés pour la faire
à peu de frais et sans danger, ainsi que les
diverses préparations d'utilité et d'agrément dont ces poudres sont la base,
comme briquets oxigénés, pétards, bon-
bons fulminants, etc. *Paris, Roret*, 1823,
in-18 de 54 pag.

Cet opuscule a été publié sous le nom : *C.-F.
Vergnaud aîné.*

— Tratado sobre la polvora que se consi-
dera mas a proposito para el uso de las

armas a piston. *Paris, veuve Wincop*, 1827,
in-18.

VERGNE, député de l'Aveyron.
— Opinion (son) sur le projet de suppression des évêchés non compris dans le concordat de 1801. *Paris, de l'impr. de F.
Didot*, 1834, in-8 de 12 pag.

VERGNE DE TRESSAN (de La).
Voy. Tressan.

VERGNES, alors préfet du département
de la Haute-Saône.
— Mémoire sur la statistique du département de la Haute-Saône. Publié par ordre
du ministre de l'intérieur. *Paris, de l'impr.
des sourds-muets*, 1801, in-8 de 24 pages.

VERGNIAUD (S.). — Méditations et
Pensées philosophiques et religieuses. *Paris, Ladvocat*, 1827, in-8 de 164 pag.

VERGNIES (François-Alexis), de Vic-
dessos, docteur de la faculté de médecine
de Paris, à Paris, chef de la maison de
santé pour le traitement spécial des maladies scrofuleuses.
— Traité de l'anthrax non contagieux,
contenant ses rapports internes avec le
charbon ou anthrax contagieux, la pustule
maligne et le furoncle ; et un tableau synoptique de ces maladies avec le traitement
particulier à chacune d'elles. *Paris, de
l'impr. de Tiger*, 1823, in-8 de 60 pag.—
Sec. édition, revue, corrigée et augmentée.
Paris, l'Auteur; Lucas; Béchet, 1837, in-8
de 60 pag., 2 fr.
— Traitement spécial des affections scrofuleuses. *Paris, l'Auteur*, 1837, in-8 de
28 pag.
— Vrai (du) principe médical, ou Vues
utiles aux progrès de l'art et aux intérêts
de l'humanité. *Paris, Renduel; Béchet
jeune, etc.*, 1830, in-8 de 48 pag., 1 fr.

VERGI (de), né à Aix en Provence,
mort en 1752.
—*Aventures (les) du jeune comte de Lan-
castel ; nouvelle du temps. *Paris, Prault*,
1728, in-12.

Il a contribué à la nouvelle édition du Dictionnaire étymologique de Ménage, donnée par Jault.
On lui doit, en outre, les trois traductions suivantes : 1° Lettre critique d'Antoine Valisnieri, à
l'auteur du livre de la génération des vers dans le
corps de l'Homme (Nic. Andry), trad. de l'italien,
1727, in-12 ;— 2° Réflexions militaires et politiques,
trad. du marquis de Santa-Crux. 1735, 4 vol.
in-12 ;— 3° Traité de M. Muratori, intitulé : De la
charité chrétienne envers le prochain. Trad. de l'italien, 1745, 2 vol. in-12.

VERGY (le chev. de), chambellan de la reine de Prusse.

— * Manuel chronologique et généalogique des dynasties souveraines de l'Europe. *Berlin, de l'imprimerie des frères Wegener,* 1797, in-8.

Voyez aussi TREYSSAT DE VERGY.

VERHAMBEZ. Voy. VIDA.

VERHARNE, de Dunkerque.—Calligraphie. (Traité complet de calligraphie commerciale). *Paris, Girard; Ponthieu,* 1826, in-fol. de 30 pag., plus un frontispice gravé et 58 planches, 15 fr.

VERHELST (Joseph), médecin à l'hôpital de Courtrai.

— Essai physiologique, ou nouvelles Recherches sur le siége de la sanguification. *Lille, de l'impr. de Leleux,* 1820, in-8 de 24 pag.

VERHOEVEN. — Histoire de la vie et de la mort des deux frères Corneille et Jean de Witt. *Utrecht,* 1709, 2 vol. petit in-8.

C'est à tort que l'abbé de Claustre attribue cet ouvrage à madame de Zoutelandt. Voy. la table du Journal des savants.

L'abbé de Claustre a été trompé par la préface de la « Babylone démasquée, où l'on dit seulement que madame de Zoutelandt vient d'achever de traduire (en 1728) la Vie et la mort des deux frères de Witt. Il paraît que cette traduction n'a pas vu le jour.

D'après Van Thol, la traduction que nous citons ici aurait été faite, du hollandais, par Casimir Freschot. (*Note de Barbier*).

VERHULST (Pierre-François), docteur ès-sciences, professeur de mathématiques transcendantes à l'École militaire et à l'Université libre de Belgique; né à Bruxelles.

— Traité de la lumière, trad. de l'anglais, avec des notes (1829). Voy. HERSCHELL.

On a encore de ce professeur plusieurs *Mémoires* qui font partie de la « Correspondance mathématique du royaume des Pays-Bas », sur divers problèmes de mécanique analytique et d'analyse; et un grand nombre d'articles d'économie politique, imprimés dans l'Indépendant, journal de Bruxelles.

VÉRICOUR (Raymond de).—Milton et la Poésie épique. Cours professé à l'Athénée royal de Paris. *Paris, Delaunay; Brockhaus et Avenarius,* 1838, in-8, 7 fr.

VERIDICUS (le chev.), pseudonyme. Voy. HATZFELD.

VERING (le chev. Joseph de), médecin à Vienne (Autriche).

— Étuves (des) russes, de leurs vertus, et de la manière d'en faire usage. *Vienne (en Autriche),* 1830, broch. in-8, 1 fr.

—Manière de guérir la maladie scrofuleuse. *Vienne (en Autriche),* 1832, in-8, 5 fr.

On peut se procurer ces deux ouvrages, à Paris, chez MM. Treuttel et Wurtz.

VÉRITÉ (de). Voy. DEVÉRITÉ.

VERITY (Robert).—Homoeopathy examined, or Homoeopathy in theory, allopathy in practice. *Paris, A. and W. Galignani,* 1836, in-8 de 24 pag.

VERJUS (le P. Antoine), jésuite, écrivain du XVIIe siècle.

—Vie (la) de M. Lenobletz, prêtre et missionnaire. Nouvelle édit. *Lyon et Paris, Périsse frères,* 1836, 2 vol. in-12, 2 fr. 40 c.

La première édition, publiée en 1666, in-8, parut sous le pseudonyme du sieur de Saint-André.

On doit à ce jésuite quelques autres ouvrages, ainsi que plusieurs traductions qui n'ont pas en, comme la vie de Lenobletz, l'honneur d'être réimprimés depuis le XVIIe siècle.

VERJUX (Ch.), de Boulogne-sur-Mer.

—Coup-d'œil sur le siècle, épître satirique. *Boulogne, de l'impr. de Hesse,* 1826, in-8 de 40 pag.

— Réponse aux Réflexions de M. L. de Chanlaire sur le passage de S. A. R. Madame, duchesse de Berri. *Dunkerque, de l'impr. de van Wormouth,* 1827, in-8 de 16 pag.

L'opuscule de L. de Chanlaire est intitulé : « Réflexions sur les dépenses faites par la ville de Boulogne, etc. » Paris, Gœtschy, 1827, in-8 de 40 pages.

VERKAVEN (J.-J.), bachelier de l'Université impériale, d'abord professeur de mathématiques des aspirants au corps du génie, et plus tard d'analyse à l'École militaire spéciale de cavalerie à Saint-Germain en Laye.

— Art (l') de lever les plans, appliqué à tout ce qui a rapport à la guerre, à la navigation et à l'architecture civile et rurale; ouvrage dans lequel on trouvera la description et les usages des nouveaux instruments et des anciens perfectionnés; des moyens aussi expéditifs que faciles pour parvenir à lever toutes sortes de plans; des vues nouvelles pour la construction des cartes militaires, etc. Sec. édition, revue, corrigée et augmentée. *Paris, Barrois l'aîné,* 1812, in-8, avec 8 planches, 6 fr.

— Méthode facile pour vérifier le calcul des annuités, relatives à la vente des biens nationaux, utile à tous ceux qui vendent ou achètent de ces biens. *Paris*, 1791, in-8 de 20 pag.

— Traité du nivellement, revu, augmenté et publié par un ancien ingénieur. *Paris, Barrois aîné*, 1820, in-8, avec 9 planches, 7 fr.

VERLAC (Bertrand), né à Montpellier, ou dans ses environs, en 1757, successivement avocat au présidial de Nîmes, professeur d'anglais à l'École de la marine de Vannes, commis au bureau des colonies (ministère de la marine), nommé en l'an v professeur à l'École centrale du département de Vaucluse; mort à Paris (à la Charité), le 20 octobre 1819.

—Abus de confiance, avis à la crédulité. 1802, in-8.

Opuscule relatif à des discussions que l'auteur avait avec un de ses amis ou cliens.

— Histoire de mes voyages en France, en Hollande, en Belgique et en Angleterre, avant mon arrestation à Paris, sous la tyrannie de Napoléon, et après ma mise en liberté, sous le règne de Louis XVIII, pour servir d'introduction à la nouvelle Satire Ménippé, en vers et en prose. *Bruxelles*, 1815, broch. in-8.

—Mémoire à l'Assemblée nationale. *Paris, de l'impr. de Delaguette.*—Second Mémoire (en forme de dialogue).

Ces deux mémoires, formant ensemble 94 pages, sont relatifs au *nouveau Plan d'éducation.*

— Mémoire présenté à nos seigneurs de l'Assemblée nationale, pour le sieur Verlac. *Paris*, 1790, in-8.

— Mémoire sur les écoles de marine, et opinion sur le décret du 21 et du 30 juillet 1791, relatif à ces écoles, aux concours et examens. *Paris*, 1791, broch. in-8.

— Moyens de se perfectionner dans la connaissance de la langue française. *Amsterdam*, 1786, in-8.

— Observations sur le meilleur système monétaire, et Réfutation du mémoire de l'ex-ministre Clavière, relatif à son projet d'une nouvelle refonte des monnaies. *Paris*, févr. 1793, in-8.

—Poëmes, trad. de l'angl., et Poésies diverses. *Nîmes*, 1782; —*La Haye, P.-F. Gosse*, 1786. — Nouvelle édition, revue et corrigée par l'auteur. *Paris, Pougens*, an x (1802), in-8 de 146 pag., 1 fr. 80 c.; et sur papier vélin, 3 fr. —Autre édition. *Paris*, 1808, in-12.

L'édition de 1808, que M. Beuchot ne cite pas, dans une nécrologie de Verlac, porte sur le titre : deuxième édition, et, comme on le voit, c'est la quatrième.

—*Règne (le) de Buonaparte, satires en vers français; par une imitateur de Juvenal. *Paris, de l'impr. de Laurens aîné*, 1814, in-8.

Ce pamphlet devait être composé de quatorze satires, c'est au moins ce que nous apprend le titre de la première; mais il n'en a été publié que sept, formant ensemble 92 pages, et lesquelles ont paru successivement.

—Voix (la) du citoyen. 1789.—Nouvelle édition. *Paris, Bossange et Masson*, 1814, in-8.

Outre les ouvrages que nous venons de citer, on doit encore à Bertr. Verlac plusieurs traductions de l'anglais, et notamment les suivantes : 1° la Connaissance de soi-même, trad. de l'angl. de MASON (   ); 2° Observations sur les hôpitaux, trad. de J. AIKIN (1787);—3° Dialogues sur les devoirs, les qualités et les connaissances du médecin, trad. de GREGORY (1787); — 4° Hammond et Cobbett, roman traduit de S.-J. PRATT (1789) ; — 5° Nouv. Plan d'éducation, trad. de PRICE (1790); — 6° la Morale naturelle, ramenée aux principes de la physique, traduit de BRUCE (1794).

C'est par erreur que Ersch dit, dans son Supplément de la France littéraire, que Verlac Labastide est le même que Bertr. de Verlac, et que, par conséquent, les ouvrages publiés de 1758 à 1766, sous le nom du premier, seraient du dernier. Les Gradations de l'amour, 1772, in-8, ne sont pas non plus de lui. (*Beuchot*).

VERLAC DE LA BASTIDE (Bernard-Louis), avocat, et membre de l'Académie de Milhaud; né à Ségur, diocèse de Rodez.

—Discours prononcé devant le présidial de Nîmes. 1766, in-12.

—Discours sur la nécessité et les avantages des conférences de la doctrine de l'ordre des avocats du présidial de Nîmes, prononcé le 17 mai 1766.

— Discours sur l'utilité des sociétés littéraires. — Discours sur l'éducation. 1764, in-12.

— Discours sur les moyens de rendre les vacations utiles à la patrie et à l'avocat. 1766, in-12.

— Épitre à l'ombre de Calas. 1765, in-8.

— Épîtres écrites de la campagne à mademoiselle Ch***. 1760, in-12.

— * Lettre d'un cosmopolite à M. de S. E***, sur le réquisitoire de M. Joly de Fleury et sur l'arrêt du parlement de Paris du 2 janvier 1764, qui condamne au feu l'instruction pastorale de M. l'archevêque de Paris du 28 novembre 1763. 1765, in-12.

L'abbé Fardeau, prêtre habitué, prêchant aux

Carmélites du faubourg Saint-Jacques, a été arrêté le 30 mars 1765, comme soupçonné d'avoir eu part à cet ouvrage. Les auteurs de la France littéraire de 1769, et Van Thol, d'après eux, attribuent cette Lettre à Verlac de la Bastide; d'autres la donnent à l'abbé Dazès.

— Lettres en vers semés. 1764, in-12.
— Ode à Mgr. le duc de Fitzjames.
— Ode pour l'ouverture d'un exercice littéraire.
— Ode sur la paix.

D'après la France littéraire de 1769, ces Odes ont été imprimées, avec d'autres poèmes, en 1764.

VERM....(Marie MARTIR DE), marquise de***.
— Clé (la) du masque, ou Flora. Ouvrage historique et dramatique. *Paris, de l'impr. de Gaultier-Laguionie*, 1838, in-8 de 108 pag.

VERMEIL (Fr.-Mic.), ancien avocat au parlement de Paris; né en 1732, mort en 1810.
— Code des transactions, ou Recueil complet des lois relatives aux obligations entre particuliers pendant le cours du papier-monnaie. *Paris*, an vi (1798), in-8, 5 fr.
— * Essai sur les réformes à faire dans notre législation criminelle. *Paris, Savoye; Delalain le jeune*, 1781, in-12.

Tous les exemplaires ne sont pas anonymes, car Bellepierre de Neuve-Église, en annonçant ce livre dans son Catalogue des livres nouveaux pour 1781, en a nommé l'auteur.

— Mémoire pour les coiffeurs des dames de Paris...

Ce Mémoire, imprimé sous le nom de Bigot de la Boissière, dans le tome Ier des « Causes amusantes et connues », est attribué à Vermeil.

— Raison (la) de la loi mise en évidence, par la simple exposition de ses motifs; ouvrage propre à éclairer tous les citoyens de la France sur leurs droits, leur devoirs et leurs intérêts dans les différents actes de la vie. *Paris*, 1791, in-12 de 408 pag.

VERMEIL (Antoine), l'un des pasteurs de l'église réformée de Bordeaux.
— Discours (deux) sur l'état religieux, es maux et les besoins de notre époque. *Bordeaux, Lawalle neveu; Paris, Cherbuliez*, 1833, in-8 de 68 pag., 1 fr.
— Duel (le), discours. *Paris, Risler, Cherbuliez; Bordeaux, Madame Reclus*, 1838, in-8 de 28 pag.
— Sermon sur ces paroles : Soyez reconnaissants.(Épître aux Col. III.8).*Bordeaux, Simard*, 1826, in-8 de 24 pages, 1 fr. 50 c.

— Union (l') chrétienne, sermons sur ces paroles : n'ayez tous ensemble qu'un même esprit. (Épître aux Romains, chap. XII, v. 16). *Genève et Paris, Paschoud*, 1826, in-8 de 36 pag., 1 fr.

VERMENT-MARITON, auteur dramatique.
— Folle (la) prétention, comédie en un acte et en vers libres, mêlée de couplets. *Paris, Hy*, an vi (1798), in-8.
— Mort (la) de Bayard, tableaux historiques en deux actions, et en pantomimes; précédés d'un prologue en vers. *Paris, Barba*, 1810, in-8.

Avec M. Augustin (Hapdé).

— Triple (le) hymen, ou Un moment de folie, comédie en un acte (en prose), mêlée de vaudevilles. *Paris, A. Meguin*, 1806, in-8.
— Valmier, ou le Soldat du roi, comédie héroïque, en trois actes et en vers. *Paris, madame Cavanagh*, 1809, in-8.

VERMEREN (F.). — Tragédie historique et triumphante de l'auguste impératrice, reine de Hongrie et de Bohême (en cinq actes), mise en vers. *Bruxelles, Nic. Jacobs*, 1753, in-8.

VERMEULEN KRIEGER (le major P.-F.).—Guerres dans les Indes-Orientales, ou Piéges, embuches et manières de se défendre, pratiquées par les peuples indigènes, dans les différentes guerres sur les îles Moluques, le pays de Chéribon, Bantam et Malacca, pendant les années 1817 à 1820. *Bréda, Broese et Cie*, 1829, in-8, avec 5 pl., 2 fr. 11 cents.

VERMINCK, agronome. — Notice sur la culture de quelques arbres forestiers dans la province de la Flandre occidentale. (Impr. dans le Journ. d'agriculture, 2e série, t. 4).

VERMOND (l'abbé de), pseudon. Voy. DUVEYRIER.

VERMOND (Paul), pseudon. Voy. Eug. GUINOT.

VERMOND (Pierre), pseudon. Voy. Arm. ROUSSELET.

VERMONT (de) l'aîné, d'Amiens.
— * Voyage pittoresque, ou Notice exacte de tout ce qu'il y a d'intéressant à voir dans la ville d'Amiens. Par M. D. V. L. d'A. *Amiens*, 1783, in-12.

VERNADÉ (A.).—Tristes (les) d'Ovide, trad. en prose. (1834).

Imp. dans les OEuvres complètes d'Ovide, faisant partie de la Bibliothèque latine-française de Panckoucke.

VERNAGE (l'abbé Étienne-François).
— * Abrégé de la loi nouvelle, avec la la suite. *Paris, Fr. Muguet*, 1711, et 1712, petit in-12.

Avec Pacory.

— * Pensées chrétiennes, tirées de l'Écriture sainte et des SS. PP., pour tous les jours du mois. *Paris, Desprez*, 1713, 1717, in-18.—Nouv. édit. *Paris, Belin-Mandar*, 1823, in-32, fig.
— * Réflexions (nouvelles), ou Sentences et Maximes morales et politiques. Dédiées à madame de Maintenon. *Paris et Lyon*, 1690, 1691, in-12.

Réimprimées avec le nom de l'auteur.

— * Traité de la charité selon saint Paul. *Paris*, 1711, in-12.

Réimprimé, en 1712, avec un Traité de la loi nouvelle (par l'abbé Pacory.) Voy. plus haut.

VERNAGE (Michel-Louis), médecin de Paris.
— * Observations sur la petite vérole naturelle et artificielle. *Paris, Didot le jeune*, 1763, in-12.

VERNAY, ancien avocat de Lyon.
— Élections (des) royales. 8 octobre 1820. *Lyon, de l'impr. de Pitrat*, 1820, in-12 de 60 pag.

VERNAY-GIRARDET, ancien avocat à la cour royale de Paris.
— A MM. les députés. (Pétition présentée le 23 décembre 1833 pour l'abrogation de la loi qui interdit à la famille de Napoléon le séjour de la patrie et des droits civils.) *Paris, de l'impr. d'Herhan*, 1834, in-4 de 2 pag.
— Consultation. Question : Depuis la mort de Napoléon II, à qui appartiennent les armes de Napoléon-le-Grand. Réponse. *Paris, de l'impr. d'Herhan*, 1834, in-4 de 8 pag.

VERNÈDE, ministre du S. Évangile.
— Commencements (les) et les progrès de la vraie piété, etc., trad. de l'angl. de DODDRIDGE. *Bâle*, 1771, in-8.
— Sermons sur divers sujets. *Amsterdam*, 1779, 2 vol. in-8.
— Sermons sur la providence. *Amsterdam*, 1771, in-8; ou *Ibid.*, 1779, 4 vol. in-8.

VERNEILH PUIRASEAU (le baron Joseph de), ancien préfet et anc. député; né dans le département de la Dordogne.
— Histoire politique et statistique de l'Acquitaine ou des pays compris entre la Loire et les Pyrénées, l'Océan et les Cévennes. *Paris, Guyot; Ponthieu*, 1823 — 27, 3 vol. in-8, 18 fr.
— Mémoires historiques sur la France et la révolution, depuis la guerre de la Fronde jusqu'à la mort de Louis XVI, avec un supplément jusqu'à la Restauration. *Paris, Dupont*, 1831, in-8, 6 fr.
— * Projet de code rural, revu et augmenté d'après les observations des commissions consultatives. *Paris, de l'impr. royale*, 1814, in-4.
— Statistique du Mont-Blanc. *Paris, de l'impr. impér.*, 1807, in-4 de 560 pages, avec une carte, et sur format in-fol.

On trouve une Notice sur le baron de Verneih-Puiraseau dans la Biographie universelle et portative des contemporains, de MM. Rabbe, Boisjolin et Sainte-Preuve, tome IV.

VERNEL.—A la reine. (En vers.) *Paris, les march. de nouv.*, 1834, in-8 de 8 pages.
— Abrégé d'histoire universelle, pour la direction des gens qui commencent cette étude. Nouv. édit. *Chaux-de-Fond, Lesqueureux*, 1830, in-18.

VERNES (Jacob), ministre du saint Évangile, en 1751, d'abord pasteur de Celigny, près de Genève, ensuite de cette dernière ville; né en 1728, à Genève, où il mourut, le 22 octobre 1791.
— * Catéchisme destiné particulièrement à l'usage des jeunes gens qui s'instruisent pour participer à la sainte cène. *Genève*, 1774, in-8 ;—*Lausanne*, 1776, in-8.

Ce Catéchisme, pour le fond, est celui d'Osterwald, auquel Vernes a fait plusieurs changements; il les augmenta, dans une nouvelle édition, à laquelle il attacha son nom, en 1776; enfin, il en donna une nouvelle plus ample encore que les autres, en 1778, avec un *Catéchisme familier à l'usage des enfants*.
Une édition, plus récente encore, a paru sous le titre suivant :
Catéchisme à l'usage des jeunes gens de toutes les communions chrétiennes, suivi d'un recueil de Prières consacrées à la gloire de Dieu, à l'éducation religieuse de la jeunesse et à l'utilité publique. Paris, J.-J. Gab. Dufour; Perlet, 1806, in-8, 1 fr. 50 c.

— * Choix littéraire. (Ouvrage périodique). *Genève*, 1755—1760, 24 vol. in-8.

Ce recueil a plus de mérite que de réputation.

— * Confidence philosophique. (Critique des philosophes modernes). 1772, in-8. —

III⁰ édition, revue et augmentée. *Genève, et Paris, Bastien,* 1779, 2 vol. in-8.

Des trois éditions la dernière est la plus complète.

— Dialogues sur le christianisme de J.-J. Rousseau. 1763, in-8.

— Examen de ce qui concerne le Christianisme, la réformation évangélique et les ministres de Genève, dans les deux premières Lettres de M. J.-J. Rousseau, écrites de la montagne. *Genève, Cl. Philibert,* 1765, in-8.

—*Examen de cette question : Convient-il de diminuer le nombre des sermons qui se font dans Genève? *Genève,* 1775, in-8.

— Lettres sur le christianisme de J.-J. Rousseau (dans l'Émile). 1763, in-8 ; et *Amsterdam, Néaulme,* 1764, in-12.

—Moyens de détruire les hannetons, suivis de la manière de gouverner les abeilles, par le même. *Paris, Amable Costes,* 1806, broch. in-8, 75 c.

— Sentiments des citoyens, ou Réponse aux Lettres de la montagne de J.-J. Rousseau. 1765, in-8.

— Sermons. (Ouvrage posth., précédé de la vie de l'auteur, par F. VERNES, son fils). *Lausanne,* 1792, 2 vol. in-8.

Vernes avait travaillé avec Roustan à une Histoire de Genève, jusqu'en 1750 ; mais leur travail n'a pas été publié.

Il a composé un traité *sur l'Éloquence de la chaire,* qui serait un ouvrage très-utile aux prédicateurs.

(SENEBIER, *Hist. litt. de Genève,* III, 56).

VERNES (F.), fils du précédent, littérateur suisse, qui a pris aussi quelquefois le nom de VERNES DE LUZE; né à Genève, en 1762.

— Adélaïde de Clarence, ou les Malheurs et les délices du sentiment. 2 vol. in-8, 6 fr.

—*Almed, Mémoires recueillis et publiés par l'auteur « du Voyageur sentimental à Yverdun et en France », du poëme de « la Création», etc. *Paris, Gide fils,* 1815, 3 vol. in-12, 9 fr.

Cet ouvrage a été reproduit l'année suivante sous un nouveau titre, ainsi conçu : *Almed, ou le Sage dans l'adversité : mémoires recueillis et publiés par l'auteur du Voyageur sentimental, etc.* Sec. édit., rev. et corr. Paris, le même.

— Aveugles (les) de Franconville, comédie. Voy. plus bas : *Voyage épisodique,* etc.

— Contes (nouveaux) moraux, en prose et en vers. *Paris,* 2 vol. in-12, 5 fr.

—Création (la), ou les premiers Fastes de l'homme et de la nature, poëme en six chants. *Paris, Crapart, Caille et Ravier,* 1804, in-18, 2 fr.

—Déicée (la), ou Méditations nouvelles sur l'existence et la nature de Dieu, sur ses perfections, ses œuvres, et la destinée de l'homme ; suivie d'Elvina, tragédie chrétienne. *Paris, Arth. Bertrand,* 1823, in-8, 5 fr.

—Duchesse (la) de la Vallière, tragédie en cinq actes et en vers. Voy. plus bas : *Voyage épisodique,* etc.

—Elvina, tragédie chrétienne. Voy. plus haut : *la Déicée,* etc.

—Étrennes à mes enfants, contes moraux en vers, suivis d'un Théâtre de société. *Paris, Gide,* 1816, 2 vol. in-18, 4 fr.

—Franciade (la), ou l'Ancienne France, poëme en seize chants. *Lausanne,* 1789, 2 vol. in-8 fig.

—Francinisme (le), ou la Philosophie naturelle. *Londres (Genève),* 1794, in-12 de 338 pag.

— Homme (l') religieux et moral, ou Exposition des principes et des sentiments les plus nécessaires au bonheur. *Paris, Mongie,* 1829, in-8, 6 fr.

Reproduit, deux ans plus tard, sous le titre suivant:

Homme (l') politique et social, ou Exposition des principes fondamentaux de l'état de société, et des devoirs qui en dérivent.

—Idamore, ou le Sauvage civilisé. *Paris, Corbet aîné,* 1827, 3 vol. in-12, avec 2 grav., 7 fr. 50 c.

—Mariage (le) de Figaro, comédie en trois actes et en prose. *Londres, sans nom d'impr.,* 1784, in-8.

—Matilde au mont Carmel, ou Continuation de Matilde de madame Cottin. *Paris, A. Bertrand,* 1822, 2 vol. in-12, avec 3 fig., 6 fr., et 3 vol. in-18, 6 fr.

— Selin-Adhel, o Matilde en el monte Carmelo, traduc. libremente al castellano por D. Manuel-Antonio CABAT. *Paris, Rosa,* 1836, 2 vol. in-18.

— Odisco et Félicie, ou la Colonie des Florides. *Paris, Mongie,* 1803; ou *Paris, Maradan,* 1807, 2 vol. in-12, avec gravures, 4 fr.

— Poésies fugitives. *Neufchâtel,* 1782, in-8.

—* Promenade au Mont-Blanc et autour du lac de Genève. *Londres et Paris* (vers 1800), in-8.

Attribué, sans certitude, à M. F. Vernes.

—Rose-Blanche, princesse de Nemours, nouvelle historique, suivie de Contes moraux. *Paris, rue des Grands-Augustins,* 21, 1826, 2 vol. in-12, 6 fr.

— Seymour, ou Quelques mots du secret du bonheur. *Paris, Lecointe et Pougin,* 1834, 2 vol. in-8, 12 fr.

— Théâtre de ville et de société, précédé de Contes moraux et des Novateurs gascons, ou Préservatif contre la manie des révolutions, facétie. *Paris, Mongie aîné,* 1820, 2 vol. in-8, 12 fr.

Il y a dans le premier volume deux comédies ; dans le second deux tragédies et quatre comédies.

— Voyage épisodique et pittoresque aux glaciers des Alpes ; suivi de la Duchesse de la Vallière, tragédie en cinq actes et en vers ; et des Aveugles de Franconville, comédie en un acte, en prose. *Paris, Gautier et Bretin,* 1807 in-12, 3 fr. 50 c. — Sec. édition. *Paris, les mêmes,* 1808, in-12, 2 fr.

Dans la seconde édition, faite en 1808, le Voyage épisodique n'est pas suivi des deux pièces mentionnées ; mais depuis on les a vendues séparément sous ce titre :
Duchesse (la) de la Vallière, tragédie, etc., suivie des Aveugles de Franconville, comédie, etc.

— * Voyage sentimental en France sous Robespierre. *Genève,* 1799, 2 vol. in-12, avec fig., 4 fr.

On trouve dans cet ouvrage un *Éloge de Jacob Vernes,* père de l'auteur. M. F. Vernes avait déjà publié une Vie de lui, à la tête des Sermons impr. en 1792. (Voy. l'art. précédent).

— Voyageur (le) sentimental, ou ma Promenade à Yverdun. *Dresde,* 1781, in-8 ; — *Neufchâtel,* 1786, in-8. — Édit. augm., et suivie d'un second Voyage fait par l'auteur quarante ans après. *Paris, A. Bertrand,* 1825, 2 vol. in-12, fig., 6 fr.

VERNES. — * Testament du Publiciste patriote, ou Précis des Observations de M. l'abbé de Mably sur l'Histoire de France. *La Haye, et Paris, Bleuet fils aîné,* 1789, in-12.

Avec Dom Malherbe, anc. bibliothécaire du Tribunat.

VERNET (J.-Jacob), ministre du saint Évangile, célèbre théologien, l'un des traducteurs de la Bible de Genève, né en 1698, fut reçu pasteur en 1730, partit, pendant cette année, pour accompagner en Italie, en France et en Angleterre, le fils de son maître et de son ami, J.-Alph. Turretini. A son retour, il fut fait pasteur de Genève ; on lui donna la chaire de belles-lettres en 1739, et de théologie, en 1756. Vernet est mort le 26 mars 1789 : il était membre de l'Académie de Cortonne, dès 1728, et de la Société établie pour la propagation de la foi dès 1733.

— Abrégé de l'histoire universelle, pour la direction des jeunes gens. *Genève,* 1753, in-8 ; — *Genève,* 1761, in-12.

— Anecdotes ecclésiastiques, tirées de l'histoire de Naples (de Gianone). *Amsterdam, Catuffe,* 1738, in-8.

— Commentatio historico-theologica de ortu Mundi juxta Mosem. 1770, in-8.

— Commentatio historico-theologica de ortu Mundi juxta Gentiles et Mosem. 1771, in-8.

— Commentatio critico-theologica de nativâ hominis constitutione juxta Scripturam sacram. 1771, in-8.

— Commentatio critico-theologica in locum insignem Rom. V., v. 12, pars prima et secunda. 1773, in-8.

— *Dialogues socratiques, ou Instructions de morale. (Paris),* 1746, 1754, in-12.

— Dissertatio critica-theologica de Christi deitate. 1777, in-8.

— Dissertatio de aliquot Vet. Testamenti locis quæ increduli non intelligendo valicant. 1768, in-8.

— Dissertatio historico-theologica de Mosaica circa patriarchas post diluvianos chronologica melius et Pentateuco samaritico quam ex hodiernis codicibus hebraeis elicienda. 1775, in-8.

— Instruction chrétienne, ou Catéchisme familier pour les enfants. 1741, in-12.

— Instruction chrétienne, par demandes et par réponses, divisée en cinq vol. *Genève,* 1754, 1756, 1771, 5 vol. in-12. — IVe édition, faite sur la dernière, revue et augmentée par l'auteur, précédée d'une Notice de sa vie et de ses écrits par un de ses disciples (J. Senebier). *Paris, Gautier et Bretin,* 1807, 5 vol. in-12, 10 fr.

— Autre édition, retouchée et augmentée d'une table des matières, par deux pasteurs de l'Église de Genève. *Genève, Manget et Cherbuliez ; Paris, Tilliard frères,* 1807, 5 vol. in-12, avec le portrait de Vernet, 12 fr.

— * Lettre à la lune, pour ne point se montrer à un jour d'illumination. *Paris,* 1729, in-8.

— Lettre écrite de Genève à M. de Voltaire. 1757, in-12.

— *Lettres (deux) à M. l'abbé.... sur le mandement de M. le cardinal de Noailles, au sujet de la guérison de Marguerite de la Fosse. 1726, in-8. — Suites des Lettres précédentes, à M. Hoquinet. 1727, in-8.

La suite est quelquefois citée sous ce titre : *Défense des deux Lettres à M. l'abbé de . . ., au sujet de la guérison de la dame Lafosse.* 1727, in-8.

— *Lettres critiques d'un voyageur anglais, sur l'article Genève du Dictionnaire Encyclopédique. (Publiées par Brown).* 1766, 2 vol. in-8.

— *Lettres sur la coutume d'employer le* vous *au lien de* tu, et sur cette question : Doit-on employer le tutoiement dans nos versions, surtout dans celle de la Bible. *La Haye, Aillaud,* 1752, in-8.

Dans la liste chronologique des ouvrages de Jacob Vernet, que Senebier a donnée au tome III de son Histoire littéraire de Genève, pages 25 et suiv., il s'est glissé une bien plaisante erreur. Après l'indication de celui-ci vient celle d'un autre qui aurait été publié dans la même année, et sous le titre de Lettre sur la coutume d'employer le *Vin* au lieu du *Thé*, etc. C'est évidemment par la faute d'un copiste infidèle, ou d'un compositeur étourdi, que ces mots ont été ainsi tronqués; mais la faute existe, et elle a été copiée par Ersch et Desessarts.

— Mémoire au premier syndic de Genève sur un libelle. 1766, in-8.

— Opuscula theologica selecta. *Genevæ,* 1784, in-8.

Réunion des principales thèses théologiques de l'auteur.

— Oratio gratulatoria de concordiâ Genevæ restitutâ. 1738, in-4.

— Oratio inauguralis de humaniorum litterarum usu. 1739, in-4.

— Oratio in quâ ostenditur quantum inter sit Reipublicae sapientes adesse theologos. 1756, in-4.

— Pièces fugitives sur l'Eucharistie. Oratio de concordiâ. *Genève, Bousquet,* 1730, in-8.

Vernet n'est que l'éditeur de ce volume, auquel il a joint une préface : les pièces dont il est composé sont attribuées à Malebranche, à Varignon et à d'autres.

— Réflexions sur les mœurs, la religion et le culte. *Genève,* 1769, in-8.

— Theses physico-pneumatico-logicae de sensibus. 1717, in-8.

— Theses theologicae de argumento pro Religione Christianâ e miraculis ducto. *Genevae,* 1765, in-8.

— Thesium theologicarum de libero cuique circa sacra judicio deque ab eo servandâ erga dissentientes mansuetudine. 1758, in-4.

— Traité de la vérité de la religion chrétienne, tiré en partie du latin de J.-Alph. Turretin. 1730. — Autre édit. 1748—55,

7 vol. — Tomes VIII et IX. 1782, 2 vol. En tout 9 vol. in-8.

A cette liste des ouvrages de Vernet, déjà assez longue, il faut encore ajouter plusieurs morceaux importants, qui ont été insérés dans quelques recueils littéraires qui paraissaient dans son temps. Ces morceaux sont.: 1° Lettre à M. Formey, où l'on examine deux chapitres de M. de Voltaire dans l'Essai sur l'histoire universelle concernant Calvin (Nouv. Bibliothèque germanique, tome XXI) : — II. Éloges historiques : 1° de Daniel Le Clerc (dans la Bibl. ital., tome II); 2° de Jean-Robert Chouet (Ibid., tome XII); 3° de J. Alph. Turretini (dans la Bibl. raisonnée, tome XXI); 4° de Gabriel Cramer (dans la Bibl. germ., tome X); 5° Éloge historique d'Amédée Lullin (dans la Bibl. des arts et sciences, tome VII); 6° de Léonard Baulacre (Ibid., tome XXI).

Il faudrait joindre à tout ceci divers mémoires que Vernet a composés pour le vénérable consistoire et la compagnie des pasteurs.

Vernet est aussi l'auteur de cette fameuse épitaphe du P. Hardouin, qui fut attribuée aux plus beaux génies de l'Europe. Il a veillé à l'édition de la Théorie des sentiments agréables, par Lévesque de Pouilly (1747); il a fait la préface de la traduction latine du Droit naturel, par Burlamaqui. Montesquieu le chargea du soin de donner la première édition de l'Esprit des lois. Il a composé la préface des Sermons de M. Lullin, et il publia ceux de Butini.

VERNET (François). — Triomphe (le) de la foi catholique sur les erreurs des protestants, contenues dans les OEuvres polémiques de Benedict Pictet. *Lyon,* 1749, in-12.

VERNET (Carle), peintre célèbre. — Tableaux historiques des campagnes et révolutions d'Italie, pendant les années IV — VII de la République, gravés par les premiers artistes de Paris, d'après les dessins de Carle Vernet. In-fol.

VERNET (Horace), peintre également célèbre, fils du précédent. — Collection des uniformes des armées françaises, de 1791 à 1814, dessinés par H. Vernet et Eug. Lami. *Paris, Gide fils,* 1822.

VERNET (Jules), auteur dramatique, frère de l'artiste du théâtre des Variétés. — Belphégor, ou le Bonnet du Diable, vaudeville-féerie en un acte. *Paris, Pollet,* 1825, in-8, 1 fr. 50 c.

Avec MM. Ach. Dartois et de Saint-Georges.

— Jeunesse (la) d'un grand peintre, ou les Artistes à Rome, comédie en un acte et en prose, mêlée de couplets. *Paris, madame Huet; Barba; Delavigne,* 1824, in-8, 1 fr. 25 c.

Avec M. Lafontaine.

— Jumelles (les) béarnaises, comédie-vaudeville en un acte, mêlée de couplets. *Paris, Barba*, 1816, in-8, 1 fr. 25.

Avec M. Em. Cottenet.

— Magnétismomanie (la), comédie-folie en un acte, mêlée de couplets. *Paris, Fages*, 1816, in-8, 1 fr. 25 c.

— Murier (le), vaudeville en un acte. *Paris, Fages*, 1819, in-8, 1 fr. 25 c.

Avec M. ***.

— Ni l'un ni l'autre, tableau villageois en un acte mêlé de vaudevilles. *Paris, Barba*, 1817, in-8, 1 fr. 25 c.

— Rivaux (les) impromptu, comédie en un acte et en prose, mêlée de couplets. *Paris, Fages*, 1816, in-8, 1 fr. 25 c.

— Trois têtes dans un bonnet, scènes épisodiques en vaudevilles. *Paris, Barba*, 1833, in-8, 1 fr. 50 c.

— Une visite à ma tante, ou la Suite des Perroquets, comédie en un acte, mêlée de couplets. *Paris, J.-N. Barba*, 1819, in-8, 1 fr. 25 c.

Avec M. ***.

VERNET (l'abbé), grand-vicaire du diocèse de Viviers.

—Lettres apostoliques du clergé catholique du diocèse de Viviers, à M. Charles Lafond de Savine, évêque assermenté abdicataire. 1800, in-8.

VERNET (É.-J.), notaire.

— Du tarif des notaires. Ouvrage au moyen duquel chaque notaire peut se former un tarif approprié à la localité qu'il habite. *Montpellier, Pomathio-Durville*, 1829, in-8, 3 fr.

VERNET (madame V[e]).—Poésies. *Paris, de l'impr. de F. Didot*, 1831, in-8 de 48 pag.

Voy. aussi Du VERNET.

VERNEUIL (FALAISE DE). — Jeune (le) frondeur, comédie en un acte et en vers; suivie d'une Épître à la critique. *Paris, madame Masson*, 1811, in-8, 1 fr. 25 c.

VERNEUIL (E. de), docteur-médecin.
— Institution spéciale pratique des élèves gardes-malades. Plan de cette établissement. *Paris, de l'impr. de Le Normant fils*, 1824, in-4 de 16 pag.

— De la situation de S. A. R. Madame, duchesse de Berri, dans ses rapports avec sa constitution, et l'état sanitaire de la citadelle de Blaye. *Paris, de l'impr. d'Herhan*, 1833, in-8 de 32 pag.

VERNEUIL (Félix). — Quatrième (la)

page des journaux : Histoire impartiale de l'annonce et de la réclame, depuis leur naissance jusqu'à ce jour, contenant des exemples curieux et intéressants de leurs ruses, de leurs mensonges et de toutes leurs transformations. *Paris, Martinon*, 1838, in-8 de 176 pag., 3 fr. 50 c.

VERNEUR (Jacques-Thomas), ancien employé supérieur de la préfecture de la Seine, membre de plusieurs sociétés littéraires; né à Porentruy, le 21 décembre 1777.

—Écho (l') des salons de Paris, depuis la restauration, ou Recueil d'anecdotes sur l'ex-empereur Bonaparte, sa cour et ses agents. *Paris, Delaunay*, 1815, 3 vol. in-12, 8 fr.

—Singularités anglaises, écossaises et irlandaises, ou Recueil d'anecdotes curieuses, d'actions bizarres et de traits piquants, etc., extraites et traduites pour la plupart des journaux anglais et des voyages les plus récents. *Paris, Delaunay; Brunot-Labbe*, 1814, 2 vol. in-12, 6 fr.

On a encore de M. Verneur des Digressions sur l'histoire des Rauraques, le Mont-Terrible et la Pierre-Pertuis, imprimées avec l'ouvrage du P. DUNOD (voy. ce nom), intitulé Découvertes faites sur le Rhin, d'Amagetobrie et d'Augusta Rauracorum, etc. (1796. pet. in-12).

M. Verneur a participé à la rédaction du grand Dictionnaire géographique de la République française, en cinq vol. in-4, publié par Prudhomme, en l'an XII et l'an XIII; à celle du Moniteur, de 1804 à 1810, et à celle du Journal des arts, de 1810 à 1812.

Comme éditeur, M. Verneur a publié, en outre : 1° le Journal des voyages, de 1818 à 1824 (24 vol. in-8); 2° (avec MM. Rochelle et Béguin) les Annales administratives et judiciaires de l'émigration (15 mai 1825, et ann. suiv.); 3° la Feuille française, journal politique et littéraire, paraissant tous les deux jours (depuis le 16 août 1828 jusqu'au 1er décembre 1834); 4° le Magasin des voyages et des sciences géographiques au XIXe siècle. Journal d'instruction et d'agrément, offrant le résumé des entreprises, expéditions, recherches, découvertes et observations des voyageurs et navigateurs modernes, etc. (novembre 1835 jusqu'au mois d'avril 1836).

VERNEY (Louis-Antoine). — Essai sur les moyens de rétablir les sciences et les lettres en Portugal, adressé aux auteurs du Journal des Savants, composé en latin, par Antoine Texeira-Gamboa (masque de Verney), avec la traduction française (par TURBEN). *Paris, Leprieur*, 1762, in-8.

VERNEY (Ch.-Franç.), militaire invalide, à l'hôtel royal des Invalides.
— A S. R. Mgr le duc d'Angoulême. Ode sur son expédition d'Espagne. *Paris, l'Auteur*, 1824, in-8 de 8 pag.

— Odes nouvelles, etc., suivies de quelques reflexions sur ces mêmes odes et sur la poésie lyrique en général. *Paris, l'Auteur,* 1824, in-8 de 28 pag., 1 fr.

Sur l'un de ces écrits l'auteur annonce avoir en portefeuille : 1° un *Nouveau Contrat social, ou le Roman politique ;* 2° un *Traité sur l'origine, la nature et l'utilité des cultes, principalement du christianisme.* Voy. aussi Du Verney.

VERNEZOBRE (Emmanuel). Voy. Phèdre.

VERNHES (J.-F.), homme de lettres, vénérable de la loge de la Parfaite Humanité, à l'orient de Montpellier.
— Apologie des maçons, ou Réfutation calme et raisonnée de quelques écrits publiés contre la franche-maçonnerie. *Montpellier, de l'impr. de J.-G. Tournel,* 1821, in-8 de 56 pag.
— Essai sur l'histoire générale de la franche-maçonnerie, depuis son établissement jusqu'à nos jours; suivi de quelques discours sur divers sujets maçonniques. *Paris, Caillot,* 1813, in-12, 2 fr.
— Parfait (le) maçon, ou Répertoire complet de la maçonnerie symbolique. *Montpellier, Martel jeune,* 1820, 2 vol. in-8, 18 fr.

Cet ouvrage a paru par livraisons, chacune de quatre feuilles.

VERNHES (D.-G.), D. M., membre de la Société de médecine du département de l'Eure.
— Supplément nécessaire au n° 58 du Bulletin des sciences médicales, rédigé par MM. les membres du comité central de la Société de médecine du département de l'Eure. *Évreux, de l'impr. d'Ancelle,* 1820, in-8 de 40 pag.

VERNHES aîné, de Béziers.
— Abécédaire nouveau, fondé sur le mécanisme du langage indiqué par la nature, et sur des règles invariables. *Béziers, J.-J. Fuzier,* 1824, in-8.

La troisième édition de ce livre élémentaire a paru sous le titre suivant : Abécédaire nouveau, fondé sur le mécanisme du langage, approuvé par le conseil royal de l'instruction publique, le 15 janvier 1831. Méthode de lecture applicable à tous les modes d'enseignement, et donnant des résultats extraordinaires. Troisième édition, perfectionnée. Paris, Garnier, 1830, in-12.—Réimpr. de nouveau, Paris, Johanneau, 1837, in-12, 60 c.

— Lecteur (le) secondaire, faisant suite à l'Abécédaire nouveau, fondé sur le mécanisme du langage, et servant à hâter l'habitude de la lecture courante. *Paris, Jo-*

hanneau, et l'Auteur, rue de Seine Saint-Germain, n° 32, 1837, in-12, 60 c.
— Méthodiste (le) arithméticien. Cours normal d'arithmétique ramenée à sa plus simple expression par des démonstrations neuves, simples et fondées par le jugement. *Paris, les principaux libraires; l'Auteur, rue Montorgueil,* n° 17, 1838, in-12, 2 fr.

VERNHES, avocat.— Éloge historique de Blanche de Castille, reine de France, mère de saint Louis. *Toulouse, de l'impr. de Bénichet,* 1835, in-8 de 32 pag.

VERNIER (Théodore), comte de Mont-Orient, jurisconsulte et moraliste, successivement député à l'Assemblée constituante, à la Convention nationale, membre du conseil des Cinq-Cents, sénateur, comte sous l'Empire; enfin, en 1814, pair de France, membre de plusieurs sociétés savantes; né à Lons-le-Saulnier, le 21 juillet 1731, mort à Paris, le 4 février 1818, inhumé au Panthéon dans la même année.
— Abrégé analytique de la vie et des œuvres de Sénèque. *Paris, Tastu,* 1812, in-8, 4 fr.
— Bonheur (du) individuel considéré au physique et au moral dans ses rapports divers avec la faculté et les conditions humaines. *Paris, Tastu et Cie,* 1811, in-8.
— Caractère des passions, au physique et au moral, etc. Seconde édition. *Paris, J.-J. Blaise,* 1807, 2 vol. in-8, 10 fr., et sur pap. vélin, 24 fr.

La première édition est de l'an v (1797).

— Château (le) de Beauregard, à Villeneuve-Saint-Georges. *Paris,* 1807, in-8.

Les trois pièces qui composent cet opuscule sont : 1° la Lettre latine du contrôleur-général Lepelletier, etc., contenant la description de ce château ; 2° la traduction de cette lettre, par le comte Vernier; 3° enfin la lettre de ce dernier, sur le même sujet.

— Délices de la vie champêtre. *Paris,* 1808, in-8, 4 fr.
— Description de la maison de Mont-Orient et de ses points de vue. *Lons-le-Saulnier,* juin 1807, in-8.
— Éléments de finances. *Paris,* 1789, in-8 de 158 pag.; 1792, in-8.
— Lettre écrite du château de Beauregard à M***. *Paris, impr. de Tastu,* sans date (mai 1806), br. in-8.

Opuscule contenant la description du château de Beauregard, et qui a été réimprimé dans l'ouvrage ci-dessus. Voy. *Château.*

— Notices et Observations pour préparer

et faciliter la lecture des Essais de Montaigne. *Paris, J.-J. Blaise*, 1810, 2 vol. in-8, 10 fr., et sur pap. vélin, 20 fr.

VERNIER, première harpe de l'Académie royale de musique, chancelier de la Société académique des Enfants d'Apollon.
— Discours prononcé à la séance publique académique des Enfants d'Apollon, le 23 mai 1816. 75ᵉ année de sa fondation. *Paris, de l'impr. de Plassan*, 1816, in-8 de 16 pag. — Autre discours, prononcé le 17 mai 1817. 76ᵉ année. *Paris, de l'impr. du même*, 1818, in-8 de 20 pag.

VERNIER (Ch.), homme de loi à la Ferté-Milon (Aisne).
— Alliance fortunée de la rivière de l'Ourcq avec le fleuve de la Seine. (En vers). *Paris, de l'impr. de Hardy*, 1822, in-8 de 16 pag. 1 fr.

Tiré à cent exempl.

VERNIER (H. Véron), professeur de mathématiques au collége royal d'Henri IV.
— Arithmétique à l'usage des classes d'humanités dans les établissements d'instruction publique. Ouvrage approuvé par le conseil royal de l'instruction publique. 1830. — IVᵉ édit. *Paris, Hachette*, 1837, in-12, 1 fr. 50 c.

Les deux dernières éditions ont été publiées avec un *Appendice contenant la théorie des racines carrées et des logarithmes.*

— Arithmétique (petite) raisonnée, à l'usage des écoles primaires. *Paris, Hachette*, 1829. — IVᵉ édit. *Paris, le même*, 1834, in-18.
— Géométrie élémentaire, à l'usage des classes d'humanités dans les établissements d'instruction publique, rédigée conformément au programme officiel. *Paris, Hachette*, 1831. — IVᵉ édit. *Paris, le même*, 1839, in-12 avec 12 pl., 2 fr. 50 c.
— Tableaux d'arithmétique. *Paris, Hachette*, 1834, 60 tableaux in-fol.

Avec M. Lamotte.

— Tableaux d'arithmétique, à l'usage des écoles primaires. Manuel à l'usage des élèves. *Paris, Hachette*, 1836, in-18.

Avec M. Lamotte.

— Tableaux du système légal des poids et mesures. Sec. édit. *Paris, Hachette*, 1837, 12 tableaux in-plano, 1 fr. 50 c.

VERNIER (l'abbé Jean-Baptiste-Thadée), supérieur de la mission de Beaupré,

dans le diocèse de Besançon; né en 1761, à Ouvans, mort à École, en juin 1833.
— Méditations sur les vérités de la vie chrétienne et ecclésiastique, sur les évangiles des dimanches, et sur les principales fêtes de l'année, de BEUVELET, refondues par J.-B.-T. Vernier. *Besançon, de l'impr. d'Outhenin-Chalandre*, 1832. — Sec. édit. *Besançon et Paris, Gauthier*, 1836, 2 vol. in-8, 5 fr.

L'auteur n'a conservé que le fonds des Méditations de Beuvelet.

— Theologica practica sub titulis sacramentorum. Ordine novo concisè redegit J.-B.-T. Vernier. *Vesuntione, Montarsolo*, 1828, 2 vol. in-8. — Nova edit. ab ipso auctore revista et emendata. *Vesuntione, Gauthier*, 1836, 2 vol. in-8, 12 fr.

On doit encore à l'abbé Vernier une édition des Méditations de MÉDAILLE, auxquelles il a ajouté plusieurs sujets qui n'avaient pas été traités par l'auteur.

VERNINAC (l'abbé), anc. vicaire-général de Mgr Champion de Cicé, archevêque de Bordeaux.
— Éloge historique de Louis XVI, roi de France et de Navarre. *Paris, Béchet aîné; Ponthieu*, 1825, in-8 de 108 pag.

VERNINAC DE SAINT-MAUR (Raymond de), né à Cahors, en 1762, successivement l'un des commissaires nommés par Louis XVI, le 1ᵉʳ juin 1791, pour aller apaiser les troubles du comtat d'Avignon; ministre de la république française en Suède, en avril 1792; envoyé extraordinaire du gouvernement français près la Sublime Porte, en février 1795; préfet du département de Rhône, en 1800; négociateur dans le Valais. La diète de ce pays déclara, au commencement de 1805, qu'il avait bien mérité de la république, et lui accorda pour lui et sa famille les droits et les titres de citoyens du Valais. De Verninac, éloigné depuis 1805 de toutes fonctions publiques à cause de ses sentiments républicains, est mort sur ses terres, dans le département du Lot, où il vivait retiré, au mois de juin 1822.
— Description physique et politique du département du Rhône. In-8.
— Recherches sur les cours et les procédures criminelles d'Angleterre, trad. de l'anglais. (1790). Voy. W. BLACKSTONE.
— Recueil de poésies.

M. A. Mahul, qui, dans son Annuaire nécrologique, pour 1822, pages 213 et suiv., a consacré une notice à Verninac de Saint-Maur, dit qu'il vin de bonne heure à Paris, et s'y fit connaître par quelques pièces de vers qui furent insérées dans les journaux et dans « l'Almanach des Muses ».

VERNINAC DE SAINT-MAUR (de), capitaine de corvette.
— Voyage du Luxor en Égypte, entrepris par ordre du roi, pour transporter de Thèbes à Paris l'un des obélisques de Sésostris. *Paris, Arthus-Bertrand*, 1835, in-8, avec 7 pl., 12 fr.

VERNOIS (Maxime). — Homœopathie. Analyse complète et raisonnée de la matière médicale de Samuel Hahnemann, où sont exposés les principes et les conséquences de l'expérimentation homœopathique, ainsi que la nullité de cette doctrine. *Paris, Deville-Cavelin*, 1835, in-8 de 48 pag. et 1 tableau.
— Loi universelle (attention de soi pour soi), ou Clé applicable à l'interprétation de tous les phénomènes de philosophie naturelle; par (Étienne) Geoffroy de Saint-Hilaire. Étude et analyse, par Max. Vernois. *Paris, Baillière*, 1840, in-8 de 56 pages, avec une planche.
— Ode aux Portugais. *Paris, de l'impr. de Dupont*, 1831, in-8 de 8 pag.

VERNON, alors médecin à Caen ou à Falaise.
— *Apologie du théâtre, adressée à mademoiselle Clairon. 1762, in-12 de 142 pag.

VERNON (de). — Grammaire française, à l'usage des Allemands. *Kœnigsberg*, 1792, in-8.

VERNON, alors charpentier à Luzarches, et ancien toiseur.
— Stéréométrie, ou nouveau Tarif pour la réduction des bois carrés, adoptés par la république française, etc., etc. *Paris, Gœury*, an IX (1801), gr. in-8 de 40 pag. et 31 tables et une gravure, 2 fr. 75 c.

VERNON (veuve de), née LABROUISSAILLES.
— Lettre à M. Mennechet, secrétaire de la chambre du Roi, sur un tableau perdu et retrouvé au château des Tuileries en 1827. *Paris, de l'impr. de Renouard*, 1828, in-8 de 28 pag.

Voyez aussi GAY-VERNON, et GROSMESNIL DE VERNON.

VERNY, médecin. — Observations et Réflexions touchant la nature, les événements et le traitement de la peste de Marseille. *Lyon, Bruysset*, 1721, in-12.

— * Relation succincte touchant les accidents de la peste de Marseille, son pronostic et sa curation. *Paris, Simon*, 1720, in-8 de 31 pag.

Avec Chicoyneau et Soullier, autres médecins.

VERNY (Charles). — * Idylles sentimentales, suivies de mes vœux; par M. Ch. V. *Genève*, 1787, in-8.
— * Roxane, poëme héroï-comique en cinq chants, suivi de pièces fugitives du même auteur. *Besançon*, 1788, in-8.

VERNY (F.), né à Riom, en 1762.
— OEuvres poétiques de M. F. Verny, revues et recueillies par M. P. J. J. BOUDET, neveu de l'auteur. *Paris, Ladvocat*, 1827, in-18 avec un portrait.

VERNY (Édouard), principal du collége de Toulouse.
— Discours prononcé sur la tombe de M. J. Kœchlin, ancien député du Haut-Rhin. *Strasbourg, de l'impr. de Silbermann*, 1835, in-4 de 4 pag.

VERNYES (Jehan de), président en la cour des aides de Montferrand.
— Mémoires de Jehan de Vernyes. 1589—1593. *Clermond-Ferrand, de l'impr. de Thibaud-Landriot*, 1838, in-4 de 88 pag.

Ces Mémoires historiques et statistiques sur l'Auvergne ont été composés à la demande de Henri IV. Étaient-ils inédits? Ils ne sont pas mentionnés dans la Bibl. hist. de la France.

VEROLLOT (Louis), cultivateur.
— Bienfaisance (la). 1831, in-4.

Imprimé à la suite de : De la bienfaisance, par mademoiselle Félicité Servier. Auxerre, de l'impr. de Gallot-Fournier, 1832, in-4.

VÉRON (Fr.).—Règle générale de la foi catholique séparée de toutes les opinions de la théologie scholastique et de tous autres sentiments particuliers ou abus. Nouvelle édition, par M. l'abbé LABOUDERIE, vicaire-général d'Avignon. *Paris, Gauthier frères*, 1825, in-18.

VÉRON (l'abbé N.-M.), ex-jésuite, en dernier lieu directeur spirituel des religieuses du couvent de Sainte-Aure, dans la rue Sainte-Geneviève, à Paris; né à Quimper, massacré au séminaire de Saint-Firmin, le 3 septembre 1792, à l'âge de cinquante et un ans.
—*Adoration perpétuelle du sacré cœur de Jésus, établie à Sainte-Aure, le 1er juillet 1779. *Paris*, 1784, in-16.
— *Retraite de dix jours, à l'usage des re-

ligieuses de Sainte-Aure. *Paris*, 1788, in-16.

L'abbé Véron, en outre, est l'éditeur de la « Neuvaine en l'honneur des saints de la compagnie de Jésus », ouvrage dû à la plume du P. Colonia, et de plusieurs autres jésuites (1792, in-12), ainsi les « Entretiens affectifs et religieux, propres aux communautés religieuses » (1792, in-12).

On trouve une Notice sur cet ecclésiastique dans le quatrième volume de l'ouvrage de M. l'abbé Aimé Guillon, intitulé « les Martyrs de la foi pendant la Révolution française » (1821, 4 vol. in-8).

VÉRON. — * Alpes (les), histoire naturelle et politique de la Suisse; sa description générale et celle de ses pays alliés. *Paris*, 1780, 3 vol. in-12.

Ouvrage supprimé qui devait former six volumes.

VÉRON, ancien interne de première classe des hospices civils de Paris.
— Observations sur les maladies des enfants. 1er cahier. *Paris*, *Baillière*, 1825, in-8 de 44 pag.

VÉRON aîné. — Épître aux écrivains indépendants, notamment aux rédacteurs du « Constitutionnel » et du « Courrier français ». *Paris*, *de l'impr. de Setier*, 1825, in-8 de 8 pag.

VÉRON (N.) — De la Maçonnerie, discours en vers, par f∴ N. Véron, Vén∴ de la l∴ des Amis de la paix, O∴ de Paris. *Paris*, *rue de Grenelle-Saint-Honoré*, n° 45, 1832, in-8 de 16 pag., 75 c.

VÉRON (X.). — Voyage de la princesse Hélène de Mecklembourg, duchesse d'Orléans. *Paris*, *Audot*, 1837, in-18.

VÉRONÈSE (Charles-Antoine), fécond auteur dramatique, et acteur du Théâtre-Italien au XVIIIe siècle; né à Venise, mort au mois de janvier 1762.
— * Arcadie (l') enchantée, comédie italienne en 4 actes, avec un prologue, ornée de danses et de spectacles. *Paris*, *Delaguette*, 1748, in-8.
— * Arlequin génie, comédie italienne nouvelle en quatre actes. *Paris*, *veuve Delormel et fils*, 1752, in-8.
— * Coraline Arlequin et Arlequin Coraline, comédie italienne en trois actes. *Sans nom de ville, ni d'impr.* (*Paris*), 1744, in-8.
— * Coraline esprit follet, comédie italienne en trois actes, avec un prologue. *Sans nom de ville, ni d'impr.*, et sans date (1744, in-8).

— * Coraline fée, comédie italienne, en deux actes. *Sans nom de ville, ni d'impr.*, et sans date (1746, in-8).
— * Coraline jardinière, ou la Comtesse par hasard, comédie italienne en trois actes. 1744, in-8.
— * Coraline magicienne, comédie italienne en cinq actes. *Sans nom de ville, ni d'impr.*, 1744, in-8.
— * Double (le) engagement, comédie italienne en cinq actes. *Paris*, *veuve Delormel*, 1749, in-8.
— * Fées (les) rivales, comédie italienne en quatre actes, avec prologue, spectacle et quatre divertissements. *Paris*, *Delaguette*, 1748, in-8.
— * Folies (les) de Coraline, comédie nouvelle italienne, en cinq actes. *Sans nom de ville, ni d'impr.*, et sans date (1746), in-8; ou *Paris*, *veuve Delormel*, 1750, in-8.
— * Heureux (l') esclave, comédie italienne, en trois actes, avec trois divertissements. *Paris*, *veuve Delormel*, 1747, in-8.
— * Vingt-six (les) infortunes d'Arlequin, comédie italienne en cinq actes. *Paris*, *veuve Delormel et fils*, 1751, in-8.
— * Voyageurs (les), intermède en trois actes (en prose). *Paris*, *veuve Delormel et fils*, 1754, in-8.

Ces pièces ne sont pas à proprement parler des pièces, mais seulement des canevas. Véronèse en a fait un plus grand nombre. Nous avons sous les yeux une nomenclature de trente-six autres canevas semblables, mais qui ne paraissent pas avoir été imprimés. Il a eu part à quelques-unes des pièces des Riccoboni, et en a retouché d'autres des mêmes.

VERRASSEL (Henri-Joseph), à Bruxelles, comte palatin et chevalier romain de l'Éperon d'or, proto-notaire apostolique du saint-siége, ancien greffier du tribunal de première instance de l'arrondissement de Bréda, traducteur légal admis par le tribunal de première instance de l'arrondissement de Bruxelles, agent solliciteur près le gouvernement des Pays-Bas, membre de la Société royale des beaux-arts et de littérature à Gand, et de la Société royale d'agriculture et de botanique de ladite ville; né à Bruxelles, le 6 novembre 1783.

Le Dictionnaire des hommes de lettres, des savants, etc., de la Belgique (1837, in-8), présente M. Verrassel comme auteur d'un « Parfait greffier », et d'un « Vade-mecum et Code des jurés ».

VERREAUX (Jules). — Océanie (l') en estampes, ou Description géographique et historique de toutes les îles du grand Océan et du continent de la Nouvelle-Hollande, Notasie, Polynésie, Australie, contenant des anecdotes intéressantes qui se rattachent à chaque localité, l'exposition des croyances, des gouvernements, de l'agriculture, des arts, du commerce, des caractères, des usages et des costumes de leurs habitants. *Paris, Nepveu,* 1832, in-8, avec 60 planches; en noir, 20 fr.; colorié, 35 fr.

Avec M. Édouard Verreaux.

VERREAUX (Édouard). Voy. l'art. précédent.

VERRI (le comte Pierre), publiciste et économiste italien; né à Milan, en 1728, mort en 1797.
— De la Douleur et du Plaisir, traduit de l'italien, par P.-L. COURET DE VILLENEUVE. In-12.
— Opere filosofiche. *Parigi, Gio.-Cl. Molini,* 1784, 2 vol. in-12.
— * Pensées sur le bonheur, traduites de l'italien (par Ch. MINGARD). *Yverdun,* 1766, in-8.
— * Réflexions sur l'économie politique, traduites en français de l'italien (par Ch. MINGARD). *Lausanne,* 1773, in-12.

En 1779, le libraire De Tune, de La Haye, mit à cet ouvrage un nouveau frontispice, qui contient le nom de l'auteur et celui du traducteur. On trouve ensuite une préface curieuse sur ces deux personnages (par PERRENOT).
Il existe de ce livre une édition qui porte pour titre : Essai sur les principes politiques de l'économie publique, par D. Browne Dignan (ou plutôt copié de la traduction française des Réflexions sur l'économie politique, trad. de l'ital. du comte Verri par Mingard). Londres, 1776, in-8.

— Le même ouvrage, sous ce titre : Économie politique, ou Considérations sur la valeur de l'argent, les banques, la balance du commerce, l'agriculture, la population, les impôts, etc., etc., traduit de l'italien sur la VIIe édition (par CHARDIN, professeur au Prytanée français). *Paris, Ducauroy,* an VIII (1800), in-8 de 300 pages, 2 fr. 50 c.

D'après Demanne, ce serait une nouvelle édition de la traduction de Mingard; mais une note manuscrite que nous avons trouvée sur un exemplaire de cette traduction, appartenant à la Bibliothèque royale, nous apprend qu'elle est de M. CHARDIN. C'est peut-être au même que l'on doit l'une des versions françaises des « Aventures de Sapho ». (Voy. ci-dessus).

— Le même ouvrage, sous ce titre : Méditations sur l'économie politique, traduites

de l'italien par Fréd. NEALE. *Paris, Delaunay,* 1823, in-8 , 4 fr.

L'original parut, en 1771, sous le titre de *Meditazioni sulla economia politica,* Livorno, in-8.

VERRI (le comte Alexandre de), frère du précédent; né à Milan, en 1741, mort le 23 septembre 1816.
— Aventures (les) de Sapho, poëtesse de Mitylène, traduction de l'italien (par M. J. JOLY, de Salins). *Paris, Renouard,* 1803, in-12 de 334 pag., 2 fr. 50 c. — Autre édition. *Paris, Duprat-Duverger,* 1813, in-12, 2 fr. 50 c.
— Aventures (les) de Sapho, poëte de Mitylène, traduites de l'italien, par P.-J.-B. Ch... IVe édition , ornée de 60 dessins, composés et lithographiés par M. Romagnesi, sculpteur. *Paris, Romagnesi; Engelmann ; F. Didot,* 1818, in-fol.
— Notti (le) romane al sepolcro dei Scipioni. Nuova ediz. *Parigi, Teof. Barrois,* 1816, 2 vol. in-12, 6 fr. — *Parigi, Lefevre,* 1820, 2 vol. in-12, 6 fr.; ossia *Parigi, Baudry,* 1824, 1828, 2 vol. in-12, 6 fr.
— Le medesimi (seguite del Ragionamento sulle ruine de la magnificenza antica, e della Vita di Erostrato). *Firenze (Parigi, Samson figlio),* 1823 , 2 vol. in-18, 4 fr.; — ossia *Leone, G. Janon,* 1823 , 2 vol. in-18.
— Nuits (les) romaines aux tombeaux des Scipions; traduit de l'italien, par M. F.- G. (F. GRASSET.) *Lausanne,* 1796, 2 vol. in-12.
— Le même ouvrage, traduit par M. L.-F. LESTRADE. *Paris, Fr. Schœll,* 1812, 1817, 2 vol. in-12, 5 fr. — IIIe édition, revue, corrigée et ornée de fig., contenant.... *Paris, L.-G. Michaud,* 1826, 2 vol. in-8.

On trouve en tête de la troisième édition un Essai sur la vie et les ouvrages de l'auteur, par le traducteur.

— Nuits (les) romaines. Traduction littérale des trois premiers entretiens, avec le texte en regard, à l'usage de l'enseignement universel. *Paris, Mansut; Metz, veuve Thiel,* 1830, in-12.
— Vita (la) di Erostrato. *Parigi, Theoph. Barrois e Jombert,* 1824, in-12, 1 fr. 80 c.
— Vie (la) d'Érostrate, découverte par Alexandre Verri, et publiée en français par L.-F. LESTRADE, avec des notes historiques et critiques. *Paris, Béchet aîné,* 1818, in-12.

—Vie d'Érostrate, traduite de l'italien, par A.-C. *Paris, Mongie,* 1820, in-12.

VERRI (le comte Charles), frère des deux précédents; mort en 1823 , à l'âge de quatre-vingts ans.
— Art (l') de cultiver les mûriers, traduit de l'italien, avec des notes, sur la quatrième édition, par F. Philibert FONTA-NEILLES. *Lyon, Bohaire,* 1826, in-8, 2 fr.

VERRIER. — * Recueil des délibérations et des mémoires de la Société d'agriculture de la généralité de Tours pour l'année 1761. *Tours,* 1763, in-8.
— Recueil d'emblèmes, devises, médailles et figures hiéroglyphiques, au nombre de plus de 1200, avec leurs explications. *Paris,* 1724, in-8.

VERRIÈRES, rédacteur d'un journal révolutionnaire, qui a commencé à paraître le 15 mai 1791, sous le titre de « l'Ami de la loi, au Peuple.»

VERRIUS FLACCUS. — M. VERRII FLACCI fragmenta, post editionem augustinianam denuo collecta atque digesta. Sexti POMPEI FESTI fragmentum. Edidit A. E. EGGER. *Parisiis, Bourgeois - Maze,* 1839, in-16, 2 fr. 50 c.

VERRONNAIS, impr.-libraire à Metz, présenté comme l'éditeur littéraire des dix dernières années de l'Annuaire statistique et historique du département de la Moselle; mais la publication de cet Annuaire est due au doct. E.-A. Bégin.

VERRUE (la comtesse de), femme d'esprit du xviiie siècle, à laquelle on attribue une part dans l'ouvrage de Vadé, intitulé « les Écossenses, ou les OEufs de Pâques ». (1739, in-12).

VERRUE-LEFRANCQ, à Ypres. — Mémoire sur un canal à creuser entre Ypres et la Lys. *Ypres.*

VERRUT (Henri), employé à la bibliothèque du Muséum d'histoire naturelle de Paris; mort à Paris, le 16 mars 1814.
— Essai sur les richesses et la puissance temporelle des prêtres chez les nations qui ont précédé ou qui méconnaissent le christianisme, et sur les moyens qu'ils ont employés pour les acquérir et s'emparer de l'opinion. *Paris, Arthus Bertrand,* 1813, in-8 de 480 pag.

VERSÉ. Voy. AUBERT DE VERSÉ.

VERSEPUY, pharmacien en chef de la maison centrale de Riom.
— Quelques idées sur la nouvelle dénomination des rues de la ville de Riom. *Riom, de l'impr. de Salles fils,* 1838, in-4 de 4 pages.

VERSON (de) Voy. B. LAMY.

VERT (Dom Cl. de), né à Paris, en 1645 , fit profession dans l'ordre de S. Benoît, à Lihuns, en Santerre, près Roye, en 1662 ; il fut trésorier de l'abbaye de Cluny, vicaire - général du cardinal de Bouillon, abbé de Cluny, prieur claustral de S. Pierre d'Abbeville, où il est mort le 1er mai 1708.
— Explication simple, littérale et historique des cérémonies de l'Église. *Paris, De Laulne,* 1706-13, 4 vol. in-8.

Il existe une *Réfutation* de cet ouvrage, par l'évêque de Soissons. Paris, veuve Mazières, 1715, in-12.
Dom de Vert est auteur de plusieurs autres ouvrages imprimés antérieurement à 1700.
On trouve un Éloge de ce bénédictin dans les Mémoires de Trévoux, ann. 1708, pag. 1321.

VERT (B.-A. de), architecte.
—Précis historique des canaux de l'Ourcq, de Saint-Denis et de Saint-Maur, à Paris, depuis 1520 jusqu'à ce jour, accompagné du plan général gravé géométriquement. Nouvelle édition. *Orléans, de l'impr. de Darnault-Maurant,* 1820, in-4 de 8 pag., avec un plan.

VERT (G.-Ch.). — Cours complet d'études. Première série. Études grammaticales. Deuxième section. Dialecte latin. *Toulouse, de l'impr. de Douladoure,* 1832, in-12 de 28 pag.

Avec J.-J. Vert.

— Éléments (nouv.) de rhétorique, rédigés d'après la méthode la plus simple et la plus rapide. *Paris, Hachette,* 1831, in-12.

VERT (J.-J.) Voy. l'art. précédent.

VERTEILLAC (le marquis de), propriétaire, commune de Vouneuil-sur-Vienne, arrondissement de Châtellerault (Vienne).
— Auteurs (les) de la Note secrète mis en opposition avec eux-mêmes, ou Observations sur la Note secrète. *Paris, Locard et Davi, etc.,* 1818, in-8 de 32 pag.
—Conseils généraux (des) de département et des Conseils d'arrondissement. *Poitiers, Catineau,* 1819, in-8 de 16 pag.
—Courtes Observations sur l'élection des corps municipaux au moment du recrute-

ment de l'armée. *Paris, Locard et Davi*, 1818, in-8 de 8 pag.

— Lettre à MM. les députés, sur les nouvelles lettres de surséance sollicitées par des émigrés. *Paris, de l'impr. de Patris,* 1818, in-4 de 4 pag.

— Renseignements divers sur l'élection des membres des conseils-généraux de département et des conseils d'arrondissement. M. de Verteillac, maire du chef-lieu de canton de Vouneuil-sur-Vienne, président de l'assemblée cantonale qui se tiendra à Vouneuil, le 17 novembre 1833, à MM. ses collègues les électeurs du canton de Vouneuil-sur-Vienne. *Poitiers, de l'impr. de Saurin,* 1833, in-8 de 20 pag.

— Réponse à l'imprimé ayant pour titre : Aux électeurs de bonne foi. *Poitiers, de l'impr. Catineau,* 1819, in-4 de 2 pag.

VERTEILLAC (Victor de). — Opinion sur la presse en 1833. *Toul, de l'impr. de Carez,* 1833, in-8 de 12 pag.

VERTEL , docteur en médecine.
— Mémoire lu à la séance (de la Société d'agriculture du département du Doubs) du 30 décembre 1826. *Besançon, de l'impr. de Déis,* 1827, in-8 de 16 pag.

VERTEUIL (l'abbé Joseph DONZÉ DE), mort à Nanci, vers 1818.
— * Derniers Sentiments des plus illustres personnages condamnés à mort. *Paris, Moutard,* 1775, 2 vol. in-12.

M. Barbier lui donne l'abbé Sabatier, de Castres, comme co-éditeur ; mais ce dernier a déclaré, dans des articles inédits de la septième édition des Trois siècles littéraires, n'y avoir eu aucune part.

— Nuits (les) attiques, traduites du latin, avec un commentaire(1776—77).Voy. Au-lu-Gelle.

L'abbé de Verteuil a eu part à la rédaction de l'*Année littéraire*, de 1754 à 1776.

VERTEUIL l'aîné. — Effets (les) de la haine et de la constance, ou Asmodée diable boiteux, com.-opéra féerie en prose et en trois actes. *Sans nom de ville, ni d'impr.,* 1779, in-8.

VERTHAMON DE CHAVAGNAC (Samuel-Guillaume de), évêque de Luçon ; né à Limoges, mort le 1er novembre 1758, âgé de 65 ans.
— Instructions sur le catéchisme de Luçon. 1756, in-4.
— Instructions sur les sacrements de pénitence et d'eucharistie. 1751, in-4.

VERTHAMON DE CHAVAGNAC (Michel de), évêque de Montauban.
— Conduite pour la bienséance civile et chrétienne. *Montauban, Descaussat, ...,* in-12.
— Mandement au sujet de la rétractation de l'abbé de Prades. *Montauban,* 1754, in-4.
— Mandement pour faire chanter le Te Deum en actions de grâces de la naissance du duc d'Aquitaine. In-4.

VERTILLAC (la comtesse de), morte le 21 octobre 1751, âgée d'environ 60 ans.
— * Lettre de madame de *** (de Vertillac) à M. de*** (Rémond de Saint-Mard), avec la Réponse, sur le goût et le génie. *Paris, Prault,* 1737, in-12.

Rémond de Saint-Mard a fait imprimer cette lettre dans le recueil de ses OEuvres. Burigni a fait l'éloge de madame de Vertillac, dans le tome II du Mercure de janvier 1752.

VERTOT(René AUBERT DE VERTOT D'AU-BEUF, plus connu sous le nom de l'abbé de), historien célèbre, qui a négligé peut-être la science des faits, mais qui se distingue par le mérite du style, la sagacité de la critique, l'élévation et la philosophie des pensées ; né au chateau de Benetot, dans le pays de Caux , diocèse de Rouen , le 25 décembre 1655 , fut d'abord de l'ordre de S. François, ensuite de celui des Premontrés, depuis, et successivement, professeur de philosophie à Premontré, prieur de Joyenval, curé de Croissy-la-Garenne, près la machine de Marly, de ...., dans le pays de Caux, et de ...., lez-Rouen, membre libre de l'Académie des inscriptions et belles-lettres, historiographe et commandeur de l'ordre de Malte, interprète du duc d'Orléans , fils du régent, et secrétaire des commandements de la duchesse d'Orléans, née princesse de Bade-Baden ; mort au Palais-Royal, le 15 juin 1735.
— Ambassades de MM. (François et Antoine) de Noailles en Angleterre (depuis 1552 jusqu'en 1556), rédigées par feu M. l'abbé de Vertot (publiées par VILLARET). *Paris,* 1763, 5 vol. in-12.

Il existe de cet ouvrage des exemplaires qui portent le titre suivant :
Négociations de MM. de Noailles , mises en ordre par l'abbé de Vertot , précédées d'un Abrégé historique , ouvrage posthume du même auteur. Paris , Desaint et Saillant, 1763, 5 vol. in-12.
Le premier volume contient une introduction et un récit historique de ces ambassades ; c'est en quoi consiste le travail de Vertot. Les quatre autres volumes contiennent les dépêches qui forment les pièces justificatives de la relation.

Vertot a fait aussi la relation de l'ambassade de François de Noailles à Constantinople, et celle de Gilles de Noailles en Pologne. Ces deux relations furent longtemps conservées dans les archives de la famille de Noailles, et ne paraissent pas avoir été imprimées.

— Histoire critique de l'établissement des Bretons dans les Gaules, et de leur dépendance des rois de France et des ducs de Normandie. *Paris, Barrois,* 1720, 2 vol. in-12.

C'est une réplique à la Réponse de D. Lobineau (*roy.* plus bas : *Traité de la mouvance de Bretagne*). Il faut se défier un peu des citations de Vertot, et même des faits qu'il rapporte. On se souvient de cette anecdote, qui prouve si fort combien cet abbé était peu scrupuleux sur l'exactitude des circonstances, quand la fiction pouvait contribuer à l'agrément de son style. On lui avait promis des mémoires sur le siége de Rhodes qu'il avait à décrire dans « l'Histoire des chevaliers de Malte »; on tarda à les lui envoyer. Je n'en ai plus besoin, dit il, quand on les lui apporta : mon siége est fait.

— * Histoire de la conjuration de Portugal (en 1640). *Paris, Jean Boudot,* 1689, in-12.

Avec ces mots à la fin : *achevé d'imprimer, pour la première fois, le 18 juin 1689*, sans nom d'auteur, et avec une vignette analogue au sujet, en regard du titre.
Cette première édition fut dédiée à Madame la Dauphine. En la comparant avec les éditions subséquentes, dont le titre fut amplifié, nous avons remarqué que le commencement et la fin avaient entièrement été refaits. (DE HOFFMANNS.)
On peut considérer cet ouvrage comme la première édition de l'*Histoire des révolutions de Portugal.*

— Histoire des chevaliers hospitaliers de S. Jean de Jérusalem, appelés depuis les chevaliers de Rhodes, et aujourd'hui chevaliers de Malte. Avec les portraits des grands maîtres. *Paris,* 1726, 4 vol. in-4; ou 1727, 7 vol. in-12 ; — *Paris, Prault,* 1755, 7 vol. in-12 ; — *Paris,* 1772, 1778, 7 vol. in-12.
— La même Histoire. Nouv. édition, publiée par Ch. MALO. *Paris, Janet et Cotelle,* 1819, 7 vol. in-8, 35 fr., et sur pap. vélin, 70 fr.
— La même. *Lyon, Pélagaud,* 1829, 5 vol. in-12.

L'abbé de Vertot était parvenu à l'âge de soixante-dix ans, quand il publia cette Histoire. Si son style y est quelquefois moins rapide et moins soutenu que dans ses autres ouvrages, on y retrouve toutefois l'élégance et la dignité qui conviennent à l'histoire. Ses descriptions sont écrites d'une manière qui annonce un écrivain maître de sa matière : il commande l'intérêt. Quoiqu'on ait reproché à Vertot quelques inexactitudes dans les faits, cette Histoire lui mérita cependant la plus noble récompense à laquelle il pût aspirer. Le grand-maître de Malte lui accorda, en 1715, la faveur spéciale de porter la croix. Non content de l'avoir déclaré l'historiographe de l'ordre, par une patente du 17 mai,

ce souverain le promut encore à la commanderie de Santenay.

Cependant cet ouvrage fut l'objet d'une critique de la part d'un homme fort distingué : du président Valbonnais. Dans la Correspondance littéraire de ce dernier, publiée par M. Jules Ollivier, on trouve une lettre en date du 12 juin 1725, adressée au président Bouhier, dans laquelle Valbonnais, passionné d'une manière peu judicieuse pour la mémoire des dauphins du Dauphiné dont il a écrit l'histoire, fait à l'abbé de Vertot des reproches, peu fondés, au sujet de Humbert II. L'abbé de Vertot a jugé le caractère de Humbert II comme l'ont fait tous les écrivains qui ont apprécié par les faits la conduite de ce prince sans portée d'intelligence. L'*Histoire de Malte,* l'ouvrage le plus important de l'abbé de Vertot est celui dans lequel se trouve le jugement contre lequel s'élève le président de Valbonnais. La première édition est de 1726. Valbonnays, après sa lettre au président Bouhier, s'empressa de prendre la plume pour réfuter l'historien de Malte; il adressa à ce sujet une lettre à l'abbé Vertot, qui a été publiée dans la « Continuation des Mémoires de littérature » du P. Desmolets, tome VI, page 149.

— Histoire des révolutions arrivées dans le gouvernement de la république romaine. Nouv. édit. *Paris, Didot,* 1753, 3 vol. in-12. — *Amsterdam,* 1759, 6 vol. pet. in-12.—*Paris,* 1796, 6 vol. in-18.—Autres éditions, *Paris,* 1796, 3 vol. in-8 ;—*Ibid.,* 1796, 4 vol. in-8.

Ouvrage réimprimé un trop grand nombre de fois depuis la première édition qui parut en 1719 pour que nous puissions citer ici toutes les réimpressions.
Éditions de ce siècle :
Lyon, 1806, 2 vol. in-12.
Édition stéréot. de F. Didot. Paris, P. et F. Didot, 1806, 1811, ou 1813, 4 vol. in-18, 4 fr. — C'est encore un nouveau tirage de cette édition qui, en 1830, a été inséré dans la « Nouv. Bibliothèque des classiques français », publiée par le libraire Lecointe.
Paris, Aug. Delalain, 1806, 2 vol. in-12.
Édition stéréot. d'Herhan. Paris, H. Nicolle, 1808, 2 vol. in-12, 5 fr. ;— ou Paris, veuve Dabo, 1824, 2 vol. in-12.
Toulouse, Devers père et fils, 1812, 2 vol. in-12.
Poitiers, Barbier, 1813, 2 vol. in-12, 4 fr. 50 c.
Paris, Menard et Desenne, 1819, 4 vol. in-18, ou tirés sur format in-12. — Cette édition fait partie d'une « Bibliothèque française ».
Besançon, Vict. Cabuchet, 1822, 2 vol. in-12.
Paris, Anselin et Pochard, 1826, 4 vol. in-32. 9 fr. — Édition faisant partie des « Classiques de l'Histoire ».
Besançon, Déis, 1829, 2 vol. in-12.
Paris, Hiard, 1830, 4 vol. in-18, 2 fr. 60 c.— Édition faisant partie de la « Bibliothèque des Amis des lettres. »

— Historia de las revoluciones ocurridas en el goberno de la republica romana, traducida al castellano por D.-J.-T. PAGÈS. *Paris, Parmentier,* 1825, 3 vol. in-12, 12 fr.

— * Histoire des révolutions de Suède. *Paris, Brunet,* 1695, 1696, 2 vol. in-

12. — Autre édition, sous ce titre : Histoire des révolutions de Suède, par M. de Fontenelle, de l'Académie française. *Amsterdam, de Lorme*, 1696, 2 vol. in-12. — Histoire des révolutions de Suède, où l'on voit les changements qui sont arrivés dans ce royaume, au sujet de la religion et du gouvernement. Nouv. édit. *Paris, Babuty*, 1753 ; *Paris*, 1772, 1778, 2 vol. in-12. — Autre édition (suivie des Révolutions de Portugal). *Paris*, an iv (1796), 2 vol. in-8.

Ouvrage encore très-souvent réimprimé de 1696 à 1753, et depuis jusqu'à la fin du dernier siècle.
Éditions de ce siècle :
Paris, Aug. Delalain, 1807, 2 vol. in-12, 3 fr. ; et 1820, in-12.
Édition stéréot. de F. Didot. Paris, P. et F. Didot, 1807, 2 vol. in-18 et 2 vol. in-12. — Un nouveau tirage de cette édition a été inséré, en 1829, dans la « Nouv. Bibliothèque des classiques français », publiée par le libraire Lecointe.
Édition stéréot. d'Herban (avec les Révolutions de Portugal). Paris, H. Nicolle, 1808, 1813, 2 tomes en un vol. in-18 ; ou in-12, 2 fr. 50 c.
Paris, Menard et Desenne, 1819, in-18 et in-12. — Édition faisant partie d'une « Bibliothèque française. »
Lyon, Boget ; et Paris, Maire-Nyon, 1825, 2 vol. in-12.
Édition suivie des Révolutions de Portugal. Besançon, Ch. Déis, 1830, in-12.
Les deux mêmes ouvrages réunis. Paris, Hiard, 1830, 2 vol. in-18, 1 fr. 30 c. — Cette édition fait partie d'une « Bibliothèque des Amis des lettres. »
Nous avons la traduction française d'un ouvrage qui peut servir de suite à celui de Vertot : cette traduction a paru sous le titre suivant :
Histoire d'Eric XIV, roi de Suède, écrite sur les actes du temps, traduite du suédois, d'Ol. Celsius, par E.-J. Genest. Paris, 1777, 2 tomes en un vol. in-12.

— Origine de la grandeur de la Cour de Rome, et de la nomination aux évêchés et aux abbayes de France. *La Haye*, 1737, pet. in-8 ; — *Lausanne (Paris)*, 1745, 1753, in-12.

Vertot prouve, dans cet ouvrage, que, pendant plus de sept cents ans, les papes n'ont eu que la puissance spirituelle ; que les premiers évêques furent nommés par élection, et que les rois de France nommaient autrefois les abbés, et les déposaient quand ils le jugeaient convenables, sans que la Cour de Rome put prétendre à aucune espèce de censure sur l'exercice de ce droit.

— Révolutions de Portugal. Nouv. édit. *Paris*, 1711 ; — *Paris, Babuty*, 1753, in-12 ; — *Paris*, 1758, in-12 ; — *La Haye*, 1769, in-12 ; — *Paris*, 1786, in-12 ; — 1792, in-12.

La première édition de ce livre, fréquemment réimprimé, est de 1711. C'est, comme nous l'avons dit plus haut, une nouvelle édition de l'*Histoire de la conjuration de Portugal*, remaniée et augmentée.
Éditions de ce siècle :
Paris, A. Delalain, 1805, in-18, 1 fr. 80 c.

Édit. publ. par M. de Boisgelin. Londres, Dulau, ..., in-12, 5 shell.
Lyon, 1807, in-12.
Toulouse, Devers, 1811, in-18.
Toulouse, Douladoure, 1811, in-12.
Édition stéréot. de F. Didot. Paris, P. Didot aîné. 1811, in-18 et in-12. — C'est aussi un nouveau tirage de cette édition, qui, en 1830, a été inséré dans la « Nouv. Bibliothèque des classiques français », publiée par le libraire Lecointe.
Édition stéréotype d'Herban. Paris, Nicolle et Belin, 1813, in-18 et in-12, 1 fr. 25 c.
Avignon, J.-A. Joly, 1815, in-12, 1 fr. 25 c.
Édition précédée d'une Notice sur l'auteur, par M. Ch. Nodier. Paris, Menard et Desenne, 1819, in-18 et in-12. — Édition faisant partie d'une « Bibliothèque française. »
Paris, Lebègue, 1821, in-12, 2 fr. — Édition faisant partie d'une « Bibliothèque d'une maison de campagne. »
Troyes, Sainton, 1821, in-12, 2 fr.
Lyon, Rusand, 1829, in-18.
Paris, rue Sainte Marguerite, n° 19, 1836, in-32.
Lyon, Pelagaud, 1839, in-12.
Quelques autres éditions ont été imprimées à la suite des « Révolutions de Suède. »

— Revoluciones de Portugal, trad. al castellano, por D.-J.-T. Pagès, interprete real. *Paris, Parmentier*, 1825, in-12, 4 fr.

— Révolutions romaines, de Suède et de Portugal. *Paris*, 1796, 6 vol. in-8.
— Les mêmes. *Paris (Dijon)*, 1796, 7 vol. in-8, sur pap. vélin.

Excellentes éditions.
« En écrivant l'histoire de quelques révolutions « célèbres, Vertot disciple de Saint-Réal, se fit « une réputation plus solide et plus étendue que « celle de son maître. » (Chénier, Tableau de la littér. franç.).

— Traité historique de la mouvance de Bretagne, dans lequel on justifie que cette province, dès le commencement de la monarchie française, a toujours relevé immédiatement, et en arrière-fief de la couronne de France ; contre ce qu'en a écrit le P. Lobineau, dans son Histoire de Bretagne. *Paris, Cot*, 1710, in-12.

L'Histoire de Bretagne, de dom Lobineau, parut en 1707, 2 vol. in-fol. Cette Histoire fut assez bien reçue du public. Cependant deux célèbres écrivains attaquèrent ce que dom Lobineau avait dit de l'établissement des Bretons dans l'Armorique, et de la suzeraineté des anciens ducs de Normandie sur la Bretagne. Le premier fut Vertot, qui, dans son Traité de la mouvance de Bretagne, prétendit que cette province avait été donnée, l'an 912, par le le roi Charles le Simple à Rollon, chef des Normands, et que les Bretons, depuis leur entrée dans les Gaules, avaient toujours relevé immédiatement, ou en arrière-fief, de la couronne de France. Le second fut Claude Du Moulinet, sieur des Thuilleries (voy. ce nom). La Réponse que D. Lobineau fit à ces deux auteurs est de 1712. Des Thuilleries répliqua par une lettre, datée du 6 février 1713, et adressée à l'abbé Vertot. Ce dernier n'en demeura pas court ; mais sa réplique, qui porte pour titre : *Histoire critique de l'établissement des Bretons dans les*

Gaules, etc., ne parut qu'en 1720. Il la fit avec tant d'aigreur et de vivacité, que bien des gens la prirent pour une dénonciation, dans laquelle il tâchait de rendre son adversaire criminel d'État, et cela pour un point d'histoire. L'abbé de Vertot ne s'en tint pas à sa réplique : il dénonça D. Lobineau au chancelier, et, si ce religieux ne fut pas renfermé dans une étroite prison, il ne dut sa liberté qu'à la sagesse et à la modération du magistrat. Cependant D. Lobineau fut si intimidé des démarches de son adversaire qu'il prit le parti de garder le silence.

Outre les différentes histoires que nous venons de citer, l'abbé Vertot a laissé un assez grand nombre de dissertations sur divers usages ou points historiques, qui sont toutes marquées au coin d'une sage discussion et d'une saine philosophie. Toutes ont été imprimées dans les Mémoires de l'Académie roy. des inscriptions et belles-lettres; en voici les titres :

Dissertation dans laquelle on tâche de démêler la véritable origine des Français, par un parallèle de leurs mœurs avec celles des Germains. (*Mém. de l'Acad.*, tom. II, p. 612).

Dissertation sur l'origine des loix saliques, et si c'est précisément en vertu de l'article LXII, §. 6, que les filles de nos rois sont exclues de la succession à la couronne (*Ibid.*, p. 651). Pierre Rival (voy. ce nom) est auteur d'un Examen d'une partie de cet ouvrage.

Disssertation dans laquelle on examine si le royaume de France, depuis l'établissement de la monarchie, a été un État héréditaire ou un État électif.

Cette Dissertation, lue à l'Académie des inscriptions, le 27 avril 1717, est insérée dans le tome IV, page 672, de ses Mémoires; elle se trouve aussi le tome IV des « Mémoires de littérature et d'histoire » du P. Desmolets.

Dissertation au sujet de nos derniers rois de la première race, auxquels un grand nombre d'historiens ont donné injustement le titre odieux de *fainéants* et d'*insensés*. (*Ibid.*, p. 704).

Dissertation sur l'origine et les priviléges du royaume d'Yvetot. (*Ibid.*, p. 728).

Dissertation sur l'établissement des loix somptuaires parmi les Français.

Lue à l'Académie, le 3 mai 1720, et imprimée dans le tome VI, page 727 de ses Mémoires.

Dissertation au sujet de la sainte ampoule conservée à Rheims pour le sacre des rois de France.

Cette pièce, imprimée dans le tome II, pag. 669, des Mémoires de l'Académie, peut être regardée comme un répertoire des passages des anciens auteurs qui ont écrit sur ce prétendu miracle.

Dissertations sur l'ancienne forme des serments usités parmi les Français. (*Ibid.*, p. 700).

L'abbé de Vertot a coopéré, vers la fin du dix-septième siècle et au commencement du dix-huitième, à la rédaction de l'ancien Journal des savants.

—Œuvre choisies. *Paris, de l'impr. de P. Didot aîné.—L. Janet*, 1819, 5 vol. in-8, 30 fr., et sur pap. vélin, 60 fr.

On peut y joindre l'édition de l'Histoire des chevaliers de Malte, publiée en 1819, qui porte la tomaison VI-XII.

A la tête du premier volume de ce recueil, qui est le premier des Révolutions romaines, l'éditeur a mis : un Avis, l'Éloge de l'abbé Vertot (lu à l'Académie des inscriptions) ; une Notice sur l'abbé Vertot et sur ses ouvrages. Le tome V, qui renferme les « Révolutions de Portugal », est terminé par cinq *Dissertations* qui n'avaient point encore été réunies en corps d'ouvrage.

— Les mêmes, sous le titre d'Œuvres.

Nouv. édition. *Paris, Lequien fils*, 1830-34, 6 vol. in-8, 13 fr. 50 c.

VERUSMOR. Voy. Voisin-la Hougue.

VERVIER (Jean-Baptiste), successivement médecin en chef des armées de Marie-Thérèse en Belgique, médecin en chef des hôpitaux militaires, médecin des hospices civils, et président de la Société de médecine de Gand, sa patrie, membre de plusieurs sociétés savantes ; né le 8 mars 1750, mort en décembre 1817.

On a de J.-B. Vervier une *Dissertation sur l'art des accouchements*, et une traduction des *Aphorismes d'Hippocrate*.

VERVIER (Charles-Auguste), à Gand, membre de la Société zélandaise des arts et des sciences, de la Société de littérature néerlandaise, à Leyde; directeur de la classe de littérature de la Sociéré royale des beaux-arts, à Gand, directeur de l'Académie royale de dessin, peinture, gravure, sculpture et architecture, de cette ville; président de la Commission pour la conservation des monuments anciens, curateur de l'Athénée de Gand; né à Gand, le 15 août 1789.

— Imitation libre de ses poésies, par L.-V. Raoul, en français et en hollandais. Tome Ier. *Gand, Houdin*, 1820, in-8.

M. Vervier est auteur d'un recueil de poésies flamandes, et d'un grand nombre d'articles insérés dans les Annales belgiques, le Vriend des Vaderlands, le Vaderlandsche letteroefeningen, le Messager des arts et des sciences de la Belgique, et dans plusieurs autres journaux et recueils périodiques. (*Dict. des hommes de lettres, etc., de la Belgique*).

VERVILLE. Voy. Beroalde de V.

VERVLOET (Thomas-Joseph), procureur du roi à Malines, sa patrie.
— Code ou Bibliothèque complète de l'officier de l'état civil de la Belgique, sur les législations ancienne, intermédiaire et actuelle de l'état civil. *Bruxelles, H. Remy*, 1835, 2 vol. in-8.

VERVOORT (A.), avocat à la cour royale de Paris.
—Liberté (de la) religieuse selon la Charte. Ouvrage qui a obtenu une mention honorable au concours proposé par la Société de la morale chrétienne sur la législation relative à l'exercice de la liberté religieuse en France. *Paris, Landais et Bigot*, 1830, in-8, 5 fr.
— Tarifs (les) en matière civile, commerciale et criminelle, expliqués et commen-

tés par A. Vervoort. *Paris, Renduel,* 1829, in-18.

VERVOST (l'abbé) —Abrégé de l'histoire sainte, accompagné d'un cours d'orthographe. *Paris, Ducrocq,* 1838, in-18. — Epitome historiæ sacræ, accompagné de divers accessoires. *Paris, Ducrocq,* 1838, in-18, 1 fr. 50 c.

VÉRY (P.).—Philosophie de la religion. (Éléments). *Paris, les principaux libraires,* 1838, in-8, 3 fr. 50 c.

VÉRY (J.).—Notice sur les embaumements, procédés de M. Gannal. *Paris, de l'impr. de Terzuolo,* 1839, in-8 de 32 pages.

VERZIER (Horace). — Tables de dividendes, suivies du développement de leur formation, pour établir toute espèce d'étoffes de soie, avec des titres et proportions exactes avec toutes les réductions de tissu, toutes les qualités et toutes les modifications de poids que la soie peut éprouver à la teinture. *Lyon, Sauvignet,* 1836, in-8 de 200 pag.

VERZURE (madame de), épouse d'un banquier de Gênes. — *Réflexions hasardées d'une femme ignorante, qui ne connaît les défauts des autres que par les siens, et le monde que par relation et par ouï-dire. Amsterdam, et Paris, Vincent,* 1766, 2 part. in-12.

VERZY (J.-B.). — Adélie, ou Une mère et sa fille, comédie en un acte et en prose. *Paris, sans nom d'impr.,* an x (1802), in-8.

VERZY (F.).— Paris embelli sous le règne de Napoléon Ier, empereur des Français, roi d'Italie, protecteur de la confédération du Rhin, poëme en son honneur. *Paris, Antoine,* 1808, in-8 de 24 pag., avec une gravure.

VESDIER (l'abbé), curé, et professeur de rhétorique au collége de Mayenne. — *Réflexions sur la vie de François Blin, écolier au collége de Mayenne. 1755, in-16 de 85 pag.

VÉSIANO (de) Voy. Devisiano.

VÉSIGNÉ (J.-B.), D. M. Voy. Lisfranc.

VESIN (Ch.-Fr.).—Traité d'obscurigraphie, ou Art de déchiffrer ou traduire avec facilité, et sans en avoir aucune connaissance, toutes les écritures en caractères allemands, anglais, arabes, arméniens, gothiques, grecs, hébraïques, etc., quelque en soit l'alphabet, et celles même qui seraient faites par les signes que le plus extravagant pourrait inventer. *Paris, madame Goullet,* 1838, in-8, 5 fr.

VESPASIANO, italien, alors résidant à Paris. — Omaggio poetico di Antonio di Gennaro, duca di Belfoste. 1768, in-8.

Il a traduit en italien le Temple de Gnide de M. de Montesquieu.

VESQUE DE PUTLINGEN. — *Roi (le) Guiot, histoire nouvelle, tirée d'un vieux manuscrit poudreux et vermoulu. 1791, in-12.

VESSIÉ (Adolphe). — Vœu (le) de la France accompli. Stances. *Montpellier, Sevalle,* 1831, in-8 de 8 pag.

VESTRIS (Gaetano-Apoline-Balthazar Vestri, dit), célèbre danseur, maître de ballets; né à Florence, le 18 avril 1729, mort à Paris, le 23 septembre 1808. —Endymion, ballet héroïque (en un acte). *Sans nom de ville,* et sans date (*Paris,* 1773), in-8. — Nid (le) d'oiseaux, ballet pantomime (en un acte). 1786.

Vestris a fait des changements au ballet de « Médée et Jason », de Noverre, en 1778, et l'a remis au théâtre avec Gardel, en 1804.

VESTRIS (Marie-Rose Gourgaud), actrice de la Comédie-Française, sœur de Dugazon et belle-sœur du précédent Vestris; née en 1746, morte le 6 octobre 1804. — Lettre à la Comédie-Française en réponse à celle de mademoiselle Sainval. 1784.

VESTRIS. — Maison (la) inhabitée, ballet-comique en trois actes. *Bruxelles, veuve Poublon,* 1833, in-8.

VESVROTTE (le président de) —Réclamation (sa) contre le Voyage au cap Nord, publiée sous le nom d'Acerbi. *Dijon, de l'impr. de Frantin,* 1815, in-8 de 16 pag.

Extrait du tome III des Annales des voyages, tiré à 100.

VETER (Martius), colonel d'état-major en retraite (pseudonyme).

— Lettre à M. le marquis de Latour-Maubourg, ministre de la guerre, sur son budjet et divers actes de son administration. *Paris, Corréard,* 1820, in-8 de 32 pag., 1 fr. 25 c. — IIe lettre au même. *Paris, Mongie,* 1820, in-8 de 64 pag., 1 fr. 50 c.

On attribue ces deux Lettres à un maréchal de France. Il a été fait une Réponse à la première lettre par un officier en demi-solde. Paris, Renard ; Delaunay, 1820, in-8 de 20 pag.

VETERANI (le comte). — Ses Campagnes en Hongrie depuis 1683 jusqu'en 1694, trad. de l'ital. *Dresde,* 1788, in-8.

VETILLART, médecin du Mans.
— Mémoire raisonné sur la maladie qui règne à Mamers. 1768, in-8.
— Mémoire sur une espèce de poison, connu sous le nom d'ergot, seigle ergoté, blé cornu ; méthode curative que l'on doit mettre en usage suivant les différents temps de la maladie. *Paris, de l'impr. royale,* 1770, in-4.
— *Règles du médiateur, recueillies et expliquées pour l'usage du beau sexe; par M. V***. *Paris, Delaguette,* 1752, in-12.

VETILLART, du Mans, négociant en toiles, membre de la Société royale d'agriculture, sciences et arts du Mans.
— Douanes, augmentation de droits sur les toiles étrangères : réductions de droits sur les cotons. *Paris, Égron,* 1824, in-8 de 24 pag.

VETOUR. — Instructions (nouvelles) sur l'histoire de France, à l'usage de la jeunesse. *Paris, Servière,* 1786, in-12.

VETTORI (Francesco), ambassadeur de la république florentine près Maximilien Ier.
— Costanza (la) da casale di Monferrato, comedia. Ora per la prima volta publicata. *Parigi, dai torchi di Thomassin,* 1838, in-8.
— Viaggio in Alemagna. Aggiuntavi la vita di Francesco et Pagolo Vettori; il Sacco di Roma del 1527, dello stesso (J. Vettori). *Parigi, boulevard des Italiens,* n° 1, 1838, in-12.

VÊTU (l'abbé J.-B.), curé de Chenove-lès-Dijon.
— Explication du catéchisme, ou Instructions sur les vérités et les devoirs de la religion, avec des explications claires et précises, des pratiques à la fin des chapitres, des traits historiques choisis, des paraboles et différents articles accessoires; ou-

vrage entièrement neuf pour le plan et la méthode. Sec. édition, revue et considérablement augmentée par l'auteur. *Paris, Demonville,* 1826—27, 3 vol. in-12, 7 fr.

VEUILLET (l'abbé). — Meilleur (le) moyen pour apprendre à lire. *Lyon, de l'impr. de Guyot,* 1837, in-8.
- Recherche universelle de l'égalité. *Lyon, Guyot,* 1838, in-8, 3 fr. 50 c.

VEUILLOT (Louis).— Pélerinages (les) en Suisse : Einsiedeln, Sachslen, Maria-Stein. *Paris, Canuet,* 1839, 2 vol. gr. in-12, 8 fr..

VEYHER (C.-L.), négociant à Strasbourg.
— Observations adressées à M. le comte d'Argout, ministre du commerce, sur le transit des huiles de graines. *Strasbourg, de l'impr. de madame veuve Silbermann,* 1831, in-8 de 20 pag.

VEYLAND, professeur de philosophie.
— Essai sur le sentiment du beau et du sublime, trad. de l'allemand, avec des notes du traducteur (1823). Voy. KANT.

VEYLON. — Inspirations patriotiques. *Paris, les marchands de nouveautés,* 1830, in-8 de 20 pag.

VEYRASSAT. — Art (l') d'apprendre à écrire soi-même, et les principaux éléments de la langue française. Sec. édit. *Paris, Veyrassat,* 1836, in-fol. de 8 pages, avec pl., 2 fr.

VEYRAT (J.-P.). — A Sa Majesté le roi de Sardaigne, de Chypre et de Jérusalem, duc de Savoie, prince de Piémont. *Paris, Souverain,* 1838, in-8 de 16 pag.
— Casque en cuir et pantalon garance, folie-vaudeville en un acte. *Paris, boulevard Saint-Martin,* n° 2, 1836, in-32, 15 c.

Avec M. Saint-Yves (Déaddé).
Cette pièce fait partie d'un nouveau Répertoire dramatique.

— Commères (les) de Bercy, vaudeville en un acte. *Paris, Morain,* 1838, in-8, 30 c.

Avec M. Angel.

— Fille (la) du Danube, ou Ne m'oubliez pas, drame-vaudeville en deux actes. *Paris, boulevard Saint-Martin,* n° 2, 1836, in-32, 15 c.

Faisant partie du nouveau Répertoire dramatique.

— Homme (l') rouge, satire hebdomadaire.

Lyon, au bureau de la Glaneuse , et Paris, Guillaumin , 1833—34 , in-4.

Avec M Berthaut.

Le premier numéro de cette satire a paru le 3t mars 1833. Vingt-deux livraisons, chacune de 8 pages , ont été publiées. Le prix de l'abonnement pour trois mois, ou pour treize numéros, était de 8 fr.

— Maugrabin (le), drame mêlé de chants, imité d'une chronique du 15e siècle. *Paris, Marchant* , 1836, in-32, 15 c.

Avec M. Saint-Yves (Déaddé).
Faisant partie du nouveau Répertoire dramatique.

— Oncle (l') d'Afrique, vaudeville en un acte. *Paris, Morain,* 1837, in-8, 30 c.

Avec M. Angel.

— Regrets (les), vaudeville en un acte. *Paris, Marchant,* 1837, in-32, 15 c.

Avec M. Saint-Yves (Déaddé).
Faisant partie du nouveau Répertoire dramatique.
M. Veyrat, en outre, a publié, comme éditeur : Italiennes. Poésies politiques de Camille Saint-Héléna. Paris, Ledoux, 1832, in-8 de 48 pages, 1 fr. 50 c.

VEYSSIÈRE DE LA CROZE. Voy. La Croze.

VEZE (Jacques de), de Montpellier, ancien chef du bureau des petites gabelles à Paris, membre de l'Académie de Béziers.

Veze a eu part aux trois premiers volumes de la « Bibliothèque française » de Camusat.

VEZIEN. — * Lettre à M. Ronillé, contenant une relation de l'Égypte, de la terre sainte, du mont Liban , etc., avec des réflexions. *Lisbonne,* 1702, in-12.

VEZOU (Louis-Claude de), géographe.
—Mappemonde géosphérique 1754.

VIAL , ministre du saint évangile.
— * Idolâtrie (de l') de l'Église romaine. 1728, in-8.

VIAL. — Arbre généalogique de l'harmonie, en trois feuilles gravées. 1767.

VIAL (J.-A.). — Causes de la guerre de la Vendée et des chouans. *Anvers,* 1795, in-8.

VIAL (Victor), longtemps bibliothécaire du ministère de l'intérieur; né à Paris, en 1781.

On a de lui des chansons, des madrigaux et des poésies diverses.

VIAL (Jean-Baptiste-Charles) , auteur dramatique ; né à Lyon, le 2 juillet 1771, fut d'abord employé dans le commerce, et

plus tard au ministère des finances, où il était encore en 1830.

— Aline, reine de Golconde, opéra en trois actes. *Paris, madame Masson,* 1803.
—IIIe édit. *Paris, la même,* 1815, in-8, 1 fr. 50 c.

Avec Favières.

— * Avant-postes (les), ou l'Armistice, vaudeville anecdotique en un acte. *Paris, Chollet,* an IX (1801), in-8, 1 fr.

Avec MM. Audras et Tournay.

— Clémentine, ou la Belle-mère , comédie en un acte, mêlée d'ariettes. *Paris,* 1799, in-8 , 1 fr.

— Congé (le), ou la Fête du vieux soldat, divertissement en un acte et en prose, mêlé de vaudevilles, à l'occasion de la paix. *Paris,* 1802 , in-8.

Avec M. Tournay.

— Couronne (la) de fleurs, vaudeville en un acte, à l'occasion du couronnement de S. M. Charles X. *Paris, Quoy,* 1825, in-8.

Avec MM. Gersain et Gabriel.

—Danilowa, opéra-comique en trois actes. *Paris, Barba,* 1830, in-8.

Avec M. Paul Duport.

— Dessert (le), contes en vers et poésies diverses. *Paris, Paulin,* 1833, in-18, 5 fr.
— * Deux (les) jaloux, comédie en un acte, mêlée d'ariettes, imitée de Dufresny, par M***. *Paris, Barba,* 1813, in-8, 1 fr. 25 c.
— * Deux (les) mariés, comédie en un acte (en prose), mêlée de couplets. *Paris, Marchant,* 1830, in-8.

Avec MM. Carmouche et de Courcy. M. Vial n'est point nommé sur la pièce.

— Deux (les) mousquetaires, ou la Robe de chambre, opéra-comique en un acte. *Paris, Bouquin de la Souche,* 1825, in-8, 2 fr.

Avec M. Justin Gensoul.
Cette pièce a obtenu une seconde édition dans la même année.

— Double (la) fête, à-propos mêlé de vaudevilles. *Paris, madame Huet-Masson,* 1818, in-8, 1 fr. 25 c.

Avec M. B***. (Belurgey).

— Élève (l') de la nature, comédie en un acte et en vers libres. *Paris, cit. Toubon,* an III (1793), in-8.
— Élève (l') de Presbourg , opéra-comique

en un acte. *Paris, Henriot,* 1840, in-8 à 2 colon., 30 c.

Ouvrage posthume de Vial et de M. Théod. Muret. Cette pièce fait partie du « Répertoire dramatique ».

— Grand (le) deuil, opéra bouffon (en deux actes). *Paris, Hugelet,* an x (1802), in-8, 1 fr. 20 c.

Avec M. C.-G. Etienne.

— * Lord Davenant, drame en quatre actes et en prose; par MM. ***. *Paris, J.-N. Barba,* 1825, in-8.

Avec MM. Justin Gensoul et Milcent.

— Mari (le) et l'amant, comédie en un acte. *Paris, madame Huet,* 1821; ou *Paris, Pollet,* 1830, in-8, 2 fr.

Réimpr. encore pour la « France dramatique. »

— Mariage (le) à l'anglaise, opéra-comique en un acte. *Paris, Delaforest,* 1828, in-8.

Avec M. Justin Gensoul.

— Pensionnat (le) de jeunes demoiselles, opéra-comique en deux actes (en prose). *Paris, J.-B. Barba,* 1825, in-8.

Avec Picard. Ce sont les « Visitandines » refaites.

— Premier (le) venu, ou Six lieues de chemin, comédie en trois actes et en prose. *Paris, Huet; Charon,* 1801, in-8, 1 fr. 50 c.

— Une faute par amour, comédie en un acte et en prose, mêlée d'ariettes. *Paris, cit. Toubon,* an iii (1795), in-8.

— Vauban à Charleroi, comédie historique en trois actes et en vers. *Paris, Barba,* 1827, in-8.

Avec R. (Reverony) de Saint-Cyr.

M. Vial a composé et fait représenter une vingtaine de pièces de plus que celles que nous citons; mais elles n'ont pas été imprimées.

VIAL, D. M. P. — Coup-d'œil sur la topographie physique et médicale du département de la Corrèze. *Paris, de l'impr. de Lachevardière,* 1826, in-8 de 72 pag.

VIAL DE CLAIRBOIS (Honoré-Sébastien), d'abord ingénieur constructeur de la marine, plus tard directeur des études de l'école des ingénieurs de vaisseaux, chef des constructions navales au port de Lorient, directeur de l'école spéciale du génie, au port de Brest, de 1801 à 1810, membre de plusieurs académies; né à Paris, le 27 mars 1733, mort à Brest, le 20 décembre 1816.

— Dictionnaire encyclopédique de la marine. *Paris,* 1793, 4 vol. in-4, dont un de 175 planches, 80 fr.

Faisant partie de « l'Encyclopédie méthodique », Vial de Clairbois, outre beaucoup d'articles qu'il a fourni à ce Dictionnaire, est l'auteur du Discours préliminaire et du Tableau analytique qui le précèdent.

— Essai géométrique et pratique sur l'architecture navale, à l'usage des gens de mer. *Brest, Malassis,* 1776, in-8, fig.

— Traité de la construction des vaisseaux, trad. du suédois (1781). Voy. CHAPMAN.

— Traité élémentaire de la construction des vaisseaux, à l'usage des élèves de la marine. *Brest, et Paris, Magimel,* 1787, 1803-05, 2 vol. in-4, fig., 28 fr.

Cet ouvrage fait suite à celui que l'auteur a publié en 1781, sous le titre de *Traité de la construction des vaisseaux* (la traduction du livre de Chapman, citée précédemment), il n'est ni moins utile, ni moins intéressant. On jugera, par l'analyse abrégée, de ce qu'il contient.

Il est divisé en quatre parties. La première concerne les procédés préalables du constructeur, c'est-à-dire, les plans des vaisseaux, les devis, le tracé des plans, et particulièrement de celui à la salle des gabarits.

La seconde traite du travail de l'assemblage et de la liaison des pièces de construction, décrites dans le premier volume.

La troisième donne des détails particuliers, et des moyens de vérification relativement à la mise en place des parties intégrantes du vaisseau.

Et la quatrième est destinée à compléter l'instruction concernant l'application de l'hydrostatique aux calculs qui intéressent l'habileté des bâtiments de mer, dans toutes les circonstances où ils peuvent se trouver.

VIAL DE SAINT-BELL (Charles), écuyer du roi, chef de l'Académie de Lyon, anc. professeur de l'école vétérinaire de la même ville, démonstrateur en anatomie démonstrative, à Montpellier, puis professeur du collége vétérinaire à Londres; né à Lyon, en 1753, mort le 21 août 1793.

— Lectures on the elements of ferriary, on the art of horse stroeing and on the diseases of the foot. *London,* 1793, in-4.

— Proportions (des) de l'éclipse (en français et en anglais). *Londres,* 1791, in-4.

— Works. *London, Martin and Bain,* 1795, in-4.

VIALAR. — * Constitution politique de la monarchie espagnole; trad. de l'espagnol (1822). Voy. ce titre.

VIALAR (le baron). — Alger. Appendice au rapport de M. Passy (ministère de la guerre). *Paris, de l'impr. d'Herhan,* 1835, in-8 de 12 pag.

— Simples faits exposés à la réunion algérienne du 14 avril 1835. Par M. le baron

Vialar, président du comité d'agriculture, délégué des colons d'Alger. *Paris, de l'impr. de Didot*, 1835, in-8 de 40 pag.

VIALARS. — * Lettre aux agriculteurs, gros taillables et ménagers du diocèse de Montpellier; par deux propriétaires fonciers du diocèse de Montpellier. 1789, in-8.

Avec Aubaret.

VIALART (l'abbé Louis), prieur de Montournois, en Poitou.
— Histoire généalogique de la maison de Surgères en Poitou. *Paris, Chardon*, 1717, in-fol.

VIALART DE SAINT-MORYS. Voy. Saint-Morys.

VIALE (Salv.). — Dionomachia, poemo eroï comico. IIa ediz., notabilmente corr., accresc., ed illustrata. *Parigi, Dufart*, 1823, in-8.
— Saggio di prose e versi. *Parigi, dai torchi di Boucher*, 1828, in-8 de 116 pages.
— Voto (il) di Pietro Cirneo, narrazione tratta da un manuscritto inedito, e l'Ultima vendetta, novella storica. IIa ediz., riv. et corr. *Bastia, dai torchi di Fabiani*, 1837, in-8 de 72 pag.

VIALET. — Supplément au Traité élémentaire sur l'art de peindre en miniature. *Paris, l'Auteur*, 1789, in-12.

VIALLA (Louis-Édouard). — Manuel du poitrinaire, ou Moyens de guérir les maladies de poitrine; contenant une classification simple et naturelle des maladies de l'appareil pulmonaire. *Lyon, de l'impr. de Barret*, 1831, in-8 de 96 pag.

VIALLA DE SOMMIÈRES (le colon. L.-C.). — Voyage historique et politique au Monténégro. Orné d'une carte et de douze figures color. *Paris, A. Eymery*, 1820, 2 vol. in-8, 15 fr.

VIALLE (Jos.-Anne), avocat. Voy. Beronie.

VIALLE (J.-B.), D. M. — Réponse à une lettre de M. le docteur Vidalin à M. le professeur Broussais. *Paris, de l'impr. de Lachevardière*, 1827, in-8 de 24 pag.
— Suppression d'un commerce de drogues, ordonnée par un jugement du tribunal de Corbeil. Questions de médecine légale. *Pa-*

ris, *mademoiselle Delaunay*, 1831, in-8 de 24 pag.

VIALLE DE LA VALFÈRE (Louis-Édouard), D. M.
— Café (le), préservatif de la goutte et de la vérole. *Paris, de l'impr. de Mie*, 1833, in-8 de 40 pages.

VIALLET (Guillaume), anc. sous-inspecteur des ponts et chaussées de la province de Champagne, membre de la Société littéraire de Châlons-sur-Marne.
— Recherches sur la construction la plus avantageuse des digues. Ouvrage qui a remporté le prix proposé par l'Académie des sciences et belles-lettres de Toulouse, en 1762. *Paris, Ch.-Ant. Jombert*, 1764, in-4, avec 7 planches. — Nouv. édition. *Paris, Barrois l'aîné; F. Didot*, 1798, in-4, avec 7 planches, 4 fr., et sur gr. papier, 7 fr.

Avec l'abbé Bossut.

VIALLET, ingénieur en chef du département de la Lozère.
— Mémoire sur la meilleure direction à donner aux routes royales qui traversent l'arrondissement septentrional du département de la Lozère. *Mende, de l'impr. d'Ignon*, 1828, in-8 de 52 pages.

VIALLON (   ), chanoine régulier et bibliothécaire de l'abbaye de Sainte-Geneviève; né à Lyon, mort en 1805.
— Clovis-le-Grand, premier roi chrétien, fondateur de la monarchie française; sa vie, précédée de l'histoire des Francs avant sa naissance, avec les vies des principaux personnages qui ont concouru à la gloire de son règne. *Paris*, 1788, in-12.
— Philosophie de l'univers, ou Théorie philosophique de la nature. *Bruxelles, Emm. Flon*, 1782, 2 vol. in-8, avec fig.

VIANADT, pseudon. Voy. Taviand.

VIANCIN (Charles-François). — Deux (les) génies, hommage poétique à madame Amable Tastu. *Besançon, de l'impr. d'Outhenin Châlandre*, 1827, in-16 de 8 pag.
— Éloge de Florian, pièce qui a partagé le prix de poésie au concours de l'Académie royale du Gard, en 1832. *Besançon, de l'impr. de Sainte-Agathe*, 1833, in-8.
— Épître sur le passage de madame la Dauphine à Besançon. *Besançon, de l'impr. de Ch. Déis*, 1829, in-18.
— Époques (les) du Bisontin, poésies di-

verses. *Besançon, et Paris, Brunot-Labbe,*
1817, in-8.

VIANI (le P.) — Istoria delle cose operate nella China da Mgr. Gio. Ambrosio Mezzabarba, patriarca d'Alessandria, legato apostolico in quell' impero, e di presente vescovo di Lodi. *Parigi, Briasson* (1739) in-8 de xvj et 256 pag.

Le P. Viani avait été le compagnon de Mezzabarba dans sa légation à la Chine, et de plus son confesseur. Le Journal de la légation à la Chine commence au 23 septembre 1720, et finit au 8 décembre 1821.

VIANY (M.-J.-H.-M. de). —Fragments extraits dess manuscrits du Vatican et du Bréviaire mozarabique (1827). Voy. l'abbé de SURLEMONDE.

VIARD (Nicolas-André), avocat et maître d'histoire et de géographie de l'Académie des enfants, précepteur de Florian; mort en 17...
— * Mémoire à consulter, et Consultation pour des curés du diocèse du Mans. *Paris, Butard*, 1768, in-12.
— Recueil des Époques les plus intéressantes de l'histoire de France, servant d'explication au Tableau chronologique. *Paris, Dessain*, 1769, 1771, 1773, in-12.
— Tableau chronologique de l'histoire de France. 1769, in-12.
— Vrais (les) principes de la lecture, de l'orthographe et de la prononciation françaises. *Paris, Panckoucke*, 1763, in-8 de 162 pages; ou 1767, in-12.
— Les mêmes, revus et augm. par LUNEAU DE BOISJERMAIN. *Paris*, 1783, 3 part. in-8;
— ou *Avignon, Chambeau*, 1816, in-12.

Le livre de Viard a été souvent réimprimé dans ce siècle, et nous citerons, entre autres, les éditions suivantes :
Nimes, Gaude, 1811, in-12.
Toulon, Caret, 1811, in-12.
Avignon, Chambeau fils, 1816, 1825, in-12.
Agen, Prosp. Noubel, 1826, in-12.
Avignon, Guichard, 1829, in-12.

— Le même ouvrage, par Viard et Luneau de Boisjermain. Nouv. édition, corr. et augm. de l'arithmétique, et d'un abrégé des sciences et des arts; par un instituteur (M. L.-A. C***). *Avignon, de l'impr. de Chambeau*, 1830, 1835, in-12.

Viard est le traducteur du morceau tiré de LACTANCE, sur le phénix, imprimé en 1798, avec des morceaux de deux autres auteurs sur le même sujet. (Voy. LACTANCE).

VIARD (A). — Cuisinier (le) impérial, ou l'Art de faire la cuisine et la pâtisserie pour toutes les fortunes; avec la manière de servir une table, depuis vingt jusqu'à soixante couverts. *Paris, Barba*, 1806, in-8.—Sec. édition, revue, corrigée, augmentée; suivie d'une table plus complète. *Paris, Barba*, 1807, in-8, 6 fr.

Ce livre a été successivement augmenté par MM. FOURET et PIERHUGUE. La dernière édition a paru sous ce titre :
Cuisinier (le) royal, ou l'Art de faire la cuisine, la pâtisserie, et tout ce qui concerne l'office pour toutes les fortunes; par MM. Viard, Fouret et Delan, hommes de bouche. XIVe édition, augm. de 300 articles nouveaux, par M. Delan, suivie d'une Notice complète sur tous les vins, par ordre de service, par M. G. ..., restaurateur, Paris, Gustave Barba, 1831, in-8, avec planches, 9 fr.; — XVe édition, Paris, le même, 1837, in-8.

VIARD (H.). — Prédicateur (le) géomètre, dédié aux esprits forts des deux sexes; démontrant avec l'éloquence des chiffres : 1° que Dieu existe; 2° que la raison humaine est faible, trop faible pour bien juger les questions tirées de l'ordre conjectural; 3° que la liberté, la paix, la gloire des nations, sont assurées lorsque l'estime publique suit, dans la distribution de ses faveurs, les règles établies par le Christ. *Paris, Treuttel et Wurtz*, 1838, in-8, 4 fr.

VIARD. — Projet pour tenir les rues de Paris dans un état constant de propreté. *Paris, de l'impr. d'Auguste Delalain*, 1826, in-8 de 16 pag.

VIARDEL (Cosme), chirurgien. — Observations sur la pratique des accouchements, avec des notes de Planque. *Paris*, 1748, in-8.

VIARDOT (Louis), littérateur; né à Dijon, en 1800.
— Essai sur l'histoire des Arabes et des Maures d'Espagne. *Paris, Paulin*, 1832, 2 vol. in-8, 12 fr.
— Études sur l'histoire des institutions, de la littérature, du théâtre et des beaux-arts en Espagne. *Paris, Paulin*, 1835, in-8, 7 fr. 50 c.
— * Laure d'Arezzo, anecdote du xvie siècle. Par Louis *******. *Paris, Mongie aîné*, 1824, in-12, 2 fr. 50 c.
— Notices sur les principaux peintres d'Espagne. *Paris, Gavard*, 1839, in-8, 8 fr.

Ouvrage servant de texte aux gravures de le « Galerie Aguado ».

— Lettres d'un Espagnol, publiées par Viardot. *Paris, Ch. Gosselin*, 1826, 2 vol. in-8, 12 fr.

— Scènes de mœurs arabes. Espagne, x⁰ siècle. *Paris, Paulin*, 1833, in-8, 6 fr.

M. Viardot a fourni des articles à l'ancien Globe; aujourd'hui il en donne à plusieurs feuilles quotidiennes, et notamment au « National » et au « Siècle ».

M. Viardot, en outre, a traduit de l'espagnol le Don Quichotte (1836) et les Nouvelles de Cervantes (1838) : l'un et l'autre de ces ouvrages est annoté par le traducteur.

VIART (le vicomte de). — Jardiniste (le) moderne, guide des propriétaires qui s'occupent de la composition des jardins, ou de l'embellissement de leur campagne. *Paris, Petit*, 1819 ;—ou *Paris, Pichard*, 1827, in-12, avec une pl., 3 fr.

VIARZ (Maurice de), pseudon. Voy. A. SERVIEZ.

VIAZENISKI (le prince). — Hermite (l'), drame en trois actes. *Moscou*, 1817, in-18.

VIBAILLE. — * Il n'est pas mort !!! Par un citoyen ami de la patrie. *Paris, les march. de nouv.*, 1821, in-8 de 8 pag., 50 c.

VIBERT (J.-P.), cultivateur de roses à Chenevières-sur-Marne.
— Culture exclusive du rosier. Catologue de roses. *Paris, madame Huzard*, 1836, in-8 de 34 pag., 75 c.
— Essai sur les roses. *Paris, madame Huzard*, 1824-30, 4 livr. in-8, 8 fr.

La troisième livraison traite de la culture et conservation des beyales et noisettes, et la quatrième, des inconvénients de la greffe du rosier sur l'églantier, et des modifications qu'elle nécessite.

— Observations sur la nomenclature et le classement des roses ; suivies du Catalogue de celles cultivées par J.-P. Vibert, à Chenevières-sur-Marne. *Paris, de l'impr. de madame Huzard*, 1824, in-8 ; — 1826, in-8 de 60 pag. ;— 1827, in-8 de 48 pag., 1 fr. 50 c.
— Réponse aux assertions de M. Pirole, insérée dans le premier Supplément de son Jardinier amateur, année 1827. *Paris, madame Huzard*, 1827, in-8 de 68 pag., 1 fr. 50 c.
— Ver blanc (du). Exposé de ses ravages, et de la nécessité de le détruire sous la forme du hanneton; suivi d'une Notice sur le charançon gris et celui de la livèche. *Paris, madame Huzard*, 1827, in-8 de 56 pages, 2 fr. 25 c.

VIBORG (Erik-Nissen), médecin-vétéri-

naire danois ; mort dans sa patrie en 1821.
— Mémoire sur l'éducation, les maladies, l'engrais et l'emploi du porc. (Traduit de l'allem. de VIBORG, et de l'angl. de YOUNG). *Paris, madame Huzard*, 1823, in-8, avec 3 planches. — Sec. édit., corr. et angm. de notes. *Paris, la même*, 1835, in-8, avec 5 grav., 4 fr. 50 c.

La Société centrale d'agriculture du département de la Seine a décerné à l'auteur, en 1816, une médaille d'or pour son Mémoire sur les moyens de perfectionner la race des porcs.

VIC (dom Claude de), bénédictin.
—* Histoire générale du Languedoc, avec des notes et les pièces justificatives composées sur les auteurs et les titres originaux, et enrichie de divers monuments. *Paris, Jacq. Vincent*, 1730-45, 5 vol. in-fol., avec figures.

Les PP. Marchand et Boyer ont donné les premiers soins à cet ouvrage, mais leur âge et leurs emplois ne leur ayant pas permis de continuer, on leur a substitué dom de Vic et dom Vaissette.
(Barbier).

—- La même Histoire, commentée et continuée jusqu'en 1830, et augmentée d'un grand nombre de chartes et de documents inédits sur les départements de la Haute-Garonne, etc., etc. ; par M. le chev. (Alex.) Du MÈGE. *Toulouse, Paya ; et Paris, Croix Daragnot*, 1838 et ann. suiv., gr. in-8 à 2 colonnes.

Cette édition est promise en 10 volumes, avec gravures, distribués en quarante livraisons, à 2 fr. La première livraison a paru en 1838 (10 feuilles, avec 2 pl.); quatre autres ont été publiées l'année suivante.
Dom de Vic a traduit en latin la Vie de J. Mabillon, écrite en français par Théod. Ruinart (Patavic, 1714, in-8).

VICAIRE (Antoine), ancien professeur émérite d'éloquence au collége de Navarre, et recteur de l'Université de Paris ; né à Fontaine-les-Clercs, près de Saint-Quentin, en 1710, mort en 1795.
— Discours sur l'éducation. *Paris, Barbou*, 1768, in-12.
— Juventutis (de) institutione oratio. 1763, in-12.
— Plan de l'Énéide de Virgile, ou Exposition raisonnée de l'économie de ce poëme, pour en faciliter l'intelligence; ouvrage dans lequel on discute quel a été le but principal de l'auteur en composant son poëme. 1787, in-8.
— Regi pacifico, carmen. 1749.
— Virtutis triumphus, carmen. 1750.

A Vicaire a laissé inédit un travail sur Quintilien, à la bonté duquel rend hommage le savant

Dussault, dans la préface de son édition du philologue latin.

VICAIRE (Philippe), anc. professeur royal et doyen de la faculté de théologie à Caen, sa patrie ; né le 24 décembre 1689, mort le 7 avril 1775.

— * Demandes d'un protestant faites à M. le curé de ...., avec les réponses. *Caen, Leroy,* 1766, in-12.

— Exposition fidèle et preuves solides de la doctrine catholique adressées aux protestants. *Caen,* 1770, 4 vol. in-12.

VICARD, ancien professeur d'humanités.

— Grammaire française simplifiée, ou Recueil complet des principes de la langue française, classés avec ordre et précision. *Paris, Brunot-Labbe,* 1811, in-12 de 180 pages.

VICAT (Béat-Philippe), professeur en droit à Lausanne ; mort en 1772.

— Catalogus librorum qui in bibliotheca academiæ Lausanensis asservantur. 1764, in-8.

— Dissertatio juridica inauguralis de postulendo, seu de advocatis. *Basilæ,* 1737, in-4.

— Libertés (les) de l'Église helvétique, trad. de l'allem. (d'Ant.-Fél. de BALTHASAR), avec une préface du traducteur. *Lausanne,* 1770, in-12.

— Prælectio de successione testamentaria ex jure naturali, civili et statutario Bernensi. *Bernensi,* 1748, in-8.

— Traité du droit naturel, et l'application de ses principes au droit civil. Ouvrage posthume. *Lausanne,* 1772, 4 vol. in-8 ; — 1777, 4 tom. en 2 vol. in-8.

— Vocabularium juris utriusque ex variis antea editis præsertim Alex. Scoti et Heinecci. *Lausannæ,* 1759, 3 vol. in-8.

VICAT (Mlle de CURTAS, dame), épouse du précédent.

Madame Vicat a fourni aux Mémoires de la Société économique de Berne des Observations sur les abeilles (première partie, 1764, page 95) ; — sur les mauvais eff-ts du miel grené, et sur les fausses teignes (quatrième partie, page 109).

VICAT (Philippe-Rodolphe), médecin de Lausanne et de Payerne, membre de la Société méd. phys. helvétique, correspondant de l'Académie de Gottingue ; mort en 1784.

— Artis medicæ principes. Tom. VI—X. *Lausannæ,* 1771—74, 5 vol. in-4.

— Bibliothèque médico-physique du Nord. *Lausanne, Grasset,* 1783, 3 vol. in-8.

— Delectus observationum pract. ex Diario clino depromptarum. *Bernensi,* 1780, in-8.

— Dissertatio dietico-medica de facultate corporis locomotiva exercenda.

— * Histoire des plantes vénéneuses de la Suisse, rédigée d'après HALLER. *Yverdon,* 1776, 2 vol. in-8.

— Matière médicale, tirée de « Halleri Stirpium indigenarum Helvetiæ historia », avec beaucoup d'additions. *Berne,* 1776, 2 vol. in-8.

Ouvrage qui a obtenu une seconde édition sous le titre d'*Histoire des plantes suisses, etc.* Berne, 1791, 2 vol. in-8.

— Mémoire sur la plique polonaise. *Lausanne,* 1775, in-8.

— Mémoires (deux) sur le gaz, et principalement sur le gaz méphitique, dit air fixe ; trad. du latin de CORVINUS, avec d'autres Mémoires analogues, l'un de M. BERGMANN et l'autre de M. CRELL. *Lausanne,* 1782, in-8, fig.

— Observations et Dissertations de médecine-pratique, publiées en forme de lettres par M. TISSOT ; traduites du latin avec l'approbation de l'auteur. *Lausanne,* 1780, 2 vol. in-12.

— Supplément au Dictionnaire raisonné universel d'histoire naturelle de M. Valmont de Bomare (contenant des tables alphabétique et systématique). *Lausanne,* 1778, in-8.

VICAT (L.-J.), ingénieur en chef, et directeur des ponts et chaussées, anc. élève de l'École polytechnique ; né à Nevers, le 31 mars 1786.

— Description du pont suspendu construit sur la Dordogne, à Argentat, département de la Corrèze, aux frais de M. le comte Alexis de Noailles ; suivi de l'Exposé des divers procédés employés pour la confection des câbles en fil de fer, pour le levage de ces câbles et du tablier, et terminé par une note sur quelques prix de main d'œuvre. *Paris, Carilian-Gœury,* 1830, in-4, 4 fr. 50 c.

— Pont suspendu en fil de fer sur le Rhône. Rapport au conseiller d'État, directeur général des ponts et chaussées. *Paris, Carilian-Gœury,* 1831, in-8 de 56 pages, 2 fr.

Extrait des Annales des ponts et chaussées.

— Recherches expérimentales sur les chaux de construction, les bétons et les mortier s ordinaires. *Paris, Goujon,* 1818, in-8 avec 25 tableaux impr., et trois planches, 7 fr. 50 c.

Le troisième volume des Mémoires de l'Académie des sciences renferme, dans sa partie historique, un long *Rapport* sur cet ouvrage, par MM. de Prony, Gay-Lussac et Girard.

— Recherches expérimentales sur les phénomènes physiques qui précèdent et accompagnent la rupture ou l'affaiblissement d'une certaine classe de solides. *Paris, Carilian-Gœury,* sans date (vers 1833), in-8 de 68 pag., avec deux planches, 3 fr.

Extrait, tiré à petit nombre, d'un volume des Annales des ponts et chaussées, publié vers 1833.

—Recherches statistiques sur les substances à chaux hydrauliques et à ciments dans diverses contrées de la France. *Paris,* 1837, broch. in-8, 1 fr.

— Résumé des connaissances positives actuelles sur les qualités, le choix et la convenance réciproque des matériaux propres à la fabrication des mortiers et ciments calcaires; suivi de notes et tableaux d'expériences justificatives. *Paris, F. Didot,* 1828, in-4, avec 4 pl., 12 fr.

Cet ouvrage, entièrement neuf, est le fruit de longues recherches et des expériences multipliées de l'auteur. Il contient toutes les théories d'un art important, duquel dépendent à la fois la solidité et l'économie des constructions en tout genre, publiques ou particulières. Les méthodes exposées par M. Vicat le sont avec une clarté qui le met à la portée de tout le monde.

Ce savant a publié des articles d'un grand intérêt dans les Annales de physique et de chimie, et dans celles des ponts-et-chaussées.

VICHARD. — Traité complet de toutes les écritures anciennes et modernes usitées en France; précédé de leurs principes raisonnés et de la méthode pour les acquérir promptement. *Nanci, l'Auteur; Vidard et Julien,* 1833, in-fol. de 24 pag., avec 24 planches, 15 fr.

VICHARD DE SAINT-RÉAL (Jacques-Alexis) (de la famille de l'auteur de la Conjuration des Espagnols contre Venise, voy. tom. VIII, page 371), successivement intendant de Maurienne et du duché d'Aoste, intendant-général des bois et forêts en Sardaigne, l'un des membres distingués de l'Académie des sciences de Turin.

— Discours sur la beauté des femmes. *Anneci,* 1768, in-8.

Vichard de Saint-Réal a fourni sept mémoires au recueil de l'Académie de Turin, en 1788 et 1789 : Grillet (t. III, p. 262—64) en donne la nomenclature, ainsi que les titres de deux ouvrages auxquels l'Académicien sarde travaillait en 1792.

VICHNOU-SARMA (le brahme), moraliste indien.

— Contes et Fables indiennes de Bidpaï et de Lockman, trad. (posth.) d'Ant. GALLAND. *Paris,* 1724, 2 vol. in-12.

C'est la traduction d'une partie de l'*Homaïoun nameh,* titre sous lequel est connue la version turque du livre de Calilah et de Dimnah. Cardonne en a publié la suite.

—Contes et Fables indiennes, traduction d'après la version turque d'Ali-Tchelebi-ben-Saleh, par GALLAND, terminée et publiée par D. CARDONNE. *Paris,* 1778, 3 vol. in-12.

— Conseils et maximes de Pilpay, philosophe indien, sur divers états de la vie. *Brunswick,* 1792, in-8, 2 fr. 50 c.

— Fables, traduites de l'arabe, et précédées d'une Notice sur Loqman, par J.-J. MARCEL. Seconde édition, augmentée de quatre fables inédites. *Paris, Galland,* 1803, in-18 de 154 pages, 1 fr. 20 c.

— Calila et Dimna, ou Fables de Bidpai, en arabe, précédées d'un Mémoire sur l'origine de ce livre, et les diverses traductions qui en ont été faites en Orient, et suivies de la Moallaka de Lebid, en arabe et en français, par le baron SILVESTRE DE SACY. *Paris, de l'impr. royale.*

— *Debure frères,* 1816, in-4, 20 fr.; et sur pap. vélin, 35 fr.

— Pantcha-Tantra (le), ou les cinq Ruses, fables du brahme Vichnou Sarma; Aventures de Paramarta et autres contes; le tout traduit pour la première fois sur les originaux indiens; par M. l'abbé J.-A. DUBOIS, ci-devant missionnaire dans le Meissour. *Paris, Merlin,* 1826, in-8, 6 fr.

VICO (J.-B), économiste italien de la première moitié du XVIIIe siècle.

— Principes de la philosophie de l'histoire, traduits de la « Scienza nuova », et précédés d'un Discours sur le système et la vie de l'auteur, par Jules MICHELET. *Paris, J. Renouard,* 1827, in-8, 7 fr.

L'ouvrage de Vico traduit, pour la première fois en français, en 1827, fut publié à Naples vers 1727, car une seconde édition fut imprimée dans la même ville, en 1730; les idées de Vico n'ont donc percé en France que juste un siècle après.

— OEuvres choisies de Vico, contenant les Mémoires écrits par lui-même, la Science nouvelle, les opuscules, lettres, etc.; précédées d'une Introduction sur sa vie et ses ouvrages. (Par M. Jules MICHELET). *Paris, Hachette,* 1835, 2 vol. in-8, 15 fr.

C'est une nouvelle édition de la traduction précédente, mais augmentée de quelques opuscules de Vico, traduits par le même.

VICQ D'AZYR (Félix), docteur-régent de la Faculté de médecine de Paris, médecin consultant du comte d'Artois, professeur d'anatomie, membre de l'Académie des sciences, secrétaire-perpétuel de la Société royale de médecine et de chirurgie, et de l'Académie française ; né à Valognes, le 23 avril 1748, mort le 20 juin 1794.

— Consultation sur le traitement qui convient aux bestiaux attaqués de l'épizootie. *Bordeaux*, 1775, in-4.

— Discours prononcé dans l'Académie française, à sa réception. (Éloge de Buffon). *Paris*, 1788, in-4.

— Éloge de M. le comte de Vergennes, lu dans la séance publique de la Société roy. de médecine. *Paris*, 1788, in-8.

— Éloges lus dans les séances publiques de la Société royale de médecine. *Paris*, 1778, in-4. — Suites. *Ibid.*, 1782, 1786, 1788, in-4.

— Les mêmes, sous ce titre : Éloges historiques, publ. avec des notes, par MoREAU, de la Sarthe. *Paris*, *L. Duprat-Duverger*, 1803, 3 vol. in-8.

— Essai sur les lieux et les dangers des sépultures, traduit de l'italien, publié avec quelques changements, et précédé d'un Discours préliminaire. *Paris, Didot*, 1778, in-12.

— Exposé des moyens curatifs et préservatifs qui peuvent être employés contre les maladies pestilentielles des bêtes à cornes. *Paris*, 1776, in-8.

— Instruction sur la manière de désinfecter les cuirs des bestiaux morts de l'épizootie, et de les rendre propres à être travaillés dans les tanneries sans y porter la contagion. *Paris*, 1778, in-8.

— * Instruction sur la manière d'inventorier et de conserver tous les objets qui peuvent servir aux arts, aux sciences et à l'enseignement. *Paris* (1794), in-4.

Avec dom Poirier.

— Médecine (la) des bêtes à cornes, publiée par ordre du gouvernement. *Paris*, 1781, 2 vol. in-8.

— * Mémoire instructif sur l'établissement fait par le roi d'une commission ou société et correspondance de médecine. 1776, in-4 de 60 pages.

— Mémoires (différents) et recueil d'observations sur les maladies des bestiaux, par Vicq d'Azyr et autres. 1775 et ann. suiv., in-4.

— Observations sur les moyens que l'on peut employer pour préserver les animaux sains de la contagion, et pour en arrêter les progrès. *Bordeaux*, 1774, in-12.

— * Plan (nouveau) de constitution pour la médecine en France. 1790, in-4.

— Recueil d'observations sur les différentes méthodes proposées pour guérir la maladie épidémique des bêtes à cornes. *Bordeaux*, 1774, in-4.

— Tables pour servir à l'histoire anatomique et naturelle des corps organiques vivants, publiées le 12 novembre 1774, dans la séance de l'Académie des sciences. In-fol.

— Traité de l'anatomie du cerveau. Nouv. édition. *Paris, Duprat-Duverger*, 1813, in-4, avec un Atlas de 40 planches, 50 fr.

— Traité d'anatomie et de physiologie, avec des planches coloriées, représentant au naturel les organes de l'homme et des animaux. *Paris, Didot*, 1786-89, 8 livr. gr. in-fol.

Vicq d'Azyr est l'éditeur de la partie de médecine de l'Encyclopédie par ordre de matières (par une Société de vingt médecins), et il a donné beaucoup de mémoires aux recueils des académies et sociétés dont il faisait partie. Il a aussi publié un ouvrage de Pouteau, avec commentaire ; il a traduit un écrit italien sur les dangers des cimetières dans les villes ; il a donné (avec Huzard) les articles vétérinaires du Dictionnaire de médecine, et du Dictionnaire anatomique de l'Encyclopédie méthodique.

— OEuvres recueillies et publiées avec des notes et un discours sur sa vie et ses ouvrages ; par J.-L. MOREAU (de la Sarthe). *Paris*, *L. Duprat-Duverger*, 1805, 6 gros vol. in-8, imprimés sur pap. superfin, en caractères philosophie, petit-romain, gaillarde et petit-texte ; ornées d'un frontispice allégorique dessiné par M. Girodet, et gravé par M. Delaunay, avec un volume de planches grand-in-4, dont partie sont in-folio, et forment une nouvelle édition du Traité du cerveau : en tout 7 vol., 48 fr.

On a détaché de ces six volumes les *Éloges* de l'auteur qui en forment trois. (Voy. plus haut).
On a des Éloges de Vicq d'Azyr par Lafisse, Lalande et Moreau (de la Sarthe).

VICQUEFORT. Voy. WICQUEFORT.

VICTOR. — Voyages (nouv.) en diverses parties de l'Amérique, mœurs et usages des Caraïbes, restés presque ignorés dans les possessions espagnoles : précédés des amours de l'auteur. *Paris, Mareschal,* an IX (1801), in-12 de 141 pag., 75 c.

VICTOR. — Bérenger, ou l'Anneau de

mariage, vaudeville en un acte (et en prose). *Paris, Fages,* 1809, in-8.

VICTOR (P.), artiste dramatique. Voy. LEREBOURS.

VICTOR, pseudonyme sous lequel se sont cachés plusieurs auteurs dramatiques. Voy. BOIS, DUCANGE, LAMARQUE, SAINT-MARCELLIN et VARIN.

VICTOR. — Monsieur Dupavé, ou le Flaneur marseillais, vaud. *Marseille, les principaux libraires*, 1828, in-8.

Avec M. Raymond.

VICTOR. — Matinée (la) aux contre-temps, comédie-vaudeville en un acte (et en prose). *Paris, Duvernois*, 1828, in-8.

Avec MM. Duvert et Desvergers (Chapeau).

VICTOR (Ch.). — Titime. Histoire de l'autre monde. *Paris, Eug. Renduel*, 1833, in-8, 7 fr. 50 c.

Avec M. Eugène Chapus.

VICTOR (Ferdinand). — Opuscule poétique. *Angers, de l'impr. de Launay-Gagnot,* 1839, in-8 de 32 pag.

VICTOR-AMÉ II, roi de Sardaigne; né à Turin, le 14 mai 1665, mort le 31 octobre 1733.

Il a publié un nouveau Code en 1723, réformé plus tard en 1729.

VICTORIEN, pseudonyme. Voy. SCALIETTE.

VICTORIN. — Inès et Pédrille, ou la Cousine supposée, comédie en trois actes et en prose. *Paris, Fages*, 1813, in-8.

Avec M. Delestre-Poirson.

VICTORINE M***. Voy. MAUGIRARD.

VICTRICE (S.), évêque de Rouen. —Discours à la louange des saints et de leurs reliques, traduit en français sur un très-ancien manuscrit de la célèbre abbaye de Saint-Gall (par l'abbé MOREL, publié par J.-André MIGNOT, grand chantre d'Auxerre, auteur de la préface), et suivi du texte latin. *Auxerre, Fournier*, 1763, in-12.

C'est à tort que dans la table des auteurs de la nouvelle édition de la « Bibliothèque historique de la France », l'abbé Mignot est désigné comme traducteur de ce Discours : il n'en est que l'éditeur ; sa préface le prouve évidemment.

(*Note de Barbier*).

VIDA (Marc-Jérôme), poëte latin,

évêque d'Albe; né à Crémone, mort en 1566.
— Christiade (la), poëme épique de M.-J. Vida, évêque d'Albe. Première traduction française (avec le texte), précédée d'une préface sur la vie et les ouvrages de l'auteur. Par le desservant d'une succursale de Paris (l'abbé S. DELATOUR). *Paris, Colnet*, 1826, in-8 de LX et de 496 pag., sur carré fin, 9 fr., et sur pap. vélin, tiré à 25 exempl., 20 fr.

La préface remplit 60 pages.

— Éducation (l') du poète, poëme imité du latin, de VIDA. Par J.-Honoré VALANT; suivie de quinze Lettres académiques. *Paris, Michaud*, 1814, in-8.— Sec. édition. *Paris, l'Auteur*, 1824, in-8 de 40 pag.
— Hymne à la sainte Vierge, poëme, trad. par l'abbé S. DELATOUR.

Impr. à la suite de l'Enfantement de la Vierge, poëme par SANNAZAR (V. ce nom), trad. par le même, 1830, in-18.

— Poétique de Vida, trad. par BATTEUX.

Imprimée dans les Quatre poétiques. (Voy. BATTEUX).

— La même, trad. par J.-H. VALANT.
— La même, traduite en vers français, par J.-F. BARRAU (avec le texte à côté), suivie de notes. *Paris, Debray*, 1808, 1810, in-8.
— La même, trad. en vers français, par P.-C. GAUSSOIN, avec le texte en regard; suivie des notes latines d'Odin. *Bruxelles, Delemer*, 1819, in-8, 3 fr. 50 c.; ou 1821, in-8, 4 fr. 50 c.; et sur pap. vélin, 6 fr.
— Vers (les) à soie, poëme; Jeu des échecs, etc., lat.-fr., traduits par LEVÉE. *Paris, Nicolle*, 1809, in-8.

Une précédente traduction du poëme des *Vers à soie* fait partie d'un volume qui a paru sous ce titre : *Les Orangers, les Vers à soie et les Abeilles*, poëmes traduits par CRIGNON DE VANDERBERGUE; suivis de quelques pièces sur nos provinces méridionales et de pièces fugitives. Paris, 1786, in-16.

— Ver (le) à soie, poëme, trad. en vers français, avec le texte latin en regard, par M. Mathieu BONNAFOUS, de l'Institut de France. *Paris, de l'impr. de Bouchard-Huzard*, 1840, in-8, avec une gravure.

VIDAILLAN (A. de).—Éligibilité (de l') à trente ans, dans ses rapports avec les développements de l'esprit public et des libertés nationales. *Paris, Al. Mesnier*, 1829, in-8 de 88 pag.
— Histoire politique de l'Église. *Paris,*

Dufey et *Vézard*, 1832-33, 3 vol. in-8, 22 fr. 50 c.

— Vie de Grégoire VII. 1073-1085. *Paris, Dufey*, 1837, 2 vol. in-8, 15 fr.

VIDAILLET (J.-B.), D. M., de Gourdon. —Au pacificateur de l'Espagne. (En vers). *Paris, de l'impr. de veuve Porthmann*, 1823, in-8 de 4 pag.

— Biographie des hommes célèbres du département du Lot, ou Galerie historique des personnages mémorables auxquels ce département a donné le jour, depuis la conquête des Gaules jusques à l'année 1827. Ouvrage auquel servira d'Introduction une Histoire abrégée de Querci. *Gourdon, de l'impr. de Lescure*, 1827, in-8 de viii et 510 pages.

Cette Biographie ne comprend que les hommes morts : en tête on trouve une *Histoire abrégée du Querci*, formant seize pages, mais ce n'est point celle qui sert d'introduction à l'ouvrage de M. Vidaillet. La dernière a pour auteur M. Lacoste, proviseur du collége de Cahors.

Un reproche qu'on peut faire à beaucoup de Biographies imprimées dans nos départements, et celle de M. Vidaillet ne fait point exception, c'est la négligence avec laquelle est traitée la partie bibliographique lorsqu'il est question d'un écrivain. M. Vidaillet est-il excusable, lorsqu'il n'omet pas la moindre petite circonstance qui peut honorer un ecclésiastique, de tronquer, quand il n'omet même pas, l'indication des ouvrages par lesquels cet écrivain s'est acquis de la réputation ? Nous ne citerons que deux notices de M. Vidaillet, parmi un assez grand nombre, qui justifient nos reproches : ce sont celles du célèbre jurisconsulte Boutaric et de l'immortel auteur de Télémaque. Nous convenons que nos biographes provinciaux sont, par leur position locale, privés des secours que nous offrent à Paris de nombreuses bibliothèques ; mais, avant la publication de la Biographie du Lot, combien de biographies avaient déjà paru, et où M. Vidaillet eût trouvé ces renseignements. Du reste, nous serions injuste de rendre M. Vidaillet seul responsable des omissions que nous venons de signaler, puisqu'en tête de l'Histoire abrégé du Querci, on y lit : « M. Marsis ainé, de Gourdon, quoique étran- « ger à la redaction de cet écrit, mérite d'y figurer « comme notre collaborateur : c'est à lui que le » public en doit la première idée et les principaux « matériaux ».

« La reconnaissance nous oblige de payer un tri- « but de remerciment à M. Lacoste, proviseur du « collége roy. de Cahors ; à M. Albouys, curé de « Gourdon ; à M. Albouys, juge au tribunal de « Cahors, qui ont bien voulu nous aider de leurs « conseils et de leurs lumières dans l'exécution de « ce travail ». Quelques notices sont encore signées Délpon.

— Épître à Victor Hugo. *Paris, Lerosey*, 1830, in-8 de 16 pages.

— Ode sur la mort de Louis XVIII. *Paris, Pillet aîné*, 1824, in-8 de 12 pag.

VIDAL (dom Pierre), bénédictin de la congrégation de Saint-Maur; né à Joigny, diocèse de Sens, mort le 10 septembre 1760, avait fait profession en 1716, à l'âge de 18 ans.

— * Lettres critiques, dans lesquelles on fait voir le peu de solidité des preuves apportées par ceux qui poursuivent la vérification des prétendues reliques de S. Germain. (*Auxerre*), 1753, in-12.

VIDAL, ancien professeur de belles-lettres, en dernier lieu professeur de l'école centrale de la Drôme, à qui l'on doit des traductions à l'usage des classes, des Odes (1789), et de l'Art poétique d'Horace (1789), des Vies des grands capitaines de l'antiquité, de Corn. Nepos, des Bucoliques et des Géorgiques de Virgile (1803), et de Quinte-Curce (....). Ses traductions ont été souvent réimprimées.

— Langue (la) latine mise à la portée de tout le monde par la version mot à mot, en vers et en prose. *Lyon, Périsse frères*, 1787, 1790, in-12. — Le Catéchisme de Fleury. *Lyon, Périsse frères*, 1803, in-12.

VIDAL (Barthélemi), médecin, naquit à Martigues, en 1740. Correspondant de la Société royale de médecine de Paris, et fondateur de celle de Marseille, membre de l'Académie de cette ville, il se distingua constamment par son savoir et ses talents jusqu'à sa mort, arrivée en 1806. Il a publié quelques ouvrages, et le docteur Achard, son ami, a donné de lui l'ouvrage suivant :

— Essai sur le gaz animal considéré dans les maladies, ou Renouvellement de la doctrine de Galien, concernant l'esprit flatteux. *Marseille*, 1807, in-8.

VIDAL, colon. — * Mémoire sur la colonie de la Guiane française, et sur les avantages politiques et commerciaux de sa possession. Rédigé sur les notes d'un colon (M. Vidal), par F.-J. Giraud. *Paris, Charles ; Cérioux*, au xii (1804), in-8, 1 fr.

VIDAL (P.), membre de la Société de littérature de Bruxelles.

—Examen impartial du poëme de l'Homme des champs, ou les Géorgiques françaises, de J. Delille, et des principales critiques qui en ont été faites. *Bruxelles*, 1801, in-12.

VIDAL (Félix). — Ode sur le rétablissement de la statue de Henri IV; ouvrage qui a remporté le prix décerné par l'Académie de Mâcon, en 1818. *Paris, F. Didot*, 1818, in-8 de 8 pag.

VIDAL (Léon-Jérôme), littérateur ; né à Marseille, en 1797. Après avoir achevé de brillantes études à Marseille et à Lyon, où il s'adonna à l'étude des langues orientales, il fit divers voyages en Italie. Ses parents le destinaient à la carrière du barreau. Il étudia en droit à Aix et à Paris ; ayant pris ses grades, il retourna à Marseille, où il fonda un recueil littéraire sous le titre de *Spectateur marseillais*. Revenu ensuite à Paris, il y publia, en 1824, un *Résumé de l'Histoire du Languedoc*. La partie de cet ouvrage, qui traite des croisades contre les Albigeois et de l'insurrection religieuse des Cévennes, est surtout remarquable par la vigueur et la simplicité du style, et par la précision et l'exactitude des faits. En 1826, il publia, avec deux auteurs connus par de beaux succès en poésie, *la Biographie des quarante de l'Académie française*. Cet ouvrage eut, dans le moment, un succès de vogue. Peu après, M. Vidal fit paraître une *Vie du général Foy*, dans laquelle les travaux militaires et législatifs de l'illustre député étaient analysés et appréciés avec beaucoup de talent. En 1827, au retour d'un voyage en Angleterre, et lorsque le ministère Villèle pesait de tout son poids sur la France, M. Vidal prit part à la lutte qui s'était engagée entre ce ministère et tous les amis de la liberté, en publiant *la Couronne poétique de M. de Villèle*, précédée d'une épître à ce ministre, où l'on remarquait de beaux vers et de généreuses pensées. Depuis cette époque, M. Vidal a contribué à la rédaction de plusieurs recueils et journaux littéraires ; il a aussi publié quelques nouveaux ouvrages. Nous connaissons de lui :

— Aux bains de Dieppe. *Paris, Levavasseur*, 1838, 2 vol. in-12, 8 fr.

Avec M. Eugène Chapus.

— Caserne (la), mœurs militaires. *Paris, veuve Charles-Béchet*, 1833, in-8, 7 fr. 50 c.

Avec M. J. Delmart.

— Couronne poétique de M. le comte de Villèle, extraite des ouvrages de MM. Barthélemy, Méry, etc., par Léon VIDAL. *Paris, rue Vivienne, n. 2*, 1827, in-8 de 48 pages, 1 fr. 50 c.

— Résumé de l'histoire du Languedoc (Haute-Garonne, Tarn, Aude, Hérault, Gard). *Paris, Lecointe et Durey*, 1825, in-18, 3 fr. 50 c.

— * Vie militaire et politique du général Foy, avec des extraits de tous ses discours, ornée d'un portrait et d'un fac-simile. *Paris, Thoisnier-Desplaces*, 1826, in-18, 3 fr. 50 c.

— Voyage (le) des princes. (En vers). *Paris, de l'impr. de madame Delacombe*, 1836, in-8 de 16 pag.

VIDAL (l'abbé H.). — * Essai sur l'origine de Toulon, ou Mémoire pour servir à l'histoire des premiers siècles de cette ville. Par H. V. *Toulon, de l'impr. de Duplessis Ollivault*, 1827, in-8 de 72 pag.

VIDAL (A.). — Galoubet (le) d'un patriote, chansons et poésies. *Lyon, de l'impr. de Coque*, 1827, in-18.

VIDAL (Étienne T.-T.). — Notographie (la), alphabet universel des sons. Méthode nouvelle d'écrire aussi vite que la parole dans toutes les langues. *Paris, Delaunay*, 1829, in-4.

— Sténographie (la), ou l'Art d'écrire, dans toutes les langues, aussi vite que l'on parle, par des signes plus faciles à retenir, à tracer et à lire que les lettres de l'alphabet, applicables aux arts et aux sciences. *Paris, Lecointe ; et Toulon, Laurent*, 1830, in-8 de 128 pages, plus 28 tableaux.

— Système de musique sténographique. *Toulon, de l'impr. de Beaume*, 1835, in-8 de 32 pages, et un tableau.

VIDAL (l'abbé O.). — Analyse raisonnée des OEuvres complètes de saint François de Sales, servant de table des matières ; précédée de lettres et fragments inédits. *Paris, Béthune*, 1833, in-8.

Le faux-titre porte : OEuvres complètes de S. François de Sales. Tome XVI.

— Paroles d'un catholique, ou Défense de l'ordre social. *Paris, Méquignon junior*, 1834, in-8, 4 fr.

— Palabras de un católico (impugnacion de las Palabras de un croyente), o Defensa del orden social, su autor el s^r don O. Vidal. Traduccion libre, por el d^r Frey Don Antonio GUILLEN DE MAZON. *Perpignan, de la impr. d'Alzine*, 1835, in-12.

L'abbé Vidal a dirigé une édition de l'Histoire ecclésiastique de FLEURY (1836) ; cette édition est intitulée : Histoire du christianisme ; et une édition des OEuvres de LIGUORI (1836).

VIDAL, ancien saint-simonien, apôtre, compagnon de la femme.

— Au peuple. *Castelnaudary, de l'impr. de Groc*, 1833, in-8 de 8 pages.

Écrit saint-simonien, signé Vidal, apôtre, compagnon de la femme.

— Au peuple de Montpellier. *Castelnaudary, de l'impr. de Groc*, 1833, in-8 de 4 pag.

—Vidal, apôtre, compagnon de la femme, en prison. *Béziers, de l'impr. de la veuve Bory*, 1833, in-8 de 12 pages.

VIDAL (Auguste), docteur en médecine, chirurgien de l'hôpital de l'Ourcine, professeur agrégé de la Faculté de médecine de Paris, etc.; né à Cassis.

— Cathétérisme forcé, lettre chirurgicale à M. Mayor (de Lauzanne), docteur en chirurgie. *Paris, Just Rouvier et Lebouvier*, 1836, in-8 de 24 pag., 1 fr. 25 c.

—Essai historique sur Dupuytren, suivi des discours prononcés par MM. Orfila, Larrey, Bouillaud, H. Royer-Collard, Teisser; du procès-verbal de l'ouverture du corps de Dupuytren, et orné de son portrait. *Paris, Just Rouvier*, 1835, in-8 de 64 pag., 1 fr. 75 c.

— Traité de pathologie externe et de médecine opératoire. *Paris, J.-B. Baillière*, 1838-39, 3 vol. in-8, 19 fr. 50 c.

Le docteur Auguste Vidal est encore auteur d'une thèse très remarquable sur la taille quadrilatère, procédé nouveau et ingénieux par lequel on évite le plus grand inconvénient de cette opération, l'infiltration des urines.

Ce médecin est l'un des rédacteurs de la « Lancette française », journal de médecine publié par le docteur Fabre, ainsi que du « Journal universel et hebdomadaire de médecine et de chirurgie pratiques et des institutions médicales ». (Paris, J.-B. Baillière, in-8).

VIDAL (Sylvain-Victor), pharmacien à Romans; né à Saint-Laurent (Aveyron), le 6 janvier 1804.

— Empirisme (l') dévoilé. *Valence, de l'impr. de Joland*, 1835, in-4 de 8 pag.

VIDAL (P.-J.). — Physiologie de l'organe de l'ouïe chez l'homme. *Paris, de l'impr. de Moessard*, 1836, in-8 de 88 pages.

VIDAL (François), l'un des pasteurs de l'Église réformée de Bergerac.

—Espérance (l') du revoir. Sermons sur la certitude que nous nous reconnaîtrons dans la vie à venir. *Paris, Cherbuliez*, 1837, in-8 de 24 pages.

— Sermons pour quelques solennités chrétiennes. *Paris, Cherbuliez*, 1839, in-8.

Voy. aussi Du Vidal.

VIDAL DE LINGENDES, procureur-général du roi en la cour royale de la Guiane française.

— Discours prononcé sur la tombe de M. le duc de Cadore, au cimetière du Mont-Parnasse, le 5 juillet 1834. *Paris, de l'impr. de Pillet aîné*, 1834, in-4 de 4 pag.

VIDALIN (P.-F.), médecin.—Mémoire médico-philosophique sur les boissons alcooliques. *Paris*, 1825, broch. in-8, 1 fr.

— Mémoire sur les fièvres intermittentes du département de la Corrèze. *Paris*, 1825, broch. in-8, 75 c.

— Traité d'hygiène domestique, rédigé d'après les principes de la doctrine physiologique. *Paris, Mlle Delaunay*, 1825, in-8, 4 fr. 50 c.

VIDALIN (Mlle Adélaïde).—Cuisinière (la) bourgeoise, suivie de la pâtisserie et de l'office, contenant, etc.; nouv. édition, soigneusement revue, corr. et augm. de quelques nouveaux apprêts. *Paris, H. Langlois*, 1827, in-12, 2 fr.

VIDALIN (Auguste), avocat du roi.

—Dernier (le) Girondin, ou De l'esprit de liberté, nouvelle historique. *Paris, H. Feret; Paulin*, 1832, in-8 de 24 pag.

— Souverain (le), ou Du gouvernement d'après l'esprit des institutions. *Paris, madame Huzard; Delaunay*, 1830, in-8, 6 fr.

— Tribunal de première instance d'Orléans. Audience solennelle du 7 novembre 1831. Du magistrat après une révolution, discours. *Paris, de l'impr. de David*, 1831, in-8 de 16 pages.

VIDAMPIERRE (la comtesse de), nièce de la célèbre marquise Du Chastelet.

—Mélanges de poésie et de prose. *Londres, et Paris*, 1777, in-12.

Plusieurs morceaux de Delisle de Sales font partie de ce volume. Madame Briquet dit que la prose de madame de Vidampierre l'emporte de beaucoup sur ses vers qui sont en général très-faibles.

VIDAURRE (don Manuel Laurenzo de).

— Proyecto del codigo eclesiastico. *Paris, de la empr. de J. Didot aîné*, 1830, in-8.

VIDELANGE (Charles). — Discours prononcé sur la tombe d'Albert-Rodolphe-Jules l'Osten de Sacken, le 17 juillet 1826. *Strasbourg, de l'impr. lithograph. de Bock*, 1826, in-8 de 4 pag.

VIDOCQ ( ), ancien chef de la police de sûreté; né à Arras, le 23 juillet 1775.

— Mémoires (ses). *Paris, Tenon*, 1828-1829, 4 vol. in-8, avec portrait, 30 fr.

Voy. l'article de L'Héritier, de l'Ain, pour les noms des véritables auteurs de ces Mémoires.

— Voleurs (les), physiologie de leurs mœurs et de leur langage, ouvrage qui dévoile les ruses de tous les fripons, et destiné à devenir le vade-mecum de tous les honnêtes gens. *Paris, l'Auteur*, 1836, 2 vol. in-8, 15 fr.

Ainsi que pour le précédent M. Vidocq a fourni des notes, mais l'ouvrage a été rédigé par un homme de lettres dont le nom ne nous est pas connu. On a publié des « Mémoires d'un forçat, ou Vidocq dévoilé ». Paris, Langlois fils, 1828-29, 4 vol. in-8.

VIDUA. (Charles). — Inscriptiones antiquæ in turcico itinere collectæ. *Parisiis, Dondey-Dupré fils*, 1826, in-8 de 64 pag., avec 45 pl.

VIDULE. — Histoire du Languedoc. Iu-18.

VIE (La). Voy. LA VIE.

VIEBEKING. Voy. WIEBEKING.

VIEILH. Voy. le P. GABRIEL, de Sainte-Claire.

VIEILH, garde des archives de la compagnie des Indes, après 1763, mort conseiller de préfecture du département de l'Orne, à Alençon, en 1803, à l'âge de 76 ans.

— * Essai sur les finances, présenté, en 1775, à M. Turgot, par l'auteur du « Secret des finances », imprimé en 1763. (*Alençon*), 1789, in-8.

— * Secret (le) des finances divulgné. 1764, in-8 de 27 pages.

Cet écrit fit mettre son auteur à la Bastille, le 18 juin 1764.

VIEILH DE BOISJOSLIN (Jacques-François-Marie), poëte, fils du précédent, né le 29 juillet 1760, à Alençon, d'une famille d'origine anglaise, successivement avocat au parlement de Paris, attaché au duc de Chartres, aujourd'hui Louis-Philippe Ier, chef de division au ministère des relations extérieures, de 1792 à 1795, professeur d'histoire universelle à l'école centrale du Panthéon, en 1797, membre du Tribunat, après le 18 brumaire jusqu'en 1802; enfin, sous-préfet de Louviers, en 1805.

— Affermissement (l') de la quatrième dynastie par la naissance du roi de Rome. Ode. *Paris, de l'impr. de F. Didot*, 1811, in-4 de 15 pag.

Cette Ode, imprimée pour le compte de l'auteur, ne s'est pas vendue.

— Amitié (l') et l'Amour hermites, comédie pastorale en trois actes et en vers. *Sans nom de ville, ni d'impr. (Paris)*, 1778, in-8.

Non représentée. L'auteur n'avait que dix-sept ans lorsqu'il composa cette pièce.

— Amour (l') filial, pastorale en un acte et en vers (libres). *Sans nom de ville, ni d'impr.*, 1778, in-8.

— Chant funèbre en l'honneur des ministres français assassinés à Rastadt. 1799.

— * Dissertation sur les cornes anciennes et modernes, ouvrage philosophique, dédié à MM. les savants, antiquaires, gens de lettres, poëtes, avocats, censeurs, bibliothécaires, imprimeurs, libraires, etc. *Paris*, 1786, in-8 de 48 pag.

M. Beuchot attribue cet opuscule à Ch.-Fr. Viel, architecte; A.-A. Barbier l'attribue à Vieilh de Boisjoslin, et nous croyons la dernière version d'autant plus acceptable qu'il ne s'agit point ici d'un opuscule d'architecture, mais bien de littérature.

— Forêt (la) de Windsor, poëme traduit de l'anglais, de POPE. *Paris*, 1798.

Traduction vantée pour son élégance et sa pureté.

— Hymne à la souveraineté du peuple. 1799.

M. Vieilh de Boisjoslin a fait paraître, dans l'Almanach des Muses et le Journal de Paris, un grand nombre de pièces fugitives, dont plusieurs avaient un mérite remarquable, entre autres des fragments d'un poëme sur *le Printemps*, où l'auteur, très-jeune alors, chantait avec grâce et harmonie ses premières sensations. La Harpe citait avec éloge sa description du *lever du soleil*; le morceau intitulé *les Fleurs*, et celui sur *la Pêche*, imité de Thompson, obtinrent et méritèrent encore plus d'éloges. Ces morceaux sont devenus le fonds d'un poëme, intitulé *les Paysages*, auquel M. Vieilh de Boisjoslin travaille depuis longues années. Lorsque Ginguené, nommé ambassadeur, fut forcé de quitter la rédaction de la Décade philosophique, M. Vieilh de Boisjoslin le remplaça, et il fournit à ce recueil une suite d'articles qui se firent distinguer par un mérite littéraire peu commun : il a aussi fourni quelques autres articles au Mercure.

On trouve une Notice sur M. Vieilh de Boisjoslin, par son fils, dans la Biographie univ. et portative des contemporains, dont ce dernier a été l'un des directeurs, tome V, page 62.

VIEILH DE BOISJOSLIN (Claude-Augustin), fils du précédent, d'abord soldat du génie, en Espagne, de 1805 à 1808, ensuite adjoint au payeur-général de l'armée qui occupait ce pays; plus tard, en 1817, garde-du-corps, et enfin, homme de lettres, libraire, directeur d'une imprimerie considérable; né le 24 février 1788, à Paris, où il est mort, le 23 juin 1832.

— Notice biographique sur M. le baron Fourier. *Paris*, 1830, in-8.

Extrait de la Revue encyclopédique, juin 1830.

— Notices historiques sur S. A. R. Louis-Philippe d'Orléans, lieutenant-général du royaume, et sur le général Lafayette, commandant en chef les gardes nationales de France. Extraites de la « Biographie universelle et portative des contemporains », publiée sous la direction de M. V. de Boisjoslin, et précédées de quelques notes sur la nécessité de se rallier au duc d'Orléans, par V. de Boisjoslin. *Paris, les march. de nouv.*, 1830, in-8 de 116 pag.

— Sur l'Éducation des femmes. *Paris*, 1818, in-4.

Morceau assez considérable.

Boisjoslin, qui avait fourni des articles à la « Biographie universelle et portative des contemporains » dès son commencement, finit par être chargé de la direction de cet ouvrage, lorsque, par sa mauvaise santé, Rabbe fut forcé de l'abandonner. Outre un assez grand nombre de *notices* fournies par Boisjoslin, surtout dans le Supplément, on a encore de lui diverses *poésies* anonymes éparses dans des recueils.

VIEILH DE VARENNES. — Vieilh de Varennes à ceux qui, sur la foi d'un odieux calomniateur, ont accueilli et accrédité le bruit absurde et mensonger qu'il a fait le voyage de Gand, dans la criminelle intention de trahir son roi et sa patrie. *Paris, de l'impr. de veuve Jeunehomme*, 1816, in-8 de 8 pag.

VIEILLARD (Pierre-Ange), fils du suivant, poëte et auteur dramatique, l'un des conservateurs de la Bibliothèque de l'Arsenal, membre de la Société philotechnique, et de celle des Enfants d'Apollon; né à Rouen, le 17 juin 1778.

THÉATRE.

— * Béarnais (les) à Paris, tableau mêlé de chants, à l'occasion de l'inauguration de la statue de Henri IV. *Paris, de l'impr. de Ballard*, 1818, in-8.

— Brutal, ou Il vaut mieux tard que jamais, vaudeville en un acte et en prose, parodie d'Uthal (opéra de M. B. de Saint-Victor). *Paris, Mme Masson*, 1806, in-8.

Avec Mar.-Jos. Pain.

— Chapelle et Bachaumont, vaudeville anecdotique en un acte. *Paris, Barba*, 1806, in-8.

Avec M. Geo. Duval.

— Concert (le) aux Champs-Élysées, vaudeville en un acte. *Paris, an x (1802)*, in-8.

Avec MM. Lafortelle et Chazet.

— Fragments de Parysatis, tragédie. *Paris, de l'impr. de Trouvé*, 1828, in-8.

— Gilles ventriloque, parade (en prose), mêlée de vaudèvilles, en un acte. *Paris, Huet et Hugelet*, an VIII (1800), in-8.

Avec MM. Gersin et Aunée.

— Malherbe, comédie en un acte (en prose), mêlée de vaudevilles. *Paris, M. Lecouvreur*, 1809, in-8.

Avec M. Geo. Duval.

— Mariage (le) de Robert de France, ou l'Astrologue en défaut, com. en un acte et en vers libres. *Paris, de l'impr. de Ballard*, 1816, in-8.

Elle avait été composée pour l'Académie roy. de musique, à qui elle fut présentée sous le titre de *Mariage de Robert de France et de Béatrix de Bourbon.* Cette pièce n'ayant pas été reçue, l'auteur en fit une comédie représentée sur le Théâtre-Français, le 22 juin 1816.

— Marmontel, comédie en un acte, en prose, mêlée de vaudevilles. *Paris, madame Masson*, 1802, in-8.

Avec MM. Arm. Gouffé et Tournay.

— Noir et Blanc, vaudeville en un acte. *Paris*, 1806, in-8.

— Papirius, ou les Femmes comme elles étaient, parade historique en un acte, mêlée de vaudevilles. *Paris, Barba*, an IX (1801), in-8.

Avec Gersin.

— Père (le) d'occasion, comédie en un acte et en prose. *Paris, Barba*, 1803, in-8, 1 fr.

Avec Mar.-Jos. Pain.

— La même pièce, mise en vaudeville. *Paris, Barba*, 1810, in-8.

Avec le même.

— Poésies nationales. *Paris, de l'impr. de Ballard*, 1817, in-12.

On trouve dans ce recueil : 1° la *Délivrance d'Israël*, oratorio en un acte et en vers libres; 2° *Éponine*, scène lyrique; 3° *Blanche de Castille*, intermède; 4° le *Mariage de Robert de France et de Béatrix de Bourbon*, comédie héroïque et lyrique en un acte; 5° fragment du *Mariage de Robert de France, ou l'Astrologie en défaut*, comédie.

— * Point d'adversaire, opéra-comique en un acte. *Paris, Barba,* an xiv (1806), in-8.

Avec M. Jos. Pain, seul nommé sur la pièce.

— * Premier (le) homme du monde, ou la Création du sommeil, folie-vaudeville en un acte. *Paris, Chollet,* 1801, in-8 de 44 pages.

Avec quelques collaborateurs qui ont aussi gardé l'anonyme.

— * Retour (le) au comptoir, ou l'Education déplacée, comédie-vaudev. en un acte. *Paris, M. Lecouvreur,* 1808, in-8.

Avec M. Geo. Duval.

— * Rêveurs (les) éveillés, parade magnétique (en prose), mêlée de vaudevilles. *Paris, Mlle Lecouvreur,* 1813, in-8.

Avec Jos. Pain, seul nommé sur la pièce.

— *Travestissements (les), comédie en un acte et en prose. *Paris, madame Masson,* an xi (1803), in-8.

— * Triomphe (le) de Camille, opéra en un acte (et en vers libres). *Paris, Ballard,* an viii (1800), in-8.

Avec MM. Gersin et Année.

— Triomphe (le) de Camille, intermède lyrique. *Saint-Lo, P. Gomont,* 1805, in-8.

— Triomphe (le) de Trajan, tragédie lyrique d'Esménard, remise au théâtre le .. mai 1814, avec des changements, par P.-A. Vieillard. *Paris, Ballard,* 1814, in-8.

— Trois scènes lyriques. *Paris, de l'impr. de Pillet,* 1823, in-8 de 12 pages.

POÉSIES.

— Adieux (les) de Raoul de Coucy à Gabrielle de Vergy, romance historique; la Rupture, élégie; Chactas au tombeau d'Atala, romance. *Paris, de l'impr. de Pillet aîné,* 1823, in-8 de 16 pag.

— Anniversaire du 12 avril. *Paris, de l'impr. de Pillet aîné,* 1825, in-8 de 4 pages.

— Apothéose (l') de Pierre Corneille, à Rouen, en 1833, poëme qui a obtenu la première mention honorable dans la séance publique de l'Académie française, le 27 août 1835. *Paris, de l'impr. de F. Didot,* 1835, in-8 de 16 pag.

— Aux missionnaires de l'irréligion. (Discours en vers, avec préface et notes). *Paris, Ponthieu,* 1819, in-8 de 50 pages.

— Boîte (la) de Pandore et Vénus Callipyge, contes en vers. *Paris, madame Masson,* 1802, in-8.

— Cantates mises en musique pour les concours de composition musicale (Herminie, 1813, 1828; Atala, 1814; OEnone, 1815; Sophonisbe, 1820; Agnès Sorel, 1824; Cléopâtre, 1829).

Ces *Cantates* ont été imprimées dans le recueil de l'Institut (Paris, F. Didot, in-4).

— Deux élégies (l'Anniversaire de ma sœur;—Cassandre). *Paris, de l'impr. de Pillet,* 1823, in-8 de 12 pag.

— Deux élégies (Souvenirs de Vaucluse; —le Départ). *Dieppe, Corsange,* 1822, in-8.

— * Épître à L.-B. Picard, sur son roman intitulé : les Aventures d'Eugène de Senneville et de Guillaume de Lorme, par un Normand; suivie d'Herminie, scène lyrique. *Paris, Mlle Lecouvreur,* 1813, in-8 de 16 pag.

— * Épître à Napoléon Bonaparte. *Paris, Chaumerot,* 1814, in-8.

— Époques mémorables de la Révolution et de la Restauration, mélanges en vers et en prose. *Paris, Audin; Pichard,* 1826, in-18.

— Mort (la) de Bailli, poëme. *Paris, de l'impr. de Dondey-Dupré,* 1835, in-8 de 8 pages.

— Ourika, stances élégiaques. *Paris, de l'impr. de Pillet aîné,* 1824, in-8.

Impr. sous le pseudon. de madame P. V. de L. B.

— Paris vu de l'Arsenal, odéide. *Paris, de l'impr. de Trouvé,* 1828, in-8.

— Poésies nationales. Voy. plus haut à la section : Théâtre.

— * Prière de la garde nationale de Paris, au bivouac de Saint-Denis, dans la nuit du 6 au 7 juillet 1815. *Paris, de l'impr. de Le Normant,* 1815, in-8 de 2 pag.

— *Psaphon et les corbeaux, ou les Sifflets et l'apothéose, conte en vers. *Paris, de l'impr. de Trouvé,* 1822, in-8.

— Pygmalion et sa statue, conte en vers. *Paris, de l'impr. du même,* 1822, in-8.

— Remerciement à mes amis. *Paris, Pillet aîné,* 1824, in-8 de 8 pag.

— Saint-Michel au 29 septembre 1820. *Paris, de l'impr. de Ballard,* 1820, in-4 de 8 pag.

— * Salon de 1824. — Revue de l'exposition de tableaux, etc. *Paris, de l'impr. de Pillet aîné,* 1824, in-8.

— Théâtre (le) en 1832. Épître satirique à M. Alexandre Duval, de l'Académie française. *Paris, de l'impr. de Doyen,* 1832, in-8 de 8 pag.

— Vingt-et-un (le) janvier dix-huit cent quinze, suivi du Tombeau de Louis XVI et de Marie-Antoinette, au cimetière de la Madeleine. *Paris*, *de l'impr. de Mame frères*, 1815, in-8 de 12 pag.

VARIA.

— Article sur la vie de Voltaire, par F.-A.-J. Mazure, inspecteur-général des études. *Paris, de l'impr. de Boucher*, 1821, in-8 de 16 pages.

Tiré à 100 exemplaires. C'est un article extrait d'un journal.

— Notice sur M. de Fontanes. *Paris, de l'impr. de Duverger*, 1838, in-8 de 8 pag.

Extrait de l'Encyclopédie des gens du monde.

M. Vieillard a fait insérer un grand nombre de pièces fugitives en vers dans les journaux, les recueils de poésies, almanachs ou chansonniers, etc.

Collaborateur du *Courrier des spectacles*, sous les initiales L. V. (1818 et 1819), du *Publiciste*, in-8 (1819), des *Annales de la littérature et des arts* (1820—1829), du *Moniteur* (1830—1840), il y a fait insérer une foule d'articles de critique littéraire ou des théâtres; l'un des principaux rédacteurs de l'*Encyclopédie des gens du monde* (chez Treuttel et Wurtz), il y est spécialement chargé des notices biographiques des hommes célèbres de la révolution; il a déjà publié celle de *Danton, Desmoulins (Camille), Ducos, d'Éprémesnil, Fabre d'Églantine, Fonfrède (Boyer), Fontanes, Fouché, Fréron, Censonné, Gerle, Girondins, Hébertistes*.

Il a fait recevoir à l'Académie royale de musique, en 1811, *Alexandre à Tarse*, tragédie lyrique en trois actes; en 1817, *la Caverne*, drame lyrique en trois actes; en 1824, *Blanche et Guiscard*, tragédie lyr. en trois actes (1824); *Leucippe*, trag. lyr. en trois actes (1799); *Leucothée*, op. en quatre actes (1792); *Homère*, opéra en deux actes; *Atala*, scène lyrique (1814); *la Délivrance d'Israël*, oratorio (1814); *Blanche de Castille*, drame en un acte (1815); *Agar dans le désert*, opéra en un acte (1816), et *le Béarnais à Paris*, tableau lyrique (1818). À l'Opéra-Comique, en 1828, *Minuit, ou la Chapelle de Pola*, comédie lyrique en trois actes, représentée à Munich (Bavière), en 1831.

En portefeuille, *Parysatis*, tragédie, 1827; *les Lombards*, tragédie, 1838; *Geneviève de Brabant*, drame lyrique en trois actes, 1809; *Mélusine*, opéra comique en trois actes, 1828; *le dernier Abencerrage*, drame lyrique en quatre actes, 1834. Deux ouvrages inédits, en prose: 1° *les Novateurs rétrogrades, ou Du système dramatique de la nouvelle école*, 1830, 1 vol.; 2° *les Joies du carnaval*, en 1831, *satire Ménippée du dix-neuvième siècle*, 1831, 1 vol.

VIEILLARD DE BOISMARTIN (Antoine), né à Paris, en 1747, fut, avant la révolution, avocat distingué au parlement de Rouen, et, depuis la révolution, successivement maire de la ville de Saint-Lô (Manche) (1789-91), accusateur public près le tribunal criminel du département de la Manche (1791-92), maire de Saint-Lô (1793), haut juré à la cour de Vendôme (1797), commissaire du pouvoir exé-

cutif, puis procureur-impérial auprès du tribunal civil de Saint-Lô (1799-1806), membre de la Légion-d'Honneur, et, pour la troisième fois, maire de Saint-Lô (1811); mort dans cette dernière ville, le 13 janvier 1815.

— Almanzor, tragédie (en cinq actes et en vers). *Rouen, Behourt*, 1771, in-8.

Avec M. Decroix.

— Blanchard, ou le Siége de Rouen, tragédie en cinq actes (et en vers). *Rouen*, 1777, in-8.

Remise au théâtre, avec de grands changements, à la fin de 1792, et imprimée de nouveau. Saint-Lô, P.-F. Gomont, 1793, in-8.

— Lettre écrite par un avocat, soldat citoyen, à ses enfants, au sujet de la révolution. *Paris, Cailleau*, 1789, in-8.

— Mémoire justificatif pour Jacques Verdure père, Marie-Marguerite, Marie-Madeleine, Jacques Sénateur et Pierre Verdure, ses enfants, tous accusés de parricide et prisonniers ès prison de la conciergerie du Palais. *Rouen, Pierre Seyer*, 1787, in-8 de 144 pag.

Vieillard de Boismartin est auteur d'une foule de Mémoires imprimés, sur des affaires civiles ou criminelles : nous n'en citons qu'un entre tous. Cette cause célèbre, jugée définitivement, en 1789, à Paris, aux requêtes de l'hôtel au souverain, eut un grand retentissement dans le public, et mérita au défenseur une sorte d'ovation civique, au sein de l'Assemblée constituante. (Voir les tables du Moniteur).

— Théramène, ou Athènes sauvée, tragédie en cinq actes et en vers. *Saint-Lô, P.-F. Gomont*, an v (1797), in-8.

VIEILLEVILLE (le maréchal de). — Mémoires (ses). *Paris*, an 11 (1793), 5 vol. in-8.

Les Mémoires du maréchal de Vieilleville ont été insérés dans le « Choix de chroniques et Mémoires sur l'histoire de France, avec notices biographiques, par J.-A.-C. Buchon, première partie (1836, gr. in-8). Ce choix fait partie du « Panthéon littéraire».

VIEILLOT (L.-J.-P.), naturaliste voyageur, ornithologiste.

— Analyse d'une nouvelle Ornithologie élémentaire. *Paris, Déterville*, 1816, in-8 de 72 pag., 1 fr. 50 c.

— Faune française, ou Histoire générale et particulière des animaux qui se trouvent en France, constamment ou passagèrement, à la surface du sol, dans les eaux qui le baignent, et dans le littoral des mers qui le bornent; par MM. P. VIEILLOT, A.-G. DESMAREST, de BLAINVILLE, C. PROvosт, A. Serville, Lepelletier Saint-Fargeau, Walcknaer. *Paris, Rapet*, 1820-27, 17 livraisons in-8 de texte, et 17 livraisons de planches in-fol., noires ou coloriées.

Cet ouvrage devait être plus considérable. Le prospectus promettait cinq tomes, et chaque tome divisé en volumes, qui eux-mêmes eussent été subdivisés en parties, de manière à ce que chacune d'elles soit indépendantes des autres. L'ouvrage devait avoir en tout de 35 à 40 livraisons. Le prix de souscription de chaque livraison était, avec les fig. en noir, 8 fr., et avec les fig. color., 18 fr.; — figures sur pap. format in-4, 28 fr. — Il en a été tiré dix exemplaires avec les figures in-4 coloriées et épreuves doubles en noir avant la lettre, dont le prix était de 50 fr. la livraison, et un exemplaire in-4 sur peau de vélin, avec les dessins originaux.

— Galerie des oiseaux du Jardin du cabinet d'histoire naturelle du Roi, ou Descriptions et figures coloriées des oiseaux qui entrent dans la collection du Muséum d'histoire naturelle de Paris. (Continuation de l'histoire naturelle des oiseaux dorés), dessinée d'après nature, par M. Paul Oudart, et décrite par L.-J.-P. Vieillot. *Paris, l'Auteur; Aillaud*, 1820-26, 82 livraisons, formant ensemble 2 vol. in-4.

Chaque livraison a coûté 5 fr. par souscription.

— Histoire naturelle des oiseaux de l'Amérique septentrionale, depuis Saint-Domingue jusqu'à la baie d'Hudson, contenant plusieurs genres nouveaux, l'histoire et les mœurs de plus de 400 espèces, parmi lesquelles plus de 50 sont décrites pour la première fois, et plus de 160 n'avaient pas encore été figurées. *Paris, de l'impr. de Crapelet. — Desray*, 1807-08, 8 livraisons formant ensemble 2 vol. gr. in-fol., ornés de 132 planches imprimées en couleur, cartonnés à la Bradel, 600 fr.; et sur grand papier colombier vélin, figures de choix, dont il n'a été tiré que 12 exemplaires, 1200 fr.

— Histoire naturelle des oiseaux dorés ou à reflets métalliques, ou Histoire naturelle et générale des colibris, oiseaux mouches, jacamars, promérops, grimpereaux et des oiseaux de paradis. (Ouvrage commencé par J.-B. Audebert, continué et terminé par L.-P. Vieillot). *Paris, de l'impr. de Crapelet. — Desray*, 1802, 2 vol. in-fol., sur papier jésus vélin superfin, ornés de 192 figures imprimées en couleur (tiré à 200 exempl.), 900 fr.; avec le texte imprimé avec de l'or au lieu d'encre, luxe typographique qui n'a pas encore été employé pour aucun ouvrage de cette étendue (tiré à 10 exempl.), 3000 fr.; ou 2 vol. in-4, sur pap. vélin, avec des figures en couleur (tiré à 100 exempl.), 500 fr.

Ces deux volumes ont paru en 32 livraisons, chacune de six planches avec le texte; le premier, contenant l'histoire des colibris, des oiseaux mouches, des jacamars et des promérops, est d'Audebert; mais il a été terminé, pour toutes ses parties, par M. L.-P. Vieillot; le second volume, renfermant les oiseaux de paradis, est en entier de ce dernier.

— Histoire naturelle des plus beaux oiseaux chanteurs de la zône torride, avec la manière de les élever dans tous les climats de l'Europe, et d'obtenir la propagation de ces jolies familles. *Paris, de l'impr. de Crapelet. — L'Auteur; Gabr. Dufour*, 1806 et ann. suiv., 12 livraisons formant ensemble un vol. gr. in-fol. sur pap. vélin, avec 72 planches gravées au burin, et imprimées en couleur par Langlois, 360 fr.

Le prix de souscription était de 30 fr. la livraison.

— Mémoire pour servir à l'histoire des oiseaux d'Europe, en deux parties, avec une planche.

Imprimé dans le tome XXIII du recueil des Mémoires de l'Académie royale de Turin.

— Ornithologie française, ou Histoire naturelle, générale et particulière des oiseaux de France. *Paris, Pélicier*, 1823 et ann. suivantes, 2 vol. in-4, ornés de 372 planches.

Cet ouvrage a été publié par livraisons : chacune d'elles, composée de 6 planches, avec texte sur papier vélin, a coûté, par souscription, en noir, 6 fr., et fig. coloriées, 8 fr.

M. Vieillot est, en outre, l'auteur de la plupart des articles d'ornithologie du Dictionnaire d'histoire naturelle appliquée aux arts, etc., publié par Déterville.

VIEIRA. Voy. Vieyra.

VIEL (Étienne-René), avocat au parlement de Paris.

— * Lettre à madame la comtesse de *** (sur l'ordre des Fendeurs). 1782, in-8 de 11 pages.

— * Romia, fragment de l'histoire orientale; traduite par M. V***, avocat au parlement de Paris. *Hermapolis*, 1783, in-8.

VIEL (le P. Etienne-Bernard Alexandre, plus connu sous le nom de), prêtre de l'Oratoire, grand-préfet des études du collège de Juilly; né à la Nouvelle-Orléans, le 31 octobre 1736, mort à Juilly, le 16 décembre 1821.

— Miscellanea latino-gallica, renfermant l'Art poétique d'Horace, le VIIIe chant de la Henriade, le Voyage à la Grande Chartreuse, trad. (du P. Mandar) en vers latins, etc. *Paris, Delalain,* 1816, in-12.

Le v111^e livre de la Henriade avait été imprimé à part bien antérieurement. In-8 de ij et 49 pages. Le Voyage à la Grande Chartreuse dès 1782, avec l'original.

— Telemachiados libros xxiv, è gallico sermone in latinum carmen translati, etc. (1808). Voy. Fénélon.

VIEL (Charles-François), et, d'après au moins un de ses ouvrages, Viel de Saint-Maux, architecte de l'hôpital général, membre du conseil des travaux publics du département de la Seine, de la Société libre des sciences et arts de Paris, et de celle d'architecture ; né le 21 janvier 1745, à Paris, où il est mort le 1er décembre 1819.

— Anciennes (des) études de l'Architecture, de la nécessité de les remettre en vigueur, et de leur utilité pour l'administration des bâtiments civils. *Paris, l'Auteur,* 1807, in-4.

— Chute (de la) imminente de la science de la construction des bâtiments en France, des causes directes et indirectes qui l'accélèrent. *Paris, Tilliard frères,* 1818-19, 2 part. in-4.

— Construction (de la) des édifices publics sans l'emploi du fer, et quel en doit être l'usage dans les bâtiments particuliers. *Paris, Fuchs,* an xi (1803), in-4 de 52 pag., 2 fr. 50 c.

— Décadence de l'architecture à la fin du dix-huitième siècle. *Paris,* 1800, in-4 de 30 pag.

— Dissertation sur les projets de coupole de la Halle au blé de Paris, et des moyens de confortation des murs extérieurs contre la poussée de la voûte annulaire de cet édifice. *Paris, Perronneau,* 1809, in-4.

— Égoût (grand) de Bicêtre, ordonné par Louis XVI; plans, élévations, coupes et profils gravés du monument composé et construit par Ch.-Fr. Viel. *Paris, l'Auteur,* 1817, in-4 de 12 pag. et 2 pl.

— Erreurs (des) publiées sur la construction des piliers du dôme du Panthéon français faite par Soufflot, et des déclamations nouvelles répandues contre l'ordonnance des dômes. *Paris,* 1806, in-4.

— Fondements (des) des bâtiments publics et particuliers. *Paris, Tilliard frères,* 1804, in-4.

— Impuissance des mathématiques pour assurer la solidité des bâtiments, ou Recherches sur la construction des ponts. *Paris,* 1805, in-4, 6 fr.

— Inconvénients de la communication des plans d'édifices avant leur exécution, suivis du détail de la construction de la voûte de la salle de vente de la succursale du Mont-de-Piété : plans, élévations et coupes du bâtiment. *Paris, Tilliard frères,* 1813, in-4, avec planches, 4 fr. 50 c.

— Lettres (sept) sur l'architecture des Anciens (adressées au comte de Wanestin et autres). *Paris, Bleuet,* 1780-85, in-8.

Ces Lettres ont paru successivement; elles portent pour nom d'auteur : *Viel de Saint-Maux.*

— Moyens pour la restauration des piliers du dôme du Panthéon. Sec. édition. *Paris, l'Auteur,* 1812, in-4 de 4 feuilles et 2 pl.

La première édition est de 1797. In-4.

— Notice biographique sur Bridan. *Paris,* 1807, in-4.

— Notice nécrologique sur Jean-François-Thérèse Chalgrin, architecte, lue à la Société d'architecture, dans sa réunion du 26 novembre 1813. *Paris, Tilliard frères,* 1814, in-8 de 28 pag., 2 fr.

— Notice nécrologique sur Fr.-Ant. Davy-Chavigné. *Paris,* 1807, br. in-4.

— Notice sur divers hôpitaux et autres édifices publics et particuliers composés et construits par Ch.-Fr. Viel. *Paris,* 1812, in-4.

— Observations philosophiques sur l'usage d'exposer les ouvrages de peinture et de sculpture. *Paris,* 1788, in-8.

— Plans et coupes des projets de restauration des piliers du dôme du Panthéon français. *Paris,* 1798, in-4.

— Points (des) d'appui indirects dans la construction des bâtiments. *Paris,* an ix (1801), in-4.

— Principes de l'ordonnance et de la construction des bâtiments, avec des recherches sur le nouveau pont de Paris, construit par Péronnet, et sur le temple élevé dans cette capitale sur les dessins de Soufflot. *Paris, Perronneau,* an v (1797), in-4 et Atlas.

L'Atlas n'a été publié qu'en 1814.

— Principes de l'ordonnance et de la construction des bâtiments : notices sur divers hôpitaux et autres édifices publics et particuliers. *Paris, Tilliard frères; Gœury,* 1812-1814, 5 vol. in-4, avec planches, 30 fr.

— Projet, plan et élévation d'un monument consacré à l'histoire naturelle, accompagné d'un discours en explication, dédié à M. le comte de Buffon. *Paris, Phil. Pierres,* 1780, in-4.

— Solidité (de la) des bâtiments puisée dans les proportions des ordres d'architecture, et de l'impossibilté de la restauration des piliers du dôme du Panthéon sur le plan de Soufflot. *Paris, H.-L. Perronneau,* 1806, in-4.

Tous les ouvrages de Ch.-Fr. Viel étant in-4, on les a réunis en corps d'ouvrage sans les réimprimer. Cette collection forme cinq volumes, et se trouve chez MM. Tilliard frères. On n'y a pas fait entrer les Lettres sur l'architecture, ni les Observations philosophiques, etc.   *(Beuch.).*

Voy. aussi Le Viel.

VIELBLANC. — Homme (l') du peuple devant une cour d'assises. *Paris, Rion,* 1833, in-8 de 24 pag.

VIEL-CASTEL (Th.), ex-auditeur au conseil d'État.
— Réflexions politiques en juillet 1815. *Versailles, de l'impr. de Lebel,* 1815, in-8 de 32 pag.

VIEL-CASTEL (le comte Henri). — Angleterre (de l') et de la France. Lettre au très-honorable comte Grey, suivie d'un post-scriptum sur l'université d'Oxford. *Paris, Arthus-Bertrand,* 1836, in-8, 7 fr. 50 c.
— Mémoire sur Saint-Domingue, présenté à M. le ministre de la marine. *Bordeaux,* 1821, in-8 de 32 pag.
— Société (de la) et du gouvernement. *Paris, Treuttel et Wurtz,* 1834, 2 vol. in-8.

VIEL-CASTEL (le comte Horace de), neveu de Mirabeau.
— Collection de costumes, armes et meubles, pour servir à l'histoire de France, depuis le commencement de la monarchie jusqu'à nos jours. *Paris, l'Auteur,* 1826 et ann. suiv., 3 vol. in-4. — Sec. édition. *Paris, le même,* 1834, 3 vol. in-4.

La première édition a été publiée en 60 livraisons, chacune d'une feuille de texte et 5 planches. Chaque livraison a coûté 12 fr.

— Faubourg (le) Saint-Germain. Première partie. Gérard de Stolberg. *Paris, Ladvocat,* 1837, 2 vol. in-8, 15 fr. — Deuxième partie. Madame la duchesse. *Paris, le même,* 1836, 2 vol. in-8, 15 fr. — Troisième partie. Mademoiselle de Verdun. *Paris, le même,* 1838, 2 vol. in-8, 15 fr.
— Faubourg (le) Saint-Honoré. Cécile de Vareil. *Paris, Ch. Gosselin,* 1839, 2 vol. in-8, 15 fr.
— Noblesse (la) de province. Arthur

d'Aizac. *Paris, Ch. Gosselin,* 1839, 2 vol. in-8, 15 fr.
— Oméga. *Paris, Techner,* 1834, in-8 de 40 pages.

Le comte Horace de Viel-Castel a contribué à la publication de plusieurs recueils littéraires de ces derniers temps. Nous connaissons de lui, entre autres, les deux nouvelles suivantes, imprimées dans le Salmigondis : *la Soirée d'automne* (tom. V). — *Histoire d'un Champenois* (tom. VIII) ; il a fourni aux « Français peints par eux-mêmes » : *les Femmes politiques* et *les Collectionneurs* (t. 1er).

VIEL-CASTEL (le baron de). — Notabilités (des) départementales. *Paris, de l'impr. de Crapelet,* 1828, in-8 de 16 pages.

VIEL DE SAINT-MEAUX (Jean), vraisemblablement frère de l'architecte Ch.-Fr. Viel.
— * Iphise, ou Fragment tiré du grec. Sans date, in-8 de 15 pages, et in-12 de 24 pag.

Tiré à petit nombre.
Réimprimé dans la Bibliothèque universelle des romans, juillet 1785, tome II, pag. 166.

VIELLE (F.), avocat à Dôle.
— Observations sur l'arrêt de la cour de cassation, du 11 mai dernier, dans l'affaire du National. *Dôle, de l'impr. de Joly,* 1833, in-8 de 31 pag.
— Question de saisie mobilière. *Dôle, de l'impr. de Joly,* 1834, in-8 de 32 pag.

VIELLERGLÉ, pseud. Voy. Le Poitevin de Saint-Alme.

VIEN (Joseph-Marie), restaurateur de la peinture en France ; né à Montpellier, le 18 juin 1716, successivement membre de l'Académie de peinture, en 1752, et peu après professeur ; directeur des élèves du roi, en 1771 ; directeur de l'Académie de Rome, de 1775 à 1781 ; membre des Académies de Saint-Luc et des Arcades de Rome ; l'un des recteurs de l'Académie, à son retour en France, et pensionnaire du roi ; peintre du roi, et directeur de l'Académie de peinture, en 1789 ; plus tard, membre du Sénat conservateur, comte de l'Empire, etc. ; mort à Paris, le 27 mars 1809.
— Caravane du sultan à la Mecque, mascarade turque donnée à Rome, en 1748, par les pensionnaires de l'Académie de France, dessinée et gravée. In-fol. de 14 planches.
— Rapport sur des vases trouvés dans un tombeau près de Genève, dont le dessin

a été adressé à l'Institut, etc., avec une planche.

Avec Leblond. Ce Rapport est imprimé dans le tome II des Mémoires de l'Institut national (1798).

VIEN (Rose-Céleste BACHE, dame), poëte, fille du général Bache, et belle-fille du précédent, membre de l'Académie de Bordeaux, de l'Athénée de Paris, de celui de Vaucluse, et de la Société des sciences et lettres de l'Eure; née à Rouen.

— Baisers de JEAN SECOND, avec le texte latin, traduits en vers français. *Paris, Delaunay,* 1832, in-8 de 68 pag.

— Chant sacré pour S. A. R. le duc de Bordeaux. *Paris, Didot aîné,* 1821, in-8 de 8 pages.

— Mort (la) de la vieille année, élégie. *Paris, de l'impr. de Bourgogne,* 1839, in-8 de 8 pag.

— Statue (la) de saint Victor, légende provençale (en vers). *Paris, de l'impr. de Pinard,* 1833, in-8 de 16 pag.

Les deux morceaux que nous venons de citer, ne sont pas les seules poesies qu'on doive à madame Vien : elle en a fourni à divers recueils périodiques, qui lui assurent une place honorable parmi les dames qui figurent avec le plus d'éclat sur le Parnasse français. On y remarque des élégies, des pièces pleines de grâce, telles que *le Nid d'oiseau; Péristère changé en colombe,* et, dans un genre plus sévère, *le Poëte; le Courtisan, etc.* Le recueil choisi et corrigé de ces pièces éparses, dont elle a annoncé la publication, est attendu avec impatience, et ne peut qu'ajouter beaucoup à sa réputation.

— Traduction d'ANACRÉON, en prose. (Avec le texte grec en regard). *Paris, Urb. Canel,* 1825, in-18, avec une grav.

Cet ouvrage, dont le ministre de l'intérieur a fait prendre 50 exemplaires, et que madame Vien a dédié à l'Académie de Bordeaux, dont elle est membre depuis plusieurs années, se distingue par une élégance et une fidelité qu'on ne pouvait attendre que d'une femme qui sait allier le goût à l'érudition. Il est orné d'une jolie vignette, gravée d'après un charmant dessin du mari de l'auteur.

Madame Vien s'occupe d'une traduction en prose des Odes d'Horace, et d'un monument qu'elle se propose d'ériger à la mémoire de l'illustre Vien, son beau-père, en publiant les mémoires posthumes de ce grand peintre, revus par elle, et augmentés d'un avant-propos et d'une continuation.

VIEND. — Libertés (les) de l'Église helvétique, trad. de l'allem. (1770). Voy. de BALTHASARD.

VIENNE (B. de), prêtre du tiers-ordre de Saint-Dominique.

— Année (l') mystique, contenant la vie des saints pour tous les jours de l'année, avec des méditations et des réflexions. *Paris (Hollande), P. Witte,* 1708, 2 vol. in-8.

On a du même plusieurs autres ouvrages imprimés antérieurement à 1700.

VIENNE (Agneaux de). Voy. AGNEAUX DE V.

VIENNET (Jean-Pons-Guillaume), littérateur; né à Beziers, le 18 novembre 1777, entra, en 1796, dans l'artillerie de marine, fit quelques campagnes sur mer, mais il abandonna ce service pour celui de terre, et s'y montra avec distinction, en qualité de capitaine d'infanterie, aux batailles de Lutzen, Bautzen, Dresde et Leipzig; en 1827, il fut promu au grade de chef de bataillon du corps royal d'état-major; depuis membre de l'Académie française (1831), de la chambre des députés, enfin pair de France en 1840.

POÉSIES.

— * Austerlide (l'). *Paris, Nicolle,* 1808, in-8.

Publié sous le nom de Pons de Ventine, anagramme de celui de l'auteur.

— Dialogues (trois) des morts et trois épîtres. *Paris, Ladvocat,* 1824, in-8, 3 fr.

— Épître à l'empereur Alexandre. *Paris, de l'impr. de Renaudière,* 1815, in-8 de 4 pages.

— Épître à l'empereur Nicolas, en faveur des Grecs, et vendue à leur profit. *Paris, A. Dupont,* 1826, in-8 de 24 pag.

— Épître à mes amis sur le premier jour de l'an. *Paris, de l'impr. de Tastu,* 1824, in-8 de 8 pag.

Cette épître eut deux éditions dans l'année.

— Épître à M. Hoffman, du « Journal des Débats », en faveur des jésuites. *Paris, A. Dupont,* 1826, in-8 de 16 pag.

— Épître à M. l'abbé de La Mennais. *Paris, Ladvocat,* 1825, in-8 de 32 pag.

Réimprimée dans la même année.

— Épître à M. le comte de Gouvion-Saint-Cyr, sur l'armée. *Paris, Eymery,* 1818, in-8 de 12 pag.

— Épître à M. Thiers, député d'Aix. *Metz, de l'impr. de Wittersheim,* 1832, in-8 de 8 pag.

— Épître au capucin. *Paris, Ladvocat,* 1819, in-8 de 8 pages.

— Épître au roi, sur l'ordonnance du 5 septembre, suivie des Épîtres à M. le comte de ..... et à l'empereur Alexandre. *Paris, Delaunay,* 1816, in-8 de 24 pag.

— Épître aux chiffonniers sur les crimes de la presse. *Paris, A. Dupont,* 1827, in-8 de 16 pag.

— Épître aux convenances, ou Mon apologie. *Paris, Eug. Renduel*, 1829, in-8.

— Épître aux Grecs sur la protection dont on les menace. *Paris, F. Didot; Ladvocat*, 1824, in-8 de 16 pag.

— Épître aux louangeurs du temps passé. *Paris, Ladvocat*, 1820, in-8 de 16 pag.

— Épître aux mules de don Miguel. *Paris, Eug. Renduel*, 1829, in-8 de 16 pages.

— Épître aux Muses sur les romantiques. *Paris, Ladvocat*, 1824, in-8 de 16 pag., 75 c.

Imprimée d'abord dans le « Feuilleton littéraire » du 14 avril.

— Épître aux rois de la chrétienté sur l'indépendance de la Grèce ; suivie de l'Épître à Morellet sur la philosophie du dix-huitième siècle. *Paris, Ladvocat*, 1821, in-8 de 16 pag.

— * Épîtres et fragments d'un poëme de Marengo. *Paris, Lebour*, sans date, in-12.

— Épîtres. *Paris, A. Bertrand*, 1813, in-8, 2 fr.

— Épîtres et Poésies ; suivies du poëme de Parga. *Paris, Ladvocat*, 1821, in-8, 4 fr.

— Essais de poésie et d'éloquence. *Lorient, madame veuve Baudouin; Paris, Arthus Bertrand*, 1803, et 1805, in-8, 3 fr.

On trouve dans ce volume, entre autres, un *Éloge de Boileau*, et deux pièces de théâtre.

— OEuvres. *Paris, A. Dupont*, 1827, 2 vol. in-18, 6 fr.

Le poëme de *la Philippide* (voy. plus bas) forme les tomes III et IV de cette collection.

— Parga, poëme, imprimé au bénéfice des Parganiotes. *Paris, Delaunay*, 1820, in-8 de 32 pages.

— Philippide (la), poëme. *Paris, A. Dupont*, 1828, 2 vol. in-18, 6 fr.

Les faux-titres portent : OEuvres de M. J.-P.-G. Viennet, tomes III et IV.

— Promenade philosophique au cimetière du Père Lachaise. *Paris, Ponthieu*, 1824, in-8, avec une planche.

En prose, mêlée de vers.

— Sédim, ou les Nègres, poëme en trois chants. *Paris, Ponthieu*, 1826, in-18.

— Siége (le) de Damas, poëme en cinq chants. *Paris, A. Dupont*, 1825, in-8, 4 fr.

THÉÂTRE.

— Aspasie et Périclès, opéra en un acte. *Paris, Vente*, 1820, 1822, in-8, 1 fr. 50 c.

— Clovis, tragédie en cinq actes et en vers. *Paris, Ladvocat*, 1820, in-8, 3 fr.

Réimpr. dans la même année.

— Deux (les) pupilles, ou l'Aimable désœuvré, comédie en un acte et en vers.

Imprimée dans le volume de l'auteur, intitulé : *Essais de poésie et d'éloquence* (voy. la section Poésie).

— Louis-le-Grand, ou le Cri de guerre, tragédie en trois actes et en vers. Messidor an XI.

Impr. dans le volume cité précédemment.

— Serments (les), comédie en trois actes et en vers. *Paris, Barba; Bezou*, 1839, in-8 de 12 pag. à deux colonn.

Cette pièce, qui fait partie de la « France dramatique », a été représentée, sur le Théâtre-Français, le 16 février 1839.

— Sigismond de Bourgogne, tragédie en cinq actes. *Paris, A. Dupont; Ladvocat, et cour des Fontaines, n. 7*, 1825, in-8, 3 fr.

M. Viennet a présenté à l'Académie royale de musique deux opéras en trois actes, qui n'ont été représentés ni l'un ni l'autre : *le Tournoi* (1820) et *Sardanapale* (1823).

ROMANS.

— Château (le) Saint-Ange. *Paris, Abel Ledoux*, 1834, 2 vol. in-8, 15 fr.

— Tour (la) de Montlhéry, histoire du douzième siècle. *Paris, Abel Ledoux*, 1833, 2 vol. in-8, 15 fr.

VARIA.

— Discours (son) de réception à l'Académie française.

Imprimé dans : Discours prononcé dans la séance publique tenue par l'Académie française, pour la réception de M. Viennet, le 5 mai 1831 ». (1831, in-4).

— Discours sur la situation de la France, prononcé à la chambre des députés, dans la séance du 23 mars 1833. *Lyon, de l'impr. de Boursy*, 1833, in-4 de 8 pag.

M. Viennet a prononcé à la chambre des députés un assez grand nombre d'autres discours, mais qui n'ont été imprimés que dans les journaux.

— Éloge de Boileau. An XI. *Paris, Fusch*, an XIII (1805), broch. in-8.

Tiré du volume de l'auteur, intitulé : « Essais de poésie et d'éloquence ». (Voy. plus haut).

— Histoire des guerres de la Révolution : campagnes du nord, de 1792 et 1793. *Paris, A. Dupont*, 1827, in-18, 3 fr. 75 c.; ou 1827, in-8, avec deux portr. et trois cartes, 7 fr.

Cet ouvrage fait partie de « l'Histoire militaire des Français par campagne ».

— Lettre d'un Français à l'Empereur sur la situation de la France et de l'Europe, et sur la constitution qu'on nous prépare. *Paris, Delaunay,* 1815, in-8 de 16 pag.

— Opinion d'un homme libre sur la constitution proposée. *Paris, Delaunay,* 1815, in-8 de 32 pag.

— Réponse (sa) au discours prononcé par M. Thiers.

Imprimée dans : « Institut royal de France. Discours prononcés dans la séance publique tenue par l'Acad. française, pour la réception de M. Thiers ». (1835, in-4).

M. Viennet a été l'un des rédacteurs des Annales des faits et des sciences militaires, faisant suite aux «Victoires et conquêtes des Français », dont le prospectus parut en 1817; de « la Minerve littéraire » (1820—21, 2 vol. in-8), et de « l'Abeille » ; il a aussi fourni des articles au Dictionnaire de la conversation et de la lecture.

On trouve des notices sur M. Viennet dans beaucoup de biographies récentes, et, entre autres, dans celle de M. Besuchet (Biographie maçonne), celles universelle et portative des contemporains, et des hommes du jour, de MM. Sarrut et Saint-Edme.

VIENNET (C.-G.), contrôleur du canal du Midi, à Toulouse.

— Manuel (le) du canal du Midi, ou Collection des instructions concernant la navigation, la police et la perception des droits sur ce canal. *Toulouse, de l'impr. de Bellegarrigue,* 1818, in-8 de 64 pag.

VIENNOIS (J.-B.). — Esprit (l') de la langue française et la cause de l'universalité de cette langue. *Dijon, L.-N. Frantin,* 1787, in-12.

VIENOT-VAUBLANC. Voy. VAUBLANC.

VIERMONTIUS (F.-Cl.). — Catechismus, seu Christiana expositio. *Lugduni, Sauvignet,* 1833, in-32.

VIERNE (Ch.), de Lisieux.

— Histoire de la Révolution française, depuis 1789 jusqu'en 1799. *Lisieux, de l'impr. de Brée,* 1833, in-32, 20 c.

— Histoire de la révolution française, depuis 1814 jusqu'en 1830. (1834 et ann. suiv.). Voy. DINOCOURT.

VIÉLEUSE (Le). Voy. LE VIÉLEUSE.

VIET (l'abbé), prieur de Saint-Ouen; mort en 1783.

— * Réflexions sur les « Époques de la nature (de Buffon) ». *Amsterdam, et Paris, Couturier fils,* 1780, in-12.

VIETH (G.-U.-Ant.). — Atlas du monde ancien, en douze cartes géographiques, dressées par G.-U.-Ant. VIETH, et publiées par L.-Ph. FUNKE, avec des tables explicatives. *Weimar, bureau d'industrie,* 1800, in-fol. oblong, 6 fr.

— Cours populaire des sciences mathématiques, comprenant, etc.; trad. de l'allem. par M. G. HESSE ; augmenté des principes du dessin linéaire. *Dijon, Douillier,* 1836, in-12, avec planche, 2 fr. 50 c.

VIETTY (E.), statuaire. — Monuments romains et gothiques de Vienne, en France, anciennes et puissante colonie romaine ; dessinés et publiés par E. REY, directeur du Musée de Vienne, etc. ; suivis d'un texte historique et analytique, par E. VIETTY, statuaire. *Paris, de l'impr. de F. Didot, l'Auteur; Treuttel et Wurtz,* 1821 et ann. suivantes, gr. in-fol. de xj et 88 pages, avec 72 estampes.

Ce volume, qui a été publié en dix-huit livraisons, à 12 fr., est divisé en trois parties, savoir : première partie. *Muséum de Vienne,* auquel se rattachent 24 planches. Deuxième partie : *Monuments romains,* avec 29 planches. Les planches 1 et 14 de cette partie ont un numéro *bis,* et l'on trouve deux estampes numérotés 23, au lieu de 23 et 24. Troisième partie : *Monuments gothiques,* avec dix-neuf planches.

Nous avons eu entre les mains un exemplaire de ce volume, ayant un nouveau frontispice portant la date de 1831.

VIEUMAISON (de).— Réflexions d'un père de famille sur le spectacle des petits enfants de M. Comte, physicien. *Paris, Imbert,* 1824, in-8 de 16 pag.

VIEUX-MAISONS (madame de). Voy. CRÉBILLON et PECQUET.

VIEUSSENS (Raymond de), docteur en médecine de la Faculté de Montpellier, membre des sociétés royales de médecine de Paris et de Londres ; né en 1641, dans un village de Rouergue qui porte son nom, mort en 1715.

—Analyse des eaux de Balaruc en Languedoc.

Impr. dans le Journal de Trévoux, août 1709, pag. 1456.

— Consultations. *Aix,* 1691, in-12.

— Découvertes (nouvelles) sur le cœur. *Toulouse,* 1706, in-12.

— Discours sur la nature, les différences, les causes et les signes du tempérament du sang.

Impr. dans le Journal de Trévoux, août 1709, pag. 1938.

— Dissertations (deux), la première touchant l'extraction du sel acide du sang, la seconde sur la proportion de ses principes sensibles. *Montpellier,* 1698, in 8.

— Epistola, nova quædam in corpore humano inventa exhibens. *Monspellii,* 1703, et *Lipsiæ, Fritsch,* 1704, in-4.

— Epistola ad Frid. Ruysch. *Monspelii,* 1705, in-8.

— Epistola de sanguinis humani cùm sale fixo, tum volatili, in certâ proportione sanguinis phlegma, spiritum subrufum, ac oleum fœtidum ingrediente. *Lipsiæ,* 1698, in-4.

— Expériences et réflexions sur la structure et l'usage des viscères; suivies d'une explication de la plupart des maladies. *Paris,* 1755, in-12. — Explication de la plupart des maladies. Appendix aux Expériences sur la structure des viscères. *Paris,* 1755, in-12.

— Histoire des maladies internes, ouvrage posthume, auquel on a joint la Névrologie et le Traité des vaisseaux du même auteur. *Toulouse, J.-Jacq. Robert,* 1774, 3 vol. in-4.

— Nevrologia universalis, hoc est, omnium corporis humani nervorum, simul etcerebri, medullæque spinalis descriptio anatomica, cum iconibus. Editio nova. *Lugduni, Jos. Certe,* 1684, in-fol.; *Ulm,* 1690, in-8; — *Lugduni,* 1761, in-fol.; — et *Tolosæ,* 1775, in-4.

Cet ouvrage remarquable fut le fruit de la dissection de cinq cent soixante cadavres. Il fut pour la névrologie, ce que celui de Willis avait été pour l'encéphalographie. Cependant il renferme beaucoup d'erreurs, que les travaux modernes ont rectifiés. Les planches qui l'ornent ne sont pas très-exactes. Tout ce qui a rapport à la physiologie est au-dessous de la critique, et tient malheureusement une place considérable.

— Novum vasorum corporis humani systema. *Amstelodami, P. Marret,* 1705, in-8.

C'est dans ce traité que Vieussens développa sa célèbre théorie des vaisseaux névro-lymphatiques, que les progrès de l'anatomie ont renversée. Il y admet des vaisseaux particuliers destinés à porter les boissons dans la vessie, et que personne n'avait pu voir. Il prétend aussi que la plupart des parties qu'on croit être formées d'un parenchyme propre, ne sont qu'un composé de vaisseaux.

— OEuvres françaises de médecine et d'anatomie. *Toulouse,* 1715, 2 tom. in-4.

— Réponse à trois lettres imprimées du sieur Chirac. *Montpellier,* 1698, in-8.

— Tractatus duo. Primus de remotis et proximis mixti principiis, in ordine ad corpus humanum spectatis. Secundus, de naturâ, differentiis, conditionibus et causis fermentationis, in quo præcipua, quæ in ipsâ fermentatione observantur, phænomena explicantur. *Lugduni,* 1688, 1715, in-4.

Ces deux traités sont écrits dans les principes de l'école chimique. Vieussens y fonde la physiologie et même la pratique sur la théorie de la fermentation. Il donne une description assez inexacte des fibres du cœur, et d'assez mauvaises figures de ses valvules.

— Traité nouveau de la structure et des causes du mouvement naturel du cœur. *Toulouse,* 1715, in-4.

— Traité sur la structure de l'oreille. *Toulouse,* 1714, in-4.

Livre obscur, avec de mauvaises planches.

— Traité sur les liqueurs du corps humain. *Toulouse,* 1715, in-4.

On trouve, dans le Supplément de l'anatomie de Verheyen, une *Lettre* de Vieussens à Manget *sur la structure de la matrice.*

Astruc a fait de ce médecin le portrait suivant : « Vieussens, dit-il, était avide de gloire et très-laborieux; il aurait été loin, s'il avait eu de l'esprit, et surtout un jugement critique pour discerner le bon, le vrai et le solide d'avec le mauvais, le faux et le médiocre. Son style était long et prolixe, et son latin plein de gallicismes; mais il était clair, et on le lit sans peine ». Quelque sévère que soit ce jugement, on ne peut disconvenir qu'il ne soit équitable, ce qui n'empêche certainement pas que Vieussens ne doive être rangé au nombre des médecins qui ont illustré la faculté de Montpellier.

(*Biogr. méd.*).

VIEUSSENS (David-Louis de). — Observation sur la maladie de M. Manot de Bergerat, attaqué du ver solitaire. *Paris, Laur.-Ch. d'Houry,* 1743, in-8.

VIEUSSEUX (Gaspard), né à Genève, en 1746, docteur en médecine à Leyde et à Genève, mort dans cette dernière ville, le 20 octobre 1814.

— Dissertatio physiologica de erectione. *Lugd.-Batav.,* 1766, in-4.

— Mémoire sur cette question : La maladie connue en Écosse et en Suède sous les noms de croup, ou « angina membranacea polyposa », existe-t-elle en France ? couronné par la Société royale de médecine de Paris, en 1784.

— Mémoire sur le croup, ou angine trachéale, qui a eu la première mention honorable au concours ouvert sur cette maladie. *Genève, et Paris, Paschoud,* 1812, in-8, 4 fr.

— Mémoires sur l'inoculation.

Insérés dans le Journal de médecine, 1777, in-8.

— Saignée (de la) et de son usage dans la plupart des maladies. *Genève, et Paris, Paschoud,* 1815, in-8, 5 fr.

On trouve en tête une notice sur l'auteur, par M. L. Odier, rédigée pour la Bibliothèque britannique.

— Traité sur la nouvelle méthode d'inoculer la petite vérole. *Génève, et Paris,* 1773, in-8.

VIÉVARD (J.-A.). Voy. LA VAU-GUYON.

VIÉVILLE (Poullin de). Voy. POULLIN DE V.

VIEYRA (le P. Antonio), Portugais du XVIIe siècle.

— Cartas selectas, ordenadas e correctas por J.-J. ROQUETE. *Paris, Aillaud,* 1838, in-12, 6 fr.

VIEYRA DE CLAVIJO (Jos.).—Éloge de Charles V, roi d'Espagne, trad. de l'italien par le chev. de BONGARS. *Lodi,* 1780, in-8.

VIGAROSY (Antoine-Benoît), fils de Jean-Charles Vigarosy, avocat en parlement, et de Marie-Étienne Garret (de la Guadeloupe), naquit à Toulouse le 15 juillet 1788. Il fit ses études sous M. Buisson, à Castelnaudari, et il ne les avait pas entièrement terminées lorsqu'il fut obligé de quitter le foyer paternel. Employé en 1807 dans les administrations militaires de l'armée de Portugal, commandée par le général Junot, il fut envoyé en mission de Lisbonne aux frontières d'Espagne. Les Espagnols le firent prisonnier à Porto, et il s'évada ; mais à plus de soixante-dix lieues de l'armée française et au milieu d'une population spontanément soulevée par la nouvelle du prochain débarquement d'une armée anglaise, A.-B. Vigarosy ne pouvait espérer de salut que dans la reconnaissance d'un officier portugais dont, par un acte généreux, il s'était fait un ami. Conduit par son protecteur à l'évêque de Porto, reçu et pendant huit jours caché dans un des pavillons des jardins de ce digne ministre de charité, A.-B. Vigarosy ne sortit de ce saint asile que pour être réuni au consul, à quelques négociants et officiers français, qui, dans les plus profonds cachots des prisons de la ville, avaient couru le risque de se voir impitoyablement massacré par une populace déchaînée. Mystérieusement embarqué avec ses compatriotes, A.-B. Vigarosy fut conduit et livré à l'escadre anglaise qui bloquait le port de Lisbonne, et de là amené en Angleterre, où il resta environ six mois prisonnier sur parole, dans le bourg de Bischops'-Woultham, à quelques lieues de Portsmouth. Rendu à la liberté par l'effet de la convention obtenue par le duc d'Abrantès, il voguait plein de joie vers sa patrie, lorsqu'une forte tempête le rejeta sur les côtes qu'il venait de quitter. Cependant, après avoir longtemps lutté contre l'orage, il parvint enfin à débarquer en Bretagne dans le mois d'octobre 1808. Il fut attaché alors aux bureaux des régisseurs et intendants généraux de l'armée d'Espagne. Il entra ensuite dans les cadres de l'état-major comme lieutenant, et puis capitaine de cavalerie et aide de camp du général Clausel, qui, en 1813, commandait en chef l'armée du nord de l'Espagne. En 1815, après avoir été arrêté et détenu à Paris à cause de sa qualité d'aide de camp du général Clausel, M. Vigarosy s'est retiré à Mirepoix (Ariége). Après avoir entièrement perdu de vue Apollon et les Muses, il ne leur a de nouveau consacré ses loisirs qu'en 1821 ; et, en 1823, il publia un volume intitulé « Récréations poétiques. » Ce volume se compose de fables malignes d'une invention ingénieuse, de chansons agréables, de poésies gracieuses et sévères, d'heureux badinages. Le style de A.-B. Vigarosy est toujours facile et naturel, et bien dans le goût du genre qu'il traite. Les journaux ont surtout distingué une ode philosophique intitulée « la Terre », dans laquelle l'auteur a su marier avec beaucoup de talent la couleur de la poésie aux réflexions du penseur. M Vigarosy est aujourd'hui maire de Mirepoix.

— Amaryllis (l'), méditations, souvenirs et tableaux. *Paris, Louis Janet,* 1837, in-18, avec une gravure, 5 fr.

Pièces de vers.

—Considérations et opinion sur cette question : Continuera-t-on de délivrer, pour les inventions industrielles, des titres qui, sous la dénomination de brevets, conféreront le droit privatif d'exploiter ces inventions pendant un temps déterminé? *Castelnaudary, de l'imp. de Labadie,* 1829, in-8 de 72 pages.

— Discours prononcé à l'occasion de la distribution des prix de la pension de la ville de Mirepoix, le 27 août 1836. *Castelnaudary, de l'imp. de Groc,* 1836, in-8 de 16 pages.

— Fables. *Foix, Pomiez, et Paris, Louis Janet,* 1832, in-18.

— Jugement (le) dernier, et Aux nations, odes, suivies de deux fables. *Paris, Ladvocat,* 1825, in-8 de 20 pages, 1 fr.

— Récréations poétiques, ou Mélanges de

poésies galantes, politiques, badines et morales. *Paris, Lecaudey*, 1823, in-18, 3 fr.

VIGAROUS (Barthélemi), professeur aux écoles royales de chirurgie de Montpellier, chirurgien-major de l'Hôtel-Dieu, chirurgien-major de l'hôpital royal et militaire, et membre de la Société royale des sciences de la même ville, et associé régnicole de l'Académie royale des sciences de Paris; né le 21 janvier 1725, à Montpellier, où il est mort le 19 juillet 1790.

— Observations et remarques sur la complication des symptômes vénériens avec d'autres virus, et sur les moyens de les guérir. *Montpellier, Martel aîné ; et Paris, Didot jeune*, 1780, in-8.

— Questiones medicæ pro cathedrâ vacante per promotionem D. Imbert ad cancellariatum. 1760, in-4.

— Traité sur la régénération des os cylindriques et des os plats; ouvrage pratique fondé sur de nombreuses observations. *Montpellier*, in-8.

On a encore du même différents *Mémoires* lus à la Société royale des sciences sur les hernies, les plaies avec fracas, les stéatomes osseux, et plusieurs autres sujets intéressants, imprimés par ordre des États du Languedoc dans les procès-verbaux des séances publiques tenues tous les ans en leur présence.

— OEuvres de chirurgie pratique, civile et militaire, mises en ordre et publiées (avec une Notice biographique sur l'auteur, par son fils, J.-M.-J. VIGAROUS. *Montpellier, de l'impr. de J. G. Tournel*, 1812, in-8, 6 fr.

Tout ce que Vigarous a publié ou laissé en manuscrit est réuni dans ce volume, où l'on trouve : des Observations sur la complication du vice vénérien avec d'autres virus; —des Observations et Remarques sur quelques maladies du fondement ; — un Mémoire sur les entérocèles étranglées ; — un Aperçu pratique sur les bons effets de l'eau de chaux dans le traitement des plaies et des ulcères; — des Observations et des Remarques sur l'emphysème ; — des Réflexions sur les fractures avec fracas des extrémités ; — des Considérations générales pratiques et théoriques sur la régénération partielle et locale des os du corps humain ; — enfin, un Mémoire sur les stéatomes osseux.

VIGAROUS (Joseph-Marie-Joachim), fils du précédent, né à Montpellier le 23 octobre 1759, docteur en médecine de l'ancienne Université en 1780; reçu, en 1786, membre de la Société royale des sciences de Montpellier; professeur à l'Université de médecine, à l'École de santé qui lui succéda, et à la Faculté de médecine de la même ville jusqu'en 1825, c'est-à-dire,

pendant trente ans deux mois et vingt-six jours ; mis au grade de professeur honoraire en 1825; médecin en chef de l'hospice d'humanité ; commissaire président des jurys de médecine de l'arrondissement de l'école de Montpellier pendant quinze ans; membre de la Société d'agriculture du département de l'Hérault depuis sa création, plus tard son secrétaire perpétuel; vice-président du comice agricole; membre, nommé par le roi, de l'Académie royale de médecine de Paris ; de plusieurs sociétés savantes, nationales ou étrangères.

— Cours élémentaire de maladies des femmes, ou Essai sur une nouvelle méthode pour étudier et pour classer les maladies de ce sexe. *Paris, de l'impr. de Crapelet.* — *Déterville*, an x (1801), 2 vol. in-8 de 500 pages chacun.

— Recherches sur l'origine et les sièges du scorbut et des fièvres putrides, trad. de l'angl. de MILMAN. *Paris, Didot jeune*, 1787, in-8.

On a encore de ce médecin un certain nombre de Mémoires imprimés dans les Bulletins de la Société d'agriculture du département de l'Hérault, et notamment sur le blé de miracle, *triticum compositum*, L. , sur l'olivier, et sa grande viabilité, sur la manière de le planter, d'en hâter le développement, etc., sur l'agriculture de la Corse, sur les huiles d'olive et leur fabrication, sur les vignes et les vins, sur le mûrier propre à nourrir le ver à soie, sur l'utilité du séjour des propriétaires dans leurs domaines, etc.

Le docteur Vigarous a été l'éditeur des OEuvres de chirurgie pratique et militaire de son père (voy. l'article précédent), auxquelles il a joint une Notice biographique, ainsi qu'un Traité sur la régénération des os.

VIGÉE (Louis-Jean-Baptiste-Étienne, et non Louis-Guillaume-Bernard-Étienne), littérateur distingué ; né à Paris, le 2 décembre 1758, secrétaire du cabinet de MADAME, belle-sœur de Louis XVI, femme de Louis XVIII; livré tout entier à la littérature, depuis le règne de la terreur, 1793, 1794, il travailla aux « Veillées des Muses », et donna des leçons de littérature à l'Athénée, comme successeur de La Harpe; il fut longtemps le principal rédacteur de « l'Almanach des Muses », et l'un des auteurs de la « Nouvelle Bibliothèque des romans » (1799 et ann. suiv); contrôleur de la caisse d'amortissement en 1804; membre de la Légion-d'Honneur, de la Société philotechnique, de celle des amis des arts, membre du jury de lecture de l'Opéra, du 29 ventôse an VIII au 1er germinal an IX; lecteur du roi Louis XVIII en 1814; mort le 7 août 1820.

THÉATRE.

— Aveux (les) difficiles, comédie en un acte et en vers. *Paris, Duchesne,* 1783, in-8, 1 fr.

— Belle-mère (la), ou les Dangers d'un second mariage, comédie en cinq actes et en vers. *Paris, Prault,* 1788, in-8.

— Entrevue (l'), comédie en un acte et en vers. *Paris,* 1783, in-8; — ou *Paris, Prault,* 1789, in-8.

— Fausse (la) coquette, comédie en trois actes, en vers. *Paris, Prault,* 1784, in-8.

— Matinée (la) d'une jolie femme, comédie en un acte. *Paris, Prault,* 1793, in-8, 1 fr. 50 c.

— Ninon de l'Enclos, comédie en un acte et en vers (libres). *Paris, Éverat,* 1797, in-8.

Imprimée aussi en tête des *Poésies fugitives* de l'auteur. (Voy. plus bas).

— Princesse (la) de Babylone, opéra en trois actes et en vers. *Paris, Vente,* 1815, in-8, 1 fr. 50 c.

On croit que Morel de Chedeville a eu part à cet opéra.

— OEuvres (ses) dramatiques.

Imprimées, en 1824, dans la « Bibliothèque dramatique », publiée par madame Dabo, IVᵉ série, auteurs contemporains. La Notice sur Vigée, en tête de ce volume, est de M. J.-C.-F. de LADOUCETTE.

Quelques autres pièces de théâtre de Vigée ont été jouées, mais non imprimées, et, entre autres, les suivantes : *les Amants timides* et *les Projets extravagants.*

Vigée avait présenté à l'Académie de musique, en l'an IX, un opéra en un acte, intitulé : *le Concert;* mais il n'a été ni joué ni imprimé.

POÉSIES.

— Discours au roi de Rome. *Paris,* 1811, in-4.

Réimprimé dans les « Hommages poétiques ».

— Épître en vers aux membres de l'Académie française, décriés dans le « Dix-huitième siècle » (satire de Gilbert). *Londres, et Paris,* 1776, in-8 de 16 pag.

— Épître à J.-F. Ducis, sur les avantages de la médiocrité. *Paris, Delaunay; Vente,* 1810, in-8, 75 c.

— * Épître à M. Hippolyte Lefebvre, anc. professeur d'éloquence de l'Académie roy. de Juilly, et l'un des régénérateurs de cette maison. *Paris, de l'impr. de Rougeron,* 1820, in-8 de 16 pag.

— Ma journée, poëme. *Paris, Louis,* an VI (1798), in-8 de 16 pag.

— Mes conventions, épître, suivie de vers et de prose. *Paris, Louis,* an IX

(1800), in-18, pap. gr. raisin, orné d'une gravure, 1 fr. 80 c.

— OEuvres diverses, contenant Ninon de l'Enclos, comédie en un acte et en vers; suivie de Poésies fugitives. *Paris,* 1797, in-8.

— Poésies. Cinquième édit., revue, corr. et augmentée de pièces inédites. *Paris, Delaunay,* 1813, in-18, sur pap. fin et sur pap. vélin (tiré à 25 exempl.).

L'édition de 1799, in-8, porte le titre de *Poëmes de Legouvé et de Vigée.*

— Pour (le) et le Contre, dialogue religieux, moral, politique et littéraire. *Paris, Eymery,* 1818, in-8 de 56 pages, 1 fr. 50 c.

— Tendresse (la) filiale (poëme). *Paris, Lefuel,* 1812, in-16, orné de neuf jolies gravures, 6 fr.

Vigée avait succédé à Santereau de Marsy, dans la rédaction de l'Almanach des Muses, dont il a été l'éditeur jusqu'en 1820, et où l'on trouve un grand nombre de ses vers. Il a coopéré aux « Veillées des Muses, recueil de poésies.

OUVRAGES EN PROSE.

— Discours couronné par l'Académie de Montauban sur cette question : « Combien la critique amère est nuisible aux talents »? *Paris,* 1807, in-8.

— * Manuel de littérature. *Paris,* 1809, in-12.

— Procès et mort de Louis XVI. *Paris,* 1814, in-8.

Cet écrivain a participé à la rédaction de la « Nouvelle Bibliothèque des romans » (voy. plus haut), ainsi qu'au « Courrier des spectacles », que dirigeait M. Lepan.

VIGER (le P. François), jésuite, de Rouen, professeur d'éloquence; mort à Paris, le 15 décembre 1647.

— Præcipuis (de) græcæ dictionis idiotismis. Editio noviss. curante Joh.-Henr. LEDERLINO. *Argentorati, Lerse,* 1708, in-8.

La première édition est de Paris, Cramoisy, 1647, 2 vol. in-12.

VIGER. — Pétition relative aux honneurs à rendre à la mémoire de madame Élisabeth. *Paris, de l'impr. de Hocquet,* 1821, in-4 de 4 pages.

VIGER (Henri). — Guide du voyageur dans le Tyrol, à travers le Wurtemberg et la haute Bavière, par SCHADEN; traduit de l'allemand par Henri Viger. *Paris, Audin,* 1837, in-12, 3 fr.

VIGIER (Jean), avocat. — Coutumes

d'Angoumois, Aunis, et gouvernement de la Rochelle ; avec la comparaison des deux Coustumes, le commentaire, et la déclaration de l'usage. Nouv. édition, augm. *Angoulême, Rezé,* 1720, in-fol.

La première édition est de Paris, 1650, in-fol.

VIGIER (le P. François-Nicolas), de Paris, supérieur de la maison de St.-Magloire des prêtres de l'Oratoire, mort au mois d'octobre 1752.
—* Lettre (première) de M. l'abbé *** à un de ses amis, en réponse aux libelles qui ont paru contre le nouveau Bréviaire de Paris. 1er octobre 1736, in-4.

L'auteur a fait paraître une seconde et une troisième Lettre : les trois réunies forment 75 pages.

— Martyrologe de Paris. In-4.

Le P. Vigier est le principal auteur du « Breviarium Parisiense », etc. 1736, (4 vol. in-4 et 4 vol. in-12) ; il a eu part au Missel du même diocèse.

VIGIER (de Saint-Janien), ancien aide de camp, chef de bataillon.
— Précis historique de la campagne faite en 1807 dans la Poméranie suédoise par le corps d'observation de la grande armée, commandé par le maréchal Brune, suivi d'une notice sur ce maréchal. *Limoges, Chapoulaud,* 1825, in-8 de 132 pages.

Voy. aussi RASSIELS DU VIGIER.

VIGLIO. — Éléments de médecine, trad. de l'angl. Voy. BROWN.

VIGMORE (lord), pseudon. Voy. MORTEMART-BOISSE.

VIGNACOURT (le comte de). Voy. LA VIEUVILLE.

VIGNAL, habitant de Cayenne. — Coup-d'œil sur Cayenne en 1822. *Paris, Delaunay,* 1823, in-8, 3 fr. 50 c.

VIGNAL (E.-T.). — Essai sur la brûlure, et son nouveau traitement par l'usage des poils du typha. *Paris, l'Auteur,* 1833, in-8 de 80 pages.

VIGNANCOURT (le P.), jésuite.—Vies (les) des grands capitaines de la Grèce, traduites du latin (1654-55). Voy. CORNELIUS NEPOS.

VIGNANS (A. de). — Homonymologie, ou Dictionnaire d'homonymes français, réunis en phrases qui les rendent très-faciles à retenir, pour aider les personnes qui étudient la langue française et qui désirent d'apprendre promptement l'orthographe.

Paris, Delalain ; Blois, l'Auteur, 1830, in-8, 7 fr.

VIGNARD. — Description d'un cône nouveau. *Paris, de l'impr. de Pinard,* 1829, in-8 de 8 pages.
— Tables alphabétiques des genres contenus dans le 4e vol. de l'histoire naturelle des principales productions de l'Europe méridionale. *Paris, de l'impr. de Pinard,* 1830, in-8 de 28 pages.

VIGNE, né à Aigues-Mortes. — * Espiéglerie (l') de collége, ou le Fauteuil renversé, poëme héroi-comique en 4 chants ; par F. D. *Paris, de l'impr. d'Adrian Garnier,* an XIII (1805), in-8.

Voy. aussi LA VIGNE.

VIGNÉ (Jean-Baptiste), docteur-médecin à Rouen, sa patrie, et poëte, membre de l'Académie des sciences, belles-lettres et arts de Rouen.
— Discours sur la certitude en médecine. *Rouen,* 1806.
— Discours sur les qualités indispensables au médecin dans l'exercice de sa profession.
— Élégie. *Rouen Périaux père,* 1822, in-8 de 24 pages.
— Essai sur le sentiment d'horreur qu'inspire la mort....
— Essai sur les affections vermineuses. *Rouen, et Paris,* an X (1802), in-8, 1 fr. 25 c.
— Essai sur les scrofules. *Rouen, et Paris,* an IX (1801), in-8.
— Hommage à Louis le Désiré, idylle. *Rouen, de l'impr. de Périaux,* 1817, in-8 de 8 pages.

Extrait des Mémoires de l'Académie de Rouen pour 1816.

— Médecine (de la) légale. *Rouen, et Paris, Gabon,* 1806, in-8.
— Mémoire sur le danger des inhumations précipitées, et sur les signes de la mort. *Rouen, les princip. lib.,* 1837, in-8 de 56 pages, 2 fr. ; — Sec. édition. *Paris, Béchet jeune,* 1839, in-8 de 64 pag., 2 fr.
— Précis analytique des travaux de l'Académie des sciences, belles-lettres et arts de Rouen, pendant l'année 1813. *Rouen, de l'impr. de Périaux,* 1814, in-8.
— Rocher (le) et les oiseaux de passage, la rose et le lis, allégorie. *Rouen, de l'imp. de Périaux,* 1814, in-8 de 24 pages.
— Stances à la bienfaisance, dédiées aux manes de Marc-Ant. Petit. *Rouen, de l'impr. de Périaux,* 1814, in-8 de 8 pag.

— Violette (la) et le Lis. *Rouen, Renault*, 1815, in-8 de 12 pages.

VIGNEAU (Mad.). — Recueil de romances et ariettes choisies. *Toulouse, de l'impr. d'Aug. Hénault*, 1821, in-12 de 8 pages.

VIGNÉE (de). — * Essai de poésies diverses; par M. V***. *Genève et Paris, Charpentier*, 1763, in-8.

VIGNÈRES (l'abbé de), docteur de Sorbonne.
— Discours sur l'amour de la patrie, prononcé le 25 août dernier, jour de Saint-Louis, en présence de l'Académie française. *Paris*, 1790, in-4.
— Éloge funèbre de M. Faydit de Tersac, curé de Saint-Sulpice. *Paris, Crapart*, 1789, in-4.

VIGNÈRES, professeur de langue latine.
— Manuel de piété. *Isle - Jourdain, de l'impr. d'Espirac*, 1826, in-18.

VIGNERON (Jean). Voyez VENERONI.

VIGNERON, trésorier de France, guillotiné le 18 mai 1794.
— Éloge d'Armand Gontaud de Biron, maréchal de France sous Henri IV; suivi de notes historiques sur les actes de valeur et de patriotisme de la noblesse de Guienne, et particulièrement de celle de Gascogne, sous les règnes de François Ier, Henri II, François II, Charles IX, Henri III et Henri IV; discours qui a remporté le prix au jugement de l'Académie de Bordeaux en 1788. *Bordeaux, Pollandre l'aîné; et Paris, veuve Duchesne*, 1789, in-8.

VIGNERON (P.-M.), de Paris.
— Dissertation sur le diagnostic de l'inflammation aiguë des viscères abdominaux; présentée et soutenue à la faculté de médecine de Strasbourg, le 20 décembre 1816. *Strasbourg, de l'impr. de Levrault*, 1817, in-4 de 24 pag.

VIGNERON (R.), de la Jousselandière.
— Projet d'organisation du haras royal, et des encouragements relatifs à la propagation et au perfectionnement des races de chevaux, ainsi que des autres animaux susceptibles de domesticité, et des plantes qu'il est possible d'acclimater en France. *Nantes, de l'impr. de Mellinet*, 1834, in-8 de 44 pag.

VIGNERON (Alfred). — Mes aventures

vivantes avec les théâtres. *Paris, de l'impr. de Moquet*, 1838, in-4 de 28 pag.

C'est le chapitre XII d'un ouvrage encore inédit.

— Sur la tombe de M. de Châteaubriand. *Paris, de l'impr. de Decourchant*, 1837, in-8 de 4 pag.

Écrit composé à l'occasion du tombeau élevé par souscription à M. de Châteaubriand de son vivant.

VIGNERTE. — Méthode Jacotot. Grammaire française, extraite des premiers livres de Télémaque. *Paris, Mansut*, 1830, in-12, 1 fr.

VIGNES (P.), de Castelfranc, D. M.
— Croup (du) des enfants, ou Exposé succinct de l'histoire générale du siége, de la durée, du prognostic et du traitement de cette grave maladie, propre à mettre tout le monde à même de la distinguer d'avec les affections avec lesquelles elle peut être confondue; terminé par plusieurs observations particulières. *Paris, l'Auteur*, 1826, in-8 de 44 pag.
— Formulaire pharmaceutique, à l'usage des jeunes médecins. *Paris, Chevalier*, 1818, in-18, 2 fr. 25 c.
— Histoire du choléra-morbus qui a régné épidémiquement à Oran (Afrique) pendant les mois d'octobre, de novembre 1834, et janvier 1835. *Metz, Verronnais; Paris, Baillière*, 1837, in-8 de 96 pag.
— Mémoire sur les enfants trouvés et les mesures administratives qui leur ont été appliquées dans le département du Gers. *Auch, de l'impr. de Portes*, 1838, in-8 de 76 pages.
— Traité complet de la dyssenterie et de la diarrhée; précédé de l'histoire clinique de ces maladies; suivi de quelques considérations sur la contagion essentielle, et sur celle de la dyssenterie. *Paris, Rousselon*, 1825, in-8, 6 fr.

VIGNETI (P.-L.-N.), fils. — Changes faits sur le cours des papiers-monnaies, depuis leur origine (31 août 1789) jusqu'au 3 ventôse de l'an IV, servant également pour l'échelle de dépréciation et d'opinion comprise dans la loi sur les transactions du 5 messidor an V, etc. *Paris, Gueffier*, an V (1797), in-8.

VIGNEUL MARVILLE, pseudon. Voy. d'ARGONNE.

VIGNEUX (A.). — Flore pittoresque des environs de Paris, contenant la description de toutes les plantes qui croissent naturellement dans un rayon de dix-huit à vingt lieues de cette capitale; la figure coloriée de celles qui sont employées en médecine, dans les arts, dans l'économie rurale et l'économie domestique; enfin, des notices détaillées et raisonnées sur leurs diverses propriétés, sur les principes qu'elles fournissent à l'analyse chimique, et sur les phénomènes de physiologie végétale qu'elles offrent : ouvrage orné de plus de 200 figures coloriées, presque toutes de grandeur naturelle, renfermant en outre des éléments de botanique, un vocabulaire des mots employés le plus fréquemment dans cette science, et une carte topographique des environs de Paris. *Paris, l'Auteur; Fantin*, 1812, in-4, avec 68 planches et une carte, 30 fr. — Supplément. *Ibid.*, 1814, in-4 de 28 pages, 3 fr.

VIGNIAUX, horloger à Toulouse.
— Horlogerie pratique, à l'usage des apprentis et des amateurs. *Toulouse, Douladoure*, 1788, in-8, avec planches; — ou *Toulouse, Bellegarigue*, 1802, in-8.

VIGNIER fils (Nic.), écrivain du commencement du xviie siècle.
— * Légende dorée, ou Sommaire de l'histoire des frères mendiants de l'ordre de S.-François. Nouv. édition. *Amsterdam*, 1734, in-12.

   Cette réimpression est faite sur l'édition de Leyde, 1608, in-8.
   Cet ouvrage se joint à l'Alcoran des Cordeliers (de Badius).

VIGNIER (le P. Henri), prêtre de la congrégation de l'Oratoire, d'abord chanoine de Bar-sur-Seine ; né en Champagne, mort à Paris, le 3 avril 1707.
— Connaissance (la) de Jésus-Christ, et de nous-mêmes, de ses bienfaits, et de nos devoirs; tirée des Épîtres de S. Paul. *Paris, J. Collombat*, 1703, in-12.
— Examen (l') de soi-même.....
— Exercice de piété.....

VIGNIER (E.-J.-B.). — * Description abrégée des animaux quadrupèdes de la ménagerie de Tippo-Saïb, nouvellement achetés à Londres, pour venir enrichir la ménagerie du Muséum d'histoire naturelle; suivie du récit de la progéniture de la lionne, que l'on peut regarder comme un phénomène. 1801, in-8 de 23 pag.
— * Histoire des éléphants de la Ménagerie....

— Phénomène d'histoire naturelle, récit de la dernière gestation de Constantine, une des lionnes de la ménagerie du Jardin des plantes; précédé de la Description de tous les quadrupèdes sous la garde de Félix Cassel. Nouv. édition, corr. et augm. *Paris, Quillau*, 1801, brochure in-8 de 36 pages.....
— Prophétie qui n'a jamais paru, dont on voit aujourd'hui l'accomplissement parfait, tirée d'un livre très-rare, intitulé : « Liber mirabilis ». *Paris*, 1806, in-8.

VIGNOLE (Jacques Barrozio).—Cours d'architecture, qui comprend les cinq ordres de Vignole; avec des commentaires, par Aug.-Ch. d'Aviler. Nouv. édition, avec des remarques (par Pierre-Jean Mariette). *Paris, J. Mariette*, 1738, 1750, in-4.
—Le même ouvrage, sous ce titre : Règles des cinq ordres d'architecture, augm. de notes et remarques, par Ch.-Ant. Jombert. *Paris*, 1755, 1760, 1764, in-8, avec 67 planches.
— Le même ouvrage, sous ce titre : Livre nouveau, ou Règles des cinq ordres d'architecture. Nouv. édition, revue et augmentée; avec plusieurs morceaux de Michel-Ange, Vitruve, Mansard, et autres célèbres architectes, tant anciens que modernes, par J.-F. Blondel. *Paris*, 1767, in-fol.

   L'ouvrage de Vignole a servi de bases à beaucoup de traités élémentaires d'architecture, publiés depuis lui.

VIGNOLES (Alph. Des). Voy. Desvignoles.

VIGNOLES (Vital), du Limousin, prêtre, docteur en théologie; mort le 21 novembre 1767, âgé de 75 ans.
— Vrai (le) chrétien instruit et sanctifié, dans ses exercices, heures nouvelles avec des explications sur toutes les prières, sur les psaumes, etc. *Paris, Delusseux et J.-J. Hérissant*, 1737, in-12.

VIGNOLI. — * Félicité (la) publique, considérée dans les paysans cultivateurs de leurs propres terres; trad. de l'ital. (par Béarde de l'Abbaye), et précédée de la Dissertation qui a remporté le prix à la Société économique de Saint-Pétersbourg sur le même sujet. *Lausanne, et Paris, Dehansy*, 1771, in-8.

VIGNOLLE (le comte Martin de),

lieutenant-général, conseiller d'État, préfet de la Corse, en 1818; né à Massillargues, près Montpellier, le 18 mars 1763, mort à Paris, le 13 novembre 1824.

— * Précis historique des opérations militaires de l'armée d'Italie, en 1813 et 1814. Par le chef de l'état-major de cette armée. *Paris, Barrois l'aîné*, 1817, in-8, avec une carte, 4 fr.

On trouve une Notice sur le général Vignolle dans l'Annuaire nécrologique de M. Mahul, ann. 1824, page 303.

VIGNON, écuyer, sieur de Vignolles, médecin de Mgr le duc d'Orléans, régent.

— Essai de médecine pratique. *Paris, Briasson*, 1745, in-12.

VIGNON (Pierre), architecte.
— Mémoire à l'appui d'un projet pour placer, conformément aux intentions de S. M., la Bourse, le tribunal de commerce et la Banque de France, dans les constructions de la nouvelle église de la Madeleine. *Paris, H.-L. Perronneau*, 1806, in-4.
— Monuments commémoratifs projetés en l'honneur de Louis XVI et de sa famille. *Paris, de l'impr. du même*, 1816, in-4 de 12 pag.
— Sur le rétablissement des académies des beaux-arts. *Paris, de l'impr. de veuve Perronneau*, 1814, in-4 de 8 pag.

VIGNON (F.-V.), romancier, se disant petit-fils de Rétif de la Bretonne.
— * Fille (la) de la fille d'honneur, ou la Famille Palvoisin. Par le petit-fils de Rétif de la Bretonne. *Paris, Locard et Davi*, 1819, 2 vol. in-12, 5 fr.
— Lettre écrite des Champs-Elysées par Charles X, roi de Suède, à Charles X, roi de France, sur les Noirs, les Grecs et les Turcs; trad. en vers français. *Paris, les march. de nouv.*, 1825, in-8 de 8 pag.
— *Paria (le) français, ou le Manuscrit révélateur; par le petit-fils de Rétif de la Bretonne. *Paris, G.-T. Hubert*, 1822, 3 vol. in-12, 7 fr. 50 c.
— Paul et Toinon, ou l'Héroïne du coin de la rue. *Paris, madame Cam. Defrêne*, 1822, 2 vol. in-12, 5 fr.

VIGNON (Eugène-Jean-Marie), né à Paris, le 25 août 1804.
— Austerlitz. Ode dédiée au roi. *Paris, de l'impr. de Pihan Delaforest (M.)*, 1836, in-8 de 16 pages.

VIGNY (le comte Alfred de), l'un des littérateurs de l'école romantique les plus distingués.

POÉSIES.

— Paris. Élévation. *Paris, Ch. Gosselin*, 1831, in-8 de 28 pages.
— *· Poëmes. Héléna, la Somnambule, la Fille de Jephté, la Femme adultère, le Bal, la Prison. *Paris, Pélicier*, 1822, in-8 de 160 pages.
— Poëmes antiques et modernes : le Déluge, Moïse, Dolorida, le Trappiste, la Neige, le Cor. *Paris, Urbain Canel*, 1826, in-8, 3 fr.;—ou *Paris, Delloye et Lecou*, 1837, in-8, 7 fr. 50 c.

La dernière édition forme le tome Ier des OEuvres complètes de l'auteur.

— Poëmes. Sec. édit. *Paris, Ch. Gosselin*, 1829, in-8, 7 fr. 50 c.; — IIIe édit. *Paris, le même*, 1829, in-8.
— *Trappiste (le); poëme, par l'auteur des Poëmes antiques et modernes, la Somnambule, la Femme adultère, la Fille de Jephté, Héléna, etc. *Paris, de l'imp. de Guiraudet*, 1822, in-8 de 16 pages; ou in-8 de 24 pages. — IIIe édit. Au bénéfice des trappistes d'Espagne. *Paris, Guiraudet et Galley*, 1823, in-8 de 28 pages.

M. Alfred de Vigny a fourni des morceaux à la « Muse française ».

THÉÂTRE.

— Chatterton, drame. *Paris, Souverain*, 1835, in-8, 6 fr. 50 c.
— Éloa, ou la Sœur des anges, mystère. *Paris, Aug. Boulland*, 1824, in-8 de 64 pages.
— Maréchale (la) d'Ancre, drame. *Paris, Ch. Gosselin*, 1831, in-8.
— More (le) de Venise, Othello, tragédie traduite de SHAKSPEARE en vers français. *Paris, Levavasseur*, 1830, in-8.
— Peur (la), proverbe.

Imprimé dans le Dodécaton, ou le Livre des douze (1836).

— Théâtre (la Maréchale d'Ancre, drame en cinq actes. — Chatterton, drame en trois actes. — Quitte pour la peur, comédie en un acte; — le More de Venise, Othello;— le Marchand de Venise, comédie en trois actes). *Paris, Delloye et Lecou*, 1838-39, 2 vol. in-8, 15 fr.

Tome V et VI des OEuvres complètes de l'auteur.

ROMANS.

— Cinq-Mars, ou une Conjuration sous

Louis XIII. *Paris, Urbain Canel*, 1826, 2 vol. in-8, 14 fr. — IVe édit., augmentée d'une préface et de notes. *Paris, Ch. Gosselin*, 1829, 4 vol. in-12, 12 fr. — V^e édit., précédée de Réflexions sur la vérité dans l'art. *Paris, Ch. Gosselin; Levavasseur*, 1833, 2 vol. in-8, 16 fr. — VIe édit. *Paris, Delloye et Lecou*, 1837, 2 vol. in-8, 16 fr.

— Consultations (les) du docteur noir. Stello, ou les Diables bleus. Première consultation. *Paris, Ch. Gosselin; Eugène Renduel*, 1832, in-8, 8 fr., et 2 vol. in-12, 6 fr. — IVe édit. *Paris, Delloye et Lecou*, 1838, in-8, 7 fr. 50 c.

La dernière édition forme le tome VII des OEuvres complètes de l'auteur.

— Servitude et grandeur militaire, contenant Laurette, ou la Veillée de Vincennes, et la Canne de jonc. *Paris, Bonnaire*, 1835, in-8, 8 fr; — Ou *Paris, Hérail*, 1836, in-8, 8 fr.; et *Paris, Delloye et Lecou*, 1838, in-8, 7 fr. 50 c.

La dernière édition forme le tome IV des OEuvres complètes de l'auteur.

OEUVRES.

— OEuvres. *Paris, Delloye et Lecou*, 1837-39, 7 vol. in-8.

Cette collection se compose de la réunion des ouvrages précédents que l'on peut se procurer séparément, savoir :
Tome Ier. Poëmes antiques et modernes.
— II et III. Cinq-Mars.
— IV. Servitude et grandeur militaire.
— V et VI. Théâtre.
— VII. Consultations du docteur noir.

VIGNY (F.-G.). Voy. Maubaye-Vigny.

VIGOR (madame), née Goodwin. — * Lettres d'une dame anglaise résidante en Russie. *Rotterdam*, 1776, in-8.

VIGOR DE LUTÈCE, pseudon. — Sentinelle (la) de la F∴ maçonnerie. Ouvrage contenant, en vers, poésies légères et prose, l'antiquité de la F∴ maçonnerie, les mystères étudiés de tous nos grades et l'esprit de cet O∴ immortel. Première vedette (et unique). *Paris, rue du Foin-Saint-Jacques, hôtel de la Côte-d'Or*, 1831, in-plano d'une demi-feuille.

VIGOUREUX (Pamphile-Paul-Jean). — * Découverte d'une méthode pour apprendre l'anglais; par P.-P.-J. V. *Bruxelles*, 1775, in-12.

VIGOUREUX (madame Clarisse). —

Parole de la Providence. *Paris, Bossange père*, 1834, in-8, 5 fr.

VIGOUREUX, directeur du journal « le Bons sens ».

VIGUERIE (B.). — Art (l') de toucher le piano-forte. *Paris, * Viguerie*, 1809, in-fol., gravé, 33 fr.

Cette Méthode est composée de quatre suites, dont la dernière parut en 1809. Les trois premières se vendent séparément chacune 9 fr., la quatrième 12 fr.

VIGUERIE (P.) — Annales de la ville et diocèse de Carcassonne. (Tom. Ier et unique). *Carcassonne*, an XIII (1805), in-4.

La publication de cet ouvrage, qui devait avoir trois volumes, a été interrompue par la mort de l'auteur.

VIGUERTE (J.-J.). — Étranger (l') et le juste milieu. *Paris, de l'impr. de Dupont*, 1833, in-8 de 4 pag.

VIGUIER (Jacq. de), mousquetaire; né à Narbonne, le 20 juillet 1731.
— * Ode sur la paix. 1762.
— Ode sur la statue équestre du roi. 1763.

VIGUIER. — Éléments de la langue turque, ou Tables analytiques de la langue turque usuelle, avec leur développement, terminés par un Essai de vocabulaire français turc de 112 pag., et enrichi d'un grand nombre de dialogues intéressants dans les deux idiômes. *Constantinople, de l'impr. du palais de France*, 1790, in-4, 15 fr.

VIGUIER (l'abbé Pierre-François), anc. lazariste; né à Besançon, en 1745, mort à Paris, le 7 février 1821.
— * Distinction (de la) primitive des psaumes en monologues et en dialogues, ou Exposition de ces divins cantiques tels qu'ils étaient exécutés par les lévites dans le temple de Jérusalem. Nouv. édit., accompagnée de notes, etc. *Paris, veuve Nyon*, 1806, 2 vol. in-12.
— Le même ouvrage, sous ce titre : * Exposition du sens primitif des psaumes, totalement conservé dans la Vulgate et dans une nouvelle traduction française mise en regard du texte, et accompagnée de notes : ce sens, rendu reconnaissable, soit par le mode primitif d'exécution, de distinction, etc., reproduit tel qu'il existait dans le temple de Jérusalem, soit par d'autres clefs réunies aux anciennes, pour faire connaître les divers genres de beautés de ces can-

tiques, et en éclaircir les endroits obscurs.
Par M. V***. Sec. édition, revue, améliorée et considérablement augmentée. *Paris, Demonville*, 1818-19, 2 vol. in-8, 9 fr.

— * Prophétie du pape Innocent XI, précédée de celle d'un anonyme, ou le Rétablissement des Bourbons en France, et celui de la paix dans l'univers après la destruction de l'empire de Napoléon Buonaparte, prédits en deux oracles du xviie siècle, de même que d'autres événements relatifs à la fin du xviiie siècle ou au commencement du xixe, et spécialement à la révolution française, ainsi qu'aux premières calamités de Rome et à leur cessation, avec l'explication, par M. V***; preuves de l'authenticité de ces deux pièces, dont les trente-deux prédictions, qui sont des plus curieuses et des plus étonnantes, continuent de se vérifier depuis 1791 jusqu'à nos jours, c'est-à-dire, depuis vingt-quatre ans. *Paris, l'Auteur; Cló; Demonville*, 1816, in-12, 2 fr.

—Saint Joseph de Copertino, thaumaturge et prophète, mort en 1663, béatifié par Benoît XIV, et canonisé par Clément XIII; abrégé de sa vie admirable, composé en italien par l'ordre de Benoît XIV; dédié à ce grand pape, et présenté le jour de la cérémonie de la béatification. Traduction de M. DENIS, revue par M. VIGUIER, avec des additions considérables. *Paris, Demonville*, 1820, in-12, 2 fr. 50 c.

— * Véritable (la) prophétie du vénérable Holzhauser, ou le Rétablissement des papes à Rome, d'une fédération en Allemagne, de la solennité du culte par tous les catholiques français, et de la paix dans l'univers, après la déchéance de Napoléon Buonaparte, prédit dès le milieu du xviie siècle, ainsi que d'autres événements relatifs à la fin du xviiie siècle ou au commencement du xixe, avec l'explication; par M. V. *Paris, Crapart*, 1815, in-12, 1 fr.

— Vrai (le) sens du Psaume LXVII *Exurget Deus*, conservé totalement dans le texte latin de la Vulgate; traduit par M. Viguier; mais nullement conservé dans les nombreux passages où ce cantique, traduit de l'hébreu moderne par M. Genoude, n'est point d'accord avec la traduction précédente. *Paris, Demonville*, 1819, in-8 de 16 pages, 30 c.

On doit aussi à l'abbé Viguier la réimpression de quelques ouvrages, entre autres, le Discours de M. BULLET sur la vérité de la religion chrétienne, et le Sacrifice perpétuel de foi et d'amour au Saint-Sacrement de l'autel, par S. GOURDAN. *Beuch.*

VIGUIER (A.-L.-G.), D.-M. — Notice sur la ville d'Anduze et ses environs; ornée d'une carte topographique et de deux lithographies. *Paris, Delaunay; Gabon et Cie*, 1823, in-8, 6 fr.

VIGUIER (Adrien), professeur de rhétorique.

— Chérubin, ou le Page de Napoléon, comédie-vaudeville en deux actes (en prose). *Paris, Marchant*, 1835, in-8.

Avec M. Ch. Desnoyers. M. Viguier ne s'est fait connaître que sous son prénom.

— * Manuel de philosophie, traduit de l'allem. (1829). Voy. TENNEMANN.

— Sacre (le) de Charlemagne. (En vers). *Paris, Ladvocat*, 1824, in-8 de 16 pag.

— Traité de la traduction, ou l'Art de traduire le latin en français, abrégé de l'ouvrage de Ferri de Saint-Constant, par Adr. Viguier. *Paris, Brunot-Labbe*, 1827, in-12 de 24 pag.

VIGUIER (L.), pasteur. — Discours sur l'ignorance, prêché dans le temple de Valleraugue, le 4 avril 1830. *Nimes, de l'impr. de Durand-Belle*, 1830, in-8 de 20 pages.

VIGUIER (J.), prêtre réformé.

— Sept (les) sacrements, offert à la majorité des Français, ou Épîtres (en vers) d'un ancien curé à son évêque. *Paris, les march. de nouv.*, 1832, in-8.

VIGUIER (Stev.-F.-Constant).—Manuel de miniature, de gouache, du lavis, à la sepia et de l'aquarelle. *Paris, Roret*, 1830, in-18, avec fig. — IVe édition. *Paris, le même*, 1839, in-18, avec fig., 3 fr.

Avec M. Langlois-Longueville.

VIGUIER fils, avocat à Carcassonne.

— Christ (le), odo qu'à oubtengat lé préx das suchets bibliqués émboyats al conconcours qué agut loc à Beziers, le 12 mai 1839. *Carcassonne, de l'impr. de Labau*, 1839, in-8 de 16 pag.

VIGUIER (Auguste). — Question d'intérêt municipal du mouvement de la circulation dans Paris et du péage sur les ponts. *Paris, de l'impr. de Crapelet*, 1839, in-4 de 8 pag.

VIGUIER-SAUNIÈRE.—Cours de musique élémentaire mutuel et simultané. *Carcassonne, de l'impr. lithogr. de Pomiès-*

Gardel, 1838, in-4 de 36 pages, de 7 tableaux et 40 pages de musique, 10 fr.

VILAIN XIIII (le vicomte Jean-Philippe), alors premier échevin de la Keure de Gand, depuis conseiller d'État et chevalier de Saint-Étienne.

— Mémoires sur les moyens de corriger les malfaiteurs et les fainéants à leur propre avantage, et de les rendre utiles à l'État. *Gand*, 1775, in-4.

Ces moyens ont été mis en œuvre avec succès dans la maison de détention de Gand.

— *Réflexions sur les finances de la Flandre. Sans lieu d'impression*, 1755, in-8 de 296 pag., sans la table.

Réflexions justes et hardies à la fois, et qui annoncent autant de courage que de sagacité. L'auteur s'y élève surtout contre la maxime que le secret d'une administration ne doit être connu ni des principaux intéressés, ni du souverain même, et se prononce avec force contre l'administration existante. Ce livre remarquable est très-rare; j'en ai acquis à la vente de M. le baron Le Candele de Ghyseghem, un exemplaire qui a un mérite tout particulier, et qui est digne, par conséquent, d'être signalé non-seulement aux bibliophiles, mais à tous ceux qui prennent intérêt à la littérature nationale.

Cet exemplaire porte deux titres au lieu d'un ; sur l'un de ces titres on a ajouté une seconde épigraphe :

*Vix Laboratur dum Amatur
et sI laboratur tuNc amatur,*

où se découvre le nom de l'auteur (*Vilain*), ce qui est cause qu'on aura renoncé à ce frontispice. Les pages 9—16 de la préface ont été également refaites, par suite de la suppression à la page 9 de ce paragraphe, après les mots *une sage administration* :

« On n'eût jamais songé à se livrer à une entreprise aussi frayeuse qu'inutile comme celle de la Coupure (*promenade à Gand*), entreprise formée contre toutes les règles de la prudence la plus ordinaire, sans en avoir comparé les dépenses avec l'utilité qu'on en pouvait vraisemblablement espérer, sans avoir consulté ni les forces ni les moyens nécessaires pour l'exécuter; entreprise suivie aussi irrégulièrement qu'elle avait été commencée, et qui, à la honte de la nation, sera un monument éternel de son imprudence (1), ainsi qu'une des principales époques de sa ruine et une source de regrets. Malheur aux peuples où les gens en place ne savent pas calculer, et où, dans des matières de la dernière importance, et dont dépend le bonheur public, ils sont forcés à convenir qu'ils se sont trompés ».

Ce qui ajoute le plus de prix à ce volume, c'est une lettre originale de P.-F. De Goesin, l'imprimeur du livre. Il résulte de cette lettre, datée du 6 octobre 1772, qu'il n'avait imprimé les *Réflexions sur les finances* qu'à *quarante* exemplaires, mais « avec tant de précaution, ajoute-t-il, dans son patois thiois-wallon, qu'il y avait toujours un homme qui veillit (veillait) sur chaque feuille qu'on imprimoit, et la défense étoit tellement, si quelque chose auroit vu le jour hors les quarante exemplaires, qu'on me

l'auroit fait sentir jusque dans ma troisième génération ». Voilà un livre libéral exécuté avec des précautions d'inquisiteur; c'est que, pour être utile, il fallait avant tout beaucoup de circonspection. Quant à la menace dont parle De Goesin, nous avions d'abord pensé qu'elle ne pouvait partir que des états de Flandres, ou d'un certain nombre de membres influents de cette assemblée ; mais nous avons appris, plus tard, à ne pouvoir en douter, que celui qui menaça l'imprimeur De Goesin d'un châtiment exemplaire, en cas d'indiscrétion, était le vicomte Vilain XIIII lui-même, qui voulait avec empire, et souffrait difficilement la contradiction.

Le vicomte Vilain XIIII était un homme d'une capacité rare, à vues neuves et étendues, et ayant toute l'habileté nécessaire pour faire accepter les améliorations qu'il avait conçues. C'est à lui qu'on doit l'initiative du système pénitentiaire qui, selon l'usage antique et solennel, nous est revenu ensuite comme une création étrangère. Ses réformes et innovations en matière de finances attirèrent l'attention du comte de Cobenzl, qui se connaissait en mérite.

(*Art. de M. le baron de Reiffenberg*, extr. de la Revue bibliographique, t. 1er, p. 222 et 378).

VILAIN XIIII (le comte Charles), à Gand, membre de la chambre des représentants, ex-gouverneur de la Flandre orientale, ambassadeur de Belgique près la cour de Rome.

— Coup-d'œil sur les inondations de la Flandre. *Bruxelles*, *Rampelbergh*, 1832, in-8.

— * Trois chapitres sur les deux arrêtés du 20 juin 1829, relatifs au collége philosophique; par un père de famille pétitionnaire. *Bruxelles*, *Vanderborgt*, 1829, in-8.

Avec M. Van Bommel, évêque de Liége, et autres.

VILANOVA Y MANES (Senen), abogado de los reales consejos.

— Material criminal forense, o Tratado universal teorico y practico de los delitos y delicuentes en general y especie, etc. *Paris*, *Rosa*, 1827, 4 vol. in-8.

VILATE (Joachim), ex-juré du tribunal révolutionnaire de Paris, mort sur l'échafaud révolutionnaire, le 6 mai 1795.

— Causes secrètes de la révolution du 9 au 10 thermidor. *Paris*, 1795, in-8; — Continuation. *Ibid.*, 1795, in-8.

Ouvrage réimprimé avec les *Mystères de la Mère de Dieu dévoilés*, du même auteur, dans la « Collection des Mémoires relatifs à la révolution française ». On assure que les « Causes secrètes », ont été rédigées par CHODERLOS DE LACLOS.

— Mystères (les) de la Mère de Dieu dévoilés. IIIe vol. de l'ouvrage précédent. *Paris*, 1795, in-8.

VILBACK (RENAUD DE). — Voyage dans les départements formés de l'ancienne

---

(1) Il est inutile de remarquer que cette prédiction ne s'est pas réalisée : une réflexion plus mûre l'aura sans doute fait effacer.

province de Languedoc. Esquisse de l'histoire de Languedoc, description de l'Hérault. *Paris, Delaunay*, 1825, in-8, avec 6 planches géographiques et 20 dessins lithographiés.

VILCOQ, avocat à Chartres, , ancien notaire à Paris.
— Manuel des assurances, ou Recueil de notions nécessaires pour traiter avec les compagnies d'assurances contre l'incendie, et pour être assuré valablement. *Chartres, de l'impr. de F. Durand*, 1838, in-8 de 100 pages.

VILDÉ (madame L.), romancière du commencement du xixe siècle.
— * Adolphe et Zénobie, ou les Crimes de la jalousie; par madame L. V***, auteur de Betzi, ou l'Infortunée Créole; de la Réponse au Rêve d'un philosophe, et de la Religieuse d'Alençon. *Paris, madame Masson*, 1803, 2 vol. in-12, 3 fr.
— * Betzi, ou l'Infortunée Créole; histoire véritable. Par la cit. L. V***. *Paris, Chaignieau*, an VIII (1799), 2 vol. in-12 avec gravures, 3 fr.
— * Erreur et Mystère. Par madame L. V***, auteur des « Soirées bretonnes », etc. *Paris, Pigoreau*, 1813, 4 vol. in-12, 8 fr.
— * Isaure et Dorigni, ou la Religieuse d'Alençon, histoire véritable; par madame L. V***, auteur de Betzi, etc. *Paris, Duponcet*, 1804, 2 vol. in-12 avec figures, 3 fr. 60 c.
— * Réponse au Rêve d'un philosophe.....
— * Rozainville, ou le Divorce inutile. Par l'auteur de « la Religieuse d'Alençon ». *Paris, Maison l'aîné*, an xiii (1805), 3 vol. in-12, 5 fr.
— * Savetier (le) enrichi, ou Trois mois de Niperc (Crépin); Par madame L. V***, auteur de Betzi, etc. *Paris, madame Masson*, an x (1802), in-12 fig., 1 fr. 50 c.
— * Soirées (les) bretonnes, ou la Famille de Kéralbon; par madame L. V***, auteur de Betzi, ou l'Infortunée Créole, de la Religieuse d'Alençon, etc. *Paris, Égasse; Debray*, 1810, 3 vol. in-12, 6 fr.

VILEROI. — Exercices sur l'orthographe et la syntaxe, calqués sur toutes les règles de la grammaire classique, et au moyen desquels on peut apprendre à parler et à écrire en fort peu de temps. *Paris, Belin-Mandard et Devaux*, 1831, in-12, 1 fr. 25 c.
— Grammaire classique, ou Cours complet et simplifié de la langue française théorique et pratique, réellement élémentaire, et à la portée des enfants de l'un et de l'autre sexe. *Paris, Belin-Mandar et Devaux*, 1830, in-12.

VILERS-VERMONT (de). — Wivoll de Sottenbourg, ou le Prétendu sans future. Roman comique. *Paris, Fréchet*, 1808, 2 vol. in-12, 3 fr.

VILEVAULT. Voy. VILLEVAULT.

VILFRANC (madame de). Faiblesses (les) d'une jolie femme, ou Mémoires de madame de Vilfranc écrits par elle-même. *Amsterdam et Paris, Belin*, 1779, 2 vol. in-12.

VILIN (   ), alors curé de Cormeil, membre de la Société royale d'agriculture de Paris, au bureau de Beauvais.
— Mémoires sur la conservation des grains. *Amiens et Paris, Moutard*, 1774, in-12.
— Traité de la culture du melon. *Amiens et Paris, Delalain*, 1774, in-12.

VILINAS (C.), docteur en droit canon et professeur.
— Vérité (la) sur les divisions qui existent entre les deux clergés de France, et projet de réunion, ou Lettre de M. l'évêque de ***, membre du comité central catholique et romain de Paris, à M. l'abbé D***. *Paris*, an ix (1801), brochure in-8.

VILLA (Et.), connu aussi sous le nom du P. BASILE.
— Gasconismes (nouv.) corrigés, ou Tableau des principales expressions et constructions vicieuses et usitées dans la partie méridionale de la France. *Montpellier, G. Izard et Ricard*, sans date, 2 vol. in-8.

VILLAFANE (don Manual de), écrivain espagnol qui a fait imprimer à Paris, en 1836, des traductions espagnoles de quatre ouvrages élémentaires de M. LAMÉ FLEURY, et un autre du Jacob Delorme, de M. B. D'EXAUVILLEZ. (Voy. ces deux noms.)

VILLAGRE (Auguste). — Essai sur la mémoire artificielle appliquée à la géographie élémentaire et applicable à d'autres sciences, ou Art d'apprendre promptement et agréablement les parties abstraites de la géographie, et de ne jamais les oublier. *Toulouse, Montaubin*, 1837, in-12, 3 fr. 50 c.

— Silhouettes géographiques, ou Lettres d'Adélaïde et d'Armand sur un moyen entièrement nouveau de se graver dans l'esprit instantanément, agréablement, avec facilité, et pour toujours, les parties les plus ardues de la géographie élémentaire. *Toulouse, Valery*, 1839, in-8, avec une planche, 3 fr.

VILLAGRE (Charles), avocat.
—Aperçus politiques et sociaux. *Toulouse, de l'imp. de Bénichet aîné*, 1833, in-8 de 24 pages.
— Histoire de France, depuis juillet 1830 jusqu'à la fin de 1834, considérée sous les rapports politique, industriel et littéraire. Tome Ier, première et deuxième livraisons. *Paris, rue du Cadran*, n. 44, 1834, in-8, ensemble de 64 pag.

L'ouvrage devait former quatre volumes.

VILLAIN (l'abbé Étienne-François), de Paris ; mort en 1784.
— * Essai d'une histoire de la paroisse de Saint - Jacques - de - la - Boucherie. *Paris, Prault*, 1758, in-12.
— * Histoire critique de Nicolas Flamel et de Pernelle, sa femme. *Paris, Desprez*, 1761, in-12.

On joint ordinairement cet ouvrage au précédent.

— Lettre à M***, sur celle que don Pernetty a fait insérer dans une des feuilles de M. Fréron, contre l'Histoire critique de N. Flamel. *Paris*, 1762, in-12.

VILLAIN (B.) — Analyse de la lumière, et Explication nouvelle des phénomènes magnétiques, électriques et galvaniques. *Paris, Didot*, 1808, in-8, fig. ;— ou *Paris, Migneret*, 1810, in-8.
— Dissertation philosophique, physiologique et métaphysique sur l'identité de la vie intellectuelle et matérielle de tous les êtres qui vivent ou végètent sur la terre. Théorie électrique et thérapeutique. *Paris, Germer-Baillière*, 1833, in-8 de 72 pag.
— Recherches sur l'origine du choléra-morbus, sur les moyens de s'en préserver et de le traiter. *Paris, de l'imp. de Plassan*, 1831, in-4 de 8 pages.

VILLAIN DE SAINT-HILAIRE, auteur dramatique. Voy. SAINT-HILAIRE.

VILLAIN DUMONT. — Fourrier (le) de grenadiers en permission (pièce de vers). *Lons-le-Saulnier, de l'imp. de Gauthier*, 1830, in-8 de 4 pag.

VILLAINE (de). Voy. DEVILLAINE.

VILLANTROYS (Pierre-Laurent), mort le 17 janvier 1819.
— Expériences (nouv.) d'artillerie, etc. ; trad. de l'angl. (1802). Voy. Ch. HUTTON.
— * Observations sur l'Essai sur les effets de la poudre dans les armes à feu et sur son Supplément, par M. de C. (de Cazaux). *Paris, veuve Courcier*, 1818, in-8 de 16 pages.

VILLAR (Gabriel), anc. professeur de belles-lettres, député à la Convention nationale, et plus tard membre du Conseil des cinq cents, de l'Institut national, pour la grammaire, et secrétaire-perpétuel de la classe des belles-lettres.

On trouve de M. G. Villar dans le recueil de l'Institut national : 1° Notice sur la vie et les ouvrages de J.-B. Louvet (tom. II, 1797); — 2° Fragment du XVIe livre de l'Iliade, traduit en vers français (tom. II, 1798); —3° Notice sur la vie et les travaux d'Él. L. Boullée, architecte (tom. III, 1801); — 4° Notice sur la vie et les ouvrages de J. Dusaulx (id., id.); — 5° le Désespoir d'Achille après la mort de Patrocle, fragment du XVIIIe livre de l'Iliade, trad. en vers français (tom. IV, 1803).

VILLAR. — A bas le charlatanisme ! Tableau pour apprendre à conjuger tous les verbes de la langue espagnole en deux séances. *Bordeaux, de l'imp. de Coudert*, 1836, une feuille in-plano.
— Grammaire simplifiée pour apprendre la langue espagnole. *Bordeaux, de l'imp. de Peletingeas*, 1828, in-fol. plano de neuf feuilles.

VILLARD. — Cousine (la) supposée, comédie en un acte, en prose. *Paris, Pollet*, 1823, in-8, 1 fr.

Avec M. Adrien.

VILLARD-MONTFORT. — Avis aux entrepreneurs de filature de soie. *Montpellier, de l'imp. de Tournel aîné*, 1822, in-8 de 8 pages.

VILLARET (Claude), de Paris ; mort au mois de février 1766.
— * Anti-Paméla, ou Mémoires de M. D*** (traduits de l'anglais, ou plutôt composés par Villaret). *Londres (Paris)*, 1742, in-12 de 152 pag.
— * Belle (la) Allemande, ou les Galanteries de Thérèse. *Amsterdam (Paris)*, 1745, in-12.
— * Cocq (le), ou Mémoires du chevalier V***. 1742, in-12.
—* Considérations sur l'art du théâtre. *Genève*, 1759, in-8.
— Cours d'histoire et de géographie universelle. 1760, 2 vol. in-8.

Avec M. Luneau de Boisjermain.

— * Esprit de M. de Voltaire. *Sans indication de lieu (Paris)*, 1759, in-8.

Réimprimé plusieurs fois. (*Barbier*).

— * Lettre à M. de V***, sur sa tragédie de « Mahomet ». 1742, in-12 de 37 pag.
— Quartier (le) d'hiver, comédie en un acte et en vers. *Paris, veuve Pissot*, 1745, in-8.

Avec Bret et Dancourt.

— Stances sur la campagne du roi. *Paris,* 1744, in-4.

Claude Villaret a été le continuateur de l'Histoire de France commencée par l'abbé Velly (voy. ce nom): il est l'auteur des tomes VIII à XIV; et l'éditeur des Ambassades de MM. de Noailles en Angleterre, rédigées par l'abbé de Vertot (Paris, 1763, 5 vol. in-12).

VILLARET (P.), coiffeur, à Paris.
— Art de se coiffer soi-même, enseigné aux dames, suivi du Manuel du coiffeur, précédé de préceptes sur l'entretien, la beauté et la conservation de la chevelure. *Paris, Roret ; l'Auteur,* 1828, in-18, avec un portrait et une planche.
— Coiffeur (le) de la cour et de la ville, démontrant par un grand nombre d'exemples l'art de composer la coiffure, de l'orner, de la mettre en harmonie avec les différents caractères de physionomie, la nuance des cheveux, le costume, la taille et le teint des personnes, suivi des Conseils aux dames sur le choix des couleurs, des fleurs, des plumes, des pierreries, joyaux et autres objets. *Paris, madame Lepetit,* 1829, in-18 avec 10 planches, 4 fr.
— Métamorphoses (les) de la chevelure, ou Moyens hygiéniques de se préserver des cheveux blancs et de se délivrer des cheveux roux, suivi d'un Aperçu sur la calvitie. *Paris, de l'impr. d'H. Tilliard,* 1829, in-18.

VILLARET (P.), de Bordeaux.
— Améliorations introduites dans les prisons de Rennes. *Rennes, de l'imp. de Marteville,* 1836, in-4 de 16 pages.

VILLARMOZ (   ), médecin à Lyon.

Il a écrit sur les moyens de procurer la meilleure eau à la ville de Lyon (1784), et sur les cimetières.

VILLARS (l'abbé de Montfaucon de), écrivain du xviie siècle; né dans les environs de Toulouse, mort vers 1677.
— * Comte (le) de Cabalis, ou Entretiens sur les sciences secrètes. Nouv. édition. *Amsterdam (Genève),* 1700, in-12. — Autre édition. *Londres, frères Vaillant,* 1742, 2 vol. in-12.

La première édition est de Paris, 1670, in-12.
Pour une suite à cet ouvrage, voy. le P. Ant. Andréol.

— * Géomyler (le), traduit de l'arabe. *Paris, Guérin,* 1729, in-12.

Ouvrage de la composition de l'abbé de Villars : c'est le premier volume d'un ouvrage publié de 1671 à 1679, sous le titre, d'*Amour sans faiblesse*. (Voy. Barbier, n° 594).
L'on a du même auteur plusieurs ouvrages qui n'ont pas été, comme les précédents, réimprimés depuis 1700.

VILLARS (Marie Gigault de Bellefonds, marquise de); morte le 24 juin 1706, à l'âge de 82 ans.
— Lettres de madame la marquise de Villars, ambassadrice en Espagne dans le temps du mariage de Charles II, roi d'Espagne (de 1679 à 1681). *Amsterdam (Paris), Lambert,* 1759, in-12 ; — *Paris,* 1762, in-12.

Ces Lettres sont adressées à madame de Coulanges : leur style est agréable, et les anecdotes qu'elles renferment sont intéressantes.

— Lettres de mesdames de Villars, de La Fayette et de Tencin, et de mademoiselle Aïssé, précédées d'une Notice biographique, et accompagnées de notes explicatives (par L.-S. Auger). *Paris, Léop. Collin,* an xiii (1805), in-12.

VILLARS (le duc Louis-Hector de), maréchal-général des armées de S. M. T. C., fils de la précédente; né à Moulins, en 1653, mort en 1734.
— Campagnes (ses) en Allemagne, en 1703 (publ. par Du Moulin). *Amsterdam, Rey,* 1762, 2 vol. in-12.
— Campagne (sa) de 1712 (par Gayot de Pitaval). *Paris, Jombert,* 1713, in-12.
— Mémoires (ses) (depuis 1670 jusqu'en 1700, rédigés par l'abbé de Margon). *La Haye, P. Gosse,* 1734, 1758, 3 vol. in-12.

Le premier volume seulement est du duc de Villars. Ces mémoires ont été réimprimés dans la Collection de Petitot.

VILLARS (le père), carme, prédicateur du roi ; mort le 14 octobre 1774.
— Sermon prononcé à l'ouverture de la fête du Triomphe de la foi, établie à Saint-Roch.

VILLARS (Dominique), médecin de l'hôpital militaire de Grenoble, ancien professeur de botanique à l'École de chirurgie de Grenoble; depuis professeur d'histoire naturelle à l'École centrale de cette ville, et, en dernier lieu, en 1805, professeur de médecine et de botanique à

Strasbourg. Deux ans après, étant doyen de la faculté de médecine, il remplit momentanément, mais avec l'approbation générale, les fonctions de recteur de l'Académie. Né le 14 novembre 1745, près de Gap, au hameau dont il portait le nom, et que ses ancêtres avaient bâti dans la paroisse du Noyer, D. Villars mourut le 17 juin 1814. Il était associé de l'Institut royal pour la botanique ; ce corps savant reçut de lui plusieurs mémoires et quelques plantes nouvelles ; il était aussi associé d'un grand nombre d'académies de médecine et de sociétés d'agriculture de la France ; la Société linnéenne de Londres, et l'Académie des sciences de Turin le comptaient au nombre de ses membres.

— Catalogue méthodique des plantes du jardin de l'École de médecine de Strasbourg, dédié aux professeurs actuels de l'École. *Strasbourg, Levrault*, 1807, in-8, 6 fr. ; et in-4.

—Essai de littérature médicale. *Strasbourg*, 1811, in-8.

— Histoire naturelle des plantes du Dauphiné, avec un Dictionnaire des termes de botanique, etc. *Grenoble*, 1786-89, 3 vol. in-8 avec atlas.

Les planches ont été gravées sur les dessins de Villars. On trouve dans cet ouvrage les raisons qui déterminèrent l'auteur à n'avoir aucun égard soit aux pistils, soit aux proportions respectives des étamines, et à réduire ainsi de moitié la classification de Linné.

— Instructions élémentaires de météorologie. *Grenoble*, 1797, petit in-8.

— Mémoire sur la construction du microscope. *Strasbourg*, 1806, in-8.

— * Mémoire sur une fièvre putride soporeuse qui a régné à l'hôpital militaire de Grenoble, depuis le 10 ventôse jusqu'au 10 germinal suivant, rédigé par les officiers de santé de Grenoble (CABANNE, chirurgien en chef, et VILLARS, médecin). *Grenoble, de l'imp. de veuve Giroud et fils*, an v de la Rép. franç. (1797), in-8 de 32 pag. — Observations ajoutées au Mémoire imprimé à Grenoble au commencement de germinal an v, concernant la fièvre putride soporeuse (par les mêmes). *Grenoble, impr. de veuve Giroud et fils* (ventôse an v), in-8 de 34 pag.

— Mémoire sur les moyens d'accélérer les progrès de la botanique. *Paris, Villier*, an IX (1801), in-8 de 31 pages.

— Mémoires sur la topographie et l'histoire naturelle, extraits du cours de l'École centrale du département de l'Isère ; suivis d'observations statistiques sur la nature des montagnes, sur les animaux et les plantes microscopiques, sur le sang et sur la fibrine ; et d'un troisième Mémoire sur une fièvre épidémique qui affligea la commune de Beaurepaire, en l'an x et en l'an xi. *Paris, Brunot*, 1804, in-8, 2 fr. 50 c.

— Observations de médecine sur une fièvre épidémique qui a régné en Dauphiné, en 1779 et 1780. In-8.

—Précis d'un voyage botanique fait en Suisse, dans les Grisons, aux sources du Rhin, etc, en 1811 ; précédé de Quelques réflexions sur l'utilité des voyages pour les naturalistes. *Strasbourg, Levrault ; Paris, Le Normant*, 1812, in-8 de 68 pages, avec 4 planches.

Avec MM. Lauth et Nestler.

—Principes de médecine et de chirurgie, à l'usage des étudiants. *Lyon, J.-T. Reyman*, 1797, in-8.

Les manuscrits laissés par Villars sont : un *Itinéraire* de ses herborisations, in-fol.; un *Éloge de Liotard*, et des *Mémoires* sur ses propres travaux.

L'éloge de Villars a été prononcé, à Paris, à la rentrée de la Faculté, en 1814, et à la Société roy. d'agriculture, en 1818.

VILLARS (F. de), alors capitaine de dragons.

— Epître à Zilia. 1780.

VILLARS (de). — Extrait de l'ordonnance d'exercice qui renferme la formation d'un régiment en bataille, etc. *Marseille, Rouchon*, 1811, in-12 de 120 pages.

VILLARS (A.-D.), avocat à Grenoble. —Jurisprudence de la cour royale de Grenoble, ou Recueil des arrêts rendus par cette cour depuis son institution jusqu'en 1821, sur les principales matières de notre législation ancienne, intermédiaire et moderne ; augmenté de beaucoup d'arrêts du parlement du Dauphiné, rapportés sur les questions de droit ancien qui se sont présentées à juger de nouveau. *Grenoble, Falcon*, 1823, in-4, 15 fr.

VILLARS (Paul). — Portugais (les) proscrits, ou Vengeance d'un ministre. *Paris, de l'imp. de Dezauche*, 1829, in-8 de 16 pages.

VILLARS (P. de). — Journalisme (le) des passions, ou Cours public et quotidien d'athéisme politique, moral et religieux. Simple esquisse, suivie de quelques mots sur le régime populaire, et d'un Memento de 1793. *Paris, Dufart*, 1833, in-8 de 48 pages.

VILLARS (U.). — Écriture régénérée. Méthode rationnelle pour l'enseignement abrégé de l'écriture, divisée en leçons théoriques et pratiques. *Paris, les Auteurs ; Delalain,* 1833, in-4 de 48 pages et 21 planches, 6 fr.

Avec M. A. Crevat.

VILLARSY (M.-A. de), sous-inspecteur de douanes.
—Description d'un nouvel instrument nommé *angle rapporteur,* servant à rapporter, réduire ou relever à grands points toute espèce de plans ou cartes géographiques sans altérer les originaux. *Paris, de l'imp. de Fain,* 1825, in-8 de 8 pag.

Extrait des *Annales de l'industrie.*

VILLATE (Cartaud de la). Voy. CARTAUD.

VILLATE fils.— Cours analytique d'hippiatrique. *Paris, de l'impr. lithographique de Fonrouge,* 1829, in-4 de 128 pages.

VILLAUME (Pierre), professeur de philosophie.
—* Dissertations sur l'autorité paternelle, dont la première a remporté le prix, et les deux autres ont obtenu l'accessit dans l'assemblée publique de l'Académie royale des sciences et belles-lettres (de Berlin) (par MM. VILLAUME et DAUNOU). *Berlin, Decker,* 1788, in-4.

La pièce qui a remporté le second accessit est en allemand.

— Histoire de l'Homme. *Brunswick,* 1792, in-8.
— Lecture amusante pour la jeunesse des deux sexes. *Francfort,* 1788, 2 vol. in-8.

VILLAUME, ancien chirurgien ordinaire du comte d'Artois.
— Avis au public sur l'usage dangereux des remèdes secrets et particuliers vantés par l'empirisme pour la guérison des maladies vénériennes. *Paris, l'Auteur,* 1791, in-8.

VILLE (J.-B.-L. de), trésorier de France. Voy. DEVILLE.

VILLEBOIS (de). — Voyage au mont Etna, trad. de l'angl. de W. HAMILTON.

Traduction qui a été imprimée parmi les additions du Voyage en Sicile et dans la grande Grèce, trad. de l'allem. (du baron de Riedesel), 1773, in-12.

VILLEBOIS (F. de). — Mère (la) chrétienne, élégie vendéenne ; suivie de quelques poésies. Sec. édition. *Paris, F. Didot,* 1825, in-8 de 20 pag.

VILLEBRUNE (de). Voy. LEFEBVRE DE V.

VILLEBRUNE (Auguste de). — Essai sur le royalisme. *Verdun, Lippmann ; et Paris, Lecointe et Pougin,* 1831, in-8 de 152 pages.
— Eugène. *Paris, Delongchamps,* 1833, 2 vol. in-8, 15 fr.

VILLECOURT (l'abbé), vicaire-général du diocèse de Sens.
— Abrégé de la doctrine chrétienne. *Sens, Thomas Malvin,* 1832, in-18 ; *Paris, Gaume,* 1836, in-18.
— Discours de saint CYPRIEN, durant la mortalité ; trad. par M. VILLECOURT. *Sens, Thomas Malvin,* 1832, in-18.

VILLECOMTE (Denis de). — Lettres modernes, avec les réponses françaises et italiennes. *Turin,* 1776.— Nouv. édition. *Turin, Botta,* 1811, in-12.

VILLE DE MIRMONT (la). Voy. LA VILLE DE M.

VILLEDIEU (Marie-Catherine-Hortense DESJARDINS, dame de), femme galante et bel esprit du XVIIe siècle, veuve de deux amants qui vécurent successivement avec elle, et qui moururent sans l'épouser parce qu'ils étaient mariés (le capitaine de Villedieu et le marquis de Lachasse), mais qui finit par s'unir à un cousin qui lui permit de conserver le nom de son premier amant. Elle fut membre de l'Académie de Ricovrati de Padoue. Louis XIV lui accorda une pension de 1500 livres. « Son style, dit Voltaire, est vif et léger, ses images animées ; elle a fait perdre le goût des longs romans ». Ajoutons que ses ouvrages se ressentent un peu de sa vie galante, et qu'elle se plaît surtout à peindre les faiblesses de son sexe ; disons aussi que dans ses romans historiques, elle a impitoyablement défiguré l'histoire. Née à Alençon, vers 1640, morte en octobre 1683, au petit village de Clinchemare.
— Amours des grands hommes. *Paris,* ...., in-12 ; — ou *La Haye,* 1688, in-12.

Assez bien écrits pour le temps.

—*Annales galantes. *Paris, Barbin,* 1670, 4 part. in-12 ; — *Lyon, Baritel,* 1698, 2 vol. in-12.

Bien écrites, amusantes, mais les quatre premières parties sont les plus intéressantes.

— * Annales galantes de la Grèce. *Paris*, 1687, 2 vol. in-12.

Passables, mais non achevées.

— Aventures ou Mémoires de Henriette-Sylvie de Molière. *Paris*, 1672; — *Amsterdam*, 1673; — et *Paris*, 1700-1702, 6 parties in-12; ou *Rouen*, 1733, un vol. in-12.

Écrites d'une manière sensible et intéressante.

— Exilez (les) de la cour d'Auguste. *Paris*, 1701, 2 vol. in-12.

Écrit dans le goût des grands romans, sans en avoir l'ennui. La dernière partie languit, et ne finit pas heureusement.

— Le même ouvrage, sous ce titre : les Amours des principaux personnages du règne d'Auguste, contenant les aventures galantes de César, celles d'Ovide, de la princesse Julie, d'Horace, de Virgile, de Cicéron, de Mécène, du grand Agrippa, et de plusieurs autres personnages illustres; avec des détails sur l'exil de la plupart de ces Romains. *Paris*, 1802, 2 vol. in-12.

— Favori (le), tragi-comédie. *Paris, Gabr. Quinet*, 1665, in-12.

— Manlius, tragi-comédie. *Paris, Gabr. Quinet*, 1662, in-12.

— Nitetis, tragédie. *Paris, Gabr. Quinet*, 1664, in-12.

— * Portrait des faiblesses humaines. *Amsterdam, Desbordes*, 1685, in-12.

— OEuvres (ses). *Paris*, 1702, 10 vol. in-12; — *Ibid.*, *Gandouin*, 1721, 12 vol. in-12.

Voici l'indication des ouvrages qui composent cette collection :

Tome Ier. *Les Désordes de l'amour ; — le Portrait des faiblesses humaines ; — Cléonice, ou le Roman galant.* Ces trois pièces sont assez bien écrites.

Tome II. *OEuvres mêlées*, avec trois *pièces de théâtre.*

Tome III. *Carmente.* — Bien écrit et intéressant.

Tome IV. *Alcydamie.* — C'est la première partie d'un grand roman fort mauvais et fort ennuyeux. *Les Galanteries grenadines.* — Ouvrage dont le commencement est bien, qui continue mal, et ne finit pas.

Tome V. *Les Amours des grands hommes ; — Lysandre, nouvelle.* — Passable.

Tome VI. *Mémoires du sérail.* — Commencent assez bien, se poursuivent assez mal, et finissent pitoyablement, chargés de trop d'accidents fâcheux. *Les Nouvelles africaines.* — Bien écrites et touchantes.

Tome VII. *Vie d'Henriette-Sylvie de Molière ; — Annales galantes de la Grèce.*

Tome VIII. *Exilés (les).*

Tome IX. *Annales (les) galantes.*

Tome X. *Journal (le) amoureux.* — Amusant et assez bien écrit.

Les deux derniers volumes de l'édition de 1721 ne renferment aucun ouvrage de madame de Villedieu; ils sont composés de petites historiettes bonnes et mauvaises de divers auteurs.

VILLEDIEU.— * Projets de catacombes pour la ville de Paris, et adaptant à cet usage les carrières qui se trouvent tant dans son enceinte que dans ses environs. *Londres, et Paris, Bailly*, 1782, in-8 de 27 pages.

VILLEDIEU (l'abbé J.-H.), curé de Florac; mort en janvier 1824.

—Sermons sur les fins dernières. *Avignon, Aubanel*, 1816, in-12, 1 fr.

VILLEFORE. Voy. Bourgoing de V.

VILLEFORT (l'abbé de), chanoine honoraire de Saint-Denis.

— Éloge historique de S. A. S. Louis-Antoine - Henri de Bourbon-Condé, duc d'Enghien. *Paris, Trouvé*, 1827, in-8, 1 fr.

— Oraison funèbre de S. A. S. Louis-Antoine-Henri de Bourbon-Condé, duc d'Enghien; suivie d'une Notice historique sur les causes de l'émigration, la Vendée, les diverses campagnes du prince de Condé et du duc d'Enghien, de 1792 à 1801, etc. *Paris, Adr. Leclère*, 1818, in-8, 2 fr. 50 c.

— Oraison funèbre de madame Élisabeth de France, sœur de Louis XVI, imprimée pour le 10 mai 1817. *Paris, Adr. Leclère*, 1817, in-8, 1 fr. 50 c.

— Oraison funèbre de Louis XVI, prononcée, à Paris, le 21 janvier 1815. *Paris, les march. de nouv.*, 1816, in-8 de 56 pages.

— Oraison funèbre de Marie-Antoinette, reine de France. *Paris, Beaucé*, 1816, in-8 de 48 pag.

— Sur la mort de la princesse Charlotte d'Angleterre, décédée le 6 novembre 1817. *Paris, de l'impr. de Renaudière*, 1817, in-8 de 4 pag.

Extrait du journal le Bon Français, 11 novembre 1817.

— Trois jours au monastère des trappistes de la Meilleraye, département de la Loire-Inférieure. Sec. édition, augmentée d'une Notice sur la fondation des trappistes, leur suppression, leur départ de la France en 1790, etc. *Paris, Trouvé*, 1826, in-8 de 72 pag., 1 fr. 50 c.

La première édition, moins ample, a paru dans les « Annales de la littérature et des arts ».

VILLEFOSSE. Voy. Héron de V.

VILLEFRANCHE (le marquis de), député de l'Yonne.

— Opinion sur l'aliénation des bois dits de

l'État à la caisse d'amortissement. *Paris*, *Patris*, 1817, in-8 de 20 pag.

— Opinion sur le projet de loi des élections. *Paris, Patris*, 1817, in-8 de 12 pages.

— Opinion sur plusieurs articles et le titre VI de la loi de recrutement. *Paris, de l'impr. de Le Normant*, 1818, in-8 de 20 pages.

— Opinion pour le développement de sa proposition pour le libre commerce des grains et des farines. *Paris, de l'impr. de Le Normant*, 1818, in-8 de 32 pag.

VILLEFRANCHE (C. de).—Vicaire (le) de Wakefield, trad. de l'angl. d'Olivier GOLDSMITH. *Paris, Calmèter*, 1836, in-18.

VILLEFROY (Guillaume de), abbé de Blasimont, professeur d'hébreu au Collége royal; né à Paris, le 5 mars 1690, mort le 4 avril 1777.

— Encomium S. Gregorii illuminatoris ex armeno latinè versum.

— Essai de cantiques arméniens, traduits en français.

Imprimé dans le Journal de Trévoux, août 1735.

—Lettre au révérend P., en lui envoyant une traduction française des Cantiques arméniens, composée dans le cinquième ou sixième siècle, pour la fête de la nativité de saint Jean-Baptiste et du mystère de la représentation au temple. 1735, in-4.

—*Lettres de M. l'abbé de *** à ses élèves, pour servir d'introduction à l'intelligence des divines Écritures, et principalement des livres prophétiques relatifs à la langue originale. *Paris, Collombat*, 1750-54, 2 vol. in-12.

— Vie de saint Christophe, traduite de l'arménien....

VILLEGARDELLE (François), né à Miramont (Lot-et-Garonne), le 2 octobre 1810.

— Accord des intérêts et des partis, ou l'Industrie sociétaire. *Bordeaux, de l'impr. de Gazay*, 1836, in-8 de 36 pag.

— Aux habitants des départements de Lot-et-Garonne et de la Gironde. *Paris, rue Jacob, n. 22; Delaunay*, 1835, in-8 de 16 pages, 60 c.

La couverture imprimée porte : *Besoin des communes, impuissance de la politique à les satisfaire.*

— Notice sur Morelly. 1840.

Imprimée en tête d'un extrait du « Code de la nature », de Morelly, qui fait partie d'une petite col-lection que publie M. Villegardelle, sous le titre d'*Utopies et théories sociales*, qui se composera de 4 volumes in-32.

VILLEGOURIO (le vicomte de LA), échappé au massacre de Quiberon.

— Cinq Lettres sur la catastrophe de Quiberon. *Paris, Delaforest*, 1826, in-8 de 160 pag.

VILLE-HARDOUIN (Geoffroi de), historien français, maréchal de Champagne et de Romanie; né, vers l'année 1167, en Champagne, mort en Thessalie, vers l'an 1213.

— Histoire de l'empire de Constantinople sous les empereurs français, par Geoffroi de VILLE-HARDOUIN, avec la suite de cette histoire jusqu'en 1240, tirée du manuscrit de Philippe MOUSKES (avec des Observations faites par Charles Du FRESNE DU CANGE). *Paris, de l'impr. royale*, 1657, in-fol.

La première édition de la Chronique de Ville-Hardouin fut publiée en 1585; par B. de Vigenere, sous le titre d'*Histoire de la conqueste de Constantinople par les barons françois associez aux Vénitiens, en 1204. En son vieil langage, et en un plus moderne.* Paris, Langelier, in-4. Cette édition fut réimprimée à Lyon, pour G. Roville, en 1601, in-fol.

—Le même ouvrage, sous ce titre : Chronique de la prise de Constantinople par les Francs, écrite par Geoffroi de VILLE-HARDOUIN, et suivie de la continuation de HENRI, de Valenciennes, et de plusieurs autres morceaux, et avec notes et éclaircissements, par J.-A. BUCHON. *Paris, Verdière*, 1828, in-8, 6 fr.

Cette édition fait partie de la « Collection des chroniques nationales françaises ».

— Le même ouvrage, sous ce titre : De la Conqueste de Constantinople. Édition faite sur des manuscrits nouvellement reconnus, et accompagnée de notes et commentaires, par M. Paulin PARIS. *Paris, Jules Renouard*, 1839, gr. in-8, avec une carte dressée par Louis Gombaud, pour l'intelligence du texte, 9 fr.

On trouve à la fin la suite de cette histoire, par HENRI de Valenciennes.

Cette édition, qui fait partie des publications de la Société de l'histoire de France, se distingue des précédentes par un texte plus pur. L'éditeur a pu l'établir sur deux manuscrits nouvellement reconnus dans la Bibliothèque royale; la seconde moitié du volume est consacrée aux notes historiques et philologiques. Une table raisonnée des noms propres et une carte du théâtre des événements recommandent encore cette publication, et la rendent très-utile à ceux mêmes qui possèdent déjà l'excellent travail de Ducange.

La Chronique de Ville-Hardouin a été réimpri-

mée dans toutes les grandes collections de Mémoires
relatifs à l'histoire de France.

VILLEHEURNOIS (de la). Voy. LA
VILLEHEURNOIS.

VILLEHUET. Voy. BOURDET DE V.

VILLÈLE (le comte Joseph de), l'un des
hommes d'État les plus éminents de la
Restauration, ministre d'État au département des finances, sous Charles X, d'a-
bord membre du conseil général du département de la Haute - Garonne, avant
1814; maire de Toulouse, en 1815, et
peu de temps après, député; né à Toulouse, en 1773.

— Opinion contre le projet de loi concernant la liberté individuelle. *Paris, Patris,*
1817, in-8 de 16 pag.

— Opinion contre le projet de loi sur la liberté de la presse. *Paris, Patris,* 1817,
in-8 de 20 pag.

—Opinion sur la liberté des journaux. *Paris, Patris,* 1817, in-8 de 20 pages.

— Censure (la) jugée par MM. Corbière et de Villèle : Discours sur la liberté
des journaux, extraits du Moniteur, des 27
et 29 janvier 1817. *Paris, Dentu,* 1824,
in-8 de 40 pages, 1 fr. 50 c.

— Opinion sur le projet de loi relatif aux
élections. *Paris, Dentu,* 1817, in-8 de
20 pag.

— Opinion sur le projet de loi de finances
de 1818. *Paris, de l'impr. de Le Normant,* 1818, in-8 de 80 pag.

— Opinion sur le rapport de loi relatif au
changement de l'année financière. *Paris, de
l'impr. d'Égron,* 1819, in-8 de 20 pag.

— Maximes et Pensées détachées de M. Joseph de Villèle, député. *Paris, Rozier,*
1826, in-8 de 80 pag., 2 fr. 50 c.

Réimpr. dans la même année.

—Réponse de M. le comte de Villèle à
l'avocat des causes désespérées. *Paris, Amb.
Dupont,* 1827, in-8 de 16 pag., 1 fr.

Ouvrage apocryphe.
On a de M. de Villèle un plus grand nombre de
discours et opinions que celui que nous citons;
mais les autres ne paraissent pas avoir été imprimés à part.
Des notices sur M. de Villèle ont été insérées dans
presque toutes les biographies contemporaines :
telles que celle universelle et portative des contemporains (tome V, 868); celle des hommes du
jour, de MM. G. Sarrut et B. Saint-Edme (tome 1er,
2e partie), et autres, ainsi que dans le tome IV de
la deuxième série de la Revue des Deux-Mondes, qui
a publié une suite d'études sur les hommes d'État
de la France.

VILLEMAIN (Abel-François), l'un des
professeurs les plus distingués du XIXe

siècle, successivement professeur d'éloquence à la Faculté des lettres de Paris,
membre de l'Académie française, en remplacement de Fontanes, plus tard secrétaire
perpét. de la même Académie, député, pair de
France, ministre de l'instruction publique;
né à Paris, le 10 juin 1791, fit sa rhétorique
au lycée impérial, et les succès brillants
qu'il obtint le désignèrent à M. de Fontanes,
alors grand maître de l'université, comme
l'un de ces hommes rares, dont la supériorité se révèle, même dans leurs essais,
quels que soient les sujets qu'ils embrassent. A peine âgé de dix-huit ans, M. Vilmain suppléait avec distinction MM. Luce
de Lancival et Castel, professeurs de rhétorique. M. de Fontanes, appréciant ses
heureuses dispositions pour l'instruction
publique, le nomma, en 1810, professeur
de belles-lettres à l'École normale et au lycée Charlemagne. L'usage des harangues
latines, à la distribution des prix du concours général, abandonné depuis la révolution, et récemment rétabli, fournit, en
1812, à M. Villemain l'occasion de prononcer un discours très-admiré et vivement
applaudi. Mais, au milieu de ses graves
études, M. Villemain songeait à cet avenir
littéraire, dont il avait déjà le pressenti-
ment; il voulait débuter avec éclat dans la
carrière; son « Éloge de Montaigne » remporta le prix d'éloquence décerné par la
classe de la langue et de la littérature françaises, dans la séance du 23 mars 1812,
sur des concurrents tels que Jay, Droz,
Victorin Fabre, Biot, etc. Ce discours, où
le génie de Montaigne, de ce Montaigne
qui *dénoua en quelque sorte la langue française,* est si merveilleusement apprécié,
semble désormais inséparable des œuvres
de notre grand moraliste. Si l'on a regretté
que quelques-unes de ses parties manquas-
sent de développements plus étendus, du
moins son mérite littéraire n'a pu soulever
la plus légère critique : en effet, véritable
chef-d'œuvre académique, on y retrouve
cette élégance naturelle et cultivée, cette
originalité, et cette brillante harmonie d'expressions, ce goût exquis, cette lucidité
d'aperçus, qui distinguent éminemment tous
les écrits de M. Villemain. En 1814, il
fut nommé professeur suppléant d'histoire
moderne dans la faculté des lettres de l'a-
cadémie de Paris; son discours d'ouverture,
qui produisit un grand effet, retraçait le
tableau de l'Europe au quinzième siècle, à
cette époque si curieuse qui forme la liaison du moyen âge au temps de la renais-

sance , et qui , participant à la fois de ces deux périodes, conserve encore les lois féodales et les mœurs chevaleresques , en même temps qu'elle est marquée par l'agrandissement de la puissance royale, et par la marche rapide de l'industrie, du commerce et des arts.

La même année , M. Villemain mérita une seconde couronne académique : son « Essai sur les avantages et les inconvénients de la critique », remporta le prix d'éloquence décerné par la classe de la langue et de la littérature françaises de l'Institut, dans la séance du 21 décembre. A cette époque , les écrivains du jour semblaient avoir tout-à-fait répudié ce sentiment moral qui élève et honore l'homme de lettres : il faisait beau voir un jeune auteur s'efforcer d'arrêter les progrès du mal , et de ramener dans une voie meilleure ceux qui s'arrogeaient le droit de décider d'un trait de plume , et selon leur caprice , de l'avenir littéraire de leurs rivaux. Cet essai fut couronné en présence de l'empereur Alexandre et du roi de Prusse; et l'Académie, par une dérogation à ses usages, bien flatteuse pour le jeune lauréat, l'autorisa à prendre la parole dans son sein pour lire son discours. M. Villemain fit précéder cette lecture de quelques mots remplis de de noblesse adressés aux monarques étrangers. Ils parurent alors un acte de libéralisme renfermant des conseils qui furent généralement approuvés, et des éloges si blâmés depuis : a-t-on oublié ce qu'écrivaient madame de Staël, MM. de Châteaubriand et Benjamin Constant, au sujet de l'empereur Alexandre, qui, « sorti des cendres du Kremlin, avait su respecter les monuments de la capitale de la France » ? Une nouvelle production de haute portée devait ajouter aux titres littéraires de M. Villemain : « l'Éloge de Montesquieu », où se trouve une analyse parfaite de « l'Esprit des lois », obtint, en 1816, le prix d'éloquence décerné par l'Académie française, dans sa séance du 25 août. « Par les rapports que Montes-
« quieu reconnaissait entre les peuples mo-
« dernes, écrivait alors l'auteur, par cet
« esprit de commerce et d'industrie , qu'il
« donnait pour attribut à l'Europe, il avait
« préparé le système représentatif, système
« qui ne devait trouver d'obstacle que dans
« la tyrannie militaire; il fallait établir
« l'empire des lois sur les débris des an-
« ciennes mœurs, des anciens priviléges ;
« il fallait à la France une loi de liberté
« qui pût satisfaire les idées et les espé-

« rances du siècle : la charte, transaction
« solennelle qui garantit les intérêts nou-
« veaux , est désormais inséparable de la
« monarchie. Plus elle sera puissante , et
« plus la monarchie elle-même s'affermira :
« l'inviolabilité de la loi assure celle du
« trône ».

Peu de temps après, M. Villemain passa de la chaire d'histoire moderne à celle d'éloquence, dans la faculté des lettres de l'académie de Paris, qu'il devait remplir avec tant d'éclat. Admirateur judicieux de l'antiquité classique; familier avec les littérateurs modernes de l'Europe, qu'il appréciait avec autant de goût que d'indépendance, le jeune professeur savait inspirer à ses auditeurs l'enthousiasme du beau et du vrai; il saisissait surtout les esprits par une abondance de formes choisies, qui tenait déjà à une immense lecture , et qui n'a fait que s'accroître des nouveaux trésors amassés par l'une des plus étonnantes mémoires qui fût jamais. M. Villemain publia, en 1819, « l'Histoire de Cromwell », d'après les mémoires du temps et les recueils parlementaires, en deux volumes in-8. Quels que soient les jugements contradictoires que l'on ait portés sur cet ouvrage, il n'en sera pas moins l'une des productions les plus remarquables de la littérature française : le caractère de Cromwell, l'opposition des sectes religieuses, celle des partis politiques qui y puisaient un aliment à leur haine, l'ascendant d'Olivier qui les domine, en usant contre eux de leurs propres armes, sont autant de sujets de tableaux où le peintre n'est pas resté au-dessous de ses modèles. Traduite en italien, « l'Histoire de Cromwell » l'a été également en allemand.

Dans sa séance du 26 avril 1821, l'Académie franç. admit M. Villemain dans son sein, en remplacement de M. de Fontanes, dont il prononça l'éloge, le 28 juin suivant. En 1822, il répondit à M. Dacier, succédant au duc de Richelieu, dans un discours plein de convenance et de charmes. La même année, il publia la traduction de l'ouvrage de Cicéron « de Republica », manuscrit palimpseste découvert, en 1820, par M. Maio, bibliothécaire du Vatican, et dans des notes savantes qui nous reportent au siècle où les interlocuteurs de cet entretien ont vécu, et nous rendent présent le génie de ces grands hommes, il nous donne d'intéressants détails sur le gouvernement de la république moderne ; détails que l'on s'attendait à trouver dans le traité de Cicéron, et que son élégant traducteur a suppléés, aussi heureusement qu'il était possible à un moderne de le faire. Mais la réputation de M. Villemain devait être encore rehaussée par deux publications du plus grand intérêt : nous voulons parler de ses « Discours et Mélanges littéraires », imprimés en 1823, en deux volumes, et de ses « Nouveaux Mélanges historiques et littéraires, qui parurent en 1827. On y trouve, outre les écrits que nous avons mentionnés, son « Essai sur l'oraison funèbre », ses « Notices si admirées sur Milton, Pascal, Fénelon, l'Hôpital, Pope, Shakspeare, Lucrèce »; ses Discours prononcés à l'ouverture du cours d'éloquence française, en 1822 et en 1824; ses « Réflexions sur le système de traduction de Paul-Louis Courier »; sa « Réponse au discours de M. Fourier, succédant à M. Lemontey », membre de l'Académie française, et, ce qui attirera surtout notre attention, ce tableau si parfait de « l'Affaiblissement du polythéisme romain », des « Efforts de la philosophie stoïque des Antonins », pour relever le genre humain et pour arrêter la décadence du paganisme et de l'empire; enfin, des « Progrès du christianisme et de l'éloquence chrétienne », portée à un si haut degré par les Pères de l'Église. En effet, dans ces derniers morceaux, M. Villemain a déployé toutes les ressources et toute la puissance de son talent. L'histoire et la littérature, unies ensemble dans ce beau travail, lui donnent autant de solidité que d'agrément. Tous les morceaux que leur habile interprète emprunte aux Pères de l'Église grecque, sont traduits avec une simplicité et une élégance rares ; et, quand on compare sa version facile, pleine de souplesse et d'harmonie, aux traductions du père Brumoy, on sent quels progrès cet art important a faits parmi nous. M. Villemain a caractérisé, avec la même supériorité, les Pères de l'église latine. On a dit, avec justesse, que les portraits de S. Jérôme et de S. Augustin soutenaient la comparaison avec les créations si belles et si pures que ces deux grands hommes ont inspirées à M. de Châteaubriand dans son admirable cinquième chant des « Martyrs »; mais ce qui donne une bien plus haute importance au travail de M. Villemain, c'est l'érudition profonde cachée sous ces formes si polies. Appelé par nos propres études à rechercher quel était l'état de l'Afrique au quatrième siècle de l'ère chrétienne, nous avons reconnu que tous les faits, dont

nous avions recueilli la source dans les œuvres de saint Augustin, étaient reproduits et merveilleusement résumés dans les pages de M. Villemain; et ces phrases si nettes, si concises, qui renferment la substance de tant de chapitres, offrent un ensemble si complet, que l'on ne découvre aucun aperçu nouveau dont l'auteur n'ait fait jaillir l'idée. Aussi, le tableau brillant qu'il a tracé sera-t-il toujours un modèle à proposer à tous ceux qui abordent la carrière de l'érudition.

Nous avons jusqu'ici considéré M. Villemain comme écrivain : il est temps de voir en lui le professeur et l'homme politique. Partisan sincère du principe monarchique, mais partisan d'une sage liberté, M. Villemain se prononça toujours hautement contre les attaques portées à l'indépendance de la pensée. Nommé directeur de l'imprimerie et de la librairie près le ministère de l'intérieur, en 1816, il quitta, en 1820, à l'époque de la retraite de M. de Cazes, ces fonctions qu'il avait remplies avec conscience et talent, et il ne garda que le titre de maître des requêtes au conseil d'État, pour se livrer exclusivement à son cours de la Sorbonne. Sa sympathie pour tous les sentiments généreux excitait souvent les applaudissements du nombreux auditoire qui se pressait à ses leçons. En 1824, dans son discours d'ouverture, après avoir peint à grands traits le siècle de Louis XIV, il appelait l'attention du gouvernement sur M. Cousin, retenu prisonnier en Allemagne contre le droit des gens ; et, en défendant la cause de l'illustre philosophe, du haut de sa chaire, il rappelait adroitement au roi de Prusse cette séance de l'Académie où il avait exprimé le plus vif intérêt pour les écrivains et le progrès des lettres. En 1825, M. Villemain faisait entendre sa voix en faveur de la cause des Grecs, et son « Lascaris », publié la même année, suivi d'un résumé si touchant de l'histoire de la Grèce moderne, était un éclatant appel à la chrétienté pour hâter la délivrance de ses enfants livrés au fer des barbares du Levant. Lorsque le fameux projet de loi sur la censure eut été présenté aux chambres par le gouvernement, M. Villemain, alors maître des requêtes, fit seul entendre, au conseil d'État, une voix éloquente en faveur de la liberté de la presse, qu'il avait appelée » la plus vitale des libertés publiques ». L'Académie française, dans sa séance du 11 janvier 1827, arrêta que, par une supplique au roi, la compagnie lui exposerait les dangers dont les lettres lui paraissaient menacées; et M. Villemain, après avoir pris plusieurs fois la parole, et s'être élevé avec force contre la lecture de cette lettre si connue de M. l'archevêque de Paris, fut chargé de la rédaction de l'adresse, conjointement avec MM. de Châteaubriand et Lacretelle. Il perdit le même jour sa place de maître des requêtes au conseil d'Etat. Mais l'accueil qui l'attendait à la Sorbonne, le 22 janvier, dut le dédommager, sans doute, de cette disgrâce. M. Villemain ne put qu'à grand' peine continuer son cours de littérature française : il était sans cesse inquiété, dénoncé avec autant de lâcheté que de mauvaise foi, pour chaque expression qui trahissait une idée généreuse, souvent même pour ce qu'il n'avait pas dit : ses piquants aperçus inquiétaient un pouvoir ombrageux. Enfin, le ministère qui pesait sur la France disparut pour faire place à l'administration Martignac : on eut quelques jours calmes et sereins. La faculté des lettres reprit une nouvelle vie. MM. Guizot et Cousin reparurent dans leur chaire, et, quoique pris au dépourvu, se firent un devoir, comme le dit un d'eux, de faire usage de la parole dès qu'elle leur fut rendue. M. Villemain, qui avait refusé la direction des beaux-arts près le ministère de l'intérieur, délivré des entraves que sans cesse on lui opposait, put déployer toutes les ressources de son admirable talent, et les trois professeurs, liés par une étroite communauté de sentiments et d'intentions, par un même respect pour l'ordre, par une même foi dans l'avenir, exercèrent la plus heureuse influence sur le progrès des hautes études, aux applaudissements de tous les amis de la philosophie, de l'histoire et des lettres. L'intérêt qui s'attachait à ces cours, l'affluence immense des auditeurs, firent naître l'idée de reproduire fidèlement, et par livraisons successives, chacune de ces leçons instructives et éloquentes dont l'éclat rejaillissait sur la France ; celles de M. Villemain, recueillies et imprimées, forment un cours de littérature où l'on trouve ses admirables digressions sur Clarisse Harlowe et le génie de Richardson, sur les travaux historiques des Gibbon et des Robertson, sur les poésies dramatiques d'Alfieri. Qui de ses auditeurs peut avoir oublié cette histoire de la littérature du moyen âge, présentée d'une manière si neuve; et cette série de tableaux si parfaits, par lesquels l'éloquent profes-

seur faisait connaître l'Europe littéraire au dix-huitième siècle ? Mais l'horizon politique allait s'obscurcir de nouveau. Le gouvernement se jetait dans des mesures qui l'entraînait fatalement à sa perte. M. Villemain, qui partageait les doctrines du « Journal des Débats », auquel il donnait souvent des articles, et qui, par conséquent, approuvait l'opposition des 221, venait d'être nommé député de l'Eure quand la révolution de juillet éclata. Signataire de la protestation des députés présents à Paris, il assista à la séance extraordinaire du 31 juillet, et prit une part active à tous les travaux de la session. Il se prononça hautement pour l'inamovibilité des juges, et contribua puissamment au maintien de ce droit, en entraînant dans cette occasion, par un discours remarquable, la majorité de la chambre. Nommé, à cette époque, vice-président du conseil royal de l'instruction publique, et soumis à la réélection, il ne réussit pas dans sa nouvelle candidature, et fut élevé à la dignité de pair de France, par l'ordonnance royale du 5 mai 1832. Dans la séance du 20 janvier 1833, il parla avec chaleur sur l'abrogation de la loi du 21 janvier. La vigueur du raisonnement, la fréquence de ces expressions hardies que l'improvisation autorise, et qui sont d'un si grand effet, donnent à ce discours une couleur tout à fait tranchée, et le feront toujours considérer comme l'un des chefs-d'œuvre oratoires de M. Villemain. M. Villemain fut nommé ministre de l'instruction publique, le 13 mai 1839, en remplacement de M. Parant. Il donna sa démission, avec les autres ministres, à la fin de février 1840, par suite du rejet de la dotation du duc de Nemours.

OUVRAGES DE M. VILLEMAIN.

— Confessions (des) de Rousseau et de son influence sur quelques écrivains de notre temps.

. Morceau imprimé de la « Revue de Paris », en avril 1838. C'est un fragment du Tableau de la littérature au xviiie siècle, de l'auteur.

— Considérations sur la langue française, servant de préface à la dernière édition du « Dictionnaire de l'Académie française ». *Paris, de l'impr. de F. Didot*, 1835, in-8 de 64 pag.

— Cours de l'éloquence. Première leçon. *Paris, Pichon et Didier*, 1827, in-8 de 12 pages.

— Cours de littérature française. (Tableau du xviiie siècle). *Paris, Didier*, 1828-29 et 1838, 5 vol. in-8.

Les parties 2 à 4, formant 3 volumes, ont paru en 1828 et 1829; la première, composée de deux autres volumes, n'a paru qu'en 1838.

La Revue de Paris a parlé avec beaucoup d'éloge de cet ouvrage (ann. 1829, tome III, p. 139); M. Patin a rendu compte des deux premiers volumes dans le Journal des savants, de juillet; enfin M. Sylvestre de Sacy a publié, dans la Revue des Deux-Mondes, tome XV, de la quatrième série, des Etudes littéraires sur cet ouvrage.

— Discours prononcé dans la séance publique tenue par l'Académie française, pour la réception de M: Villemain. *Paris, de l'impr. de F. Didot*, 1821, in-4 de 20 p.

La Réponse est de M. Roger.

Ces deux Discours ont été imprimés ensemble la même année. Paris, Seignot, in-8 de 72 pages.

—Discours prononcé à l'ouverture du cours d'éloquence française de l'Académie de Paris. *Paris, F. Didot*, 1824, in-8 de 52 p.

— Discours sur les avantages et les inconvénients de la critique, qui a remporté le prix d'éloquence décerné par la classe de la langue et de la littérature françaises de l'Institut, dans la séance du 21 avril 1814. *Paris, F. Didot*, 1811, in-4 de 28 pag.

— Discours et Mélanges littéraires. *Paris, Ladvocat*, 1823, in-8, 7 fr.; ou 2 vol. in-18, ornés de 8 portraits, 9 fr.; sur pap. vélin, 18 fr.;—et 1825, in-8.

Réunion de plusieurs morceaux, dont une grande partie avait déjà été imprimée, soit séparément, soit à la tête d'ouvrages. On y trouve : 1° l'Éloge de Montaigne; 2° Discours sur les avantages et les inconvéniens de la critique; — 3° l'Éloge de Montesquieu : 4° l'Essai sur l'oraison funèbre; — 5° le Discours prononcé dans l'Académie française, le 28 juin 1821, par M. Villemain succédant à M. de Fontanes; — 6° Discours prononcé à la réception de M. Dacier; — 7° Discours prononcé à l'ouverture du Cours d'éloquence française : — 8° un Essai historique sur Milton; — 9° De Pascal, considéré comme écrivain et comme moraliste; — 10° Notice sur Fénélon; 11° De Symmaque et de saint Ambroise.

— Éloge de l'Hôpital.

Inséré dans les nouveaux Mélanges de littérature.

— Éloge de Montaigne, discours qui a remporté le prix d'éloquence décerné par la classe de la langue et de la littérature françaises de l'Institut, dans sa séance du 23 mars 1812. *Paris, F. Didot*, 1812, in-4 de 32 pag., 1 fr. 50 c.

L'Éloge de Montaigne a été réimprimé en tête de ses *Essais*, donnés en huit vol. in-18, en 1825, chez Froment.

— Éloge de Montesquieu, discours qui a remporté le prix d'éloquence, décerné par l'Académie française, le 25 août 1816. *Paris, F. Didot*, 1816, in-4 de 40 pages, 2 fr.;— ou 1817, in-8 de 68 pag., 2 fr.

— Essai sur l'oraison funèbre.

Imprimé à la tête d'un « Choix d'oraisons funè-

bres de Bossuet, Fléchier, Massillon, Bourdaloue, Mascaron, et de Beauvais; à l'usage des lycées, accompagné de notes ». (Paris, Testu et comp°, 1813, in-12), et encore à la tête des Oraisons funèbres de Bossuet, avec les notes de tous les commentateurs (Paris, A. André, 1827, in-8), et réimpr. dans les Discours et Mélanges de l'auteur.

— Essai sur les romanciers grecs.

Imprimé en tête de la Collection des romans grecs traduits en français, commencée par M. Merlin, en 1822.

Cet Essai, qui jette une lumière nouvelle sur l'histoire de la civilisation byzantine, a été réimprimé, en 1826, à la suite de « Lascaris ».

— Études de mœurs et de critiques sur les poëtes latins de la décadence; par M. Nizard (Sur les).

Morceau imprimé dans la « Revue de Paris, en mai 1834, t. V.

— Funérailles de M. Lemontey. Discours de M. Villemain. *Paris, de l'impr. de F. Didot*, 1826, in-4 de 2 pages.

— Histoire de Cromwell, d'après les mémoires du temps et les recueils parlementaires. *Paris, Maradan*, 1819, 2 vol. in-8, 12 fr.

— Lascaris, ou les Grecs du quinzième siècle; suivi d'un Essai historique sur l'état des Grecs, depuis la conquête musulmane jusqu'à nos jours. *Paris, Ladvocat*, 1825, in-8, 8 fr. — III° édit., augmentée d'un Essai sur les romans grecs. *Paris, Ladvocat*, 1826, 2 vol. in-18, avec une carte géographique, 9 fr.

—Lascaris, o los Griegos del siglio quince, seguido de un Ensayo historico sobre el estado de los Griegos desde la conquista mahometana, hasta nuestros dias. *Paris, de la empr. de Smith*, 1826, 3 vol. in-18.

—Laskaris (en allemand). *Strasbourg, et Paris, Levrault*, 1826, 2 part. in-12.

— Mélanges (nouv.) historiques et littéraires. *Paris, Ladvocat*, 1827, in-8 de 491 pages, avec un portrait de l'Hospital, 9 fr.; — ou 2 vol. in-18, avec un portrait, 9 fr.

Ce volume contient : une Vie de l'Hospital; un Discours d'ouverture d'un cours d'éloquence française, suivi de notes; un Essai littéraire sur Shakspeare, et des morceaux intitulés : du poëme de Lucrèce, du Polythéisme dans le premier siècle de notre ère, De la philosophie stoïque et du Christianisme, des Pères de l'église grecque, saint Jean Chrysostome, Synésius : des Pères de l'église latine, saint Ambroise, saint Jérôme, saint Paulin, saint Augustin.

M. Daunou, dans le Journal des savants, août 1827, a donné un Examen critique de cet ouvrage.

Lors de la publication de ces *Nouveaux Mélanges*, l'éditeur les joignit au Discours et Mélanges, édition de 1825, et fit faire de nouveaux titres portant « Mélanges historiques et littéraires », et le millésime de 1827.

—Notice biographique et littéraire sur Fénelon.

Imprimée en tête des Aventures de Télémaque (1824, 2 vol. in-8) et des OEuvres choisies de Fénelon (Paris, Emler, 1829, 6 vol. in-8), ainsi que dans les Discours et Mélanges de l'auteur.

—Notice sur L. Annæus Florus.

Imprimée en tête de l'Abrégé de l'Histoire romaine de cet auteur, édition de la Bibliothèque latine-française (1826) publiée par M. Panckoucke.

— Notice sur Pascal, considéré comme écrivain et comme moraliste.

Imprimée d'abord dans les « Discours et Mélanges » de l'auteur, et réimprimée en tête des Lettres écrites à un provincial, par Blaise Pascal (Paris, Emler, 1827, in-8).

— Réponse de M. Villemain au Discours de réception de M. Fourier. *Paris, de l'impr. de Trouvé*, 1827, in-8 de 12 pag.

— République (la) de CICÉRON, d'après le texte inédit découvert récemment et commenté par Aug. MAIO, avec une traduction française, un Discours préliminaire et des Dissertations historiques ; par M. VILLEMAIN. *Paris, L.-G. Michaud*, 1823, 2 vol. in-8, 15 fr., ou 3 vol. in-12, 10 fr.

— Roi (le), la Charte et la Monarchie. *Paris, F. Didot*, 1816, in-8 de 64 p., 2 fr.

— Une scène historique du xie siècle à Rome : enlèvement du pape Grégoire VII.

Imprimé dans la « Revue des Deux-Mondes », t. IV de la deuxième série.

C'est un fragment d'une *Histoire de la vie et du pontificat de Grégoire VII*, en 2 vol. in-8, annoncée en 1827, mais qui, jusqu'à ce jour, n'a point été publiée.

— Voltaire et la littérature anglaise de la reine Anne.

Imprimé dans la « Revue des Deux-Mondes », t. X de la quatrième série.

Nous terminerons cette notice en rappelant que que M. Villemain a fourni de nombreux articles à la « Biographie universelle », dont il fut l'un des plus savants et des plus actifs collaborateurs, ainsi que les articles de haute critique qu'il a insérés dans le Journal des savants, et dont les principaux concernent sept ouvrages qui ont fait sensation dans le monde littéraire : 1° Essai sur la littérature anglaise, et Considérations sur le génie des hommes, des temps et des révolutions ; le Paradis perdu de Milton, trad. par M. de Châteaubriand, 1836, 4 vol. in-8 (avril 1837); — 2° Histoire de la Croisade contre les hérétiques albigeois, écrite en vers provençaux, par M. Fauriel, 1837, in-4 (juillet id.); — 3° la Vie et le temps de Guillaume III, roi d'Angleterre et stathouder de Hollande, par Arthur Trévor (en anglais), London, 1835, in-8 (mars 1838); — 4° Études sur les mystères, et sur divers manuscrits de Gerson, par M. Onésime Leroy, 1837, in-8 (avril id.); 5° Florence et ses viscissitudes, 1215-1790, par M. Delécluze, 1838, 2 vol. (sept. id.); — 6° Histoire du règne de Louis XVI, pendant les années où l'on pouvait prévenir et diriger la révolution française, par Jos. Droz, 1839, 2 vol. in-8 (avril 1839),

— 7° de la Démocratie en Amérique, par M. Al. de Tocqueville, 1840, tomes III et IV (mai 1840).

M. Villemain a eu part à la traductions du théâtre anglais qui fait partie de la « Collection des chefs-d'œuvres des théâtres étrangers », publiée par Ladvocat, et dans lequel on trouve de lui l'Héritière, traduite de l'anglais, de BOURGOYNE. On trouve aussi des morceaux de lui dans l'ouvrage intitulé : Paris. Illustrations. Album de gravures, par les premiers artistes de France, avec des textes, pièces de vers, nouvelles, etc., par MM. de Châteaubriand, P. Lebrun, Villemain, etc., etc., Paris, Pourrat frères, 1838, in-8 (1).

M. Sainte-Beuve a donné, dans la « Revue des Deux-Mondes », tome V, de la quatrième série, une Notice littéraire sur M. Villemain; et MM. Sarrut et Saint-Edme, et lui en ont consacré une autre dans leur Biographie des hommes du jour, tome Ier, 2e partie, p. 62 et suiv.

VILLEMAIN (Henri). — * Eudoxie, ou l'Amie généreuse. Par Henri V........n, auteur du roman de « Ordre et Désordre, etc. » *Paris, Janet et Cotelle*, 1813, 2 vol. in-12, 4 fr.

— * Forêt (la) de Saint-Germain, poëme (en un chant). Par M. Henri V***. *Paris, F. Didot ; Janet et Cotelle*, 1813, in-12 de 45 pag., sur pap. vélin.

— * Ordre et Désordre, ou les deux Amis; par Henri V........n. *Paris, Gabriel Dufour*, 1811, 2 vol. in-12, 3 fr. 60 c.

M. Henri Villemain est aussi connu pour des traductions de divers romans allemands et anglais, et, entre autres, des suivants : 1° la Famille de Halden, d'Aug. LAFONTAINE (1805, 4 vol. in-12); 2° Saint-Clair, ou l'Héritière de Desmond, de miss Ovenson, depuis lady MORGAN (1813, 2 vol. in-12); — 3° le Parc de Mansfield, ou les trois Cousines, de miss AUSTEN (1816); — 4° Sarsfield, ou Égarement de la jeunesse, de John GAMBLE (1816. 3 vol. in-12); — 5° Walther, ou l'Enfant du champ de bataille, d'Aug. LAFONTAINE (1816); — 6° le Fermier de la forêt d'Inglewood, de mistr. HELME (1818).

VILLEMAIN D'ABANCOURT, et mieux WILLEMAIN (2) (François-Jean) ; né à Paris, le 22 juillet 1745, mort en la même ville, le 10 juin 1803.

---

(1) M. Villemain, comme membre de l'Université, a composé un grand nombre de pièces latines destinées aux concours généraux, pour servir de devoirs aux compositions des élèves. Même étant ministre, il ne continua pas moins cette tâche universitaire dont il s'est toujours acquitté avec autant de zèle que de talent. Parmi ces pièces, composées pendant son ministère, nous citerons, entre autres, la composition latine destinée à servir de matière au concours du prix de rhétorique pour l'année 1839, et dont le sujet est le Daguerréotype, p. 22, et une autre composition latine, p. 62. Toutes deux insérées dans le volume des Concours généraux de l'Université, année 1839. Paris, imprimerie et librairie de Delalain.   A.-F. D.

(2) A.-A. Barbier écrit son nom Willemain, et c'est ainsi que cet écrivain a laissé imprimer son nom sur quelques ouvrages auxquels il l'a attaché ; depuis sa mort, on l'a imprimé le plus souvent avec un V simple.

— Adine, ou la Bergère des Pyrénées; suivie de Julie, ou le Mariage caché. *Paris*, 1798, in-18.

— * Antoine et Jeannette, ou les Enfants abandonnés, histoire presque véritable; par l'auteur de « Maria ». *Paris, Roux*, an VII (1799), 2 vol. in-12, fig., 3 fr.; — ou *Paris, Ouvrier*, an VII (1799), 3 vol. in-18, fig., 2 fr. 25 c.

— * Berthe et Richemont, nouvelle historique; par l'auteur de Maria, et d'Antoine et Jeannette. *Paris, Roux*, an IX (1801), 3 vol. in-18 de IV, 201, 226 et 220 pages, avec 3 fig., 3 fr.

Barbier ne présente Villemain d'Abancourt que comme réviseur et éditeur de ce roman, qui, d'après ce bibliographe, serait d'une demoiselle.

— Bienfaisance de Voltaire, pièce dramatique en un acte et en vers. *Paris, Brunet*, 1791, in-8.

— Bon (le) fils, ou la Vertu récompensée, petit drame en un acte et en prose.

Impr. dans l'Almanach des enfants, ann. 1787.

— Chevalier (le) de Faublas, comédie en un acte et en vers. *Paris, Brunet*, 1789, ou 1791, in-8.

Il y a des exemplaires de la première édition qui ne portent que les initiales de l'auteur.

— * Cimetière (le) de la Madelaine; par l'auteur de Maria, d'Antoine et Jeannette, etc. *Paris*, an IX (1801), 2 vol. in-12.

— * Contes et Nouvelles en prose; par l'auteur de Maria, d'Antoine et Jeannette, de Berthe et Richemont. *Paris, G. Mathiot*, 1810, 5 vol. in-18, 5 fr.

— Épîtres. 1780, in-8.

— * Fable. (L'Ours et le lionceau). *Amsterdam (Paris), Louis Cellot*, 1777, in-8.

Réimprimée dans « l'Almanach des enfants », pour 1787, avec quelques autre morceaux de l'auteur.

— * J. K. L. Essai dramatique. *Montmartre, et Paris, Cellot*, 1776, in-8.

Imprimé comme un ouvrage posthume de Léonard Gobemouche, publié par Marc-Roch-Luc Pic-Loup, citoyen de Nanterre.

— * Lettre de Gabrielle de Vergy à sa sœur. *Paris*, 1766, in-8.

— * Lettre de Narival à Williams, son ami. 1765, in-8.

— * Maria, ou l'Enfant de l'infortune. IVe édit. *Paris, Aubriot*, 1814, 3 part. in-18, fig. — VIIe édit. *Paris, Chassaignon*, 1822, 3 vol. in-18, avec 3 grav.—

Xe édition. *Paris, le même*, 1840, 3 vol. in-18.

Même observation que pour « Berthe et Richemont » (voy. plus haut).

— Mausolée de Marie-Joséphine de Saxe, dauphine de France, poëme. 1767, in-4.

— Mort (la) d'Adam, poëme dramatique en un acte, imité de l'allemand de KLOPSTOCK.

Imprimé dans « l'Almanach des enfants », ann. 1786.

— * Prieuré (le) de Saint-Bernard, ou l'Usurpateur puni; roman traduit de l'anglais, par l'auteur des Infortunes de Maria. *Paris*, an VI (1798), 2 vol. in-12.

— Proverbes dramatiques. *Berlin, et Paris, Cellot*, 1781, in-8 de 212 pag.

Ce volume renferme huit proverbes, qui sont : *le Mariage rompu, le Barbier de village, le Nouvel Actéon, le Mariage du siècle, le Bourgeois de Folède, les Marins, le Nouveau Don Quichotte* et *le Raccommodement impossible,* tous en un acte et en prose.

— Sacrifice (le) d'Abraham, poëme dramatique en un acte et en vers. 1775, in-8.

— * Une journée de Henri IV, comédie en trois actes, en prose. Sec. édition. *Paris, les march. de nouv.*, 1792, in-8.

— Vœux (les) forcés, Lettre d'une religieuse à sa sœur, qu'on suppose destinée au même état; pièce qui a concouru pour le prix de l'Académie française, en 1771. *Paris, veuve Regnard; Demonville*, 1771, in-8.

— Voltaire à Romilly, trait historique en un acte et en prose. *Paris, Brunet*, 1791, in-8.

On cite encore de Villemain d'Abancourt deux autres pièces qui ne paraissent pas avoir été imprimées : *la Convalescence de Molière* et *l'École des épouses.*

Villemain d'Abancourt, en outre, a été l'éditeur d'Adrien et Stéphanie, trad. de l'angl. de miss BLOWER (1803, 2 vol. in-12).

VILLEMAIRE (l'abbé de). — Andrometrie (l'), ou Examen philosophique de l'homme. *Paris*, 1753, in-12.

VILLEMAREST (Charles-Maxime de), est né à Paris, le 22 avril 1785, d'une famille parlementaire qui jouissait d'une belle fortune avant la révolution. Après avoir été le condisciple de M. le duc de Cazes, au collége de Vendôme, il obtint une bourse gratuite au Prytanée français. Un des parents de sa mère, M. Abrial, depuis ministre de la justice, se trouvait alors à la tête de cet établissement. Lorsque le premier consul vint visiter le Prytanée, l'élève

Villemarest fut un de ceux qu'il interrogea. Satisfait de ses réponses, le chef du gouvernement consulaire lui fit écrire, par le général Duroc, ainsi qu'à deux autres élèves, qu'il leur accordait, pour en jouir leur vie durant, une pension de deux cent francs sur sa cassette particulière. Le trésor de Bonaparte était moins opulent alors que ne le fut depuis le trésor de l'empereur. Le premier consul ne borna pas à ceci la protection qu'il accordait à ces jeunes gens ; ils pouvaient choisir entre le grade de sous-lieutenant dans l'armée, et une place d'élève de diplomatie. Tous trois préférèrent ce dernier parti. M. Villemarest resta peu de temps au cabinet du ministre des relations extérieures ; le portefeuille de ce département ayant été brusquement retiré à M. de Talleyrand, M. de Villemarest quitta l'apprentissage diplomatique. Le ministre lui conserva, dans la suite, sa protection. C'est à lui qu'il a été redevable, lors de la création, en 1808, du gouvernement général des départements au delà des Alpes, d'être nommé secrétaire du gouverneur général, le prince Camille Borghèse, beau-frère de Napoléon. Le choix du prince Borghèse, auquel le général Duroc avait aussi contribué, reçut l'approbation de l'Empereur. Agé seulement de vingt-trois ans, le secrétaire du gouverneur général, dont les fonctions étaient fort étendues, se conduisit avec un esprit de prudence prématurée, qui lui concilia l'estime des hommes les plus distingués du Piémont. Malgré l'expérience que le séjour d'une cour aurait dû lui faire acquérir, M. de Villemarest, à la chute de l'empire, crut légèrement à la reconnaissance de quelques hommes que le mouvement des choses remettaient en faveur, et il se trouva sans place. Ses relations de famille ne lui permirent pas d'accepter, pendant les cent jours, une place que Napoléon lui fit offrir par M. de Montalivet. Il ne faut pas omettre que, dès les premiers jours de la restauration, M. de Blacas avait supprimé, d'un trait de plume, la pension accordée autrefois à l'élève du Prytanée. Depuis la seconde restauration, M. de Villemarest n'a plus cherché de ressources qu'en lui-même ; il s'essaya dans quelques travaux littéraires, et prit part à la rédaction de plusieurs journaux, tels que, les « Annales politiques, morales et littéraires », » l'Indépendant », et surtout « la Renommée «, où ses articles ont été remarqués, moins encore par le talent de l'écrivain, que par

une qualité plus rare, sa conscience et sa bonne foi. Il a aussi donné plusieurs articles, exclusivement littéraires, au « Moniteur » et à l'ancienne « Gazette de France ». M. de Villemarest ne s'est pas borné à écrire dans les journaux ; mais, comme il n'a signé aucun de ses ouvrages, à l'exception d'une brochure intitulée : « le Rideau déchiré », il est plus connu des gens de lettres que des gens du monde. Ses souvenirs diplomatiques lui inspirèrent, en 1818, « l'Observateur au congrès d'Aix-la-Chapelle »; il trouva plus tard, dans ses souvenirs de l'Italie, de quoi remplir quatre volumes, publiés par Pillet aîné, sous le titre de : « l'Ermite en Italie ». Les amis de M. Villemarest lui font l'honneur d'une partie des Mémoires de M. de Bourienne : ils lui attribuent, du moins, la rédaction, qui n'est pas la partie la moins estimable de cette importante publication.

OUVRAGES DE M. VILLEMAREST.

— Fils (le) de Mainfroi. Naples.—Rome.—Paris. xiiie et xive siècles. *Paris, Haut-Cœur*, 1839, 2 vol. in-8, 15 fr.
— * Hermite (l') en Italie, ou Observations sur les mœurs et usages des Italiens au commencement du xixe siècle, faisant suite à la collection des mœurs françaises de M. de Jouy... Orné de gravures et de vignettes. *Paris, Pillet aîné*, 1824, 4 vol. in-12, 16 fr., et in-8, 28 fr.

Un ouvrage, publié en 1840 sous le titre de « Choix de physionomies ante et post-diluviennes du xixe siècle et de la fin du monde, nouvelles », (Paris, Chaumerot, in-8), porte : *par M. Louet, principal auteur de l'Hermite en Italie, etc.*

— * Mémoires de Constant, premier valet de chambre de l'empereur, sur la vie privée de Napoléon, sa famille et sa cour. *Paris, Ladvocat*, 1830-31, 6 vol. in-8, 45 fr.

M. de Roquefort, le savant antiquaire, commença l'ouvrage continué par MM. Méliot frères, qui rédigèrent les quatre premiers volumes, aidés de M. Luchet, et plus encore de MM. Nizard. Les deux derniers volumes ont été composés par M. de Villemarest.

—*Mémoires de mademoiselle Adèle Boury. *Paris, Vimont ; Guyot*, 1833, in-8, avec un portr., 7 fr.
— * Mémoires de mademoiselle Avrillon, première femme de chambre de l'Impératrice, sur la vie privée de Joséphine, sa famille et sa cour. *Paris, Ladvocat*, 1833, 2 vol. in-8, avec un portr., 15 fr.
— Mémoires de mes créanciers, mœurs parisiennes, avec cette épigraphe : Paye ce que dois, advienne que pourra. *Paris, Du-*

fey et Vezard, 1832, 2 vol. in-8 , 15 fr.

Ouvrage publié sous le nom de Maxime James, mais qui est de MM. Villemarest et James Rousseau.

— *Mémoires de M. de Bourienne, ministre d'État, sur Napoléon, le Directoire, le Consulat, l'Empire et la Restauration. *Paris, Ladvocat,* 1829-30, 10 vol. in-8, 75 fr.

L'ouvrage entier, à commencer de la feuille neuvième du premier volume , est de M. de Villemarest, qui n'avait pas à sa disposition la valeur de trois volumes de notes de M. de Bourienne.

— * Monsieur de Talleyrand, avec cette épigraphe : ni pamphlet, ni panégyrique. *Paris, J. P. Roret,* 1834-35, 4 vol. in-8, 30 fr.

— *Observateur (l') au congrès, ou Relation historique et anecdotique du congrès d'Aix-la-Chapelle en 1818 ; précédé d'un coup-d'œil sur la situation des différents peuples de l'Europe et du nouveau monde à l'ouverture du congrès. *Paris, A. Eymery ; Baudouin frères ; Foulon et comp.,* etc., 1818, in-8 de 168 pag.

Cet ouvrage a paru par livraison, au nombre de dix ; chacune coûtait 60 c.

— *Palais-Royal (le) et les Tuileries. *Paris, Vimont,* 1833, in-8, 7 fr. 50 c.

Publié par le libraire sous les initiales du vicomte S. de L....

— Plus de rideau. — Lettre sur les théâtres, adressée à M. de Prarly. *Paris, Ponthieu,* 1821, in-8 de 44 pages.

— *Rideau (le) déchiré. Théâtre-Français. Décembre 1820. *Paris, Ponthieu,* 1821, in-8 de 32 pages.

— Saint-Cloud et Fontainebleau. *Paris, Vimont,* 1832, grand in-18 fig., 4 fr.

Publié par le libraire sous le pseudon. du vicomte d'Holstein.

— *Souvenirs (les) de Blangini. 1797-1834. *Paris, Allardin,* 1835, in-8, 7 fr. 50

— Une Reine du XIIe siècle, nouvelle.

Impr. dans le tome V, du « Livre des conteurs ». (1834).

M. de Villemarest a eu part à la rédaction du journal intitulé : « la Renommée » (1819) ; il a donné des articles au Moniteur, au Courrier, à l'ancienne Gazette de France, au Temps, etc., au Livre des Cent-et-un, où l'on trouve de lui *la Barrière du Mont-Parnasse*, — *Un bal sous le consulat.* Il a été depuis attaché à la rédaction du journal l'Europe.

VILLEMARSAIS (Oliv.-Fr. de). — Des prochaines élections. *Paris, Egron,* 1817, in-8 de 40 pages.

VILLEMARTIN (Nicolas), avocat.

— Études du droit français, contenant l'explication de chaque article du code civil, avec les motifs, les régles générales et exceptionnelles, etc. Tomes I à III. *Coulommiers et Paris, F. M. Maurice,* 1827-1835, 3 vol. in-8 , 21 fr.

Ouvrage qui devait être composé de douze volumes.

VILLEMER (P). — Poëme de l'Astronomie. 1808, in-8 , 5 shell.

VILLEMERT. Voy. BOUDIER DE V.

VILLEMEUREUX, alors capitaine dans la garde impériale.

— Discours funèbre prononcé au Panthéon sur la tombe du général comte Dorsenne, le 27 juillet 1812. *Paris, de l'impr. de Demonville,* 1812, in-8 de 16 pages.

VILLEMEUREUX (Antoine-Joseph-Camille), grammairien, agrégé au collège royal de Henri IV ; né à Courbevoye (Seine), le 6 mai 1803.

— Cours de thèmes, à l'usage des classes élémentaires et des classes de grammaire, divisé en trois parties. *Paris, Maire-Nyon,* 1833-34, 3 vol. in-12, 6 fr. 75 c.

Chacune de ces trois parties se vend séparément : elles ont été réimprimées isolément.

— Cours de versions grecques, à l'usage des élèves de cinquième et de quatrième, extrait de l'Elementar Buch de Jacob et du Recueil de Gedik, contenant..... avec des notes et un vocabulaire où sont indiqués les mots racines, les mots composés et les parties des verbes. *Paris, Malher et comp.,* 1827, 2 vol. in-12. — Ve édition. *Paris, veuve Maire-Nyon,* 1838, in-12, 3 fr. 75 c.

— Grammaire (nouv.) française de LHOMOND, développée et complétée par C. Villemeureux. *Paris, veuve Maire-Nyon,* 1838, in-12, 2 fr.

— Grammaire latine de LHOMOND, revue, corrigée et augmentée par Constant Villemeureux. *Paris, l'Auteur,* 1826, in-12, 2 fr. 25 c. — VIe édition. *Paris, Maire-Nyon,* 1839, in-12, 2 fr. 50 c.

Quelques exemplaires de la première édition portent ce titre : Éléments de la grammaire latine, par Constant Villemeureux.

VILLEMIN (Eugène-H.). — Dies iræ. Traduit en vers français, avec le texte en regard. *Beauvais, de l'imp. de Moisand,* 1836, in-8 de 20 pages.

— Liseron (le) des champs (convolvulus

arvensis). *Orléans , de l'impr. de Jacob ,* 1839, in-8 de 12 pages.

VILLEMONTEZ (BIDON DE), chevalier de Saint - Louis ; mort à Riom, en 1839.
— Ovinska, ou les Exilés en Sibérie, drame lyrique en 3 actes. *Paris, Barba,* an IX (1801), in-8.
— * Princesse (la) de l'aridondon, ou la Cour du roi Pétau, tragédie en cinq actes et en vers ; par M. de V^{ez}. *Riom , Salles fils,* 1837, in-8

Réimprimée en 1840, dans la même ville.

—Temps (les) héroïques. (En vers). *Riom, de l'imp. de Salles,* 1818, in-8 de 52 pages.

VILLEMOT (l'abbé Philippe), prêtre, docteur en théologie.
— Nouveau Système, ou nouvelle Explication du mouvement des planètes (avec une traduction latine en regard du texte, par Camille FALCONET). *Lyon, Louis de Claustre,* 1707, in-12.

VILLEMOT, ou VILMOT, auteur dramatique. Voy. VILMOT.

VILLEMOT (Louis). — Nouvel (le) huissier des justices de paix, ou Manuel de ce fonctionnaire d'après les nouvelles lois. *Dijon, Douillier,* 1838, in-8 , 7 fr. 50 c.

VILLEMUR (V.-L. de). — Histoire de l'accusation, du jugement et de l'exécution du comte de Strafford, ministre de Charles Ier, roi d'Angleterre, précédée d'une introduction dans laquelle on établit quelques rapprochements entre ces actes du parlement d'Angleterre et le projet d'accusation contre M. le comte de Villèle et ses collègues. *Paris, Delaunay,* 1828, in-8 de 40 pages.

VILLEMUR (le comte Adolphe). — Biographie du lieutenant-général comte de Villemur, ancien ministre de la guerre de S. M. C. Charles V, roi d'Espagne. *Paris, Dentu,* 1836, in-8 de 72 pages.
— Observations historiques et politiques sur le Mémoire de M. Zéa Bermudez.

Imprimées dans la » Gazette de France », du 25 mai 1839.

VILLEMUR, chirurgien-dentiste, à Paris.
— De l'altération des dents, des moyens de la prévenir et d'y remédier. *Paris, l'Auteur,* 1838, in-8 de 24 pages, 2 fr.

VILLENAVE (Mathieu-Guillaume-Thérèse), homme de lettres, membre de plusieurs sociétés savantes et littéraires, né à Saint-Félix de Caraman (Haute-Garonne), le 13 avril 1762, débuta en littérature, à l'âge de vingt-trois ans, par une *Ode sur le dévouement héroïque du duc de Brunswick,* qu'il envoya pour le concours de l'Académie française, en 1786. Trois ans plus tard, il fonda, sous le titre de *Rodeur français,* une feuille hebdomadaire dont le premier numéro parut, à Paris, le 22 novembre 1789, et le dernier à la fin de mars 1790. La collection de ce journal, formant 43 numéros, est rare et recherchée. Établi à Nantes, au commencement de la Révolution, M. Villenave se compromit près des agents du gouvernement d'alors par la franchise de ses opinions verbales et écrites. Arrêté, par ordre de Carrier, le 9 septembre 1793, il fut envoyé à Paris, devant le tribunal révolutionnaire, avec cent trente-et-un Nantais, qui furent au moment d'être fusillés à Ancenis, noyés à Angers, et massacrés sur la levée. Jugé par le tribunal révolutionnaire deux mois après le 9 thermidor, il eut des conclusions à mort, et fut néanmoins acquitté, avec tous ses compagnons d'infortune, réduits, par la mort, de cent trente-deux à quatre-vingt-quatorze. Il avait eu le courage de publier, pendant sa détention, une «-*Relation du voyage de cent trente-deux Nantais* », dont il se fit, dans Paris, sept ou huit éditions en quinze jours, et qui a été traduite en plusieurs langues, ainsi que le « Plaidoyer » qu'il prononça dans le procès du comité révolutionnaire de Nantes. Il fut le défenseur choisi par le général Charette, la veille de son jugement. La persécution dont il avait été l'objet, ainsi que beaucoup d'autre Nantais ; les actes de l'infâme Carrier et des membres du comité de salut public de Nantes, lui fournirent l'occasion de dévoiler, par un assez bon nombre de pamphlets politiques, la conduite de ces misérables qui opprimaient alors la France. Le calme rétabli, autant qu'il peut l'être en temps d'effervescence révolutionnaire, M. Villenave prit part au *Journal des lois de la république,* connu sous le nom de Galleti. M. Villenave, en participant à la rédaction de cette feuille quotidienne, qui paraissait in-4, en changea l'esprit, qui avait été révolutionnaire en l'an II. Quelques années plus tard, il fonda le *Journal de Nantes et du département de la Loire-Inférieure,* commencé le 22 septembre 1797, et terminé avec le numéro du 31 mai 1800 : la collection forme

12 vol. in-8. Sous le Consulat et l'Empire, M. Villenave paraît ne s'être occupé que de travaux littéraires et historiques. Un nouveau journal pourtant fut rédigé par lui pendant cette période, et ce fut le *Journal des curés, ou Mémorial de l'Église gallicane*, feuille qui parut tous les deux jours, depuis le 15 décembre 1806 jusqu'au 30 décembre 1809 : la collection forme 3 volumes in-fol. La réputation de consciencieux écrivain fit rechercher M. Villenave par M. Michaud pour participer à la rédaction de la « Biographie universelle »; aussi a-t-il été jusqu'à sa fin l'un des plus constants co-rédacteurs de ce vaste recueil, qui ne compte pas moins de trois cents notices de M. Villenave; elles ne sont pas toujours les plus importantes, mais elles ne sont pas du nombre des moins intéressantes. Après la Restauration, M. Villenave fit un retour vers le journalisme, et devint successivement rédacteur en chef de la *Quotidienne*, de 1814 au 20 mars 1815; fondateur et rédacteur du *Mémorial religieux, politique et littéraire*, in-4, dont le premier numéro parut le 1er septembre 1815. M. Villenave ne tarda pas à en abandonner la rédaction pour fonder un autre journal quotidien, qui parut sous le titre d'*Annales politiques et littéraires*, du 16 décembre 1815 au 20 juin 1819, dont la réunion des numéros forme 7 vol. in-fol. Ce dernier journal devint, d'abord, *le Courrier, journal des doctrinaires*, et eut pour principaux rédacteurs, MM. Guizot et Villenave : commencé au 21 juin 1820, il cessa de paraître le 31 janvier 1821, et devint ensuite, le 1er février de la même année, *le Courrier français*, qui eut à cette époque pour principaux rédacteurs, MM. Villenave et Kératry. Peu de temps après la création de ce dernier journal, M. Villenave fit ses adieux à la politique pour ne plus s'occuper exclusivement que de littérature et d'histoire littéraire. En 1820, il fut chargé par l'imprimeur Aug. Belin, concurremment avec M. Depping, de la direction d'une collection économique des classiques de notre littérature (1) : les auteurs publiés, en 1820 et 1821, par les soins de M. Villenave sont : Barthélemy, Duclos, Marmontel et, Thomas; ces quatre éditions n'ont pas seulement l'incontestable mérite de renfermer des morceaux inédits ou peu connus qui ne se trouvaient pas dans celles publiées jus-

qu'alors, mais encore d'être précédées de notices littéraires estimées. En 1824, parut *la Semaine, gazette littéraire*, qui était rédigée par un comité secret de rédacteurs. Ce journal, du pure critique littéraire, qui exista deux années, et dont la réunion des numéros mensuels forme 5 vol. in-8, avait pour principaux rédacteurs MM. Victorin et Aug. Fabre et M. Villenave : aucun article n'était signé. Dans la même année, M. Villenave fut appelé à faire à l'Athénée un cours d'histoire littéraire de France ; bien que son cours ait été continué jusqu'en 1831, on ne connaîtrait le sujet des leçons du professeur que par les programmes de l'Athénée, si ce modeste savant n'avait cédé, longtemps après, à en donner quelques fragments dans quelques recueils, et, entre autres, ceux intitulés : *de la Chronique de Turpin, de l'Influence des Gaulois sur la civilisation des Grecs et des Romains, etc.*, etc. Lorsque M. Michaud songea à faire un Supplément à sa Biogr. universelle, M. Villenave fut de nouveau appelé à faire partie des auteurs de ce Supplément. En même temps qu'il versait dans ce livre toute sa connaissance des hommes, M. Villenave revoyait « l'Encyclopédie des gens du monde » à partir du troisième volume, et trouvait encore, dans son activité prodigieuse, les moments de faire des articles pour ce dernier ouvrage, mais plus particulièrement des articles biographiques. M. Villenave a été secrétaire général de l'Académie celtique, de la Société royale des antiquaires de France, et président de la Société philotechnique ; il est aujourd'hui vice-président de la Société de la morale chrétienne, et président de la seconde classe de l'Institut historique (langues et littérature). Voici la nomenclature des ouvrages et des écrits divers de M. Villenave :

LITTÉRATURE.

— A la mémoire de Bailly, qui avait passé la dernière année de sa vie à Nantes, dans la maison de M. Villenave.

Pièce de vers imprimée dans le « Courrier de Paris, ou Chronique du jour », numéro du 4 février 1797.

— Deux (les) genres. (En vers). *Paris, de l'impr. de Rignoux*, 1834, in-8 de 8 pages.

Impr. d'abord dans la « France littéraire », publiée par M. Ch. Malo.

— Dieu. Extrait d'un poëme sur la vie future.

Intitulée : *Collection des prosateurs français*, in-8.

Inséré dans l'Annuaire de la Société philotech-nique, année 1840, et dans d'autres recueils.

— Énéide (l') de Virgile, traduction nouvelle (en prose), par MM. Villenave (pour les huit premiers livres), et Amar (pour les quatre derniers). Avec le texte en regard. *Paris, Panckoucke*, 1832, 3 vol. in-8 , 21 fr.

Cette traduction fait partie de la « Bibliothèque latine-française », publiée par le même libraire.

— * Jacobiniade (la), fragment d'un poëme héroï-comique (en prose) sur l'horrible ca-tastrophe des Jacobins. (En deux chants). *Paris*, an III (1795), in-8 de 16 pag.

— Kosciusco , ode.

Impr. dans la Vieille Pologne , publiée par le major Forster, in-4 et in-8.

— Métamorphoses (les) d'Ovide, traduc-tion nouvelle, avec le texte latin ; suivie de l'Explication des fables, et de notes géographiques, historiques, critiques, etc. ; précédée d'une Vie d'Ovide. *Paris, de l'impr. de Didot aîné*, 1807-22, 4 vol. in-8, et in-4 , avec 144 figures, gravées par les plus célèbres artistes de la capitale, d'a-près les dessins de MM. Monsiau, Lebar-bier et Moreau.

L'édition in-4 n'est point la même que celle in-8 tirée sur plus grand papier : ce sont deux compo-sitions différentes. Les prix étaient autrefois de 576 fr. pour les exempl. gr. in-4 , sur pap. nom de Jésus vélin, figures avant la lettre ; de 144 fr. , in-8 , pap. fin ; et 288 fr. même format, sur pap. vélin ; mais ces prix ne sont pas soutenus. Il a été tiré un exemplaire de l'édition in-4 sur peau de vélin.

Il y a une édition in-12 , sans figures, Paris , 1825 : 16 fr.

— Ode sur le dévouement héroïque du prince Maximilien-Jules Léopold, duc de Brunswick, qui a concouru pour le prix de l'Académie française. *Paris, Volland*, 1786, in-8 de 12 pag.

Début littéraire de l'auteur, qui avait alors vingt-trois ans.

— Vie (la) future, fragments d'un poëme , récités, le 27 mai 1837, à la séance pu-blique de la Société d'émulation..... et, le 6 juin, à la séance du cercle de l'élysée d'Eldir. *Paris, de l'impr. de Migneret*, 1837, in-8 de 8 pag.

M. Villenave a fondé et participé à la rédaction de plusieurs journaux et recueils littéraires, et, entre autres, du Rodeur français (22 nov. 1789 à la fin de mars 1790) ;—du Journal des lois de la ré-publique (1794);—du Journal de Nantes et du dé-partement de la Loire-Inférieure (22 sept. 1797-31 mai 1800) ;— du Journal des curés (15 déc. 1806-30 déc. 1809);—de la Quotidienne (1814—20 mars 1815);—des Annales politiques, morales et littéraires

(16 décembre 1815 au 20 juin 1819), devenues d'a-bord le Courrier , puis ensuite le Courrier français (1er février 1821) ;—de la Revue encyclopédique, de la Semaine (1824—25), de la France littéraire, recueil publié par M. Ch. Malo; du Journal de l'Institut his-torique, etc. , etc.

DISCOURS ACADÉMIQUES.

— Discours sur le patron des artisans (saint Éloy), prononcé à la séance an-nuelle de la Société de la morale chrétienne, en présence de l'association des artisans , dans la salle Saint-Jean de l'Hôtel-de-Ville, le dimanche 3 mai 1835. *Paris , de l'impr. de Decourchant*, 1835, in-8 de 16 pag.

— Rapport sur le concours ouvert par la Société de la morale chrétienne, sur cette question : Quelles sont les mesures légis-latives propres à réprimer l'agiotage ?

Imprimé dans le procès-verbal de la dix-huitième séance générale annuelle de cette société, le 22 avril 1839, pages 105 et suiv.

— Sur une dissertation imprimée, en 1780, dans le Journal de Monsieur, en faveur de la liberté des noirs.

Impr. dans le Journal de la morale chrétienne, 1823, n° xv, pages 156 et suiv.

HISTOIRE POLITIQUE DE LA FRANCE.

— Cérémonie funèbre à la mémoire du ci-toyen Pierre Delalande , adjudant, etc. *Nantes* , an VII (1798), in-8 de 8 pages

— Cri (le) du républicain persécuté, mé-moire écrit dans les prisons de la terreur. *Nantes, de l'impr. de Galletti*, an II (1794) in-4 de 19 pag.

L'auteur l'écrivait avant le 9 thermidor, étant sous les verroux, et tremblant pour ses jours : pour rendre service à M. Villenave, l'éditeur y fit des ad-ditions singulières.

— Danger (le) des préventions nationales, ou Court exposé de la conduite d'Yves Proust, membre du comité révolutionnaire de Nantes. *Paris, Guérin,* an III (fév. 1795), in-8 de 36 pag.

— Dénonciation des crimes et des attentats contre la société et la république, commis à Nantes et dans tout le département de la Loire-Inférieure, pendant la mission du re-présentant du peuple Carrier et par le co-mité révolutionnaire de Nantes, faite par Philippes , dit Tronjolly, accusé détenu , ex-président des tribunaux criminel et ré-volutionnaire du département de la Loire-Inférieure. Rédigé sur les notes du susdit , ainsi que sur tous ses autres écrits, dans sa prison du Plessis. An II (1794), in-8 de 14 pages.

— Destins (les) de la France dans les élections de 1815. (*Paris*), *de l'impr. de Michaud*, 1815, in-8 de 16 pages.

Extrait de la Quotidienne des 6 et 7 août 1815.

— Étrennes de Nantes et du département de la Loire-Inférieure. *Nantes*, an VIII (1800), in-24 de 212 pages.

— Joseph Roger, jardinier à Bar-sur-Ornain, à ses concitoyens. (Mémoire fait à la prison du Plessis, avant le 9 thermidor). In-8 de 12 pages.

— Jugement rendu par le conseil de guerre de la douzième division militaire qui acquitte le citoyen Hugues Montbrun, adjudant-général, ex-gouverneur-général par intérim des îles d'Amérique sous le vent. *Nantes*, an VI (2 juin 1798), in-4 de 11 pages.

— Jurés (des) et de la conviction intime. *Nantes*, an IV (1796), in-8.

— Marion-Brillantais (le citoyen) aux représentants du peuple composant le comité de salut public. *Paris, Guérin*, an III (24 décembre 1794), in-8 de 20 pag.

Il avait établi une fabrique de fusils à Moulins ; il fut tourmenté par Fouché.

— Mémoire de Philippes, dit Tronjolly (un des 94 Nantais), accusé et détenu. *Paris*, 12 thermidor an II (30 juillet 1794), in-4 de 33 pages. Avec un Supplément de 4 pages et une Adresse du même à la Convention nationale du 28 août de la même année. In-4 de 8 pages.

Le tout rédigé par M. Villenave, et contenant des documents curieux pour l'histoire de 1793 et 1794.

— Noyades, fusillades, ou Réponse au Rapport de Carrier. *Paris, Ballard*, an III (28 août 1794), in-8 de 106 pag.

Rédigé pour Philippes de Tronjolly, qui y mit son nom.

— Observations sur le fédéralisme du département de la Loire-Inférieure. *Paris*, an II (1794), in-4 de 16 pag.

L'ex-ministre Sotin signa ces Observations, comme il avait signé la Relation des 132 Nantais dont il faisait partie.

— Plaidoyer de Billaud-Varenne, contre les membres des anciens comités de salut public et de sûreté générale, ou Extrait, etc. Avec un Avertissement de J.-B. Louvet. *Paris, de l'impr. de la veuve Gorsas — J.-B. Louvet*, an III (1794), broch. in-8.

— Plaidoyer prononcé le 25 frimaire an III (15 décembre 1794), dans le procès du comité révolutionnaire de Nantes. *Paris*,

Belin, an III (1794), in-8 de viij et 95 pages.

— Prophéties de mademoiselle Suzette de la Brousse, concernant la Révolution française. (*Paris*), 1790, in-8 de 16 pag.

L'auteur annonçait une suite qui n'a point paru.

— Queue (la) de Carrier, traînant dans la société populaire de Nantes. *Paris*, an III (27 octobre 1794), in-8 de 4 pag.— Sec. édit. In-8 de 8 pag.

Publié sous le pseudonyme de Laporte.

— Rapport sur l'attaque de la ville de Nantes par les chouans, le 28 vendémiaire an VIII. *Nantes*, an VIII (1800), broch. in-8.

L'auteur était alors l'un des chefs de la garde nationale.

— Relation de l'explosion du château de Nantes, le 25 mai 1800. *Nantes*, 1800, in-8 de 8 pag.

— Relation du voyage des 132 Nantais, envoyés à Paris par le comité révolutionnaire de Nantes. *Paris, Ballard*, an II—1794, in-8 de 45 pag.

— Résumé fait au tribunal de l'opinion publique contre Carrier et ses complices. An III (6 décembre 1794), in-8 de 8 pag.

Publié sous le pseudonyme de Nolin.

— Testament (le) de Carrier. *Paris*, an III (7 octobre 1794), in-8 de 11 pag.

— Villenave à ses concitoyens. *Nantes*, an VI (1797), in-8 de 8 pages.

HISTOIRE LITTÉRAIRE ET BIBLIOGRAPHIE.

— Catalogue des livres de la bibliothèque de G.-T. V. (G.-T. Villenave). *Nantes*, 1803, in-8 de 84 pag.

Contenant 1619 numéros.

— Chronique (de la) dite de Turpin. (Extrait du Cours d'histoire littéraire de France).

Imprimée dans la « France littéraire », publiée par M. Ch. Malo, tome III, pag. 457 à 512.

— Discours prononcé au congrès de l'Institut historique tenu à l'Hôtel-de-Ville de Paris, à la séance du 7 décembre 1835, sur cette question : Quelle a été l'influence de l'imprimerie sur la langue et la littérature. *Paris, de l'impr. d'Urtubie et Worms*, sans date, gr. in-8 de 19 pag.

— Discours sur la question : De l'auteur de l'Imitation, prononcé à la quinzième et dernière séance du Congrès historique, le 17 octobre 1838. (*Impr. d'A. René*, à

Sèvres), sans date, gr. in-8 de 15 pag.
— Discours de clôture du cinquième congrès historique. *Paris, de l'impr. de Pommeret*, 1840, in-8 de 23 pag.
—État (de l') des sciences dans les Gaules, avant l'ère vulgaire.

Impr. dans le Journal de l'Institut historique, oct. 1834, pag. 132 et suiv.

—Influence (de l') des Gaulois sur la civilisation des Grecs et des Romains. (Extrait du Cours d'histoire littéraire de France).

Imprimé dans le Journal de l'Institut historique, n° 1er, août 1834, pag. 9 et suiv.

— Notice des ouvrages d'invention et de dessin qui composent le cabinet de M. Crussaire. *Paris, Egron*, 1821, in-16 de 18 pages.
—Notice historique sur l'établissement et sur les travaux de la Société de la morale chrétienne (depuis sa fondation en 1821), lue à la quatorzième séance publique annuelle, le 24 avril 1834. *Paris, de l'impr. de Decourchant*, 1834, in-8 de 28 pages.
— Réflexions sur les deux premiers et les deux meilleurs livres de la morale chrétienne et universelle (l'Évangile et l'Imitation).

Impr. dans le Journal de la Société de la morale chrétienne, rédigé par M. le marquis de La Rochefoucauld.

— Statuts de l'Académie celtique ou Société des antiquaires de France. *Paris, Dubray*, 1814, in-8 de 17 pag.
— Statuts de la Société philotechnique, suivis de la liste des membres vivants et de celle des membres décédés depuis sa fondation. *Paris, de l'impr. de Béthune*, 1828, in-8 de 48 pag.

BIOGRAPHIE.

—Abélard et Héloïse : leurs amours, leurs malheurs, leurs ouvrages. *Paris, au bureau de la France littéraire*, 1834, in-8 de 138 pages.

Extrait de la France littéraire, année 1834.
Il en fut tiré cinquante exemplaires sur papier coquille de couleur.
Cet ouvrage a été réimprimé, en 1840, à la tête d'une édition des Lettres d'Héloïse et d'Abélard, publiée par M. Paul Lacroix, en un volume format in-18 anglais.

— * Abrégé (nouvel) des Vies des saints, rédigé d'après le grand ouvrage d'Alban BUTLER, tiré des actes originaux et des monuments les plus authentiques, avec des additions et des corrections; suivi d'une Instruction sur les dimanches et les fêtes mobiles; par M. T. G. V. *Paris, de*

l'impr. de Belin, 1812-13, 4 vol. in-8, 28 fr.; et 5 vol. in-12, 17 fr. 50 c.

Ouvrage non terminé; il ne comprend que les huit premiers mois de l'année, dans l'édition in-8, et les huit premiers dans celle in-12.

— Éloge historique d'Armand de Gontaut, baron de Biron, maréchal de France sous Henri IV. In-8 de 47 pages.

Imprimé dans le Journal militaire, rédigé par de Valincour, Paris, 1787.

—Éloge historique de M. le comte de Lacépède. *Paris, Fournier-Savreux*, 1826, in-8 de 76 pag., 2 fr.
— Éloge du comte François de Neufchâteau......
— Éloge de M. le cardinal de Cheverus, archevêque de Bordeaux, lu à la séance de la Société de la morale chrétienne, le 17 avril 1837. In-8 de 24 pag.
—Éloge de M. Gence, prononcé le 4 mai 1840, à la Société de la morale chrétienne. *Paris, de l'impr. de Bruneau*, 1840, in-12 de 16 pag.

Publié avec des notes de M. le marquis de Fortia d'Urban, et inséré aussi dans le procès-verbal de la vingtième séance annuelle.

—Éloge de Philippe-Albert Stapfer, fondateur-président de toutes les sociétés religieuses, morales ou bibliques de Paris.

Imprimé dans le procès-verbal de la vingtième assemblée générale annuelle de la Société de la morale chrétienne, Paris, 1840, pag. 65 à 88.

—Histoire (petite) de Robert-le-Diable, extraite d'une vieille chronique de Normandie.

Impr. dans le Cabinet de lecture du 10 novembre 1831.

—⋅ Notice sur madame de Kercado, institutrice des enfants délaissés. *Paris*, 1808, in-8 de 4 pag.
— Notice sur la vie et les ouvrages de Bourdaloue. *Versailles, Lebel*, 1812, in-8 de 38 pag.

Cette Notice a été imprimée en tête de l'édition de Bourdaloue donnée par Lebel.

— Notice sur les ouvrage de Marmontel, de l'Académie française. *Paris, A. Belin*, 1820, in-8 de xliij pages.
— Notice sur la vie et les ouvrages de Thomas, de l'Académie française. *Paris, A. Belin*, 1820, in-8 de 32 pag.
— Notice sur les ouvrages de J.-J. Barthélemy, de l'Académie française. *Paris, A. Belin*, 1821, in-8 de 60 pages.
— Notice sur les ouvrage de Duclos, de-

l'Académie française. *Paris, A. Belin,* 1821, in-8 de 48 pag.

Chacune de ces notices est imprimée à la tête des OEuvres de l'auteur qu'elle concerne, et qui font partie de la Collection des prosateurs français. Une centaine d'exemplaires de chacune d'elles ont été tirés à part.

— Notice sur la vie et les écrits de Dominique-Joseph Garat. *Paris, de l'impr. de P. Dupont et comp.,* sans date, in-8 de 38 pages, à 2 colon.

Notice insérée dans le Supplément à la Biographie universelle, mais dont il y a eu quelques exemplaires tirés à part pour l'auteur et ses amis.

— Notice sur Jean-Jacques Gœpp, pasteur de l'église consistoriale de la confession d'Augsbourg, à Paris, vice-président de la Société de la morale chrétienne, etc. (*Paris, de l'impr. de A. Henry*), sans date, in-8 de 19 pages.

— Notice sur madame veuve Talma, née Vanhove, aujourd'hui comtesse de Chalot. *J. Delacour, impr. à Meudon,* 1836, in-8 de xxviij pages.

Imprimée en tête des « Études sur l'art théâtral », par cette dame. Il y a quelques exemplaires de cette Notice tirés à part.

— Notice historique sur Joseph Michaud, de l'Académie française et de l'Académie des (inscriptions et) belles-lettres, président honoraire de l'Institut historique. *Paris, de l'impr. de Pommeret et Guénot,* 1840, in-8 de 24 pag.

— Vie d'Ovide, contenant des notions historiques et littéraires sur le siècle d'Auguste. *Paris, de l'impr. de Didot ainé.* — *Gay,* 1809, in-8 sur gr. raisin, 2 fr. 50 c.; et sur pap. vélin, avec 4 grav., 5 fr.

M. Villenave paraît enfin avoir résolu le problème qui, depuis tant de siècles, avait fait dix ou douze systèmes sur la véritable cause de l'exil d'Ovide. Son opinion a été adoptée par les savants nationaux et étrangers.

On formerait huit ou dix volumes des éloges et des notices biographiques écrites par M. Villenave pour trois différents recueils. Nous avons dit plus haut que la Biographie universelle en renfermait plus de trois cents de lui; les huit premiers volumes du Supplément à ce livre en contiennent déjà un assez bon nombre, et, entre autres, les notices *Andrieux,* madame d'*Angeviller,* les derniers ducs d'*Aumont* (t. LVI), Fr.-H. *Egerton, Garat* (t. LXIII); le deuxième recueil pour lequel M. Villenave a fait de la biographie est « l'Encyclopédie des gens du monde», dans laquelle nous avons déjà remarqué les articles *Corneille* (*P.*), *Daunou, Fénelon, Héloïse, Huet,* évêque d'Avranches, et plusieurs autres non moins intéressantes. Enfin, le troisième recueil sont les « Hommes utiles », publiés par M. Jarry de Mancy, dans lesquels on trouve de M. Villenave des notices sur *S. Bernard* (des Alpes), le duc de *La Rochefoucauld-Liancourt, Latour d'Auvergne,* premier grenadier de France; le duc de *Penthièvre* (IIIe année, 1835), *Stanislas I,* roi de Pologne (IVe année,

1836) : ces notices ne sont pas les seules que M. Villenave ait fourni à ce dernier recueil. De presque toutes ces notices, il a été tiré à part un petit nombre d'exemplaires, mais qui n'ont pas été destinés au commerce.

ÉDITIONS

DUES AUX SOINS DE M. VILLENAVE.

Comme éditeur, M. Villenave a publié De l'état la poésie française dans les XIIe et XIII siècles; par Roquefort, mémoire couronné par l'Académie des inscriptions et belles-lettres, en 1811 (Paris, 1814, in-8), entièrement revu et corrigé avant l'impression, par M. Villenave; — le Testament de la vieille cousine, trad. de l'angl. (par la duchesse de Rohan-Chabot, veuve de La Borde, premier valet de chambre de Louis XV) (revu par l'éditeur). Paris, G. Mathiot, 1816, 4 vol. in-12; — plusieurs des auteurs qui font partie de la collection des « Prosateurs français », et notamment (avec M. Depping) Rousseau (Paris, Belin, 1817, 8 vol. in-8), et seul, Marmontel (1820), J.-J. Barthélemy (1821), Duclos (1821), et Thomas : chacun de ces quatre derniers auteurs est précédé d'une Notice littéraire par M. Villenave; — les « Mémoires de Noailles », avec une notice curieuse et des notes, dans la grande collection des « Mémoires pour servir à l'histore de France » ; — les « Pensées d'un esprit droit, et Sentiments d'un cœur vertueux », par J.-J. Rousseau. Ouvrage inédit, imprimé sur le manuscrit autographe de l'auteur; suivi d'un autre opuscule de Rousseau, intitulé : Mœurs, caractères. Avec un avertissement de l'éditeur. (Paris, 1826, in-8 de 94 p.); — la Vérité du magnétisme prouvée par les faits, extraits des notes et des papiers de madame Alina d'Eldir, née dans l'Hindoustan; précédé d'un Avis de l'éditeur, réflexions sur le magnétisme. Paris, 1829, in-8 de xx et 103 pages. — Extraits des Mémoires (inédits) du marquis de Parot. Imprimés dans la Revue de Paris, 1836, tome XXXII, pages 97 et suiv; — Correspondance inédite du comte Du Barry, dit *le Roué,* lettres à sa sœur et à Malesherbes, avec des notes. Imprimées dans la Revue de Paris, ann. 1836, tome XXXV, pag. 141 et suiv.

M. Villenave possède une belle bibliothèque, riche en ouvrages sur l'histoire littéraire. Il a réuni une collection de pièces sur la révolution, qui sont classées par époques et par événements, et une collection d'autographes, qui est une des plus nombreuses de Paris : on y trouve les rois de France et étrangers, les artistes, les membres de l'Académie française, depuis sa création; les membres des assemblées législatives, depuis 1789; les généraux, etc.; en outre, beaucoup de manuscrits autographes.

VILLENAVE (Mlle Mélanie), fille du précédent. Voy. madame Waldor.

VILLENAVE (Théodore), frère de la précédente, poëte, membre de plusieurs sociétés savantes et littéraires, capitaine de l'une des compagnies de la XIe légion de la garde nationale parisienne; né à Nantes (Loire-Inférieure), le 26 juillet 1798.

POÉSIES.

— Aux Grecs et à lord Cochrane. *Paris, Mongie,* 1826, in-8 de 16 pages.

— Hiboux (les), ou la Noctimanie, poème

héroïque en un chant. *Paris, Dupont,* 1827, in-8 de 16 pag.

— Jeanne d'Arc, poëme historique. *Paris, de l'impr. de Didot l'aîné,* 1829, in-12 de 16 pag.

— Trois (les) jours, vers lus au Théâtre-Français, par Perrier, le 24 août, composés le 31 juillet 1830. *Paris, Tim. Dehay et Lassime,* 1830, in-8 de 4 pages.

— Vers lus au banquet donné au capitaine Conseil, par la deuxième compagnie des chasseurs du 1er bataillon de la 11e légion, le 30 septembre 1830. *Paris, Lassime,* 1830, in-8 de 8 pag., 1 fr.

— Escousse et Lebas, ou le double Suicide. (En vers). *Paris, Moutardier,* 1832, in-8 de 16 pag.

— Mariages célébrés à Paris, le 9 août 1832, à l'occasion du mariage de S. A. R. la princesse Louise, fille aînée du roi des Français, avec S. M. le roi des Belges. *Paris, de l'impr. de Tillard,* 1832, broch. in-8.

— A Charlet. (En vers). *Paris, de l'impr. de J. Didot aîné,* 1837, in-8 de 4 pag.

— Ballon (le) monstre. Vers sur la 288e ascension de M. Green. *Paris, de l'impr. de J. Didot aîné,* 1837, in-8 de 4 pages.

— Choléra (le) morbus. (En vers). *Paris, de l'impr. de J. Didot aîné,* 1837, in-8 de 4 pages.

— Constantine, poëme.

Inséré au Moniteur du 26 octobre 1837.

— Discours funèbre, prononcé sur la tombe de Louis Dupré, peintre d'histoire.

Impr. dans le Journal des artistes, ann. 1837, et dans le Moniteur du 17 octobre de la même année.

— Destin (le), poëme.

Imprimé dans plusieurs recueils, et, entre autres, dans un volume ayant pour titre : les Fleurs sur une tombe.

— Cendres (les) de Napoléon, poëme. *Paris, de l'impr. de Fain et Thunot,* 1840, in-8 de 16 pag.

— Vers lus au banquet donné par la ville de Paris à la jeune mariée du XIe arrondissement, mademoiselle Joséphine Greffe. *Paris, de l'impr. de Tillard,* 1840, in-8 de 4 pag.

Outre les opuscules poétiques que nous venons de citer, M. Villenave fils est encore auteur de nombreuses poésies et d'articles littéraires insérées dans divers recueils et journaux, tels que le Mercure, le Moniteur, le Constitutionnel, la France littéraire, la Gazette des salons, l'Album, le Courrier des théâtres, l'Almanach des Muses, la Psyché, les Annales romantiques, etc., etc.

THÉATRE.

— Camp (le) de Wallstein, tableau imité de Schiller. (En quinze scènes et en vers). *Strasbourg, et Paris, Levrault; Barba,* 1837, in-8 de 32 pag.

Extrait de la Revue germanique, année 1837.

M. Théod. Villenave est auteur de deux pièces de théâtre, non imprimés jusqu'à ce jour : 1° *Walstein*, drame en cinq actes et en vers, reçu à l'unanimité à l'Odéon, en 1828, par un comité composé en grande partie des membres de l'Académie française, et reçu de nouveau le 30 mai 1838. Ce drame, qui a valu à son auteur les suffrages les plus honorables, n'a pas été représenté par suite des malheurs successifs survenus au second Théâtre-Français. Des fragments de ce drame, et, entre autres, le monologue de Walstein, ont été imprimés dans divers recueils; 2° *Schneider*, drame en trois actes et en vers, reçu à l'unanimité au théâtre de l'Odéon, le 11 août 1830, et représenté avec un grand succès, au théâtre du Panthéon, en 1832.

Ce littérateur vient de publier, comme éditeur, un volume destiné à faire sensation dans le monde littéraire : c'est Napoléon, poëme historique en dix chants, par Joseph BONAPARTE, frère aîné de l'Empereur; précédé d'une Notice sur l'enfance et la jeunesse du héros; suivi des Cendres de Napoléon, seconde édition, et de quelques autres poésies sur son exil et sur sa mort, par l'éditeur. Paris, Gardembas, 1840, vol. in-8 de 14 feuilles. Ce poëme, publié en 1823, à Philadelphie, sans nom d'auteur, était inconnu en France. M. Villenave fils atteste et prouve que ce poëme est bien l'ouvrage authentique de l'ancien roi d'Espagne ; c'est une découverte bibliographique.

VILLÉNCOUR (de); anc. professeur à la cour de Bavière, puis maître de langues à Paris.

— Discours public sur les langues en général, et sur la langue française en particulier; suivi de notes instructives. *Paris, l'Auteur; veuve Duchesne,* 1780, in-8.

VILLENEUVE (madame Gabrielle-Suzanne BARBOT, dame de), de Paris, veuve de Jean-Baptiste de Gaallon de Villeneuve, lieutenant-colonel d'infanterie; morte le 29 décembre 1755.

— * Beau-frère (le) supposé; par madame D. V. *Londres (Paris),* 1752, 4 part. in-12.

— * Belles (les) solitaires. *Amsterdam (Paris),* 1745, 3 vol. in-12.

— * Contes (les) de cette année. 1744, in-12.

Réimprimés sous le titre de *Contes.* La Haye (Paris), 1765, in-12.

— * Jardinière (la) de Vincennes, ou les Caprices de l'amour et de la fortune. *Paris,* 1753, 5 parties in-12; *Londres,* 1771, 2 vol. in-12; et *Paris, Pigoreau,* 1811, 3 vol. in-12, 5 fr.

Souvent réimprimée.

— * Jeune (la) Américaine et les Contes marins. *La Haye (Paris)*, 1740-1743 , 5 parties in-12.

— * Juge (le) prévenu. *Paris, Hochereau*, 1754, 2 vol. in-12.

— * Mesdemoiselles de Marsange. *La Haye (Paris)*, 1757, 4 part. in-12.

Ce roman a été reproduit (par M. Delbarre) sous le titre de *Julie, ou la Sœur ingrate*, Paris , Batillot, an IX (1801), 2 vol. in-12.

— Phénix (le) conjugal. 1733, in-12.

— Temps (le) et la patience, conte moral. *Amsterdam (Paris)*, 1768, 2 vol. in-12.

VILLENEUVE (Olivier de), médecin de la ville de Boulogne-sur-Mer.

— Analyse de dissertations sur plusieurs matières médico-physiques. 1754, in-12.

— Essai de dissertation médico-physique sur les expériences de l'électricité. 1748, in-8.

VILLENEUVE (de), de Paris, directeur des finances de la Toscane ; né à Paris.

— * Écolier (l') en vacances, ou Voyage de La Haye à Bruxelles. *La Haye, Aillaud*, 1764, in-8.

— * Lettre sur le mécanisme de l'opéra italien. *Florence, et Paris, Lambert*, 1756, in-12.

— Voyageur (le) philosophe dans un pays inconnu aux habitants de la terre. *Amsterdam*, 1771, 2 vol. in-12.

Publié sous le pseudonyme de Listonay.

— Zéphir et Fleurette, opéra-comique ballet (en un acte, tout en vaudevilles). *Sans nom de ville, ni d'impr.*, 1750, in-8.

Avec L*** (Laujon).

VILLENEUVE (de), alors commis à l'hôtel des Fermes.

— Éloge historique de Louis-Joseph duc de Vendôme, généralissime des armées de France et d'Espagne ; ouvrage qui a remporté le prix de l'Académie de Marseille, en 1783. *Agen, et Paris*, 1783.

VILLENEUVE (madame) (1), auteur dramatique.

— Crimes (les) de la noblesse, ou le Régime féodal, pièce en cinq actes et en prose. *Paris*, an II (1793), in-8.

— Folie (la) de Jérôme pointu, ou le Pro-

cureur devenu fou, comédie en deux actes, en prose. *Paris, Barba*, 1793, in-8.

— Mari (le) coupable, comédie en trois actes, en prose. *Paris, Barba*, an III (1795), in-8.

— Plus de bâtards en France, comédie en trois actes, en prose. *Paris, Barba*, an III (1795), in-8.

— Véritable (le) ami des lois, ou le Républicain à l'épreuve, comédie en quatre actes, en prose. *Paris, Barba*, an III (1795), in-8.

VILLENEUVE (de). — * Traité complet de la culture, fabrication et vente du tabac ; par un ancien cultivateur. *Paris, Buisson*, 1791, in-8, fig.

VILLENEUVE. — Fille (la) mise à prix, ou Gilles et Guignolet, rivaux d'Arlequin, scènes comi-féerie (pantomime) en deux parties. *Paris, Barba*, 1810, in-8.

VILLENEUVE (le comte Christophe de) (1), connu aussi sous le nom de VILLENEUVE-BARGEMONT, conseiller d'État, préfet de Lot-et-Garonne, et plus tard des Bouches-du-Rhône ; né à Bargemont, en Provence, le 27 juin 1771, d'une famille d'origine princière. Destiné, comme ses pères, à la carrière des armes, il prit fort jeune du service en qualité de sous-lieutenant, dans le régiment de Royal-Roussillon. La révolution changea la destinée de M. de Villeneuve. Cependant, à l'époque du licenciement des gardes-du-corps, il entra, par dévouement au roi, dans la garde constitutionnelle de Louis XVI ; mais il n'émigra point. Après le 18 brumaire, l'amitié de M. Lacuée ouvrit aux membres de la famille Villeneuve la carrière de l'administration. Le comte Christophe

____

(1) On croit que ce nom est le masque sous lequel s'est caché un ancien avocat, M. Cizos (voy. ce nom), dont on a quelques autres pièces pour lesquelles il s'est fait connaître.

(1) Les MM. de Villeneuve sont d'une famille ancienne et nombreuse de la Provence, mais originaire d'une maison princière d'Espagne. Ceux que nous avons à citer ici sont frères ; il y a peu d'années on en comptait six vivants, dont quatre ont écrit. Ce sont : 1° le préfet des Bouches-du-Rhône ; 2° le marquis Louis-François, historien et littérateur ; 3° le vicomte Alban, successivement préfet de sept départements ; 4° le baron de Villeneuve, conseiller d'État, anc. directeur général des postes ; 5° le marquis de Villeneuve, maître des requêtes, et préfet de la Somme ; 6° le comte Louis, ancien capitaine de vaisseau. Pour se distinguer, la plupart de ces messieurs avaient pris des surnoms que des alliances ou des transmissions de titres ont modifiés avec le temps. Comme nous tenions à grouper les divers membres de cette famille d'érudits, nous les avons tous rangés sous leur nom originaire, en ayant soin toutefois d'ajouter à chacun d'eux leur surnom distinctif quand il y a eu lieu.

devint, en 1801, inspecteur des poids et mesures dans plusieurs départements du midi. Ce premier pas le conduisit, en 1803, à la sous-préfecture de Nérac. Il ne put administrer un pays encore plein du souvenir de Henri IV, sans chercher à réunir dans le même cadre tout ce qui le rappelle dans cette contrée, et dès-lors il composa sa « Notice sur la ville de Nérac », qu'il fit imprimer, en 1808, lorsque déjà il était depuis deux ans préfet de Lot-et-Garonne. A la restauration, il fut maintenu dans ce poste, et reçut la croix d'officier de la Légion-d'Honneur. Les mesures énergiques qu'il avait prises lors du 20 mars le firent destituer par Napoléon, qui lança même un mandat d'arrêt contre lui. Rentré dans ses fonctions en vertu de l'ordonnance royale du 8 juillet 1815, il revint à Agen, où il demeura jusqu'au 6 octobre, époque à laquelle la préfecture des Bouches-du-Rhône lui fut donnée. Ses services lui valurent le titre de conseiller d'État. Magistrat éclairé, étranger aux haines des partis, administrateur habile, il a donné une nouvelle impulsion à la ville de Marseille, qui lui doit de grands établissements, un nouveau lazaret, un second port plus avancé dans la mer. M. le comte de Villeneuve-Bargemont ne croyait pas la culture des lettres incompatible avec l'agitation des affaires. Il avait été nommé chevalier de l'ordre de Charles III, en 1815, en récompense des services qu'il avait rendus aux Espagnols prisonniers de guerre en France. Il est mort le 12 octobre 1829. Un monument lui a été élevé, avec cette inscription : « Marseille reconnaissante à son préfet ». Le comte de Villeneuve était membre d'un grand nombre de sociétés savantes, et, entre autres, de l'Académie royale de Marseille, de la Société d'agriculture, sciences et arts d'Agen, de la Société royale des antiquaires de France, de la Société des amis des sciences, des lettres et des arts, séant à Aix; correspondant de l'Académie de Turin, et des sociétés de géographie et d'agriculture, sciences et belles-lettres de Macon.

— Adèle, ou la jeune Turque à Marseille; nouvelle historique. *Marseille, de l'impr. d'Achard*, 1823, in-8 de 16 pages.

Extrait des « Annales de la littérature et des arts ».

— Collection des discours administratifs et académiques, des notices historiques, mémoires, rapports et autres œuvres littéraires de M. le comte de Villeneuve. *Marseille, de l'impr. d'Achard*, 1829, 2 vol. in-4.

Cette collection promettait d'être volumineuse; car, d'après une note que le comte de Villeneuve nous a adressée en 1827, les seules *Œuvres inédites* formaient sept gros volumes, et étaient composées de rapports faits aux conseils généraux des départements de Lot et Garonne et des Bouches-du-Rhône; de discours prononcés dans diverses circonstances; de relations des événements qui ont eu lieu dans le premier de ces départements, en 1814 et 1815; de lettres aux ministres sur des objets de haute administration; d'un projet d'organisation de l'administration des communes et des départements, avec l'exposé des motifs.

— Description de la Clue Saint-Auban (Var). 12 pages.

Insérée dans la « Ruche provençale », en 1818.

— Discours académiques sur le style épistolaire. *Marseille*, 1826, in-8 de 8 pages.

— Discours d'installation de M. le maire de Marseille. *Marseille, de l'impr. de Ricard*, 1821, in-4 de 8 pages.

— Discours d'installation du maire de Marseille. *Marseille, de l'impr. de Ricard*, 1826, in-4 de 8 pages.

— Discours d'installation de M. le maire d'Aix. *Aix, Mouret*, 1821, in-4 de 6 pag.

— Discours d'installation du maire de la ville d'Aix en 1826. *Aix, Mouret*, 1826, in-4 de 6 pages.

— Discours d'ouverture prononcé à la séance publique de l'Académie de Marseille, le 5 avril 1818. *Marseille, de l'impr. de d'Achard*, 1818, in-8 de 20 pages.

— Discours prononcé à Aubagne, le 28 septembre 1828, à l'inauguration du monument érigé dans cette ville en l'honneur de l'abbé Barthélemy. *Marseille, de l'impr. d'Achard*, 1829, in-4 de 8 pages.

— Discours prononcé à l'occasion de la pose de la première pierre du Sacré-Cœur, en 1821 (dans l'église Saint-Ferréol, de Marseille), à l'occasion du renouvellement de l'année séculaire de la peste de 1721. *Marseille, de l'impr. d'Achard*, 1821, in-8 de 28 pag.

— Discours prononcé à l'ouverture de la séance publique de l'Académie de Marseille, tenue sous sa présidence, le 3 septembre 1826. *Marseille, de l'impr. d'Achard*, 1827, in-8 de 24 pag.

— Discours sur l'achèvement de la digue Berry. *Marseille, Achard*, 1824, in-8.

— Essai sur les monuments publics à élever aux hommes qui ont rendu des services à leur patrie, lu à la séance publique de l'Académie de Marseille, le 30 août 1818. *Marseille, de l'impr. d'Achard*, 1818, in-8 de 32 pag.

— Fragment d'un voyage dans les Basses-Alpes. *Agen*, 1808, in-8 de 25 pag.

— Notice biographique sur le cardinal duc de Bausset, lue à l'Académie de Marseille en 1824. *Marseille, de l'impr. d'Achard*, 1824, in-8 de 8 pages.

— * Notice historique sur Nérac, ses environs, le château des ducs d'Albret, qui fut le séjour des rois de Navarre, et particulièrement de Henri IV, sur les événements qui se sont passés, et sur les hommes illustrés qui sont nés dans cette contrée ou qui l'ont habitée. *Agen, Raymond Noubel*, 1807, in-8 de 150 pag., 2 fr.

— Notice sur d'anciens tuyaux de plomb trouvés à Arles.

Imprimée dans le tome V des Mémoires de la Société roy. des Antiquaires de France.

— Notice sur la peste qui désola Marseille en 1720 et 1721. *Marseille, de l'impr. d'Achard*, 1819, in-8 de 28 pag.

Extraite de la « Ruche provençale ».

— Notice sur la Sainte-Baume, lue à la séance publique de l'Académie de Marseille, le 31 mai 1817. *Marseille, de l'impr. d'Achard*, 1818, in-8 de 24 pag.

Extraite de la « Ruche provençale ».

— Notice sur le plafond du château de Cagnes (Var), près Antibes, départ. du Var. *Marseille, de l'impr. d'Achard*, 1819, in-8 de 12 pag.

Extraite de la «Ruche provençale ».

— Précis historique sur René d'Anjou, roi de Naples, comte de Provence. *Marseille, de l'impr. d'Achard*, 1819, in-8 de 51 pag. ; — et *Aix, Mouret*, 1820, in-8.

Extrait de la « Ruche provençale ».

— Promenade à N.-D. de la Garde. *Marseille, Achard*, 1816, in-8 de 15 pag.

— Rapport fait à l'Académie de Marseille sur la reprise des travaux du canal de Provence. *Marseille, de l'impr. d'Achard*, 1820, in-8 de 12 pag.

Extrait de la « Ruche provençale ».

— Rapport sur les fouilles faites à Fréjus en 1801.

Soixante-deux pages avec gravures, insérées dans le tome II du recueil des travaux de la Société d'agriculture d'Agen, en 1806.

— Recherches sur les sotiates. *Agen*, 1808, in-8 de 25 pag.

— Restauration du Mausolée des comtes de Provence, Ildephonse et Raymond Béranger IV, dans l'église paroissiale de Saint-Jean, à Aix : Discours prononcé le 12 novembre 1828, dans la grande salle de l'hôtel de ville d'Aix. *Marseille, de l'impr. d'Achard*, 1829, in-4 de 8 pag.

—Statistique du département des Bouches-du-Rhône avec Atlas. Publiée d'après le vœu du conseil général du département. *Marseille, Feissat (et Paris, J. J. Blaise)*, 1821-29, 4 vol. in-4, et Atlas in-plano sur Jésus, de 15 cartes, et autres sujets gravés sous la direction de MM. Barbié du Bocage père et fils.

C'est, sans contredit, la meilleure Statistique qui ait été publiée en France. M. de Villeneuve a eu plusieurs collaborateurs; le plus actif a été M. Toulouzan.

L'Atlas de cet ouvrage offre un grand intérêt : il contient une carte physique du département, une autre carte du département sous les Romains ; les plans des camps retranchés, les plans de Marseille, Aix et Arles, au temps des empereurs; des gravures représentant des fragments de piliers antiques trouvés à Aix, divers monuments anciens, inscriptions, médailles, costumes, instruments aratoires, animaux fossiles, le profil des régions montagneuses, des coupes de mines, etc. Ce titre prouve toute l'étendue des connaissances du comte de Villeneuve et des savants remplissant diverses fonctions dans le département, qui ont eu part à l'ouvrage.

—Voyage dans la vallée de Barcelonnette, département des Basses-Alpes. *Agen, Noubel*, 1816, in-8 de 164 pag., 3 fr.

VILLENEUVE (le marquis Louis-François), d'abord connu sous le nom de vicomte de VILLENEUVE-BARGEMONT, et aujourd'hui sous celui de marquis de VILLENEUVE-TRANS, frère du précédent, ancien gentilhomme de la chambre du roi, chevalier de la Légion-d'Honneur, et de l'ordre de Saint - Jean de Jérusalem, membre des académies et sociétés royales de Marseille, Besançon, Nantes, Mâcon, Montauban, Nanci, de l'Académie des Jeux-Floraux, enfin, élu, le 10 janvier 1840, académicien libre de l'Académie roy. des inscriptions et belles-lettres, en remplacement de M. le duc de Blacas d'Aulps, et de quelques autres sociétés savantes nationales et étrangères; né au château de Saint-Alban (Var), le 8 août 1784. On dirait que c'est pour peindre le vicomte François que Ducis a fait ce beau vers :

«L'accord d'un beau talent et d'un beau caractère».

Plein de douceur et d'affabilité, naturellement bon, comme la plupart des membres de sa famille, le marquis de Villeneuve-Trans eut le bonheur de ne pouvoir exciter aucune haine, aucune jalousie. Étranger aux affaires politiques, M. Villeneuve donne tout son temps aux méditations littéraires, et ses moments de loisir sont consacrés à compléter un des plus beaux lettriers qui soient en Europe. Parmi les ouvrages publiés jusqu'à présent par le marquis de Villeneuve-Trans, on remarque surtout les suivants :

— Chapelle ducale de Nanci, ou Notice historique sur les ducs de Lorraine, leurs tombeaux, la cérémonie expiatoire du 9 novembre 1826, etc. *Nanci, Bontoux, 1826, et 1827, in-8, 3 fr.*

— Discours de clôture du cinquième congrès scientifique de France, prononcé à Metz, le 16 septembre 1837. *Nanci, de l'impr. de Thomas, 1837, in-8 de 12 pages.*

— Histoire de René d'Anjou, roi de Naples, duc de Lorraine et comte de Provence. *Paris, J.-J. Blaise, 1825, 3 vol. in-8*, ornés de 17 planches, de portraits, vues, fac-simile et musique, 24 fr.; pap. vélin, 36 fr.

— Histoire de saint Louis, roi de France. *Paris, Paulin, 1836, 3 vol. in-8, 22 fr. 50 c.*

— * Lyonnel, ou la Provence au XIIIe siècle, roman historique. *Paris, J.-J. Blaise, 1824, 5 vol. in-12, 12 fr. 50 c.*

—Monuments des grands maîtres de l'ordre de Saint-Jean de Jérusalem, accompagnés de notes historiques; publiés par M. le vicomte L.-F. de Villeneuve Bargemont. *Paris, J.-J. Blaise, 1829, cinq livraisons formant 2 vol. in-8*, avec 78 planches, dont huit doubles, 50 fr.

Il y a un petit nombre d'exemplaires avec les figures sur pap. de Chine.

Sous le n° 720 du catalogue de la bibliothèque de Delisle de Sales, et parmi les manuscrits, nous lisons le titre de l'un d'eux ainsi conçu : « Monuments des grands maîtres de Saint-Jean de Jérusalem, de Rhodes et de Malte. Manuscrit unique tant pour l'histoire que pour les dessins. On y a joint les portraits connus et gravés des grands maîtres ». 2 vol. in-fol., avec figures. M. le vicomte de Villeneuve a vraisemblablement eu connaissance de ce manuscrit.

— Notice sur la tapisserie de Charles-le-Téméraire, conservée à la cour royale de Nanci. *Nanci, de l'imp. de Thomas, 1838, in-8 de 24 pag.*

— Précis de l'histoire en général jusqu'à nos jours. *Paris, Égron (*Hivert), 1821, in-8, 6 fr.* — IIIe édition, revue et augm. *Paris, Périsse frères, 1838, in-8, 6 fr. 50 c.*

Des additions importantes, relatives à la Pologne, à la Russie, à la Suède, au Danemarck, et aux révolutions de l'Orient, signalent la nouvelle édition.

Les ouvrages de M. le marquis de Villeneuve sont recherchés; ils portent l'empreinte d'un savoir modeste, d'un travail facile et d'une diction des plus pures.

Le marquis de Villeneuve, en outre, a fourni quelques articles, soit anonymes, soit sous son nom, à la Biographie universelle de Michaud.

Il a, dit-on, plusieurs ouvrages manuscrits en portefeuille.

VILLENEUVE (le vicomte Alban), connu aussi sous le nom de VILLENEUVE-BARGEMONT, frère jumeau du précédent, conseiller d'État, officier de la Légion-d'Honneur et chevalier de Saint-Jean de Jérusalem, fut d'abord auditeur au conseil d'État, ensuite et successivement préfet de Lérida, en 1812; de Namur, en 1813; de Tarn-et-Garonne, en 1814; de la Charente, en 1818; de la Meurthe, en 1820; de la Loire-Inférieure, en 1824; enfin du département du Nord, en 1828, qu'il administre actuellement. M. le vicomte de Villeneuve-Bargemont a laissé d'honorables souvenirs à Nanci, et voici quelques lignes empruntées à la « Biographie de la Lorraine, par M. Michel (Nanci, 1829, in-12), qui serviront à le confirmer. « Le départ de M. de Villeneuve « a été aussi sensible pour le département « de la Meurthe, qu'a pu l'être celui de « M. le marquis (l'auteur des histoires de « René d'Anjou et de saint Louis, etc.) : « comme ce dernier, il s'est montré admi- « nistrateur sage, habile et des plus éclai- « rés. Si on envisage M. de Villeneuve sous « le rapport scientifique et littéraire, l'A- « cadémie de Nanci, une des plus savantes « de la France, décidera qu'aucun préfet « n'a écrit d'un style plus pur, plus bril- « lant, et avec plus de facilité et d'érudi- « tion : témoins son discours, lors de l'ins- « tallation de la Société centrale d'agricul- » ture, imprimé en 1820; sa circulaire por- « tant appel à la bienfaisance des Lorrains « en faveur des classes indigentes, durant « la rigueur de la saison de 1823; ses « Adieux au département, en 1824, etc.; « ce sont autant de chefs-d'œuvre litté- « raires qu'on aime à relire, et qu'on ne « peut se lasser d'admirer. Si l'on considère « ce magistrat comme administrateur, le « département citera, au nombre des bien- « faits dont la contrée conservera à jamais « le souvenir, divers établissements utiles « et d'une haute importance pour le pays, « tels que ceux du sel-gemme, de la ferme « exemplaire de Roville, de l'école secon- « daire de médecine, l'érection du monu- « ment à la mémoire de Stanislas, la res- « tauration de la chapelle des ducs de Lor-

« raine, etc. ». M. le vicomte de Villeneuve-Bargemont est auteur d'un ouvrage important publié depuis l'impression de la Biographie lorraine de M. Michel, et dont voici le titre :

— Économie politique chrétienne, ou Recherches sur la nature et les causes du paupérisme en France et en Europe, et sur les moyens de le soulager et de le prévenir. *Paris, Paulin*, 1834, 3 vol. in-8, 24 fr.

VILLENEUVE (le comte Louis de), frère des précédents, maire de Castres, ancien capitaine de vaisseau ; né en 1768.

— Essai d'un manuel d'agriculture, ou Exposition du système de culture suivi pendant dix-neuf ans dans le domaine d'Hauterive, commune de Castres, département du Tarn. *Toulouse, J.-M. Douladoure*, 1819, ou 1825, in-8 avec une pl., 4 fr.

— Examen de la question si une guerre maritime ne serait pas plus à redouter pour l'Angleterre que pour la France ; précédé de quelques réflexions sur l'art des évolutions navales, sur les forces maritimes des deux nations, et terminé par quelques réflexions sur la réalité de la puissance anglaise. *Paris, Trouvé*, 1826, in-8 de 76 pages, 2 fr.

— Illusions et mécomptes d'un vieux agriculteur. Supplément au Manuel d'agriculture. *Toulouse, Senac*, 1834, in-8.

— Nécessité de s'occuper de la prospérité de l'agriculture, d'augmenter ses produits, obstacles qui s'y opposent, moyens de les surmonter. *Castres, de l'impr. de Vidal*, 1840, in-8 de 128 pag.

— Projet d'administrations départementales. *Toulouse, de l'impr. de Douladoure*, décembre 1824, in-8 de 48 pag.

— Système (du) des impôts par rapport à la prospérité de l'agriculture. *Toulouse, de l'impr. de Douladoure*, 1821, in-8 de 16 pag.

Ce Mémoire fut lu à la Société d'agriculture de Castres, en 1821.

VILLENEUVE (le comte H. de) (1) ingénieur des mines, ancien élève de l'École polytechnique.

— Canal de Provence. Examen du projet Bazin à M. le conseiller d'État, directeur des ponts, des chaussées et des mines. *Mar-*

seille, *de l'impr. de Feissat*, 1838, in-4.

Avec M. Gendarme de Bevotte.

— Encaissement (de l') de la Durance. *Marseille, Feissat*, 1833, in-8 de 28 pag. et un plan.

— Notice sur les engrais en général, et sur l'engrais de M. Jauffret en particulier. *Marseille, de l'impr. de Feissat*, 1837, in-8 de 24 pag.

— Rapport sur la magnanerie salubre de M. Darcet, fait à l'académie de Marseille, au nom de la commission d'agriculture. *Marseille, de l'impr. de Feissat*, 1837, in-8 de 48 pag.

Une *Note sur la ventilation des magnaneries*, par M. le comte H. de Villeneuve, a été imprimée, en 1839, à la suite d'un opuscule de M. E. Robert (de Sainte-Tulle), intitulé : « Conseils aux magnaniers de la nouvelle école séricole.

VILLENEUVE (le marquis Pons-Louis-François), anc. préfet des départements de Tarn-et-Garonne, des Hautes-Pyrénées, du Cher et de la Corrèze, connu aussi sous le nom de marquis de VILLENEUVE-VILLENEUVE ; né à Saint-Pons (Haute-Garonne), en 1744. Sa famille était une des premières de l'ancien Languedoc, mais n'avait point d'autre illustration (1). La révolution le laissa dans l'obscurité : il paraît même n'avoir pas eu l'occasion d'exercer, avant 1814, le genre d'activité qui le caractérise. En qualité de membre du conseil-général de la Haute-Garonne, il avait prêté serment de fidélité à Napoléon dès les premiers moments de l'Empire, et il l'avait réitéré en 1813, comme maire de Saint-Pons. Néanmoins ses dispositions étaient connues ; plusieurs pièces administratives qui le compromettaient fortement, devaient être mises sous les yeux de l'Empereur, mais, par ménagement, Carnot les brûla. Lorsque le maréchal Soult et Wellington se trouvèrent en présence sous les murs de Toulouse, le marquis de Villeneuve requit ses subordonnés de refuser aux soldats français tout moyen de subsistance. Heureux ensuite de n'avoir encouru qu'une simple destitution, il convoqua, dans Toulouse, par les ordres de l'ennemi,

---

(1) De la famille des précédents, et, selon toute apparence, le fils du comte Christophe de Villeneuve-Bargemont, anc. préfet des Bouches-du-Rhône.

(1) Dans une « Histoire généalogique de la maison de Villeneuve en Languedoc », par M. Pavillet, écrite en 1786, revue et continuée jusqu'en 1818 (Paris, de l'impr. de Decourchant, 1830, in-4 de 490 pages, avec une carte géographique et un grand tableau généalogique), il est établi que les Villeneuve du Languedoc remontent au temps de Charlemagne.

le conseil-général du département, pressa en vain lord Wellington de prendre sur lui de proclamer le rétablissement des Bourbons, se hâta de se rendre à Bordeaux, et fut un moment à la tête de la préfecture de Tarn-et-Garonne, qu'il fallut céder peu de temps après à un membre de la famille des Villeneuve de Provence. Au mois de septembre, on confia au marquis de Villeneuve la préfecture des Hautes-Pyrénées. En mars 1815, il se trouvait à Bordeaux, auprès du duc d'Angoulême, avec beaucoup d'autres solliciteurs, lorsqu'on apprit que Napoléon avait mis le pied sur le sol français. L'étrange commission de salut public que le préfet courut établir à Tarbes, l'en fit expulser par les habitants. Alors, il prit des mesures vers la frontière pour introduire l'étranger en France ; mais, arrêté dans la nuit du 11 au 12 avril, et apprenant à Toulouse qu'on avait ordre de le transférer à Paris, il donna sa parole d'honneur de ne pas quitter la ville si on le laissait en liberté. On y consentit, et il se glissa bientôt en Catalogne, d'où il revint, au mois de juillet, pour recevoir du duc d'Angoulême le titre d'administrateur-général de vingt-six départements méridionaux, de Bordeaux à Grenoble. Ces attributions trop importantes lui furent bientôt retirées ; mais, dans l'intervalle, on avait organisé cette sorte de gouvernement secret ; et, honteux de ses propres œuvres, cette ténébreuse agence, dont les menées échappent sans beaucoup de peine à l'indécise répression que le pouvoir réel hasarde quelquefois. Le zèle de l'administrateur-général parut si extrême et si déréglé, que les ministres du roi le mandèrent à Paris ; mais ce fut le ministère entier qui succomba.

Cependant, une nomination tardive à la préfecture de Bourges a été le seul avantage personnel que le marquis de Villeneuve ait alors retiré de ce triomphe de la puissance occulte. A la vérité, il devait être mieux pourvu ; mais on assure que le duc de Richelieu dit au roi qu'il donnerait sa démission aussitôt qu'un homme de ce caractère serait installé à Versailles. Il n'eut donc que pendant vingt-quatre heures le titre de préfet de Seine-et-Oise, et même il n'administra le Cher qu'environ sept mois, durant lesquelles il ne démentit pas sa dureté accoutumée. Sa révocation fut une des suites de l'ordonnance du 5 septembre ; mais, en 1819, on lui livra le département des Pyrénées-Orientales. Ce ne fut pas son dernier déplacement ; le 26 juin 1822, il

fut enfin appelé à la préfecture de la Corrèze. Il a été fait officier de la légion d'honneur, et, depuis 1808, il est membre de l'Académie des sciences de Toulouse. Presque constamment administrateur depuis l'établissement de l'ordre constitutionel, le marquis de Villeneuve est pourtant au nombre des hommes qui en ont le plus hautement méconnu ou rejeté les principes. (*Biogr. univ. et port. des contemp.*).

— Agonie (de l') de la France. Examen de la situation morale, matérielle, politique de la monarchie française (1835-38). Sec. édition, revue, complétée et augm. d'un volume. *Paris, Périsse frères ; Delloye*, 1839, 3 vol. in-8, 22 fr. 50 c.

La première édition, publiée en 1835, ne porte pour titre que *De l'Agonie de la France*.

— Aux habitants du Midi. *Paris, Mongie aîné*, 1815, in-8 de 16 pages.

— Observations qui devaient être adressées au collège électoral de la Haute-Garonne, par M. le marquis de Villeneuve, ancien préfet, habitant l'arrondissement de Saint-Gaudens. *Saint-Gaudens, de l'impr. de Tajan*, 1821, in-8 de 24 pag.

— Observations sur les dernières élections et sur la situation présente du ministère. *Paris, de l'impr. de Le Normant*, 1818, in-8 de 32 pag.

Le marquis de Villeneuve a aussi écrit sur les pommes de terre et sur le mérinos.

VILLENEUVE (André-Charles-Louis), docteur en médecine, membre de l'Académie royale de médecine, anc. secrétaire particulier de la Société de médecine pratique, membre de quelques autres sociétés médicales ; né à Paris, le 6 août 1781.

— Description d'une monstruosité consistant en deux fœtus humains, accolés en sens inverse par le sommet de la tête, suivie de remarques et d'observations à ce sujet. *Paris, Gabon*, 1831, in-4 de 28 pag.; avec une planche, 2 fr. 50 c.

— Mémoire historique sur l'emploi du seigle ergoté pour accélérer ou déterminer l'accouchement ou la délivrance, dans le cas d'inertie de la matrice. *Paris, Gabon*, 1827, in-8, 3 fr. 50 c.

— Remarques et réflexions sur un Mémoire de M. le docteur Capuron sur le seigle ergoté, considéré sous le rapport de l'art des accouchements. *Paris, de l'impr. de Crapelet*, 1832, in-8 de 32 pag.

Extrait des Transactions médicales.

M. Villeneuve a contribué au Dictionnaire des

sciences médicales, publ. par Panckoucke, auquel il a fourni, entre autres articles, celui *rhumatisme*, article important qui ne forme pas moins de 200 pages, et celui *Ictère*.

VILLENEUVE (Théodore - Ferdinand VALLOU DE), fécond vaudevilliste ; né le 5 juin 1801, à Boissy-Saint-Léger, village du département de l'Oise, avait juste vingt ans lorsqu'en 1821, il fit jouer une pièce composée, en société, avec M. Ch. Dupeuty, qui n'eut que peu de succès, et ne fut point imprimé. L'année suivante commença pour M. de Villeneuve une suite de succès non interrompus. De 1822 au mois de mai 1840, cet écrivain a eu part à cent et une pièces qui ont été représentées, et, sur ce nombre, seize seulement n'ont pas été imprimées. En 1825, de concert avec M. Dupeuty, Vilain de Saint-Hilaire et Musnier Desclozeaux, il fonda le petit journal intitulé : « la Nouveauté », qui a paru quotidiennement in-4. Plus tard, M. de Villeneuve a fourni des morceaux de littérature légère à divers journaux, et des poésies fugitives, des chansons aux recueils poétiques.

— Acteurs (les) à l'essai, comédie-vaudeville anecdotique en un acte. *Paris, Pollet,* 1824, in-8, 1 fr. 50 c.

Avec M. Dupeuty.

— Actrice (l'), comédie-vaudeville en un acte. *Paris, Duvernois,* 1823, in-8.

Avec M. Ch. Dupeuty.

— Alice, ou les six Promesses, vaudeville en un acte. *Paris, Brunet,* 1825, in-8, 1 fr. 50 c.

Avec MM. Ch. Dupeuty et M*** (V. de Saint-Hilaire).

— Angélique et Jeanneton, comédie-vaudeville en quatre actes. *Paris, Riga; Barba,* 1831, in-8, 2 fr.

Avec MM. Xavier (Boniface) et Dupeuty.

—— Anonyme (l'), comédie-vaudeville en deux actes. *Paris, Bezou,* 1826, in-8, 1 fr. 80 c.

Avec MM. Ch. Dupeuty et Jouslin de la Salle.

— A-propos patriotique, représenté sur le théâtre des Nouveautés, le 2 août 1830. *Paris, Riga,* 1830, in-8, 25 c.

Avec M. Masson.

— Arracheur (l') de dents, folie-parade en un acte, mêlée de couplets. *Paris, Pollet,* 1822, in-8.

Avec M. Ch. Dupeuty.

— Art (l') de se faire aimer de son mari, comédie- vaudeville, en trois actes (et en prose). *Paris, Bezou,* 1828, in-8.

Avec MM. Xaxier (Boniface) et Dupeuty.

— Audience (l') du prince, comédie-vaudville en un acte. *Paris, Quoy,* 1831, in-8, 1 fr. 50 c.

Avec MM. Anicet Bourgeois et Charles de *** (Livry).

—Bateau (le) de blanchisseuses, tableau vaudeville en un acte (en prose). *Paris, Marchant,* 1832, in-8.

— Bonaparte à l'école de Brienne, ou le petit Caporal, souvenirs de 1793, en trois-tableaux. *Paris, Barba,* 1830, in-8, 2 fr.

Avec MM. Gabriel et Masson.

— Bouillons (les) à domicile, revue-vaudeville en un acte. *Paris, Barba,* 1831, in-8, 1 fr. 50 c.

Avec MM. Charles (de Livry) et Gabriel.

—Caricature (la), ou les Croquis à la mode, album en sept pochades (prose et vaudevilles). *Paris, Barba,* 1831, in-8.

Avec MM. Gabriel et Charles (de Livry).

—Chanteuse (la) et l'ouvrière, comédie-vaudeville en quatre actes. *Paris, Barba,* 1832, in-8.

Avec M. Xavier (Boniface).

— Cocorico, ou la Poule à ma tante, vaudeville en cinq actes. *Paris, Miffliez,* 1840, gr. in-8 à deux colon.

Avec MM. Masson et Saint-Yves (Déaddé). Cette pièce fait partie du « Répertoire dramatique ».

— Collége (le) de *** (Reichnau), souvenirs de la Suisse, en 1794, comédie-vaudeville. *Paris, Barba,* 1830, in-8.

Avec MM. Masson et A. de Leuven.

— Congréganiste (le), ou les trois Éducations, comédie-vaudeville en trois actes. *Paris, Bezou,* 1830, in-8, 2 fr.

Avec M. Anicet Bourgeois.

— Dette (la) d'honneur, comédie-vaudeville en deux actes. *Paris, Quoy,* 1826, in-8, 1 fr. 50 c.

Avec MM. Dupeuty et Ferd. Langlé.

—Deux (les) frères, comédie de KOTZEBUE, traduite par Patrat, remise en deux actes et en vaudeville, par MM. de Villeneuve et Masson. *Paris, Barba,* 1834, in-8, 1 fr. 50 c.

— Deux (les) tailleurs, ou la Fourniture et la façon, comédie-vaudeville en un acte. *Paris, Quoy,* 1825; in-8, 1 fr. 50 c

Avec MM. Ch. Dupeuty et Jouslin de la Salle.

— Dix (les) de Jeannette, vaudeville en un acte (et en prose). *Paris, Bezou,* 1828, in-8.

Avec MM. Jouslin de la Salle et Dupeuty. M. Jouslin de la Salle est seul nommé sur la pièce.

— Enfant (l') de la balle, vaudeville en deux actes. *Paris, de l'impr. de Dondey-Dupré,* 1838, in-8.

Avec M. Didier.

— Enfant (l') et le vieux garçon, ou la Réputation d'une femme, comédie-vaudev. en un acte (et en prose). *Paris, Bezou,* 1826, in-8.

Avec MM. Desvergers (Chapeau) et Victor (Varin).

— Entrevue (l'), ou les deux Impératrices, comédie-vaudeville en un acte. *Paris, Riga; Barba,* 1831, in-8, 1 fr. 50 c.

Avec MM. Masson et Ernest (Xav. Boniface).

— Ferme (la) de Bondi, ou les deux Réfractaires, épisode de l'Empire en quatre actes. *Paris, Barba,* 1832, in-8, 2 fr. 50 c.;— ou *Paris, Barba; Delloye,* 1837, in-8 à deux colonnes.

Avec MM. Gabriel et Masson.
La dernière édition fait partie de la « France dramatique au xixe siècle ».

— Fille (la) de Dominique, comédie-vaudeville en un acte. *Paris, Barba,* 1833, in-8, 1 fr. 50 c.; — ou *Paris, Barba; Delloye,* 1838, in-8 à deux colonnes.

Avec M. Charles (de Livry).
La dernière édition fait partie de la « France dramatique au xixe siècle ».

— Fille et garçon, ou la petite Orpheline, comédie-vaudeville en un acte. *Paris, Barba,* 1822, in-8.

Avec M. Ch. Dupeuty.

— Fleuriste (la), comédie-vaudeville en un acte (et en prose). *Paris, Bezou,* 1827, in-8.
Avec M. Ét. Arago.

— Gérard et Marie, comédie-vaudeville en un acte. *Paris, Quoy,* 1827, in-8, 1 fr. 50 c.

Avec M. Ét. Arago.

— Grande Duchesse (la), comédie-vand. en un acte (et en prose). *Paris, Bezou* 1828, in-8.

Avec MM. Xavier (Boniface) et Dupeuty.

— Grue (la), fabliau mêlé de chant. *Paris, Marchant,* 1836, in-32.

Avec M. Charles (de Livry).

— Guillaume-Tell, drame-vaudeville en trois actes. *Paris, Bezou,* 1828, in-8, 2 fr.

Avec MM. Xavier (Boniface) et Dupeuty.

— Henri IV en famille, comédie-vaudeville en un acte. *Paris, Bezou,* 1828, in-8.

Avec MM. Émile Vander Burch et Desforges.

— Hussard (le) de Felsheim, comédie-vaudeville en trois actes. *Paris,* 1827, in-8.
— IIIe édition. *Paris, Barba,* 1828, in-8, 2 fr.

Avec MM. Ch. Dupeuty et M*** (V. de Saint-Hilaire).
Couplets ajoutés au *Hussard de Felsheim,* et chantés devant Sa Majesté et la famille royale à Saint-Cloud, le 25 août, jour de la Saint-Louis, fête de monseigneur le Dauphin, et de S. A. R. Mademoiselle. Paris, de l'impr. de Coniam, 1827, in-8 de 4 pag.

— Infidélités (les) de Lisette, drame-vaud. en trois actes et cinq tableaux. *Paris, Marchant,* 1835, in-8.

Avec MM. Brazier et Ch. de Livry.

— Jardinière (la) de l'Orangerie, comédie-vaudeville en un acte. *Paris, Riga; Barba,* 1831, in-8.

Avec M. Masson.

— Jeunesse (la) de Marie Stuart, drame en deux parties. *Paris, rue du Faubourg Poissonnière, n. 1,* 1829, in-8.

Avec M. E. Vander Burch.

— Léonide, ou la Vieille de Suresne, comédie-vaudeville en trois actes. *Paris, Quoy; Barba,* 1824, in-8, 2 fr.;—et *Paris, Pollet,* 1830, in-18.

Avec MM. Dupeuty et Saint-Hilaire.
La dernière édition fait partie du Répertoire du théâtre du Vaudeville. Cette pièce a encore été réimprimée, en 1839, pour la France dramatique au xixe siècle.

— Lionel, ou Mon avenir, comédie-vaudeville en un acte. *Paris, Marchant,* 1834, in-8 à deux colonnes, 30 c.

Avec M. Ch. de Livry.

— Locataires (les) et les portiers, vaudeville en acte. *Paris, Marchand,* 1833, in-8, 1 fr. 50 c.

Avec MM. Brazier et Charles (de Livry).

— Mademoiselle Dangeville, comédie en un acte, mêlée de chants. *Paris, de l'impr. de Dondey-Dupré,* 1838, in-8.

Avec M. Ch. de Livry.

— Maison (la) du faubourg, comédie-vaudeville en deux actes. *Paris, Quoy,* 1829, in-8.

Avec MM. Simonnin et Vander Burch.

— Marchand (le) de la rue Saint-Denis, ou le Magasin, la mairie et la cour d'assises, comédie-vaudeville en trois actes. *Paris, Riga; Hautecœur-Martinet,* 1830, in-8.

Avec MM. Brazier et Vander Burch.

— Mari (le) de la fauvette, comédie-vaudeville en un acte. *Paris, Miffliez,* 1840, gr. in-8 à deux colon.

Avec MM. Angel et Veyrat.
Cette pièce fait partie du « Répertoire dramatique ».

— Mariage (le) par autorité de justice, comédie en deux actes (et en prose). *Paris, Quoy,* 1829, in-8.

Avec M. Simonnin.

— Mathieu Laensberg, comédie-vaudeville en deux actes. *Paris, rue du Faubourg Poissonnière, n.* 1, 1829, in-8, 1 fr. 50 c.

Avec MM. Vander Burch et Anicet (Bourgeois.)

— Mémoire (le) de la blanchisseuse, comédie en un acte. *Paris, Barba,* 1837, in-8, 1 fr.

Avec MM. Brazier et de Livry.

— Ménage (le) du savetier, ou la Richesse du pauvre, comédie-vaudeville en un acte. *Paris, Quoy,* 1835, in-8 à 2 col., 20 c.

Avec MM. Dupeuty et Jouslin de Lasalle.

— Micheline, ou l'Heure de l'esprit, opéra-comique en un acte. *Paris, Marchand,* 1835, in-8 à deux colonnes, 20 c.

Avec MM. Masson et Saint-Hilaire.

— Modistes (les), tableau-vaudeville en un acte. *Paris, Duvernois,* 1824, in-8, 1 fr. 50 c.

Avec MM. Dupeuty et *** (Delestre-Poirson).

— Mon ami Christophe, comédie-vaudeville en un acte. *Paris, Quoy,* 1823, in-8, 1 fr. 50 c.

Avec MM. Dupeuty et Lafontaine.

— Monsieur Botte, comédie-vaudeville en trois actes. *Paris, Bezou,* 1827, in-8, 2 fr.

Avec M. Ch. Dupeuty.

— Moulin (le) de Jemmapes, vaudeville historique en un acte. *Paris, Barba,* 1830, in-8.

Avec MM. A. de Leuven et Masson.

— Nicaise, ou le Jour de noces, comédie-vaudeville en un acte, tirée de La Fontaine. *Paris, Lacourière,* 1825, in-8.

Avec M. Ch. Dupeuty.

— On ne passe pas ! ou le Poste d'honneur, vaudeville en un acte (et en prose). *Paris, Marchant,* 1835, in-8.

Avec M. Masson.

— Oui (le) des jeunes filles, comédie-vaudeville en un acte, imitée de l'espagnol (de Moratin). *Paris, Barba,* 1824, in-8, 1 fr. 50 c.

Avec MM. Dupeuty et Jouslin de Lasalle.

— Ourika, ou la Négresse, drame en un acte. *Paris, Pollet,* 1824, in-8, 1 fr. 50 c.

Avec M. Dupeuty.

— Pages (les) de Louis XII, comédie en deux actes, mêlée de chants. *Paris, Miffliez,* 1840, gr. in-8 à deux colon.

Avec M. Barrière.
Cette pièce fait partie du « Répertoire dramatique ».

— Pauvre (le) Arondel, ou les trois Talismans, vaudeville-féerie en deux actes. *Paris, Bezou,* 1828, in-8, 1 fr. 50 c.

Avec M. E. Arago.

— Paysanne (la) de Livonie, comédie historique en deux actes, mêlée de chants. *Paris, Barba,* 1830, in-8, 1 fr. 50 c.

Avec MM. Xavier (Boniface) et Vander Burch.

— Petite (la) Somnambule, comédie-vaudeville en un acte. *Paris, Pollet,* 1824, in-8, 1 fr.

Avec M. Ch. Dupeuty.

— Pierre et Marie, ou le Soldat ménétrier, comédie-vaudeville en un acte. *Paris, Duvernois,* 1824, in-8, 1 fr. 50 c.

Avec MM. Dupeuty et Langlé.

— Pilules (les) dramatiques, ou le Choléra-morbus, revue critique et politique en un acte (et en prose). *Paris, R. Riga,* 1831, in-8.

Cette pièce, imprimée sous le nom du docteur Mésentbère, est de MM. Rochefort, Masson, de Villeneuve et Leuven.

— Poletais (les), comédie-vaudeville en deux parties. Première partie : l'Amitié de deux frères. Deuxième partie : Quinze jours après la noce. *Paris, Bezou,* 1828, in-8, 2 fr.; —ou *Paris, Barba; Delloye,* 1837, in-8 à deux colonnes.

Avec MM. Xavier (Boniface) et Dupeuty.
La dernière édition fait partie de la « France dramatique au xixe siècle ».

— Premier (le) prix, ou les deux Artistes, comédie - vaudeville en un acte. *Paris, Barba*, 1822, in-8.

Avec M. Ch. Dupeuty.

— Rendez-donc service ! comédie proverbe en un acte. *Paris, Marchant*, 1839, gr. in-8 de 16 pages, à deux colon.

Avec M. Masson.

— Résurrection de saint Antoine, à-propos-vaudeville. *Paris, de l'impr. de Dondey-Dupré*, 1835, in-8;—ou 1836, in-32, 15 c.

Avec MM. Brazier et Théaulon.

— Révolte (la) des femmes, vaudeville en deux actes. *Paris, Duvernois*, 1834, in-8, 1 fr. 50 c.

Avec M. Charles (de Livry).

— Robert-le-Diable, à-propos-vaudeville. *Paris, Riga*, 1832, in-8, 1 fr. 50 c.

Avec M. Xavier (Boniface).

— Santeul, ou le Chanoine au cabaret, vaudeville en un acte. *Paris, Barba*, 1833, in-8, 1 fr. 50 c.

Avec MM. Brazier et Charles (de Livry).

— Sara, ou l'Invasion, conte allemand en deux actes, mêlé de vaudevilles. *Paris, Barba*, 1832, in-8, 2 fr. 50 c.

Avec MM. Masson et de Leuven.

— Secret (le) d'état, comédie-vaudeville en un acte. *Paris, Barba; Riga*, 1831, in-8.

Avec MM. Eugène S*** (Sue) et Édouard M*** (Maguien).

— Sergent (le) de Chevert, vaudeville historique en un acte. *Paris, Duvernois*, 1823, in-8, 75 c.

Avec M. Ch. Dupeuty.

— Sergent (le) Mathieu, comédie-vaudeville en trois actes. *Paris, Quoy*, 1828, in-8, 2 fr.

Avec MM. Xavier (Boniface) et Dupeuty.

— Soldat (le) en retraite, ou les Coups du sort, drame en deux actes. *Paris, Bezou*, 1826, in-8, 1 fr. 50 c.

Avec M. Jouslin de la Salle (seul nommé sur la pièce) et M. Dupeuty.

— Tableau (le) de Teniers, ou l'Artiste et l'ouvrier, vaudeville en un acte. *Paris, Quoy; Barba*, 1824, in-8, 1 fr. 50 c.

Avec MM. Dupeuty et Philadelphe - Maurice (Alhoy).

— Triolet (le) bleu, comédie-vaudeville en cinq actes. *Paris, Marchant*, 1834, in-8 à deux colonnes, 30 c., et à longues lignes, 2 fr.

Avec MM. Gabriel et Masson.

— Un Bal de domestiques, vaudeville en un acte. *Paris, Marchant*, 1834, in-8 à deux colonnes, 15 c.

Avec M. Charles (de Livry).

— Un Jour à Dieppe, à-propos-vaudeville. *Rouen, de l'impr. de Périaux fils*, 1824, in-8.

Avec MM. V. de Saint-Hilaire, Dupeuty et F. Langlé.

— Valentine, ou la Chute des feuilles, drame en deux actes (en prose), mêlé de chants. *Paris, cour des Fontaines, n. 7*, 1828, in-8.

Avec MM. Saint-Hilaire et Masson.

— Vieillesse (la) de Stanislas, drame-vaudeville en un acte (en prose). *Paris, Quoy*, 1831, in-8.

Avec M. V. de Saint-Hilaire.

— Vieux (le) pauvre, ou le Bal et l'incendie, mélodrame en trois actes et à grand spectacle. *Paris, Duvernois*, 1826, in-8, 1 fr. 50 c.

Avec MM. Ch. Dupeuty et Ferd. Laloue.

— Voltaire en vacances, comédie-vaudeville en un acte. *Paris, Barba*, 1836, in-8, 2 fr.

Avec M. Charles de Livry.

— Yelva, ou l'Orpheline russe, vaudev. en deux parties (et en prose). *Paris, Pollet*, 1828, in-8.

Avec MM. Scribe et Desvergers (Armand Chapeau).

VILLENEUVE (l'abbé de). — Notice sur la chapelle royale de la Sainte-Baume, et la consécration de ce monument historique et religieux. *Paris, de l'impr. de F. Didot*, 1823, in-8 de 24 pag.

VILLENEUVE, dessinateur. Voy. R. Rochette.

VILLENEUVE, capitaine au corps royal du génie.
— Extrait du Manuel pratique du sapeur, pour les travaux de siége, à l'usage des troupes du génie. *Metz, de l'impr. de Lamort*, 1832, in-12.

— Manuel pratique du mineur, à l'usage des troupes du génie. *Paris, de l'impr. de Demonville*, 1826, in-12 avec 8 pl.

— Manuel pratique du sapeur, pour les travaux de siége, à l'usage des troupes du génie. *Paris, de l'impr. de Guiraudet*, 1828, in-12 avec 10 pl.

— Mémoire sur la législation des retraites militaires, considérée dans ses rapports avec la force habituelle de l'armée, et dans les modifications qu'il serait convenable d'y apporter. *Paris, Anselin*, 1829, in-8 de 76 pag. avec tableaux.

VILLENEUVE (Eug. de), capitaine de cavalerie dans l'armée hellénique.
— A M. Bénazet, lieutenant-colonel de la 2ᵉ légion de la banlieue. (En vers alexandrins). *Paris, de l'impr. de Béthune*, 1833, in-8 de 4 pages.
— Souvenir de la Grèce. A mon ami Louis Tollaire Desgouttes. (Couplets). *Paris, de l'impr. de Sétier*, 1832, in-8 de 4 pag.
— Journal d'un voyage fait en Grèce, pendant les années 1825 et 1826, orné du portrait de l'auteur, accompagné de plusieurs pièces justificatives. *Bruxelles, Tarlier*, 1827, in-8, 4 fr. 50.

VILLENEUVE (L. de). — Quatre Nouvelles, racontées par un maître d'école ; traduites de l'italien (de BALBO). *Paris, Eymery et Fruger ; Pigoreau*, 1830, 2 vol. in-12, 5 fr.

VILLENEUVE (H.-C. de), auteur, ou plutôt abbréviateur d'une nouvelle italienne intitulée : « le Secret du bandit », insérée dans la « Revue de Paris », 1832, tome XXXVI.

VILLENEUVE fils (J.-V.). — Traité élémentaire d'arithmétique. *Pau, de l'impr. de Véronèse*, 1835, in-8.
— Cours élémentaire de tenue des livres. *Pau, de l'impr. de Véronèse fils*, 1835, in-4 de 64 pages.

VILLENEUVE (D.-S.). — Traité (nouveau) des jeux de l'écarté, de la bouillotte, de l'impériale, du piquet et du boston de Fontainebleau, avec le tableau des payements. Corrigé, augmenté par les meilleurs joueurs. *Bordeaux, de l'impr. de Suwerinck*, 1837, in-18, 3 fr.

VILLENEUVE (Nic. de), l'un des rédacteurs du Journal des voyages, ou Archives géographiques du XIXᵉ siècle.

VILLENEUVE (A. de), professeur.
— Préceptes de rhétorique, ou Explication des règles à observer dans l'art oratoire. *Paris, Dufart*, 1840, in-18, 2 fr.

Voy. aussi Arnaud, Bardet, Couret, Dujat, Lemoyne et Perny de Villeneuve.

VILLENEUVE ARIFIAT (le comte Tristan de). — Discours prononcé à l'ouverture de l'école élémentaire des sous-officiers, le 27 décembre 1828, à la caserne de la Pépinière. *Paris, de l'impr. de Casimir*, 1829, in-8 de 24 pag.

VILLENEUVE-BARGEMONT (le comte Christophe de). Voy. Christophe VILLENEUVE.

VILLENEUVE-BARGEMONT (le vicomte Louis-François de), frère du précédent. Voy. Louis-François de VILLENEUVE.

VILLENEUVE-HAUTERIVE. Voy. plus haut : le comte L. de VILLENEUVE.

VILLENEUVE-LAROCHE-BARNUDE (L.-Gabr.). — Mémoires sur l'expédition de Quibéron , etc. (1820-22). Voy. BOCOUS.

VILLENEUVE-TRANS. Voy. plus haut : le marq. de VILLENEUVE.

VILLENEUVE-VILLENÈUVE (le marq. de). Voy. VILLENEUVE (Pons-Louis-François).

VILLENFAGNE D'INGIHOUL (le baron Hilarion-Noël de), ancien bourgmestre de Liége, député de l'ordre équestre aux États de la province, l'un des curateurs de l'Université de Liége, membre honoraire de la Société libre d'émulation de la même ville, de l'Institut des Pays-Bas, et de l'Académie de Bruxelles ; né en juin 1753 , à Liége, où il est mort, le 23 janvier 1826.
— Discours sur la vie et les ouvrages du baron de Walef, et Notice des artistes liégeois, anciens et modernes, les plus distingués.

Deux morceaux imprimés avec les OEuvres choisies du baron de Walef, publiées par les soins du baron de Villenfagne (1779, pet. in-8). Le Discours a été réimprimé, avec des augmentations, dans le volume de *Mélanges* publié en 1788, pages 269 à 317, sous le titre de *Notice sur la vie et les ouvrages du baron de Walef*. La Notice des artistes liégeois, enrichie de corrections et d'augmentations nombreuses, résultat des nouvelles lectures de l'auteur, fut lue par lui à la Société d'émulation, dans la séance du 25 février 1782, mais sous le titre de *Discours sur les artistes liégeois*.

— Éclaircissements sur Raes de Dammartin, chevalier français. 1793 , in-8.

— Essais critiques sur différents points de l'histoire civile et littéraire de la ci-devant principauté de Liége. *Liége, Latour,* 1808, 2 vol. in-12.

Les deux volumes renferment, entre autres, des dissertations très savantes sur les anciens comtes de Looz, de Horne, de Moha, et sur le duché de Bouillon.

— Histoire de Spa. *Liége,* 1803 , 2 vol. pet. in-8.

On trouve à la fin du second volume, une *Lettre* fort curieuse *sur deux prophètes* (Nostradamus et Mathieu Laensberg), et une *Notice sur Breuché de la Croix*, curé de Flémalle, près de Liége, poëte et littérateur, omis dans tous les Dictionnaires historiques. Cet écrivain, supérieur à l'époque (1635—1644) à laquelle il composait ses vers, était digne d'être retiré de l'oubli dans lequel tous les biographes l'avaient laissé.

Dans son *Histoire de Spa*, Villenfagne prouva jusqu'à l'évidence, contre le savant docteur de Limbourg, que Pline, par les mots *fons Tungrorum*, a entendu les sources minérales de Tongres, existantes encore aujourd'hui, et qu'il n'a pu désigner celles de Spa, totalement inconnues aux Romains, qui n'avoient pas éprouvé leur vertu et leur efficacité, auxquelles notre auteur se plaît à rendre justice. Il a refondu, dans ce nouvel écrit, qu'il a peut-être eu tort d'intituler *Histoire*, ses *Recherches historiques sur Spa*, insérées à la fin de ses « Mélanges », publiés en 1788. Comme les partisans de Spa continuèrent à soutenir leur système avec chaleur, M. de Villenfagne est encore revenu sur ce point dans ses « Mélanges », imprimés en 1810 : on y trouve de nouveaux détails sur Spa, ainsi que dans le second volume de ses « Recherches sur l'histoire de la ci-devant principauté de Liége ». La palme de cette lutte érudite est définitivement décernée à de Villenfagne, depuis que M. J. B. Leclerc, correspondant de l'Institut royal de France, réfugié à Liége, à cause des derniers événements politiques, y a publié, en 1818 , sous le voile de l'anonyme, un petit volume in-18 , court de mots et fort de choses, intitulé : « Abrégé de l'histoire de Spa ». Cet homme d'esprit et de goût, depuis rendu à sa patrie, a fait tourner au profit des Liégeois les loisirs forcés de son exil. Il a simplifié cette question si longtemps controversée, en la dégageant du luxe d'érudition qu'avait prodigué de Villenfagne, et il a su intéresser par un style animé, correct et facile. Il a adopté presque toutes les opinions de l'écrivain liégeois, dont il a apprécié la sagacité et la patience infatigable. Celui-ci a reçu avec reconnaissance cet hommage rendu à son érudition, et il a applaudi au zèle et aux lumières de son modeste abréviateur. M. Leclerc a complété, quoiqu'en la réduisant à de plus petites proportions, la liste de toutes les sources minérales du pays de Liége, qui se trouve dans l'ouvrage de M. de Villenfagne.

— Lettre à M. Lambinet sur Gaultier Morberius, et sur les imprimeurs les plus remarquables de la ville de Liége dans le xvi° siècle.

Cette Lettre, datée d'Ingihoul, le 12 octobre 1813 , a été insérée par l'auteur, page 81 à 94 de ses Mélanges, pour servir à l'histoire du pays de Liége.

— Mélanges de littérature et d'histoire. *Liége, Desoer,* 1788, in-8.

Ce volume renferme, entre autres morceaux : trois Lettres sur d'anciens poëtes français, inconnus aux auteurs des « Annales poétiques »; un Essai historique sur la vie du prince Nolger, couronné par la Société d'émulation, le 25 février 1785 ; une Notice sur Jacques de Hemricourt, auteur du « Miroir des nobles de Hesbaye »; un Essai historique sur les guerres d'Awans et de Waroux, au xiii° siècle. Cet épisode des annales liégeoises pourrait fournir à la plume d'un Walter Scott la matière d'un ouvrage piquant, où l'histoire serait mise en action avec tout l'intérêt du roman, et ce charme indicible que conservent encore aujourd'hui les traditions chevaleresques du moyen âge.

— Mélanges pour servir à l'histoire civile, politique et littéraire du ci-devant pays de Liége. *Liége, Duvivier,* 1810, in-8 de 477 pages.

Ils sont remplis de recherches intéressantes et variées, et offrent aux gens du monde une lecture plus attrayante que celle des *Essais* cités plus haut, qui ne peuvent convenir qu'à des érudits de profession.

— Notice sur Remacle Moby du Ronchamps, poëte, historien et littérateur, et sur deux autres poëtes également inconnus. (Écrit posthume).

Imprimée dans la Revue de Bruxelles, mars 1839, pag. 84 à 105.

Remacle Moby du Ronchamps, curé de Jodoigne, dans le Brabant français, était né dans les Ardennes, en 1555. Paquot croit qu'il mourut un 1621. Les deux poëtes inconnus sont deux jésuites : les pères d'Astroy et Linot.

— Notice sur un beau manuscrit de la vie de saint Hubert, qui a appartenu à Philippe-le-Bon, duc de Bourgogne. 1825 , in-8 de 8 pag.

Extrait du n° 224 du « Courrier de la Meuse », du 21 septembre 1825.

— Recherches historiques sur l'Ordre équestre de la principauté de Liége. 1792, in-8.

Cet opuscule savant est rare, parce que l'auteur, pour des raisons particulières, ne le mit pas dans le commerce, et qu'il se réserva les exemplaires pour les donner à ses amis.

— Recherches sur la découverte du charbon de terre dans la ci-devant principauté de Liége, vers quel temps et par qui elle fut faite.

Imprimées dans les Nouv. Mémoires de l'Académie de Bruxelles, tome II, 1822.

— Recherches sur l'histoire de la ci-devant principauté de Liége. *Liége, Collardin,* 1818, 2 vol. in-8 , 12 fr.

Ces Recherches embrassent l'origine, la formation, les accroissements successifs de cet État, le tableau de sa constitution, le récit des guerres civiles des Liégeois contre leurs princes : on y trouve aussi des notices sur plusieurs artistes, et sur quelques auteurs de la même nation. M. de Chênedollé a donné un long compte-rendu de cet ouvrage au Mercure belge, tome II, pag. 54 à 61.

Le baron de Villenfagne a laissé inédits quelques mémoires et quelques ouvrages, et, entre autres, une *Biographie liégeoise ou éburone*, à laquelle il a travaillé plus de trente ans C'est M. Lavalleye, de Liége, qui est en possession de tous ses manuscrits, et on disait, en 1833, qu'il était dans l'intention d'en commencer la publication par une *Histoire de l'ordre équestre.*

Nous connaissons deux notices biographiques sur le baron de Villenfagne : la première est de M. de Chênedollé, professeur de rhétorique au collége royal de Liége : elle a été d'abord imprimée séparément en 1826, puis insérée dans les Annales biographiques, ann. 1826, pages 411 à 422, et aussi dans l'Annuaire de l'Académie de Bruxelles, pour 1837, pages 94 à 103 : la seconde est celle de M. Ferdinand Hénaux, de Liége, et qui a paru dans le Messager des sciences et des arts, sous le titre d'Essai sur la vie et les ouvrages du baron de Villenfagne : quelques exemplaires de cet opuscule ont été tirés à part, et forment une brochure de 28 pages.

Un écrivain qui, comme le baron de Villenfagne, s'est beaucoup occupé de l'histoire de Liége, M. Polain a dit, dans la Revue belge, Vᵉ année, p. 430, en rappelant ces deux notices : « Ce n'est pas ici « le lieu d'apprécier ce qu'il y a de juste dans les « éloges accordés à la mémoire de M. de Villen- « fagne par MM. de Chênedollé et Hénaux ; mais, « tout en applaudissant aux services rendus à l'His- « toire de Liége par cet écrivain, nous nous pro- « posons de démontrer un jour que peu d'hommes « ont raconté les annales d'un peuple d'une manière « aussi partiale, et qu'il n'a pas tenu à M. de Vil- « lenfagne que la mémoire de nos grands hommes « politiques n'ait été souillée des imputations les plus « calomnieuses ». C'est ce que nous prouverons ailleurs. *On doit des égards aux vivants, on ne doit aux morts que la vérité.*

VILLENHOVEN (J.-D.). — Volsan, ou le Misanthrope par infortune, drame en trois actes et en prose. *Amsterdam, veuve J. Doll,* 1798, in-8.

VILLEPONTOUX (Pierre de), éditeur des Mémoires de Du Guay-Trouin.

VILLER. — Bustes (les), ou Arlequin sculpteur, comédie en un acte et en prose, mêlée de vaudevilles. *Paris, Barba,* an III (1795), in-8.

Avec Armand Gouffé.

— Cange, ou le Commissionnaire bienfaisant, trait historique (en un acte et en prose). *Paris, Plassan,* an III (1795), in-8.

Avec le même.

VILLERAN (Léon de). — Marchepied (le). *Paris, Fournier,* 1833, 2 vol. in-8, 15 fr.

— Oraison (l') de saint Julien, comédie-

vaudeville en trois actes. *Paris, Marchant,* 1834, in-8 à deux colonnes.

Avec M. Saint-Amand (Arm. Lacoste).

Cette comédie donna lieu à l'écrit suivant : *l'Oraison de saint Julien, vaudeville en trois tableaux, de MM. Saint-Amand et Villeran,* mis en parallèle avec le conte de La Fontaine. Paris, de l'impr. de Sétier, 1834, in-12 de 12 pages.

VILLERAY (Le Coq de). Voy. Le Coq de V.

VILLERMAULES (1) (Michel), dit Villers, prêtre ; né à Charmey, diocèse de Lausanne, en 1667, mort le 27 mars 1757.

— * Anecdotes sur l'état de la religion en Chine. *Paris,* 1733-42, 7 vol. in-12.

Selon A.-A. Barbier, Villermaules serait le pseudonyme sous lequel l'abbé Villers s'est caché.

Voyez ce que nous avons dit de ces Anecdotes à l'article de Ch.-Th. Maillard, cardinal de Tournou.

VILLERMAY (M. L. de). — Éphémères. Poésies. *Vouziers, Mory,* 1837, in-18.

Ces Poésies devaient être publiées en dix ou douze livraisons ; nous ignorons si elles ont toutes paru.

VILLERMÉ (Louis-René), docteur en médecine, membre adjoint de l'Académie de médecine, et membre de l'Académie des sciences morales et politiques, section d'économie politique et de statistique ; né à Paris, le 10 mai 1782.

— Discours prononcé sur la tombe de M. Destouet, membre adjoint de l'Académie de médecine, le 28 avril 1826. *Paris, de l'impr. de Rignoux,* 1826, in-4 de 4 pages.

— Distribution (de la) par mois des conceptions et des naissances de l'homme, dans ses rapports avec les climats, les saisons, etc., mémoire présenté à l'Académie des sciences, en 1829.

— Mémoire sur la distribution de la population française, par sexe et par état civil, et sur la nécessité de perfectionner nos tableaux de population et de mortalité, lu à l'Académie des sciences morales et politiques, les 15 février, 4 et 10 octobre 1834.

Imprimé dans le premier volume du recueil de l'Académie des sciences morales et politiques (1837).

— Mémoire sur l'influence de la tempéra-

<hr>

(1) Les rédacteurs du Catalogue manuscrit de la Bibliothèque du roi ont nommé cet ecclésiastique *Villermaules.*

ture, sur la mortalité des enfants nouveau-nés.

Avec M. Milne Edwards.

— Mémoire sur la mortalité en France.

Imprimé dans le recueil de l'Académie de médecine.

— Prisons (des), telles qu'elles sont et telles qu'elles devraient être, par rapport à l'hygiène, à la morale et à l'économie. *Paris, Méquignon-Marvis*, 1820, in-8, 3 fr. 50 c.

— Mémoire sur la mortalité dans les prisons. *Paris, de l'impr. de Cosson*, 1829, in-8 de 64 pag.

Extrait des Annales d'hygiène publique et de médecine légale.

— Rapport à l'Académie des sciences morales et politiques sur l'état physique et moral des ouvriers employés dans les fabriques de soie, de coton et de laine.

Imprimé dans les Mémoires de l'Académie des sciences morales et politiques, 2ᵉ série, tome II, pag. 329 à 594 (1839).

M. le docteur Villermé est, en outre, l'un des auteurs des Annales d'hygiène publique et de médecine légale (1829 et ann. suiv.), ainsi que du grand Dictionnaire technologique.

VILLERMET (P.). — Oraison funèbre de Mgr le duc de Bourgogne, traduite du latin (par le P. QUERBEUF), avec le latin à côté. *Paris, Barbou*, 1761, in-8.

VILLEREY (A.), graveur. — Vie de S. Bruno, peinte par Le Sueur, et gravée par A. Villerey. *Paris, Didot aîné*, 1808, in-8.

VILLERON (Denis de). — * Lucinde, ou la Vallée de Vic; par M. D*** de V***. *Paris, Le Normant*, 1810, 2 vol. in-12.

VILLEROY (Nicolas de NEUFVILLE, seigneur de), secrétaire de Charles IX, Henri III, Henri IV et Louis XIII; mort le 28 novembre 1685.

— Mémoires d'État, servant à l'histoire de notre temps, par M. de VILLEROY, depuis 1567 jusqu'en 1604 (publiés par AUGER DE MAULÉON). *Paris*, 1622, in-4 et in-8. — (Continuation jusqu'en 1620, par DUMESNIL-BASIRE). *Paris*, 1634-36, 4 vol. in-8; — *Amsterdam*, 1729, 7 vol. in-12.

Les Mémoires de Villeroy ont été réimprimés dans la Collection de Petitot et dans toutes celles sur l'histoire de France, faites depuis.

VILLEROY (François de NEUFVILLE, duc de), maréchal de France. Voy. TESSÉ.

VILLEROY (madame DE VILLEQUIER D'AUMONT, duchesse de), morte à Versailles, le 1ᵉʳ décembre 1816, à quatre-vingt-six ans.

— * Histoire de la Grèce, traduite de plusieurs auteurs anglais (GOLDSMITH et GAST), revue et corr. par J.-J. LEULIETTE, suivie d'un Tableau de la littérature et des arts chez les Grecs, depuis Homère jusqu'au règne de Julien, par l'éditeur. *Paris, veuve Moutardier*, 1808, 2 vol. in-8.

Le titre a été rafraîchi en 1812.

La duchesse de Villeroy a fourni des morceaux piquants aux *Actes des Apôtres* et au journal connu sous le nom du « Petit Gauthier » : elle a laissé en manuscrit plusieurs traductions de l'anglais, et une *Histoire de Philippe V*, que son grand âge ne lui a pas permis d'achever. *Beuch.*

VILLEROY (Félix), cultivateur.

— Élève (de l') des bêtes à cornes, considérée particulièrement dans la Bavière rhénale. *Paris, de l'impr. de Decourchant*, 1837, in-8 de 104 pag.

— Instruction pour les agriculteurs. Voy. SCHWERTZ.

VILLERS (Philippe de), l'un des annotateurs de la coutume du duché de Bourgogne, etc. (Dijon, 1717, in-4).

VILLERS (mademoiselle Clémence de), écrivain du XVIIIᵉ siècle.

— Dialogue sur la musique, adressé à son amie. *Paris, Vente*, 1774, in-8.

VILLERS (de). — * Amour (l') au village, comédie en prose et en un acte. *Paris, Esprit*, 1773, in-8.

VILLERS (Ch. de), botaniste. Voy. DEVILLERS.

VILLERS (P.-Denis de FERGEOLS, marquis de), de Lyon, ancien capitaine dans le régiment des gardes-françaises.

— * Passe-temps de ma vieillesse; par M. le marq. de V***. *Paris*, 1792, in-8.

VILLERS (Charles-François-Dominique de), docteur en philosophie, anc. capitaine d'artillerie, correspondant de l'Institut, etc., membre de la Société royale de Gottingue; né à Bolchen (Boulay), dans la Lorraine allemande, le 4 novembre 1765, mort à Gottingue dans la nuit du 26 au 27 février 1815.

— Appel aux officiers français de l'armée de Hanovre, qui peuvent et veulent mettre à profit le loisir de leur position. *Lubeck*, 1803, in-8.

— Catéchisme (petit), ou Doctrine du noble et du bon. (En allemand). *Lubeck*, 1810, in-18.

— Constitution des trois villes libres et anséatiques , Lubeck , Brême , Hambourg. 1814.

— Coup-d'œil sur l'état actuel de la littérature ancienne et de l'histoire en Allemagne. Rapport fait à la 3ᵉ classe de l'Institut de France. *Paris , Treuttel ; et Amsterdam* , 1809, in-8.

— Coup-d'œil sur les Universités , et le mode d'instruction publique de l'Allemagne protestante, et en particulier du royaume de Westphalie. *Cassel, et Metz, Collignon* , 1808, in-8 , 2 fr. ;—et *Amsterdam* , 1809, in-8.

— Doléances des peuples du continent , au sujet de l'interruption du commerce, trad. de l'allem. de REIMARIUS. 1808.

— Érotique comparée, ou Essai sur la manière essentiellement différentes dont les poëtes français et allemands traitent l'amour. 1807.

— Esquisse de l'histoire de l'Église , depuis son fondateur jusqu'à la Réformation (faisant suite à « l'Essai sur l'esprit et l'influence de la Réformation, etc.) ». *Paris* , 1804, in-8.

— Essai sur l'influence des croisades, trad. de l'allem. de HEEREN. *Paris , Treuttel* , 1808, in-8.

— Essai sur l'esprit et l'influence de la Réformation de Luther; ouvrage qui a remporté le prix sur cette question : « Quelle a été l'influence de la Réformation de Luther sur la situation politique des différents États de l'Europe, et sur le progrès des lumières ? ». *Paris, Henrichs*, 1804 , in-8 , 5 fr.

Réimprimé, dans la même année, pour le même libraire, et en 1808, in-8; et de nouveau, Paris, Treuttel et Wurtz, 1821, in-12 , 3 fr. Cet ouvrage compte en Allemagne trois traducteurs, deux en Angleterre, et un chez les Hollandais. Le célèbre Henke de Helmstaedt a joint un supplément à la version allemande de F. Cramer. Selon l'auteur, né en France et au sein du catholicisme, mais connaissant bien l'Allemagne , les effets de cette révolution religieuse du seizième siècle ont été l'accroissement des lumières, l'amélioration de l'instruction publique , une étude moins restreinte et moins superficielle des sciences morales, de l'histoire , des langues ou de la religion , enfin un nouveau système de droit public et d'équilibre entre les puissances. Ce tableau général est suivi d'une esquisse rapide , mais estimée, de l'histoire de l'Église avant la réformation.

— Examen du serment civique. 1789 , in-8.

— Lettre à G. Cuvier, de l'Institut, sur une nouvelle théorie du cerveau par le docteur Gall, etc. *Metz, Collignon ; et Paris*, an x (1802), in-8.

— Lettre à madame la comtesse Fanny de Beauharnais sur les événements qui se sont passés à Lubeck, dans la journée du jeudi 6 novembre 1806. IIIᵉ édit., augmentée. *Leipzig, Brockhaus*, 1818, in-8, 2 fr.

La première édition fut publiée à Amsterdam , sous le titre suivant : *Lettre concernant un récit des événements qui se sont passés à Lubeck , le 6 novembre 1806.* 1807, in-8. Cet écrit causa des désagréments à son auteur.

—* Lettre à mademoiselle D. S., sur l'abus des grammaires dans l'étude du français, et sur la meilleure méthode d'apprendre cette langue. *Gottingue*, 1797, in-8.

—* Liberté (de la), son tableau et sa définition; ce qu'elle est dans la société; moyens de l'y conserver. Avec cette épigraphe : « Aliud est, aliud dicitur ». Première et sec. édit. *Metz, et Paris*, 1791; — IIIᵉ édit. 1792, in-8.

La troisième édition porte le nom de l'auteur. Les idées de Rousseau relatives à la volonté générale y sont combattues comme pleines de contradictions.

—* Magnétiseur (le) amoureux. *Genève (Besançon)*, 1787, in-8.

—Nation (la) française mérite-t-elle le reproche de légèreté que lui font les nations étrangères. Question proposée par l'Académie de Dijon. 1807.

—Philosophie de KANT, ou Principes fondamentaux de la philosophie transcendentale. *Metz, Collignon , et Paris*, 1801, 2 vol. in-8, 6 fr.

Dans cet exposé, Kant est présenté comme le législateur moderne du monde intellectuel. On prétend y prouver qu'il a mis, par le raisonnement même, la conscience morale hors des atteintes du raisonnement (ce qui est contradictoire); qu'il n'est point d'autre réalité pour nous, et que, par exemple, la conscience morale d'un insensé est pure , parce qu'elle est affranchie de nos lumières. Des aperçus plus heureux de Kant ne sont pas négligés par son abréviateur. On voit dans ce même extrait comment ce que nous nommons la perception des choses nous laisse ignorer ce qu'elles sont en elles-mêmes; comment, l'espace et le temps ne devant être que des formes appropriées à nos organes, le mécanisme visible ne se trouve pas plus inhérent à l'ordre réel , que ne l'est à quelques objets placés devant notre œil, la teinte du verre interposée entre eux et nous; comment enfin les couleurs, l'étendue, la matière, ne sont qu'un produit idéal, un résultat de notre situation , une condition à laquelle notre intelligence se trouve soumise. Quant à l'extrait de la doctrine morale de Kant, il est trop succinct dans l'exposé de Villers, et de plus les reproches qu'il adresse à Condillac et à ceux qui ont suivi les mêmes traces, ressemblent à des invectives.

— Précis historique sur la présentation de la confession d'Augsbourg à l'empereur Charles-Quint, par plusieurs princes, états et villes d'Allemagne. Ouvrage posthume, suivi du texte de la Confession d'Augsbourg, traduite en français, accompagnée de notes. *Paris, Treuttel et Wurtz*, 1817, in-12, 1 fr. 20 c.

— Regrets d'un aristocrate sur la destruction des moines. 1791, in-8.

— * Relation abrégée du Voyage de LA PEYROUSE, pour faire suite à l'Abrégé de l'Histoire générale des voyages, par La Harpe. *Leipzig*, 1799, in-8.

Une sorte d'abondance raisonnée, un but moral, et cette chaleur que donne la conviction, faisaient presque tout le mérite de Charles de Villers comme écrivain; il manquait, en général, d'élégance et même de correction.

On doit encore à Ch.-Fr.-Dom. Villers quelques tragédies et poésies; la *Vie de Luther*, traduite du latin de Mélanchton, insérée dans l'Almanach des protestants pour 1810; l'explication des figures d'Homère, dessinées d'après l'antique par Ik.-G. Tischbein, et plusieurs opuscules publiés pendant la Révolution : Villers a inséré de nombreux articles sur Kant et sur beaucoup d'autres sujets dans le Moniteur westphalien, dans les Gazettes de Gœttingue, de Halle, de Jena, et dans le Morgenblatt; il a fourni aussi à plusieurs journaux français, un grand nombre d'articles sur la philosophie, la littérature et la langue allemande, entre autres, dans le « Spectateur du Nord », de 1798 à 1800; dans le « Publiciste », dans la « Décade philosophique », dans les « Archives littéraires de l'Europe ». Il était aussi l'un des rédacteurs de la « Biographie universelle ». On a publié à Leipzig une édition de l'Allemagne, de madame de Staël, précédée d'une *Introduction par Ch. Villers, et enrichie du texte original des morceaux traduits.*

Il a encore publié, dans un almanach allemand, intitulé : Taschenbuch fur 1812, herausgegeben von K. Reinhardt, un opuscule qui a pour titre : *Sur la manière essentiellement différente dont les poëtes français et les poëtes allemands traitent la poésie.*

A.-A. Barbier a, d'après quelques biographes, attribué à Villers des « Lettres westphaliennes », écrites par M. le comte de R. M., etc. Berlin, 1797, qui sont du marquis de Romance Mesmon. (Voy. ce nom).

VILLERS (Marius). — Élégies américaines, ou Souvenirs de l'Amérique du Sud. *Paris, Dureuil*, 1829, in-8 de 96 pages.

— Pèlerinage à Sainte-Hélène, ou Souvenirs d'un voyage autour du monde, poëme élégiaque. *Paris, Dureuil*, 1829, in-8 de 32 pag., 1 fr. 50 c.

VILLERS (P.-Jos.). — Abrégé des connaissances nécessaires à ceux qui voudraient aller s'établir comme colons dans l'Amérique du sud, ou Mexique, et qui leur indique les mesures à prendre pour y commencer leur travaux avec avantage, y être heureux, et acquérir de la fortune,

moyennant un travail de six à sept heures par jour. *Paris, de l'impr. d'Auffray*, 1832, in-8 de 24 pag.

VILLERS DE BILLY (madame). Voy. BILLY.

VILLETARD (l'abbé). — * Motifs de consolation au clergé sur le décret de l'Assemblée nationale, du 2 novembre 1789, concernant les biens du clergé. *Paris, Leclère*, 1791, in-8 de 34 pag.

VILLETARD (Edme-Joseph), littérateur, ancien secrétaire de légation de France à Venise, cousin de l'ancien sénateur de ce nom; né à Auxerre, en 1771, mort à Charenton, le 7 juillet 1826.

— Conjuration (la) de Pazzi, tragédie en cinq actes et en vers (imitée d'ALFIERI). *Milan, sans nom d'impr.*, an VI (1798), in-8.

— Constantin et la primitive Église, ou le Fanatisme politique, tragédie en cinq actes. *Paris, sans nom d'impr.*, 1806, in-8.

Tirée, dit une note imprimée, à deux exemplaires, *signés* de l'auteur. J'en ai vu, dit M. Beuchot, un exemplaire dans la bibliothèque de M. de Soleinne, qui possède un second exemplaire sans signature. On m'a raconté, ou j'ai lu quelque part, ajoute le bibliographe que nous venons de nommer, que cette pièce avait été détruite avant l'achèvement de l'impression. Il paraît seulement que l'impression était achevée lorsqu'on se détermina à la détruire. On dit même que la glace de la cheminée où l'on brûlait l'édition fut brisée par la grande chaleur. Au reste, la destruction n'a pas été entière, comme on l'a vu. A quelques corrections près, *Constantin* est la même pièce que le *Quatrième siècle.*

— Culottes (les) de saint Griffon, nouvelle imitée de CASTI. 1803, in-8.

— Esquisses morales et littéraires, ou Observations sur les mœurs, les usages et la littérature des Anglais et des Américains. Trad. de l'angl. de Wash. IRWING. *Paris, Constant Letellier*, 1822, 2 vol. in-8, avec 6 fig. lithogr. et des vignettes, 12 fr.

Avec M. Delpaux.

— Phocion, ou l'École des républicains, tragédie en cinq actes et en vers. *Milan, sans nom d'impr.*, et sans date, in-8.

— Quatrième (le) siècle, ou Hercule Maximien, tragédie en cinq actes et en vers. *Paris, sans nom d'impr. (Fournier)*, 1806, in-8.

VILLETERQUE (Alexandre-Louis de), littérateur, officier à l'époque de la révolution, associé correspondant de l'Institut pour la classe des sciences morales; né à

Ligny (Meuse), le 31 juillet 1759, mort à Chaillot, le 8 avril 1811.

— A madame ***, sur quelques ridicules du moment; épître. *Paris, Fuchs*, 1796, in-8 de 16 pag.

Imprimé aussi dans le Magasin encyclopédique, deuxième année, 1797, tome VI, p. 106.

— Enguerrand, sire de Rosemont, ou le Solitaire dans la forêt des Ardennes, drame en deux actes (en prose, mêlé d'airs). *Paris, Belin et Magimel*, 1793, in-8.

— Essais dramatiques et autres œuvres. *Paris*, 1793, in-8.

— Fleetwood, trad. de l'anglais, de W. GODWIN. *Paris, Dentu*, 1805, 3 vol. in-12, 7 fr. 50 c.

— Lettres athéniennes, traduites de l'anglais (de Philippe et Charles YORCK, et autres). *Paris, Dentu*, 1803, 3 vol. in-8, avec 12 portr. et une carte de la Grèce, 18 fr.; et sur pap. vélin superfin d'Annonay, 36 fr.;—ou 1804, 4 vol. in-12, avec fig. et carte, 12 fr.

— Lucinde, ou les Conseils dangereux, comédie en un acte. *Brest, et Paris*, 1791, in-8; ou *Paris, Belin*, 1793, in-8.

— Mari (le) jaloux et rival de lui-même, comédie en un acte, en prose. *Paris, Belin*, 1793, in-8.

— Quelques doutes sur la théorie des marées par les glaces polaires, ou Lettres à M. B.-H. de Saint-Pierre. 1793, in-8.

L'auteur de cette théorie singulière répondit dans le dessein de repousser ces doutes, mais il ne les dissipa nullement.

— Veillées (les) d'un malade. 1793, in-8.

Ce conte philosophique se trouve déjà sous le nom de *Fatalita*, cette femme égarée par de faux principes, qui joue un rôle principal dans l'ouvrage suivant.

Ce conte a été reproduit dans les « Essais dramatiques » et autres œuvres de l'auteur.

— Veillées (les) philosophiques, ou Essais sur la morale expérimentale et la physique systématique. *Paris*, an III (1795), 2 vol. in-8.

C'est dans un but moral que Villeterque a écrit ses « Veillées philosophiques », il s'y est proposé de montrer, ou plutôt de redire, après beaucoup d'autres, que le bonheur se trouve dans le seul accomplissement des devoirs, et qu'ils naissent du véritable amour de soi, bien différent de l'aveugle intérêt personnel. L'auteur y parle ainsi de lui-même: « Je suis né avec un caractère observateur « et une sensibilité extrême; et, presque toujours « ému, je suis toujours attentif; j'ai acquis le droit « de parler des passions par toutes les fautes dont « elles ont semé ma vie, et dont elles ne sont pas « toujours l'excuse ». La huitième veillée est une nouvelle réfutation de la théorie des marées par Bernardin de Saint-Pierre. L'objet de l'auteur dans ces dialogues est surtout de combattre ce qu'il regarde,

en morale, comme des paradoxes, dans les « Études de la nature » et dans « Émile », afin d'établir des bases plus conformes à la destination humaine. Mais on condamne, dans cet écrit, celui auquel son auteur attachait le plus d'importance, des digressions d'une longueur fatigante, et un néologisme d'autant moins excusable que Villeterque, écrivant habituellement dans les journaux, aurait dû ne pas négliger les principes de la critique littéraire.

— Zéna, ou la Jalousie et le bonheur, rêve sentimental. 1792, in-8.

Les connaissances étendues et variées de Villeterque le rendirent pendant douze ans l'un des plus utiles rédacteurs du « Journal des arts », et ensuite du Journal de Paris, à partir de 1793; il a publié comme éditeur une nouvelle édition de la traduction des Satires de Juvénal par Dussaulx, qu'il a fait précéder d'un Éloge historique du traducteur.

Une notice sur Villeterque a été insérée dans le « Magasin encyclopédique, seizième année, 1811, tome III, p. 152.

VILLETTE. Voy. RETAUX DE VILETTE.

VILLETTE (l'abbé Étienne-Nicolas), docteur en théologie, chanoine et grand archidiacre de l'église de Laon, chapelain de la chapelle royale de Notre-Dame de Liesse.

— Histoire de l'image miraculeuse de Notre-Dame de Liesse. *Laon, A. Renesson*, 1708, 1728; — 1769, in-8, fig. — Nouvelles éditions. *Reims, de l'impr. de Brigot*, 1817, in-16 de 64 pag.; et *Laon, de l'impr. de Courtois*, 1818, in-16 de 40 pages.

L'auteur a inséré dans ce petit ouvrage un Éloge en vers, et en vieux langage, de Jean d'Eppes, mort en 1293.

VILLETTE. — Sur l'origine du mal. *Londres*, 1757, in-12, 3 sh. 6 d.

VILLETTE (le marquis Charles de), maréchal général des logis de la cavalerie, député à la Convention nationale du département de l'Oise; né à Paris, le 4 décembre 1756, d'un trésorier qui, ayant fait ériger en marquisat une terre qu'il avait dans le Beauvoisis, la transmit à son fils, avec 40,000 écus de rente. La mère de ce dernier, femme à la mode pour son esprit et sa beauté, avait été si intimement liée avec Voltaire, qu'on a supposé, à tort sans doute, que Voltaire était le père du jeune marquis de Villette. Un tel bruit a pu être accrédité d'ailleurs par les éloges, les cajoleries que le patriarche de Ferney prodiguait à celui qu'il appelait le Tibulle français, et aussi par le culte en quelque sorte idolâtre que Villette avait voué à ce grand homme. Le marquis fit quelques campagnes de la guerre de Sept-Ans, et revint à Paris, lors de la paix de 1763, avec le grade de maréchal général des logis de la cavalerie. Il parut avantageusement dans le monde, où il joua tout à la fois les rôles d'homme à bonnes fortunes, de bel esprit de société et de Mécène des gens de lettres. Il chantait, déclamait, faisait des vers, jouait la comédie, et contrefaisait les ridicules à merveille. Le marquis de Villette dut à ses liaisons avec Voltaire d'être un des adeptes de la secte philosophique, et il dut à son amitié un bien plus précieux, une femme aussi estimable que belle, Mlle de Varicourt, que le marquis de Villette épousa sous les auspices de Voltaire, à la fin de 1777, à Ferney. Après la mort de Voltaire, le marquis de Villette devint possesseur de la terre de Ferney et de la colonie, et y fit transporter le cœur de notre grand écrivain. Il continua de se livrer à la littérature; mais, s'il fallait en croire Palissot, ses meilleurs ouvrages devraient être attribués à Goyeland, son secrétaire. Il concourut plusieurs fois, mais sans succès, pour le prix de l'Académie. Dès le commencement de la révolution, il se montra partisan enthousiaste des innovations, et il en proposa un grand nombre dans quelques-unes des lettres qu'il publia dans la « Chronique de Paris », depuis le mois d'avril 1789 jusqu'au 3 août 1792. Il rédigea aussi les cahiers du bailliage de Senlis, et demanda, avec beaucoup de hardiesse et d'énergie, la réforme des abus. Il ne fut pourtant point élu député aux États-Généraux. Toutes les améliorations qu'a subies la police de Paris depuis plus de quarante ans, tous les embellissements faits dans cette capitale, et la plupart des abus qu'on a supprimés, semblent avoir été prévus et proposés par Villette dans les lettres précitées, et il est juste de lui en faire honneur. Ces lettres ont été recueillies; on y remarque celle qu'il adressa, le 17 février 1790, à son homme d'affaires, pour que, sans attendre le réglement de l'assemblée nationale sur l'extinction des droits féodaux, il renonçât pour lui à toute espèce de servitudes, redevances, etc. Lorsqu'en 1792, il fut nommé membre de la Convention nationale, par le département de l'Oise, les événements qu'avaient amené et suivi la journée du 10 août, et surtout les massacres de septembre, avaient refroidi son enthousiasme et soulevé son indignation. Il l'exhala dans une lettre, publié contre les auteurs de ces massacres. Dénoncé par eux au conseil de la commune, où siégeaient la plupart de ceux qui en avaient été les ordonnateurs,

il allait être poursuivi par arrêté; mais il s'en plaignit à la Convention, en invoquant l'inviolabilité dont il était investi comme législateur. L'arrêté fut annulé. Toutefois, Villette perdit sa popularité, et ses liaisons avec les Girondins l'exposèrent aux fréquentes attaques de Marat et de Robespierre. Il n'en montra pas moins beaucoup de courage pendant le procès de Louis XVI, mais, déjà atteint de la maladie dont il mourut, le dépérissement de sa santé ne tarda pas à être rapide, et l'empêcha plus tard d'assister aux séances, et le sauva, sans doute, de la proscription au 31 mai. Il mourut le 9 juillet 1793.

— Éloge historique de Charles V, roi de France. *Paris, Grangé*, 1767, in-4.

— Éloge de Henri IV. *Paris*, 1770, in-4.

— Éloges historiques de Charles V et de Henri IV, rois de France; par le marquis de V***. Nouv. édition. *Amsterdam (Paris)*, 1772, in-4.

— Lettres sur les principaux événements de la révolution. *Paris*, 1792, in-8.

La plupart de ces Lettres avaient été imprimées dans la Chronique de Paris.

— Patroclée (la), ou Commencement du XVIe chant de l'Iliade, traduction littérale en vers. 1778, in-8.

Palissot attribue cette pièce à Voltaire, qui, à l'âge de quatre-vingt-quatre ans, aurait voulu remporter un prix sans se faire connaître.

Villette a donné différentes pièces dans l'Almanach des Muses.

On a attribué au marquis Ch. de Villette la publication d'un « Choix des Mémoires secrets de Bachaumont », par Ch. de V.... Londres (Paris), 1788, 2 vol. in-12 ; mais A.-A. Barbier, dans la table de ses anonymes, donne cette publication à un M. CHOPIN DE VERSEY.

— Œuvres du chevalier de Boufflers et du marquis de Villette. *Londres (Paris)*, 1782, in-18.

On trouve du marquis de Villette, dans ce volume, un choix des poésies qu'il avait fait paraître dans l'Almanach des Muses et autres recueils périodiques, auquel ont été accolées quelques lettres inédites de Voltaire.

— Œuvres (ses). *Londres, et Paris, Clousier*, 1784, in-12 de 270 pag. — ou 1786, in-16 ; — et *Édimbourg, et Paris*, 1788, in-8.

L'édition de 1786 a de remarquable d'être imprimée sur papier fabriqué par Léorier-Delisle avec diverses substances. Les cent cinquante-six premières pages de ce livre sont imprimées sur du papier de guimauve, et les vingt feuillets suivants sont composés d'orties, de houblon, de mousse, de roseaux, d'écorce d'osier, de saule, de peuplier, d'orme, de tilleul, de chêne, de racine de chiendent, de bois de fusain, de coudrier, de feuilles de bardane, de pas-d'âne, de chardons, etc. Dans l'épître dédicatoire adressée à M. Ducrest , qui se trouve en tête de ce volume , Léorier y annonce lui-même ses découvertes dans la fabrication du papier.

L'édition de 1788 est la plus belle des trois que nous citons ; elle contient une Lettre imprimée d'abord dans les « Mémoires de Bachaumont» , dans laquelle, en se montrant le détracteur de Boileau, Villette a si justement donné lieu à La Harpe et à Palissot de le couvrir de ridicule. Aussi , en réimprimant cette lettre dans le volume, l'auteur y a-t-il fait des suppressions.

Comme littérateur, Villette a plus de goût que de talent, plus de saillie que de méditation. Ses ouvrages sont le fruit de la fantaisie plutôt que du travail. On y trouve l'élan d'une imagination plus mobile qu'ardente , et la sensibilité d'un homme du monde qui ne s'affecte jamais profondément ; mais il se distingua par une politesse de style , par un ton d'urbanité , assez rare chez l'écrivain de métier; par un soin extrême à éviter la répétition du même mot et les consonnances désagréables, ayant soin d'employer toujours le mot propre. Ses *Lettres* contiennent une foule d'anecdotes que l'on chercherait vainement ailleurs.

(Biogr. univers. et port. des contemp.)

Le marquis de Villette , qui est peu connu comme auteur dramatique lyrique , avait pourtant beaucoup travaillé pour l'Académie royale de musique. Nous avons sous les yeux une note de huit opéras présentés à ce théâtre par le marquis de Villette , mais qui ne paraissent avoir été ni représentés, ni imprimés ; ce sont les suivants : la Mort de Patrocle , tragédie en cinq actes, 1784 ; — Polixène , tragédie en trois actes, 1784 ; — Valdémar, ou l'Amour et la nature , opéra en trois actes, 1784 ; — Médée à Corinthe, tragédie en trois actes, 1786 ; — Antoine et Cléopâtre , tragédie , 1787 ; — le Chevalier de l'Étoile, en trois actes, 1787 ; — le Bal de l'Opéra, ou une Nuit du chevalier de Faublas , en trois actes, 1792 ; — la Colère d'Achille , trag.-opéra , an IX.—La première et la dernière pièce sont peut-être le même sujet.

VILLETTE (Gabriel), ancien chirurgien-accoucheur.

— Conseils aux goutteux, aux rhumatisants, et aux personnes dont les maladies dérivent du vice de transpiration, de mauvaise digestion , etc. *Paris*, 1807, in-12.

— IIIe édition. *Paris , l'Auteur ; Le Normant*, 1811, in-8, 6 fr.

VILLETTE, coiffeur. — Triomphe (le) des Français, chansons nouvelles. *Paris, de l'impr. d'Aubry*, 1814 , in-18 de 12 pages.

VILLETTE. Voy. L.-G. MICHAUD.

VILLETTE (le docteur). — A MM. les pairs, députés et magistrats. *Paris, de l'impr. de Guiraudet*, 1838, in-fol. de 4 pages.

Contre le projet d'attribuer aux juges de paix les jugements en dernier ressort jusqu'à 100 et 200 fr.

— Choléra-morbus observé à Compiègne, et spécialement à l'Hôtel-Dieu de cette ville. *Compiègne , de l'imp. d'Escuyer*, 1832, in-8 de 52 pag.

Avec M. Devivier, médecin.

— Manuel (nouv.) de botanique élémentaire et de botanique appliquée à l'agriculture , à la médecine des hommes et des animaux. *Paris, rue du Battoir, n. 3.* 1838, 2 vol. in-18, avec une planche et deux vignettes , 3 fr.

VILLETTE DE CHATEAUNEUF (G.-M.), anc. administrateur du département d'Eure-et-Loire.

— Dissertation sur les périodes égyptiennes et sur une période indienne. *Paris, Dentu*, 1805 , in-8 , 1 fr. 50 c.

— Recherches sur la densité des planètes. *Chartres , Fr. Durand*, 1795, in-4.

VILLEUMEUREUX. Voy. VILLEMEUREUX.

VILLEVAULT ou VILEVAULT (Louis-Guillaume de), conseiller honoraire à la cour des aides de Paris; mort le 15 mai 1786 , à l'âge de 70 ans.

— Tables générales des neuf volumes du recueil des ordonnances des rois de France. 1759, in-fol.

Villevault avait succédé à Secousse dans la publication des Ordonnances des rois de France de la troisième race, et il en a publié les volumes IX à XII. En tête du premier de ces quatre volumes , il a placé un *Éloge de Secousse*. De Bréquigny, qui succéda à Villevault dans cette grande publication, à son tour, a placé l'éloge de son prédécesseur dans le tome XIII.

VILLEVIELLE (le comte de). — Lettre sur l'Institut d'Hofwyl. *Paris , de l'impr. de Rignoux*, 1825, in-8 de 12 pag.

Extrait de la » Revue encyclopédique ».

VILLIAMS (miss). Voy. WILLIAMS.

VILLIAUME (Claude), fondateur à Paris de la première agence matrimoniale.

— Calendrier pour l'an 1822, dédié aux personnes qui désirent se placer, s'associer, se marier, se mettre en pension, prendre des pensionnaires, prêter, etc. *Paris, de l'impr. de Tiger*, 1821, in-32 de 32 pag.

— Guide des personnes qui désirent se placer, s'associer, se marier, etc. *Paris, l'Auteur*, 1824, in-32 de 16 pages.

— Mes détentions comme prisonnier d'État sous le gouvernement de Buonaparte ; suivies de mes évasions, exil, réarrestations, etc., ou Mémoires de Cl. Villiaume. *Paris , l'Auteur*, 1814, in-8 de 80 pag.

— M. Villiaume peint par lui-même, et travesti par d'autres, ou son Agence et ses mariages; ouvrage très-intéressant, dédié aux personnes qui voudront bien l'accep-

ter. *Paris, l'Auteur ; les march. de nouv.*,
1812, 3 part. in-18.
— M. Villiaume sommeillant à Charenton,
suivi du Réveil de M. Villiaume et de sa
rentrée dans le monde. *Paris, de l'impr.
de veuve Cussac*, 1818, in-8 de 332 pag.,
6 fr.

VILLIERS (Pierre de), né à Cognac, en
1648, entra chez les jésuites en 1666.
Après s'y être distingué dans les colléges
et dans la chaire, il en sortit en 1689,
pour entrer dans l'ordre de Cluni, non
réformé ; il devint prieur de Saint-Taurin,
et mourut à Paris, le 14 octobre 1728.
— * Art (l') de prêcher, à un abbé, poëme
en quatre chants. *Cologne, P. Marteau
(Paris)*, 1682, in-12 ; — XVIIe édition,
corrigée sur une copie de l'auteur. *Paris,
Cl. Barbin*, 1692, in-12 ; et *Cologne*,
1692, in-12.

Les principes que l'auteur a établis dans son
poëme doivent être considérés comme le fruit de
ses réflexions et de son expérience. On y trouve
les règles principales de l'éloquence de la chaire,
et même celles de la véritable éloquence en général.

— Amitié (de l'), poëme satyrique (en
quatre chants) contre les faux amis. *Paris,
Cl. Barbin*, 1692, in-8. — Sec. édit. *Paris*, 1697, in-8.
— * Amitié (de l') et l'Art de prêcher,
poëmes. *Paris, Cl. Barbin*, 1692, in-8.

Ces deux poëmes, ainsi que d'autres poésies du
même auteur, ont été réunis sous le titre : *Poésies
de M. D* V*￼* (de Villers). Voy. plus bas.

— * Conduite chrétienne dans le service
de Dieu et de l'Église, avec l'office de la
Vierge et les vêpres, en latin et en français. *Paris, Jacques Collombat*, 1699,
in-16.

Très-rare et très-recherché à cause de l'office de
la Vierge, qui est sans renvoi.

— * Entretien sur les tragédies de ce temps.
Paris, Est. Michallet, 1675, in-12.

Imprimé aussi dans le premier volume du « Recueil de Dissertations sur plusieurs tragédies de
Corneille et de Racine.

— * Entretiens sur les contes des fées, et
sur quelques autres ouvrages du temps,
pour servir de préservatif contre le mauvais goût. *Paris, Collombat*, 1699, in-12.
— * Mémoires de la vie du comte D***,
avant sa retraite, rédigés par de Saint-
Évremond (ou plutôt par P. de VILLIERS).
Paris, Brunet, 1696, 1702, 2 vol. in-12 ;
— ou *Amsterdam*, 1730, 1740, 1753, 2
vol. in-12.

— * Moines (les), comédie et musique,
composée par les RR. PP. jésuites, et représentée devant le P. D. L. C. (le P.
de La Chaise). *Berg-op-Zoom, Strelitz*,
1709, in-12.
— * Pensées et Réflexions sur les égare-
ments des hommes dans la voie du salut.
Paris, Barbin, 1693, 3 vol. in-12. — IVe
édition. *Paris, Collombat*, 1732, 3 vol.
in-12.
— * Poëmes et autres poésies de ***. *Paris, Collombat*, 1712, in-12.
— OEuvres (ses), en vers. *La Haye, H.
Du Sauzet*, 1717, in-12.
— * Poésies de M. D* V*. Nouv. édition,
augmentée d'un nouveau poëme, et de
quelques autres pièces. *Paris, Jacq. Collombat*, 1728, in-12.
— * Réflexions sur les défauts d'autrui.
Paris, Barbin, 1690, 2 part. in-12. —
IIIe édition. *Paris, Cl. Barbin*, 1693, 2
vol. in-12.
— Réflexions (nouvelles) sur les défauts
d'autrui, et sur les fruits que chacun en
peut retirer pour sa conduite. *Paris, Collombat*, 1697, 2 vol. in-12.

Ces *Nouvelles Réflexions* ont été réimprimées avec
les premières pour la quatrième fois, en 1734, 2
vol. in-12 (Paris, Collombat).

— Sermons....
— * Sur ma vieillesse, à M. ***. *Paris,
Lottin*, 1727, in-12.

Il y a dans ce petit cahier deux pièces de vers
sur le même sujet.

— * Traité de la satire, où l'on examine
comment on doit reprendre son prochain,
et comment la satire peut servir à cet usage.
Paris, Anisson, 1695, in-12.

L'auteur est nommé dans l'extrait du privilége.
En 1716 l'ouvrage fut réimprimé à La Haye, chez
Van Duren, avec ces mots sur le frontispice : *par
M. de S***.* On l'attribuait alors, en Hollande, à
l'auteur des *Traités de la gloire et de l'amitié*, c'est-
à-dire à Louis de SACY, traducteur de Pline le
jeune.

VILLIERS (Nicolas de). — * Nobiliaire
de Picardie. 1708-17, in-fol. atlant.

Avec N. de Rousseville.

VILLIERS (l'abbé Marc-Albert de),
prêtre et avocat en parlement; mort le 30
juin 1778.
— * Apologie du célibat chrétien, contre
l'ouvrage du chanoine Desforges, intitulé :
« Avantages du mariage, etc. ». *Paris,
veuve Damonceville*, 1761, 1762, in-12.

Avantages du mariage, et combien il est nécessaire et salutaire aux prêtres et aux évêques de ce temps-ci, d'épouser une fille chrétienne (par Desforges, chanoine d'Étampes). Bruxelles, 1758, 2 vol. in-12.

— Dignité de la nature humaine, considérée en vrai philosophe et en vrai chrétien. *Paris, d'Houry*, 1778, in-12.
— * Explication littérale sur le catéchisme du diocèse de Paris. *Paris, Musier; d'Houry*, 1768, in-12.
— Instructions de saint Louis, roi de France, à la famille royale, extraites du recueil imprimé par les soins de MM. de la bibliothèque du roi. *Paris, Lottin*, 1766, in-12.
— Principes sur la fidélité due aux rois, extraits de M. Bossuet. *Paris, d'Houry*, 1771, 1776, in-12.
— * Sentiments des catholiques sur le « Mémoire historique et politique au sujet des mariages des protestants ». 1756, in-8 de 14 pages.
— Vie de Louis IX, dauphin de France. *Paris, d'Houry*, 1769, in-12.

VILLIERS (Ch.-L. de).— * Histoire du vénérable serviteur de Dieu Garembert. *Cambray*, 1769, in-8.

VILLIERS (Jacques-François de), docteur-régent de la Faculté de médecine de Paris, docteur de Pont-à-Mousson, en 1757, ancien médecin des camps et armées du roi, et médecin de l'École royale vétérinaire; né à Saint-Maixant, en Poitou, le 5 juin 1727.
— Lettre sur l'édition grecque et latine des OEuvres d'Hippocrate et de Galien, publiée par René Chartier; extraite des Mémoires de M. Goulin. 1776, in-4.

Il assure que l'Errata de la « Gazette de santé » est d'un autre médecin.

— Manuel secret et analyse des remèdes de M. Sutton pour l'inoculation de la petite vérole. *Paris, Didot le jeune*, 1774, in-8.
— Médecine (la) pratique de Londres, traduite sur la seconde édition. *Paris, Segaud*, 1778, in-8; — *Yverdun*, 1781, 2 vol. in-12.
— Méthode pour rappeler les noyés à la vie. 1771, in-4.
— Supplément au mémoire de M. Vétillard sur le seigle ergoté. 1770, in-8.

Villiers a traduit, en société avec Louis, les Aphorismes de chirurgie de H. BOERHAAVE, commentés par Van Swieten (1751-65, 7 vol. in-12), et, seul, les Éléments de docimastique, ou l'Art des essais, de CRAMER (1755, 4 vol. in-12); il a aussi revu la

traduction de la Chimie de Spielmann, qu'il a augmenté pour le catalogue des auteurs. Il a donné le catalogue des pièces sur les contestations des médecins et des chirurgiens dans l'Histoire de l'anatomie de M. Portal, et plusieurs articles de chimie dans l'Encyclopédie, tomes V, VI et VII.

VILLIERS, anc. prêtre de l'Oratoire.
— Dictionnaire (nouveau) français et latin, adopté par la commission des livres classiques pour les lycées et écoles secondaires. *Angers, et Paris*, 1805, in-8.
— * Plan (nouveau) d'éducation et d'instruction publique, dédié à l'Assemblée nationale, dans lequel on substitue aux universités, séminaires et colléges, des établissements plus raisonnables, etc. *Angers, Mame, et Paris*, 1790, in-8.
— Racines latines, à l'usage des écoles roy. militaires et des colléges de la congrégation de l'Oratoire. 1779, in-8.

VILLIERS (madame Nicole-Mathieu).
— Barra, ou la Mère républicaine, drame historique en trois actes et en prose. *Dijon, P. Causse*, an II (1793), in-8.

VILLIERS (Pierre), homme de lettres, anc. capitaine au 3e régiment de dragons.

LITTÉRATURE.

Théâtre.

— Auberge (l') allemande, prologue en vaudevilles (et en prose) de l'Enfant et le grenadier. *Paris, Barba*, 1810, in-8.

Avec Brazier.

— Bebée et Jargon, rapsodie en un acte, en prose, mêlée de couplets, imitée de l'opéra-Médée. *Paris, au théâtre de mademoiselle Montpensier*, 1797, in-8.

Avec Capelle.

— Bizarre, ou Ce n'est pas le Pérou, bizarrerie en un acte. *Paris, Barba*, 1802, in-8, 1 fr. 25 c.

Avec MM. Bonel et Jorre.

— Bouffe (le) et le tailleur, opéra-bouffon en un acte. *Paris*, 1804, in-8.

Avec Armand Gouffé.

— Bustes (les), ou Arlequin sculpteur, vaudeville en un acte. *Paris*, 1795.

Avec le même.

— Catherine de Steinberg, ou un Déjeuner du duc d'Albe, mélodrame en un acte, mis en scène par H. Franconi. *Paris, Fages*, 1819, in-8 de 24 pag.
— Charivari (le) de Charonne, tintamarre en un acte, mêlé de vaudevilles et de

danses, imité du « Désastre de Lisbonne ». *Paris*, 1805, in-8.

Avec H. Pessey.

— Cosaques (les), ou le jeune Dodiski, mélodrame historique en trois actes et en prose. *Paris, Ducrocq*, 1805, in-8.

— Dragons (les) français et les hussards prussiens, petite pièce en un acte, en prose, mêlée de couplets. *Liége, Bollen*, an III (1795), in-8.

— Enfant (l') et la poupée, ou le Masque d'airain ; tableaux en une action, précédés d'un prologue en prose, musique arrangée par Leblanc. *Paris, Barba*, 1812, in-8 de 24 pag.

— Enfant (l') et le grenadier, fait et tableaux historiques en deux actions. *Paris, Barba*, 1810, in-8.

— Félime et Tangut, ou le Pied de nez, mélodrame-féerie en trois actes. *Paris, Fages*, 1805, in-8, 50 c.

Avec H. Pessey.
Réimpr. en 1824 comme vaudeville-féerie, et distribué en six actes. Paris, Duvernois, in-8, 1 fr. 50 c.

— Femme (la) impromptu, opéra bouffon en un acte, mêlé d'ariettes. *Bruxelles., F. Hayez*, juillet 1808, in-8.

— Ferme (la) des carrières, fait historique, pantomime en deux actes, mêlée de dialogues. *Paris, Fages*, 1819, in-8 de 20 pages.

Avec H. Franconi.

— Forioso à Bourges, ou l'Amant funambule, vaudeville en un acte. *Paris, Roux*, 1801, in-8, 1 fr. 20 c.

Avec Bonel.

— Forteresse (la) de Colatis, ou Zélaïde et Pharès, mélodrame en trois actes. *Paris, Fages*, 1805, in-8, 60 c.

— Guinguette (la), ou les Réjouissances pour la paix, vaudeville en un acte. *Paris, Barba*, 1802, in-8, 1 fr. 20 c.

Avec Bonel.

— Jeune (le) d'Aubigné, ou la Nuit de la Saint-Barthélemy, drame historique en trois actes, en prose. *Paris, madame Cavanagh*, 1805, in-8, 1 fr. 20 c.

— Maréchal (le) de Lowendal, ou la Prise de Berg-op-Zoom en 1747, fait historique en un acte. *Paris, Barba*, 1818, in-8.

— Médecin (le) turc, opéra-bouffon en un acte, musique de Nicolo Isouard. Sec. édition. *Paris, madame Cavanagh*, 1813, in-8.

Avec Armand Gouffé.

— M. Beldam, ou la Femme sans le vouloir, comédie en un acte, mêlée de vaudevilles. *Paris, Barba*, 1818, in-8.

Avec Armand Gouffé.

— Passage (le) des Thermopyles, mimodrame en deux actes. *Paris, Quoy*, 1823, in-8, 50 c.

— Petite (la) Nichon, ou la petite Paysanne de la Moselle ; petits tableaux en une petite action, précédés d'un petit prologue. *Paris, Barba*, 1811, in-8 de 24 pages.

Avec Cuvelier.

— Poniatowski, ou le Passage de l'Elster, mimodrame militaire en trois actes. *Paris, Fages*, 1819, in-8.

Avec Franconi jeune.

— Rodomont, ou le petit Don Quichotte, mélodrame héroï-comique, mêlé de vaudevilles, en trois actes et en prose. *Paris, Fages*, 1807, in-8.

Avec Brazier fils et *** (Arm. Gouffé).

— Rosalba d'Arandès, pièce en trois actes, à grand spectacle. *Paris, Fages*, 1821, in-8.

Avec M. Caigniez.

— Scène lyrique en l'honneur de LL. MM. II. et RR. et du roi de Rome. *Paris, de l'impr. de Hocquet*, 1811, in-8 de 8 pag.

— Ugolin, ou la Tour de la faim, mimodrame en trois actes. *Paris, Fages*, 1821, in-8.

Avec M. Caigniez.

— Un et un font deux, vaudeville épisodique en un acte (et en prose). *Paris, madame Cavanagh*, an XI (1803), in-8.

Avec H. Chaussier.

— Valet (le) sans maître, ou la Comédie sans dénouement, bluette en moins d'un acte, en prose, mêlée de couplets. *Paris, Barba*, 1810, in-8.

Avec M. Arm. Gouffé.

Poésies.

— Au Roi. 1837. Le Sermon du curé de Saint-Port (et à S. A. R. le prince royal en lui envoyant ma fable le Hibou et la Pie). *Paris, de l'impr. de Fournier*, 1837, in-8 de 8 pag.

Tiré à cinquante exemplaires.

— Deux (les) Philippe : le premier apôtre et le premier roi des Français. 1er mai

1835. *Paris, de l'impr. de Fournier*, 1835, in-8 de 8 pag.

En vers libres.

— Enfant (l') à baptiser. Au Roi. 1er mai 1836. *Melun, de l'impr. de Michelin*, 1836, in-8 de 8 pag.

— Fables dédiées à Mgr. le duc de Montpensier; suivies de quelques vers et d'un peu de prose. *Paris, de l'impr. de Didot*, 1833, in-12 de 144 pag.

Tiré à cinquante exemplaires.

— Hibou (le) et la pie. Allégorie à S. A. R. le duc de Montpensier. *Paris, de l'impr. de Fournier*, 1837, in-8 de 8 pag.

— Minerve, l'aiglon et le hibou, fable. A S. A. R. le duc de Montpensier. *Paris, de l'impr. de Fournier*, 1836, in-8 de 8 pages.

— Petites rapsodies. *Paris, Capelle*, 1814, in-18.

— Richesse (la), la volupté, la vertu, la santé; allégorie à S. A. R. Madame, duchesse Hélène d'Orléans. 1er janvier 1839. *Paris, de l'impr. de Fournier*, 1838, in-8 de 8 pag.

HISTOIRE.

— Braves (les) anciens et modernes, galerie comparée des maréchaux d'Empire et de quelques maréchaux de France, connétables et grands capitaines des derniers siècles de la monarchie française. Dédiés à S. A. S. Joachim, prince et grand-amiral de France, duc de Clèves et de Berg. *Paris, Gilbert et comp.*, 1806, in-12 de xiij et 228 pages, avec portr.

— Cent heures d'agonie, ou Relation des aventures d'Augustin Delasalle, sous-lieutenant au 3e régiment de dragons, fait prisonnier par les Arabes, en Syrie, le 23 ventôse an VII, avec le détail des traitements barbares qu'il a soufferts dans les vallons de Naplouse. *Paris, Favre*, an IX (1801), in-8 de 18 pages.

— France (la) militaire, ou Abrégé de l'Histoire de la monarchie française, à l'usage des militaires. *Paris, Trouvé*, 1824, 2 vol. in-12, 6 fr.

— Itinéraire descriptif de Paris à Beaucaire. *Paris*, 1816, in-8, avec une carte.

— Itinéraire descriptif de Paris à Dijon. *Paris*, 1817, in-8, avec une carte.

— Manuel du voyageur à Paris, ou Paris ancien et moderne; contenant la description historique et géographique de cette capitale, de ses monuments, palais, édifices publics, jardins, spectacles, etc., de

tout ce qui peut intéresser les étrangers; suivi de l'Itinéraire par lettres alphabétiques des rues, places, quais, culs-de-sac, carrefours, marchés, cloîtres, passages, boulevards, barrières, jardins publics, etc., qui se trouvent dans la métropole; nouvelle édition, revue, corrigée et considérablement augmentée. *Paris, Delaunay*, 1813, in-18, 2 fr. 50 c.

La première édition de ce livre, qui a été souvent réimprimé, parut en 1804 ou 1805.

— Manuel du voyageur aux environs de Paris. *Paris, Delaunay*, 1802, 1804, 1806, 2 vol. in-18.

— * Portefeuille d'un Chouan. (Premier numéro et unique). *Pentarchipolis, de l'impr. des honnêtes gens*, 1796, in-8 de 96 pag.

Avec Mayeur.

— Souvenirs d'un déporté, pour servir aux historiens, aux romanciers, aux compilateurs d'ana, aux folliculaires, aux journalistes, aux faiseurs de tragédies, etc. Œuvre posthume. *Paris, Barba*, 1802, in-8, 3 fr.

VILLIERS (J.-M.-J.-Cyr. de). — Instructions sur les mesures déduites de la grandeur de la terre, et sur les calculs relatifs à la division décimale. 1799, in-12.

VILLIERS (madame). — * Mademoiselle Delaunay à la Bastille, comédie historique, mêlée d'ariettes, en un acte (et en prose). *Paris, Delaunay*, 1813, in-8.

Avec M. Creuzé (de Lesser).

VILLIERS (Alex. de). Voy. DEVILLERS.

VILLIERS (le chev. de). * — Essais historiques sur les modes et la toilette française. Par le chevalier de ***. *Paris, Mongie aîné*, 1824, 2 vol. in-18, avec grav.

VILLIERS (R.-E. de), ingénieur en chef des ponts et chaussées.

— Description du canal de Saint-Denis et du canal Saint-Martin. *Paris, Carilian-Gœury*, 1826, in-4 de 64 pages, et Atlas in-folio de 14 pl., 20 fr.

VILLIERS (Ad.-Prudent de), naturaliste à Montpellier.

— Notice sur trois lépidoptères, inédits ou peu connus, du midi de la France. *Paris, Decourchant*, 1827, in-8 de 16 pages, plus une pl.

Extrait des « Annales linnéennes ».

— Tableaux synoptiques des lépidoptères d'Europe, contenant la description de tous les lépidoptères connus jusqu'à ce jour, avec leurs variétés, leurs mœurs, leurs époques d'apparition, etc. (Tome Ier, et unique. Diurnes). *Paris, Méquignon-Marvis*, 1834, in-4 de 148 pag., avec une planche, 20 fr.

Avec M. Guenée.
Cet ouvrage devait être composé de cinq volumes.

VILLIERS (de). — Pèlerin (le) français, le pèlerin à l'atelier, le pèlerin militaire, le pèlerin historien, le pèlerin à la cour, le pèlerin narrateur, le pèlerin à la campagne. *Paris, l'Auteur, rue de Babylone, n. 1*, 1832, in-8.

A paru en opuscules de 4 à 8 pages.

VILLIERS (Albert), négociant. — Ce qui serait arrivé si le parti républicain avait triomphé le 6 juin 1832. *Paris, de l'impr. de David*, 1833, in-8 de 8 pag.

VILLIERS (Léon de), auteur dramatique.
— Fabrique (la), drame-vaudeville en trois actes; imité d'un conte de l'atelier, de Michel Masson. *Paris, Michaud*, 1838, in-8 à deux colonnes, 40 c.

Avec M. Saint-Yvès (Déaddé).

— Forgeron (le), drame-vaudeville en un acte. *Paris, Morain*, 1837, in-8 à deux colonnes, 30 c.

Avec le même.

— Pédrilla, comédie-vaudeville en un acte. *Paris, Michaud*, 1839, in-8.
— Rose et Colas, ou Une pièce de Sedaine, comédie-vaudeville en deux actes. *Paris, Michaud*, 1838, in-8 à deux colonnes, 40 c.

Avec le même et M. Victor Ratier.

— Sous la régence, comédie-vaudeville en un acte. *Paris, Michaud*, 1838, in-8 à deux colonnes, 20 c.

Avec M. Saint-Yves (Déaddé).

— Une histoire de voleurs, drame-vaudeville en un acte. *Paris, Michaud*, 1838, in-8 à deux colonnes, 20 c.

Avec le même.

VILLIERS (le comte et la comtesse de). Voy. (la Littér. franç. contemp.) à MILON DE VILLIERS.

VILLIERS DE SAINT-ÉTIENNE (le P. Cosmas de), carmelite de la province de Tours.

— Bibliotheca carmelitana. *Aurelianis*, 1751, 2 vol. in-fol.

VILLIERS DU TERRAGE (le vicomte de), successivement commissaire général de police et préfet sous l'Empire, de nouveau préfet après la Restauration, puis conseiller d'État, pair de France, membre des académies de Besançon, de Nîmes, et de la Société géologique de France; né à Versailles, le 24 janvier 1774.
— Loisirs d'un ancien magistrat. 1834.
— Poésies morales et historiques, ou Suite et seconde édition des « Loisirs d'un ancien magistrat », 1830 à 1836. *Paris, T. Dufart; Houdaille*, 1836, 2 vol. in-8, ornés d'une charmante gravure de T. Johannot, sur acier.

On trouve une Notice sur le vicomte de Villiers du Terrage dans la Biographie des hommes du jour de MM. Sarrut et Saint Edme, tome III, 2e part., pag. 296.

VILLIERS-MORIAMÉ (F.-J.). — Cours (nouv.) de rhétorique française, à l'usage des aspirants au baccalauréat ès-lettres. *Paris, Brunot-Labbe*, 1825, in-12, 3 fr.
— Nouveaux modèles d'analyse grammaticale, suivis 1° d'un programme de questions sur la première partie de la grammaire française de MM. Noël et Chapsal; 2° de l'étymologie des termes de grammaire. *Paris, Brunot-Labbe*, 1826, in-12, 1 fr. 50 c.

Voy. aussi LE BÈGUE DE VILLIERS.

VILLODON (Henri-Alexandre de), chef d'institution à Paris.
— Bucoliques (les) de VIRGILE, traduites en vers français, accompagnées de notes sur le texte, et de tous les passages de Théocrite que Virgile a imités. *Paris, Aug. Delalain*, 1818, 1821, in-8, 2 fr. 75 c.
— Mélanges de poésies. *Paris, de l'impr. d'Herhan*, 1816, in-4 de 16 pag.
— Stances chantées, le 11 décembre 1830, à un banquet de la garde nationale. *Paris, de l'impr. de David*, 1830, in-4 de 4 pages.

VILLOISON (DANSSE de). Voy. DANSSE DE V.

VILLON (François CORBUEIL, dit par sobriquet), qui signifie Fripon; poëte français du quinzième siècle; né à Paris, en 1431, fut condamné pour ses friponneries à être pendu; mais il appela de cette sentence au Parlement, où l'on croit que la peine fut commuée en celle du bannissement. Selon les uns, il se retira à Saint-

Maixant en Poitou, où il mourut vers l'an 1456; selon d'autres, au contraire, il mourut en Angleterre, en 1500.

— Dit (le) de la naissance de Marie de Bourgogne. Poëme inédit de maistre de Fr. VILLON, extrait de ses OEuvres, publiées par J.-H.-R. PROMPSAULT. *Paris, Techener,* 1832, in-8 de 16 pag.

Tiré à 60 exempl. Extrait de ses OEuvres, publiées en 1832.

— Nouveau (le) Pathelin (ou la Farce de Pathelin et du Pelletier, attribuée à VILLON par l'éditeur GUEULLETTE). 1748, in-12.

— OEuvres (les) de François VILLON, avec les notes de Clément MAROT et les remarques de M*** (Eusèbe de LAURIÈRE). *Paris, Coustelier,* 1723, pet. in-8.

— Les mêmes, avec les mêmes notes et celles de LE DUCHAT et de FORMEY, etc. (publiées par Prosper MARCHAND). *La Haye,* 1742, in-8.

— Les mêmes, corrigées et complétées d'après plusieurs manuscrits qui n'étaient pas connus; précédées d'un Mémoire, accompagnées de leçons diverses et de notes, par J.-H.-R. PROMPSAULT. *Paris, Techener,* 1832, in-8, 7 fr. 50 c.

VILLOT (F.), garde des archives.
— Origine astronomique du jeu des échecs, expliquée par le calendrier égyptien, ou Mémoire relatif à la méthode de formation et à l'exposition d'une table qui présente d'une manière distincte, et dans le plus petit espace possible, toutes les combinaisons d'un nombre de signes donné; suivi d'une application de cette même méthode aux sept jours de la semaine, représentés par les sept planètes connues des anciens : application de laquelle il résulte un » Calendrier perpétuel et complet » pour toute division hebdomadaire du temps, et notamment un triple calendrier pour l'année vague des Égyptiens, pour leur grande période solaire, ou année sothique, et pour l'année et la période égyptienne lunaire; triple calendrier dont le jeu des échecs offre la fidèle représentation. *Paris, de l'impr. de Crapelet. — Treuttel et Wurtz,* 1825, in-8 de 92 pag., plus une planche, 2 fr. 50 c.

Villot est l'un des auteurs des « Recherches statistiques sur la ville de Paris et le département de la Seine », faites d'après les ordres du comte de Chabrol, alors préfet du département (1823, in-4), et l'éditeur de Memnon, ou la Sagesse humaine, conte de Voltaire, trad. en grec ancien (précédé d'une préface française). Paris, de l'impr. de Poussielgue, 1834, in-12 de 24 pages.

VILLOTTE (le P. Jacq.), jésuite, missionnaire en Arménie; mort en 1743.
— Voyages d'un missionnaire de la compagnie de Jésus en Turquie, en Perse, en Arménie, en Arabie et en Barbarie (revus et publiées par le P. Nic. FRIZON). *Paris, Vincent,* 1730, in-12.

Il existe des exemplaires qui, quoique de la même date, portent un titre différent, ainsi conçu: *Voyage en Turquie, en Perse, en Arménie, etc.; par un missionnaire de la compagnie de Jésus.*
On doit au même un nouveau *Dictionnaire latin et arménien,* et un *Commentaire,* en arménien, *des quatre évangélistes,* deux ouvrages imprimés à Rome, par la Société de la propagande, en 1714; le premier in-fol., et le second in-4.

VILLOTEAU (G.-A.), écrivain artistique, anc. membre de l'institut d'Égypte, a été l'un des plus actifs collaborateurs du grand ouvrage qui nous est resté comme le plus beau trophée de notre conquête, et qui décore d'un éclat tout particulier les victoires, les revers, et tous les prestiges de notre épisode d'Orient. Villoteau, ce modeste savant, qui honora l'Institut égyptien, était dans un état voisin de la misère; on a peine à concevoir que, d'après les demandes réitérées des douze préfets qui se sont succédés dans son département (Indre-et-Loire), il n'ait pu obtenir une pension du gouvernement. On refusa tout pour lui, même la croix de la Légion-d'Honneur. Villoteau est mort à Tours, en avril 1839, dans sa quatre-vingtième année.
— Lettre de M. Villoteau, touchant ses vues sur la possibilité d'une théorie exacte des principes naturels de musique; suivie d'un Mémoire et de quelques Opuscules sur l'usage de la musique dans les églises, et l'utilité du rétablissement des maîtrises de chapelles dans les cathédrales de France, et de la Réfutation d'un système particulier sur les causes de l'expression musicale, par G.-M. Raymond, de la Société philotechnique impériale des sciences, lettres et arts de Turin, etc. *Paris, Courcier,* 1811, in-8 de 262 pag., 4 fr.
— Mémoire sur la possibilité et l'utilité d'une théorie exacte des principes naturels de la musique. *Paris, de l'impr. impér.,* 1807, in-12.
— Recherches sur l'analogie de la musique avec les arts, qui ont pour objet l'imitation du langage. *Paris, de l'impr. impér.,* 1807, 2 vol. in-8.

Les Mémoires savants et curieux de Villoteau qui ont pris place dans l'immortel ouvrage : la Description de l'Égypte, sont ceux dont voici les titres : 1° sur les instruments de musique des anciens Égyptiens ; 2° sur l'histoire de la musique chez cet ancien peuple ; 3° sur l'état actuel de la musique en usage chez les Orientaux. Villoteau avait, en outre, envoyé au Conservatoire plusieurs mémoires manuscrits, contenant ses recherches sur la musique des anciens.

VILMAIN (H.). — Voyage en Turquie et à Constantinople. (1828). Voy. WALSH.

VILMORIN (Pierre-Philippe-André LÉVÊQUE DE), agriculteur.

Il a eu part aux « Annales de l'agriculture française », et aux nouvelles éditions, augmentées, du « Bon Jardinier ».

On trouve une Notice sur M. Vilmorin dans le Biogr. et le Nécrol. réunis, tome II, page 214.

VILMOT ou VILLEMOT (Henri), auteur dramatique.

— Amour (l') et les poules, comédie-vaudeville en un acte (et en prose). *Paris, Bezou*, 1826, in-8.

Avec MM. Jouslin de la Salle et Saint-Amand (Arm. Lacoste).

— Bisson, mélodrame en deux actes et en cinq parties (en prose). *Paris, J.-N. Barba*, 1828, in-8.

Avec MM. Benjamin (Antier) et Théodore N*** (Nezel).

— Chemin (le) creux, mélodrame en trois actes (et en vers). *Paris, J.-N. Barba*, 1825, in-8.

Avec MM. (Le Poitevin) de Saint-Alme et Frédéric Mourier.

— Deux (les) soufflets, comédie en un acte (et en prose). *Paris, P.-J. Hardy*, 1830, in-8.

Avec M. Saint-Amand (Arm. Lacoste).

— Flaneur (le), comédie-vaudeville en un acte. *Paris, de l'impr. de Lachevardière*, 1825, in-8, 1 fr.

Avec M. Jules (Dulong).

— Garde (le) et le bûcheron, mélodrame en deux tableaux. *Paris, Quoy*, 1826, in-8.

Avec Saint-Amand (Arm. Lacoste).

— Hussards (les) dans l'étude, folie-vaudeville en un acte (et en prose). *Paris, Pollet*, 1823, in-8.

Avec MM. Jules (Dulong) et Mourier.

— Lions (les) de Mysore, pièce en trois actes et en sept tableaux. *Paris, J.-P. Hardy*, 1831, in-8.

— Mingrat, mélodrame en quatre actes (et en prose). *Paris, P.-J. Hardy*, 1831, in-8.

Cette pièce, publiée sous le nom de Paul est de MM. Vilmot et Ferdinand Laloue.

— Partie (la) d'ânes, folie en un acte. *Paris, Bezou*, 1829, in-8.

Avec MM. Théodore (Nezel) et Saint-Amand (Arm. Lacoste).

— Plâtrier (le), ou la Double accusation, mélodrame en deux actes (et en prose). *Paris, Duvernois*, 1824, in-8.

Avec MM. Saint-Amand (Arm. Lacoste) et Jules (Dulong).

— Prise (la) de la Bastille, gloire populaire, et le Passage du mont Saint-Bernard, gloire militaire, pièce en deux époques, en sept tableaux (en prose). *Paris, P.-J. Hardy*, 1830, in-8.

Avec MM. Théodore N*** (Nezel) et Ferdinand Laloue.

— Prise (la) de Tarifa, mélodrame militaire historique (en un acte et en prose). 1824, in-8.

Avec MM. Jules (Dulong) et Mourier.

— Remplaçant (le), mélodrame en trois actes (et en prose). *Paris, Lami*, 1828, in-8.

Avec MM. Benjamin (Antier) et Saint-Amand (Arm. Lacoste).

— Ruines (les) de la Granca, mélodrame en trois actes (et en prose), imité de l'allemand. *Paris, Bouquin de la Souche*, 1825, in-8.

Avec MM. Jules (Dulong) et Saint-Amand (Arm. Lacoste).

— Vendredi (le) d'un usurier, comédie en un acte (et en prose). *Paris, Pollet*, 1823, in-8, 75 c.

Avec M. Jules (Dulong).

— Vieille (la) des Vosges, mélodrame en deux actes (et en prose). *Paris, Quoy*, 1830, in-8.

Avec M. Saint-Amand (Arm. Lacoste).

— Youli, ou les Souliotes, mélodrame en deux actes, et cinq tableaux (en prose). *Paris, P.-J. Hardy*, 1830, in-8.

Avec MM. Franconi jeune et Théod. Nezel.

VILORIÉ. — Vieux garçons (les), comédie en trois actes et en prose. *Paris*, 1761, in-12.

VILSOET (Constant). — Système complet des signaux, etc., etc. (1835). Voy. ROHDE.

VILSON (dom Jacques), religieux bé-

nédictin de la congrégation de Saint-Maur.
— * Histoire générale de l'Église chré-
tienne, etc., trad. de l'angl. (1777). Voy.
C. WALMESLEY.

VILTARDANT (madame).—Jeunes (les)
savants : expériences, voyages, découvertes
de Henri et Lucie, sous la direction de
leur père. Ouvrage imité de l'anglais, de
Maria EDGEWORTH. *Paris*, *Didier*, 1837,
in-12; — ou *Paris*, *Corbet aîné*, 1838,
in-12, 2 fr.

VIMAR (Ch.-Fr.-Aug.), de Corte (Corse).
— Quelques considérations générales sur
les fluxions. Tribut académique présenté et
publiquement soutenu à la Faculté de médecine de Montpellier, en 1820. *Strasbourg*, *Levrault*, 1820, in-8 de 32 pag.

VIMAR (le comte de). — Lettre à M. le
maréchal duc de Valmy (avec observations).
Paris, *de l'impr. de F. Didot*, 1826, in-8
de 16 pages.

VIMERCATI, professeur. — Corrigé du
Cours de thèmes italiens de M. Sarchi. *Paris*, *Th. Barrois*, 1836, in-8, 3 fr.

VIMEUX (de), auteur de Notices historiques et descriptives, insérées aux « Souvenirs du vieux Paris », ouvrage publié par
M. le comte TURPIN DE CRISSÉ, en 1835,
in-fol.

VIMONT (C.-F.-J.), prêtre, alors professeur au collége de Bayeux.
— * Homme (l'), poëme philosophique en
quatre chants; par C.-F.-J. V****. *Bayeux*,
Groult, 1809, in-12 oblong.

VIMONT (Pierre), docteur en médecine, membre de la Société royale académique de Nanci; né le 14 octobre 1769.
— Éloge d'Ambroise Paré, restaurateur de
la chirurgie en France; ouvrage qui a remporté le prix au jugement de la Société de
médecine de Bordeaux, le 1er septembre
1813. *Paris*, *Sajou*, 1814, in-8 de 60
pag., 1 fr. 80 c.

VIMONT (Joseph), docteur en médecine de la Faculté de Paris; né à Caen (Calvados), le 27 mars 1795.
— Traité de phrénologie humaine et comparée, accompagné d'un magnifique Atlas
in-folio de 133 planches, contenant plus
de trois cents sujets d'anatomie humaine et
comparée, d'une parfaite exécution. *Paris*,
J.-B. Baillière, 1833-36, 2 vol. in-4, gr.
papier, et Atlas gr. in-folio, de 133 plan-

ches, contenant plus de 300 sujets d'anatomie humaine comparée, 294 fr.

Cet ouvrage a été publié en vingt-et-une livraisons, à 14 fr. l'une.

L'ouvrage de M. Vimont, l'un de ceux qui font
époque dans l'histoire de la science, est un de ces
rares monuments dont s'honore la France savante,
et qui méritent une place dans toutes les bibliothèques de quelque importance. Les planches du grand
Atlas qui l'accompagnent ont été exécutées avec un
soin et un talent remarquables, par des artistes de
mérite, dont le travail a rehaussé la réputation.

On trouve une courte notice sur le docteur Vimont
dans le tome V de la Biogr. univ. et port. des contemporains; p. 874.

VINATI (J.-A.), de Verdun, employé
au ministère de la marine.
— Éloge de la Pérouse. Ouvrage qui a obtenu l'églantine d'or, décernée par l'Académie des jeux-floraux de Toulouse, en 1823.
Paris, *Didot*, 1823, in-8 de 48 pag.
— Main (la) d'Ouzamès, nouvelle égyptienne. *Paris*, *Ladvocat*, 1828, in-18,
3 fr.
— * Résumé de l'histoire d'Alsace ; par
M. V***. *Paris*, *Lecointe et Pougin*, 1825,
in-18, 3 fr.

VINÇARD (B.), typographiste, breveté
par S. M. l'empereur et roi, inventeur des
ligatures françaises et étrangères, et des
presses à touchoir; secrétaire de la Société
typographique de Paris, membre de plusieurs sociétés des sciences et arts.
— Art (l') de l'épellation, gradué, syllabé.
Paris, *l'Auteur*, *quai aux Fleurs*, n. 15,
1838, in-32 oblong de 64 pag.
— Art (l') du typographe. Ouvrage utile
à MM. les hommes de lettres, bibliographes et typographes ; contenant par chapitres et sommaires les détails de chacune
des deux partiers de cet art, la désignation
et les modèles des caractères des langues
mortes et des langues vivantes, les proportions et l'alignement des vers, un Vocabulaire typographique, une Table des homonymes ; une Méthode simplifiée pour la
correction des épreuves, un Traité sur les
objets dont on tire des substances propres
à faire le papier, des échantillons, et les
avantages du mécanisme de la presse; les
lois et décrets relatifs à la propriété et à
l'impression des ouvrages, etc., etc. Dédié
à MM. les hommes de lettres. *Paris*, * *Vinçard*, 1806, in-8 de VI et 246 pages, avec
planches, 9 fr. — Sec. édition, revue,
corr. et augm. *Paris*, *l'Auteur*, 1823, in-8,
avec une planche.

On trouve dans ce volume des échantillons de
papiers de couleur, et d'encres de couleur. Les pa-

piers de couleur sont en citron carmélite, chair, bleu, avec une vignette en or ; blanc-verd, jaune foncé, terre-d'Égypte, et rose. Les encres de couleur sont rouges, couleur citron, verte, terre-d'Égypte, et bleue.

— Traité de ponctuation. *Paris*, 1809, in-8 et in-12.

VINÇARD (Aug.). — Art (l') du teinturier-coloriste sur laine, soie, fil et coton ; suivi d'une concordance chimico-tinctoriale. *Paris, Chanson*, 1820, in-8, avec vingt-sept planches et huit tableaux, 7 fr., et sur pap. vélin, figures coloriées, 12 fr.— Nouvelle édition. *Paris, l'Auteur*, 1838, in-32 de 96 pag., avec quatre planches et un tableau.

VINÇARD (   ), ex-chansonnier saint-simonien.

— Aux compagnons de la femme. Chant. *Lyon, de l'impr. de Perret*, 1833, in-8 de 4 pages.

— Avenir (l') est là. Chant d'espoir. *Paris, de l'impr. de Malteste*, 1835, in-fol. de 2 pages.

— Ça viendra. *Paris, de l'impr. de Setier*, 1833, in-12 de 12 pages. (Avec des chants d'autres auteurs).

— Chants saint-simoniens. Appel. Je ne veux plus être exploité. Nouvelle profession de foi d'un libéral. Peuple fier ! peuple fort ! *Paris, de l'impr. de Carpentier-Méricourt*, 1832, in-8.

Avec M. Achille Rousseau.
Ces couplets ont été publiés par opuscules de 4 à 8 pages.

— Famille saint-simonienne de Paris. » L'Avenir est à nous » (Six couplets). *Paris, de l'impr. de Setier*, 1833, in-4 de 2 pag.
— Foi nouvelle. Chants. *Paris, Johanneau*, 1834, in-32 de 32 pag.

VINCELLE. Voy. GRIVAUD DE LA V.

VINCENS (Jean-César), anc. membre de l'Assemblée législative, de l'Académie royale de Nîmes, de la Société des Antiquaires de Londres, et correspondant de la Société royale et centrale d'agriculture ; né à Nîmes le 16 septembre 1755, mort au mois d'août 1801.
— Topographie de la ville de Nîmes et de sa banlieue. Ouvrage qui a obtenu le prix d'encouragement de la Société de médecine de Paris, en 1790 ; par MM. J.-C. Vincens et Baumes ; publié, avec des notes, par Jacq. VINCENS-SAINT-LAURENT. *Nîmes*, an x (1802), in-4.

Vincens a laissé en manuscrit quelques ouvrages où il a fait l'application aux arts de ses savantes théories. Il avait entrepris un grand travail sur l'éducation des vers à soie, qui n'a jamais vu le jour.

VINCENS (Émile), frère de Vincens-Saint-Laurent, est né à Nîmes. Les troubles de la Révolution le forcèrent à quitter la France, et il alla s'établir à Gênes, où il embrassa la profession de négociant. Quand la Ligurie eut été réunie à la France, il devint professeur des sciences commerciales à l'Académie de Gênes. En 1814, il fut appelé à Paris, auprès de la direction du commerce, et bientôt après placé comme chef de bureau, puis chef de division au ministère de l'intérieur, toujours dans la section commerciale. Lorsqu'un ministère fut créé pour cette branche importante de la richesse publique, M. Vincens passa sous les ordres du nouveau ministre, qui le fit nommer maître des requêtes. Il a conservé son service de chef de division, et, de plus, il a été attaché aux conseils du commerce et des manufactures, comme secrétaire. M. Em. Vincens est membre de l'Académie du Gard, et de quelques autres sociétés savantes.
— Éloge de Michel de Montaigne, qui a concouru pour le prix de l'Institut. *Paris, Fantin*, 1812, in-8 de 112 pag.
— Exposition méthodique et pratique du droit commercial, et Examen critique du code de commerce. *Paris, de l'impr. de Rougeron*, 1819, in-8 de 20 pag.
— Exposition raisonnée de la législation commerciale, et Examen critique du Code de commerce. *Paris, Barrois aîné*, 1821, 3 vol. in-8, 25 fr., et sur pap. vélin, 50 fr.

Ce livre, extrêmement remarquable, est, sans contredit, le meilleur et le plus complet qui ait paru sur la matière ; il fait autorité devant les tribunaux de commerce.
Le but de cet ouvrage est d'exposer et de discuter les lois et règlements de toute nature qui atteignent le commerce.
Le premier volume traite des commerçants pris en masse, des institutions publiques qui veillent sur le commerce, de la juridiction formée dans son sein, des généralités qui régissent la profession ; des sociétés, de leur liquidation, de la faillite, et enfin des auxiliaires qui prêtent leur ministère au commerce pour ses opérations.
Le second volume contient ce qui est relatif aux opérations commerciales, et on y recherche quels sont les principes généraux du droit civil applicables aux obligations et aux contrats des commerçants, aux achats et aux ventes, au mandat, à la commission, au prêt. La lettre de change fournit le sujet d'un ample traité. L'auteur s'attache ensuite à passer en revue les diverses branches du commerce de la banque, des marchandises, des manufactures.
Le commerce maritime et ses accessoires occupent

presque entièrement le troisième volume; un appendice renferme tout ce qui est relatif aux compagnies d'assurance contre l'incendie, mutuelles et à primes, aux assurances sur la vie, tontines et autres établissements ayant pour objet le placement en commun des économies des particuliers.

M. É. Vincens indique un grand nombre d'arrêts qui se rapportent à des questions commerciales controversées, et l'ouvrage est terminé par une table contenant tous les articles du Code de commerce par ordre de numéros, avec renvoi à l'endroit de l'ouvrage où ils sont cités ou discutés. Une autre table fait également connaître les passages où sont énoncés ou comparés les articles du Code civil et du Code de procédure.

—Sociétés (des) par actions, des banques en France. Octobre 1837. *Paris, madame Huzard*, 1837, in-8, 3 fr.

M. Em. Vincens est encore auteur de l'article *Approvisionnement* qui fait partie de « l'Encyclopédie progressive ».

VINCENS (Bernard de), amateur libéral des sciences et des arts; né à Clermont-Ferrand, le 12 août 1764, assistait à vingt-cinq ans, comme noble, aux assemblées bailliagères de Clermont-Ferrand : ennemi de la Révolution, il la combattit de tous ses moyens, et prit rang parmi les agents royalistes du département du Puy-de-Dôme. Les horreurs de la Révolution rendirent M. de Vincens écrivain de propriétaire-cultivateur qu'il était. Les événements politiques ayant repris un cours ordinaire, il s'adonna aux sciences : des erreurs en physique et en astronomie le frappèrent dans un âge avancé, et il écrivit pour les démontrer.

— Analyse de nouveaux éléments d'astronomie physique, dédiée à la jeunesse française. *Paris, de l'impr. d'Éverat*, 1829, in-8 de 16 pages, avec 2 planches lithogr.

Le but de l'auteur est de montrer qu'on a tort d'enseigner le système de Ptolémée avant le véritable système du monde, et d'emprunter le langage de l'astronomie, qu'on appelle apparente, en expliquant l'astronomie réelle.

— Brièves observations sur le principal vice de toutes les constitutions qu'on suppose qu'a eu la France, monarchie ou république; sur le vice radical de la division territoriale de la France, et sur l'incohérence des lois avec la constitution qui devait en être le principe; lesquelles observations Bernard Vincens soumet à la sagesse des deux commissions législatives. *Clermont-Ferrand, de l'imp. de Denis Limet*, sans date (vers 1789), in-8 de 28 pages.

—Deux mots relativement à l'explication de M. le prince d'Eckmühl, sur ma pétition rejetée par la chambre des pairs, sans qu'à cette dernière séance MM. les comtes de Lally-Tollendal et le marquis de Saint-Roman aient donné l'explication, comme la vérité et la délicatesse l'exigeaient. *Paris, de l'impr. de Pillet aîné*, sans date, in-8 de 8 pages.

Contre la loi du 16 janvier 1815, concernant les régicides.

— Éléments ou Cours d'astronomie primaire, ou physique, établi sur cette loi de la nature : Si la terre était immobile, tous les mouvements des astres seraient réels, seraient tels qu'on les voit; sa mobilité seule produit leurs illusions. *Paris, Ch. Mary; l'Auteur*, 1834, in-8.

Cet ouvrage paraissait par livraisons; mais sa publication a été suspendue à la deuxième livraison, qui finit avec la page 112. Vingt-quatre pages préliminaires sont en tête de la première.

— Erreur élémentaire et générale en astronomie, et sa cause. Preuves rigoureuses et multipliées du mouvement de la terre autour du soleil. — Notes et additions explicatives. *Paris, Ch. Mary; l'Auteur*, sans date (vers 1830), 2 broch. in-8, ensemble de 32 pages.

—Étonnante découverte. La lune ne tourne pas autour de la terre, d'après la Connaissance des temps de 1836, et de toutes les années antérieures. *Paris, l'Auteur, rue Castex*, n. 2, 1836, in-8 de 20 pag.

— Forme des pôles, cause des marées; la terre proprement dite est aplatie sous les pôles allongés du globe terrestre par deux coupoles de glaces, étrangères aux eaux salées de l'Océan; etc., etc. *Paris, l'Écluse*, 1820, in-8 de 34 pag.

— Lettres, ou Observations adressées à M. Azaïs, sur son ouvrage intitulé : « Explication universelle ». *Paris, de l'impr. de Pinard*, 1826, in-8 de 8 pag.

—Observations scientifiques. Contre le procédé de l'Académie royale des sciences, et le rapport fait par M. Damoiseau, dans la séance du 27 juillet 1829, etc., sur son opuscule intitulé : « Analyse de nouveaux éléments d'astronomie physique, dédiée à la jeunesse française ». *Paris, Audin*, 1830, in-8 de 124 pag.

— Observations sur l'excellence du gouvernement monarchique, sur la nécessité d'une constitution soit pour les rois, soit pour les peuples, et sur la confiance que doivent inspirer la charte constitutionnelle de Louis-le-Désiré, et sa proclamation du 28 juin 1815. *Clermont-Ferrand, de l'impr. de Pierre Landriot*, 1815, in-8 de 34 pag.

— Recueil des opinions, tant en prose

qu'en vers, publiées pendant la Révolution. *Clermont, de l'impr. du même*, 1814, in-8 de xviij et 142 pag., non compris la table.

Ce volume renferme les écrits suivants :

1° Mon opinion sur les révolutions en général, et sur les motifs qui en sont presque toujours le motif et le cri. (Prairial an III).

2° Cri (le) de la nature, discours en vers. Au sujet de M. de la Vilate, émigré, sauvé par la présence d'esprit et de courage de son fils, la veille du jour où il devait être fusillé. Imprimé pour la première fois en l'an VI (1798).

3° Vers à M. le chevalier Duprat, auteur des « Deux mots au peuple ».

4° Adresse aux Français. (En vers).

5° Adresse aux dames. (En vers).

6° Réflexions politiques et historiques sur les causes et les malheurs de la Révolution, et sur les principes qui doivent servir de bases à tout gouvernement libre. Impr. pour la première fois, à Clermont, en l'an VII (1799).

7° Vote de Bernard Vincens, citoyen de Clermont-Ferrand, sur la constitution présentée en ce moment à l'acceptation des Français. — Imprimé en l'an VIII (1800).

8° Essai sur le bonheur, épître à Lucile. (En vers). — Imprimé en 1810.

Les xviij pages préliminaires sont remplies par une adresse au roi, dans laquelle l'auteur donne un précis de sa conduite pendant la Révolution.

VINCENS-SAINT-LAURENT (Jacques), frère de M. Émile Vincens (voy. plus haut), économiste et littérateur; successivement militaire, commissaire-ordonnateur en chef de l'armée des Alpes, commandée par M. de Montesquiou, réfugié en Suisse, membre du conseil général du Gard, député à la chambre des représentants, en 1815; l'un des vice-présidents de la Société biblique, anc. membre du consistoire de l'Église réformée, membre et secrétaire de l'Académie du Gard, correspondant de l'Académie des inscriptions et belles-lettres, etc.; né à Nimes, le 9 janvier 1758, mort à Paris, le 6 mai 1825.

Doué d'un esprit prompt et facile, et de connaissances variées et très-étendues, Vincens de Saint-Laurent s'est exercé dans une foule de genres; mais ses ouvrages sont presque tous écrits dans un but d'utilité publique, et annoncent un homme dominé du désir d'être utile à ses concitoyens : il s'occupa principalement de travaux relatifs à l'histoire et à la statistique locale, parmi lesquels on cite un *Mémoire sur l'industrie manufacturière du département du Gard*, imprimé avec la « Topographie de la ville de Nimes et de sa banlieue », ouvrage de César Vincens et du médecin Baumes, couronné par la Société de médecine de Paris, en 1790, publié seulement en 1802 (Nimes, in-4), par Vincens-Saint-Laurent lui-même, et enrichi de ses notes. Il avait été nommé membre et secrétaire-adjoint à l'Académie du Gard. Il se trouvait pourvu de cette universalité de connaissances que réclame la variété des travaux d'une société qui s'occupe en même temps de sciences, d'antiquités, d'histoire et de littérature. Plusieurs fois il a fait le rapport annuel des séances de cette académie, écrit ou prononcé l'éloge de plusieurs de ses membres. Ces notices biographiques rentraient dans le cercle de ses travaux sur l'histoire locale; quelques-unes, d'un intérêt plus étendu, ont trouvé place dans la « Biographie universelle [(1) : une « *Notice sur François Traucat*, jardinier de Nimes, qui vivait au seizième siècle, et pour lequel Vincens-Saint-Laurent révendique l'honneur d'avoir le premier planté et multiplié le mûrier en France, a été couronnée par la Société royale et centrale d'agriculture. La poésie elle-même tenta quelquefois l'universalité d'esprit de Vincens-Saint-Laurent. Les Mémoires de l'Académie du Gard conservent quelques fragments qu'on lui doit en ce genre, tels que la traduction d'une partie des *élégies de Lotichius - Secundus, poète latin du seizième siècle*, qui a été l'objet des éloges exagérés de Burmann, de Camerarius, et même de l'historien de Thou. Le traducteur a fait précéder son travail d'une savante dissertation sur les poëtes latins du moyen âge (2). Une idée fort bizarre de Vincens-Saint-Laurent fut celle d'écrire un nouveau dénouement pour le « Tartuffe » de Molière. Nous ne connaissons point cet essai; mais, ne partageant nullement l'idée accréditée dans les écoles touchant l'irrégularité du dénouement que le libre génie de Molière lui a suggéré, en dépit des préjugés en vigueur de son temps; par conséquent, très-peu convaincus de l'utilité de donner un nouveau dénouement au « Tartufe », nous nous référons à l'opinion de Vincens lui-même, qui, après avoir raconté ses longues résistances à l'exécution de sa pensée, ajoute avec beaucoup de modestie : « Arrivé sur les confins de la vieillesse, je dois « croire que ma force morale a été affaiblie, puisque « j'ai eu la faiblesse de succomber à la tentation ». Vincens-Saint-Laurent possédait les deux langues allemande et italienne; il a traduit en français plusieurs pièces du Théâtre de Kotzebue, imprimées, en 1822, dans la collection intitulée : « Chefs-d'œuvre des théâtres étrangers », publiée par M. Ladvocat, où elles remplissent un volume. Chaque pièce est précédée d'une préface historique, et le volume est enrichi d'une biographie de Kotzebue. Il a été encore éditeur dans la même collection dramatique, du volume qui contient les pièces de théâtre traduites du suédois, avec une dissertation savante sur la littérature de cette nation. Enfin, on doit encore à Vincens-Saint-Laurent la traduction du second volume du « Manuel historique du système politique des États de l'Europe et de leurs colonies, depuis la découverte des deux Indes », par M. Heeren, professeur à Goëttingue (Paris, Barrois l'aîné, 1821, 2 vol. in-8). La traduction du premier volume de cet utile ouvrage est de M. Jean-Jacques Guizot. Tout le temps qu'il résida dans la ville de Nimes, ou dans ses environs, Vincens-Saint-Laurent s'occupa de la théorie et de la pratique de l'agriculture. Ses observations concernant cette science se trouvent consignées dans les recueils de l'Académie du Gard, et dans les Mémoires de la Société royale et centrale d'agriculture, dont il fut un des membres les plus éclairés. Il a rédigé des

---

(1) Parmi les articles que Vincens-Saint-Laurent a donnés à la « Biographie universelle », nous citerons *Bridaine* (le père), missionnaire, *Cavalier, Roland, Maurel*, dit *Catinat*, chef des Camisards, *Deparcieux*, physicien; l'abbé de *Sauvage*, auteur d'un « Traité d'éducation des vers à soie » et d'un « Dictionnaire du patois languedocien »; *Fabre* (Jean), celui qui a fourni le sujet de « l'Honnête criminel » de Fenouillot de Falbaire; *Fabre*, troubadour du XIIIe siècle, condamné au fouet pour crime de plagiat, etc.

(2) Vincens-Saint-Laurent a publié à part, sous le voile de l'anonyme : « *Épître d'un journaliste (Geoffroy) à l'Empereur*, 1805.

mémoires sur la vaccination des bêtes à laine et sur la culture du coton dans le département du Gard ; il avait cultivé le ricin en grand, sur sa propriété ; mais il s'était principalement attaché à l'éducation des vers à soie, à l'amélioration et au bon emploi de leurs produits. Il publia à Nîmes des mémoires sur les maladies auxquelles ces insectes sont sujets ; il en publia d'autres sur l'origine de la soie, et sur l'introduction du mûrier en France. Ses longues recherches et les travaux qu'il exécuta sur cet objet, dans son domaine, pendant plusieurs années, le mirent à même d'écrire l'excellente instruction qu'il a insérée à l'article *Vers à soie*, dans le « Nouveau Cours d'agriculture », rédigé par les membres de la section d'agriculture de l'Institut. Ce morceau est un traité complet sur la meilleure manière d'élever les vers à soie ; la pratique s'y trouve jointe à la théorie, et appuyée sur les expériences les plus récentes et les plus positives, dont plusieurs appartiennent à l'auteur, et qui toutes ont été répétées et vérifiées par lui.

On a publié : « Notice biographique sur M. Vincens-Saint-Laurent, etc., lue à la séance publique du 4 avril 1826, par A.-F. de Silvestre, secrétaire perpétuel de la Société royale et centrale d'agriculture », imprimée dans le volume des Mémoires de cette société pour 1826. (Quelques exemplaires de cette notice ont été tirés à part, chez madame Huzard, in-8 de 22 pages).

VINCENT (saint) de Lerins. — Vincentii (Sancti) lirensis commonitorium adversus hæreses. Editio nova, cum notis è Steph. BALUZIO selectis. *Avenione et Parisiis, Tournachon,* 1821, in-8 de 96 pag., 1 fr. 80 c.

— Idem liber. Accedunt de vita et scriptis Sancti Vincentii necnon de lirinensi monasterio dissertationes. *Vesuntione, Gauthier frères,* 1837, in-12 de 132 pag.

Une traduction du Commonitoire de S. Vincent de Lerins fait partie d'un livre publié, en 1839, par l'abbé L.-A. Savy, sous le titre de Règle de foi catholique, etc. (Lyon, et Paris, Périsse, in-12).

— Traité de la vie spirituelle, trad. en français. *Paris, Cl. Cellier,* 1704, in-12.
— Nouvelle traduction des Œuvres de SALVIEN et du Traité de VINCENT de Léhius contre les hérésies, par le P. B...... (BONNET), prêtre de l'Oratoire. *Paris, Valleyre,* 1700, 2 vol. in-12.
— Œuvres de S. VINCENT de Lérins et de S. EUCHER, de Lyon ; traduction nouvelle, avec le texte en regard, notes et préfaces, par J.-F. GRÉGOIRE et F.-B. COLLOMBET. *Paris, Poussielgue-Rusand,* 1834, in-8, 5 fr. 50 c.

VINCENT (le P.), de Nanci, religieux du tiers-ordre de S. François ou Thiercelin.
— Histoire de l'ancienne image de N. D. de Sion, révérée depuis plusieurs siècles en la comté de Vandémont en Lorraine. *Nanci, R. Charlot,* 1698, in-8.
— Histoire fidèle de S. Sigisbert, dou-

zième roi d'Austrasie, et troisième du nom, avec un abrégé de celle du roi Dagobert, son fils. *Nanci, R. Charlot,* 1702, in-8.

Réimprimé dans « l'Histoire de la vie de S. Sigisbert XII ». Voy. le P. HUGO.

VINCENT (Claude), sieur de GASTZ.
— Nouveau calendrier pour chaque année des deux siècles de 1700 à 1800. *Paris, Chardon,* 1702, in-8.

VINCENT (le P. Honoré), de l'ordre des prédicateurs.
— P. Raymundi de Pennafort Summa, aucta. Editio nova. *Lugduni, Anisson,* 1718, in-fol.

VINCENT, auteur des « Frimaçons », pseudon. Voy. CLÉMENT, de Genève.

VINCENT (dom Benoît), bénédictin de la congrégation de Saint-Maur ; né à Aix, en Provence.
— * Conférences monastiques pour les dimanches de l'Avent et du Carême. *Orléans,* 1760, 2 vol. in-12 ; et *Rouen,* 1773, 5 vol. in-12.
— Sur l'autorité des Empereurs romains dans les Gaules après l'invasion des Barbares (lu à une séance publique de l'Académie de Besançon). 1776, in-4.

VINCENT, anc. avocat à Paris, né à Rouen.
— * Lettres de miss Elizabeth Aureli, petite-nièce du célèbre docteur Swift ; traduites de l'angl. (ou plutôt composées par Vincent). *Amsterdam, la compagnie,* 1765, in-8.

Vincent les a publiées de nouveau, avec son nom, sous ce titre : *Lettres écossaises*, traduites de l'anglais. Amsterdam, et Paris, veuve Duchesne, 1765, in-8.
Le volume de 1765 ne contient que dix-huit lettres. La première partie seule des *Lettres écossaises* en contient trente-trois ; on en trouve aussi trente-trois dans la seconde.

— * Lettres d'un membre du congrès américain à divers membres du parlement d'Angleterre. *Philadelphie, et Paris,* 1779, in-8.
— J.-L. Rousseau, fils naturel de J.-J. Rousseau. *Amsterdam,* 1765, in-8.

VINCENT (l'abbé), curé près de Quincey, près de Nogent-sur-Seine.
— * Dictionnnaire des voyages. *Paris, Costard ; Dufour,* 1773 et 1774, 4 vol. in-12.

Cet ouvrage, n'ayant pas eu de succès, a été interrompu au tome IV, qui finit avec la lettre G.
(*Barbier*).

VINCENT (dom Jacques-Claude), bénédictin , bibliothécaire de l'abbaye de Saint-Remi de Reims, mort le 22 septembre 1777.

— * Lettre d'un Rémois à M. le M. D., ou Doutes sur la certitude de cette opinion , que le sacre de Pépin est incontestablement la première époque du sacre des rois de France. *Liége*, 1775 , in-12.

VINCENT, alors professeur à l'École vétérinaire d'Alfort.
— * Cheval (du), et des proportions et à-plombs des membres du taureau. (En trois lettres , adressées à M. Bachelier). *Paris, veuve Vallat-la-Chapelle*, 1786-87, 3 part. in-8.
— Essai sur l'expression des passions du cheval. *Paris , veuve Vallat-la-Chapelle*, 1788 , gr. in-8.
— Examen du cheval écorché antique. Lettre à M. Bachelier. *Paris*, 1784 , in-8.
—Mémoire artificielle des principes relatifs à la fidèle représentation des animaux, tant en peinture qu'en sculpture. Première partie, contenant le cheval. Ouvrage également intéressant pour les personnes qui se destinent à monter à cheval ; dédié au roi : contenant la description de l'hippostéologie, dans son ensemble et dans des détails extérieurs ; celle des muscles envisagés dans leurs attaches , leur trajet et leurs usages ; leur état particulier dans le repos, dans l'action et dans le relâchement. L'examen des centres ; l'à-plomb des membres, l'attitude de station. Les proportions générales et particulières des parties extérieures du cheval relativement à elles-mêmes et au tout qu'elles composent ; celle des fers dont on arme ordinairement les pieds de cet animal ; les caractères distinctifs et sensibles du cheval et de la jument; les principales dimensions du poulain dans ses différents âges. La description de l'hippomètre , ses usages, sa table, etc. , etc. , celle des allures naturelles au cheval : le pas, l'amble, le trot et le galop. L'assiette de l'homme à cheval , les conditions de son à-plomb , la direction de la ligne de pondération du cavalier dans chacune des allures ci-dessus annoncées, etc. *Alfort, l'Auteur ; et Paris , veuve Vallat-la-Chapelle*, 1780, 3 vol. pet. in-fol., dont un de 23 planches gravées , 36 fr.

Avec feu Goiffon.

— Proportions (des) géométrales et des à-plombs des membres du taureau. Seconde

lettre à M. Bachelier. *Paris, veuve Vallat-la-Chapelle*, 1785 , gr. in-8.

VINCENT, gendarme , alors réformé.
— Voyage d'un gendarme de Lunéville en Provence. *Avignon*, 1788, in-8.

VINCENT (Henri). — * Voyage dans la vallée du lac de Joux, suivi de quelques courses champêtres et sentimentales ; par V***. *Lausanne*, 1795 , petit in-12.

VINCENT, alors professeur d'humanités au collége d'Eu.
— Dissertation sur une trombe terrestre observée près de la ville d'Eu.

VINCENT (Luc), journaliste suisse.

Il a été , avec A. Fischer, le rédacteur du « Nouvelliste vaudois et étranger », du 17 février 1798 (n° 1) à la fin de décembre 1800 , et du 24 février 1801 (n° 12) au 23 mars 1804 (dernier numéro), et seul de la « Gazette suisse », dont il n'a paru qu'un seul et unique numéro, portant la date du 30 mars 1804.

VINCENT (le docteur William). — Voyage de Néarque , des bouches de l'Indus jusqu'à l'Euphrate, ou Journal de l'expédition de la flotte d'Alexandre , rédigé sur le Journal original de Néarque, qui nous a été conservé par Arrien, et à l'aide des éclaircissements puisés dans les écrits ou relations des auteurs, géographes ou voyageurs, tant anciens que modernes; contenant l'histoire de la première navigation qui ait été tentée par des Européens dans la mer des Indes ; trad. de l'angl. par J.-B.-L.-J. BILLECOQ , et publié par ordre du gouvernement. *Paris, Maradan*, 1800, in-4 sur gr. pap. , accompagné de cartes et du portrait d'Alexandre, gravé par A. Tardieu, 21 fr.; ou 3 vol. in-8 , avec cartes , etc. , 15 fr.

Ces deux éditions, sorties des presses de Crapelet, sont également bien imprimées, et ornées toutes deux de trois médaillons et de cinq cartes gravées par Tardieu.

VINCENT (Jacques-Louis-Samuel), l'un des ministres protestants les plus savants et les plus distingués, né le 8 septembre 1787, à Nîmes, d'un père qui était lui-même pasteur. Après avoir fait d'excellentes études en Suisse et à Genève, M. Vincent revint dans sa patrie, et, comme pasteur de l'Église réformée de Nîmes, il remplit, dès 1810, des fonctions pastorales. Il a publié divers ouvrages de lui , d'autres traduits de l'anglais, de l'allemand, et, pendant plusieurs années, un recueil religieux estimé. Il refusa une chaire de professeur à la faculté de théologie protestante de Montauban, préférant rester pasteur à Nîmes. Le consistoire de cette église l'avait, après la mort de M. Ollivier-Désarent, unanimement présenté pour la présidence à M. de Corbière, qui ne confirma pas ce choix. Le pasteur Vincent est mort à Nîmes, le 10 juillet 1837.

— Catéchisme à l'usage de l'Église réformée de Nîmes ; suivi d'un Abrégé de l'histoire sainte, d'un petit recueil de passages, et de quelques prières. *Nîmes, de l'impr. de Gaude*, 1817, in-12 de 72 pag.

— Méditations religieuses. *Nîmes, Bianguis-Gignoux*, 1828-29, in-8.

Ces Méditations, qui ont paru par cahiers, traitent des sujets suivants : n° 1. *Les Mystères.* Substance de deux discours prononcés dans les temples réformés de Nîmes, en décembre 1827 et janvier 1828 ; — n° 2. .... — n° 3. *L'âme humaine et le monde ;* — n° 4. *La mort.* Influence de sa perspective sur notre intelligence, nos affections et nos vertus ; — n° 5. *La femme et la religion*, etc., etc.

— Méditations religieuses ; par S. Vincent, avec une Notice sur sa vie et ses écrits, par Ferd. Fontanès, pasteur. *Valence, Marc Aurel*, 1839, in-8 de lxjx et 363 pages, non compris la table.

Même ouvrage que le précédent, et qui renferme dix-sept méditations. La notice de M. Fontanes remplit les lxjx pages préliminaires.

— * Mélanges de religion, de morale et de critique sacrée. *Nîmes, l'Auteur ; et Paris, Treuttel et Wurtz*, 1820-25, 10 vol. in-8, 30 fr.

Ce recueil, dont il paraissait deux volumes par an, était destiné à ranimer le goût des études sérieuses dans les sciences théologiques. Il contient des morceaux originaux sur des sujets importants, et une foule d'extraits détaillés des bons ouvrages publiés en Angleterre et en Allemagne sur les sujets qui entrent dans son plan. On a remarqué l'esprit d'indépendance dans lequel il est écrit.

— Notice sur les sectes religieuses qui se partagent l'Angleterre. Extrait de Evans. *Paris, Treuttel et Wurtz*, 1822, in-8, 2 fr.

Contient une foule de renseignements qui ne se trouvent que là.

— Observations sur l'unité religieuse, en réponse au livre de M. de La Mennais, intitulé : « Essai sur l'indifférence en matière de religion », dans la partie qui attaque le protestantisme. *Paris, Treuttel et Wurtz*, 1820, in-8 de VIII et 224 pages, 3 fr.

— Observations sur la voie d'autorité appliquée à la religion, en réponse au second volume de « l'Essai sur l'indifférence en matière de religion, de M. de La Mennais. Pour faire suite aux « Observations sur l'unité religieuse », du même auteur. *Paris, Treuttel et Wurtz*, 1820, in-8 de VIII et 74 pag., 1 fr.

— Premiers (les) éléments de la philosophie morale, selon les principes du kantisme ; extraits de l'ouvrage allemand du docteur Snell, recteur du Gymnase, à Idstein. *Paris, Servier*, 1825, in-8 de 68 pag., 1 fr. 50 c.

Cet ouvrage peut faire suite à celui de Ch. Villers sur la philosophie de Kant. Il donne une idée de la « Critique de la raison pratique », comme celui de Ch. Villers donne une idée de la « Critique de la raison pure ».

— Preuves (des) et de l'autorité de la révélation chrétienne, par Th. Chalmers ; trad. de l'angl. sur la VIe édition. *Paris, Treuttel et Wurtz*, 1819, in-8 de VIII et 270 pag., 3 fr.

— Principes de lecture, à l'usage des écoles protestantes ; suivis des Premiers éléments de la religion chrétienne et de prières. *Nîmes, de l'impr. de Gaude fils*, 1817, in-18 de 72 pages.

— Principes de philosophie morale et politique, traduits de l'anglais sur la XIXe édition, de Will. Paley, archidiacre de Carlisle. *Paris, Treuttel et Wurtz*, 1817, 2 vol. in-8, 10 fr. ; et sur pap. vélin, 20 fr.

Cet ouvrage, qui a obtenu un succès prodigieux en Angleterre, et qui est demeuré classique, manquait à notre littérature. C'est un des meilleurs traités de philosophie morale, parmi ceux qui ne sont pas établis sur les principes de Kant.

— Sermon sur l'unité de l'esprit. *Nîmes*, 1814, in-8.

Ce discours fut prononcé à l'occasion des troubles politiques et religieux qui commençaient dès-lors à agiter cette ville.

— Sermons sur un ton qui n'est pas de tous les jours, prononcés dans l'église de la Trinité, à Zerbst, par le pasteur Sintenis ; traduits de l'allemand. *Paris*, 1820, in-12 de VIII et 122 pag., 1 fr.

Petits sermons pleins d'intérêt. Il y a beaucoup d'originalité et d'originalités.

— Substance du discours prononcé pour les obsèques de M. le baron Boileau de Castelnau. *Nîmes, de l'impr. de Durand-Belle*, 1829, in-8 de 8 pag.

— Union (de l') du christianisme à la civilisation grecque. Discours prononcé à Nîmes, dans les temples réformés, en 1826, sur ces paroles : « Passe en Macédoine, et viens nous secourir ». (Act. XVI, 9). *Ni-*

mes, *Gaude; et Paris, Servier*, 1826, in-8 de 32 pag., 1 fr.

Ce discours, dont le Globe a rendu un compte avantageux, décida la formation d'un comité philhellène à Nimes.

— **Vues sur le protestantisme en France.** *Nimes, Bianguis-Gignoux; et Paris, Servier*, 1829, 2 vol. in-8.

M. le pasteur Vincent, en outre, a été l'un des rédacteurs de la « Revue protestante », à laquelle ont été réunis les « Mélanges de religion, de morale et de critique », publiés à Nimes, depuis 1820; il a publié, comme éditeur, une nouvelle édition, augmentée, des « Devoirs des communiants », de J.-R. Ostervald (1815).

VINCENT (G.). — Réponse au Mémoire de MM. Héron de Villefosse, Cordier, Beaunier, Héricart-Ferrand de Thury, et aux Observations d'un mineur sur l'opinion de M. Ducas de Varennes, relative aux mines. *Paris, de l'impr. de d'Hautel*, 1816, in-8 de 20 pag.

Avec M. Mouly-Latour-Varan.

VINCENT (Andréol). — Histoire des guerres du Vivarais et autres contrées voisines, en faveur de la cause royale, depuis le camp de Jalès (1790) jusqu'en 1816. *Privas, de l'impr. de Agard*, 1817, in-8.

VINCENT, d'Allemans-du-Drot (Lot-et-Garonne).
— Discours prononcé à la loge des disciples d'Esculape et de Thémis, dans sa séance du 9 mai 1818. *Paris, Setier*, 1818, in-8 de 8 pag.

VINCENT (Adrien), de Versailles, principal du collége de Saint-Dié.
— Manuel pratique de l'instituteur primaire, ou Méthode claire et facile adaptée principalement à celle des écoles chrétiennes, combinée avec plusieurs procédés de l'enseignement mutuel. *Nanci, de l'impr. de Hissette*, 1818, in-12 de 84 pages, et un tableau.

VINCENT (J.-F.), capitaine retraité.
— Parties (les) aliquotes appliquées aux règles d'intérêt, ou Moyen facile de trouver les intérêts d'une somme quelconque, à quelque terme que ce soit. *Paris, l'Auteur*, 1818, in-4 de 14 pag.

VINCENT (J.-L.), avocat à la Cour roy. de Paris, ex-professeur de rhétorique.
— Abrégé de l'histoire d'Angleterre, depuis la première invasion des Romains, d'après la grande Histoire du doct. John Lingard; par MM. le baron Roujoux et

J.-L. Vincent. *Paris, Mlle Carié de la Charie* (* *Parent-Desbarres*), 1827, 4 vol. in-12, 16 fr.

Nous avons dit, à l'article du baron Roujoux, que cet Abrégé est dû, croit-on, à MM. B. de Saint-Victor, et de Beauregard, rédacteur de la Gazette de France.

— Dernier (le) hymne d'un barde, après le baptême de Clovis, poëme pour le sacre de Charles X. *Paris, Aimé-André*, 1825, in-8 de 32 pag.
— Études lyriques sur PINDARE, ou Traduction en vers français de toutes les Pythiques, avec des arguments, des notes, et plusieurs autres pièces. *Paris, de l'impr. de F. Didot*, 1824, in-18, 3 fr.

L'année précédente, M. Vincent avait fait imprimer, comme essai, la traduction de la troisième pythique.

— Histoire abrégée de l'empire ottoman, composée jusqu'au règne d'Ibrahim inclusivement, d'après la grande histoire de M. de HAMMER, et depuis cette époque jusqu'à nos jours, d'après les historiens les plus estimés et les documents les plus authentiques. *Paris, Parent-Desbarres*, 1839, 2 vol. in-12, 6 fr.
— Histoire de saint Augustin, évêque d'Hippone (aujourd'hui Bone), en Afrique. *Paris, Gaume frères*, 1838, in-18, 1 fr.
— Hommage poétique à la mémoire de Joseph Michaud, fondateur de la Quotidienne, membre de l'Académie française, etc., et l'un des fondateurs de l'Institut historique. *Paris, l'Auteur*, 1839, in-12 de 12 pages.
— Ode sur la naissance de S. A. R. Mgr. le duc de Bordeaux. *Paris, de l'impr. de Le Normant*, 1820, in-8 de 8 pag.
— Veillées gauloises, ou Derniers efforts des Gaulois devant Alise contre l'invasion romaine. *Paris, Gaume*, 1839, in-18, 1 fr.

M. Vincent a enrichi de notes historiques, mythologiques, etc., une édition de la traduction des Œuvres de VIRGILE par BINET, publiée chez Poilleux, en 1833 et 1834, in-12.

VINCENT (Adrien), propriétaire à Saint-Domingue.
— De l'indemnité qu'espèrent les colons réfugiés en France. *Paris, de l'impr. de Didot jeune*, 1824, in-8 de 8 pag.

VINCENT (le général du génie). — Observations sur les deux premières notes rapportées dans une collection de Mémoires pour servir à l'histoire de France sous Napoléon, et réfutation de ces deux premières notes relatives à l'ouvrage intitulé : « Mémoires pour servir à l'histoire de la révolution de Saint-Domingue », par le général Pamphile Lacroix. *Paris, Pélicier, 1824,* in-4 de 24 pag.

VINCENT (l'abbé). — Manuel du maître d'école, ou Guide pour enseigner et apprendre à lire, à écrire et à compter. Ouvrage destiné aux écoles primaires des villes et des communes. Avec un traité de calligraphie et d'écriture anglaise, d'après la méthode de Carstairs, par Lauwereyns. *Paris, Baudouin frères, 1828,* in-18, 3 fr.

VINCENT, secrétaire interprète.
— Vocabulaire français-arabe, suivi de dialogues, à l'usage de l'armée d'expédition d'Afrique. Imprimé par ordre du ministre de la guerre. *Paris, de l'impr. de F. Didot,* 1830, in-12 oblong de 108 pag.

VINCENT. — Lettre de M. Vincent à M. le comte de Saint-Aulaire. *Paris, Pillet aîné,* in-8 de 48 pag.
— Premier (le) mai mil huit cent trente-trois. Ce que nous étions, ce que nous sommes. *Paris, de l'impr. de Decourchant,* 1833, in-8 de 8 pag.
— Réfutation de la brochure de M. de Châteaubriand, relative au bannissement de Charles X et de sa famille. *Paris, les march. de nouv.,* 1831, in-8 de 16 pages.

VINCENT. Voy. V. Nolte.

VINCENT (Alexandre-Joseph-Hydulphe), ancien élève de l'École normale, aujourd'hui professeur de mathématiques spéciales; né le 20 novembre 1797, à Hesdin (Pas-de-Calais). Il est auteur de plusieurs mémoires sur les mathématiques, qui ont paru dans le recueil de ceux de la Société royale de Lille, et dans les « Annales de mathématiques ». Dans l'un de ces mémoires, l'auteur a résolu, d'une manière très-ingénieuse, les difficultés relatives aux logarithmes des nombres négatifs. Il a donné, au Bulletin universel de M. de Férussac, au journal le Lycée, et à d'autres journaux scientifiques, des articles intéressants. Son principal ouvrage est un « Cours élémentaire de géométrie », dont la première édition a paru, en 1826, à Reims, et qui a eu du succès dans les collèges. La seconde édition de ce Cours, enrichie d'additions importantes, et publiée en 1831, a eu un tel succès, que, trois ans plus tard, on a dû réimprimer le livre. Cette géométrie est

plus complète et mieux coordonnée que le traité de Legendre, qui est aujourd'hui suivi dans la plupart des collèges de France, et avec lequel elle pourra lutter avec plus d'avantage, quand l'auteur l'aura réduite à de moindres dimensions.
— Cours de géométrie élémentaire, à l'usage des élèves qui se destinent à l'école polytechnique, ou aux écoles militaires. *Reims, Delaunois, et Paris, Bachelier,* 1826, in-8, avec cinq planches, 6 fr. — IIIe édition, revue avec soin (et entièrement refondue). *Paris, Bachelier, 1834,* in-8, avec 16 planches, 6 fr.
— Essai d'une théorie du parallélogramme de Watt. *Lille, de l'impr. de Danel,* 1838, in-4 de 16 pages, et une planche.
— Précis de géométrie élémentaire. Extrait du Cours de géométrie du même auteur, adopté par l'Université, augmenté de la trigonométrie de M. Bourdon. *Paris, Bachelier,* 1836, in-8, avec quatorze planches, 6 fr.
— Programme du cours d'arithmétique et d'introduction à l'algèbre, fait aux élèves de philosophie du collège royal de Saint-Louis. *Paris, Bachelier,* 1833, in-8 de 48 pages, 1 fr.

VINCENT (Ch.), alors capitaine au 76e régiment d'infanterie de ligne.
— Quelques fragments de la vie militaire, suivis de quelques pièces justificatives. *Toulon, de l'impr. de Bellue,* 1836, in-4 de 92 pages.

VINCENT DE GOURNAY (Jacques-Claude-Marie), conseiller au grand conseil et intendant du commerce; né à Saint-Malo, au mois de mai 1712, mort le 27 juin 1759, âgé de 47 ans.
— Traité sur le commerce, trad. de Child. 1754, in-12.

Avec M. Dumont.

VINCENT DE PAUL (S).—Lettre (sat au cardinal de La Rochefoucauld, sur l'éta) de dépravation de l'abbaye de Longchamps. En latin, avec la traduction française et des notes. Par J. L. (l'abbé J. Labouderie). *Paris, Moutardier et comp.,* 1827, in-8 de 23 pag.

Des Lettres inédites de saint Vincent de Paul et de saint François de Sales ont été publiées dans l'ouvrage intitulé : Vies des personnages célèbres qui ont illustré le christianisme par leurs écrits, etc. (Paris, Parent-Desbarres, 1835, 2 vol. in-12).

VINCENT - DEQUEVILLEY (Denis-

Victor), né à Velorcey (Haute-Saône), le 20 décembre 1782.

— Précis des services rendus au roi et à la famille royale. *Paris, de l'impr. de Patris*, 1817, in-8 de 68 pag.

VINCENT DE SAINT-BONNET, premier avocat-général près la Cour royale de Lyon.

— Discours sur l'indépendance du magistrat, prononcé à l'audience solennelle de rentrée du 14 novembre 1832. *Lyon, de l'impr. de Perrin*, 1832, in-8 de 28 pag.

— Discours sur la responsabilité du magistrat, prononcé à l'audience solennelle de rentrée, le 19 novembre 1836. *Lyon, de l'impr. de Perrin*, 1837, in-8 de 36 pag.

VINCENT-FERRIER (S.). — Traité de la vie spirituelle, trad. du latin de S. Vincent-Ferrier, avec des Exercices de piété, etc. (par madame René-Suzanne de LONGUEUIL DE MAISONS, abbesse de Sainte-Perrine de la Villette, morte le 28 mars 1733, dans sa soixante-seizième année). *Paris, Cellier*, 1704, in-12. — Nouvelle édition. *Avignon, Séguin aîné*, 1823, in-18.

VINCENT-SAINT-LAURENT. Voy. VINCENS.

VINCENTI (J.). — Horlogerie. Exposé d'un nouveau système de fabrication de montres. *Paris, de l'impr. de Rougeron*, 1822, in-4 de 12 pag.

VINCENTIS (J.). — Méthode abrégée pour connaître la valeur du pan ou 1/8 de la canne de Montpellier, dérivant du prix de l'aune de Paris, suivie de la réduction de l'aune de Paris, à la canne de Montpellier. *Beziers, de l'impr. de Fuzier*, 1834, in-12, 2 fr.

VINCHON (Aug.). — Notice sur les peintures à fresque exécutées à Saint-Sulpice, dans la chapelle de Saint-Maurice. *Paris, de l'impr. de Ballard*, 1822, in-8 de 16 pag.

— Peintures à fresque exécutées à Saint-Sulpice, dans la chapelle de Saint-Maurice. *Paris, de l'impr. de Ballard*, 1823, in-8, orné de 6 planches.

VINCHON (le baron de). — Histoire de l'Algérie et des autres États barbaresques, depuis les temps les plus anciens jusqu'à ce jour. *Paris, Pougin*, 1839, in-8, avec 4 gravures, 7 fr. 50 c.

VINCI (Léonard de), célèbre peintre florentin.

— Essai historique et psychologique, trad. de l'ital. par l'abbé GUILLON. *Milan*, 1811, in-8.

— Essai sur les ouvrages physico-mathématiques, avec des fragments tirés de ses manuscrits apportés d'Italie, par J.-B. VENTURI. *Paris*, 1777, in-4, 2 fr. 50 c.

— Recueil de têtes de caractères et de charges, dessinées par Léonard de Vinci, Florentin, et gravées par M. le C. de C. (le comte de CAYLUS), 1730; avec une Lettre sur Léonard de Vinci à M. le C. de C. (comte de CAYLUS), par M. M.... (MARIETTE) le fils. *Paris, Mariette*, 1730, in-4, avec 60 planches.

On trouve quelquefois la *Lettre* séparément. Le volume a été réimprimé en 1767, avec le nom de Caylus.

— Traité de la peinture de L. de VINCI, précédé de la Vie de l'auteur, et du Catalogue de ses ouvrages; avec des notes et observations, par M. P. GAULT DE SAINT-GERMAIN. *Paris*, 1796, in-8. — Nouv. édition, revue, corr. et augm. de la Vie de l'auteur. *Paris, Déterville*, 1803, in-8, avec 58 figures d'après les dessins originaux du Poussin, dont 34 en taille-douce, 7 fr.

Le Traité de la peinture place son auteur au rang des physiciens du premier ordre, comme il l'a placé au rang des plus grands peintres. Car, si Léonard établit des lois de l'équilibre et du mouvement, et démontre l'influence du centre de gravité sur les corps, en homme qui mesure la force et la durée, il sait encore faire connaître les éléments de la matière, et en expliquer l'essence en philosophe qui approfondit, et remonte aux causes.
Ce volume a encore été réimprimé à Genève, Sestié, 1820, in-8, avec planches (8 fr.).

— OEuvres choisis de Léonard de VINCI, du TITIEN, du GUIDE et de Paul VÉRONÈSE, réduits et gravés au trait; précédés de notices biographiques, et publ. par LANDON. *Paris, Treuttel et Wurtz*, 1824, gr. in-4, 25 fr., et in-fol., sur pap. vélin, 50 fr.

VINCK (Geo.), pseudon. Voy. d'ALLAINVAL.

VINCKE (le baron de). — Tableau de l'administration intérieure de la Grande-Bretagne, par M. le baron de VINCKE, et Exposé de son système de contribution, par M. de RAUMER ; trad. de l'allem. *Paris, Gide fils*, 1819, in-8, 5 fr.

VINDÉ (de). Voy. MOREL DE VINDÉ.

VINET (Alexandre), ministre du S.

Évangile, docteur en philosophie et en théologie, professeur de littérature française à l'Université de Bâle jusqu'en 1837, actuellement professeur de théologie pratique dans l'Académie de Lausanne; né à Lausanne, en 1797.

— Chrestomathie française, ou Choix de morceaux tirés des meilleurs écrivains français; ouvrage destiné à servir d'application méthodique et progressive à un cours régulier de langue française. *Bâle, Neukirch*, 1829-30, 3 vol. in-8, 12 fr. — Sec. édition. *Bâle, le même*, 1833-36, 3 vol. in-8, 12 fr.

On peut se procurer chacun des volumes séparément sous les titres suivants, :
Tome Ier. *Littérature de l'enfance.*— Ce volume a obtenu une troisième édition en 1839.
Tome II. *Littérature de l'adolescence.*
Tome III. *Littérature de la jeunesse et de l'âge mûr.*

—Discours prononcé par un étudiant de l'Académie de Lausanne sur la tombe de M. le professeur Durand, le 19 avril 1816. Br. in-8.
— Discours. *Paris, Risler*, 1831, in-8.
— Sec. édition (fort augmentée), sous ce titre : Discours sur quelques sujets religieux. *Paris, le même*, 1832, in-8. — IIIe édition. *Ibid.*, 1836, in-8.

Traduits en allemand par M. Vogel (Francfort, 1835).

— Enfants (les) de Dieu. Instruction tirée de saint Jean, et adressée à l'Église française de Bâle, le 10 septembre 1837. *Bâle, Schweighauser*, 1837, in-8 de 64 pag., 1 fr. 35 c.

Deux Discours.

— Essai sur la conscience et sur la liberté religieuse, ou Examen du rapport présenté au grand conseil du canton de Vaud par le conseil d'État, le 30 mai 1829. *Paris, Servier*, 1829, in-8 de 100 pag.
— Essais de philosophie morale et de morale religieuse; suivis de quelques essais de critique littéraire. *Paris, Hachette; Risler*, 1837, in-8, 7 fr.
— Indifférentisme (l') religieux. Discours. *Bâle, Schweighauser*, 1833, in-8; ou *Paris, Risler*, 1838, in-8 de 32 pag.
— Intelligence (l') humaine jugée par S. Paul, sermon. *Mulhouse*, 1833. — Sec. édition. *Paris, Risler*, 1835, in-8.
— Jeudi 29 décembre 1825. (Vers au sujet du renouvellement de l'année).
— Lettre à un ami, ou Examen des principes soutenus dans le mémoire en faveur

de la liberté des cultes. *Lausanne, Fischer*, 1827, br. in-8.
— Mémoire en faveur de la liberté des cultes : ouvrage qui a obtenu le prix dans le concours ouvert par la Société de la morale chrétienne. *Paris, Servier*, 1826, in-8, 5 fr.
— Observations sur l'article sur les sectaires, inséré dans la «Gazette de Lausanne», du 13 mars 1829. In-8 de 12 pag.

Cet opuscule, déféré aux tribunaux par le gouvernement vaudois, donna lieu à l'auteur de publier pour sa justification les nouvelles *Observations* suivantes et son *Essai sur la conscience*, etc. (Voy. plus haut).

—Observations (nouvelles) sur un nouvel article de la « Gazette de Lausanne » (du 27 mars 1829), sur les sectaires. *Lausanne, Fischer*, 1829, in-8.
—Quelques idées sur la liberté religieuse. *Lausanne*, 1831, br. in-8, 60 c.
—Respect (du) des opinions. *Bâle, Neukirch*, 1824, br. in-12.
—Traduction de HANHART, de l'échange des enfants entre les pères de famille de la Suisse allemande et de la Suisse française. *Lausanne*, 1824, in-8.

M. Vinet à coopéré activement à la rédaction du « Semeur », dès la fondation de ce journal : il a eu part à la publication d'une édition allemande-française de la « Danse des morts », in-4.
M. Sainte-Beuve, qui, pendant son séjour en Suisse, a eu occasion de connaître M. le pasteur Vinet, a donné une Notice littéraire sur cet homme distingué, dans la « Revue des Deux-Mondes, IVe série, tome II.

VINET (Théophile). — Ainsi soit-il, chansons lyriques et poésies diverses. *Paris, Boulanger*, 1839, in-8.
—Apparition de la liberté, ou la Démolition d'un trône, drame-œuvre populaire en cinq actes. *Paris, Ch. Bassée*, 1837, in-8.

Avec M. Victor Meaux.
En vers. Sans liste des personnages, qui sont Charles X, le duc de Polignac, etc.

—Fiancée (la) du bourreau !!! ou la Vengeance et la mort, drame chronique en trois actes. *Paris, Boulanger*, 1839, in-8, 50 c.
—Ma pensée! A tous les hommes en général, et à madame veuve Desplechin, en particulier. *Paris, Pollet*, 1836, in-12 de 12 pag.

Sur la pétition de mad. Desplechin à la chambre des députés, pour le rétablissement du divorce.

—Quarante chansons en vers libres. *Paris, de l'impr. de Petit*, 1835, in-18 de 60 pages.

VINET-BUISSON. — Traité de la nouvelle découverte du levier volute, dit *levier Vinet*, agent mécanique le plus puissant, pour exciter et entretenir la rotation par la force d'impulsion qu'occasionnent son poids, sa construction et sa position, etc. *Épernay, de l'impr. de Fiévet*, 1830, in-18 de 24 pag., avec 14 pl.

VINGBOONS (Ph.). — Œuvres d'architecture, contenant les dessins, tant en plans qu'en élévation, des principaux et des plus beaux bâtiments d'Amsterdam, et autres endroits des Provinces-Unies. *La Haye*, 1736, in-fol., fig.

VINGTRINIER. — Réflexions sur la réforme des lois pénales. (Discours de réception à l'Académie royale de Rouen). *Rouen, Périaux*, 1828, in-fol. de 16 pag., plus une planche.

VINNIUS (A.). — A. Vinnii in Institutiones Commentarius, cui accedunt Quæstiones juris selectæ ; nova editio accuratissimè emendata, in duos tomos distributa. Curante DREVON. *Vesuntione, Gauthier*, 1827, 2 vol. in-4, 24 fr., et sur gr. pap. cavalier vélin d'Annonay (tiré à petit nombre), 32 fr.

Le Commentaire de Vinnius sur les Institutes sera toujours recherché des personnes qui voudront faire une étude solide du droit, comme étant ce qu'il y a de mieux et de plus savamment écrit sur les principes généraux et la théorie de cette science.

Cette édition a été publiée en douze livraisons. On peut la joindre aux Œuvres de Voet (voy. ce nom), dont M. Drevon a donné en même temps une édition.

VINGT (le P. Modeste), oratorien, de Nogent-sur-Aube, diocèse de Troyes, entra dans l'Oratoire en 1689, à l'âge de dix-sept ans, et mourut à Tours, en décembre 1730.

Il est l'un des auteurs d'une traduction en vers latins de trente fables de LA FONTAINE, publiée en 1738, par l'abbé Saas ; il avait précédemment eu part à la « Suite de la nouvelle Cyropédie, ou Réflexions de Cyrus sur ses voyages ». Amst. (Rouen), 1728, in-8.

VINS (Arm. de). — Étrennes de Charles X aux Français, contenant les réponses du roi aux adresses des différents corps, ses discours, ses réparties, ses bons mots, ses compliments et les premiers actes de son avénement, pouvant servir à l'histoire de ce prince. *Paris, Trouvé*, 1825, in-18, 1 fr. 25 c.

VINSON (l'abbé Pierre), né à Angoulême vers le commencement de 1763, mort à Paris, le 17 septembre 1820.

— Adresse à MM. les membres de la chambre des pairs et de la chambre des députés. *Paris, Michaud*, 1816, in-8 de 12 pages.

Avec l'abbé Fleury, curé du diocèse du Mans.

— Adresse aux deux chambres en faveur du culte catholique et du clergé de France, ou Pensez-y bien, sans religion point de gouvernement. *Paris, Eberhardt*, 1815, in-8, 1 fr. 50 c.

Pour une réfutation, voy. PARADIS.

— Appel au tribunal de l'opinion publique, ou Recueil des jugements, arrêts et autres pièces relatives au procès entre M. Jacquinot de Pampelune, procureur du roi, et l'abbé Vinson, à l'occasion d'un ouvrage intitulé : « le Concordat expliqué au roi ». *Paris, Michaud*, 1816, in-8, 2 fr. 50 c.

— Cantate sur la révolution qui vient de s'opérer à Bordeaux en faveur des Bourbons. *Londres*, mars 1814, in-8.

— Concordat (le) expliqué au roi, suivant la doctrine de l'Église et les réclamations canoniques des évêques légitimes de France ; suivi du Précis historique de l'enlèvement de N. T. S. P. le pape Pie VII, de ses souffrances, de son courage, et des principaux événements de sa captivité. *Paris*, avril 1816, in-8 de 211 pag.

Cet écrit fit traduire son auteur devant le tribunal de police correctionnelle, comme ayant porté atteinte à l'article de la Charte, qui garantit l'inviolabilité des biens nationaux. Vinson fut condamné à trois mois de prison, 50 fr. d'amende, deux ans de surveillance, et 800 fr. de caution : il se sauva à Londres pour se soustraire à l'exécution de ce jugement.

— Étrennes royales historiques, politiques et littéraires. *Londres*, 1798.

— Foi (la) couronnée, ou le Nécessaire des pasteurs catholiques morts pour la cause de J.-C., pendant la révolution de France ; poëme en cinq chants, avec des notes historiques. *Londres*, 1799, in-12.

— Lettre au propriétaire-rédacteur du soi-disant « Ami de la religion et du roi ». *Paris*, 1816, in-8 de 19 pag.

C'est une réponse aux critiques du journaliste.

— Lettres et Pensées d'Atticus, ou Solution de cette question importante : Quel est le meilleur et le plus solide des gouvernements ? ouvrage politique et religieux, par un membre du parlement britannique. IVe édition. *Paris, Eberhart*, 1815, in-12.

Les premières éditions ont été faites en Angleterre.

Ce volume contient : Lettres d'Atticus, le Concordat expliqué et les Pensées d'Atticus. Une dédicace adressée à Louis XVIII, est datée de Londres, 1811. On lit au *verso* du titre un avis de l'éditeur, signé l'abbé Vinson. Cependant, les termes dans lesquels cet avis est conçu, décèlent que Vinson est lui-même l'auteur de l'ouvrage; on y reconnaît partout son style déclamatoire, l'exagération de ses pensées, l'incohérence de son érudition et de sa logique.

Sous le n° 10013 de son Dictionnaire des ouvrages anonymes, Barbier présente les *Lettres* d'Atticus comme un ouvrage traduit de l'anglais, du lord Fitz-William, et dont la première édition aurait été publiée à Londres, en 1802.

— Mémoire justificatif. *Paris*, 1816, in-8.

Relatif au Concordat expliqué, et publié pendant l'instruction de son procès. La police le fit saisir.

— Mercure (le) de France, ou Recueil historique, politique et littéraire. *Londres*, 1800-01, in-8.

Ouvrage périodique qui fut continué pendant quinze mois. M. de Chateaugiron y eut part.

— Ode patriotique sur la campagne des alliés et la prochaine restauration des Bourbons. *Londres*, février 1814, in-8.

— Ode pour éloigner la discorde. *Paris*, août 1814, in-8.

— Ode sur le couronnement du sieur Bonaparte. *Londres*, 1804, in-8.

— Réflexions critiques, ou Lettres à M. de Calonne, auteur du « Tableau de l'Europe ». *Londres*, 1796, in-8.

L'abbé Vinson est encore auteur de trois *Odes* et d'une *Cantate* de circonstance, fort au-dessous du médiocre, comme tout ce qu'il a écrit en vers. La Revue encyclopédique lui attribue aussi un poëme sur les *Quatre âges*, dont il n'aurait publié que les premiers chants, et une *Épître à mon honneur*.
(Mah.)

VINSPEARE (le baron).— Histoire des abus féodaux. In-8.

VIOLAINE (madame de).— * Mémoires de Saint-Gory. — Poésies. Par madame la duchesse de V... *Londres (Paris)*, *les march. de nouv.*, 1776, in-12.

Ces poésies sont médiocres.

VIOLAINE (P.-A.), anc. officier de marine, professeur de mathématiques, plus tard employé au ministère des finances.
— Recueil de tables utiles à la navigation, trad. de l'angl. de J. W. NORIE, précédé d'un Traité de navigation pratique *Paris*, *veuve Courcier*, 1815, in-8.
— Tables (nouvelles) pour les calculs d'intérêts simples et composés, d'amortissement, d'indemnités, de placements viagers, etc. *Paris*, *l'Auteur, rue Saint-Nicolas-d'Antin, n. 35*, 1831, in-4, 15 fr.

— Tarif pour la conversion des rentes 5 p. 100 en 3 et 4 1/2 p. 100. *Paris, Bachelier; Sautelet*, 1825, in-8 de 16 pages.

VIOLET, peintre en miniature.
— Traité élémentaire sur l'art de peindre en miniature. *Paris*, 1788, 2 parties petit in-12, dont une de Supplément.

VIOLETTE, de Paris.—Équation triple en partie double, ou Système complet d'écritures pour gestion annuelle, tenues simplement et en partie double. *Paris, l'Auteur; Le Blanc*, 1819, in-4 de 46 pag.

VIOLETTE (Nicolas), de Fresnais (Pas-de-Calais).
— A S. Exc. le garde des sceaux. *Paris, de l'impr. de Nouzou*, 1821, in-4 de 20 pages.

VIOLETTE (Henri), anc. élève de l'École polytechnique, membre de l'Académie de Nanci et de la Société d'encouragement pour l'industrie nationale; né à Paris, le 27 mai 1809.
— Notions élémentaires de chimie, à l'usage des écoles. *Nanci, G. Grimblot*, 1838, in-12, 1 fr. 50 c.
— Nouvelles manipulations chimiques simplifiées, contenant la description d'appareils entièrement nouveaux, d'une construction simple et facile, et suivies d'un cours de chimie pratique à l'aide de ces instruments. *Paris, de l'impr. de Crapelet.—Aug. Mathias*, 1839, in-8, 8 fr.

VIOLIER (Pierre), de Genève, ministre du S. Évangile, lecteur de géographie, en 1704, et professeur de géographie, en 1713, mort en 1715.
— Artificiali (de) geographiæ objecto. 1714, in-4.
— Carte géographique de la banlieue de Genève et de sa dépendance.
— Introduction à la Géographie. 1704, in-12.
— * Jeu (le) de Géographie, ou nouvelle Méthode pour apprendre d'une manière facile et agréable les éléments de cette science. *Genève, Jean de Tournes*, 1706, in-12.
— Multiplici (de) Geographiæ usu ac præstantiá, oratio. 1704, in-4.
— Remarques sur la géographie, en vers. *Genève*, 1709, in-12.
— Souveraineté (la) de Neufchâtel, revenant à son légitime seigneur le roi de Prusse. 1707, in-12.
— * Usage (l') de la sphère, du globe et

des cartes pour la géographie. *Genève*, 1704 , in-12.

VIOLLAND. — Muses (les) de la Saintonge. *Saintes, Charrier*, 1823 , in-12.

VIOLLANT. — Spartacus, ou la Guerre des gladiateurs, par Meissner; trad. de l'allem. *Paris, Rouanet*, 1834 , in-18.

Une première édition de cette traduction a paru en 1803, in-12.

VIOLLE. —Liberté (la) individuelle dans le département du Cantal. *Paris , de l'impr. de Lanoë*, 1818, in-8 de 36 pag.

VIOLLE (B.) —Traité complet des carrés magiques pairs et impairs , simples et composés , à bordures , compartiments, croix, chassis , équerres, bandes détachées , etc. ; suivi d'un Traité des cubes magiques, et d'un Essai sur les cercles magiques. *Paris, Bachelier ; Dijon , l'Auteur*, 1838, 2 vol. in-8, et Atlas in-fol. de 54 pl. , 36 fr.

VIOLLET (Alphonse), homme de lettres; né à Azay-le-Rideau, le 1er novembre 1798 , d'une famille de propriétaires de la Touraine.
— Agriculture , ou nouvelle Méthode de cultiver la terre. *Paris , Bellavoine*, 1836, in-18, 1 fr. 50 c.
— Amis (les) du grand monde, suivis de la Famille Sutherland, nouvelle; trad. librement de l'angl. de Théod. Hook. *Rambouillet, Chaignet*, 1827, 2 vol. in-12 , 5 fr.
— ʹ Campagnes et croisières dans les États de Venezuela et la Nouvelle-Grenade. Par un officier du premier des lanciers vénézuéliens. Trad. de l'angl. *Paris , rue des Beaux-Arts , n. 6*, 1837, in-8 , avec une carte et un portrait, 7 fr. 50 c.
— Chroniques contemporaines. *Paris , Moutardier*, 1837, in-8, avec une grav. 7 fr. 50 c.
— Contes à l'enfance et à l'adolescence. Sec. édit. *Paris, rue des Beaux-Arts , n. 6*, 1836, in-12 , avec une grav., 3 fr. 50 c.
—Contes aux enfants du peuple, ou Traité pratique d'éducation en une série de petits drames qui ont pour scènes les rues, les faubourgs des villes , les compagnes et les salons. *Paris , de l'impr. d'Offray*, 1830 , 2 vol in-18, 6 fr.
—Contes de la semaine. *Paris, Johanneau*, 1833, in-8 , 7 fr. 50 c.

Ces Contes avaient été promis en deux volumes ,

qui devaient être publiés en six livraisons : les trois premières livraisons, formant le tome premier, ont paru ; elles renferment les contes suivants : première livraison, Girolamo et le marquis Racabella ; deuxième livraison , le Médecin de campagne, le Bon ton , le jeune Libraire ; troisième livraison, le Cacique.

—Destinée (la), traduit librement de l'anglais, de Théod. Hook. *Paris , Lecointe; Corbet ; Pigoreau*, 1822, 2 vol, in-12, 5 fr.
— Difficulties of the French language , elucitaded and exemplified , or Observations on the imperfect sense, the depuite and indefinite sensés, the personal fironouns, and the use of the subjunctive mood. *Paris, Delaunay*, 1822, in-8 de 40 pag. , et un tableau imprimé, 1 fr. 25 c.

On y trouve des distinctions ingénieuses dans l'emploi des temps français comparés aux temps anglais qui révèlent dans cet auteur une étude approfondie des deux idiomes.

— Grand (le) livre. Journal des libraires et des auteurs. *Paris , 1833, in-fol.

Ce Journal, dont le premier numéro parut le 15 avril 1833 , est principalement consacré à la bibliographie générale et à la critique littéraire. M. Viollet le vendit en mars 1837, et l'acquéreur en changea immédiatement le titre et le caractère. Le fondateur demeura tout-à-fait étranger à la rédaction de ce nouveau journal, qui fut publié quelques mois après sous la dénomination de « l'Éclair ».

—— Histoire de Bolivar, par Ducoudray-Holstein , continuée jusqu'à sa mort, par Alph. Viollet. *Paris , Levavasseur*, 1831, 2 vol. in-8, 15 fr.
—Histoire de la guerre d'Espagne et de Portugal. *Paris, G. Mathiot*, ..., 2 vol. in-8.

Avec Alph. de Beauchamp.

— Histoire de Pologne, trad. de l'angl. de Fletcher , et continuée depuis la révolution de novembre 1830 jusqu'à la prise de Varsovie, et la fin de la guerre. *Paris, Michaud*, 1832 , 2 vol. in-8, 15 fr.
— Jackson, ou Folie et sagesse ; suivi de Doutes et craintes ; trad. librement de l'angl. de Théod. Hook. *Paris, Delaforest ; Lecointe*, 1822, 2 vol. in-12, 5 fr.
— Juba , ou les Aventures d'un petit chien, trad. de l'angl. *Paris , Villet*, 1823, in-18, fig. , 1 fr. 25 c.
— Pièce de vers improvisée immédiatement après la sentence prononcée contre M. Hipp. Raynal. *Paris , Delaforest*, 1830, in-8 de 8 pag.
— Plutarque (nouveau) de la jeunesse, ou Biographie de tous les personnages illustres

de l'antiquité. *Paris, Bellavoine*, 1836, in-18, 1 fr. 50 c.

— Résumé des croyances et cérémonies religieuses de la plupart des peuples du monde. *Paris, Delaforest; Ponthieu*, 1827, in-18, 3 fr. 50 c.

Avec M. H. Daniel.

— Resumen de los creencias y ceremonias religiosas de la mayor parte de los pueblos del mondo; escrito en francés por MM. Viollet y Daniel, traducido, corregido y aumentado por S. Loredo. *Paris, de la impr. de Pochard*, 1828, in-12.

— Roche à Napoli de Romanie, ou la Grèce et la France. (En vers). *Paris, Ponthieu*, 1825, in-8 de 16 pag.

— Translator (the), or Theorical and practical Instructions. *Paris, A. and W. Galignani; Baudry; Fayolle*, 1825, in-18.

— Velléda, épisode en deux parties, tiré des « Martyrs » de M. de Chateaubriand, avec des notes explicatives. *Paris, les march. de nouv.*, 1820, in-8 de 32 pages, 1 fr.

M. Viollet est, en outre, l'auteur, en société avec M. Bouilly, des notices du «Portefeuille de la jeunesse» (1829 et ann. suiv.); il a été, en 1815, le rédacteur en chef de la Gazette des salons, et, en 1836, celui du Moniteur des familles.

On trouve une Notice sur M. Alphonse Viollet dans le « Biographe et le Nécrologe réunis », t. II, pag. 87.

VIOLLET (J.-B.). — Notice sur l'exactitude et l'usage du frein dynamométrique pour la mesure de la puissance des usines. *Paris, Carilian-Gœury; Mathias; l'Auteur*, 1839, in-8 de 56 pages, avec une planche, 2 fr.

— Théorie des puits artésiens, suivie d'une instruction pratique très-étendue sur les moyens d'utiliser ces puits dans les arts et dans l'agriculture. *Paris, les mêmes*, 1839, in-8, avec 7 planches, 7 fr. 50 c.

VIOLLET D'ÉPAGNY (J.-B.-Bonaventure de), poëte dramatique; né à Gray (Haute-Saône), en 1789.

— Adieux (les) au pouvoir, comédie en un acte. *Paris, de l'impr. de Bruneau*, 1838, in-8.

Avec M. (Baudouin) d'Aubigny.
Cette pièce n'a été jouée qu'une seule fois, sur le Théâtre-Français, le 6 août 1838.

— Auberge (l') d'Auray, drame lyrique en un acte. *Paris, Vente*, 1830, in-8.

Avec M. Moreau.

— Brelan d'amoureux, ou les trois Souf-

flets, vaudeville en un acte. *Paris, Quoy*, 1825, in-8, 1 fr. 50 c.

Publié sous le nom de Charles. Avec M. Xavier (Boniface Saintine).

— Charles III, ou l'Inquisition, comédie-drame en quatre actes et en prose. *Paris, Marchant; Barba*, 1834, in-8, 3 fr.; — ou gr. in-8 à 2 colon., 30 c.

Avec M. Deyeux.

— Dame (la) du lac, opéra héroïque en quatre actes, musique de M. Rossini, arrangée pour la scène française par M. Lemière de Corvey. *Paris, Hautecœur-Martinet*, 1825, in-8, 2 fr.

Avec M. Aug. Rousseau (et M. Hor. Raisson).

— Dominique, ou le Possédé, comédie en trois actes et en prose. *Paris, Barba*, 1831, in-8, 3 fr.; — ou 1834, in-8 à 2 colonnes.

Avec M. Dupin.
La dernière édition fait partie de « la France dramatique au XIXᵉ siècle ».

— Fille (la) mal élevée, comédie-vaudeville en deux actes. *Paris, Marchant*, 1835, in-8, 1 fr. 50 c.; — ou gr. in-8 à 2 colonnes.

Avec M. Decomberousse.

— Homme (l') habile, ou Tout pour parvenir, comédie en cinq actes et en vers. *Paris, Peytieux*, 1827, in-8, 4 fr.

— Hommes (les) du lendemain, comédie en un acte et en vers. *Paris, Quoy*, 1830, in-8, 1 fr. 50 c.

— Jacques Clément, ou le Bachelier et le théologien, drame en cinq actes et en prose. *Paris, Barba*, 1831, in-8, 3 fr.

— Joscelin et Guillemette, comédie en un acte, avec un prologue. *Paris, Barba*, 1831, in-8, 1 fr. 50 c.

— Lancastre, ou l'Usurpation, pièce en cinq actes et en vers. *Paris, Peytieux*, 1829, in-8, fig., 4 fr.

— Luxe et indigence, ou le Ménage parisien, comédie en cinq actes et en vers. *Paris, Barba*, 1824, in-8, 3 fr.; pap. vélin, 6 fr.

Cette pièce a obtenu trois éditions dans la même année. En 1835 elle a été réimprimée à deux colonnes pour la « France dramatique au XIXᵉ siècle ».

— Maison (la) de plaisance, vaudeville en un acte (et en vers). *Paris, madame Huet*, 1823, in-8.

Avec M. Benjamin (Antier). M. d'Epagny s'est caché sous le pseudonyme de Tivoli.

— Mal-contents (les) de 1579, drame en

cinq actes. *Paris, Barba; Marchant*, 1834, in-8, 4 fr.; — ou gr. in-8 à 2 colonn., 30 c.

Avec M. Jarry.

Ce drame a donné lieu à la publication d'une parodie qui a paru sous ce titre :
« Les Mal-contents, drame en cinq actes, analysé et commenté par madame Pochet et la Lyonnaise », publié par l'auteur de Marie Tudor, raconté par madame Pochet, etc. Paris, Duvernois, 1834, in-8 de 32 pag.

—* Parfumeuse (la) de la cour, comédie en un acte (en prose), mêlée de couplets. *Paris, Bezou*, 1833, in-8.

Avec M. Dupin.

— * Petite cause à grand effet, quant, le bonheur s'y met, ou la Papillote, proverbe en un acte, en prose; par D'E....y.

Impr. dans le « Démocrate littéraire », tome Ier, 1829, in-8.

— * Préventions (les), comédie en un acte (en prose), tirée de Théodore LECLERCQ, et arrangée pour la scène par MM.***. *Paris, J.-N. Barba*, 1832, in-8.

— * Rivaux (les) de village, ou la Cruche cassée, opéra-comique en un acte (et en prose). *Paris, J.-N. Barba*, 1820, in-8.

M. d'Epagny a présenté à l'Académie royale de musique deux opéras qui n'ont été ni représentés ni imprimés; ce sont : *le Philtre d'amour* (juillet 1819) et *les Gaules civilisées* (déc. 1821).

VIOLLET-LEDUC, érudit littérateur.
— Art (l') de parvenir, poëme en un chant. *Paris, les march. de nouv.*, 1817, in-12 de 36 pag.
— Épitre à M. Sainte-Beuve. *Paris, de l'impr. de Rignoux*, 1839, in-8 de 8 pag.
— Histoire de la satire en France.

Imprimée à la tête d'une édition des Œuvres de Mathurin Regnier, donnée par M. Viollet-Leduc, en 1822.

—* Métroxylotechnie, poëme en un chant. *Paris, Bobée*, 1820, in-8 de 20 pag.

Tiré à 25 exemplaires.

— Nouvel (le) Art poétique, poëme en un chant, suivi d'un grand nombre de notes. *Paris, Martinet*, 1809, in-12, 1 fr. 50 c.

Deux autres éditions ont été imprimées dans la même année.

— * Philippiques à Napoléon. *Paris, les march. de nouv.*, 1815, in-8 de 29 pag.
— Précis de l'art dramatique, ou de l'Art de composer et exécuter les pièces de théâtre, contenant l'exposé et la discussion des règles adoptées par les anciens et par les modernes, l'examen de celles qu'on tente de leur substituer, les formes, les divisions, le style propre aux œuvres dramatiques, les règles particulières à la tragédie, la comédie, la tragi-comédie, le drame, le mélodrame, le drame lyrique, opéra, opéra-comique, vaudevilles, les genres secondaires, etc.; suivi de l'Art du comédien, la déclamation et le geste théâtral, et du matériel de l'art dramatique, décorations, théâtres, costumes, etc.; précédé d'une Introduction historique, et suivi d'une Biographie, d'une Bibliographie et d'un Vocabulaire analytique. *Paris, Decourchant*, 1830, gr. in-32, pap. vélin, 3 fr. 50 c.

Cet ouvrage fait partie de l'Encyclopédie portative, dirigée par M. Bailly, de Merlieux.

— Précis d'un traité de poétique et de versification, contenant des considérations sur la poésie en général, son origine, son but, ses moyens, ses formes, caractères et modifications à diverses époques, les règles de la composition et du style poétique selon les systèmes des divers poëtes; celles de la versification et de tous les différents genres de poésies, anciens et actuels; précédé d'une Introduction historique, et suivi d'une Biographie, d'une Bibliographie et d'un Vocabulaire analytique. *Paris, Bachelier*, 1829, gr. in-32, 3 fr. 50 c.

Autre ouvrage qui fait partie de « l'Encyclopédie portative ».

— Retour (le) d'Apollon, poëme satirique. *Paris, de l'impr. de Didot l'aîné*, 1812, in-8 de 32 pag.

M. Viollet Leduc a eu part à la rédaction du Lycée français (1819 et 1820, 5 vol. in-8).

Comme éditeur, cet écrivain a publié quelques éditions estimées de nos classiques, et, entre autres, des Œuvres de ROTROU, avec des notes historiques et littéraires (1820, 5 vol. in-8); — des Œuvres de BOILEAU, avec des notes (1821, 4 vol. in-18); — des Œuvres de Math. REGNIER (1822, in-18).

VIOLLETTE. — Cri (le) de l'indignation exprimé en 1796. (Lettre datée de Fressin, le 3 prairial, l'an IV de la république, signée VIOLLETTE.

Extrait du n° 1378 du journal intitulé : « Courrier de l'égalité », 16 prairial an IV.

VIOLS (de), du Languedoc, ancien officier d'artillerie. Voy. l'art. du maréchal de SAXE.

VIOMENIL (le baron de). — Lettres (ses) sur les affaires particulières de Pologne, en 1771 et 1772, précédées d'une Notice historique, et de Souvenirs contenant des faits inconnus jusqu'ici sur le démembrement de la Pologne , en 1772. (Publiées par le général GRIMOARD). *Paris, Treuttel et Wurtz*, 1808, in-8 , 4 fr. , et sur pap. vélin, 8 fr.

VION. — Amusement (l') géographique, contenant une description abrégée du globe de la terre. *Rotterdam*, 1775, in-4.

VION. — Appel à l'étude de la philosophie. *Metz, de l'impr. de Dosquet*, 1835, in-8 de 72 pages.

VION (M.-H.). — Maladies de la matrice, ou Exposé succinct des signes qui font reconnaître les diverses affections qui attaquent cet organe. *Paris, l'Auteur*, 1837, in-8 de 32 pag.

VIONNET (le P. George), jésuite, professeur de rhétorique, poëte dramatique; né à Lyon, le 31 janvier 1712, mort le 31 décembre 1754.
— Berga ad Zoman à Gallis expugnata, oratio. 1748, in-4.
— Musæum nummarium, carmen. 1744, in-8.

Ce poëme a été réimprimé dans le tome IV des « Poemata didascalica ». Parisiis , 1813.

— Xercès , tragédie en cinq actes. *Lyon*, 1749, in-8.

VIOT, régisseur de l'enregistrement.
— Quelques idées sur les finances. 1800, in-12.

VIOT (madame BOURDIC). Voy. BOURDIC-VIOT.

VIOU (le P. Jean-Pierre), dominicain, chassé de son ordre pour ses opinions religieuses, ancien professeur de théologie à Rodez ; né à Saint-Pol en Forêt, le 20 août 1707, mort en 1779 ou 1780.
— Apologie de Pierre Soto. 1738, in-12.
— Apologie du « Thomisme triomphant ». 1731, in-4.
— Lettre à M. l'évêque de Rodez.
— * Nouvelles intéressantes au sujet de l'attentat commis le 3 septembre 1758, sur la personne sacrée de S. M. le roi de Pologne. 1754 et ann. suiv., 2 vol. in-12.

Il y a vingt-quatre suites. L'éditeur et auteur en grande partie est M. Dumont, c'est-à-dire le P. Viou, dominicain. Mais le tout est mêlé de beaucoup de petites pièces qui venaient de différents endroits.

— Table des matières contenues dans le procès de R.-F. Damiens. In-4 et in-12.
— Thomisme (le) triomphant. 1731, in-4.

Le P. Viou est encore l'auteur de la préface et de la conclusion des « Observations sur les actes de l'assemblée du clergé de 1765 (par Le Paige).

VIRAMOND (G.-R.). — Essai sur la fièvre bilioso-adynamique des grands animaux, et particulièrement du cheval. Mémoire. *Paris, de l'impr. de Tastu*, 1824, in-8 de 16 pag.

VIRARD, médecin, de Grenoble.
— Essai sur la santé des filles nubiles. *Londres, et Paris, Monory*, 1776 , br. in-8.

VIRARD. — Mémoire dans lequel on prouve que toute métaphysique est impossible, que nos sensations sont indécomposables, et que la supposition chimérique de leurs éléments et la cause unique des difficultés insolubles que présentent les systèmes d'Épicure, Platon, Locke, Leibnitz, Condillac, Kant, etc., etc. *Grenoble, de l'impr. de David*, 1817, in-8 de 100 pag.

VIRARD (J.), avocat à Grenoble.
— Législation (de la) criminelle. *Grenoble, Baratier*, 1836, in-8 de 100 pag.

VIRET (le P. Louis), cordelier.
— Mauvais (le) dîner, ou Lettres sur le Dîner du comte de Boulainvilliers. 1770, in-8.
— Réponse à la Philosophie de l'Histoire (de Voltaire). *Lyon, Duplain*, 1767, in-12.

Il existe une édition de la même année avec un Avertissement du clergé de France sur les dangers de l'incrédulité. Lyon, in-12.

VIREY (Julien-Joseph), docteur en médecine de la Faculté de Paris, ancien pharmacien en chef de l'hôpital militaire du Val-de-Grâce, ancien député de la Haute-Marne, aujourd'hui professeur d'histoire naturelle à l'Athénée de Paris, membre du conseil supérieur de santé , etc., membre de l'Académie royale de médecine, de l'Académie des curieux de la nature, et de plusieurs autres académies et sociétés savantes nationales et étrangères ; né à Hortes , bourg du département de Haute-Marne, d'un père notaire royal.

SCIENCES.

— Art (l') de perfectionner l'Homme, ou de la Médecine spirituelle et morale. *Paris, Déterville*, 1808, 2 vol. in-8 de XXIV-436 et XII-477 pag. , 16 fr.

On y remarque des vues sur le spiritualisme, et la doctrine de Stahl, avec d'autres considérations physiologiques.

Cet ouvrage est suivi d'un « Essai sur les caractères , les mœurs et les complexions des Hommes illustres de Plutarque ».

— Considérations physiologiques sur la production de la graisse des animaux.

—Considérations (nouvelles) sur l'histoire et les effets hygiéniques du café , et sur le genre *coffea*. *Paris, Colas*, 1816, in-12 de 36 pag.

— Discours sur l'origine des animaux et sur les plantes du nouveau continent.

— Éducation (de l') publique et privée des Français. *Paris, de l'impr. de Crapelet.* —*Déterville* , an XI (1802), in-8 , 3 fr.

Cet ouvrage a pour but de former des Français, premièrement vertueux, et ensuite instruits, tous utiles à leur pays. L'auteur traite de l'éducation faite en communauté , mais ses principes sont aussi applicables à une instruction particulière.

— Éphémérides de la vie humaine, dissertation inaugurale. *Paris*, 1814, in-4.

Thèse pour le doctorat, plusieurs fois réimprimée.

— Examen impartial de la médecine magnétique. *Paris, Panckoucke*, 1818, br. in-8.

Extrait du grand Dictionnaire des sciences médicales.

M. Deleuze a publié un travail contre cet écrit.

— Femme (de la) sous ses rapports physiologique, moral et littéraire. *Paris, Crochard*, 1823, in-18.—Autre édition, augmentée et complétée par une Dissertation sur un sujet important (sur les mœurs des différentes époques de l'histoire). *Paris, Crochard*, 1824, in-8, 7 fr.

— Histoire des mœurs et de l'instinct des animaux, avec les distributions méthodiques et naturelles de toutes leurs classes. Cours fait à l'Athenée de Paris. *Paris, Déterville*, 1821, 2 vol. in-8 , 12 fr.

On y joint un Atlas de figures d'animaux formant un troisième volume.

— Histoire naturelle des médicaments, des aliments et des poisons tirés des trois règnes de la nature, classés suivant les méthodes naturelles , modernes , les plus exactes ; avec l'indication de leurs propriétés, de leurs usages et de leurs qualités nuisibles, et des moyens d'y remédier ; leur analyse chimique, leur emploi médical, etc. *Paris, Ferra*, 1820, in-8, 7 fr.

— Histoire naturelle du genre humain, ou Recherches sur les fondements physiques et moraux ; précédées d'un Discours sur la nature des êtres organiques, et sur l'ensemble de leur physiologie. On y a joint une Dissertation sur le sauvage de l'Aveyron.

Paris, Dufart, an IX (1801), 2 vol. in-8, avec figures. — Nouv. édition , augmentée et entièrement refondue. *Paris, Crochard*, 1824, 3 vol. in-8 , ornés de 10 planches, 20 fr. ; et avec les fig. color., 22 fr.

— Hygiène philosophique , ou la Santé dans le régime physique, moral et politique de la civilisation moderne. *Paris, Crochard*, 1828, 2 parties in-8, 12 fr.

—Influence (de l') des femmes sur le goût dans la littérature et les beaux-arts, pendant le XVIIe et le XVIIIe siècle. Discours qui a remporté le prix sur cette question proposée par la Société des sciences, lettres et arts de Mâcon, en 1809. *Paris, Déterville*, 1810, in-8 de 64 pages, 1 fr. 25 c.

En traitant cette question curieuse, il importait peu de connaître quelles femmes s'étaient illustrées dans la littérature et les beaux-arts. Mais les meilleurs esprits ne dédaigneront pas d'observer quels changements les rapports moraux des sexes entre eux et l'état civil des femmes , introduisent dans les habitudes et les manières des peuples en chaque siècle , et comment ces mœurs, ces habitudes modifient à leur tour les productions littéraires. Ce Discours a été réimprimé dans l'ouvrage intitulé : *De la femme considérée dans ses rapports physiologique, etc.*

— Manuel (petit) d'hygiène prophylactique contre les épidémies, ou de leurs meilleurs préservatifs. *Paris, Crochard*, 1832, in-18, 1 fr. 50 c.

— Médicaments (des) aphrodisiaques en général , et en particulier sur le dudaïm de la Bible. *Paris, de l'imp. de Colas*, 1813, in-8 de 24 pag, 1 fr. 25 c.

— Philosophie de l'histoire naturelle , ou Phénomènes de l'organisation animale et végétale. *Paris, et Londres, J.-B. Baillière*, 1835, in-8, 7 fr.

— Puissance (de la) vitale considérée dans ses fonctions physiologiques chez l'Homme et tous les êtres organisés , avec des Recherches sur les forces médicatrices et les moyens de prolonger l'existence. *Paris, Crochard*, 1822, in-8, 7 fr.

L'auteur y développe la doctrine physiologique du vitalisme.

— Recherches médico-philosophiques sur la nature et les facultés de l'Homme. *Paris, Panckoucke*, 1818, in-8, 2 fr. 50 c.

Extrait du grand « Dictionnaire des sciences médicales ».

—Régime (du) alimentaire des Anciens, et des résultats de la différence de leur nourriture avec celle des modernes. *Paris, L. Colas*, 1813, in-8 de 48 pag., 1 fr. 25 c.

— Traité de pharmacie théorique et pratique, contenant les éléments de l'histoire naturelle de tous les médicaments, leurs préparations chimiques et pharmaceutiques, classées méthodiquement suivant la chimie moderne; avec l'explication des phénomènes, les propriétés, les doses, les usages, les détails relatifs aux arts qui se rapportent à celui de la pharmacie, et à toutes ses opérations. On a joint partout les comparaisons des nouveaux poids et mesures, une nouvelle nomenclature avec les dénominations anciennes, des figures explicatives et un grand nombre de tableaux. *Paris, Rémont; Ferra*, 1811, 3 vol. in-8, 15 fr.—IVe édition, sous le titre de «Traité complet de pharmacie». *Paris, Ferra*, 1833, 2 vol. in-8, avec six planches, 16 fr.

La seconde édition, publiée en 1819, est déjà entièrement refondue; la troisième, publiée en 1823, est augmentée de toutes les découvertes les plus modernes.

Indépendamment de ces ouvrages spéciaux, M. Virey a pris une part très-étendue au grand mouvement scientifique et littéraire du xixe siècle, par sa coopération à de grandes publications, telles que l'édition des Œuvres de Buffon, par Sonnini, en 123 vol. in-8, surtout pour l'histoire des oiseaux; ensuite au «Nouveau Dictionnaire d'histoire naturelle», première édition et deuxième, en 36 volumes; au «Grand Dictionnaire des sciences médicales, en 60 volumes; au «Dictionnaire de la conversation», en 52 volumes; à plusieurs recueils périodiques tels que le Journal du physique, le Magasin encyclopédique; aux journaux de médecine, chimie, et au «Journal de pharmacie et des sciences accessoires», dont il est l'un des fondateurs. Il a été chargé des principaux articles généraux et philosophiques des Dictionnaires cités, comme *animal, nature, règne, corps organisés, espèces, dégénération, génération, métamorphoses, sexes, monstruosités*, et sur l'esprit, le *génie*, ou autres sujets de psychologie, les *qualités morales*, l'*énergie*, l'*enthousiasme*, l'*imagination*, les *habitudes* et les *instincts*, etc. Les articles *nègre, orang-outang, sauvages* (hommes et animaux), *familles, polygamie, polyandrie, puberté, races*, on ceux de physiologie, tels que *sens, sympathie, forces, virilité, harmonie des parties, insensibilité, passions*, etc., ont également été développés par M. Virey. Il a joint des notes et des additions sur diverses parties de la chimie et de la physiologie à la traduction de la Chimie organique, de Gmelin, Paris, 1823, in-8, ainsi qu'à l'Anatomie du gladiateur combattant, par Salvage, Paris, 1812, gr. in-fol., et une multitude de mémoires ou notices au «Journal de pharmacie», comme *sa flore nocturne, les insectes alimentaires*, etc.

Il a donné sur diverses parties de l'histoire naturelle, en zoologie et en botanique, des mémoires sur le *népenthès* d'Homère, le *moly*, l'*hassich* des Orientaux, le *bendjé* et autres narcotiques célèbres, influant sur l'état de l'esprit; et il a étudié de même les effets hygiéniques du café, du thé, et diverses nourritures comparées dans le régime des anciens et des modernes, les médicaments aphrodisiaques, et le *dudaïm* de la Bible, les origines américaines du maïs, de la pomme de terre, et fait plusieurs recherches d'érudition botanique ou zoologique (comme sur *les animaux médecins d'eux-mêmes,*

etc.), dans le Journal complémentaire des sciences médicales, celui de pharmacie, la Revue médicale, etc.

M. Virey a combattu les hypothèses de M. Lamarck, dans le Nouveau Dictionnaire d'histoire naturelle; celles de M. Broussais, en divers recueils de médecine; il a traité des *dépravations du moral*, en plusieurs articles du Dictionnaire des sciences médicales, sous le rapport physiologique et historique; il aborde les plus hautes questions de philosophie dans les articles *causalité, chaos, cosmogonie, création, déisme* et *matérialisme, espace, existence, germes, macrocosme* et *microcosme, rapports naturels, reproduction des créatures, systèmes, univers, zoologie,* des Dictionnaires d'histoire naturelle et de la conversation.

Plusieurs de ces articles ont été traduits en russe dans le Nouveau Magasin d'histoire naturelle (Novoë Magazine), par Jean Dvigounsky, à Moscou, in-8, et dans le recueil intitulé : « le Fils de la patrie », n. 9 et 10, ann. 1828

Outre des contrefaçons belges de « l'Histoire naturelle du genre humain », 1826, il en a paru un Abrégé en langue italienne, par Gaetano Pesce, « Su i negri e su la natura primitiva del uomo », Napoli, 1826. Un autre en 1833, mis à l'index, puis en langue anglaise : « Natural history of the negro race », extracted by J.-H. Guenebault, Charlestown, 1837, in-8.

Des articles sur les *doctrines médicales*, *l'enfance*, etc., sont traduits en grec moderne, dans le Ἑρμῆς ὁ Λόγιος, publié à Vienne, en 1817 et années suivantes, etc.

L'ouvrage sur *la femme* a subi plusieurs contrefaçons, et a été traduit en allemand, «Das Weib, etc.», ubersetz von Hermann, Leipzig, 1827, in-8.

« L'Histoire des mœurs et de l'instinct des animaux » est traduit aussi, et précédée d'une Introduction, dans la «Collezione de' classici metafisici», tom. LIII et suiv. Pavia, 1826, par Defendente Sacchi et Fr. B.

La « Philosophie de l'histoire naturelle » a été contrefaite aussi en Belgique, puis a été reproduite en italien, par Giov. Balt. Jamberini, en 1838, in-8, à Vérone.

On attribue à M. Virey un style brillant et facile, parfois diffus, avec des idées ingénieuses et une grande variété de connaissances.

LITTÉRATURE.

— *Maladies (des) de la littérature française : Consultation sur son état actuel. Par un docteur. Paris, Ponthieu*, 1826, in-8 de 40 pag., 1 fr. 50 c.

BIOGRAPHIE.

— Discours prononcé sur la tombe de Bernard-Germain-Étienne de Laville-sur-Illon, comte de Lacépède, associé libre de l'Académie royale de médecine. *Paris, de l'imp. de Rignoux*, 1825, in-4 de 4 pag.

— Discours prononcé aux funérailles de M. L.-Aug.-Guill. Bosc, membre de l'Institut. *Paris, de l'imp. de Rignoux*, 1828, in-4 de 4 pag.

— Discours prononcé aux funérailles de M. J.-P. Boudet, oncle. *Paris, de l'impr. du même*, 1829, in-4 de 4 pag.

— Éloges de S. P. Boudet et de P. Moringlane.

Imprimés dans le tome II des Mémoires de l'A-
cadémie royale de médecine (1833). — Une autre
Notice sur A.-A. Cadet de Vaux a été imprimée
dans un autre volume du même recueil.

— Notice nécrologique sur G.-S. Serullas.
Paris, de l'imp. de Fain, 1832, in-8 de 8
pages.

Extrait du Journal de pharmacie.

— Précis historique sur la vie et la mort
de Jos.-L. Lagrange. *Paris, de l'impr.
de madame Courcier,* 1813, in-4 de 24
pages.

Avec M. Potel.

— Vie (de la) et des ouvrages d'Ant.-Aug.
Parmentier, etc. *Paris, de l'impr. de Colas,*
1814, in-8 de 20 pag.

Ces Notices biographiques ne sont pas les seules
que l'on doive à M. Virey : il a fourni au Dictionnaire de la conversation et de la lecture les articles
d'*Aristote,* de *Buffon,* de *Leibnitz,* de *Linné,* et autres savants.

Outre la Notice des travaux et des principaux
Mémoires de J.-J. Virey (Paris , de l'impr. de Fain ,
1832 , in-4 de 4 pag.), ou a sur ce savant distingué une Notice dans la Biographie des hommes du
jour, de MM. Sarrut et Saint-Edme, tome II, 2ᵉ part.,
pages 302 et suiv.

———

VIRGILIUS MARO (Publius), poëte
latin, épique, didactique et bucolique; né
en 684 de Rome (70 ans avant Jésus-Christ),
mort en 735 de Rome (19 ans avant Jésus-
Christ).

NOTICE
DES ÉDITIONS ET TRADUCTIONS FRANÇAISES
DES OUVRAGES DE CE POÈTE.
(1700—1840).
--

OUVRAGES SÉPARÉS.

I. *Bucoliques* (en ix églogues).

— Bucolica , cum accuratissimis et selectissimis ABRAMI notis. *Pictavii , Catineau,*
1828, in-12.

— Traduction des Églogues de Virgile en
vers (par LE PUL). *Béziers,* 1701, in-12.

— Traduction (en prose) des Églogues
de Virgile, avec des notes critiques et historiques (par le P. CATROU). *Paris, J.
Estienne,* 1708, in-12.

— Églogues (les), traduites en vers fran-
çais, avec le latin à côté, par Henri RI-
CHER, avocat. *Rouen,* 1717, in-12 ; — ou
Paris, 1736, in-12.

— Les mêmes, traduction nouvelle (en prose),
avec des notes historiques et critiques, où
l'on a inséré les endroits que Virgile a imités de Théocrite, avec un Discours sur la

poésie pastorale; par VAILLANT, professeur
de seconde au collége d'Harcourt. *Paris,
F. Barrois,* 1724, in-12.

— OEuvres mêlées de M*** (l'abbé de LA
ROCHE). *Paris, Barrois,* 1732, in-12.

Contenant les Églogues de Virgile, traduites en
vers français.

— Poésies (les) de M. G*** (GRESSET),
contenant les Églogues de Virgile en vers
français. *Blois,* 1734, in-12.

On trouve cette traduction dans les différents recueils des OEuvres de Gresset : c'est plutôt une imitation.

— Explication de la quatrième églogue
de Virgile, par J.-R. de LA CHAPELLE.
1739, in-12 ; ou 1745, in-8.

— Quatrième (la) églogue de Virgile,
traduite en français (en prose), avec des
notes critiques; par M. R. D. R. (RIBAUD
DE ROCHEFORT). *Clermont-Ferrand,* 1739,
in-12.

— Traduction libre (en vers) de la sixième
églogue, par L.-Fç.-Cl. MARIN. *Paris,* 1748,
in-8.

— Quatrième (la) églogne de Virgile, en
latin et en français, par l'abbé REGLEY.
1775, in-8.

— Bucoliques (les), traduction nouvelle, par
P.-L. Cl. GIN. *Paris,* 1788, in-12. —
Sec. édition, précédée d'une Introduction
sur la nature et l'origine de la poésie pastorale, sur la traduction des poëtes grecs
et latins, et de Virgile en particulier. *Paris, Royez,* 1801, 2 vol. in-12.

— Églogues de Virgile, traduction nouvelle en vers. *Paris, Girod et Tesner,*
1793, in-8.

— Traduction en vers de la quatrième
églogue de Virgile, intitulée Pollion; par
MAUREL. 1799, in-8.

— Églogues, traduites en vers français,
avec le texte latin, accompagnées de la
traduction en vers de plusieurs morceaux
de Théocrite, Bion et Moschus, et de l'é-
pisode de Nisus et Euriale; par P.-F. TIS-
SOT. *Paris, Th. Barrois,* an ix (1801),
in-8. — IVᵉ édition, accompagnée de remarques sur le texte et de tous les passages de Théocrite que Virgile a imités,
avec le texte en regard. *Paris, Delaunay,*
1822, in-18, 3 fr. 50 c.

La meilleure traduction en vers que nous ayons
des Bucoliques de Virgile.

— Les mêmes, par P.-F. DECHEPPE, anc.
chef d'une maison d'éducation, enrichies
de notes critiques, historiques et mytholo-

giques, avec le texte à côté. *Paris, Desenne*, 1802, in-8.

— Bucoliques. Traduction interlinéaire et mot à mot avec la version française, par Vidal, ancien professeur. *Lyon*, 1803.

—Sec. édition, revue et corrigée par A. B. *Lyon, et Paris, Périsse frères*, 1828, in-12.

— Bucolica cum versione gallica interlineari, auctore A.-J. Legat. *Parisiis, Lavillette*, 1802, in-8.

— Les mêmes, trad. en vers par Urb. Domergue, suivies de 150 Distiques moraux de divers auteurs, et de quelques Odes d'Horace. 1805, in-8.

Traduction imprimée à la suite du « Manuel de la langue française », du traducteur. Domergue l'avait déjà publié, en 1790, dans son « Journal de la langue française », qui est très-rare.

— Les mêmes, traduction en vers (par le chev. Langeac); précédées de la Vie du poëte latin, accompagnées de remarques sur les beautés du texte, par Michaud. *Paris, Giguet et Michaud*, 1806, in-4, papier vélin, orné de dix fig., 100 fr.; et avec les figures avant la lettre, 140 fr.; et in-8 et in-18.

Édition de luxe dont le prix ne s'est pas soutenu (60 fr.). Les gravures sont en partie du beau Virgile in-folio de P. Didot. Il y en a deux exemplaires sur vélin, l'un desquels renferme les dessins originaux.
Cette traduction, qui se joint aux OEuvres de Virgile traduite par Delille, a été souvent réimprimée avec le nom de l'auteur. Les autres éditions sont celles-ci :
Paris, Giguet et Michaud, 1819, in-18, 1 fr. 80 c.; in-8, gr. raisin avec 11 fig., 4 fr.; pap. vélin superfin, br. en cart. 7 fr. — In-8, pap. fin grand-raisin, avec 11 fig., 7 fr.; pap. vél. superfin, br. en cart., 15 fr.
Paris, Michaud, 1813, 1824, 1837, in-18.

— Les mêmes, précédées de quelques idylles de Théocrite, de Bion et de Moschus, suivies de tous les passages de Théocrite que Virgile a imités, trad. en vers français par F. Didot; gravé, fondu et imprimé par le traducteur. *Paris, F.*Didot*, 1806, pet. in-8 de 283 pag., avec vignette, 4 fr.; et sur pap. vélin, 8 fr.; et in-12.

On trouve, à la fin de cette édition, une note littéraire et bibliographique relative aux deux sortes d'exemplaires du Théocrite d'Alde.
Cette traduction a été réimprimée en 1823 (Paris, F. Didot père et fils), in-12, 1 fr.

— Les mêmes, trad., avec le texte en regard, par Bertholon de Pollet. (Nouv. édition). *Paris, de l'impr. d'Éverat*, 1832, in-8.

La première édition a paru sans nom de traduc-

teur, et sous le titre d'*Essai sur les Bucoliques de Virgile*. Lyon, 1809, in-12.

—Les mêmes. Traduction nouvelle en vers français; par Dorange. *Paris, Delaunay*, 1809, in-12, 2 fr. 25 c.

— Les mêmes, trad. en vers français, par Ch. Millevoye. *Paris, Nicolle*, 1809, in-18.

— Les mêmes, traduites littéralement en vers français, avec le texte latin en regard; par D. R. E. L. C. D. C. *Paris, Dubroca; A. Bertrand*, 1810, in-12, 2 fr.

—Traduction littérale, en vers français, des cinq premières églogues de Virgile. *Paris, de l'impr. de Lefebvre*, 1811, in-8 de 35 pag.

—Églogues (les), traduites en vers français, par F.-G. de La Rochefoucauld, sous-préfet des Andélys. *Paris, Brunot-Labbe*, 1812, in-12.

— Paraphrase de la première églogue de Virgile (en prose), par N.-E. Lemaire, professeur de poésie latine. *Paris*, 1812, in-4.

Réimpr. dans le tome V de l'édition de Virgile publiée par N. E. Lemaire.

—Bucoliques (les), trad. en vers français, et accompagnées de notes sur les beautés du texte, par J.-A. D*** (Deville). (Avec le texte en regard). *Paris, Cussac*, 1813, in-8, 4 fr. — Autre édition, avec le texte en regard. *Rouen, de l'imp. de Nicétas-Périaux*, 1829, in-8, avec une gravure.

— Églogues de Virgile, traduction nouvelle en vers français, avec le texte latin en regard. *Paris, Lepricur*, 1813, in-18, 2 fr.

— Bucoliques (les), trad. en vers français, par Alex.-L. Baudin. (Avec le texte en regard). *Cherbourg, Boulanger*, 1814, in-12.

— Les mêmes, traduites en vers, par Th. Boyer, capitaine de cuirassiers. Avec le texte en regard. *Albi, de l'imp. de Baurens*, 1817, in-18, 2 fr., et sur pap. vélin, 3 fr.

— Les mêmes, trad. en vers français, accompagnées de notes sur le texte, et de tous les passages de Théocrite que Virgile a imités, par Henri de Villodon. Lat-fr. *Paris, Delalain*, 1818, 1821, in-18.

— Les mêmes, trad. en vers français, par J.-J. Ract-Madoux, professeur à Clermont-Ferrand. *Clermont-Ferrand, de l'impr. de Landriot*, 1819, in-12. — Les mêmes (de la même traduction), suivies du « Jardin », du même auteur; trad. en vers français, avec le texte en regard. Nouv. édition. *Bordeaux, Lawalle; et Paris, Hachette,* 1838, in-12 de 120 pages.

— Retour (le) de l'âge d'or, ou l'Horoscope de Marcellus, églogue de Virgile, trad. en vers français (avec le texte en regard); suivie d'un hymne au soleil, imité d'un hymne antique; avec des notes pour l'explication des allégories, par Éloi JOHANNEAU. *Paris, Ladvocat,* 1819, in-8 de 16 pages.

— Amours de Gallus, églogue, traduite en vers par L. BELMONTET.

Imprimé à la suite de « Malesherbes, dithyrambe », du traducteur (Paris, 1821, in-8).

— Bucoliques (les), traduction nouvelle, en vers français, avec le texte en regard, tous les passages des auteurs grecs et latins imités par Virgile, et des auteurs des diverses nations qui ont imité Virgile, par Jos.-Fr.-Stan. MAIZONY DE LAURÉAL. *Paris, de l'impr. de Bobée,* 1821, in-8, 7 fr.

Le volume publié tel qu'il est, formant déjà trente feuilles, M. Bobée renonça à donner d'autres imitations que celles des auteurs grecs, latins et français.

— Les mêmes, traduction interlinéaire, conforme aux explications usitées dans les colléges, avec des notes pour faciliter l'intelligence du texte, par E.-L. FRÉMONT. *Paris, Delalain,* 1821, in-12, 3 fr.

Cette traduction a eu une seconde édition, revue et corrigée, qui a été publiée sous ce titre :
Bucoliques de Virgile expliquées en français suivant la méthode des colléges, par deux traductions, l'une littérale et interlinéaire, avec la construction du latin, dans l'ordre naturel des idées; l'autre, conforme au génie de la langue française, précédée du texte et accompagnée de notes explicatives, d'après les principes de MM. de Port-Royal, Dumarsais, Beauzée et des plus grands maîtres. Paris, Delalain, 1838, in-12, 2 fr. 50 c.

— Gallus, dixième et dernière églogue de Virgile, trad. en vers français, par J. A. G. D. *Coulommiers, de l'impr. de Brodard-André,* 1822, in-8 de 8 pag.

— Bucoliques (les), traduction en vers français, par B.-D. DUPONT, avec le texte en regard, et suivies de quelques morceaux choisis de Catulle. *Paris, F. Berquet,* 1822, in-18, 1 fr. 50 c.

— Les mêmes, traduction en vers français par GEORY, avec le texte en regard. *Paris, Audin; Urbain-Canel,* 1824, in-18, 4 fr. 50 c.

— Les mêmes, traduction nouvelle en vers français. *Paris, Trouvé,* 1823, in-12, 3 fr.

— Les mêmes, imitées en vers français, avec le texte en regard, par V. de B. *Paris, Trouvé,* 1823, in-12, 2 fr. 50 c.

— Les mêmes, traduites par Mich. MONTAIGNE, suivies de Poésies diverses. *Paris, Brianchon; Ponthieu,* 1825, in-18.

— Églogues de Virgile, trad. en vers français par M. J. C***. *Mortain, Glize; et Caen, Poisson,* 1825, in-8, 3 fr.

— Bucoliques (les) de Virgile et l'Églogue élégiaque de GRAY, trad. en vers libres, avec le texte en regard, par Hippolyte M. *Paris, de l'impr. de Duverger,* 1827, in-18.

— Bucoliques et Géorgiques, traductions nouvelles, avec le texte en regard; par J.-A. AMAR et Ch. HEGUIN DE GUERLE. *Paris, Delalain,* 1827, in-8, 9 fr.

— Bucoliques (les), trad. en vers français, avec des notes historiques et littéraires, et enrichies d'une Flore virgilienne, par M. G. de MANCY. *Paris, Pélicier,* 1828, in-18.

— Traduction libre des trois premières églogues de Virgile, en vers patois, par Romain PÉLISSIÉ. *Cahors, de l'imp. de Combarieu,* sans date (1830), in-12 de 24 pag.

— Traduction de la première églogue de Virgile, en vers, par Maurice MAHOT.

Imprimée à la suite des « Racines de la langue grecque expliquées en vers françois », publ. par le même (Nantes, de l'impr. de Busseuil, 1831, in-8 de 64 pag.).

— Bucoliques, trad. en vers français, avec le texte en regard; par P.-H. LAUWEREYNS DE DIEPENBÈDE. *Paris, quai Conti, n. 13,* 1831, in-18.

— Églogues de Virgile, trad. en vers par Guill. NORMAND-DUFIÉ. *Paris, de l'imp. de Fournier,* 1834, in-8 de 92 pag.

— Bucoliques (les) de Virgile, trad. en vers français, texte en regard, rétablies dans leur ordre chronologique, avec des notes historiques et littéraires, et suivies d'autres traductions de poésies latines, par M. DÉSAUGIERS aîné. *Paris, Delloye,* 1836, in-8.

— Les mêmes, littéralement traduites en vers français, par J.-B. BOURIAUD aîné, avec le texte en regard. *Rochechouart, Barret frères,* 1838, in-12 de 112 pag.

— Gallus. Églogue dixième des Bucoliques, trad. en vers par Ph. d'ARBAUD. *Marseille, de l'imp. de Marius Olive,* 1838, in-8 de 8 pages.

II. *Géorgiques* (en IV livres).

— Géorgiques (les), trad. en vers français, ouvrage posthume de MARTIN, neveu de Voiture (publié par LEBAS DU COUDRAY). *Rouen, Maurry* 1708, in-8.

Traduction qui n'est pas sans mérite, et qu'on trouve difficilement.

— Les mêmes, trad. en vers français, ouvrage posthume de REGNAULT DE SEGRAIS (publiées avec un Avertissement, par Hubert LE TORS, avocat). *Paris, Lefebvre; Huet,* 1712, in-8.

— Aristée, épisode du IVe livre des Géorgiques, en vers français, par le chevalier COTGOLIN. 1750, in-8.

— Abeilles (les) d'Aristée, épisode du IVe livre des Géorgiques, trad. par F.-H. St. DE L'AULNAYE. 1780, in-8.

— Géorgiques (les), traduction nouvelle en vers français, avec des notes, par Jacques DELILLE. *Paris, Bleuet,* 1770, gr. in-8, fig., 6 à 8 fr.; et sur grand papier, 10 à 12 fr.

Nous empruntons à l'Examen critique des Dictionnaires historiques de feu A.-A. Barbier la note suivante qui a rapport aux Géorgiques traduites par Delille.

Lorsque Delille commença à se faire connaître par quelques odes, il en adressa une à Le Franc de Pompignan, dont on trouve quelques strophes dans l'Année littéraire de Fréron, 1758, t. V, p. 47. il existait alors une douce liaison entre les deux poëtes; l'on savait déjà que la traduction des *Géorgiques* de Virgile, en vers, par M. de Pompignan, était très-avancée, pour ne pas dire terminée. Le jeune Delille, qui était pénétré d'admiration pour Virgile, et qui déjà avait commencé à traduire aussi en vers son plus bel ouvrage, obtint aisément communication du travail de M. de Pompignan; il le lut sans doute avec enthousiasme, et, avec la riche mémoire dont la nature l'avait doué, il dut en retenir beaucoup de vers. C'est la seule manière d'expliquer pourquoi l'on trouve dans les *Géorgiques* de M. Delille quelques vers empruntés à M. de Pompignan, puisque celui-ci n'a fait imprimer sa traducduction qu'en 1784, pour la première fois.

La traduction des *Géorgiques* ne parut qu'en 1770, in-8, grand et petit papier, et in-12. Il en a été fait cinq éditions, au moins, pendant le cours de cette année. Ce fut en 1785 que l'auteur y fit, pour la première fois, d'importantes corrections, et la fit paraître avec des variantes. En 1780, l'Année littéraire mit en parallèle plusieurs morceaux des *Géorgiques*, traduits par Malfilâtre, avec les mêmes morceaux traduits par l'abbé Delille; Clément, dans ses « Nouvelles Observations critiques », en 1772, n'en avait cité que de courts passages; c'était néanmoins une bonne fortune pour lui, car les essais du jeune Malfilâtre sont d'un mérite supérieur.

— Les mêmes, de la même traduction. *Paris, de l'impr. de Franç.-Amb. Didot l'aîné,* 1783, grand in-4, pap. fin, 6 à 12 fr.; et avec les fig., 9 à 15 fr.

— Les mêmes, de la même traduction, avec des variantes. *Paris, Bleuet,* an II (1793), in-8, fig.

Il a été tiré de cette édition un exemplaire sur vélin, auquel on a joint les dessins originaux.

— Les mêmes, de la même traduction, avec les notes et les variantes. *Paris, P. Didot l'aîné,* 1804, in-18, 3 fr. 50 c. — Pap. vélin, 9 fr. — Pap. vélin, in-8, 9 fr.; et avec cinq gravures, 30 fr.

Il a été tiré de cette édition, format in-8, un exemplaire sur vélin.

— Les mêmes, de la même traduction. *Paris, P. Didot l'aîné,* 1807, grand in-4, pap. vélin, avec un portr., 50 fr.; et orné de cinq gravures, 100 fr.

Très-belle édition, dont il a été tiré deux exemplaires sur vélin.

— Les mêmes, de la même traduction, avec le texte en regard, notes et variantes. *Paris, L.-G. Michaud,* 1812, 1818, in-18, 1 fr. 80 c.; in-18, pap. fin grand-raisin, 3 fr. 50 c.—In-8, pap. fin grand-raisin, 3 fig., 7 fr.; et pap. vélin superfin, 3 fig., 15 fr.

Cette traduction a encore été souvent réimprimée. Voici l'indication des plus récentes éditions :
Paris, L.-G. Michaud, 1824, 1828, in-18.
Édition (sans le texte), avec des notes et variantes. Paris, Hiard, 1832, in-18, 75 c.
Paris, rue Sainte-Marguerite, n. 19, 1835, in-32. Cette édition contient le texte et la traduction en regard, sans préface et sans notes.
Paris, Beaujouan, 1832, in-32.— Édition avec le texte en regard.

— Les mêmes, traduites en vers français par LE FRANC DE POMPIGNAN. *Paris, Nyon l'aîné,* 1784, in-8.

Voyez le tome IV des OEuvres de Le Franc de Pompignan. Cette traduction a été réimprimée séparément en 1799, in-12.

— Géorgiques (les) de VIRGILE et d'HÉSIODE, trad. du latin et du grec, en vers français, par LE FRANC DE POMPIGNAN. *Paris,* 1799, in-12, fig.

— Géorgiques (les) de Virgile, avec une double traduction, l'une littérale, et l'autre conforme au génie de la langue française, et des notes pour l'intelligence du texte; par VIDAL, anc. professeur de belles-lettres. *Lyon, Périsse,* 1787, in-8. — Sec. édit., revue et corr. *Lyon, frères Périsse,* 1812, in-12.

— Passage des Géorgiques, traduits en français, par DUCRAY-DUMESNIL. 1788.

— Géorgiques (les), traduction en vers français, avec le texte en regard, sur celles de l'abbé Delille, suivies de la traduction en vers latins des Cerises renversées, de mademoiselle Chéron, par J.-F. RAUX. *Paris, Laurens jeune,* 1802, in-12, 2 fr. 50 c.

— Les mêmes, traduites en vers français, avec le texte latin à côté, accompagnées de notes relatives à l'agriculture, à l'astronomie, à la géographie, à l'histoire, à la mythologie et à la poésie, propres à faciliter l'intelligence du texte original ; par A. COURNAND, professeur de littérature française au collège de France, etc. *Paris, Bernard*, 1805, in-8, 3 fr. 50 c.

— Fragments des Géorgiques, trad. par A.-Rob.-Jacq. TURGOT, baron de l'Aulne.

C'est la traduction du commencement du poëme de Virgile. On a dit quelque part qu'elle n'a été imprimée qu'après la mort de l'ancien ministre, et dans le *Magasin encyclopédique*, où nous l'avons vainement cherchée ; mais elle est insérée dans le tome IX des OEuvres de Turgot, qui a paru en 1811.

— Géorgiques (les), traduction interlinéaire, avec notes, par E.-L. FRÉMONT. *Paris, Delalain*, 1821, in-12, 3 fr. 75 c.

— Les mêmes, traduction nouvelle ; par MM. J.-A. AMAR et Ch. HEGUIN DE GUERLE.

Impr. à la suite de la traduction des Bucoliques, donnée par les mêmes (Paris, 1827, in-8).

— Épisodes des Géorgiques, expliqués en français suivant la méthode des colléges, par deux traductions, l'une littérale et interlinéaire, avec la construction du latin dans l'ordre naturel des idées ; l'autre conforme au génie de la langue française ; précédée du texte pur, et accompagnée de notes explicatives, d'après les principes de Port-Royal, Dumarsais, etc., par FRÉMONT. *Paris, Delalain*, 1830, in-12, 1 fr. 50 c.

— Géorgiques (les), trad. en vers français, avec le texte en regard et des remarques sur la traduction de Delille ; précédées d'un fragment de poëme épique, et suivies de traductions d'auteurs anglais, allemands et italiens ; par C.-L. MOLLEVAUT. *Paris, Langlois*, 1830-34, 4 vol. in-18, 10 fr.

— Essai d'une nouvelle traduction en vers des Géorgiques de Virgile, par A. CUNYNGHAM. *Lille, de l'impr. de Vanackère*, 1839, in-4 de 4 pages.

III. *Énéide* (en XII livres).

— Énéide (l'), trad. en vers français par J. REGNAULT DE SEGRAIS. Sec. édition. *Amsterdam, J. Malherbe*, 1700 ; ou *Lyon*, 1719, 2 vol. in-8.

Traduction encore un peu recherchée : la première édition parut de 1668 à 1681, Paris, Cl. Barbin, 2 vol. in-4.

— Amours d'Énée et de Didon, et autres poésies, trad. en vers français par J. BOUHIER ; suivies d'autres poésies (trad. d'Horace, d'Anacréon, de Bion, de Martial). *Paris, Coignard*, 1742, in-12.

— Didon, poëme en vers métriques hexamètres, divisé en trois chants, traduit du IVe livre de l'Énéide de Virgile, avec le commencement de l'Énéide, et les deuxième, huitième et dixième églogues du même (par A.-Rob.-Jacq. TURGOT), le tout accompagné du texte latin. 1778, in-4.

Essai malheureux de vers métriques : l'auteur n'en fit tirer que douze exemplaires pour ses amis.
M. François de Neufchâteau l'a fait réimprimer dans le Conservateur. *Brun.*

— Énéide (l'), traduction (complète) en vers français par de FONTAINE DE SAINT-FRÉVILLE, avec des notes critiques. *Paris, l'Auteur*, 1784, 2 vol. in-12, 6 fr.

— Amours (les) de Didon, traduction en vers du IVe livre de l'Énéide de Virgile, par RICHARD. *Lyon, Faucheux*, 1788, in-8 de IV et 36 pag.

— Traduction des six premiers livres de l'Énéide, par GASTON, de Toulouse. *St.-Pétersbourg*, 1796, in-4.

— Quatrième (le) livre de l'Énéide, trad. en vers français par L.-M. DUFOUR. *Berlin, et Paris, Pougens*, 1798, in-8.

— Énéide (l'), traduite en vers français par C.-P. B*** (BOISSIÈRE). *Paris*, 1798, 2 vol. in-8. — Sec. édition. *Paris*, an XI (1803), 2 vol. in-8, 10 fr.

Les frontispices originaux de cette traduction sont de 1798. (*Barb.*).

— La même, trad. en vers français (par M. FRECOT-SAINT-EDME, juge suppléant au premier tribunal, à Alençon). *Paris, de l'impr. de Gillé fils*, an XI (1803), in-8.

C'est la traduction qui commence par ce vers :

Moi, celui qui jadis sur un pipeau champêtre.

(*Barb.*).

— La même, traduction en vers français ; suivie de notes littéraires et morales ; par l'auteur de la « Traduction libre des Odes d'Horace, en vers lyriques », édition inédite de 1789 (DELOYNE D'AUTEROCHE). *Orléans, de l'impr. de Jacob aîné ; Paris, Brunet ; Valade ; Belin*, an XII (1804), 2 vol. in-8, 10 fr. ; — ou, avec le texte, 3 vol. in-8, 16 fr. 50 c.

— La même, trad. en vers français par Jacq. DELILLE, avec des remarques sur les beautés du texte. *Paris, Giguet et Michaud*, an XIII (1804), 4 vol. in-18, avec

le texte , papier fin grand-raisin , avec 4
figures, 14 fr. ;—vélin superfin, cartonné,
avec 4 fig. , 34 fr. ;—satiné , fig. avant
la lettre , 41 fr. ;— 2 vol. in-12, sans texte,
pap. fin , 10 fr. 50 c. ;— vélin superfin,
21 fr. ;—4 vol. in-8, avec le texte, pap.
grand-raisin, avec 4 figures, 24 fr. ; —
vélin superfin, avec 4 grav., 54 fr. ;—satiné, et fig. avant la lettre , 66 fr.—4 vol.
in-4 , avec le texte, pap. ordin., sans fig.,
60 fr.;—vélin grand-jésus superfin, avec
4 fig. , 240 fr. ;—satiné et cart., avec 16
fig. avant la lettre , 360 fr.

Les notes des quatre premiers livres sont de l'abbé
Delille; celles des deux suivants ont pour auteur
Fontanes; M.-J. Michaud a fait les autres.
Très-belle édition , dont les prix sont cependant
tombés des deux tiers. Il y en a deux exemplaires
sur vélin.

— La même traduction, deuxième édition,
corrigée par le traducteur, avec des variantes, précédée d'une dédicace à l'empereur de Russie. *Paris, Michaud frères,*
1813 , 4 vol. in-18, fig. , 14 fr. ; — pap.
vélin, 30 fr. ;—4 vol. grand in-8 , figures,
24 fr.;—pap. vélin, 50 fr.

Cette édition renferme de nombreuses améliorations.

— La même, troisième édition, revue et
corrigée, avec les variantes , des notes et
des remarques sur les principales beautés
du texte, par J. DELILLE, de FONTANES,
MICHAUD, WALKENAER. *Paris, L.-G. Michaud,* 1823, 4 vol. in-18, petit papier,
7 fr.

Édition formant les volumes III à VI des OEuvres de Delille.

— La même, de la même traduction (sans
le texte latin), avec des remarques sur les
principales beautés du texte. *Paris, Hiard,*
1832, 2 vol. in-18, 1 fr. 50 c.

Les quatre premiers livres seuls sont accompagnés de remarques.
C'est encore cette édition qui a été réimprimée
sans nom de traducteur.
Avignon, Chaillot jeune, et Paris, Lebailly,
1835, 2 vol. in-18.—Sans texte.
Édition avec des remarques sur les principales
beautés du texte. Angers, Lesourd , 1837, 2 vol.
in-18.

— Sixième livre de l'Énéide, trad. nouvelle
en vers français, par L. D. *Paris, Laurens
jeune,* 1804, in-8, 2 fr. 25 c.
— Nisus et Euryale, épisode extrait du
ixᵉ livre de l'Énéide, trad. en vers français, par P.-F. LAVAU. *Paris,* 1804, in-8 ,
75 c.
— Énéide, trad. par Nic. RUAULT. *Paris,
Agasse,* 1806, 2 vol. in-8.

Les notices de Strasbourg et de Londres présentent sous la même date les OEuvres de Virgile, traduites par J.-B. Rouiller, in-18. Feu Barbier déclare que ce volume n'est jamais venu à sa connaissance ; et nous, nous ne l'avons pas trouvé,
pas même à la Bibliothèque royale.

— Trois (les) premiers livres de l'Énéide ,
traduits en vers français, et en prose (par
M. NOEL).

Traduction insérée par son auteur dans les OEuvres diverses de l'abbé de Radonvilliers (Paris,
1807, 3 vol. in-8), dont il a été l'éditeur.

— Sixième (le) livre de l'Énéide, trad. en
vers français par Fr.-Jos.-Mar. FAYOLLE,
avec des notes littéraires. *Paris, Chaumerot,* 1808, in-8.
— Énéide (l'), traduite en vers, par M. J.
Hyacinthe de GASTON, proviseur du lycée
de Limoges, ancien officier des chasseurs.
Paris, Le Normant, 1804-17, 4 part. en
2 vol. in-8, 10 fr. — Sec. édition, avec le
texte et des notes. Ouvrage adopté pour
les lycées. *Paris, Léopold Collin,* 1808 ,
4 vol. in-12, 10 fr.

Quoique mis au jour peu de temps après celle de
l'abbé Delille, cette traduction a obtenu quelque
succès. L'édition in-12 est la meilleure.

— La même. Double traduction, l'une interlinéaire (le mot français sous le mot latin), où les phrases sont construites suivant
le système d'explication des lycées; l'autre
conforme au génie de la langue française ,
avec le texte latin en regard, et des notes
pour en faciliter l'intelligence ; par E.-L.
FREMONT. Livres I à VI. *Paris, Aug. Delalain,* 1808-29, 6 part. in-12.

Plusieurs livres de cette traduction ont été à diverses fois réimprimés séparément.
Cet ouvrage, composé d'après les principes de
MM. de Port-Royal, Du Marsais, et des meilleurs
maîtres offre une méthode sûre et facile aux personnes qui veulent se diriger elles-mêmes, dans l'étude
de la langue latine.

— La même, traduite en vers français par
Fr. BECQUEY. Première partie, contenant
les quatre premiers livres. *Paris, H. Nicolle,* 1808, in-12. — Deuxième partie (livres v à viii). *Paris, Caussette,* 1828 ,
in-12. En tout, 2 part. in-12, 6 fr., et
sur pap. vélin, 12 fr.

Lors de la publication de la deuxième partie , il
fut fait, pour l'uniformité, un nouveau titre pour
la première, auquel on mit le millésime de 1828.

— Traduction en vers des quatre premiers
livres de l'Énéide de Virgile; par J.-F. M.
(J.-F. MUTEL DE BOUCHEVILLE).

Imprimée à la suite de « l'Éducation », poëme en
quatre chants, et autres morceaux originaux du
traducteur. 1807 et 1809, 2 vol. in-8.

— Énéide (l'), traduction (en prose) de C.-L. Mollevaut (de l'Institut). *Paris, J. Carez*, 1810, 2 vol. in-12, 6 fr. — Autre édition, avec le texte en regard. *Pàris, Arth. Bertrand*, 1818, 4 vol. gr. in-18, 10 fr.

Le même académicien a donné plus tard une traduction en vers. (Voy. plus bas).

—La même, traduite en français (en prose) par J.-B. Morin. *Grenoble*, 1819, 2 vol. in-8.

—Amours (les) de Didon et sa mort, ou le quatrième livre de l'Énéide, trad. en vers français par P. Didot l'aîné. *Paris, l'Auteur*, 1822, in-8, 2 fr.

— Énéide (l'), trad. en vers français, par C.-L. Mollevaut, avec le texte latin en regard. *Paris, Lelong*, 1822, 4 vol. in-18, 12 fr.

M. Mollevaut avait déjà publié, en 1810, une traduction en prose de cet ouvrage.

—La même, nouv. traduction par M. Durand, inspecteur de l'Académie d'Amiens. *Paris, Verdière*, 1825, 2 vol. in-12, 6 fr.

Faisant partie d'une « Collection des auteurs latins ».

— La même, traduction nouvelle, avec le texte en regard; ouvrage posthume de J.-N.-M. de Guerle, professeur d'éloquence française à la faculté des lettres; publiée d'après le manuscrit autographe de l'auteur, par Ch. Héguin de Guerle, professeur au collége de Louis-le-Grand. *Paris, A. Delalain*, 1825, 2 vol. in-8, 18 fr.

En tête du premier volume est une « Notice sur la vie et les ouvrages de J.-N.-M. de Guerle ».

L'auteur avait, à ce qu'il paraît, traduit originairement cet ouvrage en vers; plus tard, il le remit en prose; mais, dans ce rarrangement, il laissa subsister un grand nombre de vers entiers : c'est dans cet état qu'il fut proposé à un libraire, qui s'en aperçut. On confia alors cette traduction à M. Amar, qui la revit et la rarrangea.

— La même, trad. en vers français, par L. Duchemin, avec le texte en regard. *Paris, F. Didot*, 1826, 2 vol. in-8, 14 fr.

— Énéide (l') des gens du monde, poëme en douze chants, imitation libre de Virgile. (Par l'abbé Julien Bonhomme, alors septuagénaire). Première livraison (et unique). *Paris, et Strasbourg, Levrault*, 1827, in-8 de 96 pag., 2 fr.

— Essai d'une imitation libre de l'Énéide en vers français, etc.; par Julien Bonhomme. *Pàris, F. Didot*, 1829, 2 vol. in-18, 5 fr.

— Énéide (l'), texte en regard, avec deux

traductions, l'une interlinéaire, et l'autre correcte, et des notes critiques et grammaticales, par E. Boutmy. Livres I, II et VI. *Paris, de l'impr. de Thuau*, 1826, 3 part. in-8, 5 fr. 25 c.

Cette version fait partie du « Manuel latin pour le baccalauréat-ès-lettres.

— La même, traduction nouvelle, avec le texte en regard, des notes et des rapprochements, par P.-Fr. Delestre-Boulage. *Paris, l'Auteur*, 1829-32, 3 vol. in-12, 10 fr. 50 c.

— Quasi-Énéide (la), ou Traduction libre de l'Énéide en vers français, avec tous les passages d'Homère que Virgile a imités; par un septuagénaire. Livre Ier. *Paris, de l'impr. de Stahl*, 1834, in-8 de 48 pag.

— Énéide (l'), trad. en vers français, par A. Barthélemy, avec le texte en regard; précédée d'une préface, et accompagnée de notes du traducteur. *Paris, Perrotin*, 1835-38, 4 vol. in-8, 30 fr.

— Premier (le) livre de l'Énéide, trad. en vers français par E. Forest. *Dijon, Douillier*, 1838, in-8 de 32 pag.

— Essais sur Virgile. Traduction, vers pour vers, du deuxième chant de l'Énéide et de deux épisodes des Géorgiques, par É.-J. Chételat. *Paris, Hachette*, 1838, in-8 de 48 pag., 1 fr. 50 c.

— Sixième livre de l'Énéide, traduit en vers français, par M. Rogniat aîné. *Paris, de l'impr. de Gros*, 1839, in-8 de 60 pages.

—

— Eneide (l'), trad. in versi sciolti, d'Annibal Caro. *Parigi, vedova Quillau*, 1760, 2 vol. gr. in-8, fig., 10 à 12 fr.

IV. *Petits Poëmes attribués à Virgile.*

— Moucheron (le), poëme de Virgile, traduit en vers français, enrichi du texte latin du cardinal Bembo, et de son dialogue à Hercule Strozzi; suivi des imitations poétiques de Parmindo, Spencer et Voss, accompagnées des commentaires de Jos. Scaliger, Burmann et Heyne, avec le *Culex probabiliter restitutus* de ce dernier, et des notes du traducteur-éditeur. Par M. le comte de Valori. *Paris, L.-G. Michaud*, 1817, in-18, 2 fr. 50 c.

— Moucheron (le), poëme, trad. en vers français, avec le texte, par C.-G. Sourdille de la Valette. *Paris, de l'impr. de F. Didot*, 1822, in-8 de 16 pag.

— Moucheron (le), le Moretum et l'Hôtesse, poëmes attribués à Virgile, trad.

en vers français (avec le texte en regard), et suivis de Fables morales et politiques, par Ch.-G. SOURDILLE DE LA VALETTE. *Laval, de l'impr. de Feillé-Grandpré*, 1833, in-12.

— Moretum, avec la traduction (en vers français), par Louis de CHEVIGNÉ. *Paris, de l'impr. de Crapelet*, 1816, in-8 de 24 pages.

— Petits Poëmes de Virgile : le Moucheron, l'Aigrette, Catalecte, la Cabaretière, le Jardinet, le Moret; trad. nouvelle par M. Val. PARISOT. *Paris, de l'impr. de Panckoucke*, 1835, in-8 de 80 pag.

Impr. à deux colonnes. Extrait de la *Bibliothèque latine-française*, tome IV de Virgile.

— Moretum (le), trad. en vers français (avec le texte en regard), et suivi de notes, par F.-P. de SAINT-FERRÉOL. *Paris, Delaunay ; Causette*, 1838, in-18 de 72 pages.

Il n'y a point de poëtes latins qui aient été plus de fois traduits qu'Horace et Virgile; peu de littérateurs écrivant en vers se sont dispensés de donner, parmi leurs ouvrages, des imitations ou des traductions de fragments de ces deux poëtes. Donner l'indication de tous les fragments insérés dans tel ou tel livre, nous eût conduit trop loin, aussi nous sommes restreint à ne citer que ceux des fragments de Virgile qui ont été imprimés séparément.

OEUVRES COMPLÈTES.

I. *Éditions latines.*

— P. Virgilii Maronis opera; interpretatione et notis illustravit Carolus RUAEUS, soc. Jesu. Jussu Christianissimi Regis ad usum Delphini, editio novissima, auctior et emendatior, cui accessit index accuratissimus, omnibus numeris et concordantiis absolutus. *Parisiis, apud Jo. Barbou*, 1714, 4 vol. in-12.

En indiquant une édition de Virgile, avec l'interprétation et les notes du P. de La Rue, publiée en 1714, à Paris, dans le format in-4, M. Heyne a partagé l'erreur commise par les éditeurs de Deux-Ponts, de Strasbourg et de Londres. On ne connaît, en effet, qu'une édition en 4 vol. in-12, publiée dans le cours de l'année 1714. Nous venons d'en donner le titre.

L'*Index* n'était pas annoncé sur le frontispice de l'édition très-estimée de 1682 ; seulement on lit à la fin du volume ces mots : *Index vocabulorum omnium quæ in Eclogis, Georgicis et Æneide Virgilii leguntur.*

J'ai dû, dit A.-A. Barbier, dans sa Notice bibliographique des éditions et traductions de Virgile, rechercher la cause de la différence des deux énoncés. L'abbé Lezeau la fait connaître dans la préface qu'il a mise en tête de sa traduction du premier livre des Fastes d'Ovide, publiée en 1714, chez le même libraire : il prévient le public qu'il est sur le point de mettre au jour un *Index* de Virgile, qui lui a coûté beaucoup de soins ; l'avis au lecteur, qui précède l'*Index* du Virgile de 1714, n'est, pour ainsi dire, que la traduction du passage de la préface citée ici. L'abbé Lezeau se fait donc reconnaître comme l'auteur de cet *Index*, si augmenté et si amélioré.

Le P. de La Rue avait alors soixante et onze ans ; et, au mois de juin de l'année 1713, il avait cédé au libraire Barbou son privilége pour l'impression des notes sur Virgile. Celui-ci a donc pu choisir l'abbé Lezeau pour perfectionner l'*Index* publié en 1682 par le P. de La Rue.

La quatrième édition du Virgile du P. de La Rue, imprimée en 1722, contient l'*Index* de 1714 ; et on le trouve aussi dans les réimpressions de Hollande. Le libraire Barbou vendait séparément cet *Index* : les curieux le recherchent encore aujourd'hui.

(*Note de A.-A. Barbier*).

— Eadem, cum interpret. et notis Car. RUÆI, ad usum Delphini (Editio quarta). *Parisiis*, 1722, ou 1726, in-4.

Cette édition est moins belle que la première qui parut en 1682 ; mais comme elle contient des augmentations, le prix en est le même : 18 à 20 fr.

Cette édition de Ch. La Rue a été très-souvent réimprimée en trois volumes in-12. Les réimpressions qui appartiennent à ce siècle sont celles-ci :
Paris, A. Delalain, 1807, 1823 ; 9 fr.
Vannes, Galles, 1812 ; 7 fr. 50 c.
Lyon, Cormon et Blanc, 1817.
Lyon, Kindelem, 1822.
Saint-Malo, Hovius, 1824.
Lyon, Roger, et Paris, Cormon et Blanc, 1831.

— Eadem, cum annotat. Joan. MINELLI. *Rothom.*, 1703, in-12.

— Eadem, ad meliorum codd. fidem emendata, cum argumentis lucidissimis. *Vendocini (Vendôme), Henri Hyp.*, 1706, in-12.

— Eadem. *Parisiis, apud Musierium*, 1707, in-12.

— Eadem, cum notis selectis Abrami, Farnabii, Juvencii et aliorum, et omnium verborum indice (cura et studio Nic. LALLEMANT). *Rothomagi, apud Lallemantium*, 1710, in-12 ;—*Parisiis, Delalain*, 1812, 1823, in-12, 3 fr. 50 c.

Le Virgile d'Abraham, à l'usage des classes, a été réimprimé plusieurs fois dans ce siècle-ci, cum Appendice de Diis et heroïbus poeticis P.-J. JUVENCII, et, entre autres fois :
Lyon, Savy, 1812, in-12.
Lyon, Am. Leroy, 1813, in-12.
Toul, Carez, 1822, in-12.
Lille, 1824, in-12.
Toul et Paris, Carez, 1825, in-12.
Paris, Didier, 1834, in-12.

— Eadem, editio CATROEANA. *Parisiis*, 1716, 6 vol. in-12 ; — seu *Parisiis, Barbou fr.*, 1729, 4 vol. in-8.

— Eadem, cum notis variorum. *Rothomagi*, 1723, in-8.

— Eadem, curis et studio Steph.-Andreæ PHILIPPE. *Lut.-Parisiorum, Coustellier*, 1745, 3 vol. in-12, avec des figures de Cochin ; — ou avec un nouveau titre, *Paris, Barbou*, 1754, 3 vol. in-12, fig., 12 à 15 fr.

—Eadem, cum notis brevioribus. Ad usum

scholarum (curâ Joan.-Nicolaï LALLEMAND). *Parisiis, apud Desaint et Saillant*, 1746, 1748, 1788, in-12.

— Eadem. *Parisiis, Barbou*, 1767, 2 vol. in-12, fig., 10 à 14 fr.—Pap. fin, 16 à 20 fr.

—Eadem. Acc. M. MANILII Astronomicon, cum Notitia litteraria, studiis societatis Bipontinæ. *Biponti*, 1783, 2 vol. in-8.

Cette édition a été réimprimée à Strasbourg, en 1808, 2 vol. in-8, sans le Manilius (6 fr.) : la Notice littéraire est très-augmentée ; dans la première édition elle se trouvait à la fin du deuxième volume ; le rédacteur de la nouvelle édition l'a placée au tome premier, immédiatement après la vie de l'auteur.

— Eadem, ad optimorum exemplarium fidem recensuit. Edid. Rich. Ph.-Fr. BRUNCK. *Argentorati, Philippus-Jacob Dannebach*, 1785, grand in-8, pap. vél., 6 à 9 fr.

— Eadem, edente BRUNCK. *Argentorati (Parisiis)*, 1789, in-4, grand. pap. vélin, avec les 23 estampes de l'édition in-fol., 150 fr.

Belle édition fort correcte, mais qui n'a pas conservé son prix.

— Opera pristino nitori restituta, cum notis et variis lectionibus ex codicibus et optimis exemplaribus (curante Joan. -Aug. CAPPERONNIER). *Parisiis, Barbou*, 1790, 2 vol. in-12, 10 à 14 fr. ; et sur pap. fin 16 à 20 fr.

Édition faite d'après le texte de Heyne.

Cette édition est remarquable par un *indiculus editionum Virgilii*, où le rédacteur a lutté contre les éditeurs des Auteurs classiques, imprimés à Deux-Ponts, comme les éditeurs de Deux-Ponts avaient cherché à surpasser le Catalogue chronologique des éditions de Salluste, fait en 1763, par Aug.-Martin Lottin, pour la traduction de Salluste par le P. Dotteville.   (*Note de A.-A. Barbier*).

— Bucolica, Georgica, etc. *Paris, Petr. Didot natu major*, 1791, petit in-fol., pap. vélin, 24 à 40 fr., et plus en grand papier.

Édition d'une correction soignée, mais très-peu remarquable comme livre de luxe : il n'en a été tiré que cent exemplaires, plus cinq sur vélin.

— Virgilii opera. *Parisiis, excud. P. Didot natu major*, 1798, grand in-fol., pap. vélin, orné de 23 estampes d'après Gérard et Girodet, 600 fr. ;—fig. avant la lettre, 900 fr.

Superbe édition, non moins recommandable par sa grande correction que par la magnificence de l'exécution typographique et la beauté des gravures ; elle n'a été tiré qu'à 250 exemplaires, dont 100 avant la lettre ; elle a été le sujet d'un Rapport fait à l'Institut, par M. Camus, au nom d'une commission spéciale. Malgré sa grande beauté, elle n'a pas conservé ces prix élevés. Un exemplaire sur vélin, avec les dessins originaux, est passé en Angleterre.

—Eadem. *Parisiis, excud. Petr. Didot natu major*, anno VI (1798), in-18, 1 fr. ; pap. fin, 1 fr. 25 c. ; et grand pap. vélin, format in-12, 4 fr. 50 c.

La première et la plus belle de toutes les éditions stéréotypes de P. Didot. On en recherche surtout les exemplaires en grand papier vélin, de premier tirage, c'est-à-dire imprimés avec les caractères mobiles, parce qu'ils sont plus beaux que les autres : 8 à 10 fr. C'est à une faute d'impression que se reconnaît ce premier tirage : on y lit dans le premier vers de la page 178, *ne te noster amor*, pour *nec* ; cela n'empêche pas que l'édition ne soit d'ailleurs fort correcte. Il en a été tiré quelques exemplaires sur vélin, comme des autres éditions stéréotypes de P. Didot.

Cette édition a eu beaucoup de tirages postérieurs.

— Eadem. Édit. stéréotype d'Herhan. *Paris, Nicolle ; Renouard*, 1811, in-18, 1 fr. 50 c.

Autre édition qui a eu de fréquents tirages.

— Eadem, nova editio, notis brevioribus tabulisque geographicis adornata. A. M. D. G*** (Edid. P. LORIQUET, Soc. Jesus). *Lugduni, Rusand*, 1813, 1824, in-18, 1 fr. 50 c.

Petite édition pour les classes, assez estimée, et qui a eu déjà plusieurs éditions.

— Eadem, juxta editionem Chr.-Gottl. HEYNE, novis curis emendata. *Nîmes, ex typogr. Gaude filius*, 1817, in-12.

— P. Virgilius Maro opera qualem omni parte illustratum tertio publicavit Chr. Gottl. HEYNE, cui Servium pariter et Cerdam integrum et variorum notas cum suis subjunxit N.-E. LEMAIRE. *Paris*, 1819-1823, 7 vol. in-8.—Quatuor indices hominum, verborum, rerum et plantarum in omnibus Virgilii operibus occurentium disposuit ; emendavit. N.-E. LEMAIRE. *Paris*, 1822, in-8. En tout 8 vol., avec portraits, 125 fr.

Cette édition comprend, outre le travail de Heyne, le commentaire de Voss, traduit de l'allemand en latin, et celui de SERVIUS, imprimé d'après un manuscrit de la bibliothèque du roi, qui n'avait pas encore été dépouillé. Voici comme cette édition volumineuse est composée :

Tome Ier. *Bucolica* et *Georgica*, avec les préfaces, notes, etc.

Tomes II-IV. *AEneide.*—Le quatrième volume renferme toutes les variantes des manuscrits et des meilleures éditions discutées ; les notes et les dissertations de HEYNE sur Nisus et Euryale, sur Anchyse et son fils avant la guerre de Troie, sur les secours fournis à Énée par l'Étrurie, sur l'intervention des dieux dans l'Énéide, sur l'espace de temps renfermé dans les six derniers chants, et sur les critiques de ce poème : le tout revu et corrigé, ainsi que le texte, par N.-E. Lemaire, éditeur. Ce quatrième volume renferme, en outre, le poëme latin de MAFFEO VEGIO, avec son argument en vers, enrichi de notes anciennes et nouvelles, et faisant suite à l'Énéide, précédé d'un Dialogue entre un philologue italien et l'éditeur français (M. Lemaire). Il est terminé par une Dissertation du P. de LA RUE sur le poëme épique de Virgile.

Tome V. *Carmina minora* (*Culex*, *Ciris*, *Catalecta*, *Copa*, et *Moratum*); — traduction en vers grecs du *Moretum*, par Joseph SCALIGER; — Commentaria selecta e Servio, Cerda et variis interpretibus qui ad hunc diem elucidaverunt Publii Virgilii Maronis opera. Ces commentaires sur les églogues et les géorgiques sont précédés d'une préface (*Lectori editor*), et terminé par un morceau signé N. E. L., et intitulé : *De Conclusione Georgicorum*.

Tomes VI et VII. *Commentaria in Æneidos*, avec des notes nouvelles, pour lesquelles l'éditeur a mis à contribution Donat, Servius, Pierius, le P. de La Rue, La Cerda, etc. On remarque, en tête du tome VI, une dissertation (*De carmine epico*) qui traite de l'épopée, place son origine probable longtemps avant l'Iliade, etc., et trace les caractères des modèles depuis Homère jusqu'à Voltaire inclusivement. Cette Dissertation est précédée d'une Épitre dédicatoire en prose, mêlée de vers latins, adressée à M. Dussault. En tête du septième volume, qui contient les commentaires sur les quatre derniers chants de l'Énéide, on trouve une *Tabula rerum quæ in hoc septimo volumine continentur;* et à la suite de cette partie des commentaires : P. Virgilii Maronis vita, epitaphia, laudes, argumento operum, antiqui interpretes, codices editiones et versiones. Dans cette dernière division, sont compris une Notice raisonnée des éditions de Virgile, par M. HEYNE, avec des notes et des additions par feu A.-A. BARBIER, et des Extraits du Cours de poésie latine de N.-E. LEMAIRE, sur Virgile.

Tome VIII. Quatuor Indices hominum, verborum, rerum et plantarum in omnibus Virgilii operibus.— Le quatrième index est formé de la *Flore de Virgile*, etc., par M. FÉE.

— Opera. *Parisiis, Amb. Tardieu*, 1820, in-32, 3 fr.

— Eadem. *Parisiis, Raynal*, 1822, 2 vol. in-12, 6 fr.

— Eadem. Ex Heynio-Brunckiana recensione edidit J.-A. AMAR. *Parisiis, è typ. Didot major*, 1821, 2 vol. in-24, 6 fr.

— Eadem, recensuit et emendavit F.-G. POTTIER. *Parisiis, Malepeyre*, 1823, 2 vol. in-8, 16 fr.

Édition faisant partie de la collection intitulée : Auctorum latinorum collectio, publiée par le même éditeur, et formant les tomes III et IV de la collection.

— Eadem, ex recensione et cum notis Chr. Gottl. HEYNII, curante J.-A. AMAR. *Parisiis, Ch. Gosselin; L. Mame-Delaunay*, 1824, 5 vol. in-12, 25 fr.;—format in-8, sur pap. vélin grand-raisin d'Annonay satiné (tiré à peu d'exemplaires), et cartonné à la Bradel, 150 fr.

Édition faisant partie de la collection publ. par le même libraire, intitulée : Auteurs classiques latins, avec des commentaires anciens et nouveaux, etc.

— Eadem, ex Heynio-Brunckianâ recensione; edidit J.-A. AMAR. *Parisiis, Lefèvre*, 1826, 1838, 2 vol. in-32, 7 fr.

— Eadem, juxta secundam accuratissi-

mamque Car. Ruæi editionem. *Parisiis, Detrez*, 1827, in-24.

— Eadem, ad optimorum codd. et edd. fidem recensuit et variorum suisque notis illustravit L. QUICHERAT. *Parisiis, Hachette*, 1827, 1834, in-12, 2 fr.

— Eadem, ex optimis editionibus recensita et emendata. *Parisiis, ex typogr. P. Renouard*, 1829, in-8, 2 fr. 50 c.

— Opera quæ extant; suis variorumque notis illustravit J. MANGEART. *Parisiis, Panckoucke*, 1837, 2 vol. in-8, 8 fr.

Édition faisant partie de la Bibliothèque latine-française, publié par le même libraire.

— Opera. Argumentis notisque adornata; accurante F.-L. LÉCLUSE. Ad usum scholarum. *Parisiis, Delalain*, 1838, in-18, 1 fr. 25 c.

— Eadem, edit. ster., accurante Th. KERLOCH. *Parisiis, Hachette*, 1838, in-12.

— Publius Virgilius Maro, avec un système nouveau d'analyse littéraire, etc.; par J. PINET. Édition augmentée de trois mille notes, etc., par un professeur de l'Université. *Nevers, Pinet*, 1839, in-12, 2 fr. 50 c.

Nous ne grossirons pas notre liste des éditions de Virgile par la citation des innombrables réimpressions de ce poëte, sans, ou *cum notis, ad usum scholarum*, en un vol. in-18, plus ou moins correctes, mais que ne recommandent pas seulement un nom de réviseur.

Traductions.

— Énéide (l') et les Géorgiques de Virgile, traduites en vers, par M. de SEGRAIS. Nouv. édition. *Lyon, Bruyset*, 1736, 2 vol. in-8.

La traduction de l'Énéide parut pour la première fois en 1668 et 1681, 2 vol. in-4 ; celle des *Géorgiques* est de 1712, in-12.

— Virgile, de la traduction de M. Étienne (ALGAY) DE MARTIGNAC, avec des remarques et une Dissertation sur Virgile. Nouv. édition. *Paris*, 1708, 3 vol. in-12.

Cette traduction parut pour la première fois, à Paris, chez Coignard, en 1681 : elle fut réimprimée à Lyon, en 1687, 3 vol. in-12.

— Traduction des OEuvres de Virgile, en prose poétique, avec des notes historiques et critiques; par le P. CATROU, jésuite. *Paris, Barbou*, 1716, 6 vol. in-12.

— La même traduction, sous le titre de Poésies de Virgile, avec des notes critiques et historiques; par le P. CATROU. Nouv. édition, augmentée. *Paris, frères Barbou*, 1729, 4 vol. in-12.

— Les mêmes, de la même traduction, sous ce titre : OEuvres de Virgile, en latin et en français (de la traduction du P. CATROU, revue par de BARRETT). *Paris, Barbou*, 1787, 2 vol. in-12, 5 fr.

— Traduction des OEuvres de Virgile, en prose poétique, avec des notes, présentées au roi, par Jean MALLMANS, chanoine de l'église de Sainte-Opportune. *Paris*, 1717, 3 vol. in-12.

— OEuvres de Virgile, traduites en français, avec le texte à côté, et des notes critiques et historiques (par le P. J.-Cl. FABRE, oratorien). *Lyon, de Claustre*, 1721, 1741, 4 vol. in-12.

— Les mêmes, traduction nouvelle, avec le latin à côté, avec des notes historiques et géographiques, par l'abbé LA LANDELLE DE SAINT-REMY. *Paris, L. Dupuis fils*, 1736, 4 vol. in-8.

C'est la traduction dite des quatre professeurs, à l'usage des colléges.

— Les mêmes, en latin et en français ; nouvelle édition, revue et corrigée (sur la traduction de l'abbé La Landelle de Saint-Remy, par Jean-Nicolas LALLEMAND). *Paris, Desaint et Saillant*, 1746, 1748, 1769, 1787, 4 vol. pet. in-12.

Traduction encore recherchée à cause de son exactitude,et qui a été réimprimée plusieurs fois dans ce siècle. Les notes, adoptées depuis par l'université de Paris, manquent cependant d'exactitude. (Voy. le *Mag. encycl.*, février 1806).
Éditions de ce siècle :
Paris, Maradan, 1802, 3 vol. in-12, fig., 7 fr. 50 c.
Paris, Calixte Volland, 1804, 4 vol. in-12, 8 fr.
Édition revue d'après l'édition in-fol. de M. Didot. Paris, le même, 1808, 4 vol. in-12, 8 fr.
Lyon, Savy, 1812, 4 vol. in-18, 6 fr.
— Amable Leroy, 1813, 4 vol. in-18.
Avignon, Fischer, 1824, 4 vol. in-18.

— Les mêmes, traduites en français, le texte vis-à-vis de la traduction, avec des remarques, par l'abbé DESFONTAINES. *Paris, Quillau*, 1743, 4 vol. in-8, fig., 18 à 20 fr. ; ou 1754, 4 vol. in-12.—*Paris*, 1770, 4 vol. in-12. — *Paris, Plassan*, 1796, 4 vol. in-8, grand papier, ornés de 17 fig., 32 fr.—Pap. vélin, fig. avant la lettre, 56 fr. — In-4, gr. papier vélin, fig. avant la lettre, 80 fr. — *Lyon*, 1801, 2 vol. in-12, 5 fr. —*Paris*, 1802, 4 vol. in-12, 10 fr. ; *Lyon*, 1812, 4 tomes en 2 vol. in-12.

Traduction qui eut d'abord beaucoup de succès, et qui est très-infidèle : celle de Binet lui est justement préférée. On a établi en doute que Desfontaines en soit le traducteur : plusieurs personnes prétendent qu'elle est de Fréron.

— Traduction nouvelle des OEuvres de Virgile, avec des notes et des discours préliminaires ; par LEBLOND DE SAINT-MARTIN. *Paris, Lesclapart*, 1783, 3 vol. in-8, 12 fr., et 3 vol. in-12, 7 fr. 50 c.

— Les mêmes, traduites en vers français, par MM. de LANGEAC (pour les Bucoliques) et l'abbé DELILLE (pour les Géorgiques et l'Énéide). *Paris, Michaud*, in-8 et in-18.

Ces diverses traductions n'ont point été réunies sous le titre d'*OEuvres de Virgile*, mais rien n'est plus facile que de le faire pour l'un et l'autre format.

— Les mêmes, trad. en français, avec des remarques ; par René BINET. (Avec le texte en regard). *Paris, Le Normant*, 1804.— IIIe édition. *Paris, le même*, 1816, 4 vol. in-12.—Autres éditions, revues par NOEL. *Paris, le même*, 1823, 1832, 4 vol. in-12, 12 fr.

— Les mêmes, de la même traduction. Nouv. édition, entièrement revue et corrigée, enrichie de notes historiques, mythologiques, archéologiques et grammaticales, augmentée des plus beaux morceaux tirés de la traduction de Delille, par J.-L. VINCENT. *Paris, Poilleux*, 1833-34, 4 vol. in-12, 12 fr.

— Les mêmes, de la même traduction. Nouv. édition (avec le texte en regard), revue, corrigée et augmentée de notes, par Fl. LÉCLUSE, doyen de la Faculté des lettres de Toulouse. *Paris, Delalain*, 1835, 4 vol. in-12, 6 fr.

— Génie (le) de Virgile, par MALFILATRE. Ouvrage posthume, publié d'après les manuscrits autographes, avec des notes et des additions, par P.-A. MIGER. *Paris, Maradan*, 1810, 4 vol. in-8.

Quoique cet ouvrage porte le nom seul de MALFILATRE, on y trouve plusieurs morceaux de Virgile traduits en vers par différents auteurs, savoir, les *Bucoliques*, par MM. DORANGE et TISSOT ; l'*Énéide*, par MM. DELILLE, GASTON, FAYOLLE, LOMBARD et BECQUET. On y retrouve aussi des observations importantes, et des extraits remarquables du Cours de poésie latine de N.-E. LEMAIRE.
(*Note de feu A.-A. Barbier*).

— Les mêmes, traduction nouvelle, avec le texte en regard et des remarques, par J.-B. MORIN, inspecteur de l'Académie de Grenoble. *Paris, Brunot-Labbe*, 1819, 1826, 3 vol. in-12, 9 fr.

— OEuvres complètes. Traduction nouvelle (avec le texte latin), par MM. VILLENAVE, AMAR, CHARPENTIER et Val. PARISOT. *Paris, Panckoucke*, 1832-35, 4 vol. in-8, 28 fr.

M. Charpentier a traduit les Bucoliques et les Géorgiques. MM. Villenave et Amar ont traduit l'Énéide, et M. Parisot les petits poëmes attribués à Virgile.

— OEuvres (complètes) traduites en vers français (avec le texte en regard), par Louis DUCHEMIN. *Paris, Hachette (* Périsse fr.),* 1837, 3 vol. in-12, 10 fr. 50 c.

— OEuvres complètes. Édition classique, contenant 1° le texte latin, avec les variantes des anciens manuscrits et des meilleures éditions; 2° une interprétation latine; 3° une traduction en prose; 4° une traduction en vers; 5° des traductions comparées en prose et en vers des plus beaux endroits de Virgile; 6° des remarques et des notes choisies des principaux commentateurs et traducteurs; 7° une Flore virgicale; 8° un Dictionnaire mythologique, historique et géographique; 9° enfin, l'indication des éditions latines les plus estimées, celle de toutes les traductions françaises et des divers ouvrages relatifs à Virgile. Publié par P.-F. MAIRET. *Baume, de l'impr. de Simon,* 1839 et ann. suiv., pet. in-4, 24 fr.

Cette édition, qui n'est pas terminée, formera deux volumes. On pourra se procurer chacun séparément. Le tome 1er contiendra texte, variantes, interprétation latine, traduction en prose, traduction en vers. L'interprétation est celle du P. de La Rue. Pour chaque églogue et chaque livre, soit des Géorgiques, soit de l'Énéide, on a fait un choix parmi les divers traductions en prose. Les traductions en vers sont, pour les *Églogues,* de dix mains différentes. Pour les *Géorgiques* et l'*Énéide,* on donnera les traductions en vers de Delille,

Édition polyglotte.

— OEuvres complètes, traduites en vers français par TISSOT (Bucoliques) et DELILLE (Géorgiques et Énéide); en vers espagnols, par GUSMAN, VELASCO et LUIS DE LÉON; en vers italiens, par ARICI et Annibal CARO; en vers anglais, par WARTON et DRYDEN; en vers allemands, par Voss (texte en regard, d'après Heyne), et précédées de la Vie de Virgile, de notices bibliographiques, etc.; par J.-B. MONFALCON. Edition polyglotte, publiée sous la direction de J.-B. Monfalcon. *Paris, Cormon et Blanc,* 1835-38, gr. in-8 à 2 colonnes, sur pap. vélin collé, 71 fr. 50 c.

Ce volume a été publié en onze livraisons, à 6 fr. 50 c. l'une.

Il en a été tiré 25 exemplaires sur papier de couleur : rose, chamois, jaune et vert-d'eau, 350 fr., et deux sur peau de vélin, 5,500 fr.

La Notice bibiographique donnée par M. Monfalcon est celle de Heyne, complétée par A.-A. Barbier; ce dont il n'a pas dit un mot. La Notice de Barbier nous a été à nous très-utile, aussi avons-

nous nommé fréquemment son auteur dans cet article.

Les mêmes libraires ont publié Horace et Virgile, avec les traductions des meilleurs auteurs français, 1836—37, en un seul volume gr. in-8. Cette édition est formé du remaniement des deux poëtes latins publiés uniformément par eux.

PHILOLOGIE VIRGILIENNE.

1) *Bucoliques.*

— OEuvres mêlées de J.-B. de LA ROCHE, contenant un discours sur la fin qu'a eu Virgile en composant ses Bucoliques; une traduction de ses Églogues en vers français, etc. 1733, in-12.

— Examen oratoire des Églogues de Virgile, à l'usage des écoles centrales des prytanées français; par Fr. GENISSET. *Paris, Lefort,* 1801, in-8.

— Observations littéraires et critiques sur les Idylles de Théocrite et les Églogues de Virgile; par J.-B. GAIL.

Volume formant le Xe du Philologue.

2) *Géorgiques.*

— De Conclusione Georgicorum; auctore N.-E. LEMAIRE.

Imprimé à la fin du tome V de Virgile, édité par l'auteur de ce morceau.

3) *Énéide.*

— Dissertation (latine) sur le poëme épique de Virgile; par le P. de LA RUE.

Réimpr. à la fin du IVe volume du Virgile publié par Lemaire.

— Remarques sur un passage de l'Énéide; par feu M. BOULLEMIER.

Lues à l'Académie de Dijon, le 15 juin 1776, et imprimées sur la communication qui en a été faite par M. Bandot aîné, dans le Magasin encyclop., ann. 1809, tome V, pag. 299—314.

— Plan de l'Énéide, ou Exposition raisonnée de l'économie de ce poëme, pour en faciliter l'intelligence; ouvrage dans lequel on discute quel a été le but principal de l'auteur en composant son poëme; par Ant. VICAIRE., *Paris, Debure l'aîné,* 1787, in-8.

— Réponse au reproche que l'on fait à Virgile de ne point avoir parlé de Cicéron; par A.-Y.

Voy. le Mag. encyclop., ann. 1798, tome Ier, page 177.

— Virgile à J. Delille, ou Dialogue des morts sur la traduction des six premiers livres de l'Énéide; par N. QUENNEVILLE. 1804, in-8.

— De la Lecture du livre VI de son Énéide devant Auguste et Octavie.

Voy. la Revue encyclop., tome III, pages 198.

— Voyage sur la scène des six derniers livres de l'Énéide dans le Latium ; par Ch. V. de BONSTETTEN. *Genève*, 1805, in-8.

— Études sur l'Énéide de Virgile, à l'usage des lycées et des collèges, publiées par F. PAILLET, bibliothécaire de la ville et professeur au lycée de Versailles. *Versailles, Lebel*, 1810, in-12.

A. Serieys a laissé des *Études littéraires sur Virgile, ou Conjectures sur les endroits que ce poète eût vraisemblablement voulu retoucher, avec un Essai sur la vie de Virgile et l'Énéide.* Cet ouvrage a été proposé par souscription, en 1820 ; mais il n'a pas vu le jour.

4) OEuvres.

— Dissertation sur Virgile ; par M. Étienne (ALGAY) DE MARTIGNAC.

Imprimée avec la traduction de Virgile par l'auteur de cette Dissertation.

— Laurier coupé sur le tombeau de Virgile , envoyé à Virgile-Delille.

Pièce de quarante-six vers, insérée dans le Magasin encyclop. , ann. 1795, tome Ier, pag. 271—72.

— Consultation sur Virgile ; par P. H. M.

Impr. dans le Magasin encyclop., ann. 1797, tome IV, pag. 277.

— Apologie de Virgile ; par AUBY, de l'Oratoire. 1799.

— Extraits du Cours de poésie latine de N.-E. LEMAIRE, sur Virgile. 1822.

Imprimés à la fin du tome VII du Virgile publié par ce professeur.

Ce sont des analyses ou paraphrases de la première églogue , des trois épisodes qui terminent les deux premiers livres des Géorgiques et le sixième livre de l'Énéide.

— Études grecques sur Virgile , ou Recueil de tous les passages des poëtes grecs, imités dans les Bucoliques, les Géorgiques et l'Énéide, avec le texte latin et des rapprochements littéraires. Par F.-G. EICHHOFF. *Paris, A. Delalain*, 1825, 3 vol. in-8 , 18 fr.

— Études sur Virgile , comparé avec tous les poëtes épiques et dramatiques des anciens et des modernes ; précédées de Considérations préliminaires destinées à servir d'introduction. Par P.-F. TISSOT. *Paris, Méquignon-Marvis*, 1825-30, 4 vol. in-8, 36 fr. ; et sur pap. vélin.

Voy. l'article TISSOT.

Cet ouvrage se réimprime actuellement pour paraître chez M. Aug. Delalain, en 2 vol. in-8.

— Du Génie de Virgile , thèse pour le doctorat, soutenue devant la faculté des lettres de Lyon, par Hippolyte FORTOUL. *Lyon, de l'impr. de L. Boitel*, 1840, in-8 de 66 pages.

Dans le VIIe volume de l'édition de Virgile publiée par N.-E. Lemaire, on trouve plusieurs dissertations sur la vie et les ouvrages de Virgile : quelques-unes sont dues à des philologues français.

4). Index.

— Vocabulorum omnium index. *Rothomagi*, 1710, in-8.

— Index accuratissimus , omnibus numeris et concordantiis absolutus ; auctore LEZEAU. *Parisiis, apud Barbou*, 1714, in-12.

C'est l'*Index* placé à la suite du Virgile du P. de La Rue, édition de 1714, 4 vol. in-12 , et dont il y eut, comme nous l'avons dit plus haut, des exemplaires tirés à part.

— Eximia quædam ex Bucolicis et Georgicis loca , ad usum scholarum inferiorum. *Parisiis*, 1762, in-12.

— Géographie de Virgile , ou Notice des lieux dont il est parlé dans les ouvrages de ce poëte ; par HELLIEZ. *Paris*, 1771, in-8 ; — ou *Paris, Bachelier*, 1809, in-12 , avec une carte géogr. , 3 fr.

Réimpr. de nouveau , en 1820 , par les soins de M. J.-G. Masselin, qui y a joint la Géographie d'Horace (Paris, Delalain, in-12).

— Quatuor Indices hominum, verborum, rerum et plantarum in omnibus Virgilii operibus occurentium disposuit ; emendavit N.-E. LEMAIRE. *Parisiis*, 1820, in-8.

Ce volume est le huitième et dernier du Virgile, publié par N.-E. Lemaire.

— Flore de Virgile , ou Nomenclature méthodique et critique des plantes, fruits et produits végétaux mentionnés dans les ouvrages du prince des poëtes latins. Par M. Ant.-Laur.-Apol. FÉE. *Paris, P. Didot*, 1823, in-8.

Ce volume accompagne l'édition de Virgile de la Collection des classiques latins , publiée par Lemaire.

— Virgilii index copiosissimus nec non certissimus novo ordine dispositus, vocabula omnia complectens quæ in Eclogis, Georgicis, Æneide occurrunt, cæterisque poematis ipsi vulgo tributis : edente E.-P. ALLAIS. *Parisiis, Delalain*, 1825, in-12, 10 fr.

— Flore virgilienne ; par G. de MANGY.

Imprimée avec la traduction des Bucoliques , en vers, par l'auteur de la Flore (Paris, 1828, in-18).

Imitations.

— Virgile (le) travesti, en vers burlesques ; par SCARRON. Livres I à VII.

Imprimé pour la première fois en 1648, in-4 ; réimprimé plusieurs fois, notamment à Paris, en 1662, chez de Luyne, 2 vol. in-12 ; et dans le tome V du recueil des OEuvres de Scarron, Amsterdam,

1737, in-12, par les soins de Bruzen de La Martinière.

— Suite (la), ou Tome III du Virgile travesti, en vers burlesques de Scarron, par Jacques MOREAU, seigneur DE BRAZEY. *Amsterdam, Mortier*, 1706, in-12.

Cette Suite se trouve aussi dans le tome V du Scarron d'Amsterdam, ainsi qu'une autre suite (livres IX et X), par le sieur LE TELLIER D'ORVILLIERS.

— Virgile, travesti en vers burlesques; par SCARRON, avec la Suite. Nouv. édition. *Paris, David*, 1715; — 1734, 1752, 3 vol. in-12.

— Suite du Virgile travesti, livres VIII — XII. (Par Pierre BRUSSEL, conseiller du roi, auditeur en sa chambre des comptes, mort à Paris, le 8 septembre 1779). *La Haye, (Paris)*, 1767, in-12.

Les notices littéraires de Strasbourg et de Londres ont confondu cette traduction avec celle de Le Tellier d'Orvilliers. (*Note de A.-A. Barbier*).

—Virgile, virai an borguignon, livres I et II (par Pierre DUMAY et Paul PETIT). *Dijon, De Fay*, 1718-19, in-12.

— Virgile travesti, en dix chants; par M. CHAYROU. *Paris, Dondey-Dupré*, 1817, in-8, 2 fr.

Il n'a paru que les quatre premiers chants, en quatre brochures.

— Virgille virai an borguignon. Choix des plus beaux livres de l'Énéide, suivis d'épisodes tirés des autres livres, avec sommaires et notes, publiés par C.-N. AMANTON, et un Discours préliminaire, par G.-P. (Gabr. PEIGNOT). *Dijon, Lagier; et Paris, Gaudefroy*, 1831, in-18, sur pap. fin grand raisin (tiré à 244), 5 fr.; et sur gr. pap. fort de Hollande (tiré à six).

M. Raynouard a rendu compte de cet ouvrage dans le « Journal des savants », du mois de janvier 1832.

La traduction burlesque, en patois bourguignon, de l'*Énéide* de Virgile, dont il existe dans le pays plusieurs manuscrits, est de diverses mains,

Pierre Dumay, né en 1626, mort en 1711, est le traducteur du premier livre et d'une partie du second; Paul Petit, licencié de Sorbonne, né le 21 janvier 1671, mort le 3 septembre 1734, a traduit la suite du second livre et les III, IV, V, VI et VII; Philippe Joly, dominicain, né en 1664, mort en 1734, a laissé les VIII, IX et X; François-Jacques Tassinot, ancien conseiller au parlement de Metz, né à Dijon, le 2 février 1654, mort le 20 mai 1730, fut traducteur des V, VI, VII, XI et XIIe livres.

Le premier livre avait été imprimé en 1718; le second en 1719; l'impression du troisième, commencée en 1720, ne va pas au-delà de 564 vers. Ces trois impressions de 1718, 1719, 1720, se sont, en 1829, vendues 21 fr. 75 c.

VIRGIN (Jean-Bernard), général-major,

directeur des fortifications royales de Suède, chevalier de l'ordre de l'Épée.

— Défense (la) des places mise en équilibre avec les attaques savantes et furieuses d'aujourd'hui, contenant, dans la première partie, une exposition des défauts et de l'insuffisance de la fortification moderne, comme aussi les moyens de faire un meilleur usage du canon et du mortier des places, joint à des réflexions sur l'ordonnance des forteresses, suivant l'assiette du pays et des vues militaires et politiques; dans la seconde partie, on donnera plusieurs nouveaux systèmes de fortification, par lesquels on prétend rendre la patrie, au-moins égale entre l'attaque et la défense des places. Proposée pour le bien public. *Stockholm, P. Hesselberg*, 1781, 2 part. en un vol. in-4 de xjv et 424 pages, avec 13 planches.

Dédié à Gustave III, roi de Suède.

VIRIDET (J.). — Dissertation sur les vapeurs qui nous arrivent. *Yverdon*, 1725, in-8.

— Traité du bon chyle. *Paris*, 1735, 2 vol. in-12.

VIRIDET (Marc), membre de la Société helvétique des sciences naturelles, et des sociétés suisse et genevoise d'utilité publique; né à Genève, le 16 mai 1810.

— Considérations sur le but de l'instruction populaire, et les objets d'enseignement dont elle doit se composer, ou Essai de réponse à ces deux questions de la Société suisse d'utilité publique : « Quels sont les objets d'enseignement qui doivent former l'ensemble de l'instruction populaire, et jusqu'à quel point convient-il de pousser chacun de ces objets d'enseignement »?— « Quels sont, sous ces deux rapports, les différences qui devront être établies entre les écoles des villes et celles de la campagne, et entre les écoles pour les garçons et celles pour les filles. *Genève, les principaux libraires*, 1838, in-12.

— Passage du Roth-Horn, montagne de la vallée de Saas en Valais. Sec. édition, revue et augmentée de notes. *Genève, de l'impr. d'Élie Carey*, 1835, br. in-8.

La première édition a paru dans un petit Journal littéraire, intitulé : « l'Étudiant genevois ».

— Viége, Saint-Nicolas et Saas, ou Recherches sur la géographie, sur les mœurs, sur l'histoire civile, ecclésiastique, physique et naturelle des vallées de Saas et de

Saint-Nicolas en Valais. *Genève, de l'impr. d'Élie Carey*, 1835, in-8.

Outre les ouvrages que nous venons de citer, M. Viridet est encore auteur de la partie de l'article *Genève*, relative à l'histoire physique et naturelle, et de plusieurs articles d'hydrographie, du Dictionnaire géographique-statistique de la Suisse; trad. de l'allem de Lutz, par J.-L.-B. Leresche (Lausanne, 1836); il a aussi fourni des articles politiques, scientifiques et littéraires, aux journaux de la Suisse française, et signés pour la plupart des initiales M. V.

VIRIEU (Aimé de), né à Lyon, vers 1782, membre de la Société littéraire de sa ville natale; mort à Alger, en 1834.

— * Ébauche d'un cours préliminaire de droit naturel, ayant pour objet de ramener la morale et la politique à la loi de Dieu et de la nature, et aux maximes de l'Évangile. Première partie. Notes et Analyses critiques sur le « Contrat social » de J.-J. Rousseau. Par A. de V. Tomes I et IV. *Lyon, de l'impr. de J.-M. Barret*, 1829, 2 vol. in-8.

VIRIEU (la vicomtesse de). — * Histoire ancienne, racontée aux petits enfants. *Paris, Dufart*, 1831, in-18, 2 fr.
— * Histoire d'Angleterre, racontée aux petits enfants, traduite de l'angl. sur la VIIe édition, et augmentée de plusieurs chapitres. *Paris, Dufart*, 1829, 1833; ou *Paris, Bellizard, Barthès, Dufour et Lowel*, 1834, in-18, 2 fr.
— * Histoire de la vie de notre seigneur Jésus-Christ, racontée aux enfants. Par madame la vicomtesse de V***. *Paris, Chamerot*, 1834, in-18, 2 fr.
— * Histoire sainte, racontée aux petits enfants. *Paris, Chamerot*, 1830, 1834, in-18, 2 fr.

VIRLET (Théodore), ingénieur des mines.
— Cavernes (des), de leur origine, et de leur mode de formation. *Avesnes, de l'impr. de Viroux*, 1836, in-8 de 16 pages, 1 fr.
— Coup-d'œil général et statistique sur la métallurgie, considérée dans ses rapports, avec l'industrie, la civilisation et la richesse des peuples, principalement en Europe, etc. *Paris, Carilian-Gœury; Roret*, 1837, in-8, 3 fr.
— Essai sur la transmutation des roches en général, et des changements qu'elles ont éprouvés après leur dépôt. In-12, 1 fr. 25 c.
— Lettre sur le déluge de la Samothrace.

Paris, de l'impr. de Renouard, 1832, in-8 de 4 pag.

Extrait de la « Revue des Deux-Mondes », première série, tome VI.

— Mémoire sur un nouveau procédé de carbonisation dans les usines, à l'aide de la chaleur perdue des hauts-fourneaux et foyers de forge. *Paris, Carilian-Gœury*, 1836, in-8 de 68 pages, plus 3 planches, 2 fr. 50 c.

Extrait des « Annales des mines ».

— Origine (de l') des différents combustibles minéraux et des bois fossiles qui se rencontrent à la surface du globe. *Paris, de l'impr. de Cosson*, 1836, in-12 de 24 pages, 75 c.
— Rapport sur les travaux scientifiques de M. Bélanger, de Valenciennes, fait à la Société des enfants du Nord, dans la séance du 15 janvier 1837. *Avesnes, de l'impr. de Viroux*, 1837, in-8 de 8 pag.

VIRO (Prosper), docteur en médecine.
— Épître à M. A.-P. Requin, médecin, sur le rhumatisme articulaire aigu. *Paris, Lucas*, 1838, in-8 de 32 pages.

VIRTOMNIUS, pseudon. Voy. Juste Muiron.

VIRUES (D. Joseph).—Éléments d'harmonie, ou le Contre-point expliqué en six leçons; ouvrage original, trad. en français par E. Nunez de Taboada. *Paris, de l'impr. de Fournier*, 1825, in-4, avec 4 planches gravées des deux côtés.

VIRI (de). — Notice sur les eaux minérales du Sail-sous-Couzan, canton de Saint-Georges en Couzan, arrondissement de Montbrison (Loire). *Montbrison, de l'impr. de Bernard*, 1836, in-8 de 24 pages.

Les notes sont signées : R.

VISCENTINI, artiste et auteur dramatique. Voy. Vizentini.

VISCENTINI (Julia), pseudon. Voy. Paccard.

VISCHER (L.-G.). — Mélanges de poésie et de littérature des Pays-Bas. *Bruxelles, Hublou*, 1820, in-18, 3 fr.

VISCONTI (le nonce), ministre secret de Pie VI au concile de Trente.
— Lettres, Anecdotes et Mémoires historiques sur le concile de Trente, mis au jour en italien et en français, par J. Aymon.

Amsterdam, 1719, et 1739, 2 vol. in-12.

VISCONTI (Ennius-Quirinus), antiquaire célèbre ; né à Rome, le 1er novembre 1751, après avoir été, dans sa patrie, successivement bibliothécaire du pape, conservateur du musée du Capitole, ministre de l'intérieur du gouvernement provisoire de Rome, établi par le prince Berthier, lors de la prise de cette capitale par les Français (août 1797), et consul, un des cinq chefs du nouveau gouvernement romain (1798), Visconti vint en France, et sitôt son arrivée fut placé, comme surveillant, au nombre des administrateurs du musée des antiques que le gouvernement formait au Louvre, et, peu de temps après, professeur d'archéologie. Lorsque les événements eurent permis de réunir au Musée les richesses qu'avaient contenues en ce genre ceux de Rome et de Florence, ainsi que le palais Borghèse, il en résulta la collection la plus précieuse qui eut jamais été faite. Visconti en fut le conservateur. Cet homme de mérite, qui avait été précédemment nommé membre de l'Institut, classe des beaux-arts, fut, en 1804, admis dans celle qu'on désignait alors sous le nom de classe d'histoire et de littérature ancienne, et qui n'était que l'Académie des inscriptions et belles-lettres. Visconti est mort à Paris, le 7 février 1818.

— Iconographie ancienne, ou Recueil des portraits authentiques des empereurs, rois et hommes illustres de l'antiquité. Première partie : ICONOGRAPHIE GRECQUE, avec des Notices chronologiques et historiques. *Paris, de l'imp. de P. Didot l'aîné*, 1808, 3 vol. in-fol. max., avec gravures. — Seconde partie. ICONOGRAPHIE ROMAINE, par E.-Q. VISCONTI (pour le tome Ier), et A. MONGEZ (pour le tome II). *Paris, de l'impr. de P. Didot l'aîné*, 1817-25, 2 vol. in-fol., avec 40 planches.

Ouvrage du plus grand intérêt, et magnifiquement exécuté.

Cette édition n'a pas été destinée au commerce.

— Le même ouvrage. *Paris, de l'impr. de P. Didot l'aîné. — Treuttel et Wurtz*, 1811-21, 5 vol. in-4, avec deux Atlas gr. in-fol. de 59 et 40 planches, 412 fr.

Le tome Ier de l'Iconographie romaine renferme, dans chacune des deux éditions, une planche et douze articles de supplément pour l'Iconographie grecque.

— Lettres sur la Sicile. 1778, in-12.

Citées par Debray dans ses Tablettes des écrivains français.

VIS

— Mémoires sur les ouvrages de sculpture du Parthénon et de quelques édifices de l'Acropole à Athènes, et sur une épigramme grecque en l'honneur des Athéniens morts devant Potidée. *Paris, de l'impr. de F. Didot. — P. Dufart*, 1818, in-8 de 160 pages.

— Monuments du musée Chiaramonti, décrits et expliqués ; servant de suite et de complément au Musée Pio-Clémentin. Trad. de l'ital. par A.-F. SERGENT-MARCEAU. *Milan, J.-P. Giegler*, 1822, in-8, orné de 72 planches au trait, 29 fr. 50 c.

— Musée Pio-Clémentin, traduit de l'italien par A.-F. SERGENT-MARCEAU. *Milan, J.-P. Giegler*, 1822, 7 vol. in-8, ornés d'un très-grand nombre de planches au trait, 245 fr.

L'édition originale a été publiée en Italie, de 1782 à 1798, en 6 vol. in-fol.

— Notice des statues, bustes et bas-reliefs de la galerie des antiques du musée Napoléon. 1801, in-12.

Brochure souvent réimprimée. La dernière édition, publiée du vivant de l'auteur, a paru sous ce titre : *Description des antiques du Musée royal.* Paris, Hérissant-Ledoux, 1817, in-8, 2 fr.

Cette publication a été depuis continuée et augmentée par M. le comte de Clarac. (Voy. ce nom). La première édition publiée par ce dernier, date de 1820.

— Sur les marbres du comte Elgin. *Londres*, 1816, in-8.

Les publications artistiques de Visconti ont été réunies en douze volumes in-4, sous le titre d'*OEuvres*, lesquelles renferment : 1° Musée Pio-Clémentin, Milan, 1818—1822, 7 vol.; — 2° Iconographie romaine, Milan, 1818, première partie, 1 vol.; — 3° Iconographie grecque, Milan, 1824—1826, 3 vol.; — 4° Monuments du musée Chiaramonti, décrits et expliqués par Ph.-Aur. Visconti et Jos. Guattani, servant de suite et de complément au Musée Pio-Clémentin, trad. de l'italien par A.-F. Sergent-Marceau, Milan, 1822, 1 vol.

Visconti, en outre, a fourni beaucoup d'articles d'antiquités, de beaux-arts et de notices sur des artistes anciens, à plusieurs recueils, tels que le Magasin encyclopédique (voy. la table de ce recueil), la Biographie universelle de Michaud, le Journal des savants : il a fourni quelques articles au Musée français, publié par Robillard-Péronville et Laurent père (1804—18, 4 vol. gr. in-fol.), et, de concert avec M. Guizot, il a fait l'Explication des figures du Musée royal, publié par Laurent fils (1814-23, 2 vol. gr. in-fol.). Enfin, on trouve de Visconti, dans le premier volume des Nouveaux Mémoires de l'Académie des inscriptions et belles-lettres, publié en 1815, et, dans le tome III du même recueil, les morceaux suivants : Mémoire sur deux inscriptions grecques, trouvés à Athènes, par M. Fauvel (par analyse dans le tome Ier, 1815). — Note sur un vase peint apporté de Sicile, avec une planche (dans la partie histor. du tome III, 1818). — Remarques sur une inscription grecque découverte près d'Athènes, par M. Fauvel (id., id.).

— OEuvres diverses, italiennes et françaises,

recueillies et publiées par le doct. J. Labus. Tomes I—III. *Milan*, 1827-30, 3 vol. in-8.

M. Raoul Rochette a rendu compte des trois premiers volumes de cet ouvrage dans les mois d'octobre et décembre 1830, et dans le mois de juin 1831 , du « Journal des Savants ». Le Moniteur du 11 février contient le discours prononcé par Émeric-David sur la tombe de Visconti ; celui de M. Quatremère de Quincy a été imprimé dans le Moniteur du 18. Les Annales politiques, morales et religieuses, des 10 et 11 février, ainsi que les Annales encyclopédiques, de mars 1818, ont donné des notices sur ce savant. M. Raoul-Rochette lui a consacré un article dans le Journal des Débats du 7 mars. Le Journal des savants du mois de mars donne l'indication des articles que Visconti avait fourni à ce recueil ; enfin, on trouve encore sur Visconti une Notice dans le huitième volume des Nouv. Mémoires de l'Académie des inscriptions (1827).

VISCONTI (Alex.).— Journal sur les médailles antiques inédites de Rome , trad. de l'italien par M. l'abbé Hesmivy d'Auribeau. *Rome*, 1806 , in-4.

Traduction qui fut interrompue par les événements ultérieurs.

VISCONTI (F.-Aur.). — Catalogo delle sculture del palazzo Giustiniani. *Parigi*, *Renouard*, 1812, in-8 de 32 pag., 75 c.

VISCONTI (P.-E.).— Per la partenza della flotta del re cristianissimo destinata alla spedizione d'Africa, ode alcaica. *Parigi*, *J. Didot*, 1830, in-8 de 16 pages.

Une traduction en prose française est en regard.

VISCONTI (Sigismond). — Per l'Incoronazione delle LL. MM. II. AA. Ferdinando primo, imperator d'Austria, e Maria Anna Carolina, pia sua consorte a re ed a regina del regno Lombardo-Veneto nel duomo di Milano. Il Genio dell'Adriatico, poemetto. *Parigi, dai torchi di Vinchon*, 1838 , in-4 de 20 pag.
— Précis du système planétaire, pour l'intelligence des tableaux de MM. S. Visconti et A.-H. Dufour. *Paris, Simonneau*, 1839, in-12 , avec une planche.

M. S. Visconti a traduit pour les chefs-d'œuvre des théâtres étrangers, publiés par Ladvocat, le volume de Théâtre italien moderne , qui contient quatre pièces de Rossi , Nota, Giraud et Federici.

VISCOVATOFF (Basile), lieut.-col. russe , mathématicien, membre de l'Académie impériale des sciences de Saint-Pétersbourg ; mort le 8 octobre 1812 , dans la 34e année de son âge.

Nous connaissons de lui écrit ; en français ; 1° un *Essai d'une méthode générale pour réduire toutes sortes de séries en fractions continues* (Mémoire de 10 pages, avec 7 tabl. , inséré dans le tome XV

de Nova Acta acad. scientiarum imper. Petropolitanæ , 1806); — 2° *Essai d'une démonstration du principe des vitesses virtuelles* (Mémoire de 6 pages , imprimé dans le premier volume des Mémoires de l'Académie des sciences de Saint-Pétersbourg, 1809).

VISDELOU (le P. Claude de), missionnaire en Chine, nommé, par le cardinal de Tournon, vicaire apostolique, administrateur de plusieurs provinces de la Chine, et évêque de Claudiopolis ; né, en 1656, dans le diocèse de Saint-Brieuc, mort à Pondichéry, le 11 novembre 1737.
— Lettre apologétique à Louis-le-Grand , et autres pièces dédiées au pape Benoît XIV. *Cadix*, 1742 , in-8.
— Supplément à la Bibliothèque orientale d'Herbelot. 1780, in-fol.

Avec Galland.
On y trouve du P. Visdelou, une *Histoire de la Grande Tartarie*, une *Description d'un monument découvert à la Chine*, et des *Observations sur divers articles d'Herbelot*. L'histoire de la Grande Tartarie est assez étendue, et l'on peut y puiser des connaissances curieuses sur les mœurs , les usages, les cérémonies de ces peuples peu connus des Européens.

VISÉ (J. Donneau de). Voy. Donneau de V.

VISMANN. — Almanach des 25,000 adresses. *Paris , Panckoucke ,* 1815 à 1840 , in-12.

Publié sous les initiales H. D***.
La première édition a paru sous le titre d'*Almanach des adresses de Paris*.

VISME (Louis-Joseph de), prêtre de la doctrine chrétienne ; né à Montmédi , mort le 7 octobre 1753 , dans sa quarante-huitième année.
— Office (l') de Jésus-Christ enseignant. 1740 , in-12.
— Office (l') de saint Charles. 1738 , in-12.

De Visme a publié des propres de diverses églises, et , entre autres, les suivants : Propre de Saint-Germain-l'Auxerrois ; — de Saint Landry ; — de Saint-Jean en Grève ; — de Saint-Josse ; — des religieuses de la Madeleine de Treinel.

VISME (François-Benoît de). — Nouveau (le) et parfait notaire de Jean Cassan. Nouv. édition, augmentée et mise en ordre alphabétique. *Paris*, 1749, in-4.

Voy. aussi De Visme.

VISPOEL (Bernard), avocat à Gand.
— Un mot sur le gouvernement monarchique tempéré. *Gand, Van Ryckeghem-Hovaere*, 1831, in-8 de 16 pages.

VISSCHERS (Auguste), avocat à Liége.
Nous connaissons de lui : une *Statistique administ-*

trative de la province de Liége, dressée sur les documents officiels (impr. dans le Recueil de documents statistiques publié en 1833 par l'établissement géographique de Bruxelles); — un *Tableau du mouvement de la population de la ville de Liége, depuis 1802 jusqu'à 1831* (impr. dans le même recueil); — un *Mémoire lu à la section des sciences morales, philosophiques et législatives, sur la question : Quelles doivent être les bases d'une bonne législation sur le duel* (inséré dans la Revue belge, deuxième année, septembre 1836); — quelques articles *sur la répression du duel* (insérés dans le même recueil, tome IV); — un *Plan d'organisation d'une prison neuve à Liége*. Mémoire lu en séance de la Commission administrative des prisons de Liége, les 31 octobre et 2 novembre 1837. (Impr. dans la Revue belge, tome XIII, pages 162 à 186).

VISSER (Jacques).— Invention (de l') de l'imprimerie, ou Analyse des deux ouvrages publiés sur cette matière, par M. Meerman; suivie d'une Notice chronologique et raisonnée des livres avec et sans date imprimés avant l'année 1501, dans les dix-sept provinces des Pays-Bas, par M. Jacques VISSER, et augmentée d'environ deux cents articles par l'éditeur, avec une planche. *Paris,* 1809, in-8, 6 fr.

VITAL (Étienne), à Paris.
— Notographie (la), alphabet universel des sons. Méthode nouvelle d'écrire aussi vite que la parole dans toutes les langues; par Étienne VIDAL, avec les Explications par M***, capitaine au corps royal d'étatmajor. *Paris, Delaunay; l'Auteur,* 1819, in-4 de 32 pag., avec planches, 6 fr.
— Orthographe (l') grammaticale, enseignée en soixante leçons. *Paris, de l'impr. d'Herhan,* 1833, in-fol. de 4 pages.
— Principes sur la tenue des livres : partie double. *Paris, l'Auteur,* 1839, in-8 de 32 pag.

VITAL-BERTRAND. — Essai sur l'histoire naturelle et sur l'agriculture de l'arrondissement du Puy, chef-lieu du département de la Haute-Loire, etc. *Au Puy, J.-B. La Combe,* 1811, in-8 de 176 pages.

VITAL DUPUIS. — Tableau du mariage, ou Conseils aux filles et aux garçons. *Toulon, de l'impr. de Baume,* 1835, in-8 de 28 pag.

VITAL-ROUX. — Analyse historique de l'établissement du crédit public en France. *Paris, Bossange père; Bossange frères,* 1824, in-8.
— De l'Influence du gouvernement sur la prospérité du commerce. *Paris,* 1800, in-8.

— Rapport sur les jurandes et maîtrises. *Paris,* 1805, in-8.

VITAL-LAFFORGUE, pseudon. Voy. Cés. PRADIER.

VITALE (J.-D.). — Rédacteur, avec A. Diezmann, du » Courrier du beau monde» (1832).

VITALI (Hippolyte), membre de plusieurs sociétés savantes de Paris et des départements.
— Traité des partages faits en justice, utile à toutes sortes de personnes, et nécessaire aux avoués, notaires et agents d'affaires des villes et des campagnes. *Valence, Marc-Aurèle,* 1810, in-8 de 440 pages.

VITALIS (Antoine). — Fables. *Paris, Dupont,* 1795, in-12. — Nouv. édition, revue et augmentée. *Paris, le même,* 1795, in-12.

VITALIS (J.-B.).— Cours élémentaire de teinture sur laine, soie, lin, chanvre et coton, et sur l'art d'imprimer les toiles. *Paris, Bossange père,* 1823, in-8. — Sec. édition, revue et augmentée. *Paris, Bachelier; Bossange père,* 1827, in-8, 7 fr.
— Manuel du teinturier sur fil et sur coton. *Rouen, Mégard,* 1810, in-8.
— Notice biographique sur M. Boismare, docteur médecin. *Rouen, de l'impr. de Périaux,* ....., in-8 de 12 pag.
— Rapport fait à M. le préfet du département de la Seine-Inférieure, sur l'extraction du sucre de betterave. *Rouen, de l'impr. de P. Périaux,* 1812, in-8 de 8 pages.

VITASSE (l'abbé), conseiller clerc du présidial de Reims.
— Lettre sur la translation de l'hôpital général de Reims à la maison des Jésuites.

VITASSE (Ch.), docteur en Sorbonne. Voy. WITTASE.

VITEL. — * Avis au peuple sur l'amélioration de ses terres et la santé de ses bestiaux. *Avignon, Niel,* 1775, 2 parties in-12.

Il y a des exemplaires portant ce titre : *Avis au peuple sur l'amélioration de ses terres et la santé de ses bestiaux*, par l'auteur de « l'Agronome». Avignon, 1775, 2 part. en un vol. in-12. Le même ouvrage a reparu en 1785, sous la rubrique d'Amsterdam, et avec ce changement dans l'intitulé : *Manuel du cultivateur, ou Avis au peuple sur l'amélioration de ses terres*.

VITELLY (J.-P.), d'Orsal. — Bouquet (le) de Saint-Louis, pour la fête du roi ; suivi d'un Aperçu sur le retour de Louis XVIII. (En vers). *Paris, les march. de nouv.*, 1816, in-8 de 8 pag.

VITERBI (Luc-Ant.). Voy. BENSON.

VITERNE (madame de), traductrice.

Nous connaissons de cette dame la traduction de l'anglais de quatre romans, lesquels sont : la Sœur de la Miséricorde, ou la Veille de la Toussaint, de Soph. FRANCES (1809, 4 vol. in-12) ; — l'Inconnu, ou la Galerie mystérieuse, par *la même* 1810, 5 vol. in-12). — Sidonia, ou le Refus, d'Éléon. SINGLETON (1812, 4 vol. in-12) ;—Zofloya, ou le Maure, histoire du XVIᵉ siècle (1812, 4 vol. in-12).

VITET (le doct. Louis), anc. professeur de chimie et d'anatomie à Lyon, maire de la même ville, ancien député de Rhône et Loire à la Convention nationale, membre honoraire de l'Académie de Lyon, et de la Société d'agriculture du département de la Seine, naquit à Lyon, en 1736. Son père et ses ancêtres avaient exercé la médecine avec honneur dans cette grande ville. Celui-ci, porté dans sa jeunesse à la mélancolie, voulut d'abord se faire chartreux, puis consentit à étudier la médecine, fut reçu docteur à Montpellier, et vint se perfectionner à Paris. Lancé dans la pratique dès qu'il fut de retour à Lyon, il conçut des scrupules, d'après un événement malheureux, et se mit en quelque sorte à recommencer ses études. Au bout de quelques années, Vitet crut pouvoir rentrer dans la carrière de la pratique, et il donna pendant dix ans des leçons d'anatomie et de chimie. Il s'appliqua aussi, avec deux confrères de ses amis, à recueillir des observations sur différents points de médecine, ainsi qu'à des recherches sur les moyens d'améliorer l'administration des hôpitaux. La ville et le Collége des médecins de Lyon, à la sollicitation de Vitet et de ses deux amis, fondèrent trois chaires, l'une d'anatomie, l'autre d'histoire naturelle, et la troisième de chimie. L'envie excita la colère d'un peuple aveuglé, et les trois établissements furent anéantis avec violence. Peu après, Vitet intervint dans une affaire qui fit beaucoup de bruit, et il fit absoudre les frères Para de l'accusation portée contre eux d'avoir étranglé une jeune fille, et l'avoir ensuite jetée dans le Rhône. Il donna, dans l'école vétérinaire de Lyon, le premier exemple d'un médecin très-accrédité s'occupant à faire marcher de front la médecine appliquée à l'homme et aux animaux domestiques. Plus tard il donna une pharmacopée, et ensuite un journal hebdomadaire de médecine. Vitet concourut d'une manière très-active à la fondation d'une école d'accouchements. L'aurore de la révolution le trouva tout entier à ses occupations médicales, lorsque la confiance de ses concitoyens l'entraîna dans les affaires publiques. Il devint notable, maire, puis administrateur du district de Lyon, et député de la Convention nationale. Enveloppé dans le siége de Lyon, il alla chercher un asile dans le canton de Zurich, et revint siéger dans les chambres législatives, d'où il sortit, enfin, au 18 brumaire. Ce fut alors qu'il mit la main à plusieurs ouvrages qu'il n'avait pu terminer. Vitet a été l'un des plus sages et des plus habiles praticiens du siècle où il a vécu, et cet hommage lui a été constamment rendu par tous ceux qui étaient en état de le juger. C'était d'ailleurs un homme d'une probité rare, doué d'un caractère élevé et d'une âme extrêmement sensible, quoique l'austérité de son front pût faire préjuger le contraire. Il mourut à Paris, le 25 mai 1809, fort regretté surtout des Lyonnais fixés dans la capitale, quelle que fût la diversité de leurs opinions politiques.

Il a laissé les ouvrages suivants :
— Aphorismes du médecin du peuple. *Lyon, Périsse*, 1804, in-12.
— Dissertation sur les noyés, à l'occasion de la fille Rouga. *Lyon*, 1768, in-8.
— Matière médicale, ou Exposition méthodique des médicaments. *Lyon, Amable Leroy*, 1803, in-8.
— Matière médicale réformée, ou Pharmacopée médico-chirurgicale, contenant l'exposition méthodique des médicaments simples et composés, de leurs caractères, de leurs vertus, de leurs préparations et administrations, et des espèces de maladies où ils sont indiqués, avec un tableau méthodique des classes, des genres et des espèces de maladies. *Lyon*, 1770, in-8.
— Médecin (le) du peuple, ou Traité complet des maladies dont le peuple est communément affecté ; ouvrage composé avant la révolution française. *Paris, Brunot; Périsse frères*, 1805, 13 vol. in-12, 32 fr.

Cet ouvrage contient les traités suivants, qui se vendent séparément, ainsi qu'il suit :
Tomes I et II. Maladies de la tête, 5 fr.—T. III, maladie de la poitrine, 3 fr. — Tomes IV et V, maladies du ventre, 5 fr. — Tome VI, maladies des voies urinaires, 2 fr. 50 c. — Tomes VII et VIII, maladies des fièvres, 5 fr.—Tome IX, des enternes, 2 fr. 50 c. — Tome X, maladies de la génération, 2 fr. 50 c. —Tome XI, maladies des femmes, 3 fr.

— Tome XII, Matière médicale, avec beaucoup de planches, 3 fr. 50 c. — Tome XIII, Aphorismes, déduits des *prémices*, comme le disaient les écoles, 2 fr. 50 c.

— Médecine expectante, contenant les maladies inflammatoires, de rétention, etc. *Lyon, Amable Leroy*, 1803, 6 vol. in-8.

Le fils de l'auteur a travaillé au dernier volume. Cet ouvrage, peu méthodique, est rempli d'excellentes observations.

— Médecine vétérinaire, contenant 1° l'exposition de la structure et des fonctions du cheval et du bœuf; 2° l'exposition des maladies du cheval, du bœuf et de la brebis, etc.; 3° l'exposition des médicaments nécessaires au maréchal; 4° l'analyse des auteurs qui ont écrit sur la science vétérinaire depuis Végèce jusqu'à nos jours. *Lyon*, 1771, 3 vol. in-8.

— Mémoire sur l'administration médicale du grand hôpital de Lyon. *Genève*, 1768, in-12.

— Motion d'ordre sur les écoles spéciales de médecine. 4 messidor an VI.

— Observations sur la maladie régnante à Lyon, accompagnées d'observations météorologiques, faites en commun avec M. Petetin. *Lyon*, 1768, in-4.

Journal commencé en novembre 1768 et continué les années suivantes in-8 jusqu'en 1784, dans la même ville.

— Pharmacopée de Lyon, ou Exposition des médicaments simples et composés. *Lyon*, 1778, in-4.

— Rapports présentés à l'administration du district de Lyon, et imprimés par ordre de cette administration : 1° sur la prison de Saint-Joseph, et sur celle du palais de Rouanne ; 2° sur le grand hôpital de Lyon et sur l'hospice de la Charité ; 3° sur l'École vétérinaire de Lyon. *Lyon*, 1790, in-4.

— Rapports au nom de la commission d'instruction publique sur les écoles spéciales de médecine. 17 ventôse an VI.

— Traité de la sangsue médicinale. Publié par P.-J. Vitet, fils de l'auteur. *Paris, H. Nicolle*, 1809, in-8, avec une pl., 7 fr.

Cet utile ouvrage est divisé en neuf chapitres, sous les titres suivants : 1° Anatomie de la sangsue ; 2° fonctions de la sangsue médicinale ; 3° expérience sur la sangsue ; 4° effets sensibles des sangsues sur l'homme sain ; 5° effets sensibles des sangsues sur l'homme malade ; 6° Réflexions sur la nature du sang humain tiré par les sangsues, et sur leurs effets comparés à ceux de la saignée avec la lancette, des ventouses, des sinapismes, des vésicatoires et du moxa ; 7° inconvénients des sangsues ; 8° maladies où les sangsues sont indiquées ; 9° de l'application des sangsues : ce dernier chapitre est rempli d'excellents préceptes pratiques.

Vitet a laissé, en manuscrit, divers mémoires et dissertations sur la médecine, et des matériaux d'une topographie de Lyon, qu'il se proposait de mettre au jour, comme un dernier hommage à son pays. Son fils avait annoncé que, s'il pouvait parvenir à réunir ces divers écrits, il tâcherait d'en faire un corps d'ouvrage, et qu'il y joindrait une notice sur la vie de son digne et excellent père ; mais rien n'a été publié de cet ouvrage. (*Biogr. médic.*).

VITET (Louis), fils du précédent, inspecteur-général des monuments historiques de France, ancien secrétaire général du ministère des travaux publics, élu, le 15 décembre 1839, académicien libre de l'Académie des inscriptions et belles-lettres, en remplacement de M. Michaud ; né à Paris, le 18 octobre 1802.

— Barricades (les), scènes historiques. Mai 1588. IVe édition. *Paris, Fournier jeune*, 1830, in-8, 7 fr. 50 c.

Les deux premières éditions, publiées en 1826, sont anonymes.

— * États (les) de Blois, ou la Mort de MM. de Guise, scènes historiques. Décembre 1558. Par l'auteur des « Barricades ». *Paris, Ponthieu et Cie*, 1827, in-8, 7 fr. 50 c.

— Histoire des anciennes villes de France. Recherches sur leurs origines, sur leurs monuments, sur le rôle qu'elles ont joué dans les annales de nos provinces. Première série. Haute-Normandie, Dieppe. *Paris, Mesnier*, 1833, 2 vol. in-8, avec un plan, 16 fr.

Il n'a pas paru autre chose de cet ouvrage, qui devait avoir une étendue assez considérable.

— Mort (la) de Henri III. Août 1589. Scènes historiques, faisant suite aux « Barricades » et aux « États de Blois ». *Paris, Fournier jeune*, 1829. — Sec. édit. *Paris, le même*, 1829, in-8, 7 fr. 50 c.

VITOL (l'abbé). — * Méthode facile pour apprendre à lire correctement et agréablement, dédiée à Mgr le prince de Bouillon, avec des figures. *Paris, Lottin et Butard*, 1749, in-12.

— Méthode facile pour apprendre l'histoire d'Angleterre. *Paris, David*, 1707, in-12.

VITON. — Instruction, ou nouveau Jeu de cartes, représentant la chasse. *Paris, Théodore Legras*, 1753, in-12.

VITON DE SAINT-ALLAIS. V. SAINT-ALLAIS (Viton de).

VITRAC (l'abbé Jean-Baptiste), successivement professeur d'humanités au collège royal de Limoges, sous-principal du collège de Limoges, membre des académies de Montauban , de Clermont-Ferrand, de la Rochelle et de Châlons-sur-Marne ; né en 1739.

— Éloge de Jean Dorat, poëte et interprète du roi. 1775 , in-8.

— Éloge de Marc-Antoine Muret, orateur des papes et citoyen romain. *Limoges*, 1775 , in-8, avec un portr.

— Éloge de Baluze, prononcé avant la distribution des prix du collége royal de Limoges, le 22 août 1777. *Limoges, Martial Barbou ,* 1777, in-8.

— Éloge de Grégoire XI. 1779 , in-8.

— Oraisons funèbres de Louis XVI, de Marie-Antoinette, de madame Elis.-Marie-Hélène, et de Louis-Ch. ou Louis XVII, prononcées en 1793, 1794 et 1795 , dans plusieurs églises d'Espagne , etc.; suivies de Roberspierre aux enfers, poëme héroï-comique du même auteur. *Limoges, Bargéas ; Paris, Le Normant ,* 1814 , in-8.

— Traité élémentaire de l'apologue et du récit. *Limoges, Chapoulaud ,* 1777, in-8.

— Traité élémentaire du genre épistolaire , de l'apologue et de la narration. 1781, in-8.

L'abbé Vitrac a travaillé à un Dictionnaire des littérateurs limousins, dont il a inséré plusieurs articles dans la feuille hebdomadaire de Limoges.

VITRICE (S.), évêque de Rouen.

— Discours à la louange des saints et de leurs reliques; traduits en français sur un très-ancien manuscrit de l'abbaye de Saint-Gal (par l'abbé MOREL, publ. par J.-And. MIGNOT, auteur de la préface), et suivi du texte latin. *Auxerre, Fournier ,* 1763 , in-12.

» C'est à tort, dit Barbier, que les auteurs de la nouvelle édition de la Bibliothèque historique de la France ont attribué cette traduction à l'abbé Mignot ; sa préface prouve le contraire ».

VITROLLES (Eugène-François-Auguste d'ARNAUD , baron de), né au château de Vitrolles, dans la haute Provence , en août 1774 , appartient à une ancienne famille du parlement d'Aix. Il émigra avec ses parents , et fit les campagnes de 1792 à 1794. Rentré en France sous le consulat, il se livra dans ses terres à l'agriculture , et remplit les fonctions de maire et de membre du conseil général de son département. En 1813 , prévoyant la chute de l'Empereur, il vint à Paris pour conférer avec les royalistes, et se rendit de lui-même au congrès de Châtillon , en février 1814 , pour y servir la cause des Bourbons. Il suivit le quartier-général des coalisés, et conféra plusieurs fois avec les ministres étrangers. Ses amis ont assuré qu'il a beaucoup contribué à déterminer l'empereur Alexandre à rompre toute négociation avec la famille de Napoléon. Il fut envoyé au comte d'Artois, à Nanci, pour lui annoncer la décision des puissances étrangères, et retourna au quartier général muni de pleins pouvoirs délivrés par ce prince. Arrêté en route par les troupes impériales , il parvint à s'échapper, et rentra dans Paris, occupé depuis peu de temps par les étrangers. Monsieur, à son entrée dans la capitale, le nomma secrétaire d'État provisoire, et Louis XVIII le confirma dans ses fonctions. Il est le seul qui ait contre-signé le déclaration de Saint-Ouen et les premiers actes du nouveau gouvernement, jusqu'au mois de mars 1815. Au retour de Napoléon, il conseilla au roi de se défendre dans Paris, ou de se retirer dans le midi, et il fut envoyé dans cette contrée pour arrêter la marche de l'Empereur. Il tenta inutilement d'organiser à Toulouse un centre de gouvernement royal, et y fut arrêté le 14 avril. Waterloo le rendit à la liberté, et il rentra au conseil du roi comme ministre d'État et secrétaire des conseils. Le département des Basses-Alpes l'envoya à la chambre de 1815, où il chercha à calmer l'effervescence des ultra-royalistes. Il publia dans cette circonstance sa brochure « Du ministère dans un gouvernement représentatif». La place de secrétaire des conseils fut supprimée en août 1817; dès la fin de 1815, elle ne conférait plus le droit d'entrer au conseil des ministres. Enfin , M. de Vitrolles fut rayé de la liste des ministres d'État, par une ordonnance royale du 24 juillet 1818. Confident du comte d'Artois, M. de Vitrolles ne pouvait plus, en effet, rester en contact avec les ministres quasi-libéraux qui se sont succédé dans cet intervalle. Après son avénement au trône, Charles X récompensa M. de Vitrolles, en lui donnant l'ambassade de Turin , qui a été pour ce dernier une véritable sinécure. Depuis les événements de 1830, M. de Vitrolles est rentré dans la vie privée.

— *Économie (de l') publique réduite à un principe. Paris, Desenne ,* an IX (1801), in-8 de 96 pag.

— * Ministère (du) dans le gouvernement représentatif. Par un membre de la chambre des députés. *Paris, Dentu ,* 1815 , in-8 de 78 pag.

VITRUVIUS POLLIO (Marcus), architecte latin, né vers 650 de Rome (104 ans avant J.-C.), mort vers 740 de Rome (14 ans avant J.-C.).

— De Architecturâ libri x, ad optimas editiones collati. Accedit Anonymi scriptoris veteris architecturæ compendium, cum indicibus. *Argentorati*, 1807, in-8, 3 fr. 75 c.

— Abrégé des dix livres d'architecture de Vitruve (par Ch. PERRAULT). *Paris*, 1768, in-12, fig.

La première édition est de 1674.

— Architecture (son), traduite en français, avec des remarques, par M. de BIOUL. *Bruxelles, Stapleaux*, 1816, in-4, avec 30 planches, 24 fr.

—Dix (les) livres d'architecture de VITRUVE, avec les notes de PERRAULT. Nouvelle édition, revue, corrigée et augmentée d'un grand nombre de planches et de notes importantes; par E. TARDIEU et COUSSIN fils. *Paris, Tardieu; Carilian-Gœury; Mathias*, 1837 et ann. suivantes, in-4 de xxij et 340 pages, avec 94 planches, 45 fr.

Ce volume forme le premier volume d'une Bibliothèque architecturale dont il n'a paru rien de plus.

VITRY (J.-F.). Voy. MIRABEAU.

VITRY (Urbain), architecte.

— Propriétaire (le) architecte, contenant des modèles de maisons de ville et de campagne, de fermes, orangeries, portes, puits, etc.; ainsi qu'un Traité d'architecture et de construction renfermant le résumé des nouvelles découvertes relatives aux constructions. *Paris, Audot*, 1826-27, 2 parties in-4, avec environ 100 planches gravées par Hibon, 18 fr.

— Propagateur (le) des procédés industriels dans le midi de la France, par une société de fabricants, artistes, industriels et savants de Toulouse et des départements du Midi. Première année. Janvier 1828. *Toulouse, Bénichet cadet*, 1828, in-8 de 40 pag.

Avec M. G. Cany.
On promettait un cahier par mois. Prix de l'abonnement annuel, 8 fr.

— Vignole de poche, ou Mémorial des artistes, des propriétaires et des ouvriers, contenant les règles des cinq ordres d'architecture; dessiné et gravé par THIERRY fils, architecte graveur. *Paris, Audot*, 1823, in-16, avec 32 planches, 4 fr. — Sec. édition, entièrement refondue, corrigée, augmentée de plusieurs figures, et no-

tamment d'un Dictionnaire complet d'architecture civile, par Urbain VITRY. *Paris, le même*, 1827, in-16, avec des planches et un tableau, 5 fr.

VITT (le comte de). — * Espion (l') turc à Francfort, pendant la diète et le couronnement de l'Empereur en 1741. *Londres*, 1741, in-12.

VITTE (E.-W.). — Races (les) des bêtes à cornes de l'Allemagne, représentées d'après nature, et décrites par E.-W. VITTE. Premier cahier : races d'Oderbruch, d'Oldenbourg et d'Anspach. *Paris, madame Huzard*, 1812, in-fol. oblong, avec trois planches, 15 fr.

Tiré à cent exemplaires seulement.

Voy. aussi WITTE.

VITTOZ ( ), savant ecclésiastique, fut longtemps curé dans le Faucigny; il était né à la Clusaz, au commencement du siècle dernier, et a laissé, outre des manuscrits cités par Grillet (II, 222) : 1° «*Discours contre les danses condamnées par l'Écriture*». Annecy, 1714; 2° «*Catéchisme historique de la religion*», Ibid., 1751; 3° des «*Heures*» dédiées à Charles-Emmanuel III, Chambéry, 1760.

VIVANT (l'abbé François), chanoine, chancelier et vicaire-général de l'Église de Paris.

— * Re (de) beneficiariâ, sive De non possidendis simul pluribus beneficiis libri tres, adversus librum singularem abbatis personati Sidich. *Parisiis*, 1710, in-12.

On a encore contre l'ouvrage de l'abbé Boileau, la lettre d'un docteur de Sorbonne (LAMBERT).

— Vraie (la) manière de contribuer à la réunion de l'Église anglicane à l'Église catholique, ou Examen de quelques endroits de la Dissertation sur la validité des ordinations des Anglais, et de la Défense de cette Dissertation. *Paris, P. Simon*, 1728, in-4.

L'abbé Vivant a composé, en société avec l'abbé Gourdan, chanoine de Saint-Victor, la plus grande partie des proses du Missale Parisiense, de 1706, in-fol., ou 1727, 3 vol. in-12.

VIVANT DE MEZAGUES. — * Bilan général et raisonné de l'Angleterre, depuis 1600 jusqu'à la fin de 1761, ou Lettres sur le produit des terres et du commerce d'Angleterre. *Paris*, 1762, in-8.

VIVANT DENON. Voy. DENON.

VIVENS (le chevalier Fr. de), de Clairac, en Agenois, membre des académies de Metz et de Bordeaux; mort à Clairac, en 1780, âgé de 80 ans.

—* Essai sur les principes de la physique. *Bordeaux*, 1746, in-12.

— Mémoire sur le vol des oiseaux.

— * Observations sur divers moyens de soutenir et d'encourager l'agriculture, principalement dans la province de Guyenne. 1756-63, 4 part. in-12.

— * Théorie (nouvelle) du mouvement. *Londres*, 1746, in-8.

VIVENT, l'un des éditeurs du « Recueil de jurisprudence », publié à Agen, in-8, en 1837 et années suivantes.

VIVÈRE (Gilles-Charles-Joseph VAN DE), de Gand.

— Conjectures sur l'urne Barberini appartenant au duc de Portland, traduction de Ch.-F. comte de VELTHEIM. *Helmstadt*, 1801 , in-8.

— Mausolée (le) de S. A. R. Marie-Christine d'Autriche, exécuté par le chev. Ant. Canova , et expliqué par Van de Vivère. (Trad. de l'italien par M. l'abbé HESMIVY D'AURIBEAU). *Rome , L. Perego Salvioni,* 1805 , in-12.

VIVERO (L.-Ferd.). — Lecciones de politica, segun los principios del sistema popular representativo, adoptado por las naciones americanas. *Paris, de la impr. de Gaultier-Laguionie ,* in-12.

VIVÈS (Jos.-Benj.). — Jubilé (le) universel, ode. *Cahors, de l'impr. de Combarieu ,* 1828, in-8 de 4 pag.

VIVIAND. Voy. BELLERIVE.

VIVIANI (Nicolo), patricien florentin.
— Ero e Leandro, poema. *Parigi, Renouard ,* 1801, in-12.

L'édition originale est de Parme , Bodoni, 1794, in-8.

VIVIANI. — Mémoire sur une nouvelle espèce de minéral découverte en Ligurie. *Gênes, de l'impr. de H. Bonaudo ,* 1813 , in-8 de 44 pages.

VIVIEN (A.-P.-J.-B. de). Voy. GOUBERT.

VIVIEN (Louis).—Atlas universel, pour servir à l'étude de l'histoire et de la géographie ancienne et moderne. *Paris, Menard et Desenne,* 1825 et ann. suivantes ,

12 livraisons, ensemble de soixante cartes , 120 fr.

—Bibliomappe, ou Livrecartes, etc. (1834 et ann. suiv). Voy. BAILLEUL.

— Bibliomappe annuel, feuille périodique de géographie. *Paris, Renard,* 1827-30, in-4 oblong.

Avec M. J.-C. Bailleul.

— Bibliomappe des classes (   ). Voy. BAILLEUL.

— Bibliomappe du premier âge : géographie de la jeunesse ; précédée d'un exposé analytique du plan des bibliomappes. *Paris, Renard,* 1827, in-8 , neuf cartes, 5 fr.

Avec M. J.-C. Bailleul.

— Bibliomappe. Géographie physique et administrative de la France, appuyée sur les lignes de partage et sur le cours des eaux , et présentant, sous le rapport des divers objets , soit naturels, soit civils et politiques, une nomenclature complète pour chacun des 86 départements du royaume. *Paris , Renard,* 1832, in-8 , 7 fr.

Avec M. J.-C. Bailleul.

— Bibliomappe. Tables chronologiques de l'histoire universelle : tableaux complémentaires de la chronologie historique et géographique. *Paris, Renard,* 1827, in-4 , oblong, 2 fr.

— Carte électorale et administrative, dressée en 1823.

—Lettre au ministre de l'instruction publique sur la nécessité de réformer ou plutôt de fonder l'enseignement de la géographie et de la chronologie dans l'Université. *Paris, Renard,* 1829, in-8 de 16 pag.

Avec M. J.-C. Bailleul.

—Nomenclature de la grande mappemonde muette , et questions suivies des réponses, à l'usage des maîtres et des moniteurs. *Paris, Hachette,* 1833, in-12 de 36 pag.

— Société pour l'enseignement élémentaire établie à Amiens. Rapport fait à la séance générale de la Société , par M. VIVIEN, et discours prononcé à la distribution des prix de l'école modèle d'Amiens, le 2 septembre 1825 , par M. DUVAL, vice-président de la société. *Paris, de l'impr. de Fain,* 1826 , in-8 de 16 pag.

M. L. Vivien s'est d'abord fait connaître comme géographe ; mais depuis il s'est posé tout-à-fait en homme de lettres, et alors il nous a donné la traduction des Œuvres complètes de W. Scott, publiée par les frères Pourrat ; en même temps qu'il publiait cette traduction, les mêmes éditeurs le chargèrent de la direction d'un « Cours complet d'agriculture », dont le premier volume parut en 1834. Il a fait aussi la préface du soi-disant Abrégé du Dictionnaire de l'Académie française (voy. notre article VERGER) et les réponses à toutes les questions de *géographie*, pour le « Manuel des aspirants au baccalauréat ès-lettres ». (Paris, Hachette, 1836, in-8). Le nom de M. L. Vivien se lit encore sur le frontispice d'un volume publié par les frères Pourrat, sous le titre : « Paris. Illustration. Album de gravures, avec des textes, pièces de vers, nouvelles », etc. (1838).

On trouve une Notice sur M. Vivien dans la Biographie des hommes du jour, tome II, 2e partie, page 276.

VIVIEN (Aug.), anc. avocat à la Cour royale d'Amiens, garde des sceaux, depuis mars 1840.
— Joueur (le) à Paris, ou les Jeux dans leurs conséquences sur la moralité des individus et la fortune des familles ; ouvrage couronné par la Société de la morale chrétienne, dans sa séance du 15 avril 1825. *Paris, L. Colas*, 1825, in-18.
— Traité de la législation des théâtres, ou Exposé complet et méthodique des lois et de la jurisprudence relativement aux théâtres et aux spectacles publics. *Paris, Brissot-Thivars*, 1830, in-8, 7 fr. 50 c.

Avec M. Edmond Blanc.

VIVIEN (le pasteur), traducteur anonyme de quatre ouvrages anglais pour la jeunesse, de John P.-C. ABBOTT et de Jacob ABBOTT (1834-36).

VIVIEN DE CHATEAUBRUN. Voy. CHATEAUBRUN.

VIVIER (le P. Louis), jésuite.
— In restitutam Regis valetudinem, ode. *Parisiis*, 1744, in-8.

VIVIGNIS, conseiller. — Essai sur les eaux, trad. de l'anglais (1762). Voy. C. LUCAS.

VIVILLE (Claude-Philippe de), ancien secrétaire-général de la préfecture de la Moselle.
— Dictionnaire du département de la Moselle, contenant une histoire abrégée des anciens rois de Metz, de la république messine, des évêques de Metz, des monuments civils et religieux du pays ; et un Dictionnaire des villes, des bourgs et des villages qui composent le département de la Moselle. *Metz, Antoine*, 1817, 2 vol. in-8, avec une carte du département, 10 fr.

Les pages 491 à 506 du premier volume sont consacrées aux hommes célèbres nés dans le département.

On trouve une Notice sur M. de Viville dans la Biographie de la Moselle, de M. Bégin, tome IV, page 461.

VIVILLE (Félix de). — Banques (des) d'épargne, de prêts sur nantissement et d'escompte. *Metz, de l'impr. de Dosquet*, 1835, in-8 de 36 pag.
— Organisation (de l') des caisses d'épargne et de monts-de-piété. *Metz, de l'impr. de Dosquet*, 1832, in-8 de 8 pag.

VIXAYE. — Révolution (la), ou les Ordres réunis, poëme. *Paris, les march. de nouv.*, 1789, in-4.

VIXOUSE (de). Voy. PAGÈS DE V.

VIZÉ ou **VISÉ.** V. DONNEAU DE V.

VIZENTINI, artiste et auteur dramatique.
— Deux (les) Magots, ou un Bal de carnaval, folie en un acte. *Marseille, Gillette*, 1840, in-8.

Avec M. P. Bellot, de Marseille.

— Patron Jean, ou le Pêcheur provençal, comédie-vaudeville en un acte. *Paris, madame Masson*, 1813, in-8, 1 fr. 25 c.
— Rataplan, ou le petit Tambour, vaudeville-anecdote en un acte. *Paris, Barba*, 1822, in-8, 1 fr. 50 c.

Avec M. Sewrin.

VIZIEN (A.). — Divorce (du) et de la nécessité de son rétablissement, avec les modifications que réclament les mœurs et l'état présent de la société. *Paris, de l'impr. de Crapelet*, 1830, in-8 de 20 pages.

VLEMINCKX (Jean-François), docteur en médecine, inspecteur-général du service de santé de l'armée, membre de la commission pour les pensions militaires, de la Société des sciences naturelles et médicales de Bruxelles, correspondant de Louvain, etc.
— Essai sur l'ophthalmie de l'armée des Pays-Bas. *Bruxelles, C.-J. Demat fils, et H. Remy*, 1825, in-8 de 120 pag., 2 fr. 50 c. — Réponse à M. Marinus sur quelques considérations nouvelles sur l'ophthalmie de l'armée. *Bruxelles, de l'impr. de P.-J. Voglet*, 1825, in-8 de 16 pag.

Avec M. C.-J. Van Mons fils.

— Lettre à M. le chevalier de Kirchkhoff, etc., sur l'ophthalmie qui règne dans l'armée des Pays-Bas. *Bruxelles, Berthot*, 1826, br. in-8, 50 c.

M. Vleminckx a fourni des articles à plusieurs

recueils de médecine qui paraissent en Belgique, et entre autres, les articles suivants : Avec M. Van Mons : Considérations sur la coqueluche (Biblioth. médic., tome Ier, 1824); – Réflexions sur les forces et la faiblesse (Ibid.); — Mémoires et Observations sur la diabètes (Ibid., tome III, 1826);—Sur l'analogie qui existe entre l'hydrophobie spontanée et l'hydrophobie rabique (Ibid., tome V, 1828);—Observation d'une glossite survenue par l'ingestion de mercure (Journ. de médec., tome Ier, 1830).

VOCALTHA. — Marco, ou l'Espagnol proscrit. Épisode des guerres d'Espagne. *Paris, Magen; Nanci, Hinzelin,* 1836, in-8, 7 fr. 50 c.

— Zumalacarreguy et l'Espagne, ou Précis des événements militaires qui se sont passés dans les provinces basques, depuis 1831. *Nanci, Hinzelin,* 1835, in-8 de 120 pages.

VOELDERNDORF (le baron de).—Observations sur l'ouvrage du comte de Ségur, intitulé : « Histoire de Napoléon et de la grande armée. *Munich, Finsterlin,* 1825, in-8.

VOET (Joh.).— Commentarius ad Pandectas. Editio nova, multis mendis expurgata, cui, præter indicem alphabeticum generalem, nunc primum accessit tabula secundum ordinem codicum gallicorum disposita, curâ et studio Drevon. *Vesuntione et Parisiis,* 1827 et seq. anni, 4 vol. in-4, 48 fr.; et sur gr. pap. vélin d'Annonay, tiré à un petit nombre, 64 fr.

Édition publiée en douze livraisons, à 4 fr. l'une.

Le Commentaire sur les Pandectes, de Voet, se distingue par l'heureuse application qu'il a faite des lois romaines aux questions qui se présentent chaque jour au barreau, ce qui rend cet ouvrage d'une utilité pratique. L'édition publiée par M. Drevon est terminée par un *Index generalis*, qui ne se trouve dans aucune des précédentes, à l'exception de celle de Cologne.

En même temps que M. Drevon faisait réimprimer Voet, il publiait aussi une nouvelle édition de Vinnius (voy. ce nom).

VOGEL (   ), grand juge des gardes suisses.

—*Code criminel de l'empereur Charles V, vulgairement appelé la Caroline, contenant les lois qui sont suivies dans les juridictions criminelles de l'Empire, et à l'usage des conseils de guerre des troupes suisses; par M. V. G. J. D. G. S. *Paris, Simon,* 1734, in-4; — *Bienne,* 1767, in-8; — et *Maestricht, Dufour,* 1779, in-4.

— * Priviléges (les) des Suisses; ensemble ceux accordés aux villes impériales et anséatiques, et aux habitants de Genève résidant en France; avec un Traité historique et politique des alliances entre la France et les treize cantons, depuis Charles VII jusqu'à présent, et des observations sur la justice des Suisses, fondées sur les principes du droit public; par M. V. G. J. D. G. S. *Paris, Prault,* 1731; — *Paris, veuve Saugrain,* 1751; et *Yverdon,* 1770, in-4.

— * Traité historique et politique des alliances entre la France et les treize cantons, depuis Charles VII jusqu'à présent. *Paris, Saugrain,* 1733, in-8.

On doit aussi à Vogel une nouvelle édition de l'Histoire de l'Empire, de Heiss, augmentée de notes de l'éditeur (Paris, 1731, 3 vol. in-4 et 10 vol. in-12).

VOGEL (Jean-Philippe-Néri-Marie).
— Collection des pierres précieuses dont est enrichie la chasse des trois saints rois mages dans la ville électorale de Cologne; trad. de l'allem. *Bonn,* 1781, in-4.

L'édition originale est de la même année.

VOGEL (David), architecte à Zurich, où il est né en 1744.
— Réflexions politiques sur la Suisse, et sur les moyens d'organiser l'état helvétique pour les intérêts de l'Europe, et du système des nouvelles républiques. *Paris,* an VII (1798), broch. in-8.
—Plan pour le rachat des dîmes en Helvétie. 1800, in-8.

VOGEL (Ph.-H.), d'Obermothern. — Dissertation médico-chirurgicale sur le séton. *Strasbourg, Levrault,* 1815, in-4 de 28 pages.

VOGEL (H.-A.), pharmacien. — Action (de l') des différents fluides élastiques sur le mercure. *Paris, de l'impr. de veuve Courcier,* 1812, in-8 de 24 pag.

Extrait du Journal de physique, de juillet 1812.

— Dictionnaire de chimie de Klaproth et Wolff, trad. de l'allem. *Paris,* 1810, 4 vol. in-8.

Le même a fourni des articles au « Journal de pharmacie et des sciences accessoires ».

VOGEL (J.-U.), alors maître de langues à Paris.
—Auhang zu den deutschen Gedichten aus Paris, etc. *Paris, Baudry,* 1829, in-12 de 24 pag.
— Essai d'une nouvelle méthode logique pour classer et expliquer les différentes formes de construction de la langue française, avec un tableau synoptique; suivi

d'observations sur la conformité des langues et sur les inversions allemandes. *Paris, Delalain*, 1827, in-12, plus une pl., 2 fr.

— Tableau synoptique des trente-neuf formes des constructions de la langue française. *Paris, Delalain*, 1827, in-12 de 24 pag., plus le tableau.

VOGEL (F.-C.). — Panorama du Rhin, ou Vues de la rive droite et de la rive gauche du Rhin, de Mayence jusqu'à Coblence (dessinées par J.-F. Dielmann et J. Becker). Inscriptions des planches en allemand, en français et en anglais. *Francfort-sur-le-Mein, Meidenger*, 1833, 90 planch. renfermées dans un élégant étui, 64 fr.

VOGELI (Félix), de Lyon, vétérinaire.
— Cours théorique et pratique d'hippiatrique, à l'usage de MM. les officiers des troupes à cheval; rédigé d'après le programme ministériel envoyé à tous les corps, et divisé en trois parties. Première partie : Anatomie et physiologie appliquée à l'équitation. — Deuxième partie : Extérieur du cheval, haras, jurisprudence vétérinaire militaire. Avec pl. — Troisième partie : Hygiène. *Paris, Anselin*, 1833, 3 vol. in-32, avec fig., 4 fr. 50 c.
— Flore fourragère, ou Traité complet des aliments du cheval. *Paris, Anselin*, 1836, in-8, avec un tableau, 6 fr.
— Vétérinaires (des) militaires en France. Histoire critique de ce qu'ils sont, et de ce qu'ils ont été, avec un essai sur ce qu'ils devraient être; accompagnée de pièces justificatives, contenant les lois, décrets, règlements, ordonnances royales, décisions ministérielles, etc., qui les ont régis et les régissent encore. *Besançon, l'Auteur; Paris, Anselin*, 1835, in-8, 6 fr.

VOGLER (le R. P. Joseph, jésuite, docteur en théologie, anc. professeur ordinaire de l'Université électorale d'Ingolstadt.
— Juris cultor theologicus, circa obligationes restitutionis ingenere theorico-practice instructus. *Parisiis, P. Méquignon*, 1813, in-12. — III^a editio diligenter recognita, plurimis notis et observationibus locupletata, inprimis de præstatione culpæ juridicæ et de ordine servando inter creditores, ex jure civili Gallico. *Paris., Méquignon junior*, 1833, in-12, 2 fr. 50 c.

ment désirée. Tous ceux qui s'occupent des matières de théologie savent combien sont importants et tout à la fois difficiles à bien exposer les principes généraux sur la restitution : or, au jugement de plusieurs savants professeurs, il n'est point d'auteur où ces principes soient expliqués avec autant de netteté, et développés avec autant de justesse. Les éditeurs ont donc rendu un vrai service à la science théologique en publiant cette édition. Elle a été revue et corrigée avec soin par un savant professeur en théologie, et de plus, augmentée de notes et additions importantes, relatives principalement aux dispositions de nos lois civiles.

VOGLI (Ant.-Marie). — Natura del piacere e del dolore. *Parigi*, 1787, in-8.

VOGT (madame), née MEINER.
— * Cornélie de Valville, ou Quelques scènes de la vie. *Paris, Mongie aîné*, 1830, 2 vol. in-12, 6 fr.

VOGTBERG (le prof.). — Traité de la prosodie et de la langue française. *Vienne, Volke*, 1828, in-12, 2 fr. 50 c.

VOGTH (le baron de), conseiller d'État de S. M. le roi de Danemarck.
— Tableau historique de l'institut pour les pauvres de Hambourg, rédigé d'après les rapports donnés par M. le baron de Voght. Trad. de l'allem. (par M. J.-Gasp. HESS). *Genève, et Paris, Paschoud*, 1809, in-8, 1 fr. 50 c.

VOGUÉ (le comte Ch. de), député du Gard.
— Opinion sur le projet de loi relatif au recrutement de l'armée. *Paris, de l'impr. de Le Normant*, 1818, in-8 de 32 pages.
— Sur le titre VI du même projet de loi. *Paris, de l'impr. du même*, 1818, in-8 de 12 pages.
— Opinion sur le projet de loi tendant à réunir au territoire de la ville d'Avignon les îles de la Barthelasse et de Piau. *Paris, de l'impr. de Le Normant*, 1821, in-8 de 16 pag.

VOÏART (Jacques-Philippe), ancien administrateur-général des vivres des armées de Sambre et Meuse, homme de lettres, membre fondateur de la Société linnéenne de Paris, et membre de plusieurs sociétés savantes, est né vers le milieu du siècle dernier, à Longwy, où son père, devenu contrôleur général des fermes, était employé dans l'administration des vivres. M. Voïart n'a fait que de faibles études. Attaché à la même administration que son père, il passa une partie de sa vie aux armées, fut longtemps garde militaire dans les vivres, et eut, pendant la révolution, l'entreprise de la fourniture des Invalides. Il exerçait cet emploi, lorsqu'au plus fort de la terreur, lui et son épouse (née Bouchotte) furent enfermés par les chauffeurs dans une des caves de cet hôtel, et ne durent leur salut qu'au hasard le plus heureux. M. Voïart a reçu de la nature le goût des beaux-arts et de la poésie. Dès ses plus jeunes années, il dessinait, peignait la miniature, faisait des vers, composait des petits ouvrages en prose; mais la révolution vint interrompre ces occupations agréables, et il ne les reprit qu'en 1815, époque à laquelle la paix le rendit aux Muses. Devenu, en 1820, l'un des fondateurs de la Société linnéenne de Paris, il fut attaché au bureau de cette même société en qualité de trésorier. Nous connaissons de M. Voïart les ouvrages suivants :

— Choisy. Épître en vers à mon ami. *Paris*, 1829, in-8.

— Entretien sur la théorie de la peinture. *Paris, Aubry*, 1820, in-12.

— Galerie du Luxembourg, ou Musée des modernes au xıx^e siècle, avec quelques réflexions sur le talent des peintres auteurs des tableaux qui le composent, dessinés sur pierre par plusieurs artistes distingués. In-fol.

— * Lettres impartiales sur les expositions de l'an xııı; par un amateur. *Paris*, an xııı (1805), in-8.

—* Monuments des Victoires et conquêtes des Français; recueil de tous les objets d'arts, statues, bas-reliefs, arcs de triomphe, colonnes, tableaux, médailles, etc., consacré à célébrer les victoires des Français, de 1792 à 1815. *Paris, Panckoucke*, 1829 et ann. suiv., 20 livraisons in-4 oblong, ensemble de 100 planches au trait, 62 fr. 50 c.

Les planches ont été dessinées et gravées par M. Amb. Tardieu, et le texte rédigé par M. Voïart.

— Vrais (les) éléments du dessin enseignés en seize leçons. *Paris, Audot*, 1830, in-fol. oblong, 2 fr.

Ami du célèbre médecin Alibert, M. Voïart l'a aidé dans la rédaction de quelques-uns de ses ouvrages : il a même entièrement composé le texte de l'un d'eux.   (BÉGIN, *Biogr. de la Moselle*).

VOIART (Anne-Élisabeth-Élise PETIT-PAIN, dame), épouse du précédent ; née à Nanci, en 1786 (1).

<hr>

M. Michel, dans sa Biographie lorraine (Nanci, 1829, in-12), dit que cette dame était aussi connue à Nanci sous le nom de *Wouters*.

— Algérien (l'), épisode de l'expédition de lord Exmouth, en 1816. — Le Monastère de Sandomir, trad. de l'allem. *Paris, Denain*, 1830, 2 vol. in-12, 6 fr.

— Anneau (l'), traduction libre de L. KRUSE. *Paris, Delongchamps*, 1832, in-8, 6 fr. 50 c. — Autre édition. *Paris, le même*, 1833, 2 vol. in-12.

— * Aveux (les) au tombeau, ou la Famille du forestier ; trad. de l'allem. d'Aug. LAFONTAINE. Par madame Élis. V***. *Paris, A. Bertrand*, 1817, 4 vol. in-12, 9 fr.

— Chants populaires des Serviens, recueillis par WUK STEPHANOWITSCH ; et traduits d'après Talvy. *Paris, Mercklein*, 1834, 2 vol. in-8, 15 fr.

— Choix de Contes et Nouvelles, dédié aux dames, trad. de l'allem. d'Aug. LAFONTAINE. *Paris, Ponthieu*, 1820, 2 vol. in-12, 5 fr.

— Contes populaires de miss EDGEWORTH, trad. de l'angl. *Paris, de l'impr. de David*, 1822, 2 vol. in-12, avec deux gravures, 6 fr.

Avec madame Read.

— Contes (nouveaux) populaires de miss EDGEWORTH, trad. de l'angl. *Paris, Baudouin*, 1835, 4 vol. in-12, 12 fr.

— Coralie, ou le Danger de l'exaltation chez les femmes ; trad. de l'allem. de madame Car. PICHLER. *Paris, Maur. Schlesinger*, 1820, 3 vol. in-12, avec figures, 9 fr.

— Croix (la) du meurtre, dernier roman d'Aug. LAFONTAINE ; traduction libre. *Paris, Delongchamps*, 1831, 4 vol. in-12, 12 fr.

— Dragon (le) de l'île de Rhodes. Seize dessins de Retzsch, avec une traduction littérale, et vers par vers, de la ballade de SCHILLER, intitulée : Der Kampf mit dem Drachen. *Paris, Audot*, 1829, in-16 de 24 pag., plus les planches, 2 fr.

— Enfants (les) de la vallée d'Andlau, ou Notions familières sur la religion, la morale et les merveilles de la nature. *Paris, Didier*, 1837, 2 vol. in-12, avec six gravures, 8 fr.

Avec madame Amable Tastu.

— Essai sur la danse antique et moderne. *Paris, Audot*, 1823, in-12, avec une pl. gravée, 4 fr., et in-18, 3 fr.

Faisant partie de « l'Encyclopédie des dames ».

— Étrennes (nouvelles), dédiées aux enfants; trad. de l'angl. *Strasbourg, Levrault*, 1833, 2 vol. in-18.

— Eva de Troth. Chronique allemande de 1530-1553 ; traduction libre de W. Blumenhagen. *Paris, Delongchamps*, 1832, 4 vol. in-12, 12 fr.

— Faust. Vingt-six gravures, d'après les dessins de Retzsch. Seconde édition, augmentée d'une analyse du drame de Gœthe, par madame Élise Voïart. *Paris, Audot*, 1828, in-8 oblong de 40 pages, plus les planches. — IIIe édition. *Paris, le même*, 1830, in-12 oblong de 32 pages, plus 26 planches, 2 fr. 50 c.

— Femme (la), ou les six Amours. *Paris, Dupont*, 1827 et 1828, 6 vol. in-12, avec six gravures, 22 fr.

Le tome Ier contient : *l'amour filial* ; le IIe, *l'amour fraternel* ; le IIIe, *l'amour* ; le IVe, *l'amitié* ; le Ve *l'amour conjugal* ; le VIe, *l'amour maternel*.

— Fridolin, ballade, trad. par madame Élise Voïart, avec huit gravures d'après les dessins de Retzsch. *Paris, Audot*, 1829, in-16 de 24 pag., plus douze planches, 1 fr. 50 c.

— Galerie de Shakspeare : dessins pour ses OEuvres dramatiques, gravés à l'eau-forte d'après Retzsch, avec des explications ; trad. de l'allem. du professeur Boettiger, par madame Élise Voïart, et des scènes de Shakspeare, trad. par M. Guizot et le traducteur de Byron. Hamlet. *Paris, Audot*, 1828, in-12 oblong de 24 pages, plus dix-sept planches, 2 fr.

— * Hussard (le), ou la Famille de Falkenstein ; trad. de l'allem. d'Aug. Lafontaine, par madame Élise V.... *Paris, A. Eymery*, 1819, 5 vol. in-12, 12 fr.

— Léonie, ou les Travestissements, trad. de l'allem. d'Aug. Lafontaine. *Paris, Bossange père*, 1821, 3 vol. in-12, 7 fr. 50 c.

— Lettres sur la toilette des dames. *Paris, Audot*, 1822, in-18, fig., 3 fr.

— Livres (les petits) couleur de rose. par Glatz, trad. de l'allemand. *Strasbourg, Levrault*, 1832, 4 vol. in-18, 3 fr., et avec des gravures, 4 fr. ; avec les gravures color., et carton., 5 fr.

— Livre (le) des enfants, contes de fées choisis. *Paris, Paulin*, 1836-37, 8 vol. in-16, ornés d'un grand nombre de gravures sur bois, imprimées dans le texte, 12 fr.

Avec madame Amable Tastu.

— * Ludwig d'Eisach, ou les trois Éducations ; trad. de l'allem. d'Aug. Lafontaine, par madame Élise V...., traducteur des

« Aveux au tombeau ». *Paris, A. Bertrand*, 1817, 3 vol. in-12, 7 fr. 50 c.

— Mariage (le) et l'amour, anecdote contemporaine. *Paris, Delongchamps*, 1834, in-8, 7 fr. 50 c.

— Mignonne, imité de l'allemand. *Paris, Delongchamps*, 1834, 2 vol. in-8, 15 fr.

— * Notice historique sur la vie et les ouvrages de P.-P. Prudhon, peintre. *Paris, F. Didot*, 1824, in-8 de 48 pages, avec un portrait.

— Or, devinez ! tradition lorraine, 1272. *Paris, Dumont*, 1838, 2 vol. in-8, 15 fr.

— Robinson (le) suisse, par Wyss ; avec la suite donnée par l'auteur ; trad. de l'allemand, par madame Élise Voïart. *Paris, Didier*, 1837, 2 vol. in-12, avec 8 gravures, 8 fr.

Cette édition, qui a 31 feuilles, fait partie d'une « Bibliothèque universelle d'éducation ». Une autre, également en 2 vol. in-12, et publiée dans la même année, n'a que 23 feuilles un quart d'impression ; et fait partie d'une « Bibliothèque économique de l'enfance et de la jeunesse ».

— Le même ouvrage, de la même traduction, édition illustrée, précédée d'une préface de M. Ch. Nodier. *Paris, Lavigne*, 1840, gr. in-8, avec gravures, et des vignettes insérées dans le texte.

L'ouvrage formera un volume in-8, divisé en 40 livraison, à 25 c. chaque.

— Romans (petits) allemands, traduits. *Paris, Denain*, 1829, 4 vol. in-12, 12 fr.

Le tome II porte sur le frontispice : *Philippine de Flandre*, ou les Prisonniers du Louvre, roman historique belge, par N.-G. Moke.

— * Silvius et Valéria, ou le Pouvoir de l'amour ; trad. de l'allem. d'Aug. Lafontaine. *Paris, Plancher*, 1819, 2 vol. in-12, 4 fr.

— * Suédois (le), ou la Prédestination ; trad. de l'allem. d'Aug. Lafontaine, par madame Élise V***. *Paris, A. Eymery*, 1819, 4 vol. in-12, 10 fr.

— Vierge (la) d'Arduenne, traditions gauloises, ou Esquisse des mœurs et des usages de la nation avant l'ère chrétienne. *Paris, Bataille et Bousquet*, 1820, in-8, 6 fr. — Sec. édition. *Paris, A. Chassériau*, 1822, in-8, 6 fr. 50 c.

— * Voies (les) du sort, trad. de l'allem. d'Aug. Lafontaine, par madame Élise V***. *Paris, A. Eymery*, 1821, 4 vol. in-12, 10 fr.

— *Welf-Budo, ou les Aéronautes, roman trad. d'Aug. Lafontaine, par madame Élise V***, traducteur des « Aveux au tombeau », de « Ludwig d'Eisach », etc. *Paris, Chevalier,* 1817, 3 vol. in-12 , 7 fr. 50 c.

Madame Voïart a contribué au succès de quelques-uns des recueils littéraires de l'époque , par la coopération qu'elle y a prise. On trouve d'elle, dans le tome V du » Salmigondis », une nouvelle intitulée : *l'Hôte mystérieux;* le tome II des Heures du soir, livre des femmes , en renferme une autre, intitulée : *les Fiançailles et l'habit de noces, chronique lorraine.* Enfin , nous ajouterons que M. Michel disait, en 1829, dans sa « Biographie lorraine » : Madame Voïart a annoncé, comme devant être incessamment publié, le roman historique de Callot. Le public n'ignore pas que cette dame s'occupe aussi d'un grand ouvrage, qui ne doit paraître que sous l'anonyme. Elle est un des principaux rédacteurs du « Journal des dames ».

A.-A. Barbier a fait connaître , par son « Dictionnaire des anonymes », quelques-unes de ses traductions de l'allem. du romancier Aug. LAFONTAINE; mais, outre que la liste n'est pas complète, trois ouvrages qui y sont compris ont pour traducteur mademoiselle Ulliac Trémadenre, et ce sont Agnès et Bertha, la Comtesse de Kiburg et la Petite harpiste.

On a sur madame Voïart une Notice pleine d'intérêt , par madame Alida de SAVIGNAC, imprimée dans la « Biographie des femmes auteurs contemporaines françaises », publiée sous la direction de M. Alfred de Montferrand, tome Ier, pag. 167 à 178 (1836).

VOIART (Mlle Sabine-Casimire-Amable), fille de M. Voïart , et belle-fille de la précédente. Voy. madame TASTU.

VOIDET (J.-L.), commissaire des guerres.
— Droits (des) et priviléges de la Légion-d'Honneur; suivis du Manuel des électeurs. *Paris, de l'impr. de Renaudière,* 1818, in-8 de 12 pag.
— Légion-d'Honneur. Réponse au Journal général de France. *Paris, Magimel,* 1818, in-8 de 20 pag.

VOIGT. — Nouvelles Lettres sur les montagnes, ou Livre classique sur la formation des montagnes; trad. de l'allem. (par J.-F. de FONTALLARD). *Strasbourg, et Paris, Musier,* 1787, in-8.

VOIGT (J.), professeur à l'université de Hall.
— Histoire du pape Grégoire VII et de son siècle , d'après les monuments originaux; trad. de l'allem., augmentée d'une introduction , de notes historiques et de pièces justificatives, par M. l'abbé JAGER. *Paris, Vaton ; Gaume frères,* 1837, 2 vol. in-8, 12 fr.

VOILARD (l'abbé), chanoine de ***.
— * Discours contre l'incrédulité , dans lesquels on en découvre les causes et où l'on en réfute les principes et les systèmes. *Paris, Berton,* 1779, in-12.

VOILQUIN (Gaspard). — Chansons. *Paris, Terry,* 1832, in-32, 1 fr. — Supplément. *Paris, le même,* 1833, in-32 de 32 pages.

VOINIER (madame). — Association de femmes. Société du progrès. *Paris, de l'impr. de Mie,* 1833, in-8 de 4 pag.

Avec madame Lefèvre.

VOIRIN, professeur. — Cours de français. *Paris, de l'impr. de Pollet,* 1837, in-12 de 96 pag. , plus un tableau.
— Méthode (nouvelle) pour apprendre à écrire tous les verbes à quelque temps qu'ils soient , et à quelque conjugaison qu'ils appartiennent, sans en conjuguer un seul. *Paris, Pollet,* 1837, in-4 de 2 pag.

VOIRON ; né à Chambéri.
—Éloge de Fontenelle. *Amsterdam,* 1784, in-8.
— Histoire de l'Astronomie, depuis 1781 jusqu'à 1811, pour servir de suite à l'Histoire de l'Astronomie de Bailly. *Paris, Courcier,* 1811, in-4, 11 fr.

VOIRON (B.).— Discours sur la constitution et le gouvernement d'Angleterre, prononcé à la société des Amis de la liberté et de l'égalité, le 19 pluviôse an II. *Paris, de l'impr. de Galletti,* in-8 de 24 pages.

VOIRON, docteur ès-sciences de la Faculté de Paris , etc.
— Observations sur les moyens d'appliquer la méthode de Dumarsais à l'enseignement des langues anciennes, dans les écoles publiques. *Angers, de l'impr. de Pavie,* 1817, in-8 de 20 pag.

VOISARD (F.-J.), de Besançon.
— Dissertation sur le carreau. *Strasbourg, de l'impr. de Levrault,* 1817, in-4 de 28 pages.

VOISARD. Voy. WOISARD.

VOISENON (l'abbé Claude-Henri de FUSÉE DE), littérateur, né au château de Voisenon, près Melun, le 8 juillet 1708, d'une famille ancienne, doyen du chapitre et vicaire-général du diocèse de Boulogne, abbé commendataire de l'abbaye royale de Notre-Dame de la chapelle aux planches, ensuite de celle de Saint-Jean du Jardlès-Melun , ministre plénipotentiaire du prince évêque de Spire à la cour de France, en 1771 , élu le 4 décembre 1762 , et reçu, le 22 janvier 1763 , à l'Académie française, à la place de Crébillon père, qui était mort le 18 juin 1762 ; mort dans sa terre de Voisenon, le 22 novembre 1775 , dans sa soixante-septième année.

— Amour (l') et Psyché.

Acte des « Fêtes de Paphos ». (Paris, veuve Delormel et fils , 1758 , in-4).

— * Amours (les) de Philogène et Victorine.

Imprimés à la suite de Zély, ou la Difficulté d'être heureux (par de Fouaqueux). Amst. et Paris, veuve Duchesne, 1775 , in-8.

— Auteur (l') satirique, comédie (par M. Desprès, d'après l'opéra de Voisenon). Paris , Brunet , 1783 , in-8.

— * Coquête (la) fixée, comédie en trois actes et en vers. 1746 , in-8.

— Discours (son) de réception à l'Académie française. Paris , veuve Brunet, 1764, in-4.

— Discours de M. l'évêque de Senlis et de M. l'abbé de V. devant l'Académie française. 1771, in-8.

— * École (l') du monde , comédie en un acte.

Imprimée à la suite de « l'Ombre de Molière » (par Brécourt). La Haye, 1740, in-12.

— Érixène.

Remis au théâtre , par Gaillard , en 1780 , avec des additions, et impr. dans la même année, in-4.

— * Fleur d'épine, comédie en deux actes, et en prose , mêlée d'ariettes, tirée d'Hamilton. 1776 , in-8.

— * Fureurs (les) de Saül, poëme. 1759 , in-4.

— * Histoire de la félicité. Amsterdam (Paris), 1751, in-12.

P.-J.-B. Nougaret a reproduit ce joli roman , avec des changements, dans un livre intitulé : « les Quatre générations , ou les Confidences réciproques (Paris , 1803, 2 vol. in-12). Les deux premières histoires , ainsi que le déclare Nougaret dans son avertissement, sont formées du roman de Voisenon.

— Hylas et Zélie , pastorale en un acte.

Acte des « Caractères de la folie », par (Paris, Delormel, 1762, in-4), annoncé comme étant d'Abeille.

— * Il eut tort. 175 .

— * Israélites (les) à la montagne d'Oreb, poëme. 1758.

— Jeûné (la) Grecque, comédie en trois actes et en vers libres. Paris, 1762, in-12.

— Jeux Floraux (les), prologue de « Daphnis et Alcimadure », pastorale languedocienne (de C. de Mondonville).

Imprimé , en 1754, avec l'opéra de Mondonville.

— * Journée de l'amour, ou Heures de Cythère. Gnide , 1776, in-8.

Avec la comtesse de Turpin , Guillard et Favart.

— Magots (les) , parodie de l'Orphelin de la Chine, en un acte et en vers. 1756.

— *. Mariages (les) mal assortis, ou la Sourde, comédie en trois actes et en vers. Paris, David le jeune, 1744, 1746, in-8.

— * OEuvres de théâtre de M***. Paris , Duchesne, 1753 , in-12.

On cite des exemplaires de la même date, portant pour titre : Recueil de pièces de théâtre , par Vois***.

— * Petite (la) Iphigénie, parodie de la grande, en un acte et en vers, mêlée de chants. 1758.

— * Quelques aventures de bals des bois. Chez Guillaume Dindon , 1745, in-12.

Avec le comte de Caylus.

— * Réponse du coin du Roi au coin de la Reine. Sec. édition. Paris , 1753, in-12.

— * Réponse au Jean qui pleure et au Jean qui rit : à M. de Voltaire. 176 .

— Retour (le) de l'ombre de Molière, comédie en un acte et en vers.

Imprimée à la suite de » l'Ombre de Molière » (par Brécourt). La Haye , 1740, in-12.

— * Réveil (le) de Thalie, comédie en un acte et en vers. 1750, in-12.

— Romans et Contes. 1767, 2 vol. in-12.

Autres éditions :
Londres (Paris), 1775, 2 vol. pet. in-12.
Paris, Didot, 1798, 2 vol. in-18, fig.
Paris , Dentu, 1818, 3 vol. in-18.

— * Sultan (le) Misapouf et la princesse Grisemine. Londres (Paris), 1746, 2 vol. in-12.

— * Tant mieux pour elle, conte plaisant. 1760, in-12.

Attribué par quelques personnes à l'abbé de Voisenon ; d'autres, au contraire, considèrent cet opuscule comme la première production de Calonne , depuis ministre si fameux.

— * Turlubleu , histoire grecque. Amsterdam, 1745, in-12.

C'est l'histoire de M. Bonier, sous le nom de Crésiphon. Cet opuscule a été aussi attribué à Menin. (Barbier).

— * Zulmis et Zelmaïde. Amsterdam, 1745, 1747, in-12.

L'abbé Voisenon est l'un des dix auteurs des « Étrennes de la Saint-Jean » (Troyes, 1742, in-12), il a eu part au « Recueil » de ces messieurs (1745, in-12), et à quelques pièces de Favart.

— OEuvres complètes (publiées par les soins de madame la comtesse de TURPIN). *Paris, Moutard,* 1781, 5 vol. in-8.

Voici comment est composé cette collection :

Tome Ier. *Précis historique de la vie de M. l'abbé de Voisenon. — Théâtre :* l'Heureuse ressemblance, comédie en un acte et en vers ;—la Tante supposée, comédie en trois actes et en prose ; — l'École du monde, dialogue en vers, précédé du prologue de l'Ombre de Molière ; — le Retour de l'ombre de Molière, comédie en un acte et en vers ; — les Mariages mal assortis ;—la Coquette fixée ;— le Réveil de Thalie ;— la Jeune Grecque.

Tome II. La Fausse prévention, comédie en trois actes et en vers ;—la Coquette incorrigible ;— Coulouf, comédie en trois actes et en prose, mêlée de chants. (Comédies mêlées d'ariettes) : Memnon, sujet tiré de Voltaire, comédie en trois actes et en prose ; — la petite Iphigénie ;—la nouvelle Troupe, comédie en un acte et en vers ;—Fleur d'épine ; —Ésope et Thalie, divertissement mêlé d'ariettes ; — l'Art de guérir l'esprit, comédie en un acte et en vers ; —Prologue composé pour le mariage de M. le comte de ***, et qui n'a point été exécuté ;—l'Hôtel garni, comédie en un acte et en vers ; — Scène détachée.

Tome III. (Théâtre lyrique) : l'Amour et Psyché ; — Mirzèle, féerie en un acte ; — Erixène, ballet en un acte, tiré du « Pastor fido » : — Zeuxis et Parrhasius, ballet en un acte ; — Apollon et Marsyas, ballet en un acte ; — Zémis et Zélie, ballet héroïque en trois actes ; — Jupiter et Calisto, pastorale en un acte ; — Hylas et Zelis ; — Elmazis, ballet héroïque en un acte ; — Zélénide, pastorale héroïque en trois actes ; — Zénis et Almasie, ballet héroïque en un acte ; — l'Amour piqué par une abeille, idylle dramatique en un acte ; — Divertissement. (Oratorio, ou Drames lyriques, tirés de l'Écriture sainte, exécutés au concert spirituel) : le jeune Machabée ; — les Israélites sur la montagne d'Horeb ; — les Fureurs de Saül ; — la Chute des anges rebelles, drame tiré de Milton ; — Samson ; — *OEuvres mêlées.* — *Discours académiques.*

Tome IV. *Anecdotes littéraires.—Fragments historiques.*

Tome V. *Romans et Contes.*

L'article Marmontel, dans le quatrième volume, a été cartonné.

VOISIN (Jean-François), prêtre de l'oratoire du diocèse de Saint-Malo, membre de la Société littéraire-militaire de Besançon ; mort le 10 octobre 1775.
— Lodoïce, *carmen pastorale,* inséré dans les « Emblèmes et devises en vers français, posés sur les arcs de triomphe élevés dans la ville de Troyes, à l'occasion du passage du roi en cette ville ». 1744, in-4.
— Prosæ in resurrectionem Domini. 1742, in-16.
— Prose sur la résurrection de Jésus-Christ, traduite en vers français, par le P. Nic. GROZELIER. *Paris,* 1742, in-12.
— Prose pour la fête des grandeurs de Jésus. 1742, in-16.

VOISIN, professeur à l'Université de Dijon.
— * Table générale des Traités de droit français (de Davot et Bannelier), à l'usage de la Bourgogne. *Dijon, Causse,* 1767, in-12.

VOISIN (François), docteur en médecine de la Faculté de Paris, ancien médecin de la vénerie du roi, de l'hospice roy. et du collége de Versailles ; né à Versailles, le 3 février 1759, mort à Paris, le 13 janvier 1826.
— Mémoire sur la vaccine, présenté au préfet et à la Société libre d'agriculture du département de Seine-et-Oise. *Versailles,* 1801, broch. in-8.
— Mémoire sur la clavelée.

Ces deux opuscules, tirés à part, sont extraits du recueil de la Société centrale d'agriculture et des arts du département de Seine-et-Oise, dont l'auteur était membre. On a publié, dans ce même recueil (xxvie année), et tiré à part (1826, in-8 de 20 pages), un Éloge de M. Voisin, precédé, etc., par M. Bataille, docteur-médecin, membre de la Société. M. Borie, médecin, a aussi publié un Éloge historique de M. Voisin (Versailles, de l'impr. de Daumont, 1826, in-8 de 70 pages).

VOISIN, capitaine au 33e régiment de ligne.
— Bellonide (la), ou l'Appel aux drapeaux. *Meaux, de l'impr. de Dubois-Bre-thault,* 1815, in-8 de 12 pages.

VOISIN (Antoine).—Tables de multiplications, ou Logarithmes des nombres entiers, depuis 1 jusqu'à 20,000, au moyen desquelles on peut multiplier tous les nombres qui n'excèdent pas 20,000 par 20,000, et généralement faire toutes les multiplications dont le produit n'excède pas 400,000,000 ; précédées d'un discours préliminaire sur l'invention et l'usage desdites tables. *Paris, l'Auteur,* 1816, in-8, 4 fr.

VOISIN (L.). — Vices (des) qui se glissent dans la répartition de la contribution mobilière, ou l'Arbitrage dévoilé. *Melun, de l'impr. de Lefèvre-Compigny,* 1820, in-8 de 32 pag.

VOISIN (Félix), médecin. — Bégaiement (du). Ses causes, ses différents degrés, influence des passions, des sexes, des âges, etc., sur ce vice de prononciation : moyen thérapeutique pour prévenir, modifier ou guérir cette infirmité. *Paris, Croullebois,* 1821, in-8 de 52 pag.
— Causes (des) morales et physiques des

maladies mentales, et de quelques autres affections nerveuses, telles que l'hystérie, la nymphomanie et la satyriasis. *Paris, Baillière*, 1826, in-8, 7 fr.

—Homme (l') animal. *Paris, Béchet jeune; Labé*, 1839, in-8, 7 fr. 50 c.

— Observations communiquées à l'Académie royale de médecine, dans sa séance du 3 juillet 1838. Organisation cérébrale défectueuse de la plupart des criminels. Développement incomplet des parties antérieures et supérieures de l'encéphale chez un très-grand nombre d'entre eux. *Paris, de l'impr. de madame Delacombe*, 1838, in-8 de 8 pag.

VOISIN (P.). — Mémoire sur les tumeurs blanches. *Paris, de l'impr. de Dezauche*, 1831, in-8 de 32 pag.

VOISIN (Auguste), l'un des plus érudits et des plus laborieux bibliographes de la Belgique, originaire de Tournay, né vers 1800, successivement professeur de rhétorique au collége de Courtray, de poésie à l'Athénée de Gand, aujourd'hui bibliothécaire de l'Université de Gand, secrétaire perpétuel de la Société des beaux-arts de la même ville, membre de la Société royale des sciences et des arts d'Anvers, de la Société des Antiquaires de Normandie , etc. ; élu, le 15 décembre 1837, correspondant de l'Académie royale de Bruxelles.

PHILOLOGIE.

— Bloemlezing of kens van schoone en zedekundige nederduitsche en fransche dichtstukken geschikt voor de Jeugd. *Kortryk*, 1827, in-12.

— Diatribe academica inauguralis de Phania Eresio , philosopho Peripatetico, *Gandavi*, 1824, in-8 et in-4.

— Kleine gedichten voor kinderen door Jieronimus van ALPHEN. *Kortryk*, 1828, in-8.

C'est une nouvelle édition, avec une préface en hollandais.

— Traduction d'une élégie grecque, trouvée dans la bibliothèque du Vatican, à Rome.

Imprimée dans le Messager .... de Gand, en 1826.

BEAUX-ARTS.

— Annales de l'école flamande moderne, recueil de morceaux choisis parmi les ouvrages de peinture, sculpture , architecture et gravure, exposés aux salons d'Anvers, de Bruxelles, Gand et Liége; gravées au trait, sur acier, par M. Ch. Onghena , ou lithogr. par MM. Madou , Lauters, Fourmois, Vander Haert , G. Simoneau, Baugniet, etc. , avec des notices descriptives, critiques et biographiques. *Gand, veuve De Busscher*, 1835 et ann. suiv., vol. in-8.

— Description des monuments gothiques de la Belgique, de l'Allemagne , de la France et de l'Angleterre. Texte en français , en allemand et en anglais. *Gand, De Busscher*, 1834 et ann. suiv. , in-fol. atlantique, avec planches lithogr.

Ouvrage exécuté avec le plus grand luxe, sur papier grand-aigle, et qui comprendra vingt-quatre monuments : neuf avaient paru en octobre 1836, par conséquent il doit être achevé aujourd'hui ou bien près de l'être.

Les planches de cet ouvrage avaient été gravées en 1829 et 1830; mais les soldats hollandais , lors de leur entrée à Bruxelles dans la même année, les brisèrent, et on a été obligé de les recommencer.

— Notice sur le damassé de Flandre.

Imprimée, en 1833, dans le Messager....., de Gand.

— Vues pittoresques de la ville de Gand (au nombre de seize), accompagnées d'une description historique , et d'une notice sur les institutions , la statistique et le commerce de cette ville. *Bruxelles, Dewasme-Pletinckx*, 1836, gr. in-8.

HISTOIRE.

— Bataille (la) de Woeringen, récit historique, avec le trait du tableau de N. de Keyser, gravé par H. Brown. IIIe édition , revue et corrigée avec soin. *Bruxelles*, 1839, in-8 de 40 pag. , 1 fr.

Il en a été tiré (à part de la Revue de Bruxelles) huit exemplaires sur beau papier jaune (2 fr. 50 c.).

— Guide des voyageurs dans la ville de Gand, ou Notice historique sur cette ville, ses monuments, ses hommes célèbres. *Gand*, 1826, gr. in-18. — Sec. édition, refondue et considérablement augmentée sous le rapport de la statistique. *Ibid.*, 1831, gr. in-18, orné de dix planches gravées.

— Notice sur la bataille de Courtray, ou des Éperons d'or, avec le plan de la bataille ; publiée d'après les documents de M. Gœthals-Vercruyssen. Sec. édition, revue et augmentée de la description et du trait du tableau de M. de Keyser, représentant cette bataille. *Bruxelles*, 1836, gr. in-8 de 68 pag.

La première édition est de 1833.

— Recherches sur l'endroit précis où Charles-Quint est né, à Gand.

Imprimées dans le Messager des sciences et des arts de Gand , en 1825, et tirées à part.

— Voyage historique à Saint-Omer, à Calais et à Boulogne, et analyse des Variétés historiques sur Saint-Omer, etc.

Imprimé, en 1833, dans le Messager ...,. de Gand.

BIOGRAPHIE.

— Éloge du peintre Balthasar-Paul Ommeganck.

Impr. dans le Messager.... de Gand, en 1826, sans nom d'auteur.

— Notice sur Jean Van Hembyse. 1824.

— Notice historique et littéraire sur l'anatomiste Jean Palfyn, né à Courtray, en 1650, et mort à Gand, en 1730. Avec figures.

Imprimée dans le Messager.... de Gand, en 1827.

— Notice sur la vie et les travaux du graveur Van Berckel.

Notice anon. imprimée dans le Messager.... de Gand , en 1828.

— Notice biographique sur le peintre J.-F. Ducq , mort à Bruges.

Imprimée, en 1829, dans le Messager.... de Gand.

— Notice historique sur Liéven De Bast.

Imprimée , en 1832, dans le Messager..... de Gand.

— Notice sur M. d'Huyvetter, et sur son cabinet d'antiquités nationales. 1834.

— Notice historique sur le chanoine Triest.

Imprimée dans les « Portraits et histoires des hommes utiles », publiés par M. Jarry de Mancy (Paris, 1835, in-8).

— Notices sur Ahrend et Pierre de Keyser, premiers imprimeurs de Gand.

Imprimées dans les Recherches historiques et bibliographiques sur la bibliothèque de l'Université et de la ville de Gand, du même auteur, 1839, in-8.

— Notice biographique sur Jacques Goethals Vercruysse.

Imprimée dans l'Annuaire de l'Académie royale de Bruxelles, 1839.

HISTOIRE LITTÉRAIRE ET BIBLIOGRAPHIE.

— Bibliotheca Gandavensis. Catalogue méthodique de la bibliothèque de l'université de Gand; précédé d'une Histoire de cette bibliothèque, et suivi de tables de noms d'auteurs, etc.. Tome Ier. Jurisprudence. Gand, C. Annoot-Braeckman, 1839, in-8

de lxxxij et 394 pages, plus deux feuillets non chiffrés pour le titre et la dédicace , et une gravure au trait, 5 fr.

Ce catalogue, qui se trouve aussi en vente à Bonn chez Marcus, et à Paris, chez Techener, contient : 1° des Recherches historiques et bibliographiques sur la bibliothèque de Gand , avec des renseignements sur Ahrend de Keyser, Simon de Cock et Judocus-Petrus de Halle , ainsi que sur Pierre de Keyser, premiers imprimeurs de cette ville, et jusqu'ici fort peu connus, p. i-lxxxij ;— 2° le catalogue des livres de jurisprudence, contenant 4359 numéros, p. 1—338; — 3° la table alphabétique des noms d'auteurs, traducteurs, commentateurs, etc. , p. 339—368; — 5° la table des ouvrages anonymes, p. 369—386; —5° la table des divisions du catalogue méthodique, p. 387—394.

Ce catalogue, qui sera utile aux hommes de science, s'imprime aux frais de la ville de Gand , et est le premier que publie une bibliothèque en Belgique.

— * Bibliotheca Hulthemiana, ou Catalogue méthodique de la riche et précieuse collection de livres et des manuscrits de M. C. Van Hulthem. Gand, 1838, 6 vol. in-8, 64 fr.

— Documents pour servir à l'histoire des bibliothèques de Belgique, et de leurs principales curiosités littéraires. Gand, 1840, in-8, 10 fr.

— Histoire des bibliothèques de la Belgique. Gand, Annoot-Braeckmann, 1840, in-8.

Les *Souvenirs de la bibliothèque des princes de Ligne*, qui font partie de ce volume, ont eu une seconde édition , plus ample. (Voy. plus bas).

— Icones urbium, villarum, castellorum et cœnobiorum Gallo-Flandriæ , quæ tertia pars est Flandriæ illustratæ Ant. Sanderi; ou Notice bibliographique sur le troisième volume inédit de la Flandre illustrée , de Sanderus.

— Notice sur la bibliothèque de Bourgogne.

Imprimée dans la Revue de Bruxelles. IIIe année (1839).

— Notice sur la bibliothèque de la ville d'Anvers.

Imprimée dans le « Messager des sciences historiques de Belgique », ann. 1839 , pag. 196 à 203.

« L'origine de cette bibliothèque paraît remonter à l'époque de l'établissement de l'imprimerie en cette cité, par le célèbre Thierry Mertens, en 1476 ».

« M. Mertens, conservateur actuel de la bibliothèque de la ville d'Anvers, en a rédigé avec soin le catalogue qui facilite les recherches et empêchera le retour des dilapidations que cet établissement a éprouvées autrefois, et sans lesquelles il devrait compter 26 à 30,000 volumes, comme plusieurs autres villes , même du second ordre , dans notre pays ; car, par sa population , la ville d'Anvers occupe le troisième rang en Belgique , tandis que , par sa bibliothèque , elle tient à peine le sixième ».

(*A. Voisin*).

— Notices sur les Mémoires de Jean de Dadizeele, d'après le manuscrit original.

. Imprimées dans le *Messager.....* de Gand, année 1827.

— **Recherches historiques et bibliographiques sur la bibliothèque de l'Université et de la ville de Gand.** *Gand, Annoot-Braeckmann,* 1839, in-8 de 82 pag., avec une planche gravée.

Cet opuscule contient des notices sur Ahrend et Pierre de Keyser, premiers imprimeurs de Gand, et sur la liste des ouvrages imprimés par eux, connus à la publication de cet opuscule au nombre de huit. De nouvelles Recherches publiées depuis par le savant bibliothécaire portent le nombre à dix.

L'auteur consacre d'abord quelques pages à faire le juste éloge du pays de Waes, appelé le Jardin de plaisance de la Flandre. Dans ce pays et si riche et si beau est situé le village de Sinay : là était autrefois la célèbre abbaye de Baudelo , laquelle , comme toutes les abbayes des environs, avait un refuge à Gand. Or, c'est l'église de cette maison de Baudeloo qui sert de local à la bibliothèque de Gand.

Cette bibliothèque a été fondée en l'an v de la république; elle est composée des bibliothèques de quelques couvents et institutions supprimés par la révolution française. Les bibliothèques des Récollets, de Carmes chaussés et déchaussés , des Dominicains, des Augustins , des Capucins, des abbayes de St.-Pierre, de Waerschoot et de Tronchiennes, de l'administration du Vieux-Bourg , du ci-devant conseil de Flandre , des ci-devant États , et celle de l'abbé de St-Pierre, en formèrent le premier noyau.

Cette bibliothèque de l'Escaut (style du temps) fut cédée par le gouvernement à la ville de Gand , le 3 prairial an XII, à condition que celle-ci se chargerait des frais d'entretien. Elle s'agrandit insensiblement par les dons du gouvernement et des particuliers : le prince Joseph Bonaparte (depuis roi de Naples), le préfet Faipoult, le préfet baron d'Houdetot, et quelques autres amis des lettres , se distinguèrent par leurs libéralités. Le 19 août 1809, cinq énormes caisses, remplies de précieux manuscrits et incunables , arrivèrent à la bibliothèque de Gand. Ces livres, provenant de l'abbaye de Saint-Pierre, à Gand , et sur le point de passer en Angleterre, furent découverts à Amsterdam et saisis par l'administration des domaines.

En 1817, lors de la fondation de l'université de Gand , la ville mit sa bibliothèque à la disposition et à la jouissance de cet établissement d'instruction supérieure. Une fois rattachée à l'université , la bibliothèque prit de rapides et utiles accroissements. En 1818 elle s'accrut de la plus grande partie de la riche collection de M. Lammens, contenant environ 18,000 volumes, et cédée pour la somme de 32,000 florins des Pays-Bas.

La bibliothèque de Gand possédait à la fin du mois d'octobre 1837, 51,601 volumes imprimés et 556 manuscrits. Parmi ces volumes imprimés, il y a 325 incunables.

Le plus ancien manuscrit que possède cette bibliothèque est du neuvième siècle ; il est intitulé : *Vita sancti Amandi, a Baudamando ejus discipulo, tertio Blandiniensis monasterii abbate,* petit in-4, publié depuis dans les *Acta sanctorum.* — Les autres principaux manuscrits sont : *Vita sanctorum belgicorum,* du commencement du XIe siècle ; *Liber floribus,* écrit vers 1120; *Carmen Adelmi episcopi de laude virginitatis; Caii Sedulii carmen paschale,* du

XIIe siècle, *Biblia sacra ,* du XIIe siècle, chef-d'œuvre de calligraphie microscopique ; *Cronica Gandensis cœnobii,* du XIVe siècle. De plus, un Plutarque , un Platon, le Coran en arabe, etc.

Les plus beaux incunables sont : *Augustinus de vitā christianā.* In-4 (1464). — *Biblia sacra latina* (avant 1470), sans lieu, ni date ni nom d'imprimeur. — *Cornelius Tacitus,* in-folio (1470), Venise. — *Biblia latina ,* gr. in-folio (1472), Mayence.—*Liber ruralium commodorum ,* in-folio à deux col. (1477), Delft. — *La somme rurale,* gr. in-fol. (1479), Bruges. — *Les quatre novissimes ,* in-4 (vers 1480), Audenarde. — *Rhetorica divina Guillermi parisiensis ,* in-4 (1483), Gand.—*Summa angelica de casibus conscientiœ ,* in-fol. (1490), Alost.

Parmi les volumineux ouvrages de la bibliothèque de Gand , on remarque un exemplaire de la magnifique collection des records, composé de 70 volumes;—la collection des traductions des saintes écritures en quatre-vingt-treize langues , formant 118 volumes in-4 , dont 27 en chinois et en mandchou ; — les Mémoires inédits sur l'histoire de France; — le Moniteur français complet jusqu'à ce jour, en 103 volumes in-folio; — le superbe ouvrage de Piranési en 29 vol. gr. in-fol.

Le catalogue de la bibliothèque de Gand est dressé avec le plus grand soin; la régence de la ville vient de voter une somme de 1250 fr. pour l'impression presque terminée en ce moment, du catalogue spécial de la faculté de jurisprudence. On compte publier successivement les autres divisions.

(Revue de Bruxelles).

— **Recherches littéraires et bibliographiques sur quelques anciennes impressions des Pays-Bas.**

Imprimées dans le Messager des sciences historiques de Belgique , tome Ier, pages 41 à 56 (1839).

Ces recherches concernent les ouvrages imprimés par Ahrend et Pierre de Keyser, qui eut la gloire d'importer la typographie à Audenarde et à Gand : elles font suite à celles sur la bibliothèque de la ville de Gand. Dans le premier de ces deux écrits , M. A. Voisin avait porté à huit le nombre des ouvrages sortis des presses de ces imprimeurs.

Ces nouvelles recherches portent le chiffre à dix, ouvrages rarissimes, et que M. Voisin a tous eus entre les mains.

Antérieurement à M. Voisin, M. Du Puy de Montbrun avait publié des « Recherches bibliographiques sur quelques impressions néerlandaises du XVe et du XVIe siècle », Leyde , Luchtmans , 1836 , in-8 de 98 pages, avec des planches xylographiques ; mais l'auteur de ce dernier écrit n'avait connu que sept ouvrages imprimés par les Keyser.

— **Souvenirs de la bibliothèque des princes de Ligne à Belœil; recueillis par** A. VOISIN. Sec. édition, plus ample que la première. *Gand , Annoot-Braeckman ,* 1839, in-8 de IV et 24 pag.

Imprimés à cent exemplaires , dont vingt sur double papier vélin. Cet opuscule bibliographique n'a pas été destiné au commerce. La première édition fait partie de « l'Histoire des bibliothèques de la Belgique », du même auteur.

M. Voisin a publié, lorsqu'il était à Courtray, plusieurs discours et rapports de la Société de botanique, dont il était le secrétaire. Outre les tirages à part du « Messager des sciences et des arts de Gand », que nous avons cités, M. Voisin a fourni au même recueil, ainsi qu'aux «Annales belgiques», un bon nombre d'articles de critique littéraire qu'il n'a point fait réimprimer séparément.

OUVRAGES ÉDITÉS PAR M. VOISIN.

— Lettres inédites de Guillaume, prince d'Orange, surnommé le Taciturne.

— Lettres inédites du comte d'Egmont, de la reine Élisabeth, d'Hembyse, etc.

Les unes et les autres de ces Lettres ont été imprimées dans le Messager..... de Gand, en 1828.

— Livre (le) de Baudoyn, comte de Flandre; suivi de fragments du roman de Trasignies. *Bruxelles, Berthot et Périchon,* 1836, in-8, accompagné d'un fac-simile de dix gravures sur bois.

Avec M. le professeur Serrure. Ce livre, imprimé avec luxe, est précédé d'une Introduction historique et littéraire, et terminé par un Vocabulaire.

— Relation d'un voyage littéraire dans les Pays-Bas français et autrichiens, lue à la séance publique de l'Académie de Besançon, le 21 décembre 1776; par dom Anselme BERTHOD, bénédictin. Avec une préface, par A. VOISIN. *Gand, L. Hebbelynck,* 1838, in-8 de 48 pag.

La préface de M. A. Voisin remplit huit pages.

VOISIN (J.-C.), médecin.
— Quelques (de) préjugés relatifs à la médecine dans les départements de la Bretagne. *Vannes, Lamarzelle,* 1831, in-8 de 120 pag. — Sec. édit. *Vannes, l'Auteur,* 1832, in-18.
— Quelques réflexions sur la maladie dite choléra-morbus, des moyens généraux de s'en préserver, du bandage de corps, et des chaussettes prophylactiques de cette maladie. *Vannes, l'Auteur,* 1832, in-8 de 24 pages.

VOISIN, fonctionnaire de l'Université.
— Mouchards (les) et les émeutes, ou De quoi vivrons-nous donc? comédie en deux actes. *Dunkerque, l'Auteur,* 1832, in-8.

VOISIN (Benj.). — Aperçu (nouvel) sur la physiologie du foie, et les usages de la bile : de la digestion considérée en général. *Paris, Béchet jeune,* 1833, in-4 de 76 pag, 3 fr. 50 c.

VOISIN (l'abbé). — Notice sur Martoval, ou Origines de Saint-Calais. *Blois, Darneaux,* 1839, in-8 de 40 pages.
— Origines blésoises. *Blois, de l'impr. de Dezairs,* 1839, in-8 de 32 pag.

VOISIN-LA-HOUGUE.—Histoire de la ville de Cherbourg, de VOISIN-LA-HOUGUE, continuée depuis 1728 jusqu'à 1835, par

VÉRUSMOR. *Cherbourg, Boulanger,* 1835, in-8.

La préface des éditeurs, signée Ragonde et Vérusmor, apprend que cette Histoire, copiée et falsifiée par madame Retau Du Fresne, qui la fit imprimer sous son nom (Paris, Ballard et Lambert), 1760, in-12, n'a jamais été publiée par son véritable auteur.

L'édition que nous citons a été faite sur le manuscrit autographe. Le travail de Voisin-la-Hogue finit en 1728, à la page 128. La continuation commence à la page 129.

On ne trouve point de notice sur Voisin-la-Hougue dans ce volume. Elle n'y aurait pas été déplacée.

VOISIN DE LA POPELINIÈRE. Voy. LA POPELINIÈRE.

Voy. aussi DU VOISIN.

VOISINS (Gilbert de). Voy. GILBERT DE V.

VOITELAIN (Louis). — Mes bluettes, ou Essais lyriques (1824). Voy. J.-A. PERCHELET.
— Strophes à Louis Bonaparte. *Paris, Rouanet,* 1839, in-12 de 12 pag.

VOITURE (Vincent), écrivain français du XVIIᵉ siècle; né à Amiens, en 1598, mort à Paris, en 1648.
— Lettres choisies (ses). *Madrid (Paris, veuve Duchesne),* 1779, in-12.
— Lettres choisies de Voiture, Balzac, Montreuil, Pélisson et Boursault, précédées d'un Discours préliminaire (par M. Vincent CAMPENON), et d'une Notice sur ces écrivains (par L.-S. AUGER). *Paris, Dentu,* 1806, 2 vol. in-12.
— OEuvres. *Paris, Cl. Robustel,* 1729, 2 vol. in-12;—1734, 2 vol. in-12.
— OEuvres (ses) choisies. *Paris, Allut,* 1810, in-12.
— Vers inédits de Voiture à la reine Anne d'Autriche, envoyés à l'auteur du « Miroir des salons ». *Paris, de l'impr. de Rignoux,* 1833, in-8 8 pag.

VOIZOT.—Mémoire sur les explosions des chaudières à vapeur, contenant quelques moyens propres à les prévenir; suivi de la description d'un instrument appelé rachomètre, destiné à mesurer la vitesse des navires en mer, ainsi que d'une note sur la théorie des parallèles. *Paris, Bachelier,* 1833, in-8 de 120 pag., 3 fr.
— Théorie générale de l'élimination, suivie de notes diverses. *Auxerre, de l'impr. de Perriquet; Châtillon-sur-Seine, l'Auteur,* 1835, in-8 de 160 pag., plus une planche et un tableau.

VOJEU DE BRUNEM, pseudon. Voy. le P. JOUVE.

VOLANGE (madame de).— Beaux-arts (les), poëme qui a concouru pour le prix de poésie de l'Académie française. 1775, in-8.

— Bonheur (le) des peuples, poëme. Au roi. *Paris*, 1774, in-8.

— Génie (le), épître. 1774, in-8.

VOLANT (Paul de), avocat au parlement de Bretagne; mort vers 1656.

— Recueil d'arrêts rendus au parlement de Bretagne sur plusieurs questions célèbres, par P. de VOLANT; augmenté d'annotations et d'une collection d'actes de notoriété, etc., par DE LÉPINE, avocat au même parlement. *Rennes, Nicolas Devaux et Pierre-André Garnier,* 1721, in-4.

VOLFIUS (Jean-Baptiste), évêque de Dijon; né dans cette ville, en 1734, et où il est mort, au mois de février 1822.

— * Rhétorique française, à l'usage des colléges. *Dijon*, 1781, in-12.

On trouve une courte notice sur cet évêque dans l'Annuaire nécrologique de M. Mahul, année 1822, pag. 220.

VOLIS (de). — Mânes (les) de Flore, élégie en cinq parties, ou Lettres suivies de stances irrégulières sur la musique. *Amsterdam (Paris)*, 1773, in-12.

VOLKNA (D.-J.), pseudon. Voy. FRÉDÉRIC II.

VOLLAND (Denis), ancien libraire à Paris.

— * Epigrammes de MARTIAL, traduites en français. *Paris*, 1806, 3 vol. in-8.

— * Supplément au Dictionnaire de l'Académie française. 17..,

VOLLAND (le baron), successivement commissaire ordonnateur des guerres, intendant militaire.

— * Aux colléges électoraux sur l'assemblée du champ de mai. *Paris*, 1815, in-8 de 16 pag.

— Mémoire sur l'examen de cette question : « Comment et par qui l'autorité administrative militaire doit-elle être exercée dans un ordre de choses régulier » ? *Paris, Magimel,* 1816, in-4 de 56 pag., 1 fr. 50 c.

— Précis, ou Mon premier et mon dernier mot sur l'affaire des invalides. *Paris, de l'impr. d'Herhan,* 1836, in-8 de 24 pag.

— Réfutation du rapport de la commission du budget, en ce qui concerne nos possessions en Afrique. *Paris, de l'impr. d'Herhan,* 1835, in-8 de 24 pag.

VOLLANT, négociant. — * Mémoire sur les moyens de détruire la mendicité en France, et de venir au secours des indigents de toutes les classes. Lu à la Société d'agriculture. 1790, in-8.

VOLMERANGES (Pelletier). Voy. PELLETIER VOLMERANGES.

VOLNANGES (madame de). — Manuel (nouveau) de la maîtresse de maison. *Paris, rue du Paon,* n. 1, 1837, in-18, avec une grav., 1 fr. 50 c.

VOLNEY (le comte Constantin-François CHASSEBOEUF DE), voyageur, orientaliste, philosophe et historien, dont le véritable nom était Chassebœuf, mais que son père changea en celui de *Boisgirais*, que notre illustre savant porta jusqu'au moment où, se disposant à faire son premier voyage, il prit celui de *Volney*. Né le 3 février 1757, à Craon, petite ville du département de la Mayenne, d'un père qui exerçait la profession d'avocat près du tribunal de cette ville. A sept ans il entra au collége d'Ancenis, et en sortit à douze ans pour entrer à celui d'Angers. Cinq ans plus tard Volney, ayant terminé ses études, et déjà indépendant, par suite de son émancipation, vint à Paris, s'y livra sans relâche à l'étude de l'histoire et de la philosophie, et passa presque tout son temps dans les bibliothèques publiques; mais, sa fortune n'étant pas assez considérable pour suffire à sa subsistance, il se décida à prendre une profession. Il se voua alors à l'étude de la médecine, et suivit les cours de la Faculté de Paris, pendant trois ans, sans négliger pour cela ses autres études favorites. Son *Mémoire sur la chronologie d'Hérodote*, qu'il composa dans cet intervalle, le mit en rapport avec ce qu'il y avait alors de plus célèbre à Paris. Une modique succession d'environ six mille francs, qui lui échut un peu plus tard, lui permit de mettre à exécution un projet qu'il avait formé: de parcourir l'Égypte et la Syrie, pays alors peu connus et, peu de temps après, il partit. En 1788, après trois ans d'absence, Volney revint à Paris, et y publia son *Voyage en Égypte et en Syrie.* Quelques mois après la publication de cet ouvrage, Volney fut nommé directeur général de l'agriculture et du commerce en Corse; mais la révolution ayant éclaté, il fut appelé à siéger parmi les législateurs de la France, et donna sa démission de la place qu'il tenait du gouvernement, ne regardant pas, disait-il, un emploi salarié comme compatible avec l'indépendante dignité de mandataire du peuple. Il prit part à toutes les délibérations importantes, et se montra toujours un des plus fermes soutiens des libertés nationales. Outre des discours éloquents et pleins de solidité qu'il prononça à la tribune, il publia dans le « Moniteur » d'excellentes réflexions sur les questions les plus importantes. En 1791, Volney fit paraître ses *Ruines, ou Méditations sur les révolutions des empires*, ouvrage auquel il ajouta plus tard *la Loi naturelle*. En 1792, Volney se rendit en Corse, y acheta le domaine de la Confina, près d'Ajaccio, et, après plusieurs essais dispendieux, montra, par ses succès, qu'on pouvait faire venir dans cette île les principaux produits du Nouveau-Monde : mais les troubles que Paoli suscita en Corse forcèrent Volney d'interrompre ses travaux, et ce chef turbulent, après lui avoir fait des protestations réitérées de la plus sincère amitié, finit par vendre à l'encan la propriété de Volney, que celui-ci appelait ses « Petites Indes ». Ce fut pendant le séjour qu'il fit dans cette île, qu'il rédigea la courte et intéressante Notice sur cette possession si importante et si négligée par la France. Il y fit la connaissance de Napoléon Bonaparte, alors simple officier d'artillerie, et dont il devina le génie. Lorsque quelques années après, il apprit, en Amérique, que le commandement de l'armée d'Italie venait d'être confié à ce général, il dit, devant plusieurs réfugiés français : « Pour peu que les circonstances le secondent, ce sera la tête de César sur les épaules d'Alexandre ». Pendant la terreur, Volney brava les hommes sanguinaires qui couvraient la France de deuil, et portaient des coups mortels à la cause de la liberté, en lui substituant une licence effrénée ; il fut jeté en prison comme royaliste ; sa détention se prolongea pendant dix mois, et ne cessa qu'après le 9 thermidor. Sous le régime qui succéda à la terreur, Volney fut appelé à la chaire d'histoire dans la célèbre Ecole normale, et eut pour collègues les hommes les plus distingués de la France et de l'Europe. Le peu de leçons qu'il fit alors, et qui ont été publiées dans ses œuvres, font vivement regretter que son cours n'ait pas été continué ; il s'y est élevé à des considérations du plus haut intérêt ; après avoir démontré combien les erreurs et les préjugés sur l'histoire ancienne ont été funestes aux nations, il fit voir que cette partie importante des connaissances humaines était à refaire presque

en totalité. Peu satisfait de la marche des affaires publiques en France, et toujours animé du désir de voyager, il partit, en 1795, pour les États-Unis d'Amérique, où il fit un séjour de trois ans, pendant lesquels il parcourut ce vaste pays dans tous les sens, et en étudia le physique et le moral avec la sagacité qui le caractérisait. Il y jouit d'une grande considération de la part des hommes les plus distingués ; mais la franchise avec laquelle il avait critiqué un écrit publié par M. Adams, avant que celui-ci eut été porté à la présidence, lui fit essuyer une persécution de la part de ce fougueux fédéraliste ennemi des Français. On accusa Volney de vouloir livrer la Louisiane au Directoire ; mais le public fit bientôt raison des calomniateurs, et l'indignation publique, vivement excitée contre John Adams, le remplaça par le vertueux républicain Jefferson. A la même époque, Volney fut en butte aux attaques du savant mais irascible et intolérant Priestley. Ce sectaire dogmatique, persécuté en Angleterre par d'autres fanatiques qui mirent le feu à sa maison, s'était réfugié en Amérique ; son malheur récent ne l'avait pas rendu plus sage. La lecture de quelques pages des « Ruines » échauffèrent la bile du fanatique unitaire, et il vomit un torrent d'injures grossières contre Volney ; celui-ci répondit avec calme et décence dans un écrit remarquable, en langue anglaise, intitulé : *Letter to doctor Priestley*, où il n'employa contre son adversaire que le langage de la raison, assaisonné d'une froide ironie, et tempéré par l'urbanité française. Le Dr Priestley, complètement terrassé, n'osa plus entrer en lice, tout habitué qu'il était, depuis nombre d'années, à la polémique en tous genres. Le climat des États-Unis ayant altéré la santé de notre illustre voyageur, et l'horizon commençant à s'éclaircir en France, Volney revint à Paris en 1798. On s'attendait à le voir publier la relation complète de son voyage récent ; mais, sous le titre de *Tableau du climat et du sol des États-Unis d'Amérique*, etc, 1803, 2 vol. in-8, il se borna à faire paraître ses observations sur le climat et autres circonstances physiques des États-Unis. A son retour en France, l'Institut, nouvellement créé, s'empressa de recevoir le savant Volney dans son sein. Bientôt il eut occasion de rendre un service signalé au général Bonaparte, qui, se voyant destitué, songeait à aller chercher fortune en Turquie ou en Russie. Volney, qui l'avait perdu de vue depuis plusieurs années, le détourna de semblables projets, et, l'ayant invité à déjeuner chez lui, avec le directeur Lareveillère-Lepaux, celui-ci, très-satisfait de la conversation du général, le présenta le jour suivant à son collègue Barras, qui le réintégra sur-le-champ. Lors du 18 brumaire, Volney redoutant le retour de l'anarchie, favorisa de tous ses moyens l'entreprise de Bonaparte. Celui-ci, se rappelant tout ce qu'il devait à Volney, lui envoya en présent un superbe attelage qu'il refusa, et lui fit offrir, par un de ses aides de camp, le ministère de l'intérieur. « Dites au premier consul, répondit Volney, qu'il est beaucoup trop bon cocher pour que je puisse m'atteler à son char. Il voudra le conduire trop vite, et un seul cheval rétif pourrait faire aller chacun de son côté, le cocher, le char et les chevaux». Malgré cette indépendance de caractère que le consul n'était pas accoutumé à trouver dans ceux qui l'entouraient, Volney continua, pendant près de deux ans, à être admis dans son intimité, mais ne tarda pas à s'apercevoir que l'austérité de son langage commençait à déplaire, et qu'on voulait surtout en écarter cette familiarité qu'on avait accueillie jusqu'alors. Il eut des débats très-vifs au sujet de l'expédition de Saint-Domingue, à laquelle il s'opposa de tout son pouvoir ; il en démontra les dangers, et en prédit les funestes résultats, même en cas d'une réussite apparente : tous ses pressentiments ne tardèrent pas à se réaliser. Mais ce fut lors de la proclamation de l'Empire que Volney se sépara pour toujours de Napoléon, et donna, à cette occasion, sa démission de la place de sénateur. Napoléon en fut très-irrité ; mais, dissimulant sa colère, il chercha à calmer Volney, et fit décréter par le sénat qu'il n'accepterait la démission d'aucun de ses membres. Forcé de reprendre sa dignité de sénateur, et décoré du titre de comte, Volney ne désirant plus paraître sur la scène politique, se retira à la campagne, reprit ses travaux historiques et littéraires, s'adonna surtout aux langues orientales, et chercha les moyens d'en faciliter l'étude. Le premier ouvrage qu'il fit paraître fut sa *Simplification des langues orientales*, dont le mérite fut dûment apprécié par la Société asiatique de Calcutta, qui admit l'auteur parmi ses membres. Il s'occupa ensuite d'une méthode de transcription pour ces principales langues, au moyen d'un alphabet conventionnel, et adapté au nôtre. Il fit la première application de son système à la carte de l'Égypte,

qui fait partie du grand ouvrage entrepris par le gouvernement, en 1803, sous le titre de Description de l'Égypte, et dans laquelle les noms sont écrits en arabe et en français. Il soumit son plan à la commission nommée expressément pour cet objet, qui approuva son système, à une grande majorité. Tous les savants reconnaissent aujourd'hui l'utilité de ce moyen, et le savant Klaproth a depuis adopté le principe de Volney, en y faisant quelques légères modifications. M. du Ponceau a censuré le système de Volney, auquel il fait l'inconcevable reproche d'employer des lettres tirées de plus d'un alphabet ; mais, par une étrange bizarrerie, ce savant a adopté lui-même pour la transcription des langues de l'Amérique septentrionale l'alphabet allemand, et, en même temps, il donne au *w* tantôt la valeur de cette langue en anglais, et tantôt celle de la lettre allemande ! En 1814, Volney publia ses *Nouvelles Recherches sur l'histoire ancienne*, ouvrage très-remarquable dans lequel il a cherché, souvent avec succès, à éclaircir les points les plus obscurs des époques reculées de l'histoire de l'Assyrie, de Ninive, de Babylone, de celle de l'Égypte, de la Perse et du peuple juif. Cet ouvrage fut suivi de quelques opuscules intéressants, dont le plus remarquable est l'*Histoire de Samuel, inventeur du sacre des rois*, 1819, in-18. Volney, épuisé par une application soutenue, et souffrant depuis longtemps, termina sa glorieuse carrière le 25 avril 1820. Trois jours avant de mourir, il demanda à son médecin d'un ton ferme de lui dire franchement ce qu'il pensait de son état ; le docteur paraissait hésiter : « J'en sais assez, dit Volney ; faites venir un notaire ». Par une clause de son testament, il consacra une somme de vingt-quatre mille francs pour fonder un prix annuel de douze cent francs pour le meilleur ouvrage sur l'étude philosophique des langues. Il laissa une épouse, modèle de son sexe, mais il n'en eut pas d'enfants. Il fut le protecteur généreux des hommes de lettres peu fortunés, et son plus grand bonheur était de rendre service à ses semblables. Il fut modeste et simple dans ses mœurs, et jamais il ne fut ébloui par l'éclat des honneurs.

Quelques années après la mort de cet homme remarquable, autant par sa science que par l'élévation de son caractère, un de nos plus nobles artistes, M. David (d'Angers), impressionné par la lecture des ouvrages de Volney, voulut que son ciseau transmit à la postérité les traits de leur auteur. Il ouvrit une souscription pour un grand buste, et, sans attendre à en connaître le résultat, il se mit à l'œuvre : le buste était achevé, et c'est tout au plus si le prix du marbre avait été couvert par la souscription. M. David voulut faire hommage de sa statue à l'Institut; mais alors la congrégation était toute puissante, et le buste de l'auteur des « Ruines » fut refusé. L'artiste le fit offrir à la municipalité de la ville d'Angers, où Volney avait été élevé; même refus! A cette époque nos gloires nationales n'étaient-elles pas foulées aux pieds par ceux-là mêmes qui devaient les faire honorer. Ce n'est qu'après la révolution de 1830 que le buste de Volney a été placé dans la bibliothèque de l'Institut.

— Alfabet (l') européen, appliqué aux langues asiatiques; ouvrage élémentaire, utile à tout voyageur en Asie. *Paris, F. Didot*, 1819, in-8, 12 fr.

— Chronologie des douze siècles antérieurs au passage de Xercès en Grèce. In-4.

— Considérations sur la guerre actuelle des Turcs. *Londres*, 1788, in-8, avec une carte.

L'auteur a inséré ces Considérations dans la troisième édition du Voyage en Syrie. Paris, 1799.

— Discours sur l'étude philosophique des langues, lu à l'Académie des sciences. *Paris, Baudouin*, 1820, in-8.—Sec. édition, revue et corr. par l'auteur. *Paris, le même,* 1820, in-8, 1 fr. 50 c.

— Hébreu (l') simplifié, contenant un premier essai de la Grammaire, et un plan du Dictionnaire écrit sans lettres hébraïques, et cependant conforme à l'hébreu, avec des vues nouvelles sur l'enseignement des langues orientales. *Paris, Eberhart*, 1820, in-8.

Ouvrage posthume, dont l'auteur avait pourtant revu les épreuves.

— Histoire de Samuel, inventeur du sacre des rois; fragment d'un voyageur américain, trad. sur le manuscrit anglais. *Paris, Brissot - Thivars,* 1819, in-18. — Sec. édit. *Paris, Bossange frères,* 1820, in-12, 2 fr. 50 c.—Autre édition. *Paris, les mêmes,* 1822, in-8.

La première édition est anonyme; mais la seconde porte déjà le nom de l'auteur.

—Leçons d'Histoire prononcées à l'École normale, en l'an III de la république française (1795). IIIe édition. *Paris, Bossange*

frères*, 1822, in-8.—Autre édition, augmentée d'une leçon inédite, et suivie du Discours de Lucien sur la manière d'écrire l'Histoire. *Paris, Baudouin frères*, 1826, in-32, 1 fr. 25 c.

La première édition est de 1799. Pour des *Observations critiques* sur ces leçons, voy. Joudot.

—Lecciones de Historia pronunciadas en la Escuela normal. *Paris, David,* 1827, in-18, 3 fr.

— Letter to D[or] Priestley.

Imprimée aux États-Unis.

Lettre en réponse à des diatribes de Priestley, dans lesquelles notre auteur était traité d'*ignorant* et d'*Hottentot*, parce qu'il ne voulait pas, avec le docteur, reconnaître en même temps la divinité des Écritures et nier celle de Jésus-Christ.

— Lettre de M. de Volney à M. le baron de Grimm, suivi de la Réponse de ce dernier (publ. par Ant.-Alex. Barbier). *Paris, Potey,* 1823, in-8.

Cette Lettre de Volney accompagnait le renvo d'une médaille d'or que Catherine II lui avait accordée comme un témoignage d'estime et d'approbation de ses principes politiques : la Russie s'étant coalisée contre la France, Volney chargea Grimm de rendre à l'impératrice la médaille dont la possession ne pouvait plus l'honorer. Cette lettre donna lieu à une réponse satirique, publiée sous le nom de Petreskoï, et un autre réponse sous le nom de Grimm, qu'on avait jusqu'alors supposée apocryphe.

Les deux Lettres, publiées par M. Barbier, sont destinées à être jointes au Supplément à la Correspondance littéraire de Grimm, publié aussi par lui.

« Lorsque je publiai, en 1814 , le *Supplément à la Correspondance du baron de Grimm*, je possédais la *réponse*, imprimée sous son nom, à la *lettre de M. de Volney;* cette pièce est d'une extrême rareté : réunie aux opuscules du célèbre correspondant littéraire, elle eût, sans doute, donné au Supplément un intérêt tout particulier ; mais il répugnait à ma délicatesse d'affliger un savant aussi recommandable que M. de Volney. Aujourd'hui qu'il n'est plus, je crois pouvoir compléter les opuscules de Grimm. M. de Volney laisse assez de titres à l'estime publique, pour le venger des sarcasmes d'un ancien ami que les circonstances les plus extraordinaires avaient métamorphosé en implacable ennemi.

« Il m'a paru convenable de reproduire ici la lettre qui a occasionné l'énergique réponse.

« Plusieurs personnes pensent que cette *Réponse* est une pièce supposée, et elles ne sont pas éloignées de l'attribuer au comte de Rivarol. Je serais charmé que la présente réimpression contribuât à en faire connaître le véritable auteur ».

— Loi (la) naturelle, ou Catéchisme du citoyen français. *Paris*, 1793, in-16. — Sec. édition. 1793, in-18.

Cet ouvrage porte pour second titre, dans les dernières éditions, ou *Principes physiques de la morale.* Il a été réimprimé à la suite de presque toutes les éditions des *Ruines.*

— * Questions de statistique, à l'usage des voyageurs ; par M***. *Paris, veuve Courcier*, 1813, in-8 de 24 pag., 60 c.

— Rapport fait à l'Académie celtique sur l'ouvrage russe de M. le professeur Pallas. « Vocabulaires comparés des langues de toute la terre ». *Paris*, 1805, in-4.

Réimprimé dans les Mémoires de l'Académie celtique, cahiers I et III, et dans le Moniteur des 1er et 2 brumaire an XIV.

— * Recherches nouvelles sur l'histoire ancienne, divisées en trois parties. *Paris, veuve Courcier*, 1808, 1813 et 1814, 3 vol. in-8 ; — et *Paris, Bossange frères*, 1822, 2 vol. in-8, avec trois planches, 14 fr.

Dans la première édition, chaque partie ou volume a un titre particulier. Le premier volume renferme l'Examen critique de l'*Histoire des Juifs, jusqu'à la captivité de Babylone* ; le second volume, publié dès 1808, renferme la *Chronologie d'Hérodote*, et le troisième, l'*Empire babylonien*.

— Ruines (les), ou Méditations sur les révolutions des empires. *Genève*, 1791, in-8, avec trois planches.

Fruit des réflexions de l'auteur sur l'histoire des nations, et sur les effets du despotisme et de la superstition, tels qu'il les avait observés en Orient. « Dans ce bel ouvrage, il nous ramène à l'état pri- « mitif de l'homme, à sa condition nécessaire dans « l'ordre général de l'univers ; il recherche l'origine « des sociétés civiles et les causes de leurs forma- « tions, remonte jusqu'au principe de l'élévation » des peuples et de leur abaissement, développe les « obstacles qui peuvent s'opposer à l'amélioration « de l'homme ». C'est ainsi que s'exprimait M. Pas- toret dans son Discours de réception à l'Académie. Cette production remarquable, à laquelle il ajouta plus tard, ainsi que nous l'avons dit précédemment, son ouvrage de la *Loi naturelle* a été traduite dans presque toutes les langues de l'Europe. Jamais cadre ne fut mieux choisi ni aussi habilement rempli : le style est tantôt grave et sévère, tantôt brillant et animé ; l'éloquence y est toujours subordonnée à la raison, et n'est jamais détournée de son seul but légitime, pour parer l'erreur de séduisants sophismes exposés en phrases élégantes, et soutenus de tout l'appareil des prodiges poétiques et mensongers.

Ouvrage souvent réimprimé. Autres éditions :

IIIe édit., augm. du Catéchisme du citoyen français. Paris, 1799, in-8, fig.

Ve édition : on y a joint la Loi naturelle. Paris, veuve Courcier, 1817, in-8, 6 fr.

VIe édit. Paris, Baudouin, 1820, in-8.

VIIe édit. Paris, Bossange frères, 1820, in-18, 3 fr.—En tête de ce volume, est la notice sur M. le comte de Volney, par M. Daru.

IXe édit., suivie de la Loi naturelle. Paris, les mêmes, 1821, in-18, avec 4 grav., 3 fr.

Xe édition. Paris, les mêmes, 1822, in-8.

— Ruinas (las), o Meditacion sobre las ruinas. *New-York (Paris, veuve Cour-*

cier), 1817, in-12, avec figures, 5 fr.

On trouve à la fin la *Loi naturelle*.

— Las mismas, traducidas por MARCHENA. *Burdeos*, 1820, in-8.

— Las mismas, precedidas de una Noticia necrologica, por el conde DARU, se halla a continuacion la Ley natural, con laminas. Trad. dal frances. *Paris, Rosa*, 1821, in-12, avec pl., 5 fr. 50 c.

— Ruins, or Meditations on the revolutions of Empire, translated from the french, by Joël BARLOW. *Paris, Levrault*, 1802, 2 vol. in-12.

L'auteur donnait la préférence à cette traduction sur celle faite à Londres par Marshal, 1792, in-8, qu'il accusait d'infidélité.

— The same, translated from the french, to which is added the Law of nature, and a short biographical notice, by count DARU. *Paris, Bossange brothers*, 1820, in-18, 3 fr.

Traduction faite par un Anglais, officier supérieur au service de France, et revue par l'auteur.

Cet ouvrage a été traduit dans presque toutes les langues de l'Europe ; il en existe même une version arabe.

— Simplification des langues orientales, ou Méthode facile d'apprendre les langues arabe, persane et turque, avec des caractères européens. *Paris, de l'impr. de la République*, an III (1795), in-8.

— Supplément à l'Hérodote de M. Larcher. *Paris, veuve Courcier*, 1808, in-8.

— Chronologie d'Hérodote, conforme à son texte, eu réfutation des hypothèses de ses traducteurs et de ses commentateurs. *Paris, veuve Courcier*, 1809, in-8.

Ces deux volumes sont les deux parties d'un même ouvrage ; ils ont été réimprimés dans les *Recherches nouvelles sur l'histoire ancienne*, et forment, réunis, le second volume de ce dernier ouvrage dans l'édition de 1814.

L'auteur adressa le « Supplément » à l'Académie. Le professeur Larcher, avec lequel le jeune auteur se trouvait en opposition, censura l'ouvrage avec amertume ; le jeune Chassebœuf soutint son opinion avec chaleur, et prouva dans la suite qu'il avait raison quant au fond de la question. Quelques fautes légères s'étaient glissées dans son écrit ; mais, plus tard, instruit par de longues études, il eut le rare mérite d'en convenir, en les redressant lui-même dans ses « Recherches nouvelles sur l'histoire ancienne ».

— Tableau du climat et du sol des États-Unis d'Amérique ; suivi d'éclaircissements sur la Floride, sur la colonie française à Scioto, sur quelques colonies canadiennes, et sur les sauvages. *Paris*, 1803, 2 vol. in-8 , avec cartes. — Nouv. édit. (2ᵉ) *Paris, Bossange frères*, 1822, 2 vol. in-8 , avec cartes, 15 fr.

L'auteur a exposé, dans la préface de cet excellent ouvrage, une partie des motifs qui l'ont fait renoncer à donner au public le résultat de ses observations sur l'état politique et moral de la nouvelle république. Il a jugé, et peut-être avec raison, qu'il est des vérités qu'il faut dissimuler, lorsque l'occasion de les rendre profitables n'est pas encore arrivé, et quand la malveillance peut faire croire que le dépit de l'auteur a guidé sa plume. L'ouvrage sur les États-Unis a été justement regardé par tous les gens en état de le juger, comme un chef-d'œuvre d'exactitude ; l'auteur s'y montre habile physicien , médecin et physiologiste profond, et se distingue par des vues neuves, des aperçus ingénieux, des rapprochements féconds. Toutes les observations que l'auteur a pu faire par lui-même ont été confirmées depuis ; il n'y a que quelques-unes de celles qui se rapportent à des objets qu'il n'a pas vus, qui ont été invalidées par de nouvelles recherches plus exactes. Telle est , par exemple, l'opinion qu'il a émise sur les enceintes nombreuses et plus ou moins étendues qu'on rencontre sur les bords de l'Ohio et du Missouri.

On trouve à la fin de cet ouvrage un *Vocabulaire de la langue des Miamis*.

— Voyage en Syrie et en Égypte, pendant les années 1783-85 ; suivi de Considérations sur la guerre des Russes et des Turcs , publiées en 1788 et 1789. Vᵉ édition. *Paris, Bossange frères*, 1822, 2 vol. in-8 , avec huit gravures, 15 fr.; — ou 3 vol. in-18, avec portr. et deux cartes , 10 fr.

La première édition parut en 1787, en 2 vol. in-4 et 2 vol. in-8.

Jamais livre n'obtint un succès plus brillant, plus rapide et moins contesté. Il valut à son jeune auteur l'estime des savants, l'admiration de ses compatriotes instruits et une célébrité européenne. Grimm ayant eu la délicatesse d'en présenter un exemplaire à Catherine II , de la part de Volney, sans l'avoir prévenu : l'impératrice gratifia l'auteur d'une très-belle médaille en or, qu'il renvoya à Grimm lorsque Catherine eut pris parti contre la France, avec une lettre dans laquelle il témoignait le regret de ne pouvoir conserver cette marque flatteuse de l'estime d'une souveraine qui se déclarait l'ennemie des institutions que la France venait de se donner pour assurer sa liberté.

— Viage por Egipto y Siria durente los anos de 1783, 1784 et 1785, obras escrita en frances, y traducida al castellano con notas y adiciones por un humanero. *Paris, Paris, de la impr. de J. Didot*, 1830, 2 vol. in-8.

Ce savant est encore auteur d'un *Précis de l'état actuel de la Corse*, 1793, imprimé dans le Moniteur. Il faisait partie d'un plus grand ouvrage sur la Corse, qui n'a pas été achevé, et dont les fragments font partie de ses OEuvres complètes. Le comte de Volney publia , en 1787 et 1788 , en société de M. Monsadive, une feuille politique intitulée : « la Sentinelle », qui paraissait à Rennes ; depuis il a fourni des articles dans le Moniteur, dans le Magasin encyclopédique et dans la Revue encyclopédique. On dit aussi qu'il a coopéré au texte du Voyage pittoresque de la Syrie, de la Phénicie, de la Palestine et de la Basse-Égypte, de Cassas (1799 et ann. suiv., 3 vol in-fol.).

Les manuscrits laissés par Volney se bornent, dit M. Mahul, dans l'article qu'il lui a consacré (Annuaire nécrol., 1820), à quelques études sur les langues orientales.

— OEuvres complètes, mises en ordre , et précédées d'une Notice sur la vie et les écrits de C.-F. Volney (par M. Ad. Bossange). *Paris, Bossange frères* , 1821, 8 vol. in-8, avec portr. et 20 jolies gravures, 64 fr. , et sur papier vélin (tiré à 50 exemplaires), 96 fr.

Cette édition parut à une époque peu favorable à la publication des ouvrages d'un profond penseur comme Volney ; aussi n'obtint-elle pas le succès qu'on devait espérer. On trouve des exemplaires de cette édition avec de nouveaux frontispices portant néanmoins *seconde édition* , et pour adresses de vendeurs , celles de Parmantier et de Froment.

— Les mêmes, précédées d'une Notice sur la vie et les écrits de l'auteur (celle de M. Ad. Bossange). *Paris, F. Didot*, 1837, gr. in-8, avec un portrait et 12 planches , 14 fr.

Édition moins complète que la précédente, et dans laquelle on n'a inséré ni la *Simplification des langues orientales*, ni l'*Alphabet européen*, ni l'*Hébreu simplifié* ; on y a omis également la *Lettre du doct. Priestley*, et le *Discours sur l'étude philosophique des langues*.

— OEuvres choisies, comprenant « les Ruines », la « Loi naturelle , etc. ». *Paris, Baudouin frères*, 1826, 2 vol. in-18, 7 fr.

— OEuvres choisies. *Paris , Baudouin frères*, 1827, 6 vol. in-32, avec 2 planches et une carte.

Cette édition contient les *Ruines*, la *Loi naturelle*, l'*Histoire de Samuel* et les *Leçons d'histoire*.

— OEuvres choisies : les Ruines , la Loi naturelle, l'Histoire de Samuel, précédées d'une Notice sur la vie de l'auteur (celle de M. Ad. Bossange). *Paris, Lebigre*, 1833, in-18, 3 fr. 50 c.; — ou 1836, in-8, avec un portr. et une gravure, 5 fr.

VOLNY L'HOTELIER. — Amélie, ou Mes dernières illusions. (Poésies). *Paris, Renduel*, 1837, 2 vol. in-8, 15 fr.

— Heures de l'exilé. (En vers). *Paris, de l'impr. de Beaulé*, 1836, in-18 , 2 fr.

Réimpr. dans la même année.

— Tableaux poétiques de Paris et de ses environs. (En vers). *Paris, Dauvin et Fontaine*, 1836, in-8, avec 3 lith. , 7 fr.

VOLPI (J.-B.). — Extrait de l'Abrégé de médecine vétérinaire pratique, trad. de l'ital. par E. BARTHÉLEMY. *Paris, madame Huzard,* 1819, in-8.

VOLTAIRE (1) (François-Marie AROUET DE), polygraphe, un des plus grands génies que la littérature française ait produits, membre de l'Académie française, de celle de Berlin, de la Société royale de Londres, de l'Académie de la Crusca, et de toutes les académies et sociétés savantes françaises et étrangères; né à Chatenai, près de Paris, le 20 février 1694 (2), de François Arouët, qui fut d'abord notaire au Châtelet de Paris, du 19 février 1675 au 29 décembre 1692, et ensuite trésorier de la chambre des comptes. Le jeune de Voltaire, en naissant, n'avait que le souffle de vie; on l'ondoya, et on l'abandonna aux soins d'une nourrice qui, pendant plusieurs mois, annonçait chaque matin que l'enfant était à l'agonie. Au bout de neuf mois, la crainte de le perdre diminua, et alors on parla de lui suppléer les cérémonies du baptême, et on laissa igno-

rer au prêtre de l'église Saint-André-des-Arcs, auquel on présenta l'enfant le 22 novembre 1694, qu'il était né depuis neuf mois sur une autre paroisse, et qu'il avait été ondoyé. Nous appuyons sur cette dernière circonstance, parce que plusieurs biographes ont fait naître Voltaire le jour de son baptême, tandis que sa naissance avait précédé de neuf mois cette cérémonie. Voltaire fut successivement gentilhomme ordinaire de la chambre du roi, historiographe de France, chambellan du roi de Prusse, avant le 1er décembre 1758, chevalier de l'ordre du mérite. Il mourut le 30 mai 1778, à Paris, où il était arrivé le 10 février précédent, et fut inhumé le 2 juin, dans l'abbaye de Scellières, près Romilly (Aube). Par décret de la Convention des 8 et 30 mai 1791, son corps fut apporté à Paris, et transporté au Panthéon le lundi 11 juillet de la même année.

NOTICE

DES DIVERSES ÉDITIONS DES OUVRAGES

DE VOLTAIRE (3).

Dans cette Notice, nous citerons d'abord tous ceux des ouvrages et opuscules de Voltaire que nous avons pu trouver imprimés séparément, ceux surtout sur lesquels il y avait quelque chose à dire; et, dans chacune des subdivisions que nous avons adoptées, quelques ouvrages importants, qui néanmoins n'ont été publiés, pour la première fois, que dans l'une ou l'autre des nombreuses éditions des OEuvres de l'auteur. Puis vient ensuite l'indication chronologique des diverses éditions des OEuvres. Quant aux traductions des ouvrages de Voltaire dans toutes les langues de l'Europe, nous nous bornons à citer seulement celles qui ont été imprimées en France : l'indication de celles publiées à l'étranger nous eût conduit à donner, peut-être, trop d'étendue à notre notice, sans, néanmoins, être complète. Il n'en est pas de même dans la nomenclature des ouvrages pour et contre Voltaire : tous les écrits en langues étrangères qui sont venus à notre connaissance ont été compris dans la seconde partie de cette notice.

---

(1) Voltaire est le nom d'un petit bien de famille qui appartenait à la mère de l'auteur de la « Henriade », Marie-Catherine Daumart, d'une famille noble du Poitou.

(2) Voltaire donne lui-même trois dates différentes de sa naissance. Dans un article envoyé par lui, en 1755 ou 1756, aux frères Parfaict, pour leur Dictionnaire des théâtres de Paris, il dit être né le 20 novembre : c'est aussi cette date que donne la « France littéraire » de 1758. Dans la lettre à Damilaville, du 20 février 1765, il parle du 20 février 1694 : dans sa lettre au roi de Prusse, du 25 novembre 1777, il dit : *J'ai aujourd'hui quatre-vingt-quatre ans.*

Aucune de ces dates n'est exacte, la dernière n'a pas été adoptée, ni même remarquée par personne; beaucoup de personnes ont regardé comme bonne celle du 20 février. Mais M. Berriat Saint-Prix, dans son édition des OEuvres de Boileau (tome Ier, Essai sur Boileau, page xj et suivantes), établit qu'elle est inadmissible. L'acte de baptême, du 22 novembre 1694, porte : *né le jour précédent.* Cet acte est signé du père, alors notaire, et qui, en cette qualité, eut senti tous les inconvénients qu'il pouvait y avoir à ne pas donner la date précise de la naissance de l'enfant. Cet acte ne fait pas mention de l'ondoiement qu'on prétend avoir eu lieu en février, d'où M. Berriat conclut encore contre la date du 20 février. Il observe que le frère aîné de Voltaire avait été ondoyé, circonstance rappelée, suivant l'usage, dans l'acte de baptême; et il est porté à croire qu'il y a confusion à attribuer à Voltaire l'ondoiement de son frère. Il pense que c'était pour détourner la persécution qu'il redoutait que Voltaire se vieillissait de quelques mois. Il est donc persuadé que Voltaire est né le 21 novembre 1694, à Paris même, et non à Chatenay.

---

(2) Cette notice pourrait être considérée comme le travail de M. BEUCHOT; car, non-seulement elle reproduit la plus grande partie des préfaces de son édition, mais encore elle donne un assez grand nombre de notes inédites, que ce consciencieux éditeur a eu l'obligeance de mettre à notre disposition. M. Beuchot, conduit par sa prédilection pour tout ce qui concerne Voltaire, a bien voulu, en outre, se charger de jeter un coup-d'œil sur cette notice. Ce qui nous appartient se réduit donc, à peu près, à quelques additions de notes et notules prises autre part que dans le Voltaire de M. Beuchot, et à la classification des ouvrages de notre grand écrivain; encore, dans cette dernière occasion, avons-nous suivi presque toujours celle qui a été faite par les éditeurs de Kehl.

OUVRAGES SÉPARÉS.

I. SCIENCES.

Philosophie.

1 * Lettres philosophiques; par M. de
V...... (*Rouen, Jore*, 1731), in-12.

Autres éditions :
Amsterdam, E. Lucas, au Livre d'or, 1734, in-12
de 387 pages, plus les titres et la table, en faisant
quatre.
Amsterdam, E. Lucas, au Livre d'or, 1734, in-8
de 124 pages, plus 57 pages.
Amsterdam, E. Lucas, au Livre d'or, 1734, in-12
de 354 pages, plus le titre et la table en 4 pages.
Édition sous ce titre : *Lettres écrites de Londres
sur les Anglais et autres sujets ; par M. de V****. Bâle
(Londres), 1734, in-8 de viij et 228 pages, plus
une table des principales matières en 20 pages.—
L'arrêt du parlement qui condamne au feu cet ouvrage est joint à cette édition.
Lettres philosophiques par M. de V...... Rouen,
Jorre, libraire, 1734, in-12 de 190 pages.— S'il
faut en croire Jore, cette édition se vendait chez
Ledet, qu'il qualifie d'*imprimeur du sieur de Voltaire,
à Amsterdam*. On aura remarqué que le nom de Jore
est imprimé fautivement dans cette édition.
...., 1735, in-8.
Londres (Rouen, Jore), 1736, in-12.
        1757, in-12.
Londres, 1776, in-12.
Les *Lettres sur les Anglais*, plus connues sous le
nom de *Lettres philosophiques*, furent l'un des fruits
du voyage de Voltaire en Angleterre, en 1726, mais
ne furent imprimées que plusieurs années après. Une
note de Voltaire lui-même donne à la vingt-deuxième
lettre la date de 1726, et aux onzième et vingtième,
la date de 1727.
J'en ai vu, dit M. Beuchot, des exemplaires en
français de plusieurs éditions différentes, portant la
date de 1734 (celles avec cette date que nous venons
de citer]. Je n'en ai jamais rencontré d'une date antérieure. Il est constant cependant qu'en 1733 ces
lettres avaient été imprimées en Angleterre, et en
anglais, par les soins de Thieriot. (Lettre de Voltaire du 1er mai 1733). « Pendant le temps que j'é-
tais en Angleterre, dit C.-E. Jordan (dans son Histoire d'un voyage littéraire fait, en 1733, en France,
en Angleterre et en Hollande, page 186), les *Lettres
de M. de Voltaire, sur les Anglais*, parurent en
anglais. Voltaire possédait un exemplaire d'une édition anglaise (Lettre à M. de Sade, du 3 novembre
1733) (2); mais, ce qui paraît plus certain, c'est
que, dès 1731, ces *Lettres* avaient été imprimées à
Rouen, chez Claude-François Jore.
Cette première édition de cet ouvrage a été cause
d'un procès très-grave entre le libraire Jore et
Voltaire. Ce Jorte, imprimeur-libraire à Rouen, a
été, pour avoir imprimé ce livre, mis à la Bastille

et privé de son état ; il n'avait, dit-il, imprimé
ces vingt-cinq lettres que sur la parole de Voltaire,
qui l'assurait avoir une permission verbale de publier l'ouvrage. Quand l'impression fut terminée,
Voltaire recommanda au libraire de cacher l'édition
jusqu'à ce qu'il y eût permission par écrit des supérieurs; mais, en attendant, il lui demanda deux
exemplaires, dont l'un fut communiqué à un libraire de Paris, qui, sur-le-champ, en fit faire une
copie, et bientôt on vit paraître deux éditions.
L'une est de Ledet, imprimeur à Amsterdam, et
porte sur le frontispice : A Rouen, chez Jorre,
1734. L'autre porte : A Amsterdam, chez E. Lucas,
au Livre d'or, 1734. La véritable édition de Jore
est de Rouen, 1731. Ces faits sont rapportés, ainsi
que beaucoup d'autres, dans le mémoire de Jore.
Il est difficile de croire à tous les traits de lésine-
rie, de perfidie, de méchanceté et de noirceur dont
ce libraire accuse Voltaire. Cependant ce mémoire a
paru publiquement ; il est signé de l'avocat Bayle, à
Paris, le 9 juin 1736. Jore eut la faiblesse de signer
aussi ce Mémoire, qu'il appela depuis lui-même *factum
odieux*. On le trouve dans le « Voltairiana », Paris,
1748, in-8, pages 65 à 85, avec d'autres pièces non
moins infâmes. D'après ce Mémoire de Jore, le fond
du procès est 1500 livres que Jore, embastillé,
ruiné et dépouillé de son état, demandait à Voltaire pour indemnité et frais d'impression de son
livre, et Voltaire, qui avait alors 28,000 livres de
rente, refusait de payer cette somme. Il y eut
transaction ; mais Voltaire avait quitté Paris.
Des cinq éditions de 1734, que j'ai vues, dit
M. Beuchot, quatre ne contiennent que vingt-cinq
lettres. Je serais tenté de croire, ajoute-t-il, que
l'édition in-12 de 387 pages est la première qui ait
été, non publiée, mais imprimée. D'abord c'est celle
qui a le plus grand nombre de pages ; et l'on apporte en général un peu d'économie dans les réimpressions ou contrefaçens. En second lieu, quoique
la pagination soit une pour tout le volume, j'ai
remarqué qu'au bas de la vingt-quatrième lettre,
on lit FIN, et que la vingt-cinquième est imprimée
avec des caractères plus gros. L'édition in-8 présente
une autre particularité ; c'est qu'après les 124 premières pages qui contiennent les vingt-quatre lettres, on trouve la vingt-cinquième avec une pagination particulière de 1 à 57.
L'édition in-12 de 354 pages contient vingt-cinq
lettres. Dans ces trois éditions, les vingt-quatre
premières lettres roulent sur les Anglais ; la vingt-
cinquième est consacré à l'examen de quelques pensées de Pascal. L'édition de Bâle (Londres), en renferme aussi vingt-cinq, dont les vingt-quatre sur
les Anglais, et une *sur l'incendie d'Altena*, qui est
relative à un passage de l'*Histoire de Charles XII.*
Enfin, dans l'édition in-12 de 190 pages, à la suite
des vingt-quatre premières, on retrouve celle sur les
« Pensées de Pascal », et celle *sur l'incendie d'Altena*,
Cette réunion n'indique-t-elle pas clairement qu'elle
est postérieure aux autres ?
Je passe sous silence, dit M. Beuchot, les éditions de 1735 et des années suivantes, qui ne présentent rien de remarquable. Mais je dois encore
parler, ajoute-t-il, d'un volume in-12, intitulé :

---

(2) L'abbé Prévost, qui parle longuement de ces
Lettres dans « le Pour et le Contre », tome 1er, pag.
241, 273, 297, d'après une traduction anglaise qu'il
qu'il attribue à M. Lockmann, en cite le titre : *Letters concerning the English nation, by M. de Voltaire*,
in-8. L'abbé Prévost, qui avait une copie des lettres en français, reproche quelques erreurs au traducteur, et dit qu'on trouve à la fin du volume une
vingt-cinquième lettre (celle sur l'incendie d'Altena)

qui n'a point de liaison avec l'ouvrage. Cette édition
anglaise ne serait donc autre que celle que donna
Thieriot, sans doute sur ou d'après les originaux
qui avaient été écrits en anglais par l'auteur, et doit
être celle qui porte l'adresse de Davis et Lyon,
1753, in-8 de 153 pages, plus les titres, préface
et table des matières : elle a été réimprimée en 1778,
in-12. Cette dernière édition ne contient toutefois
que les vingt-quatre lettres sur les Anglais.

*Lettres de M. de V***, avec plusieurs pièces de différents auteurs*, La Haye, Poppy, 1738, in-12. en tête duquel on trouve une pièce ayant pour titre *XXVIe Lettre : sur l'Ame* (3), ce qui rigoureusement porte à vingt-sept le nombre des lettres appelées philosophiques. Cette XXVIe lettre, détachée du volume (mais non réimprimée), se trouve quelquefois ajoutée à des exemplaires de 1734 des *Lettres philosophiques*.

La date de 1731, assignée par Jore pour l'époque de leur première impression, coïncide avec ce que Voltaire écrivait à Cideville le 1er juin 1734. Voltaire se sert des mots : « il y a quelques années », à propos de l'époque de cette édition de Jore.

Mais, s'il est impossible de donner incontestablement la date précise de la première impression, il est, de l'auteur et du libraire, hors de doute qu'elle ait été faite en 1730 et 1731. Cette impression achevée, Voltaire crut prudent d'en différer au moins l'émission. Il en avait reçu deux exemplaires de Jore, qui cacha soigneusement tout le reste.

Néanmoins, lorsqu'en 1734, on vit circuler une édition française des *Lettres philosophiques*, les soupçons tombèrent sur ce libraire qui avait donné, en 1731, deux éditions de l'*Histoire de Charles XII*, et dont ainsi les relations avec Voltaire étaient connues. Jore fut donc arrêté et mis à la Bastille : il en sortit au bout de quatorze jours, lorsqu'on eut reconnu qu'il n'avait point dans son imprimerie des caractères pareils à ceux qu'on avait employés pour l'édition saisie des *Lettres philosophiques*. Malheureusement pour lui la police découvrit, les 9 juin et 7 juillet, un magasin de livres contraires à l'Église et à l'État, appartenant à Jore ; et, vers le même temps, une édition des *Lettres philosophiques* faite clandestinement par René Josse, libraire à Paris, et Coubray, papetier, probablement de complicité avec Jore. Un arrêt du conseil, du 23 octobre 1734, « destitue Jore fils, reçu imprimeur en survivance de « son père, René Josse, libraire à Paris, et Duval, « dit le Grenadier, imprimeur à Bayeux ».

Les *Lettres philosophiques* avaient été dénoncées par le clergé ; un édit du conseil en ordonna la suppression ; un arrêt du parlement de Paris, du 10 juin 1734, les condamna à être brûlées par l'exécuteur des hautes-œuvres, comme contraires à la religion, aux bonnes mœurs et au respect dû aux puissances. Le jugement avait été exécuté le même jour à onze heures du matin. Enfin la cour de Rome le proscrivit également par décret de la Chambre apostolique, du 4 juillet 1752.

L'autorité ne savait pas sans doute, alors, que condamner un livre c'est lui donner de la célébrité, et conséquemment exciter à le lire. On vit les *Lettres philosophiques* renaître de leurs cendres, et se répandre partout.

L'édition saisie et condamnée se composait de vingt-cinq lettres, et portait l'adresse de E. Lucas. Il est donc à croire que c'était une des trois éditions signalées plus haut, portant ce nom, et même probablement celle en 354 pages, la seule qui contienne les vingt-cinq lettres imprimées uniformément. Les deux autres ont dû être imprimées antérieurement, et n'ont été qu'après coup enrichies de la vingt-cinquième lettre ; ce qui est évident, puisque dans l'une cette vingt-cinquième lettre a une pagination séparée, et que, dans l'autre, elle est, ainsi qu'il a été dit, imprimée avec des caractères différents.

---

(3) Il n'est pas inutile de dire que cette même lettre a été reproduite dans un recueil de pièces (la plupart obscènes) : *Lettre philosophique, par M. de V***, avec plusieurs pièces galantes et nouvelles de différents auteurs*. 1756, pet. in-8 ; 1774, in-8, etc.

Mais l'une de ces éditions ne serait-elle pas celle que Jore avait faite en 1731 ? je ne serais pas éloigné de le penser, dit M. Beuchot ; d'autant plus que ce ne serait qu'en 1733 (Lettre à Cideville, du 1er juillet 1733) que Voltaire aurait envoyé à Jore cette vingt-cinquième lettre, *sur les Pensées de Pascal* ; et la différence des caractères employés pour l'imprimer fait conjecturer qu'il s'était écoulé quelque temps depuis l'impression des vingt-quatre premières. Une autre observation à ce sujet, c'est que Voltaire, qui avait reçu deux exemplaires de l'édition faite par Jore, se plaint de fautes considérables (Lettre à Cideville, 1er juin 1734) ; et l'édition de 387 pages en contient en effet beaucoup, surtout quant à la ponctuation : on ne les eut pas faites si l'on eut imprimé, d'après l'édition présumée condamnée, où on ne les trouve point. Je ne donne, au reste, tout ceci que pour de simples observations, dit M. Beuchot ; je ne me permets pas de prononcer.

Des vingt-sept lettres qui figurent sous le nom de *Lettres philosophiques*, vingt-quatre seulement ont du rapport entre elles, puisqu'elles concernent l'Angleterre. Les trois autres (1° sur les Pensées de Pascal, 2° sur l'Ame ; 3° sur l'Incendie d'Altena) leur sont étrangères.

C'est, en effet, dans ces vingt-quatre lettres que Voltaire fait consister son ouvrage. En envoyant la vingt-quatrième à Thieriot, il lui écrivait, le 1er mai 1733 : « Je vous envoie la *lettre sur les académies*, qui est la dernière. Dans sa lettre à Maupertuis (du 29 avril 1734), il dit n'avoir pas laissé admettre dans l'édition de Londres la lettre sur les Pensées de Pascal (qui est la vingt-cinquième).

Après la condamnation des *Lettres philosophiques*, les libraires étrangers, pour ne pas éveiller l'attention de l'autorité, jugèrent prudent de ne pas employer un titre proscrit par elle ; il était sage de déguiser cet ouvrage en l'entremêlant dans les diverses divisions ou sections des Œuvres de Voltaire. Tout éditeur qui aurait osé admettre dans sa collection, et sous leur titre, les *Lettres philosophiques*, eut vu interdire à son édition l'entrée de France, et, au besoin, exécuter l'arrêt du 10 juin 1734. M. Beuchot cite pourtant une édition des Œuvres de Voltaire, dans laquelle les *Lettres philosophiques* sont imprimées en corps d'ouvrage ; c'est celle d'Amsterdam, 1739, 3 vol. pet. in-8. Les divers éditeurs de Voltaire, jusques et y compris ceux de Kehl, donnèrent cet ouvrage disséminé : les derniers le dispersèrent dans le Dictionnaire philosophique. « Palissot, homme de goût et d'esprit, et pourtant mauvais éditeur de Voltaire » (4), voulut faire mieux que ses devanciers : il entreprit de rétablir, pour son édition, les *Lettres philosophiques* en corps d'ouvrage ; mais, quoique tout au plus vingt-sept pièces aient été, comme on l'a vu, produites sous le titre de *Lettres philosophiques*, Palissot y ayant ajouté beaucoup de morceaux hétérogènes, donna, sous cette dénomination, trente-neuf morceaux.

— Les mêmes. Nouv. édition, avec des notes de M. BEUCHOT. *Paris, veuve Perronneau*, 1818, in-12.

Cette édition porte le nom de Voltaire.

En rétablissant en corps d'ouvrage les *Lettres philosophiques*, M. Beuchot n'a cru devoir réunir que les vingt-quatre premières, lesquelles sont :

Lettres 1 à 4 sur les quakers ; 5, sur la religion anglicane ; — 6, sur les presbytériens ; —7, sur les sociniens, ou ariens, ou anti-trinaires ;—8, sur le parlement ; — 9, sur le gouvernement ; — 10, sur

---

(4) M. Beuchot.

le commerce ; — 11, sur l'insertion de la petite-vérole ; — 12, sur le chancelier Bacon ; — 13, sur M. Locke ; — 14, sur Descartes et Newton ; — 15, histoire de l'attraction ; — 16, sur l'Optique de Newton ; — 17, sur l'infini et la chronologie ;—18, sur la Tragédie ;—19, sur la Comédie ; — 20 ; sur les seigneurs qui cultivent les lettres ; — 21, sur le comte de Rochester et M. Waller ;—22, sur M. Pope et quelques autres poëtes fameux ;—23, sur la considération qu'on doit aux gens de lettres ;—24 , sur les académies.

M. Beuchot a suivi le texte de l'édition de 1734, et a donné en variantes les additions et corrections faites depuis par l'auteur. Un des motifs du rétablissement des *Lettres philosophiques*, un des ouvrages qui a eu le plus d'influence sur l'esprit humain dans le XVIIIe siècle, est de mettre le lecteur en état de voir ce qu'elles étaient lors de leur condamnation.

Cet ouvrage a été inséré par M. Beuchot dans le tome XXXVII, premier volume de *Mélanges* de sa grande édition.

2. **Épître à Uranie, ou le Pour et le Contre, poëme (en vers). (Composé en 1722). 1732.**

Ce petit poëme est un des premiers ouvrages où Voltaire ait fait connaître ouvertement ses opinions sur la religion et la morale.

Intitulée d'abord *Épître à Julie*, cette pièce doit être de 1722, époque du voyage de Voltaire à Bruxelles et en Hollande avec madame de Rupelmonde. J.-B. Rousseau, à qui Voltaire la récita, dit, dans une lettre du 22 mai 1736, en avoir été scandalisé au point d'interrompre l'auteur qui en faisait la lecture. A en croire Rousseau, ce fut l'origine de la brouille entre les deux poëtes. Voltaire lui donne une autre cause. Il raconte que Rousseau, lui ayant montré son « Ode à la postérité » : « Mon ami, lui dit Voltaire, voila une lettre qui ne sera jamais reçue à son adresse.

L'*Épître à Uranie* fut imprimée, pour la première fois, dix ans après avoir été composée. — C'est en 1764 qu'elle fut admise, pour la première fois, dans le tome XIII d'une édition des OEuvres de Voltaire, Amsterdam (Rouen), mauvaise et curieuse édition tout à la fois, mais à laquelle Voltaire était entièrement étranger. — Elle fut ensuite admise dans les éditions des OEuvres de l'auteur, de 1772 et de 1775, sous le titre de *le Pour et le Contre*. M. Beuchot l'a admise, sous ce dernier titre, dans le tome XIII de son édition, deuxième volume des *Poésies*, d'après le texte des éditions de Kehl, qui avaient reproduit le texte de 1775 ; mais il a recueilli les variantes de 1772, etc.

— La même Épître, suivie du poëme sur la Loi naturelle (par le même); précédés d'une Introduction, par SANTO-DOMINGO. *Bruxelles, C.-J. Demat fils et H. Remy,* 1827, in-18, 50 c.

3. **Remarques (premières) sur les Pensées de Pascal. 1734. — Dernières Remarques sur les Pensées de Pascal et quelques autres objets. 1778.**

Les *Remarques* de Voltaire *sur les Pensées de Pascal* n'existent pas comme livre : elles furent écrites et imprimées à diverses époques. C'est d'après une note de Voltaire lui-même, dans les premières Remarques sur l'ouvrage de Pascal, que M. Beuchot leur assigne

1728 comme date de leur composition. Ces premières Remarques ne virent cependant le jour qu'en 1734, parmi les *Lettres philosophiques*. La vingt-cinquième et dernière de ces Lettres contenait cinquante-sept remarques. Le P. Desmolets ayant publié, en 1728, dans la seconde partie du tome V de la « Continuation des Mémoires de littérature et d'histoire », des « Pensées de Pascal qui n'avaient point encore paru », Voltaire fit huit autres remarques : ce qui porta ces premières remarques à soixante-quatre : elles furent imprimées dans l'édition de 1742 des OEuvres de Voltaire, à la suite les unes des autres, mais avec deux séries de numéros.

M. Beuchot a inséré ces premières Remarques dans le tome XXXVII de son édition, premier volume des Mélanges.

Les *Dernières Remarques* furent écrites longtemps après, et à l'occasion de la publication par Condorcet, des « Éloge et Pensées de Pascal », 1776, in-8 de 300 et quelques pages, dont plus d'un tiers est rempli par l'Éloge de Pascal, et par des Réflexions sur l'argument de M. Pascal et de M. Locke, concernant la possibilité d'une autre vie à venir, par M. de Fontenelle (et que Voltaire doutait être de ce dernier). Condorcet avait mis au bas des pages des notes, les unes de sa façon, les autres de Voltaire. Ces dernières, au nombre de vingt-sept, étaient un choix de celles qui avaient été publiées avec les *Lettres philosophiques*, ou depuis. Cette édition des Pensées de Pascal, donnée par Condorcet, fut longtemps regardée comme la meilleure ; non-seulement elle était mieux rangée que les précédentes, mais encore elle renfermait des pensées nouvelles puisées dans les manuscrits de Pascal. Ce fut l'objet de remarques nouvelles de la part de Voltaire, qui fit réimprimer l'édition de Condorcet sous ce titre : Éloge et Pensées de Pascal, nouvelle édition, commentée, corrigée et augmentée, par M. de ***, Paris (Suisse), 1778, in-8. Voltaire avait prodigué les notes sur la préface de Condorcet, sur son Éloge de Pascal, sur les Réflexions imprimées sous le nom de Fontenelle, sur les notes même de Condorcet. Il avait gardé l'anonyme, et ce qui est de lui est signé des mots *second éditeur*. Il avait mis en tête un Avertissement. Voila pour les *Dernières Remarques sur les Pensées de Pascal.*

De ces Remarques, probablement le dernier ouvrage que Voltaire lui-même ait livré à l'impression, les éditeurs de Kehl n'ont admis, dans leur édition de Voltaire, que le seul avertissement du volume dont nous venons de parler. M. Beuchot ne donna, en 1819, dans le Voltaire publié par madame Perronneau, que les remarques de Voltaire portant sur le texte de Pascal, et les éditeurs qui sont venus après lui n'en ont pas agi autrement ; mais, pour sa grande édition, publiée par M. Lefèvre, il a, pour la première fois, fait précéder les Remarques de Voltaire sur les Pensées de Pascal, des notes du même sur le travail de Condorcet et sur l'écrit attribué à Fontenelle.

Ces Remarques de Voltaire, tant sur l'Éloge de Pascal, par Condorcet, que sur l'ouvrage attribué à Fontenelle et sur les Pensées de Pascal, forment un total de 128 notes, qui ont été imprimées dans le tome L du Voltaire de M. Beuchot, quatorzième volume des *Mélanges.*

Les Remarques de Voltaire, ajoutées à diverses éditions de l'ouvrage de Pascal, et notamment à celles de Londres, 1776, in-8, publiées par Condorcet; celle de Paris (Suisse), 1778, in-8, publiée par Voltaire lui-même, et de Genève, 1778, 2 vol. in-12, le firent condamner par décret de la cour de Rome, du 18 septembre 1789.

4. **Traité de métaphysique. (Composé en 1734).**

Cet ouvrage n'a jamais été imprimé à part ; il avait été composé pour madame la marquise Du Châtelet, à qui Voltaire l'offrit avec cet envoi :

> L'auteur de la métaphysique
> Que l'on apporte à vos genoux,
> Mérita d'être cuit dans la place publique,
> Mais il ne brûla que pour vous

Longchamps, dans le chapitre xxv de ses « Mémoires », publiés en 1826, raconte que, chargé d'attiser le feu dans lequel on avait jeté des papiers que madame Du Châtelet avait recommandé de brûler après sa mort, il parvint à soustraire un cahier de papier à lettres, d'une écriture fort menue. Ce cahier contenait le *Traité de métaphysique*, qui fut imprimé, pour la première fois, dans les éditions de Kehl.

Cet ouvrage est d'autant plus précieux, que, n'ayant point été destiné à l'impression, l'auteur a pu dire sa pensée toute entière. Il renferme ses véritables opinions, et non pas seulement celles de ses opinions qu'il croyait pouvoir développer sans se compromettre. (*Les édit. de Kehl*).

Il a été inséré, dans le Voltaire de M. Beuchot, au tome XXXVII, premier volume des Mélanges.

5. Discours en vers sur l'Homme. 1738, 2 parties in-8.

Ces Discours sont au nombre de sept. Le premier prouve l'égalité des conditions., c'est-à-dire qu'il y a dans chaque profession une mesure de biens et de maux qui les rend toutes égales ; — le second, que l'homme est libre, et qu'ainsi c'est à lui de faire son bonheur ; — le troisième, que le plus grand obstacle au bonheur est l'envie ; — le quatrième, que, pour être heureux, il faut être modéré en tout ; — le cinquième, que le plaisir vient de Dieu ; — le sixième, que le bonheur parfait ne peut être le partage de l'homme en ce monde, et que l'homme n'a point à se plaindre de son état ; — le septième, que la vertu consiste à faire du bien à ses semblables, et non pas dans de vaines pratiques de mortification.

Ce fut en 1745, dans le tome VI des OEuvres de Voltaire, que les six premiers Discours furent recueillis. On trouve, à leur suite : *Ce que c'est que la vertu, discours en vers*, mais il n'est pas donné comme septième. Dans les éditions de 1742, 1746, 1748, 1751, le septième discours est séparé des autres.

Malgré ce qui est dit dans l'Avertissement de ces Discours, on ne trouve dans la correspondance de Voltaire trace de ces Discours, qui étaient d'abord intitulés *Épîtres*, jusqu'au commencement de 1738. Les deux premières furent envoyées à Frédéric II, le 23 janvier ; il y en avait alors quatre de faites. Cependant la troisième ne fut envoyée que le 8 mars, la quatrième, en avril.

Les deux premières furent imprimées sous le titre d'*Épîtres sur le bonheur*. Paris, Prault, 1738, in-8. Chacune a sa pagination séparée et son approbation de censeur, datée du 1er mars. L'approbation de la troisième est du 28 avril. Ces trois épîtres furent réimprimées en Hollande, avec le nom de l'auteur ; ce qui le contraria beaucoup. La quatrième épître, aussi imprimée séparément, porte une approbation de Crébillon, datée du 2 août 1738.

La cinquième épître doit être de juin 1738 ; la sixième, du mois de juillet.

Ce qui forme aujourd'ui le septième Discours, était composé dès juin 1738, si toutefois une lettre de Frédéric, où il est question de cette pièce, n'est pas altérée ou mal classée.

Ces sept *Discours*, avec notes et variantes de toutes les éditions, ont été insérés par M. Beuchot

dans le tome XII de son édition de Voltaire, premier volume des *Poésies*.

6. Lettre sur l'âme. 1738.

Ainsi que nous l'avons dit plus haut, cette Lettre fut imprimée, pour la première fois, à la tête d'un volume intitulé : *Lettres de M. de V***, avec plusieurs pièces de différents auteurs*. La Haye, Poppy, 1738, in-12. Cette Lettre est intitulé : *XXVIe Lettre : sur l'âme :* elle portait rigoureusement à vingt-sept le nombre des lettres appelées *philosophiques*. Cette XXVIe lettre, détachée du volume (mais non réimprimée), se trouve quelquefois ajoutée à des exemplaires de 1734 des *Lettres philosophiques*.

Cette Lettre, ainsi que le volume dont elle fait partie, ont été plusieurs fois réimprimés, et nous avons trouvé citées, entre autres, les éditions suivantes : La Haye (Rouen), 1739, in-12 ; — La Haye, Poppy, 1744, in-12 ; — Paris, la Compagnie, 1747, in-12.

7. Dialogue entre madame de Maintenon et mademoiselle Ninon de Lenclos. (1751), in-12.

Une notice de la police, qui se trouve à la Bibliothèque du roi, attribue cet opuscule à la marquise de Créqui, le libraire de Tune fait remarquer, page 15 de la lettre D de son catalogue, La Haye, 1785, in-8, que cet opuscule a été attribué à Voltaire.

Ce dialogue est imprimé, dès 1751, dans les OEuvres de Voltaire. Il est question de madame de Maintenon dans les *Anecdotes ;* et Voltaire en parle dans beaucoup d'autres endroits. Anne, ou Ninon de Lenclos, née le 15 mai 1616, mourut le 17 octobre 1705, à quatre-vingt-neuf ans cinq mois et deux jours. Voltaire, dans une note de l'opuscule que nous citons, ne lui donne que quatre-vingt-huit ans.

On trouve, dans les OEuvres de Voltaire, un autre morceau sur cette femme célèbre, intitulé : *Sur mademoiselle de Lenclos*, à M***. 1751. Ce morceau fait partie du tome III des *Nouveaux Mélanges philosophiques, historiques, critiques, etc.*, 1763. C'est donc par erreur, dit M. Beuchot, que les éditeurs de Kehl l'ont daté de 1771. Des éditeurs modernes ont mis 1751, et avec raison, puisque c'est de 1751 qu'est daté un des ouvrages dont Voltaire parle comme venant de paraître. On peut encore, sur Ninon de Lenclos, voir, dans la *Correspondance*, le fragment de lettre du 15 avril 1752, et le chapitre viii de la *Défense de mon oncle*.

8. Défense de milord Bolingbrocke. *Berlin*, 1751, in-8.

Publiée sous le pseudonyme du docteur Good natur'd Welleswisher, chapelain du comte de Chesterfield.

Dans les éditions de Kehl, et dans beaucoup d'autres, on a imprimé ce morceau à la suite de l'*Examen important de milord-Bolingbrocke*, comme si ces deux ouvrages avaient quelque rapport.

Après la mort de milord Bolingbrocke, arrivée le 25 novembre 1751, pendant que David Mallet s'occupait d'une édition des OEuvres du lord en anglais, Barbeu du Bourg donna une traduction française de ses « Lettres sur l'histoire », dans lesquelles l'authenticité de la Bible est attaquée. J. Leland, P. Vhalley, et autres, écrivirent contre l'ouvrage de Bolingbrocke. Formey fournit, pour la « Nouvelle Bibliothèque germanique », tome XI, page 78, un extrait des opuscules de Zimmermann, théologien de Zurich, et avait choisi pour sujet la « Dissertation sur l'incrédulité », afin d'avoir occasion de faire une sortie contre les incrédules. Frédéric, roi de Prusse, désigné dans cette sortie très-vive, n'en continua pas moins ses bontés à Formey, mais accorda à Voltaire le privilége pour l'impression d'une réponse, que Voltaire intitula : *Défense de milord Bolingbrocke.* Cette *Défense*, réimprimée dans la « Bibliothèque raisonnée », tome L., page 392, causa du scandale ; et Voltaire, qui n'y avait pas mis son nom, prit le parti de la faire désavouer. Voici ce qu'on lit dans le tome VII de la « Bibliothèque impartiale, sous la rubrique de La Haye :

« Il paraît ici une brochure de trente-neuf pages
« in-8, qui a attiré l'attention du public accoutumé
« à accueillir avec empressement tout ce qui vient
« de la plume ingénieuse à laquelle on l'attribue ;
« en voici le titre : *Défense de milord Bolingbrocke,*
« *par M. de Voltaire*, à Berlin, 1753. Quoique les
« personnes éclairées ne puissent pas s'y tromper,
« on est bien aise d'avertir que cette production
« n'est pas de l'auteur dont elle porte le nom. On
« le sait immédiatement de lui-même, et il a sou-
« haité que le public en fût informé ».

Le texte de la *Défense*, tel qu'on le lit dans la « Bibliothèque raisonnée », présente des variantes courtes, mais piquantes, que la prudence ordonnait peut-être encore aux éditeurs de Kehl de supprimer.

Cette défense a été réimprimée depuis avec quelques retranchements.

Voltaire disait, par exemple, du cardinal d'Auvergne, *Cluny, propter clunes* ; cet outrage à la mémoire d'un prélat qui l'avait toujours accueilli avec politesse, a été effacé. (*Note de M. Chaudon*).

Le texte a été rétabli, en 1822, dans l'édition de M. Lequien.

9. Religion (la) naturelle, poëme en quatre parties. (Composé en 1752). 1756, in-8.

Réimprimé avec le poëme sur la destruction de Lisbonne, sous le titre de : *la Loi naturelle*, 1757, in-8. Ce poëme fut condamné au feu par arrêt du parlement de Paris, du 23 janvier 1759.

Le poëme de *la Loi naturelle* et celui sur le *Désastre de Lisbonne* furent tous deux imprimés, pour la première fois, en 1756; mais ils n'avaient pas été composés la même année.

Voltaire lui-même, dans la note de l'Exorde, dit que *la Loi naturelle* est de 1751. Il lui donne la même date dans sa note de l'*Ode sur la mort de la princesse de Bareuth*. Dans sa lettre à d'Argenson, du 22 mars 1756, il dit que ce poëme fut crayonné pour le roi de Prusse, précisément avant la brouillerie, qui est du commencement de 1753, et même de la fin de 1752. D'après Colini (Mon séjour auprès de Voltaire, page 31), c'est en 1752 que ce poëme fut composé. C'est cette date que M. Beuchot a adoptée. Voltaire l'appelle tantôt son *Petit Carême* (voy. sa lettre à Thieriot, du 12 mars 1756), tantôt son *Testament en vers* (voy. sa lettre au même, du 12 avril 1756). Quant au titre de *la Religion naturelle*, que l'on reprocha à Voltaire qui fut réduit à le renier, Voltaire l'employe lui-même dans sa lettre à Thieriot, du 12 mars 1756.

Le poëme sur *la Loi naturelle* a été imprimé dans le tome XII du Voltaire de M. Beuchot, premier volume des *Poésies*.

10. Poëme sur le désastre de Lisbonne, ou Examen de cet axiôme : tout est bon. 1756, in-12.

Le tremblement de terre de Lisbonne est du premier novembre 1755, mais Voltaire n'en eut la certitude qu'à la fin du mois (voy. ses lettres à M. Bertrand, des 28 et 30 novembre). On peut croire qu'il avait déjà conçu l'idée de son poëme ; mais il en parle pour la première fois dans sa lettre à d'Argental, du 8 janvier 1756. Il l'y appelle son *Sermon*. Dans une lettre à Thieriot, du 12 avril 1756, il l'appelle ses *Lamentations de Jérémie*. L'ouvrage circulait à Paris dès le mois de janvier, et Voltaire voulait l'attribuer à un P. Liebaut, ou Liébaud. (Voy. ses lettres à Gauffecourt, du 29 janvier 1756, à Thieriot, du 29 février).

Ce poëme est imprimé, dans le Voltaire de M. Beuchot, à la suite de celui sur la Loi naturelle.

11. * Précis de l'Ecclésiaste et du Cantique des cantiques, en vers. 1759, in-4 et in-8.

Le *Précis de l'Ecclésiaste* et le *Précis du Cantique des cantiques*, qui est à la suite, sont de 1759. Deux lettres du comte d'Argental à Voltaire, des 1er mars et 22 avril 1756 (impr. aux pages 532 et 534 du tome II des *Mémoires sur Voltaire*, par Longchamp et Wagnière), nous ont appris que madame de Pompadour, tout en continuant *la même vie*, voulut alors se faire dévote. Elle n'allait plus au spectacle, faisait maigre trois jours de la semaine pendant tout le carême, *mais sous la condition qu'elle ne serait pas incommodée*. Elle voulut avoir des psaumes mis en vers par Voltaire, qui n'eut point égard à cette demande. Mais ce fut pour cette dame (Lettres à Thieriot, du 11 juin 1759, et à d'Argental, du 7 février 1761), qu'il composa le *Précis de l'Ecclésiaste* et le *Précis du Cantique des cantiques*. Il paraît même (lettre à Thieriot, du 11 juin 1759) que la composition de ces deux ouvrages est de 1756; ce ne fut toutefois qu'en 1759 qu'ils virent le jour : on en fit au Louvre, c'est-à-dire à l'imprimerie royale, une magnifique édition (lettre à Thieriot, du 15 décembre 1759); *mais il y a beaucoup de fautes, et le texte manque au bas des pages* (même lettre). Louis XV l'avait lu à son souper (lettre à d'Argental, du 7 février 1761).

Cette paraphrase a été néanmoins condamnée à être lacérée et brûlée au pied du grand escalier du Palais par l'exécuteur des hautes œuvres, et par arrêt du parlement de Paris, en date du 3 septembre 1759, sur le rapport de l'abbé de Terray, et sur le réquisitoire de M. le procureur-général Omer Joly de Fleury, portant qu'il est évident que l'auteur n'a composé cet ouvrage que dans un esprit opposé à celui de la religion. Le jugement reçut son exécution le 7 du même mois. Ces deux petits poëmes ont été également condamnés à Rome, le 3 décembre de la même année.

Collé, dans son *Journal historique*, dit que les deux *Précis* sont arrivés manuscrits à la fin de mai. La « Correspondance de Grimm » n'en parle qu'en novembre 1759. On a vu que la condamnation était du commencement de septembre : on peut donc présumer que la publication eut lieu en juillet.

La Bibliothèque royale possède un exemplaire d'une édition séparée du *Précis du Cantique des cantiques*. Liége, J. Bassompière, 1760, in-8.

Le *Précis de l'Ecclésiaste* avait d'abord été imprimé seul en 1759; on annonce en même temps la prochaine publication du *Précis du Cantique des cantiques*, qui, en effet, parut bientôt après. Les deux *Précis* ont, dès 1759, presque toujours été réimprimés à la suite l'un de l'autre.

Dans les « Poésies diverses du philosophe de Sans-Souci » (le roi de Prusse), qui parurent en 1760, on trouve des « Stances, paraphrase de l'Ecclésiaste » : il y a onze stances de six vers de sept syllabes, et six stances de quatre vers alexandrins. C'est précisément la forme des stances de l'ouvrage de Voltaire.

Lorsqu'en 1761, Cramer admit le *Précis de l'Ecclésiaste* dans la seconde partie du tome V de son édition des OEuvres de Voltaire, il mit au bas de l'Avertissement : *N. B.* « On attribue ce *Précis* à M. de Voltaire; mais il n'est pas de lui : il est de M. Eratou (anagramme d'Arouet), conseiller de S. A. S. M. le landgrave ». Ce *nota bene* a été conservé dans l'édition in-4, tome XVIII, daté de 1771, et dans l'édition encadrée de 1775, tome XII. — La dédicace au roi de Prusse n'était pas encore imprimée en 1771. La première édition où on la trouve est celle de 1775. La phrase de cette dédicace où Voltaire parle des cuistres ignorants qui ont condamné le *Précis de l'Ecclésiaste*, fait croire à M. Beuchot qu'elle est antérieure au rétablissement des parlements, et qu'elle peut être du même temps que la fin de la note *a* sur la *Loi naturelle*, c'est-à-dire de 1773.

M. Beuchot, en réimprimant le *Précis de l'Ecclésiaste*, dans le tome XII des OEuvres de l'auteur, y a joint le texte, et la traduction du texte d'après la Vulgate, le tout selon une édition de 1759, dans laquelle se trouve l'indication de chaque passage et verset.

Ainsi que nous l'avons dit plus haut, le *Précis du Cantique des cantiques* parut peu après le *Précis de l'Ecclésiaste*. La première édition fut publiée avec un Avertissement qui est de Voltaire. Une *lettre* de *M. Eratou* (Arouet), qui se trouve à la suite, parut en 1761, dans la seconde partie du tome V des OEuvres de Voltaire. C'est en même temps que fut ajoutée la dernière phrase de l'Avertissement. La *Lettre de M. Eratou à M. Olocpitre* est citée dans une lettre de Voltaire à d'Argental, de mai 1761.

12. Sermon du rabbin Akib, prononcé à Smyrne, le 20 novembre 1761; traduit de l'hébreu. (Composé par Voltaire). 1761; in-8.

Entre le titre et le texte, dans une édition de 1765, qui fait partie du tome III des *Nouveaux Mélanges*, on a ajouté cette phrase : « On le croit de « la même main que la *Défense de milord Bolingbrocke*.

Ce *Sermon* est postérieur au 21 septembre 1761, jour de l'exécution de Malagrida à Lisbonne. Cependant on en trouve la mention dans une lettre de Voltaire à madame de Fontaine, du 1er février 1761; ce qui prouve seulement que cette lettre, telle qu'elle a été imprimée, est une de celles qu'on a composées de fragments de plusieurs; mais, le 26 janvier 1762, Voltaire écrivait à d'Argental qu'il était difficile *à présent* de se procurer des *Sermons du rabbin Akib*; ce qui prouve qu'il y avait déjà quelque temps que la distribution en avait été faite. Je crois donc, dit M. Beuchot, pouvoir assigner le dernier trimestre de 1761 pour époque de la publication du *Sermon*.

13. Extraits des Sentiments de Jean Meslier, adressés à ses paroissiens, sur une partie des abus et des erreurs en général et en particulier (publié avec un Abrégé de la vie de Jean Meslier, par Voltaire). 1762, in-8 de 63 pag.; — 1765, in-8 de 64 pages.

Barbier en cite une édition sous le titre de *Sentiments du curé Meslier*, même date, même format.

Cet ouvrage a été condamné à être brûlé par arrêt du parlement de Paris; la cour de Rome le condamna aussi, par décret du 8 février 1765.

Jean Meslier fils, ouvrier en serge du village de Mazerni, et curé d'Étrépigny en Champagne, est mort en 1733, âgé de 55 ans. Anacharsis Clootz avait proposé à la Convention nationale d'ériger une statue à ce digne prêtre. Cette proposition n'eut pas de suite.

Le précis du Testament de Meslier, fait par Voltaire, n'a point été inséré dans l'édition de ses OEuvres donnée par Beaumarchais; mais Naigeon l'a fait entrer dans le « Dictionnaire de la philosophie ancienne et moderne » de l'Encyclopédie méthodique, tome III, article MESLIER : il a été réimprimé, en 1792, à la suite du « Bon sens, etc. » (du baron d'Holbach), et, plus récemment, en tête de plusieurs éditions de l'ouvrage du curé Meslier.

Ce fut Thieriot qui, le premier, parla de Meslier à Voltaire (voyez la lettre du 30 novembre 1735). Il y avait deux ans que ce curé était mort; et ce ne fut que trente ans après que parut l'*Extrait du testament*. Voltaire en envoya un exemplaire à Damilaville, le 4 février 1762. Cette première édition a soixante-trois pages in-8. On avait, dans cette édition, oublié l'*Avant-propos*; cette omission fut réparée dans la réimpression en soixante-quatre pages dont Voltaire envoya un exemplaire à d'Argental, le 31 mai. A la fin de ces deux éditions, on lit : « ce 15e mars 1742 ». Cette date indique, non l'année de l'impression, mais tout au plus celle de sa confection, si d'ailleurs, ce qui est plus probable, ce n'est pas une date supposée.

M. Beuchot, qui avait déjà admis l'*Extrait du testament de Meslier* dans son édition de Voltaire, in-12, publiée chez madame Perronneau, l'a encore admis dans sa grande édition, tome XL, quatrième volume des *Mélanges*.

14. * Sermon des cinquante. (Vers 1766). in-8 de 27 pages.

Voltaire ne l'a point inséré dans les éditions de ses OEuvres faites sous ses yeux. On en retrouve le fond dans les *Homélies*. (Voy. le n° 21).

Cet ouvrage est précieux; c'est le premier où Voltaire, qui n'avait jusqu'alors porté à la religion chrétienne que des attaques indirectes, osa l'attaquer de front. Il parut peu de temps après la « Profession de foi du vicaire savoyard ». Voltaire fut un peu jaloux du courage de Rousseau; et c'est peut-être le seul sentiment de jalousie qu'il ait jamais eu : mais il surpassa bientôt Rousseau en hardiesse, comme il le surpassait en génie. (*Les édit. de Kehl*).

Si cependant la date d'une lettre à madame de Fontaine, du 11 juin 1761, était exacte, comme on devrait le croire, il résulterait que le *Sermon des cinquante* a précédé d'un an la publication de « l'*Émile* » de Rousseau.

M. Beuchot fait la remarque, au sujet de cette lettre, que plusieurs lettres de Voltaire avaient été confondues en une seule, ce qui ne permet pas de les admettre toujours comme autorité. On ne peut avoir rien de positif d'après les éditions du *Sermon des cinquante*, qu'on trouve dans les diverses éditions de l'*Évangile de la raison*, et du Recueil nécessaire. L'édition du *Sermon*, que je regarde comme la première, est un in-8 de 27 pages, et au dessous cette note : « On l'attribue à M. du Martaine ou du Marsay, d'autres à La Mettrie; mais il est d'un grand prince très-instruit ». C'est « un prince respectable » que Voltaire, en dit l'auteur, dans ses *Instructions à Antoine-Jacques Rustan* (ou plutôt Roustan). Les mots « grand prince très-instruit » et « prince respectable », désignent le roi de Prusse Frédéric II. L'édition du *Sermon des cinquante*, en

27 pages in-8 , paraît à M. Beuchot sortir des mêmes presses que les premières éditions de l'*Extrait des sentimens de Jean Meslier*, et peut-être du même temps. M. Beuchot a donc cru pouvoir placer le *Sermon* en 1762. C'est à cette date que les éditeurs de Kehl l'ont mis dans leur table chronologique, et une lettre de Voltaire à Damilaville, du 10 octobre 1762, doit avoir été écrite vers le temps où parut l'édition en 27 pages.

Ce livre a été condamné, à Rome, le 8 juillet 1765. Il paraît que la chambre apostolique n'a point connu Voltaire pour être l'auteur de cette production, car il est dit dans l'Index, page 216 : « On l'attribue à M. du Marlaine ou du Marlay ; d'autres, à La Mettrie, mais il est d'un grand prince très-instruit ». On voit que l'Index a reproduit fidèlement le titre de l'opuscule. En vérité, dit un antagoniste de Voltaire, ce n'était pas là le cas de faire un compliment au roi de Prusse. L'auteur de « l'Anti-Sans-Souci, ou la Folie des nouveaux philosophes, etc. », Bouillon, 1761, 2 vol. in-12, n'a eu ni cette faiblessse, ni cette indulgence : il a relevé toutes les erreurs de Frédéric et de Voltaire avec autant de courage que de justesse. (*Note de M. G. Peignot*, page 45).

15. Catéchisme de l'honnête homme, ou Dialogue entre un caloyer et un homme de bien ; traduit du grec vulgaire, par D. J. J. R. C. D. C. D. G. 1764 (1763), petit in-12 de 68 pag.

Tel est le titre que porte cet opuscule dans une édition petit in-12 de 68 pages, avec la date de 1764. Mais on voit, par la lettre de Voltaire à d'Alembert, du 28 septembre 1763, que le *Catéchisme* se vendait, à Paris, dès 1763. Cette même lettre donne la clef des initiales qui signifient : *Dom Jean-Jacques Rousseau, ci-devant citoyen de Genève*. D'autres initiales, D. L. F. R. C. D. C. D. G. , se trouvent à l'édition qui fait parite du « Recueil nécessaire », 1765, in-8, mais qui n'est probablement que de 1767 , et dont Voltaire fut l'éditeur. C'est avec ces dernières initiales que le *Catéchisme* fut réimprimé, en 1768, dans la septième partie des *Nouveaux Mélanges*.

Cet opuscule fut condamné par décret de la cour de Rome du 8 juillet 1765.

Réimpr. dans les OEuvres de l'auteur parmi les « Dialogues et Entretiens philosophiques » ; mais M. Beuchot l'a inséré au tome V des *Mélanges*, ou XLV volume de son édition.

16. * Dictionnaire philosophique portatif. *Genève*, 1764, in-8 ; — Nouv. édition, revue, corr. et augm. de divers articles, par l'auteur. *Londres*, 1765, pet. in-8 ; — 1765, 2 vol. in-12 ; — 1767, in-8 de 580 pages.

Des Lettres du roi de Prusse, qui, jusqu'à l'édition donnée par M. Beuchot, n'ont pas été admises dans les OEuvres de Voltaire, à qui pourtant elles sont adressées, donnent la date de la composition des premiers articles du « Dictionnaire philosophique », et la fixent à 1751. Colini ne la met cependant qu'à 1752. « Il faut, dit-il, placer à cette « année le projet du *Dictionnaire philosophique* qui ne « parut que longtemps après. J'étais chaque jour « dans l'usage de lire à Voltaire, lorsqu'il était « dans son lit, quelques morceaux de l'Arioste ou « de Bocace : je remplissais avec plaisir mes fonc-

« tions de lecteur, parce qu'elles me mettaient à « même de recueillir d'excellentes observations, et « me fournissaient une occasion favorable de m'en-« trenir avec lui sur divers sujets. Le 28 sep-« tembre il se mit au lit fort préoccupé : il m'ap-« prit qu'au souper du roi on s'était amusé de « l'idée d'un *Dictionnaire philosophique*, que cette « idée s'était convertie en projet sérieusement adop-« té, que les gens de lettres du roi et le roi lui-« même devaient y travailler de concert, et que « l'on en distribuerait les articles, tels que *Adam*, « *Abraham*, etc. Je crus d'abord que ce projet n'é-« tait qu'un badinage ingénieux, inventé pour « égayer le souper ; mais Voltaire, vif et ardent « au travail, commença dès le lendemain ».

(*Mon séjour auprès de Voltaire*, page 32).

L'ouvrage ne parut cependant qu'en 1764 (4), sous le titre de *Dictionnaire philosophique portatif*, en un volume in-8 , que Voltaire désigne quelquefois sous le seul nom de *Portatif*. Une nouvelle édition in-8, augmentée de huit articles, vit le jour en décembre 1764, mais avec la date de 1765, date sous laquelle, dit M. Beuchot, je citerai cette édition, qui fut bientôt reproduite en un seul volume petit in-8 ; l'édition de 1765, en deux volumes in-12, est augmentée de seize nouveaux articles.

Cet ouvrage, dont Voltaire s'est plu à faire l'arsenal où il a déposé ses armes de toutes espèces contre la religion, la morale et la société, a été proscrit chez presque tous les peuples de l'Europe, en France, en Italie, en Hollande, à Genève, etc. Un arrêt du parlement de Paris, du 19 mars 1765, rendu sur le réquisitoire de M. Joly de Fleury (5), l'a fait brûler par la main du bourreau. Le rapporteur était Marie-Joseph Terray, qui fut depuis contrôleur général des finances. L'arrêt qui condamnait au feu le *Dictionnaire philosophique*, y condamnait aussi les « Lettres écrites de la montagne », par Jean-Jacques Rousseau. Lorsque le jeune chevalier de La Barre fut condamné, à Abbeville, en 1766, pour avoir insulté à la religion, brisé un crucifix, et chanté des infamies, il déclara que les mauvais livres, en particulier le *Dictionnaire philosophique* de Voltaire, étaient la cause de sa perte. Ce livre fut jeté, par ordre du parlement, dans le feu qui consuma le malheureux jeune homme, le 1er juillet 1766 (Lettre à d'Alembert du 16 juillet 1766). Le châtiment fut terrible, et nous le trouvons, dit un critique, excessivement rigoureux ; mais on assure, ajoute le même critique, que, sans l'apparition du *Dictionnaire philosophique*, et des autres libelles de Voltaire, l'humanité des juges et la bonté du roi se seraient laissé toucher. On crut qu'il était nécessaire d'arrêter le venin d'un mal contagieux et épidémique par un exemple effrayant. Le *Dictionnaire philosophique*, fut condamné, à Rome, le 8 juillet 1765. Malgré les deux condamnations, de Rome et de Paris, ce livre n'en a pas moins été souvent réimprimé, et les condamnations sont oubliées.

Ces condamnations étaient pour le livre autant

---

(4) D'après la lettre de Voltaire à Damilaville, du 13 juillet 1764, on peut croire que le *Dictionnaire philosophique* venait d'être publié.

(5) Pour donner une idée de la tartuferie du temps, nous empruntons à ce réquisitoire le passage suivant : « Quel abus plus énorme et plus « déshonorant de l'esprit et de ses talents ! La « Religion aura toujours des Celses, des Juliens, « des Socins, des Bayles, des insensés ! mais, mal-« heur à ces hommes qui, flattés d'ériger une école « d'erreur et d'iniquité, se chargent de l'horreur et « de l'exécration des hommes sages et *vertueux de* « tous les siècles et de tous les pays ! »

d'éléments de succès de plus. De nouvelles additions furent faites à l'édition de 1767, en un seul volume in-8 de 580 pages, et d'autres encore à l'édition de 1769, en 2 vol. in-8, sous le titre de : *la Raison par alphabet, sixième édition, revue, corrigée et augmentée par l'auteur* (6). L'édition de 1767, aussi intitulée *sixième édition* (7), était augmentée de trente-sept articles, qui ont été imprimés séparément in-8 pour servir de supplément à l'édition de 1765, de même format. Le frontispice de l'édition de 1770, deux parties in-8, porte : *Dictionnaire philosophique, ou la Raison par alphabet*, VIIe édition, revue, etc. Une partie seulement des articles, formant alors le *Dictionnaire philosophique*, a été reproduite, soit en 1775, dans l'édition encadrée, tome XXXVIII (premier des *Pièces détachées attribuées à divers hommes célèbres*), soit en 1777, dans l'édition in-4, t. XXVIII, et dans tous les deux sous la rubrique de *Fragments sur divers sujets par ordre alphabétique*. Une réimpression de 1776 a pour titre : *la Raison par alphabet, ou Supplément aux Questions sur l'Encyclopédie, attribué à divers hommes célèbres*, dixième et dernière édition, revue, corrigée et augmentée par l'auteur, in-8 de 359 pages.—Il est assez singulier, fait remarquer M. Beuchot, qu'on présente comme « Supplément aux Questions sur l'Encyclopédie », qui ont paru de 1770 à 1772, un ouvrage publié long-temps avant.

Ces deux volumes, réunis aux « Questions sur l'Encyclopédie (voy. le n° 38), à l'Opinion par alphabet, etc. (voy. n° suivant), et refondus », ont formé le *Dictionnaire philosophique* tel que nous l'avons aujourd'hui.

17. Dictionnaire philosophique, dans lequel sont réunis les Questions sur l'Encyclopédie, la Raison par alphabet, les articles insérés dans l'Encyclopédie, et plusieurs destinés pour le Dictionnaire de l'Académie française, etc. *Amsterdam*, 1789, 8 vol. in-12 ; — 1795, 8 vol. in-8.

Il y a loin du *Dictionnaire philosophique* d'aujourd'hui à celui publié en 1764 par Voltaire. Cette augmentation est le résultat des dispositions des éditeurs de Kehl, qui, ainsi qu'ils le disent dans leur Avertissement, ont fait un seul ouvrage de plusieurs, en les refondant dans le *Dictionnaire philosophique*.

Voici cet Avertissement des éditeurs de Kehl :

Nous avons réuni, sous le titre de *Dictionnaire philosophique*, les *Questions sur l'Encyclopédie*, le *Dictionnaire philosophique* réimprimé sous le titre de la *Raison par alphabet*, un dictionnaire manuscrit intitulé : l'*Opinion par alphabet*, les articles de M. de Voltaire insérés dans l'Encyclopédie, plusieurs articles destinés pour le «Dictionnaire de l'Académie française». On y a joint un grand nombre de morceaux peu étendus, publiés depuis plus ou moins longtemps, qu'il eût été difficile de classer dans quelqu'une des divisions de cette collection (les Œuvres de Voltaire). On trouvera nécessairement ici quelques répétitions ; ce qui ne doit pas surprendre, puisque nous réunissons des morceaux destinés à faire partie

---

(6) M. Beuchot croit que cette édition de 1769 est la première sous le titre de *la Raison par alphabet*. Pour la porter à deux volumes, on a réimprimé, à la fin du second, l'A, B, C., en dix-sept entretiens, qui occupent plus de 140 pages.

(7) C'est à l'occasion de cette édition que Voltaire écrivait à d'Alembert, le 19 juin 1767, que l'ouvrage paraissait en Hollande *tête levée*.

d'ouvrages différents. Cependant on les a évitées, autant qu'il a été possible de le faire, sans altérer ou mutiler le texte.

Les *Questions sur l'Encyclopédie* avaient paru de 1770 à 1772 (voy. le n° 38) ; mais je ne puis dire, dit M. Beuchot, de quoi se composait l'*Opinion par alphabet*, que Voltaire avait laissée en manuscrit. Il en est de même des articles qui étaient destinés pour le « Dictionnaire de l'Académie française ».

M. Beuchot, en réimprimant le *Dictionnaire philosophique*, dans les tomes XXVI à XXXII de son édition des Œuvres de l'auteur, a encore diminué le nombre des doubles emplois ; mais il en était d'inévitables.

Autres éditions de ce siècle :

Édition stéréotype. Paris, P. et F. Didot, 1813, 14 vol. in-18, 14 fr.

Paris, Ménard et Desenne, 1828, 14 vol. in-12, 28 fr., et sur pap. vélin, 56 fr. ; et 14 vol. in-12, 42 fr., et sur pap. vélin, 56 fr.

Paris, de l'impr. de Doyen, 1829, 9 vol. in-16. — Édition tronquée.

Paris, Hiard, 1833, 14 vol. in-18.

C'était dans leur *Dictionnaire philosophique* que les éditeurs de Kehl avaient placé la plupart des *Lettres philosophiques*, ou sur les *Anglais* : M. Beuchot les a, en 1817, rétablies en corps d'ouvrage et dans leur forme primitive ; et on les trouve dans son édition de Voltaire, tome XXXVII, premier volume des *Mélanges*.

On ne peut guère prendre le même parti pour le *Dictionnaire philosophique* tel qu'il était originairement, c'est-à-dire du 1764 à 1769, et pour les *Questions sur l'Encyclopédie*. Les deux ouvrages étaient de même nature, et rangés dans le même ordre, le lecteur, si on les séparait aujourd'hui, serait souvent embarrassé dans ses recherches. Mais, en conservant la fusion des deux ouvrages, M. Beuchot a cru utile de donner la date de la publication de chaque article, et il a fait la même chose pour tous les autres morceaux qui composent aujourd'hui le *Dictionnaire philosophique*. Si l'on excepte les articles de la lettre T, qui, la plupart, étaient évidemment destinés pour le « Dictionnaire de l'Académie », il n'y a, dans les sept volumes de son édition, qu'environ quarante articles dont il ne donne pas la date. Il est à croire que la plupart, sinon tous, sont posthumes, et appartenaient à l'*Opinion par alphabet*.

M. Beuchot a déplacé quelques articles ; mais, toutes les fois qu'il l'a fait, une note indique à quel endroit de son édition on trouve les morceaux déplacés.— Deux morceaux seulement ont été ajoutés dans son édition de 1829. Ce sont : 1° l'article *généreux* ; 2° un supplément à l'article *Quisquis*, qu'il tenait de feu M. Decroix, l'un des éditeurs de Kehl. —M. Beuchot a admis un assez grand nombre de variantes. Les plus remarquables sont aux articles *égalité, fonte, guerre*. Celle de la fin de l'article *fonte* est d'autant plus importante qu'elle sert à expliquer un passage de la lettre de Voltaire à d'Alembert, du 19 auguste 1770.

18. * Collection de Lettres sur les miracles, écrites à Genève et à Neufchâtel, par M. le proposant Théro, M. Covelle, M. Needham, M. Baudinet et M. Montmolin. *Neufchâtel*, 1765, in-8 ; — *Genève*, 1767, in-12.

Ces Lettres sont au nombre de vingt : elles ont été imprimées dans les Œuvres de Voltaire, sous le titre de *Questions sur les miracles*.

David Claparède, né en 1727, mort postérieurement à 1786, est auteur des « Considérations sur les miracles », 1765, in-8, qui firent naître les *Lettres sur les miracles*, et beaucoup d'autres écrits. Ces lettres parurent isolément et successivement. M. Beuchot possède, des seize premières, un exemplaire où chacune forme un cahier avec sa pagination séparée. Je n'ai jamais pu me procurer ainsi les lettres 17 à 20, ajoute le même éditeur. Il se pourrait que ces quatre dernières n'aient paru que lors de la réunion des seize premières en corps d'ouvrage. Ce qui le lui donne à penser, c'est qu'on ne trouve que seize lettres dans la réimpression in-12 de 126 pages, sous la date de Genève, 1767, avec cette pièce en tête :

ÉPÎTRE DÉDICATOIRE DE L'ÉDITEUR
au sieur Comus.

On ne pourrait dédier ce recueil de *Questions sur les miracles* plus dignement qu'à vous, Monsieur, parce que marchand d'ognons se connaît en ciboule. Je suis avec admiration,

Monsieur,

Votre très-humble et très-obéissant
serviteur,

BRIOCHETINO,
descendant du célèbre Brioché.

Brioché, comme on le voit à la page première du *Pot-Pourri* de Voltaire (1764), était un maître renommé de marionnettes.

La première des *Questions sur les miracles*, est mentionnée dans les « Mémoires secrets », du 23 juillet 1765 ; la seconde lettre, dans un article du 21 août. On voit, par un article du 4 septembre, qu'il en paraissait alors huit. Je ne trouve, dit M. Beuchot, aucune trace des autres. Cependant j'ai sous les yeux un volume in-8 de 232 pages, qui doit être sorti des presses de Cramer, et intitulé : *Collection de lettres sur les miracles, etc.* Lausanne, 1765. Ce volume contient les vingt lettres, et est terminé par l'alinéa : *Voilà le recueil complet, etc.*, qui n'est pas dans le volume in-12, daté de 1767, dont il a été parlé. Il est souvent arrivé à Voltaire d'antidater ses ouvrages ; mais la date de 1765 pour les vingt lettres est incontestable, d'après Needham même, l'antagoniste de Voltaire. Une autre édition de cette *Collection*, en 258 pages, petit in-8, avec le millésime de 1767, est entièrement conforme à l'édition de 1765. Elles n'ont, ni l'une ni l'autre, l'*Épître dédicatoire* de l'édition in-12, datée de 1767, et qui, d'après cela, pourrait bien ne pas être authentique.

On pourrait croire, et M. Beuchot lui-même l'a cru long-temps, que toutes les pièces qui font partie des *Questions* sortaient de la plume de Voltaire. Quelques explications sont ici nécessaires.

Jean Tuberville de Needham, jésuite, né à Londres, en 1713, mort à Bruxelles, le 30 décembre 1781, auteur d'expériences de physique ridiculisées par Voltaire, et de quelques écrits (cités dans la « France littéraire », publia, 1° « Réponse d'un théologien au docte proposant des autres questions », in-12 de 23 pages : c'est une réponse à la seconde lettre, et que Voltaire reproduisit toute entière, en y joignant des notes dans la Collection, en 1765 et 1767 ; les éditeurs de Kehl n'en ont donné que les passages nécessaires à l'intelligence des notes de Voltaire : cela était suffisant. M. Beuchot a fait comme eux ; 2° Parodie de la troisième Lettre du proposant, adressée à un philosophe », in-12 de 25 pages, plus le titre, aussi reproduit en entier en 1765 et 1767, et, par extraits, dans les éditions de Kehl ; 3° Réponse en peu de mots aux dix-sept dernières Lettres du proposant. M. Beuchot n'a pas vu l'original de cette pièce ; mais elle est dans un volume intitulé : *Questions sur les miracles, etc., avec des Réponses, par M. Needham*, Londres, et Paris, Crapart, 1769, in-8 de 116 pages ; 4° « Remarques sur la seizième Lettre du proposant », dont M. Beuchot n'a vu que la réimpression de 1769, mais qui doit avoir paru en 1765, sous le titre de « Projet de notes instructives », puisque c'est sous ce titre qu'on l'a reproduit en 1765 et 1767, en y joignant aussi des notes.

Les *Questions sur les miracles* ont été insérées par M. Beuchot, dans le tome XLII de son édition, sixième volume des *Mélanges*, en y ajoutant de nouvelles notes pour faire reconnaître au lecteur ce qui est de Voltaire.

19. Questions (les) de Zapata, traduites par le sieur Tamponet, docteur de Sorbonne. (Composées par Voltaire). *Leipzig*, 1766, in-8.

Ce sont encore des sarcasmes contre la Bible ; cet ouvrage fut condamné par décret de la cour de Rome du 29 novembre 1771.

La première édition de ces *Questions* porte le millésime 1766 ; cependant M. Beuchot les croit de 1767 : il en est question dans les «Mémoires secrets», à la date des 30 avril et 16 mai.

20. *Philosophe (le) ignorant. 1766, in-12.

Il existe plusieurs éditions de cet ouvrage sous la date de 1766, contenant aussi quelques autres pièces : 1° *Petite Digression*, qui, depuis les éditions de Kehl, est classée dans les romans, sous ce titre : 1° *les Aveugles juges des couleurs* ; 2° *Aventure indienne*; 3° *Petit Commentaire sur l'Éloge du Dauphin* ; 4° *Supplément au Philosophe ignorant : André Destouches à Siam.* Une édition de 1766, qui ne contient pas ce dernier morceau, a, au verso du frontispice, cette singulière note imprimée.

« Par A..... de V......e, gentilhomme jouissant de « cent mille livres de rentes, connaissant toutes « choses, et ne faisant que radoter depuis quelques « années : ah ! public, recevez ces paroles avec in-« dulgence ».

Le *Philosophe ignorant* a été, en 1767, compris dans le tome IV des *Nouveaux Mélanges*, et y est intitulé : *les Questions d'un homme qui ne sait rien*. On sait combien madame Du Deffand était au courant des écrits sortis de la plume de Voltaire. Or, cette dame parlant pour la première fois du *Philosophe ignorant*, dans sa lettre à H. Walpole, du 4 janvier 1767, l'ouvrage doit avoir paru à la fin de décembre 1766. Cependant Voltaire s'en occupait lors du voyage de Chabanon à Ferney, en avril 1766.

21. * Homélies prononcées à Londres, en 1765, dans une assemblée particulière. 1767-69, in-12.

Ces Homélies sont au nombre de cinq, et dont les sujets sont : 1° sur l'Athéisme ; 2° sur la Superstition ; 3° sur l'interprétation de l'ancien Testament ; 4° sur l'interprétation du nouveau Testament ; 5° sur la Communion (homélie prononcée le jour de Pâques).

Les quatre *Homélies*, qu'on donne comme prononcées en 1765, ne parurent que deux ans après. Les « Mémoires secrets » en parlent comme d'une nouveauté, sous la date du 10 mai 1767. L'édition originale, pet. in-8 de 78 pages, porte le millésine M. DCC. LXVII. La cinquième homélie fut publiée en 1769.

22. Examen important de milord Boling-brocke, écrit sur la fin de 1736; nouv. édition, corr. et augmentée sur le manuscrit de l'illustre auteur. *Sans indication de lieu (Genève)*, 1767, in-8 de 230 pag.; — 1771, in-8 de viij et 190 pages; — 1775, in-8 de viij et 148 pages; — 1776, in-8 de viij et 216 pages.

Cet écrit le plus éloquent, le plus profond et le plus fort qu'on ait encore écrit contre le fanatisme, et dont Bolingbrocke n'a jamais eu l'idée, car il est entièrement de Voltaire, a été condamné, par décret de la cour de Rome, du 29 novembre 1771, avec cinq autres ouvrages de Voltaire.

La première édition de l'*Examen important* est l'impression qui fait partie du « Recueil nécessaire ». Les « Mémoires secrets », à la date du 7 mai 1767, parlent de l'*Examen important* comme d'une nouveauté. M. Beuchot croit que sa publication est du mois d'avril.

L'édition de l'*Examen* qui fait partie du « Recueil nécessaire », n'a que trente-un chapitres; dans l'édition de 1767, le dernier chapitre est numéroté XXXVII : il n'y a pourtant que cinq chapitres d'ajoutés (aujourd'hui les IV, V, XXXV, XXXVI, XXXVII). Il n'y a point de chapitre IX, l'imprimeur ayant du n° VIII passé au n° X. Dans l'édition de 1771, on a conservé cette faute. C'est de cette année qu'est l'addition du chapitre XXXVIII. Dans l'édition de 1775, on a du chapitre VII fait les chapitres VII et VIII; du chapitre VIII, le IXᵉ; par ce moyen disparaît la faute de 1767 et 1771.

Dans l'édition de 1776, le dernier chapitre porte le chiffre XLI; mais, comme dans l'édition de 1775, ce qui forme les chapitres VII et VIII ne compose que le chapitre VII des autres éditions; par faute d'impression, le chapitre qui vient après le XXXIV est numéroté XXXVI (c'est-à-dire qu'il n'y a point de chapitre XXXV). Ce qui forme le chapitre XXXVI était la reproduction du morceau *Des globes de feu*, faisant partie de l'article *apostat* dans les *Questions sur l'Encyclopédie*; la seule addition faite à cette édition de 1776, consiste dans le chapitre qui était alors le XIIᵉ, mais qui n'est que le XIᵉ : *Quelle idée il faut se former de Jésus*, etc.

Les notes sur l'*Examen important* sont de diverses époques. Dans son édition, M. Beuchot (tome XLIII, septième volume des *Mélanges*, a mis la date à chaque note. On voit que quelquefois la fin est de beaucoup postérieure au commencement.

Dans beaucoup d'éditions des OEuvres de Voltaire, à la suite de l'*Examen important*, on a placé une Défense de milord Bolingbrocke, qui n'y a aucun rapport, et qui est antérieure de quinze ans.

23. *Lettres à S. A. Mgr le prince de *** (Brunswick), sur Rabelais et sur d'autres auteurs accusés d'avoir mal parlé de la religion chrétienne. *Londres*, 1767, in-8.

Ces Lettres sont au nombre de neuf.

Ces *Lettres* ont dû paraître en novembre 1767. Les « Mémoires secrets » en parlent au 19 de ce mois. Le prince à qui elles sont adressées est Charles-Guillaume-Ferdinand de Brunswick Lunebourg, né le 9 octobre 1735, cité avec éloge dans le *Précis du siècle de Louis XV*, commandant de l'armée prus-

sienne contre la France, en 1792, mort à Altena, le 10 novembre 1806, des suites d'une blessure qu'il avait reçue le 14 octobre précédent.

24. * Dîner (le) du comte de Boulain-villiers. 1767, in-8.

Réimpr. dans les OEuvres de l'auteur, parmi les « Dialogues et Entretiens philosophiques ».

Entre toutes les productions de Voltaire contre fanatisme religieux, celle-ci est une des plus fortes; elle a été condamnée au feu.

Cet ouvrage est de décembre 1767; les « Mémoires secrets » en parlent dès le 10 janvier 1768 : la première édition, in-8 de 60 pages, était sans frontispice et sans nom d'auteur. Mais on eut bientôt reconnu Voltaire; et plus que jamais on se déchaîna contre son impiété. Voltaire, effrayé, non-seulement désavoua le *Dîner*, mais il écrivait, le 22 janvier 1768, à Marmontel, que « tous les gens un peu au fait savent l'écrit être de Saint-Hyacinthe, qui le fit imprimer en 1728 ». Le lendemain il écrivait à d'Argental que le nom de Saint-Hyacinthe était sur le livre, preuve évidente, selon lui, que Voltaire n'en était pas l'auteur. Et pour prouver ce qu'il disait de l'édition de 1728, Voltaire fit faire une édition intitulée : *Dîner du comte de Boulainvilliers, par M. Saint-Hyacinthe*, 1728, in-8 de 60 pages. Mais cette édition de 1728 est imprimée avec les mêmes caractères que la *Profession des théistes*, l'*Epître aux Romains*, etc., sortis, en 1768, des presses de Cramer, à Genève. Des libraires de Hollande donnèrent aussi alors une édition sous la date de 1728; elle est en caractères plus gros que celle des Cramer. En composant son *Dîner*, en 1767, Voltaire ne pensa pas que le comte de Boulainvilliers était mort en 1722, et commit quelques anachronismes.

25. Sermon prêché à Bâle, le premier jour de l'an 1768; par Josias Rossette.

Ce Sermon est du commencement de l'année 1768. Il en est mention dans les « Mémoires secrets » du 28 février, et dans la « Gazette d'Utrecht », du 18 mars 1768.

26. A. B. C. (l'), dialogue curieux entre A. B. C. *Londres*, *R. Freemann*, 1762, (1768), in-8 ; —*Neufchâtel*, 1772, in-8 (8).

Ouvrage présenté comme traduit de l'anglais de HUET, mais composé par Voltaire; il contient dix-sept entretiens, sur différents sujets.

Ces dix-sept entretiens sont intitulés : 1° sur Hobbes Grotius et Montesquieu ;—2° sur l'Ame; — 3° Si l'homme est né méchant et enfant du diable;— 4° De la loi naturelle, et de la curiosité; — 5° des manières de perdre et de garder sa liberté, et de la théocratie ;—6° des trois gouvernements, et mille erreurs anciennes; — 7° l'Europe moderne vaut mieux que l'Europe ancienne;— 8° des serfs de corps; — 9° des esprits serfs; — 10° sur la religion; — 11° du droit de la guerre; — 12° du code de la perfidie;— 13° des lois fondamentales; —

---

(8) D'après M. Beuchot, les éditeurs de Kehl ont eu tort de ranger cet ouvrage parmi les ouvrages *philosophiques* de Voltaire; il l'eut été plus convenablement parmi ceux de *politique* et de *législation*, puisqu'il a en grande partie « l'Esprit des lois » pour objet.

14° que tout État doit être indépendant ; — 15° de la meilleure législation ; — 16° des abus ; — 17° sur des choses sérieuses.

Condamné, avec *la Raison par alphabet*, par décret de la cour de Rome du 11 juillet 1776.

Cet ouvrage a été inséré par les éditeurs des OEuvres de l'auteur parmi les *Dialogues et Entretiens philosophiques* ; mais M. Beuchot l'a inséré au tome XLV, ou neuvième volume des *Mélanges*, de son édition.

J'ai, de cet ouvrage, dit M. Beuchot, trois éditions ayant le même titre : « *L'A, B, C, dialogue curieux, traduit de l'anglais de M. Huet*, à Londres, chez Robert Freeman », mais sous trois millésimes différents : 1762, in-8 de vij et 160 pages ; 1768, in-8 de iv et 135 pages ; 1769, in-8 de 120 pages.— L'édition portant la date de 1762 me paraît être l'originale, ajoute l'intelligent éditeur ; mais cette date est supposée. L'*Homme aux quarante écus*, qui est cité dans le seizième entretien, ne parut qu'en février 1768. L'*A, B, C*, ne vit le jour que plusieurs mois après. La première lettre où Voltaire en parle est celle à Christin, du 13 novembre 1768. C'est cet ouvrage qu'il désigne dans sa lettre à madame Du Deffand, du même mois de novembre, quand il lui dit : « Vous avez demandé *cela*, je vous envoie *cela*. Si votre ami avait lu *cela* ». Plusieurs lettres de Voltaire, du mois de décembre, à diverses personnes, contiennent aussi mention de l'A, B, C. C'est au 12 décembre 1768 qu'en parlent les « Mémoires secrets ».—Le trois éditions de 1762, 1768, 1769, désignées plus haut, ne contenaient que seize entretiens. Celui qui est aujourd'hui le treizième (*Des lois fondamentales*) fut ajouté dans l'édition qui est à la suite de la *Raison par alphabet*, sixième édition, 1769, 2 volumes in-8. L'auteur y fit en même temps d'autres additions, et l'intitula : *L'A, B, C, dix-sept dialogues traduits de l'anglais de M. Huet*. Le titre actuel est dans l'édition in-4, tome XIII, daté de 1711-

27. Conseils raisonnables à M. Bergier pour la défense du Christianisme ; par une société de bacheliers en théologie, Chambon, Dumoulin, Desjardins et Verzenot. Sans date (1768), in-8 de 31 pages.

Condamné, par décret de la cour de Rome du 1er mars 1770, avec six autres ouvrages de Voltaire.

L'abbé Bergier (Nicolas-Silvestre), né à Darnay, en 1718, mort le 9 avril 1790, avait publié, en 1767, « la Certitude des preuves du Christianisme, ou Réfutation de l'Examen critique des apologistes de la religion chrétienne » (de Levêque de Burigny), 2 part. in-12. C'est contre ce livre de Bergier, où Voltaire est aussi maltraité (notamment au chapitre xi de la deuxième partie), que sont dirigés les *Conseils raisonnables*, dont la publication précéda la *Profession de foi des théistes*. Bergier publia une Réponse. (Voy. la seconde partie de cette notice).

28. Profession (la) de foi des théistes, par le comte DA.... au R. D.; trad. de l'allemand. (Composé par Voltaire). 1768, in-8.

Tel est l'intitulé de l'édition originale, in-8 de 39 pages, sans date, mais dont parle d'Alembert dans sa lettre du 15 juin 1768. On ne sait quel est le comte Da..., mais, d'après la lettre de d'Alembert, on peut croire qu'une majuscule a été oubliée dans le titre après les initiales R. D. ; puisque d'A-

lembert dit la *Profession* adressée au roi de Prusse.

Ouvrage condamné par décret de la cour de Rome du 1er mars 1770.

29 Épître aux Romains. Sans date (1768), in-8 de 42 pages.

Publiée comme une traduction de l'italien, du comte de Passeran. Cette épître a été réimprimée dans le Voltaire de Beaumarchais, édition in-8, tome 33, page 426, comme traduite de l'italien, du comte de Corbera. (*Barb.*).

Il est question de cette épître dans les « Mémoires secrets » du 13 août 1768.

Cette Épître fut condamnée par décret de la cour de Rome du 1er mars 1770, avec six autres ouvrages de Voltaire.

30. Remontrances du corps des pasteurs du Gévaudan (ou plutôt Voltaire) à J.-A. Rustan (lisez Roustan), pasteur suisse à Londres. *Amsterdam*, 1768, in-8 de 29 pages.

Condamnées par décret de la cour de Rome, du 1er mars 1770, avec six autres ouvrages de Voltaire.

Ant.-Jacq. Roustan, mort en 1808, publia des « Lettres sur l'état présent du Christianisme », 1768, in-12. C'est l'origine des *Remontrances* et des *Instructions* qui les suivent ; ces deux pièces parurent ensemble en 29 pages in-8, en septembre, et furent mises à l'index, à Rome, le 1er mars 1770.

31. Instructions à Antoine-Jacques Rustan (Roustan). 1768, in-12.

Ces *Instructions* ont été publiées en même temps que les *Remontrances* qui précèdent.

32. Homélie du pasteur Bourn, prêchée à Londres, le jour de la Pentecôte, 1768 traduite de l'anglais. (Ouvrage composé par Voltaire). 1768, in-8 de 16 pag.

Nouvelle diatribe anti-religieuse qui fut condamnée, par décret de la cour de Rome, du 1er mars 1770, avec six autres ouvrages de Voltaire.

La Pentecôte de 1768 était cette année le 22 mai ; mais l'*Homélie* ne fut publiée que quatre ou cinq mois après. Les « Mémoires secrets » en parlent au 21 octobre. L'édition originale de l'*Homélie* forme 16 pages in-8, y compris le *Fragment d'une lettre de lord Bolingbrocke*.

Les Sermons et les Homélies précédemment cités, avec le Discours de Me Belleguier (voy. le n° 41), ont été réunis dans le Voltaire Beaumarchais sous le titre collectif de « Sermons et Homélies ».

33. Instruction du gardien des capucins de Raguse à frère Pédiculoso, partant pour la Terre-Sainte. 1768, in-8.

Cette Instruction est postérieure aux *Questions de Zapata*, qui y sont citées, page 497. Les « Mémoires secrets » en parlent à la date du 1er février 1769 ; cette Instruction peut donc être de décembre 1768.

C'est une continuation, ou plutôt une répétition des perpétuels sarcasmes de Voltaire contre la Bible. Cette brochure a été condamnée à Rome, le 3 décembre 1770. On en a fait une réfutation assez plaisante dans une brochure intitulée » Instruction du père gardien des capucins dé G... (Gex), etc. (Voy. a seconde partie de cette notice) (9).

34. Discours de l'empereur JULIEN, contre les chrétiens, traduit par M. le marquis d'ARGENS ; avec de nouvelles notes de différents auteurs (de VOLTAIRE). Nouv. édition. *Berlin, C.-Fréd. Voss (Genève)*, 1769, in-8.

Le marquis d'Argens avait fait imprimer une traduction des fragments qu'il avait recueillis d'un ouvrage de Julien, sous le titre de « Défense du paganisme par l'empereur Julien, en grec et en français, avec des dissertations et des notes pour servir d'éclaircissement au texte et pour en réfuter les erreurs ». 1764, in-12 ; une réimpression fut faite en 1767. Voltaire, qui avait loué le travail de d'Argens, revit plus tard quelques passages de la traduction de d'Argens, en supprima presque toutes les notes, en ajouta de son chef, et fit paraître le tout sous le titre que porte notre n° 34.

En tête de ce discours est un *Portrait de l'empereur Julien* que Voltaire dit emprunté au « Militaire philosophe » (de Naigeon), 1767. Mais ce portrait n'est point extrait du livre de Naigeon comme le titre pourrait le faire croire. Ce morceau est de Voltaire, ainsi que le *Supplément au Discours de Julien*, qui se trouve imprimé à sa suite.

Voici l'explication donnée par M. Beuchot sur la composition de ce volume. Voltaire y a mis en tête, 1° un *Avis au lecteur* ; 2° un *Portrait de l'empereur Julien* (qui, sauf quelques alinéa, avait paru en 1767, dans la sixième édition du « Dictionnaire philosophique », et qui fut reproduit, sans ces alinéa, soit dans la « Raison par alphabet », en 1769, soit dans les éditions de Kehl, où il formait la première section de l'article Julien dans le « Dictionnaire philosophique » ; 3° un *Examen du Discours de l'empereur Julien contre la secte des Galiléens*. Il avait ajouté à la fin du volume un *Supplément au Discours de Julien*.

Ce volume est de 1769, quoique, d'après M. Beuchot, des exemplaires portent la date de 1768. C'est en avril de 1769 qu'en parle Grimm, dans sa « Correspondance ». Les « Mémoires secrets » ne le mentionnent que sous la date du 16 mai 1769.

M. Beuchot, en faisant réimprimer cet ouvrage dans le tome XLV, neuvième volume des *Mélanges* de son édition de Voltaire, la reproduit tel que Voltaire l'a fait imprimer ; comme il était superflu de donner les notes de d'Argens, il a supprimé même celles que Voltaire avait conservées, à l'exception d'une seule qu'il était indispensable d'admettre. Toutes celles qui dans sa réimpression sont marquées par des lettres, y compris les deux qui portent les noms de Damilaville et de Boulanger, sont du philosophe de Ferney.

35. Collection d'anciens évangiles, ou Monuments du premier siècle du Christianisme, extraits de Fabricius, Grabius et autres savants ; par l'abbé B***. *Londres*, 1769, in-8.

Les « Mémoires secrets » parlent de cette *Collection* à la date du 27 mai 1769 ; et l'on peut croire

que c'est en ce mois qu'elle parut. L'édition originale est en un volume in-8 de 284 pages, plus le titre et la table. Une note de la satire intitulée : *Dialogue de Pégase et du vieillard* dit que cet ouvrage est de l'abbé Bigex. Cet abbé, qui était l'un des secrétaires ou copistes de Voltaire, avait déjà signé une déclaration du 1er mars 1769. Il signa encore les trois Lettres à l'abbé Foucher.

Les ouvrages de Fabricius (J.-A.) et de Grabius (J.-E.) que Voltaire a mis à contribution, sont : « Codex apocryphus novi Testamenti », qui a eu plusieurs éditions, et « Spicilegium SS. Patrum ut et hæreticorum secali post Christum natum I, II, III ». C'est dans ces deux ouvrages principalement qu'il trouva les matériaux de l'article *apocriphes* pour ses *Questions sur l'Encyclopédie*.

36. Tout en Dieu, commentaire sur Malebranche. *Sans lieu d'impression*, ni date (1769), in-8 de 24 pag.

Imprimé sous le nom de l'abbé de Tilladet. Cet écrit a été condamné par décret de la cour de Rome du 3 décembre 1770, avec trois autres ouvrages de Voltaire, réunis sous le titre d'Évangile du jour.

Voltaire parle de cet opuscule dans sa lettre à d'Alembert, du 15 auguste 1769 ; d'Alembert, dans la sienne, du 29 du même mois. Deux ans après, Voltaire, dans la septième partie de ses Questions sur l'Encyclopédie, donna un extrait de cet écrit. — C'était déjà sous le nom de Tilladet que Voltaire avait donné son *Dialogue du douteur et de l'adorateur*, 1763, ou 1764, et réimprimé dans le *Recueil nécessaire*.

37. Dieu et les hommes, œuvre théologique, mais raisonnable, par le docteur Obern ; traduit par Jacq. Aimon. *Berlin, Christ. de Voss*, 1769, in-8.

Ouvrage de la composition de Voltaire, qui, sur le réquisitoire de l'avocat-général Séguier, fut condamné au feu par arrêt du parlement de Paris, en date du 18 août 1770, et condamné, par décret de la cour de Rome du 3 décembre de la même année, avec trois autres ouvrages, réunis sous le titre d'Évangile du jour.

On a souvent confondu cet ouvrage avec un livre de métaphysique de Sissous de Valmire, intitulé : « Dieu et l'Homme ». Amsterdam (Troyes), 1771, in-12 de 330 pages, et quelques bibliographes, trompés par la ressemblance des titres, ont reproché aux éditeurs des OEuvres de Voltaire d'avoir compris, parmi ses ouvrages, celui de Sissous de Valmire.

L'ouvrage de Voltaire est du mois d'octobre 1769. On en parle dans les « Mémoires secrets », à la date du 2 novembre. — C'est deux ans après que Voltaire l'eut publié que parut celui de M. Sissous de Valmire. L'auteur avait envoyé son ouvrage à Voltaire, qui en accusa réception par une lettre du 27 décembre 1771, imprimée dans la Correspondance générale. Cette lettre est adressée à M. Sissous de Valmire, avocat du roi au bailliage de Troyes. Feu M. Ducroisi, secrétaire-rédacteur du Tribunat, en avait une copie qu'il tenait de M. E.-T. Simon, de Troyes (mort en 1818), ancien bibliothécaire du Tribunat. Elle a depuis été imprimée dans le tome II du Supplément au Recueil des Lettres de M. de Voltaire. (1808, 2 vol. in-8 et 2 vol. in-12).

38. * Questions sur l'Encyclopédie, distribuées en forme de Dictionnaire ; par des

---

(9) Les éditeurs de Kehl des OEuvres de Voltaire ont rangé, au nombre des facéties, les numéros 18 et 32 ; mais, par la nature de leurs sujets, nous les croyons plus convenablement placés ici.

amateurs. 1770-72, 9 vol. in-8 ; — *Londres (Genève)*, 1771, 9 vol. in-8 ; 1777, 6 vol. in-12.

Voy. le n° 17.

Les Questions sur l'Encyclopédie parurent de 1770 à 1772, en neuf volumes in-8. Les trois premiers sont datés de 1770, et contiennent jusqu'au mot *ciel des anciens ;* le quatrième, qui vit le jour en 1771, commence par l'article *Cicéron ;* les cinquième, sixième, septième et huitième sont de la même année : le dernier mot est *supplice.* Enfin le neuvième, commençant par la troisième section du mot *superstition,* et qui, outre la fin de l'alphabet, contient un *Supplément* et une réimpression des *Lettres de Memmius à Cicéron,* porte la date de 1772. Voltaire doit ne pas avoir été étranger à la réimpression, aussi en neuf volumes in-8, commencée en 1771, date sous laquelle M. Beuchot l'a citée, réimpression dans laquelle parut l'*Addition de l'éditeur* qui fait partie de l'article *Ana.* L'édition in-4 des OEuvres de 1774 contient des augmentations. — Quelques personnes ont cru que les *Questions sur l'Encyclopédie* n'était qu'une nouvelle édition du *Dictionnaire philosophique.* Voltaire n'avait reproduit dans les *Questions* qu'un petit nombre d'articles du *Dictionnaire.* A cela près, les deux ouvrages n'ont rien de commun que la distribution par ordre alphabétique.

39. Il faut prendre un parti, ou le Principe d'action. Diatribe. 1772.

Sur l'existence de Dieu. Cet ouvrage n'a été imprimé pour la première fois que dans les OEuvres de l'auteur.

Dans son dernier manuscrit, l'auteur avait corrigé ainsi le titre : *Il faut prendre un parti, ou du principe d'action et de l'éternité des choses ;* par l'*abbé de Tilladet.* Voltaire lui-même, dans le paragraphe seize, donne à cet écrit la date d'auguste 1772. Coudorcet, dans sa « Vie de Voltaire », dit que cet opuscule renferme peut-être les preuves les plus fortes de l'existence d'un Etre suprême qu'il ait été possible jusqu'ici aux hommes de rassembler.

40. Lettres de Memmius à Cicéron. 1772, in-8.

Réimprimées dans le tome XXXII du Voltaire Beaumarchais. Ces Lettres, au nombre de trois, sont présentées comme étant de Caïus Memmius Gemellus : elles auraient été traduites du latin sur un manuscrit de la bibliothèque du Vatican, en russe, par l'amiral Sheremetof, et du russe en français ; mais elles ont été composées par Voltaire.

Les *Lettres de Memmius* furent imprimées pour la première fois dans le seizième volume de l'édition in-4 des OEuvres de Voltaire (daté de 1771). Les *Lettres de Memmius,* dont Voltaire parle dans sa lettre à d'Alembert, du 27 novembre 1771, furent réimprimées, en 1772, dans le tome IX et dernier des *Questions sur l'Encyclopédie,* avec un Avertissement ainsi conçu : « Nous croyons ne pou- « voir mieux terminer ce neuvième volume que par « une nouvelle édition des *Lettres de Memmius à Ci-* « *céron,* que tous les savants ont reconnues unani- « mement pour être de Memmius ». Malgré cet aver- tissement, ce n'est jamais à d'autres qu'à Voltaire qu'on a fait honneur des *Lettres de Memmius.*

41. Discours de Me Belleguier, ancien avocat (masque de Voltaire), sur le texte proposé par l'Université de la ville de Pa-

ris, pour le sujet du prix de l'année 1773. 1773, in-8 de 19 pag.

Voltaire parle du *Discours de Me Belleguier* dans sa Lettre à Condorcet, du 4 janvier 1773. L'édition que M. Beuchot croit l'originale est in-8, de 19 pag., et doit avoir précédé l'impression qui fait partie du volume intitulé : *les Lois de Minos,* et qui fut envoyé à La Harpe, le 29 mars. Il est même à croire que c'est la même composition qui a servi pour le volume et pour le tirage à part de l'opuscule. Dans l'édition in-4 des « Questions sur l'Encyclopédie », en 1774, le *Discours de Me Belleguier* faisait la 4e section de l'article PHILOSOPHIE.

42. De l'Ame...

Imprimé dans les OEuvres de l'auteur, comme un ouvrage de SORANUS, médecin de Trajan.

Les éditeurs de Kehl ont, dans leur table chronologique, rangé cet opuscule à l'année 1774, en donnant toutefois cette date incertaine. M. Beuchot, en l'insérant au tome XLVIII de son édition, douzième volume des *Mélanges,* a dit, dans une note : « Je n'ai rien trouvé de décisif. « Mais je dois faire remarquer que cet opuscule « n'est que dans le dix-huitième volume des *Nou-* « *veaux Mélanges,* volume qui porte la date de « 1776 ».

43. * Bible (la) enfin expliquée, par plusieurs aumôniers de S. M. L. R. D. P. Londres (Genève), 1776, in-4 et in-8 de ij et 550 pages ;— 1777, in-8.

Il est fait mention de la *Bible enfin expliquée* dans les « Mémoires secrets », dès le 26 juillet 1776. Il en parut cette année, et sous ce millésime, deux éditions ; l'une in-8 et l'autre in-4. Le tome XXX de l'édition in-4 des OEuvres de Voltaire, qui contient la *Bible enfin expliquée,* porte la date de 1777 : il en est de même d'une édition in-8. Une autre édition in-8, sous la même date, et qui est intitulée *troisième* (quoiqu'elle soit au moins la cinquième), est la première qui ait un Avertissement de l'auteur, mais en un seul alinéa.

On regarde communément les Lettres S. M. L. R. D. P. comme initiales des mots : « Sa Majesté le roi de Prusse ». Mais Voltaire lui-même a levé tous les doutes en tête de la troisième édition de sa *Bible expliquée.* Il a entendu, en effet, par plusieurs aumôniers de S. M. L. R. D. P. quatre savants théologiens du palatinat de Sandomir, situé dans la Petite-Pologne. Ainsi les initiales L. R. D. P. signifient plutôt le roi de Pologne que le roi de Prusse.

Voltaire suppose que quatre commentateurs ont travaillé successivement à *la Bible enfin expliquée.* Le travail du premier ne va guère au-delà de la moitié de la « Genèse ». Le second commentateur a fourni une longue carrière, mais il n'a pas achevé le second chapitre du troisième livre des « Rois ». Le troisième s'étend jusqu'à la fin des « Prophètes ». Le quatrième commence au premier livre des « Machabées ».

Frédéric écrivait à d'Alembert, le 25 janvier 1777 :

« Voltaire n'a fait que recueillir les sentiments « de quelques Anglais et leurs critiques de la « Bible »…. Les commentaires sur la « Bible » sont « moins forts qu'une infinité d'autres ouvrages qui « font crouler tout l'édifice, ensorte qu'on aura de « la peine à le relever ».

Madame Du Châtelet s'était aussi exercée sur la « Bible ». Son travail n'a jamais vu le jour ; mais le manuscrit autographe existait encore en 1829. Il n'y a pas, ce me semble, dit M. Beuchot, grande témérité à croire que Voltaire n'avait pas été étranger à cet écrit de madame Du Châtelet, et il ne serait pas étonnant que les deux ouvrages continssent quelquefois les mêmes remarques.

Les « Mémoires secrets » des 22 oct. et 7 novembre 1776 annoncèrent que la « Bible enfin expliquée » a été achetée à Paris par le nonce du pape, pour être envoyée à Rome ; l'ouvrage n'avait pas besoin de cela pour y parvenir. Cependant la *Bible enfin expliquée* n'est pas dans le « Catalogue des livres mis à l'index ».

Il n'est pas moins singulier que le parlement, si prodigue de condamnations, n'ait pas fait brûler ce livre. L'avocat-général Séguier préparait un réquisitoire, si l'on s'en rapporte aux « Mémoires secrets » du 10 novembre ; mais je n'ai rien trouvé, dit M. Beuchot qui prouvât que ce projet eut eu de suites. M. Peignot, dans son « Dictionnaire des livres condamnés », dit (tome II, page 191) que l'ouvrage de Voltaire « a été condamné et supprimé », sans indiquer la date de la condamnation. L'auteur des « Recherches sur les ouvrages de Voltaire », 1817, in-8, n'en dit pas mot.

Il y avait six ans que la *Bible enfin expliquée* avait paru ; il y en avait quatre que Voltaire était mort, lorsque l'abbé Clémence, chanoine de Rouen, fit imprimer une réfutation de l'ouvrage de Voltaire. (Voyez la seconde partie de cette notice).

44. * Dialogues d'Evhémère. *Londres*, 1777, in-8.

Réimprimés dans les OEuvres de l'auteur, parmi les « Dialogues et Entretiens philosophiques ».

Évhémère ou Évémère était un philosophe de Syracuse, qui vivait dans le siècle d'Alexandre. Il voyagea autant que les Pythagore et les Zoroastre. Il écrivit peu ; nous avons sous son nom une « Histoire des dieux ».

Les *Dialogues d'Évhémère* sont au nombre de douze, et roulent sur les sujets suivants : 1° sur Alexandre ; — 2° sur la Divinité ; — 3° sur la philosophie d'Épicure, et sur la théologie grecque ; — 4° Si un Dieu qui agit ne vaut pas mieux que les dieux d'Épicure, qui ne font rien ; — 5° Pauvres gens qui creusent dans un abîme. Instinct, principe de toute action dans le genre animal ; — 6° Platon, Aristote, nous ont-ils instruits sur Dieu et sur la formation du monde ; — 7° sur les philosophes qui ont fleuri chez les Barbares ; — 8° grandes découvertes des philosophes barbares ; les Grecs ne sont après eux que des enfants ; — 9° sur la génération ; — 10° si la terre a été formée par une comète ; — 11° si les montagnes ont été formées par la mer ; — 12° Inventions des Barbares ; arts nouveaux, idées nouvelles.

Grimm, dans sa « Correspondance » n'a rien dit des *Dialogues d'Évhémère*. Les « Mémoires secrets », à la date du 16 novembre 1777, parlent d'une nouvelle brochure de Voltaire, intitulée : *Éphémère*. Une note de Wagnière, qui les rectifient, est ainsi conçue : « On veut parler des *Dialogues d'Évhémère* qui venaient de paraître ». Cette note, dit M. Beuchot, m'a paru donner, d'une manière certaine, la date de la publication des *Dialogues*. Cependant, dans un écrit publié en mai, Voltaire rappelle une idée qui se trouve dans les *Dialogues d'Évhémère*. Mais je pense, ajoute l'éditeur, que nous venons de citer, que Voltaire l'avait déjà dit ailleurs, dans quelque passage que je n'ai pas été assez heureux pour me rappeler. Il se peut aussi que les *Dialogues*, publiés en novembre, fussent à l'impression dès le mois de mai.

45. Histoire de l'établissement du Christianisme. 1777.

Cette Histoire n'a jamais été publiée que dans les OEuvres de l'auteur ; une partie seulement était imprimée à la mort de l'auteur ; le reste s'est trouvé dans ses papiers, écrit de sa main. L'on peut regarder cette Histoire comme son dernier ouvrage, et les maximes qui le terminent, comme ses derniers sentiments et ses derniers vœux pour le bonheur de l'humanité.

Ce sont les éditeurs de Kehl qui, les premiers, ont imprimé cet ouvrage ; ils lui ont assigné la date de 1777. Voltaire voulait le donner comme étant d'un auteur anglais, puisque, dans le chapitre XII, il dit *nôtre* Dodwell et *nôtre* roi Jacques ; dans le chapitre XXIII, *nôtre* roi Charles Ier ; dans le chapitre XXV, *nos* papistes d'Irlande.

———

46. Mélanges de philosophie. *Paris, Treuttel et Wurtz*, 1837, 5 vol. in-8, avec un portrait, 15 fr., et sur pap. vélin superfin, 22 fr. 50 c.

Un court *Avant-propos*, de 4 pages, est signé J.-B.-M. G. (GENCE).

Voltaire a publié des *Mélanges de philosophie, de morale et de littérature*, qui, peu volumineux d'abord, ont reçu, avec le temps, tant par l'auteur lui-même que par les soins des éditeurs, une telle étendue que, dans l'édition donnée par M. Beuchot, ces *Mélanges* forment à eux seuls quatorze volumes. Les cinq volumes que nous venons de citer ne sont point, comme on pourrait le penser, l'impression en corps d'ouvrage des écrits philosophiques que renfermaient ces *Mélanges* : c'est tout simplement un choix d'articles pris dans les diverses parties constituant le *Dictionnaire philosophique*, tel que l'ont présenté les éditeurs de Kehl, et tel qu'il est réimprimé depuis 1789 (voy. n° 17), mais en modifiant souvent les articles de Voltaire. Aussi l'éditeur dit dans son Avant-propos : « On peut « dire, au sujet de son Dictionnaire philosophique, « que, sauf des articles ou des passages qui peu- « vent prêter au scepticisme, et que nous avons « pu *réduire* ou *écarter*, Voltaire, s'il est l'éditeur « de *la Raison par alphabet*, a rejeté ou modifié ce « qui paraissait favoriser l'épicurisme. On ne peut « croire aussi qu'il ne soit pas de bonne-foi lors- « qu'il dit qu'aucun honnête homme ne doit expo- « ser ses lecteurs à douter d'une vérité telle que le » dogme de la Providence, qui ne peut qu'opérer « beaucoup de bien dans la société ».

Le Dictionnaire philosophique est une véritable polygraphie, « qui motive le nom de *Mélanges de philosophie*, que nous avons donné à notre extrait. « Ils comprennent des articles aussi piquants que « variés sur tous les sujets relatifs à la philosophie « intellectuelle, scientifique, morale, historique et « littéraire. En nous bornant à ce qui les caracté- « rise généralement, et ainsi, en écartant les per- « sonnalités et les traits de satire, que la philoso- « phie elle-même, et la saine raison, circonspecte « et respectueuse, repoussent et désavouent ; nous « avons extrait de cette mine féconde ce qu'il y a « de plus profondément ou de plus clairement « pensé. Quelques parties assez considérables, au « surplus, en ont été séparées, telles que celles « qui concernent les *Mélanges de littérature et de lé- « gislation*, où elles ont dû entrer ; mais c'est la « moindre partie. La moisson des *Mélanges*, dits « *philosophiques*, qui est ici notre principal objet, « n'en sera ni moins riche ni moins étendue ».

47. Dialogues et Entretiens philosophiques. Édit. stéréot. *Paris, F. Didot*, 1820, 2 vol. in-18, 2 fr.; et sur pap. fin, 2 fr. 50 c.; — *Angers, de l'impr. de Lesourd*, 1830, in-12.

Voltaire n'a rien publié sous ce titre; cette dénomination appartient aux éditeurs de ses OEuvres qui ont rassemblé sous un titre collectif un certain nombre d'écrits du même genre.

Les opuscules de Voltaire, réunis sous le titre de *Dialogues et Entretiens philosophiques* sont au nombre de trente-et-un. Plusieurs d'entre eux ont été imprimés d'abord çà et là; d'autres, au contraire, avaient été imprimés séparément, tels sont ceux-ci, entre autres:

Catéchisme d'un honnête homme, ou Dialogue entre un caloyer et un homme de bien. 1763.

Diner (le) du comte de Boulainvilliers. 1767.

A, B, C. (l'). Dialogue curieux. 1768.

Dialogues (les) d'Évhémère. 1777.

Voici, au reste, l'indication des opuscules contenus dans les deux volumes que nous citons sous le nº 47.

Dialogue I. Embellissements (les) de la ville de Cachemire.

II. Un plaideur et un avocat. 1751.

III. Madame de Maintenon et mademoiselle de L'Enclos. 1751.

IV. Un philosophe et un contrôleur des finances. 1751.

V. Marc-Aurèle et un récollet. 1757.

VI. Un brachmane et un jésuite. Sur la nécessité et l'enchaînement des choses. 1757.

VII. Lucrèce et Possidonius. (En deux entretiens). 1757.

VIII. Un sauvage et un bachelier. (En deux entretiens).

IX. Ariste et Acrotal.

X. Lucien, Érasme et Rabelais dans les Champs-Élysées.

XI. Galimatias dramatique. 1757.

XII. Un mandarin et un jésuite.

XIII. L'Éducation des filles. 1761.

XIV. Conversation de M. l'intendant des menus en exercice avec M. l'abbé Grisel. 1761.

XV. Un prêtre et un encyclopédiste. 1761.

XVI. Un prêtre et un ministre protestant. 1761.

XVII. Le chapon et la poularde. 1763.

XVIII. L'Indien et le Japonais, ou Catéchisme du Japonais, 1764.

XIX. Dernières paroles d'Épictète à son fils. 1764.

XX. L'A, B, C, ou Dialogues entre A, B, C, au nombre de dix-sept. 1768.

XXI. Un caloyer et un homme de bien. 1763.

XXII. Cu-Su et Kou, ou le Catéchisme chinois, ou Entretiens de Cu-Su, disciple de Confutzée, avec le prince Kou, fils du roi Low, tributaire de l'Empire chinois Gnenvan, 417 ans avant notre ère vulgaire. Traduit en latin par le P. Fouquet, ci-devant ex-jésuite. Le manuscrit en est dans la bibliothèque du Vatican, nº 42759. (En six entretiens). 1765.

XXIII. Le douteur et l'adorateur; par l'abbé Tilladet. 1764.

XXIV. Tuctan et Karpos, ou le Catéchisme du jardinier ou Entretien du bacha Tuctan et du jardinier Karpos. 1765.

XXV. Les Anciens et les modernes, ou la Toilette de madame de Pompadour. 1766.

XXVI. André Des Touches à Siam. 1766.

XXVII. Sophronyme et Adelos, traduit du grec Maxime Madeure. 1766.

XXVIII. Le Diner du comte de Boulainvilliers. 1767.

XXIX. L'Empereur de la Chine et le frère Rigolet, ou Relation du bannissement des jésuites de la Chine; par l'auteur du « Compère Mathieu ».

XXX. Les Adorateurs, ou les Louanges de Dieu; ouvrage unique de M. Imhof, traduit du latin. 1769.

XXXI. Dialogues d'Évhémère, au nombre de douze. 1777.

———

48. Filosofia de Voltaire, traducida al español. *Paris, Bossange padre*, 1822, in-18, 3 fr.

Les ouvrages de Voltaire, dont ce volume contient la traduction, sont : 1º le poëme sur la loi naturelle; 2º le poëme sur le désastre de Lisbonne; 3º Il faut prendre son parti, ou le Principe d'action; 4º Idées républicaines, par un citoyen de Genève; 5º les Droits des hommes, etc.; 6º De la paix perpétuelle, par le docteur Goodheart; 7º Fragments des instructions pour le prince royal de ***; 8º le Cri des nations.

Politique. — Législation (12).

49. Observations sur MM. Jean Lass, Melon et Dutot; sur le commerce, le luxe, les monnaies et les impôts. Lettre à M. Thieriot sur l'ouvrage de M. Melon et sur celui de M. Dutot. 1738.

50. Lettre de Voltaire (du 16 mai 1749) à M. de Machaut, contrôleur-général, à l'occasion de l'impôt du vingtième. *Paris, de l'impr. de F. Didot*, 1829, in-8 de 20 pages.

L'éditeur est M. H. de La Bédoyère.

L'édition a été tirée à trente exemplaires pour la Société des bibliophiles.

51. * Voix (la) du sage et du peuple. *Amsterdam* (sic), *chez Le Sincère*, 1750, in-12 de 16 pag.

Condamné par décret de la cour de Rome du 22 janvier 1751.

52. Pensées sur l'administration publique. 1752.

Cet écrit portait pour titre : *Pensées sur le gouvernement* dans les éditions de 1752 et 1754. En le

———

(12) Il y aurait à citer dans cette section un très-grand nombre de pièces de Voltaire; mais leur exiguité n'a pas permis qu'elles fussent toutes imprimées à part. Nous nous bornons alors à ne citer ici, comme dans la section précédente, que ceux des écrits de Voltaire, en politique et en législation, qui ont été l'objet d'une publication spéciale. M. Beuchot, dans l'édition des OEuvres du grand homme, qu'il a publiée, y a fait entrer soixante-cinq ouvrages et opuscules, dont on trouve l'énumération dans le LXXe volume, pages 520 à 522.

donnant, en 1756, comme second chapitre des *Mélanges*, l'auteur retrancha sept articles, en ajouta neuf (les 1, à 11, 25 et 26)), fit quelques changements que M. Beuchot a rétablis ou indiqués en notes, et intitula ce morceau : *Pensées sur l'administration publique.* Dans son édition, insérée au tome XXXIX des OEuvres de l'auteur, 3ᵉ volume des *Mélanges*, M. Beuchot a non-seulement rétabli le titre primitif, dans lequel on ne voit aujourd'hui rien d'offensant, mais encore rétabli, en notes, les articles de 1752 et 1754, qui furent supprimés en 1756.

53. * Mémoire pour Donat Calas, pour son père, sa mère et son frère. *Genève*, 1762, in-12.

54. * Histoire d'Élisabeth Canning et des Calas. 1762, in-8.

Lors de ce procès célèbre, Voltaire composa divers écrits en faveur des Calas et des Sirven : on les trouve réunis dans les diverses collections des OEuvres du généreux défenseur.

55. Idées républicaines; par un membre d'un corps. Sans date (1762), in-8.

Les éditeurs de Kehl avaient intitulé cet écrit : *Idées républicaines, par un citoyen de Genève.* M. Beuchot l'a donné, tome XL, ou IVᵉ volume des *Mélanges* de son édition de Voltaire, sous le titre que porte l'édition originale, in-8, sans date, mais qui doit être de 1762, année de la publication du « Contrat social », dont les *Idées républicaines* sont une critique. Il semble à M. Beuchot que c'est une erreur d'avoir daté cet opuscule de 1765, comme l'ont fait les éditeurs de Kehl. L'éditeur que nous venons de nommer a rétabli les paragraphes LI à LX, d'après l'édition originale ; c'est sans doute parce que ces paragraphes se retrouvent en partie dans le « Commentaire sur l'Esprit des lois », qu'on les avait retranchés. C'est aussi d'après l'édition originale que le même éditeur a subdivisé en plusieurs paragraphes ce qui, dans les éditions de Kehl et autres, n'en forme qu'un seul.

56. Traité sur la tolérance, à l'occasion de la mort de Jean Calas. 1763, in-8.

Condamné par la cour de Rome, le 3 février 1766.

Voltaire, dans une note du chapitre XVII, dit avoir écrit cet ouvrage en 1762. Mais ce *Traité* ne fut achevé qu'en 1763, puisque, dans le chapitre X, l'auteur parle de la *dernière* guerre à laquelle mit fin le traité de paix du 10 février 1763. Au commencement du chapitre XXV, il parle même du 7 mars ; l'impression n'eut lieu que quelques mois plus tard. Des exemplaires étaient parvenus à Paris au commencement de décembre (voy. la lettre de d'Alembert, du 8 décembre). En reproduisant, en 1765, de Traité sur la tolérance, dans la seconde partie des *Nouveaux Mélanges*, Voltaire ajouta l'*article* qui le termine.

Dans plusieurs éditions des OEuvres de Voltaire, on avait supprimé quatre notes des notes du « Traité sur la tolérance ». M. Beuchot les a rétablies dans son édition.

57. Lettre de Voltaire à M***, sur l'é-

vénement des Calas et autres. *Genève, et Paris, Merlin,* 1765, in-8.

58. Relation de la mort du chevalier de La Barre. (A M. le marq. de Beccaria). *Sans lieu d'impression,* 15 juillet 1766, in-8 de 24 pages. — Autre édition. 1768, in-8 de 30 pages.

Publiée sous le pseudonyme de CASSEN, avocat au conseil du roi.

Madame Du Deffand, dans sa lettre à H. Walpole, du 23 août 1768, et les « Mémoires secrets » du 10 mars 1768, parlent de la *Relation* comme d'une nouveauté. Il s'agit de la *nouvelle édition* qui vit le jour en 1768, in-8 de 30 pages; mais la première édition, in-8 de 24 pages, sans frontispice, avait paru en 1766 ; elle est datée du 15 juillet de cette année. Cependant la *Relation* avait été envoyée la veille à Damilaville; voyez la lettre de Voltaire, du 14 juillet 1766. Voltaire reproduisit la *Relation*, en 1769, à la suite de la *Canonisation de saint Cucufin*, et dans le tome Iᵉʳ des « Choses utiles et agréables » ; en 1771, au mot JUSTICE, dans la septième partie de ses *Questions sur l'Encyclopédie.* Dans cette dernière impression on n'avait mis que l'initiale B... au lieu du nom de Belleval, qu'on lit dans toutes les précédentes.

On a de Voltaire un autre écrit sur la même affaire. V. plus bas : *le Cri du sang innocent* (nᵒ 75). Les « Mémoires secrets », du 6 août 1766, parlent de trois lettres attribuées à Voltaire, et datées du 6 juillet, relatives à la catastrophe de La Barre. M. Beuchot n'a pas été plus heureux que les éditeurs de Kehl, qui n'ont pu se procurer ces lettres, de l'existence desquelles il est permis de douter.

59. Commentaire sur le livre des « Délits et des peines » (de Beccaria); par un avocat de province. *Sans indication de lieu,* 1766, in-8 de viij et 120 pag.

Condamné par décret de la cour de Rome du 19 juillet 1768.

Il est question de ce *Commentaire* dans la lettre à Damilaville, du 28 juillet 1766 ; mais, comme ce ne fut que le 13 septembre qu'un exemplaire fut envoyé à d'Argental, on peut conclure que l'ouvrage ne parut qu'en septembre. L'édition originale, in-8 de VIII et 120 pages, porte le millésime de 1766, et l'intitulé tel que nous le donnons. Les paragraphes sont au nombre de vingt-trois; quelques éditions en ont vingt-quatre. Cela vient de ce qu'en changeant le chiffre des paragraphes suivants, on avait formé un paragraphe XI de l'article XXII du *Prix de justice et d'humanité*, écrit en 1777.

Le Commentaire de Voltaire a été réimprimé en 1821, avec une traduction du livre de Beccaria, par M. Dufey (de l'Yonne). Paris, Dalibon, in-8.

60. Avis au public sur les parricides imputés aux Calas et aux Sirven. (*Genève, les frères Cramer*), 1766, in-8 de 34 pages. — Autre édition. 1766, in-8 de 30 pag.

Imprimé sous le pseudonyme de CASSEN. Les « Mémoires secrets », du 15 septembre 1766, parlent de cet *Avis au public*, dont M. Beuchot a vu les deux éditions que nous citons.

Il parut, sous le même nom, en 1771, d'après

M. Beuchot, et en 1767, d'après A.-A. Barbier, un *Mémoire pour le sieur Pierre-Paul Sirven*, in-8 de 219 pages ; ce *Mémoire* n'a point été inséré dans le Voltaire Beaumarchais ni dans le Voltaire Beuchot : faut-il en conclure que, bien que publié sous un des pseudonymes de Voltaire, il ne soit pas de lui ?

61. * Fragment des Instructions pour le prince royal de ***. *Berlin*, 1752 (1767), 1768, in-8.

Dans le Voltaire de Beaumarchais on a assigné par erreur, la date de 1752 à cet écrit.

La date de 1752 a été mise par Voltaire à cet écrit ; mais elle est supposée. Le *Fragment des instructions*, etc., fut publié, pour la première fois, à la fin de juillet 1767. Dans l'édition originale, à la suite du *Fragment*, on avait placé plusieurs morceaux : 1° *Du Divorce*, c'est le *Mémoire d'un magistrat* ; 2° *De la liberté de conscience*, article qui fait aussi partie du « Dictionnaire philosophique » ; 3° la première *Anecdote sur Bélisaire*, avec la date du 20 mars 1767. Une autre édition, encadrée, sous le millésime de 1766, contient de plus la *Seconde Anecdote sur Bélisaire*, et la *Lettre de l'archevêque de Cantorbéry à l'archevêque de Paris*.

62. Mémoire pour P.-P. Sirven. *Paris Amsterdam*), 1767, in-8.

Imprimé sous le pseudonyme de CASSEN. Ce Mémoire ne se trouve pas dans la collection de Beaumarchais. Voltaire avait publié, l'année précédente, sous le même masque, son *Avis au public sur les parricides imputés aux Calas et aux Sirven*. (Voy. le n° 60).

63. Discours aux confédérés catholiques de Kaminieck en Pologne. 1768.

Publié sous le pseudonyme du major KAISERLING, au service du roi de Prusse.

L'édition originale porte la date de 1768. Il est parlé de cet opuscule dans les « Mémoires secrets », du 24 juillet de cette année. Le major Kaiserling, sous le nom duquel Voltaire donna cet écrit, était mort en 1749.

64. * Droits (les) des hommes et les usurpations des autres; trad. de l'italien. *Amsterdam*, 1768, in-8 de 48 pag. — Autre édition. 1768, in-8 de 47 pag.

Traduction supposée.

Le ministère français, pour justifier l'occupation d'Avignon, avait fait imprimer les « Recherches historiques concernant les droits du Pape sur la ville et l'état d'Avignon, avec les pièces justificatives ; par C.-F. Pfeffel, 1768, in-8. Ce fut peut-être ce qui donna à Voltaire l'idée de composer son ouvrage dont les « Mémoires secrets » parlent à la date du 9 octobre 1768. Il était alors intitulé : *les Droits des hommes et les usurpations des autres, traduit de l'italien*, in-8 de 48 pages. Une autre édition de 1768, qui n'a que 47 pages, porte de plus ces mots : *par l'auteur de l'Homme aux quarante écus*. Dans sa lettre à madame Du Deffand, du 6 janvier 1769, Voltaire l'intitule *les Droits des uns et les usurpations des autres*. Ce n'était pas là toute sa pensée, qu'il ne cache plus dans sa lettre à Frédéric, du 18 octobre 1771. D'après cette lettre on ne peut pas, ce me semble, dit M. Beuchot, hésiter à rétablir le titre tel que je le donne, c'est-à-dire sous le titre de *les Droits des*

hommes et les usurpations des Papes, et cet écrit est imprimé dans le tome XLIV, huitième volume des *Mélanges* de son édition. Pour la commodité des lecteurs, il a numéroté les paraphrases.

65. * Cri (le) des nations.... 1769, in-8 de 20 pag.

L'édition originale, ou que M. Beuchot croit telle, de cette pièce, a vingt pages in-8. Ce n'est qu'à la date du 12 juillet 1769 que les « Mémoires secrets » en parlent, mais l'opuscule est du mois de mai, le consciencieux éditeur le conjecture du moins, de ce que l'édition originale ne contient pas une note qu'il a réimprimée dans cet écrit, insérée dans son édition (tome XLV, ou neuvième volume des *Mélanges*).

66. Paix (de la) perpétuelle, proposée par le docteur Goodheart ; traduction de M. Chambon. Sans date (1769), in-8.

Écrit composé par Voltaire. Il a été condamné par décret de la cour de Rome, le 3 décembre 1770.

Cet écrit, dirigé contre celui de l'abbé de Saint-Pierre, doit avoir suivi de très-près ou précédé de très peu l'opuscule : *Tout en Dieu, commentaire sur Malebranche* (voy. n° 36). Les « Mémoires secrets » en parlent pour la première fois, à la date du 17 septembre 1769 ; mais d'Alembert en parle dans une lettre à Frédéric, du 7 août, comme d'un ouvrage publié. Le nom de Good-heart est formé de deux mots anglais qui signifient « bon cœur ».

67. * Requête à tous les magistrats du royaume de France (contre l'observation du carême et des fêtes), composée par trois avocats d'un parlement. 1769, in-8.

Imprimée aussi dans le Journal des savants, édition de Hollande, février 1770, pag. 506.

Les « Mémoires secrets » parlent de cette Requête à la date du 19 janvier 1770. Il est donc à croire qu'elle est de décembre 1769 ou janvier 1770.

68. * Très-humbles et très-respectueuses remontrances du grenier à sel. (1771), in-8 de 14 pag.

Pièce en faveur du parlement Maupeou. Voltaire a composé quelques autres écrits sur le même sujet et dans le même sens. (*Note de M. Beuchot*).

Les remontrances que faisaient les parlements au roi étaient toujours intitulées : « Très-humbles et très-respectueuses, etc. ». La juridiction du grenier à sel jugeait les contestations relatives à la distribution du sel et aux droits de l'état. La cour des aides prononçait en appel.

Je n'ai pas aperçu, dans la Correspondance de Voltaire, dit M. Beuchot, dans son édition, t. XLVI, p. 508, aucune trace des *Remontrances du grenier à sel*. Mais Wagnière (dans ses Mémoires, I, 325) dit que cette plaisanterie est de Voltaire. Elle doit être d'avril 1771 ; peu après parurent les « Itératives remontrances », qui ne sont pas de Voltaire.

69. Méprise (la) d'Arras. 1771, in-8. — Autre édition. *Lausanne*, 1772, in-12.

Les éditeurs de Kehl ont, dans leur table chronologique, rangé à 1771 la *Méprise d'Arras*, dont il existe, en effet, une édition portant cette date. Les « Mémoires secrets » en parlent au 17 novembre de la même année. La *Méprise d'Arras* fut reproduite, en 1772, dans le tome XI des *Nouveaux Mélanges*, puis, en 1774 (la majeure partie seulement et avec quelques différences), dans l'édition in-4 des *Questions sur l'Encyclopédie*. Voltaire publia plus tard un autre écrit sur le même sujet.

Les cinq premiers alinéa et beaucoup d'autres formaient, en 1774, la seconde section de l'article Lois, dans les *Questions sur l'Encyclopédie*. Entre le quatrième et le cinquième, Voltaire avait intercallé un alinéa qu'on peut voir dans le *Dictionnaire philosophique*, au mot Lois criminelles. M. Beuchot, dans l'édition de cet écrit, insérée au tome XLVI de son édition des OEuvres de l'auteur, a indiqué quels sont les passages de la *Méprise d'Arras* que l'auteur n'avait pas reproduits en 1774.

70. *Collection des Mémoires présentés au conseil du roi par les habitants du Mont-Jura et le chapitre de Saint-Claude, avec l'arrêt rendu par ce tribunal. *Neufchâtel*, 1772, in-8.

Avec Ch.-Gabr.-Fréd. Christin, avocat.

71. * Essai sur les probabilités en fait de justice. Sans date (1772), in-8 et in-12.

C'est dans sa lettre à Morangiés, du 6 juillet 1772, que Voltaire parle, pour la première fois, de son *Essai sur les probabilités*. Il parle d'une seconde édition beaucoup plus ample dans sa lettre à d'Argental, du 14 août 1772.

72. Nouvelles probabilités en fait de justice, dans l'affaire d'un maréchal de camp (le comte de Morangiès) et de quelques citoyens de Paris. 1772.

Les *Nouvelles probabilités* sont mentionnées dans la lettre à Marin, du 30 octobre 1772. Trois mois après parurent les « Preuves démonstratives en fait de justice, etc. » (voy. la seconde partie de cette notice), Voltaire riposta par la *Réponse à l'écrit d'un avocat*, etc., que nous citons plus bas.

A l'occasion du procès de M. Morangiés, Voltaire publia plusieurs autres écrits :

1° Lettre à M. le marquis de Beccaria, professeur en droit public à Milan, au sujet de M. Morangiés.

Imprimée sous le pseudonyme de Cassen, avocat aux conseils du roi.

Je crois, dit M. Beuchot (tome XLVII, p. 6 de son édition), que cet écrit est le premier des onze que Voltaire publia dans l'affaire Morangiès. Il doit être antérieur à l'arrêt du 11 avril 1772, qui renvoya le procès au bailliage de Paris.

Les éditeurs de Kehl l'avaient placé dans leur *Dictionnaire philosophique*, au mot Justice. En voici la raison. Ils reproduisaient l'article Justice tel qu'il était dans les *Questions sur l'Encyclopédie*. En revoyant l'épreuve, ils s'aperçurent que la Lettre à Beccaria sur le procès de La Barre, qui en faisait partie, avait déjà été imprimée dans leurs volumes de *Politique et Législation*. Ce n'était, en effet, autre chose que la *Relation de la mort du chevalier de La Barre* (voy. le n° 58). Pour éviter un double emploi, ils firent une substitution, et donnèrent la lettre sur Morangiés au lieu de celle sur La Barre.

2° Déclaration de M. de Voltaire sur le procès

entre M. le comte de Morangiés et les Verron, Lausanne, 1773, in-8.

Cette déclaration est postérieure au 16 février, mais doit être de la fin du même mois, ou des premiers jours de mars. Voltaire l'envoya à Marin pour la faire imprimer ; et, le 27 mars, il accusa réception d'exemplaires imprimés. — L'édition porte pour lieu d'impression *Lausanne*; mais on voit, par la lettre à Marin, dont nous venons de parler, qu'elle fut faite à Paris. On avait imprimé à la suite la *Réponse à l'écrit d'un avocat*.

3° Réponse à l'écrit d'un avocat, intitulé : Preuves démonstratives en fait de justice. 1773.

L'avocat auquel Voltaire répond est Falconnet, mort en 1817, auteur des « Preuves démonstratives en fait de justice », dont il a été fait mention précédemment.

La *Réponse* fut imprimée avec la *Déclaration* qui la précède ; mais l'addition originale contient une erreur dans le titre : on y lit : *Réponse d'un avocat à l'écrit intitulé*, etc., au lieu de *Réponse à l'écrit d'un avocat, intitulé*, etc.

Ce *contre-sens assez ridicule*, comme dit Voltaire dans sa lettre à Marin, du 27 mars 1773, est repeté dans l'impression qui fait partie du volume intitulé : *les Lois de Minos*.

L'opuscule intitulé : « Preuves démonstratives », porte, à la page 92, la signature de Liégard Du Jonquay; on trouve à la suite une délibération de quatorze lignes, signée Falconnet. Les pages 94 à 126 contiennent différentes pièces. Le nom de Falconnet ne se trouvant pas à la fin, mais au milieu de la brochure, Voltaire l'avait oublié, on n'y avait pas fait attention, quand il débute par dire que l'Avocat ne se nomme pas.

Si Voltaire a voulu reprocher à Falconnet d'avoir rédigé les 92 pages signées par Du Jonquay, il est allé trop loin. Le plus souvent les Mémoires à consulter, signés des parties, sont l'ouvrage de l'avocat qui donne la consultation.

4° Précis du procès de M. le comte de Morangiés contre la famille des Verron. 1773, in-8 de 30 pag.

Le début de ce *Précis* prouve qu'il est postérieur à la publication de la première partie des *Fragments sur l'Inde*, dont une reimpression contient, en effet, ce *Précis*. Il existe aussi du *Précis* une édition séparée, en 30 pages in-8. Voltaire parle de cet écrit dans ses lettres à madame Du Deffand, du 30 juillet, et à Richelieu, du 7 août 1773.

5° Quatre Lettres à MM. de la noblesse du Gévoudan, qui ont écrit en faveur de M. le comte de Morangiés. 1773.

6° Fragment sur la justice, à l'occasion du procès de M. le comte de Morangiés contre les Du Jonquay. 1773.

Ce *Fragment sur la justice*, etc, fut publié, pour la première fois, à la suite des seize derniers articles, ou seconde partie des *Fragments historiques sur l'Inde*, composés dans la vue d'appeler l'attention sur Lally. C'est le onzième et dernier des écrits de Voltaire pour Morangiés. Il est postérieur à l'arrêt du parlement du 3 septembre 1773.

73. Fragment sur le procès criminel de Montbailli, roué et brûlé vif à Saint-Omer, en 1770, pour un prétendu parricide, et sa femme condamnée à être brûlée vive, tous deux reconnus innocents. 1773.

Voltaire avait depuis longtemps publié sa *Méprise d'Arras* (voy. le n° 69) lorsqu'il mit au jour, à la fin de 1773, la seconde partie ou les seize derniers chapitres de ses *Fragments historiques sur l'Inde*, Le *Fragment sur le procès criminel de Mont-*

bailli était au nombre des pièces mises à la suite. Il était précédé immédiatement du *Fragment sur la justice*, ce qui en explique le début, et suivi du *Fragment sur l'histoire générale*, en seize articles.

74. * Diatribe à l'auteur des « Éphémérides ». *Genève, et Paris, Valleyre, 1775, in-8.*

Les « Nouvelles Éphémérides économiques » (par l'abbé Baudeau) parurent de 1774 à 1776, en dix-neuf cahiers ou volumes in-12. C'est à cet ouvrage, qui fait suite aux « Éphémérides du citoyen », et qui ont 69 volumes, de 1765 à 1772, que s'adresse la *Diatribe*, de laquelle il est question dans la lettre à madame du Deffand, du 17 mai 1775. Un arrêt du conseil du 19 août, ordonna la suppression de la *Diatribe* comme scandaleuse et calomnieuse, contraire à la religion et à ses ministres. Le » Mercure « du mois d'août, de la même année, contient de la *Diatribe* un assez long extrait rédigé par La Harpe, et qui blessa l'autorité. Un nommé Lourel, qui était censeur du « Mercure », fut, par le même arrêt du 19 août, rayé de la liste des censeurs royaux, en punition d'avoir donné son approbation au cahier du « Mercure » qui contenait l'article de La Harpe sur la *Diatribe*.

75. Cri (le) du sang innocent. Au roi très-chrétien, en son conseil. 1775.

Cet écrit, au nom de M. d'ÉTALLONDE (l'un des co-accusés du chevalier de La Barre), avait pour objet sa réhabilitation, et la cassation de la procédure d'Abbeville. Cet officier, au service du roi de Prusse, avait obtenu un congé illimité pour venir solliciter le succès de son affaire. L'écrit est daté de Neufchâtel, ville appartenant au roi de Prusse, où M. d'Etallonde était supposé résider ; mais, dans le fait, il était alors à Ferney, chez son patron, où il resta dix-huit mois. (*Les édit. de Kehl*).—Le *Cri du sang innocent*, daté du 30 juin, et le *Précis de la procédure d'Abbeville*, qui le suit, parurent au commencement de juillet 1775 ; mais, six mois auparavant, Voltaire en avait envoyé un modèle ou projet à d'Argental ; voyez les lettres des 16 et 22 janvier. Le *Cri du sang innocent* est un supplément à la *Relation du chevalier de La Barre* (voy. le n° 58).

76. * Requête au roi pour les serfs de Saint-Claude (contre la tyrannie du chapitre de son église). 1777.

Dans beaucoup d'éditions des Œuvres de Voltaire on donne à cette requête la date « de la fin de 1775 ». Mais, comme l'a observé M. Clogenson, il en est parlé comme d'un ouvrage tout récent dans les « Mémoires secrets » du 17 février 1777.

77. Commentaire sur l'Esprit des lois. *Paris, de l'impr. de Panckoucke, 1777, in-8.*

Commentaire sur quelques principales maximes de l'ouvrage de Montesquieu. Le travail de Voltaire a été réimprimé quelquefois avec l'Esprit des lois.
Dans une lettre insérée au « Journal de Paris », du 19 mai 1777, un anonyme prétendait que l'article de Voltaire sur l'ouvrage « De la félicité publique », imprimé dans le « Journal de politique et de littérature », n'avait été fait que pour « rabaisser la gloire de Montesquieu ». Le ton de la lettre, qui

est de Sautereau de Marsy, est peu bienveillant pour Voltaire, qui, blessé vivement, composa son *Commentaire* en fort peu de temps ; car, dans sa lettre à Chastellux, du 7 juin, il en parle comme d'un ouvrage auquel il pensera ; et le manuscrit fut envoyé le 11 juin à De Vaines pour être remis à Panckoucke. Le *Commentaire* ne tarda sans doute pas à être mis sous presse. Cependant l'auteur n'en avait pas d'exemplaires au commencement de septembre ; c'est du moins ce qu'on peut conclure des termes de sa lettre du 4 septembre à M. de Chastellux.

Je n'ai encore vu, dit M. Beuchot, aucune édition avec le millésime 1777 ; mais l'on sait que les impressions faites dans les derniers mois d'une année sont datées de l'année suivante. S'il reste des doutes sur l'époque de la publication du *Commentaire*, il ne peut, d'après les explications données plus haut, en exister aucun sur l'époque de sa composition. L'ouvrage faisait partie des éditions de Kehl. Voltaire a assez fréquemment combattu Montesquieu dans les *Idées républicaines*, dans son *A, B, C*, et dans différents articles des *Questions sur l'Encyclopédie* ; mais on ne doit pas oublier qu'il l'a aussi défendu dans son *Remerciement sincère à un homme charitable* (1750).

78. * Prix de la justice et de l'humanité. *Londres, 1777, in-8.*

Proposé (en 1777) pour le meilleur Mémoire sur la législation en matière criminelle.
La « Gazette de Berne », du 15 février 1777, contient l'article rapporté par Voltaire en tête de son écrit. Le prix devait être donné en 1779 : Voltaire n'avait donc aucune pensée de concourir, puisqu'il fit imprimer son ouvrage dès 1777 ; les premières feuilles furent envoyées à Catherine II, le 28 octobre (voyez la lettre de Catherine II, du 4 décembre). Un exemplaire complet fut envoyé à La Harpe, le 19 novembre : mais l'ouvrage ne fut répandu à Paris que beaucoup plus tard. Les « Mémoires secrets » n'en parlent qu'à la date du 3 avril 1778. Il n'en est pas question dans la « Correspondance de Grimm ».

———

79. Mélanges de politique et de législation. *Paris, Treuttel et Würtz, 1837, in-8, avec un portrait, 3 fr., et sur pap. vélin superfin, 4 fr. 50 c.*

Ce volume renferme, 1° le *Traité sur la tolérance*, à l'occasion de la mort de Jean Calas, dont, dit l'éditeur du volume dans son Avant-propos, on a dû retrancher quelques passages ou notes tout-à-fait digressives, et qui, d'ailleurs, nous ont paru s'écarter des principes de cette tolérance, si bien prêchée par Voltaire. On y a joint, 2° la *Requête à tous les magistrats du royaume* (sur le carême et les fêtes) ;— 3° les *Pensées sur l'administration publique* (1752) ; — 4° *Commentaire sur quelques principales maximes de l'Esprit des lois* ; — 5° *Commentaire sur les délits et les peines* ; — 6° *Prix de la justice et de l'humanité*.

Physique et Histoire naturelle.

80. Éléments de la philosophie de Newton. *Amsterdam, et Londres, 1738, in-8 ;*

— Neufchâtel, 1772, in-8 ; *— Lausanne*, 1782, in-8.

La première publication des *Éléments de la philosophie de Newton* remonte au mois d'avril 1768 ; et l'on voit, par la correspondance de Voltaire, que ce ne fut qu'à l'insu de l'auteur. Ce fut quelques mois plus tard que parut la réimpression faite sous les yeux de l'auteur. Mais ce qui fut publié alors n'était qu'une partie de l'ouvrage tel qu'il est aujourd'hui. D'autres parties ne parurent qu'en 1740 et 1741. Il serait donc impossible de ranger rigoureusement cet ouvrage à son ordre chronologique, ou du moins on peut choisir.

Voltaire, réfugié en Hollande en 1736, y remit au libraire Ledet les premiers chapitres des *Éléments de la philosophie de Newton*. Il partit de Hollande sans avoir donné la fin du manuscrit. Le libraire fit achever l'ouvrage par un mathématicien du pays, et mit en vente le volume contenant vingt-cinq chapitres, après avoir ajouté au titre donné par Voltaire ces mots : *Mis à la portée de tout le monde*, qui donnèrent lieu à une mauvaise plaisanterie. On disait qu'il y avait dans le titre une faute d'impression, et qu'il fallait lire : « Mis à la porte de tout le monde ». C'est madame Du Châtelet qui, dans sa lettre à Maupertuis, du 9 mai 1738, accuse le libraire hollandais d'avoir fait des additions au titre. Mais il est bon de remarquer que, dans sa lettre à d'Argens, du 19 novembre 1738, Voltaire dit, à propos de sa *Philosophie de Newton*, l'avoir mise « à la portée du public ».

Voltaire réclama par des *Éclaircissements* qu'il envoya à divers journaux, et résolut de faire imprimer son livre en France. Mais il fallait pour cela une permission qu'on appelait privilége. L'auteur voulait ajouter une première partie contenant la *métaphysique*. Ce fut principalement à cause du morceau que le chancelier d'Aguesseau refusa le privilége. Il accorda toutefois une *permission tacite* pour ce qui avait été imprimé en Hollande, c'est-à-dire de le réimprimer en France, mais sous le nom d'un pays étranger : Voltaire mit en tête les *Éclaircissements* dont il a été question, et ajouta un chapitre XXVI sur le flux et le reflux. Son édition porta la rubrique de Londres.

Les libraires de Hollande firent réimprimer ces additions, pour les joindre aux exemplaires qui leur restaient.

Cet ouvrage donna lieu à une polémique pour et contre (voy. la seconde partie de cette notice); quelques autres personnes s'escrimèrent dans les journaux, et Voltaire publia une *Réponse aux principales objections*, etc. (voy. n° 83).

L'année suivante Voltaire fit imprimer en Hollande la *Métaphysique de Newton*, dont L.-M. Kahle fit une critique, en allemand, et à laquelle il répondit par un écrit intitulé : *Courte réponse aux longs discours d'un docteur allemand*. —

En 1741, Voltaire donna en France, mais sous l'adresse de Londres, une édition entièrement refondue des *Éléments philosophiques de Newton*. Il les avait divisés en trois parties : la première comprenant la métaphysique (publiée en 1740); les seconde et troisième se composant (en 14 et 16 chapitres) de ce qui formait tout l'ouvrage en 1738, c'est-à-dire, de la physique. Les chapitres du mathématicien hollandais avaient été remplacés par des morceaux de Voltaire.

Voltaire, en 1748, revit encore son ouvrage pour en former le tome VI de l'édition de ses Œuvres qui parut à Dresde, chez Conrad Walther. Il avait, dans la seconde partie, retranché le chapitre XIV ; dans la troisième, les chapitres X et XI. M. Beu-

chot, dans la réimpression de cet ouvrage, au tome XXXVIII, deuxième volume des *Mélanges* de son édition, a conservé ces trois chapitres en notes ou variantes.

Les suppressions ne furent pas moins considérables, lorsqu'en 1756, Voltaire revit encore son livre pour la *première édition* que les frère Cramer publièrent de la *Collection* de ses *Œuvres*. Cette édition fut augmentée, dans la première partie, du chapitre intitulé : *Doutes sur la liberté qu'on nomme d'indifférence*. Mais on n'y trouve plus les chapitres XII, XIII et XIV de la troisième partie, ce qui rend incomplète la théorie du système planétaire.

M. Lacroix, membre de l'Institut, aux lumières de qui M. Beuchot a eu recours, pense que les chapitres supprimés contenant quelques erreurs assez graves, et beaucoup de nombres que les découvertes des astronomes et des géomètres avaient considérablement changés, l'auteur aima mieux ôter ces chapitres que de les corriger ou de les refaire. Les travaux d'Euler, de d'Alembert et Clairaut, ayant déjà perfectionné la théorie de Newton, et répandu sa philosophie, Voltaire ne dut plus mettre le même intérêt à des détails arides, devenus tout-à-fait étrangers à ses habitudes ; et il semble l'indiquer assez nettement dans ce passage qui remplaça, en 1756, les chapitres supprimés.

« On ne poussera pas ici plus loin les recherches « sur la gravitation. Cette doctrine était encore « toute nouvelle quand l'auteur l'exposa en 1736. « Elle ne l'est plus, il faut se conformer au temps. « Plus les hommes sont devenus éclairés, moins il « faut écrire ».

A l'exemple de quelques éditeurs récents, et notamment de M. A.-A. Renouard, qui, le premier, en 1819, a redonné ces trois chapitres, M. Beuchot a reproduit les trois chapitres supprimés en 1756. Son travail diffère du leur principalement en ce qu'au lieu d'amalgamer les chapitres des diverses éditions, il s'en est tenu, pour le texte uniquement, à l'édition de 1748. C'est en notes ou variantes qu'il a donné ce qui appartient aux éditions de 1738, 1741 et 1756. Les chapitres de 1741, mis en variantes à la fin du chapitre IX de la troisième partie, n'avaient été recueillis par aucun éditeur.

81. * Essai sur la nature du feu, et sur sa propagation. 1738.

Mémoire de cinquante-deux pages, avec deux planches, qui a été couronné, et qui est imprimé dans le tome IV des prix de l'Académie des sciences, daté de 1739.

Voltaire et madame Du Châtelet avaient chacun envoyé un ouvrage au concours pour 1738. Le prix fut partagé entre Léonard Euler, le jésuite Lozeran de Fiesc, et le comte de Créqui-Canaple. Les éditeurs de Kehl sont les premiers qui aient donné cet *Essai*.

82. Mémoire sur un ouvrage de physique de madame la marquise Du Châtelet, lequel a concouru pour le prix de l'Académie des sciences, en 1738.

Imprimé, pour la première fois, dans le « Mercure » de juin 1739, sous le titre de : *Extrait de la Dissertation de madame L. M. D. C. sur la nature du feu* ; ce morceau a été réimprimé sous le titre de *Mémoire*, etc., dans le tome III de la « Nouvelle Bibliothèque, ou Histoire littéraire » (juillet 1739, pages 414 à 422); c'est aussi sous ce dernier titre que cet écrit a été inséré dans les éditions des OEuvres de l'auteur. La dissertation de madame Du Châtelet, ainsi que l'Essai de Voltaire, avait paru dans le tome IV des « Prix de l'Académie des sciences ».

83. Réponse aux objections principales qui ont été faites contre la philosophie de Newton. 1739, in-8 de 26 pag.

C'est sous ce titre que Voltaire a publié cet opuscule en 1739, in-8 de 26 pages, plus le frontispice : l'auteur ne le regardant que comme un écrit de circonstance, avec d'autant plus de raison que l'ouvrage dont il est la défense a, comme il a été dit plus haut, subi de très-grands changements, n'avait compris cette *Réponse* dans aucune édition de ses OEuvres. Les éditeurs de Kehl, les premiers qui l'aient recueilli, l'intitulèrent : *Défense du newtonianisme.*

84. Lettre à M. de Maupertuis, sur les Éléments de la philosophie de Newton. — Lettre à M. * (sur le même sujet). Datée du 13 mars 1739.**

85. Exposition du livre des « Institutions physiques », dans laquelle on examine les idées de Leibnitz. 1740.

Impr. dans les OEuvres de l'auteur.

Les « Institutions physiques », par madame Du Châtelet, parurent en 1740. L'ouvrage était terminé dès 1738 ; mais elle en retarda la publication, dit Lalande (« Bibliographie astronomique », p. 439), pour y mettre la « Philosophie de Leibnitz », dont Kœnig lui avait inspiré la curiosité.

86. Doutes sur la mesure des forces motrices et sur leur nature, présentés à l'Académie des sciences de Paris, en 1741.

Ces *Doutes* ont été imprimés dans le tome IX de la « Nouvelle Bibliothèque, ou Histoire littéraire » (juin 1741, pages 219—33). On mit à la suite un « Extrait du rapport fait à l'Académie des sciences », le 26 avril, par Pitot et Clairaut. Les éditeurs de Kehl sont les premiers qui ont admis ces *Doutes* dans les OEuvres de Voltaire. Mairan avait donné, en 1728, dans les « Mémoires de l'Académie des sciences », une « Dissertation sur l'estimation et la mesure des forces motrices des corps », qui fut réimprimée, en 1741, in-12, par les soins de l'abbé Deidier.

87. Relation touchant un maure blanc amené d'Afrique à Paris, en 1744.

Cette *Relation* est, depuis 1745, dans les OEuvres de Voltaire.

88. Dissertation envoyée par l'auteur, en italien, à l'Académie de Bologne, et traduite par lui-même en français, sur les changements arrivés dans notre globe, et sur les pétrifications qu'on prétend en être encore les témoignages. 1746.

On voit, par la lettre de Voltaire à G.-F. Muller, du 28 juin 1746, que l'auteur avait envoyé cette pièce en anglais à la Société royale de Londres, et qu'il se proposait de la traduire en latin pour l'envoyer à l'Académie de Saint-Pétersbourg. Une traduction française de la version italienne fut imprimée dans le « Mercure » de juillet 1746. Ce fut dans l'édition de ses OEuvres, donnée à Dresde, en 1748, que Voltaire fit insérer la traduction faite par lui-même, et qui, pour la plupart des lecteurs, est préférable à l'original italien. D'ailleurs, Voltaire a fait à diverses éditions de sa traduction des additions et des corrections trop peu importantes pour être signalées ; mais qu'il ne fallait pas rejeter. La *Digression*, qui est à la suite de la *Dissertation*, fut imprimée en 1751. Il paraît cependant que c'est d'elle qu'il est question dans la lettre de Voltaire à Quirini, du 23 avril 1749. Voltaire, dans ses *Questions sur l'Encyclopédie*, donna, en 1770, un article intitulé : *Changements arrivés dans le globe.*

C'est, sans doute, par faute d'impression que, dans les éditions de Kehl, cette Dissertation est datée de 1749.

89. * Singularités (les) de la nature. *Bâle*, 1768 ;—*Amsterdam (Paris)*, 1769 ; et *Londres*, 1772, in-8.

La dernière édition porte le nom de l'auteur.

Cet ouvrage fut condamné par décret de la cour de Rome du 16 janvier 1770.

Le traité des *Singularités de la nature*, dont les premières éditions portent la date de 1768, est mentionné pour la première fois dans les » Mémoires secrets », au 4 février 1769. Mais si, comme je le crois, dit M. Beuchot, c'est un chapitre XX que rappelle l'auteur dans *les Colimaçons du R. P. l'Escarbotier*, qui avaient paru dès septembre 1768, il fallait bien placer les *Singularités* avant les *Colimaçons*. Les Singularités ont été, sous les yeux de Voltaire, placées dans le tome VIII de ses *Nouveaux Mélanges*, en 1769, tandis que les *Colimaçons* sont dans le tome XIII, qui est de 1774.

90. Colimaçons (les) du R. P. l'Escarbotier, par la grâce de Dieu capucin indigne, prédicateur ordinaire et cuisinier du grand couvent de la ville de Clermont en Auvergne, au R. P. Élie, carme déchaussé, docteur en théologie. *Sans indication de lieu*, 1768, 1769, in-8 de 24 pages.

Condamné, par décret de la cour de Rome du 1er mars 1770, avec six autres ouvrages de Voltaire.

L'édition originale de cet opuscule a 24 pages in-8, et a dû paraître en septembre, puisque les » Mémoires secrets », après l'avoir annoncé le six octobre, parlent, dix jours après, d'une « Réponse d'un compagnon de Pierre Fort au philosophe de Saint-Flour, capucin et cuisinier, sur les coquilles et bien d'autres choses. On trouve dans le « Mercure » de juin 1770, page 153, une « Lettre (de Linguet) sur l'exécution des limaçons.

De cette première lettre, Voltaire avait, en 1771, fait la première section de l'article COLIMAÇONS dans ses *Questions sur l'Encyclopédie*.

II. LITTÉRATURE.

Poésies.

86. Henriade (la) de M. de Voltaire, poëme épique (en x chants). Londres, 1728, in-4, orné de gravures

Première édition de ce poëme sous ce titre.

On porte à cent cinquante mille livres le produit de la souscription à cette édition : ce fut une des premières sources de la fortune de Voltaire.

Sur le refus du roi de France, ce fut à la reine d'Angleterre que la *Henriade* fut dédiée. Cette dédicace en anglais ne fut pas reproduite dans les éditions des Œuvres de Voltaire; mais Marmontel la comprit, ainsi que la traduction par Lenglet-Dufresnoy, dans la préface qu'il composa, en 1746, pour la *Henriade*, et qui a été reproduite depuis par presque tous les éditeurs des Œuvres de Voltaire.

Ce poëme célèbre parut pour la première fois sous ce titre :

La Ligue, ou Henri-le-Grand, poëme épique..... (publié d'après un manuscrit incomplet, par l'abbé DESFONTAINES). Genève, Jean Mokpap (Rouen, Viret), 1723, in-8 de viij et 230 pages.

Il fut réimprimé l'année suivante, sous le même titre, *avec des additions* (par l'abbé DESFONTAINES), *et un recueil de pièces diverses du même auteur.* Amsterdam, J.-Fréd. Bernard (Évreux), 1724, in-12.

La seconde édition de ce poëme, donnée par Desfontaines, est aussi imparfaite que la première. L'éditeur s'est avisé d'y glisser des vers de sa façon aux endroits où y il avait des lacunes; ils sont faciles à distinguer. Cette seconde édition est fort rare. (Biblioth. histor. de la France, n° 19552).

C'est aussi en 1724 que parut une autre édition, pet. in-8, portant les mêmes titre et adresse que l'édition de 1723, à laquelle elle est conforme pour le texte comme pour les lacunes.

Ces trois éditions étaient connues de Voltaire, qui les cite dans une note du treizième article de son « Fragment sur l'Histoire générale », où il répond à l'abbé Sabatier qui l'accusait d'avoir, pour la *Henriade*, pillé « le Clovis » de Saint-Didier, dont la première édition est de 1725.

Les premières éditions de *la Henriade* ne renferment que neuf chants ; elles sont très-fautives, remplies de vers faibles, de transpositions, de lacunes, et dans un ordre différent de celui que l'auteur a depuis adopté. Voici quel était le début du poëme :

> Je chante les combats, et ce roi généreux
> Qui força les Français à devenir heureux ;
> Qui dissipa la Ligue et fit trembler l'Ibère,
> Qui fut de ses sujets le vainqueur et le père :
> Dans Paris subjugé fit adorer ses lois,
> Et fut l'amour du monde et l'exemple des rois.
> Muse, raconte-moi quelle haine obstinée
> Arma contre Henri la France mutinée,
> Et comment nos aïeux, à leur perte courants,
> Au plus juste des rois préféraient des tyrans.

On n'a pas besoin de dire combien le début actuel de *la Henriade* est plus heureux. L'auteur a fait des changements considérables dans beaucoup d'autres endroits du poëme, surtout dans les sixième et septième chants. Celui qui était le sixième dans les premières éditions est le septième dans l'édition de Londres, 1728, in-4, et dans celles qui l'ont suivie ; c'est donc depuis 1728 que le titre de *Henriade* a été donné à ce poëme qui s'appelait précédemment *la Ligue.* On voyait avec plaisir figurer dans les premières éditions Sully comme le compagnon d'armes et l'ami de Henri ; il a été remplacé par Duplessis - Mornay dans les éditions postérieures. Ce changement eut lieu par suite d'une aventure désagréable que Voltaire eut, en 1726, devant l'hôtel du jeune duc de Sully, chez qui il dînait. A partir de 1733, *la Henriade* n'a plus éprouvé que de légères corrections, si ce n'est dans l'édition de 1756, tome 1er d'une édition des Œuvres de l'auteur en 17 vol in-8, où la fin du cinquième chant est toute nouvelle.

Quoique ce poëme n'ait pas encouru de condamnation juridique, il n'a pas moins éprouvé de grandes difficultés dans le principe pour être publié en France. Quand il en parut furtivement quelques exemplaires à Paris, on cria à l'impiété ! Le clergé, alors si tracassier, fut d'avis de le flétrir par une censure ecclésiastique, comme contenant les erreurs des semi-pélagiens ! A la cour, on disait qu'il n'y avait qu'un séditieux qui eût pu faire l'éloge de l'amiral Coligny(13). Ce n'est qu'assez tard que la publication en fut *tolérée* en France. A dire vrai, il y a dans ce poëme quelques vers relatifs à la religion catholique, qui se ressentent un péu de la source très-peu orthodoxe d'où ils sont sortis.

Voltaire ajouta plus tard à ce poëme deux morceaux historiques qui avaient paru séparément : l'*Essai sur la poésie épique* (voy. le n° 87) et l'*Essai sur les guerres civiles de France* (voy. le n° ..). Pour compléter son livre, il joignit encore une *Dissertation sur la mort de Henri IV*, et deux *Extraits du procès criminel de Ravaillac.* C'est ainsi que sont composées la plus grande partie des éditions qui ont été faites de ce poëme.

Nonobstant les censures anciennes et modernes, les éditions de ce poëme se sont multipliées à l'infini; on peut évaluer le nombre d'exemplaires imprimés à plus de 335,000 ; il a été traduit en latin, trois fois en italien, en espagnol, en anglais, en allemand, en hollandais, en russe, etc.

Voltaire dit, dans une de ses lettres à Cideville,

---

(13) Près de cent ans après avoir été refusé par Louis XV, ou du moins en son nom, *la Henriade* eut une destinée bien différente. Lorsqu'en 1818 on rétablit sur le terre-plein du Pont-Neuf une statue de Henri IV, on ne trouva rien de mieux à mettre dans le ventre du cheval qu'un exemplaire de cette même *Henriade.* — C'est dans la troisième des quatre boîtes mises dans le corps de la statue équestre qu'est placé un exemplaire, sur papier vélin, en deux volumes in-8, d'une édition de *la Henriade*, imprimée à Kehl.

Bruxelles, 5 mai 1740 : «.... Le prince royal de
« Prusse, à qui son ogre de père permettait à peine
« de lire, n'attend pas que ce père soit mort pour
« oser faire imprimer *la Henriade*. Il a fait fondre en
« Angleterre des caractères d'argent, et il compte
« établir dans sa capitale une imprimerie aussi belle
« que celle du Louvre...» Palissot, dans une note
sur ce passage, prétend que « ces beaux caractères
« d'argent ne servirent pas, et que l'édition n'eut
« pas lieu, quoique le prince royal en eût fait la
« préface. » Voltaire et Palissot se sont trompés sur
ces caractères d'argent ; il n'en a point été question ;
les Anglais savent aussi bien que nous qu'on ne
peut pas imprimer avec des caractères de ce métal ;
il n'est pas assez doux ; mais il s'agissait de graver
le texte du poëme, ainsi qu'il est rapporté dans la
Bibliothèque historique de la France, où il est dit, sous
le n° 19,552 : « Dans l'édition de la *Henriade*, qui
« forme le tome Ier des *OEuvres de Voltaire*, 1756,
« 17 vol. in-8°, on trouve un avant-propos ou juge-
« ment qui n'avait pas encore paru. Il est de la façon
« du roi de Prusse. Ce prince l'avait fait pour être
« placé à la tête de ce poëme, qu'il avait chargé
« M. Algaroti de faire graver à Londres en 1736, ce
« qui ne fut pas exécuté. »

— Henriade (la) de M. de Voltaire. *Londres*, 1728, in-8.

L'édition in-4, ornée de gravures que l'auteur
avait fait exécuter, n'étant pas, par son prix, à
la portée de tout le monde, Voltaire autorisa un
libraire de Londres à en publier une dans le format
in-8, qui parut sous le même millésime. On imprima à la suite des « Pensées sur la Henriade ».

— Henriade (la) de M. Arouët de Voltaire, donnée au public par lui-même ;
on y a ajouté la critique de ce poëme. *La
Haye, P. Gosse*, 1728, pet. in-8 ; — *La
Haye, P. Gosse et J. Néaulme*, 1729,
in-8.

Depuis le moment de sa publication, *la Henriade*
a été l'objet des plus grands éloges et d'une critique souvent outrée.

L'abbé Goujet cite, dans son Catalogue manuscrit,
des « Pensées sur la Henriade », imprimées à Londres, sans date, in-8 de 23 pages. L'auteur déclame avec emportement contre la religion catholique et les Français. Voltaire, dit l'abbé Goujet,
envoya un exemplaire de cette Critique au président de Maisons, avec des notes écrites en marge.
Dans une de ces notes, sur ce que l'auteur des
« Pensées » reproche au poëte d'avoir fait un poëme
à l'honneur du papisme, Voltaire dit : « Je suis né
catholique ; si j'étais né mahométan, il faudrait
bien que je louasse Mahomet ». Il dit, dans une
autre note : « Je vous supplie de croire que je ne
parle de la religion qu'en vers».

Ces « Pensées sur la Henriade » sont, sans doute,
la brochure qui a pour titre : « Critique de la Hén-
riade ». Elle se trouve à la fin de l'édition de la
Henriade, publiée à la Haye, chez Gosse, en 1728.
M. Beuchot l'a affirmé, en disant que les Pensées
sur la Henriade sont reproduites dans l'édition de
1728, mais sous le titre de Critique de la Henriade.
Elles ne sont pas dans celle de 1729.

— La même. Nouv. édition, revue, corr.
et augmentée, avec des notes. *Londres,
Hier. Bold Truth*, 1730, in-8.

Édition avouée par l'auteur. Un grand nombre de
notes y furent ajoutées.

—La même. *Amsterdam, Desbordes*, 1732,
in-8.

— La même, avec des variantes et des
notes, et l'Essai sur la poésie épique.
Londres, Jum's, 1733, in-12.

C'est dans l'édition de 1732 que Voltaire corrigea
la traduction que Desfontaines avait faite de *l'Essai
sur la poésie épique*, ouvrage que l'auteur refit en
français pour l'édition de 1733. Cette édition de
1733 est la première qui donne des variantes, qui
toutefois ne sont qu'au nombre de deux, aux chants
IV et VII.

— La même, avec des variantes et des
notes. *Londres, J. Tonson*, 1734, in-8.

Réimpression de l'édition de 1733.

— La même, avec des notes, des éclaircissements, et un Essai sur la poésie épique.
Londres (Paris), 1737, in-8.

C'est à LINANT que l'on doit cette édition, dont
il fit la préface. Quelques notes encore furent ajoutées à cette édition, la première où ait paru la
» Lettre de COCCHI, traduite par le baron ELDEA-
CHEN.

Dans l'édition des OEuvres de Voltaire, 1738-39,
quatre volumes in-8, on suivit pour la *Henriade* le
texte de 1737 ; mais une note fut ajoutée sur le vers
197 du chant VI.

Il est évident que l'édition des OEuvres, faite en
1739, avait été entreprise à l'insu de l'auteur ; car
l'Essai sur la poésie épique y est conforme à la traduction de l'abbé Desfontaines, et non au texte refait par Voltaire dès 1733.

— La même, avec des remarques et les différences qui se trouvent dans les diverses
éditions de ce poëme. *Londres (Paris,
Gandouin)*, 1741, in-4.

C'est l'édition de Londres, 1728, enrichie d'importantes additions, telles que la préface de l'é-
dition de 1737 (par LINANT), etc.

Selon M. Beuchot ce n'est point une nouvelle
édition, mais tout simplement l'édition de 1728
qu'on rajeunit au moyen d'un nouveau titre, et en
ajoutant, 1° en tête un Avertissement du libraire,
la Préface de Linant (de 1737), et quelques autres
pièces préliminaires ; 2° à la fin du dernier chant,
les arguments, notes et variantes. Le travail des
variantes est très-incomplet. Quant aux remarques,
l'éditeur les a tantôt réduites, tantôt étendues.
Quelquefois même la rédaction de Voltaire a été
mise de côté.

Voltaire dit, dans sa lettre à Kœnig, de juin 1753,
que cette édition fut donnée par Gaudouin, libraire
à Paris, et que c'était l'abbé LENGLET-DUFRESNOY
qui avait recueilli les variantes. Il est à remarquer
que Michault, auteur des « Mémoires pour servir
à l'histoire de la vie et des ouvrages de M. l'abbé
Lenglet-Dufresnoy », 1761, in-12, ne fait aucune
mention de ce travail, qui a été réimprimé l'année
suivante en deux volumes in-12.

En ne parlant que des éditions qui méritent quelque attention, on ne doit pas passer sous silence,
dit M. Beuchot, l'édition de la Henriade qui forme
le tome Ier des OEuvres, 1746, 6 vol. in-12. Elle
contient, au chant VII, la note sur Colbert, et celle
qu'on appelle la note des damnés, parce qu'elle

donne un calcul sur le nombre des damnés. La nouvelle préface, composée pour cette édition, est intéressante. Dans quelques notes (pages 316, 344, 359, 360, 367, 371, 377, 379, 381, 385. 388) sont réfutées les remarques de Lenglet-Dufresnoy.

— La même, avec des notes, les variantes. Nouv. édition, précédée d'une préface; par Marmontel. (*Paris*), 1746, 1761, 2 vol. in-12.

C'est pour cette édition, de 1746, que Marmontel composa une préface qu'on a presque toujours réimprimée avec *la Henriade*. L'édition de Marmontel a aussi la note des condamnés. Mais la rédaction définitive de cette note est de 1748, dans l'édition in-12 d'Amsterdam (Rouen), qu'il ne faut pas confondre avec celle de Dresde, de la même année, qui ne contient aucune des deux versions de la note sur les damnés, et qui a pourtant les notes réfutatives des remarques de Lenglet-Dufresnoy.

Les éditions qui suivirent ne présentent que quelques corrections.

— La même (de la même édition). Avec le poëme sur la bataille de Fontenoy et l'Épître à la duchesse Du Maine. *Amsterdam (Rouen)*, 1748, in-12; — et *Dresde*, 1748, in-12.

Des exemplaires portent : *avec d'autres poëmes du même.* Amsterdam, la compagnie.

— La même, avec des remarques (par de La Beaumelle). *Henrichemont et Bidache (Toulouse, de l'impr. de Dalles)*, 1769, in-12 de 334 pag.

Ce Commentaire parut pour la première fois en 1769, in-12, sous le titre de *la Henriade, avec des remarques.* Henrichemont et Bidache (Toulouse, de l'impr. de Dalles). Non content de critiquer l'ouvrage, La Beaumelle en refit des passages. Voltaire fit saisir l'édition. Il en avait le droit, puisque c'était une réimpression entière de son poëme. Mais elle ne fut pas détruite. Ce n'est qu'en 1793 qu'elle fut rendue aux héritiers : c'est cette édition qui a été reproduite avec un nouveau frontispice, portant : Toulouse, an XI (1803), in-12 de 334 pages.

— La même, avec les variantes de l'abbé Langlet, et des notes; augmentée de l'Essai sur la poésie épique, et de plusieurs des ouvrages de poésie de l'auteur. *Paris*, 1770, 2 vol. in-8;—*La Haye, P. Gosse*, 1770, in-12.

L'édition d'Amsterdam, F. L'Honoré, ..., 2 part. en un vol. in-12, est, selon toute apparence, encore une reproduction de celle de Paris, 1770.

—La même. *Amsterdam, et Paris, Saillant et Nyon; veuve Desaint*, 1771, 2 vol. in-8, figures.

Il y a des exemplaires de cette édition tirés sur papier de Hollande.

— La même. *Paris, veuve Duchesne*, sans date (1775), 2 vol. petit in-8, avec figures d'Eisen.

Il a été aussi tiré de cette édition des exemplaires sur papier de Hollande.

—Le même ouvrage, sous ce titre : Commentaire sur la Henriade, par feu M. de La Beaumelle, revu et corr. par M. F*** (Fréron). *Berlin, et Paris, Lejay*, 1775, in-4, et 2 vol. in-8.

La saisie de 1769 n'avait pas effrayé Fréron, qui six ans après, mit au jour l'édition que nous venons de citer. François de Neufchâteau proposait (Lettre de d'Alembert, du 18 août 1775) d'intenter un procès à Fréron. Voltaire combattit ce projet (Lettre à d'Alembert, du 24 août de la même année.

A quelques corrections près, les volumes publiés par Fréron sont une réimpression du volume de 1769. Ils contiennent *la Henriade* toute entière et en corps d'ouvrage. Le Commentaire est au bas des pages.

— La même. *Neufchâtel*, 1778, in-12.
— La même, avec des variantes et un Essai sur la poésie épique. Nouv. édition. *Rouen, P. Machuel*, 1779, 2 vol. in-12.
— La même. *Genève*, 1779, in-12.
— Henriade (la), avec la réponse de M. B.... (Ch.-Fr.-J. Bidault), à chacune des objections du commentaire de La Beaumelle; la préface de Frédéric-le-Grand, roi de Prusse; l'Essai sur l'épopée, trad. de l'angl., par l'abbé Desfontaines; un Supplément à cet Essai; un article au sujet d'Hésiode; un autre concernant l'Arioste; les jugements des contemporains sur le poëme; la relation des honneurs qui ont été rendus à Voltaire, à Paris, en 1778, et plusieurs autres morceaux relatifs à Voltaire, recueillis et rédigés par M. D*** de C*** (d'Aquin de Chateaulion). *Berlin, et Paris, Bastien*, 1780, in-12.

Sur le faux-titre du volume on lit : *la Henriade vengée.*

Voltaire était mort depuis deux ans. Les presses ne cessaient pas et n'ont pas cessé de multiplier les exemplaires de *la Henriade* en divers formats, mais presque toujours sans aucun nouveau travail d'éditeur.

— La même. 1781, in-24.
— La même, avec des notes critiques. *Paris, Mérigot jeune*, 1783, in-4.
— La même, nouvelle édition, la plus correcte qui ait encore paru, avec des remarques, par Palissot. *Paris, Moutard*, 1784, in-8, 6 fr.

Il y a eu de cette édition cent exemplaires tirés sur papier vélin, dont le prix était de 12 fr.

Palissot a introduit dans son édition plusieurs versions nouvelles qu'il dit tenir la plupart de Voltaire, mais sans le prouver.

— La même, avec les variantes, l'Essai sur la poésie épique, et diverses pièces contre la Henriade. *Caen, Leroy; et Paris, Delalain*, 1787, in-12.

— La même. *Rouen*, 1789, 2 part. in-12, figures.

— La même, suivie de quelques autres poëmes. *Société littéraire et typographique*, 1789, gr. in-4, sur pap. vélin, avec onze figures de Moreau, ou treize figures d'après Queverdo.

— La même. *Paris, P. Didot*, 1790, gr. in-4 sur pap. vélin.

Belle édition, tirée seulement à 250 exempl., et qui fait partie de la Collection des auteurs classiques français et latins pour l'éducation du Dauphin.

— La même, avec une Dissertation sur la mort de Henri IV. *Hambourg*, 1791, in-12.

— La même (édition publiée par Jean Sivrac). *Londres*, 1795, in-18; ou 1812, in-18.

L'éditeur s'est borné à réduire les notes de Voltaire comme celles des éditeurs.

— *Paris, Caille et Ravier*, 1815, in-18.

— La même. *Paris, Didot*, 1792, in-18, sur pap. vélin.

Cette édition devait faire partie de la Collection du Dauphin, mais les circonstances ne permirent pas de la publier ainsi.

— La même, avec les notes; suivie de l'Essai sur la poésie épique. Édition stéréot. de Didot. *Paris, P. Didot aîné*, 1801, in-18.

Édition dont il a été fait de nombreux tirages depuis 1801. Il existe des premiers tirages des exemplaires sur gr. pap. vélin, de format in-12. C'est encore cette édition stéréotype qui a été insérée par le libraire Lecointe, en 1830, dans une collection d'auteurs français.

— La même, avec notes; suivie de l'Essai sur la poésie épique. Nouvelle et jolie édition. *Paris, Leprieur*, 1804, 1808, et 1813, in-12, avec douze figures et un frontispice gravé, 3 fr.; — ou *Paris, Ledentu*, 1821, in-12, fig., 3 fr.

Il y a des exemplaires de cette édition dans lesquels les notes sont corrigées, et à l'usage des écoles et des pensions, et qui n'ont que dix figures et un frontispice : 2 fr.

— La même, avec les notes et variantes; suivie de l'Essai sur la poésie épique. Édition stéréot. *Paris, H. Nicolle*, 1805, in-18, 1 fr. 60 c.; — in-12, 2 fr. 50 c.; — in-8, pap. fin, 3 fr., et sur pap. vélin, 5 fr.

Cette édition, qui forme le premier volume d'une collection des OEuvres complètes de Voltaire, a eu de nombreux tirages dans les formats in-12 et in-18. On trouve des exemplaires in-8, sur papier vélin, avec la date de 1805, dans lesquels on a ajouté des figures de Saint-Aubin.

— La même, avec des notes et des observations critiques dédiées à la jeunesse, par M. ***, ancien officier (M. SARDY DE BEAUFORT, né à la Voute (Ardèche), âgé de soixante-quatre ans). *Avignon, L. Aubanel*, 1809, in-18.

— La même, à laquelle sont joints les passages des auteurs anciens et modernes qui présentent des points de comparaison; édition classique. Par un professeur de l'Académie de Paris (M. NAUDET). *Paris, Duponcet*, 1813, in-18, 1 fr. 35 c.

— La même, avec notes et variantes (précédée d'une préface du roi de Prusse (FRÉDÉRIC II); et d'une autre de MARMONTEL). *Paris, P. Didot*, 1814, in-8, 4 fr. 50 c.; sur pap. fin, 7 fr. 50 c., et sur pap. vélin, 15 fr.

Bonne et belle édition, qui forme le xviiie volume d'une « Collection des meilleurs ouvrages de la langue française, dédiée aux amateurs de l'art typographique ».

— La même. *Paris, Renouard*, 1826, in-8, avec figures de Moreau.

— La même. *Paris, Didot*, 1816, in-36, 1 fr. 25 c.

— La même. *Paris, Ménard et Desenne*, 1817, in-18, 2 fr., et sur pap. vélin, 4 fr.; — et in-12, pap. ordinaire, 3 fr., et sur papier vélin, 6 fr.

Ce volume fait partie d'une collection intitulée : « Bibliothèque française ».

— La même. Édition dédiée à S. A. R. MONSIEUR. *Paris, P. Didot*, 1819, gr. in-fol., sur pap. vélin, 175 fr.; ou gr. in-4, sur pap. vélin, orné de deux gravures.

L'édition in-fol. n'a été tirée qu'à 125 exemplaires numérotés.

C'est par exception et comme chef-d'œuvre typographique que l'on doit mentionner cette édition : elle ne renferme aucun travail d'éditeur.

— La même, suivie de notes et variantes. *Paris, P. Didot aîné*, 1819, 2 vol. in-16, 6 fr., et sur pap. vélin, 12 fr.

Cette édition forme les tomes XVIII et XIX d'une Collection des meilleurs ouvrages de la langue française, dédiée à S. A. R. MADAME, duchesse d'Angoulême.

— La même. *Paris, F. Didot*, 1819 (1823), pet. in-fol., orné de deux planches gravées, 160 fr.

Quoique le frontispice porte le millésime de 1819 ce volume n'a été publié qu'en 1823.

Feu DAUNOU a donné des soins à cette édition, à laquelle il a ajouté des notes critiques et littéraires.

— La même. *Paris, Delalain*, 1820, in-18.

— La même, ornée de dessins lithograph. d'Horace Vernet, avec les portraits par Manzaisse. *Paris, P. Dupont*, 1822, in-fol., avec 40 planches lithogr., 150 fr., et, avec les figures avant la lettre, 250 fr.

— La même, avec des notes; suivie de l'Essai sur la poésie épique. *Strasbourg, et Paris, Levrault*, 1822, in-18.

— La même, avec des remarques de CLÉMENT, extraites de ses Lettres à Voltaire, et grand nombre de morceaux de comparaison, tirés d'Homère, de Virgile, de Milton, de La Fontaine, de Racine, de Fénélon, de J.-B. Rousseau, etc.; le tout adapté à chaque chant (par LEPAN). *Paris, l'Éditeur*, 1822, in-12, 2 fr.; sur pap. satiné, 3 fr., et sur format in-8, pap. satiné, 5 fr.

Il y a des exemplaires de cette édition au nom de Ponthieu, portant le millésime de 1823, et d'autres au nom de Maire-Nyon, qui portent la date de 1836.

M. Lepan s'est acquis de nouveaux droits à être placé parmi les éditeurs qui dénigrent les auteurs qu'ils réimpriment.

— La même. *Paris, L. Debure*, 1822, in-32, 3 fr.

Cette jolie édition fait partie de la « Collection des classiques français », publiée par le même libraire.

— La même, avec les notes et les variantes; publiée par L.-S. AUGER. *Paris, Lefèvre; Brière*, 1823, in-32, 3 fr.

— La même, avec un Commentaire classique, par M. FONTANIER. *Paris, Bossange père*, 1823, in-8, avec une grav., 4 fr. 50 c.; — avec gravures, 6 fr.; — pap. fin des Vosges, 8 fr; — pap. d'Annonay satiné, 11 fr.; et sur pap. vélin, 12 fr.

— La même, et les Contes du même auteur. *Paris, Roux-Durfort et Froment*, 1824, in-8 à deux colon. encadrées, ou in-48.

Édition sortie des presses de Didot, et qui fait partie d'une Collection des classiques français, en un volume, imprimée en caractères microscopiques.

— La même. *Paris, Lefèvre*, 1823, in-24.

— La même, enrichie d'un choix de remarques historiques et littéraires, extraites en partie du Cours de littérature de La Harpe, et de l'indication des principaux passages des poëtes anciens imités par l'auteur. Édition classique, par un ancien chef

d'institution. *Paris, Aug. Delalain*, 1824, in-18.

— La même, corrigée d'après l'édition de Didot. *Londres*, 1824, in-18.

— La même. *Paris, Janet*, 1825, in-18.

— La même, avec des notes inédites de Voltaire et une critique de ce poëme. *Paris, Renouard*, 1826, in-8.

Édition encadrée.

Cette édition a été faite sur un exemplaire de celle de La Haye, 1728, qui avait appartenu à Voltaire, et sur lequel, à l'endroit de la « Critique », il avait mis en marge des réponses et des observations. M. FRENEAU, possesseur de cet exemplaire en 1826, donna une réimpression de l'édition de 1728, texte et critique, en ajoutant les remarques ou réponses marginales de Voltaire, jusqu'alors inédites.

— La même (édition publiée par M. l'abbé BERNIER). *Nantes*, 1826, in-12.

L'éditeur annonce avoir « corrigé ou supprimé quelques vers contraires à la saine doctrine et aux bonnes mœurs ».

— La même, avec les notes, les variantes et les divers écrits composés par l'auteur à l'occasion de ce poëme. Édition revue, mise en ordre, et augmentée d'observations critiques et des jugements littéraires de Frédéric II, Ant. Cocchi, Marmontel, La Harpe et Chénier; par M. DAUNOU. *Paris, Baudouin frères*, 1828, in-8, 3 fr. 50 c.

— La même. *Paris, de l'impr. de Doyen*, 1829, in-18.

— La même, avec les notes et variantes. *Paris, de l'impr. de Marchand-Dubreuil*, 1829, in-18.

— La même. *Paris, Treuttel et Wurtz*, 1832, in-8, 3 fr., et sur pap. vélin, 4 fr.

— La même, avec les notes et variantes. *Paris, F. Didot*, 1835, in-32, et in-18.

— La même. *Paris, Hiard*, 1836, in-18.

— La même, avec les variantes, accompagnées de notes anciennes et nouvelles. *Paris, Bouquin de La Souche*, 1836, in-8, avec gravures, 2 fr. 25 c..

— La même. *Paris, Chrétien fils*, 1837, in-8.

— La même, précédé d'un Essai sur les guerres de France. *Paris, Yonnet*, 1838, in-18.

Quoique déjà bien longue, cette liste des éditions de la *Henriade* le serait encore bien davantage si nous avions voulu y comprendre toutes les réimpressions faites dans la capitale et les départements; mais nous avons voulu la restreindre à l'indication de celles que recommandent un travail d'éditeur ou, au moins, une bonne exécution typographique.

Traductions :

— Henriada (la), poemo epico frances,

trad. en verso español, por Bazan de Mendoza. *Alais*, 1816, in-8.

Une traduction de ce poëme, en vers espagnol,
par D. Joseph Joachim Virues y Espinola, a paru
à Madrid, 1823, in-8: Je ne sais, dit M. Beuchot,
dans sa préface de ce poëme, si c'est la même traduction qui a été imprimée à Perpignan, 1826,
in-16, avec les initiales D. J. de V. y E, y D. A.
L. y J.

—Enriade (la), con note compendiate, recata
in versi sciolti italiani da Mic. Bolaffi. (Col
testo da fronto). *Parigi, Fayolle,* 1816,
in-18.

M. Beuchot, dans sa préface de l'édition de ce
poëme, qui fait partie de son édition des OEuvres
de Voltaire, cite six traductions italiennes, antérieures à celles de M. Bolaffi, mais toutes publiées
hors de France.

— Henriade (la), traduite en vers latins
par M. Caux de Cappeval, avec les vers
français à côté. *Amsterdam, et Paris, La-*
combe, 1772, in-8.

Autres éditions :
Mannheim, et Paris, Moutard, 1776, 2 vol. in-8.
Paris, Laporte, 1788, in-12.
L'abbé Caux de Cappeval essaya le premier de
traduire en vers latins *la Henriade*, Il fit, en 1746,
imprimer dans le « Mercure », second volume de
juin, sa traduction des quatre-vingts premiers vers
du premier chant. Le traducteur fit annoncer le projet d'imprimer son livre en 1756: et Fréron en parla
avec éloge dans « l'Année littéraire », 1756, t. VIII,
pag. 336-37. Cependant, treize ans après, aucun
libraire n'avait voulu se charger de l'impression
(Mercure, 1769, second volume d'octobre, p. 97).
La première édition ne parut qu'en 1772 ; l'édition
de 1776 ou 1777 est la troisième.

— La même, traduite en vers latins, par
L. B., ancien professeur. *Toulouse, Dou-*
ladoure, et Paris, Delaluin, 1811, in-12.

Quelques passages seulement ont été aussi traduits
en latin. Le P. Alexandre Viel, né en 1736, mort en
1821, a donné *Henriados liber octavus*, in-8 de 49
pages, sans date, nom de ville, ni d'imprimeur,
ni même d'auteur, mais réimprimé dans ses « Miscellanea gallico-latina », 1816, in-12.
Une traduction de la famine de Paris (chant X) a
été imprimée dans « l'Apis romana », n° 1, du
tome II, mai 1822.
M. Bordes, de Lyon, avait aussi traduit le premier chant de la Henriade en latin (voy. le Catalogue des manuscrits de la bibliothèque de Lyon,
par M. Delandine, tome Ier, pag. 428).

——

— Collection de dix gravures pour la Henriade, d'après les dessins de Xav. Leprince.
in-8, 9 fr. ; — avant la lettre, 15 fr., —
et sur pap. de Chine, 20 fr.

C'est la même Collection que celle appartenant à
la Henriade, de la collection intitulée : Classiques
français, etc., mais tirée sur plus grand papier.

87. Essay on epic poetry. 1726, in-12.

88. Essai sur la poésie épique, trad. de
l'angl., de M. de Voltaire (par l'abbé Desfontaines). *Paris, Chaubert,* 1728, in-12
de viij et 170 pag.

Voltaire, après avoir revu et corrigé cette traduction, l'inséra dans une édition de la Henriade.
Ensuite il refondit l'ouvrage, et le publia en français, avec beaucoup d'augmentations. C'est dans
cet état qu'on le trouve dans les nouvelles éditions
de ce poëme de Voltaire. (Voyez sur la traduction
de Desfontaines la réponse de Voltaire à une lettre
de Rousseau, dans les « Mémoires pour servir à
l'histoire de Voltaire », Amsterdam, 1785, in-12,
tome Ier, page 71). (*Barb.*)
Cet *Essai sur la poésie épique*, dont l'*Essai sur les*
guerres civiles devait faire partie, fut composé pour
servir d'introduction à la *Henriade*. L'auteur l'écrivit
et le fit imprimer en anglais, et le fit traduire en
français par l'abbé Desfontaines, qui commit un
assez grand nombre de fautes dont Voltaire s'est
plaint à diverses reprises. L'abbé Desfontaines prétendit ne pas être l'auteur de la traduction, qu'il attribue au comte de Plelo (Voltairomanie, 1738, in-12,
p. 26). Il dit même que Voltaire n'écrivit pas son
livre en anglais, mais en français ; et qu'après l'a-
voir traduit lui-même en anglais, Voltaire fit corriger sa traduction par son maître d'anglais (Ibid.,
page 27). Voltaire n'a pas laissé sans réplique ces
assertions, qui étaient tardives ; car, en 1732, c'est
avec le nom de l'abbé Desfontaines que la traduction de l'*Essai* avait été imprimée à la suite de la
« Henriade ».
C'est à Paris que la traduction de l'*Essai* avait
été imprimée, avec un Avertissement aussi traduit
de l'anglais de Voltaire.
Cet Avertissement est réimprimé avec la traduction de l'*Essai*, par Desfontaines, à la suite de la
Henriade, dans le tome Ier des « OEuvres de Voltaire », 1732, in-8. Dans l'édition de 1728 de cet
Avertissement, on lit : « M. de Voltaire n'a point
« mis cet *Essai* à la tête de l'édition de son poëme,
« qui est imprimé à Londres, in-4, et qui paraît
« depuis quelques mois ». Dans l'édition de 1732,
cette note que nous venons de citer est remplacée
par celle-ci : » Elle (la Henriade) précède cet Essai
dans cette édition ».
En reproduisant, en 1732, la traduction de l'abbé
Desfontaines, Voltaire en corrigea les fautes, et l'intitula : *Essai sur la poésie épique de toutes les nations,*
écrit en anglais par M. de Voltaire en 1726, et tra-
duit en français par M. l'abbé Desfontaines.
Mais bientôt il revit ou plutôt refit tout son ouvrage en français, et le fit réimprimer en 1733, tel, à
quelques mots près, qu'on l'a toujours donné depuis.
La traduction de Desfontaines (et non le texte de
Voltaire) se retrouve cependant dans un volume qui
a ce singulier titre : *Ouvrages classiques de l'élégant*
poëte, M. Arouet, fameux sous le nom de Voltaire.
Nouv. édition, tome Ier, à Oxford, pour les académiciens, 1771, in-8. Je ne sais, dit M. Beuchot,
si la collection a été continuée. Je ne crois pas,
ajoute-t-il, que l'impression soit d'Oxford.
Je ne dois point passer sous silence, dit l'éditeur
que nous venons de citer, un singulier reproche fait
à Voltaire par Harwood, dans sa « Biographia clas-
sica ». « Une chose digne de quelque remarque,
dit-il, c'est que Voltaire, dans un de ses essais
critiques, après avoir assuré que, selon l'opinion
générale des critiques, le poëte romain a fait de
larges emprunts à Apollonius de Rhodes pour la
partie brillante de l'Énéide, l'épisode de Didon et
Énée, ajoute : « On doit vivement regretter que les
« Argonautiques » ne soient pas venus jusqu'à nous ».

Dans le texte actuel du chapitre III on ne trouve pas le nom d'Apollonius. Ce nom est, il est vrai, dans la traduction de l'abbé Desfontaines, mais non la phrase que rapporte Harwood. La faute de dire que « les Argonautiques » ne sont pas venus jusqu'à nous existe-t-elle dans l'original anglais ? il est permis de croire que non ; car, comme l'a observé Chardon de La Rochette (Magasin encyclop., 1807, II, 321), si Voltaire eut commis une erreur aussi grossière, Rolli n'eût pas manqué de la relever dans la critique qu'il fit de l'*Essai* de Voltaire. Il faut donc, comme le dit encore Chardon de La Rochette, ranger l'assertion de Harwood parmi les « mensonges imprimés ».

88. Pucelle (la) d'Orléans, poëme divisé en quinze livres ; par M. de V***. *Louvain*, 1755, in-12 de 161 pages, plus le faux-titre, le titre, et une préface de deux pages.

Édition qu'on croit la première de ce poëme.

Sur le faux-titre on lit seulement : *la P.. d'O.., poëme divisé en quinze livres.* Le volume finit par trois lignes de points, et ces mots : *Cœtera desunt.*

Dans sa lettre à l'Académie française, de novembre 1755, Voltaire dit l'édition faite à Francfort, quoiqu'elle soit annoncée de Louvain ; il parle même de deux autres éditions exécutées, dit-il, en Hollande.

L'existence des réclames au bas de chaque page indique une impression faite hors de France. Je n'ai pas, dit M. Beuchot, la témérité de contredire l'assertion de Voltaire sur Francfort ; mais, en quelque lieu que cette édition ait été faite, je crois qu'on la doit au capucin Maubert. C'est à lui que Voltaire a toujours persisté à en faire honneur, si honneur y a ; c'est à lui seul qu'il s'attache dans une phrase ajoutée, en 1773, à une note de la *Préface de dom Apuleius Risorius*, et dans une note ajoutée, la même année, au chant XXI.

Les quinze chants de l'édition de 1755 sont aujourd'hui les I à VII, X à XV, XX à XXI [sauf variantes considérables pour ces deux derniers].

Ce poëme est un des ouvrages de Voltaire qui ont excité en même temps et le plus d'enthousiasme et les déclamations les plus violentes. Le jour où Voltaire fut couronné au théâtre, les spectateurs qui l'accompagnèrent en foule jusqu'à sa maison criaient également autour de lui : « Vive *la Henriade* ! vive *Mahomet* ! vive *la Pucelle* ! » Nous croyons donc qu'il n'est pas inutile d'entrer dans quelques détails historiques sur ce poëme.

Il fut commencé antérieurement à 1730 ; et, jusqu'à l'époque où Voltaire vint s'établir aux environs de Genève, il ne fut connu que des amis de l'auteur, qui avaient des copies de quelques chants, et des sociétés où Thiériot en récitait des morceaux détachés. Voltaire écrivait, le 6 février 1735, à son ami Cideville : « .....Si je vous revoyais, j'ai bien de « quoi vous amuser. Nous avons huit chants de faits « de notre Pucelle ; mais, Dieu merci, notre Pucelle « est dans le goût de l'Arioste et non dans celui de « Chapelain. » Au milieu de 1735 le neuvième chant était fait. Le garde-des-sceaux, Chauvelin, ayant entendu parler de ce poëme, qui n'était encore qu'ébauché, menaça Voltaire de le jeter dans un cul-de-basse-fosse, s'il le publiait. C'est ce qui a fait dire à Palissot, dans une préface de ce poëme : « Le seul regret que nous laisse la Pucelle, c'est « que l'auteur, qui avait conçu ce singulier ouvrage « dans la pleine vigueur de son génie, ait été forcé « de l'abandonner à plusieurs reprises, et qu'il n'ait « pu mettre tous ses soins à le perfectionner. Per-

« sonne n'ignore les alarmes, les emportements, les « menaces des dévots, lorsqu'ils furent à portée de « connaître quelques détails de ce poëme. L'auteur « en fut effrayé ; ses amis mêmes tremblaient qu'on « ne lui en dérobât quelques fragments : ce qui « l'eût exposé aux plus redoutables persécutions. Il « n'avait pas encore assez mûri la raison publique « par ses autres ouvrages, pour qu'il pût se flatter « de faire paraître celui-ci impunément : il crut « donc devoir l'abandonner par prudence, ou, s'il « se permit d'y travailler, ce fut de loin en loin et « d'une verve refroidie par la crainte. Il savait que « le fanatisme qu'il avait tant de fois démasqué « n'attendait que cette occasion de vengeance. » Tel est pourtant le langage d'un ennemi des philosophes, de ce Palissot qui les a tant bafoués sur la scène et dans la « Dunciade » : il dit en tête de sa préface : « De tous les ouvrages de Voltaire, le « plus piquant, le plus original, celui dans lequel « l'auteur s'est montré le plus entier, c'est ce poëme « inégal, mais charmant, qui semble réunir tous les « genres, tous les tons, tous les styles, et qui était « encore sans modèle dans notre littérature. »

Vers la fin de l'année 1755, il en parut une édition imprimée, que Voltaire se hâta de désavouer, et il en avait le droit. Non-seulement cette édition avait été faite sur un manuscrit volé à l'auteur ou à ses amis, mais elle contenait un grand nombre de vers que Voltaire n'avait point faits, et quelques autres qu'il ne pouvait laisser subsister, parce que les circonstances auxquelles ces vers faisaient allusion étaient changées. La morale permet à un auteur de désavouer les brouillons d'un ouvrage qu'on lui vole, et qu'on publie dans l'intention de le perdre. On attribue cette édition à La Beaumelle et au capucin Maubert, réfugié en Hollande : cette entreprise devait leur rapporter de l'argent, et compromettre Voltaire. Ils y trouvaient

Leur bien premièrement, et puis le mal d'autrui.

Un libraire, nommé Grasset, eut même l'impudence de proposer à Voltaire de lui payer un de ces manuscrits volés, en le menaçant des dangers auxquels il s'exposait s'il ne l'achetait pas ; et le célèbre anatomiste poëte Haller, zélé protestant, protégea Grasset contre Voltaire.

La Pucelle, poëme licencieux et impie, ainsi que le qualifièrent les dévots et les gens ultra-scrupuleux qui avaient précédemment blâmé des parties de *la Henriade*, *la Pucelle* fut condamnée par la cour de Rome, par décret du 20 janvier 1757. Ce qui n'a pas empêché que le livre n'ait été réimprimé plusieurs fois depuis l'année même de sa condamnation, jusqu'à l'édition de 1762, avouée par l'auteur, et une multitude de fois depuis.

Il serait fastidieux pour la plupart de nos lecteurs, et plus difficile encore, de donner une liste complète des éditions de *la Pucelle*. Nous ne parlerons donc que des principales.

— Pucelle (la) d'Orléans, poëme divisé en quinze livres ; par M. de V***. *Paris*, 1756, pet. in-12 de iv et 198 pages.

Le frontispice est orné d'un portrait de Voltaire couronné de lauriers, avec cet exergue : « Père des poëtes ». Pour le texte, elle ne diffère pas de l'édition de 1755. Seulement le quinzième chant n'est point terminé par des points, et se trouve ainsi donné comme complet.

— Pucelle (la) d'Orléans, poëme héroï-comique. Nouv. édition, sans faute et sans lacune, augmentée d'une Épître du P. Grisbourdon à M. de Voltaire, et un jugement sur le poëme de la Pucelle à M***, avec une épigramme sur le même poëme, en dix-huit chants. *Londres*, 1756, in-32 de ij et 240 pages.

Les premiers éditeurs, irrités du désaveu de Voltaire, consigné dans les papiers publics, réimprimèrent ce poëme en 1756, sous le titre de *la Pucelle d'Orléans, poëme divisé en quinze livres. Nouvelle édition, plus correcte que la précédente*, Louvain (Francfort), in-8, et y joiguirent le désaveu pour s'en moquer, et plusieurs pièces satiriques contre l'auteur. En se décelant ainsi eux-mêmes, ils empêchèrent une grande partie du mal qu'ils voulaient faire.

Les chants VIII et XI de 1755 forment, dans l'édition de Londres, 1756, les chants VIII et IX, XII et XIII. Le chant de *Corisandre* y est imprimé pour la première fois, toutefois avec les dix-neuf premiers vers du chant XV de 1755, qui sont aujourd'hui en tête du chant XXI. Le chant XVIII, dont un fragment de 155 vers formait le chant XV en 1755, est en entier dans l'édition de 1756, tel qu'on le lit aujourd'hui dans les variantes du chant XXI; et il y a 329 vers, quoique n'ayant qu'un prologue de 12 vers, au lieu des 34 premiers de l'édition de 1755. Cette édition est donc la première où le chant de l'âne soit complet. Ce chant devait être désavoué par l'auteur; mais ce désaveu, commandé par les circonstances, ne fait pas autorité pour tout le monde, quand on se rappelle que Voltaire, dans une lettre à d'Argental, du 7 novembre 1754, parle du chant de l'âne, et craint qu'on ne l'imprime « tel que vous l'avez vu d'abord, et non tel que je l'ai corrigé depuis ». D'Argental était le seul qui eût copie de « ce malheureux chant, que Voltaire lui-même appelle « intolérable ».

Il est évident que, dès 1749, et conséquemment bien long-temps avant que l'on pût supposer à des éditeurs l'intention de dénaturer *la Pucelle*, il existait un chant que réprouvait l'auteur après l'avoir composé. Lorsqu'il fut publié, les altérations faites par les éditeurs durent consister tout au plus en quelques interpolations et quelques inexactitudes.

Outre le chant XIV (*Corisandre*) et le complément du dernier chant, cette édition de 1756 contient çà et là diverses augmentations. Elle est la première qui contienne les vers sur madame de Pompadour, et le fameux hémistiche sur Louis XV.

Cette édition mérite d'être distinguée entre toutes celles qui ont précédé celle de 1762, la première qu'ait avouée l'auteur.

Voltaire accusait d'abord Le Beaumelle de l'avoir donnée (lettre à d'Argental, du 1er novembre 1756). Peu de temps après, c'était sur La Beaumelle et d'Arnaud que portaient les soupçons (lettres à Thieriot, du 28 novembre, à d'Alembert, du 29 novembre 1756). Mais il ne tarda pas à reconnaître qu'on l'avait trompé, « du moins quant à d'Arnaud » (lettre à Thieriot, du 19 décembre 1756). D'Alembert disait (lettre de d'Alembert à Voltaire, du 13 décembre 1756) qu'on attribuait l'édition à Maubert: et Voltaire, tout acharné qu'il était contre La Beaumelle, paraît s'être rendu à l'opinion de d'Alembert, si l'on en juge d'après ce qu'il écrivait dans les deux notes qu'il ajouta en 1773.

—La même. Avec cette épigraphe : Desinit in piscem mulier formosa superne. HORAT. *Genève*, 1757, 2 vol. très-petit in-8 de 116 et 92 pages, avec des titres gravés.

Cette édition est divisée en vingt-quatre chants, mais n'est pas plus ample que l'édition in-32 de

1756. Les chants IV, VI, VIII, IX, X de 1755 ont été chacun mis en deux; le chant XI en trois; le chant XIX de 1757 est celui de *Corisandre*, qui était le XIVe dans l'édition de 1756; enfin le chant XII en 1755 forme, en 1757, les chants XX et XXI.

En 1757, il parut à Londres une autre édition de ce poëme, *sans faute et sans lacune . . . . . en XVIII chants*, conforme aux premières, et ornée de gravures d'aussi bon goût que les vers des éditeurs; les réimpressions se succédèrent rapidement. L'édition de 1757 fut reproduite dans la même année à Amsterdam, in-12; elle a encore été réimprimée sous la rubrique de Londres, en 1790, en 1 vol. in-18.

— La même, en dix-huit chants. Nouv. édition, sans faute et sans lacune, augmentée d'une Épître du P. Grisbourdon à M. de Voltaire, et d'un Jugement sur le poëme de la Pucelle à M***, avec une épigramme sur le même poëme. *Londres, les héritiers des Elzévirs, Blaew et Vascosan*, 1761, pet. in-12 de 180 pages.

Cette édition, qui a pour épigraphe : *Non vultus, non color unus*, est une des réimpressions de l'édition in-32 de 1756. Elle présente toutefois une variante remarquable; le vers 43 du chant VI y est ainsi imprimé :

Quel doux espoir, quelle flamme hardie.

Les autres éditions portent :

Quel trait de flamme et quelle idée hardie.

— La même, en vingt-quatre chants. Nouvelle édition, avec de belles figures. *Londres, aux dépens de la compagnie*, 1761, pet. in-8 de 224 pages.

La division en vingt-quatre chants est comme dans l'édition de Londres, 1757.

— Le même poëme, divisé en vingt chants, avec des notes; nouv. édition, corrigée, augmentée, et collationnée sur le manuscrit de l'auteur. (*Genève*), 1762, in-8, avec vingt figures, qui ne sont pas toutes obscènes.

C'est la première édition avouée par l'auteur. Le chant de *Corisandre* n'en fait point partie; mais elle est augmentée de cinq chants entiers, de la Préface de dom Apuleius Risorius, de notes mises au bas des pages. Elle contient un grand nombre d'additions et de corrections dans divers chants. Ceux qui ont été ajoutés sont les VIII, IX, XVI—XVIII (aujourd'hui les VIII, IX, XVI, XVII et XIX). Le chant XX est une version presque entièrement nouvelle du chant XV de 1755, ou XVIII de 1756.

— Le même poëme, divisé en vingt chants. Nouv. édition, augmentée de cinq chants nouveaux et de notes, collationnée sur le manuscrit de l'auteur, enrichie de variantes de belles figures, et de jolies vignettes. *Londres, aux dépens de la compagnie*, 1764, gr. in-8, avec figures.

C'est une réimpression de l'édition de 1762; mais

on a ajouté des variantes. Le chant de *Corisandre* est en forme de note au bas du chant XVII. C'est aussi au bas du chant XX qu'est le texte du chant XVIII de 1756. Les *cinq chants nouveaux* promis sur le titre sont ceux qui avaient été ajoutés en 1762. Les notes sont aussi celles de 1762. En tête de la Préface de dom Apuleius Risorius est une tête de Voltaire couronnée.

— Le même poëme, divisé en vingt chants, avec des notes; nouvelle édition corrigée, augmentée et corrigée sur le manuscrit de l'auteur. *Conculix* (1765), in-24 de 268 pages, avec vingt figures et un titre gravé.

Sur ce titre gravé, qui n'a point de date, est un portrait de Voltaire, réduit d'après celui qui est en tête d'une édition du poëme de la « Loi naturelle ». Entre les pages 138 et 139, avant le XIe chant, sont un faux-titre et un titre imprimés qui portent tome second. L'adresse et la date qu'on lit sur ce titre sont : Aux Délices, 1765

Le texte est celui de 1762, avec la préface et les notes. Il n'y a point de variantes.

Voltaire avait, en 1764, publié dans le volume intitulé : *Contes de Guillaume Vadé*, un *Chant détaché d'un poëme épique*; c'était ce qu'il appelait *la Capilotade*, et ce qui forme aujourd'hui le XVIIIe chant. Il est assez singulier que ce chant n'ait pas été compris dans l'édition de 1765.

— Le même poëme, en XXI chants, avec des notes de M. de Morza (de Voltaire, et la préface, du même, sous le nom de D. Apuléius Risorius). *Londres* (Genève), 1771, 1773, in-8, fig.

Ainsi que nous l'avons dit plus haut, ce fut en 1762 seulement que Voltaire publia une édition de son ouvrage (Genève, 1762, in-8), très différente de toutes les autres. Ce poëme fut réimprimé en 1773, in-8, et en 1774, dans l'édition in-4 de ses OEuvres, avec quelques changements et des additions assez considérables C'est d'après la dernière édition citée, revue et corrigée encore sur d'anciens manuscrits, qu'ont été faites depuis les réimpressions de ce poëme

Il existe un si grand nombre d'éditions de la Pucelle, qu'il serait très-embarrassant de dire quelle est la première dans laquelle a été introduite *la Capilotade*; mais cela eut lieu du vivant de Voltaire. L'édition de 1773, augmentée de quelques notes données sous le nom de M. de Morza, qui la contient; et c'est ainsi que le poëme se trouve avoir XXI chant dans cette édition, et dans les OEuvres de l'auteur qui ont paru depuis. Dans l'édition in-4, la Pucelle est au tome XX, datée de 1774; dans l'édition in-8, encadrée, ou de 1775, elle est au tome XI.

Plusieurs entrepreneurs de librairie, en imprimant ce poëme, ont eu soin de rassembler les variantes, bien que toutes n'appartinssent pas à Voltaire, et qui n'avaient été ajoutées par les éditeurs que pour remplir les lacunes des morceaux que l'auteur n'avait pas achevés.

Des critiques de notre siècle, pardonnant moins à Voltaire d'avoir ri aux dépens de Jeanne d'Arc, qu'à Pierre Cauchon, évêque de Beauvais, de l'avoir fait brûler vive, ont été plus sévères que les contemporains du poëte. M. Lacretelle jeune, entre autres, dans son « Histoire de France pendant le XVIIIe siècle », a porté un jugement bien différent de celui de Palissot que nous avons reproduit : « Quelle « vaine fanfaronade de libertinage, dit-il, quel fou-« geux désir d'insulter aux mœurs, à la religion, « à la patrie et même à la gloire, lui faisait chan-

« cher à Cirey, sous les yeux d'une femme (la « marquise Du Châtelet), ce poëme, dont la fable « mal tissue et monstrueusement obscène brille en « vain de tous les éclairs de l'esprit, de tous les « ornements de la poésie! »

Malgré ces contradicteurs, cet ouvrage est, de tous ceux de Voltaire, celui qui a eu le plus d'éditions, parce que c'est celui qui était le plus monté au ton du siècle, de ce siècle si impatient de briser l'idole du fanatisme et de la jonglerie. On prétend qu'il en existait plus de 300,000 exemplaires avant notre restauration aux Bourbons et aux principes de cagotisme d'avant 1789 : le nombre s'en est bien augmenté, au grand désespoir des hommes que nous ramenait 1815.

Autres éditions de *la Pucelle*, publiées depuis la mort de l'auteur :

Édition divisée en vingt (21) chants, avec notes et figures; nouvelle édition, corrigée, augmentée et collationnée sur le manuscript de l'auteur (avec la préface de D. Apuleius Risorius). Londres, sans date (1780), in-12; et 2 vol. in-18, figures.

Avec les notes, variantes, et autres pièces. Kehl, 1785, in-8, sur pap. fin, et sur grand pap. vélin.

Les éditions de Kehl, qui feront toujours époque dans l'histoire des éditions de Voltaire, furent augmentées d'un travail considérable des éditeurs, principalement sur les variantes. Ces éditions de Kehl sont, comme celle dont il vient d'être parlé, en XXI chants. Voici la date de la publication de chacun d'eux Les sept premiers ont vu le jour en 1755; les VII et IX, en 1762; le XVIII, en 1764; le XIX, en 1762; le XX (sauf les variantes), en 1755; le XXI, partie en 1755, partie en 1762.

Amsterdam, 1788, in-12.

Suivie des Contes et Satires. Paris, de l'impr. de la Société littéraire, 1789, gr. in-4.

. . . . , 1789, 2 vol. in-12.

Édition donnnée par Palissot. Paris, 1792, in-8. — Impr. dans les OEuvres de l'auteur.

Palissot ne pouvait que suivre la division des éditions de Kehl, consacrée par le temps et par l'auteur lui-même; mais il restait quelque chose à faire au chant XV, et il l'a fait. Ayant aperçu « une omission bien étrange, à laquelle Voltaire, dans les bouleversements qu'il fut obligé de faire à son poëme, n'avait pas pris garde », il l'a réparée. Dans les premières éditions, l'argument de ce chant (alors le XIIIe) avait trois phrases, dont voici la dernière : « Ce qui arrive à la belle Agnès et à ses compagnons de voyage ». Dans l'édition de 1762, Voltaire supprima les vers concernant Agnès et ses compagnons, mais il ne supprima pas la phrase de l'argument. Cette lacune dans le texte coupe absolument, comme l'observe Palissot, le fil des événements; il était donc important de la rétablir. La restitution faite par Palissot date de 1792; mais Palissot ne s'en est pas tenu au texte des premières éditions.

En ne faisant pas les restitutions dans le texte, il faut supprimer la phrase de l'argument. C'est ce que fit M. Beuchot, dans l'édition in-12 des OEuvres de Voltaire, dont il a publié les premiers volumes. Depuis lors on a cependant, en général, laissé subsister la phrase dans l'argument, et la lacune dans le texte.

M. L. Du Bois, dans l'édition de Voltaire entreprise par M. Delangle, en 1825, s'était chargé de *la Pucelle*, qu'il a publiée en 1826, a profité de la découverte de Palissot, mais a disposé à sa guise de quelques passages.

Édition stéréotype. Paris, P. et F. Didot, 1801, in-18, et sur gr. papier vélin, format in-12. — Édition qui a eu un grand nombre de tirages.

Paris, Fournier, 1801, in-36 de 264 pages.

Avec les variantes et les notes de M. de Morza (de Voltaire). Nouv. édition, corrigée et augmentee. Paris, Sallior, 1804, 2 vol. pet. in-18, 1 fr. 25 c.

Édition stéréotype d'Herhan. Paris, Gide et Nicolle, 1808, in-18, in-12, 3 fr.; et in-8. — Édition qui a eu plusieurs tirages dans les formats in-18 et in-12.

Paris, Renouard, 1816, in-8, avec figures de Moreau.

Édition suivie de Corisandre. Paris, de l'impr. de F. Didot.—Nepveu, 1825, in-32. — Édition tirée à vingt-six exemplaires, dont six vélin.

Paris, de l'impr. de Doyen, 1831, in-18.

Paris, de l'impr. de Barbier, 1832, in-18.

Paris, Lebigre, 1833, in-18.

L'édition de *la Pucelle* qui fait partie du Voltaire Beuchot renferme, outre les variantes de toutes les éditions, celles inédites de M. Thomas, d'après un manuscrit de ce poëme, qui a appartenu à l'avocat-général Séguier. M. Beuchot déclare, dans sa préface de la Pucelle que le travail littéraire a été fait par M. Jules RAVENEL; que cette préface seulement est son ouvrage.

M. Naigeon possédait un manuscrit de la Pucelle d'Orléans, contenant beaucoup de corrections de la main de Voltaire. Il fut adjugé à un inconnu pour la somme de mille francs, à la vente de madame Dufour de Villeneuve, sœur de Naigeon, en 1820.

89. Recueil de Pièces fugitives en prose et en vers. Par M. de V***. (*Paris*), MDCCXL, in-8.

Ce volume fut condamné par arrêt du conseil du 4 décembre 1739. On en connaissait alors tous les exemplaires. Aujourd'hui ce volume n'est plus rare. Il existe une édition de ce volume qui porte pour titre : *Recueil de pièces en vers et en prose ; par l'auteur de Sémiramis*. Amsterdam, Gotha, 1750, in-12.

Depuis la publication de ce recueil, le nombre des poésies de Voltaire s'est considérablement augmenté. A chaque réimpression, soit séparée, ou faisant partie des premières éditions des OEuvres de l'auteur, Voltaire a nécessairement ajouté ce qui, dans les unes comme dans les autres, ne se trouvait pas dans la précédente. D'un autre côté, des éditeurs sont venus qui avaient recueilli des pièces qui n'étaient point encore connues, et les ont fait imprimer. Une indication bien exacte des diverses éditions des recueils de poésies de Voltaire présenterait une difficulté sans grande utilité, puisque les éditeurs de Kehl ont adopté pour toutes ces poésies un meilleur classement, par genre, qui a été suivi par les éditeurs qui sont venus après eux. Nous nous bornerons donc à ne citer que quelques-uns de ces premiers recueils. Les excellentes préfaces de M. Beuchot sont là pour les personnes auxquelles nos indications seraient insuffisantes.

90. Portefeuille (le) trouvé, ou Tablettes d'un curieux, contenant quantité de pièces fugitives de M. de Voltaire, qui ne sont dans aucune de ses éditions. *Genève, les libraires associés (ou plutôt Lausanne)*, 1759, in-12.

C'est la réimpression du premier volume des « Tablettes d'un curieux ».   (*Barb.*).

91. Pièces échappées du portefeuille de M. le comte de Tournay. 1760, in-12.

Voltaire avait acheté le comté de Tournay, près

de Genève. Voy. l'Année littéraire, 1760, tome V, pages 305 et suiv.

92. OEuvres choisies de M. Arouet de Voltaire. *Avignon, A. Giroud, 1761,* in-12.

93. Pièces fugitives de M. de VOLTAIRE, de M. DESMAHIS, et de quelques autres auteurs, avec deux Histoires de Sadi, célèbre poëte persan (le tout publié par THOREL DE CHAMPIGNEULLES). *Genève, et Lyon, Reguilliat,* 1761, in-12.

94. Poëmes et Discours en vers. Édition stéréotype. *Paris, P. Didot,* an VIII (1800), in-18, et sur gr. pap. vélin, format in-12.

Édition qui a eu plusieurs tirages.

Voltaire n'a rien publié sous ce titre : cette réunion aussi bien que sa dénomination appartiennent aux éditeurs de ces OEuvres.

Cette Collection est composée de quinze *Poëmes*, de plus ou moins d'étendue, et de *Discours*, dont la plupart ont été publiés séparément dans l'origine.

Les *poëmes* sont :

a) Bastille (la). 1717.

b) Police (la) sous Louis XIV.

c) Pour (le) et le contre. 1722. (Voy. le n° 2).

d) Apologie de la Fable.

e) Divertissement pour une fête à madame la maréchale de Villars.

f. Mort (la) de mademoiselle Lecouvreur, célèbre actrice. 1730.

g) Temple (le) de l'Amitié. 1732.

h) * Temple (le) du Goût, poëme en vers et en prose, avec l'épigraphe : Nec lædere, nec adulari. *A l'enseigne de la vérité*, 1733, in-8, et 1745, in-12.

Ce poëme a été réimprimé, en 1823, avec les *Poésies mêlées* à sa suite. Paris, L. Debure, in-32.

i) Poëme (le) de Fontenoy. Paris, de l'impr. roy., 1745, in-4.—Autre édition, sous ce titre : la Bataille de Fontenoy. IXe édition, considérablement augmentée, conforme à la septième faite à Lille ; avec le plan de la bataille, l'épître dédicatoire au roi, et le discours préliminaire. Paris, Prau^{lt}, 1745, in-8.

j) Voyage à Berlin. A madame Denis. 1750.

k) Loi (la) naturelle, poëme en quatre parties. 1756, in-8.

l) Poëme sur le désastre de Lisbonne, ou Examen de cet axiome : Tout est bon. 1756, in-12.

m) Précis (le) de l'Ecclésiaste et du Cantique des cantiques. 1759, in-8. (Voy. n° 11).

n) * Guerre (la) civile de Genève, ou les Amours de Rob. Covelle; poëme héroïque (en v chants), avec des notes instructives. Londres, 1768, in-8.—Autre édition, avec différentes pièces fugitives. Besançon, ..., in-8.

o) Jean qui pleure et Jean qui rit, poëme; avec la Réponse de M. de Voisenon. 1772, in-12.

Les Discours sont :

a) Les sept Discours sur l'Homme. 1734—37. (Voy. le n° 5).

b) Sur les événements de l'année 1744. Paris, 1744, in-4. — Deuxième édition. 1745, in-4.

Cette Collection, ainsi composée, a été plusieurs fois réimprimée dans ce siècle. Autres éditions :

Édition stéréot. d'Herhan, Paris, Gide et Nicolle, 1808, in-18, in-12 et in-8. — Édition qui a eu plu-

sieurs tirages, surtout dans les formats in-18 et
in-12.

Paris, Lefèvre, 1822, in-24.

Paris, Ménard et Desenne 1822, in-18 et in-12.

Paris, L. Debure, 1822, in-32.

D'anciennes éditions de ces poëmes, imprimés à
part, ont paru sous ces titres :

1° *Recueil de différents poëmes* Genève, 1773,
in-12.

2° *Poëmes, Épîtres et autres poésies.* Genève, 1777,
in-16; — Londres, 1779, in-8.

95. Épîtres, Satires, Contes, Odes et
Pièces fugitives du poëte philosophe, dont
plusieurs n'ont point encore paru ; enrichis
de notes curieuses et intéressantes. *Londres
(Genève),* 1771, in-8.

Les notes dont Voltaire a accompagné ce recueil
sont non-seulement curieuses, mais très-piquantes.
Il a pourtant tâché d'adoucir le sel qu'il avait répandu sur Pompignan, qu'il nomme Tronsignan. Il
rend justice à ses connaissances en littérature. Il dit
que ses « facéties » sur ce magistrat laissent subsister le mérite de l'homme de lettres et celui de galant homme, et ne portent pas sur l'essentiel.

Il paraît que les éditeurs de Kehl ont négligé ou
n'ont pas connu quelques-unes de ces remarques.

On a exclu de ce recueil toutes les épîtres légères
en petits vers, et il ne renferme guère que des
pièces qui sont en vers alexandrins ou en vers de
dix syllabes, à l'exception des odes.

(*Note de Chaudon*).

Les *Épîtres* de Voltaire ont été imprimées aussi
quelquefois à la suite de ses *Poëmes.* (Voy. le numéro
précédent).

96. Épîtres, Stances et Odes. Édition
stéréotype. *Paris, P. Didot l'aîné*, an VIII
(1800), in-18, et sur gr. pap. vélin, format in-12.

Édition qui a eu plusieurs tirages : c'est encore
elle qui fait partie d'une Collection de classiques
français, publiée par le libraire Lecointe, en 1830.

Ce volume renferme 130 *épîtres*, 38 *stances* et 21
odes; et en plus, des *traductions* et des *imitations*
de divers auteurs anciens et modernes. Plusieurs
des épîtres, stances et odes avaient paru séparément,
telles que l'*Épître à Horace,* 1772, br. in-8.

Autres éditions de ce recueil :

Édition stéréotype d'Herhan. Paris, Gide et Nicolle, 1808, in-12 in-18 et in-8.— Édition qui a eu
plusieurs tirages, surtout dans les formats in-18 et
in-12.

Paris, Ménard et Desenne, 1822, in-18.

Paris, L. Debure, 1823, 2 vol. in-32.

Paris, Sanson, 1826, in-32.

97. * Contes et Poésies diverses. *Genève,* 1775, in-8. — *Paris,* 1777, in-16.
— *Londres,* 1778, in-12.

Recueil plus complet dans les éditions suivantes.

98. Contes en vers, Satires et Poésies
mêlées. Édition stéréotype. *Paris, de l'impr.
de Didot,* 1800, in-18, et sur gr. papier
vélin, format in-12.

Édition qui a eu plusieurs tirages : c'est encore
elle qui fait partie des « Classiques-français », publiés en 1830 par le libraire Lecointe.

Les Contes, au nombre de quinze, sont les suivants, qui presque tous ont été dans l'origine imprimés séparément :

a) Anti-Giton (l'). A mademoiselle Lecouvreur.
1714.

b) Cadenas (le), envoyé, en 1716, à madame de
B. 1724.

c) Cocuage (le). 1716.

d) Mule (la) du pape. 1733.

e) Contes de Guillaume Vadé. 1764, in-8.

Les Contes suivants, jusques et y compris celui
qui a pour titre l'*Origine des métiers*, parurent en
1762 sous le nom de Guillaume Vadé, avec quelques
autres petits ouvrages en vers et en prose. Catherine
Vadé, cousine de Guillaume, en était supposée l'é-
diteur; et elle en a fait la préface (1738). Ces contes,
au nombre de sept, sont : 1° Ce qui plaît aux dames;
— 2° l'Éducation du prince ; — 3° Gertruda, ou
l'Éducation d'une fille ; — 4° les trois Manières;—
5° Thélème et Macare, allégorie. Genève et Paris,
1764, in-8;—6° Azolan, ou le Bénéficier;—7° l'O-
rigine des métiers.

M. Beuchot, dans sa « Bibliographie de la France »,
ann. 1817, page 531, a donné une Notice bibliographique sur le conte intitulé : « Ce qui plaît aux
dames ».

François de Neufchâteau a publié, sous ce pseudonyme, de nouveaux Contes.

f) Bégueule (la), conte moral. Lausanne, 1772,
in-12; — 1775, in-8.

g) Dimanche (le), ou les Filles de Minée. A madame Arnanche. 1775. — La première édition de ce
conte parut sous le nom de M. de La Visclède, secrétaire perpétuel de l'Académie de Marseille; il
était suivi d'une Lettre en prose sous le même nom.

h) Sésostris.—Ce conte est une allégorie en l'honneur de Louis XVI. Il fut composé en février 1776.
la seconde année du règne de ce prince.

i) Songe creux (le).

Les Satires sont au nombre de dix-neuf, dont
plusieurs avaient été aussi publiées séparément dans
l'origine. En voici la nomenclature :

a) Bourbier (le). 1714.

b) Crépinade (la). 1736.—Contre J.-B. Rousseau.
L'auteur donna ce titre à sa satire, parce que le
père de J.-B. Rousseau était cordonnier.

c) Mondain (le). 1736.

d) Défense (la) du Mondain, ou l'Apologie du
luxe. 1737.

e) Sur l'usage de la vie, pour répondre aux critiques qu'on avait faites du Mondain.

f) Pauvre diable (le), ouvrage en vers aisés de feu
M. G. Vadé, mis en lumière par Catherine Vadé, sa
cousine. Dédié à maître Abraham ***. Paris, 1758,
in-8. — Autre édition, suivie de la Vanité (pièce de
vers contre, Le Franc de Pompignan) et de la Requête de Jérôme Carré. 1760, in-8.

g) Vanité (la), poëme; par un prêtre de la doctrine chrétienne. 1760, in-8.

h) Russe (le) à Paris, petit poëme en vers alexandrins, composé à Paris, au mois de mai 1760, par
M. Ivan Alethof, secrétaire de l'ambassade russe
(suivi de notes). Sans lieu d'impression, ni date, in-8
de 16 pages.

i) Chevaux (les) et les ânes, ou Étrennes aux sots.
1761.

j) Éloge de l'hypocrisie. 1766.

k) Marseillais (le) et le lion, par M. de Saint-
Didier, secrétaire de l'Académie de Marseille. 1768,
in-8 de 14 pages.

l) Trois (les) Empereurs en Sorbonne ; par M.
l'abbé Caille. 1768. — A l'occasion de la censure du
« Bélisaire » par la Sorbonne.

m) Deux (les) siècles.

n) Père (le) Nicodème et Jeannot.

o) Systèmes (les), avec des notes de M. Morza (Voltaire).

p) Cabales (les). 1773.

q) Tactique (la). 1772.

r) Dialogue de Pégase et du vieillard. 1774, in-8.

s) Temps (le) présent; par M. Joseph Laffichard, de plusieurs académies. 1775.

Les *Poésies mêlées*, dans le Voltaire de Beaumarchais, sont composées de 345 petites pièces, plus huit en vers latins, et deux en vers anglais.

Un *Choix des contes* en vers de Voltaire (les plus courts) a été publié en 1822, et réimprimé en 1828 (Paris, Caillot père et fils, 2 vol. in-18).

Autres éditions :

Édition stéréotype d'Herhan. Paris, Gide et Nicolle, 1808, in-18, in-12 et in-8. — Édition réimprimée plusieurs fois, surtout dans les formats in-18 et in-12.

Paris, Ménard et Desenne, 1822, in 18 et in-12.

Paris, L. Debure, 1823, in-32.— Cette édition ne renferme pas les *Poésies mêlées*, le libraire les ayant jointes à une édition du «Temple de Gnide», publiée dans la même année.

Paris, Hiard, 1832, in 18.

99. Pièces inédites de Voltaire, imprimées d'après les manuscrits originaux, pour faire suite aux différentes éditions publiées jusqu'à ce jour. (Publiées par M. JACOBSEN, d'après les manuscrits de Thieriot). *Paris, de l'impr. de Didot aîné.— Lequien*, 1820, in-8 de 464 pag., 6 fr.; et in-12, 4 fr.

S'il est un nom auquel se rattachent les souvenirs les plus imposants de la philosophie et des lettres, s'il est un homme qui, en France, et dans ce genre, ait brillé de toutes les gloires, cet homme est sans contredit Voltaire. Ses ouvrages sont dans toutes les mains, comme ses plus belles actions sont gravées dans tous les cœurs.

On conçoit qu'une telle renommée rend précieux tout ce qui sortit de la plume d'un écrivain aussi fécond et aussi varié. Attentif, en effet, au moindre écrit anonyme qu'on lui attribue, le public brûle de le posséder.

L'ouvrage que nous annonçons est un vol. in-8, rempli des poésies inédites de celui qui fut à la fois le Sophocle et le Virgile français, et dont le talent universel n'honora pas moins son siècle que son pays.

M. Jacobsen, éditeur de ce volume, en possédait les matériaux depuis longtemps, et vient enfin de les livrer au public. C'est un mélange de vers et de prose, de lettres et de fragments de poëmes divers de la jeunesse de l'auteur, de son âge mûr et de sa vieillesse. De même que, dans une galerie de tableaux, contenant tous ceux d'un peintre célèbre, on peut suivre ses études naissantes, l'accroissement de son talent, son midi et son déclin; de même, dans cette galerie de poésies, on trouve, pour ainsi dire, l'histoire du génie de Voltaire.

Dans le nombre des pièces qui se font le plus remarquer, on lira surtout la *Dédicace* du poëme de *la Henriade*, que fit l'auteur à Louis XV, à peine âgé de onze ans; pièce doublement intéressante, et parce que l'auteur, justement indigné que des intrigues de cour l'empêchassent de faire imprimer son poëme en France, crut devoir supprimer cette dédicace pour la remplacer par une autre qui fut adressée à la reine d'Angleterre, et parce que, regardée depuis longtemps comme perdue, elle était vivement

regrettée par les amis des lettres, qui connaissaient les causes de cette suppression.

Des fragments d'une tragédie d'*Amulius et Numitor*, composée à l'âge de douze ans par Voltaire; l'Épitre ou plutôt la satire qu'il fit contre un roi qui, d'abord son ami, devint son tyran; enfin, un écrit en prose, que l'auteur de «Zaïre» et de «Mahomet» fit en réponse à ses éternels détracteurs, sont les morceaux les plus piquants de ce recueil. Le dernier surtout est remarquable, en ce qu'il signale l'existence d'une espèce de comité de censure formé contre ses propres écrits par Voltaire lui-même, et auquel il avait donné le nom de triumvirat, composé par trois de ses plus fidèles amis, Thieriot, Pont-de-Veyle, et l'un des frères d'Argental. Ainsi, cet homme jugé si vain, si orgueilleux par ses adversaires, ce grand homme si sévèrement jugé et trop peu connu, se créa lui-même des censeurs sévères qui, examinant tous ses ouvrages et les critiquant à chaque page, à chaque ligne, ne les laissaient sortir du creuset de la censure, que dégagés de toutes les taches qui avaient pu lui échapper. La nature de cette production la rend indispensable à tous ceux qui ont déjà une édition des OEuvres de Voltaire, afin qu'ils puissent la compléter. (*Revue encyclop.*, t. VIII, p. 156—57, 1820).

———

100. Mélanges de poésies. 1764, 6 vol. in-8.

—Mélanges de poésies. *Neufchâtel*, 1773, 2 vol. in-12.

—Poésies. *Paris, P. Didot*, 1823, 5 vol. in-8, 22 fr. 50 c.; sur pap. fin, 37 fr. 50 c., et sur pap. vélin, 75 fr.

Édition due aux soins de M. Beuchot, de qui est la préface.

— OEuvres poétiques de Voltaire, contenant les chefs-d'œuvre dramatiques, la Henriade, la Pucelle, le Temple du goût, les Poëmes, Discours en vers, Contes, Satires et Poésies mêlées. *Paris, de l'impr. de F. Didot. — L. Debure*, 1824, grand in-8, sur pap. vélin, avec un portr., 38 fr.

Ce volume a été reproduit avec un nouveau frontispice portant la date de 1832.

Autres éditions, sous le titre de *Poésies diverses :*

Paris, de l'impr. de Didot l'aîne. — Roux-Dufort, 1825, 1 vol. gr. in-8 compacte en caractère nonpareille, ou in-48.— Édition faisant partie des « Classiques en miniature ».

Paris, Treuttel et Wurtz, 1833, 3 vol. in-8, 9 fr., et sur pap. vélin superfin, 13 fr. 50 c.

Théâtre (1).

101. OEdipe, tragédie en cinq actes (avec des chœurs), suivi de Lettres écrites par l'auteur, qui contiennent la critique de l'OE-

———

(1) Les pièces de Voltaire ont eu un trop grand nombre d'éditions pour que nous puissions les citer toutes ici; nous nous restreignons à ne citer que les premières, et celles, publiées depuis, qui sont accompagnées d'un travail d'éditeur.

dipe de Sophocle , de celui de Corneille et
du sien. *Paris, Ribou,* 1719, in-12 et in-8.
— Sec. édition. *Paris, P. Ribou,* 1719,
in-8.

Représentée pour la première fois le 18 novembre 1718. Elle eut quarante-cinq représentations de
suite.

Les *Lettres sur Œdipe,* au nombre de sept, n'ont
été comprises dans les Œuvres de l'auteur qu'à partir de 1764. — Les éditeurs de Kehl et leurs successeurs les ont intitulées ; *Lettres à M. Genonville, etc.*
Le ton de ces lettres a permis à M. Beuchot de
ne pas les classer dans la Correspondance, et l'a
porté à douter qu'elles aient été adressées à Genonville, que Voltaire traitait bien moins cérémonieu-
sement.

—La même tragédie, avec une préface dans
laquelle on combat les sentiments de M. de
La Motte sur la poésie. *Paris, veuve de P.
Ribou,* 1730, in-8.

La Motte répondit à Voltaire avec beaucoup de
politesse , d'esprit et de raison. On peut voir cette
réponse dans ses Œuvres.

102. Fragments d'Artemire , tragédie (en
cinq actes).

Imprimés dans le Théâtre et les Œuvres de
l'auteur.

Artemire fut représentée pour la première fois
le 12 février 1720. Elle fut jouée pour la huitième
et dernière fois le 8 mars. On croit que ce qui détermina Voltaire à faire cesser de jouer sa pièce, fut
la parodie que, le 10 mars, Dominique fit jouer aux
Italiens, sous le même titre d'*Artemire.*

103. Mariamne , tragédie en cinq actes.
Paris, Noël Pissot, 1725, in-8 ; — et
Paris, Ribou, 1730, 1738, in-8.

Mariamne fut représentée pour la première fois le
lundi 6 mars 1724. Elle tomba à cause du dénoûment. Ce fut le 10 avril 1725, pour la rentrée, qu'on
redonna *Mariamne,* avec des changements et un
nouveau dénoûment. Cette tragédie fut de nouveau
revue et corrigée par l'auteur en 1762, et remise
au théâtre le 7 septembre 1763.

104. Indiscret (l'), comédie en un acte
et en vers. *Paris, Pissot,* 1725, in-12.

Représentée pour la première fois le 1er août
1725 ; cette pièce ne fut jouée que six fois en 1725.
Voltaire fit, en 1752, quelques corrections à
cette pièce.

105. Fête (la) de Bélébat (divertissement
en un acte et en vers). 1725.

Imprimée dans le Théâtre et les Œuvres de l'auteur.
Il y a des vers de plusieurs mains dans ce divertissement ; mais ceux qui appartiennent à Voltaire sont
faciles à distinguer.

106. Brutus , tragédie en cinq actes. *Paris, veuve de P. Ribou,* 1730, in-12 ; —
Autre édition. Avec un Discours sur la tra-

gédie. A milord Bolingbroke. *Paris, J.-Fr.
Josse,* 1731, in-8 ; — et 1736, in-8.

Représenté pour la première fois le 11 décembre
1730.

C'est de toutes les pièces de l'auteur celle qui eut
en France le moins de succès aux représentations ;
elle ne fut jouée que seize fois : et c'est celle qui a
été traduite en plus de langues , et que les nations
étrangères aiment le mieux. Dans les Œuvres de
l'auteur elle est fort différente des premières éditions.

L'édition de 1736 est, peut-être, au titre près ,
celle de 1731.

Les éditions postérieures sont aussi précédées
du *Discours sur la tragédie. A milord Bolingbroke.*

107. Originaux (les), ou Monsieur Du
Cap-Vert, comédie en trois actes et en
prose. 1732.

Cette pièce n'a jamais été représentée sur des théâtres publics ; mais elle l'a été sur un théâtre particulier en 1732.

C'est Voltaire lui-même qui le dit dans son article *art dramatique* des « Questions sur l'Encyclopédie ». La première édition des *Originaux* a été
donnée par M. E.-A. Lequien, en 1820, dans le
tome IX de son édition des Œuvres de Voltaire. Un
manuscrit intitulé *Monsieur Du Cap-Vert,* et qui
était dans la bibliothèque de Pont de Veyle, appartenant aujourd'hui à M. de Soleinne, présente
des différences de texte dont quelques-unes ont été
admises par M. Lequien, et reproduites par les
éditeurs plus récents. M. Beuchot s'en est tenu au
manuscrit dont il était redevable à feu Decroix, et
qu'il avait fait faire sur une copie venant de Longchamp, secrétaire de Voltaire. Il a mis en variantes
les passages introduits dans le texte par M. Lequien.
Cholet de Jetphort, éditeur des « Étrennes lyriques » donna, dans le volume de 1785, les cinq
couplets qui terminent les *Originaux,* comme tirés
d'une comédie de Voltaire, intitulée : *le Capitaine
Boursoufle.* Mais il manquait deux vers au troisième
couplet ; et D'Aquin de Châteaulyon, dans son « Almanach littéraire » de 1786, ne cita que quatre couplets. Le nom de Boursoufle est au nombre des
personnages dans le manuscrit intitulé : *M. Du Cap-
Vert ;* et c'est sous le titre de *Grand Boursoufle* que
madame de Grafigny parle des *Originaux* (voy. « Vie
privée de Voltaire et de madame Du Châtelet »,
1820, in-8, pages 130 et 135). Voltaire avait aussi
donné le titre de *Boursoufle* à une pièce dont il existe
plusieurs versions (Voy. plus bas : *l'Échange*).
Les *Originaux* ont donné l'idée du « Préjugé à la
mode », comédie de La Chaussée, jouée en 1735. La
scène cinquième du cinquième acte du « Préjugé à
la mode » a surtout quelque rapport avec la scène
neuvième du troisième acte des *Originaux.*

(Préface de M. Beuchot).

108. Ériphyle , tragédie en cinq actes.
1732.

Représentée pour la première fois le 7 mars 1732,
elle obtint du succès, quoique l'ombre d'Amphiaraüs
et les cris d'Eriphyle, immolée par son fils, ne
pussent produire d'effet sur un théâtre alors rempli de spectateurs. Malgré ce succès , Voltaire, plus
difficile que ses critiques, vit tous les défauts d'*Eriphyle :* il retira la pièce, ne voulant point la donner au public, et fit *Sémiramis.*

Cette pièce parut pour la première fois en 1779, avec cette étrange note : *Pièce que l'auteur s'était opposé qu'elle fut imprimée de son vivant.*

Il est probable que cette première édition furtive a été faite à Paris, d'après la copie que Lekain avait de cette tragédie. Ce grand acteur était mort en 1778, presque en même temps que Voltaire. Longtemps auparavant, il avait permis à feu Decroix d'en prendre une copie, qu'il porta à Ferney, en 1777. Il la remit à Voltaire, qui n'avait rien conservé de cette tragédie. C'est cette même copie retrouvée dans ses papiers, après sa mort, qui a servi pour l'édition de Kehl de ses OEuvres. Les éditeurs y joignirent, d'après les copies les plus correctes, les changements faits par l'auteur entre les représentations.

C'est d'après un manuscrit de Longchamp, et que feu Decroix regardait comme le véritable texte d'Ériphyle, que M. Beuchot a donné une édition bien différente de toutes celles qui ont paru. La suppression du rôle du grand-prêtre (voy. la lettre à Formont, du 25 juin 1732), et un cinquième acte tout nouveau, sont les changements les plus considérables. Quelquefois des vers ont été changés de scènes. Pour ne point laisser de regrets au lecteur, il a, à quelques mots près, mis en variantes ce qui n'était pas conservé de l'ancien texte.

Voltaire, dans sa lettre à Thieriot, du 15 mai 1733, parle d'une dédicace à l'abbé Franchini, qui paraît perdue. On ne trouve en tête de cette tragédie qu'un *Discours prononcé avant la représentation d'Ériphyle.*

109. Samson, opéra (tragédie-lyrique) en cinq actes. 1732.

Pièce que l'auteur ne put obtenir de faire représenter : la musique en avait été composée par Rameau. Cette pièce a été imprimée pour la première fois en 1746, dans les OEuvres de l'auteur, avec un Avertissement qui existe dans les éditions de 1748 et 1751, mais auquel il a été fait des changements pour celle de 1752.

Beaumarchais avait rarrangé et remis cet opéra en trois actes, et sous cette nouvelle forme il le présenta, en juin 1782, au jury de l'Académie royale de musique.

110. Zaïre, tragédie en cinq actes. *Paris*, 1732 ; et *Rouen, Jorre*, 1733, in-8 ; — Édition augmentée de l'Épître dédicatoire. *Paris, J.-B. Bauche*, 1733, in-12.

Représentée pour la première fois le 13 août 1732.

L'Épître dédicatoire de l'édition de 1733, et de quelques autres premières éditions, a pour subscription *à M. Falkener, marchand anglais.* On voit, par les lettres de Voltaire à Cideville et à Formont, de la fin de 1732 et du commencement de 1733, ainsi que par celle à Thieriot du 24 février 1733, que l'on accorda la permission d'imprimer cette dédicace qu'avec des suppressions. Une copie de la pièce entière ayant été communiquée à M. Lequien, en 1820, les morceaux supprimés en 1733 furent par lui donnés en variantes, et c'est sous cette forme qu'on les trouve aussi dans l'édition publiée par M. Beuchot. En 1736, Voltaire composa une seconde épitre dédicatoire, adressée au même, mais portant pour subscription : *A M. le chevalier Falkener, ambassadeur d'Angleterre à la Porte Ottomane.* Ces deux versions, très-différentes, sont imprimées en tête de *Zaïre*, dans la plus grande partie des éditions des OEuvres de l'auteur.

111. Tanis et Zélide, ou les Rois pasteurs, tragédie (en 5 actes) pour être mise en musique. 1733.

Pièce non représentée, et qui ne fut pas non plus imprimée alors.

Ce sont les éditeurs de Kehl qui, les premiers, ont publié cette pièce, dont il est question dans la lettre de Voltaire à Thieriot, du 24 juillet 1733. Six vers sont sans rimes : il a été impossible à M. Beuchot de retrouver les vers correspondants.

112. Adélayde Du Guesclin, tragédie en cinq actes, représentée, pour la première fois, le 18 janvier 1734, et remise au théâtre le 9 septembre 1765, donnée au public par M. Lekain, comédien ordinaire du roi. (Avec une préface de l'éditeur). *Paris, veuve Duchesne*, 1766, 1770, in-8.

Cette pièce fut représentée pour la première fois le 18 janvier 1734, sans succès. Voltaire la fit reparaître au théâtre en 1752, sous le titre d'*Amélie, ou le Duc de Foix*, avec des changements. Elle réussit alors ; et c'est sous ce titre qu'elle a été d'abord insérée dans une édition des OEuvres de l'auteur. Le 9 septembre 1765, en reprenant les représentations de cette tragédie, on l'a donnée sous son premier et véritable titre ; elle eut le plus grand succès, et c'est une des pièces de Voltaire qui fait le plus d'effet au théâtre.

On a trouvé dans les papiers de Voltaire une tragédie d'*Alamire*, et une autre intitulée : *le Duc d'Alençon, ou les Frères ennemis.* Toutes deux sont encore le même sujet qu'*Adélaïde*. La scène de la première est en Espagne, et ressemble beaucoup plus au Duc de Foix qu'à Adélaïde. La seconde n'est qu'en trois actes : les rôles de femmes ont été supprimés. L'auteur l'avait faite pour les princes frères du roi de Prusse, qui s'amusaient à jouer des tragédies françaises.

Dans son édition de Voltaire, M. Beuchot a fait entrer à la suite d'Adélaïde les deux tragédies dont le sujet est le même, *le Duc d'Alençon* et *Amélie, ou le Duc de Foix.* Quant à *Alamire*, dont il possède le manuscrit de la main de Wagnière, il n'a pas osé imprimer cette quatrième version de la même pièce.

M. Furne, dans son édition compacte de Voltaire, en 13 vol. gr. in-8 à deux colonnes, a admis aussi les trois versions données par M. Beuchot.

113. Amélie, ou le Duc de Foix, tragédie en cinq actes. *Amsterdam*, 1752, in-8 ; — *Dresde*, 1753, in-8.

Représentée pour la première fois le 17 août 1752. (Voy. la note précédente.)

114. Duc (le) d'Alençon, ou les Frères ennemis, tragédie en trois actes. Ouvrage inédit, publié pour la première fois par M. Louis Dubois, ancien bibliothécaire. *Paris, Pluquet ; Brissot-Thivars*, 1821, in-8, 1 fr. 50 c.; et sur pap. vélin, 3 fr.

Réimpr. dans les éditions de Voltaire de MM. Lefèvre et Furne.

115. Échange (l'), ou Quand est-ce que l'on me marie ? comédie en trois actes, et en prose. 1734.

Imprimée pour la première fois à Vienne en Autriche, en 1761, et réimprimée en 1765.

Voici l'explication que, sous forme d'avertissement, feu Decroix, l'un des éditeurs du Voltaire de Kehl, donne sur cette pièce : « Cette comédie fut représentée, sous le titre du *Comte de Boursoufle*, à Cirey, chez la marquise Du Châtelet, en 1734. Elle en distribua les rôles aux personnes de sa société, s'en réservant un pour elle et un autre pour l'auteur. La pièce fut aussi jouée, en 1747, à Anet. Voltaire paraît n'avoir pas gardé le manuscrit de cette pièce, ni de celle des *Originaux*, qui l'avait précédée de deux ans ; et l'une et l'autre restèrent longtemps ignorées du public. Les plus anciens amis de l'auteur seulement en avaient conservé quelque souvenir. Nous avons entendu dire à M. d'Argental que Voltaire avait fait autrefois au château de Cirey des comédies fort gaies, entre autres un *Comte de Boursoufle* ; que même il y en avait eu deux de ce nom, et qu'on les distinguait par les dénominations de *grand* et de *petit Boursoufle*. La différence consistait apparemment en ce que l'un était en trois actes, et l'autre en un. En effet, on a trouvé dans le catalogue des livres de M. de Pont-de-Veyle l'indication d'un *Comte de Boursoufle*, en un acte : mais il y est rangé dans la section des opéras-comiques, ce qui doit faire supposer que l'auteur avait ajouté de la poésie à sa pièce. Nous ne connaissons point cet opéra-comique, et nous ignorons s'il existe encore ».—C'est la pièce dont le titre suit, imprimée bien postérieurement au Voltaire de Kehl. »

« Le 26 janvier 1761, on représenta à Paris, sur le théâtre de la comédie italienne, une comédie en trois actes, en prose, intitulée : *Quand est-ce qu'on me marie ?* sans nom d'auteur : c'était le *Comte de Boursoufle* sous un autre titre et avec d'autres noms de personnages. On ne soupçonna point que Voltaire en fût l'auteur anonyme : cela n'est pas surprenant ; mais ce qui paraît singulier, c'est que cette pièce fut jouée et imprimée la même année à Vienne en Autriche. Écrite d'abord avec une certaine liberté, que le genre, le sujet et la circonstance d'un pareil amusement comportaient, elle dut, en paraissant à Vienne, éprouver quelques modifications. On la mit en deux actes, avec un nouveau dénoûment. Les noms des personnages y furent probablement ceux qui avaient été substitués aux anciens, sur le théâtre de la comédie italienne, à Paris. Le comte de Boursoufle s'y trouve changé en comte de Fatenville ; le baron de la Cochonière, Thérèse, Malaudin, Pasquin, madame Barbe, etc., sont remplacés par le baron de la Canardière, Gotton, Trigaudin, Merrin, madame Michelle, etc. Il est probable que les motifs des changements faits à la pièce, en 1761, étaient non-seulement de la rendre moins libre, mais encore d'éloigner l'idée ou souvenir de l'ancien *Comte de Boursoufle* et de son auteur. »

Voltaire désavoue cette pièce dans une lettre à Damilaville, du 7 mai 1762, qu'il inséra, en 1770, dans l'article *Ana* de ses « Questions sur l'Encyclopédie ». Cela n'empêcha pas M. Beuchot, en 1817, d'admettre *l'Échange* dans le tome VII d'une édition in-12 des OEuvres de Voltaire, qui a été terminée par M. L. Dubois. Après M. Beuchot, en 1818, on réimprima *l'Échange* dans le tome XXIX de l'édition in-8, en 42 volumes, y compris la table. M. Lequien, dans le tome IX de son édition de Voltaire (1827), a donné cette pièce telle que l'auteur l'avait faite pour Cirey, mais avec le titre, les personnages et quelques légères corrections de détails, tirés d'une seconde édition donnée à Vienne en 1765. C'était ainsi que M. Beuchot avait donné la sienne. Quant au nouveau dénoûment, qui paraît un peu forcé et moins plaisant que l'ancien, il a été placé comme variante, à la suite du troisième acte.

116. Comte (le) de Boursoufle, ou les Agréments du droit d'aînesse, comédie par feu M. de Voltaire. *Paris, Renouard ; Touquet,* 1826, in-32.

Cette pièce a été imprimée, pour la première fois, d'après un manuscrit de la bibliothèque de M. de Soleinne, dans le tome 7 de l'édition des OEuvres de Voltaire, publiée par M. Renouard. Les autres éditions où on la trouve jusqu'à ce jour (1826) sont celles de MM. Lequien et P. Dupont.

117. Mort (la) de César, tragédie en trois actes. *Amsterdam (Paris),* 1735, in-8 ; — Seconde édition, revue, corrigée et augmentée par l'auteur, avec un Avertissement (de l'éditeur, l'abbé LA MARE), et une Lettre (d'Algarotti) à ce sujet. *Londres, Innis,* 1736, in-8 ; et *Amsterdam, Jacq. Desbordes,* 1736, in-8 ; — *Paris,* 1767, in-8.

La Mort de César fut esquissée à Wandsworth ou à Londres, en 1726 (Lettre à Thieriot, du 30 juin 1731) ; mais il paraît qu'elle ne fut composée qu'en 1731 (Lettre à Thieriot, du 1er septembre 1735 ; à Desfontaines, du 7 septembre 1735). Deux ans plus tard, on la joua à l'hôtel de Sassenage (Observations sur les écrits modernes, t. II, p. 270). Elle fut jouée par les écoliers du collège d'Harcourt, le 11 août 1735 (Lettre à La Mare, du 15 mars 1736). Il s'en fit bientôt, à Paris même, sous la rubrique d'Amsterdam, une édition furtive et fautive ; ce qui détermina l'auteur à la faire imprimer. Il en chargea le jeune abbé La Mare, qui composa un *Avertissement* sur lequel Voltaire lui fit quelques observations (Lettre à La Mare, du 15 mars 1736), et ajouta la traduction de la lettre d'Algarotti. Quoique Voltaire ne trouve pas cette traduction exacte (dernière lettre citée), il la laissa cependant dans l'édition d'Amsterdam, Jacques Desbordes, 1736, in-8. Cette édition contient une *Préface des éditeurs* que les éditeurs de Kehl ont prise et donnée pour *l'Avertissement* de La Mare, et qu'ils avaient daté de 1738. Ces deux morceaux sont différents comme on peut le voir. La *Préface* est de Voltaire. Elle contenait, en 1736, un passage contre J.-B. Rousseau, qui fut supprimé en 1738, et que M. Beuchot a rétabli dans son édition. Ce passage est d'autant plus important qu'il donna naissance à la lettre de J.-B. Rousseau, du 22 mai 1736, imprimée dans la » Bibliothèque française », tome XXIII, p. 138 à 154 ; en réponse de laquelle Voltaire fit sa lettre du 20 septembre 1736. Dans sa lettre à d'Argental, du mois de mars 1737, Voltaire dit avoir fait lui-même le retranchement de ce qui était contre Rousseau.

Ce fut le 29 août 1743 que *la Mort de César* fut jouée sur le Théâtre-Français. Elle n'eut que sept représentations, et fut reprise de loin en loin. — Elle fut jouée, en 1748, au couvent des Visitandines de Beaune , par les jeunes demoiselles qui y étaient en pension ; et Voltaire , à cette occasion , composa un prologue qu'on retrouve dans ses OEuvres.

Les sentiments républicains, qui sont l'âme de cette tragédie, en firent une pièce de circonstance en 1793 et 1794. Le dénouement blessait quelques têtes ardentes. Gohier, alors ministre de la justice, et qui depuis a été membre du Directoire exécutif, fit un nouveau dénouement, qui fut joué sur le théâtre de la République (rue de Richelieu), mais ne le fit point imprimer. A l'insu de l'auteur, *la Mort de César* fut imprimée , avec le dénouement, à Lyon (alors appelé Commune-Affranchie). En 1828, Gohier croyait son travail inédit. M. Beuchot lui montra l'édition qu'il possédait ; il trouva son ouvrage défiguré, et remit à l'éditeur de Voltaire copie des changements qu'il avait faits dans le troisième acte. C'est sur cette copie signée que M. Beuchot a donné, dans la note 36, de son édition de *la Mort de César*, le dénouement nouveau, qui est un morceau historique.

C'était le Discours d'Antoine qui choquait les républicains français de 1794. Sept ans auparavant, vingt-sept vers de ce discours avaient été mis en musique par Devienne, pour un concert donné, le 24 mai 1787, par la Société des enfants d'Apollon.

(Préface de M. Beuchot).

118. Alzire, ou les Américains, tragédie en cinq actes. (Avec une Épître à madame la marquise Du Châtelet). *Paris, Cl. Bauche,* 1736, in-8 ; — et *Amsterdam, Jacq. Desbordes*, 1736, in-8.

Représentée pour la première fois le 27 janvier 1736.

Voltaire parle d'*Alzire* dès 1734 ; voy. sa lettre à Formont. Dans une lettre de novembre 1735 , il dit que Le Franc de Pompignan , ayant eu connaissance du sujet d'*Alzire*, composa une « Zoraïde », dont il fit lecture aux comédiens français. Voltaire demanda qu'Alzire fut jouée avant Zoraïde. Alzire fut jouée le 27 janvier 1736. Zoraïde ne l'a point été, mais Voltaire a souvent parlé du mauvais procédé de Le Franc.

On trouve en tête de cette pièce, après l'*Épître dédicatoire à madame la marquise Du Châtelet*, un *Discours préliminaire*. D'après une lettre à Thieriot, du 6 février 1736, ce *Discours* devait être adressé à Thieriot, et placé à la fin de la tragédie. Voltaire même l'appelle *Post-face* dans sa lettre du 16 mars. Mais , dans la première édition d'*Alzire*, c'est en tête et non à la fin de la tragédie qu'il est placé. Voltaire, dans sa lettre à Thieriot, du 1er mars 1736, appelle discours « l'Apologétique de Tertullien ». Dans d'autres lettres , il l'appelle simplement « l'Apologétique ».

Plusieurs passages du *Discours préliminaire* se retrouvent dans un *Discours en réponse aux invectives et outrages de ses détracteurs*, qui fait partie des *Pièces inédites*, 1820, in-8 et in-12. Il se pourrait que le *Discours en réponse* fut une première version du *Discours préliminaire*.

119. Enfant (l') prodigue, comédie en cinq actes. *Paris* , 1738, in-8 ;—*Amsterdam, Ledet et comp.*, 1739, in-12 ; — *Amsterdam*, 1762, in-8 ; — 1773, in-8.

Représentée pour la première fois le 10 octobre 1736, sans avoir été annoncée : elle fut attribuée à Voltaire , alors en fuite, à cause de sa pièce de vers

du *Mondain* ; à Piron , à La Chaussée, à Destouches, et à Gresset : ce dernier fut fort irrité de cette supposition. La pièce n'eut que vingt-deux représentations , à cause de la maladie d'un acteur ; elle fut reprise le 12 janvier 1737, et est restée au théâtre.

La police avait exigé quelques changements. Les présidents des différentes cours , sachant qu'on se moquait dans cette pièce d'un président de Cognac, en témoignèrent leur mécontentement, et, au lieu du titre de président, on donna sur la scène à Fierenfat celui de sénéchal ; ce ne fut pas le seul : les comédiens furent obligés de changer eux-mêmes plusieurs vers , l'auteur étant absent. De plus, il paraît qu'il y eut des scènes transposées.

L'Enfant prodigue fut néanmoins imprimé à la fin de 1737, sous la date de 1738 , tel que l'auteur l'avait écrit. Le titre de président est restitué à Fierenfat. Dans l'édition de 1773 , quoique Fierenfat soit qualifié de président dans la liste des personnages, il est appelé sénéchal dans le courant de la pièce. Cette édition de 1773 , *conforme à la représentation*, présente bien d'autres différences, mais qui sont, selon toute vraisemblance, l'œuvre des comédiens ou de leurs faiseurs.

120. Envieux (l'), comédie en trois actes et en vers. Imprimée pour la première fois. *Paris* , *F. Didot*, 1834, in-8 de 68 pages.

Imprimée à 24 exemplaires. Cette pièce fait partie des OEuvres de Voltaire données par M. Beuchot, en 70 vol. in-8 : elle a été aussi insérée dans le théâtre de l'auteur, du Voltaire de Furne.

L'abbé de La Mare étant venu passer quelque temps à Cirey, dans les derniers mois de 1738 , Voltaire, qui lui avait souvent envoyé de l'argent, ne put lui donner que cent livres ; mais il lui remit le manuscrit d'une comédie dont il devait partager le produit avec un jeune homme plus sage et plus pauvre que lui (lettre de Voltaire à d'Argental, du 5 décembre 1738). Cette comédie était celle de *l'Envieux*. Voltaire croyait n'avoir fait qu'une action de bon chrétien, et non un bon ouvrage (lettre au même , de décembre 1738), en peignant l'abbé Desfontaines sous le nom de « l'Envieux ».

Madame Du Châtelet n'approuvait pas cet ouvrage, puisqu'elle desirait qu'il ne parût point (lettre de madame Du Châtelet à M. d'Argental, du 25 décembre 1738. Voy. Lettres inédites de madame Du Châtelet, 1806, in-8 et in-12). Il n'était question de rien moins que de la faire représenter sur le Théâtre-Français ; Voltaire tenait beaucoup à ce projet ; madame Du Châtelet, qu'on l'abandonnât (lettre de madame Du Châtelet, du 29 décembre 1738). Voltaire était malade lorsque La Mare envoya à Cirey un gros paquet que madame Du Châtelet, par sollicitude pour Voltaire (voy. id.), ouvrit à son insu : il contenait le manuscrit de *l'Envieux*.

Madame Du Châtelet parle encore de *l'Envieux* dans ses lettres des 7 et 10 janvier 1739. Ce qu'elle desirait eut lieu ; cette comédie ne fut pas représentée. L'auteur la perdit totalement de vue ; et longtemps on la crut anéantie. Les éditeurs de Kehl n'avaient pu se la procurer. Mais longtemps après l'édition terminée, feu Decroix, l'un de ces éditeurs, constant dans ses recherches sur tout ce qui concernait Voltaire, parvint à la trouver.

Elle devait faire partie d'un Supplément qu'il préparait pour les éditions de Kehl. Il est mort en 1827, sans exécuter ce projet. Quelques heures avant de mourir, il envoya à M. Beuchot la copie qu'il avait faite de *l'Envieux*, et c'est sur cette copie unique que ce dernier a imprimé cette pièce, qui n'avait pas encore vu le jour. *(Préface de M. Beuchot)*.

121. Zulime, tragédie en cinq actes. *Paris*, 1761, 1764, in-8.

Cette tragédie fut représentée pour la première fois le 8 juin 1740, reprise le 29 décembre 1761, et imprimée alors telle qu'on la trouve dans les OEuvres de Voltaire, édition de Kehl. Il en a paru une édition furtive que l'auteur a désavouée. Il en existe une seconde de 1761. M. Beuchot a eu les deux sous les yeux. C'est d'après l'une de ces deux éditions que les variantes ont été recueillies. La première édition authentique est de 1763; elle est dans la seconde partie du tome X, in-8, de la *Collection complète des OEuvres de M. de Voltaire* (cinquième des « *Ouvrages dramatiques* »).

Une dédicace à mademoiselle Clairon y est imprimée pour la première fois. C'était cette actrice qui avait jouée le rôle principal lors de la reprise à la fin de 1761.

122. Pandore, opéra en cinq actes. 1740.

Non représenté.

Cette pièce que Voltaire, dans sa Correspondance, appelle aussi *Prométhée*, et par plaisanterie, *le Péché originel*, paraît avoir été imprimée pour la première fois, en 1748, dans le tome III de l'édition des OEuvres de Voltaire, faite à Dresde cette année.

123. Mahomet, ou le Fanatisme, tragédie en cinq actes. Avec une Lettre d'un comédien italien sur cette pièce. *Paris*, *Prault*, 1742, in-8 ; — *Bruxelles*, 1742, in-8 de 72 pages ; — *Amsterdam*, 1743, in-8.

Représentée à Lille en avril 1741, et à Paris le 29 août 1742.

A peine cette pièce eut-elle paru sur la scène parisienne qu'elle fut dénoncée par l'abbé Desfontaines et quelques hommes aussi méchants que lui, comme scandaleuse et impie. Cela fit tant de bruit, que le cardinal Fleury, premier ministre, qui avait eu et approuvé la pièce, fut obligé de conseiller à l'auteur de la retirer, ce qui advint après la troisième représentation. Il vint dans l'idée à Voltaire de la dédier au pape Benoît XIV; il dressa toutes ses batteries pour la faire bien accueillir à la cour de Rome, et il réussit parfaitement. Le souverain pontife lui adressa, en 1745, un bref de félicitation, des remercîments et des médailles. Le malin poëte en rit beaucoup *in petto* et avec ses amis. Son but fut rempli, les défenses de représenter la pièce à Paris furent levées. Le 30 septembre 1751 *Mahomet* fut repris, et dès lors il a toujours été joué avec succès. C'est l'une des plus fortes tragédies de l'auteur; rien de plus beau que l'entrevue de Mahomet et de Zopire au second acte; rien de plus terrible que la fin du quatrième. Cette pièce avait été représentée précédemment à Lille. Voltaire dit dans une lettre, datée de Gray en Franche-Comté, le 19 janvier 1742, adressée au comte d'Argental : «..... Je ne me mêle « que de reprendre de temps en temps mon *Maho-* « *met* en sous-œuvre. J'y ai fait ce que j'ai pu ; je « le crois plus intéressant que lorsqu'il fit pleurer

« les Lillois. J'avoue que cette pièce est très-difficile « à jouer, mais cette difficulté même peut causer « son succès. »

Mahomet a obtenu d'innombrables éditions. En mettant cette pièce dans le tome IV de ses OEuvres, Dresde, 1748, in-8, Voltaire ajouta en tête la Dédicace au pape et deux lettres en italien ; et à la fin le morceau intitulé : *De l'Alcoran et de Mahomet*, qui a depuis été fondu dans le « Dictionnaire philosophique ».

Cette tragédie a été imprimée dans le Voltaire de Kehl, dans celui de M. Beuchot, et vraisemblablement dans d'autres éditions, sous le titre du *Fanatisme, ou Mahomet le prophète*.

124 La même tragédie, publiée avec un Commentaire historique et critique, par Jean HUMBERT. *Genève, et Paris, Dondey-Dupré fils*, 1825, in-8, 2 fr.

125. Mérope, tragédie en cinq actes. *Paris, veuve Bienvenu*, 1743, in-8. — Autre édition, sous le titre de : « la Mérope française », avec quelques pièces de littérature. *Paris, Prault*, 1744, in-8.

La *Mérope* de Voltaire fut commencée en 1736, terminée en 1737 (lettre à mademoiselle Quinault, du 2 janvier 1738; lettre de Frédéric, du 14 janvier 1738), refusée en 1738 par les comédiens français, parce que, disaient-ils, la pièce ressemblait à « l'Amasis » de La Grange; corrigée en 1738 (lettre à Frédéric, de juin 1738), et représentée à Paris, pour la première fois, le 29 février 1743. Voltaire donne, sur son succès extraordinaire, des détails dans sa lettre à d'Aigueberre, du 4 avril 1745, et dans le *Commentaire historique*. D'après M. Beuchot, l'édition de 1744 serait la première. Les pièces de littérature dont elle est suivie, sont : 1° *Lettre sur l'esprit*, corrigée depuis par l'auteur, et qui a été refondue dans le Dictionnaire philosophique ; 2° *Nouvelles Considérations sur l'Histoire*, qui sont en tête de « l'Histoire de Charles XII ».

Dans la *Mérope, nouvelle édition, corrigée par l'auteur, etc.,* Paris, Prault, 1758, in 8, il y a un personnage de plus, nommé Phanès. Le rôle est composé d'une partie de celui d'Isménie; et c'est Phanès qui fait le récit de la scène VI du cinquième acte. Cette disposition était l'œuvre des comédiens français; Voltaire s'en plaint dans ses lettres à d'Argental, des 11 octobre 1761 et 21 mai 1764.

Mérope, que le roi de Prusse avait mise en opéra (voy. la lettre de Voltaire à d'Argental, de février 1756), a été mise en prose par HOURCASTREMIRE, et imprimée ainsi dans ses « Aventures de messire Anselme », 1789, 2 vol. in-8 ; 1796, 4 vol. in-8.

126. Fragments de « Thérèse ». 1743.

La comédie de *Thérèse* fut composée en 1743. On voit par la lettre de Voltaire à mademoiselle Dumesnil, du 4 juillet de cette année, que l'auteur désirait qu'on jouât sa pièce. Une répétition devait avoir lieu, lorsque le comte d'Argental, le premier des amis de Voltaire, lui fit des observations qui probablement firent renoncer au projet de représentations publiques (1). *Thérèse* a été jouée sur des

---

(1) La lettre de d'Argental à Voltaire, imprimée

théâtres particuliers, et c'était madame Du Châtelet qui était chargée du premier rôle.

On ne connaît aucun manuscrit de cette pièce inédite. Mais on a trouvé dans les papiers de Voltaire, écrit de sa main, à mi-marge, sur quatre feuillets côtés 3, 4, 5 et 6, le fragment qui nous en reste, et dont feu Decroix, l'un des éditeurs de Kehl, avait fait une copie.   (*Préface de M. Beuchot*).

127. * Princesse (la) de Navarre, comédie-ballet (en trois actes), feste donnée par le roi en son château de Versailles, le 25 février 1745. *Paris, Ballard, 1745, in-8.*

Représentée à Versailles le 25 février 1745.

Les lettres de Voltaire à Richelieu (5 juin 1744) et à d'Argental (23 juillet et 9 août 1744), contiennent quelques vers qui appartiennent à une première version de *la Princesse de Navarre.* Une seconde représentation de cette pièce eut lieu, par ordre du roi, le 27 février 1745. La même année, l'auteur la réduisit en un acte, ou, pour mieux dire, composa des scènes nouvelles pour en lier les intermèdes : ce nouveau travail était intitulé les *Fêtes de Ramire.* Ce n'était plus une princesse de Navarre qui était l'héroïne de la pièce, mais une princesse grenadine. Richelieu, qui avait demandé, et à qui Voltaire avait remis son ouvrage, voulut quelques changements, soit dans les paroles, soit dans la musique. Mais Voltaire et Rameau étaient alors occupés du « Temple de la Gloire », et le duc s'adressa à J.-J. Rousseau, à la fois poëte et musicien. Les *Fêtes de Ramire*, dont il ne reste plus qu'un vers cité par J.-J. Rousseau, dans ses « Confessions », liv. VII, furent jouées le 22 décembre.

La *Princesse de Navarre* fut jouée à Bordeaux en novembre 1763, avec un nouveau prologue, qui fut imprimé dans le Mercure de 1764, janvier, t. Ier, page 169, et qui depuis a été réimprimé en tête de la pièce.

128. Temple (le) de la gloire, opéra en cinq actes. *Paris, Ballard, 1745, in-4.*

Représenté pour la première fois le 27 novembre 1745.

Cet opéra fut composé à l'occasion de la victoire de Fontenoi, gagnée le 11 mai 1745, après la prise de sept villes des Pays-Bas.

Il fut représenté sur le théâtre qui avait été construit pour *la Princesse de Navarre.* Une seconde représentation fut donnée sur le même théâtre le 4 décembre ; et, le 7 du même mois, *le Temple de la Gloire* fut joué à Paris sur le théâtre de l'Opéra, alors attenant au Palais Royal, et repris, avec des changements, le 17 avril suivant. Condorcet, dans sa « Vie de Voltaire », raconte qu'après la représentation, l'auteur, s'étant approché de Louis XV, lui dit : « Trajan est-il content »? Condorcet n'osait pas donner cette anecdote pour vraie ; c'était alors le seul moyen de laisser passer son récit. Mais d'après une phrase du Plaidoyer de « Ramponeau », l'anecdote paraît certaine.

d'abord dans le Publiciste du 19 nivôse an XIII, a été reproduite, page 303 et suivantes, du volume intitulé : « Lettres inédites de madame la marquise Du Châtelet à M. le comte d'Argental », 1806, in-8 et in-12.

129. Prude (la), comédie en cinq actes (et en vers). 1747.

Cette pièce est non une traduction, mais une esquisse légère de la fameuse comédie de WICHERLEY, intitulée : Plain dealer (l'homme au franc procédé). *La Prude* fut jouée sur le théâtre du château de Sceaux, le 13 décembre 1747.

Elle avait été composée en 1740 (voy. les lettres de Voltaire à Frédéric, des 26 janvier et 10 mars ; celles du prince, des 26 février, 18 mars, et 15 avril 1740) : elle était intitulée : *la Dévote.* La plus ancienne édition connue par M. Beuchot est celle qui fait partie du tome VIII des OEuvres de Voltaire, Dresde, 1748—54, dix volumes in-8. Un Avertissement en quelques lignes fut ajouté à l'édition de 1752. L'édition posthume de Kehl est la première qui contienne un *Avertissement de l'auteur*, reproduit par M. Beuchot.

130. Sémiramis, tragédie en cinq actes ; précédée d'une Dissertation sur la tragédie ancienne et moderne, à S. Exc. Mgr le cardinal Quirini, noble vénitien, évêque de Brescia, bibliothécaire du Vatican ; avec quelques pièces de littérature. *Paris, 1749, in-12.*

Représentée pour la première fois le 29 août 1748.

La troisième représentation de *Sémiramis* eut lieu le 2 septembre ; la quinzième, le 5 octobre. Depuis la première, Voltaire avait fait beaucoup de corrections à sa pièce ; et, après avoir vu sa tragédie reçue froidement, il goûtait le plaisir d'un succès. Sa joie fut troublée par l'annonce d'une parodie qu'on devait jouer à Fontainebleau, et à Paris sur le théâtre des Italiens. Voltaire ne néglige rien pour en empêcher la représentation. Il écrit à la reine (voy. la lettre du 10 octobre 1748), lui fait écrire par son père, écrit aussi à madame de Pompadour, à madame d'Aiguillon, à Maurepas, à madame de Villars, à madame de Luynes, au président Hénault, au duc de Fleury, au duc de Gèvres, à Berrier, lieutenant-général de police, à d'Argental. De toutes ces lettres, celle à la reine et celle à d'Argental sont les seules qui soient conservées. Grâce à madame de Pompadour, surtout, la parodie de Montigny, qu'il redoutait tant, ne fut pas jouée, mais elle fut imprimée, ainsi que d'autres écrits que nous rappelons dans la seconde partie de cette notice.

Sémiramis fut reprise avec des changements le 10 avril 1749 (voy. le « Mercure d'avril », page 209. C'est par erreur que Collé a dit le 10 mars). Une nouvelle reprise eut lieu en 1756.

— Sémiramis, tragédie lyrique en trois actes (et en vers libres, d'après la tragédie de Voltaire) ; par P.-J.-B. NOUGARET. *Paris, Hugelet*, an x (1802), in-8.
— Sémiramis, tragédie lyrique en trois actes, d'après la tragédie de Voltaire ; par M. DESRIAUX. *Paris, Ballard*, an x (1802), in-8.

131. * Nanine, ou le Préjugé vaincu, comédie en trois actes, en vers de dix syllabes, donnée par l'auteur. *Paris, Le Mercier et Lambert*, 1749, in-12.

Représentée pour la première fois le 16 juin 1749.

M. Beuchot n'a pu voir un exemplaire de l'édition de *Nanine* faite en 1748, si l'on en croit la « Bibliothèque annuelle et universelle », tome 1er, page 203. Mais comme le volume de cette « Bibliothèque », pour l'année 1748, porte lui-même la date de 1751, il est à croire qu'il y a erreur. Cependant la préface même de Voltaire prouve qu'il existait déjà une édition de *Nanine* lorsque l'auteur en donna une, portant l'adresse de Le Mercier et Lambert, et la date de 1759. Un passage de cette préface de 1749, dit que cette pièce fut jouée « au mois de juillet 1748 ». Dans l'édition de 1750, il est dit que *Nanine* fut représentée « à Paris, dans l'été de 1749 ». La date du 17 juillet 1748 est donnée comme la date de la première édition, sur le fauxtitre de *Nanine*, page 259 du tome VI de l'édition des OEuvres de Voltaire, 1751, onze volumes petit in-12. Longchamp, dans ses « Mémoires », tome II, page 205, dit que *Nanine* fut faite à Commerci, en 1748. Il est donc possible que cette pièce ait été représentée sur un théâtre particulier, en juillet 1748; mais elle ne le fut, au Théâtre-Français, que le 16 juillet 1749, cela est prouvé par les registres de la comédie française et par le « Mercure » de juillet 1749, page 190. Ce journal ajoute qu'après les premières représentations, Voltaire fit des changements « non-seulement dans le dialogue, mais encore dans la conduite de sa fable ».

132. Femme (la) qui a raison, comédie en trois actes (en vers). *Genève,* 1760, in-12.

Cette petite comédie est un impromptu de société où plusieurs personnes mirent la main. Elle fit partie d'une fête qu'on donna au roi Stanislas, duc de Lorraine, en 1749.

On a trouvé dans les portefeuilles de Voltaire cette même pièce en un acte; elle ne diffère de celle donnée par les éditeurs de Kehl que par des suppressions de quelques acteurs, et quelques changements de la disposition de la pièce. Il leur a paru inutile de la joindre à leur collection.

Voltaire désavouait *la Femme qui a raison.*

Selon M. Beuchot, cette comédie aurait été imprimée pour la première fois, en 1759, comme ayant été « donnée sur le théâtre de Caronge (lisez Carouge), près de Genève, en 1758 ». Fréron la jugea très-sévèrement (« Année littéraire », 1759, tome VIII, page 3); il invite Voltaire à lire « Gil Blas », et à ne plus faire d'homélies.

133 * Oreste, tragédie (en cinq actes), et Samson, tragédie lyrique, et quelques autres pièces fugitives. *Paris, Le Mercier,* 1750, in-12.

Oreste est une imitation de Sophocle, aussi exacte que la différence des mœurs et les progrès de l'art ont pu le permettre. Elle fut jouée pour la première fois, à Paris, le 12 janvier 1750, avec beaucoup de succès. L'auteur fut seulement obligé d'en changer le dénouement.

On voit, en lisant les variantes, que l'auteur a retranché d'éloquentes déclamations pour mettre plus de mouvement dans les scènes; qu'il s'est écarté du génie du théâtre grec pour ne plus suivre que le sien.

Les *pièces fugitives* qui terminent le volume de 1750, sont : 1° les chapitres II et III *sur les men-*

songes imprimés ; 2° la Lettre à Schulembourg, du 15 décembre 1740.

La tragédie d'*Oreste* est précédée d'une *Épître à la duchesse du Maine.* Dans l'édition de M. Beuchot, à la suite de cette Épître on trouve un « Discours prononcé au Théâtre-Français par un des acteurs, avant la première représentation de la tragédie d'Oreste, le 12 janvier 1750, et qui n'avait été imprimé pour la première fois qu'en 1814, par feu Decroix, dans le « Commentaire sur le Théâtre de M. de Voltaire, par M. de La Harpe », in-8. Le même éditeur a mis à la suite d'*Oreste* la « Dissertation sur les principales tragédies anciennes et modernes, qui ont paru sur le sujet d'Électre, et en particulier sur celle de Sophocle; par M. Dumolard.

134. Rome sauvée, ou Catilina, tragédie en cinq actes. *Paris,* 1752, in-8.

Cette pièce fut représentée pour la première fois, à Paris, le 8 juin 1750, sur un théâtre particulier, et chez la duchesse du Maine, à Sceaux, le 22 juin de la même année. Voltaire joua lors de la première représentation le rôle de Cicéron. L'auteur était en Prusse quand cette tragédie fut jouée pour la première fois sur le Théâtre-Français, le 24 février 1752.

Voltaire signale comme infidèle une édition de *Rome sauvée,* qui parut en 1752. Cependant c'est dans une édition de cette date, et sous la rubrique de Berlin, que M. Beuchot avoue avoir pris beaucoup de variantes.

L'édition publiée par l'auteur est celle imprimée à la suite du *Supplément au Siècle de Louis XIV.* Dresde, G.-C. Walther, 1753, pet. in-8.

— La même tragédie, et autres pièces du même auteur. *Dresde (Genève),* 1753, in-8.

135. Orphelin (l') de la Chine, tragédie en cinq actes. 1755, in-8.

La pièce fut représentée pour la première fois à Paris, le 20 août 1755. Dans sa dédicace à Richelieu, l'auteur dit avoir pris l'idée de son *Orphelin de la Chine,* à la lecture d'une traduction (par le P. de Premare, missionnaire de la Chine) d'une pièce chinoise imprimée dans la «Description de la Chine», et intitulée : Tchao-chi-cou-eulh.

Diverses réimpressions ont en tête non-seulement l'*Épître au maréchal duc de Richelieu,* mais encore une *Lettre à J.-J. Rousseau.*

136. Socrate, ouvrage dramatique en trois actes, traduit de l'anglais, de feu M. Thomson, par le feu M. Fatéma, comme on sait. (Composé par Voltaire). *Amsterdam,* 1759, in-12.

Cette pièce n'est autre chose qu'une allégorie satirique et transparente, où les conventions du genre ne sont pas même toujours gardées, et La Harpe a fait remarquer que l'auteur, qui a toujours Paris devant les yeux, oublie de temps en temps que sa pièce représente Athènes, l'aréopage, et les prêtres de Cérès.

La représentation de cette pièce fut défendue. On sait qui Voltaire désignait sous le nom d'Anitus, de Mélitus, etc. Palissot dit naïvement dans sa préface sur cette pièce : « Voltaire voulut rendre les « théologiens odieux et ridicules , en mettant leur « fanatisme en action dans la « Mort de Socrate » ; » l'allusion était évidente : aussi la Sorbonne , « quoique Voltaire se fût déguisé sous le nom de « Fatéma , eut-elle encore le crédit d'empêcher la « représentation de la pièce ». La pièce , signée du prétendu Fatéma , est datée de 1755.

Il existe une édition de *Socrate* , suivi de *la Femme qui a raison* (Voy. n° 130). Amsterdam (Genève), 1759, in-12.

Socrate fut composé en juin 1759. La date de 1755, mise par le prétendu M. Fatéma , traducteur, est une preuve de plus que Voltaire a quelquefois antidaté ses ouvrages. Quelques passages de *Socrate* ont été ajoutés en 1761.

Aucune édition ne comprend dans la liste des personnages les noms des complices d'Anitus, qui paraissent dans la scène septième du second acte (ajoutée en 1761), et qui rappellent les noms de Nonotte, Chaumeix , et Berthier. Dans toutes les éditions données du vivant de l'auteur, ils sont désignés par les noms de Grafios, Chamos, et Bertillos. Les éditeurs de Kehl sont les premières dans lesquelles ces noms sont changés en Nonoti, Chomos, Bertios.

137. Café (le), ou l'Écossaise, comédie en cinq actes et en prose. *Londres (Genève)*, 1760, in-12 de xij et 204 pages ; — *Amsterdam* (*Paris*), 1760, in-12 de xij et 108 pages.

Cette fameuse pièce est présentée comme traduite de l'anglais, de Hume (ministre anglican, frère de David Hume , l'historien), par Jérome Carré.

Voltaire la composa pour se venger de Fréron, qui , depuis la fin de 1758, ne se lassait de le harceler. Voltaire mit en scène le personnage de Fréron , sous le nom de *Wasp*, qui , en anglais, signifie *guêpe*. Il y avait près de deux mois que l'*Écossaise* était imprimée, lorsqu'on la représenta sur le Théâtre-Français, le 26 juillet. A la représentation, on substitua au nom de Frélon celui de Wasp. Le 25 juillet avait été distribué la *Requête de Jérôme Carré aux Parisiens*. L'*Écossaise* eut seize représentations , mais, pendant qu'on cessait de la jouer sur le Théâtre-Français, on se disposait à la faire paraître sur le théâtre des Italiens, où, le 20 septembre , on donna l'*Écossaise mise en vers* par M. de Lagrange.

La substitution de Wasp à Frélon ne fut pas le seul changement que Voltaire fît à sa pièce pour la représentation. Les additions et corrections se retrouvent dans l'édition d'Amsterdam (Paris). M. Beuchot ne sait comment il se fait qu'un aussi grand nombre de ces corrections n'est pas dans les éditions suivantes, malgré l'importance et la justesse de la plupart. Mais il les a toutes introduites et rétablies dans son édition.

Les éditions de 1760, ainsi que leurs réimpressions, ou contrefaçons, n'ont d'autre préliminaire que la préface. Dans la réimpression de l'*Écossaise*, qui fait partie du volume publié en 1761, sous le titre de « Seconde suite des Mélanges de littérature, etc. », Voltaire a rétabli le nom de Frélon , et a mis en tête de cette comédie : 1° une épître dédicatoire du traducteur (soi-disant) à M. le comte (Louis-Léon-Félicité) de Lauraguais, né le 3 juillet 1733, depuis duc de Brancas, mort le 9 octobre 1824 ; 2° la Requête de Jérôme Carré à messieurs les Parisiens ; 3° un Avertissement ; 4° la préface de 1760.

Il a été fait de cette pièce une contrefaçon qui porte pour titre l'*Écossaise*. Vienne (en Autriche), de l'impr. de J.-Th. Trattnern , 1768, in-8.

138. Tancrède, tragédie en cinq actes. *Paris*, *Prault petit-fils*, 1761, in-8 ; — et *Paris*, *Duchesne*, 1763 , in-8.

Représentée par les comédiens français ordinaires du roi, le 3 septembre 1760. L'auteur dédia cette tragédie à la marquise de Pompadour.

Les éditeurs de l'édition de Kehl remarquent, dans une de leurs notes, que l'histoire d'Ariodant et de Genèvre, au cinquième chant de « Roland furieux », fournit à Voltaire le sujet de *Tancrède*. C'est avec plus de raison qu'ils disent ailleurs que le sujet est pris dans la « Comtesse de Savoie», roman de madame de Fontaines.

Commencée le 22 avril 1759 , la tragédie de *Tancrède* était finie le 18 mai suivant , mais elle n'était pas encore faite. Voltaire y avait fait, à diverses reprises, de grands changements, lorsqu'il la fit jouer, trois fois , en octobre 1759, sur son théâtre de Tourney. Mais ce ne fut que le 3 septembre 1760 que *Tancrède* fut représenté sur le Théâtre-Français. Ce n'était pas tout à fait la pièce de Voltaire ; les comédiens l'avaient horriblement étranglé, et y avaient ajouté une soixantaine de vers de leur cru. L'auteur, après la représentation , y changea encore deux cents vers ; et, quoiqu'il eut envoyé les corrections à Prault , petit-fils, il se plaint que le libraire ait imprimé cette tragédie autrement que l'auteur l'avait faite (lettre à d'Argental, du 29 mars 1761), et trouvait l'édition de Paris « l'excès du ridicule » (lettre à mademoiselle Clairon, du 29 août 1761).

L'édition faite à Genève chez les frères Cramer, et conséquemment sous les yeux de l'auteur, ne parut qu'après celle de Paris ; quelques passages de la dédicace furent supprimés ou changés ; mais ce qui est bizarre, c'est qu'avec *Tancrède* (édition de Genève), Voltaire fit distribuer la gravure où Fréron figure sous la forme d'un âne, et qui devait paraître à la tête de la seconde édition de l'*Écossaise*. Voltaire avait fait mention de cette gravure ; et aussitôt Fréron avait annoncé la prochaine édition de la pièce dans laquelle il était mis en scène, orné d'un portrait de l'auteur ; ce qui fit différer Voltaire de donner cette caricature. Une contrefaçon de la tragédie contient une contrefaçon de la gravure.

139. Droit (le) du seigneur, comédie en cinq actes et en vers, donnée sous le titre de l'Écueil du sage. *Genève*, *et Paris*, *Duchesne*, 1763, in-8 et in-12.

Cette pièce fut faite en quinze jours (lettre à d'Argental , du 30 avril 1760), et était digne de Jodelle (lettre du même, du 12 avril). Voltaire y fit des changements, et changea aussi le nom sous lequel il voulait la donner. Ce fut successivement M. Hurtaud , un académicien de Dijon, M. Legouz, M. Picardet, M. Rigardet, Mélin de Saint-Gelais, M, Picardin (voy. la préface de M. Beuchot). C'est sous le nom de Picardet qu'il avait composé une préface qui ne nous est point parvenue.

La censure, ridicule comme elle l'était si souvent , pour ne pas dire toujours, fut scandalisée de l'intitulé , *le Droit du seigneur*, et refusa de l'autoriser.

Cette pièce fut représentée d'abord en cinq actes, sur le Théâtre-Français, le 18 janvier 1762, sous le titre de l'Écueil du sage ; elle fut remise au théâtre, en trois actes, le 12 juin 1779 , et sous le titre du *Droit du seigneur*.

L'auteur la fit imprimer dès 1762 , dans le t. V de ses Œuvres dramatiques (faisant la seconde partie du tome X de la Collection complète de ses OEuvres). Une note après l'intitulé est ainsi conçue : Elle a été jouée à Paris sous le nom de *l'Écueil du sage,* qui n'était pas son véritable titre.

Une edition séparée du *Droit du seigneur,* publiée en 1763, avait été désavouée par l'auteur.

L'anné suivante (1764) parut à Vienne, en Autriche, chez Ghelen : *l'Écueil du sage, comédie de M. de Voltaire, réduite en trois actes, pour le service de la cour de Vienne,* par M. Delaribardière, in-8. L'acte premier se composait de la scène 6 de l'acte second ; venaient ensuite les scènes 1 à 7 de l'acte troisième, puis le dernier vers de la scène 7, et la scène 8 qui terminait l'acte premier. Les actes deux et trois étaient les actes quatre et cinq.

Voltaire lui-même, qui avait réduit sa pièce à trois actes, ne la vit point jouer sous cette forme, puisqu'elle ne fut représentée qu'après sa mort.

Les éditeurs de Voltaire, notamment ceux de Kehl et M. Beuchot, ont imprimé *le Droit du seigneur* en trois actes ; mais ils ont donné en variantes les deux derniers actes tels qu'on les trouve dans les premières éditions.

140. Saül, drame (en cinq actes et en prose); trad. de l'angl. de M. Hut. *Sans nom de ville, ni d'imprimeur,* 1758, in-8 ; — *Genève,* 1763, in-8 de 48 pages.

M. Huet, membre du parlement d'Angleterre, était petit-neveu de M. Huet, évêque d'Avranches. Les Anglais, au lieu de Huet avec un *e* ouvert, prononcent *Hut.* Ce fut lui qui, en 1728, composa le petit livre très curieux : « The Man after the heart of God » (l'Homme selon le cœur de Dieu).

Indigné d'avoir entendu un prédicateur comparer à David le roi George II, qui n'avait ni assassiné personne, ni fait brûler ses prisonniers français dans des fours à briques, il fit une justice éclatante de ce roitelet juif. (*Les édit. de Kehl*).

S'il fallait s'en rapporter à la date que porte la première édition que nous citons de *Saül,* cette espèce de tragédie serait de 1758 ; mais il est arrivé fréquemment à Voltaire d'antidater ses écrits ; et ce n'est pas, dit M. Beuchot, une des moindres difficultés pour un éditeur de rétablir les dates.

Saül circulait en manuscrit dès janvier 1763, et fut imprimé la même année. D'Hemery, inspecteur de police, en saisit, au mois d'août, chez divers pauvres diables une centaine d'exemplaires d'une édition qu'il croyait faite à Liége. Voltaire envoya à Damilaville, pour être insérée dans les papiers publics, une petite note qui contenait le désaveu de cette pièce.

Cette prétendue traduction fut jugée comme une production impie contre David et l'Écriture sainte, et proscrite en France. Elle a également été condamnée à Rome, le 8 juillet 1765.

Le désaveu envoyé par Voltaire à Damilaville n'empêcha pas les frères Cramer d'admettre *Saül* (sous le titre de : *Drame traduit de l'anglais de M. Hut*) dans la cinquième partie des « Nouveaux Mélanges philosophiques », publiés en 1768. *Saül* avait déjà été réimprimé plusieurs fois dans « l'Évangile de la raison », 1765, in-8 ; 1768, in-24.

Dans les premières éditions de *Saül,* des notes au bas des pages renvoyaient aux passages de la Bible. Dans « l'Évangile de la raison », on supprima quelques-unes de ces notes, mais on en ajouta quelques autres qui renvoyaient au prétendu original anglais. La plupart des unes et des autres avaient disparu depuis longtemps. M. Beuchot, dans son édition, les a toutes rétablies.

141. Olympie, tragédie (en cinq actes); suivie des remarques historiques ; publiée avec un Avis de l'éditeur, M. Colini. *Francfort et Leipzig,* 1763, pet. in-8 de viij et 156 pages;—*Francfort et Leipzig,* 1763, in-8 de 98 et xvj pages ;—*Genève,* 1763, in-8 de vj et 134 pages ; — *Francfort, Leipzig, et Paris,* Duchesne, 1763, in-12 de 92 et xvj pag.; — *Paris, Paris, veuve Duchesne,* 1774, in-8 de 74 pages.

Représentée pour la première fois le 17 mars 1764. Cette tragédie parut imprimée dès 1763 ; elle fut jouée à Ferney, et sur le théâtre de l'électeur palatin. Voltaire, alors âgé de soixante-neuf ans, la composa en six jours.

C'est l'ouvrage de six jours, écrivait-il à un philosophe illustre, dont il voulait savoir l'opinion sur cette pièce. *L'auteur n'aurait pas dû se reposer le septième,* lui répondit son ami. *Aussi s'est-il repenti de son ouvrage,* répliqua Voltaire ; et quelque temps après, il renvoya la pièce avec beaucoup de corrections.

L'édition de 1774 présente des variantes qui ont été données pour la première fois.

142. Jules-César, tragédie en trois actes, de Shakspeare (traduite en prose), et l'Héraclius espagnol, ou la Comédie fameuse: Dans cette vie tout est vérité et tout mensonge. Fête représentée devant LL. MM., dans le salon royal du palais; par D. P. Calderon de la Barca. (En trois journées ; traduite en prose). *Lausanne,* 1774, in-8.

Ce deux traductions parurent, pour la première fois, en 1764, dans l'édition du Théâtre de P. Corneille, avec des commentaires (par Voltaire), 10 vol. in-8.

143. Octave et le jeune Pompée, ou le Triumvirat, tragédie en cinq actes. Avec des remarques sur les proscriptions. *Amsterdam, et Paris,* 1767 (1766), in-8.

Cette tragédie, presque toujours réimprimée sous le titre du *Triumvirat,* fut représentée, sur le Théâtre-Français, le 5 juillet 1764, sous le titre d'*Octave et le jeune Pompée.* La pièce imprimée est très-différente du manuscrit qui a servi aux représentations. C'est sur ce manuscrit que les éditeurs de Kehl ont recueilli les variantes.

Le frontispice du volume portant la date de 1767, quoique imprimé en 1766, n'indique pas exactement son contenu. Toutes les éditions de cette pièce sont accompagnées de deux ouvrages en prose : l'un sur *le gouvernement et la divinité d'Auguste ;* l'autre intitulé : *des Conspirations contre les peuples, et des Proscriptions.* Ces deux morceaux, purement historique, et qui n'ont, avec *le Triumvirat* qu'un rapport éloigné, ont été, par les éditeurs de Kehl et par M. Beuchot, rejetés parmi les *Mélanges.*

144. Scythes (les), tragédie (en cinq

actes). *Paris, Lacombe, 1767, 1768,* in-8.

Représentée, sur le Théâtre-Français, le 26 mars 1767; elle avait été composée en dix jours.

Les *Scythes* n'eurent que quatre représentations; mais on en fit plusieurs éditions. Celle de Lyon est due aux soins de Charles Bordes.

145. Charlot, ou la Comtesse de Givry, pièce dramatique (en trois actes et en vers). *Genève (Paris),* 1767, 1771, in-8.

Représentée, sur le théâtre de F*** (Ferney) au mois de septembre 1767; sur le théâtre du comte d'Argental, dans l'hiver de 1781—1782; et sur le théâtre des Italiens, pour la première fois, le 4 juin 1782; mais on ne l'a donné à ce théâtre que trois fois.

146. Dépositaire (le), comédie en cinq actes et en vers. *Paris, Valade,* 1772, in-8.

Composée en 1769. Cette pièce n'a pas été représentée.

Il existe deux éditions de cette pièce portant la date de 1772. La première édition est sans préface; mais, au bas de la liste des personnages, on lit en note: « Le fond de cette comédie est tiré des mémoires du « temps. Rien n'est plus connu que l'histoire d'un « dépôt nié par un homme très-grave, et rendu par « la célèbre Ninon ». L'autre édition n'a plus cette note, mais contient une préface. C'est le texte de cette dernière que les éditeurs de Voltaire ont suivi; la première a servi pour recueillir les variantes.

147. Baron (le) d'Otrante, opéra-buffa en trois actes (et en vers).

Imprimé pour la première fois dans le Théâtre de l'auteur, de l'édition de Kehl.

Premier essai de Voltaire dans ce genre. Cet opéra comique, que les comédiens italiens refusèrent, avait été composé pour que Grétry en fît la musique.

« Il est assez remarquable, dit feu Decroix, l'un « des éditeurs de Kehl, que Voltaire donna le pre- « mier un opéra à Grétry, comme il avait le pre- « mier, vers 1730, donné une tragédie lyrique à « Rameau, avant que ces deux grands musiciens « se fussent encore exercés dans les genres où ils « ont excellé. Le grand poëte découvrit leur génie, « et pressentit leurs succès. Si les encouragements « qu'il leur donna ont pu les déterminer à embras- « ser la carrière dramatique, on lui serait en partie « redevable des chefs-d'œuvre dont ils ont enrichi « la scène, et des progrès qu'ils ont fait faire à l'art « musical. Quel homme grave, à ce prix, ne par- « donnerait pas à Voltaire d'avoir fait des opéras- « comiques »?

C'est dans son conte intitulé : *l'Éducation d'un prince,* que Voltaire avait pris le sujet du *Baron d'Otrante.*

148. Deux (les) Tonneaux, esquisse d'un opéra-comique en trois actes (et en vers).

Non représenté. Imprimé pour la première fois dans le théâtre de l'auteur, de l'édition de Kehl.

Cette pièce, ainsi que la précédente, avait été composée pour que Grétry en fît la musique.

149. * Guèbres (les), ou la Tolérance, tragédie (en cinq actes); par M. D*** M***. *Sans lieu d'impression (Genève),* 1769, in-8 de 116 pages; — *Sans lieu d'impression (Paris),* 1769, in-8 de 82 pages;— *Rotterdam, Reinier Leers (Genève, les frères Cramer),* 1769, in-8 de iv et 104 pages; 1776, in-8.

Non représentée.

Pour l'historique de cette préface de M. Beuchot, au tome VIII du théâtre de l'auteur.

En faisant imprimer ses *Guèbres,* Voltaire, pour ne pas éveiller l'attention des censeurs dramatiques, voulut les faire passer pour être d'un autre que lui : il balança entre celui de Guimond de la Touche, mort en 1760, et Desmahis, mort en 1761. Il se décida à en attribuer la paternité à M. D*** M***, initiales qu'on pouvait expliquer par Desmahis et de Morza, nom que Voltaire avait déjà emprunté. Mais ces précautions vulgaires lui parurent insuffisantes : il tenait par dessus tout à ne pas être soupçonné d'être l'auteur, et ne trouva rien de mieux à faire pour cela que de se dédier sa pièce. L'*Épître dédicatoire à M. de Voltaire* est signée, pour un jeune auteur, qui veut être inconnu : Gabriel Grasset et associés. La ruse n'était pas nouvelle : Voltaire lui-même l'avait employée quelques années auparavant, en se faisant adresser ses *Lettres sur la Nouvelle Héloïse.*

L'édition des *Guèbres,* qu'il fit faire à Genève, (sans nom de ville), contient une *Préface de l'éditeur* et l'*Épître dédicatoire* dont nous venons de parler. Cette édition avait été faite pour les étrangers; quatre exemplaires en furent envoyés à Paris, ils y sont très-rares. Une réimpression fut faite à Paris, la même année, sous ce titre : *les Guèbres, tragédie, par M. de M.;* elle contient la *Préface de l'Éditeur,* mais non l'*Épître dédicatoire.* Aucun de ces deux morceaux ne se retrouve dans une troisième édition, celle sous la rubrique de Rotterdam. Mais cette troisième édition, qui est encadrée, et qui est de novembre 1769, contient un *Discours historique et critique,* qui paraissait pour la première fois.

150. Sophonisbe, tragédie (en cinq actes), de M. Mairet, réparée à neuf. *Paris, veuve Duchesne,* 1770, in-8.

Représentée le 15 janvier 1774, avec peu de succès.

« Cette tragédie fut imprimée d'abord, à Lausanne, en 1769, sous le nom de M. Lantin, et on la donna comme la tragédie de Mairet, refaite ».

« La Sophonisbe de Mairet est la première pièce régulière qu'on ait vue en France, et même long-temps avant Corneille ».

« C'est par là qu'elle est précieuse, et qu'on a voulu la rajeunir. Il n'y a pas, à la vérité, un seul vers de Mairet dans la pièce; mais on a suivi sa marche autant que l'on a pu, surtout dans la première et la dernière scène. C'est un hommage qu'on rend au berceau de la tragédie française, lorsqu'elle est sur le bord de son tombeau ».

« Nous imprimons cette pièce, disent ses éditeurs de Lausanne, sur le propre manuscrit de l'auteur, soigneusement revu et corrigé par lui; et c'est jusqu'ici la seule édition à laquelle on doive avoir égard ».

Les éditeurs de Lausanne ont supprimé une *Épître dédicatoire à M. le duc de La Vallière*, signée LANTIN, neveu de feu M. Lantin et de feu l'abbé Bazin, sans doute parce que l'auteur y supposait que cette pièce était la tragédie de Mairet, refaite par M. Lantin, et que leur avertissement qui précède détruit cette supposition.

151. Pélopides (les), ou Atrée et Thyeste, tragédie nouvelle (en cinq actes). *Genève, et Paris, Valade*, 1772, in-8.

Non représentée. Les éditeurs de Kehl ont réimprimé cette tragédie, non sur l'édition que nous citons, mais telle qu'ils l'ont trouvée dans les papiers de Voltaire. Naigeon en a donné une autre version dans l'édition stéréotype in-18 du théâtre de Voltaire.

152. *Loix (les) de Minos, ou Astérie, tragédie en cinq actes. (Précédée d'une Épître dédicatoire à Mgr le duc de Richelieu, pair et maréchal de France, etc.). *Genève, et Paris, Valade*, 1773, in-8 de ij et 65 pages.

Non représentée.
Voltaire fut d'autant contrarié de cette édition, qu'il faisait alors imprimer son ouvrage à Genève. D'ailleurs, dans l'édition de Valade, des vers avaient été changés ou ajoutés par le marquis de Thibouville, qui probablement était aussi auteur de la seule note de l'édition de Paris.

—— La même tragédie, avec les notes de M. de Morza, et plusieurs pièces curieuses détachées. *Genève*, 1773, in-8 de xvj et 396 pages, plus les faux-titre, titre et errata.

Ce volume contient, outre la dédicace et les notes qui paraissaient pour la première fois, plusieurs morceaux en vers et en prose qui ne sont pas tous de Voltaire.
Une réimpression fut bientôt faite à Lausanne, par François Grasset et compagnie, 1773, in-8 de xvj et 170 pages, sous le dernier titre cité. On a supprimé, dans cette édition, les morceaux qui ne sont pas de Voltaire, et quelques-uns qui sont de lui.
La dédicace au maréchal de Richelieu a été supprimée par Voltaire dans l'édition in-4 de ses Œuvres, et dans l'édition encadrée.

153. Don Pèdre, roi de Castille, tragédie (en cinq actes), et autres pièces. 1775, in-8.

Non représenté.
La tragédie de Don Pèdre a été faite, ou du moins commencée, en 1761; mais Voltaire l'abandonna bientôt après, la reprit au bout d'un mois, et la promit pour dans deux ans. Il s'y remit enfin après un long intervalle, et la fit imprimer à la fin de 1774. L'édition que nous citons est celle que M. Beuchot croit l'originale.
En tête de cette tragédie, dans le Théâtre de l'auteur, de l'édition de Kehl, on trouve une *Épître dédicatoire à M. d'Alembert, secrétaire perpétuel de l'Académie française, etc.*, par l'éditeur de la tragédie de « Don Pèdre », et un *Fragment d'un Discours historique et critique sur Don Pèdre* : ce fragment se trouvait imprimé à la suite de cette tragédie, dans les précédentes éditions.

L'*Épître dédicatoire* a été composée en janvier 1775, entre l'élection de Malesherbes à l'Académie française, qui est de la fin de décembre 1774, et sa réception, qui est du 16 février 1775.
Cette tragédie n'a pas été représentée. Les pièces qui sont à la suite de l'édition originale que nous citons, sont : 1° *Éloge historique de la raison*, prononcé dans une académie de province; par M. Chambon ; — 2° *De l'Encyclopédie ;* — 3° *Dialogue de Pégase et du Vieillard*, avec des notes de M. de Morza ; — 4° *la Tactique*, suivie d'une longue note.

154. Hôte (l') et l'hôtesse, divertissement (en un acte et en vers libres).

Cette pièce a été imprimée, pour la première fois, dans les éditions de Kehl. Elle était précédée de trois lettres à M. de Cromot, rejetées par M. Beuchot, à leurs dates dans la Correspondance. M. de Cromot était surintendant des finances du comte de Provence (depuis Louis XVIII). Ce prince, voulant donner, à Brunoi, une fête à la reine Marie-Antoinette, avait fait demander à Voltaire un petit divertissement. L'idée en était prise dans une ancienne fête donnée quelquefois dans la patrie de la reine, et dont Voltaire avait parlé dans un chapitre de son « Histoire de Pierre-le-Grand ». La pièce de Voltaire fut composée rapidement. Des vers qu'il composa après coup arrivèrent trop tard.

155. Irène, tragédie en cinq actes. (Précédée d'une Lettre (ou dédicace) de Voltaire à l'Académie française). 1779, in-8.

Représentée, sur le Théâtre-Français, le 16 mars 1778. L'auteur lui-même la retira, après la septième représentation, qui eut lieu le 4 avril suivant.
Avant d'être représentée à Paris, cette tragédie l'avait été à Ferney, pour le mariage du marquis de Villette; mais, d'une représentation à l'autre, l'auteur, selon son usage, n'avait cessé d'y faire des corrections.
Ce fut le 30 mars 1778, à la sixième représentation d'*Irène*, qu'en présence de Voltaire, son buste fut couronné sur le théâtre. L'élite de la société remplissait la salle. Le comte d'Artois (depuis Charles X) y était, et envoya le prince d'Hénin complimenter le chantre de Henri IV et de Jeanne d'Arc.
On voit par la lettre (ou dédicace) à l'Académie française, qu'elle dut être alors imprimée à quelques exemplaires. L'édition pour le public ne parut qu'après la mort de l'auteur, et en 1779.

156. Agathocle, tragédie en cinq actes.

Représentée le 31 mai 1779, et les 2, 5 et 12 juin suivants.
On ne doit regarder cette tragédie que comme une esquisse. Les situations, les scènes sont quelquefois plutôt indiquées que remplies. Les caractères sont heureusement conçus, fortement des-

sinés ; mais les traits ne sont pas terminés, les nuances ne sont pas marquées. Cet ouvrage est précieux, parce qu'il montre la manière dont travaillait Voltaire, et qu'il sert à expliquer comment il a pu joindre une fécondité si prodigieuse avec tant de perfection. On voit qu'il travaillait longtemps ses ouvrages, mais sans jamais s'arrêter sur les détails, sans suspendre la marche, attendant le moment de l'inspiration, sachant qu'on n'y supplée point par des efforts, profitant des instants où son génie avait toutes ses forces pour faire de grandes choses, et ne perdant pas ce temps précieux à corriger un vers, à prévenir une objection; revenant ensuite sur ces objets dans des instants moins heureux et plus tranquilles.

Le jour de la première représentation de cette pièce, Brizard prononça un discours où l'on a reconnu la manière d'un philosophe illustre, d'Alembert, qu'une amitié tendre et constante unissait à Voltaire, et qui a longtemps fait cause commune avec lui contre les ennemis de l'humanité. La Grèce a cultivé à la fois tous les arts et toutes les sciences ; mais la première représentation de l'OEdipe à Colonne ne fut point annoncée par un discours de Platon. (*Les éditeurs de Kehl*).

Les éditeurs de Kehl ont donné, en tête de cette tragédie, le Discours prononcé par Brizard.

Toutes les pièces composées par Voltaire ne sont pas encore dans ses OEuvres. M. Beuchot, dans la préface de son Théâtre, en cite plusieurs dont les manuscrits n'ont pas encore été retrouvés. M. Jacobsen, dans le volume qu'il a publié, en 1820, sous le titre de *Pièces inédites de Voltaire*, a donné quarante-trois vers, en deux fragments, d'*Amulius et Numitor*, tragédie composée par Voltaire à l'âge de douze ans; et des fragments d'un *Divertissement pour le mariage de Louis XV*.

Mais, si, dans l'énumération que nous venons de donner, nous n'avons pas compris les pièces de Voltaire dont on n'a fait que parler, au moins avons-nous donné la liste de toutes celles qui sont véritablement de lui ; car plusieurs pièces ont été imprimées sous le nom de Voltaire, auxquelles il a été entièrement étranger. Dans la seconde partie de notre Notice, nous les indiquerons parmi les ouvrages attribués à Voltaire.

———

157. Théâtre de Voltaire. *Paris*, 1751, 9 vol. in-12 et in-8.

Autres éditions :

Supplément aux OEuvres dramatiques de Voltaire. Genève, et Paris, Duchesne, 1763, in-8 de 606 pages.

OEuvres de théâtre. Genève, et Paris, Duchesne, 1764, 5 vol. in-12. — Voltaire, dans un *Avis au lecteur* placé à la tête de sa comédie intitulée *Charlot, ou la Comtesse de Givry*, se plaint fortement de cette édition de son Théâtre, dans laquelle plusieurs tragédies sont défigurées par des non sens et des vers supprimés, et il cite, entre autres, Oreste, Brutus, l'Orphelin de la Chine, Zulime.

Lausanne, 1772, 9 vol. in-8 (*Théâtre complet*).

Édition revue et corrigée par l'auteur, avec la Henriade. Amsterdam, 1777, 11 vol. in-12.

Éditions faites depuis la mort de Voltaire, et par conséquent plus complètes que toutes celles qui les ont précédées :

Londres, 1782, 10 vol. in-12.

Neufchâtel, 1783, 8 vol. in-12.

Caen, 1788, 9 vol. in-12 (*Théâtre complet*).

Édition stéréotype. Paris, P. Didot aîné, an IX (1801), 12 vol. in-18 sur pap. ordinaire, sur pap. fin, et sur grand papier vélin, format in-12. — Édition réimprimée en 1813.

Édition stéréotype, d'après le procédé d'Herhan. Paris, Gide et Nicolle, 1809, 9 vol. in-18, in-12 et in-8. — Il y a des exemplaires de l'in-8 auxquels on a joint des gravures d'après Moreau.

Paris, Menard et Raymond, 1813, vol. in-12.

Paris, Touquet, 1821, petit in-12.

Édition précédée d'une Notice historique par M. Berville. Paris, de l'impr. de Rignoux ; — Baudouin frères, 1828, 8 vol. in-8. — M. Berville, auteur de la Notice, n'est point l'éditeur de cette édition ; l'avertissement du nouvel éditeur est signé Léon Thiessé.

158. Chefs-d'œuvre (les) dramatiques de M. de Voltaire. *Paris, veuve Duchesne, 1779, 3 vol. in-12, avec gravures.*

Ce choix des pièces de Voltaire a été réimprimé un grand nombre de fois. Autres éditions :

Rouen, 1793, 4 vol. in-18.

Les mêmes, composés de pièces qui sont jouées au Théâtre-Français, avec les préfaces et discours qui sont en tête de chaque pièce dans l'édition de Beaumarchais. Édition stéréotype d'Herhan. Paris, H. Nicolle, 1808, 4 vol. in-18, 6 fr. ; 4 vol. in-12, 9 fr., et 4 vol. in-8, 12 fr. — Édition dont il a été fait plusieurs tirages dans le format in-18, et notamment en 1813, 1816, 1819, 1821, 1830 (Tours, Mame).

Édition stéréotype. Paris, F. Didot, 1813, 4 vol. in-18, sur pap. ordinaire et sur pap. fin.

Les mêmes, avec l'indication des changements adoptés par la Comédie française, accompagnés de préfaces et de notes historiques et critiques, par M. Lepan. Paris, de l'impr. de Cordier, 1820, 4 vol. in-8 et in-12. — Douze pièces.

Paris, Ménard et Desenne, 1822, 4 vol. in-18, sur pap. ordinaire, et sur papier vélin, avec quinze gravures ; ou, tirés sur format in-12, sur papier ordinaire et sur pap. vélin, avec gravures. Édition faisant partie d'une « Bibliothèque française».

Paris, J.-B. Aillaud, 1822, 5 vol. in-18.

Paris, Saintin, 1822, 4 vol. in-32, avec quatre figures.

Paris, Ladrange, 1822, 4 vol. in-18. — Édition faisant partie d'un Répertoire du Théâtre-Français, publié par le même libraire.

Les mêmes, sous ce titre : Théâtre choisi de Voltaire, contenant les meilleurs ouvrages dramatiques de cet auteur. Paris, Samson, 1823, 3 vol. in-18.

Les mêmes, sous le titre précédent. Paris, Desoer, ..., 5 vol. in-32.

Paris, L. Debure, 1824, 6 vol. in-32, avec portr. 18 fr. — Édition faisant partie des « Classiques français, ou Bibliothèque portative ».

Paris, Baudouin frères, 1829, in-24. — Ce volume, qui renferme quatorze pièces, fait partie d'une édition du Répertoire du Théâtre-Français, dans ce format, publiée par les mêmes libraires.

Paris, Treuttel et Wurtz, 1831, 7 vol. in-8, 21 fr., et sur pap. vélin superfin, 29 fr. 50 c.

Paris, Hiard, 1831, 4 vol. in-18.

Paris, Saintin et Thomine, 1838, 4 vol. in-18.

Romans et Contes.

159. Romans et Contes. *Londres, 1777, 2 vol. in-8.—Bouillon, 1778, 3 vol. in-8, fig. — Londres, 1789, 4 vol. in-18. — Lyon, Amable Leroy, 1790, 6 vol. in-12. — Paris, 1797, 6 vol. in-18.*

Les compositions de Voltaire, qu'on désigne sous le nom de *Romans*, ou *Contes en prose*, furent présentées réunies du vivant de l'auteur, car les éditions in-4 et encadrées de ses OEuvres, les renferment sous un titre collectif. Cette division, toute rationnelle, a été suivie par les éditeurs de Kehl, et par tous ceux qui sont venus après eux.

Quelques-uns de ces Romans et Contes avaient déjà été partiellement condamnés par la cour de Rome ; mais, lors de la publication de l'édition d'Amable Leroy, la réunion fut de nouveau censurée, et condamnée par décret du 12 juillet 1804.

Autres éditions, de ce siècle :

Édition stéréotype. Paris, Didot, an VIII (1800), 3 vol. in-18, sur pap. ordinaire, sur pap. fin, et sur gr. papier vélin, format in-12. — Réimpr. en 1818, 3 vol. in-18 ; et de nouveau, Paris, Lecointe, 1829, 4 vol. in-18.

Édition stéréotype d'Herhan. Paris, Nicolle, 1809, 4 vol. in-18, 4 vol. in-12, ou 2 vol. in-8 ;—Paris, Dabo, 1819, 2 vol. in-12.

Paris, P. Didot aîné, 1821, 3 vol. in-8, 13 fr. 50 c. ; sur pap fin, 22 fr. 50 c., et sur pap. vélin, 45 fr.— Édition faisant partie d'une « Collection des meilleurs ouvrages de la langue française, dédiée aux amateurs de la typographie ».

Paris, Menard et Desenne, 1823, 4 vol. in-18, sur pap. ordinaire et sur pap. vélin, avec gravures ; et sur format in-12, sur pap. ordinaire et sur pap. vélin, avec gravures. — Cette édition fait partie d'une « Bibliothèque française ».

Paris, Baudouin frères, 1827, 2 vol. in-8.

Paris, Iliard, 1831, 4 vol. in-18.

Les mêmes, sous le titre de « Contes et Romans ». Paris, Treuttel et Wurtz, 1833, 2 vol. in-8, 6 fr., et sur pap. vélin superfin, 9 fr.

Ces Romans et Contes, au nombre de vingt-cinq, ont d'abord été presque tous imprimés séparément de 1746 à 1775. En en donnant ici la nomenclature nous rappellerons la première édition de chacun d'eux.

a) *Monde (le) comme il va*, vision de Babouc, écrite par lui-même. 1746, in-8.

Longchamp, secrétaire de Voltaire, de 1746 à 1754, dit, dans ses « Mémoires », que *Babouc, ou le Monde comme il va*, fut composé en 1746, pendant la retraite de Voltaire à Sceaux. M. Beuchot dit que la plus ancienne édition qu'il connaisse est celle de 1748, dans le tome VIII de l'édition faite à Dresde des OEuvres de Voltaire. Si nous n'avons pas vu l'édition de 1736 de ce conte, au moins l'avons-nous trouvé citée par quelque bibliographe qui aura pris, peut-être, la date de sa composition pour celle de son impression. *Le Monde comme il va* fait aussi partie du « Recueil de pièces en vers et en prose, par l'auteur de la tragédie de Sémiramis ». 1750, in-12.

b) *Crocheteur (le) borgne*. 1746. Ouvrage composé à la même époque que le précédent. Il fut imprimé dès 1774, c'est-à-dire du vivant de l'auteur, dans le « Journal des dames » de mars 1774, pages 11 à 24, par les soins de madame de Princen, depuis madame de Montanclos. Les éditions de Kehl sont les premières éditions des OEuvres de Voltaire où ce conte ait été admis : encore feu Decroix ne l'a-t-il pas fait sans hésitation ; il paraît que ce conte avait été attribué à Bordes, de Lyon, et au chevalier de Boufflers ; mais il ne fut revendiqué par aucun des héritiers de ces deux écrivains.

c) *Cosi-Sancta*, un petit mal pour un grand bien ; nouvelle africaine. 1746.— Imprimée pour la première fois dans le Voltaire de Kehl. Cette nouvelle a été réimprimée dans ces derniers temps à la suite de l'Homme aux quarante écus. (Voy. plus bas).

d) * *Zadig, ou la Destinée*, histoire orientale. 1747, in-12.

Zadig est le même ouvrage que *Memnon*, sauf trois chapitres. *Zadig* a de plus que *Memnon* (voy. l'ouvr. suivant) trois chapitres, qui sont aujour-

d'hui les XIIe, XIIIe et XVIIe. L'édition encadrée de 1775 est la première qui contienne le chapitre VII. Deux autres chapitres, les XIVe et XVe, et des additions au chapitre VI, parurent, pour la première fois, dans les éditions de Kehl, 1785. Colini, secrétaire de Voltaire en 1753, raconte (dans « Mon séjour auprès de Voltaire »), que les additions faites alors à *Zadig*, « les calomnies et les « méchancetés des courtisans, la fausse interpré- « tation donnée par ceux-ci à des demi-vers trouvés « dans un buisson, la disgrace du héros, sont au- « tant d'allégories dont l'explication se présente « naturellement ». Cependant, dès l'édition de 1747, le chapitre IV contient les demi-vers ; les chapitres XIV et XV n'ont été, comme nous l'avons dit plus haut, ajoutés qu'en 1785 ; les chapitres XII, XIII et XVII sont, comme on l'a vu, de 1748. Ce serait donc au chapitre VII que se borneraient les additions faites en 1753 ; et ce chapitre n'a été publié qu'en 1775.

A l'occasion de *Zadig*, Longchamp raconte que Voltaire, désirant faire imprimer ce roman pour son compte, mais craignant que les imprimeurs n'en tirassent des exemplaires au delà du nombre convenu, et que le livre ne fût répandu dans le public avant que l'auteur l'eût offert à ses amis, eut recours au moyen suivant, pour parer aux inconvénients qu'il redoutait. Il fit venir l'imprimeur Prault, et lui demanda quel serait le prix d'une édition tirée à mille exemplaires. Le prix parut trop élevé à Voltaire ; mais, dès le lendemain, Prault vint de lui-même proposer une diminution d'un tiers dans le prix, et « Voltaire lui donna la « première moitié du roman de *Zadig*, qui était écrit « sur des cahiers détachés, dont le dernier se ter- « minait avec la fin d'un chapitre », annonçant que, pendant que cette partie serait sous presse, il reverrait l'autre. Voltaire fit avertir Machuel, libraire de Rouen, momentanément à Paris, et, après les conventions sur le prix, lui remit la fin de l'ouvrage, en indiquant à quelle page il devait commencer. Lorsque tout fut terminé, Voltaire fit brocher les exemplaires qu'il destinait à ses amis, en fit faire la distribution, et répondit aux plaintes des imprimeurs par l'exposé des craintes qu'il avait eues. M. Beuchot ne connaît aucune édition de *Zadig* qui confirme le récit de Longchamp, aucune dont une feuille se « termine avec la fin d'un chapitre ».

Il a été publié, à Paris, une traduction grecque de ce roman, par D. N. ISKENTER, de Byzance. Paris, Eberhart, 1819, in-8.

e) *Memnon* (ou la Sagesse humaine), histoire orientale. Londres (Paris), 1747, pet. in-8 ; 1748, in-12.

Ce conte, mis en vers français, est imprimé dans le Mercure de 1759, second volume d'octobre.

Il existe aussi une traduction de ce conte en grec ancien, par Fr. VILLOT, imprimée à Paris, chez Poussielgue, en 1834, in-12 de 24 pages.

Longchamp dit que *Memnon* est de 1746; mais on a vu que c'était d'abord sous ce titre qu'avait été imprimé *Zadig*, et il est à croire que Longchamp, qui n'a rédigé ses « Mémoires » que longtemps après, aura confondu les deux ouvrages. Par la raison même que Voltaire avait donné en 1747 un *Memnon*, il est à présumer que ce n'est pas immédiatement après qu'il aura publié un autre ouvrage sous le même titre. En admettant la nécessité de l'intervalle entre deux ouvrages différents du même auteur, mais ayant le même titre, cet intervalle ne peut s'étendre au delà de 1750, puisque c'est la date que porte le tome IX de l'édition de Dresde des OEuvres de Voltaire. C'est sous la même date qu'a été publié le « Recueil de pièces en vers et en prose ; par l'auteur de la tragédie de Sémiramis », 1750, in-12. P. Clément, auteur des « Cinq années littéraires », dit, dans sa XLVIe lettre, datée du 13 janvier 1750, qu'il n'y a pas quinze jours que le petit conte de *Memnon* est échappé à son auteur.

Quoi qu'il en soit de cette explication donnée par M. Beuchot dans sa préface des Romans de Voltaire, il n'en existe pas moins une édition séparée de *Memnon*, portant la date de 1747, et une réimpression, portant celle de 1748, et M. Beuchot possède l'une et l'autre : *Devine si tu peux, choisis si tu l'oses.*

f) *Bababec et les fakirs.* 1750.

Bababec est aussi imprimé dans le tome IX de l'édition de Dresde, mais sous le titre de *Lettre d'un Turc sur les Fakirs et sur son ami Bababec.* Cette pièce est citée par Diderot au mot BRAMINE, dans le tome II de « l'Encyclopédie », publié en 1751, mais imprimé en 1750.

g) * *Micromégas*, histoire philosophique. 1752, in-8.

— Le même, avec une Histoire des croisades et un nouveau Plan de l'Histoire de l'esprit humain. Londres, 1752, très-petit in-8 ;—Berlin, 1753, pet. in-8.

— Le même (seul). Paris, Sanson, 1826, in-32.

L'immense correspondance de Voltaire, dit M. Beuchot, ne contient pas un mot qui puisse faire connaître l'époque de la publication du *Micromégas.* L'édition, que l'éditeur de Voltaire que nous venons de citer, croit l'originale, est sans millésime et avec un titre gravé. L'abbé Trublet, dans ses « Mémoires sur Fontenelle, n'hésite pas à dire que *Micromégas* est dirigé contre Fontenelle ; mais il ne parle pas de la date de sa publication. Il existe cependant de *Micromégas* une édition portant la date de 1750. Cette date-elle authentique ? alors celle avec la date de 1752 ne serait qu'une réimpression. M. Beuchot n'a pas osé se prononcer.

h). *Deux (les) consolés.* 1756.

i) *Histoire des voyages de Scarmentado*, écrite par lui-même. 1756.

j) *Songe de Platon.* 1756.

Le prospectus des frères Cramer, pour leur édition de 1756, comprend ces trois romans au nombre des « morceaux neufs « qu'ils allaient publier.

Cependant la table chronologique, qui est dans le t. LXX de l'édition in-8 de Kehl, range les *Voyages de Scarmentado* à l'année 1747. Longchamp dit qu'ils furent composés en octobre 1746, avec plusieurs autres romans, pendant la retraite de Voltaire à Sceaux. S'il fallait en croire Colini, Voltaire aurait écrit les *Voyages de Scarmentado* après l'aventure de Francfort, en 1753. « Encore froissé des injustices « qu'il venait d'éprouver, il composa les *Voyages* « *de Scarmentado*, conte ingénieux, qui renferme « des allusions visiblement applicables aux événe- « ments dans lesquels il avait figuré ». C'est au lecteur à prononcer si ce roman contient les « allusions » dont parle Colini. M. Beuchot ne les a point aperçues.

Une édition de la *Princesse de Babylone*, qui parut en 1768, est présentée comme une *Suite des Voyages de Scarmentado.*

Le Songe de Platon a été réimprimé dans le volume intitulé : « le Secret de l'Église trahi, ou le Catéchumène, ouvrage peu connu, d'un des plus grands philosophes de nos jours ». An III (de la République), in-18 de 108 pages. Les pages 100 à 108 contiennent *le Songe de Platon*, du même auteur. Les deux ouvrages cependant ne sont pas de la même main. Le « Secret de l'Église » n'est autre que le « Catéchumène », 1768, réimprimé aussi sous le titre de « l'Américain sensé par hasard ». Le « Catéchumène » a été reproduit dans la onzième partie, autrement onzième volume des « Nouveaux Mélanges », faisant partie des OEuvres de Voltaire, imprimées chez les frères Cramer. Il n'est pas de Vol-

taire, mais de Bordes, dans les OEuvres duque toutefois on ne le trouve pas.

k) *Candide, ou l'Optimiste.* Genève, 1759, 1761, in-12 ; — Autre édition (avec la Seconde partie, par THOREL DE CHAMPIGNEULLES), 1778, in-8, orné de figures dessinées et gravées par Daniel Chodowicki.

Présenté comme traduit de l'allemand du docteur Ralph.

Autres éditions :

Lille, 1793, in-8.

Paris, Caillot, 1822, 2 vol. in-18.

Roman philosophique et licencieux qui fut condamné en France. Une traduction italienne fut condamnée par la Chambre apostolique, à Rome, le 14 mai 1762. La cour de Rome l'a de nouveau défendu le 2 juillet 1804, à l'occasion de la réimpression de 1790 des Romans de l'auteur.

Candide parut au plus tard en mars 1759. Le roi de Prusse en accuse réception par sa lettre du 28 du mois d'avril.

Voltaire en avait envoyé le manuscrit à la duchesse de La Vallière, qui lui fit répondre qu'il aurait pu se passer d'y mettre tant d'indécences, et qu'un écrivain tel que lui n'avait pas besoin d'avoir recours à cette ressource pour se procurer des lecteurs.

Beaucoup d'autres personnes furent scandalisées de *Candide*, et Voltaire désavoua cet ouvrage, qu'il appelle lui-même une coïonnerie. Il ne faut pas, au reste, prendre à la la lettre son titre d'optimiste. L'optimiste, dit-il ailleurs (homélie sur l'athéisme), n'est qu'une fatalité désesperante.

J.-J. Rousseau (dans sa lettre au prince de Wirtemberg, du 11 mars 1764) prétendait que c'est sa « Lettre sur la Providence » qui avait donné naissance à *Candide*; « Candide en est la réponse ». Voltaire en avait fait « une de deux pages, où il bat la campagne, et Candide parut deux mois après ». Ce que Rousseau appelle sa « Lettre sur la Providence » est sa lettre à Voltaire du 18 août 1756 ; la réponse de Voltaire est du 21 septembre 1756 ; *Candide* ne vit le jour que vingt-sept à vingt-neuf mois plus tard.

Voltaire écrivit, sous le nom de MEAD, une lettre relative à *Candide*, qui fut insérée dans le « Journal encyclopédique », du 15 juillet 1759, elle a été reproduite par M. Beuchot dans les « Mélanges », à cette date.

l) *Histoire d'un bon bramin.* 1759.

L'*Histoire d'un bon bramin* est le morceau que Voltaire appelle la Parabole du bramin, dans sa lettre à madame Du Deffand, du 13 octobre 1759.

m) * *Blanc (le) et le Noir.* 1764, in-8.

n) * *Jeannot et Colin.* 1764, in-8.

Ces deux contes font partie du volume qui parut, en 1764, sous le titre de *Contes de Guillaume Vadé.*

C'est à l'année de 1764 qu'appartient le Pot-Pourri, qui, dans l'édition de 1775, ou encadrée, des OEuvres de Voltaire, se trouve parmi les *Romans*, mais que les éditeurs de Kehl ont mis dans les Mélanges, où il est plus convenablement placé.

o) * *Ingénu (l') (ou le Huron)*, histoire véritable, tirée des manuscrits du P. Quesnel. Londres, 1767, 2 part. pet. in-8 ; — et Lausanne, 1767, in-12.

Quelques éditions séparées portent pour titre : *le Huron, ou l'Ingénu.*

L'ouvrage se vendait publiquement en septembre 1767, mais au bout de huit ou dix jours, il fut saisi, et le prix, qui était de trois livres, monta à vingt-quatre. (Mémoires secrets, du 13 septembre 1767).

p) * *Homme (l') aux quarante écus.* Amsterdam, 1768, in-8.

Voltaire, qui voulait être universel, avait un peu la manie économique, qui était alors fort à la mode. Il y a certainement dans son ouvrage plus de connaissances dans cette partie que l'on en trouverait dans beaucoup d'autres du siècle précédent : mais, malgré cela, c'est un ouvrage frivole et superficiel, à une époque où l'on avait approfondi cette science. L'auteur a voulu attaquer, dans cette brochure, un projet intitulé : « la Richesse de l'État » (par M. Roussel de la Tour), 1763, in-4 et in-8, ainsi que « l'Ordre naturel et essentiel des sociétés politiques » (par M. Le Mercier de la Rivière), Paris, 1767; in-4 ou 2 vol. in-12.

L'*Homme aux quarante écus* parut en février 1768. Parmi les nombreuses éditions qui en furent faites, il en est une qui porte cette adresse singulière : « Rome, avec la permission de la docte chambre syndicale et de messeigneurs les gras fermiers-généraux ».

Jean-Baptiste Josserand, garçon épicier, Jean Lecuyer, brocanteur, et Marie Suisse, sa femme, furent, le 24 septembre, condamnés, les deux premiers, à la marque et aux galères, la dernière, à cinq ans de détention à la Salpétrière, pour avoir vendu le « Christianisme dévoilé », « Éricée, ou la Vestale », et l'*Homme aux quarante écus ;* ces trois ouvrages furent condamnés au feu.

L'*Homme aux quarante écus* fut condamné par la cour de Rome, par décret du 29 décembre 1771. Il avait déjà été proscrit et brûlé par arrêt du parlement de Paris, en 1768 ; ce qui n'empêcha pas que, tandis qu'on le brûlait à Paris, on en imprimait à Paris, avec approbation et privilége, des fragments dans le Mercure, juillet et août 1768.

Éditions de ce siècle :

Paris, les march. de nouv., 1826, in-32. — La couverture imprimée porte : *le Petit Voltaire constitutionnel.*

Suivi de *Cosi-Sancta.* Paris, Mourier, 1835, in-18.

*q) * Princesse (la) de Babylone.* 1768, in-8.

— Autre édition, sous ce titre : *Voyage et aventures d'une princesse babylonienne, etc.*, Genève, et Paris, Lejay, 1769, in-8.

— Autre édition, sous ce titre : *Voyage de la princesse de Babylone, et aventures galantes de son cher Amazan.* Paris, Plancher, 1815, 1816, in-18.

— Autre édition, sous le titre de *la Princesse de Babylone.* Paris, Mourier, 1835, in-18.

La *Princesse de Babylone* suivit de près « l'Homme aux quarante écus » ; car il en est question dans la lettre à madame Du Deffand, du 3 mars 1768. Il en parut plusieurs éditions la même année. L'une, en cent quatre pages, porte cette adresse : « A Rome, avec la permission du saint Père ». C'est dans celle en 144 pages, et qui contient la *Lettre de l'archevêque de Cantorbéry,* que M. Beuchot a pris une variante pour son édition. Une édition en 156 pages est intitulée : *Voyages et Aventures d'une princesse babylonienne, pour servir de suite à ceux de Scarmentado, par un vieux philosophe qui ne radote pas toujours.* Elle a cela de particulier, qu'elle est divisée en vingt-deux chapitres, *avec sommaires.* Après avoir été annoncée avec éloge dans « le Mercure » de novembre 1768, page 93, elle est signalée comme infidèle dans le volume de décembre, page 55.

*r) * Lettres (les) d'Amabed,* trad. par l'abbé Tamponet, revues et corrigées (composées par Voltaire). Genève, 1769, in-8 ;—Londres, 1772, in-8.

Roman philosophique et licencieux, condamné par décret de la cour de Rome du 16 mai 1779.

Les *Lettres d'Amabed* parurent en mai 1769 (voy. la lettre à madame de Choiseul, du 20 mai). Outre l'édition qu'il en donna séparément, Voltaire les fit entrer dans le tome Ier du recueil qu'il a intitulé *les Choses utiles et agréables.* Ces deux éditions, M. Beuchot les croit avoir été faites sur la même composition.

L'abbé Tamponet, docteur de Sorbonne, avait été censeur de « l'Encyclopédie ». C'était déjà sous ce nom que Voltaire avait publié les *Questions de Zapata* (voy. n° 19).

*s) * Aventure de la mémoire.* 1774, in-8.

M. Beuchot donne l'année 1773 comme la date de la composition de cet ouvrage, et cela d'après la dernière phrase de l'*Aventure de la mémoire;* cette phrase prouve, ce lui semble, que le conte est du même temps que le *Discours de l'avocat Belleguier* (voy. n° 41).

t) Taureau (le) blanc, traduit du syriaque, par M. Mamaki, interprète du roi d'Angleterre pour les langues orientales. Memphis, 1774, in-12 ; et Londres, 1776, in-8.

Le *Taureau blanc,* écrit en 1773 (voy. la lettre à La Harpe, du 20 sept.), circulait encore en manuscrit en février 1774. M. Beuchot en a vu six éditions de la même année : trois sont sans nom d'auteur ; une porte celui de M. Mamaki ; deux celui de Dom Calmet. Les dernières présentent quelques légères différences.

u) Éloge historique de la Raison, prononcé dans une académie de province. Londres, 1775, in-8.— Publié sous le pseudonyme de M. de Chambon. Cet éloge se trouve aussi à la suite de Don Pèdre, 1775, in-8, et dans le tome XII de l'Évangile de la raison. (*Barb.*).

Dans sa lettre au roi de Prusse, du 4 février 1775, Voltaire intitule cet écrit : *Voyage de la Raison et de la Vérité ;* et le titre de *Voyage* est celui sous lequel il est imprimé dans l'édition de Kehl.

v) Histoire de Jenni, ou le Sage et l'Athée, par M. Sherloc (Voltaire), traduite par M. de La Caille (second masque de Voltaire), suivie d'une Lettre de La Visclède (troisième masque de Voltaire) au secrétaire de l'Académie de Pau. Londres (Genève), 1775, in-8.

Les éditeurs de Kehl datent l'*Histoire de Jenny* de 1769 ; mais M. Beuchot la croit de 1775. C'est sous cette date que les « Mémoires secrets » en parlent ; et, s'il ne faut pas toujours ajouter foi à ce piquant recueil, on peut s'en rapporter à lui pour les dates, lorsque rien ne les contredit.

*x) * Oreilles (les) du comte de Chesterfield, et le Chapelain Goodman.* 1775, in-8.

y) Aventure indienne.

z) Aveugles (les) juges des couleurs.

Ces deux derniers romans ont paru pour la première fois dans les éditions de Kehl. Leur peu d'étendue porterait à croire qu'ils ont été composés dans la société de la duchesse Du Maine, c'est-à-dire en 1746.

———

— Choix de Contes de Voltaire. *Paris, Chassaignon,* 1834, 2 vol. in-18.

Ce sont les romans les plus courts.

— Novelas de Voltaire, trad. por MARCHENA. *Burdeos, Beaume,* 1819, 3 vol. in-12.

Critiques. — Facéties. — Mélanges (1).

160. * Lettre à M. D***, au sujet du

———

(1) Nous avons compris dans cette section l'indication de tous les opuscules publiés par Voltaire, depuis 1714 jusqu'à sa mort, et qui ont été réunis par les éditeurs de ses OEuvres sous le titre de *Mélanges;* seulement, ayant adopté des divisions de *philosophie* et d'*histoire,* nous faisons des renvois à ces deux divisions ; n'ayant voulu conserver ici, autant que possible, que ce qui est littérature et critique littéraire.

prix de poésie donné par l'Académie française, l'année 1714.

Imprimée dans le volume intitulé : *Réflexions sur la rhétorique et sur la poésie*, par M. de Fénelon. Amsterdam, J.-Fréd. Bernard, 1717, in-12 ; et dans le Recueil de divers Traités sur l'éloquence et la poésie (publié par Bruzen de la Martinière). Amsterdam, J.-F. Bernard, 1730, 2 vol. in-12. En rendant compte de ce dernier volume, le Nouvelliste du Parnasse » (deuxième édition, II, 19), dit, à propos de la *Lettre* : « On soupçonne que M. de V....... a autrefois composé cette lettre ».

L'abbé Desfontaines, en rendant compte de ce dernier recueil dans le « Nouvelliste du Parnasse », convient que l'auteur de la *Lettre à M. D*** est un fin connaisseur. « On soupçonne, dit-il, sur la fin de l'article, que M. de Voltaire l'a autrefois composée ». Ces soupçons se changent en certitude aux yeux de ceux qui la lisent avec attention. Ils y remarquent, en effet, le ton agréable et piquant de Voltaire, l'élégante simplicité de son style et la justesse de son goût. Cette lettre, qui contient vingt pages, y compris ls poëme couronné, qui en a cinq, est suivie de l'ode que Voltaire envoya au concours. On a peine à concevoir comment l'Académie française lui préféra le poëme de l'abbé Du Jarry, où il est question de *pôles glacés, brûlants, etc.* Cette bévue fit une telle impression dans le public, que l'auteur lui-même, dans le recueil de ses poésies, qui parut en 1715, substitua au mot *pôles* celui de *climats*.

Voltaire ne se contenta pas d'avoir critiqué le jugement de l'Académie dans la *Lettre à M. D*** ; son dépit lui inspira encore une satire en vers, intitulée : *le Bourbier, ou le Parnasse*. Cette pièce se trouve sous le premier titre, dans les » Nouvelles littéraires de La Haye, 1715, tome Ier, pag. 151, et sous le second, à la suite de l'édition de la Henriade, publiée en 1724, à Amsterdam, chez J.-Fréd. Bernard (ou plutôt à Evreux). Les éditeurs de Kehl ne l'ont point insérée dans leur collection des OEuvres de Voltaire.

Dans la satire en vers, comme dans la critique en prose, Voltaire attaque particulièrement La Motte, qu'il savait avoir été un de ses juges. Dans la *Lettre à M. D***, il l'accuse de vouloir fonder sa réputation sur la ruine de celle des anciens, qu'il ne connaît pas. Il fait cependant l'éloge de ses mœurs douces et de sa modestie. Dans le *Parnasse*, il le représente comme habitant un noir bourbier au pied de ce célèbre mont. De là vient le titre de Bourbier donné d'abord à cette satire.

Il paraît que La Motte ne conserva aucun souvenir de ces traits de vengeance. Il répara même l'injustice qu'il avait commise envers Voltaire, puisque, ayant eu à approuver sa première tragédie, il n'hésita point à dire, dans son approbation, que cet ouvrage promettait au théâtre un digne successeur de Corneille et de Racine. De son côté, Voltaire reconnut enfin que La Motte était un sage qui prêta plus d'une fois le charme des vers à la philosophie. Ce sont les expressions dont il se servit, en 1764, dans le « Dictionnaire philosophique », article *Critique*.

La Lettre de Voltaire à M. D*** ne serait pas déplacée dans la correspondance littéraire de ce grand homme.

J'ai été étonné de trouver cette époque de la vie de Voltaire présentée de la manière la plus infidèle par le marquis de Luchet, dans son « Histoire littéraire de Voltaire, tome Ier. Il prétend que Voltaire s'annonça dans la carrière des lettres par une ode, non sur la construction du chœur de l'église de Notre-Dame, mais sur Sainte-Geneviève, dont le sujet avait été donné par le P. Lejay, régent de rhé-

torique de Louis-le-Grand, conjointement avec le P. Porée. « L'abbé Du Jarry, continue l'historien, en composa une sur le même sujet ; elle fut préférée à celle de Voltaire, et même couronnée par l'Académie française ». M. de Luchet cite ensuite trois strophes de l'ode du jeune Arouet. Je ne sais d'où il les a tirées ; mais elles ne font pas cependant partie de l'ode de Voltaire sur Sainte-Geneviève. M. de Luchet ajoute que Voltaire, se croyant humilié par le jugement de l'Académie française, exhala sa colère dans une espèce de satire intitulée : *le Bourbier*.

1° M. de Luchet a tort de nier que Voltaire ait composé une ode sur la construction du chœur de Notre-Dame. On trouve cette ode dans les deux recueils imprimés chez J.-F. Bernard, et dans l'édition de *la Ligue* de 1724. Le recueil de l'Académie française, pour 1714, eut pu prouver à l'historien de Voltaire que ce sujet était celui du poëme couronné par l'abbé Du Jarry.

2° L'ode de Voltaire sur Sainte-Geneviève est antérieure à celle sur la construction du chœur de Notre-Dame. C'est une imitation de l'ode du P. Lejay sur la célèbre patrone de Paris. Voltaire la composa au collége Louis-le-Grand, où il était pensionnaire et écolier de rhétorique sous les PP. Lejay et Porée. Je tire cet éclaircissement du recueil C., publié en 1759 par l'abbé de Saint-Léger. L'autorité du plus savant de nos bibliographes ne sera pas suspecte. M. Beuchot assigne la date de 1709 à la composition de l'*Ode sur sainte Geneviève*.

3° Le récit de M. de Luchet prouve qu'il ne connaissait que la seconde pièce, dans laquelle Voltaire a manifesté le chagrin que lui avait causé le jugement de l'Académie française.

Piron, ayant à se plaindre de Voltaire, mit dans la bouche de son « Arlequin Deucalion » ces deux vers de la tragédie d'Ériphile.

Oui, tous ces conquérants rassemblés sur ce bord,
Soldats sous Alexandre, et rois après sa mort.

A la fin de la première représentation, l'auteur, traversant le théâtre, fut arrêté par Voltaire, qui lui demanda ce qu'il lui avait fait pour le tourner ainsi en ridicule : « Pas plus, repondit Piron, que « La Motte à l'auteur du « Bourbier ». A cette réponse, Voltaire baissa la tête, et disparut en disant : Ah ! je suis embourbé ».

(Note du Dictionnaire des ouvr. anon. de Barbier, n° 9212i).

C'est depuis 1821 seulement que cette pièce a été admise dans les OEuvres de Voltaire ; encore n'en a-t-on, jusqu'à ce jour, imprimé qu'une très petite partie. Je n'ai pu voir, dit M. Beuchot, l'édition de cette *Lettre* qui a dû être faite dans le temps.

161. Lettres (sept) écrites sur OEdipe, en 1719, qui contiennent la critique de l'OEdipe de Sophocle, de celui de Corneille, et de celui de l'auteur. 1719.

Impr. en tête de la tragédie de Voltaire.

162. Lettre de M. Thieriot (masque de Voltaire) à M. l'abbé Nadal. 1725.

163. A M***, 1727. — Deux Lettres (sur l'Angleterre, et les Contradictions).

Remarques (Premières) sur les Pensées de Pascal. 1728. (Voy. n° 3).

164. Sottises des deux partis. 1728.

La plus ancienne édition est celle qui fait partie du tome IX publié en 1750, de l'édition des Œuvres de Voltaire, commencée à Dresde en 1748. Le morceau a été reproduit, en 1756, dans la troisième partie des *Mélanges*.

165. Harangue prononcée (par Racot de Grandval) le jour de la clôture du théâtre, le 24 mars 1730.

166. Apologie de Bolingbroke. 1731, in-8.

Voy. n° 8.

Aux auteurs de la Bibliothèque raisonnée sur l'incendie d'Altena. (Voy. n° 1).

Lettres philosophiques. 1734. (Voy. n° 1).

Traité de métaphysique. 1734. (Voy. n° 4).

167. Fragment d'une Lettre sur Didon, tragédie (de Le Franc de Pompignan). 1736.

La tragédie de Le Franc de Pompignan, jouée le 21 juin 1734, fut imprimée la même année ; l'approbation du censeur est du 29 septembre. Le *Fragment d'une lettre* parut en 1736, et fut reproduit, en 1760, dans le « Recueil de facéties parisiennes ». Depuis 1734, Le Franc de Pompignan a fait beaucoup de corrections à sa « Didon », et a changé presque tous les vers qu'a critiqués Voltaire.

168. Utile Examen des trois dernières épîtres du sieur (J.-B.) Rousseau. 1736.

C'est de cet *Examen*, alors anonyme, que Voltaire parle dans sa lettre à Thieriot, du 6 août 1736. C'était cette année qu'avaient paru les « Épîtres nouvelles du sieur Rousseau », Paris, Rollin, in-12 de 46 pages, contenant en effet trois épîtres : 1° Au P. Brumoy ; 2° A Thalie ; 3° A M. Rollin. Dans l'épître au P. Brumoy, qui est toute contre Voltaire, Rousseau parle (vers 94) de

Le brûler vif dans ses propres ouvrages.

On trouve dans les *Conseils à un journaliste* d'autres remarques sur « l'Épître à Thalie ».

169. Conseils à un journaliste, sur la philosophie, l'histoire, le théâtre, les pièces de poésie, les mélanges de littérature, les anecdotes littéraires, les langues et le style. 1737.

C'est sous ce titre que ce morceau fut imprimé, en 1765, dans le tome Ier des *Nouveaux Mélanges*, avec la note que voici : « Cette pièce parut en « Hollande, il y a trente ans ; elle n'a pas été im- « primée depuis ; le public jugera si elle mérite de « trouver place dans ce recueil ». Je ne connais pas, « dit M. Beuchot, d'édition plus ancienne que celle

que l'on trouve dans le « Mercure » de 1744 (premier volume de novembre), sous le titre de : *Avis à un journaliste*, et avec la date du 10 mai 1737, qu'il a ajoutée dans son édition, ainsi que quelques variantes ; la version qu'il donne est celle de 1765.

170. Éclaircissements nécessaires donnés par M. de Voltaire, le 20 mai 1738, sur les Éléments de philosophie de Newton.

Ces *Éclaircissements*, envoyés par Voltaire à divers journaux, imprimés dans les « Mémoires de Trévoux » (juillet 1738), furent mis par lui en tête de l'édition qu'il donna à Londres (Paris), des « Éléments de la philosophie de Newton, qui n'était que la réimpression de celle de Hollande, toutefois avec l'addition du XXVIe chapitre. C'est donc à l'édition de Hollande que se rapportent ces *Éclaircissements*. Ils pouvaient, en 1738, être considérés comme une préface. Les changements et nombreuses augmentations faits depuis par l'auteur, font que ces *Éclaircissements* ne sont plus qu'une pièce historique ; aussi Voltaire lui-même ne les avait-il pas reproduits dans l'édition de 1741, la première qui contienne les trois parties des « Éléments ». M. Beuchot a placé ces *Éclaircissements* à leur date, dans le tome Ier des Mélanges, et séparé des Éléments.

Essai sur la nature du feu et sur sa propagation. 1738. (Voy. n° 81).

Vie de J.-B. Rousseau. 1738. (Voy. la section : BIOGRAPHIE).

Observations sur MM. Jean Lass, Melon et Dutot ; sur le commerce, le luxe, les monnaies, et les impôts. 1738. (Voy. n. 49).

Voltaire, dans une lettre à Thieriot, de juin 1738, lui annonce qu'il « va dévorer » le livre fait par Dutot, en réponse à feu M. Melon. On peut donc croire que c'est vers ce temps qu'il rédigea ses remarques sur cet ouvrage. Une note de Voltaire, ajoutée en 1756, assigne l'année 1738 pour composition de ce morceau, qui parut, en 1738, dans le tome XV du « Pour et Contre », page 296, et, en 1739, avec quelques corrections, dans le tome XXIX de la « Bibliothèque française », sous le titre de : *Lettre de M. de Voltaire à M. Thieriot, sur le livre de M. Dutot*. Dans un tome VI, daté de 1745, des Œuvres de M. de Voltaire, à Amsterdam, chez Étienne Ledet et compagnie, la lettre est divisée en deux, et présente d'assez grands changements pour que les éditeurs de 1775 aient cru devoir reproduire séparément les deux versions. Les éditeurs de Kehl avaient refondu le tout. M. Beuchot a mis en variantes les morceaux qui avaient été repris par les éditeurs de Kehl.

171. * Préservatif (le), ou Critique des Observations sur les écrits modernes (de l'abbé Desfontaines). *La Haye (Paris)*, 1738, in-12.

La première édition de cet ouvrage a paru sous le nom de M. le chevalier de Mouhy, disent les éditeurs de Kehl. M. Beuchot n'a pu trouver d'édition

portant ce nom. Mais Mouhy fut l'éditeur du *Préservatif*, qui fut publié en novembre 1738.

On voit, par une lettre de Voltaire à d'Argental, du 2 avril 1739, qu'une gravure avec une inscription était jointe au *Préservatif*.

172. Mémoire....

Imprimé dans le « Journal des savants », d'octobre 1738.

173. Conseils à M. Helvétius sur la composition et sur le choix du sujet d'une épître morale. Vers 1738.

Ce morceau, qui manque à l'édition de Kehl, et qui a été imprimé dans le Voltaire de M. Renouard, a été conservé par un ami d'Helvétius, M. Lefèvre de La Roche, mort en juillet 1806.

Cette pièce paraît être de 1738, année dans laquelle Helvétius alla visiter Voltaire à Cirey. Voyez aussi la Correspondance générale, Lettre à Helvétius, du 24 décembre 1738. A la suite des Conseils de Voltaire à son jeune ami Helvétius, M. Renouard a cru devoir ajouter ceux qu'il lui donna sur des essais de poésie, et particulièrement à l'occasion de ses « Épître sur l'orgueil et la paresse de l'esprit », et sur « l'Amour de l'étude », à madame la marquise Du Châtelet, par un élève de Voltaire, avec des notes du maître. (Voy. l'article Helvétius de la France littéraire). Mais comme il était impossible de rendre les notes intelligibles sans les accompagner du texte qu'elles ont pour objet, M. Renouard s'est donc trouvé obligé d'imprimer ces poésies d'Helvétius, pour ne pas priver les lecteurs des notes de Voltaire.

Ces Conseils ont été imprimés pour la première fois en l'an vi (1798), dans le volume intitulé : « De l'Art poétique ; Épître d'Horace aux Pisons, traduite par le cit. Lefebvre Laroche ». Ces conseils sont probablement antérieurs aux notes sur deux épîtres d'Helvétius.

174. Remarques sur deux épîtres d'Helvétius (sur l'orgueil et la paresse d'esprit ; sur l'amour de l'étude).

Ces *Remarques* ont été publiées pour la première fois en l'an viii (1800), par François de Neufchâteau, dans le tome second de son « Conservateur ». Les préambules et explications sont de François de Neufchâteau. Ces *Remarques* sont postérieures au 31 mai 1740, puisque, dans une note de la page 586, il est question du roi de Prusse, Frédéric II.

Éléments de philosophie, en trois parties. 1738. (Voy. n. 80).

175. A M*, sur le Mémoire de Desfontaines. Février 1739.**

Le Mémoire de Desfontaines, qui fut l'objet de cet écrit, signé MALICOURT, fut sans doute publié dans le procès commencé à l'occasion de la « Voltairomanie », mais qui ne fut pas continué. L'écrit de Voltaire avait été placé dans la Correspondance jusqu'à M. Beuchot ; mais celui-ci l'a inséré au tome II des Mélanges.

176. Mémoire du sieur de Voltaire. 6 février 1739. *La Haye, J. Néaulme (Paris)*, 1739, in-12 de 56 pages.

Ce Mémoire, dont M. Beuchot n'a trouvé l'indication nulle part, que le hasard lui a procuré, et que, le premier, il a admis dans les OEuvres de Voltaire, est évidemment celui dont Voltaire cite une phrase dans sa lettre à D'Olivet, du 29 décembre 1738, et encore dans la lettre à l'abbé Moussinot, du commencement de février 1739. C'est cet abbé qui doit avoir fait l'édition que nous citons. Voltaire, peu après, changea l'intitulé et la rédaction de cet écrit, qu'il reproduisit sous le titre de *Mémoire sur la satire* ; c'est la pièce dont le titre suit immédiatement. Quelques phrases, en très-petit nombre, se retrouvent dans les deux versions.

177. Mémoire sur la Satire, à l'occasion du libelle de l'abbé Desfontaines contre l'auteur (intitulé : la Voltairomanie, ou Lettre d'un jeune avocat, en forme de mémoire). 1739.

Dans ce Mémoire l'auteur traite : 1° de la critique permise ; — 2° de Despréaux ; — 3° de la satire après le temps de Despréaux ; — 4° des satires nommées Calottes ; — 5° des calomnies contre les écrivains de réputation ; — 6° Examen d'un libelle intitulé : « la Voltairomanie, ou Mémoire d'un jeune avocat ».

Mémoire sur un ouvrage de physique de madame la marquise Du Châtelet. 1739. (Voy. n. 82).

Réponse aux objections principales qu'on a faites en France contre la Philosophie de Newton. 1739. (Voy. n. 80 et 83).

178. Fragment d'une lettre sur un usage très-utile établi en Hollande. 1739.

Exposition du livre des Institutions physiques, etc., 1740. (Voy. n. 85).

179. Préface de l'Anti-Machiavel. 1740.

180. Extrait de la Nouvelle Bibliothèque (sur l'Anti-Machiavel). Novembre 1740.

Doutes sur la mesure des forces motrices, et sur leur nature. 1741. (Voy. n. 86).

181.* Conseils à M. Racine, sur son poëme de « la Religion » ; par un amateur de belles-lettres. Sans date (1742), in-8 de 14 pages.

A la page 11, Voltaire cite quatre vers de la Henriade, avec des changements qu'on ne trouve point dans l'édition de Beaumarchais.

182. Ce qu'on ne fait pas, et ce qu'on pourrait faire. 1742.

Imprimé pour la première fois dans le tome V

de l'édition de 1742 des OEuvres de Voltaire ; mais cet écrit est peut-être plus ancien.

Relation touchant un Maure blanc amené d'Afrique à Paris. (Voy. n. 87).

183. Courte Réponse aux longs Discours d'un docteur allemand (L. M. Kahle). 1744.

184. Lettre du roi (Louis XV) à la Czarine (Élisabeth, fille de Pierre-le-Grand), pour le projet de paix, minutée de la main de Voltaire (sur la demande du marquis d'Argenson, ministre des affaires étrangéres).

185. Lettre critique d'une belle dame à un beau monsieur de Paris, sur le poëme de la bataille de Fontenoy. 1743.

Cette Réponse aux détracteurs du poëme de Fontenoy a été placée par les éditeurs de Kehl dans la « Correspondance ».

186. Représentations aux États-Généraux de Hollande. Septembre 1745.

187. Manifeste du roi de France en faveur du prince Charles-Édouard. 1745.

188. Discours de Voltaire, à sa réception à l'Académie française, avec des notes, prononcé le lundi 9 mai 1746.

Voltaire avait donné *la Henriade*, *OEdipe*, *Mariamne*, *l'Indiscret*, *Brutus* et l'*Histoire de Charles XII*, lorsqu'au commencement de 1732, il se présenta pour une place à l'Académie française. Mais Gros de Boze déclara que Voltaire ne serait jamais un personnage académique, et le candidat eut à peine quelques voix. A la mort du cardinal de Fleury, en 1743, Voltaire, qui avait encore produit sur la scène *Zaïre*, *la Mort de César*, *Alzire*, *Mahomet*, *Mérope*, pensait à se présenter de nouveau. Le ministre Maurepas annonça qu'il s'opposerait à sa nomination. C'est à l'occasion de ce second refus que fut imprimé un pamphlet attribué au poëte Roy (voy. la seconde partie de cette notice). Ce ne fut que trois ans après, à l'âge de cinquante-deux ans, que Voltaire fut nommé membre de l'Académie française. Encore fallut-il qu'il fit une espèce de profession de foi (voyez, dans la Correspondance, la lettre au R. P. de La Tour, du 7 février 1746). Il succédait au président Bouhier, et prit séance le 9 mai 1746. Le directeur de l'Académie était l'abbé d'Olivet. Voltaire, dans sa lettre à Maupertuis, du 26 mai ou 3 juillet 1746, parle des suppressions qu'on exigea lorsque, avant de prononcer son discours, il le lut dans un comité d'académiciens. Maupertuis ne croyait pas à la suppression. La réception donna lieu à quelques pamphlets. (Voy. la seconde partie de cette notice). Le *Discours de réception* de Voltaire a été admis dans le tome VIII de ses *OEuvres*, Dresde, 1748, in-8. Dans l'édition des OEuvres de Voltaire, donnée dans la même ville en 1752, le *Discours de*

réception fait partie du tome IV, et est précédé d'un *Avertissement des éditeurs*.

Dissertation sur les changements arrivés dans le globe, etc. 1746. (Voy. n. 88).

Anecdotes sur Louis XIV. 1748. (Voy. la section : BIOGRAPHIE).

Éloge funèbre des officiers morts dans la guerre de 1741. (Voy. la même section).

Panégyrique de Louis XV, fondé sur les faits et les événements les plus intéressants jusqu'en 1749. 1748. (Voy. la même section).

Anecdotes sur le czar Pierre-le-Grand. 1748. (Voy. la même section).

189. Dissertation sur la tragédie ancienne et moderne, à S. Exc. Mgr. le cardinal Quirini, noble Vénitien, évêque de Brescia, bibliothécaire du Vatican.

Imprimée en tête de quelques éditions de la « Sémiramis ».

190. Discours sur la tragédie. A milord Bolingbrocke. 1748.

Réimprimé plusieurs fois en tête des éditions faites depuis de la tragédie de « Brutus ».

191. Compliment fait au roi le 21 février 1749, sur la paix conclue avec la reine de Hongrie et de Bohême, impératrice, et le roi de la Grande-Bretagne.

Impr. sous le nom du maréchal de Richelieu, qui l'avait demandé à Voltaire.

192. Des embellissements de Paris. 1749.

Impr. pour la première fois dans le volume intitulé : Recueil de pièces en vers et en prose, par l'auteur de la tragédie de « Sémiramis », 1750, in-12.

Lettre à l'occasion de l'impôt du vingtième. 1749. (Voy. n° 50).

Panégyrique de saint Louis. 1749. (Voy. la section : BIOGRAPHIE).

193. *Connaissance des bautez (sic) et des défauts de la poésie et de l'éloquence dans la langue française; à l'usage des jeunes gens, et surtout des étrangers, avec

des exemples par ordre alphabétique ; par M. D***. *Londres*, 1749, in-12.

Ouvrage qui a été constamment attribué à Voltaire.

« Cet ouvrage semble avoir été fait sous les yeux de Voltaire par un de ses élèves. On y retrouve les mêmes principes de goût, les mêmes opinions que dans ses ouvrages sur la littérature. Il parut dans un temps où Voltaire avait à combattre une cabale nombreuse, acharnée, formée par les hommes de lettres les plus célèbres, n'ayant d'autre appui que celui des jeunes gens en qui l'enthousiasme pour son génie l'emportait sur la jalousie, ou qu'il s'était attaché par des bienfaits. On voit par ses lettres qu'il leur donnait quelquefois le plan et les principales idées des ouvrages qu'il désirait opposer à ses ennemis ».

Une réimpression de 1750 est intitulée : *Connaissance des beautez*, etc. M. Renouard cite une édition de La Haye, 1751, pet. in-8, « avec une préface et un demi-volume remplies d'invectives et d'injures ».

194. Des Mensonges imprimés, et du Testament politique du cardinal de Richelieu. 1749—50.

Un morceau intitulé : *Des Mensonges imprimés*, et imprimé à la suite de *la tragédie de Sémiramis*, 1749, in-12, se composait, sauf les variantes, de ce qui forme aujourd'hui les vingt et un premiers paragraphes. A la suite d'Oreste, 1750, in-12, parurent un chapitre II sur les Mensonges imprimés c'est ce qui forme aujourd'hui les paragraphes XXII à XXXVI), et chapitre III, sur les Mensonges imprimés; Raisons de croire que le livre intitulé : Testament politique du cardinal de Richelieu est un ouvrage supposé. Le morceau imprimé en 1749 fut reproduit, l'année suivante, dans le tome IX de l'édition des Œuvres de Voltaire, publiée à Dresde; et encore séparément, *avec des remarques et des notes*, en Hollande, 1750, pet. in-8 de quatre et soixante-deux pages. Sur le faux titre de cette édition séparée on lit : *Défense des libraires hollandais contre les Mensonges imprimés de M. de Voltaire.*

Le » Recueil des testaments politiques de Richelieu, Colbert, etc. », 1749, 4 vol. in-12, avait donné naissance à l'opuscule *Des Mensonges imprimés*. Pour combattre l'opinion de Voltaire, on publia quelques écrits. (Voy. la seconde partie de cette Notice).

195. * Dissertation sur les principales tragédies, anciennes et modernes, qui ont paru sur le sujet d'Électre. 1750, in-12.

Imprimée avec la tragédie d'Oreste, et réimprimée dans les Œuvres de l'auteur, édition de Beaumarchais, in-8, tome IV, page 113.

196. Remerciment sincère à un homme charitable. *Amsterdam* (sic), *chez Le Vray*, 10 mai 1750, in-12 de 15 pag.

Cet ouvrage est une défense de Montesquieu contre les attaques de l'auteur des « Nouvelles ecclésiastiques », article du 24 avril 1750, sur la Défense de l'Esprit des lois (par Montesquieu lui-même). Voltaire a eu constamment la générosité et le courage de défendre contre les fanatiques ceux même des philosophes ou des hommes de lettres qui s'étaient déclarés ses ennemis.

197. * Recueil de pièces en vers et en prose ; par l'auteur de la tragédie de » Sémiramis ». 1750, in-12 de 127 pag.

Ce recueil doit avoir été publié à la fin de 1749, si c'est celui dont Voltaire parle dans sa lettre à Frédéric II, du 31 décembre 1749.

Il contient :

1° les six premiers *Discours sur l'Homme*, réimprimés ici d'une manière fort différentes des précédentes éditions.

2° *Memnon*.

3° *Poésies diverses : sur l'encouragement des arts. Épitre à *** ; le Temple de l'amitié.*

4° *Des Embellissements de Paris*.

5° *Babouc , ou le Monde comme il va*.

198. *Extrait du décret de la sacrée congrégation de l'inquisition de Rome , à l'encontre d'un libelle intitulé : Lettres sur le vingtième. 20 mai 1750.

Voix (la) du sage et du peuple. (Voy. n° 51).

Embellissements (les) de la ville de Cachemire. 1756. (Voy. n. 47).

La plus ancienne édition que l'on connaisse de ce dialogue est de 1756, et forme le chapitre III du volume intitulé : « Mélanges de littérature, d'histoire et de philosophie »; mais il doit avoir été composé quelques années plus tôt.

Dialogue entre Marc-Aurèle et un récollet. 1751. (Voy. n. 47).

Ce Dialogue est de juin 1751. Il fut imprimé, en 1752, dans le tome III de la petite édition des Œuvres de Voltaire, faite à Dresde.

199. Timon.

Ce morceau, qui évidemment est une réponse au Discours de J.-J. Rousseau, couronné le 9 juillet 1750, par l'Académie de Dijon, sur cette question : « Le rétablissement des sciences et des arts a-t-il « contribué à épurer les mœurs? » doit être du même temps. Cependant, la plus ancienne édition connue de M. Beuchot est celle de 1756, dans le volume intitulé : « Mélanges de littérature, d'histoire et de philosophie ». Dans toutes les éditions publiées du vivant de l'auteur, cet écrit avait pour titre : *Sur le paradoxe que les sciences ont nui aux mœurs.*

200. Lettre à MM. les auteurs des «Étrennes de la Saint-Jean », et autres beaux ouvrages ».

Cet écrit parut pour la première fois dans le tome second des « Choses utiles et agréables », 1769; mais sa composition doit remonter vers 1751, après la publication de la troisième édition des « Étrennes de la Saint-Jean ».

201. Idées de La Mothe Le Vayer. Vers 1751.

Imprimées pour la première fois dans le « Recueil nécessaire », 1765, in-8, et réimprimées dans le tome VII, daté de 1768, des « Nouv. Mélanges philosophiques, historiques et critiques ».

Dialogue entre un plaideur et un avocat. 1751. (Voy. n. 47).

Dialogue entre madame de Maintenon et mademoiselle de Lenclos. 1751. (Voy. n. 47).

Dialogue entre un philosophe et un contrôleur-général des finances. 1751. (Voy. n. 47).

Ces trois derniers écrits ont été imprimés pour la première fois dans l'édition de 1751 des OEuvres de Voltaire.

202. Sur mademoiselle de Lenclos. A M***. 1751.

Imprimé pour la première fois dans le tome III des « Nouveaux Mélanges philosophiques, historiques et critiques ».

Éloge historique de madame la marquise Du Châtelet. 1752. (Voy. la section : BIOGRAPHIE).

Pensées sur le gouvernement. 1752. (Voy. n. 52).

203. Extrait de la « Bibliothèque raisonnée » : Sur l'Essai de cosmologie de Maupertuis, formant la première partie de ses OEuvres, Dresde, 1753, in-4.

Défense de milord Bolingbrocke. 1752. (Voy. n. 8).

204. Avertissement sur la nouvelle Histoire de Louis XIV.

Imprimé d'abord dans le « Mercure » de juin 1752.

205. Diatribe du docteur Akakia, médecin du Pape ; Décret de l'Inquisition, et Rapport des professeurs de Rome, au sujet d'un prétendu président. *Rome (Berlin)*, 1752, in-8 ; — *Rome (Leipzig)*, 1753, in-8.

Cette plaisanterie a été souvent réimprimée. C'est un badinage innocent sur un livre ridicule du président d'une académie (Moreau de Maupertuis, président de l'Académie de Berlin), lequel parut à la fin de 1752.

Dans son édition de Voltaire, M. Beuchot a inséré cet ouvrage au XXXIXe volume, tome III des Mélanges. Il a placé en tête cet avertissement : Sous le titre d'*Histoire du docteur Akakia et du natif de Saint-Malo* parut, en 1753, une brochure de 44 pages. C'était la réunion de quelques opuscules pu-

bliés séparément, savoir : 1° *Diatribe du docteur Akakia* (comprenant le *Décret de l'inquisition*, le *Jugement des professeurs* et l'*Examen des lettres*) ; 2° la *Séance mémorable* ; 3° le *Traité de paix* ; 4° la *Lettre du docteur Akakia*, etc. En réunissant ces pièces, on y ajouta un petit préambule, et, entre chacune d'elles, quelques phrases en forme de *N. B.* C'est sous le titre, très-convenable à leur réunion, d'*Histoire du docteur Akakia*, que ces pièces ont été reproduites dans diverses éditions du « Siècle politique de Louis XIV ». L'ouvrage, se composant ainsi de plusieurs opuscules, dont le premier est de 1752, et les autres de 1753, j'y ai mis le double millésime 1752—53. Ces opuscules, à chacun desquels j'ajouterai quelques notes, furent composés à l'occasion de la querelle de Maupertuis avec Kœnig, sur laquelle on peut, dans la Correspondance, consulter la Réponse à un académicien de Berlin, du 18 septembre 1752.

C'était une chose extraordinaire qu'un philosophe assurât qu'il n'y a d'autre preuve de l'existence de Dieu qu'une formule d'algèbre ; que l'âme de l'homme, en s'exhaltant, peut prédire l'avenir ; qu'on peut se conserver la vie trois ou quatre cents ans en se bouchant les pores. Plusieurs idées non moins étonnantes étaient prodiguées dans ce livre.

Un mathématicien de La Haye ayant écrit contre la première de ces propositions, et ayant relevé cette erreur de mathématique, cette querelle occasiona un procès dans les formes, que le président lui intenta devant la propre académie qui dépendait de lui, et il fit condamner son adversaire comme faussaire.

Cette injustice souleva toute l'Europe littéraire : c'est ce qui donna naissance à la *Diatribe* que nous citons. C'est une continuelle allusion à tous les passages du livre dont le public se moquait. On y fait d'abord parler un médecin, parce que, dans ce livre, il était dit qu'il ne fallait point payer son médecin quand il ne guérissait pas.

Cette Diatribe virulente avait amusé Frédéric, lorsque Voltaire la lui lut en manuscrit ; mais ce prince, qui estimait avec raison Maupertuis, défendit à Voltaire de faire imprimer cette pièce satirique. Celui-ci ne tint aucun compte de la défense du roi ; il livra l'ouvrage à la presse. Frédéric, irrité, fit saisir l'édition et la fit brûler sur la place des Gendarmes, à Berlin, par la main du bourreau, le 24 décembre 1752, à dix heures du matin ; ensuite, il alla trouver Maupertuis, et lui dit : « Je vous apporte les cendres de votre ennemi ». Voltaire était alors à Berlin ; mais il ne tarda pas à demander la permission d'en sortir pour aller prendre les eaux de Plombières. Il fit réimprimer sa Diatribe à Leipzig, en y passant ; cela révolta de nouveau Frédéric, qui fit courir après l'auteur ; il fut arrêté à Francfort, et y séjourna tristement un mois sous la garde d'un M. Freytag, homme peu accommodant de sa nature. On trouve le récit de cette lamentable aventure, racontée au long dans « l'Histoire littéraire de Voltaire », par le marquis de Luchet. Cassel, 1781, 6 vol. in-8, tome V, pages 245-92.

206. Avis à l'auteur du Journal de Gottingue.....

Cet opuscule, relatif au « Siècle de Louis XIV », fut d'abord imprimé séparément, puis dans la « Bibliothèque impartiale », tome VII, deuxième partie, page 316 (cahier de mars et avril 1753). Le journaliste de Gottingue répliqua par un « Mémoire sur l'Avis, etc. », qu'on trouve dans la « Bibliothèque impartiale », tome IX, page 457, et tome X, p. 123. Le Mémoire est quatre fois plus long que l'*Avis*. Les deux pièces font partie du volume intitulé : « Guerre littéraire », 1759, in-12.

207. Examen du Testament politique du cardinal de Richelieu (composé par Durey de Morsan, revu et publié par Maubert de Gouvest, 1753, in-12). 1753.

Cet *Examen* parut dans la « Nouvelle Bigarrure, tome V, juillet 1753, pages 72—80. On peut croire qu'il a été écrit, pour le plus tard, en juin de la même année. Une réponse à l'*Examen* se trouve dans la préface de « l'Histoire politique du siècle de Louis XIV » (par Maubert de Gouvest), 1754, 2 vol. in-12, et, de l'aveu de Fréron, n'est qu'une invective burlesque.

208. * Tombeau (le) de la Sorbonne. 1751, 1753, in-12.

Voltaire, disent les éditeurs de Kehl, a désavoué constamment le *Tombeau de la Sorbonne*, qu'on lui a constamment attribué. On n'y reconnaît ni sa manière, ni son style : s'il y a eu quelque part, c'est d'avoir corrigé l'ouvrage, et tout au plus d'y avoir ajouté quelque traits. — Voltaire, dans une lettre au roi de Prusse, de 1752, s'explique de manière à faire croire qu'il n'est pas l'auteur du *Tombeau de la Sorbonne*. Cependant le roi de Prusse, dans sa lettre à Voltaire, du 18 mai 1759, lui dit : « Vous avez fait le « Tombeau de la Sorbonne ». Colini, secrétaire de Voltaire, de 1752 à 1757, met (Voy. « Mon souvenir auprès de Voltaire », page 51) le *Tombeau de la Sorbonne* au nombre des ouvrages qui lui ont été «faussement attribués ». Le même Colini possédait une suite de cet opuscule, intitulée : *Fleurs sur le Tombeau de la Sorbonne*, et restée manuscrite. Des pages entières étaient refaites de la main de Voltaire. Beaucoup de faits rapportés dans le *Tombeau de la Sorbonne* le sont aussi dans la première partie de « l'Apologie de M. l'abbé de Prades », 1752, in-8. Il est à croire que cet abbé a fourni les faits du *Tombeau de la Sorbonne*.

209. A M. de ***, professeur d'histoire. Décembre 1753.

Ce morceau fut imprimé primitivement à la tête des *Annales de l'Empire*, en 1753.

210. Doutes sur quelques points de l'Histoire de l'Empire. 1753.

Ces *Doutes*, auxquels l'auteur mit la date de 1753, formaient huit pages in-12, et furent distribués, en 1754, avec le second volume des *Annales de l'Empire*. La Lettre au président Hénault, du 12 mai 1754, dit qu'ils se «trouvent à la fin du second tome ». Dans tous les exemplaires que M. Beuchot a vu, les *Doutes*, qui ne portent que sur des articles du premier volume, étaient reliés en tête du second.

211. * OEuvres mêlées d'un auteur célèbre qui s'est retiré de France. *Berlin*, 1753, in-12 de 38 pages.

212. Préface (du tome III de l'Essai sur l'histoire universelle). 1754.

Cette préface était en tête du volume publié par Voltaire en 1754, sous le titre d'Essai sur l'histoire universelle, tome troisième. Ce morceau se retrouve

sous le même titre dans le tome III de l'édition de Dresde ; il avait disparu dans les éditions qui suivirent, mais il n'échappa pas aux éditeurs de Kehl, qui le donnèrent dans les *Fragments sur l'Histoire*, sous le n° XXIX, et sous le titre de *Détails sur les OEuvres historiques de l'auteur*. Dans la plupart des éditions récentes, en conservant la même place, il ne porte plus le même numéro. Dans une ou deux des dernières éditions, ce morceau a été mis en tête de « l'Essai sur les mœurs », et comme préface de cet ouvrage. Ce n'était, comme on l'a vu, que la préface d'une très-petite partie.

213. Introduction (de l'Abrégé de l'Histoire universelle).

Ce morceau était, en 1763, en tête de l'ouvrage publié par Néaulme, sous le titre de « Abrégé de l'Histoire universelle ». Il fut imprimé, en 1754, dans le premier volume de l'édition donnée sous le titre d'Essai sur l'Histoire universelle (en six volumes). L'auteur y restitua un passage qui avait été altéré.

Dialogue entre un Brachmane et un Jésuite, sur la nécessité et l'enchaînement des choses. 1756, et non 1757, comme nous l'avons dit précédemment. (Voy. n. 47).

Dialogues entre Lucrèce et Posidonius. (Voy. n. 47).

Ces deux Dialogues sont dans l'édition de 1765 des OEuvres de Voltaire.

214. Mélanges de littérature, d'histoire et de philosophie. 1756, in-12.

Il existe un assez grand nombre de réunions d'écrits de Voltaire sous les titres de « Mélanges » et de « Nouveaux Mélanges », mais appartenant à des éditions d'œuvres de l'auteur. Les frèfres Cramer à eux seuls en ont publié seccessivement jusqu'à dix-neuf volumes pour compléter leurs éditions des OEuvres de Voltaire de 17.. et 1764 : tous ces volumes de Mélanges ne reproduisent que des écrits déjà connus. Le volume de 1756 renferme, au contraire, plusieurs opuscules qui étaient inédits, mais qui, depuis les éditeurs de Kehl, ont été refondus dans les OEuvres de leur auteur.

215. Jusqu'à quel point on doit tromper le peuple.

Le Prospectus de l'édition de 1756 indique cet article au nombre de ceux qui y sont nouveaux. Le chapitre XX du *Traité sur la tolérance* a pour titre : *S'il est utile d'entretenir le peuple dans la superstition*.

Galimatias dramatique. 1757. (Voy. n. 47).

M. Beuchot fait la remarque que cet opuscule ne fut imprimé que dans le troisième volume des *Nouveaux Mélanges*, volume qui est de 1765.

216. Réfutation d'un écrit anonyme, contre la mémoire de feu M. Joseph Saurin, de l'Académie des sciences, exa-

minateur des livres, et préposé au Journal des savants. 1758.

Cet écrit anonyme fut inséré dans un journal suisse, en 1758. Quelques bibliographes l'ont cité, à tort, sous le titre de *Défense de Joseph Saurin.*

Voltaire, dans l'édition qu'il donna, en 1756, à Genève, de son *Essai sur l'histoire générale* (devenu l'*Essai sur les mœurs*), l'avait mis à la suite son *Siècle de Louis XIV*, qui faisait les chapitres CLXV à CCXV. Ayant reçu, au commencement de 1757, un certificat de trois pasteurs de Lausanne, qui rendaient bon témoignage à la mémoire de Joseph Saurin, impatient d'en faire usage, il fit faire des cartons pour ce qui restait en magasin des exemplaires, et ajouta, entre autres articles, celui de Joseph Saurin, qui était terminé par le certificat des pasteurs.

Un anonyme, que Voltaire nomme Lervéche (voy. sa lettre à Haller, du 13 février 1759), mécontent de cet article, fit insérer dans le « Journal helvétique », d'octobre 1758, une lettre, datée de Vevey, le 23 septembre 1758. Lervéche regarde comme supposée, ou du moins comme surprise, la déclaration des trois pasteurs.

C'est en réponse à Lervéche que Voltaire écrivit la *Réfutation d'un écrivain anonyme*, etc., qui est du 15 novembre 1758, et qui fut imprimée dans le « Journal helvétique » de décembre, avec quelques réflexions des éditeurs, qui déclarèrent ne vouloir plus rien admettre à ce sujet dans leur Journal.

Les adversaires de Voltaire ne pouvant plus rien faire imprimer dans le « Journal helvétique », n'en composèrent pas moins une « Réponse à la Réfutation ». On trouve cette Réponse, ainsi que la Lettre et la Réfutation, dans un volume intitulé : « Guerre littéraire, ou Choix de quelques pièces de M. de V*** », 1759, in-12, dont beaucoup d'exemplaires portent le titre de « Choix de quelques pièces polémiques de M. de V*** ».

Voltaire reproduisit sa réfutation dans le t. XIX des « Nouveaux Mélanges », en 1775. Il l'avait retouchée. En 1758, il parlait à la troisième personne, et c'est à la première qu'il parle dans le texte de 1775, donné par les éditeurs de Kehl.

217. Mémoire sur le libelle clandestinement imprimé à Lausanne, sous le titre de Guerre de M. de Voltaire. 12 février 1759. — Requête aux magnifiques seigneurs et curateurs de l'Académie de Lausanne. Même date.

Ce *Mémoire* avait été imprimé à la suite d'une édition du « Précis de l'Ecclésiaste et du Cantique des cantiques », Liége, 1759, in-8. On le retrouve dans une brochure intitulée : « Pièces échappées du portefeuille de M. de Voltaire, comte de Tournay », à Lausanne, aux dépens de M. le comte, 1759, in-12 de 23 pages, brochure qui, l'année suivante, fut, au moyen d'un nouveau frontispice, reproduite sous le titre de : Réponse au Pauvre diable ».

218. Lettre aux auteurs du « Journal encyclopédique (au sujet de Candide). *Zastrou*, le 1er avril 1759.

Cette Lettre, écrite comme étant d'un M. Demad, qui n'est pas dans les éditions de Kehl, mais qui avait été recueillie par feu Decroix, l'un des rédacteurs de ces éditions, fut imprimée pour la première fois dans le « Journal encyclopédique », du 15

juillet 1762, avec une note ainsi conçue : « Cette lettre a été égarée longtemps, et, lorsqu'elle nous est parvenue, nous avons fait des recherches inutiles pour découvrir l'existence de M. Demad, capitaine dans le régiment de Brunswick », le soi-disant véritable auteur de Candide, et frère de l'auteur de la lettre que nous venons de citer. Feu Decroix pensait que, « par l'inutilité de leurs recherches, les journalistes semblent faire assez entendre que la prétendue lettre de M. Demad était du véritable auteur de « Candide ». Au surplus, la fin de cette lettre, le Post scriptum, et jusqu'à la date du 1er avril, ne pouvaient guère laisser de doute sur la plaisanterie ». Un article sur Candide avait paru dans le « Journal encyclopédique » du 15 mars.

219. * Relation de la maladie, de la confession, de la mort et de l'apparition du jésuite Berthier. (Nov.) 1759, in-8 de 30 pages.

Le P. Berthier n'est mort qu'en décembre 1782 ; il s'était retiré à Bourges, et le clergé venait de lui donner une pension, pour le remercier d'avoir fait à la religion des ennemis, de tous les Français qui se distinguaient dans les lettres par leurs connaissances ou par leurs talents.

— Le même écrit, avec la Relation du voyage de frère Garassise, neveu de frère Garasse, successeur de frère Berthier, et ce qui s'ensuit, en attendant ce qui s'ensuivra. 1760, pet. in-8 de 44 pages.

La *Relation du voyage de frère Garassise* n'a point été admise dans les éditions de Kehl. Les éditeurs ne paraissent pas l'avoir connue. M. Renouard est le premier qui l'ait rétablie en 1821. Les éditions in-4 (1769) et encadrée (1775), ne contiennent aucune des trois parties de l'opuscule auquel appartient la *Relation de Garassise ;* toutes les trois cependant étaient dans le volume intitulé : Recueil de facéties parisiennes pour les six premiers mois de l'an 1760. La *Relation de Garassise* ne parut qu'en 1760, à la suite de la réimpression de la *Relation de la maladie*, etc., de *Berthier*, dont elle est le complément.

Mémoires pour servir à la vie de M. de Voltaire, écrits par lui-même. (Voy. la section : BIOGRAPHIE).

220. Remarque au sujet d'une omission qui se trouve dans le « Journal encyclopédique ». 31 mars 1760.

Imprimée dans le « Journal universel », cahier de janvier 1760. Elle est relative à l'omission du nom d'Othman, reprochée à Voltaire dans sa prétendue *Histoire universelle*.

221. Quand (les), notes utiles sur un Discours prononcé devant l'Académie française (par Le Franc de Pompignan), le 10 mars 1760. *Sans lieu d'impression*, ni date (1760), in-12 de 7 pages. — VIe édition, augm. des Si et des Pourquoi (de l'abbé

MORELLET). *Genève*, sans date (1760), in-12 de 20 pag.

La sixième édition est imprimée en caractères rouges.

Dans le Voltaire de Kehl, on trouve réunis plusieurs opuscules du même genre : *les quand, les si, les pourquoi, les pour, les que, les qui, les quoi, les car, les Ah! Ah!*

Ces pièces, disent les éditeurs dans leur avertissement, qui eurent beaucoup de vogue en leur temps, ne sont pas toutes du même auteur ; il est même difficile de discerner ceux à qui ils appartiennent : il suffit de savoir que Le Franc de Pompignan, ayant été admis à l'Académie française, fit attendre six mois sa harangue de remerciment, et la prononça enfin le 10 mars 1760 ; mais, au lieu de remercier l'Académie, il fit un long discours contre les belles-lettres et contre l'Académie, dans lequel il dit que l'abus des talents, le mépris de la religion, la haine de l'autorité, font le caractère dominant des productions de ses confrères ; que tout porte l'empreinte d'une littérature dépravée, d'une morale corrompue et d'une philosophie altière qui sape également le trône et l'autel ; que les gens de lettres déclament tout haut contre les richesses (parce que l'on ne déclame pas tout bas), et qu'ils portent envie secrètement aux riches, etc.

Cet étrange discours, si déplacé, si peu mesuré, si injuste, valut à Le Franc de Pompignan la suite d'opuscules réimprimés par les soins des éditeurs de Kehl.

Le Franc de Pompignan, blessé surtout d'un passage des *Quand*, au lieu de se rétracter honnêtement, comme il le devait, composa un Mémoire justificatif, qu'il dit avoir présenté au roi, et il s'exprime ainsi dans ce mémoire : « Il faut que l'univers sache que le roi s'est occupé de mon mémoire », etc. Il dit ensuite : « un homme de ma naissance ». Ayant poussé la modestie à cet excès, il voulut encore avoir celle de faire mettre au titre de son ouvrage : « Mémoire de M. Le Franc, imprimé par ordre du roi » ; mais, comme Sa Majesté ne fait point imprimer les ouvrages qu'elle ne peut lire, ce titre fut supprimé : cette démarche lui attira l'Épître d'un soi-disant prêtre de la doctrine chrétienne : *la Vanité*, poëme de Voltaire.

222.* Plaidoyer pour Genest Ramponeau, cabaretier à la Courtille, prononcé par lui-même contre Gaudon; par M. V***. Genève, frères Cramer, (juin) 1760, in-8.

Ramponeau vendait, en 1760, de très-mauvais vin à bon marché. La canaille y courait en foule ; cette affluence extraordinaire excita la curiosité des oisifs de la bonne compagnie. Ramponeau devint célèbre. Il avait la complaisance de se laisser voir chez lui aux grandes dames et aux seigneurs que la curiosité y attirait. Gaudon, entrepreneur de spectacles, s'imagina qu'il ferait fortune s'il pouvait montrer Ramponeau sur son théâtre ; le marché se conclut : mais Ramponeau, s'apercevant qu'il lui était désavantageux, refusa de tenir ses engagements. De là procès. Ce procès, qui produisit quelques facéties, ne fut point jugé, et Ramponeau fut oublié pour jamais avant la fin de l'année.

Élie de Beaumont, mort en 1786, était l'avocat de Gaudon contre Ramponeau ; son Mémoire fait partie du *Recueil de facéties parisiennes, etc.*

223. * Réflexions pour les sots. 1760, in-8.

224.* Recueil de Facéties parisiennes pour les six premiers mois de 1760. 1760, in-8 de 282 pages.

C'est le titre d'un recueil formé de plaisanteries sans nombre qui parurent en 1760, à l'occasion de la comédie des « Philosophes », du discours de M. Le Franc, et de Ramponeau, etc., etc. Voltaire est l'auteur d'une grande partie de ces pièces. Sous la division de Facéties, les éditeurs de Kehl ont pris de ce volume toutes celles qui appartiennent à Voltaire, et ils y ont joint ceux de ses ouvrages de plaisanteries où il s'est le plus abandonné à sa gaieté.

Ce fut l'abbé Morellet qui recueillit les pièces qui composent le « Recueil de facéties parisiennes ». Il était l'auteur de trois : les *Si*, les *Pourquoi* et le *Commentaire sur la prière universelle*. Les éditeurs de Kehl avaient admis la première et la troisième dans les Œuvres de Voltaire ; la seconde a été comprise dans quelques éditions modernes,

Les pièces qui sont de Voltaire sont :

1º Vanité (la) punie.
2º Russe (le) à Paris.
3º Pauvre Diable (le).
4º Assemblée (l') des monosyllabes (les Pour, les Que, les Qui, les Quoi, les Oui, les Non), pièces rimées contre Le Franc, et imprimées parmi les poésies de Voltaire.
5º Relation (la) de la maladie, etc., du R. P. Berthier.
6º Quand (les).
7º Plaidoyer de Ramponeau,
8º Réflexions sur les sots.
9º Extrait des nouvelles à la main. Ier juillet 1760.
10º Requête de Jérome Carré à MM. les Parisiens.
11º Fragment d'une Lettre sur Didon, tragédie de Le Franc de Pompignan.

Le Recueil des facéties parisiennes contenait plus que ne promettait le titre, puisqu'on y trouve l'*Extrait des nouvelles à la main, du* 1er *juillet*.

Il est assez singulier que Morellet ayant formé le *Recueil des facéties parisiennes*, ce soit Voltaire qui en ait fait la préface. Les éditeurs de Kehl ont allongé cette préface de cinq alinéa, dont trois sont de Morellet, et les premier et cinquième des éditeurs de Kehl eux-mêmes.

Voltaire, dans la préface du volume de 1760, parle de M. de Saint-Foix, parce que le Factum de ce dernier contre les journalistes qui l'avaient insulté dans leurs feuilles, était joint au recueil des *Facéties parisiennes* pour les six premiers mois de l'année 1760. Ce Factum, assez long et intéressant alors, mais étranger à Voltaire, n'a point été inséré par les éditeurs de Kehl de ses Œuvres.

225.* Dialogues chrétiens, ou Préservatif contre l'Encyclopédie. 1760, in-8 de 16 pages (1).

Voltaire parle de ces deux Dialogues dans sa lettre à Bordes, du 5 septembre 1760, comme d'un ouvrage récemment publié. Le prêtre, interlocuteur du premier dialogue, est l'un des trois auteurs du Journal chrétien (Trublet, Jouannet ou Di-

---

(1) Pour rester conséquent avec la classification adoptée par nous, nous eussions dû ranger cet opuscule parmi les ouvrages philosophiques, immédiatement après le *Précis de l'Ecclésiaste* ; mais, dans le moment, nous doutions que les *Dialogues chrétiens* fussent de Voltaire.

nouart) ; le ministre protestant interlocuteur du sé-
cond dialogue, est Vernet.

Ces deux dialogues forment dans les Dialogues et
Entretiens philosophiques, cités par nous sous le
nº 47, les 15e et 16e dialogues.

226. * Lettre civile et honnête à l'auteur malhonnête de la critique de l'Histoire
universelle de M. de V***, qui n'a jamais
fait d'histoire universelle : le tout au sujet
de Mahomet. *Genève*, 1760, in-12 de 44
pages.

227. Lettre de M. Cubstorf, pasteur de
Helmstadt, à M. Kirkef, pasteur de Lauv-
torp. 10 obtobre 1760.

La première édition de cette *Lettre* est celle qui
fait partie du volume intitulé : *Contes de Guillaume
Vadé*. 1764, in-8.

Fragment d'une lettre de milord Bolingbrocke. 1760. (Voy. n. 32).

Condamné, par décret de la cour de Rome, du
1er mars 1770, avec six autres ouvrages de Voltaire.

228. Lettre à M. Deodati de Tovazzi sur
sur sa Dissertation sur la langue italienne.
24 janvier 1761.

Imprimée d'abord à la suite de la Dissertation
de Deodati, qui y joignit une réponse, et depuis
dans la Correspondance de Voltaire.

La lettre de Voltaire et celle de Deodati de Tovazzi, aussi bien qu'une *Réponse de M. de Voltaire*
(en vers) *à la seconde lettre* du même, sont imprimées
dans un volume intitulé : « Mélanges de littérature »
pour servir de Supplément à la dernière édition des
OEuvres de M. de Voltaire, 1768.

229. Avis (sur l'annonce des Odes et
Lettres à M. de Voltaire en faveur de la
famille du grand Corneille, par M. Le
Brun, présentées comme imprimées à Genève).

Cet *Avis* a été imprimé dans le « Mercure de
février 1761, pages 223—24, et aussi dans le « Journal encyclopédique », du 1er février 1761, pages
145 à 146.

230. A monsieur le lieutenant-criminel
du pays de Gex, et aux juges qui doivent
prononcer avec lui en première instance.

Les éditeurs de Kehl ont imprimé cette requête,
rédigée probablement par M. de Voltaire, disent-ils,
à la suite de la lettre à l'avocat Arnoult, du 5
juin 1761.

231. Lettre à M. de Voltaire sur la Nouvelle Héloïse, ou Aloïsia, de Jean-Jacques
Rousseau, citoyen de Genève. (Février)
1761, in-8 de de 29 pages.

Quatre *Lettres* qui, jusqu'à l'édition de M. Beu-

chot, n'ont pas été admises dans les OEuvres de
Voltaire. Le nom du marquis de Ximenez, l'amant
de madame Denis, n'est pas sur le frontispice, mais
au bas de la première lettre : cependant ces lettres
ne sont pas de Ximenez; leur auteur est Voltaire,
de l'aveu de Voltaire même. Voyez, pour l'historique de cette publication, la préface de M. Beuchot, au tome IV des *Mélanges*, pages 205—06. Le
savant éditeur que nous venons de nommer a acquis, en 1820, à la vente de la bibliothèque de
madame Dufour de Villeneuve, sœur de Naigeon,
le manuscrit de ces *Lettres*.

Anecdotes sur Fréron. (Voy. la section :
BIOGRAPHIE).

232. Lettre à M. Palissot, avec la réponse, à l'occasion de la comédie des Philosophes. 1760, in-12.

233. * Appel à toutes les nations de
l'Europe, des jugements d'un écrivain anglais, ou Manifeste au sujet des honneurs
du pavillon, entre les théâtres de Londres
et de Paris. *Paris*, 1761, in-8.

Dans le « Journal encyclopédique », du 15 octobre 1760, on trouve un « Parallèle entre Shakspeare et Corneille, traduit de l'anglais ». Le même
journal (du 1er novembre 1760) contient un « Parallèle entre Otway et Racine, traduit littéralement
de l'anglais ». C'est pour répondre à ces deux articles que Voltaire composa l'*Appel à toutes les nations de l'Europe*; qui parut en mars 1761. Le duc
de La Vallière, à qui on avait communiqué un
passage des « Sermones festivi » d'Urcéus Codrus,
prenant ses *Discours* pour des *Sermons*, envoya le
passage à Voltaire, qui le cita comme preuve de
l'obscénité des prédicateurs. Par le fait du copiste
ou de l'imprimeur, on avait imprimé *Codret* au lieu
de *Codrus*; c'était une faute de plus. Lorsque l'*Appel* vit le jour, la critique eut beau jeu. Le duc de
La Vallière écrivit, le 9 avril 1761, une lettre dans
laquelle il déclara que c'était lui qui avait induit
Voltaire en erreur. Voltaire remercia le duc de sa
générosité par une longue lettre que les éditeurs de
Kehl et beaucoup d'autres ont placée dans les « Mélanges littéraires », mais que M. Beuchot a mise
dans la « Correspondance », à sa date (avril 1762).
Ce fut, sans doute, la singulière bévue dont il
vient d'être parlé, qui porta Voltaire à changer le
titre de son écrit, lorsqu'en 1764, il le reproduisit
(en y faisant des changements et additions) dans le
volume ayant pour titre : *Contes de Guillaume Vadé*.
Il l'intitula : *Du théâtre anglais ; par Jérôme Carré*.
Les éditeurs de Kehl, qui, ne pouvant donner en
corps les *Lettres philosophiques*, voulaient cependant
ne pas les exclure de leur édition, imaginèrent
d'en rapprocher deux qui sont relatives au théâtre
anglais, de l'opuscule de Voltaire sur ce théâtre.
Voici comment ils disposèrent les morceaux qu'ils
amalgamaient : 1º *Des divers changements arrivés à
l'art tragique ; 2º De la tragédie anglaise* (c'est la
dix-huitième des Lettres philosophiques) ; 3º *Sur la
comédie anglaise* (dix-neuvième lettre du même recueil); 4º *Du théâtre anglais*, par Jérôme Carré ;
*Plan de la tragédie d'Hamlet; l'Orpheline; Courtes
Réflexions*.

234. Lettre à M. l'abbé d'Olivet, chancelier de l'Académie française, au sujet de

la nouvelle édition de Corneille. *Ferney,* 20 auguste 1761. 1761, in-12.

Réimprimée dès 1765, dans le tome III des « Nouveaux Mélanges philosophiques, etc. ».

235. Parallèle d'Horace, de Boileau et de Pope. 1761.

Ce morceau parut à la suite de l'*Appel à toutes les nations, etc.*, qui précède, à l'occasion du « Parallèle entre Horace, Boileau et Pope, traduit de l'anglais », qui avait été imprimé dans le « Journal encyclopédique du 15 novembre 1760.

236. Avertissement aux éditeurs de la traduction anglaise (de l'Essai sur l'histoire générale). Ferney, 8 mars 1761.

Imprimé pour la première fois dans le « Journal encyclopédique », du 15 mars 1761.

237. Rescrit de l'empereur de la Chine, à l'occasion du projet de paix perpétuelle.

Cet opuscule ne fut imprimé, dans le « Journal encyclopédique », que dans le cahier du 1er mai ; mais il est du mois de mars, ainsi qu'on le voit par la lettre de Voltaire à Cideville, du 26 mars 1761. J.-J. Rousseau venait de publier son « Extrait du Projet de paix perpétuelle de M. l'abbé de Saint-Pierre ».

238. Lettre de M. Clocpitre (pseudonyme de Voltaire), à M. Eratou (anagramme d'Arouet), sur la question : Si les Juifs ont mangé de la chair humaine, et comment ils l'apprêtaient.

Voltaire parle de cet écrit dans une lettre à d'Argental, du mois de mai 1761.

Conversation de l'intendant des menus en exercice avec M. l'abbé Grisel. 1761, in-12 de 24 pages. (Voy. n. 47).

Voltaire écrivait à sa nièce, madame de Fontaine, le 31 mai 1761, que cette *Conversation* était de M. Dardelle. Des copies manuscrites en circulèrent sous le nom de Georges-Avenger Dardelle. Mais l'édition originale, que nous citons, ne porte que les noms de Georges Avenger. Ce dernier nom est un mot anglais qui signifie « vengeur ». Cette édition originale et une copie manuscrite que M. Beuchot possède présentent un dénouement tout différent des autres éditions, et qu'il a rétabli. Il a rejeté en variantes la version reproduite jusqu'à ce jour, et qui date de 1764, lorsque Voltaire fit imprimer la *Conversation* à la suite des « Contes de Guillaume Vadé ».

Dans le manuscrit que possède M. Beuchot, le nom de l'abbé Grisel est tout au long. Dans l'imprimé de 1761, au lieu du nom sont des étoiles ou des points. Dans l'édition de 1764, et dans celles qui la suivirent jusques et y compris 1775, le personnage est nommé l'abbé Brisel. Les éditeurs de Kehl ont rétabli le nom de Grisel.

Cette *Conversation* est dirigée contre Dains, bâtonnier de l'ordre des avocats, qui avait fait pour-

suivre un ouvrage de Fr.-Ch. Huerne de La Mothe, dans lequel il combattait l'excommunication encourue par le seul fait d'acteurs de la Comédie française. Par arrêt du Parlement, l'ouvrage de Huerne de La Mothe fut lacéré et brûlé par l'exécuteur de la haute justice, au pied du grand escalier de la cour du palais.

Dans la lettre de Voltaire à Damilaville, du 18 juillet 1762, on lit un passage qui peut être regardé comme un appendice à la *Conversation de l'intendant des menus*.

239. Lettre de Charles Gouju à ses frères. 1761, in-8 de 12 pages ; et in-12 de 11 pages (1).

C'est dans une lettre du 28 septembre, à d'Argental, que Voltaire parle pour la première fois de sa *Lettre à Charles Gouju*, composée pour prouver que les prêtres ne croient pas à la religion chrétienne. — Cette lettre fut condamnée à Rome, le 24 mai 1762.

240. Car (les). A M. Le Franc de Pompignan (au sujet de son Éloge historique de Mgr le duc de Bourgogne). Octobre 1761.

241. Ah! ah! (les). A M. Le Franc de Pompignan (sur le même sujet).

Entretiens d'un sauvage et d'un bachelier. 1761. (Voy. n. 47).

Ces *Entretiens*, au nombre de deux, parurent dans un petit volume intitulé : « Mélanges de littérature, d'histoire, de philosophie, etc. », 1761, in-8.

Entretien d'Ariste et d'Acrotal. 1761. (Voy. n. 47).

Cet *Entretien* parut à la suite des précédents.

Sermon du rabbin Akib. 1761. (Voy. n. 12).

Éducation (l') des filles. (Dialogue). 1761. (Voy. n. 47).

La plus ancienne édition de ce Dialogue que connaisse M. Beuchot est celle qui est dans le tome III des « Nouveaux Mélanges », daté de 1765.

242. Extraits de la Gazette de Londres, du 20 février 1760.

Extraits des sentiments de Jean-Meslier. 1762. (Voy. n. 13).

243. Balance égale. 1762.

---

(1) Cet opuscule eut été aussi mieux placé parmi les ouvrages philosophiques, avant le « Sermon du rabbin Akib ».

244. Petit Avis à un jésuite. 1762.

Sur un écrit intitulé : *Acceptation du défi hasardé par l'auteur des* Répliques *aux Apologies des jésuites. A Avignon, aux dépens des libraires.*

245. * Éloge de M. de Crébillon (ou plutôt, satire contre Crébillon). *Paris*, 1762, in-8 de 34 pages.

Cet *Éloge de Crébillon* fut composé en juillet 1762, mais il ne parut que le mois suivant, sans nom d'auteur. D'Alembert ne pouvait se figurer que ce fut l'ouvrage de Voltaire. (Voy. sa lettre du 8 septembre 1762). Fréron, dans « l'Année littéraire », 1762, tome VII, pages 217 et suivantes, accable d'injures l'auteur de l'*Éloge de Crébillon*; il l'appelle « impudent anonyme, vil détracteur, dégoûtant écrivain ». Voltaire eut la faiblesse d'être trop sensible à l'injustice de quelques ennemis, qui affectaient de lui préférer Crébillon. Il est assez singulier que l'on ait imprimé au Louvre les OEuvres de Crébillon, et qu'on eut refusé d'y imprimer la Henriade. Il était permis à Voltaire de s'écrier dans son épître à d'Alembert :

On préfère à mes vers Crébillon le barbare.

On éleva un tombeau de marbre à Crébillon, en 1762, dans l'église Saint-Gervais, et l'on refusa la sépulture à Voltaire, en 1778.

La brochure intitulée : *Éloge de M. Crébillon, et la critique de ses ouvrages, fait en 1762, avec le factum, pour la nombreuse famille du Rapière* (parterre), *contre le nommé Giolot Ticalini, par M. de Voltaire,* in-8 de 40 pages, qui paraît avoir été imprimé à Lausanne, se compose de l'*Éloge de Crébillon*, et d'un factum contre la tragédie de « Catilina ».

Le « Mercure » de juillet 1762 contenait un « Éloge historique de Crébillon ». Lorsque le pamphlet de Voltaire fut publié, le rédacteur du Mercure avertit (cahier de septembre) le public de ne pas confondre les deux ouvrages.

246. Pièces originales concernant la mort des sieurs Calas, et le jugement rendu à Toulouse.

Sous le n° 54, nous avons dit que les divers écrits composés en 1762 par Voltaire, à l'occasion des Calas et des Sirven, se trouvaient réunis dans les différentes éditions de ses OEuvres. Voilà l'indication de ceux qui sont compris dans le quatrième volume des Mélanges, de l'édition de M. Beuchot :

a) Extrait d'une lettre de la dame veuve Calas. 15 juin 1762. — *Lettre de Donat Calas à sa mère,* 22 juin 1762. 1762, in-8 de 22 pages.

b) A Monseigneur le chancelier. (Supplique).

c) Requête au roi, en son conseil, 1762.

d). Mémoire de Donat Calas, pour son père, sa mère et son frère. 1762.

e) Déclaration de Pierre Calas.

f) Histoire d'Elisabeth Canning.

g) Histoire des Calas.

h) Déclaration juridique de la servante de madame Calas, au sujet de la calomnie qui persécute encore cette vertueuse famille.

C'est pour la révision de ce procès que Voltaire composa son *Traité sur la tolérance.* Beaucoup de ses lettres prouvent avec quel chaleur il avait embrassé cette cause.

Idées républicaines. 1762. (Voy. n. 55).

247. Lettre de M. Formey, qui peut servir de modèle aux lettres à insérer dans les journaux. 1762.

Le style de Formey est si bien imité dans cette lettre, que, lui-même, en la lisant quelque temps après, crut l'avoir réellement écrite. (Note de Wagnère). — M. Beuchot a rétabli le titre de cette pièce, tel qu'il est dans l'édition qui parut en 1762, à la suite de la *Réponse de M. de Voltaire au sieur Fez, libraire d'Avignon;* le tout formant 12 pages in 8.

Sermon des cinquante. 1762. (Voy. n. 14).

248. Lettre de Paris, du 20 février 1763.

Contre Le Franc de Pompignan, ainsi que les deux pièces qui suivent.

Cette date peut fort bien ne pas être celle de la composition de cette *Lettre;* mais, dès le 2 mars, Voltaire, dans ses lettres à Thieriot et à Damilaville, parle de l'aventure du garde des sceaux, du secrétaire Carpot, et des lettres patentes.

249. Lettre de M. de l'Écluse, chirurgien dentiste, seigneur du Tilloy, près de Montargis, à son curé. 1763.

Cette *Lettre* doit être de la fin de février 1763; c'est probablement cette pièce que Voltaire désigne sous le titre de la « Jolie préface imprimée à Genève aux dépens des chirurgiens dentistes », dans sa lettre à Damilaville, du 16 mars 1763; dans un cahier de 12 pages in-8, elle précède l'*Hymne chantée au village de Pompignan,* et la *Relation du voyage* qui suit.

250. Relation du voyage de M. le marquis Le Franc de Pompignan, depuis Pompignan jusqu'à Fontainebleau, adressée au procureur fiscal du village de Pompignan.

Il est question de cette *Relation* dans les « Mémoires secrets », à la date du 28 février 1763. Il en existe une édition in-16 de 4 pages. Une réimpression in-8 est précédée de la *Lettre de l'Écluse,* qui lui sert de préface, et de l'*Hymne* que nous avons citée au précédent numéro.

251. Compliment qui devait être prononcé à l'ouverture du Théâtre-Français, le 11 avril 1763.

Imprimé pour la première fois dans le « Mercure », 1763, avril, tome II, page 169, il n'avait été reproduit par aucun éditeur des OEuvres de Voltaire, avant M. Beuchot.

252. Omer de Fleury étant entré, ont dit : (contre l'arrêt qui interdit de vacciner). 1763.

D'un fait singulier concernant la littérature. (Voy. la section : HISTOIRE).

Conclusion et Examen de ce tableau historique. (Voy. la section : HISTOIRE).

253. Éclaircissements historiques, à l'occasion d'un libelle calomnieux contre l'Essai sur les mœurs et l'esprit des nations. 1763.

Imprimés sous le nom de Damilaville. Ces *Éclaircissements*, dont parle Voltaire dans sa lettre à d'Alembert, du 28 novembre 1762, parurent, en 1763, dans le tome VIII de la réimpression de l'*Essai sur l'histoire générale*, devenu depuis l'*Essai sur les mœurs* : ils étaient alors sans nom d'auteur. Ils n'en ont point encore dans l'édition de 1769, in-4, t. X. Ce fut dans cette édition de 1769 que furent numérotés les paragraphes des *Éclaircissements*. Voltaire les donna sous le nom de Damilaville, en les faisant réimprimer dans son ouvrage intitulé : *Un chrétien contre six juifs*. Toutefois les *Additions aux Observations sur le libelle intitulé les Erreurs de M. de V....*, qui datent aussi de 1763, sont réellement de Damilaville. Le libelle contre lequel sont dirigés les *Éclaircissements* est le livre de Nonotte, ayant pour titre : « les Erreurs de M. de Voltaire », dont la première édition est de 1762, 2 vol. in-12.

Catéchisme de l'honnête homme. 1763. (Voy. n. 15).

Remarques pour servir de Supplément à l'Essai sur l'histoire générale, etc. (Voy. la section : HISTOIRE).

254. Instruction pastorale de l'humble évêque d'Aletopolis, à l'occasion de l'instruction pastorale de Jean-George, humble évêque du Puy.

255. Lettre (première) d'un Quaker à Jean-George Le Franc de Pompignan, évêque du Puy en Velay, etc., etc., digne frère de Simon Le Franc de Pompignan. 1763. — Deuxième Lettre du même au même. 1764.

Ces trois derniers écrits sont dirigés contre « l'Instruction pastorale de l'évêque du Puy sur la prétendue philosophie des incrédules modernes », 1763, in-4.

Traité sur la tolérance. 1763. (Voy. n. 56).

Dialogue du chapon et de la poularde. 1763. (Voy. n. 47).

La plus ancienne impression connue est celle qui se trouve dans la troisième partie des « Nouveaux Mélanges », 1765, in-8.

Dernières (les) paroles d'Épictète. 1764. (Voy. n. 47).

Imprimé d'abord dans le « Recueil nécessaire »,

1765, in-8, ce Dialogue ne fut admis dans les Œuvres de Voltaire qu'en 1758, septième partie des « Nouveaux Mélanges ».

Dialogue du douteur et de l'adorateur. 1763. (Voy. n. 47).

Publiant ce Dialogue en 1763, et le Commentaire sur Malebranche en 1772, sous le nom de l'abbé Tilladet, Voltaire n'avait pas à craindre de lui attirer des persécutions ; car Jean-Marie de La Marque, abbé de Tilladet, était mort dès 1715.

256. Lettre du secrétaire de M. de Voltaire au secrétaire de M. Le Franc de Pompignan. 1763.

Cette Lettre, qui est de Voltaire même, fut insérée dans les « Lettres de Voltaire à ses amis du Parnasse, avec des notes historiques et critiques » (par Robinet), 1766, in-8, page 127, avec deux passages de plus que M. Beuchot a donnés en variantes dans son édition. Cet auteur appelle toujours le secrétaire de l'évêque du Puy, *Cortiat* : il se nommait *Cortial*. C'est une faute à corriger toutes les fois que Voltaire a parlé de lui dans ses pamphlets satiriques, et il l'a fait trop souvent. Cortial était plus modéré que son maître.

Wagnière qui était le secrétaire de Voltaire, depuis 1754, s'est faussement donné, dans ses Mémoires, qui ont été publiés en 1826, comme l'auteur de cette lettre. Dès 1766, comme on le voit, elle était imprimée sous le nom de son véritable auteur.—On en cite une édition séparée, de 1764, in-12.

257. Articles extraits de la « Gazette littéraire de l'Europe ». Mars à novembre 1764.

La « Gazette littéraire de l'Europe », dont le premier numéro était promis pour le « premier mercredi du mois de juillet prochain » (le prospectus ne dit pas de quelle année, mais ce doit être de 1763 ou 1762), et ne parut que le 7 mars 1764, eut deux années d'existence ; le dernier cahier est du 1er mars 1766. La collection forme 8 volumes in-8. Les rédacteurs étaient l'abbé Arnaud, mort en 1784, et J.-B. Suard, mort en 1817. Voltaire portait un grand intérêt à la « Gazette littéraire », et il y envoya beaucoup d'articles. Six seulement de ces articles avaient été admis dans les éditions de Kehl· un dans le « Dictionnaire philosophique », et cinq dans les « Mélanges littéraires ». Dix-huit autres, recueillis par M. Clogenson, furent, en 1821, compris dans le tome XLIII de l'édition des Œuvres de Voltaire, donnée par M. A.-A. Renouard. M. Clogenson croit avoir reconnu Voltaire dans un petit nombre de morceaux publiés en 1765 et 1766; mais cependant il a résisté à la tentation de les extraire. M. Beuchot a cru devoir l'imiter.

Les *articles extraits de la Gazette*, etc., sont donc dans l'édition de M. Beuchot aussi bien que dans celle de M. Clogenson, au nombre de vingt-quatre, lesquels ont pour objet les ouvrages suivants : 1° Discourse concerning government, by Algernon Sidney; 2° Considérations sur les corps organisés, par M. Bonnet, citoyen de Genève ; 3° Éléments de critique par lord Kaims ; 4° Letters of the right-honourable lady Mary Worthley Montague; 5° Dictionnaire universel des fossiles, par M. Élie Bertrand ; 6° Poems, by C. Churchill ; 7° the complete History of England, etc., by David Hume ; 8° sur une traduction de l'Iphigénie de Racine, en vers blancs italiens, par le chev.

Lorenzo Guazzezi ; 9° sur une édition proposée des
OEuvres de Middleton ; 10° sur la Défense du paganisme, par l'empereur Julien, en grec et en français, de la traduction du marquis d'Argens ; 11° sur
Callimachi Cyranæi hymni cum latina interpretatione, etc. ; 12° sur the History of lady Julia Man-
deville ; 13° sur l'Histoire romaine ; 14° sur les
Mémoires pour servir à la Vie de François Pé-
trarque ; 15° sur l'Histoire du ministère du chevalier
Robert Walpole ; 13° sur une nouvelle édition de
la Mérope du marq. de Maffey ; 15° sur les Songes
physiques, de Moreau de Saint-Élié ; 16° sur la mort
du comte Algarotti ; 15° Anecdotes sur le Cid ; 16° De
sacra poesi Hebræorum prælectiones academicæ,
Oxonii habitæ a Roberto Lowth ; 17° Lettre écrite
de Munich aux auteurs de la Gazette littéraire, sur
la bataille d'Azincourt et sur la Pucelle d'Orléans,
à l'occasion de tomes XIII et XIV de l'Histoire de
France, par M. de Villaret ; 18° sur C. Cornelius
Tacitus a falso impietatis crimine vindicatus, etc.,
auctore J. Kynaston ; 23° sur la Suède ; 24° sur
l'étude de l'Histoire.

258. Commentaire sur Corneille. *Paris, Duchesne, et Despilly*, 1764, 2 vol. pet. in-12 ; et 2 vol. in-12.

Imprimé aussi avec une édition du théâtre de
Corneille, publiée dans la même année, et plusieurs
autres fois depuis. (Voy. l'article Corneille, de la
France-littéraire).

— Le même Commentaire. Édition stéréotype. *Paris, P. et F. Didot*, 1806, 4
vol. in-18, sur pap. ordinaire, 4 fr. ; sur
pap. fin, 5 fr., et sur gr. pap. vélin, format
in-12, 14 fr.

259. Réponse à un académicien.

Cette *Réponse* fut, avec une pagination particulière, mise à la fin du tome second de l'édition de
1764 des OEuvres de Corneille, avec commentaires,
et sous le titre de Supplément au tome second. Dans
l'édition de 1774, ce morceau a été placé à la page
566 du tome premier.

260. Discours aux Welches. 1764. — Supplément au Discours aux Welches, avec une Lettre du libraire de l'Année lit-téraire (Panckoucke) à M. de V., et la réponse de M. de V. à cette lettre. 1764, in-8 de 21 pages.

Publié sous le pseudonyme d'Antoine Vadé, frère
de Guillaume.
Je ne sais, dit M. Beuchot, si le Discours aux
Welches a été imprimé séparément ; je n'en ai jamais vu d'édition isolée. Mais il fait partie du volume intitulé : « Contes de Guillaume Vadé », in-8,
et dont on parle dans les « Mémoires secrets » (de
Bachaumont), à la date du 5 mai 1764. C'est donc
au plus tard en avril, et même, plus probablement,
en mars 1764 qu'a été composé le *Discours aux Welches*. Fréron, qui en avait déjà parlé dans la feuille
du 14 juillet (Année littéraire), 1764, IV, 298), y
revient dans sa feuille du 20 septembre (Année littér.,
1764, VI, 59) et dit que Voltaire en a pris l'idée
dans Tatien, disciple de saint Justin, et qui écrivit,
vers l'an 168, un « Discours contre les Gentils ».
Le *Supplément au Discours aux Welches* est du mois

de mai. Voltaire en parle dans ses lettres à Damilaville des 23 mai et 13 juin 1764.

261. Questions proposées à qui voudra les résoudre. 1764.

Ces *Questions* ont été imprimées dans le « Journal
encyclopédique », du 15 septembre 1764. Voltaire
en parle dans sa lettre à Damilaville, du 12 octobre 1763.

262. Pot-pourri. 1764.

On peut placer le *Pot-pourri* de Voltaire, au plus
tard, dans les derniers mois de 1764, puisqu'il
fait partie du troisième volume des « Nouveaux
Mélanges », qui porte la date de 1765. Dans l'édition in-quarto, et dans l'édition encadrée des OEuvres de Voltaire, le *Pot-pourri* était classé parmi
les romans.

263. Doutes nouveaux sur le Testament attribué au cardinal de Richelieu. 1765.

Cl. Marin fit paraître, en septembre 1764, une
nouvelle édition du « Testament politique de Richelieu » sous le titre de « Maximes d'État, ou Testament politique, etc., en deux parties in-8. Il combattait dans la Préface les sentiments de Voltaire sur
cet écrit. (Voy. le n° 194). On publia en même temps
une nouvelle édition, très-augmentée, de la Lettre de
Foncemagne sur le Testament politique du cardinal
de Richelieu, in-8 de ij et 153 pages. Voltaire n'a-
vait cessé de reproduire dans divers ouvrages son
opinion sur le « Testament politique » ; et les nouvelles objections de Voltaire étaient réfutées dans la
Lettre de Foncemagne. Voltaire écrivit des *Doutes
nouveaux*, qu'il a datés lui-même d'octobre 1764.
La *Lettre écrite depuis l'impression des Doutes*, qui
est à la suite, fait partie de la première édition ;
tellement même, qu'une réclame typographique
en indique l'existence. Il eût donc été plus exact
de dire que cette Lettre avait été *écrite* pendant
l'impression. La publication des Doutes nouveaux
eut lieu en novembre 1765 ; mais, selon l'usage
établi dans la librairie, de dater de l'année suivante
les impressions faites dans les derniers mois de
l'année, le frontispice porte 1765.

264. Sentiments des citoyens. *Genève*, 1765, in-8.

Pamphlet contre les « Lettres écrites de la Montagne », par J.-J. Rousseau, et contre leur auteur.
L'Émile de J.-J. Rousseau avait été brûlé à Genève, et son auteur décrété le 18 juin 1762. Rousseau espéra longtemps que quelques compatriotes
éléveraient la voix en sa faveur. Après avoir attendu
environ un an, il abdiqua, le 12 mai 1763, son
droit de bourgeoisie. Ce fut alors que parurent, au
nom de quelques Genevois, des « Représentations »
qui furent imprimées, en 1763, avec les « Réponses
du conseil «. Ce fut l'origine des « Lettres écrites de
la campagne » (par J.-B. Tronchin, procureur-général du conseil des deux-cents, et cousin du célèbre médecin), publiées dès novembre 1764, sous
la date de 1765, in-8, qui firent naître les « Lettres
écrites de la montagne », par J.-J. Rousseau, 1764,
2 part. in-8. C'est contre ces dernières lettres que
fut composé le *Sentiment des citoyens*, qui parut en
décembre 1764 ; puisque Rousseau en parle dans sa
lettre à Du Peyron, du 31 décembre de cette année.
J.-J. Rousseau, dès le 6 janvier 1765, en envoya

un exemplaire à Duchesne, son libraire de Paris, en le priant de le réimprimer. Il croyait que l'opuscule était de J. Vernes, et avait ajouté à sa réimpression une lettre et des notes. Vernes ayant désavoué l'écrit, Rousseau fit supprimer son édition, et elle est assez rare aujourd'hui. Il l'avait intitulée : *Réponse aux Lettres écrites de la montagne, publiée à Genève, sous ce titre :* « Sentiment des citoyens ».

M. A.-A. Renouard est le premier qui ait admis cet opuscule dans les OEuvres de Voltaire (t. XLIII de son édition publiée en 1821). Il y conserva les six notes de Rousseau. L'opuscule de Voltaire et les notes de Rousseau ont été reproduits dans l'édition de M. Beuchot.

265. Conformez-vous au temps. 1764.

Cet opuscule est de décembre 1764 ; la plus ancienne édition connue est celle qui fait partie du troisième volume des « Nouveaux Mélanges, etc. », 1765, in-8.

266. Contes de Guillaume Vadé. *Sans lieu d'impression*, 1764, in-8 de xvj et 386 pages, non compris un feuillet de table, sans chiffres.

Volume de mélanges, composé de vingt-deux pièces, tant en vers qu'en prose, et dont voici les titres :

a) Préface de Catherine Vadé.
b) Ce qui plaît aux dames.
c) Éducation (l') d'un prince.
d) Éducation (l') d'une fille.
e) Trois (les) manières.
f) Thélème et Macare.
g) Azolan.
h) Origine (l') des métiers.
i) Blanc (le) et le noir.
j) Jeannot et Colin.
k) Discours aux Welches; par Antoine Vadé, frère de Guillaume.
l) Du théâtre anglais; par Jérôme Carré.
m) Parallèle d'Horace, de Boileau et de Pope.
n) Conversation de M. l'intendant des menus, avec M. l'abbé Brizel (Grisel).
o) Épître sur l'agriculture.
p) Épître à Daphné, célèbre actrice; traduite de l'anglais.
q) Chevaux (les) et les ânes, ou Étrennes aux sots.
r) Fêtes (des).
s) Lettre de M. Cubstorf.
t) Lettre de M. Clocpitre à M. Eratou.
u) Lettre d'un Quakre à Jean-George.
v) Vie de Molière, avec des petits sommaires de ses pièces.

267. * Arbitrage entre M. de Voltaire et M. de Foncemagne. 1765, in-8 de 23 pages.

Voltaire ne donna pas sous son nom cet *Arbitrage*, qui est des derniers jours de 1764, ou des premiers de 1765, puisqu'il en est question dans les « Mémoires secrets », à la date du 11 janvier.

Conversation de Lucien, Érasme et Rabelais, dans les Champs-Élysées. 1765. (Voy. n. 47).

Imprimée pour la première fois dans la troisième partie ou troisième volume des « Nouveaux Mélanges », 1765, in-8.

268. Mandement du révérendissime père en Dieu, Alexis, archevêque de Novogorod-la-Grande. 1765, in-8 de 21 pages.— Autre édition, même date, in-8 de 15 pages.

Cet opuscule est d'octobre 1765. L'édition, en 21 pages, qui est probablement la première, a de nombreuses fautes, qui ont été reproduites jusqu'en 1831. Les « Mémoires secrets » du 6 novembre 1765 parlent d'une édition en 12 pages : peut-être n'est-ce qu'une transposition de chiffres, et a-t-on mis 12 au lieu de 21. M. Beuchot n'a jamais vu cette édition.

A la fin du mois d'août, ou dans les premiers jours de septembre 1765, parurent les *Actes de l'assemblée générale du clergé de France*. Ces Actes contenaient, 1° Condamnation de plusieurs ouvrages contre la religion (entre autres l'Essai sur l'histoire générale, le Dictionnaire philosophique, la Philosophie de l'Histoire, ouvrages de Voltaire); 2° Exposition sur les droits de la puissance spirituelle ; 3° Déclaration sur la constitution *Unigenitus* et la Lettre encyclique de Benoit XIV, du 16 octobre 1756. A la suite de ces trois pièces on avait reproduit la Réclamation du clergé de 1760, et la Déclaration de 1762. Un arrêt du parlement de Paris, du 4 septembre 1765, ordonna la suppression des Actes du clergé.

Une Lettre circulaire de l'assemblée du clergé de France, datée du 27 août, et qui devait accompagner l'envoi des Actes, fut déférée au parlement qui, le 5 septembre 1765, condamna à être lacéré et brûlé au pied du grand escalier cet écrit en deux feuilles, sans nom d'auteur, ni d'imprimeur, ni lieu d'impression, etc. Cet arrêt du parlement du 5 septembre fut exécuté le lendemain 6, en présence de moi, Dagobert-Étienne Isabeau, l'un des trois principaux commis pour la grand'chambre.

La Lettre circulaire était signée Ch.-Ant., arch. duc de Reims, président, etc.

C'est à l'occasion de tout cela que fut fait le *Mandement du révérendissime père en Dieu Alexis*.

Sur les remontrances du clergé, un arrêt du conseil, du 15 septembre 1765, cassa les arrêts du parlement des 4 et 5.

Il y eut condamnation sur condamnation : 1° condamnation par le clergé de quelques livres philosophiques ; 2° condamnation des « Actes du clergé » par le parlement, qui n'était pourtant pas pour les philosophes; 3° condamnation par arrêt du conseil des arrêts du parlement, et des « Actes du clergé »; objets dont la postérité s'inquiète peu.

269. De l'horrible danger de la lecture. 1765.

Mandement facétieux de Joussouf-Cherebi. Il a été imprimé pour la première fois à la page 159 du tome III des « Nouveaux Mélanges », qui porte le millésime de 1765.

Questions sur les miracles. 1765. (Voy. n. 18).

Anciens (les) et les modernes, ou la

Toilette de madame de Pompadour. 1765. (Voy. n. 47).

La scène se passe en 1753, année de la reprise de « Castor et Pollux »; mais l'ouvrage est de quelques années plus tard. Il n'est pas à croire qu'il ait été composé du vivant de madame de Pompadour, qui mourut le 14 avril 1764. Catherine II, dont Voltaire fait l'éloge dans cette pièce, ne monta sur le trône de Russie qu'en juillet 1762. *Les Anciens et les modernes* sont dans le troisième volume des « Nouveaux Mélanges », daté de 1765, et qui ne parut qu'à la fin de cette année, comme on le voit par la lettre à Damilaville, du 6 janvier 1766.

270. **Nouveaux Mélanges philosophiques, historiques, etc., etc.** *Sans lieu d'impression*, 1765, 3 vol. in-8 de ij, 376, 388 et 432 pages.

Ces trois volumes ont été publiés par Voltaire, ou au moins sous ses yeux. Partie des opuscules qu'ils contiennent avaient déjà vu le jour; d'autres, au contraire, sont imprimés là pour la première fois. Voici la composition de ces *Nouveaux Mélanges.*

Tome I, 1° Philosophie de l'Histoire; — 2° Doutes nouveaux sur le Testament attribué au cardinal de Richelieu; — 3° Nouveaux Doutes sur l'autenticité (*sic*) dudit Testament et sur les remarques de M. de Foncemagne; — 4° Lettre écrite depuis (lisez pendant) l'impression des doutes; — 5° Arbitrage entre M. de V. et M. de Foncemagne; — 6° Conseils à un journaliste.

Tome II, 7° Panégyrique de Louis XV; 8° Traité sur la Tolérance; — 9° Pièces originales concernant la mort des sieurs Calas, sept morceaux;—10° Articles de littérature très-intéressants (tirés de l'Encyclopédie, quarante-huit articles commençant avec le mot *élégance* et terminant avec celui *historiographe*).

Tome III, 11° Lettre sur mademoiselle Lenclos; — 12° Lettre civile et honnête à l'auteur malhonnête, etc.;—13° Des payens et des sous-fermiers;—14° Pot-Pourri; — 15° De l'antiquité du dogme de l'immortalité de l'âme. Fragment; — 16° Défense de milord Boilingbroke (*sic*); — 17° Sermon du rabin Akib; — 18° Des mauvaises actions consacrées ou excusées; — 19° des Sectes; — 20° du Philosophe; — 21° les Ignorances;—22° les Vœux; —23° Galimatias dramatique; — 24° Éducation des filles; — 25° des Médecins; — 26° des Avocats; — 27° des Théologiens; — 28° des Poëtes; — 29° du Timée de Platon et de quelques autres choses; — 30° Questions sur Platon, et sur quelques autres bagatelles;— 31° Précis de la philosophie ancienne; — 32° Conversation de Lucien, d'Érasme et de Rabelais, etc.; — 33° Femmes, soyez soumises à vos maris; — 34° Conformez-vous au temps; — 35° De l'Horrible danger de la lecture; — 36° des Arrêts de mort; — 37° de la Frivolité; — 38° les Anciens et les Modernes, ou la Toilette de madame de Pompadour; — 39° Dialogue du chapon et de la poularde; — 40° De l'utilité de l'histoire; — 41° Lettre de M. le marquis d'Argence (d'Argens), 20 juillet 1765; et lettre de M. de Voltaire à M. le marquis d'Argence, 24 auguste 1765; — 42° les Quand, les Si, et l'Extrait des Nouvelles à la main; trois morceaux contre Le Franc de Pompignan; — 43° Seconde Lettre du Quaker à Jean-George; — 44° Adélaïde Duguesclin, tragédie, reprise en 1765; — 45° la Femme qui a raison, comédie en trois actes (et en vers); — 46° Pièces fugitives: *a*) De l'imagination; *b*) Rescrit de l'empereur de la Chine, etc.; *c*) de Pierre-le-Grand et de Jean-Jacques Rous-

seau; *d*) de la liberté d'imprimer; *e*) Lettre à l'abbé d'Olivet, etc., du 20 août 1761; *f*) Anecdote singulière sur le P. Fouquet, ci-devant jésuite (insérée en partie dans les « Lettres juives »); *g*) Avis à l'auteur du Journal de Gottingue; *h*) Lettre de M. de V....... au roi Stanislas (aux Délices, 15 août 1761; *i*) Réponse à une jolie petite pièce, intitulée : « les Torts », etc.; *j*) A mademoiselle Clairon. (En vers). *k*) Fragment d'une Lettre écrite par M. de Voltaire à un membre de l'Académie de Berlin. Postdam, 15 avril 1752.

Une table des articles contenus dans cette troisième partie remplit les pages 415 à 418; mais, à sa suite, on a placé un supplément, sans nouvelle pagination; ce qui donne à ce volume 432 pages. Les morceaux de ce Supplément sont : 47° Lettre à à M. Thomas. Sept. 1765; — 48° Extrait d'une Lettre à madame de Pompadour, alors madame d'Étiole, en 1745; — 49° Apologie de la Fable. (En vers); — 50° Réponse à M. le chevalier de B.......; — 51° Sur ce qu'on m'a écrit que, pendant la maladie du Dauphin, plusieurs citoyens de Paris s'étaient mis à genoux, un cierge à la main, devant la statue équestre de Henri IV. (En vers).

Il existe aussi, sous la date de 1765, un volume que M. Beuchot croit de 1767, qui porte pour titre : le *Recueil nécessaire*, in-8. On ne peut affirmer que Voltaire en ait été l'éditeur; mais il renferme des premières éditions de quelques-uns de ses écrits qui depuis ont été rangés parmi ses OEuvres.

Sophronyme et Adelos, traduit du grec de Maxime de Madaure. 1766. (Voy. n. 47).

La plus ancienne édition connue de ce dialogue est dans le tome XXVII de l'édition in-4 des OEuvres de Voltaire, daté de 1777. Il n'y porte pas de date, non plus que dans l'édition de Kehl. C'est d'après une note manuscrite de feu Decroix que M. Beuchot l'a placé, parmi les « Mélanges », à la date de 1766. *Sophronyme* veut dire la pensée, le jugement, le bon sens; *Adelos*, l'obscur, le stupide.

271. **Lettre pastorale à M. l'archevêque d'Auch, J.-F. de Montillet. 1766.**

272. **Petit Commentaire sur l'Éloge du Dauphin de France (fils de Louis XV, mort le 20 décembre 1765), composé par M. Thomas. 1766.**

273. **Dissertation sur le goût....**

Imprimée avec deux autres dissertations de Montesquieu et de d'Alembert sur le même sujet, à la suite de l'Essai sur le goût, trad. de l'angl. d'Alexandre Gérard, par Eidous (Paris, Delalain, 1766, in-12).

Nous n'avons trouvé dans les éditions de Kehl, ni dans celle de M. Beuchot, aucun écrit sous ce titre; mais il est vraisemblable que c'est le morceau qui se trouve dans le tome II des Nouveaux Mélanges de 1765, page 348.

274. * **Président (le) de Thou justifié contre les accusations de M. de Bury, auteur d'une Vie de Henri IV. (** *Genève*, **1766), in-8 de 38 pages.**

Peu de temps après la publication de cet écrit de

Voltaire, il parut une brochure sous le titre suivant : « Examen de la nouvelle Histoire de Henri IV, de M. de Bury ; par M. le marquis de B*** (de Belestat, ou plutôt par La Beaumelle), lu dans une séance de l'Académie, auquel on a joint une pièce analogue » (la justification du président de Thou, par Voltaire). Genève, Cl. Philibert, 1768, in-8 de 79 pages.

Voltaire envoya à Paris des exemplaires de cette brochure, chargés de notes manuscrites, dans lesquelles il réfuta La Beaumelle avec beaucoup de dureté, le présentant comme un faussaire. Son but était de faire supprimer le livre de son ennemi, et il réussit en effet à en faire mettre six cents exemplaires au pilon. Comme il était défendu à La Beaumelle d'écrire depuis son exil en Provence, il pria le marquis de Belestat de se laisser attribuer l'Examen. Cette brochure s'est vendue jusqu'à 36 livres. Feu A.-A. Barbier, de qui nous empruntons cette note, a possédé l'exemplaire envoyé par Voltaire à Damilaville, qui l'avait légué au baron d'Holbach. Celui-ci l'avait donné à Naigeon. Le frère de ce dernier en fit présent à Barbier, en 1810.

Naigeon l'aîné croyait Voltaire auteur de « l'Examen de la nouvelle histoire de Henri IV ». Madame du Deffand a partagé cette erreur. Voy. ses Lettres à Hor. Walpole, tome Ier, page 277.

Dans la table chronologique des ouvrages de Voltaire, les éditeurs de Kehl placent faussement cette brochure sous l'année 1766. Ils renvoient au tome XXVIII de leur édition, et on ne trouve dans ce volume que l'opuscule joint à l'Examen, c'est-à-dire la «Justification du président de Thou». L'Examen a 69 pages : c'est un excellent morceau de critique historique et militaire.

275. Lettre curieuse de M. Robert Covelle, célèbre citoyen de Genève, à la louange de M. Vernet, professeur en théologie dans ladite ville. *Dijon, Brocard,* 1766, in-8 de 14 pages ;— *Lyon, les frères Périsse,* 1766, in-8.

Critique de l'ouvrage du pasteur Vernet, intitulé : Lettres critiques d'un voyageur anglais sur l'article *Genève,* du « Dictionnaire encyclopédique », etc. 1766, 2 vol. in-8.

Relation de la mort du chevalier de La Barre. 1765. (Voy. n. 58).

Avis au public sur les parricides imputés aux Calas et aux Sirven. 1766. (Voy. n. 60).

Commentaire sur le livre des Délits et des Peines. 1766. (Voy. n. 59).

276. Avis au public contre un recueil de prétendues lettres de M. de Voltaire (publié par Robinet). 1766.

Imprimé dans le « Journal encyclopédique » du 15 novembre 1766, pages 127—136, cet *Appel au public* n'a été inséré dans aucune des éditions des Œuvres de Voltaire antérieure à celle de M. Beuchot.

277. Du gouvernement et de la divinité d'Auguste.

Ce morceau, imprimé primitivement en 1766, à la suite des notes qui accompagnaient la tragédie intitulée : « Octave et le jeune Pompée, ou le Triumvirat ».

Des Conspirations contre les peuples. 1766. (Voy. la section : HISTOIRE).

278. Notes sur la Lettre de Voltaire à M. Hume (au sujet de J.-J. Rousseau) ; par M. L. 1760.

La lettre sur laquelle sont ces notes fait partie d'un opuscule publié en novembre 1766, sous ce titre : « le Docteur Pansophe », contenant deux lettres : celle de Voltaire, et une autre de Bordes.

Ce fut peu de temps après qu'on publia les *Notes* que nous venons de citer. Elles ne contredisent en rien la Lettre. Elles en sont le complément, l'explication et le développement. Ces notes n'étant pas plus favorables à Rousseau que le texte même, on fut autorisé à penser qu'elles étaient de la même main, avec d'autant plus de raisons, que l'annotateur avait reproduit textuellement des opinions émises dans le *Sentiment des citoyens.*

Philosophe (le) ignorant. 1766. (Voy. n. 20).

279. Lettre d'un membre du conseil de Zurich à M. D***, avocat à Besançon. Sans date (1767), in-8 de 7 pag.

A l'occasion de la poursuite dirigée par le parlement contre Fantet, libraire de Besançon, chez qui l'on avait saisi les livres philosophiques.

André Destouches à Siam. 1769. (Voy. n. 20).

280. Anecdote (première) sur Bélisaire. 1767.

Tel est le titre de cet opuscule dans les « Pièces relatives à Bélisaire » (premier cahier). Il porte pour nom d'auteur : l'abbé Mauduit, qui prie qu'on ne le nomme pas.

281. Honnêtetés (les) littéraires. 1767. in-8.

Les *Honnêtetés littéraires* sont du mois d'avril 1767; car il en ait fait mention dans la lettre de d'Alembert, du 4 mai.

Les *Honnêtetés littéraires* sont au nombre de vingt-six, et sont suivies d'une *Lettre à l'auteur;* le tout est de Voltaire.

Dans les éditions de Kehl, et dans toutes les réimpressions faites jusqu'à ce jour, non compris celle de M. Beuchot, on trouve une vingt-septième Honnêteté ; ce n'est autre chose que le seizième des « Fragments sur l'Histoire générale », publiés en 1773, à la suite de la seconde partie des « Fragments sur l'Inde ».

282. Lettre de M. de Voltaire (contre La Beaumelle). 1767, in-8 de 4 pages

Tel est l'intitulé de cette pièce dans l'édition

originale que nous citions. Elle a échappé à tous éditeurs antérieurs à M. Beuchot ; cependant elle avait été réimprimée textuellement, et avec commentaire, à la page 98 du « Tableau philosophique de l'esprit de M. de Voltaire », par Sabatier, de Castres, 1771, in-8 et in-12.

283. Seconde Anecdote sur Bélisaire. 1767.

Peu de temps après la publication de cet écrit on rassembla ce qui avait été imprimé de plus saillant sur la décision de la Sorbonne, sous ce titre : Pièces relatives à « Bélisaire » (par VOLTAIRE), sous le nom de l'abbé Mauduit, par TURGOT, sous le nom d'un bachelier ubiquiste, et par MARMONTEL). 1767, in-8 et in-12.

Il ne faut pas confondre ce recueil avec celui qui a pour titre : « Pièces relatives à l'examen du Bélisaire », publiées par l'abbé de Legge, prêtre du diocèse de Rennes. 1768, in-12.

Nous avons trouvé attribué à Voltaire une « Lettre à M. ..., sur Bélisaire », 1768, in-12 ; mais cette lettre ne se trouve point dans le Voltaire de M. Beuchot, et dès-lors on peut la considérer comme n'étant pas de celui à qui elle est attribuée ; à moins, pourtant, qu'en 1768, elle n'ait été reproduite sous un autre titre.

Questions (les) de Zapata. 1767. (Voy. n. 19).

Examen important de milord Bolingbrocke. 1767. (Voy. n. 22).

284. Lettre sur les panégyriques. *La Haye, Frédéric Straatman*, 1767, in-8.

Cette pièce, imprimée sous le pseudonyme d'Irénée Alethès, professeur en droit dans le canton d'Uri, est d'avril ou mai 1767. Madame Du Deffand en parle dans sa lettre à H. Walpole, du 23 mai. Le même jour, d'Alembert en accusait réception à Voltaire. Catherine II en remercia l'auteur dans sa lettre du 18—19 mai.

Homélies prononcées à Londres en 1765. (Voy. n. 21).

285. Mémoire présenté au ministère de France, et qui doit être mis à la tête de la nouvelle édition qu'on prépare du « Siècle de Louis XIV ». 1767.

L'édition du « Siècle de Louis XIV », à la tête de laquelle ce *Mémoire* devait être placé, est celle de 1768, mais elle ne le contient pas. Ce *Mémoire* fut imprimé séparément ; le pays de Foix et tout le Languedoc en furent inondés, à ce que dit Sabatier, de Castres, dans son « Tableau philosophique de M. de Voltaire » (page 114). Pourtant M. Beuchot n'a pu s'en procurer un exemplaire, et il a été obligé de reproduire ce qu'il a trouvé dans le « Journal encyclopédique » des 1er et 15 août 1767, avec des points à la fin de plusieurs alinéa ; ce qui semble indiquer des lacunes.

C'est sans doute de ce *Mémoire* que Voltaire parle dans une lettre au lieutenant de police, du 8 juillet 1767. La Beaumelle s'en plaignit au même magistrat, par une lettre du 13 juillet.

286. Défense (la) de mon oncle contre ses infâmes persécuteurs ; par A....t de V*. *Genève*, 1767, in-8 de 100 pages ; — 1768, pet. in-8 de 111 pages.**

287. A Warburton (évêque de Glocester).

Prétendue facétie qui fut composée vers le mois de juillet 1767.

Fragment des Instructions pour le prince royal de *.** 1752 (1767). (Voy. n. 61).

288. Lettre de Géroffe à Cogé. 1767.

Cette pièce fait partie du recueil intitulé : « les Choses utiles et agréables », 1769—1770, 3 vol. in-8. M. Clogenson, qui, le premier, l'a admise, en 1825, dans les OEuvres de Voltaire, croit qu'elle est la *Défense* que Voltaire cite dans sa lettre à Marmontel, du 14 octobre 1767. C'est par plaisanterie que Voltaire nomme « Cogé » le personnage dont le véritable nom est « Coger ».

Essai historique et critique sur les dissentions des églises de Pologne. 1767. (Voy. la section : HISTOIRE).

Lettres à S. A. R. Mgr le prince de ***.** (Voy. n. 23).

289. Prophétie (rimée) de la Sorbonne, de l'an 1530, tirée des manuscrits de M. Baluze, tome Ier, page 117. 1767.

290. Réponse catégorique au sieur Cogé. 1767.

Une première lettre, adressée à Cogé, est signée Géroffe : l'auteur prétendu de cette Réponse est encore ce dernier.

Diner (le) du comte de Boulainvilliers. 1767. (Voy. les n. 24 et 47).

291. Avis à tous les Orientaux. 1767.

Cette espèce de manifeste n'a jamais été imprimé, disent les éditeurs de Kehl ; il s'est trouvé dans les papiers de l'auteur, et l'on ignore s'il en avait fait quelque usage. Les éditeurs de Kehl ont placé cet opuscule parmi les Facéties. M. Clogenson, dans son édition des OEuvres de Voltaire, publiée en 1825, l'a placé, dans le *Dictionnaire philosophique*, au mot « Chrétiens catholiques ». M. Beuchot l'a compris parmi les *Mélanges*, de 1767 ou 1768, parce que, dit-il, dans ces années, Voltaire en publia beaucoup dans le même esprit. Mais, dans ses lettres à Damilaville, des 4 et 8 février, Voltaire parle de « l'Oriental », qui pourrait bien être l'*Avis à tous les Orientaux*.

292. Femmes, soyez soumises à vos maris. 1767.

Quoique cette espèce de dialogue soit supposé

avoir eu lieu entre l'abbé de Châteauneuf, mort en 1709, et la femme du premier maréchal de Grancey, morte dès 1694, il n'en contient pas moins une évidente allusion à la manière dont, selon Voltaire, Catherine II gouvernait la Russie ; et c'est cette allusion qu'on ne peut contester, qui donne à cet opuscule une date très-rapprochée de 1768.

293. Préface de M. Abauzit. 1767.

N.-T. Barthe avait publié, en 1766, une « Lettre de l'abbé de Rancé à un ami ». J.-F. La Harpe fit paraître une « Réponse d'un solitaire de la Trappe à la lettre de l'abbé de Rancé ». Voltaire parle de cette dernière pièce dans sa lettre au roi de Prusse, du 5 avril 1767. Ce fut la même année que Voltaire composa cette *Préface*, sans doute pour une édition qu'il fit faire de la « Réponse » par La Harpe. Voltaire fit réimprimer la « Réponse avec sa *Préface*, en 1769, dans le tome II des « Choses utiles et agréables », page 161.

294. Lettre d'un avocat de Besançon au nommé Nonotte, ex-jésuite. 1767, in-8.

Réplique à l'écrit de Nonotte, intitulé : « Lettre d'un ami à un ami sur les Honnêtetés littéraires, etc. ». Avignon (Lyon), 1767, in-8. D'après une note manuscrite de Chaudon, la *Lettre d'un avocat de Besançon* aurait été imprimée dès 1767, in-8. M. Beuchot, n'ayant pu voir cette édition, a conservé à la Lettre la date qu'elle a dans les éditions de Kehl, et leurs réimpressions. Il est probable qu'elle avait été imprimée séparément. Il est certain qu'elle a été réimprimée, en 1769, dans le tome IV de « l'Évangile du jour », collection en 18 volumes, publiée de 1769 à 1778, composée presque uniquement d'écrits de Voltaire, et à laquelle il est impossible qu'il ait été étranger.

295. Épître écrite de Constantinople aux frères. 1768.

Cet opuscule, sans date dans l'édition de Kehl comme dans les douze éditions que l'on a publiées de 1820 à 1830, doit être postérieur, mais de très-peu de temps, à l'époque où la fureur théologique se déchaîna contre la tolérance du vieux Bélisaire. C'est vers 1768 que Grimm qualifiait Voltaire de « Patriarche in petto de Constantinople ».

296. Lettre de l'archevêque de Cantorbéry à l'archevêque de Paris (M. de Beaumont).

Christophe de Beaumont, voulant surpasser en intolérance la censure du chapitre XV de « Bélisaire », publia, le 31 janvier 1768, un « Mandement », qui reçut pour réponse la petite lettre anglicane que nous citons, et qui ne se fit pas attendre longtemps de Ferney ; car Voltaire la cite dans sa lettre du 1er mars 1768, à M. Le Riche.

Sermon prêché à Bâle, le 1er jour de l'an 1768. (Voy. n. 25).

297. Relation du bannissement des jésuites de la Chine ; par l'auteur du « Compère Matthieu ». 1768, in-8 de 28 pages.

Dans beaucoup d'éditions des Œuvres de Vol-taire, la Relation est classée parmi les *Dialogues*, et intitulée : *l'Empereur de la Chine et frère Rigolet* (voy. n° 47).

Voltaire, à qui l'on avait attribué « le Compère Mathieu », prenait sa revanche en donnant un de ses ouvrages comme étant de l'auteur du « Compère Mathieu ».

298. Entretiens chinois. 1768. (Voy. n. 47).

Tel est le titre que porte cet écrit dans le tome II de *Choses utiles et agréables*. Les éditeurs de Kehl l'ont intitulé *Un mandarin et un jésuite*, et compris dans leur volume de *Dialogues*.

Conseils raisonnables à M. Bergier, etc., 1768. (Voy. n. 27).

Profession de foi des théistes, etc. 1768. (Voy. n. 28).

Discours aux confédérés catholiques de Kaminiech en Pologne. 1768. (Voy. n. 63).

Épître (l') aux Romains. 1768. (Voy. n. 29).

Remontrances du corps des pasteurs du Gévaudan, etc. 1768. (Voy. n. 30).

Instruction à Antoine-Jacques Roustan. 1768. (Voy. n. 31).

Des Singularités de la nature. 1768. (Voy. n. 89).

Droits (les) des hommes et les usurpations des papes. 1768. (Voy. n. 64).

Colimaçons (les) du R. P. L'Escarbotier, etc. 1768. (Voy. n. 90).

Homélie du pasteur Bourn. 1768. (Voy. n. 32).

299. Pyrrhonisme (le) de l'Histoire ; par un bachelier en théologie. 1768.

Cet ouvrage ne se trouve dans aucun des dix-neuf volumes des « Nouveaux Mélanges », imprimés à Génève, chez les frères Cramer, suite et complément de leurs éditions de 1756 et 1764 des Œuvres de Voltaire, ni dans l'édition in-4, ni dans l'édition encadrée, ou de 1775. Les éditeurs de Kehl, qui l'ont donné dans leurs éditions, ne lui assignent aucune date, et ne l'ont pas compris dans leur « Liste chronologique des ouvrages de Voltaire ». Mais une note manuscrite de feu Decroix, l'un des éditeurs de Kehl, lui donne la date de 1768 ; et, s'il y a erreur, elle ne peut être grande, puisque *le Pyrrhonisme de l'Histoire* est dans le t. IV (sous le millésime de 1769) de « l'Évangile du jour ».

Il n'avait alors que trente-huit chapitres. Les chapitres ajoutés depuis sont les VI—VIII, X et XI; plusieurs morceaux avaient paru, en 1765, dans le tome VIII de l'Encyclopédie, au mot Histoire. Plusieurs furent reproduits, en 1770 et 1771, dans les Questions sur l'Encyclopédie, aux mots Ana et Histoire.

De l'omission dans les éditions de Cramer du *le Pyrrhonisme de l'Histoire*, ne peut-on pas induire que ces éditeurs n'avaient point imprimé cet écrit, et que l'édition qui fait partie de « l'Évangile du jour » est la première?

Instruction du gardien des capucins de Raguse, etc. 1768. (Voy. n. 33).

Discours de l'empereur JULIEN contre les chrétiens, etc. 1769. (Voy. n. 34).

Homélie (cinquième) prononcée à Londres, etc. 1769. (Voy. le n. 21).

Cri (le) des nations. 1769. (Voy. n. 65).

Collection d'anciens évangiles, etc. 1769. (Voy. n. 35).

300. Lettre à l'évêque d'Annecy (Biord).

Imprimée sous le nom de la veuve Denis.

Cette Lettre, sans date, a été placée par feu Anger, qui la publia le premier, au milieu d'avril 1768. D'autres éditeurs l'ont mise en février de la même année. Elle me semble postérieure, dit M. Beuchot, au 8 mai de 1768, date de la troisième lettre de l'évêque d'Annecy à Voltaire.

301. Lettre à M. l'évêque d'Annecy. (Biord). Juin 1769.

Cette Lettre est bien de Voltaire; mais elle fut signée et adressée à l'évêque d'Annecy par M. de Matléon, qui avait longtemps servi dans le régiment du roi, et l'avait commandé en plusieurs occasions. Cet officier était cousin-germain de M. de Voltaire. (*Note de Wagnière*).

302. Procès de Claustre. Supplément aux « Causes célèbres ». 1769.

Il ne peut y avoir aucun doute sur la date de cet opuscule. Les « Mémoires secrets » en parlent à la date du 13 juillet 1769. C'est donc à cette année (et non 1770) qu'il appartient. Madame de Laborde Desmatres, ayant écrit à Voltaire pour s'en plaindre, reçut en réponse une lettre datée du 18 septembre 1769, où Voltaire dit ne pas connaître le « Supplément aux Causes célèbres ».

Tout en Dieu, commentaire sur Malebranche. 1769. (Voy. n. 36).

De la paix perpétuelle, etc. 1769. (Voy. n. 66).

Dieu et les hommes. 1769. (Voy. n. 37).

303. Témoignage de l'éditeur (des Mémoires de Dangeau). 1770 (1769).

Il parut, en 1770, un vol. in-8, sous le titre de « Journal de la cour de Louis XIV, depuis 1684 jusqu'à 1715, avec des notes intéressantes ». C'était un extrait des Mémoires manuscrits de Dangeau. Outres les notes qui sont au bas des pages, l'éditeur mit à la fin du volume un résumé qu'il intitula: *Témoignage de l'éditeur*. Dans la réimpression qu'on donna, en 1807, de ce volume, on nomme Voltaire comme celui à qui l'on doit l'édition de 1770, qui était anonyme. Les notes critiques et malignes de Voltaire n'ont de sel qu'autant qu'elles sont rapprochées du texte. M. Beuchot a donc été obligé de rapporter tous les passages qui ont donné lieu à des notes de Voltaire. En tête de ces notes il a placé le Témoignage de l'éditeur, auquel il a donné le titre de *Réflexions* sur les Mémoires de Dangeau.

La copie manuscrite des Mémoires de Dangeau (de 1684 à 1720), qui était dans la bibliothèque de madame de Pompadour, formait 58 volumes in-4. L'exemplaire que possédait feu Daru était en 18 volumes in-fol. Il existe un certain nombre d'autres copies de ces « Mémoires », que Voltaire disait être l'ouvrage d'un vieux valet de chambre imbécile; voyez sa « Dissertation sur la mort de Henri IV ».

304. Préface et Extraits des Souvenirs de madame de Caylus. 1769.

Voltaire est l'éditeur de la première édition des « Souvenirs de madame de Caylus », Amsterdam, J. Robert (Genève, les frères Cramer), 1770, in-8. Voltaire avait placé en tête de ces Souvenirs une *Préface* de lui, et quelques notes dans le cours de l'ouvrage. En reproduisant le tout dans son édition de Voltaire, M. Beuchot a fait ce qu'il avait fait pour les Mémoires de Dangeau, c'est-à-dire qu'il a reproduit les passages des Souvenirs sur lesquels portaient les notes de Voltaire.

305. Adorateurs (les), ou les Louanges de Dieu, ouvrage unique de M. Imhof, traduit du latin. 1769, in-8 de 42 pages.

Ce fut la même composition dont on se servit pour l'impression qui fait partie du tome II des *Choses utiles et agréables*.

Une partie de cet opuscule a été reproduite par Voltaire dans ses Questions sur l'Encyclopédie, au mot Éternité.

A, B, C (l'), ou Dialogues, etc., 1769. (Voy. n. 26 et 47).

306. Lettre (anonyme) écrite du bas Dauphiné, à M. de Voltaire, le 1er février 1769, et la Réponse. 1769, in-8 de 32 pages. — Autre édition. 1769, in-8 de 35 pages.

Dans les « Mémoires secrets », à la date du 4 mai 1769, on lit:

« Il paraît un petit recueil de pièces relatives à Nonotte. Ce sont des lettres, des attestations de MM. Damilaville, Bigex, Wagnière, etc. Cet assemblage paraît avoir été fabriqué à Ferney. On y attribue la cause de la haine des jésuites contre M. de Voltaire à une très-bonne œuvre de sa part. On est si fort en garde contre le persiflage de ce philosophe, qu'on ose rien croire sur sa parole; mais on rit à bon compte aux dépens de ses victimes; et c'est vraisemblablement tout ce qu'il demande ».

Wagnière dit dans ses notes : « Ce recueil a paru en effet du consentement de M. de Voltaire ».

Je crois, dit M. Beuchot, que Wagnière n'a pas tout dit, et que Voltaire est pour plus que son consentement dans la *Lettre anonyme*.

Cette Lettre avait échappé à tous les éditeurs qui ont précédé M. Beuchot, et cependant il en existait deux éditions séparées. M. Beuchot a suivi dans sa réimpression la seconde édition.

307. Canonisation (la) de saint Cucufin, frère d'Ascoli, par le pape Clément XIII, et son apparition au sieur Aveline, bourgeois de Troyes, mise en lumière par le sieur Aveline lui-même. Troyes, chez monsieur ou madame Oudot, 1767. Sans date (1769), in-8 de 24 pages. ·

C'est à la date du 17 mai 1769 que les « Mémoires secrets » parlent de la « Canonisation de saint Cucufin ». La date de 1767 et l'intitulé donneraient à penser que l'ouvrage avait déjà été imprimé à Troyes. Il n'en est rien. L'auteur fit entrer cet opuscule dans le tome Ier des *Choses utiles et agréables*. M. Beuchot croit que c'est la même composition qui a servi pour ce recueil et pour l'édition séparée.

308. Lettres (trois) à l'abbé Foucher. 1769.

Signées BIGEX.
Ces *Lettres* ont toujours été imprimées dans la Correspondance de Voltaire jusqu'à M. Beuchot, qui les a placées dans les Mélanges, tome IX, p. 181 et suivantes.

309. Défense de Louis XIV. Sans date (1769), in-8 de 29 pag.

Cette *Défense* est de la fin de 1769; car un passage des « Éphémérides du citoyen », qui y est cité, est dans le volume dont l'approbation du censeur est du 13 octobre 1769. C'est à la date du 1er décembre 1769 que la « Correspondance de Grimm » parle de cette *Défense*. Cet écrit fait aussi partie du tome II des *Choses utiles et agréables*. Voltaire fit quelques changements dans la réimpression qui fait partie du tome XI des Nouveaux Mélanges, daté de 1772. D'autres changements furent faits en 1775.

Dans cette année 1769 parurent aussi les *Choses utiles et agréables*, Berlin, 1769, 3 vol. in-8, ouvrage dans lequel, ainsi qu'on l'a vu par nos annotations précédentes, Voltaire a fait insérer plusieurs premières éditions de ses écrits. La même année parut encore le premier volume de *l'Évangile du jour*, collection d'opuscules philosophiques, faite ou publiée par Voltaire. Cette collection, qui forme dix-huit volumes in-8, fut continuée jusqu'en 1778; les quatre derniers volumes portent sur le frontispice la date de 1780. Tout ce qui, dans ces deux recueils, était de Voltaire a été reproduit par lui ou par ses éditeurs dans les recueils de ses OEuvres.

310. Requête à tous les magistrats du royaume, etc. 1770. (Voy. n. 67).

311. Lettre de l'auteur de la tragédie des Guèbres aux rédacteurs du « Journal encyclopédique ». Signée L... H....

Imprimée d'abord dans le « Journal encyclopédique », second volume de mars 1770, page 460; elle n'avait été reproduite par aucun éditeur de Voltaire avant M. Beuchot.

312. Au roi en son conseil, pour les sujets du roi qui réclament la liberté en France; contre des moines bénédictins devenus chanoines de Saint - Claude en Franche-Comté. 1770. (1).

C'est le premier des écrits de Voltaire pour les serfs du Mont-Jura; il en a publié plusieurs autres depuis, et qui sont :
Nouvelle Requête, septembre 1770.
Coutume (la) de la Franche-Comté, sur l'esclavage imposé à des citoyens par une ancienne coutume. 1771.
Voix (la) du curé. 1772.
Extrait d'un Mémoire. 1775.
Supplique à Turgot. 1776.
On peut regarder comme relatifs au même sujet, la *Lettre au R. P. Polycarpe*, et la *Lettre d'un bénédictin*. Le dernier écrit de Voltaire, à ce sujet, est une *Requête*, de 1777.
Les éditeurs de Kehl ont réuni, dans un des volumes intitulés : « Politique et Législation », les divers écrits de Voltaire pour les habitants du Mont-Jura et du pays de Gex. M. Beuchot, dans son édition des OEuvres de Voltaire, a classé tous ces écrits parmi les Mélanges, et aux dates de leurs compositions.
Voy. aussi le n° 70.

313. Traduction du poëme de Jean Plokof, conseiller de Holstein, sur les affaires présentes. 1770.

Plokof est un personnage imaginé par Voltaire, qui est le véritable auteur de cet écrit. Les « Mémoires secrets » en parlent à la date du 9 mai 1770.

314. Notes sur le « Cymbalum Mundi » (de Bonaventure Des Périers). 1770.

Dans le tome III des *Choses utiles et agréables*, 1770, volume extrêmement rare, est réimprimé le « Cymbalum Mundi », de Bon. Des Périers, *avec des notes intéressantes*. Ces notes, qui sont de Voltaire, portent non-seulement sur les quatre dialogues composant le « Cymbalum Mundi », et sur la « Lettre de Thomas Du Clavier à son ami Pierre Tryocans », qui se trouvent dans l'édition originale de 1537 du « Cymbalum mundi », mais encore sur l'Avertissement mis, par Prosper Marchand, en tête de l'édition qu'il donna, en 1732, de cet ouvrage.
Les notes de Voltaire n'avaient été admises dans

____

(1) Ce numéro eût été mieux placé dans notre section *Politique et Législation*, p. 291 et suiv.

encune édition des OEuvres de Voltaire avant celle de M. Beuchot : eu reproduisant ces notes, l'éditeur que nous venons de nommer a dû, pour leur intelligence, reproduire les passages du « Cymbalam Mundi », sur lesquelles elles portent.

315. Lettre d'un jeune abbé. 1771.

Ce petit écrit doit être de la fin de février ou du commencement de mars 1771. Voltaire, qui n'avait cessé de s'élever contre la vénalité des charges, applaudit aux opérations du chancelier Meaupeou, qui supprima cette vénalité. Son intérêt personnel se trouva, dans les circonstances, d'accord avec ses opinions. L'*Histoire du Parlement*, publiée par Voltaire, en 1769, allait être l'objet d'un réquisitoire, lorsque les parlements furent supprimés. De nombreuses réclamations s'élevèrent; de nombreux écrits furent publiés contre les actes du ministère. Voltaire prit leur défense par quelques opuscules qui n'ont été admis dans les éditions de Kehl pour deux raisons : 1° les parlements étaient rétablis lorsqu'on fit ces éditions; 2° les éditeurs de Kehl n'avaient pas ces écrits de Voltaire, et feu Decroix, l'un d'eux, ne les avaient pas encore en 1820. Mais il en connaissait les titres, qu'il donna à M. Beuchot. Grâces à ces indications, ce dernier a pu retrouver la plus grande partie de ces écrits. Le chancelier Maupeou fit imprimer un « Recueil de toutes les pièces intéressantes publiées en France, relativement aux troubles des parlements », 1771, 2 vol. in-12. Ces deux volumes, sur les faux-titres desquels on lit : « Code des Français », contiennent plusieurs écrits de Voltaire; mais la préface désigne comme étant de lui des pièces qui ne sont pas de lui, et qui sont aussi admises dans le « Recueil ».

Voici les titres des opuscules de Voltaire relatifs au parlement Maupeou, outre la *Lettre d'un jeune abbé*, citée précédemment, que M. Beuchot a admis dans le dixième volume des Mélanges de son édition.

1° *Réponse aux Remontrances de la Cour des aides;* par un membre des nouveaux conseils.—Les très-humbles et très-respectueuses remontrances de la cour des aides au roi, du 18 février 1771, avaient été rédigées par Malesherbes, alors président de cette cour. La *Réponse* que Voltaire priait Richelieu de lui envoyer, le 11 mars 1771, fut d'abord imprimée sous les yeux de l'auteur. Le chancelier Maupeou l'avait fait réimprimer à Paris, en y faisant quelques changements, et c'est probablement de la réimpression que Voltaire parle dans sa lettre à Richelieu.

2° *Avis important d'un gentilhomme à toute la noblesse du royaume.* — Voltaire désavoue cette pièce dans sa lettre au prince de Beauvau, du 5 avril 1771. Ce désaveu prouve que l'Avis important est du mois de mars.

3° *Sentiments des six conseils établis par le roi et de tous les bons citoyens.*

4° *Très-humbles et très-respectueuses remontrances du grenier à sel.* (Voy. le n° 68).

5° *Peuples (les) aux parlements.* — Cet écrit est incontestablement de Voltaire; voyez la lettre à Richelieu, du 20 mai 1771 : il s'en fit plusieurs éditions. Le chancelier en fit faire une avec quelques changements. Quoiqu'il fut très content (dit Voltaire dans sa lettre à Richelieu, du 3 juin 1771). Maupeou avait « changé deux mots et fait réimprila chose ». Cette édition présente en effet deux différences avec le texte qu'on trouve dans le tome XI des « Nouveaux Mélanges ».

6° *Équivoque (l').* 1771.

Il est un autre écrit qui a échappé à toutes les recherches faites jusqu'à ce jour. C'est celui auquel Voltaire fait allusion dans sa lettre à Saint-Lambert, du 7 avril 1771, et qui était intitulé : *Lettre d'un*

bourgeois de Genève à un bourgeois de Lyon, d'après une note communiquée par feu Decroix.

Dans le Discours préliminaire en tête du « Recueil de toutes les pièces intéressantes », cité plus haut, on met au nombre des pièces attribuées à Voltaire, l'*Extrait d'une lettre en date de Londres* (du 3 mai 1771), *la Folie de bien des gens dans les affaires présentes*, et *Raisons pour désirer une réforme dans l'administration de la justice.* La dernière de ces trois pièces ne serait pas indigne de Voltaire, dit M. Beuchot ; mais je ne puis le croire, ajoute-t-il, l'auteur des deux autres. « Quoique ces trois pièces soient « reproduites dans le « Recueil », ce n'a pas été une « autorité suffisante à mes yeux quand j'ai vu qu'on « reproduisait, sans indiquer qu'il est de Voltaire, « l'écrit intitulé *les Peuples aux parlements* ».

Lors du rétablissement des parlements, en 1774, il parut « la Ligue découverte, ou la Nation vengée », lettre d'un Kaquer à F. M. A. de Voltaire, sur les affaires du temps et l'heureux avènement au trône de Louis XVI. On reproche à Voltaire son silence sur les nouveaux événements.

316. Sermon du papa Nicolas Charisteski, prononcé dans l'église de sainte Toleranski, village de Lithuanie, le jour de sainte Épiphanie. 1771.

Les prémices de cet opuscule étaient dus à l'impératrice de Russie, et Voltaire lui en fit hommage le 15 mai 1771. « C'est, disait-il, une réponse mo-« deste aux mensonges un peu grossiers et ridi-« cules que les confédérés ont fait imprimer à Paris ». On avait publié un « Manifeste de la république confédérée de Pologne », du 15 novembre 1769. Dantzig (Paris), 1771, in-4.

Méprise (la) d'Arras, et procès criminel de Montbailli et de sa femme. 1771. (Voy. n. 69).

Lettres de Memmius à Cicéron. 1771. (Voy. n. 40).

317. Tocsin (le) des rois. 1771.

C'est une exhortation que Voltaire adresse aux souverains pour les engager à se réunir pour chasser enfin les mahométans de l'Europe.

318. Discours du conseiller Anne Dubourg à ses juges. 1771.

319. Lettre de M. de Voltaire à un de ses confrères de l'Académie française (sur Clément, de Dijon). *Genève (Paris, Valade)*, 1772, in-8 de 7 pages; — 1776, in-8.

Cette Lettre a été imprimée aussi, mais sans l'*Avis de l'imprimeur* qui le termine, dans le « Mercure de 1772, tome Ier d'avril, 203. On peut donc penser qu'il est du mois de mars.

Lettre à M. le marquis de Beccaria, etc., au sujet de Morangiés. 1772. (Voy. n. 72).

320. Lettre sur un écrit anonyme. 1772.

En réponse aux « Réflexions sur la jalousie, pour servir de commentaire aux derniers ouvrages de Voltaire.

Essai sur les probabilités en fait de justice. 1772. (Voy. n. 71).

Il faut prendre un parti, etc. 1772. (Voy. n. 39).

321. Réflexions philosophiques sur le procès de mademoiselle Camp, et réponse à l'abbé de Caveyrac (sur son Apologie de XIV). 1772, in-8 de 12 pages.

Cet opuscule contient, outre les Réflexions, une ode pour le 24 auguste ou août 1772.

322. Quelques petites hardiesses de M. Clair, à l'occasion d'un panégyrique de saint Louis (celui de l'abbé, depuis cardinal Maury). Sept. 1772.

323. Voix (la) du curé, sur le procès des serfs du Mont-Jura. Octobre 1772.

C'est le cinquième écrit de Voltaire en faveur des serfs du Mont-Jura.

Nouvelles probabilités en fait de justice, etc. 1772. (Voy. n. 72).

324. Fragment d'une lettre sur les Dictionnaires satiriques. 1773.

Contre le « Dictionnaire philosopho-théologique », de l'abbé Paulian.
La première édition connue est celle qui fait partie du volume intitulé : « Lettres chinoises, indiennes et tartares, etc. », 1776, in-8.

325. Réponse à cette lettre. 1773.

Publiée sous le nom de M. de Morza. — Écrit contre l'abbé Sabatier, et ses « Trois Siècles de la littérature ».
Cette Réponse fut aussi publiée, en 1776, dans le volume intitulé : « Lettres chinoises, etc. ». Les éditeurs de Kehl, et autres, l'avaient intitulée : *Fragment d'une lettre sous le nom de M. de Morza.*

Discours de Me Belleguier. 1773. (Voy. n. 41).

326. Lettre anonyme adressée aux auteurs du « Journal encyclopédique », au sujet d'une nouvelle Épître de Boileau à M. de Voltaire (par Clément, de Dijon). 1773.

Imprimée dans le « Journal encyclopédique », cahier du 15 mars 1773. Dans les éditions de Kehl, et autres, ce morceau est intitulé : *Observations sur une nouvelle Épître de Boileau à Voltaire, lettre anonyme, etc.* C'était la seconde fois que Voltaire occupait le public des vers de Clément. (Voy. le n° 319).

Déclaration sur le procès du comte de Morangiés. 1773. (Voy. n. 72).

Réponse à l'écrit d'un avocat. 1773. (Voy. n. 72).

327. Philosophe (le), par Dumarsais. 1763.

C'est l'abrégé d'un ouvrage de Dumarsais, portant le même titre, imprimé primitivement en 1743, dans un volume intitulé « Nouvelles libertés de penser ». Voltaire fit imprimer sa rédaction à la suite des *Lois de Minos*, 1773, in-8.

Précis du procès de M. le comte de Morangiés contre la famille Véron. 1773. (Voy. n. 72).

Lettres (quatre) à MM. de la noblesse du Gévaudan, qui ont écrit en faveur de M. le comte de Morangiés. 1773. (Voy. n. 72).

Fragments historiques sur l'Inde, et sur le général Lally. Juin - décembre 1773. (Voy. la section : HISTOIRE).

Fragment sur la justice, etc. 1772. (Voy. n. 72).

Fragment sur le procès criminel de Montbailly. 1773. (Voy. n. 73).

Fragment sur l'histoire générale. 1773. (Voy. la section : HISTOIRE).

328. Lettre d'un ecclésiastique sur le prétendu rétablissement des jésuites dans Paris. 20 mars 1774.

Il est parlé de cette *Lettre* dans les « Mémoires secrets », dès le 24 mars 1774.

Éloge funèbre de Louis XV. 1774. (Voy. la section : BIOGRAPHIE).

329. De la mort de Louis XV, et de la fatalité. 1774, in-8.

Cet opuscule, qui dans l'édition originale, a sa pagination particulière, fut distribué en même temps que l'*Éloge funèbre de Louis XIV*, si j'en juge, dit M. Beuchot, par le grand nombre d'exemplaires que j'ai vus de ces deux écrits brochés ensemble. C'est à la date du 13 juin 1774 que les « Mémoires secrets » parlent de tous deux.

330. Au roi en son conseil. 1774.

C'est le premier des écrits de Voltaire pour le pays de Gex : il fut suivi de onze autres, dont voici les titres :

1° *Lettre écrite à M. Turgot*, contrôleur-général des finances, par MM. les syndics généraux du clergé, de la noblesse et du tiers-état du pays de Gex. 26 nov. 1774.—Morceau publié, pour la première fois, en juin 1827, par M. Clogenson, qui dit que Voltaire se contenta probablement de rendre le style un peu moins pesant, et la rédaction plus courte.

2° *Notes concernant le pays de Gex*. 1775.

3° *Mémoire sur le pays de Gex*. 31 mars 1775.

4° *Mémoire des états du pays de Gex*, 1775.

5° *Mémoire du pays de Gex*. 1775.

6° *A M. Turgot, ministre d'État, etc.* 1775.

7° *Mémoire à M. Turgot*. 1776.

8° *Prières et Questions adressées à M. Turgot, contrôleur-général*. 1776.

9° *Supplique à M. Turgot*. 1776.

10 *Déclaration des États de Gex, du 14 mars 1776, à Mgr le contrôleur-général.*

11° *A M. Turgot.*

Les numéros 1, 2, 3 et 10, ont été imprimés, pour la première fois, en 1827, par les soins de M. Clogenson, pour son édition des OEuvres de Voltaire.

331. Au révérend père en Dieu, messire Jean de Beauvais, créé par le feu roi, Louis XV, évêque de Senez. (Contre l'Oraison funèbre de Louis XV, par ce prélat). Août 1774, in-8 de 8 pages.

332. Sentiment d'un académicien de Lyon, sur quelques endroits des Commentaires de Corneille.

C'est une réponse à l'Examen du Commentaire sur Corneille, que Clément, de Dijon, avait fait dans ses V[e] et VIe Lettres à Voltaire, 1774. Les *Sentiments d'un académicien de Lyon* furent imprimés dans le Mercure de décembre 1774, pages 224—34.

333. De l'Encyclopédie.

Opuscule imprimé pour la première fois vers la fin de 1774, à la suite de la tragédie de *Don Pèdre.*

De l'Ame, par Soranus. 1774. (Voy. n. 42).

334. Petit écrit sur l'arrêt du conseil du 13 septembre 1774, qui permet le libre commerce des blés dans le royaume. 1775, in-8 de 7 pages.

Imprimé aussi dans le « Mercure », second volume de janvier 1775, pages 160—166.

Diatribe à l'auteur des Éphémerides. 1775. (Voy. n. 74).

335. Article extrait du Mercure de juin 1775, sur la satire de Clément, intitulée : Mon dernier mot. 1775.

Cri (le) du sang innocent. 1775. (Voy. n. 75).

336. Édits (les) de S. M. Louis XVI pendant l'administration de M. Turgot. 1775.

337. Extrait d'un Mémoire pour l'entière abolition de la servitude en France. 1776.

338. A M***, sur les Anecdotes. 1775.

Impr. pour la première fois en 1776, à la suite du Commentaire historique sur les OEuvres de l'auteur de la Henriade.

339. Lettre sur la prétendue comète. 1773, in-8 de 20 pages.

L'astronome Lalande ayant publié un Mémoire intitulé : « Réflexions sur les comètes qui peuvent approcher de la terre », on s'imagina bientôt qu'une comète avait été prédite par lui, et qu'elle dissoudrait la terre sous peu.

La Lettre de Voltaire parut d'abord dans le « Journal encyclopédique », du 1er juin 1773.

340. Lettres chinoises, indiennes et tartares, à M. Pauw; par un bénédictin. Avec plusieurs autres pièces intéressantes. 1776, in-8 de IV et 292 pages.

Cet ouvrage est de 1776. Voltaire en parle dans sa lettre à d'Argental, du 6 mars. Les « Mémoires secrets » en parlent dès le 12 avril.

Les *Lettres chinoises*, etc., ne remplissent que 144 pages. Les autres pièces contenues dans le volume sont :

a) Dialogue de Maxime de Madaure, qui n'est que de 1776, quoique M. Beuchot l'ait d'abord rangé parmi les écrits de 1766.

b) Lettres de M. le chevalier de Boufflers à madame sa mère.

c) Lettre de Voltaire à l'abbé d'Olivet, du 5 janvier 1767.

d) Fragment d'une autre lettre au même.

e) Mois (le) d'Auguste, épître (en vers) à M. de Voltaire, par François de Neufchâteau.

f) Sentiment d'un académicien de Lyon.

g) Vers sur un bref attribué au pape Clément XIV; par Bordes.

h) Finances (les), satire en vers.

i) Fragment d'une Lettre sur les Dictionnaires satiriques, et Réponse de M. de Morza.

341. Lettre de M. de La Visclède (Voltaire) à M. le secrétaire perpétuel de l'Académie de Pau. 1776.

Les éditeurs de Kehl donnent à cette pièce la date de 1776, et, d'après l'opinion de M. Beuchot, avec raison. Le conte des Filles de Minée, imprimé aussi sous le nom de La Visclède, est de 1775; mais l'édition avec cette date, que M. Beuchot a eu sous les yeux, ne contient pas la Lettre. Cette *Lettre* est, avec d'autres morceaux de Voltaire, à la suite d'une édition de « l'Histoire de Jenni, ou le Sage et l'Athée », 1776, in-8.

342. Lettre du R. P. Polycarpe, prieur

des bénédictins de Chézeri, à M. l'avocat-général Séguier. 1776.

A l'occasion de la condamnation, sur le réquisitoire de l'avocat-général Séguier, de la brochure de P.-F. Boncerf, intitulée : « les Inconvénients des droits féodaux », lacérée et brûlée au pied du grand escalier du Palais par l'exécuteur de la haute justice.

343. Lettre d'un bénédictin de Franche-Comté à M. l'avocat-général Séguier.

Sur le même sujet que la Lettre précédente.

344. Remontrances du pays de Gex au roi. 1776.

Ces *Remontrances* sont du mois de mars 1776. Les « Mémoires secrets » en parlent à la date du 26 de ce mois. Elles avaient été composées pour répondre aux remontrances qu'avait faites le parlement de Dijon sur l'édit des franchises du pays de Gex.

345. A M. du M*** , membre de plusieurs académies, sur plusieurs anecdotes. 1776.

Imprimé pour la première fois dans le Voltaire de Kehl, mais sans que les éditeurs lui aient assigné de date. Il est postérieur aux « Lettres chinoises, etc. », où Voltaire (Lettre XI) a parlé du conte philosophique concernant Alexandre, et qu'il rappelle dans ce nouvel écrit.

346. * Commentaire historique sur les OEuvres de l'auteur de la « Henriade », avec les pièces originales et les preuves. *Bâle, les héritiers de Paul Duker; — ou Neufchâtel,* 1776, in-8 de IV et 232 pages.

Voyez l'explication que donne M. Beuchot sur cet ouvrage dans la préface de sa réimpression, au tome XII des « Mélanges », page 311.

« Ce n'est point au nom de Voltaire, mais sous sa dictée, qu'a été écrit le *Commentaire historique.* Cependant Wagnière, pendant son voyage en Russie, s'en disait l'auteur, et, depuis son retour en France, il parlait de son *Commentaire historique.* Un littérateur, M. G. Feydel, dans « Un cahier d'histoire littéraire » (1818, in-8, pages 1 à 11), revendique cet ouvrage en faveur de l'avocat Christin. M. Beuchot, dans sa préface, a démontré le peu de vraisemblance qu'il y a dans ces deux opinions contradictoires.

A la suite de la première édition et des réimpressions antérieurs aux éditions de Kehl, étaient, sous le titre de *Lettres véritables, etc.,* vingt-neuf morceaux en prose, et le conte en vers intitulé : *Sésostris.* La plus grande partie des vingt-neuf morceaux en prose est dans les éditions de Kehl, comme dans toutes celles qui les ont suivies, y comprise celle de M. Beuchot, à leurs dates dans la Correspondance : le reste, dans les Mélanges.

Les éditeurs de Kehl, en réimprimant le *Commentaire historique* dans les « Mélanges littéraires », y intercalèrent tout ce qu'ils purent des | « Mémoires pour servir à la vie de M. de Voltaire », qu'ils ne croyaient pas alors pouvoir publier en entiers, mais en mettant à la troisième personne, comme dans le Commentaire, le récit, qui, dans

les « Mémoires », est la première. Les éditeurs qui sont venus après ont évité cette confusion.

347. Lettre de M. de Voltaire à l'Académie française (sur Shakspeare), lue dans cette Académie, à la solennité de la S. Louis, le 25 auguste 1776. *Genève,* 1776, in-8. — Seconde Lettre. 1776, in-8.

Ce sont ces deux lettres que Voltaire appelait son factum contre Gilles Shakspeare et contre Pierrot Letourneur. Elles ont été imprimées long-temps comme ne formant qu'une lettre divisée en deux parties. C'est d'après un exemplaire communiqué à M. E. A. L. par A.-A. Barbier, que l'éditeur que nous venons de désigner, a donné le texte de ces deux lettres, corrigées par Voltaire, et augmentées de plusieurs morceaux écrits de sa main.

Cette Lettre donna lieu à la publication de quelques critiques que nous rappelons dans la seconde partie de cette notice.

Une édition de ces lettres fut publiée, il y a treize ans, sous un titre ainsi conçu : Lettre de M. de Voltaire à l'Académie française sur Shakspeare et son théâtre. Paris, Renduel, 1827, in-18 de 36 pag.

348. Au roi en son conseil. (En faveur du pays de Gex). Nov. 1776.

349. Vieillard (le) du mont Caucase aux juifs portugais, allemands et polonais. *Rotterdam,* 1777 (1776), in-12 de IV et 296 pag, avec un portrait; — *Londres,* 1785, in-8.

Réfutation des « Lettres de quelques Juifs, etc. », de l'abbé Guenée.

Dès la première édition des Lettres de Guenée, en 1769, Voltaire avait fait une courte réponse à Guenée, dans l'article FONTE des « Questions sur l'Encyclopédie ». Mais il revint à charge en faisant imprimer, à la fin de 1776, *le Vieillard du mont Caucase, etc.* Suivant l'usage reçu en librairie de dater de l'année suivante les ouvrages publiés dans les derniers mois de l'année, ce volume porte la date de 1777. En le faisant réimprimer peu après, Voltaire l'intitula : *Un chrétien contre six juifs,* ou *Réfutation d'un livre intitulé : Lettres de quelques juifs portugais, allemands et polonais,* titre sous lequel il a été réimprimé, soit séparément, soit dans les OEuvres de Voltaire ; ce qui n'a pas empêché l'auteur de la Notice sur Guenée, en tête de la neuvième édition des « Lettres de quelques juifs », 1817, 3 vol. in-12, de dire affirmativement : « Voltaire ne répliqua point ».

Bible (la) enfin expliquée. 1776. (Voy. n. 43).

350. Requête au roi, pour les serfs de Saint-Claude, etc. 1777.

Dans beaucoup d'éditions des OEuvres de Voltaire on donne à cette Requête la date » De la fin de 1775 ». Mais, comme l'a observé M. Clogenson, il en est parlé comme d'un ouvrage tout récent dans les « Mémoires secrets » du 17 février 1777.

351. Articles extraits du « Journal de politique et de littérature ». 1776.

Ces extraits, au nombre de cinq, sont des comptes rendus d'ouvrages, et ont pour objet ceux-ci : *a*) de l'Homme, ou des Principes et des lois de l'influence de l'âme sur le corps, et du corps sur l'âme; par J.-P. Marat; *b*) sur le livre De la Félicité publique, par le marq. de Chastellux, nouv. édition; *c*) sur l'ouvrage intitulé : la Vie et les opinions de Tristan Shandy, traduites de l'angl. de Sterne, par M. Frenais; *d*) sur l'Histoire véritable des temps fabuleux, etc.; par M. Guérin Durocher; *e*) sur les Mémoires d'Adrien-Maurice de Noailles, duc et pair, maréchal de France, ministre d'État.

Commentaire sur « l'Esprit des lois ». 1777. (Voy. n. 77).

Dialogues d'Evhémère. 1777. (Voy. n. 44).

Prix de la justice et de l'humanité. 1777. (Voy. n. 78).

Dernières Remarques sur les Pensées de Pascal, et sur quelques autres objets. 1777. (Voy. n. 3).

Histoire de l'établissement du christianisme. 1777. (Voy. n. 45).

352. Lettre de Voltaire à La Harpe, sur l'ouvrage intitulé : De notre langue comparée aux langues grecque et romaine, et de la Littérature ancienne et moderne; et Réponse de La Harpe à Voltaire.

Imprimées dans les Œuvres de La Harpe, édition de 1778, 6 vol. in-8.

353. Pensées, Remarques et Observations de Voltaire. Ouvrage posthume (publié par PICCINI fils). *Paris*, 1802, in 8 et in-12.

Il sembla à plusieurs personnes, lorsque ce volume parut, que Voltaire devait être l'auteur d'une partie des fragments qu'il renferme; mais qu'on pouvait avoir des doutes sur beaucoup d'autres. La Harpe, consulté par M. Beuchot, en 1802, sur le degré de confiance qu'on devait avoir dans cette publication, partagea les doutes du futur éditeur de Voltaire sur ces informes et misérables rapsodies que l'on nomme *Tablettes de Voltaire*.

Ce volume avait d'abord paru sous le titre de *Pensées philosophiques de Voltaire. Ouvrage posthume*. Paris, de l'impr. de Didot aîné. — Barba, an x (1802), in-12, 1 fr. 50 c.; sur carré fin d'Angoulême, 2 fr.; in 8, sur carré fin d'Essonne, 3 fr. 60 c., et sur Jésus vélin, 12 fr.

M. A.-A. Renouard a, le premier, en 1821, admis dans le tome XLIII de son édition des Œuvres de Voltaire un choix fait par lui de ces *Pensées*, choix qui a été reproduit par les éditeurs qui sont venus après lui.

354. Réponse de V. à une dame qui reprochait à La Dixmerie d'avoir maltraité, dans ses Contes, les femmes de quarante ans.

(Magazin encycl., onzième année, 1816, t. III, page 150).

Pièces inédites de Voltaire, imprimées d'après les manuscrits originaux. (Voy. n. 99).

Dans le XIVe volume des Mélanges de son édition des Œuvres de Voltaire, imprimé en 1834, M. Beuchot a donné divers morceaux négligés par ses devanciers, et quelques autres qui n'avaient jamais vu le jour : ce sont ceux dont l'indication suit :

355. Remarques (sur quelques ouvrages): 1° sur le Christianisme dévoilé, etc.; 2° sur l'Existence de Dieu démontrée par les merveilles de la nature, par M. Nieuwentyt; 3° sur le Bon sens, ou Idées naturelles opposées aux idées surnaturelles.

356. Système (le) vraisemblable. Fragment.

357. Lettre de M. Hude, échevin d'Amsterdam, écrite en 1620.

358. Prière du curé de Frêne.

Ces trois morceaux ont été publiés par M. Beuchot, sur des manuscrits écrits de la main de Wagnière.

359. Sommaire des droits de S. M. le roi de Prusse sur Herstall. Herstall, 30 septembre 1740.

Extrait de la « Gazette d'Amsterdam », du 7 octobre 1740.

360. Mémoire.

Ce *Mémoire*, attribué à Voltaire, dans le temps où il en circula des copies à Paris, est bien certainement de lui. Il fut composé vers le moment où Frédéric II se disposait à faire brûler la Diatribe du docteur Akakia par la main du bourreau, sur une place publique de Berlin (24 décembre 1752), et quelques jours avant que le philosophe-chambellan renvoyât au Salomon du Nord les grelots et la marotte dont le prince l'avait décoré; ce qui fixe la date dudit Mémoire à la seconde moitié de décembre 1752.—Imprimé pour la première fois sur une copie appartenant à la bibliothèque cantonale de Lausanne.

—

361. Mélanges de littérature et de morale (recueillis et publiés par J.-B.-M. GENCE). *Paris, Treuttel et Wurtz*, 1833, 2 vol. in-8, avec portr., 6 fr.; et sur papier vélin, 9 fr.

Ces deux volumes ne sont pas plus que les *Mélanges de philosophie*, cités sous le n° 55, tirés des *Mélanges* publiés par Voltaire : la réunion des matières composant les deux volumes que nous citons ici appartient à l'éditeur, qui, dans son Avant-propos, nous initie à leur distribution.

» Pour établir un ordre compatible, autant qu'il se peut, avec l'ordre chronologique, nous avons divisé ces Mélanges, 1° en objets généraux concernant la littérature, les littérateurs, les Sociétés académiques, etc., extraits de *Lettres philosophiques* et d'autres *Lettres* ; 2° en articles particuliers de littérature grammaticale et oratoire, extraits de l'Encyclopédie et du *Dictionnaire philosophique*, où ils se trouvaient disséminés : ces deux sections forment le premier volume ; 3° en morceaux sur divers genres de littérature historique, de poésie et de critique, tirés du même *Dictionnaire*, avec des extraits de la *Connaissance des beautés et des défauts de la poésie et de l'éloquence*, et suivis de ses excellents *Conseils à un journaliste* ; — 4° en divers mélanges moraux et politiques, aussi bien écrits que bien pensés, et pleins d'érudition littéraire, où l'auteur ne se borne pas à indiquer les vues utiles et les améliorations en tout genre qu'il propose ; mais son éloquence, vive et forte, les commande dans le *Cri des nations*. Telle est la matière du deuxième volume ».

« Il résulte de cette distribution méthodique que le *Discours de réception* de l'auteur à l'Académie française, ouvrage de sa maturité, termine la première partie de ses ouvrages littéraires, au lieu de le commencer, et précède les articles sur la grammaire, l'éloquence et la poésie, qui en sont l'application ».

Ces deux volumes, par suite des dispositions que leur éditeur vient de nous faire connaître, sont classés en quatre sections : *Lettres et Discours sur la littérature ancienne, française et étrangère ; — Articles littéraires sur les qualités de l'esprit, le langage et le style ;—Préceptes et Conseils sur divers genres de littérature et de morale.*

III. CORRESPONDANCE (1).

Rangée par ordre chronologique d'impression de chacune des parties séparées qui, plus tard, ont servi à former la « Correspondance générale ».

362. Lettre au roi Stanislas. *Genève*, 1760, in-8 de 8 pag.

Datée des Délices, le 15 août 1760.

363. Lettres secrètes de M. de Voltaire, publiées par M. L. B. (J.-B.-R. Robinet). *Genève(Amsterdam)*, 1765, in-8 ; et *Francfort*, 1765, in-8.

Les initiales L.-B. furent mises pour faire attribuer l'ouvrage à La Beaumelle. Voltaire fut très-mécontent de la publication de ce volume.

364. Lettres de M. de Voltaire à ses amis du Parnasse, avec des notes historiques et critiques (publiées par J.-B.-R. Robinet). *Genève (Amsterdam)*, 1766, in-8 de viij, 16 et 200 pages.

C'est contre ce recueil de lettres qu'est dirigé l'opuscule de Voltaire intitulé : *Avis au public.* (Voy. n° 276). Voltaire accuse l'éditeur d'avoir altéré et empoisonné le peu de lettres qu'il a pu ramasser de lui. Son mécontentement fut assez vif pour revenir deux autres fois sur les deux publications de Robinet : dans ses « Honnêtetés littéraires » (la 15ᵉ est dirigée contre ces deux recueils de lettres), et dans son « Commentaire historique ».

365. Lettre de M. de Voltaire à M. l'abbé Moussinot, son trésorier, écrites depuis 1736 jusqu'en 1742 ; dans lesquelles on voit quelques détails de sa fortune, de ses bienfaits, quelles furent alors ses études, ses querelles avec Desfontaines, etc. ; publiées par M. l'abbé D*** (Du Vernet). *La Haye, et Paris, Moutard*, 1761, in-8.

366. Lettres curieuses et intéressantes de M. de Voltaire, et de plusieurs autres personnages distingués par leur rang et leur mérite. Avec des réflexions et des notes. Par M. A. D. *Dublin, W. Hallhead*, 1781, in-8 de x et 246 pag.

A la suite des Lettres on trouve des *Réflexions sur la guerre*, suivies de notes, et des *Anecdotes sur la vie de milord Maréchal.*

367. Correspondance de Voltaire et du cardinal de Bernis, depuis 1761 jusqu'à 1777, publiée d'après leurs lettres originales, avec quelques notes, par le cit. Bourgoing. *Paris, Dupont ; l'Éditeur*, an VII (1799), in-8, 3 fr.

Voyez, sur cette Correspondance, le Magasin encyclopédique, IVᵉ année, tome V, page 416.

368. Fragment d'une Correspondance entre Frédéric, roi de Prusse, et Voltaire. In-8.

---

(1) Dans l'édition la plus complète des OEuvres de Voltaire, celle de M. Beuchot, la Correspondance générale, ne renferme pas moins de 7,473 lettres, adressées à plus de cent quatre personnes. Depuis 1834 que son impression est terminée, de nouvelles lettres ont été découvertes et imprimées. Et pourtant un grand nombre sont encore inédites ; nous connaissons pour notre part deux possesseurs de recueils de lettres inédites de Voltaire dont on pourrait former quatre volumes, mais qui ne verront probablement jamais le jour, parce qu'il y a déjà trop de lettres de Voltaire imprimées. L'un de ces propriétaires sont les MM. Firmin Didot frères ; l'autre est M. Moelher, archiviste et bibliothécaire du duché de Saxe-Gotha. MM. de Cayrol et L. Dubois, qui se sont plus particulièrement occupés de recherches sur la Correspondance de Voltaire, connaissent au delà de mille lettres inédites, a ajouter aux deux recueils dont nous venons de parler, aussi bien que la correspondance de Voltaire avec Turgot, qui n'a pas été retrouvée jusqu'à ce jour. On voit alors qu'à moins de prendre une très-grande étendue, il ne nous eût pas été possible de présenter cette section d'après les noms des nombreux correspondants de Voltaire, et pour chacun d'eux dans l'ordre chronologique.

369. Lettres inédites de Voltaire à Frédé-ric-le-Grand, roi de Prusse, publiées sur les originaux, par J.-F. BOISSONADE. *Paris, Delalain le jeune*, 1802, in-8 de 230 pages, 3 fr.; in-12 de x et 195 pages, 1 fr. 75 c.

Ces Lettres ont été envoyées de Weimar à M. Bast, secrétaire de la légation de Hesse-Darmstadt, à Paris. M. Boissonade, qui s'est chargé de les faire connaître au public, avoue qu'il ignore comment et où ces Lettres se sont trouvées; mais il ne doute point de leur authenticité, d'après la certitude que des hommes de lettres connus, qui avait été en relation avec Voltaire, lui en ont donnée, et d'après la confrontation qu'il en a faite avec d'autres lettres autographes conservées à la Bibliothèque nationale. On retrouve d'ailleurs « dans ces lettres, dit M. Bois-« sonnade, le style bien connu de leur auteur, et « cette preuve de leur authenticité ne sera pas la « moins forte; car, si l'on m'opposait que l'on a « pu contrefaire la main de M. de Voltaire, assuré-« ment on ne supposera pas qu'il ait été aussi facile « d'imiter son style ». Et oui, on ne peut s'y méprendre, on ne pas y méconnaître plus sûrement encore le cachet de Voltaire.

On trouve dans l'édition de Kehl plusieurs lettres mutilées et inexactes qui sont réimprimées dans ce volume avec des additions considérables qu'offrait le manuscrit : l'éditeur a été exact à mettre en notes les variantes que présentait le texte imprimé collationné avec le texte original.

Plusieurs de ces Lettres étaient sans date ou en avaient de fausses, M. Boissonade a cherché, autant qu'il lui a été possible, à placer chaque lettre à sa véritable époque. Le procès avec le juif Hirschel, la mort du comte de Rothembourg, la thèse de l'abbé de Prades, l'affaire de l'Akakia, et d'autres faits connus, l'ont guidé. Malgré tous les soins qu'il s'est donné, il a été forcé d'en laisser plusieurs sans date et simplement dans l'ordre où il les a trouvées dans le manuscrit.

Cette correspondance de la vanité embrasse six ou sept années, depuis 1746 jusqu'en 1753. Les dix-huit volumes de celle de l'édition de Kehl n'empêcheront pas de lire ce volume avec plaisir. (*Mag. encycl.*, an XI, t. V, 139).

370. Lettre à madame de Lignes.

Impr. dans le Magasin encyclop., année 1806, tome V, page 416.

371. Supplément au Recueil des Lettres de Voltaire (avec un avis de l'éditeur et des notes, par M. AUGER). *Paris, Xhrouet; Déterville; Petit*, 1808, 2 vol. in-12, 8 fr.; pap. gr. raisin, 16 fr.;—2 vol. in-8, 12 fr., et sur pap. gr. raisin vélin, 24 fr.

372. Lettres inédites de Voltaire, adressées à madame la comtesse de Lutzelbourg (publ. par M. MASSÉ), auxquelles on a joint une lettre autographe de Voltaire, gravée par Miller. *Paris, Massé; Delaunay*, 1812, in-8, 3 fr. 50 c.

Voy. le Magasin encyclopédique, XVIIe année, 1812, tome Ier, pag. 265.

373. Choix de Lettres inédites de Voltaire au marquis de Vauvenargues (publ. par M. ROUX-ALPHÉRAN). *Aix, Pontier*, 1813, in-8 de 16 pag., 40 c.

Ces Lettres étaient jointes au recueil des manuscrits autographes qui furent donnés, il y a plus de dix ans, à M. Roux-Alphéran, par madame Clapiers, après la mort du dernier marquis de Vauvenargues, dont elle était la nièce....

Les Lettres de Voltaire, qui font partie de ce petit recueil, sont au nombre de douze. Nous ne voulons pas plus en contester l'authenticité que celle du manuscrit de M. Vauvenargues. Au reste, elles ne sont pas d'un très-grand intérêt. Ce sont des bouffées d'éloges trop exagérées pour être sincères. (*Mag. encycl.*, ann. 1813, t V, p. 227).

374. Lettres (deux) de Voltaire à M. de La Sauvagère.

Datées du 23 septembre 1770 et du 25 octobre 1776.

Impr. dans le Magasin encyclop., XXe année, 1815, tome Ier, pag. 17 et 19.

Des quatre lettres écrites par Voltaire à M. de La Sauvagère, deux sont insérées dans le « Supplément à la Correspondance ». (Voy. n. 371). Les deux que nous citons n'étaient pas encore connues.

375. Lettre de Voltaire à madame Dumoulin. Janvier 1739.

Impr. dans le Magasin encyclop., XXe année, 1815, tome III, pag. 399.

376. Lettres inédites de la marquise du Châtelet, et Supplément à la Correspondance de Voltaire avec le roi de Prusse, et avec différentes personnes célèbres. On y a joint quelques lettres de cet écrivain, qui n'ont point été recueillies dans les OEuvres complètes; avec des notes historiques et littéraires. (Publiées par MM. SÉRIEYS et ECKART). *Paris, Lefèvre*, 1818, in-8, 4 fr.

Le volume de Lettres inédites de Voltaire à Frédéric-le-Grand, etc., publié par M. Boissonade (voy. le n° 369) fait, à peu de chose près, partie du volume que nous citons ici.

377. Lettres inédites de Voltaire. *Paris, les Éditeurs; Mongie aîné; Delaunay Pélicier*, 1818, in-8, avec un portrait et un fac-simile, 6 fr.; — ou *Paris, A. Dupont*, 1826, in-8, avec un fac-simile, 5 fr.

Contient 178 lettres.

378. Lettres inédites de Voltaire, de madame Denys et de Colin, adressées à M. Dupont, avocat au conseil souverain de Colmar; précédées d'un Jugement philosophique et littéraire sur Voltaire, et suivies d'une Épître inédite au roi de Prusse,

et de fragments de Lettres à Grimm, Diderot, Helvétius, Damilaville, au marquis de Fraigne et autres. *Paris, Mongie aîné,* 1820, in-8, 4 fr. 5o c.; et in-12 , 3 fr. 5o c.

Ce volume porte pour faux-titre : Supplément aux OEuvres complètes de Voltaire.

379. Lettres de Voltaire à l'abbé Raynal (suivie d'une lettre du chancelier d'Aguesseau au marquis de Torcy). *Paris, de l'impr. de F. Didot,* 1821, gr. in-8 de 12 pages.

Imprimées seulement à trente exemplaires , pour la Société des bibliophiles.

38o. Lettres inédites à madame Quinault, à M. d'Argenson, au président Hénault, à M. Damilaville, à madame d'Épinay, et autres personnages remarquables. *Paris, de l'impr. de Crapelet.—A.-A. Renouard,* 1822, in-8, 6 fr. 5o c.

Ce volume, imprimé comme le Voltaire de M. Renouard, est l'un des quatre Supplémentaires de l'édition annoncée en 72 et terminée en 76 volumes. On peut se procurer ce volume séparément.
Voy. la Revue encycl. , tome V, p. 398.

381. Lettres de Voltaire. *Paris, de l'impr. de F. Didot,* 1824, in-8 de 16 pages.

Quatre lettres. Tiré à trente exempl. , pour la Société des bibliophiles. L'éditeur est M. S. Bérard.

382. Correspondance inédite de Voltaire avec P.-M. Hennin, résident de France près la république de Genève; publiée par M. Hennin fils. *Paris, Merlin,* 1825, in-8, 5 fr.

383. Lettre de Voltaire à M. Seguy (6 septembre 1741). *Paris, de l'impr. de F. Didot,* 1827, in-8 de 8 pag.

Impr. à trente exempl. pour la Société des bibliophiles. L'éditeur est M. Fortia.

384. Lettres (dix) de Voltaire et (cinq) de Rousseau à C.-J. Panckoucke , éditeur de l'Encyclopédie méthodique. *Paris, de l'impr. de Panckoucke,* 1828, in-8.

La couverture imprimée porte : Hommage à messieurs les électeurs du 7e arrondissement électoral, par C.-L. Panckoucke , candidat de ce collége.

385. Correspondance inédite de Voltaire avec Frédéric II, le président de Brosses et autres personnages , publiée d'après les

lettres autographes, avec des notes , par Th. Foisset. *Dijon, de l'impr. de Frantin. — Paris, Levavasseur,* 1836, in-8, 7 fr. 5o c.
Voy. le n°

386. Lettre de Voltaire (1745), relative à son Histoire de Pierre Ier, adressée au comte d'Alion, ministre de France en Russie, sous le règne de l'impératrice Élisabeth Ire. Publiée pour la première et unique fois dans un journal russe de Moscou , en 1807, et omise dans toutes les éditions des OEuvres complètes de Voltaire. Suivie de notes bibliographiques. *Paris, de l'impr. de Lange-Lévi et comp.,* 1830, in-8 de 11 pag.

Tirée à 150 exemplaires , numérotés à la presse. L'éditeur a dédié cette publication au plus zélé éditeur des OEuvres de Voltaire, à M. Beuchot , bibliothécaire de la chambre des députés , auquel il a aussi fait hommage du fragment du journal russe qui contient cette lettre en français et en russe.
L'édition parisienne de cette lettre a été faite aux frais d'un bibliophile étranger très-distingué, grand admirateur de Voltaire , M. le baron Serge de Poltoratzky, fils du général russe de ce nom. M. de Poltoratzky était déjà connu en France avant la publication de cette lettre par plusieurs articles sur la littérature russe, qui ont été imprimés avec son nom dans la « Revue encyclopédique ». Possesseur d'une riche bibliothèque, qui chez lui n'est pas chose d'apparat, M. de Poltoratzky se propose de l'utiliser en publiant une « Russie littéraire », sur le plan des ouvrages que nous possédons sous le titre de « France littéraire »; les accroissements de sa bibliothèque n'ont alors pour but de ne parler d'aucun livre sans en avoir pris une parfaite connaissance.

387. Lettres inédites (Publiées par P.-Gust. Brunet, de Bordeaux). *Paris, de l'impr. de Moquet,* 1840, in-8 de 16 pag.
Tirées à 4o exempl.
Six autres lettres de Voltaire ont encore été tout récemment découvertes (voyez le feuilleton du Temps, du 1er mai).
D'autres *Lettres* de Voltaire ont encore été imprimées pour la première fois dans divers recueils , où les éditeurs de sa Correspondance générale n'ont peut-être pas toujours songé à les aller prendre. Des *Lettres de Voltaire à Lekain* ont été imprimées en 1801, à la suite des Mémoires de ce célèbre tragédien , publiés par son fils aîné (in-8); quelques autres lettres de lui ont été insérées dans un recueil de « Lettres inédites de Henri IV et de plusieurs personnages célèbres, etc. », publiées sur les originaux, avec des notes, par A. Serieys (Paris, 1802, in-8) ; des *Lettres de Voltaire à l'Académie de Dijon* ont été insérées dans un recueil de « Lettres inédites » de divers hommes célèbres, publiées par C.-X. Girault (Dijon, 1819, in-8 et in-12) ; des *Lettres de Voltaire et de madame Necker* ont été publiées dans un volume intitulé : Lettres diverses recueillies en Suisse, par le comte F. Golowkin. (Genève, 1821, in-8 et in-4). La bibliothèque publique de Lausanne possède les manuscrits originaux de ces dernières lettres. Il serait possible, croyons-nous, de pouvoir augmenter ces indications.

IV. HISTOIRE.

388. Essai (an) upon the civil wars, etc. (Essai sur les guerres civiles de France, et sur les poëtes épiques des nations de l'Europe, depuis Homère jusqu'à Milton. En anglais et en français. *Londres, Prevost,* 1727, in-8.

—Essai sur les guerres civiles de la France, tiré de plusieurs manuscrits curieux; trad. de l'angl. (par l'abbé GRANET). *La Haye, Guyot de Merville,* 1729, in-8 de 60 pages.

Voltaire publia, en 1727, un ouvrage qu'il avait écrit en anglais, et intitulé : *an Essai upon the civil wars of France, extracted from curious manuscripts,* Londres, S. Jallasson, in-8 de 35 pages ; c'était la première partie de l'*Essai sur la poésie épique.* La censure de Paris ne permit pas l'impression de l'Essai sur les guerres civiles, et la traduction (de l'abbé Granet) ne vit le jour qu'en Hollande, en 1729. Elle fut réimprimée, dans le même pays, en 1731. Pendant longtemps cet écrit n'a pas été admis dans les OEuvres de Voltaire. Enfin, on l'imprima, en 1768, dans la septième partie des « Nouveaux Mélanges » ; et, depuis lors, il avait toujours été conservé dans les Mélanges. Ce sont les éditeurs de Kehl qui l'ont imprimé dans le même volume que la Henriade : c'était faire ce que desiraient les auteurs de la « Bibliothèque française ». Depuis, ce morceau a été presque toujours réimprimé avec le poëme de la « Henriade », auquel il sert d'introduction. (Voy. pages 23 à 28).

389. Histoire de Charles XII, roi de Suède. *Rouen, Jore,* 1731, 2 vol. in-12 ; —*Amsterdam, la compagnie,* 1731, in-8.

L'*Histoire de Charles XII*, écrite en 1727 et 1728, fut imprimée pour la première fois en 1731. L'auteur la retoucha à différentes époques, comme il le dit dans sa préface.

Dans la première édition, Voltaire accusait les Hambourgeois d'avoir acheté à prix d'argent la perte d'Altena, et d'avoir refusé asile à ses malheureux habitants. Un anonyme combattit cette opinion dans le tome IX de la « Bibliothèque raisonnée », page 469. Voltaire n'eut que longtemps après connaissance de cet article. Convaincu par les raisons que donnait l'anonyme, il se rétracta. Cette rétractation est le sujet de la *Lettre sur l'incendie d'Altena.*

— *Le même ouvrage, avec des remarques historiques de LA MOTRAYE. *Bâle, Revis,* 1732, 2 vol. in-12 ; —*Amsterdam,* 1805, 2 vol. in-12.

La Motraye qui, pendant le séjour de Bender, avait été attaché à Charles XII, publia, sous la forme d'une lettre à Voltaire, des « Remarques historiques et critiques sur l'Histoire de Charles XII », 1732, in-12. Voltaire, l'année suivante, fit imprimer les Remarques à la suite d'une nouvelle édition de son ouvrage, et les accompagna de soixante-six notes, qui, jusqu'à M. Beuchot, n'avaient été

données dans aucune édition des OEuvres de Voltaire.

— Le même ouvrage, avec les Remarques de La Motraye, et les réponses (de Voltaire) à ces critiques. *Bâle, Revis,* 1733, in-12.

Plus tard, le comte Poniatowsky publia aussi des « Remarques sur l'Histoire de Charles XII », 1741, pet. in-8. Voltaire fit son profit de celles qu'il crut justes et importantes.

Voltaire avait publié, en 1744, une *Lettre à M. Nordberg,* historien de Charles XII, in-8 de 16 pages. En 1756, il fit imprimer, dans le même volume que « Oreste », une *Lettre au maréchal de Schulenbourg,* datée du 15 décembre 1740. Ce n'est qu'en 1752 que ces deux lettres ont été imprimées avec l'Histoire de Charles XII, et on les y a toujours laissées depuis lors.

Autres éditions de l'Histoire de Charles XII :

.... 1764, pet. in-12.—Édition avec des corrections qui se trouvent déjà dans les OEuvres de 1751.

Genève, 1776, 2 vol. in-12.

Lausanne et Dresde, 1776, in-8.

Neufchâtel, 1782, in-12.

Kehl, 1785, in-8.

Liége, 1790, in-12.

..... 1802, in-12.

Metz, 1805, in-12.

Édition stéréotype. Paris, Didot, 1802, in-18, et in-12 sur gr. pap. vélin. — Édition qui a eu plusieurs tirages.

Édition stéréotype. Paris, H. Nicolle, 1808, in-8, pap. fin sans fig., 5 fr. 25 c. — Pap. vélin satiné, 7 fr. 50 c. — Pap. ord. avec le portrait de Charles XII et avec fig., 7 fr. 25 c. — Pap. vélin satiné, 9 fr. 50 c. — Le même, in-12, 2 fr. 65 c. — Il a été fait aussi un bon nombre de tirages de cette édition.

Nîmes, 1812, in-12.

Paris, P. Didot, 1818, in-8, 4 fr. 50 c. ; — sur pap. fin, 7 fr. 50 c. ; — et sur pap. vélin, 15 fr. — Édition faisant partie de la Collection des meilleurs ouvrages de la langue française, dédiée aux amateurs de l'art typographique.

....., 1819.

Paris, Lebègue, 1820, 2 vol. in-12. — Cette édition très incorrecte fait partie d'une « Bibliothèque d'une maison de campagne ».

Strasbourg, Levrault, 1821, in-18.

Alais, Martin, 1821, in-12.

Paris, Menard et Desenne, 1822, 2 vol. in-18, 4 fr., et sur pap. vélin, 8 fr. ; — et 2 vol. in-12, 5 fr., et sur pap. vélin, 10 fr. — Cette édition fait partie d'une collection intitulée «Bibliothèque française ».

Paris, L. Debure, 1824, 2 vol. in-32, portrait, 5 fr. — Cette édition fait partie de « Classiques français ».

Paris, de l'imprimerie de J. Didot aîné.—Chez Dufour et comp., 1827, in-48, 2 fr.

Paris, de l'imprimerie de Gaultier La Guionie, 1830, in-12.

Paris, Hiard, 1831, 2 vol. in-18.

— Delalain, 1832, in-18.

— Rion, 1835, 2 vol. in-32.

— Treuttel et Wurtz, 1836, in-8, 3 fr., et sur pap. vélin, 4 fr. 50 c.

Montbéliard, Decker, 1836, 2 vol. in-18.

Avignon , Offray aîné, 1838, petit in-12.

Édition avec un vocabulaire français-allemand. Stuttgard, Erhard, 1838, in-16, 1 fr. 25 c.

En tête de la réimpression de l'*Histoire de Charles XII*, M. Beuchot a placé cinq morceaux qui s'y rattachent.

1° Préface de l'édition de 1748.—Dans les éditions données par les frères Cramer, ainsi que dans les éditions in-4 et encadrée, ce morceau , sous le titre de *Pyrrhonisme de l'Histoire*, était au nombre des pièces préliminaires de l'Histoire de Charles XII. Dans les éditions de Kehl, et quelques-unes de ses réimpressions , ce morceau formait, dans les « Mélanges historiques », l'article XI des *Fragments sur l'Histoire*. On l'avait intitulé : Qu'il faut savoir douter; éclaircissements sur l'Histoire de Charles XII. En conservant ce titre , d'autres éditeurs l'avaient mis à la fin de l'Histoire de Charles XII.

2° Discours sur l'Histoire de Charles XII.—Impr. dans la première édition de l'ouvrage.

3° Remarques sur l'Histoire de Charles XII.— Dans l'édition de 1752 des OEuvres de Voltaire, le tome VI, qui contenait les *Anecdotes sur le czar Pierre-le-Grand* et l'*Histoire de Charles XII*, avait, en forme de préface , ces *Remarques sur l'Histoire*, imprimées dès 1742.

4° Nouvelles Considérations sur l'Histoire.—Ces Nouvelles Considérations parurent en 1744, à la suite de Mérope , et , en 1756, à la suite des *Remarques* que nous venons de citer.

5° Avis important sur l'Histoire de Charles XII.

6° Autre Avis.

Voltaire fit plus tard des notes sur les Remarques de La Motraye.

390. Essai sur le siècle de Louis XIV. 1740.

Voltaire pensait , dès 1732 , à donner l'Histoire du « Siècle de Louis XIV ». Ce ne fut toutefois qu'à la fin de 1739 qu'il publia un *Essai sur le siècle de Louis XIV*. Ce morceau, composé de ce qui forme aujourd'hui à peu près les deux premiers chapitres de l'ouvrage, fait partie d'un « Recueil de pièces fugitives, en prose et en vers », par M. de V***, 1740, in-12. Mais , malgré la date qu'il porte, ce volume avait paru à la fin de 1739, puisqu'un arrêt du conseil, du 4 décembre 1739, en ordonna la suppression.

Ce ne fut que dix à douze ans après que Voltaire publia enfin tout l'ouvrage. On fixe communément à l'année 1752 la publication du *Siècle de Louis XIV*. Cependant, Voltaire lui-même , dans le treizième volume de ses « Fragments sur l'Histoire générale », dit que son livre , composé en 1745 , fut imprimé en 1750. Mais cela est contredit par une lettre à madame Denis , du 20 février 1751 : Voltaire écrit qu'il s'amuse à finir le *Siècle de Louis XIV*. L'édition était commencée six mois après , et dut être achevée dans la même année. C'est l'édition qui parut sous le titre ci-après :

391. * Siècle (le) de Louis XIV (par VOLTAIRE); publié par M. (DUFRESNE) DE FRANCHEVILLE, conseiller aulique de S. M., et membre de l'Académie roy. des sciences et belles-lettres de Prusse. *Berlin*, 1752, 2 vol. pet. in-12.

Ouvrage condamné par décrets de la cour de Rome des 22 fév. et 16 mai 1753.

A peine le *Siècle de Louis XIV* parut-il, qu'il fut la proie des libraires. On en donna des éditions sous les rubriques de La Haye, 2 vol. in-12 ; Dresde (Lyon ou Trévoux), 2 vol. in-12 ; Leipzig (Paris), 4 part. en 2 vol. in-12 ; Édimbourg , 2 vol. in-12. L'édition de Dresde (Lyon ou Trévoux), 1752 , 2 vol. in-12, est intitulée *troisième*. L'auteur n'avait pas encore donné sa *seconde*, qui parut à Leipzig, 2 vol. in-12 , ayant chacun deux parties. Cette *seconde* édition contient des additions et un Avis du libraire , qui parle de *huit* éditions faites en moins de huit mois. Elle avait été précédée de deux Avertissements imprimés successivement dans les journaux (le Mercure, de juin et de novembre 1752).

— Le même ouvrage. Nouvelle édition , augmentée d'un très-grand nombre de remarques et de pièces relatives à cet ouvrage ; par M. de La B*** (LA BEAUMELLE, continuées par le chevalier de MAINVILLIERS). *Francfort, veuve Knock et J.-G. Eslinger*, 1753, 3 vol. in-12; ou *Metz, Bouchard jeune*, 1753, 3 vol. in-12.

Cette édition est précédée de trois lettres et terminée par une dernière adressée à M. de Voltaire. Les remarques, placées au bas des pages, sont de La Beaumelle, pour le premier volume, et du chevalier de Mainvilliers pour les deux derniers. Cette édition a été faite sur celle de La Haye.

Aussitôt que le Siècle de Louis XIV eut paru , La Beaumelle en commença la critique. Dès mai ou juin 1752 , il avait fait imprimer à Gotha quatre feuilles de ses « Remarques sur le Siècle de Louis XIV », qu'il brûla cependant pour la comtesse de Bentinck. En 1753 , fut mise au jour une édition de l'ouvrage de Voltaire , sous le titre que nous venons de donner. En tête du premier volume sont des « Conseils à l'auteur du Siècle de Louis XIV », divisés en trois lettres.

La Beaumelle prétendit que c'était contre les conventions faites avec Eslinger que ce libraire avait mis sur les frontispices ces mots : Par M. de La B*** ; que les notes du premier volume étaient les seules qui fussent de lui ; que les autres étaient d'un chevalier de Mainvillers.

Dans le second volume , page 348 , chap. XXVI (aujourd'hui chap. XXVII), l'annotateur avait , à l'occasion de la mort de plusieurs membres de la famille royale , ajouté une note injurieuse pour la mémoire du duc d'Orléans, le régent. La Beaumelle, étant revenu à Paris , fut arrêté le 24 avril 1753. On avait trouvé chez lui huit exemplaires de l'édition de Francfort du *Siècle de Louis XIV*. La Beaumelle fut conduit à la Bastille, où il resta près de six mois. Au mois d'octobre de la même année , le duc d'Orléans lui pardonna, et il fut mis en liberté, avec un exil à cinquante lieues de Paris.

Certainement La Beaumelle voulait dénigrer l'ouvrage de Voltaire; mais cela n'était pas dans l'intérêt du libraire qui le réimprimait. Aussi ce dernier, dans l'Avertissement, annonce offrir au public un « excellent livre, augmenté de remarques qui le rendront encore meilleur ». Au reste, plusieurs des remarques des tomes II et III sont ainsi conçues : « ce chapitre est très-beau , ce portrait est admirable, etc. ». Il peut se faire que le notes flatteuses soient de Mainvillers , et toutes les autres de La Beaumelle.

Voltaire, en réponse à son critique, fit paraître son *Supplément au Siècle de Louis XIV* (voy. le n° suivant).

— Le même ouvrage. Imprimé suivant

la copie de celle de Berlin. *La Haye, B. Gibert*, 1752, 2 vol. — Tome III, contenant les additions et corrections données par l'auteur, avec un très-grand nombre de remarques, tant par M. de La B*** (de LA BAUMELLE) que par le sieur Marc PHRASENDORF. *La Haye, B. Gibert*, 1753, un vol. En tont 3 vol. in-12.

Le troisième volume ne fut imprimé que pour augmenter cette édition des remarques qui furent publiées dans l'édition de Francfort. On trouve aussi dans ce troisième volume dix pages d'observations particulières de Phrasendorf sur les remarques de M. de La B***.

— Le même ouvrage. Édition revue par l'auteur, et considérablement augmentée. *Dresde*, 1753, 2 vol. pet. in-8.

Cette édition, quoiqu'en disent les frontispices, ne contient rien qui ne fût dans la seconde édition déjà mentionnée.

Dans quelques éditions du Siècle de Louis XIV, on a imprimé à la suite plusieurs morceaux de Voltaire qui se rattachaient à cet ouvrage, et qui ont été distribués autrement par des éditeurs modernes, savoir : I. *Éclaircissements sur quelques anecdotes;* c'est le neuvième des Fragments sur l'histoire générale. II. *Sur la révocation de l'édit de Nantes;* c'est le quinzième des mêmes Fragments. III. *Défense de Louis XIV contre les Annales politiques de l'abbé de Saint-Pierre;* c'est le treizième des Fragments. IV, *Extrait d'un Mémoire sur les calomnies contre Louis XIV et Louis XV, etc.;* c'est le onzième des Fragments. V. *Défense de Louis XIV contre l'auteur des Éphémérides.* VI, *Avis à l'auteur du Journal de Gottingue;* c'est une réponse à une critique acerbe du Siècle de Louis XIV. VII, les *Anecdotes sur Louis XIV,* imprimées dès 1748. VIII, *Journal de la cour de Louis XIV, avec des notes;* c'est l'extrait des Mémoires de Dangeau, fait par Voltaire. IX, l'*Extrait des Souvenirs de madame de Caylus, avec des notes.* X, *Fragment sur le Siècle de Louis XIV.* C'était, en effet, un lambeau de la Préface d'un volume publié par Voltaire, en 1754, etc.

392. Supplém. au «Siècle de Louis XIV«. Catilina et autres pièces du même auteur. *Dresde, Geo. Conrad Walther,* 1753, pet. in-8 de xvj et 184 pag.

La seule pièce qui soit après *Catilina* est l'*Examen du testament politique du cardinal Albéroni.* Cette édition contient la lettre ou dédicace à M. Roques, conseiller à la cour ecclésiastique du sérénissime landgrave de Hesse Hombourg.

Colini, alors secrétaire de Voltaire, et qui trouvait le *Supplément* beaucoup plus mordant que les notes de son commentateur, fit de vains efforts pour en empêcher la publication.

La Beaumelle publia en 1754 une réponse à ce supplément (Colmar, in-12 de 166 pages). Outre plusieurs éditions qui en ont été imprimées séparément, elle a été insérée dans une édition du Siècle de Louis XIV, avec les remarques de La Beaumelle et du chevalier de Mainvilliers, avec le supplément au même ouvrage et la réponse à ce supplément. (Dresde, 1754, 5 vol. in-8 ; et Paris, 1754, 4 vol. in-12.)

Là ne se termina pas l'animosité de Voltaire contre son adversaire. Il serait trop long de rappe-

ler tous les écrits, tant en vers qu'en prose, où Voltaire maltraite La Beaumelle. M. Beuchot en a donné deux presque inconnus, et qui ne sont dans aucune des éditions des OEuvres de Voltaire. L'un est une *Lettre* sous la date du 24 avril 1767; l'autre est la *Lettre anonyme et la réponse,* de 1769.

Sans doute La Beaumelle a été l'agresseur ; sans doute il a dépassé toutes les bornes de la critique ; mais on ne peut s'empêcher de déplorer que Voltaire ait aussi perdu toute mesure dans le chant XVIIIe de la « Pucelle ».

Cet ouvrage a été depuis réimprimé avec le *Siècle de Louis XV.* (Voy. n. 407).

Voltaire ne cessa pourtant pas de revoir, corriger et augmenter son *Siècle de Louis XIV.* Lorsqu'en 1756, il donna son « Essai sur l'histoire générale », il mit à la suite le *Siècle de Louis XIV,* qui y forme les chapitres CLXV à CCC. Le chapitre CCXI, intitulé : « Résumé de toute cette histoire », est aujourd'hui le chapitre CXCVII de « l'Essai sur les mœurs ». Le chapitre CCXII de 1756 est, depuis 1763, le chapitre XXXIV du *Siècle de Louis XIV.* Les chapitres CCXIII—CCXV forment, depuis 1768, les préliminaires du *Siècle de Louis XIV.*

Peu de temps après la publication de 1756, Voltaire reçut de Lausanne le certificat de trois pasteurs, dont il est parlé sous le n° 216. Empressé de faire usage de cette pièce favorable à Saurin, et ne voulant pas attendre la réimpression, il fit réimprimer les dernières feuilles du septième et dernier volume. Il put ainsi faire des additions aux articles Fontenelle, Gédoin, La Motte, et ajouter en entier les articles Destouches, Nivelle de La Chaussée, et Joseph Saurin. Il lui fallut en même temps changer les frontispices de l'ouvrage, qui, datés de 1756, ne pouvaient plus convenir à un ouvrage contenant un certificat du 30 mars 1757. Il n'en coûtait pas d'avantage de mettre à ces frontispices, *seconde édition;* cela fut fait. Mais les brocheurs et les relieurs laissèrent souvent le frontispice de 1756 à des exemplaires qui contiennent le certificat.

Un nommé Lervèche, mécontent des expressions de l'article Saurin, et regardant le certificat comme surpris ou supposé, fit insérer, sans la signer, une assez longue lettre dans le « Journal helvétique » d'octobre 1758. C'est pour répondre à Lervèche que Voltaire composa la Réfutation d'un écrit anonyme concernant la mémoire de feu M. Joseph Saurin, à laquelle Lervèche répliqua. Les pièces de cette querelle font partie de la « Guerre littéraire, ou Choix de quelques pièces de M. de V*** », 1756. (Voy. la seconde partie de cette notice).

Dans l'édition de 1761-63 de « l'Essai sur l'histoire générale », c'est au second volume que commence le *Siècle de Louis XIV,* volume qui est intitulé : Essai sur l'histoire générale, etc., tome sixième; ou Suite, tome premier. Le *Siècle de Louis XIV* n'y a pas moins de soixante-deux chapitres. Le quarante-deuxième est consacré aux artistes célèbres. Tous ceux qui le suivent sont relatifs à ce qui s'est passé après la mort de Louis XIV, et font, depuis 1768, partie du Précis du Siècle de Louis XV. Le chapitre LXI, intitulé: « D'un fait singulier concernant la littérature », et que les éditeurs divers ont placé les uns dans une division, les autres dans une autre, M. Beuchot l'a rangé, dans son édition, parmi les « Mélanges «, à la date de 1763. Dans le même volume (t. XI des Mélanges), où ce dernier éditeur a mis ce morceau, il a également placé le chapitre LXII de l'édition de 1763, sous son titre de « Conclusion et Examen de ce tableau historique ». C'est ce chapitre que les éditeurs de Kehl ont intitulé : « Nouvelles Remarques sur l'Histoire, à l'occasion de l'Essai sur les mœurs » (et ont placé, sous le n° XXIV, des « Fragments sur l'Histoire »); titre inexact, car ce morceau est antérieur aux Remarques publiées séparément en 1763. (Voy. n° ...).

— Le même ouvrage, avec des retranchements, des notes et une préface, par madame de GENLIS. *Paris, de l'impr. de Smith*, 1820, 3 vol. in-12, 10 fr.

La préface de l'éditeur a 64 lignes, avec une note de 7 lignes.

L'éditeur moderne annonce avoir ôté « tout ce qui souillait et déparait » cet ouvrage, qu'elle trouve « instructif et rempli de faits intéressants ». Ce qui choque surtout madame de Genlis, ce sont les « épigrammes sans nombre sur les prêtres, et la satire calomnieuse et continuelle de la religion et de la piété ». Aussi, en réduisant à trente-six les trente-neuf chapitres de Voltaire, a-t-elle supprimé le chapitre du *calvinisme*, celui du *jansénisme*, celui sur les *cérémonies chinoises*; et çà et là beaucoup de morceaux. Les préliminaires ont été reportés à la fin du du troisième volume.

Introduction (de l'Abrégé de l'Histoire universelle). (Voy. n° 213).

393. Abrégé de l'Histoire universelle, depuis Charlemagne jusqu'à Charles V. *La Haye*, 1753, 2 vol. in-12. — *Londres*, 1753, 3 vol. in-12.

Réimprimé l'année suivante, sous le titre d'*Histoire universelle*. Colmar (Paris), 2 vol. in-12.

Voyez, sur cette publication, l'explication que Voltaire donne dans sa *Lettre à M. de ***, professeur en histoire*, datée de décembre 1753, et imprimée en tête des *Annales de l'Empire*.

« Cette prétendue *Histoire universelle*, dit-il, annoncée jusqu'au temps de Charles-Quint, et qui contient cent années de moins que le titre ne promet, n'était point faite pour voir le jour. Ce sont des recueils informes d'anciennes études auxquelles je m'occupais, il y a environ quinze années, avec une personne respectable, au-dessus de son sexe et de son siècle, dont l'esprit embrassait tous les genres d'érudition, et qui savait y joindre le goût, sans quoi cette érudition n'eût pas été un mérite ».

Ce sont des fragments de l'*Essai sur les mœurs et l'esprit des nations* de l'auteur qui lui avaient été dérobés.

Ces fragments furent condamnés à Rome par décret du 21 novembre 1757. Il y en eut plusieurs éditions qui furent refondues dans « l'Essai sur les mœurs et l'esprit des nations »; la cour de Rome a également condamné, par le même décret, « l'Essai sur l'histoire universelle », in-12, qui est à peu près le même ouvrage que le précédent. Quand, en 1761, les Anglais voulurent traduire « l'Essai sur les mœurs », Voltaire écrivit à ce sujet à M. Vernes, de Genève : « On leur a mandé de n'en rien faire, attendu que les Cramer vont en donner une nouvelle édition un peu plus curieuse que la première. On n'avait donné que quelques soufflets au genre humain, dans ces archives de nos sottises; nous y ajouterons force coups de pied dans le derrière. Il faut finir par dire la vérité dans toute son étendue ».

Dès 1745, l'auteur du « Mercure » avait publié avec éloge le travail de Voltaire, qui lui avait confié les premiers cahiers de son *Essai sur les mœurs*, etc. Néanmoins, quand les fragments dérobés parurent, il fut publié une « Critique de l'Histoire universelle de M. de Voltaire, au sujet de Mahomet et du mahométisme », sans date, in-4 de 43 pag. C'est à cette critique que Voltaire répondit par sa Lettre civile et honnête à l'auteur malhonnête de la Critique de l'Histoire universelle de M. de V. (Voy. le n° 226).

On trouve une *Notice* fort curieuse des premiers travaux de Voltaire sur l'histoire universelle dans les pages 267 et suivantes du volume intitulé : *Lettres inédites de madame la marquise Du Châtelet*.

Autres éditions de cet *Abrégé de l'Histoire universelle* :

Londres, 1754, in-12.
Dresde, Walther, 1754, 2 vol. in-12.
Lausanne, 1785, 2 vol. in-8.
Bâle, 1792, 2 vol. in-8.

394. * Histoire des Croisades. 1753, in-12.

Condamnée par décret de la cour de Rome du 11 mars 1754. L'auteur l'a refondue depuis dans son *Essai sur les mœurs et l'esprit des nations*, etc.

Un autre volume avait été publié sous ce titre : *le Micromégas de M. de Voltaire, avec une Histoire des Croisades, et un nouveau Plan de l'histoire de l'esprit humain*, par le même. Londres, 1752, très-pet. in-8; et Berlin, 1753, pet. in-8.

395. * Annales de l'Empire, depuis Charlemagne. Par l'auteur du « Siècle de Louis XIV ». (Impr. par J.-F. Schœpflin, de Colmar). *Bâle, Jean-Henri Decker*, 1753, 2 vol. in-12.

Ouvrage composé sur la demande qu'en fit la duchesse de Saxe Gotha, en 1753.

Quelques morceaux, qui faisaient partie de cet ouvrage, ont été déplacés par les éditeurs des Œuvres de Voltaire. Voici la composition primitive des *Annales de l'Empire* : 1° la Dédicace A S. A. S. Me la D. D. S. G. (à S. A. S. Mad. la duchesse de Saxe-Gotha); 2° *Lettre de M. de V.* (*Voltaire*) à *M. de ***, professeur en histoire;* que déjà les éditeurs de Kehl ont rejeté parmi les Mélanges; 3° l'*Avertissement* (de l'auteur); 4° la *Chronologie des empereurs et des papes*, depuis Charlemagne et Zacharie jusqu'à Charles VII et Clément X ; 5° les *vers techniques;* 6° les *Annales*, jusques et compris l'année 1347. Le second volume, avec un faux-titre, mais sans titre ni date, contient : 7°, avec une pagination particulière, des *Doutes sur plusieurs points de l'histoire de l'Empire*, relatifs aux années antérieures à 1347, reportés aux Mélanges par un éditeur moderne; 8° les *Annales*, depuis 1348 ; 9° la liste des *rois de Bohême* et des *Électeurs ;* 10° une *Lettre de l'auteur* à S. A. S. Mad. la duchesse de Saxe-Gotha.

Il existe une réimpression de ces deux volumes (le premier sous la date de 1753, le second aussi sans date), faite en général page pour page, mais contenant, à la page 363 du second volume, un *errata*. Il est à remarquer que cet *errata* signale des fautes qui n'existent pas dans cette édition, qui est vraisemblablement la seconde, et qui sont dans celle qui serait la première.

Une édition de 1754, en 2 vol. in-12, ne peut avoir été faite que du consentement de l'auteur. Trois de ces corrections, arrivées trop tard pour être faites dans le texte, sont le sujet d'un *errata* : deux portaient sur des passages du morceau relatif aux *Coutumes du temps de Charlemagne*, que Voltaire a depuis transporté dans « l'Essai sur les mœurs ».

Luchet, dans son Histoire littéraire de Voltaire, raconte que « les journalistes de Gottingue.... rendirent un compte sévère de cet ouvrage, composé avec un peu de précipitation. Ils relevèrent beaucoup d'erreurs avec la supériorité de gens qui possèdent à fond l'histoire de leur pays sur quelqu'un qui l'étudiait ».

Les *Annales de l'Empire* furent admises, en 1772 seulement, pour la première fois, dans les OEuvres de l'auteur, de l'édition des frères Cramer. Voltaire avait revu son ouvrage, et y avait fait des changements.

396. Essai sur l'Histoire universelle. *Dresde, C. Walther*, 1754-58, 6 vol. in-12.

Première édition de l'ouvrage auquel l'auteur donna, en 1769, le titre d'*Essai sur les mœurs.*

Cet ouvrage a été composé vers 1740 pour la marquise Du Châtelet.

Dès 1745, l'auteur du Mercure avait publié avec éloge le travail de Voltaire, qui lui en avait confié les premiers cahiers.

Ainsi qu'on l'a dit plus haut (voy. n. 393), quelques fragments dérobés à l'auteur avaient été imprimés en 1753 et 1754 sous les titres d'*Abrégé de l'Histoire universelle* et d'*Histoire universelle* (voy. plus haut), et encore sous celui de *Nouveau Plan de l'Histoire de l'esprit humain*, Berlin, 1753, in-12, à la suite de Micromégas et de l'Histoire des croisades.

Voltaire, contrarié de ces publications, fit des réclamations (1), et, pour les appuyer, employa un singulier moyen. Ce fut de publier un volume qu'il intitula : *Essai sur l'Histoire universelle*, tome troisième. Il avait mis à la tête une espèce de dédicace et de préface. C. Walther, libraire de Dresde, qui avait déjà donné deux éditions des OEuvres de Voltaire, et qui avait réimprimé, en 1754, les deux volumes sous le titre d'*Essai sur l'Histoire universelle, attribué à M. de Voltaire*, était celui que Voltaire avait chargé de l'impression du troisième volume, qui porte affirmativement le nom de son auteur, et la date de 1754. Pour compléter cette édition, il parut, en 1757, un tome IV, et, en 1758, les t. V et VI.

397. * Histoire de la guerre de 1741. *Amsterdam (Paris, Prieur)*, 1755, 2 part. en un vol. in-12, 3 fr. ;—*La Haye*, 1756, 2 pet. in-12.

Voltaire ayant été nommé, en 1746, historiographe de France, entreprit d'écrire l'histoire de la guerre de mil sept cent quarante et un, et exécuta son projet. Plusieurs chapitres furent rédigés à Versailles, chez le comte d'Argenson, ministre de la guerre, qui en margina quelques pages. Il existait au moins trois copies de cet ouvrage, destinées au comte d'Argenson, au duc de Richelieu, et à la marquise de Pompadour. Laplace, dans ses « Pièces intéressantes et peu connues », tome Ier, page 207, dit que ce dernier manuscrit se terminait par un passage adulateur pour la marquise de Pompadour (2).

____

(1) Une lettre à ce sujet, *à M. de ***, professeur d'histoire*, avait déjà été imprimé parmi les pièces préliminaires des « Annales de l'Empire ». (Voy. plus haut).

(2) M. Beuchot le donne dans la préface de son édition du Précis du Siècle de Louis XV.—Ce manuscrit appartient aujourd'hui à la bibliothèque publique d'Aix, et provient de celle du marquis de Mejanès.

Avec de telles expressions, on conçoit que Voltaire ait craint « qu'on ne l'accusât de flatterie dans cette histoire ». Après avoir conduit son travail jusqu'à la paix de 1748, Voltaire l'avait interrompu, lorsque des cahiers en furent dérobés par le marquis de Ximenès. Ce n'étaient que de vieux brouillons sans suite, des minutes informes ; mais le nom de l'auteur leur donnait du prix. Ximenès, qui avait mangé une fortune de six cent mille livres, tira six cents livres de son larcin. L'intermédiaire entre le libraire de Paris, Prieur, et lui, avait été le chevalier de La Morlière, qui, sans doute, ne s'oubliât pas dans le marché, et qui, après l'avoir consommé à Paris, alla à Rouen vendre une autre copie. Sur les plaintes de Voltaire, on saisit l'édition de Prieur ; mais on ne put empêcher la circulation des exemplaires émis. Il s'en fit plusieurs impressions.

L'historien Anquetil, qui possédait un exemplaire de l'édition anonyme (celle de 1755) de l'Histoire de la guerre de 1741, et qui n'en connaissait pas l'auteur, a porté un jugement très-favorable de cet ouvrage. Voltaire ne cessait de répéter que c'était un ramas informe et défiguré de ses manuscrits. Il avait déjà conduit son travail jusqu'à la paix d'Aix-la-Chapelle, et les cahiers ne venaient que jusqu'à la bataille de Fontenoi. Il promettait de le publier un jour tel qu'il l'avait composé. Cependant, à cette époque, il avait déjà commencé le « Précis du Siècle de Louis XIV », dans lequel il avait à parler des manuscrits dérobés. Colini, dans « Mon séjour auprès de Voltaire, raconte que le « Précis du siècle de Louis XIV » fut commencé à Berlin, en 1752.

C'était une généreuse indignation qui avait fait abandonner son travail à Voltaire. Une des clauses du traité de paix de 1748 portait que la cour de France ne permettrait pas au jeune prétendant de séjourner dans le royaume. Charles-Édouard, que cette clause révoltait, refusa de s'y soumettre, et continua de rester à Paris. Un jour qu'il était allé à l'Opéra, en 1749, la police fit arrêter le prince, qui, comme Louis XV, était descendant de Henri IV, et à un plus proche degré. Un nommé Desforges, celui-là même qui avait publié, en 1748, la « Lettre critique sur la tragédie de Sémiramis », fit alors circuler ce distique :

Peuple, jadis si fier, aujourd'hui si servile,
Des princes malheureux vous n'êtes plus l'asile.

Ces deux vers coûtèrent cher à leur auteur, qui fut envoyé au mont Saint-Michel, où il resta trois ans dans un cachot appelé la « Cage ». Voltaire fut moins imprudent, mais il n'en ressentit pas moins la lâcheté du roi de France. Il était à Lunéville lorsqu'il apprit comment avait été traité le prince Édouard, et, de dépit, il renonça à continuer l'Histoire de Louis XIV. Cette particularité, injurieuse pour le monarque, mais honorable pour l'écrivain, est restée longtemps inconnue, et n'a été révélée qu'en 1826 par la publication des Mémoires de Longchamp.

Dès 1763, Voltaire inséra quatre chapitres de l'*Histoire de la guerre de 1741* (les 47e à 50) parmi dix-huit chapitres ajoutés au « Siècle de Louis XIV», et qui étaient consacrés aux événements postérieurs à la mort de Louis XIV. En 1768, il mit encore à contribution son *Histoire de la guerre de 1741* pour quelques chapitres, qui, réunis à ceux de 1763, et plusieurs nouveaux, formèrent le « Précis du siècle de Louis XV ». De sorte que toute cette histoire, sauf le chapitre premier, et des changements, additions, transpositions, est dans le « Précis du

Siècle de Louis XV (1). » Aussi, les éditeurs des OEuvres de Voltaire n'ont-ils point admis dans leurs collections l'*Histoire de la guerre de 1741*, qui eut fait de nombreux doubles emplois. Un inconvénient bien plus grave était de comprendre dans les OEuvres un ouvrage justement désavoué comme altéré, et certainement informe.

398. Essai sur l'histoire générale et sur les mœurs et l'esprit des nations, depuis Charlemagne jusqu'à nos jours. *Genève*, 1756, 7 vol. in-8. — *Paris*, 1757, 6 vol. in-12.

Voltaire, fixé aux environs de Genève, y fit imprimer, en 1756, une édition de son *Essai sur l'Histoire universelle*, sous le titre que nous venons de donner, en 7 volumes in-8, divisés en 215 chapitres, y compris toutefois le *Siècle de Louis XIV*, qui y avait été réimprimé, et qui commence au chapitre 165.

L'édition n'était pas épuisée, et, probablement, était loin de l'être, lorsque Voltaire imagina d'y joindre à l'article de Joseph Saurin un certificat de trois pasteurs de Lausanne, daté du 30 mars 1757. Il fallut, avec les cartons, faire de nouveaux frontispices, sur lesquels on mit *seconde édition*, et la date de 1757; mais il est arrivé que le brocheur négligent a laissé quelquefois le frontispice daté de 1756 à des exemplaires dans lesquels est le certificat du 30 mars 1757. M. Beuchot est le seul qui, après soixante-dix ans, ait reproduit cette variante dans le *Siècle de Louis XIV* (Catalogue des écrivains).

Une réimpression de l'*Essai sur l'Histoire générale*, en Hollande, 1757, 7 vol. in-8, fut faite sur un exemplaire de 1756, mais augmentée d'une table des matières assez ample. Elle ne contient aucune des additions faites par l'auteur, en réimprimant les dernières feuilles de son volume, ni conséquemment le certificat du 30 mars 1757, que Voltaire, au reste, supprima dans l'édition de l'*Essai sur l'Histoire générale*, 1761—63, en 8 vol. in-8.

L'*Essai sur l'Histoire générale* fut condamné par décret de la cour de Rome, en date du 21 novembre 1757, ce qui n'a pas empêché que le livre ne soit souvent réimprimé.

— Le même ouvrage, sous le même titre. *Genève*, 1761-63, 8 vol. in-8.

Voltaire revit son travail pendant quelques années, et le fit reparaître de 1761 à 1763, en huit volumes in-8. Les sept premiers portent la date de 1761; le huitième est de 1763. Le *Siècle de Louis XIV* fait encore partie de cette édition; mais il commence avec le tome VI, et ses 62 chapitres, au lieu d'être numérotés comme suite des 193 de l'*Essai*, ont leur numérotage particulier. Les chapitres XLIII à LX traitent d'événements postérieurs à la mort de Louis XIV, et ont été depuis employés par l'auteur pour son *Précis du Siècle de Louis XIV*.

Cette nouvelle disposition n'a pas permis à Voltaire de conserver à leur place primitive les chapitres LXI et LXII; on ne les retrouve même plus dans les éditions de 1768 et années suivantes, in-4, et de 1775, données du vivant de l'auteur. Les éditeurs de Kehl, qui ont tant fait, ont recueilli ces deux morceaux, et leur ont donné place parmi les *Fragments sur l'Histoire*; ces deux chapitres, in-

titulés : *D'un fait singulier concernant la littérature*, et *Conclusion et examen de ce tableau historique*, ont été placés, par M. Beuchot, parmi les Mélanges, à la date de 1763.

Le huitième volume de 1763 contient les deux ouvrages suivants, dont le premier avait aussi paru séparément.

399. * Histoire de l'empire de Russie sous Pierre-le-Grand; par l'auteur de l'Histoire de Charles XII. 1759—63, 2 vol. in-8, et 2 vol. in-12.

Autres éditions :
Amst., 1765, 2 vol. in-12.
....., 1771.
....., 1778.
Édition stéréotype. Paris, P. Didot aîné, 1803, 2 vol. in-18, sur pap. ordinaire, sur pap. fin et sur grand pap. vélin, format in-12. — Souvent réimprimée.
Édition stéréotype. Paris, Mame; Nicolle et Belin, 1809, in-18, in-12, 3 fr.; et in-8. — Souvent réimprimée.
Paris, Ménard et Desenne, 1821, 2 vol. in-18, 4 fr., et sur pap. vélin, 8 fr.; — et 2 vol. in-12, 5 fr.; et sur pap. vélin, 10 fr. — Édition faisant partie d'une collection intitulée « Bibliothèque française. »
Strasbourg, Levrault, 1826, in-18.
Paris, Hiard, 1831, 2 vol. in-18.
— Treuttel et Wurtz, 1836, in 8, 3 fr., et sur pap. vélin, 4 fr. 50 c.

La première partie de l'Histoire de Russie sous Pierre-le-Grand fut imprimée en 1759, et c'est la date que porte l'édition originale. Toutefois la publication n'eut lieu que l'année suivante, parce que l'auteur attendait le consentement de la cour de Pétersbourg, où son volume fut gardé un an. Avant l'impression, Voltaire avait déjà envoyé en Russie son ouvrage manuscrit; on le soumit à Lomonossoff, homme non moins recommandable par ses talents que par ses connaissances, et auteur d'une « Pétréide », poëme en deux chants. Quelques-unes des observations de M. Lomonossoff, publiées dans le « Télégraphe de Moscou », n° 6 de 1828, ont été reproduites, la même année, dans le septième cahier du « Bulletin du Nord, journal scientifique et littéraire », imprimé en la même ville.

Le volume de 1759 avait une préface divisée en six paragraphes. Le premier a été changé et divisé en deux : les autres forment à présent les paragraphes III à VII de la *Préface historique et critique*.

L'ouvrage était en circulation depuis peu de temps lorsqu'on vit paraître quelques critiques que nous rappelons dans la seconde partie de cette notice.

La seconde partie de l'*Histoire de Russie* ne vit le jour qu'en 1764. L'auteur, pour la terminer, interrompit ses « Commentaires sur Corneille ». En tête de cette seconde partie, était une préface intitulée : *Au lecteur;* dont une partie conservée forme, depuis 1768, le paragraphe VIII de la *Préface historique et critique*. En 1768, l'auteur fondit en une seule les deux préfaces de 1759 et 1763, mais en y faisant des retranchements que M. Beuchot, dans son édition de l'*Histoire de l'empire de Russie*, a donné en variantes.

C'est dans la préface de 1763 (aujourd'hui paragraphe VIII), qu'il est question de l'exil en Sibérie de Charles de Talleyrand, prince de Chalais. Voltaire discute et conteste l'ambassade auprès d'Ivan Basilovitz, dont on prétend que Charles de Talleyrand fut chargé. Malgré les justes raisonnements de Voltaire, cette fable a été répétée depuis. P.-C. Levesque, qui, auteur d'une « Histoire de Russie », n'était pas fâché de prendre Voltaire en défaut, «

<hr>

(1) M. Beuchot, dans sa préface du Précis du siècle de Louis XV, a donné une concordance des deux ouvrages, sauf les changements faits par Voltaire.

lu , en 1796 , à l'Institut , un Mémoire sur les anciennes relations de la France avec la Russie , et il fait tout son possible pour accréditer le récit d'Oléarius , sur l'ambassade et l'exil de Talleyrand. Or, de ces deux circonstances, l'exil n'est contesté ni par Voltaire, ni par personne. La difficulté réelle porte uniquement sur le titre d'ambassadeur du roi de France , donné par Oléarius à Talleyrand. Ce titre ayant encore été donné à Talleyrand dans un article d'un journal français, du 29 mars 1827, le prince russe , A. Labanoff, publia une « Lettre à M. le rédacteur du Globe, au sujet de la prétendue ambassade en Russie de Charles de Talleyrand » (1828, in-8). Le prince Labanoff y appuie l'opinion de Voltaire , et réfute celle de Levesque. La question de l'ambassade était , du reste , déjà tranchée par une lettre de Louis XIII, du 3 mars 1635, adressée à l'empereur et grand-duc Michel Feodorovitz , imprimée dès 1782 (1) et reproduite par le prince Labanoff dans le post-scriptum de la Lettre dont nous venons de parler.

La première partie de l'*Histoire de Russie* avait dix-neuf chapitres ; la seconde n'en a que seize, mais ils sont suivis de *Pièces justificatives.*

Une critique de la deuxième partie se trouve dans le recueil allemand de Busching, ayant pour titre : « Pièces et nouvelles littéraires de la Russie », 1764.

Au chapitre III de la deuxième partie Voltaire cite, sans le nommer, « un ministre dont on a imprimé des Mémoires sur la Russie. Ce ministre doit être Weber, ambassadeur ou envoyé de Saxe. C'est du moins à ce Weber que Mylius (Bibl. anonymorum , n. 846 , page 147, et n. 2370 , page 302) attribue un ouvrage allemand , publié en 1721, in-4 , dont il existe deux traductions françaises : l'une sous le titre de « Mémoires pour servir à l'Histoire de l'empire russien, sous le règne de Pierre-le-Grand », La Haye , 1725 , in-12 ; l'autre intitulé : « Nouveaux Mémoires sur l'état présent de la Grande-Russie ou Moscovie », Paris, 2 vol. in-12.

Palissot, qui a donné une édition choisie et peu estimée des Œuvres de Voltaire, en 55 volumes in-8, a ajouté à l'*Histoire de l'empire de Russie* des notes qui lui avaient été fournies par P.-C. Levesque, celles dont nous avons eu occasion de parler précédemment.

Dans la plupart des éditions, c'est à la suite de l'*Histoire de Pierre-le-Grand* qu'on a mis les *Anecdotes* sur ce prince ; c'était rationnel. Un éditeur moderne, trouvant que ces deux ouvrages sur le même personnage n'étaient aucunement liés l'un à l'autre, a placé ces *Anecdotes* parmi les « Mélanges ».

400. Remarques pour servir de Supplément à l'Essai sur l'Histoire générale et sur les mœurs et l'esprit des nations, et sur les principaux faits de l'Histoire, depuis Charlemagne jusqu'à la mort de Louis XIII. 1763, in-8 de ij et 86 pages.

Contenant vingt-deux remarques. La onzième, du *Saddor*, a été depuis refondue dans le texte ; ce qui réduit à vingt-et-une celles qui sont conservées en corps d'ouvrage.

(1) Sous le titre d'Éclaircissements sur une lettre du roi de France Louis XIII, etc. , dans le t. XVI du « Magasin pour l'histoire et la géographie », par Busching. L'auteur de ces Éclaircissements , qui ont dû être écrits en 1763 , puisque l'auteur y parle du tome second de l'Histoire de Russie, comme venant de paraître , est G.-F. Muller, qui laisse percer à chaque phrase son humeur contre Voltaire.

401. Éclaircissements historiques à l'occasion d'un libelle calomnieux contre « l'Essai sur les mœurs et l'esprit des nations ». In-12.

Imprimé sous le nom de Damilaville : c'est une critique de l'ouvrage de l'abbé Nonotte. Damilaville est l'auteur des Additions aux Éclaircissements sur le libelle intitulé « les Erreurs de M. de Voltaire ». La lettre *A Messieurs les Juifs* qui termine est de Voltaire , sous le nom de La Roupillière.

Les *Éclaircissements historiques* sont aussi imprimés dans la brochure intitulée « le Vieillard du mont Caucase. »

Voltaire publia encore , en 1763 :

402. Additions à l'Essai sur l'histoire générale et sur l'esprit des mœurs des nations, etc. , pour servir de supplément à l'édition de 1756, en 7 vol. 1763 , in-8.

On trouve, à la suite de ces Additions, des Remarques pour servir de supplément à l'Essai sur l'histoire générale et sur les mœurs et l'esprit des nations, etc., 1763, in-8 de 467 pages.

Ce volume, imprimé séparément pour compléter les possesseurs de l'édition de 1756 , ne renferme pourtant pas , comme le tome VIII de l'*Esssai*, les *Éclaircissements historiques* cités précédemment. Cet écrit a été placé parmi les « Mélanges », à la date de 1763.

403.* Philosophie (la) de l'Histoire. *Genève*, 1765, in-8 ; — *Utrecht*, 1765, in-12.

Publiée sous le pseudonyme de l'abbé Bazin.

Cet ouvrage, dédié à l'impératrice de Russie , paraît très-savant à la première lecture ; mais, outre des erreurs, il renferme des propositions hardies qui l'ont fait condamner. Il fut compris dans la censure du clergé de France, du 22 août 1765, et un décret de la cour de Rome, du 12 décembre 1768, en interdit la lecture. Larcher en a relevé les erreurs dans son ouvrage intitulé : « Supplément à la Philosophie de l'Histoire de feu M. l'abbé Bazin, nécessaire à ceux qui veulent lire cet ouvrage avec fruit ». Amsterdam, Changuion (Paris), 1767, in-8. Ce livre, rempli d'une solide érudition, mais dans lequel les bornes de la critique sont souvent dépassées souleva la bile de Voltaire, qui y répondit par des injures, dans sa diatribe intitulée : *Défense de mon oncle* (voy. le n° 405), qui a été condamnée à Rome, le 29 novembre 1771. Voici comment Voltaire parlait du livre de Larcher, dans une lettre écrite à M. d'Argental, le 20 juin 1767 : « Je ne « sais si vous avez entendu parler d'un livre composé par un barbare , intitulé : « Supplément à la « Philosophie de l'Histoire ». L'auteur n'est ni poli, « ni gai ; il est hérissé de grec ; sa science n'est « pas à l'usage du beau monde et des belles dames. « Il m'appelle Canopée, quoique je n'aie jamais été « au siège de Thèbes. Il voudrait me faire passer « pour un impie ; voyez sa malice. On donne des « privilèges à ces livres-là, et les réponses ne sont « pas permises ». Larcher répliqua à la *Défense de mon oncle* par sa « Réponse à la Défense de mon oncle, précédée de la Relation de la mort de l'abbé Bazin, etc. ».

La *Philosophie de l'Histoire* devint, en 1769, le Discours préliminaire ou l'Introduction de l'Essai sur les mœurs , dans l'édition in-4 de ses Œuvres.

Cinquante-trois paragraphes forment cet ouvrage.

En tête du volume est la dédicace à l'impératrice Catherine II, imprimée en petites capitales.

La *Philosophie de l'Histoire* fut l'occasion de quelques écrits. Larcher, ainsi que nous venons de le dire, publia un « Supplément à la Philosophie de l'Histoire » ; le P. Viret, et les abbés Clémence et François publièrent aussi quelques critiques qu'on trouvera indiquées dans la seconde partie de cette notice.

Cet ouvrage, auquel est consacré l'article X des *Fragments sur l'Histoire*, a été réimprimé en entier, sauf le paragraphe XLVI, dans le volume intitulé : *Résumé de l'Histoire générale*, par Voltaire, 1826, in-18, et en fait la plus grande partie.

— * Filosofia (la) de la Historia, traducida al castellano. *Parigi, de la imp. de David*, 1825, 2 vol. in-18, 8 fr.

404. Conspirations (des) contre les peuples, et des Proscriptions. 1766.

Ce morceau fut imprimé primitivement à la suite des notes de la tragédie de « Octave et le jeune Pompée, ou le Triumvirat », en décembre 1766. Voltaire le produisit, en 1771, dans la quatrième partie des « Questions sur l'Encyclopédie ».

405. Défense (la) de mon oncle contre ses infâmes persécuteurs ; par A.....t de V***. *Genève*, 1767, in-8 ; — 1768, petit in-8 de 111 pages. — Édition augmentée. *Londres*, 1773, in-8.

Condamnée, par décret de la cour de Rome du 29 novembre 1771, avec cinq autres ouvrages de Voltaire.

« Un répétiteur du collége Mazarin, nommé Larcher, traducteur d'un vieux roman grec, intitulé : « Callirhoé », et du « Martin Scriblerus », de Pope, fut chargé par ses camarades d'écrire un libelle pédantesque contre les vérités trop évidentes énoncées dans la *Philosophie de l'Histoire*. La moitié de ce libelle consiste en bévues, et l'autre en injures, selon l'usage. Comme la *Philosophie de l'Histoire* avait été donnée sous le nom de l'abbé Bazin, on répondit à l'homme du collége sous le nom d'un neveu de l'abbé Bazin ; et l'on répondit, comme doit faire un homme du monde, en se moquant du pédant. Les sages et les rieurs furent pour le neveu de l'abbé Bazin ». — Avis des éditeurs de l'édition de 1785 de la *Philosophie de l'Histoire*, présenté comme étant de Voltaire lui-même.

Larcher, attaqué dans cet écrit, y répliqua par une « Réponse à la Défense de mon oncle ».

La *Défense de mon oncle* a été rejetée par les éditeurs modernes des Œuvres de Voltaire parmi les « Mélanges », et à la date de 1767.

406. Essai historique et critique sur les dissensions des églises de Pologne. *Bâle*, (1767), in-8 de 54 pages.

Publié sous le pseudonyme de Jos. BOURDILLON, professeur en droit public.

Cet ouvrage fut condamné par décret de la cour de Rome, du 12 décembre 1768.

Senebier, trompé par le pseudonyme, a, dans son Histoire littéraire de Genève, tome III, p. 56, pris au sérieux ce nom, et a consacré une note à Joseph Bourdillon.

407. Précis du siècle de Louis XV, pour servir de Supplément à l'Essai sur l'histoire générale, en huit volumes, nouv. édition, continuée jusqu'en 1764. *Genève (Rouen)*, 1768, in-8 ; — *Genève*, 1770, in-12 ; — 1771, in-8.

A.-A. Barbier, sous le n° 14,564 de son Dictionnaire des ouvrages anonymes, a gravement erré en assignant 1749 comme la date de la publication de la première édition de cet ouvrage ; car Colini, dans « Mon séjour auprès de Voltaire », nous apprend que le *Précis du Siècle de Louis XV*, commencé à être écrit en 1752 seulement, à Berlin, parut pour la première fois, en corps d'ouvrage, en 1768, à la suite du « Siècle de Louis XIV ».

Ainsi qu'il a été dit sous un précédent numéro, dans le tome VIII de l'édition de 1761—63 de « l'Essai sur l'histoire générale » (aujourd'hui « Essai sur les mœurs »), dix-huit chapitres furent ajoutés au « Siècle de Louis XIV », qui étaient consacrés aux événements postérieurs à la mort de Louis XIV. Dans quatre de ces chapitres (les 47e, 48e, 49e, et 50e), on retrouve textuellement des passages plus ou moins longs des chapitres II, III et IV de la première partie de l'Histoire de la guerre de 1741 (voy. le n° 397), et des Additions qui sont à la fin de la seconde partie.

A ces dix-huit chapitres sur les événements postérieurs au règne de Louis XIV, Voltaire en ajouta vingt-et-un en 1768, et intitula leur réunion : *Précis du Siècle de Louis XV*. Pour plusieurs de ces vingt-et-un chapitres, Voltaire avait encore mis à contribution son « Histoire de la guerre de 1741 ».

L'édition de 1768 du *Précis du Siècle de Louis XV* avait trente-neuf chapitres, qui sont aujourd'hui les chapitres 1 à XXXVIII, et le XLIIIe.

L'édition in-4 de 1769 fut augmentée de trois chapitres, qui sont à présent les XXXIX, XL et XLII. Ce fut en 1775, dans l'édition encadrée, que parut pour la première fois ce qui forme le chapitre XLI.

Cet ouvrage, souvent réimprimé avec le Siècle de Louis XIV (voy. n° 408), a eu néanmoins plusieurs éditions séparées. Nous citerons, entre autres, les suivantes :

Maestricht, 1781, 2 vol. in-12.

Neufchâtel, 1783, in-12.

Édition stéréotype, augmentée d'une table des matières. Paris, Gide et H. Nicolle, 1808, in-18, in-12 et in-8.

Cet ouvrage fut défendu, dans le temps, parce que l'auteur jetait quelques doutes sur les faits attribués à M. de Lally, et qui le firent condamner. Quinze ans plus tard, cette défense n'eut pas eu lieu.

Un hommage fut rendu à l'ouvrage de Voltaire après la mort de l'auteur. La Société des gens de lettres, à qui l'on doit la traduction de « l'Histoire universelle, depuis le commencement du monde, composée par une Société de gens de lettres anglais », trouvant que les historiens d'outre-mer avaient traité le règne de Louis XV d'une manière trop *sèche* et trop *concise*, crurent « devoir les oublier pour un moment » ; et, au lieu de donner la traduction de l'ouvrage anglais pour ce règne, imprimèrent les quarante-trois chapitres du *Précis*, l'on pourrait dire textuellement, tant est petit le nombre des changements qu'ils firent à l'ouvrage de Voltaire. Ils ont même conservé les notes des éditeurs de Kehl, et en ont ajouté quelques-unes.

Des corrections de la main de Voltaire, écrites sur un exemplaire de l'édition de 1775, dont M. de Cayrol avait pris copie, et qu'il a communiquées à M. Beuchot, ont été pour cet éditeur une très-bonne fortune. Il les a toutes admises dans le texte ;

mais, en faisant ces nombreux changements, il a eu soin d'indiquer d'après quelle autorité il les faisait, et il a mis en variantes le texte qu'il rejetait.

408. Siècle (le) de Louis XIV. Nouv. édition, revue, corrigée et augmentée, à laquelle on a ajouté le Précis du Siècle de Louis XV. *Genève*, 1768, 1771, 4 vol. in-8.

Le *Précis du siècle de Louis XV* commence dans le troisième volume, et a trente-neuf chapitres. (Voy. n° 407). C'est aussi en trente-neuf chapitres qu'est le « Siècle de Louis XIV », qui est précédé de l'Avertissement que voici :

« On a cru devoir commencer cette nouvelle édition du *Siècle de Louis XIV* par la liste de la maison royale et de tous les princes du sang de son temps. Elle est suivie de celle de tous les souverains contemporains, des maréchaux de France, des amiraux et généraux des galères, des ministres et secrétaires d'état, qui ont servi sous ce monarque. Après quoi vient le catalogue alphabétique des savants et des artistes en tout genre. Cette instruction préliminaire est un espèce de Dictionnaire dans lequel le lecteur peut choisir les sujets à son gré, pour se mettre au fait des grands événements qui se sont passés sous ce règne.

Jusque là, en effet, c'était à la fin du *Siècle de Louis XIV*, et quelquefois sous la forme de trois chapitres, qu'avaient été placés : 1° la Liste des enfants de Louis XIV, des souverains contemporains, etc. ; 2° le Catalogue des écrivains; 3° les Artistes célèbres ; objets qui, depuis 1768 (l'édition de madame de Genlis exceptée), ont été conservés en tête de l'ouvrage. C'était, ainsi qu'il l'a été dit plus haut, ce qui formait, en 1756 et 1757, les chapitres ccxiii—ccxxv de l'*Essai* ; et, en 1763, les chapitres xl—xlii du *Siècle*.

Dans l'édition in-4 des OEuvres de Voltaire, le *Siècle de Louis XIV* forme, avec le *Précis du Siècle de Louis XV*, les tomes XI et XII, datés de 1769. Le *Siècle de Louis XIV* se trouve dans les tomes XVIII et XIX de l'édition encadrée, ou de 1775 : c'est la dernière édition authentique donnée du vivant de l'auteur.

Les éditions de Kehl contiennent quelques additions posthumes, parmi lesquelles il en est une qui a laissé à M. Beuchot quelques doutes sur son authenticité. Elle a rapport aux Mémoires de Berwick, publiés par l'abbé Hook, peu de mois avant la mort de Voltaire, et dont cependant on lui en fait parler dans son article Berwick.

Autres éditions séparées du *Siècle de Louis XIV* et du *Précis du Siècle de Louis XV*, réunis :

Londres, 1798, 3 vol. in-18.

Édition stéréotype. Paris, Didot, 1803, 5 vol. in-18, sur pap. ordinaire et sur pap. fin, et sur gr. pap. vélin, format in-12. — Cette édition a eu plusieurs tirages.

Voy. le Magasin encyclop., ixe année, 1803, tome II, page 285, et xive année, 1809, tome Ier, page 219.

Édition stéréot. d'Herhan. Paris, Gide et H. Nicolle, 1818, 3 vol. in-8, 15 fr. 75 c., et sur pap. vélin, 25 fr. 50 c. ; 3 vol. in-12, 8 fr.; et 4 vol. in-18. — Édition dont il a été fait plusieurs tirages depuis, et notamment dans les formats in-18 et in-12.

Paris, Didot aîné, 1821, 4 vol. in-8, sur pap. ordinaire, 18 fr. ; sur pap. fin, 30 fr., et sur pap. vélin, 60 fr. — Édition faisant partie de la « Collection des meilleurs ouvrages de la langue française », dédiée aux amateurs de l'art typographique.

Paris, Ménard et Desenne, 1822, 6 vol. in-18, avec gravures, sur pap. ordinaire, 10 fr., et sur pap. vélin, 20 fr. ; et tiré sur format in-12, pap. ordinaire, 12 fr., et sur pap. vélin, 24 fr. — Cette édition fait partie d'une « Bibliothèque française », publiée par le même libraire.

Paris, Hiard, 1830, 4 vol. in-18, 2 fr. 60 c. — Édition faisant partie de la « Bibliothèque des amis des lettres ».

Paris, Delalain, 1831, 2 vol. in-18.

Paris, Treuttel et Wurtz, 1835, 3 vol. in-8, 9 fr., et sur pap. vélin, 13 fr. 50 c.

409. Tableau du siècle de Louis XII ; par madame de M.... *Amsterdam, et Paris, Vente*, 1769, in-12 ; — *Genève*, 1770, in-12.

L'opinion publique ayant attribué cet ouvrage à madame de Méhégan, veuve de l'auteur du « Tableau de l'histoire moderne », cette dame le désavoua par une lettre adressée au rédacteur du « Mercure », en avril 1769. L'année suivante, les libraires placèrent le nom de Voltaire sur un nouveau frontispice, et ils citèrent, dans un avertissement, le désaveu de madame de Méhégan.

Il est facile de s'assurer que le *Tableau du siècle de Louis XII* est en effet tiré, en grande partie, de l'*Essai* de Voltaire *sur les mœurs et l'esprit des nations*.

(*Note du Dict. des ouvr. anon. de Barbier*).

410. Histoire du parlement de Paris. *Amsterdam*, 1769, 2 vol. in-8; — *Nouv. édit., Genève*, 1769, 2 vol. in-8 ; — *Londres*, 1773, in-8.

Publiée sous le pseudonyme de l'abbé Big.... La viiie édition, qui est de 1770, porte le nom entier de l'abbé Bigorre.

Autres éditions :

Édition stéréotype. Paris, F. Didot, 1823, in-18, 1 fr. ; et sur pap. fin, 1 fr. 25 c. ; — ou Paris, Lecointe, 1830, 2 vol. in-18.

Paris, Treuttel et Wurtz, 1835, in-8, 3 fr., et sur pap. vélin, 4 fr. 50 c.

Wagnière, secrétaire de Voltaire, nous apprend que l'*Histoire du parlement* fut composée non sur les matériaux fournis par le ministère, mais à son instigation. Ce n'était pas la faute de l'auteur, si le parlement n'avait pas à se louer de la manière dont il est traité. Voltaire n'avait pu dissimuler la guerre de la Fronde, ni mentir, pour plaire à *Messieurs*, dont il n'avait assurément pas à se louer.

Cet ouvrage fit beaucoup de bruit à l'instant qu'il parut. On sut bientôt d'où venait le livre; on en nommait l'auteur ; on le proscrivit, et les exemplaires s'en vendaient sous le manteau jusqu'à six louis. Voltaire, qui savait ce qu'il pouvait gagner à irriter les membres du parlement, fut tellement effrayé de cette proscription, qu'il s'empressa d'écrire de tous côtés qu'il n'était point l'auteur de cet ouvrage; il n'osa pas en faire la confidence même à ses plus intimes amis, d'Argental et d'Alembert. Il écrivait au premier, le 7 juillet 1769 : « Quant à l'Histoire (du parlement) dont vous me parlez, mon cher ange, il « est impossible que j'en sois l'auteur ; elle ne peut « être que d'un homme qui a fouillé deux ans de « suite dans les archives poudreuses. J'ai écrit sur « cette petite calomnie, qui est environ la trois-cen- « tième, une lettre à M. Marin pour être mise dans « le « Mercure ». Je sais, à n'en pouvoir douter, « que cet ouvrage n'a pas été imprimé à Genève,

« mais à Amsterdam, et qu'il a été envoyé à Paris ;
« je sais encore qu'on en fait deux éditions nou-
« velles, avec additions et corrections ; car je suis
« fort au fait de la littérature étrangère... ... ».
La peur talonnait tellement notre auteur, que, deux
jours après, le 9 juillet, il écrivit à son cher d'A-
lembert sur le même sujet : « Il me paraît absurde
« de m'attribuer un ouvrage dans lequel il y a deux
« ou trois morceaux qui ne peuvent être tirés que
« d'un greffe poudreux, où je n'ai assurément pas
« mis le pied ; mais la calomnie n'y regarde pas de
« si près. Je vous demande en grâce d'employer
« toute votre éloquence et tous vos amis pour dé-
« truire un bruit encore plus dangereux que ridi-
« cule. Ma pauvre santé n'avait pas besoin de cette
« secousse. Je me recommande à votre amitié ».
Voltaire a constamment nié qu'il fût l'auteur de
cette Histoire ; et cependant elle est bien certainement de lui.

Le parlement toutefois renonça, pour le moment,
« à l'inutile cérémonie de brûler le libelle », et « au
soin plus sérieux d'en rechercher l'auteur ».

Mais, lorsqu'en octobre 1770, l'avocat-général
Séguier vint à Ferney, il dit à Voltaire que quatre
conseillers le pressaient continuellement de requérir
qu'on brûlât l'*Histoire du parlement*, et qu'il serait
forcé de donner un réquisitoire vers le mois de février 1771. Voltaire crut prudent de déclarer n'a-
voir aucune part à cette Histoire, « qu'il regardait
« d'ailleurs comme très-véridique », ajoutant que
« s'il était possible qu'une compagnie eût de la re-
« connaissance, le parlement devait des remerci-
« ments » à l'écrivain qui l'avait extrêmement ménagé. Voltaire avait, en effet, beaucoup ménagé le
parlement. Il avait passé sous silence des faits dont
il avait parlé dans d'autres ouvrages. Il n'avait rien
dit des jugements récents de Lally et de La Barre,
qui l'indignaient tant.

Le réquisitoire de Séguier n'eut pas lieu, parce
que « on requit autre chose en ce temps-là de ces
Messieurs, et la France en fut délivrée » par leur
expulsion en 1771.

L'*Histoire du parlement* n'avait, en 1769, que
soixante-sept chapitres. Ce fut en 1770 que l'auteur
ajouta ce qui forme aujourd'hui le chapitre XLIII.

Dès la seconde édition de 1769, il avait changé
les quatre premières pages du dernier chapitre (aujourd'hui le XLVIII°).

Le chapitre LXIX a été ajouté dans l'édition encadrée de 1775.

L'*Histoire du parlement* n'est peut-être pas lue autant qu'elle mérite de l'être. « Quoique cet ouvrage,
« dit M. le président Desportes (art. Meaupou, de
« la *Biographie universelle*), soit un tissu d'épigram-
« mes, peu dignes d'un pareil sujet, le récit des faits
« est d'une grande exactitude ».

411. Défense de Louis XIV. 1769. (Voy. n. 309).

412. Fragments sur quelques révolutions de l'Inde, et sur la mort du comte de Lally. Juin 1773, in-8 de IV et 162 pages. — Fragments sur l'Inde, sur l'Histoire générale, et sur la France. Décembre 1773, in-8 de IV et 264 pag.

Les trente-six articles dont se composent ces
Fragments historiques n'ont pas été publiés en même
temps pour la première fois. Les vingt premiers,
dont l'auteur s'occupait en juin 1773, étaient imprimés en août, et envoyés à Paris le même mois.
Ils formaient une brochure de IV et 162 pages, qui
avait pour titre : *Fragments sur l'Inde et sur le gé-*
néral *Lally*. Voltaire avait voulu appeler l'attention
sur Lally.

Une réimpression, page par page, est suivie du
Précis du comte de Morangiés.

Les chapitres XXI à XXXVI virent le jour à la
fin de 1773, puisqu'il en est question, dans les « Mémoires secrets » du 16 janvier 1774. Ils étaient numérotés 1 à XVI, et formaient, avec quelques autres
écrits, une brochure de IV et 264 pages, intitulée :
*Fragments sur l'Inde, sur l'Histoire générale, et sur
la France*. Les morceaux qu'on trouvait à la suite
des seize articles sur l'Inde étaient : 1° *Fragment sur
la justice, à l'occasion du procès de M. le comte de
Morangiés* ; 2° *Fragment sur le procès criminel de
Montbailly* ; 3° *Fragments sur l'Histoire générale*, en
seize articles.

413. Fragments sur l'Histoire générale.

Ce fut à la fin de 1773, comme il l'a été dit précédemment, à la suite de la seconde partie des
Fragments sur l'Inde que Voltaire publia sous le titre
de *Fragments sur l'Histoire générale*, seize articles.

On n'en reproduisit que treize dans le treizième
volume des *Nouveaux Mélanges philosophiques, historiques, critiques, etc., etc.*, 1774, in 8. Les trois
articles supprimés étaient les XI° (*les Calomnies
contre Louis XIV*), XII° (*la Défense de Louis XIV,
contre l'auteur des Éphémérides*), et XIII° (*la Défense du même roi*, contre les Annales politiques de
l'abbé de Saint-Pierre). Le XII° avait été donné dans
le onzième volume des Nouveaux Mélanges, en
1772 ; mais les XI° et XIII° n'ont place dans aucun
des dix-neuf volumes des Nouveaux Mélanges, publiés, de 1765 à 1775, par les frères Cramer, pour
compléter diverses de leurs éditions des Œuvres de
Voltaire.

Dans les éditions de Kehl le nombre des articles
est de vingt-neuf : on avait rétabli les trois morceaux omis en 1774 ; mais on avait porté ailleurs
l'article XVI de 1774, et l'on en avait formé la
XXVII° des *Honnêtetés littéraires*.

Sentant qu'avec de telles dispositions, le titre
donné par l'auteur ne convenait plus ; on avait intitulé seulement *Fragments sur l'Histoire* les vingt-
neuf qu'on avait réunis, et dont quatorze étaient
épars.

Plusieurs des éditeurs qui sont venus après ceux
de Kehl, ont disposé autrement les vingt-neuf morceaux que ces derniers avaient donnés sous le titre
de *Fragments sur l'Histoire*.

Dans son édition des Œuvres de Voltaire, M. Beuchot, au contraire, a reproduit sous son titre, et à
peu près dans sa forme primitive, le *Fragment sur
l'Histoire générale*, en rejetant à leurs dates les opuscules de diverses époques, et que les éditeurs de
Kehl y avaient intercalés, et aussi l'article XII de
1773, qui n'est autre que la *Défense de Louis XIV*
(contre l'auteur des Éphémérides), morceau publié
déjà en 1769.

En tête de la réimpression du *Fragment sur l'Histoire générale*, par M. Beuchot, se trouve une concordance de son édition de cet ouvrage avec celle
des éditeurs de Kehl.

414. Essai sur les mœurs et l'esprit des nations, et sur les principaux faits de l'histoire, depuis Charlemagne jusqu'à Louis XIII. *Genève*, 1775, 6 vol. in-8, — *Paris*, 1796, 5 vol. in-8.

Nouvelle édition, sous un nouveau titre, mais
refondue, de l'*Essai sur l'Histoire universelle*, 1754-
58, 6 vol. in-12, et de l'*Essai sur l'Histoire générale*, 1761-63, 8 vol. in-8. Ce titre a été conservé.

— Le même ouvrage, sous le même titre. Édition stéréotype. *Paris, P. Didot,* 1805, 8 vol. in-18, sur pap. ordin., sur pap. fin, et sur gr. pap. vélin, format in-12.

On a vu qu'en 1769, dans l'édition in-4, Voltaire fit de sa *Philosophie de l'Histoire* le discours préliminaire de son livre. Ce fut en même temps qu'il lui donna le titre qu'il porte aujourd'hui d'*Essai sur les mœurs et l'esprit des nations*. Dans cette édition de 1769, et dans celle de 1775, on trouve à la suite de l'*Essai*, les Remarques, et, avec des augmentations, les *Éclaircissements*, ouvrages cités l'un et l'autre sous les numéros 400 et 401.

Plusieurs chapitres, soit du « Pyrrhonisme de l'Histoire », soit de « Un chrétien contre six juifs », sont des réponses à des critiques des paragraphes ou chapitre de l'*Essai sur les mœurs*.

Voltaire a fait mieux que répondre à ses critiques; il a fait quelquefois des changement et corrections. Dans les éditions successives, il ne s'est pas contenté de faire des additions qui ont porté l'ouvrage de 164 chapitres à 197. Il revoyait chaque chapitre, et y ajoutait des phrases et des alinéa, à quelques-uns desquels il a même eu soin de donner une date. Voyez, pour ces différentes améliorations, les citations qu'en fait M. Beuchot dans sa préface de la réimpression de cet ouvrage.

Les éditions in-4 et encadrée, faites sous les yeux de Voltaire, avait une Table alphabétique des personnages mentionnés dans l'*Introduction* (ou *Philosophie de l'Histoire*) et dans l'*Essai sur les mœurs*, rédigée par l'abbé Bigex, qui a été reproduite dans les éditions de Kehl et dans quelques autres. M. J. Ravenel a revu et complété cette Table pour l'édition donnée par M. Beuchot.

———

— * Ensayo sobre las costumbres y el espiritu de las nationes, y sobre los principales hechos de la historia, por Voltaire; traducido al castellano, por D. J. J. *Paris, de la impr. de David*, 1827, 10 vol. in-18, 40 fr.

———

415. Mélanges historiques. *Paris, Bossange frères*, 1827, 4 vol. in-12 ; et *Paris, Lecointe*, 1830, 6 vol. in-18.

Sous ce titre, les éditeurs de Voltaire ont réuni les réponses du grand écrivain à plusieurs critiques de ses ouvrages historiques, plusieurs morceaux historiques détachés, un traité précieux sur l'esprit de doute qu'il faut porter dans l'étude de l'histoire. M. Beuchot, dans son excellente édition de Voltaire, les a rangés en fragments et par ordre chronologique, et sous le titre collectif de *Mélanges de littérature, d'histoire, de philosophie, etc.*

Biographies.—Éloges.

416. Vie de J.-B. Rousseau.

Cette *Vie de J.-B. Rousseau* est un des ouvrages sur lesquels, malgré de grandes recherches, je n'ai point de renseignements positifs et satisfaisants; rien dans la Correspondance, ni dans aucun autre ouvrage de Voltaire, n'a pu me donner la moindre indication sur cet écrit. Mais feu Decroix, qui, pendant cinquante ans s'est occupé des OEuvres de Voltaire, ne doutait pas que la *Vie de J.-B. Rousseau*

fût sortie de sa plume; et c'est une grande autorité.

Deux passages du paragraphe VII prouvent que l'ouvrage est de 1738, et qu'il est antérieur à la publication des « Éléments de la philosophie de Newton ». Mais je ne saurais dire quand il a été imprimé pour la première fois. L'exemplaire que je tiens de M. Decroix, et qui a 66 pages, faisait partie d'un volume qu'il croyait appartenir à une édition de 1748 des OEuvres de Voltaire. Je croirais plutôt que ce serait de l'édition de 1764, dont je n'ai pu me procurer jusqu'à ce jour que quelques volumes, édition dont la typographie est la même que celle du fragment du volume que je tiens de feu Decroix, et dans laquelle, outre les écrits de Voltaire, on a compris un grand nombre d'opuscules en divers sens, qui y sont relatifs.

Ce que je puis dire avec certitude, c'est que, dans les « Mémoires pour servir à l'Histoire de M. de Voltaire », 1785, 2 vol. in-12, attribués à D. Chaudon, l'auteur ou éditeur a donné la *Vie de J.-B. Rousseau* comme étant de Voltaire. Il y a ajouté quelques notes, et a divisé l'ouvrage par paragraphes, en tête de chacun desquels il a mis des sommaire.

(*Préface de M. Beuchot*).

417. * Vie de Molière, avec des jugements sur ses ouvrages. *Paris, Prault,* 1739, in-12 ; — *Lausanne,* 1774, in-8.

Dans le Voltaire de Kehl, on lit sur le titre, au lieu de : avec des jugements sur ses ouvrages, *avec de petits sommaires de ses pièces.*

Cet ouvrage était destiné à être imprimé à la tête du Molière in-4, édition de Paris. On pria un homme très-connu de faire cette Vie et ces courtes analyses destinées à être placées au devant de chaque pièce. Rouillé, chargé alors du département de la librairie, donna la préférence à un nommé La Serre : c'est de quoi on a plus d'un exemple. L'ouvrage de l'infortuné rival de La Serre fut imprimé mal à propos, puisqu'il ne convenait qu'à l'édition de Molière.

Le travail de Voltaire n'en a pas moins été réimprimé avec diverses éditions des OEuvres de Molière, et, entre autres, avec celles d'Amsterdam, 1744, 4 vol. in-12, fig., et 1765, 6 vol. in-12, avec les mêmes figures.

418. Anecdotes sur Louis XIV.

Imprimées pour la première fois dans le tome second de l'edition des OEuvres de Voltaire, Dresde, 1748. On les réimprima dans le » Mercure » du mois d'août 1750, pages 5 et suiv.

419. Anecdotes sur le czar Pierre-le-Grand.

Imprimées, pour la première fois, en 1748, dans le tome second, pages 242-256, des OEuvres de Voltaire, publiées à Dresde, chez G.-C. Walther.

Cet ouvrage est fort antérieur au temps où des circonstances, que M. de Voltaire ne pouvait prévoir, l'obligèrent de donner une Histoire de Pierre Ier sur des Mémoires envoyés ou du moins approuvés par la cour de Russie. Les éditeurs de Kehl ont cru devoir le conserver tel qu'il a été donné par l'auteur, sans en retrancher ce qui pourrait paraître des répétitions soit de l'Histoire de Pierre Ier, soit de celle de Charles XII.

420. * Panégyrique de Louis XV, fondé

sur les faits et les événements les plus intéressants jusqu'en 1749. 1748, in-12 de 44 pages, et in-8.

La cinquième édition, publiée en 1748, in-8, est précédée d'une *Préface de l'auteur*. Dans la sixième édition, 1749, in-8, ce morceau est placé à la fin du *Panégyrique*, et sous le titre de *Réponse de l'auteur à quelques objections*. Il existe des exemplaires de la sixième édition, *avec les traductions latine, italienne, espagnole, et anglaise.*

421. * Panégyrique de S. Louis, roi de France, prononcé dans la chapelle du Louvre, en présence de MM. de l'Académie française, le 25 août 1749, par M. l'abbé d'Arty. *Amsterdam, et Paris, Didot*, 1759, in-12.

« Le *Panégyrique de S. Louis* a passé pour être de Voltaire, dans le temps où il fut prononcé. Les traits heureux répandus dans cet ouvrage, l'esprit philosophique qui y règne, et qui était alors inconnu dans la chaire; le style, qui est à la fois simple et noble, mais éloigné de ce style oratoire, si propre à cacher sous la pompe des mots le vide des idées; tout cela nous porte à croire, disent les éditeurs de Kehl, que cette opinion n'était pas dénuée de fondement. On prétend que le prédicateur avait consulté Voltaire sur un panégyrique qu'il avait fait lui-même; dans un moment d'humeur contre le mauvais style de ce sermon, Voltaire le jeta au feu. Cependant l'auteur, qui avait fondé sur le succès de son discours l'espérance de sa fortune, était au désespoir; il fallait avoir un autre panégyrique, et l'apprendre en huit jours. Voltaire eut pitié de lui, et fit en deux jours le Discours que nous citons, et qui eut alors beaucoup de succès.

Ce panégyrique a été imprimé depuis les éditions de Kehl dans les OEuvres de Voltaire et autres.

422. Éloge funèbre des officiers qui sont morts dans la guerre de 1741. 1749.

Ce morceau a été imprimé, pour la première fois, dans le volume intitulé : *la tragédie de Sémiramis et quelques autres pièces de littérature*, 1749, in-8 et in-12. Il y porte la date du 1er juin 1748. Ce n'est que dix ans plus tard que l'Académie française commença à proposer pour sujet de prix d'éloquence l'éloge d'un homme célèbre. Le premier ouvrage de ce genre qui fut couronné est l'Éloge du maréchal de Saxe, par Thomas, en 1759.

423. Sur mademoiselle de Lenclos, à M*. 1751.**

Morceau qui a été placé par les éditeurs des OEuvres de Voltaire dans les Mélanges littéraires.

424. Éloge historique de madame la marquise Du Châtelet. 1754.

L'Éloge historique de madame Du Châtelet fut imprimé pour la première fois, dans la « Bibliothèque impartiale », janvier-février 1752, réimprimé dans le « Mercure » de 1754, premier volume de décembre, et admis dans le cinquième volume des « Nouveaux Mélanges ». Dans cette dernière impression, il est précédé de cette note : « Cet Éloge devait être mis à la tête de la traduction de Newton », et qui a été supprimée dans les éditions de 1768 et 1775. Les éditeurs de Kehl disent dans l'une de leurs notes : « Cet Éloge a paru à la tête d'une traduction des « Principes de Newton », par madame le marquise du Châtelet ». L'ouvrage dont ils veulent parler est celui qui a pour titre : « Principes mathématiques de la philosophie naturelle », 1756, 2 vol. in-4; mais il ne contient pas l'Éloge de madame Du Châtelet.

425. Anecdotes sur Fréron, écrites par un homme de lettres à un magistrat qui voulait être instruit des mœurs de cet homme. 1761.

426. Éloges et Discours. *Amsterdam*, 1768, in-12.

427. Éloge funèbre de Louis XV, prononcé dans une Académie de province, le 25 mai 1774. Mai 1774, in-8 de 16 pag.

Louis XV étant mort le 10 mai 1774, Voltaire envoya son *Éloge funèbre* au maréchal de Richelieu, le 31 mai. Il le donna comme l'ouvrage de M. Chambon : il avait déjà mis ce nom, en 1769, à son petit écrit : De la paix perpétuelle; il le mit quelques mois plus tard à l'*Éloge historique de la raison*. Mais ce nom de Chambon ne se trouve sur aucune édition de l'*Éloge funèbre* antérieure aux éditions de Kehl, où probablement il fut ajouté d'après la lettre du 31 mai.

428. Mémoires pour servir à la vie de Voltaire, écrits par lui-même. 1784, in-8 de 80 pages; — 1784, pet. in-8 de 166 pages; — 1784, pet. in-8 de 117 pages; 1784, in-8 de 174 pages, plus l'*errata*.

Cette dernière édition est terminée par l'Épître (en vers, de Frédéric) au maréchal Keith, sur les vaines terreurs de la mort et les frayeurs de l'autre vie.

Le marquis de Villette écrivait, en 1787, au comte Guibert (voy. OEuvres du marq. de Villette, 1788, in-8, pages 248-49) : « Il est malheureusement certain que M. de Voltaire est l'auteur de ces *Mé-* « *moires;* mais il est en même temps certain qu'il « en avait brûlé le manuscrit longtemps avant sa « mort.

« Voici le fait. Après le séjour de M. de Voltaire « à Colmar et à Lausanne, il vint s'établir auprès « de Genève. Dégoûté des intrigues des cours, lassé « de la faveur des rois, il y vivait avec un très-petit « nombre d'amis, et n'y recevait que les voyageurs « distingués qui faisaient le pélerinage des Délices « C'est là que, le cœur gros de l'aventure de « Francfort, il épanchait son âme, comme malgré « lui, dans le sein de l'amitié; et racontait, avec « cette grâce que vous lui connaissez, les détails « très-piquants de la vie privée et de l'intérieur domestique de votre héros, qui avait été si long-« temps le sien. Ses auditeurs intimes, ravis de « l'originalité qu'il mettait dans le récit de ces anec-« dotes, l'invitèrent à les écrire. En cédant à leurs « instances, il obéit à un ancien mouvement d'hu-« meur.

« Il serre avec grand soin son manuscrit; mais « ce beau génie n'a jamais eu l'esprit de rien enfer-« mer, ni l'adresse de cacher une clef, pas même « celle de ses doubles louis. On a fait à son insu deux

« copies de cet ouvrage. Peu de temps après, il se
« réconcilie avec le roi de Prusse, et brûle lui-même
« ces *Mémoires* écrits de sa propre main ; bien per-
« suadé que, de cette manière, il anéantit pour ja-
« mais jusqu'à la trace de ses vieilles querelles.

« Après la mort de Voltaire, l'une des deux co-
« pies, remise en des mains augustes, loin de Paris
« et de la France, est restée secrète ; l'autre copie,
« livrée avec les manuscrits qui devaient composer
« ses *OEuvres posthumes*, est celle qui a vu le jour.
« On a attendu cinq ans pour se résoudre à une si
« horrible trahison.

« On n'a donc rien à reprocher à la mémoire de
« M. de Voltaire ».

Tout n'est pas exact, dit M. Beuchot, dans le
récit du marquis de Villette. Il est hors de doute
que ces *Mémoires* sont de Voltaire ; il est certain
qu'il les composa en 1759, et à plusieurs reprises,
ainsi qu'on le voit par les dates qu'il a mises aux
additions qui les terminent. Il n'est pas moins certain que Voltaire ne les a pas publiés. Il en avait
brûlé l'original, mais il en avait fait faire deux
copies par son secrétaire Wagnière. La Harpe,
ayant, en 1768, dérobé l'un de ces manuscrits,
fut expulsé de Ferney. Madame Denis, qui était sa
complice, et qui prenait sa défense, fut aussi ren-
voyée ; il faut que, lorsque cette dame revint chez
son oncle, elle ait rapporté le manuscrit, puisque,
des deux copies faites par Wagnière, l'une fut envoyée par lui à l'impératrice Catherine, et que
l'autre se trouvait, en 1783, entre les mains de
Beaumarchais, provenant de madame Denis. Beaumarchais, entrepreneur des éditions de Kehl, pour
se conformer aux intentions de Voltaire, ne voulait
pas publier ces *Mémoires* du vivant du roi de Prusse ;
mais il en faisait des lectures dans de petites réunions. Ainsi faisait de son côté La Harpe, qui,
avant de rendre à madame Denis le manuscrit dérobé, en avait pris copie à l'insu ou du consentement de cette dame. Ce qui prouve que l'intention
des éditeurs de Kehl n'était pas de comprendre les
Mémoires dans les OEuvres de Voltaire ; c'est le
parti qu'ils avaient pris de fondre dans le *Commentaire historique sur les ouvrages de la Henriade*, en les
altérant quelquefois, d'assez longs passages des
Mémoires. Mais, en 1784, il en parut plusieurs éditions séparées ; alors, les éditeurs de Kehl se décidèrent à ne pas priver leurs souscripteurs de ces
Mémoires, et les donnèrent dans leur dernier volume (tome LXX de l'édition in-8, ou tome XCII de
l'édition in-12) à la suite de la « Vie de Voltaire »,
par Condorcet.

On trouve dans les OEuvres de Voltaire une déclaration de lui, pour justifier La Harpe de l'accusation du vol de manuscrits dont parlèrent les journaux en 1768. C'était générosité de la part du philosophe de Ferney. Mais le témoignage de Wagnière
et la publication de 1784 ne laissent aucun doute
sur la soustraction des manuscrits en 1768.

La Bibliothèque royale possède un manuscrit des
Mémoires de Voltaire.

———

Ici nous terminons notre nomenclature des ouvrages séparés de Voltaire. Nous avons eu soin de
n'y comprendre aucun des ouvrages qui lui ont été
légèrement attribués, nous étant réservé d'en former une section distincte que nous présentons à la
fin de la première partie de cette notice. Mais, pour
compléter nos indications des travaux littéraires de
Voltaire, nous avons à ajouter qu'il a participé
à plusieurs recueils du temps, et notamment au
Mercure, à la Gazette littéraire, au Journal de
politique et de littérature, etc., et que c'est dans
ces recueils qu'ont paru, pour la première fois,
une grande partie de ses opuscules. Voltaire a été
aussi l'un des traducteurs de l'Histoire universelle, depuis le commencement du monde jusqu'à
présent ; traduite de l'anglais par une société de
gens de lettres. Amsterdam, 1742—1792, 46 vol.
in-4. Il a publié, comme éditeur, les sept ouvrages
suivants : 1° l'Anti-Machiavel, ou Essai de critique
sur « le Prince » de Machiavel (par FRÉDÉRIC II) ;
1740, in-8, ouvrage souvent réimprimé ; —2° Examen du « Prince » de Machiavel (de la traduction
d'Amelot de la Houssaye), avec des notes historiques
et politiques (par FRÉDÉRIC II, roi de Prusse).
IIIe édition, augmentée de plusieurs pièces (et
surtout de la correspondance de Voltaire avec le libraire). La Haye, 1741, 2 vol. in-8 ; — 3° Recueil
des Facéties parisiennes, pour les six premiers mois
de 1760, cité sous le n° 224 ;—4° Théâtre de Cor-
NEILLE, avec des Commentaires (par Voltaire). Genève, 1764, 12 vol. in-8 ;—5° Souvenirs de madame de
CAYLUS, avec une préface et des notes de l'éditeur.
Amsterdam (Genève), 1770, in-8.—6° Journal de
la cour de Louis XIV, depuis 1684 jusqu'à 1715 (extrait des Mémoires manuscrits de DANGEAU (avec
des notes intéressantes (de l'éditeur). Londres,
1770, in-8.—7° Enfin, l'année de sa mort, on a
publié des Pensées de PASCAL, avec des notes de
Voltaire, Londres et Paris (Genève), 1778, 2 vol. in-8.
(Voy. le n° 1).

Voltaire a fait des notes pour une nouvelle édition de la traduction du Discours de l'empereur Julien contre les Chrétiens, par le marquis d'Argens.
(Voy. le n° 34). Des notes de Voltaire, présentées
comme inédites, sur le livre « De la Félicité publique », par le marquis de Chastellux, ont été imprimées avec une nouvelle édition de cet ouvrage
(Paris, Renouard, 1822, 2 vol. in-8). — Tous les
travaux d'éditeur faits par Voltaire pour les sept
ouvrages que nous avons cités précédemment, ainsi
que les notes dont nous venons de parler, ont été
recueillis par les divers éditeurs de ses OEuvres, et
insérés dans les collections publiées par eux.

Voltaire s'occupait, dans ses derniers jours, de
corriger *les Pélopides*, et de mettre la dernière main
à *Agathocle*, que la mort ne lui a pas permis d'a-
chever. Il travaillait dans ce même temps à un nouveau projet pour le Dictionnaire de l'Académie française, et il préparait une nouvelle Défense de
Louis XIV et des hommes illustres de son siècle,
contre les imputations et les anecdotes suspectes
que renferment les « Mémoires de Saint-Simon ». Il
voulait prévenir l'effet que ces Mémoires pourraient
produire s'ils devenaient publics dans un temps où
il ne restera plus personne assez voisin des événements pour démentir avec avantage des faits avancés
par un contemporain. Tels étaient, à plus de quatre-
vingt-quatre ans, son activité, son amour pour la
vérité, son zèle pour le bonheur de sa patrie.

(Les éditeurs de Kehl).

V. OEUVRES.

On pourrait, dit M. Beuchot, dans la
préface générale de son édition de Voltaire, p. XIV, diviser en trois âges les éditions des OEuvres de Voltaire. Le premier

âge, comprenant les éditions antérieures à 1756; le second, les éditions de 1756 et autres, jusqu'à la mort de l'auteur; le troisième, commençant aux éditions de Kehl. Ce conseil est trop bon pour que nous ne le mettions pas à profit. Comment sont composées, pour la plupart, les éditions antérieures à 1756? de la réunion sans réimpression des pièces imprimées séparément, et publiées par un ou plusieurs libraires. Dès l'instant qu'un écrivain obtenait une certaine réputation, les libraires du XVIIIe siècle, aussi bien que ceux d'aujourd'hui, se plaisaient à en former des collections uniformes, quant au format au moins. Si l'écrivain était fécond, même sans l'être autant que Voltaire, de nouvelles productions se succédaient avant que les libraires eussent eu le temps d'écouler les collections formées précédemment, et alors, pour les rendre complètes, il fallait ajouter les ouvrages nouveaux. De là ces collections que l'on ne peut pas considérer comme les OEuvres régulières d'un auteur; mais qui présentent néanmoins un certain avantage : la chronologie de leurs écrits. Dès le second âge des OEuvres de Voltaire, de 1756 à 1784, ses OEuvres, dans lesquelles les éditeurs essayèrent d'une classification, ne furent pas rangées dans un ordre plus convenable qu'antérieurement. Voltaire, de 1756 à 1778, époque de sa mort, fit imprimer considérablement. On imprimait la plupart du temps clandestinement chaque ouvrage séparément, à mesure qu'il sortait de la plume de l'auteur, avec les dates des années où ils paraissaient, et souvent avec des noms de ville différents; ensuite les amateurs, ou les annexaient aux éditions qui existaient, ou faisaient des collections plus ou moins nombreuses de ces ouvrages isolés. Voilà pourquoi l'on trouve, comme on le verra, tant de variétés dans le nombre de volumes qui composent une collection provenant de la même édition. Les éditions des OEuvres n'ont commencé à avoir une classification convenable qu'à partir de celle de Kehl, c'est-à-dire, en 1784.

Premier âge.

—OEuvres de M. Arouët de Voltaire (contenant *OEdipe* (avec les six premières lettres sur *OEdipe*, et le *ballet de la Sottise*, un *sonnet* et deux *couplets*, objets qui ne sont pas de Voltaire), *Hérode et Mariamne*, le *Mauvais Ménage* (par Legrand et Domi-

nique), *la Henriade* et sa Critique). *La Haye*, *P. Gosse*, 1728, un vol. pet. in-12.

Il existe des exemplaires reliés en deux volumes : *la Henriade* et sa Critique sont dans l'un ; *OEdipe*, *Hérode et Mariamne*, le *Mauvais Ménage*, dans l'autre.

Les libraires P. Gosse et J. Néaulme, de La Haye, qui vendaient cette édition, n'avaient imprimé que des frontispices, en réunissant les impressions des ouvrages publiés séparément.

Voici dans quels termes on parle de cette collection dans la *Bibliothèque raisonnée des ouvrages des savants de l'Europe*, tome Ier, page 158 :

« Ce volume peut passer pour un monument de l'avarice, ou, pour mieux dire, de la lésine bibliopolaire. De deux ouvrages déjà imprimés, auxquels on a joint la *Henriade*, on a fait ce recueil des OEuvres de M. Arouet. L'OEdipe, la Critique, un sonnet, et quelques couplets, avaient été imprimés chez Rogissard, en 1719; la Mariamne, et le Mauvais Ménage, chez Néaulme, en 1726. Ce dernier libraire, ayant acheté l'OEdipe du premier, l'a joint à la Mariamne; et, pour avoir toutes les œuvres du même poëte dans un volume, il y a fait ajouter, cette année-ci, la Henriade, sur l'édition qui en a été faite à Londres, chez Prévot; en sorte que ce volume est un assez mauvais composé de pièces et de morceaux. Quand je dis mauvais, c'est relativement au libraire et à la direction de l'impression : car c'est un livre sans marge et sans fond, et tout au plus propre à être manié par des écoliers ou par un souffleur de la comédie.

« Ceci ne fait rien, pour parler le style du P. Catrou, à la bonté foncière des pièces que ce volume renferme, et qui ne sont pas toutes de M. Arouët; car le *Mauvais Ménage* est une parodie assez fade de la *Mariamne*, de la façon de quelques piliers du Luxembourg ou du café des beaux-esprits de Paris. La *Critique* de *la Henriade*, qui n'est autre chose que les « Pensées sur la Henriade » (Voy. la seconde partie de cette notice), n'est pas aussi de M. Arouët; son style, s'il n'est pas affecté exprès, fait assez connîtrea qu'elle vient de quelque Anglais. »

Cette édition est considérée comme la première des OEuvres de Voltaire. Cependant, dit l'auteur des « Recherches sur les ouvrages de Voltaire », il me semble avoir lu quelque part un *Recueil de poésies de Voltaire*, daté de 1723, en un vol. in-12.

— OEuvres de M. de Voltaire. Nouvelle édition, revue, corrigée, augmentée par l'auteur, et enrichie de figures en taille-douce. *Amsterdam*, 1732, 2 vol. in-8.

C'est encore la réunion de pièces imprimées séparément.

Le tome Ier contient *la Henriade*, l'*Essai sur la poésie épique* (traduction de Desfontaines), et des *poésies fugitives*. Le tome II renferme *OEdipe* (avec la *préface* de 1730, et sans les *Lettres critiques*) ; *Mariamne*, *Brutus* et l'*Indiscret* : chacune de ces quatre pièces dramatiques a sa pagination particulière.

Dans sa lettre à Cideville, du 2 novembre 1731, Voltaire demande que l'on empêche l'entrée en France de cette édition, parce qu'il se propose d'en donner une à Rouen. Je ne sache pas, dit M. Beuchot, que le projet ait été exécuté.

Nonobstant la lettre que nous venons de rappeler, M. Peignot, dans ses Recherches sur les ouvrages de Voltaire, dit qu'il présume que c'est de cette édition de 1732, dont parle le poëte, dans une lettre adressée à M. Clément, receveur de tailles à Dreux, le 24 novembre de la même année. « On avait, lui dit-il, commencé, il y a quelque temps, Monsieur, une édition de quelques-uns de mes ouvrages, qui a été suspendue. J'ai l'honneur de vous l'envoyer, tout imparfaite qu'elle est; je vous prie de la recevoir comme un témoignage de ma reconnaissance, et de l'envie que j'ai de mériter votre suffrage. »

— OEuvres de M. de Voltaire. *Amsterdam* (*Rouen*), 1736, 4 vol. in-12.

« Je n'ai point encore rencontré d'édition des « *OEuvres* aux dates de 1733, 34, 35, 36, 37, dit « M. Beuchot; mais j'en ai vu citer une de 1736, « en 4 vol. in-12; elle peut exister. » Cette édition, M. Peignot l'a trouvée citée sur deux catalogues de bibliothèques vendues: ceux de MM. de Rieux, 1747, n° 2045, et de Pont-Carré, n° 1754. Dans la bibliothèque de ce dernier elle était reliée en deux volumes.

— OEuvres de Voltaire. Nouvelle édition, augmentée. *Amsterdam, Jacques Desbordes*, 1738-39, 4 vol. in-8 fig.

Les trois premiers volumes furent imprimés en 1738, et le quatrième en 1739.

Voltaire a consenti à cette édition; voyez ses lettres à Helvétius, du 6 juillet 1739, et à d'Argenson, du 21 mai 1740.

Voici ce qu'il écrivait, de Bruxelles, au dernier: « Les petits hommages que je vous dois de-« puis longtemps sont partis par le coche, comme « Scudéri, pour aller en cour. Ce sont quatre vo-« lumes de mes rêveries, imprimés à Amsterdam. « Les fautes des éditeurs se trouvaient en fort « grand nombre avec les miennes; j'ai corrigé tout « ce que j'ai pu, et il s'en faut de beaucoup que « j'en aie assez corrigé..... »

On a fait dans cette édition une singulière méprise. On a confondu deux pièces: le *Mondain* y est intitulé *Défense du Mondain*, et la *Défense du Mondain* y est intitulée le *Mondain*.

A la fin du quatrième volume sont, sous le titre de *Mélanges de littérature et de philosophie*, vingt-sept morceaux. Les deux premiers seuls étaient nouveaux: les numéros III à XXVI ne sont autres que les *Lettres philosophiques*. Le vingt-septième article contient les premières *Remarques sur les Pensées de Pascal*; ces *Lettres* et *Remarques* ayant été condamnées par arrêt du parlement de Paris, du 10 juin 1734, l'auteur n'osait pas les reproduire sous leur première forme.

Sur cette édition d'Amsterdam, la *Bibliothèque française* contient, tome XXIX, pages 308—313, un article auquel Voltaire ne doit pas avoir été étranger, et que, dans cette croyance, M. Beuchot a cru une raison de plus de reproduire.

« Il y a dans cette nouvelle édition plusieurs choses qui ont paru curieuses; en voici quelques échantillons.

« On trouve dans la tragédie d'*OEdipe* ces vers nouveaux:

Cependant l'univers, tremblant au nom d'Alcide,
Attendait son destin de sa valeur rapide (1) etc.

N'attendez point, seigneur, outrage pour outrage (2), etc.

« On trouve dans *Brutus* beaucoup de scènes nou-

velles, entre autres la dernière du second acte, ou Brutus parle ainsi de son fils:

Non, non, le consulat n'est point fait pour son âge (3), etc.

« Cette édition est enrichie de beaucoup de pièces fugitives qui n'avaient point encore paru, de plusieurs morceaux singuliers de philosophie et de littérature. Il serait à désirer que les éditeurs n'eussent point eu des inattentions qui font une vraie peine aux lecteurs.

« Dans la tragédie d'*OEdipe*, scène 1, page 27, après ces mots: *Qu'entends-je! quoi, Laïus,....* il manque ce vers entier,

Seigneur, depuis quatre ans ce héros ne vit plus.

et on fait dire à Dimas cinq vers que Philoctète doit dire.

« Il y a dans cette tragédie quelques fautes moins importantes, mais qui ne laissent pas d'être embarrassantes pour les lecteurs.

« Dans *Alzire*, page 161, l'éditeur a oublié la moitié d'un vers. Au lieu de mettre: *T'engager à penser, à vivre comme lui*, il a mis seulement, *à vivre comme lui*.

« Dans *Zaïre*, page 67, au lieu de ce vers:

Mais il est trop honteux de craindre une maîtresse,

il a mis:

Mais il est trop honteux d'avoir une faiblesse.

« Page 132, après ce vers:

Et dans un champ profane on jette à l'aventure,

il manque un vers entier.

« Dans le *Temple du Goût*, page 23, après ce vers:

Quand on cherche à le définir,

on a oublié celui-ci:

Ce Dieu qu'on ne sait point servir.

« Page 28, « il y avait quarante personnes à le louer, » on a oublié « intéressées à le louer. »

« Dans les *Mélanges de philosophie*, on trouve des fautes beaucoup plus importantes: par exemple, page 203, au lieu de ces paroles, « ce qu'on re-« proche le plus aux Anglais, et avec raison, c'est le « supplice de Charles Ier, monarque digne d'un meil-« leur sort, qui fut traité par ses vainqueurs, etc., » on trouve ces paroles également insolentes et ridicules: « Ce qu'on reproche le plus aux Anglais, « c'est le supplice de Charles Ier, qui fut, et avec « raison, traité par ses vainqueurs, etc.; » et l'éditeur a mis ces mots en marge: « Monarque digne « d'un meilleur sort, » comme si c'était une note.

« Page 208: » N'est-ce pas un bonheur pour les « Français que l'autorité de ces petits brigands « ait été éteinte en France par la puissance légi-« time des rois, et en Angleterre par celle du roi « et de la nation? » On voit quel contre-sens font là ces paroles « pour les Français. » Elles ne sont certainement pas dans l'original.

« L'éditeur, page 255, a mis: « Notre Descartes, « né non pour découvrir les erreurs de l'antiquité, « mais pour y substituer les siennes. » Il y a précisément le contraire dans l'original: « Notre Des-« cartes, né pour découvrir les erreurs de l'anti-« quité et pour y substituer les siennes. »

« Page 292, l'auteur, en parlant des mauvaises

---

(1) Voyez, dans le Voltaire de M. Beuchot, les douze vers qui suivent, tome II, page 69, acte I, scène 1.
(2) Voyez les neuf vers qui suivent, tome II, p. 98, acte III, scène 4.

(3) Voyez les vingt et un vers qui suivent, t. II, p. 389, acte II, scène 4.

pièces de théâtre qui ont un succès passager, citait ce vers assez connu :

Tout Paris les condamne , et tout Paris les court.

L'éditeur a mis : « Pièces que j'ai vues en France at- « tirer la foule et révolter les lecteurs , et dont on « a pu dire : Tout Paris les court. »

Page 346, l'auteur s'exprimait ainsi : « Quoi! de « vraie vous ne pouvez pas la rendre fausse , et de « fausse vous pourriez la rendre vraie ? » L'éditeur a mis : « Et de fausse vous ne pourriez pas la rendre « vraie ? » ce qui est absolument inintelligible.

« De pareilles fautes, qui sont en assez grand nombre , exigent absolument des cartons , et il faut un très-ample *errata* pour les autres fautes dont cette édition fourmille. Ces cartons et cet *errata* sont d'autant plus nécessaires que les libraires ont employé de grand papier fin , de beaux caractères , et des tailles-douces très-bien faites.

Les fautes graves de l'édition de 1738—39 , en attendant les cartons réclamés , et que les libraires ne firent jamais , furent corrigées sous les yeux de Voltaire. Dans plusieurs exemplaires que j'ai vus , dit M. Beuchot, les corrections sont manuscrites, et de la même main.

La préface en tête du premier volume est de Linant, qui retira quelque fruit de son travail.

— OEuvres de M. de Voltaire. *Amsterdam, la compagnie (Rouen)*, 1739, 3 vol. petit in-8.

Édition si mauvaise et si incomplète ,qu'elle ne mérite pas qu'on en parle. Je dois dire cependant, ajoute M. Beuchot, qu'au troisième volume on a , dans les exemplaires que j'ai vus , réuni une édition séparée des *Lettres écrites de Londres sur les Anglais*, Amsterdam, Jacques Desbordes , 1739, petit in-8 , imprimé aussi à Rouen , malgré les noms qu'il porte.

— OEuvres de M. de Voltaire. *Amsterdam, aux dépens de la compagnie (La Haye, Paupie)*, 1740, 3 vol. pet. in-8.

Voltaire n'était pas content de cette édition.

— OEuvres de M. de Voltaire. Nouv. édition, revue, corrigée et considérablement augmentée, avec des figures en taille douce. *Amsterdam, aux dépens de la compagnie*, 1740, 4 vol. in-12.

Les libraires qui donnèrent cette édition , en France, croit M. Beuchot, copièrent servilement, sans y rien ajouter, l'édition de 1738—39. Leur contrefaçon (on peut l'appeler ainsi) , remarque M. Beuchot, contient les mêmes fautes et les mêmes dispositions de matières. Cette édition n'a de réclames qu'à la dernière page de chaque feuille.

M. Peignot, dans ses « Recherches sur les ouvrages de Voltaire», cite, d'après le Catalogue de Crozat (1771), n° 2349, une autre édition de 1740, qui porte la rubrique d'Amsterdam, et que le rédacteur du Catalogue dit imprimée à Rouen. Il est évident que c'est, ou celle dont nous parlons , ou bien celle faite à La Haye, sous la rubrique d'Amsterdam.

— OEuvres de M. de Voltaire. *Amsterdam*, 1741, 4 vol. in-12.

Il y a des réclames à chaque page de cette édition. La vignette qui est à leurs frontispices est une copie

très-peu réduite de celle que Desbordes avait mise à une édition du *Temple du Goût*, en 1733.

— OEuvres de M. de Voltaire. Nouv. édition, etc. 1742 , 5 vol. in-12.

Cette édition présente des augmentations dans plusieurs parties. C'est dans les *Mélanges* que sont toujours fondues les *Lettres philosophiques;* et il en est encore ainsi dans l'édition de 1751, 11 vol. pet. in-12 , etc. , etc.

— OEuvres mêlées de M. de Voltaire. *Genève, Bousquet (Paris, Marie-Jacques Barrois)*, 1745 , 5 vol. in-12 , avec gravures.

Cette édition est mal imprimée, les frontispices sont gravés, et il y a des figures aux différents chants de la Henriade et aux pièces de théâtre.

On fit des suppressions au tome V, qui le réduisirent à 252 pages. Les curieux recherchaient dans le temps les exemplaires sans cartons. Celui que possède M. Beuchot va jusqu'à la page 264 , qui a une réclame, ce qui indique une suite. Il contient aussi un cahier de 22 pages, intitulé : *Pièces fugitives de M. de Voltaire.*

— OEuvres de M. de Voltaire. *Amsterdam*, 1743, 4 vol. in-8.

C'est la reproduction , avec de nouveaux frontispices , des quatre volumes de 1738—39, mentionnés ci-dessus. Un cinquième volume fut ajouté en 1744; un sixième , en 1745. Comme on avait, en 1738, donné la *Henriade* d'après le texte antérieur à 1730, on a compris les variantes dans ce sixième volume.

Voltaire a été évidemment étranger à ces deux volumes , puisque, dans le cinquième, on a compris des pièces injurieuses pour lui , telles que la *Voltairomanie* , de l'abbé Desfontaines, etc.

— OEuvres diverses de M. de Voltaire. *Londres, Nourse*, 1746, 6 vol. in-12.

Cette édition a une préface intéressante (1), et contient la note des damnés au chant VII de la « Henriade ».

—OEuvres de M. de Voltaire. *Amsterdam, de la compagnie des libraires*, 1748 , 12 vol. in-8.

On ne connaît guère cette édition que par ce qu'en dit Voltaire dans quelques-unes de ses lettres : à d'Argental, 10 juin 1748; à Clément de Dreux, 11 juin 1748; à d'Argental, 14 novembre 1750. Voici ce que Voltaire mandait à Clément de Dreux, dans l'une des lettres que nous venons de citer : « J'apprends qu'on vient d'imprimer en Normandie, « les uns disent à Rouen , les autres à Dreux, douze « volumes sous le nom de mes œuvres, remplis d'ou- « vrages scandaleux, de libelles diffamatoires et de « pièces impies qui méritent la plus sévère puni- « tion. L'édition est intitulée : d'Amsterdam, par la « compagnie des libraires ; mais il est démontré « qu'elle est faite en Normandie, puisque c'est de « là que venait le premier volume qui contient la « *Henriade* , et que j'ai vu vendre publiquement à « Versailles , au commencement de cette année. Ce « premier volume est précisément le même , sans

____

(1) Voy. la préface du tome X , page ix du Voltaire de Beuchot.

VOL

« qu'il y ait une lettre de changée. C'est ce que je
« viens de vérifier à la hâte. Je n'ai point encore vu
« les autres tomes, mais j'ai vu votre nom en plus
« d'un endroit de la table qui est à la tête. Vous
« voilà assurément en détestable compagnie. On y
« annonce plusieurs pièces de vous. Il n'est pas dou-
« teux, Monsieur, que le gouvernement ne procède
« avec rigueur contre les éditeurs de cette édition
« abominable, et il y va de mon plus grand inté-
« rêt de la supprimer. » Voilà la seule cause pour
laquelle crie Voltaire contre cette édition ; et il n'y
aurait rien de surprenant qu'il en eût été lui-même
l'éditeur : on trouve plus d'un trait de pareille loyau-
té dans sa correspondance confidentielle. « Vous y
« êtes intéressé, comme j'ai eu l'honneur de vous le
« dire d'abord. Le nom d'un honnête homme, d'un
« père de famille ne doit pas se trouver avec des
« ouvrages qui attaquent la probité, la pudeur et
« la religion. Je vous demande en grâce de faire tous
« vos efforts pour savoir où l'on a imprimé et où
« l'on vend ce scandaleux ouvrage... Madame la
« duchesse du Maine et tous les honnêtes gens
« vous sauront gré d'avoir arrêté cette iniquité. .
« Je vous supplie de faire chercher ce livre chez
« les libraires de la province, d'employer vos amis et
« et votre crédit avec votre prudence ordinaire, et de
« vouloir bien me donner avis de ce que vous aurez
« pu faire. Ce sera une grâce que je me croirai
« obligé de reconnaître par le plus tendre attache-
« ment, et par l'empressement le plus vif à vous
« servir dans toutes les occasions où vous voudrez
« bien m'employer. J'ai l'honneur d'être, etc.,
« Voltaire. » Le bon monsieur Clément fit des recherches, et ne trouva rien. Le fin matois de Voltaire s'y attendait bien ; mais il lui suffisait que sa
lettre à M. Clément fût connue, et que cela le ga-
rantît d'un nouveau séjour à la Bastille, d'un nouvel exil, ou de quelque chose de pis : c'est tout ce
qu'il demandait.

— OEuvres de M. de Voltaire. Nouv. édition, revue, corrigée et considérablement
augmentée par l'auteur. Enrichie de figures
en taille-douce. Imprimée par Breitkof, à
Leipzig. *Dresde, J.-C. Walther,* 1748, 8
vol. in-8.

En tête du premier volume est un fort beau portrait de Voltaire, gravé par Balechou, d'après le
tableau de Latour, en 1736. Un neuvième volume
vit le jour en 1750 ; le dixième en 1754.

Cette édition est fort belle ; mais, exécutée loin
des yeux de l'auteur, elle n'est pas exempte de
nombreuses fautes d'impression. Les augmentations
fournies par l'auteur sont considérables, et con-
sistent en additions faites aux ouvrages déjà imprimés, ou en ouvrages inédits ; par exemple, la
comédie de *la Prude.* C'est dans cette édition qu'est
la version que M. Beuchot a suivie pour les vers 3
et 4 de la scène 6 de l'acte III (voyez tome V, pages 419 et 465). La préface de cette édition est datée de Paris, 1er septembre 1748, et signée H.
Dumont et J. Bertaud.

Cette édition, désignée dans « l'Index librorum
prohibitorum », sous le titre vague d'OEuvres de
Voltaire, à Dresde, 1748, fut condamnée par la
cour de Rome, par décret du 22 février 1753.

— OEuvres de M. de Voltaire (publiées
avec une préface, par d'Arnaud). *Dresde,*
1749, 8 vol. in-8.

L'édition citée sous la date de Dresde, 1749,
ayant été peu répandue dans le public, les bibliographes, qui se sont le plus occupés des ouvrages
de Voltaire, n'ont pu se convaincre si cette édition
était une reproduction de celle de 1748, faite dans
la même ville, ou bien celle publiée avec une préface, par d'Arnaud. La date donnée par la première France littéraire (Paris, 1755, in-24) pour la
publication de l'édition de Baculard d'Arnaud est
bien 1749. La mention de cette édition ne se trouve
plus à l'article d'Arnaud, dans la réimpression de
la France littéraire de 1758, in-18.

Sur cette édition de 1749, M. Beuchot, dans la
préface générale de son Voltaire, dit : « Je présume
« que l'édition qu'on dit de 1749, et en huit volu-
« mes in-8, avec l'adresse de Dresde, n'est autre
« que celle dont je viens de parler. » Plus loin il
ajoute : « Il n'est pas permis de révoquer en doute
« l'existence d'une édition en douze volumes (1),
« donnée par Baculard d'Arnaud, qui y mit une
« préface. Dans la *Bibliothèque annuelle*, tome II,
« page 240, on dit que la préface de l'édition de
« Dresde, 1748, en huit volumes in-8, est de
« d'Arnaud. On a vu de qui cette préface est signée.
« J'ai sous les yeux, dit M. Beuchot, deux exem-
« plaires d'une *Dissertation historique sur les ouvrages
« de M. de Voltaire, par M. d'Arnaud, de l'Académie
« de Berlin,* MDCCL, in-12 de XXIV pages, portant
« à la signature Volt., *tome I* ; ce qui prouve évi-
« demment qu'elle faisait partie d'une édition des
« OEuvres de Voltaire ». Voltaire parle de cette
préface dans une lettre à d'Argental, datée de
Postdam, le 14 novembre 1750... « Mon Baculard
« a voulu aussi désavouer une mauvaise préface
« qu'il avait voulu mettre au-devant d'une mau-
« vaise édition qu'on a faite à Rouen de mes ou-
« vrages. Il ne savait pas que j'avais expressément
« défendu que l'on fît usage de cette rapsodie, dont,
« par parenthèse, j'ai l'original signé de sa main.
« Il s'adresse donc à mon cher Fréron ; il lui mande
« que je l'ai perdu à la Cour, que j'ai mis en
« usage une politique profonde pour le perdre dans
« l'esprit du roi ; que j'ai ajouté à sa préface des
« choses horribles contre la France : et, qu'en un
« mot il prie l'illustre Fréron d'annoncer au public
« qui a les yeux sur Baculard, qu'il se lave les
« mains de cet ouvrage... Je voudrais que la pré-
« face et l'édition d'Arnaud fussent à tous les dia-
« bles ». La date imprimée des exemplaires de la
préface de d'Arnaud ne permet pas de croire que
son édition soit celle de 1748.

« Je ne compte pas, dit M. Beuchot, au nombre des
preuves de l'existence de l'édition de 1750, le témoignage de Mazure, qui, dans sa *Vie de Voltaire*,
p. 121, dit que d'Arnaud désavoua une préface qu'il
avait composée pour une édition des *OEuvres de Voltaire*, et qui ajoute : « Sa rétractation fut imprimée
« dans les feuilles de Fréron. » Il n'y a mot de cela
dans les *Lettres sur quelques écrits de ce temps*, que
publiait Fréron en 1749 et années suivantes. Voltaire, dans sa lettre à d'Argental, du 14 novembre 1750, dit qu'une lettre de d'Arnaud à Fréron
est *publique* ; mais elle n'était pas imprimée. Je
l'ai vainement cherchée dans les feuilles de Fréron ;
et la lettre de d'Argental à Voltaire, du 25 novembre 1750, prouve qu'il n'y eut point d'impression
de la rétractation, qui eût été un mensonge. Toutes
les recherches que j'ai faites pour avoir cette édition de d'Arnaud ne m'ont procuré que deux exemplaires de sa *préface.* »

— OEuvres de M. de Voltaire. *Sans lieu*

---

(1) Remarquez que M. Beuchot porte ici le
nombre de volumes de cette édition à douze, et
que la France littéraire de 1755 ne lui en donne
que huit, ainsi que MM. Barbier et Peignot, d'a-
près elle.

d'impression (*Paris*), 1751, 11 vol. — Supplément aux OEuvres de M. de Voltaire. 1758, 2 vol. — Mélanges de M. de Voltaire, 1763, 2 vol. En tout 15 volumes petit in-12.

Cette édition a présenté à M. Beuchot, pour les *Éléments de la Philosophie de Newton*, une variante très-remarquable qu'il a donnée, tome XXXVIII de son édition, pages 31 et 32.

M. Peignot, en suivant trop scrupuleusement les catalogues de ventes de bibliothèques, autorités qui ne sont pas toujours infaillibles, comme on va le voir, est parvenu à faire, d'une seule et même édition, trois éditions différentes : 1° Londres, 1751, 10 vol. in-12 (d'après les catalogues de l'abbé Chauvelin, 1770, n° 659, et celui de M. de Pont-Carré, n° 1755) auxquels exemplaires il manquait un volume. Dans le catalogue du dernier, l'ouvrage est annoncé sans nom de ville , tandis que dans le premier il est annoncé sous la rubrique de Londres; mais dans chacun des deux catalogues sous la même date, et avec le même nombre de volumes; 2° sans date (Paris), 1751, 11 vol. in-12; 3° sans date, 1751, 15 vol. in-12. La note suivante de M. Beuchot établit comment de onze volumes, dont cette édition était primitivement composée, elle fut successivement portée à quinze.

Le *Journal encyclopédique*, du 1er décembre 1763, contient, page 138, l'annonce de *Mélanges de M. de Voltaire*, en deux tomes, *pour servir de supplément à l'édition de 1751, en vingt-deux volumes*. Comme je ne connais pas d'édition de 1751 en vingt-deux volumes, je m'imagine que le chiffre 22 est une faute d'impression, et qu'il s'agit de l'édition en onze volumes; mais mon ignorance ne suffit pas pour prouver la justesse de ma conjecture. Il avait paru, en 1758, deux volumes petit in-12, sous le titre de *Supplément aux OEuvres de M. de Voltaire*; et comme la première pièce qu'ils contiennent est *Rome sauvée*, qui est de 1752, il est assez naturel de conclure qu'ils sont le complément des onze volumes de 1751.

Ersch, dans sa « France littéraire », cite une édition considérablement augmentée des OEuvres de Voltaire, 1751 à 1758, 24 vol. in-8. C'est le seul bibliographe, à notre connaissance, qui ait cité une édition sous ces dates.

— OEuvres de M. de Voltaire. *Dresde, J.-C. Walther*, 1752, 7 vol. in-12.

M. de Luchet, dans son « Histoire littéraire de Voltaire », dit, sous l'année 1753; que nôtre auteur, s'arrêtant à Mayence, après la triste aventure de Francfort (voy. le n° 205), y continua les *Annales de l'Empire*, et y revit une nouvelle édition de ses OEuvres, que venait de faire le libraire Walther, de Dresde; puis il ajoute en note que cette édition était en 8 vol. in-8 (notre format in-12 des Allemands); et que beaucoup de fautes, se joignant à un extrême abus de la nouvelle ortographe, rendirent cette entreprise presque inutile aux lettres et aux bibliothèques.

Cette édition est d'une impression très-serrée, et contient des ouvrages qui ne sont pas dans l'édition de 1748, publiée par le même libraire. Malheureusement elle fourmille de fautes.

— OEuvres choisies (poétiques) de M. de Voltaire. 1756, 5 vol. pet. in-12.

Cette édition, qui n'est pas mentionnée par M. Pei-

gnot (1), ne contient que *la Henriade* (avec la *préface* de Marmontel, etc.), l'*Essai sur la poésie épique*, *OEdipe*, *Mariamne*, *Zaïre*, *Alzire*, *Mahomet*, *Mérope*, *Sémiramis*, *Oreste*, *Rome sauvée*, l'*Orphelin de la Chine*, l'*Indiscret*, l'*Enfant prodigue*, *Nanine*, la *Prude*.

Deuxième âge.

— Collection complète des OEnvres de M. de Voltaire. *Genève, les frères Cramer*, 1757, 17 vol.—Supplément. 1757 à 1776, 23 vol.; — la Raison par alphabet, 2 vol.; — la Pucelle, 1 vol. En tout 43 vol. in-8.

L'année précédente, Voltaire était venu s'établir sur le lac de Genève, et presque aussitôt les frères Cramer, libraires à Genève, vinrent lui proposer de faire une édition de ses *OEuvres* (2). Il y consentit. On la commença sur-le-champ; Colini en corrigeait les épreuves (3). Elle était achevée (4) en juin 1756. On lit aux faux-titres des volumes, *première édition*; ce qui n'est pas exact, comme on en peut juger : elle était en dix-sept volumes, dont le contenu de chacun a été indiqué ailleurs (5); elle avait été presque toute débitée, en trois semaines, dit Voltaire (6). Il fallut cependant qu'il restât en magasin un nombre assez considérable d'exemplaires de l'*Essai sur l'Histoire générale* qui en fait partie, puisque, pour des additions que Voltaire avait à faire à l'article Saurin, du *Catalogue des écrivains du siècle de Louis XIV*, on fit des cartons (7). Dans ces cartons se trouve une pièce datée de 1757, ce qui obligea de refaire les titres avec la date de 1757. On eut beau recommander aux brocheurs et relieurs la suppression des titres au millésime de 1756, il existe des exemplaires portant cette date, et contenant les pièces de 1757; M. Beuchot en possède un.

---

(1) Si, malgré son titre, je mentionne ici cette édition, dit M. Beuchot, c'est que ce titre aurait pu être celui de la plupart des éditions données du vivant de l'auteur, toutes ces éditions étant plus ou moins incomplètes.

(2) Voici ce qu'on lit, au sujet de cette édition, dans « l'Histoire littéraire de Voltaire », du marq. de Luchet, tome III, page 40 : « Voltaire ayant acquis une jolie maison appelée les Délices, à un quart de lieue de Genève, s'occupa de l'édition de ses OEuvres dont il n'y avait pas encore d'édition complète. Sans cesse imprimées furtivement en France, où les accommodait à l'esprit du ministère; défigurées en Hollande, on y introduisait des ouvrages étrangers qu'on vendait à la faveur d'un nom illustre; morcelées en Allemagne, où les libraires honnêtes, mais n'osant risquer de grandes entreprises, les publiaient en détail : MM. Cramer (Gabriel et Philibert), qui réunissaient à une extrème probité les connaissances des gens de lettres, et les talents agréables à cette facilité dans les affaires, premiers fruits d'une heureuse éducation, proposèrent à M. de Voltaire de remplir ses vues. Ce ne fut point une affaire d'argent; l'auteur promit de revoir ses ouvrages, et les éditeurs d'en faire jouir le public aux moindres frais possibles. Voilà tout le contrat exécuté des deux parts avec une bonne foi qui, dans le cours de vingt ans, n'a jamais été altérée ».

(3) *Mon séjour auprès de Voltaire*, page 164.
(4) Lettre à Thieriot, du 4 juin 1756.
(5) Voltaire de M. Beuchot, tome LVII, p. 482.
(6) Lettre à Thieriot, du 16 juin 1756.
(7) Voyez le Voltaire de M. Beuchot, tome XIX, pages VII et 209.

Parmi les exemplaires qui ont la date de 1757, il en est qui portent aux faux-titres *seconde édition*. M. Peignot a donc fait erreur en considérant ces exemplaires comme constituant une autre édition.

La *Henriade* est dans le premier volume de cette édition ; c'est pour la première fois que l'on trouve réuni à ce poëme un avant-propos ou jugement que le roi de Prusse avait composé vingt ans avant pour ce poëme. On y trouve aussi insérées les *variantes* des éditions de 1723, 1732 et suiv. ; l'Histoire abrégée des événements sur lesquels est fondée la fable du poëme de la Henriade ; une Dissertation sur la mort de Henri IV ; la préface de Marmontel ; les notes de l'édition de 1742, de Lenglet de Fresnoy ; les Essais sur la poésie épique, et plusieurs écrits de Voltaire qui n'avaient pas encore vu le jour : un prospectus publié à la fin de 1755 en indique la plupart.

C'est encore d'après une autorité douteuse, d'après un catalogue de vente, celui de la bibliothèque de M. Moreau de Beaumont, 1785, n° 985, que M. Peignot, dans ses « Recherches sur les ouvrages de Voltaire », cite une édition de Lausanne, 1756, 17 volumes in-8 : c'est évidemment la même que celle de Genève, sous une rubrique différente ; et il ajoute, qu'il est question dans la « Bibliothèque historique de la France », tome II, n° 19979, d'une édition des OEuvres de Voltaire, 1756, en 17 volumes in-12. Ainsi, en 1756, il aurait été fait trois éditions des OEuvres de Voltaire, dont deux en Suisse, à quelques lieues de distance ! Pitoyables catalogues, désespoir des bibliographes !

— OEuvres de M. de Voltaire. *Paris, Lambert*, 1757, 22 vol. in-12.

Lambert, libraire à Paris, et qu'on ne sait sur quel fondement on a dit le fils de Voltaire, avait entrepris, en 1754, une édition à laquelle il mit tant de lenteur, que Voltaire l'envoya promener (Voy. la lettre à Argental, du 15 octobre 1754). Elle fut pourtant continuée, et parut en 1757, en vingt-deux volumes in-12, contenant, tome 1er, *la Henriade* ; II—V, *Théâtre* ; VI, *Mélanges de poésies* ; VII et VIII, *Mélanges de philosophie, de littérature*, etc. ; IX, *Éléments de la philosophie de Newton* ; X, *Histoire de Charles XII*, et *Anecdotes sur Pierre-le-Grand* ; XI et XII, *Annales de l'Empire* ; enfin, il y a dix volumes pour l'*Essai sur l'Histoire générale*, comprenant le *Siècle de Louis XIV*.

M. Peignot qui, ainsi que nous l'avons dit plus haut, a souvent grossi le nombre des éditions des OEuvres de Voltaire en prenant pour exactes les indications de portions d'éditions, cataloguées encore fautivement lors de la vente après décès des propriétaires. M. Peignot a été conduit, en suivant ces catalogues, à errer plus grandement encore pour l'édition faite en 1757 qu'il ne l'avait fait pour celle de 1756. Nous avons dit plus haut qu'indépendamment de l'édition de Genève, des frères Cramer, 1756, 17 vol. in-8, il en avait cité une de Lausanne, portant la même date, et ayant le même nombre de volumes. Page 28 de ses « Recherches sur les ouvrages de Voltaire », on trouve l'énonciation de toute une famille d'éditions des OEuvres de notre grand homme, avec la date de 1757. La première est désignée ainsi : OEuvres complètes de M. Arouët de Voltaire. Genève, 1757, 17 vol. in-8, de plus 3 vol. de Supplément ; en tout 20 vol. in-8. Vient ensuite cette note : « Telle est l'annonce portée dans « le catalogue de madame de Pompadour, 1765, « n° 2282. Il pourrait se faire que cette édition, « malgré sa date de 1757, fut la même que celle des « frères Cramer, 1756.—La même édition de Genève, « 1757 (lisez 1756), est annoncée dans le catalogue « de M. Randon de Boisset, 1777, n° 1032, comme

« ayant 49 vol. in-8.—Il est question, dans le ca-« talogue de M. Pinelli, Venise, 1787, tome V, « page 186, n° 371, d'une édition de Voltaire (sans « lieu, ni nom d'imprimeur), 1757—1763, 18 vol. « in-8. —Le Catalogue de M. D'Alphen, Leyde, « 1779, n° 8177, fait mention d'une édition des « OEuvres de Voltaire, 1747, 18 vol. in-8, fig. ». N'est-il pas évident que tous ces exemplaires, plus ou moins complets, et auxquels, pour quelques-uns, les possesseurs avaient ajouté à fur et à mesure de leur impression plus ou moins d'ouvrage, publiés uniformément ; n'est-il pas évident, disons-nous, que ces exemplaires appartenaient à l'édition des frères Cramer, 1756, dont il y a des exemplaires portant la date de 1757. Voilà pour le format in-8. Pour le format in-12, M. Peignot cite, 1°, d'après le Catalogue de M. de Courtanvaux, 1782, n° 1723, une édition des OEuvres de Voltaire, Paris, 1757, 10 volumes in-12. Ne sont-ce pas là dix volumes de l'édition de Lambert, dont notre bibliographe ne parle pas, et laquelle édition a vingt-deux volumes ; 2° d'après le Catalogue de M. de La Serna-Santander, 1803, n° 3488, les OEuvres de Voltaire, seconde édition, enrichie de figures. Sans nom de lieu, 1757, 16 vol. in-12. N'est-ce pas encore là un des exemplaires, incomplet, de l'édition du même Lambert. M. Beuchot, qui, dans la préface générale de son édition, a parlé de toutes celles qui ont précédé la sienne, ne fait pas mention de deux autres éditions citées par M. Peignot. Faut-il en conclure que ces deux éditions n'ont encore existé que sur de fautifs catalogues de vente : 1° d'après le catalogue de M. Lamoignon-Malesherbes, 1797, n° 3912 : *OEuvres de Voltaire*, Paris, 1758, 24 vol. in-12, fig. — Cette édition, ajoute le bibliographe, paraît avoir beaucoup de coïncidence avec les deux précédentes (celle de Paris, Lambert, 1757), malgré la différence du nombre de volumes dans les trois exemplaires ; — 2° d'après le catalogue de M. de Selle, 1761, n° 1546: *OEuvres de Fr.-Marie Arouët de Voltaire, nouvelle édition, revue, corrigée et augmentée.* Dresde, Walther, 1758, 19 vol. in-8. — Voltaire, dans ses lettres à Thieriot, des 18 juillet et 20 auguste 1760, parle d'une édition donnée par Corbi. Je ne sais, dit M. Beuchot, ce que c'est que cette édition.

— Collection complète des OEuvres de M. de Voltaire. *Amsterdam, aux dépens de la compagnie*, 1764, 18 vol. en 22 parties in-12.

Édition qui n'est point citée par M. Peignot. M. Beuchot n'a pu découvrir à qui elle est due : elle est bien incorrecte. « Outre qu'on y a réuni plusieurs écrits relatifs à Voltaire, il y a des ouvrages de Voltaire que je n'ai encore vus que là, dit M. Beuchot, tels que la *Vie de M. J.-B. Rousseau* (voyez dans son édition, tome XXXVII, page 481) ; les épîtres au duc d'Aremberg et à Cideville, qui sont tome XIII, pages 21 et 76, et que je croyais inédites quand je les admis le premier dans les poésies de Voltaire. Je crois, dit-il, cette édition faite à Rouen ».

— OEuvres de M. de Voltaire. *Genève, les frères Cramer*, 1764, 21 vol. in-8.

M. Peignot, d'après le catalogue de M. Leroi de Joinville, 1770, n° 107, donne à cette édition le titre d'*OEuvres diverses de Voltaire*, n'indique point le lieu d'impression, et ne porte le nombre des volumes qu'à vingt.

Une fois en relation avec Voltaire, les Cramer, ses voisins, devaient naturellement être ses imprimeurs. C'est de leurs presses en effet que sortirent, en 1759, le premier volume de l'*Histoire de Russie sous Pierre-le-Grand*; en 1761—1763, les huit volumes de la nouvelle édition de l'*Essai sur l'Histoire générale*, etc.; en 1764, les *Contes de Guillaume Vadé*, et tant d'autres productions du fécond génie de Voltaire.

Ils réimprimèrent, en 1764, les volumes des *OEuvres* qu'ils avaient imprimés en 1756, et cette édition de 1764, se-compose ainsi : tome I, *la Henriade*; tomes II, III, IV, *Mélanges*, tomes i à ii; tome V, *suite des Mélanges*; tome VI, *seconde suite des Mélanges*; tome VII, *Contes de Guillaume Vadé*; tome VIII, *Histoire de Charles XII*; tomes IX à XIII, *Théâtre*. Ce sont des exemplaires de l'édition de 1761 à 1763, de l'*Essai sur l'Histoire générale*, qui forment les tomes XIV à XXI.

Il y avait alors sous presse une nouvelle édition de l'*Histoire de Russie*, qui parut en 1765, en deux volumes. *La Pucelle*, dont l'édition avouée est de 1762, n'est pas comprise dans les vingt et un volumes, non plus que le *Dictionnaire philosophique*, dont la première impression est de 1764, en un seul volume. L'*Histoire du parlement*, qui est de 1769; les *Questions sur l'Encyclopédie*, qui parurent en 1770 et années suivantes, en neuf volumes; dix-neuf volumes de *Nouveaux Mélanges*, mis au jour de 1765 à 1775; le *Commentaire historique sur la vie et les ouvrages de l'auteur de la Henriade*, publié en 1776; la *Bible enfin expliquée*, imprimée pour la première fois en 1776, en deux volumes, furent dans le temps recueillis par les amateurs, qui avaient ainsi une collection de cinquante-sept volumes des écrits de Voltaire. L'édition de 1768, en quatre volumes, du *Siècle de Louis XIV* et du *Précis du Siècle de Louis XV*, pouvait encore s'y joindre, au risque de faire quelques doubles emplois, ou sous peine de n'avoir qu'une collection incomplète.

Les volumes de *Nouveaux Mélanges* se composaient successivement des opuscules, soit en vers, soit en prose, publiés par Voltaire dans l'intervalle d'un volume à l'autre. Dans ces volumes de *Nouveaux Mélanges*, il s'est glissé des pièces qui ont été désavouées par Voltaire. Parmi ces pièces désavouées, il en est qui sont de lui, par exemple : *les Peuples au parlement*; il en est dont il n'est pas l'auteur, par exemple : *le Catéchumène*, qui est de Bordes. Voltaire était-il entièrement étranger à l'impression de ces volumes? était-ce à dessein qu'il y laissait ou faisait insérer des pièces étrangères, pour donner ainsi plus de poids aux désaveux que la prudence lui conseillait de faire de certains écrits? Chacun, selon sa disposition, portera son jugement.

— OEuvres de Voltaire. *Genève, les frères Cramer*, 1768-78, 30 vol. — Supplément (Correspondance). *Paris*, 1796, 15 vol. En tout 45 vol. in-4, avec gravures.

Les frères Cramer donnèrent, en 1768, les sept premiers volumes d'une édition in-4; cette édition fut continuée, et avait trente volumes à la mort de Voltaire, en 1778. Long-temps après, on a imprimé quinze volumes (pour la Correspondance), qui portent ainsi la collection à quarante-cinq volumes.

Cette édition, qui n'est point belle, a été tirée à 4500 exemplaires.

En 1770, parut d'abord une réimpression que je crois aussi des frères Cramer, dit M. Beuchot, et qui, avec les volumes publiés depuis, a, dans l'exemplaire que j'ai vu, soixante et un volumes.

— OEuvres de Voltaire. *Lausanne, Grasset*, 1770-80, 57 vol. in-8.

Trente-six volumes de cette édition avaient paru

en 1773 (voy. la lettre de Voltaire à d'Argental, du 4 janvier 1773); les tomes XXXVII à XLVIII sont de 1775; les tomes XLIX à LVII sont de 1780.

Il n'est pas toujours facile aujourd'hui de reconnaître à quelle édition appartiennent les volumes isolés qu'on rencontre. Chaque éditeur, pour conserver quelque valeur à ce qu'il avait en magasin, imprimait des volumes supplémentaires. Les possesseurs des exemplaires en circulation étaient exposés à prendre des volumes destinés à une édition autre que celle qu'ils avaient.

J'ai vu, chez un de mes amis, dit M. Peignot, page 29 de ses « Recherches », un exemplaire portant la date de 1770, sans nom de lieu, avec une vignette en taille-douce au frontispice. Cette collection est en 57 vol. in 8. Mais plusieurs parties ont des dates différentes; il y en a même qui portent Londres au frontispice, avec la date de 1781.

— Les mêmes. *Dresde*, 1770.

M. Beuchot, si riche en éditions de Voltaire, ne possède que le tome IX de celle-ci, dont, par conséquent, il n'a pu indiquer le le nombre de volumes. Cette édition n'a pas été imprimée au lieu indiqué.

— OEuvres de Voltaire. *Liège*, 1771-77, 30 gros vol. in-12.

Cette édition est d'une impression très-serrée.

— OEuvres de Voltaire. *Neufchâtel (Paris)*, 1772, 34 vol. — OEuvres de Voltaire, contenant des Mélanges philosophiques, littéraires, historiques, tant en vers qu'en prose. *Neufchâtel (Paris)*, 1771, 6 vol. En tout 40 vol. in-12.

On trouve souvent séparément six volumes qui appartiennent à cette édition, et qui portent pour titres : *OEuvres de Voltaire, contenant les Mélanges philosophiques, littéraires, historiques, tant en vers qu'en prose*. Neufchâtel (Paris).

— Les mêmes. 1772 et ann. suiv., 52 vol. in-8.
— OEuvres de Voltaire. *Genève*, 1775, 40 vol. in-8.

On prétend que cette édition, dont le texte à chaque page est encadré, a été tirée à 6000 exemplaires, et que Voltaire en a revu les épreuves. Aussi a-t-elle été long-temps recherchée. Les trois volumes qui terminent cette édition portent pour titres : « Pièces détachées attribuées à plusieurs auteurs ».

Il se fit de cette édition encadrée une contrefaçon aussi encadrée, et ayant le même nombre de volumes, mais portant, d'après M. Peignot, le titre d'*OEuvres diverses de Voltaire*, Genève, 1775, 40 vol. in-8, fig.

— Collection des OEuvres de Voltaire. *Lyon*, 1775, 41 vol. in-8.

Édition citée par Ersch, dans sa « France littéraire », et par M. Peignot, dans ses Recherches sur les ouvrages de Voltaire; mais dont M. Beuchot ne fait aucune mention dans la Préface générale de son édition.

Il est bien présumable que, parmi ces différentes éditions en 40 volumes, se trouve celle dont parle

Voltaire dans une lettre qu'il écrit à d'Alembert, le 8 février 1776. « Un misérable libraire, nommé « Bardin, dit-il, s'est avisé d'annoncer une édition « en 40 volumes, sous mon nom. Il ne se contente « pas de m'étouffer sous ce tas énorme de sottises « qu'il m'attribue, il veut encore me faire brûler « avec elles. Le scélérat m'impute hardiment tous « les ouvrages de milord Bolingbroke, le Catéchu- « mène de M. Bordes, académicien de Lyon ; le « Dîner de Boulainvilliers, des extraits de Boulan- « ger et de Fréret, et cent autres abominations de « cette force. Ce procédé est punissable ; mais, que « faire à un libraire qui demeure dans une répu- « blique où tout le monde est ouvertement Soci- « nien, excepté ceux qui sont Anabaptistes ou Mo- « raves, etc. ». Il n'y aurait rien de surprenant que Voltaire, malgré la déclaration ci-dessus, eût pré- sidé à cette édition dont il se plaint. Il a toujours eu pour principe de crier après les libraires qui pu- bliaient ses ouvrages, mêmes les éditions dont il revoyait les épreuves ; parce que cela lui donnait le droit de dire qu'on y avait inséré bien des sot- tises qui n'étaient pas de lui ; et ces sottises n'é- taient autre chose que ses diatribes et ses pamphlets qu'il ne trouvait pas prudent d'avouer, mais qu'il était bien aise de répandre de tous côtés. Quelque- fois il arrivait que, pour mieux cacher son jeu, il faisait ajouter à ses écrits contre le fanatisme reli- gieux, d'autres écrits du même genre, qui étaient évidemment connus pour n'être pas de lui. (*Note de M. Peignot*).

Il s'en faut de beaucoup, sans doute, que les éditions dont nous venons de parler soient toutes celles qui existent de Voltaire. M. Beuchot en a vu citer une douzaine d'autres, dont quelques-unes sont peut-être imaginaires. Il possède la plupart de celles dont nous avons fait mention.

Troisième âge.

Nous sortons enfin de ce labyrinthe inextricable d'éditions publiées depuis 1756, et composées de pièces, de mor- ceaux imprimés successivement, et for- mant des collections indigestes dont il est difficile, pour ne pas dire impossible, de coordonner les parties.

Il y avait à Lille un homme instruit et modeste, qui avait passé sa vie à recueillir ce qu'il pouvait se procurer de Voltaire. Panckoucke, originaire de cette ville, éta- bli libraire à Paris, et qui, après être de- venu acquéreur du fonds de l'édition in-4 des *OEuvres de Voltaire*, était intéressé dans l'édition encadrée en quarante vo- lumes, alla à Ferney en juin 1777, avec son compatriote M. Decroix.

Celui-ci soumit à Voltaire un *tableau* où ses ouvrages étaient rangés par genres ou par sujets. Voltaire en fut très-flatté, et l'approuva. Ce tableau a depuis été gravé, et joint à des exemplaires de l'édition de Kehl ; mais il manque à la plupart.

Panckoucke voulait faire une nouvelle édition des *OEuvres de Voltaire*. Le phi- losophe y consentit, et lui promit des ou- vrages encore manuscrits ; il avait aussi

promis de revoir et corriger d'un bout à l'autre tout ce qui avait été imprimé de lui. Les corrections devaient être portées sur un exemplaire de l'édition encadrée, que Panckoucke lui avait remis, interfolié de papier blanc. Quand Voltaire mourut, il n'avait pas eu le temps de revoir tous les volumes ; on remit à Panckoucke tous ceux qu'on trouva, et des manuscrits. Mais le libraire, sentant le besoin d'une protec- tion puissante pour son édition, s'adressa à Catherine II, qui avait acquis de madame Denis la bibliothèque de Voltaire. L'impé- ratrice ne se pressa pas de répondre. Beau- marchais, qui avait gagné une grande for- tune dans les fournitures faites aux insur- gés américains, et qui desirait avoir une opération qu'il pût présenter comme source de ses richesses, traita avec Panckoucke de l'édition de Voltaire. On raconte que, le lendemain de la signature du traité, Panc- koucke, après sept mois d'attente, reçut une lettre de l'impératrice, qui acceptait la dédicace, se chargeait de faire les frais de l'édition, et accompagnait sa réponse d'une lettre de change de cent cinquante mille francs. Beaumarchais ne voulut pas résilier son marché. Il forma un vaste établissement à Kehl, sur la rive droite du Rhin, et y éleva une imprimerie. Il avait acquis les caractères de l'imprimeur anglais Basker- ville, et les employa pour ses éditions.

Il en confia ou en laissa la direction lit- téraire à MM. de Condorcet et Decroix (1) ; la classification que ce dernier avait pro- posée, en 1777, à Voltaire fut suivie. Il y avait deux grandes divisions, *Poésie* et *Prose*. Les volumes de poésie comprenaient le *Théâtre*, *la Henriade*, *la Pucelle*, les *Poëmes*, les *Épîtres*, *Stances*, *Odes*, les *Contes*, *Satires*, *Poésies mêlées*, et un vo- lume de *Lettres en vers et en prose*.

La division *Prose* était subdivisée en *Histoire*, *Philosophie*, *Littérature*. L'his- toire comprend l'*Essai sur les mœurs*, le *Siècle de Louis XIV*, le *Précis du Siècle de Louis XV*, l'*Histoire de Charles XII*, l'*Histoire de Russie sous Pierre Ier*, les *An- nales de l'Empire*, l'*Histoire du parlement de Paris*, divers ouvrages réunis sous la

---

(1) Beaumarchais ne fut guère dans l'entreprise que l'éditeur financier, si l'on peut parler ainsi. Il a donné cependant quelques notes qui sont signées de ces mots : *Note du correspondant général de le Société littéraire typographique.* Au bas des frontispices des volumes de l'édition de Kehl, on lit en effet, sans indication de ville, ces mots : *De l'imprimerie de la Société littéraire typographique.*

rubrique de *Mélanges historiques*, d'autres sous celle de *Politique et Législation*.

La *Philosophie* embrassait les ouvrages de *Physique* et d'*Histoire naturelle*, plusieurs ouvrages réunis sous le titre de *Philosophie générale*, les *Dialogues*, le *Dictionnaire philosophique*.

La *Littérature* se composait de *Romans* (ou contes en prose), de *Facéties* (titre sous lequel on reproduisait beaucoup d'opuscules de divers temps), de *Mélanges littéraires*, réunion de différents écrits, des *Commentaires sur Corneille*, et de la *Correspondance*.

Cette *Correspondance* formait près du quart de l'édition. Il n'en avait été publié qu'une très-petite partie. C'était un travail immense que de rassembler et de classer ce nombre prodigieux de lettres ; c'était faciliter la classification que de la diviser. Il y eut donc : 1° *Correspondance générale*, c'est-à-dire avec la foule de ses correspondants; 2° *Correspondance du roi de Prusse*, contenant les lettres du prince, et appendice pour les lettres de Voltaire aux princes de Prusse, et des princes à Voltaire; 3° *Correspondance de Catherine*, contenant les lettres de l'impératrice, et appendice pour la correspondance avec divers souverains; 4° *Correspondance de d'Alembert*, où sont aussi les lettres de d'Alembert.

Les fautes inséparables de l'humaine nature qui ont échappé aux éditeurs de Kehl, quelque graves qu'on les trouve ou qu'on les fasse, sont peu de chose dans un si vaste travail, et ne doivent pas diminuer la reconnaissance de la postérité.

Si quelques lettres sont mal classées, si parfois les passages de la même lettre ne sont pas tous de la même époque, c'est que Voltaire ne mettait pas toujours la date à ses lettres; c'est que, dans l'impossibilité de se procurer tous les originaux, les éditeurs étaient obligés de s'en rapporter aux copies qui leur avaient été communiquées, qui de main en main devaient s'altérer, et dans lesquelles, de plusieurs lettres, on en avait fait une seule ; chose difficile alors d'imaginer, impossible aujourd'hui de ne pas reconnaître.

Les suppressions qu'ils ont faites dans quelques lettres leur étaient commandées par les égards que l'on doit aux vivants, comme dit Voltaire (1), ou par la prudence.

Les parlements étaient tout puissants, le parlement de Paris surtout, dont le ressort était si étendu. Au lieu de fermer les yeux, il eût sévi contre l'édition, si l'on n'en eût retranché quelques phrases bien violentes contre lui (2). Il serait d'autant plus inconvenant de ma part, dit M. Beuchot, de faire à ce sujet le moindre des reproches aux éditeurs de Kehl, que c'est à feu Decroix, l'un d'eux, que je dois la communication des passages que j'ai rétablis en 1821, dans la correspondance de Voltaire et de d'Alembert » (tome LXII de l'édition de M. Renouard).

Ils n'ont pas toujours pu se procurer les éditions originales de chacun des écrits de Voltaire, et ont ainsi répété des fautes qui, selon l'usage, se perpétuaient d'édition en édition, n'ayant pas été corrigées par l'auteur.

On ne peut qu'applaudir à la division des poésies, et des ouvrages en prose. Tous leurs successeurs s'y sont conformés, et même, jusqu'à M. Beuchot, ont adopté leurs sous-divisions. Nous expliquerons plus bas en quoi ce dernier éditeur s'en est écarté. En faisant autrement, il a voulu faire mieux. Ce n'est pas nous qui approuverons les modifications qu'il a faites au plan présenté par feu Decroix à Voltaire, plan dont il fut très-flatté, et qu'il approuva.

Il devait y avoir de l'arbitraire dans la classification, dans telle ou telle sous-division, de plusieurs écrits, et par conséquent ils ont pu agir à leur arbitre.

On ne doit point oublier surtout quelle était leur position. L'édition ne pouvait se faire en France (3); or l'un des éditeurs demeurait à Paris, l'autre à Lille. Ils ne pou-

---

dans les lettres à d'Argental, des 10 et 12 septembre 1755; à Richelieu, du 27 septembre, etc. ?

(3) Par exemple, cette phrase de la lettre de d'Alembert, du 31 juillet 1762 : « *Enfin, le 6 du mois prochain, la canaille parlementaire nous délivrera de la canaille jésuitique* ».

(4) Lorsque le prospectus de cette édition, qui avait paru en 1780, fut répandu, il fut dénoncé au parlement de Paris par M. D....., le 10 mars 1781. Voici un passage de cette dénonciation : « .... On « publie hautement, et avec la plus grande ostenta- « tion, une souscription pour les OEuvres entières « de Voltaire; et, dans cette édition, on se propose « de réunir, et les ouvrages qu'il a donnés en les « avouant, et ceux qu'il a furtivement répandus, en « niant qu'il en fût l'auteur, et ceux que l'effroi « qu'ils lui inspiraient à lui-même, a tenus renfer- « més dans son portefeuille. C'est cette collection « d'impiétés, d'infamies, d'ordures, qu'on invite « l'Europe à se procurer, en la parant de tout le « luxe typographique.... Ainsi on va rassembler

---

(1) Les éditeurs de Kehl pouvaient-ils imprimer le nom de Ximenès (qui n'est mort qu'en 1817)

vaient ainsi faire toutes les disposition
dont l'idée ne survient souvent que pen
dant le tirage.

On chercherait, il est vrai, vainement
dans l'édition de Kehl les *Lettres philosophiques ou sur les Anglais*, que la lecture
de la correspondance donne tant envie de
connaître. Mais ces *Lettres* avaient été condamnées par arrêt du parlement de Paris,
du 10 juin 1734. Or, si l'on avait reproduit ces *Lettres* en corps d'ouvrage, il était
à craindre que le parlement, quoique renouvelé en entier, et peut-être plus d'une
fois, ne fît, par esprit de corps, exécuter
l'arrêt rendu cinquante ans auparavant. En
déguisant ou disséminant ces lettres, les
éditeurs de Kehl n'avaient fait au reste que
suivre l'exemple de Voltaire, qui avait pris
ce parti en 1739, et qui n'avait jamais osé
les faire rétablir sous leur première forme.

Nous venons de parler longuement des
éditeurs, donnons maintenant quelques détails bibliographiques sur cette édition qui
parut sous le titre suivant :

— OEuvres complètes de Voltaire (avec des
avertissements et des notes par CONDORCET,
imprimées aux frais de Beaumarchais, par
les soins de M. DECROIX. (*Kehl*), *del'impr.
de la Société littéraire typographique*, 1785-
89, 70 vol. — Tables analytiques et raisonnées des matières contenues dans les
OEuvres de Voltaire. Rédigées par P.-N.-
CHANTREAU. *Paris, Déterville*, 1801, 2
vol. En tout 72 vol. in-8.

Cette édition, imprimée sur cinq sortes de papiers, a été tirée à 28,000 exemplaires. L'un des
plus curieux est celui qui existait en grand papier
vélin satiné, dans la bibliothèque de M. Clos.
Voyez-en la description dans son catalogue, 1812,
n. 263.
Il y a des exemplaires de cette édition qui portent, au premier volume, 1784, et d'autres 1785.
Il existe aussi des différences, entre les exemplaires,
dans l'arrangement de quelques parties de cette collection : dans les uns, l'Histoire de Charles XII, les
Annales de l'Empire, la Politique et la Législation,
enfin la Physique de Newton forment les tomes 23,
25, 29-31 ; dans d'autres, ces mêmes ouvrages forment les tomes 22, 28, 29, 45 et 46.

Chantreau a eu le courage d'entreprendre des
soixante-dix volumes une table analytique, qui a
été imprimée en 1801, en deux volumes in-8. A ceux
qui ont des exemplaires où quelques volumes sont
disposés autrement que dans l'exemplaire sur lequel
Chantreau a fait son travail, qui était un de ceux
de la première classification que nous venons d'indiquer, sa table paraîtra plus fautive qu'elle n'est
réellement. Ce qu'on ne peut lui contester, c'est le
mérite d'avoir ouvert la carrière. Les Tables de
Chantreau ont été réimprimées plusieurs fois à la
suite de nouvelles éditions des OEuvres de Voltaire,
et notamment en 1808.

C'est pour être jointes à l'édition de Kehl in-8
qu'ont été faites cent huit gravures exécutées d'a-
près les dessins de Moreau. Cette première suite, ou
collection, parut à la même époque que l'édition
in-8.

On peut ajouter à l'édition de Kehl, ainsi qu'à
toutes les autres qui ont été publiées jusqu'à l'é-
poque de la Restauration, toutes les correspondances
particulière citées sous le n° 367 et suivants, c'est-
à-dire depuis et y compris la « Correspondance de
Voltaire et du cardinal de Bernis », an VII (1799),
in-8.

— Les mêmes (de la même édition). (*Kehl,
de l'impr. de la Société littéraire typographique*, 1785, 92 vol. in-12.

Cette édition, pour laquelle il n'existe point de
table analytique, également imprimée sur cinq papiers différents, a été tirée à 15,000 exemplaires.
Elle renferme les mêmes matières que la précédente ;
et l'une et l'autre, dit un critique peu enthousiaste de Voltaire, méritent très-certainement le reproche d'une malheureuse surabondance, malgré
les ouvrages posthumes qui depuis ont été publiés.
Aussi Palissot, admirateur outré de Voltaire, mais
aussi qui ne laissait échapper aucune occasion de
dénigrer le travail des éditeurs de Kehl, dit : « Mal-
« gré les intentions louables de M. de Beaumarchais,
« cette édition (de Kehl), il faut en convenir, ne
« présente qu'une masse indigeste de volumes, as-
« semblés sans choix, et dans lesquels il se trouve
« d'ailleurs beaucoup de pièces qui devaient d'au-
« tant moins y être admises, que Voltaire les avait
« constamment rejetées de toutes ses éditions ». A
ces reproches très-fondés que Palissot fait à l'édition
de Kehl, on peut ajouter celui de peu de soin dans
le tirage. M. Peignot a vu, dans le format in-8, un
exemplaire sur papier à l'étoile, dans lequel une
ligne toute entière manque : c'est au 38e volume,
page 222, article « Baptême », dans le tome II du
Dictionnaire philosophique, après l'alinéa qui finit
par ces mots..... « à ces superstitions ridicules ».
L'alinéa suivant est privé de sa première ligne ; il
commence ainsi : « n'était plus commun que d'attendre l'agonie pour recevoir le baptême », p. 223.
La ligne enlevée, qui doit précéder ce dernier passage, est celle-ci : « Dans les premiers siècles de l'É-
glise, rien, etc. ».
Palissot relève des fautes du même genre. « Dans
l'Essai sur les mœurs et l'esprit des nations » (t. III),
dit-il, on parle d'un accès de frénésie de Charles VI ;
on ajoute que Valentine de Milan, femme du duc
d'Orléans, frère du prince, fut accusée de cet ac-
cident ; et comme immédiatement après on lit : « Ce
qui prouve seulement que les Italiens en savaient
plus qu'eux ». L'énigme est impossible à deviner,
parce qu'il manque dans le texte une ligne entière
(que voici : « Ce qui prouve que les Français, alors
fort grossiers, pensaient que les Italiens, etc., etc.).
Dans le volume suivant, on lit que François Ier
voulut établir en France la religion « romaine », ce
qui n'est pas moins inintelligible, etc. ».

« en un seul corps tous ces membres épars, afin
« que tout le poison soit réuni, et que rien n'é-
« chappe à sa contagion ; pour que l'impiété y trouve
« des armes contre la religion ; le libertinage, des
« attraits dans les peintures les plus obscènes ; l'es-
« prit d'indépendance, un appui contre l'autorité,
« etc., etc. : rendez donc inutile cette conjuration
« funeste à la religion et à la société...... » Cette
fougueuse dénonciation n'a point empêché que l'é-
dition ne parût ; elle a seulement empêché les éditeurs de la publier en France ; mais les presses
étaient à la porte, car elles n'étaient séparées de
la France que le Rhin.

— OEuvres complètes de Voltaire. *Bâle,
de l'impr. de J.-J. Tourneisen,* 1784-90,
71 vol. in-8.

A mesure qu'une feuille in-8 sortait de la presse,
à Kehl, elle était, par infidélité, envoyée à Bâle,
où on la réimprimait page par page. C'est ainsi
que fut faite l'édition de Bâle. Les éditeurs s'étant
procuré une soixantaine de lettres inédites de Voltaire, les ajoutèrent dans leur édition, et à leur
place. Ce fut le motif pour donner un volume de plus
à leur édition, qui est en soixante-onze volumes.
Les tomes I à LI sont réimprimés, comme il vient
d'être dit, page par page. C'est dans les six premiers volumes de la *Correspondance générale* que sont
toutes les lettres nouvelles ; et ces six volumes embrassent un espace de temps qui ne remplit que cinq
volumes dans l'édition de Kehl. Pour les volumes
suivants, les éditeurs de Bâle reprirent la réimpression page par page. Les différentes divisions de la
Correspondance ne sont pas, dans tous les exemplaires de l'édition de Bâle, rangées dans le même
ordre que dans l'édition de Kehl ; mais, avec un
peu d'attention, et en élevant d'une unité le tome-
nage de certains volumes, la Table faite par Chantreau pour l'édition in-8 de Kehl peut servir pour
l'édition de Bâle.

Il existe de cette édition de Bâle des exemplaires
portant l'adresse de *Gotha.* En examinant plusieurs
volumes, M. Beuchot s'est convaincu qu'il n'y avait
de différence que dans le frontispice ; et il n'a pas dû
compter pour deux une seule édition.

— Les mêmes. *Lyon, La Mollière,* 1791
et ann. suiv., 100 vol. in-12.

Il existe des exemplaires de cette édition qui portent l'adresse de *Bâle ;* d'autres, celle de *Deux-Ponts;*
d'autres enfin, celle de *Hambourg.*

— OEuvres (choisies) de Voltaire. Nouv.
édition, avec des notes et des observations critiques, rédigées par M. PALISSOT.
Paris, Stoupe et Servière, 1792-1800,
55 vol. in-8.

Édition très-mal exécutée sous le rapport typographique, et dont le choix a déplu tout à la fois
aux philosophes et aux dévots.

Elle a été tirée à 500 exemplaires.

L'édition de Kehl était à peine terminée, que
Palissot annonça qu'il allait en donner une. C'était
un bon moyen de publication qu'une dédicace à
l'Assemblée nationale. Palissot fit hommage de la
dédicace dans la séance du 24 septembre 1789, et
des remercîments lui furent votés. Mais dans la
séance du lendemain 25, sur la réclamation d'un
membre du clergé, et après une discussion dans
laquelle le duc de Lévis ne flatta point Palissot,
l'Assemblée nationale décida qu'elle n'accepterait
aucune dédicace.

Un prospectus, distribué en 1792, ne parlait que
de quarante volumes; mais, dans la séance de la
Convention du 23 prairial an II (11 juin 1794), en
faisant hommage des vingt premiers volumes, il
était question de deux autres livraisons, chacune
de vingt volumes. Cependant elle n'en a que cin-
quante-cinq ; les derniers sont de 1802.

Ce n'est point une édition complète, il est beaucoup de pamphlets de Voltaire que Palissot n'y a
pas compris. Il a aussi supprimé beaucoup de lettres
dans la *Correspondance.* Il faut le louer d'avoir eu
ce courage, et aussi d'avoir ajouté quelques lettres
que lui avait adressées Voltaire, avec les réponses.

Mais il était dominé par la pensée de discréditer

les éditions de Kehl. Il ne manque aucune occasion de leur faire des reproches violents : il relève
leurs fautes avec aigreur, et se vante hautement de
donner seul le vrai texte, qu'il a pris lui-même dans
l'*errata* des éditions de Kehl. Car il ne faut pas croire
que Palissot se soit avisé de faire beaucoup de recherches ; et, faute d'en avoir fait un peu, le desir
de trouver en défaut les éditeurs de Kehl l'entraîne
beaucoup trop loin.

Les éditeurs de Kehl, en refondant d'autres écrits
dans le *Dictionnaire philosophique* avaient porté à sept
le nombre des volumes de cet ouvrage. On peut blâ-
mer cette disposition ; mais Palissot reproche aux
éditeurs de Kehl d'avoir mis, par cet ouvrage, Voltaire dans la classe des lexicographes ; comme si
Voltaire ne s'y était pas mis lui-même en publiant,
en 1764, le petit volume intitulé *Dictionnaire philosophique,* dont il est parlé dans des lettres de Voltaire faisant partie de l'édition de Palissot.

On pense bien que ce *Dictionnaire philosophique,*
inconnu, à ce qu'il paraît, à Palissot, n'a pas été
compris dans son édition de Voltaire, quelque piquant qu'il soit.

Avide de trouver des torts aux éditeurs de Kehl,
et recherchant toutes les occasions de faire autrement qu'eux, il voulut donner les *Lettres philosophiques.* Il fait sonner bien haut qu'il les rétablit
telles que l'auteur les *avait composées dans toute la
force de son génie, et dans l'ordre qu'il leur avait
donné.* Mais les *Lettres philosophiques* n'ont jamais été
tout au plus qu'au nombre de vingt-sept ; et, sous
ce titre, Palissot donna trente-neuf morceaux, dans
l'ordre où ils étaient parmi les *Mélanges de philosophie* dans les éditions de 1775 et antérieures.

Quelque mauvaise que soit l'édition de Palissot,
elle n'était pas à dédaigner à cause des préfaces
mises par l'éditeur à ceux des ouvrages de Voltaire
qu'il a compris dans sa collection. Ces préfaces, dans
lesquelles il se montre homme d'esprit et de goût,
ont été recueillies sous ce titre : « le Génie de Voltaire apprécié dans tous ses ouvrages », 1806, in-8
et in-12.

C'est le jugement qu'a porté M. Beuchot sur le
Voltaire de Palissot. Voici à présent comment en
parle M. Peignot dans ses « Recherches sur les ouvrages de Voltaire ».

Quelque mal que M. Palissot ait dit de l'édition de
Kehl, quelque soin qu'il ait pris « d'en écarter, par
« respect pour la mémoire de Voltaire, les super-
« fluités puériles, les lettres oiseuses, les morceaux
« douteux, et de sacrifier tout ce que l'intérêt de sa
« gloire ou même un sentiment de bienséance or-
« donnait de supprimer » (ce sont ses propres expressions), on peut assurer que son édition ne vaut
pas mieux que celle de Kehl, sous le rapport moral ;
mais, qu'elle est préférable pour l'ordre des matières : ses préfaces et ses notes se ressentent du
temps où il les a rédigées. En outre, il a conservé
ce qu'il y avait de plus cynique dans la partie con-
damnable des OEuvres de Voltaire ; il a fait plus, il
a révélé des noms, que, par égard et par prudence,
on avait voilés dans des éditions précédentes ; et il
a ajouté des f. et des b. aux endroits où, par un
reste de pudeur, on avait mis des points. Qui re-
connaîtrait à un pareil travail l'auteur de la comédie
des « Philosophes » ? et il prétend avoir sacrifié tout
ce que l'intérêt de la gloire de Voltaire, ou même
un sentiment de bienséance, lui ordonnait de supprimer ! *Riseum teneatis.*

— OEuvres (choisies) de Voltaire. *Paris,
Servière,* an VI (1798), 40 vol. in-8, sur
carré fin d'Angoulême, 166 fr.

Reproduction, avec de nouveaux frontispices, du
reste de l'édition précédente, sauf la *Correspondance,*
qui n'avait pas encore été publiée en 1798.

La distribution adoptée pour le restant de cette édition, est toute autre que celle adoptée jusqu'alors : on l'a divisé en trois sections :

I. Voltaire philosophe, nouvelle édition. 12 vol. in-8, 49 fr.

Contenant :

1° *Mélanges de littérature, d'histoire, de philosophie*, 3 vol., 12 fr.

2° *Éléments de la philosophie de Newton, avec toutes les pièces relatives à cet ouvrage*, et 14 planches en taille douce, 1 vol., 5 fr.

3° *Questions sur l'Encyclopédie, ou le Dictionnaire philosophique*, 8 vol., 32 fr.

II. Voltaire poète, nouvelle édition, mise en ordre par un des meilleurs critiques du siècle (Palissot), à laquelle il a joint des remarques grammaticales très-intéressantes, et une courte préface sur chaque pièce, qui présentent, avec la plus grande précision, le caractère de chacun de ses ouvrages. 15 volumes in-8, 75 fr.

Contenant :

4° *Théâtre complet*, 8 vol. ; avec portr., 42 fr.

5° *Henriade (la), suivie de l'Essai sur les guerres civiles de France et sur la poésie épique*. Édition remarquable par quelques changements de l'auteur, recueillis par l'éditeur sur des exemplaires que Voltaire envoyait à ses amis, avec des corrections de sa main, 1 vol., 5 fr.

6° Le poëme de *la Pucelle*, en vingt-un chants, suivi de la *Guerre civile de Genève, ou les Amours de Robert Covelle*, poëme héroïque. Cette édition de la Pucelle est la plus correcte et même la seule complète qui ait encore paru. Non-seulement plusieurs fautes qui défigurent toutes les autres éditions, y sont corrigées, mais on y trouve à la fin du quinzième chant une lacune, d'environ quarante vers, remplie; et elle était d'autant plus singulière, qu'elle existe dans toutes les éditions faites du vivant de l'auteur, et qu'elle produit dans le poëme un vide très-sensible à tous ceux qui liront l'argument placé à la tête de ce même chant. On a aussi restitué dans le poëme de la Guerre de Genève une foule d'omissions qui n'ont été rétablies dans les autres éditions que par de vastes *errata*. 1 vol., 5 fr.

7° Les *Mélanges de poésie, Contes, Epigrammes, Pièces fugitives*, et *Lettres mêlées de vers*. 3 vol., 15 fr.

8° Les *Romans, Contes moraux*, et autres fictions en prose, 2 vol., 8 fr.

III. Voltaire historien, nouvelle édition, à laquelle on a joint les Suppléments, et toutes les pièces relatives à tous ces différents ouvrages historiques, qui ne devaient pas en être séparés, comme ils le sont dans d'autres éditions; et cet ordre, qui rend chaque ouvrage complet, est une loi incontestable de convenance. 13 volumes, 62 fr.

Contenant :

9° *Essai sur les mœurs et l'esprit des nations, et sur les principaux faits de l'histoire, depuis Charlemagne jusqu'à Louis XIV*. 5 forts vol., 25 fr.

10° *Siècles de Louis XIV et de Louis XV*, 3 forts vol., 15 fr.

11° *Histoire du parlement de Paris; les Mensonges imprimés*, 1 vol., 4 fr.

12° *Histoire de Charles XII, roi de Suède*, 1 vol., 4 fr.

13° *Histoire de l'Empire de Russie, sous Pierre-le-Grand, et les anecdotes sur ce prince*, 1 vol., 4 fr.

14° *Annales de l'Empire, depuis Charlemagne*, 1 fort vol. de 608 pages, 5 fr.

15° *Doutes sur l'Histoire, Fragments historiques, Lettres chinoises, indiennes et tartares; la Défense de mon oncle, etc.*, 1 fort vol. de 606 pag., 5 fr.

Pour la commodité du public on vendait séparément chacune des sections de cette édition, et aussi chacun des ouvrages ainsi que nous venons de les indiquer.

M. Peignot croit que Servière a encore publié une édition des *OEuvres choisies de Voltaire*, en 30 vol. in-18.

— OEuvres complètes de Voltaire. Édition stéréotype de Didot. *Paris, P. et F. Didot*, 1800-1820, 63 vol. in-18, sur pap. ordinaire, sur pap. fin, sur pap. vélin, et sur grand pap. vélin, format in-12.

C'est un choix des principaux ouvrages de Voltaire, qui s'est successivement élevé à 63 volumes, lesquels se composent de : I. Philosophie : Dictionnaire philosophique, 1813, 14 vol. ;—Dialogues et Entretiens philosophiques, 1820, 2 vol. ;—II. Littérature : la Henriade, 1801, 1 vol. ; — la Pucelle, 1801, 1 vol. ; — Poëmes et Discours en vers, 1800, 1 vol. ; — Épîtres, Stances et Odes, 1800, 1 vol. ; — Contes en vers, Satires et Poésies mêlées, 1800, 1 vol. ; — Théâtre, 1801, 12 vol. ; — Romans, 1800, 3 vol. ; — Commentaire sur Corneille, 1806, 4 vol. III. Histoire : Essai sur les mœurs et l'esprit des nations, 1805, 8 vol. ; — Siècle de Louis XIV et de Louis XV, 1805, 5 vol. ; — Histoire de Charles XII, 1802, 1 vol. ; — Histoire de Russie, sous Pierre-le-Grand, 1803, 2 vol. ; — Histoire du Parlement, 1823, 1 vol. ; — Mélanges historiques, 1820, 6 vol.

M. Beuchot dit que, pour compléter cette édition, il eut fallu la porter au moins à 130 volumes. Elle paraît abandonnée, ou du moins indéfiniment ajournée.

— OEuvres de Voltaire. Édition stéréotype d'Herhan. *Paris, H. Nicolle ; Ant.-Aug. Renouard*, 1805 et ann. suiv., 21 vol. in-18, in-12, et in-8.

Édition qui ne renferme que quelques ouvrages de Voltaire, mais que pourtant deux de nos notabilités bibliographiques n'ont point assez fait connaître. Page 21 de la Préface générale de son édition M. Beuchot se borne à dire : «Une autre éditon stéréotype, in-12, fut commencée en 1810; mais il n'en a paru que quelques volumes ». M. Peignot, qui dans ses «Recherches sur les ouvrages de Voltaire», avait déjà fait mention de cette édition, en lui assignant aussi pour commencement d'exécution la date de 1810, avait dit : « Cette édition ne renferme qu'une partie des OEuvres de Voltaire. Le choix a été fait de manière à pouvoir y placer la suite de gravures que M. Renouard a publiées pour les OEuvres de Voltaire en 146 pièces »;

Ces deux explications ne nous paraissent pas complètes. Et d'abord l'édition en question a été commencée bien antérieurement à 1810, puisque la Henriade, 1 vol., est de 1805 ; furent publiés ensuite : en 1808, *la Pucelle*, 1 vol., — les *Poëmes et Discours en vers*, 1 vol.; — les *Épîtres, Stances et Odes*, 1 vol.;—les *Siècle de Louis XIV et Louis XV*, 3 vol.; et l'*Histoire de Charles XII*, 1 vol. En 1809 parurent : le *Théâtre*, 9 vol. ; — les *Contes en vers et Satires*, 1 vol. ; — les *Romans*, 2 vol., et l'*Histoire de Russie sous Pierre-le-Grand*, 1 vol.

Cette édition paraissait concurremment dans les formats in-8, in-12 et in-18. C'est de la réunion des vingt-et-un vol. imprimés de 1805 à 1809, mais tirés sur de plus beau papier, que M. Renouard a formé des *OEuvres choisies de Voltaire*, in-12, in-8 sur pap. fin, et sur pap. vélin.

Le prix de chaque volume de ce tirage particulier était : in-12, 3 fr. ; in-8, sur pap. fin, 5 fr. 50 c., et sur pap. vélin, 7 fr. 50 c.

Ce tirage particulier paraît effectivement avoir été fait pour utiliser la *Collection nouvelle de 160 estampes dessinées par* Moreau *jeune, pour les ÒEuvres de Voltaire, destinée pour l'édition stéréotype*, in-12 et in-8, publiée par M. Renouard, de 1801 à 1804.

Nous ne pensons pas que le nombre de gravures promis ait été publié, et le catalogue de M. Renouard nous porte à le croire ; nous ne trouvons porté dessus que le chiffre suivant :

Henriade, le portr. de Henri IV,	11
Pucelle, le portr. de Jeanne d'Arc,	22
Contes en vers,	6
Théâtre, le portr. de Voltaire,	45
Romans,	27
Histoire de Charles XII,	2
— de Russie,	2
Siècles de Louis XIV et de Louis XV,	20

On ajoutait à cette collection de gravures vingt portraits des grands personnages du siècle de Louis XIV, gravés par Saint-Aubin, 20

—————
135

Le prix de la gravure était : avec la lettre, de 1 fr. 25 c. (réduit depuis à 1 fr.), et avant la lettre de 2 fr. — Chaque portrait, 2 fr.

De chaque ouvrage de cette édition, il en a été fait, depuis 1805, un grand nombre de tirages dans les formats in-12 et in-18, sur pap. ordinaire.

— OEuvres complètes de Voltaire. Édition compacte. *Paris, Desoer*, 1817 et ann. suiv., 12 gros vol. in-8, sur pap. ordin., 144 fr. ; sur pap. vélin satiné, 288 fr., et sur pap. coquille satiné, 288 fr.

Chaque volume est en deux parties, et il en est de très-grosses. L.-S. Auger avait consenti à se charger de cette édition ; mais l'impatience du public et du libraire ne lui permit pas de faire ce qu'il fallait. Ce qui fut fait est plutôt l'ouvrage du libraire. C'est Desoër qui, croyant rétablir les *Lettres philosophiques*, donna, à l'exemple de Palissot, trente-neuf articles, dont plusieurs n'ont aucun rapport à ces *Lettres*. Il refondit dans la *Correspondance* les lettres formant les deux volumes publiés en 1808, sous le titre de *Supplément au recueil des lettres de M. de Voltaire ;* il ajouta la correspondance de Bernis avec Voltaire, en conservant les lettres des deux correspondants. Il se procura les lettres, alors inédites, de Voltaire à d'Olivet (1), et en enrichit son édition. Les douze volumes se relient souvent en vingt-quatre.

——————————————

(1) Page 33 de ses « Recherches sur les ouvrages de Voltaire », M. Peignot parle d'un M. Guillaume, avocat à Besançon, qui alors, en 1817, possédait, dans sa riche bibliothèque, la correspondance autographe et inédite de Voltaire avec l'abbé d'Olivet, sur laquelle il avait publié une bonne notice, Besançon, 1814, in-8. C'est, à n'en pas douter, sur le manuscrit de M. Guillaume que Desoër aura imprimé cette correspondance.

La table analytique et raisonnée de Goujon, non comprise dans ces douze volumes, se vendait séparément 12 fr., et sur pap. fin, 24 fr. Un mandement des grands-vicaires du diocèse de Paris donna de la vogue à cette édition, et fit naître l'idée d'en entreprendre d'autres. Ce fut une véritable *Voltairomanie*.

— Les mêmes, d'après l'édition de Beaumarchais, sans aucun changement ni suppressions. Augmentées de pièces inédites ou inconnues, et de la Biographie de Voltaire. *Paris, Plancher*, 1817 et ann. suiv., 44 vol. in-12, 154 fr., et sur pap. vélin, 308 fr.

Édition dirigée par M. Regnault-Warin, et qui devait avoir trente-cinq volumes in-12. Le quarante-quatrième et dernier, qui est de 1822, comprend une table analytique très-abrégée, et par conséquent insuffisante. C'est peut-être encore plus que ne méritait l'édition, qui, sans contredit, est bien inférieure à celles qui paraissaient concurremment. D'ailleurs, malgré son titre, elle n'est pas complète, même pour le temps où elle a paru.

— Les mêmes. (Édition commencée avec des notes par M. Beuchot, et continuée par M. Louis Dubois). *Paris, madame Perronneau ; Cérioux*, 1817-20, 56 vol. in-12, 196 fr., et sur pap. vélin, 392 fr.

M. Beuchot fut chargé par madame Perronneau de diriger l'édition qu'elle avait annoncée en cinquante volumes in-12 ; il en avait donné les tomes I à XXIII, et XXV à XXXII, lorsqu'il fut évincé par jugement, mais avec les honneurs de la guerre. Son continuateur fut M. Louis Dubois, qui malheureusement n'avait pas étudié son travail avant de le continuer ; de sorte qu'il y a souvent défaut de rapport entre les derniers volumes et les premiers, tels qu'omissions, faux renvois, etc. Le nombre des volumes de l'édition fut porté à cinquante-six, qu'on relie quelquefois en soixante. M. L. Dubois avait fait pour cette édition une *Table*, qui est restée dans les cartons du libraire.

— Les mêmes. *Paris, de l'impr. de Crapelet.* — *Déterville et Lefèvre*, 1817-20, 42 vol. in-8, 252 fr.

Édition annoncée en trente-six, puis en quarante volumes, et publiée de 1817 à 1818 en quarante-un. Le travail littéraire fut confié à M. Miger, qui fit de notables améliorations et additions dans la *Correspondance*, et rédigea une table formant le quarante-deuxième volume, avec le millésime 1820.

— Les mêmes. *Paris, de l'impr. de Crapelet.* — *A.-A. Renouard*, 1819-23, 66 vol. in-8, sans figures, 330 fr. ; avec 160 gravures de Moreau le jeune, 506 fr. ; sur gr. papier vélin d'Annonay, avec les 160 gravures, 800 fr., et sur même papier, avec les gravures avant la lettre, 1,000 fr.

On peut encore ajouter aux gravures de cette édition vingt portraits des grands personnages du siècle de Louis XIV, gravés par Saint-Aubin, 16 fr.

Toutes ces éditions récentes étaient faites sans élégance ; aucune n'avait de gravures. M. A.-A. Renouard, propriétaire d'une nouvelle suite de cent quarante-six estampes, aussi d'après les dessins de Moreau, à laquelle il joignait quatorze portraits, fit une édition qui, pour l'exécution typographique, l'emporte de beaucoup sur celle dont il vient d'être parlé. Mais M. Renouard ne se contenta pas d'apporter ses soins au matériel de son édition, il y fit des annotations et des additions, dont plusieurs lui avaient été communiquées par M. Clogenson (1). Ainsi, c'est dans l'édition de M. Renouard qu'ont été admis, pour la première fois, les *Sentiments des citoyens*, des *articles* fournis par Voltaire à *la Gazette littéraire*, etc. Cette édition, annoncée en soixante volumes, en a soixante-six, y compris un volume de *Lettres inédites* (toutes ne le sont pas) *à mademoiselle Quinault, à M. d'Argental, au président Hénault, à M. Damilaville, à madame d'Épinay, et autres personnages remarquables* (2), qui fait le soixante-troisième volume ; la *Vie de Voltaire*, les *Mémoires de Voltaire*, etc., qui est le soixante-quatrième, et peux petits volumes de tables, qui ont le millésime 1825. L'auteur de cette table est encore M. Miger.

— Les mêmes. *Paris, de l'impr. de P. Didot, l'aîné.* — *E.-A. Lequien*, 1820 et ann. suiv., 70 vol. in-8, 315 fr. ; et sur pap. vélin, tiré à 30 exemplaires numérotés, 630 fr.

Le soixante-dixième volume est formé d'une Table analytique rédigée par J.-B.-J. CHAMPAGNAC. L'éditeur ayant collationné souvent les éditions originales, a eu occasion de faire de nombreuses restitutions de texte.

Le succès de son édition fut très-grand ; il lui fallut réimprimer plusieurs fois les premiers volumes. Voilà pourquoi tous les exemplaires ne portent pas la même date.

— Les mêmes. *Paris, Carez, Thomine et Fortic*, 1820-26, 60 vol. in-18, 120 fr.

Cette édition a été imprimée à Toul, quoique les titres portent : Paris, de l'impr. de Lachevardière. Rien de spécial ne recommande cette édition, qui n'a point de table analytique.

— Voltaire. Édition publiée par M. TOUQUET. *Paris, Touquet*, 1820, 15 vol. in-12, 30 fr.

En 1820, le colonel Touquet, devenu libraire, publia, en quinze volumes in-12, un *Voltaire*. Ce n'était, comme on le pense bien, qu'un choix. Le succès l'enhardit, et il annonça d'abord en soixante-dix volumes, puis en soixante-quinze volumes in-12, une édition qui ne devait être que la reproduction des éditions de Kehl, sans aucune des améliorations faites depuis.

Cependant des annonces pompeuses furent faites ; le prospectus est intitulé : QUATRE VOLTAIRE, ÉDITION TOUQUET. Il faut convenir qu'il y avait un peu, peut-être même beaucoup de charlatanisme dans ces annonces. On distinguait ces quatre éditions par un nom spécial : 1° le *Voltaire des chaumières* était le restant de l'édition des *OEuvres choisies*, rajeuni par de nouveaux titres et de nouvelles couvertures, en quinze volumes, prix : 32 fr. 50 c. ; 2° le *Voltaire de la petite propriété ; 3° le *Voltaire du commerce ; 4° le *Voltaire de la grande propriété* : ces trois espèces ne différaient que par la qualité du papier sur lequel elles étaient tirées, et par leur prix. Ce n'est donc qu'une seule et même édition. Elle était stéréotype ; et les clichés qui ont été employés depuis pour un tirage, dont les exemplaires portent le nom de M. Garnery, pourraient encore servir à d'autres tirages sous d'autres noms, et même de divers formats. La table analytique par M. Miger, forme le 75e volume.

Cette dernière édition a paru sous ce titre :

— Voltaire. Édition Touquet. (Stéréotypée). *Paris, l'Éditeur, rue de la Huchette, n. 18*, 1821 et ann. suiv., 75 vol. in-12, sur pap. ordin. (*Voltaire de la petite propriété*), 157 fr. 50 c., pour les souscripteurs, et 187 fr. 50 c. pour les non-souscripteurs.—Sur pap. fin d'Auvergne (*Voltaire du commerce*), 225 fr. — Sur pap. vélin (*Voltaire de la grande propriété*), 300 fr.

Indépendamment d'un tirage de cette édition, dans le format in-12, au nom de Garnery, 1829, 75 volumes in-12 (150 fr.), il en existait déjà deux autres dans les formats in-12 et in-18, que nous avons trouvés détaillés dans un catalogue, daté de septembre 1823, de la veuve Dabo, alors propriétaire de presque toutes les éditions stéréotypes d'Hérhan. Un autre tirage, dans ce dernier format, a été fait, en 1829, par les imprimeurs David, de Paris, et Tremblay, de Senlis, à 1 fr. 25 c. le volume. Enfin un nouveau tirage dans le format in-18 a dû être fait, en 1834, au nom de M. Balaucie, rue du Croissant, n° 16.

— OEuvres complètes de Voltaire. *Paris, J. Esneaux*, 1821-22, 65 vol. in-8, 146 fr. 25 c.

En 1821, M. Esneaux entreprit une édition in-8, qui devait être en soixante volumes, et qui en a soixante-trois, ou plutôt soixante-cinq ; car le tome XLV est triple, c'est-à-dire qu'il y a tome XLV, XLV *bis*, et XLV *ter*.

Cette seule disposition suffit pour faire juger cette édition, commencée avant d'avoir été méditée, conduite péniblement à sa fin, et pour laquelle il n'existe point de table analytique.

Le libraire Rosa ayant acquis le restant de cette édition le remit en souscription ; il fit faire de nouveaux frontispices qui portent son nom et la date de 1823—24.

— Voltaire en un volume. Par J.-B. GOURIET. Édition dialoguée. *Paris, au bureau des Tablettes universelles ; Baudouin frères*, 1821, in-12, 3 fr.

Volume qui a obtenu une seconde édition dans la même année.

---

(1) M. Beuchot, auteur de cette note, ne rappelle point qu'à diverses reprises, en 1819, il s'est plaint dans la « Bibliografbie de la France », de ce que M. Renouard reproduisait *textuellement* presque toutes les notes de l'édition en 50 vol. in-12 (celle publiée par madame Perronneau), tantôt en conservant au bas, tantôt en supprimant l'initiale du nom de l'éditeur ; mais, dans l'un comme dans l'autre cas, sans son assentiment.(Voy. la Bibliogr. de la France, ann. 1819, et particulièrement le n° 3775).

(2) On peut se procurer séparément ce volume, imprimé en 1822. Prix : 6 fr. 50 c.

— OEuvres complètes de Voltaire. *Paris,
de l'impr. de P. Dupont, et Gaultier-Laguionie,* son successeur.—*Chassériau, et
Bossange père,* 1823-27, 72 vol. in-8 ,
360 fr. , et sur pap: vélin , 720 fr.

Il a des volumes de cette édition qui portent pour
adresse de vendeurs le seul nom de Chassériau,
d'autres ceux de Chassériau et Bossange ; d'autres
celui seul de P. Dupont, et quelques autres les trois
noms, celui de M. Dupont en tête. Sans les noms des
imprimeurs qui n'ont pas varié , on pourrait croire
plus tard que ces volumes appartiennent à différentes éditions.

Cette édition, commencée à imprimer par M. P.
Dupont, en 1823, a été distribuée en soixante-
douze volumes in-8 , dont les deux derniers sont
datés de 1827, et n'en doivent former qu'un seul.
Le soixante-douzième se compose de la fin de la
table analytique, et d'un nombre très-considérable
de cartons pour divers volumes de l'édition. Ces
cartons enlevés et mis à leur place, il reste trop
peu de chose pour former un volume; et ce qui
reste, c'est-à-dire le commencement de ce volume
soixante-douzième, a une pagination qui fait suite
à celle du soixante-onzième. C'est donc en soixante-
onze volumes que cette édition doit être reliée.

A un très-petit nombre de dispositions près, ce
n'est que la reproduction de l'édition Lequien. Les
livraisons s'en faisaient avec une régularité qui ré-
pondait aux exigences du public, mais qui n'eût
pas permis de faire un grand travail. Ce n'est pas
en littérature et en imprimerie qu'il est possible de
faire vite et bien.

De cette édition , trente-trois volumes furent tirés
à plus grand nombre que les autres, et l'on en forma
les *OEuvres choisies,* comprenant la *Vie de Voltaire,*
par Condorcet (avec les *Mémoires, Commentaire historique,* et *Pièces justificatives*), l'*Essai sur les mœurs
et l'esprit des nations,* le *Théâtre* complet, le *Dictionnaire philosophique,* les *Romans* et *Contes* en prose,
les *Contes* en vers, et *Poésies légères, la Pucelle, la
Henriade,* le *Siècle de Louis XIV,* le *Siècle de
Louis XV,* l'*Histoire de Pierre-le-Grand,* l'*Histoire de
Charles XII.*

— OEuvres complètes de Voltaire, avec
des remarques et des notes historiques ,
scientifiques et littéraires, par MM. Arago,
Anguis, Clogenson, Daunou, Étienne,
François de Neufchâteau, J.-V. Leclerc ,
Ch. Nodier, etc. *Paris, de l'impr. de Jules
Didot aîné.—Dalibon, et Delangle,* 1824 et
ann. suiv., 95 vol.— Table analytique des
matières, par M. MIGER. 1832, 2 vol. En
tout 97 vol. in-8.

Cette édition a été tirée sur trois sortes de papiers : 1° sur gr. pap. vélin d'Annonay (dit cavalier), à 6 fr. le volume; 2° sur gr. papier vélin
jésus d'Annonay, tiré à 50 exempl. , dont le prix
du volume, cartonné par Thouvenin , était de 24 fr.;
3° enfin , sur très-grand papier de Hollande, tiré
à 12 exempl. , au prix de 36 fr. le volume , cartonné.

Ce fut en 1824 que M. Dalibon annonça une édition en soixante-quinze volumes, mais qui devait
évidemment en avoir davantage, à en juger par la
distribution des premiers volumes. « Je présumai ,
« dès-lors, dit M. Beuchot, qu'elle en aurait quatre-
« vingt-seize. Je me trompais; elle n'en a que
« quatre-vingt-quinze, plus deux volumes de tables
« par M. Miger, qui ont paru en 1834 ».

Le second prospectus était fait pour séduire. On
lisait en tête les noms de MM. Arago , Auguis, Clogenson, Daunou, L. Dubois, Étienne , Ch. Nodier;
ceux de MM. François de Neufchâteau et V. Le
Clerc furent ajoutés sur les frontispices des premiers volumes. Cependant MM. Arago , Étienne,
François de Neufchâteau et V. Leclerc n'ont pas mis
une seule note dans l'édition. M. Daunou a donné
quelques préfaces , et a laissé reproduire son excellent travail sur la *Henriade;* quant à ses notes sur
l'*Essai sur les mœurs,* , elles sont en si petit nombre,
qu'il est évident qu'elles ont été faites dans des lectures passagères ou accidentelles, et qu'elles ne
sont pas le résultat d'un travail suivi, qui eût été
bien précieux venant d'une telle plume.

M. Charles Nodier a fait la préface des *Romans,*
sans aucun travail sur ces ouvrages.

M. Auguis a ajouté des préfaces et des notes à
quelques-uns des ouvrages historiques.

La plus grande part est restée à MM. Clogenson
et L. Dubois. Les notes de M. Clogenson se recommandent par l'exactitude. Il en a mis de très-intéressantes aux *Annales de l'Empire* et à la *Correspondance* dont il s'était chargé. Malheureusement les
fonctions publiques absorbant tous ses moments
dans des temps difficiles , il a mieux aimé abandonner l'entreprise que de la mal continuer.

M. L. Dubois , qui, dans l'édition, avait donné
des soins , au *Théâtre,* à *la Pucelle,* aux *Poésies,*
au *Dictionnaire philosophique,* etc., et qui précédemment avait été le continuateur de M. Beuchot
dans l'édition de cinquante ou soixante volumes
in-12 , a été aussi le continuateur de M. Clogenson.
Sans doute ses fonctions de sous-préfet ne lui ont
pas laissé tout le loisir nécessaire. Son travail est
bien au-dessous de celui de son prédécesseur. Si
l'on peut improuver la profusion des notes et la
vivacité de quelques expressions dans ce qu'a fait
M. Clogenson , il faut avouer que M. L. Dubois s'est
bien mis à l'abri de tels reproches. La disette et
l'inexactitude de ses notes sont fréquentes. Il prend
un ton doctoral pour relever les fautes de ses devanciers , et signale soigneusement des améliorations qu'il donne pour siennes. Mais il est arrivé
que les corrections n'étaient pas de lui, , ou que
même ce n'étaient que des fautes.

On a suivi en général pour cette édition la classification de celle de Kehl , hors en un seul point.

C'est dans cette édition que, pour la première
fois , toutes les lettres de Voltaire ont été classées
chronologiquement, sans distinction de personne à
qui ou par qui elles sont écrites . c'est-à-dire sans
les subdivisions de correspondance particulières établies dans les éditions de Kehl, et conservées depuis.

Ainsi l'on a compris dans cette édition de la Correspondance de Voltaire des Lettres à mademoiselle
Quinault, à Amelot, Valory, Vauvenargues,etc., etc.,
qui n'avaient encore été publiées que dans des volumes séparés, et hors des OEuvres de Voltaire.

Quelques ouvrages y paraissent pour la première
fois , et sont donnés pour être de Voltaire; mais
tous n'en sont pas.

Avec les tomes XLI et XLII ont été distribuées
quelques feuilles qui doivent se joindre aux tomes
XLIV et XLVI (II et IV de la division *Philosophie*),
qui étaient déjà imprimées. Voici ce que contiennent
ces feuilles :

Pour le tome XLIV, 1° Réflexions sur l'idée
qu'on doit avoir de Dieu, selon nos lumières (pages
431-468); 2° Des cinq propositions attribuées à
Jansénius, et Formulaire (469 et 470); 3° Remarques critiques sur les passages des quatre évangélistes, touchant la mort de J. C. (471-474).

Pour le tome XLVI : 1° Extrait du livre de l'abbé
Houteville, sur la vérité de la religion chrétienne
prouvée par les faits (pages 405-446); 2° Passage
tiré de l'histoire de Josèphe (447-449); 3° Le Phi-

losophe, par M. du M. (458-468); 4° Extrait du
livre De l'état de l'homme dans le péché originel
(469-478); 5° Extrait du livre d'Antoniana Marga-
rita, de Gometius Pereyra, sur l'âme des bêtes
(pages 478-479); 6° Extrait de la vérité de la religion chrétienne, par M. le marquis de Pionesse,
Italien, sur l'existence de Dieu (480); 7° Extrait
d'un manuscrit intitulé : Le ciel ouvert à tous les
hommes, où l'on prouve, par la religion et par la
raison, que tous les hommes seront sauvés (481-
497), 8° Prière du curé de Fresne (498-507).

Les premiers éditeurs de ces onze pièces n'ont
donné aucune explication à leur égard. Voici ce que
M. Beuchot en sait. Un habitant de Genève proposa,
en 1825, à des libraires de Paris, de leur vendre
un manuscrit contenant précisément les ouvrages
dont les titres viennent d'être rapportés, et qu'il
avait, plus de vingt-cinq ans auparavant, reçu en
paiement de ce que lui devait un homme de lettres
qui avait vécu dix ans avec Voltaire. Rien de cela
n'était appuyé de preuves. On n'offrait pas, au reste,
le manuscrit comme étant de la main de Voltaire,
mais comme pouvant être de celle de madame Denis. Les libraires à qui la proposition était faite la
refusèrent. D'autres éditeurs furent moins difficiles,
comme on voit.

Le lecture de la première de ces onze pièces suffisait pour motiver un refus. Dans les Reflexions sur
l'idée qu'on doit avoir de Dieu selon nos lumières,
l'auteur, après avoir dit que, pour avoir une idée
de Dieu, il n'est pas nécessaire qu'on le voie, de
même qu'on n'a pas besoin d'avoir vu certaines
personnes pour croire à leur existence et les connaître, ajoute : « C'est ainsi que nous pouvons à
présent connaître, par exemple, le cardinal de Richelieu mieux que ceux qui vivaient de son temps,
puisqu'il nous a laissé, dans son *Testament politique*,
un portrait de son âme qui nous en montre toutes
les qualités. »

Ce raisonnement ne pouvait être fait par Voltaire,
qui n'a jamais changé d'opinion sur le *Testament
politique*, qu'il regardait comme apocryphe (1).

M. Beuchot a cependant admis dans son édition,
tome L. la *Prière du curé de Fresne*. Il le fallait bien,
puisque, tome LXVIII, pages 102 et 131, il avait
dit qu'on trouverait cette Prière au tome L.

Quant au *Philosophe*, qu'il a donné tome XLVII,
page 230, le texte qu'il a adopté est bien différent
de celui que contient l'édition en quatre-vingt-quinze
volumes; et il a expliqué pourquoi il préférait la
version qu'il a reproduite.

Il est encore un de ces écrits attribués à Voltaire,
dont nous parlerons; c'est l'Extrait d'un manuscrit
intitulé : Le ciel ouvert à tous les hommes, où l'on
prouve, par la religion et par la raison, que tous
les hommes seront sauvés. C'est P. Cuppé qui est
auteur du *Ciel ouvert à tout le monde*, ouvrage imprimé en 1768, in-8. Voltaire qui était bien au
courant des impressions de cette nature, n'aurait
point dit que l'ouvrage était manuscrit quand il était
imprimé.

Les autres écrits du cahier provenant de l'habitant de Genève, sur lesquels nous ne revenons pas
ici, sont trop peu de chose pour que nous discutions
leur authenticité. Elle n'est pas mieux prouvée que

celle des *Réflexions sur l'idée qu'on doit avoir de
Dieu*, etc.

On n'avait pensé à faire cette édition que sur du
grand papier, appelé cavalier vélin. Mais la *Voltairomanie*, née du mandement des grands-vicaires
de Paris en 1817, durait encore.

MM. Baudouin frères achetèrent le droit de faire
tirer sur les formes de cette édition un mille d'exemplaires sur papier carré; et c'est ce qu'on appelle
la première édition Baudouin. (Voy. plus bas).

— OEuvres complètes de Voltaire, en un
volume. *Paris, de l'impr. de J. Didot aîné.
— Roux-Durfort frères*, 1825-32, 96 livraisons, formant un vol. in-8 en quatre
parties, 192 fr.

Cette édition devait être distribuée en soixante-
dix livraisons. Elle en a eu quatre-vingt-seize, et
se compose de 5,551 pages, dont il serait impossible de ne former qu'un seul volume; aussi la
divise-t-on en deux volumes, et même en quatre
parties : elle est sans table analytique.

— Les mêmes. *Paris, de l'impr. de Fournier.—Verdière; Ponthieu; Bossange père*,
1825, 3 vol. in-8.

Cette édition a été publiée en soixante livraisons,
formant trois volumes au lieu de deux, dans lesquels les éditeurs s'étaient proposés de se renfermer. Elle manque de table analytique.

— Les mêmes, avec des remarques et des
notes historiques, scientifiques et littéraires. (Première édition Baudouin). *Paris,
de l'impr. de J. Didot aîné. — Baudouin
frères*, 1824-34, 97 vol. in-8, y compris
deux de Table analytique, imprimés sur
papier carré, 436 fr.

Voy. la note à la suite de la citation de l'édition
Dalibon et Delangle.

— Les mêmes, avec des remarques et des
notes historiques, scientifiques et littéraires. Nouv. édition, revue par M. Léon.
Thiessé. *Paris, de l'impr. de Rignoux.
— Baudouin frères*, 1826, 75 vol. in-8,
262 fr. 50 c.

Les mille exemplaires que MM. Baudouin frères
fesaient tirer sur les formes du *Voltaire* imprimé
chez M. Didot aîné, avec les notes de MM. Auguis,
Clogenson, Daunou, etc., ayant été promptement
épuisés, et ces libraires n'ayant pu obtenir la permission de faire un nouveau tirage, ils se décidèrent à faire stéréotyper tout Voltaire dans le format
in-8. On ne parla toujours que de soixante-quinze
volumes in-8; et l'on fit clicher chez M. Rignoux
les ouvrages déjà imprimés chez M. Didot aîné.
Mais l'impression se faisait lentement chez M. Didot
aîné. L'horizon politique se rembrunissait; des bruits
se répandaient que le gouvernement de Charles X
projetait de ne pas laisser imprimer, même en collection, certains ouvrages de Voltaire. Les souscripteurs se plaignirent de la lenteur de l'entreprise;
d'autres, plus clairvoyants, déclarèrent formelle-
ment qu'ils ne prétendaient pas payer plus de
soixante-quinze volumes, et qu'ils exagéraient pour-

---

(1) En 1737, dans ses *Conseils à un journaliste*
Voltaire a dit : « Si on réimprime le livre fameux
connu sous le nom de *Testament politique du cardinal
de Richelieu*, montrez combien on doit douter que ce
ministre en soit l'auteur. » Trente-neuf ans après,
le 2 mars 1776, il écrivait : « Il y avait de la dé-
mence à croire cette rapsodie écrite par un ministre
d'État.

tant les *OEuvres complètes*. Les libraires se décidèrent à faire stéréotyper les volumes qui n'avaient point encore été imprimés dans l'édition qui se faisait chez M. Didot l'aîné. On se mit sur-le-champ à la *Correspondance*; c'était se priver des notes, additions nombreuses, et autres améliorations que devait contenir la *première édition*. Il fallut calculer le nombre de volumes, tellement qu'on regagnât ce qui avait été perdu sur d'autres ouvrages, et qu'on se contint dans soixante-quinze volumes.

On se borna à prendre pour copie de la *Correspondance* une des éditions précédentes, où l'on avait conservé les sous-divisions par correspondance particulières. Force fut encore d'employer un petit caractère, et de faire des volumes très-gros.

Le premier tirage des premiers volumes qu'on avait stéréotypés fut appelé *seconde édition* (Baudouin), puis on donna une *troisième*, une *quatrième*, une *cinquième* édition, qui étaient tout au plus un *second*, *troisième*, *quatrième* tirages.

Il en a été dit assez pour faire voir combien ces *seconde*, *troisième*, *quatrième*, *cinquième* éditions (qui ne sont que la même) en soixante-quatre volumes, sont inférieures à la *première*, qui en a quatre-vingt-quinze, plus deux volumes de tables.

Tous les ouvrages faits ou à faire sur les mêmes clichés peuvent présenter quelques différences dans le nombre des volumes en en mettant deux dans un seul, ou en en mettant un seul en deux; ils peuvent offrir de légères améliorations, et des corrections purement typographiques importantes, suppléer même dans certains cas à quelques omissions : de sorte que les derniers tirages seront préférables aux précédents; mais il est impossible de remédier à tout.. On peut substituer une lettre et même un mot à un autre; mais on ne peut rétablir des passages omis, quand ils sont longs, et en grand nombre. Comment, dans les clichés de la *Correspondance*, introduire les lettres en grand nombre qui ont été ajoutées dans la *première édition*? M. Léon Thiessé n'a pu faire l'impossible pour le tirage fait après sa révision, quelque soin qu'il y ait apporté. Il y aura toujours une immense distance entre la *première édition* Baudouin en quatre-vingt-quinze volumes (ou quatre-vingt-dix-sept avec la table) et les autres éditions faites sur les clichés en soixante-quinze volumes ou environ.

Ces mêmes clichés ont servi : 1° pour un tirage en 65 volumes, portant pour adresse de vendeur le nom de Bazouge-Pigoreau, 1832, à 2 fr. 10 c. le volume; 2° pour un second, dont les volumes portent au frontispice le nom de M. Tissot. (Paris, Pourrat frères, 1833 et ann. suiv., 73 vol. in-8, y compris un de table). Le travail de M. Tissot, pour cette édition, consiste en une préface de sept pages et trois lignes.

— OEuvres de Voltaire. Nouvelle édition, collationnée sur les éditions originales, avec des notes, préfaces, avertissements, etc., par M. BEUCHOT. *Paris, de l'impr. de F. Didot. — Lefèvre; Werdet et Lequien; F. Didot*, 1829-34, 70 vol. in-8, sur pap. carré vélin, 315 fr.; sur gr. papier, dit cavalier vélin, superfin, 490 fr., et sur très-grand papier, dit Jésus, vélin superfin d'Annonay, 1050 fr.—Table analytique, rédigée par P.-A.-M. MIGER. *Paris, de l'impr. de F. Didot et Crapelet.—MM. Beuchot; Lefèvre; Aimé-André*, 1841, 2 vol. in-8, sur pap. carré, 20 fr.; sur cavalier vélin, 30 fr.; sur grand Jésus vélin, 40 fr., et sur pap. coquille, collé (tirés à quelques exemplaires).

Les tirages sur pap. cavalier et sur Jésus étaient principalement destinés à faire suite à la Collection des Classiques français, gr. in-8, pap. vélin, qu'a publiée M. Lefèvre : ils sont épuisés depuis long-temps.

Le grand nombre d'éditions de Voltaire faites concurremment a forcé à baisser les prix de chacune d'elles : celle de M. Beuchot a dû partager momentanément à cette mauvaise fortune. Aujourd'hui les exemplaires sur pap. carré se paient 136 fr. et au-dessous, et ceux sur papier dit cavalier, 200 fr. et au-dessous.

J'aurais pu, sans doute, dit M. Beuchot, donner le titre d'*OEuvres complètes* à l'édition qui est incontestablement la plus ample de toutes les éditions de Voltaire. Le devais-je, convaincu que je suis de l'existence d'ouvrages de Voltaire que je n'ai pu me procurer, sans parler de sa correspondance, dont je ne serais point étonné qu'il ne nous soit parvenu que la moitié? (*Voy.* la note de la page 76). En effet, malgré le petit nombre de ses volumes comparativement à toutes les éditions précédentes, elle contient cependant 4 ou 5 volumes de plus qu'aucune, soit en écrits ou pièces inédites ou non recueillies de Voltaire, soit en préfaces et notes explicatives du nouvel éditeur, M. Beuchot, qui a consacré vingt années de sa vie à ce grand travail.

La classsification de cette édition que nous donnons ici nous permet d'indiquer les principales améliorations et additions que M. Beuchot a faites à plusieurs des parties des OEuvres de Voltaire. Voici cette classification :

Tome 1er. *Biographie.* — Dans les *Pièces justificatives* de la *Vie de Voltaire*, par Condorcet, l'éditeur en a ajouté vingt-neuf qui étaient inédites. Il a eu le soin de les numéroter, d'indiquer dans les notes du texte quel est le numéro donné à la pièce, et en tête de la pièce, d'indiquer à quelle page elle se rapporte. Ce volume est précédé de la Préface générale de M. Beuchot, dans laquelle il fait l'examen critique de toutes les éditions des OEuvres de Voltaire qu'il a connues, depuis celle de 1728, un seul volume in-12, jusqu'à celles publiées en 1829 inclusivement.

Tome II à IX. — *Théâtre.* Dans cette partie, les additions sont : 1° Nouveaux fragments d'*Artémire*; 2° dans les variantes de *Brutus*, les scènes 1, 2 et 3 de l'acte II, et la scène 1re de l'acte IV. (Tom. II); — 3° des Fragments de *Thérèse* (tom. IV);—4° l'*Envieux*, comédie en trois actes et en vers (tom. V);— 5° l'*Épître dédicatoire* des *Guèbres*, 6° et la *Lettre de M. Legoux de Gerland*, en tête de *Sophonisbe* (t. IX).

Tome X. *La Henriade.*

— XI. *La Pucelle.*

— XII—XIV. *Poésies.*

— XV—XVIII. *Essai sur les mœurs.*

— XIX-XXI. *Siècles de Louis XIV et Louis XV.* Dans cet ouvrage le nouvel éditeur a ajouté l'importante variante de l'article SAURIN, dans le Catalogue des écrivains du siècle de Louis XIV (au tome XIX).

Tome XXII. *Histoire du parlement.*

— XXIII. *Annales de l'Empire.*

— XXIV. *Histoire de Charles XII.*

— XXV. *Histoire de Russie.*

— XXVI—XXXII. *Dictionnaire philosophique.*

— XXXIII et XXXIV. *Romans.*

— XXXV et XXXVI. *Commentaires sur Corneille.*

Tome XXXVIII. *Mélanges.* — C'est dans cette partie que M. Beuchot a fait le plus d'additions. Elles sont nombreuses, et nous allons toutes les signaler : 1° Mémoire du sieur Voltaire (t. XXXVIII); —2° Compliment fait au roi par Richelieu;—3° Lettre à l'occasion de l'impôt du vingtième ;— 4° l'Extrait de la Bibliothèque raisonnée (tome XXXIX) ; — 5° les Remarques au sujet d'une omission ; — 6° un Avis qui est de 1761 ; — 7° les Lettres sur la Nouvelle Héloïse, publiées dans le temps sous le nom du marquis de Ximenès ;—8° un Avertissement aux éditeurs ; — 9° le texte rétabli dans un passage de la Conversation de monsieur l'intendant des menus (tome XL) ; — 10° l'Appel au public contre un Recueil de prétendues lettres de Voltaire (celui publié par Robinet) (tome XL) ; — 11° Lettre de M. de Voltaire ; — 12° Mémoire présenté au ministère de France, que M. Beuchot n'a pu se procurer en entier (t. LXIII) ; — 13° la Lettre anonyme (t. XLV) ; — 14° la Lettre de l'auteur de la tragédie des Guèbres ; — 15° les notes du « Cymbalum mundi » ; — 16° Lettre d'un jeune abbé ;—17° réponse aux Remontrances de la cour des aides ;—18° Avis important à la noblesse du royaume ;—19° Sentiment des six conseils supérieurs ; — 20° Très-humbles et très-respectueuses remontrances ; — 21° les Peuples au Parlement ; — 22° l'Équivoque (t. XLVI) ;—23° une Déclaration, qui est page 229 du tome XLVII ; — 24° Remarques sur le Christianisme dévoilé ; — 25° Remarques sur l'ouvrage intitulé : l'Existence de Dieu, etc., par Neeuwentyt ; — 26° Remarques sur le bon sens ; — 27° le Système vraisemblable, fragment ; — 28° Lettre de M. Hude, fragment ; — 29° le Sommaire des droits de S. M. le roi de Prusse sur Herstall ; — 30° un Mémoire, de 1752 ; — 31° Fragment d'une lettre écrite de Genève, 19 mars 1771, par un bourgeois de cette ville à un bourgeois de L*** (tome L).

Il faut s'assurer si ce L⁰ volume finit bien avec la page 630. Le volume primitif n'a que 626 pages ; mais l'éditeur ayant retrouvé, après l'impression de l'édition terminée, l'opuscule que nous citons sous le n° 31, il s'est décidé à faire réimprimer depuis la page 609 de ce volume, afin d'éviter de faire des cartons.

Dans l'édition de M. Beuchot, on ne trouve point, comme dans celle de Kehl et celles qui l'ont suivie, les grandes divisions *Philosophie, Physique, Politique et Législation*, etc. Voici comme, dans la préface général de son édition, le nouvel éditeur se justifie de s'être éloigné de la classification adoptée par ses prédécesseurs.

« Je ne pouvais mieux faire que d'adopter les deux grandes divisions, *Poésie* et *Prose*, introduites par les éditeurs de Kehl. Les changements que j'ai faits dans la distribution de la *Poésie* sont trop peu de chose pour en parler. J'ai agi autrement pour les ouvrages en prose. J'ai donné, comme les éditeurs de Kehl, les ouvrages historiques, le *Dictionnaire philosophique*, les *Romans*, le *Commentaire sur Corneille* ; mais je n'ai tenu aucun compte de toutes les autres distributions qu'ils avaient faites sous les titres de *Mélanges historiques, Politique et Législation, Philosophie, Physique, Dialogues, Facéties, Mélanges littéraires*. Tout ce qui, dans les éditions de Kehl et celles qui l'ont suivie, compose ces divisions ou sections, a été par moi classé sous le titre de *Mélanges*, dans l'ordre chronologique, sans distinction de genre ni de matière. La classification que j'ai adoptée fait suivre au lecteur la marche de l'esprit de Voltaire. En commençant l'édition, je craignais d'être obligé de justifier longuement cette disposition ; cela est superflu aujourd'hui, qu'elle a eu la sanction d'un grand nombre de personnes. »

« Cependant, comme, dans beaucoup de livres, on cite les ouvrages de Voltaire d'après les divisions ou classifications adoptées dans les éditions de Kehl, et suivies dans tant d'autres, je donne, à la fin du tome LXX, une concordance de la classification de Kehl avec les volumes de mon édition. »

Cette classification, « qui a eu la sanction d'un grand nombre de personnes, » d'après son éditeur, a trouvé aussi beaucoup de personnes qui n'en n'ont pas été partisans. On n'a point généralement approuvé cette section de *Mélanges*. L'éditeur aurait pu la rendre moins volumineuse, en plaçant plus convenablement ailleurs grand nombre des écrits de Voltaire qui forme ces treize volumes. Quelques ouvrages ont assez d'étendue pour qu'on en ait pu former des volumes avec des titres spéciaux, tels que *la Bible enfin expliquée*, etc.; certains écrits composés par Voltaire avant la publication d'ouvrages plus considérables sur les mêmes sujets, eussent dû trouver tout naturellement leur place comme appendice à ces derniers ; telles sont les *Anecdotes sur Pierre-le-Grand*, qui, placées à la fin de l'Histoire de Russie, auraient eu l'avantage de présenter réuni tout ce que Voltaire a écrit sur ce monarque ; *les Anecdotes sur Louis XIV*, et cinq ou six autres morceaux, qui, mis à la suite du Siècle de Louis XIV, eussent formés un ensemble complet des aperçus et jugements de Voltaire sur ce grand roi et son époque, etc. Certains fragments, chapitres rejetés par Voltaire, d'ouvrages qu'il a plus tard remaniés, devaient être encore mis à la fin des ouvrages sous leur nouvelle forme. Enfin, en admettant pour une grande partie la réunion des opuscules de Voltaire, sous le titre de *Mélanges*, encore fallait-il éviter que le trop strict ordre chronologique ne vint suspendre l'intérêt des lecteurs dans plusieurs séries d'écrits de Voltaire sur le même sujet, parce que dans l'intervalle de la publication d'un de ces opuscules à l'autre sur le même sujet, Voltaire en a publié deux ou trois autres sur une matière tout à fait opposée. Admirateur aussi éclairé de son auteur que l'est M. Beuchot, il nous semble que lui, moins qu'aucun autre, ne devait s'éloigner de la classification présentée par feu Decroix à Voltaire, adoptée par celui-ci, et suivi par les éditeurs de Kehl et presque tous ceux qui sont venus après eux.

Cette classification, arbitraire aux yeux de beaucoup de personnes, n'ôte rien au grand mérite de l'édition de M. Beuchot, qui, sauf le reproche que nous venons de lui faire, doit servir de type à toutes celles à venir.

Le désir de donner une édition aussi complète que possible des *OEuvres* de Voltaire n'a pas fait toutefois admettre aveuglément, par M. Beuchot, tout ce qui était dans les éditions précédentes. Dans un *Avis* qu'il a mis en tête des *Poésies mêlées*, tome XIV, page 303, il a déduit les raisons pour lesquelles il a rejeté un assez grand nombre de pièces de vers.

Deux ou trois pièces de Morellet avaient été placées dans le volume des *Facéties* ; il les a rejetées.

N'ayant pas regardé comme consacrées par le temps les erreurs, quelque anciennes qu'elles puissent être, il ne devait pas avoir plus de respect pour les erreurs récentes.

Tom. LI—LXX. *Correspondance.*

Cette partie, augmentée par le nouvel éditeur de plus de cinq cents lettres, est présentée comme dans l'édition Dalibon et Delangle, 95 vol., c'est-à-dire que la correspondance est classée en une seule série, mais avec une table à la fin, qui établit les diverses correspondances particulières. Rangée ainsi, cette correspondance rendrait facile la composition d'une fidèle histoire de la vie et des ouvrages de Voltaire, ouvrage qui est à faire.

Le LXX⁰ volume est terminé par deux tables fort amples, l'une alphabétique, l'autre chronologique, des écrits de Voltaire, ce qui peut, dans certains cas, suppléer à une table analytique.

Page XXXVI de sa Préface générale, M. Beuchot fait connaître les personnes qui ont bien voulu le seconder dans son immense travail.

« Je dois des communications plus ou moins nombreuses, mais toutes importantes, à MM. Azevedo,

Berriat-Saint-Prix père, Berriat-Saint-Prix fils, Breghot-du-Lut, Champollion-Figeac, Dugas-Montbel, Fayolle, Montvéran, Niel, Pericaud, Requien, Rodet, Romey, de Soleinne, Thomas, la société des Bibliophiles, et plus spécialement MM. H. de Châteaugiron, de La Bédoyère, H. de La Porte et Monmerqué. »

« Je dois tant à MM. de Cayrol et Ravenel (1), sous-bibliothécaire de la ville de Paris, que je les puis appeler mes collaborateurs. M. de Cayrol a fait pour la *Correspondance* de Voltaire un dépouillement immense, judicieusement exécuté, qu'il m'a communiqué sans réserve. »

« C'est pour toutes les parties des OEuvres de Voltaire, sans excepter la *Correspondance*, que j'ai des obligations à M. Ravenel et à une autre personne. Tous deux ont relu d'un bout à l'autre toutes les productions de Voltaire, pour me signaler les passages qui demandaient attention ou explications, et très fréquemment m'ont donné même les explications. On juge quelle assurance cela me donnait dans mon travail lorsque nous nous trouvions d'accord, et quel examen j'ai dû faire quand nous différions d'opinion. »

— OEuvres complètes de Voltaire, avec des notes, préfaces, avertissements, remarques historiques et littéraires. *Paris, Arm. Aubrée*, 1829 et ann. suiv., 54 vol. in-8, 121 fr. 50 c.

Édition promise en 50 volumes, et terminée en 54. En publiant le 54e volume, le libraire-éditeur promit une table analytique qui ne devait former qu'un volume et ne coûter que 3 fr., mais elle n'a pas paru.

—Les mêmes, avec préfaces, avertissements, notes, remarques historiques, etc. *Paris, Drevet*, 1829 et ann. suiv., 50 vol. in-12, 80 fr.

Édition imprimée dans diverses imprimeries (celles de MM. Pinard, à Paris; Allois, à Versailles, et Tastu, à Paris). La classification suivie est celle des éditeurs de Kehl.

— Les mêmes. *Paris, Verdière*, 1829 et ann. suivantes, 75 vol. in-18, 150 fr.

Édition qui est bien moins complète que quelquesunes de celles qui l'ont précédées. Elle est, ainsi que la précédente, imprimée dans diverses villes : à Toul, par Carez; à Nanci, par Bachot, etc.

— Les mêmes, avec des notes et notices sur la vie de Voltaire; ornées de 50 vignettes gravées sur acier, par MM. Lefèvre, Blauchard et Hopwood. *Paris, de l'impr. d'Éverat.—Furne*, 1835-38, 13 vol. gr. in-8 à 2 colonnes, 100 fr.

Édition publiée en cent livraisons à 1 fr.

Elle a été faite sur celle de Kehl dont on a suivi la classification.

Le libraire, ayant mis à profit les travaux des éditeurs anciens et récents, ceux faits par M. Beuchot, pour son édition qui était à peine terminée, ne furent point négligés. De là, procès contre M. Furne, mais sans suites fâcheuses pour lui : la législation actuelle de la presse l'excusait.

La Correspondance générale ne paraît pas complète; car M. Beuchot, en annonçant en 1837, sous le n° 1631, la 80e livraison de cette édition, qui comprend la correspondance de mars 1738 à mai 1740, dit qu'il y a vainement cherché les numéros 655, 659, 669, 686, 687, etc., de l'édition publiée chez M. Lefèvre.

— Les mêmes, ornées de cent gravures, d'après les dessins de Devéria et Chasselat, exécutés sur cuivre par les plus habiles artistes. *Paris, Postel; Ferrier; Deschamps*, 1835 et ann. suiv., 7 vol. gr. in-8, avec gravures.

Édition fort commune, formée de la réunion en une page de quatre pages de l'édition stéréotype in-12. Les gravures ne valent pas mieux que le texte.

Cette édition avait été promise en deux cents livraisons, au prix de 30 c. l'une, et dont la réunion eut formé 10 vol. du prix de 60 fr. Elle a été terminée en sept volumes.

— OEuvres choisies de Voltaire. *Paris, Treuttel et Würtz*, 1838, 33 vol. in-8, 100 fr., et sur pap. vélin, 150 fr.

Cette édition fait partie d'une « Nouvelle Bibliothèque classique, etc., » publiée par les mêmes libraires. Elle est formée de la réunion de treize ouvrages publiés séparément, et antérieurement à 1838, époque à laquelle on fit des titres collectifs. Elle a été dirigée par feu Modeste Gence, qui a eu en vue de faire un Voltaire à l'usage des pensions et des collèges; aussi, indépendamment du morcellement des parties Mélanges, n'a-t-il point compris dans ce choix, ni le Dictionnaire philosophique, ni la Pucelle.

Elle se compose des ouvrages suivants, que l'on peut aussi se procurer séparément à 3 fr. le volume, et à 4 fr. 50 c. sur pap. vélin :

1° Mélanges de philosophie, 5 vol. (Voy. pour la composition de ces cinq volumes le détail que nous avons donné sous le n° 46); — 2° Mélanges de politique, 1 vol. (Voy. le n° 79); — 3° la Henriade, 1 vol.; — 4° Poésies diverses, 3 vol.; — 5° Théâtre choisi, 7 vol.; — 6° Contes et Romans, 2 vol.; — 7° Mélanges de littérature, 2 vol.; — 8° Essai sur les mœurs et l'esprit des nations, 4 vol.; — 9° Siècle de Louis XIV et de Louis XV, 3 vol.; — 10° Histoire du parlement, 1 vol.; — 11° Annales de l'Empire, 2 vol.; — 12° Histoire de Charles XII, 1 vol.; — 13° Histoire de Russie, 1 vol.

Nous terminons ici nos indications des différentes éditions des OEuvres de Voltaire. Quelques autres avaient pourtant été commencées dans les dernières années de la Restauration. Ainsi les frères Baudouin ont fait commencer, chez M. Rignoux, en 1826, une édition in-32 ou in-24, qui devait avoir 75 vol., et qui a été bientôt abandonnée. M. Delangle avait entrepris, en 1827, une édition en 100 vol. in-16, à 3 fr., qui s'imprimait chez feu Doyen. Il s'est arrêté après avoir publié le *Dictionnaire philosophique* et les *Romans*. C'est pour cela que nous ne les faisons pas entrer en ligne de compte. A plus forte raison est-il inutile de parler de plusieurs éditions dont il n'a paru que le prospectus, au nombre de quatre, de 1827 à 1830.

En 1826, on avait aussi annoncé une traduction complète en espagnol, avec des notes historiques, scientifiques et littéraires : de cette traduction, qui devait sortir des presses de M. Rignoux, et former 80 vol. in-8, il n'a rien paru à notre connaissance.

———

Outre la suite de gravures pour les OEuvres de

———

Voltaire publiées par M. Renouard, il en existe quatre autres collections, y compris celle de M. Furne qu'on peut se procurer séparément.

1° Collection de cent-onze belles figures de l'édition de Beaumarchais. Paris Kilian : 75 fr.

2° Figures pour les OEuvres complètes de Voltaire, gravées par les plus habiles artistes, d'après les dessins de M. A. Desenne. Paris, Ménard et Desenne, 1824.—Cette collection est composée de 70 vignettes et 10 portraits. Chaque livraison, composée de cinq gravures, à coûté par souscription : 10 fr. sur pap. vélin, avec la lettre; 20 fr. avant la lettre ; 30 fr., sur papier de Chine, eaux-fortes, 10 fr.

3° Cent gravures pour les OEuvres de Voltaire, convenables à toutes les éditions, publiés par Lecerf, d'après les dessins de MM. Dévéria et Chasselat. Paris, Panckoucke, Dalibon, P. Dupont, A. Du-

pont, Jeannin, Rapilly, Sautelet, Verdière, in-8. Le prix de chaque livraison de 4 planches était de 2 fr. 50 c. — Ce sont ces gravures qui ont été mises dans l'édition en 9 vol. grand in-8.

Les amateurs peuvent encore y joindre une suite portée au catalogue de M. Renouard : c'est un Recueil de *cinquante-trois* portraits de Voltaire, gravés en esquisses, grand in-8, 16 fr. Cette singulière suite de 53 portraits d'une même personne, tous différents, et néanmoins tous ressemblants, est gravée d'après un dessein du fameux *Huber*, de Genève, si connu par son habileté à faire des portraits en découpure. Cette suite peut être adaptée à tous les Voltaire, depuis le plus modeste in-12 jusqu'au plus luxueux in-8, soit en distribuant les 53 portraits à la tête d'autant de volumes, soit en les réunissant dans l'un d'eux.

VI. PRINCIPAUX EXTRAITS DE VOLTAIRE (1).

430. Tablettes d'un curieux, ou le Portefeuille de MM. de Voltaire et de Fontenelle (publié par d'Aquin de Chateaulyon). *Genève, et Paris, Duchesne,* 1757, 2 vol. in-12.

431. Esprit de M. de Voltaire (par Villaret). *Sans indication de lieu,* 1759, in-8.

Réimprimé plusieurs fois.
Condamné par décret de la cour de Rome, du 19 mai 1760.

432. * Pensées philosophiques de M. de Voltaire, ou Tableau encyclopédique des connaissances humaines (publiées par Constant d'Orville). *Paris, Hérissant,* 1765, 2 vol. in-12.

433. Voltaire portatif (par Constant d'Orville). 1766, 2 tomes en un vol. in-12.

434. Poétique de M. de Voltaire, ou Observations recueillies de ses ouvrages concernant la versification française, etc. (Par Lacombe). *Genève, et Paris, Lacombe,* 1766, 2 parties in-8.

435. M. de Voltaire peint par lui-même, ou Lettres de cet écrivain, dans lesquelles on verra l'histoire de sa vie, de ses ouvrages, de ses querelles, de ses correspondances, les principaux traits de son caractère, avec un grand nombre d'anecdotes, de remarques, etc. *Lausanne (Avignon),* 1766, 2 part. in-12 ; — *Toulouse,* 1768,

in-12 ; — *Lausanne,* 1769, petit in-8 ; — *Rouen,* 1772, 2 parties in-12 ; — *Lausanne,* 1775, in-8.

La préface et les notes ont été attribuées à La Beaumelle.

436. Histoire générale, à l'usage des colléges, depuis Charlemagne jusqu'à nos jours. (Extraite de l'Essai de Voltaire). Par l'abbé Audra. Tome Ier (et unique). *Toulouse, Dalles,* 1770, in-12.

Ce volume devait être suivi d'un second, mais celui-ci, ayant été condamné par un mandement de l'archevêque de Toulouse, fit éprouver à son auteur des persécutions qui le firent tomber malade, et causèrent sa mort, en septembre 1770.

437. Pensées de M. de Voltaire. *Amsterdam,* 1772, in-12.

438. Pensées philosophiques de M. de Voltaire, tirées de ses ouvrages en vers et en prose, et rangées suivant l'ordre des matières ; auxquels on a joint des Mélanges de littérature du même auteur, pour servir de supplément aux différentes éditions de ses OEuvres. 1776, 2 vol. in-12.

439. Voix (la) d'un citoyen français au peuple romain, suivie d'extraits de l'Essai sur les mœurs et l'esprit des nations ; des Pensées sur l'administration publique ; de l'Histoire des Quakers ; sur le Théisme ; et de la Correspondance générale de Voltaire ; par le citoyen Saint-Martin, secrétaire de la commission du directoire exécutif de

---

(1) Il existe un assez grand nombre de *livrets* renfermant plus ou moins de pièces de poésies choisies dans Voltaire, et aussi plus ou moins de pièces qu'on a voulu faire passer comme étant de lui : la nomenclature de tous ces extraits n'eut présenté qu'un intérêt bien minime, et pourtant nous eut conduit bien loin. Nous avons dû nous restreindre.

la république française , à Rome. (En français et en italien). *Roma, an* vi *dell' erà republicana,* in-8 de 131 pages.

440. Lettres choisies de Voltaire. 4 vol. in-12 , 8 fr.

441. Choix moral de lettres de Voltaire, précédé d'une Notice sur la vie et les ouvrages de cet écrivain célèbre, et orné de son portrait. *Paris, A. Boulland et comp.,* 1824 , 4 vol. in-18 , 10 fr.

442. Voltairiana, ou Recueil de bons-mots, plaisanteries , pensées ingénieuses et saillies spirituelles de Voltaire, etc.; suivi d'anecdotes peu connues, relatives à ce philosophe et poëte célèbre, par Cousin d'Avalon. (Précédé de la Vie de Voltaire). *Paris, Pillot frères, an* ix (1801), in-18 de 148 pages. — IVe édition, considérablement augmentée. *Paris, Tiger,* 1819, in-18.

443. Voltaire (le) de la jeunesse, ou Choix des morceaux les plus propres à former le cœur et à orner l'esprit, tirés des écrits de cet auteur célèbre. *Paris, Chaumerot,* 1808, in-12, avec portrait, 3 fr.

444. Cours élémentaire de littérature, composé des articles répandus dans les divers ouvrages de Voltaire sur les matières de goût et de critique. Articles extraits et mis en ordre par J. Savy-Laroque. *Paris, Briand,* 1813, in-8, 6 fr.

445. Pensées de Voltaire. *Avignon, J.-A. Joly,* 1818, 2 vol. in-24.

446. Pensées et Maximes de Voltaire, recueillies par M. Périn. *Paris, Roret et Roussel,* 1821, 2 vol. in-18, 3 fr.

Voy. la Revue encyclop., tome IX, p. 163—352.

447. Pensées de Voltaire. *Avignon, Offray fils,* 1829, 2 vol. in-32.

448. Voltaire chrétien; preuves tirées de ses ouvrages; suivies de pièces religieuses et morales du même auteur. *Paris, de l'impr. de Didot aîné. — Delaunay,* 1820, in-18, 5 fr.

449. Dictionnaire historique des événements remarquables, par Voltaire, mis en ordre et publié par C. T. *Paris, Ladvocat,* 1823, in-8 de plus de 600 pages, impr. à deux colonnes, 9 fr.

Ce sont des extraits par ordre alphabétique des ouvrages de Voltaire.

En histoire, en géographie et dans les sciences, le cadre d'un dictionnaire offre, comme on sait, mille avantages au lecteur. Les classifications qu'on a imposées à tout système de connaissance, se réduisent, le plus souvent , à la forme ingénieuse de dictionnaire. Un vice inhérent jusqu'ici à ces sortes de livres, pourrait seul en dégoûter, c'est l'éternel retour du même début pour chaque article, dont la monotonie est fatigante au bout de quelques pages. C'était donc une heureuse idée de faire servir aux matériaux d'un *Dictionnaire historique* le style varié de l'écrivain le plus universel de toutes les littératures. M. Ladvocat a eu l'art d'obtenir un livre nouveau de Voltaire, qui va devenir, non seulement le complément indispensable des œuvres de ce grand génie, toujours critiqué, mais toujours relu et toujours consulté, mais encore celui de tous les dictionnaires historiques qui existent. Un tel livre n'a pas besoin d'éloges; il a, sur tous ceux qui lui ressemblent, l'inépuisable charme de cette originalité et de ce style si franc et si spirituel qui réunit le sel attique à la raison. Quelques notes étaient nécessaires; elles ont été ajoutées par l'auteur de cette compilation piquante, dont les initiales cachent sûrement un homme d'esprit. Ce dictionnaire est imprimé en caractères neufs, sur beau papier. Nous ne doutons pas que ce ne soit une des plus heureuses spéculations de l'éditeur de tant d'ouvrages importants. (*Constitutionnel,* 16 janv. 1824).

450. Résumé de l'Histoire générale, de Voltaire. *Paris, Lecointe et Durey,* 1825, in-18.

L'introduction est signée Fx. B. (Félix Bodin). L'éditeur avertit que le *Résumé de l'Histoire générale* se compose d'une grande partie de la *Philosophie de l'Histoire* et de quelques autres morceaux de Voltaire.

451. Histoire littéraire des siècles de Louis XIV et de Louis XV, par Voltaire, d'Alembert et le roi de Prusse, ou Jugements qu'ils ont portés sur plus de mille auteurs contemporains, et sur leurs ouvrages, etc.; par Eloi Johanneau. *Paris, A. Johanneau,* 1828, in-8.

Ouvrage qui a été annoncé en 1828 comme devant former un volume in-8; mais il n'en a été publié que le prospectus, de 8 pages.

452. Jésuites (les) peints par Voltaire. Première partie. Esquisse générale. *Paris, de l'impr. de Gauthier-Laguionie,* 1826, in-32 de 32 pages.

453. Morceaux choisis de la Henriade et d'autres poésies de Voltaire, à l'usage des collèges et maisons d'éducation. *Marseille, Masvert,* 1827, in-18.

454. Rhétorique et poétique de Voltaire, appliquées aux écriv. du siècle de Louis XIV

et de Louis XV, ou Articles de rhétorique, de littérature et de poétique, tirés textuellement de ses Mélanges littéraires, de son Dictionnaire philosophique, de ses Remarques sur Corneille, et de sa Correspondance, réunis et classés en un seul corps d'ouvrage, d'après le conseil qu'il en a donné lui-même, pour former le goût des professeurs, et des élèves, et de tous ceux qui veulent se perfectionner dans l'art d'écrire en prose et en vers; par M. Eloi JOHANNEAU. *Paris, A. Johanneau,* 1828, in-8, 7 fr. 50 c.

VII. OUVRAGES TIRÉS, IMITÉS OU PARODIÉS DE VOLTAIRE.

Henriade (la) :

455. Henriade (la) travestie en vers burlesques. (Par de MONTBRON). *Berlin,* 1744, 1751, 1763, 1777, in-12.
— La même, avec des notes historiques et critiques. *Paris, Delonchamps,* 1822, in-32.

456. Henriade (la), traduite en vers burlesques auvergnats; par Am. FAUCON.

457. Siége (le) de Paris, et les vers de la Henriade de Voltaire, distribués en une tragédie de cinq actes, terminé par le couronnement d'Henri IV; par l'auteur d'Eulalie, ou les Préférences amoureuses. (Par M. de BOHAIRE, de la Ferté-sous-Jouarre). *Paris, veuve Duchesne,* 1780, in-12.

458. Nouvelle (la) Henriade, poëme héroïque en douze chants; par M. l'abbé AILLAUD. Livraison première (et unique). *Montauban, de l'impr. de Croisilhes,* 1827, in-8 de 32 pages.

Pucelle (la) :

459. Suite de la Pucelle d'Orléans, en sept chants, poëme héroï-comique, par M. de Voltaire, trouvée à la Bastille, le 14 juillet 1789. *Berlin, et Paris, Laurens junior,* 1791, in-8 de IV et 102 pag., plus le titre.

Il n'y a rien à dire de cet ouvrage; quelque peu d'étendue qu'il ait, je ne crois pas, dit M. Beuchot, qu'il y ait dix personnes qui aient eu la patience de le lire en entier.
Les « Mémoires secrets », connus sous le nom de Bachaumont, parlent, à la date du 15 février 1765, d'un petit auteur nommé Nougaret, qui avait formé le projet de continuer *la Pucelle*, et qui avait été mis à la Bastille pour avoir composé un roman ordurier, intitulé : « la Capucinade ». Ce Nougaret, mort en 1823, est un autre que Félix Nogaret, mort en 1831.—M. Beuchot qui, dans la préface de son édition du poëme de Voltaire, rappelle cette circonstance, n'affirme point que cette « Suite », publiée en 1791, soit celle dont parlent les « Mémoires secrets de 1765. Nous-mêmes, dans l'énumeration assez étendue des ouvrages de P.-J.-B. Nougaret, que nous avons donné dans la « France littéraire », nous ne l'y avons point comprise.
Il existe un fragment de trente-six vers que l'on peut considérer comme une suite ou addition à *la Pucelle*. Ce fragment, imprimé à un seul exemplaire, est intitulé : *Chant XII : variante ou jouissance faite par Louis-François Prault, imprimeur-libraire.* L'exemplaire appartient aujourd'hui à M. Eckard, qui a bien voulu permettre à M. Beuchot d'en prendre copie. Ce fragment, dit le judicieux éditeur de Voltaire dont nous venons de parler, n'est pas tout ce que le titre semble indiquer, mais s'il n'est pas trop libre, il est trop plat pour être admis, même en note, dans une édition de *la Pucelle.*

460. Corisandre, comédie opéra en trois actes et en vers libres; paroles de M*** (de LINIÈRE). *Paris, Delormel,* 1791, in-4; — et *Paris, au magasin des pièces de théâtre,* 1791, in-8.

Sujet tiré du xive chant de la Pucelle, intitulé : *Corisandre.*

461. Corisandre, ou la Rose magique, opéra; par MM. ANCELOT et Saintine (Xav. BONIFACE).

Cet opéra a eu quelques représentations, mais n'a pas été imprimé.

Contes (en vers) :

462. Fée (la) Urgèle, comédie en quatre actes (et en vers libres), mêlée d'ariettes; par Ch.-Sim. FAVART (et l'abbé VOISENON). *Paris, Chr. Ballard;* 1765; —ou *Paris, Duchesne,* 1765, in-8.

La seconde édition porte pour complément de titre : ou *Ce qui plait aux dames,* intitulé du conte de Voltaire qui a fourni à Favart le sujet de sa pièce.

463. Belle (la) Arsenne, comédie-féerie en trois actes (en vers), mêlée d'ariettes. (Par Ch.-Sim. FAVART). *Paris, P.-R.-C. Ballard,* 1773, in-8. — Autres éditions, en quatre actes. *Sans nom de ville, ni d'impr.,*

1776, in-12. — ou *Parme, de l'impr. royale*, 1789, in-8.

C'est le sujet de *la Bégueule.*

464. Isabelle et Gertrude, ou les Sylphes supposés, comédie en un acte (et en prose), mêlée d'ariettes ; par Ch.-Sim. FAVART. *Paris, veuve Duchesne*, 1765, in-8 ; — et 1770, in-12.

Tiré d'un des contes en vers de Voltaire, publié sous le nom de Guillaume Vadé : ce conte est intitulé : *Gertrude, ou l'Éducation d'une fille.*

— La même pièce, avec des changements, par MM. CARMOUCHE, DE COURCY et VANDER BURCH. *Paris, madame Huet*, 1822, in-8.

465. Azolan, ou le Serment indiscret, ballet héroïque en trois actes (et en vers libres, par M. LEMONNIER). *Paris, Delormel*, 1774, in-8.

Théâtre.—Parodies.

Oreste :

466. OEdipe travesti, comédie ; par Dominique (BIANCOLELLI). *Paris*, 1719, in-12.

On trouve cette comédie dans le tome Ier des « Parodies du nouveau théâtre italien ».

Artemire :

467. Artemire, parodie, par Dominique (BIANCOLELLI). *Paris*, 1720, in-12.

Imprimée dans le volume précité.

Mariamne :

468. Quatre (les) Mariamnes, opéra-comique en un acte ; par FUZELIER (joué sur le théâtre de la Foire, le 7 mars 1725). *Paris, Fr. Flahaut*, 1725, in-12, fig.

469. Huit (les) Mariamnes, parodie en un acte et en vers, mêlée de vaudevilles ; par PIRON, jouée le 20 avril 1725.

Impr. dans l'édition des OEuvres de Piron, donnée par Rigoley de Juvigny.

470. Mauvais (le) ménage, parodie en un acte (par M. Ant. LEGRAND et Dominique (BIANCOLELLI), jouée sur le théâtre des Italiens, le 19 août 1725.

Parodie, assez faible, d'Hérode et Mariamne : elle n'a été imprimée que dans les OEuvres de Legrand, 4 vol. in-12.

Brutus :

471. Bolus (le), parodie de Brutus, par Dominique (BIANCOLELLI) et ROMAGNESI. *Paris*, 1731.

Représentée sur le théâtre italien , le 24 janvier.

472. Sénat (le) académique.

Cette parodie des deux premières scènes de *Brutus* est imprimée dans le « Glaneur » des 2 et 5 avril 1731. Les interlocuteurs sont Houdart-La-Motte, Fontenelle et Thieriot.

Zaïre :

473. Arlequin au Parnasse, ou la Folie de Melpomène, comédie critique de la tragédie de Zaïre. (Par l'abbé NADAL).

Impr. dans le tome Ier des « Parodies du nouveau Théâtre italien ».

474. Enfants trouvés (les), ou le Sultan poli par l'amour, parodie, par Dominique (BIANCOLELLI), ROMAGNESI et Fr. RICCOBONI, jouée sur le théâtre Italien, le 29 décembre 1732.

Imprimée aussi dans le volume précité, et plusieurs fois séparément.

475. Zaïre, parodie en un acte et en vers.

Parodie restée manuscrite, et que M. de Soleinne possède dans sa riche collection dramatique

476. Caquire, tragédie en cinq actes et en vers ; par M. de Vessaire (BÉCOMBES, de Lyon). *Chio, de l'impr. d'Avalon*, sans date, in-8.

Sale parodie.

Mort (la) de César :

477. Mort (la) de Mardi-gras, tragédie-comédie, ou comédie faite pour pleurer, ou tragédie pour rire, en un acte et en vers; par des membres de l'Académie de Cocagne (par FONPRÉ DE FRACANSALLE). *Paris, Carnavallo,*, 1804, in-8.

Parodie de la Mort de César : elle a été réimprimée, en 1840, dans un Théâtre burlesque, 3 vol. in-32.

Alzire :

478. Sauvages (les), parodie de la tragédie d'Alzire ; par ROMAGNESI et RICCOBONI. *Paris, Prault père*, 1736, in-12.

Cette parodie fut représentée sur le théâtre des

Italiens, le 5 mars 1736 : elle eut deux éditions à Paris dans la même année.

Deux autres parodies furent jouées dans la même année, mais elles n'ont point été imprimés. La première, intitulée « Alzirette », par Panard, Parmentier, Pontau et Marmontier, fut jouée, sans succès, le 18 février 1736, sur un théâtre particulier. La seconde, intitulée « la Fille désobéissante » fut jouée sur un théâtre de Marionnettes. M. de Soleinne possède les manuscrits de ces deux parodies.

Zulime :

479. Tragédie (la) de Zulime, en cinq actes et en vers, petite pièce nouvelle d'un grand auteur. (Par le libraire CAILLEAU). *A Satyricomanie, chez Sévère-Mordant, rue du Bon Conseil, à la Française. — Aux dépens de l'Auteur*, 1762, in-8 de 32 pag.

Dans la Correspondance de Voltaire on trouve une lettre du 13 avril 1774, adressée à l'auteur de cette parodie.

Mahomet :

480. Thomet, ou le Brouillamini, parodie en un acte de Mahomet Ier, de M. de Voltaire ; par M. C*** (COLLIER), représentée pour la première fois sur le théâtre de ***, le 7 mars 1755. *Londres (Paris)*, 1755, pet. in-8.

Favart avait composé « l'Empire », parodie de Mahomet, en un acte, qui n'a point été imprimée.

Mérope :

Les parodies de Mérope sont : « Javotte », par Valois d'Orville ; et « Marotte », par Pannard, Gallet et Pontau ; elles ont été jouées sur le théâtre de la Foire, et ne sont pas imprimées. Marotte, représentée le 16 mars 1743, fut reprise le 26 février 1744, sous le titre de « l'Enfant retrouvé ».

481. Mérope travestie (comédie en un acte et en vers); par M. S***. (Par Antoine Fabio STICCOTTI). *Berlin*, 1759, in-8.

Sémiramis :

482. Persiflès, tragédie en cinq actes (parodie en cinq scènes). 1748, in-8 de 14 pages.

483. Sémiramis, tragédie en cinq actes. (Par MONTIGNY). *Amsterdam, P. Mortier*, 1749, pet. in-8 de 30 pag.

Cette parodie est celle dont Voltaire redoutait la représentation. (Voy. n° 130). Les personnages sont : Sémiramis, l'Exposition, le Dénouement, l'Intérêt, la Pitié, la Cabale, le Remords, la Décoration, l'Ombre du grand Corneille, plusieurs beautés, troupes de défauts.

Luchet, dans son « Histoire littéraire de Voltaire »,

tome 1er, cite quelques vers d'une parodie intitulée: « Zoramis », qui fut jouée sur le théâtre de la Foire, mais qui n'a pas été imprimée.

484. Sémiramis, tragédie lyrique en trois actes (et en vers libres, d'après la tragédie de Voltaire); par P.-J.-B. NOUGARET. *Paris, Hugelet*, an x (1802), in-8.

485. Sémiramis, tragédie lyrique en trois actes, d'après la tragédie de Voltaire ; par M. DESRIAUX. *Paris, Ballard*, an x (1802), in-8.

Oreste :

On donna aux Marionettes une parodie dans laquelle il y avait, dit Fréron, « d'assez bons traits contre la pièce et contre l'auteur ».

Orphelin (l') de la Chine :

486. Magots (les), parodie de l'Orphelin de la Chine, en vers et en un acte. (Par BOUCHER, officier au service de la compagnie des Indes). 1756, in-8 de 44 pag.

Représentée pour la première fois par les comédiens italiens ordinaires du roi, le 19 mars 1756.
Cette pièce a été quelquefois attribuée, mais à tort, à l'abbé de Voisenon.

Écossaise (l') :

487. Écosseuse (l'), parodie de l'Écossaise, opéra-comique en un acte (et en prose); par MM. P... et A... (PANNARD et ANSEAUME). *Paris, Prault fils*, 1760, in-12 ;—ou *Paris, Cuissart*, 1761, in-12.

Léris attribue cette pièce à POINSINET le jeune.

488. Écossaise comédie en cinq actes, traduite de l'anglais (ou plutôt composée par Voltaire), et mise en vers (libres) par M. de LAGRANGE. *Paris, Duchesne*, 1761, in-12.

M. Beuchot présente, comme ayant été composée à l'occasion de l'Écossaise de Voltaire, la pièce de Monet : intitulée : les Écosseuses de la Halle, ambigu poissard, en un acte et en vers libres, mêlé de vaudevilles et de danses (Paris, Phil.-Den. Langlois, 1767, in-8), mais à laquelle il donne le titre de « la Petite Écosseuse » : cela peut être... bien qu'il y ait peu de rapport entre la comédie et l'ambigu poissard.

Tancrède :

489. Nouvelle (la) joute, parodie de Tancrède. 1760, in-8.

Représentée le 8 octobre 1760 par les comédiens italiens. On devait, avant la représentation, prononcer un discours parodié de celui que Lekain avait prononcé le 3 septembre. Ce discours, qui ne fut pas débité, a été imprimé dans « l'Année littéraire », tome VII de 1760, page 45, dans le tome II des « Anecdotes dramatiques », etc.

490. Tragédies (les) de Voltaire, ou Tancrède jugée par ses sœurs, comédie en un acte et en prose (par André-Ch. Cailleau). *Genève, et Paris, Cailleau*, 1760, in-12 de 54 pages.

491. Quand parlera-t-elle? parodie de Tancrède ; par Franc. Riccoboni.

Jouée sur le théâtre des Italiens, le 4 avril 1761, mais non imprimée.

Scythes (les) :

492. Zebeïde, a tragedy, altered from « les Scythes » of Voltaire; by Joseph Craddock. 1771, in-8.

493. Koulikan, ou les Tartares, mélodrame en trois actes (et en prose); par M. Amédée de Saint-Marc (masque de M. Eugène Scribe, depuis membre de l'Académie française). *Paris, Barba*, 1813, in-8.

Ce mélodrame n'est autre que la tragédie des *Scythes*, de Voltaire, traduite en prose, et dont l'action a été resserrée par l'arrangeur.

Baron (le) d'Otrante :

494. Baron (le) d'Otrante, vaudeville ; par Mercier, de Compiègne.

Mercier avait mis l'opéra de Voltaire en vaudeville, vers 1793, et il l'a fait imprimer dans un petit volume intitulé : « les Nuits de la Conciergerie », an III (1795), in-8. Tout en conservant le titre de la pièce, il a changé le nom du principal personnage qu'il nomme « le baron de la Batardière ». Le travail de Mercier n'a paru sur aucun théâtre.

495. Duc (le) de Bénévent, drame héroïque en trois actes ; par M. Rauquil-Lieutaud. *Paris, Vente*, 1784, in-8.

Représenté par les comédiens italiens, en 1784.

496. Prince (le) de Catane, opéra en trois actes ; par M. Castel. *Paris, Fages*, 1813, in-8.

Représenté sur le théâtre de l'Opéra-Comique, le 4 mars 1813.

Ces deux dernières pièces sont encore le même sujet que le « baron d'Otrante ».

Romans.

Babouc :

497. Babouc, comédie de Voisenon.

498. Lune (la) comme elle va. 1781, in-8 de 36 pages.

C'est moins une imitation de Babouc que de son titre. Cet opuscule, au-dessous de la critique, est relatif aux discussions entre Joseph II et les hollandais pour l'ouverture de l'Escaut.

499. Retour (le) de Babouc à Persépolis, ou la Suite du monde comme il va. 1789, in-8 de 30 pages.

Écrit qui a obtenu une seconde édition dans la même année.

500. Fils (le) de Babouc à Persépolis, ou le Monde nouveau. *Paris*, décembre 1790, in-8 de 124 pages.

501. Nouvelle vision de Babouc, ou la Perse comme elle va. (Par Bunel. Première partie). 1796, in-8 de 112 pages.

Zadig :

502. Zadig, ou l'Épreuve nécessaire, comédie en deux actes et en prose ; par madame Monet.

Imprimée dans l'ouvrage de l'auteur, intitulé : « Lettres de Jenny ». Surate (Paris), 1787, in-8.

503. Zadig, ou la Destinée, mélodrame héroïque en trois actes ; par madame Barthélemi-Hadot. *Paris, Fages*, an XII (1804), in-8.

Memnon :

504. Memnon, sujet tiré de Voltaire, comédie en trois actes et en prose ; par l'abbé de Voisenon.

Impr. seulement dans le tome II des OEuvres de l'auteur, 1781, 5 vol. in-8.

505. Sagesse (la) humaine, ou Arlequin Memnon, comédie en deux actes et en prose, mêlée de chants. (Par Favart fils et P.-Valent. Mullot). *Paris, Gueffier jeune*, an VI (1798), in-8.

Histoire des voyages de Scarmentado :

506. Voyages (les) de Scarmentado, comédie en cinq actes et en prose ; par N.-L. Lemercier. Représentée sur le théâtre de l'Odéon, en 1808.

La Biographie universelle et portative des contemporains dit que cette pièce, réduite à quatre actes, a été imprimée dans la même année ; mais nous croyons qu'elle a fait erreur.

Candide :

507. Remerciement de Candide à M. de Voltaire. (Par MARCONNAY). *Amsterdam*, 1760, in-8.

508. Seconde partie de Candide. (Attribuée à THOREL DE CHAMPIGNEULLES, mort en 1809). 1761, in-12 de 132 pages.

Cette seconde partie a été plusieurs fois réimprimée à la suite de l'ouvrage de Voltaire, comme étant de lui. On l'a même admise dans une édition intitulée : « Collection complète des OEuvres de M. de Voltaire », 1764, in-12. Elle a été aussi réimprimée à la suite de l'édition de Candide, 1778.

509. Cacomonade (la), histoire politique et morale, traduite de l'allem. du doct. Pangloss, par le doct. lui-même, depuis son retour de Constantinople. (Composé par LINGUET). *Cologne (Paris)*, 1766, in-12 ; — Nouv. édition, augmentée d'une Lettre du même auteur. *Berne, et Paris, Cellot*, 1767, in-12 ; — *Paris*, 1797, in-12.

Ce fut le quatrième chapitre du Candide qui fit naître cet écrit.
Un arrêt de la cour royale de Paris, du 16 novembre 1822 (inséré dans le « Moniteur » du 26 mars 1825), ordonne la destruction de la « Canonnade, ou Histoire du mal de Naples », par Linguet !

510. Candide en Danemarck, ou l'Optimiste des gens de bien.

511. Léandre-Candide, ou les Reconnaissances, comédie-parade en deux actes, en prose et en vaudevilles. (Par MM. PIIS et BARRÉ). *Paris, Brunet*, 1784, in-8.

512. Candide Marié, ou Il faut cultiver son jardin, comédie en deux actes, en prose et en vaudevilles ; par MM. RADET et BARRÉ. *Paris, Brunet*, 1788, in-8.

513. Antoine Bernard et Rosalie, ou le petit Candide. 1796, in-18.

514. Petit (le) Candide, conte moral.
Imprimé dans la Bibliothèque des romans.

515. Voyage de Monsieur Candide fils au pays d'Eldorado, vers la fin du XVIIIe siècle, pour servir de suite aux aventures de M. son père. (Par M. BELLIN). *Paris, Barba*, an XI (1803), 2 vol. in-8, 6 fr.

516. Petit (le) Candide, ou l'Ingénu, comédie en un acte et en prose ; par MM. SEWRIN et CHAZET. *Paris*, 1809, in-8.

517. Candide à Venise, comédie en un acte et en vers ; par M. DOIGNY DU PONCEAU. 1826.

Imprimée dans le tome II des OEuvres de l'auteur.
Un anonyme avait aussi composé, sous le même titre, une comédie en un acte et en prose, mais qui n'a pas été imprimée. M. de Soleinne, dans sa précieuse collection dramatique, en possède le manuscrit.
Le chapitre XXVI de Candide a encore été imité, en 1815, par Lemontey, dans un article intitulé : « le Carnaval de Venise ».

Ingenu (l') (ou le Huron) :

518. *Huron, comédie en deux actes et en vers libres, mêlée d'ariettes (paroles de MARMONTEL). *Paris, Merlin*, 1768, in-8 ; — ou *Parme, de l'impr. royale*, 1787, in-8.

519. Ingénu (l'), ou l'Encensoir des dames ; par la nièce à mon oncle. *Paris, Desventes*, 1770, in-12.

520. Ingénu (l'), ou le Sauvage du Canada, pantom. en deux actes ; par M. Eug. Hus. *Paris, Fages*, an XIII (1805), in-8.

521. Huron (le), ou les trois Merlettes, folie philosophiques en un acte (en vers et en prose), tirée du conte de Voltaire ; par MM. Xavier (BONIFACE), DUVERT et LAUSANNE. *Paris, J.-N. Barba*, 1834, in-8.

Homme (l') aux quarante écus.

522. Chinki, histoire cochinchinoise, qui peut servir à d'autres pays. (Par l'abbé COYER). *Londres*, 1768, in-8.

523. Naru, fils de Chinki, histoire cochinchinoise, qui peut servir à d'autres pays, et de suite à celle de Chinki, son père. (Par DUVICQUET D'ORDRE). *Londres, et Paris, Ruault*, 1776, in-8.

524. Homme (l') au latin, ou la Destinée des savants, histoire sans vraisemblance. (Par SIRET). *Amsterdam, et Paris, Le Jay*, 1769, in-8.

525. Homme (l') aux trente-six fortunes. 1769, in-8.

526. Homme (l') aux portions, ou Con-

us philosophiques et politiques ; pu-
par J.-J. Jazy. *Paris, Delaunay ;*
·Thivars, 1821, in-12.

Petit-fils (le) de l'Homme aux
e écus ; par M. de Saint-Chamans.
Le Normant, 1823, in-8.

ncesse (la) de Babylone :

Princesse (la) de Babylone, opéra
re actes (en vers) ; par M. Martin.
Denné, 1791, in-8.

Princesse (la) de Babylone, opéra en
tes et en vers ; par L.-J.-B.-E. Vigée
ché par Morel de Chedeville).
Vente, 1815, in-8.

Princesse (la) de Babylone, ballet
ime, par Roger, anc. maître des
du grand théatre de Marseille.

stoire de miss Jenny :

Miss Sara Sampson, tragédie bour-
en cinq actes, par G.-E. Lessing ;
de l'allem. par le baron Bielfeld.

né dans l'ouvrage du traducteur, intitulé :
s des Allemands dans les sciences.
g a pris son sujet dans l'*Histoire de Jenny*,
ièce jouée sur le théâtre de la Porte Saint-

Martin, le 28 décembre 1822, sous le titre de *El-
Jride, ou la Vengeance*, est une imitation de *miss
Sara Simpson*.

Mélanges.

Contes de Guillaume Vadé :

532. Nouveaux Contes moraux en vers.
Par Vadé (masque de François de Neufchateau). *Berlin*, 1781, in-12.

Discours aux Welches :

533. Voltaire aux Welches, facétie datée du purgatoire. 1780, in-8 de 20 pag.

534. Discours aux Welches, dans lequel
on a inséré la justification de la chambre
des vacations du parlement de Rouen,
Metz, et particulièrement de Rennes ; ouvrage dénoncé à l'Assemblée nationale. Par
M. Landes, avocat à Dijon. *Dijon et Paris*, 27 mars 1790, in-8 de 53 pages.

534 *bis*. Nouveau Discours aux Welches,
par Blaise Vadé, fils d'Antoine et neveu
de Guillaume ; précédé d'un Avertissement
qu'il faut lire pour l'intérêt de l'innocence
accusée. *Paris*, 1790, in-8 de viij et 70
pages.

Ce dernier opuscule de Landes est une diatribe
contre les travaux de l'Assemblée constituante.

VIII. OUVRAGES

FAUSSEMENT ATTRIBUÉS A VOLTAIRE OU PUBLIÉS SOUS SON NOM.

Mauvais (le) ménage, comédie.
née par J. Néaulme, en 1726, à la suite de
et Mariamne,» est une parodie de cette
et a pour auteurs Legrand et Dominique
,elli).

Ballet (le) de la Sottise.
né à la suite d'OEdipe, à La Haye, en 1728,
t de J. F. Bernard.

Critique de la tragédie de Coli-
n la Saint-Barthélemy ; par M. de
Bruxelles, 1770, in-12 de 31

ar inconnu de cette Critique a montré peu
ité en attribuant à Voltaire une tragédie
l Baculard.

* Testament politique de Mandrin.
chev. Goudar). *Genève*, 1755,

539. * Polyergie, ou Mélanges de littérature et de poésie ; par M. de V***
(Vattel). *Amsterdam, Arkstée et Merkus*,
1752, in-12.

Suivant une note manuscrite cet ouvrage est du
chevalier d'Arcq.

540. Lettre sur plusieurs sujets intéressants à Capacelli. 1741, in-12.

Citée par Ersch.

541. Épître sur la ruine de Lisbonne.
(En trente-six vers).

Imprimée dans la Correspondance de Grimm, au
15 janvier 1756..«Le Journal encyclopédique » du
15 février 1756, parle de cette Épître, qu'on attribuait à Voltaire, mais qui paraît être de Ximènes.

542. Projet aussi utile aux sciences et
aux lettres qu'avantageux à l'État ; par Sa-

doc Zorobabel, juif nouvellement converti, et compagnie. *Bordeaux*, 1760, in-12 de 64 pages.

Attribué à Voltaire par A. A. Barbier, sous le n° 14912 de son Dictionnaire des ouvrages anonymes, 2ᵉ édition.

543. * Vision à Charles Palissot. 1761, in-8.

Citée par Ersch.

544. Seconde partie de Candide (attribuée à THOREL DE CHAMPIGNEULLES, mort en 1809). 1761.

Plusieurs fois réimprimée à la suite de l'ouvrage de Voltaire et comme étant de lui.

545. Prédiction tirée d'un vieux manuscrit sur la Nouvelle Héloïse. (Par BORDE). (Vers 1762), in-12 de 21 pages.

Citée par Ersch.

546. Czar (le) Pierre-le-Grand. *Paris, Panckoucke*, 1763, 2 vol. in-12.

547. Lettre à Mgr l'archevêque de Lyon, dans laquelle on traite du prêt à intérêt. *Avignon*, 1763, in-8.

En 1768, Voltaire l'avait placée à la suite du « Discours de l'empereur Julien »; en 1769, dans le tome 1ᵉʳ, p. 173, des « Choses utiles et agréables », in-8; et en 1770, dans la troisième partie des « Nouveaux Mélanges, etc.» On était alors autorisé à croire cette lettre comme étant de Voltaire, ou au moins comme y ayant plus de part que PROST DE ROYER, de qui elle est. L'abbé Morellet l'attribue expressément à Voltaire dans une addition manuscrite à l'exemplaire que possédait A. A. Barbier de son « Catalogue d'une bibliothèque d'économie politique; » mais M. Rieussec, ancien ami de Prost de Royer, a écrit à M. Beuchot, le 30 décembre 1822, qu'il la croyait entièrement de Prost de Royer (*Note de Barbier*).

548 * Bijou (le) trop peu payé et la Brunette anglaise. Nouvelle en vers pour servir de Supplément aux OEuvres posthumes de Guill. Vadé. *Genève*, 1764, in-8.

Cité par Ersch.

549. Lettre du rabbin Aaron Mathathaï à G. Vadé, et Lettre du lévite Joseph Ben Jonathan à Guillaume Vadé. *Amsterdam* (*Paris*), 1765, in-8.

Opuscule que Barbier, sous le n° 9628 de son Dictionnaire des ouvrages anonymes, d'après les rédacteurs du catalogue manuscrit de la Bibliothèque royale, attribue à Voltaire, tandis qu'il est dirigé contre lui. C'est effectivement un écrit de l'abbé Guenée, qui l'a reproduit plus tard dans ses « Lettres de quelques juifs » (Voy. l'édition de Lebel, 18.., in-8, page . . . et suivantes).

550. Docteur (le) Pansophe, ou L[...] de M. de Voltaire. *Londres*, 1766, i[...] de 44 pag.

Cette brochure est composée de deux lettr[...] première, adressée à M. Hume, est réellem[...] VOLTAIRE (voy. le n° 278); la seconde, ad[...] sous le nom de Voltaire, au docteur J.-J. Pa[...] (J.-J. Rousseau), est de Borde. Voltaire a cr[...] dant quelque temps que l'abbé Coyer en éta[...] teur. Fréron attribua faussement cette lettre[...] taire.

551. Prédication (de la). (Par [...] COYER). *Amsterdam, et Paris, les m*[...] *de nouv.* (*Duchesne*), 1766, in-12.

Cité par Ersch.
Des exemplaires ont pour titre : De la Pr[...] tion; par l'auteur du « Dictionnaire philosoph[...] Aux Délices, 1766, in-12. Ceci laisse fauss[...] croire que Voltaire est auteur de cet ouvrag[...]

552 * Réponse honnête à des th[...] giens, au sujet de Bélisaire. 1767, in[...]

Citée par Ersch.

553. Tableau philosophique du gen[...] main, depuis l'origine du monde ju[...] Constantin. (Par BORDE, de Lyon). [...] dres, 1767, in-12.

554. * Calendrier (le) politique, o[...] dictions véritables pour les temps éc[...] 1768, in-12.

Cité par Ersch.

555. * Catéchumène (le). (Par BORD[...] Lyon). 1768, in-12.

Pièce qu'on a, à tort, imprimé sous le n[...] Voltaire. On la trouve dans « l'Évangile du j[...] Réimprimé sous le titre de « l'Américain se[...] hasard en Europe et fait chrétien par complais[...] et de nouveau sous celui-ci : « le Secret de l'[...] trahi, » ouvrage peu connu d'un des plus [...] philosophes de nos jours. An XII (de la Républ[...] in-18. —Cet ouvrage a été reproduit dans le o[...] volume des Nouveaux Mélanges, faisant par[...] OEuvres de Voltaire, imprimées par les frèr[...] mer, et on ne le trouve pas dans les OEuv[...] Bordes.

556. Chinki, histoire cochinchin[...] qui peut servir à d'autres pays. (Par [...] COYER). *Londres*, 1768, in-8.

Cet ouvrage a été attribué à Voltaire, parc[...] sous le titre d'une édition on avait ajouté : « S[...] partie de l'Homme aux quarante écus. ».

557. Périclès, un Grec, un R[...] Dialogue.

Ce dialogue n'est pas de Voltaire, mais de S[...] qui l'a fait imprimer sous son nom, pages 3[...] du tome IV de l'édition de 1804 de ses *Varié*[...] *téraires*. Il est vrai que, dans le tome XIII de[...]

tion in-4 des OEuvres de Voltaire et dans le tome V des Nouveaux mélanges, in-8, publié en 1768, on avait admis ce dialogue comme étant de Voltaire. Mais Voltaire lui-même, dans une note du *Dialogue de Pégase et du vieillard*, dit que l'auteur est M. Suard.

M. A. Vinet ne l'a pas moins réimprimé sous le nom de Voltaire, dans le tome Ier de sa « Chrestomathie française, » p. 279 82.

558. * Homme (l') au latin, ou la Destinée des savans. (Par Siret). *Genève, et Paris, Le Jay, 1769, in-8.*

Cité par Ersch.

559. * Histoire critique de Jésus-Christ, ou Analyse raisonnée des Évangiles. (Par le baron d'Holbach).(*Amsterdam, M. M. Rey*, sans date (vers 1770), pet. in-8 et gr. in-8.

Citée par Ersch.

560. Parloir (le) de l'abbaye de ***, ou Entretiens sur le divorce ; par M. de V*** (par de Cerfvol), suivi de son Utilité civile et politique (par le même). *Genève, 1770, in-8.*

561. Testament politique de M. de V*** (composé par Marchand, avocat). *Genève, et Paris, Cuissart, 1770, in-8.*

562. Sermons (deux) prêchés à Toulouse devant MM. du parlement et du consulat, par le R. P. Apompée du Tropogones, capucin de la Champagne pouilleuse. 1772, in-12.

563. Jean Hennuyer, drame en trois actes et en prose. 1772.

Ce drame est de L. S. Mercier, et pourtant il en existe une édition portant le nom de Voltaire.

564. David, ou l'Histoire de l'homme selon le cœur de Dieu (trad. de l'angl. par le baron d'Holbach). Nouv. édit. 1774, in-12.

Attribué par Ersch à Voltaire, à cause de *Saül*, tragédie de ce dernier, qui se trouve à sa suite dans cette édition.

565. Monsieur de Fintac, ou le Faux connaisseur, comédie en trois actes et en vers ; par l'aveugle de Ferney. *Genève, 1775, in-8.*

Cette pièce est de Lefebure de Saint-Ildéphont.

566. Fleur d'Épine, comédie en deux actes, mêlée d'ariettes ; tirée d'Hamilton par M. de

V*** (Voisenon). *Paris, veuve Duchesne, 1776, in-8.*

Citée par Ersch.

567. Foka, ou les Métamorphoses, conte chinois, dérobé à M. de V***. (Par Baret). *Paris, veuve Duchesne, 1777, 2 parties in-12.*

568. Mort (la) de Caton, tragédie en trois actes et en vers.

Imprimée en 1777 sous le nom de Voltaire, est de M. Henri Panckoucke, ainsi que le prouve une lettre de Voltaire, du 8 janvier 1768, adressée à M. Henri Panckoucke, auteur de « la Mort de Caton. »

569. Réflexions d'un citoyen catholique sur les lois de France relatives aux protestants. Par M. de Voltaire. Nouv. édition. *Maestricht, Dufour, 1778, in-8.*

Réimpression d'un ouvrage de Condorcet sous le nom de Voltaire.

570. Pièces fugitives des OEuvres mêlées de M. de V*** (de Méhégan). *La Haye, 1779, in-12.*

Frontispice nouveau mis à un volume publié sous le titre de Poésies fugitives extraites des OEuvres mêlées de M***. La Haye, J. Néaulme, 1755, in-8.

571. Misogug, ou les Femmes comme elles sont, histoire orientale ; traduite du chaldéen (par de Cubières). *Paris, Poinsot, 1788, 2 vol. in-12.*

572. Épître de Voltaire aux nombreux éditeurs de ses OEuvres. (Par Ant. Serieys). *Paris, 1818, in-8.*

573. Lettres de Voltaire à Mad. Du Deffand, au sujet du jeune Rebecque, devenu depuis célèbre sous le nom de Benjamin Constant. *Paris, Cherbuliez, 1838, in-8* de 28 pag.

Ces Lettres, au nombre de quatre, et portant la date de 1774, ont été fabriquées par un littérateur suisse, dont tout le plaisir est de copier de grands modèles, et de mystifier ensuite le public avec ses imitations, lesquelles, il faut pourtant en convenir, ne sont pas sans avoir quelque ressemblance avec les originaux. Son nom est M. Chatelain : on trouvera une Notice sur lui dans notre «Littérature française contemporaine». Ce monsieur a aussi fabriqué des Lettres de madame de Sévigné et de quelques autres grands noms littéraires de la France.

M. Beuchot, dès l'apparition de ces Lettres, les déclara apocryphes. (Voy. la Bibliographie de la France, ann. 1838, n° 1317).

III

ÉCRITS

RELATIFS AUX OUVRAGES ET A LA PERSONNE

DE VOLTAIRE.

IX. ÉCRITS RELATIFS AUX OUVRAGES DE VOLTAIRE.

I. SCIENCES.

Ouvrages philosophiques.

Lettres philosophiques (n° 1) :

574. Lettres servant de réponse aux Lettres philosophiques sur les Anglais, etc., par M. de Voltaire. (Par l'abbé MOLINIER, ex-oratorien). *Sans lieu d'impression (Paris)*, 1735, in-12 de 82 pag.

Réimprimées sous le titre de « Réponse aux Lettres de M. de Voltaire ». La Haye, Scheurleer, 1735, pet. in-8 de 78 pages, plus le titre.

Cette critique est écrite avec dureté ; elle par aît dictée par un zèle religieux bien étranger au caractère de Bonneval, qui passe, auprès de quelques écrivains, pour en être l'auteur. C'est d'après une note manuscrite que A.-A. Barbier l'a donnée à l'abbé Molinier.

On a pu attribuer à Bonneval le libelle du janséniste Molinier, et Voltaire a pu l'en croire l'auteur ; mais, si cela eut été vrai, Bonneval eût-il écrit, en 1737, une lettre flatteuse et suppliante que Voltaire apostilla d'une façon si dure ? Voyez cette lettre parmi les pièces justificatives qui accompagnent la vie de Voltaire, dans l'édition de Beaumarchais, in-8, tome LXX.

On trouve dans le XXII° volume de la Bibliothèque française de Du Sauzet, une Lettre de M. de B. sur la Critique dont il est ici question. Cette lettre, terminée par un trait mordant contre Voltaire, est peut-être de Bonneval ; et c'est ce qu'aura pu lui faire attribuer la « Réponse aux Lettres philosophiques ».

575. Lettre de M. de B** (de BONNEVAL) sur la critique des Lettres philosophiques

de M. de Voltaire (de l'abbé Molinier).

Impr. dans la « Bibliothèque française », t. XXII, page 38.

576. Lettre d'un Quaker à François de Voltaire, à l'occasion de ses remarques sur les Anglais. (Par Josias MARTIN). *Londres, P. Vaillant*, 1743, in-8 ;— Nouv. édition, revue et corrigée. *Londres*, 1790, in-8.

577. Lettre sur Locke ; par BAYLE, avocat.

Cette Lettre fut le sujet du « Brevet accordé par Momus à l'auteur de la « Lettre sur Locke », pièce satirique.

578. Réponse ou Critique des Lettres philosophiques de M. de V*** ; par le R. P. D. P. B. (P.-F. LE COQ DE VILLERAY). *Bâle (Reims)*, 1735, in-12 de 250 pag.

L'abbé Goujet a revu l'ouvrage du prétendu bénédictin avec l'auteur, avant l'impression, dit A.-A. Barbier. Une note de l'abbé Sépher attribue ce livre à D. Perreau, bénédictin. Il y a des exemplaires qui portent ce titre : « la Critique des Lettres philosophiques de M. de Voltaire, par M. l'abbé P***. Cologne, 1737, in-12.

579. Lettres critiques sur les Lettres philosophiques de Voltaire. (Par D.-R. BOULLIER, ministre protestant, mort en 1759). *Paris, Duchesne*, 1753, in-12.

Ces lettres sont au nombre de trois. Ce qui forme la première est la réimpression des « Réflexions sur quelques principes de la philosophie de M. Locke, à l'occasion des « Lettres philosophiques de M. de

Voltaire », que l'auteur avait insérées, dès 1735, dans la « Bibliothèque française ».

Les trois Lettres de Boullier ont encore été réimprimées dans la « Guerre littéraire, ou Choix de quelques pièces de M. de V***. 1759, in-12.

Épître à Uranie (n° 2) :

580. A l'auteur de l'Épître à Uranie (en vers), précédée d'une lettre à M. Bignon, du 8 mars 1732; par TRAVENOL.

Imprimés dans les OEuvres mêlées de Travenol (1775, in-8).

581. Religion (la) défendue, poëme (en verslibres) contre « l'Épître à Uranie ». (Par Fr.-Mich.-Chrétien DESCHAMPS, auteur tragique; né près de Troyes, en 1683, mort le 10 novembre 1747). 1733, in-8 ;— 1755, in-8 de 46 pag.

582. Anti-Uranie, ou le Déisme comparé au Christianisme, épitres à M. de Voltaire; suivies de Réflexions critiques sur plusieurs ouvrages de ce célèbre auteur. Par le P. B. C. (le P. BONHOMME, cordelier). *Paris,* 1763, in-8 de 127 pag.

583. Épître à l'auteur de l'Anti-Uranie (le P. Bonhomme); par J.-C. COURTALON-DELAISTRE. *Troyes,* 1765, in-8.

Remarques sur les Pensées de Pascal (n° 3) :

584. Sur les Pensées de Pascal (contre Voltaire).

Impr. dans le volume intitulé : « Réponse aux Lettres de M. de Voltaire ». Paris, 1735, in-12; La Haye, 1735, in-12. Un quart de cette Réponse est consacré à Pascal

585. Critique des Remarques de Voltaire sur les Pensées de Pascal; par le R. P. D. B*** (P.-Fr. LE COQ DE VILLERAY).

Douzième Lettre de l'ouvrage intitulé : « Réponse ou Critique des Lettres philosophiques ». Basle (Rheims), 1735, in-12.

586. Défense des « Pensées » de Pascal (contre Voltaire); par D.-R. BOUILLER.

Cette Défense parut d'abord en 1742, dans le tome II des « Lettres sur les vrais principes de la religion » (par mademoiselle Hubert); elle a été réimprimée dans le volume intitulé : Lettres critiques sur les « Lettres philosophiques » (Saint-Omer), 1753, in-12, et dont il existe des exemplaires avec l'adresse de Paris, Duchesne, 1774); et encore (sous le titre de « Sentiments de M*** sur la critique des Pensées de Pascal »), dans le volume intitulé : « Apologie de la métaphysique, à l'occasion du Discours préliminaire de l'Encyclopédie ». Amsterdam,

1753, pet. in-8. Les « Pièces philosophiques et littéraires », par M. B. (Boullier), 1759, in-12, contiennent des corrections, additions et supplément aux Lettres publiées en 1753.

Voy. aussi le n° 660.

Défense de milord Bolingbrocke (n° 8) :

587. Observations on M. Voltaire's Defence of lord Bolingbrocke.

Imprimées dans les OEuvres de Bolingbrocke, publiées par David Mallet, 1754, 5 vol. in-4.

588. Remarques sur la « Défense de milord Bolingbrocke », pour servir de réponse à cette Défense.

Imprimées dans la « Bibliothèque impartiale », que rédigeait Formey, tome IX, p. 279, et tome X, page 353.

La Religion naturelle, poëme (n° 9) :

589. Réflexions historiques et littéraires sur le poëme de la Religion naturelle de Voltaire. Par THOMAS. 1756, pet. in-8 ;— 1801, in-8.

590. Anti-Naturaliste (l'), ou Examen critique du poëme de « la Religion naturelle ». *Berlin,* 1756, pet. in-8 de 21 pages.

C'est une critique des pensées et non du style.

591. Religion (la) naturelle et révélée, ou Dissertations philosophiques, théologiques et critiques contre les incrédules (par Guill. MALLEVILLE, curé de Domme, en Périgord). *Paris, Nyon,* 1756-1758, 5 vol. in-12.

592. Parodie anecdotique du poëme de « la Religion naturelle » de M. de Voltaire ; par M. P. A. A. A. P. *La Haye, Rogissart,* 1757, petit in-8 de xij et 52 pages.

593. Remarques sur « la Religion naturelle », poëme de M. de V..., suivies d'une addition de Genève du même poëme. *Louvain,* 1757, petit in-8 de 72 pages.

594. Épître d'un homme désintéressé à M. de Voltaire, sur son poëme de « la Religion naturelle »; examen du Voltérianisme, en prose et en vers. 1757, in-8.

Mentionnée dans le Catalogue de la Bibliothèque du duc de La Vallière, n° 14,335 de la deuxième partie. Cette *Épître* est probablement celle dont Luchet cite un fragment dans le tome III de son « Histoire littéraire de Voltaire.

595. Religion (la) révélée, poëme en réponse à celui de « la Religion naturelle » (de Voltaire); par M. de S*** (de Sauvigny). *Genève (Paris)*, 1748, pet. in-8 de 64 pages.

596. Lettres (sur la religion révélée) contre Voltaire; par le baron Alb. de HALLER ; traduites en français , par L.-Fréd. KOENIG. *Berne*, 1780, 2 vol. pet. in-8.

L'original allemand parut en 1771.

Le Désastre de Lisbonne (n° 10) :

597. Lettre à M. de Voltaire, sur son poëme sur la Destruction de Lisbonne; par J.-J. ROUSSEAU. 18 août 1756.

598. Réponse à M. de V..., ou Défense de l'axiome : tout est bien.

En cent soixante-quatre vers. Imprimée d'abord dans le « Journal encyclop. », du 1er avril 1765, et réimprimée à la suite d'une édition du *Poème de M. de Voltaire*, 1756, in-8 de 16 pages.

Précis de l'Ecclésiaste (n° 11) :

599. Nouveau Précis de l'Ecclésiaste sur les mêmes passages de M. de Voltaire, avec des notes sur celui de ce poëte; par C. G. P. R. 1759, in-8 de 19 pages.

L'auteur, dont M. Beuchot n'a pu découvrir le nom , avoue que sa poésie n'a *ni le goût ni la grâce de celle de Voltaire.*

Précis du Cantique des cantiques (n° 11) :

600. Expositio in Canticum canticorum Salomonis, auctore D. And.-Jos. ANSART. 1770, in-12.

L'auteur s'y élève contre le *Précis* donné par Voltaire.

Catéchisme de l'honnête homme (n° 15) :

601. Examen du Catéchisme de l'honnête homme, ou Dialogue entre un caloyer et un homme de bien; par l'abbé Laur. LE FRANÇOIS. 1764 , in-12.

602. Lettre de M. C. de R*** à l'auteur du Catéchisme de l'honnête homme. In-12 de 12 pages.

Reproduite avec d'autres opuscules, ayant sa pagination, dans un volume ayant pour titre : « Recueil d'opuscules concernant les ouvrages et les sentiments de nos philosophes modernes sur la religion , l'éducation, et les mœurs. La Haye, 1765 , in-12.

Dictionnaire philosophique (n° 16) :

603. Remarques sur un livre (de Voltaire) intitulé : « Dictionnaire philosophique portatif » ; par un membre la Société pour la propagation de la doctrine chrétienne (attribué à A. DU BON, professeur à Lausanne). *Lausanne* , 1765 , in-8.

604. Dictionnaire anti-philosophique , pour servir de commentaire et de correctif au « Dictionnaire philosophique », et aux autres livres qui ont paru de nos jours contre le Christianisme. (Par l'abbé L. Mayeul CHAUDON). *Avignon*, 1767, in-8; — 1769, 2 vol. in-8 ; — 1772, 2 vol. in-8.

Réimprimé de nouveau sous le titre suivant : *Anti-Dictionnaire philosophique , pour servir de commentaire et de correctif au* « Dictionnaire philosophique » *et aux trois livres qui ont paru de nos jours contre le Christianisme. IVe édition , corrigée, considérablement augmentée , et entièrement refondue sur les Mémoires de divers théologiens.* Paris , Bastien , 1780, 2 vol. in-8.
Les diverses éditions de l'ouvrage de Chaudon contiennent l'arrêt du parlement du 19 mars 1765 , et le réquisitoire d'Omer Joly de Fleury ; mais l'édition de 1767 est la seule où l'on trouve quelques pièces relatives à la condamnation de plusieurs livres , et la « Lettre du R. P. Routh, jésuite, à monseigneur Gualterio, nonce de Sa Sainteté à Paris » (sur la catholicité et les derniers moments de Montesquieu). On a quelquefois confondu l'ouvrage de Chaudon avec celui de Nonnotte.

605. Observations sur la « Philosophie de l'Histoire », et sur le « Dictionnaire philosophique », avec des réponses à plusieurs difficultés. Par l'abbé Laur. LE FRANÇOIS). *Paris, Pillot*, 1770 , 2 vol. in-8, fig.

Quoique les philosophes aient traité, sans façon, l'abbé Le François d'imbécille, et que ses ouvrages ne soient pas écrits avec élégance , il n'en avait pas moins des connaissances très-variées , et ses réfutations des mauvais livres ont été fort utiles. On lui doit encore l'Examen du Catéchisme de l'honnête homme (voy. le n° 600), et beaucoup d'écrits en faveur de la religion.

606. Dictionnaire philosopho-théologique portatif; par l'abbé PAULIAN. 1770, in-8.

Les éditeurs de Kehl , dans une note sur le chapitre XIII de *l'Homme aux quarante écus* , ont confondu cet ouvrage avec celui de Chaudon.

607. Dictionnaire philosophique de la Religion, où l'on établit tous les points de la doctrine attaqués par les incrédules , et où l'on répond à toutes les objections. Par l'auteur des « Erreurs de Voltaire » (l'abbé

Cl.-Franç. Nonnotte). *Avignon,* 1772, 4 vol. in-12.

On a quelquefois confondu ce Dictionnaire avec « l'Anti-Dictionnaire philosophique, ouvrage de D. Chaudon.

Ce n'est point par l'aménité que se distinguent les quatre dernières critiques par des abbés ; tandis que c'est avec beaucoup de modestie et d'honnêtetés que des opinions de Voltaire sont combattues dans le premier des ouvrages que nous citons.

La date de ces cinq écrits indique assez qu'ils portent sur le *Dictionnaire philosophique,* dans sa forme primitive, c'est-à-dire tel qu'il était en 1764, et années suivantes.

608. Observations philosophiques sur le « Dictionnaire philosophique » de Voltaire; par G. Feydel. Première livraison. *Paris, Delaunay,* 1820, in-12 de 48 pages.

C'est sur l'ouvrage, dans la forme qui lui a été donnée par les éditeurs de Kehl, que portent ces Observations : cette livraison, la seule qui ait été publiée, vient jusques à *abus de mots* inclusivement.

609. Observations sur le Dictionnaire philosophique de Voltaire.

Voy. la Revue encyclopédique, tome IX, p. 162.

Le Dîner du comte de Boulainvilliers
(n° 24) :

610. Mauvais (le) Dîner, ou Lettres sur le dîner du comte de Boulainvilliers; par le R. P. Viret, cordelier. 1770, in-8 de viij et 282 pag.

La « Bibliotheca scriptorum societatis Jesu » (Supplementum I, 132, Roma, 1814, in-8), attribue à l'abbé de Feller, une « Lettre sur le Dîner du comte (sic) de Boulainvilliers », que je n'ai jamais vu, dit M. Beuchot. Mais le P. Caballero ne peut faire autorité pour ce qui regarde la Bibliographie des auteurs français, et il est à croire qu'il a voulu parler de l'ouvrage du P. Viret.

Conseils raisonnables à M. Bergier
(n° 27) :

611. Réponse aux « Conseils raisonnables » (de Voltaire), pour servir de supplément à la « Certitude des preuves du Christianisme »; par l'abbé N. S. Bergier. *Paris, Humblot,* 1769, 1771, in-12.

Instruction du capucin de Raguse
(n° 33) :

612 Instructions du père gardien des capucins de G... (Gex), à un frère quêteur, partant pour le château de F..... (Ferney); ouvrage traduit de l'italien par le R. P. Adam. *Amsterdam (Avignou),* 1772, in-12.

La Bible enfin expliquée
(n° 43) :

613. Authenticité (l') des livres, tant du Nouveau que de l'Ancien Testament, démontrée, et leur véridicité défendue; ou Réfutation de la « Bible enfin expliquée », de V*** (de Voltaire). (Par l'abbé Jos.-Guill. Clémence, chanoine de Rouen). *Paris, Moutard,* 1782, in-8.

Il a été fait une nouvelle édition de ce livre sous le titre suivant :
Réfutation de la Bible enfin expliquée, de Voltaire, mise dans un nouvel ordre, et augmentée d'une foule de preuves contre les attaques d'autres auteurs impies, etc. ; par l'abbé Marguet, chanoine de Nanci. Nanci, Hæner, 1826, in-12.

614. Bible (la) vengée des attaques de l'incrédulité, et justifiée de tout reproche de contradiction avec la raison, avec les monuments de l'histoire, la physique, la géologie, l'astronomie; par l'abbé Jos.-Fr. Duclot (mort en Savoie, sa patrie, en 1821). 1816. — Nouv. édition, corrigée et considérablement augmentée. *Lyon, et Paris, Rusand,* 1824, 6 vol. in-8.

Écrits relatifs aux ouvrages philosophiques de Voltaire,
en général, et en particulier
à ceux qui ont rapport à la religion.

615. Lettres sur les vrais principes de la religion, où l'on examine le livre de la « Religion essentielle à l'homme » (de mademoiselle Hubert), avec la Défense des « Pensées de Pascal » contre la Critique de Voltaire, et trois lettres relatives à la philosophie de ce poëte. (Par D. R. Boullier). *Amsterdam, Catuffe,* 1741, 2 vol. in-12.

616. Seule (la) Religion véritable, démontrée contre les athées, les déistes, et tous les sectaires. (Par le P. Lefebvre, jésuite). *Paris, Bordelet,* 1744, in-12.

617. Pensées anti-philosophiques. (Par Allamand, de Lausanne). *La Haye,* 1751, in-12.

618. Lettres flamandes, ou Histoire des variations et contradictions de la prétendue religion naturelle. (Par l'abbé Duhamel). *Lille (Auxerre, Fournier),* 1752, petit in-12.

Antérieures au poëme de Voltaire, ces lettres, comme on le voit, ne sont point contre le poëme de la *Loi naturelle*, mais contre quelques autres écrits du même auteur, soit en vers, soit en prose.

619. Lettre écrite de Genève à M. de Voltaire; par le prof. Jacob VERNET. 1757, in-12.

620. Religion (la) vengée, ou Réfutation des auteurs impies; par une société de gens de lettres (SORET, le P. HAYER et autres). *Paris, Chaubert,* 1757 et ann. suiv., 21 vol. in-12.

621. Oracle (l') des nouveaux philosophes, pour servir de suite et d'éclaircissement aux OEuvres de M. de Voltaire. (Par l'abbé Cl.-Mar. GUYON). *Berne,* 1759, in-12.

622. Suite de l'Oracle des nouveaux philosophes, pour servir de suite et d'éclaircissement aux OEuvres de M. de Voltaire. (Par l'abbé Cl.-Mar. GUYON). *Berne,* 1760, in-8.

«On a blâmé la fiction qui sert de cadre à ce livre écrit d'un style un peu lourd, mais il y a beaucoup de force dans les réfutations; en rassemblant les principes épars de Voltaire, l'auteur le met souvent en contradiction avec lui-même. Il est inutile de dire que Voltaire répondit par des injures grossières à l'abbé Guyon ».

623. Sentiment d'un inconnu sur l'Oracle des nouveaux philosophes, pour servir d'éclaircissement et d'errata à cet ouvrage; dédié à M. de Voltaire. (Par CHAUMEIX). *Paris, Hérissant,* 1760, in-12.

624. Anti-Sans-Souci, ou la Folie des nouveaux philosophes, etc. *Bouillon,* 1761, 2 vol. in-12.

625. Réflexions sur le système des nouveaux philosophes. (Par LE PRÉVÔT D'EXMES). *Francfort,* 1761, in-12.

626. Apologie pour la nation juive, ou Réflexions critiques sur le premier chapitre du tome VIIe des OEuvres de M. de Voltaire, au sujet des Juifs. Par l'auteur de « l'Essai sur le luxe» (Isaac PINTO, juif portugais). *Amsterdam,* 1762, in-12.

Le morceau, que critique Pinto, parut primitivement dans la quatrième partie des «Nouveaux Mélanges» (1756), sous le titre: *Des Juifs.* Dans les éditions posthumes des OEuvres de Voltaire, ce morceau forme la première section de l'article *Juifs,* du « Dictionnaire philosophique ».

Il y a des exemplaires de l'écrit de Pinto qui ne portent que le second titre. Peyrère, co-religionaire de Pinto, en a été l'éditeur. Ce Peyrère est très connu par son système pour apprendre à parler aux muets de naissance.

L'*Apologie* de Pinto fut attaquée dans le «Monthly Review » et dans la « Bibliothèque des sciences et des arts ». Pinto publia, en 1766, une Réponse à ces deux écrits.

L'écrit de Pinto a été inséré par l'abbé Guenée dans ses « Lettres de quelques Juifs ».

627. Cartel aux philosophes à quatre pattes, ou l'Immatérialisme opposé au matérialisme. (Par l'abbé PICHON). *Bruxelles,* 1763, in-8.

628. Lettre du rabbin Aaron Mathathaï à Guillaume Vadé, et Lettre du lévite Joseph Ben Jonathan à G. Vadé. *Amsterdam (Paris),* 1765, in-8.

Cette brochure est la critique d'une note de Voltaire sur le Veau d'Or. A.-A. Barbier, sous le numéro 9628 de son Dictionnaire des ouvrages anonymes, a donc fait erreur en l'attribuant à Voltaire: elle est de l'abbé GUENÉE, qui depuis l'a insérée dans ses. « Lettres de quelques Juifs, etc.

629. Pensées philosophiques, ou Tableau encyclopédique des connaissances humaines. 1766, 2 vol. in-8, et 2 vol. in-12.

630. Dialogue de morale, à l'usage de la jeune noblesse. 1767, in-8.

631. Certitude des preuves du Christianisme, ou Réfutation de l'Examen des apologistes de la religion chrétienne; par l'abbé N.-S. BERGIER. *Paris,* 1767, deux part. in-12.

Ouvrage souvent réimprimé.

Voltaire, maltraité dans cet ouvrage (notamment dans le chapitre XI de la seconde partie), publia des *Conseils raisonnables à M. Bergier* (voy. n° 27), et le théologien lui répliqua par une « Réponse » (voy. le n° 637).

632. Réfutation de Bélisaire et de ses oracles (J.-J. Rousseau, Voltaire, etc.). (Par AUBERT, chanoine de S. Antoine). *Bâle (Paris),* 1768, in-12.

633. Quakers (les) à leur frère V......, Lettres plus philosophiques.... que ***, sur sa religion et ses livres. (Par le comte d'AUTREY, mort en 1777). *Londres, et Paris, Vallat-la-Chapelle,* 1768, in-8.

M. Peignot, d'après la première édition du Dictionnaire des ouvrages anonymes d'A.-A. Barbier, attribue cette fort bonne critique à l'abbé Guenée; mais, mieux informé, Barbier l'a, dans sa seconde édition, rendue à qui elle appartient.

634. Lettres de quelques Juifs portugais, allemands et polonais, à M. de Voltaire; suivies d'un petit Commentaire extrait d'un plus grand. Par l'abbé Ant. GUÉNÉE. *Lisbonne, et Paris, Laur. Prault,* 1769, in-8.

Première édition d'un livre qui en a obtenu une dixaine. (Voy. notre article GUÉNÉE, dans la France littéraire).

L'abbé Guénée publia cet ouvrage pour répondre aux attaques de Voltaire contre le Christianisme, reproduites sous toutes les formes dans des pamphlets sans cesse renaissants. Le succès en fut complet, et le journalistes comme le public, les Français comme les étrangers, admirèrent les connaissances et la modération de l'auteur. Voltaire lui-même, dans quelques moments de sagesse, rendit justice au mérite de l'abbé Guénée. « Le secrétaire juif, dit-il (dans sa lettre à d'Alembert, du 8 décembre 1776), n'est pas sans esprit et sans connaissance ; mais il est malin comme un singe : il mord jusqu'au sang, en faisant semblant de baiser la main ». Il est vrai qu'ensuite il revint à son ton goguenard, et lança des sarcasmes contre son adversaire. Mais le public, qui n'avait pas les mêmes raisons pour changer d'avis, continua d'accueillir les *Lettres de quelques Juifs.* Il s'en fit plusieurs éditions, que l'auteur augmenta successivement ; et l'ouvrage, en se perfectionnant par ces additions, obtint de plus en plus le succès qu'il méritait. L'abbé Guénée y ajouta, en dix lettres, des « *Considérations sur la loi mosaïque,* qui supposent beaucoup de savoir et de critique.

On a ajouté à la VIIe édition (Paris, Méquignon junior, 1815, 4 vol. in-12) quatre *Mémoires sur la fertilité de la Judée,* du même auteur, faisant le complément des *Lettres de quelques Juifs.* Ces Mémoires avaient été imprimés pour la première fois, en 1808, dans le 50e volume du recueil de l'Académie des inscriptions et belles-lettres. Ces Mémoires, disent les auteurs de la Biographie universelle, ont pour objet de réfuter ce que Voltaire et quelques autres écrivains ont avancé d'après l'état actuel de la Judée, contre l'autorité des livres saints.

— Autre édition, précédée d'une Notice sur la vie et les ouvrages de l'auteur. (Par le baron de SAINTE-CROIX). *Paris, Méquignon junior,* 1805, 3 vol. in-8 et in-12.

— Autre édition, augmentée de notes qui mettent les Lettres de quelques juifs en rapport avec les éditions faites à Kehl, ou leurs réimpressions, et d'une table alphabétique des matières. (Par M. BEUCHOT). *Versailles, Lebel,* 1817, in-8.

Réimprimées très-souvent depuis 1817.

635. Pensées anti-philosophiques. (Par l'abbé CAMUSET). *Paris,* 1770, in 8.

636. Vindication of the Sacred Books, and of Josephus, from various misrepresentations and cavils of Voltaire; by Rob. FINDLAY, D. D., Divinity Professor in Glasgow (died 1814). *Glasgow,* 1770, in-8.

637. Réponse à la lettre insérée dans le « Recueil philosophique », au sujet du livre intitulé : la Certitude des preuves du christianisme ; par M. BERGIER. *Rome, et Paris, Humblot,* 1771, in-13.

638. Réponse aux « Conseils raisonnables » (de Voltaire), pour servir de Supplément à la « Certitudes des preuves du Christianisme »; par M. BERGIER. *Paris, Humblot,* 1771, in-12.

639. Tableau philosophique de l'esprit de Voltaire, pour servir de suite à ses ouvrages. (Par l'abbé SABATIER, de Castres). *Genève, Cramer; et Paris,* 1771, in-8.

640. Lettre à M. de (Voltaire) par un de ses amis, sur l'ouvrage intitulé : «l'Évangile du jour». *Paris, Gueffier,* 1772, 1772, in-8.

« L'Évangile du jour » est une collection d'opuscules philosophiques qui a paru de 1769 à 1778, et qui forme 18 vol. in-8. Bien qu'on y trouve beaucoup d'écrits de Voltaire, on ne peut pas affirmer qu'il en ait été l'éditeur.

641. Qu'on y réponde, ou Lettres du docteur Chlévales à M. de Voltaire, en lui envoyant la copie manuscrite d'une autre lettre, à laquelle il ne paraît pas qu'il ait répondu. (Par l'abbé de CAVEIRAC). *Genève, les frères Cramer,* 1772, in-8 de 71 pages. — *Paris,* 1772, in-8 de 67 pages.

C'est la réponse au morceau de prose que Voltaire joignit à son Ode sur la mort de la princesse de Bareuth(1759). L'auteur se justifie assez bien d'avoir été l'apologiste de la Saint-Barthélemy; il repousse avec force les mensonges, les sarcasmes, et les injures de Voltaire. Il tâche de prouver qu'il est plus vrai, plus équitable, plus exact, plus conséquent, plus modéré, plus discret, plus citoyen, plus français, plus humain que lui. Il dit que le massacre (tel qu'il l'a réduit) est suffisant pour inspirer la plus grande horreur, mais il s'est borné à diminuer le nombre de victimes, et à justifier le clergé de leur mort.

Voltaire n'ignora pas l'existence de cette brochure, curieuse à beaucoup d'égards, et n'y répondit que faiblement ; peut être il ne voulait pas détailler les reproches qu'on lui fait, plusieurs étant mérités et fondés sur la vérité.

Note autographe de Chaudon, sur un exemplaire appartenant à M. Beuchot.

642. Lettre d'un ami des hommes, ou Réponse à la diatribe de M. de V. (Voltaire) contre le clergé de France ; par l'auteur du « Préservatif » (le P. Ch.-L. RICHARD, dominicain). *Deux-Ponts, de l'impr. ducale,* 1776, in-8.

L'ouvrage du P. Richard, rappelé dans ce titre, est intitulé : « Préservatif nécessaire à toutes les personnes qui ont les « Lettres faussement attribuées au pape Clément XIV ». Deux-Ponts, 1776, in-12.

643. Voltaire parmi les ombres. *Genève, et Paris, P.-G. Simon*, 1776, in-12 de 373 pages.

644. Voltaire de retour des Ombres, et sur le point d'y retourner pour n'en plus revenir, à tous ceux qu'il a trompés. (Par le P. Ch.-L. RICHARD). *Bruxelles, et Paris, Morin*, 1776, in-12;—ou *Londres*, 1777, in-12;—(Nouv. édit.). *Reims, Delaunois*, 1821, in-8 de 72 pages.

L'édition de 1821 n'est point conforme à celle de 1776, et voici en quoi elle différencie: 1° on a changé l'épigraphe; 2° on a remplacé l'Avertissement de l'éditeur, de 8 pages in-12, par un avant-propos de deux pages; 3° on a ajouté une *Épître* (en vers) *de Voltaire* (c'est-à-dire écrits en son nom) *aux Parisiens. Voltaire de retour des ombres* est la suite de *Voltaire parmi les ombres.*

645. Catéchisme philosophique, ou Recueil d'observations propres à défendre la religion chrétienne contre ses ennemis; par Flexier de Reval (Fr.-Xavier de FELLER). *Paris, Berton*, 1777, in-8.

Souvent réimprimé.

646. Voltairimeros, ou Première Journée de M. de V*** (de Voltaire) dans l'autre monde. (Par l'abbé BASTON). *Bruxelles*, 1779, 2 vol. in-12.

647. Observations sur les écrits de M. de Voltaire, principalement sur la Religion, en forme de notes. Par E. GUERNESEY GIBERT, ministre de la chapelle roy. de St. James. *Londres*, 1788, 2 vol. in-12.

648. Frédéric II, J.-J. Rousseau, d'Alembert et l'Académie de Berlin, vengés du secrétaire perpétuel de cette Académie (Formey). (Par J.-Ch. LAVEAUX). *Paris*, 1789, pet. in-8.

649. Anti-Voltaire, ou Remarques sur la Religion. *Berne, Soc. typogr.*, 1791, 2 vol. in-8.

Vraisemblablement une nouvelle édition de l'ouvrage de E.-G. Gibert.

650. Doutes sur les religions révélées, adressées à Voltaire; par Émilie DU CHATELET. Ouvrage posthume. *Paris*, 1792, in-8 de 72 pag.

651. Voltaire in the Shades, or Dia-

logues on the Deistical Controversy. — Poems, and a Tragedy; by Will.-Julius MICKLE. *London*, 1794, in-4.

652. New Lights on Jacobinism abstracted from Robison's History of Free Masonry; with an Appendix, containing an Account of Voltaire's Behaviour on his deathbed, and a Letter from J. H. Stone (who was tryed for sedition) to his friend Dr Priestly, dislosing the Principles of Jacobinism. *London, Longman*, 1799, in-8.

653. Défenseur (le) de la philosophie, ou Réponse à quelques satires dirigées contre la fin du XVIIIe siècle, satire. (Par Mich. CUBIÈRES DE PALMEZEAUX). *Paris, Moller et Desenne*, 1800, in-8.

654. Erreurs de Voltaire dans la métaphysique. Par le P. J.-B. AUBRY.

Impr. à la suite de la Nouvelle Théorie des êtres, de l'auteur. Commercy, 1802, in-8.

655. Réfutations de quelques fausses assertions de Voltaire et autres philosophes, du XVIIIe siècle (dans l'Écriture Sainte). Par l'abbé *** (ou plutôt Ant. SERIEYS).

Imprimées dans le Dictionnaire généalogique et critique de l'Écriture Sainte, etc., du compilateur. Paris, 1804, in-8.

656.* Apologistes (les) involontaires, ou la Religion chrétienne prouvée par les écrits des philosophes. (Par M. MÉRAULT, exoratorien). *Paris, Duprat-Duverger*, 1806, in-12. — Réimprimé en 1821, in-8, avec le nom de l'auteur.

657. Voltaire, ou le Triomphe de la philosophie moderne, poëme en VIII chants, avec un épilogue; suivi de diverses pièces en vers et en prose; par Jos. BERCHOUX. *Lyon, Maire*, 1814, in-8 de 336 pages, 5 fr.

Reproduit trois ans plus tard, à l'aide d'un nouveau titre portant: *seconde édition, revue, corr. et augm.*, et un Avertissement de l'éditeur sur cette seconde édition.

658. Réflexions d'un philosophe sur la liaison des lumières et de la vertu, au sujet d'une lettre de Voltaire.

Voy. le Mag. encyclop., XXe année, 1815, t. III, pag. 377.

659. Philosophie (la) du dix-huitième siècle dévoilée par elle-même; ouvrage

adressé aux pères de famille et aux instituteurs chrétiens, et suivi d'observations sur
les notes dont Voltaire et Condorcet ont
accompagné les « Pensées de Pascal »; par
GOURJU. *Paris, Le Normant; Méquignon
fils aîné*, 1816, 2 vol. in-8.

660. Impiété (l'), ou les Philosophistes;
essai poétique en VIII° chants; par F.-P.-
A.-M. C. (CLÉMENCE). *Paris, Domère*,
1821.—III° édition: *Lyon, Théod. Pitrat*,
1823, in-8.

661. Épuration (de l') de Voltaire, ou
Voltaire neutralisé par la religion et la morale; suivie de la Création d'un grand Jury
de religion et de morale littéraire, et dédiée à l'ombre auguste du roi-martyr
Louis XVI; par Aug. HUS. *Paris, de
l'impr. de Rougeron*, 1823, in-8 de 4
pages.

662. Voltaire apologiste de la religion
chrétienne. Par l'auteur des « Apologistes
involontaires » (M. l'abbé MÉRAULT). *Paris, Méquignon junior*, 1826, in-8 de 412
pages, 7 fr.

Politique.—Législation.

Voix (la) du sage, etc. (n. 51):

Le clergé ne voulait pas payer le vingtième établi
par M. de Machault. Ce ministre, qui était en même
temps contrôleur des finances et garde-des-sceaux,
dont Voltaire approuvait, louait les opérations de
finances, résista sans doute tant qu'il put avant de
laisser prononcer la condamnation de la *Voix du
peuple*; ce qui explique pourquoi cet écrit, publié
dès mai ou juin 1750, ne fut supprimé, par arrêt
du conseil, que le 21 mai 1751. On lit, dans la
« Bigarrure », tome IV, page 128, que la « Voix du
sage » fut composé *par ordre de la cour*, et que le
voyage de Berlin eut lieu pour soustraire l'auteur
à la colère du clergé. L'opuscule de Voltaire en fit
naître un grand nombre, dont voici les titres des
principaux :

663. Réfutation d'un libelle intitulé : la
Voix du sage et du peuple. 1751, in-12
de ij et 35 pag.

La France littéraire de 1769 attribue cet opuscule
à l'abbé GAULTIER.

664. Réponse critique à la Voix du sage.
1751, in-12 de vj et 88 pages.

665. Voix (la) du chrétien et de l'é-
vêque. 1750, in-12 de 12 pages.

666. Voix (la) des cap..... (capucins;

par l'abbé HERVÉ, breton). In-8 de 8 pag.

Réimprimé dans le tome VIII de la « Bigarrure ».

667. Voix (la) du fou et des femmes.
1750, in-12 de 12 pages.

668. Voix (la) du prêtre : très-humble
et très-respectueuses remontrances du second ordre du clergé, au roi, au sujet du
vingtième. 1750, in-12.

Supprimé par arrêt du conseil.

669. Necesse est ut veniant scandala.
1750, in-12 de 30 pages.

Aussi supprimé.

670. Voix (la) du B*, aux auteurs des
lettres pour et contre les immunités du
clergé.

Imprimée d'abord à la suite de « la Voix du
prêtre » (voy. ci-dessus), et réimprimé dans la « Bigarrure », tome V.

671. Voix (la) du poëte et celle du lévite. 1750, in-12 de 22 pages.

On y critique la « Voix du sage », et la « Voix
du prêtre ».

672. Voix (la) du pape, ou Bref de
N. S. P. le pape Benoît XIV, portant condamnation des Lettres *Ne repugnate, etc.*
(par BARGETON), et du libelle intitulé : la
Voix du sage (de Voltaire), en latin et
français. 25 janvier 1751. In-12 de 7 pag.

673. Voix (la) du pauvre; par Joseph
LANGUET DE GERGY, archevêque de Toulouse.

Impr. dans le tome VIII de la « Bigarrure ».

674. Voix (la) du riche.

Imprimée dans le même tome.

675. Vox clamentis in deserto.

Imprimé dans le tome IX du même recueil.

676. Mémoire pour servir à l'Histoire
des immunités de l'Église, ou les Conférences ecclésiastiques de madame de....,
ou, si l'on veut, la Voix de la femme.
In-12 de 23 pages.

677. Recueil des Voix pour et contre
les immunités du clergé. 1750, in-12 de
126 pages.

Contenant *la Voix du sage*, quatre des opuscules
que nous venons de citer (les 6, 8, 9 et 10), et en

outre une « Lettre d'un Turc sur les difficultés de la langue française », mais relative au clergé.

La « Bibliothèque historique de la France », sous le n° 7414 mentionne « les Voix intervenantes ». « Je ne sais, dit M. Beuchot, à qui nous empran- « tons cette liste de réfutations, si c'est le volume » dont je viens de parler, ou un autre. Voltaire, « dans une lettre à Richelieu, du mois d'Auguste « 1750, parle de la « Voix du laïque » ; c'est peut- « être un titre imaginé. Je n'ai pas voulu donner « la liste de tous les écrits qui parurent alors sur « les immunités ecclésiastiques, mais seulement « de ceux qu'a fait naître « la Voix du sage et la « voix du peuple ».

Anti-Machiavel :

678. Remarques historiques et politiques sur l'Anti-Machiavel de Frédéric II, donné par Voltaire; par L.-H. de HESSE. (En alle- mand). *Wismar, Bœdner*, 1751, 1760, 1765, in-8.

Impr. ausssi avec la traduction de l'Anti-Ma- chiavel, Hambourg, Holle, 1766, in 8.

Traité sur la tolérance (n. 56) :

679. Prestiges du « Traité de la tolé- rance ». 1763, pet. in-8 de 24 pag.

On reproche à l'auteur d'avoir *écrit en polisson.*

680. Supplément aux « Erreurs de Vol- taire », ou Réfutation complète de son « Traité sur la tolérance »; par un ecclésias- tique du diocèse de Reims (l'abbé LOISSON, curé de Vrisy, né en 1711, mort en 1783). *Liége, et Paris*, 1779, in-12.

Les « Erreurs de Voltaire » sont un ouvrage de l'abbé Nonnotte, lequel a lui-même donné un Sup- plément à son livre ; mais l'ouvrage de Nonnotte est un examen critique de l'Essai sur l'histoire gé- nérale.

Très-humbles, etc., remontrances du gre- nier à sel (n. 68) :

681. Itératives remontrances du grenier à sel, de Paris, présentées par les juges du grenier eux-mêmes. 1771, in-8 de 4 pages.

Nouvelles Probabilités en fait de justice (n. 72) :

682. Preuves démonstratives en fait de justice dans l'affaire des héritiers Véron contre le comte de Morangiés, avec les pièces justificatives, au nom du sieur Lié- gard Du Jonquay, petit-fils de la dame Véron, docteur ès lois, pour servir de réponse aux « Nouvelles Probabilités » de

M. de Voltaire. 1773, in-8 de 126 pages.

Voltaire riposta par la *Réponse à l'écrit d'un avo- cat* (voy. n° 72).

Commentaire sur l'Esprit des lois (n. 77).

683. Remarques sur le Commentaire sur l'Esprit des lois, de Montesquieu, par Vol- taire; par Ch. L. PAALZOW. En allemand.

Impr. avec la traduction de l'ouvrage de Voltaire, Berlin, Pauli, 1780, in 8.

684. (Fr. Mar. Arouet) Voltaire's polit. Ideen, a. sn. Werken gezogen; nebst e. Auszuge a. (J Jacq.) Rousseau über dies. Gegenst; von Ch.-A. FISCHER. *Leipzig, Reineke*, 1773, in-8, 3 fr.

Physique.

Éléments de la philosophie de Newton (n. 80) :

685. Vérité (la) découverte.

Imprimée dans les « Mémoires historiques » du mois de juillet 1738. Ce morceau est du mathéma- ticien hollandais qui acheva la première édition du livre de Voltaire : celui-ci y répondit par une lettre du 30 août 1738, insérée dans sa Correspondance.

686. Lettre d'un physicien sur la phi- losophie de Newton, mise à la portée de tout le monde, par M. de V. (Voltaire). (Critique composée par le P. REGNAULT, jésuite). *Paris*, 1738, in-12 de 46 pag.

687. Réflexions sur la philosophie de Newton, etc. 1738, in-12 de 82 pages.

L'auteur de ces Réflexions, resté inconnu, répond à la critique du P. Regnault, mais, sur d'autres points, combat l'opinion de Voltaire.

688. Lettre à M. de Voltaire sur son écrit intitulé : Réponses aux objections faites contre la philosophie de Newton. (*Paris*), 1739, in-8 de 30 pag.

Cette Lettre est attribuée par quelques personnes à *Lanthenée Le Ratz.*

689. Examen et Réfutation des « Élé- ments de la philosophie de Newton »; par M. Jean BANIÈRES. *Paris, Lambert*, 1739, in-12.

690. Examen d'un livre intitulé : la Mé- taphysique de Newton; trad. de l'allem., de L.-M. KAHLE, par Gautier de SAINT- BLANCARD. 1744, in-8.

A cet ouvrage Voltaire répliqua par sa *Courte réponse aux longs discours d'un docteur allemand.* (Voy. n 80 et 183).

691. Examen et Réfutation de quelques opinions sur les causes de la réflection et de la réfraction de la lumière répandues dans l'ouvrage de M. Bagnières ; par LANTHENÉE LE RATZ. 1740, in-8 de 50 pag.

Histoire naturelle.

Colimaçons (les) (n. 90) :

692. Réponse d'un campagnard de Pierrefort, au philosophe de Saint-Flour, capucin et cuisinier, sur les coquilles, et bien d'autres choses. 1768.

693. Remarks on the news discoveries of M. de Voltaire in natural history. *London, Robinson*, 1771, in-8.

BELLES-LETTRES.

La Henriade (pages 23 à 28) :

694. Critique de la Henriade. (Attribuée à BONNEVAL). In-8.

Imprimée à la suite de la Henriade, édition de La Haye, Gosse, 1728.

695. Pensées sur la Henriade. *Londres*, sans date, in-8 de 23 pag.

Voy. page 24.

696. Lettre critique, ou Parallèle des trois poëmes épiques anciens ; savoir : l'Iliade, l'Odyssée d'Homère, et l'Énéide de Virgile, avec la Ligue, ou Henri le Grand, de M. de Voltaire. (Par de BELLECHAUME). *Paris, Legros*, 1724, in-8 de 15 pag.

Cette Lettre a été suivie d'une seconde de 44 pages, laquelle renferme une critique du poëme de Voltaire.

697. Lettres critiques sur la Henriade de M. de Voltaire (par de SAINT-HYACINTHE). *Londres, Sam. Johnson ; Coderc*, 1728, in-8 de 50 pages.

S. Hyacinthe n'a publié que la première de ces lettres.

698. Avant-propos (ou Jugement) de la Henriade ; par FRÉDÉRIC II, roi de Prusse, 1736.

Imprimé pour le première fois en tête de l'édition de la Henriade, qui fait partie des OEuvres de l'auteur, Genève, 1756.

—King (the) of Prussia's Criticism on the Henriad of M. Voltaire ; translated from the original ; with a Preface, containing a short Account of the disgrace and retreat of that favourite. 1760.

699. Traduction d'une Lettre de M. Antoine COCCHI, lecteur de Pise, à M. Rinuccini, secrétaire d'État de Florence, sur la Henriade.

Réimprimée dans diverses éditions de Voltaire. Cette pièce parut, pour la première fois, en 1737, dans l'édition de la Henriade, donnée par Linant. Voltaire, dans une lettre à Berger, nous apprend que la traduction est du baron ELDRRCHEN, qui, après avoir été envoyé de Holstein à Paris, devint chambellan du roi de Suède.

700. Remarques historiques, politiques, mythologiques et critiques sur la Henriade de Voltaire ; par le sieur L** (LE BRUN). *La Haye, de Block*, 1741, pet. in-8.

701. Parallèle de la Henriade et du Lutrin. (Par l'abbé BATTEUX). 1746, in-12.

Cet opuscule a été réimprimé, 1° dans le *Voltairiana*, 1748, in-8 ; 2° dans le tome second des *Opuscules* de Fréron, 1753 ; 3° dans la *Henriade*, avec le *Commentaire de La Beaumelle*, Paris, 1775, in-4 et in-8.

702. Préface de la Henriade ; par MARMONTEL. 1746.

Imprimée en tête d'une d'une édition du poëme publié dans la même année. (Voy. p. 26).

703. Commentaire sur la Henriade, par Laur. ANGLIVIEL DE LA BEAUMELLE, revu et corrigé (et précédé de la Vie de l'auteur), par M. F*** (FRÉRON), *Berlin, et Paris, Le Jay*, 1775, in-4, et 2 vol. in-8.

Ce *Commentaire* parut pour la première fois, en 1769, sous le titre de *la Henriade*, avec un commentaire. (Voy. les ouvrages de Voltaire). Il y a des critiques justes et pleines de bon goût à côté de beaucoup de contradictions et de réflexions minutieuses ; mais ce que cet ouvrage, dans cette édition, renferme de curieux, et en même temps de bizarre, ce sont les *changements à faire dans la Henriade, proposés par l'auteur des Commentaires.* La Beaumelle, lui, qui n'était pas poëte, s'est avisé, très-sérieusement, de refaire des morceaux très-considérables de ce poëme. La Harpe, dans son Cours de littérature, convient que La Beaumelle avait eu beaucoup à se plaindre des excès très condamnables où Voltaire s'était porté contre lui : « Mais, ajoute-t-il, quand son ennemi l'aurait payé pour consentir à se vouer lui-même au ridicule, jamais La Beaumelle n'aurait pu mieux faire ». Le Jugement de La Harpe, sur cet ouvrage, est injuste, exagéré, et part d'un ami de Voltaire. Roussel a porté un jugement semblable dans un journal du temps, et auquel un neveu de La Beaumelle répondit. Le rédacteur de la notice consacrée à La Beaumelle, dans la Biographie universelle, a puisé ses renseignements dans les pamphlets de l'époque ; aussi a-t-il surpassé en partialité tout ce qui avait été dit sur les *changements à faire.* Il paraît certain que si La Beaumelle eut réimprimé lui-même son *Commentaire sur la Henriade,* il n'eut point ajouté les *Changements :* mais Fréron, qui en fut l'éditeur, et qui n'avait pas le même intérêt, n'en jugea pas ainsi, et, s'il n'altéra ou n'ajouta rien dans le texte, ce qui n'est pas prouvé, il ne supprima rien. Fréron a mis à la suite de ses changements les pièces suivantes : 1° Essai sur la poésie épique, par *Voltaire ;*—2° le Parallèle du Lutrin et de la Henriade (par l'abbé *Batteux*);—3° l'Extrait de l'Éloge historique et critique d'Homère, par *Pope,* ou Réfutation du deuxième chapitre de l'Essai sur la poésie épique concernant Homère ;—4° l'Extrait d'un Discours sur l'Énéide, par l'abbé *Desfontaines,* ou Réfutation du troisième chapitre de l'Essai concernant Virgile ;— 5° Jugement des divers auteurs sur la Henriade en général, et sur quelques endroits de ce poëme en particulier ; — 6° Histoire abrégée des événements sur lesquels est fondée la fable du poëme de la Henriade, abrégée de *Voltaire ;*—7° Idée de la Henriade, par *Voltaire.*

Cet ouvrage a été réimprimé en 1783, ou 1785, in-4, dans une ville de Belgique.

704. Épître à La Beaumelle aux Champs-Élysées, au sujet de son Commentaire sur la Henriade ; par CUBIÈRES-PALMEZEAUX. 1776, in-12.

705. Henriade (la) vengée, avec la réponse de M. B... (Ch.-Fr.-J. BIDAULT) à chacune des objections du Commentaire de La Beaumelle ; la préface de FRÉDÉRIC-LE-GRAND, roi de Prusse ; l'Essai sur l'épopée, trad. de l'angl. par l'abbé DESFONTAINES ; un supplément à cet Essai ; un article au sujet d'Hésiode ; un autre concernant l'Arioste ; les jugements des contemporains sur le poëme; la relation des honneurs qui ont été rendus à Voltaire, à Paris, en 1778, et plusieurs autres morceaux relatifs à Voltaire. Recueillis et rédigés par M. D** de C*** (D'AQUIN DE CHATEAULION). *Berlin, et Paris, Bastien,* 1780, in-12.

706. De la philosophie de la Henriade ; par M. TABARAUD, ancien prêtre de l'Oratoire. An XIII (1805), in-8 ; — *Paris, Gauthier frères,* 1824, in-8.

Voyez la Revue encyclopédique, tome XXIII, page 698.

La première édition est anonyme.

707. Notes critiques et littéraires sur la Henriade ; par M. DAUNOU.

Jointes aux éditions du poëme de Voltaire, Paris, F. Didot, 1819 (1823), in-fol., et Paris, Baudouin frères, 1828, in 8.

708. Notice historique sur la Henriade,

pour une édition de ce poëme, avec un commentaire raisonné et suivi ; par M. FONTANIER. *Rouen, de l'impr. de Périaux père,* 1822, in-8 de 16 pages.

Extrait des actes de l'Académie royale de Rouen.

709. Commentaire classique sur la Henriade ; par M. FONTANIER.

Imprimé aussi avec une édition du poëme de Voltaire, Paris, Bossange père, 1823, in-8 et in-12. Voy. la Revue encyclop., t. XXII, p. 701.

710. Observations sur la Henriade ; par l'abbé AILLAUD.

Imprimées avec le premier chant de « la Nouvelle Henriade » de l'auteur de ces Observations. (Voy. le n° 458).

Essai sur la poésie épique (page 28) :

711. Remarks on M'. Voltaire's Essay on the Epic Poetry of European nations, etc.; by Paul ROLLI. *London, Tho. Edlin,* 1728, in-8.

— Examen de l'Essai sur la poésie épique de M. de Voltaire ; trad. de l'anglais, de Paul ROLLI, par l'abbé A..... (ANTONINI). *Paris, Rollin fils,* 1728, in-12.

712. Defense (a) of some Passages in Paradise lost, from the Hypercriticism of M. de Voltaire ; by William DUNCOMBE.

713. Dissertation (a) upon the Italian Poetry, in which are interspersed some Remarks on M. Voltaire's Essay on the Epic Poets. By Jos. BARETTY. 1753, in-8.

A la suite du Commentaire sur la Henriade par La Beaumelle, et publié par Fréron (1775, in-4, et 2 vol. in-8), l'éditeur a placé diverses pièces parmi lesquelles on trouve : 1° l'Extrait de l'Éloge historique et critique d'Homère, par POPE, ou Réfutation du deuxième chapitre de l'Essai sur la poésie épique concernant Homère ; 2° l'Extrait d'un Discours sur l'Énéide, par l'abbé DESFONTAINES, ou Réfutation du troisième chapitre de l'Essai concernant Virgile.

La Pucelle (pages 29 à 32) :

714. Épître du P. Grisbourdon à M. de V...(de Voltaire) sur le poëme de la Pucelle. (Par de JUNQUIÈRES). Sans date (1756), in-12 de 11 pag.

— La même épître, sous ce titre : Épître à M. de Voltaire ; par le R. P. G....., de la compagnie de Jésus. *Paris, Dauvin,* 1826, in-8 de 24 pag.

Cette Épitre a été réimprimée dans les diverses éditions de la Pucelle.

715. Vers sur le poëme de la Pucelle, à M. M***, qui en avait envoyé une copie peu correcte. In-8 de 4 pages.

Ces vers sont au nombre de 69 : ils ont été réimprimés dans l'édition de la Pucelle de 1756 , et dans quelques autres, sous le titre de *Jugement sur le poëme de la Pucelle.* Dans l'édition de 1756 , ils sont donnés comme adressés à M***, *qui en a fait* (de la Pucelle) *deux éditions peu exactes.* Dans l'édition de 1761, ils sont adressés A M. D. L. B., *qui en a fait deux éditions peu exactes.* Par ces initiales, on a voulu désigner M. de La Beaumelle. La lettre M , qu'on lit sur l'édition originale, désignait Maubert.

716. Épitre de Belzebut à l'auteur de la Pucelle. 1760, in-8 de 8 pages.

Dans un Avertissement, l'auteur dit que son Épitre était composée et circulait manuscrite avant que la Pucelle fût imprimée : il réclame, en termes exprès, l'antériorité sur l'Épitre du P. Grisbourdon.

717. Essai sur la Pucelle de Voltaire, considérée comme poëme épique ; par M. Eusèbe SALVERTE.

Imprimé dans les « Veillées des Muses », n° V, pages 66—95.

718. Pucelle (la) de Chapelain et la Pucelle de Voltaire ; par M. Saint-Marc GIRARDIN.

Deux articles imprimés dans la « Revue des Deux Mondes » : le premier, la Pucelle de Chapelain, dans le tome XV, et le second , la Pucelle de Voltaire, dans le tome XVI.

Pièces fugitives (n° 93) :

719. Examen fugitif des Pièces fugitives de MM. de Voltaire, Desmahis, et autres auteurs, etc. *A Plaisance , de l'impr. de Gaudriole,* 1761 , in-12 de 80 pages

* Après la date on lit : *Avec approbation du tribunal de la censure.*

Poëmes et Discours en vers.
(n° 94).

Temple (le) du goût.

720. Essai d'apologie des auteurs censurés dans le Temple du goût, de M. de Voltaire. — Observations critiques sur le Temple du goût. (Par l'abbé ROY). Sec. édition, augmentée. *Sans indication de lieu,* 1733, in-8 de 32 pag.

721. Lettre de M*** à un ami, au sujet du Temple du goût (de Voltaire); par l'abbé GOUJET. 1733 , in-8.

722. Temple (le) de mémoire, ou les Visions d'un solitaire. (Nouv. édition, corrigée). Par le doct. Cl.-Mar. GIRAUD. *Paris,* 1775, in-8.

C'est une très-faible imitation du « Temple du goût », par Voltaire.
La première édition forme le premier volume de l'ouvrage de l'auteur, publié sous le titre de « la Vision de Sylvius Gryphalètes (Londres , 1767, 2 vol. in-12).

Bataille (la) de Fontenoi.

723. Avis sincères à M. de Voltaire , au sujet de la sixième édition de son poëme sur la victoire de Fontenoi. 1745 , in-8.

724. Réflexions sur un imprimé intitulé : la Bataille de Fontenoi, poëme ; dédiées à M. de Voltaire (par DROMGOLD, Irlandais). Première édition, considérablement retranchée. *Paris,* 1745 , in-4.

Épitres, Stances et Odes (n° 96) :

725. Boileau à Voltaire, satire ; par CLÉMENT, de Dijon.

C'est une réponse à l'écrit de Voltaire, qui répliqua par sa *Lettre à un de ses confrères de l'Académie* (voy. n° 319), et de nouveau par sa *Lettre anonyme adressée aux auteurs du Journal encyclopédique* , etc. (Voy. n° 326).

726. Lettre de M. FAYOLLE à A.-L. Millin , au sujet d'une ode de Voltaire, sur le vœu de Louis XIII.

Voy. le Magasin encyclop. , xixe année , 1814 , tome V, page 157.

Théâtre.

OEdipe (n° 101) :

727. Lettre d'un gentilhomme suédois à M***, maître de langue française, sur la tragédie d'OEdipe. *Paris, Cailleau,* 1719, in-8.

728. Réfutation de la lettre d'un gentilhomme suédois sur la tragédie d'OEdipe ; par M. D***. *Paris , Jollet et Lamesle,* 1719 , in-8.

729. Apologie de la nouvelle tragédie d'OEdipe (de Voltaire); par L. MANNORY, avocat au parlement. *Paris, P. Huet,* 1719, in-8 de 20 pag.

730. Réponse à l'Apologie du nouvel OEdipe ; par M. M***. *Paris, Trabouillet,* 1719, in-8.

731. * Critique de la tragédie d'OEdipe, par M. le comédien Le G*** (LE GRAND). *Paris, Gandouin,* 1719, in-8 de 36 pag.

D'autres ont voulu lire : Legendre, ou Le Grimarets.

732. Lettre à M. de Voltaire sur la nouvelle tragédie d'OEdipe (par de LONGEPIERRE). *Paris, Guillaume,* 1719, in-8.

Quelques personnes la croient de Longepierre. Une note que M. Beuchot croit de l'écriture de Voltaire, sans l'affirmer toutefois, la donne à Racine le cadet. Cette *Critique* est celle dont La Harpe parle dans son « Lycée » (XVIIIe siècle, chapitre III, section Ire), comme étant de Louis Racine, et la seconde de celles dont Voltaire parle dans la septième de ses *Lettres sur OEdipe.* On trouve à la fin près de cent vers d'*OEdipe,* imprimés en regard d'autant de vers de P. Corneille, J. Racine, La Fontaine, madame de La Suze, Th. Corneille, Molière, Despréaux, l'abbé Genest, et d'un « Recueil d'épigrammes », auxquels ressemblaient beaucoup de vers dont Voltaire a depuis changé une partie.

(*Note de M. Beuchot*).

733. Remarques critiques sur la nouvelle tragédie d'OEdipe, dénoncées à M. de Voltaire.

Imprimées dans le « Nouveau Mercure », mars 1719, pages 107 à 123.

734. Apologie de Sophocle, ou Remarques sur la troisième lettre critique de M. de Voltaire. (Par l'abbé CAPPERONIER). *Paris, Coustellier,* 1719, in-8.

735. Journal (le) satirique intercepté, ou Apologie de M. Arouët de Voltaire et de M. Houdard de La Motte ; par le sieur Bourguignon (GACON). 1719, in-8 de 48 pages.

736. Lettre de M. le marquis de M*** à un gentilhomme de ses amis, contenant la critique des critiques de l'OEdipe de M. de Voltaire. *Paris, Sevestre* (1719), in-8.

737. Lettre à madame.***, contenant la critique de l'OEdipe de M. de Voltaire ; par M. Van EFFEN.

Imprimée dans le « Journal historique, politique, critique et galant », mars et avril 1719.

738. Nouvelles Remarques sur l'OEdipe

de M. de Voltaire et sur ses Lettres critiques, où l'on justifie Corneille, etc. (Par l'abbé GÉRARD). *Paris,* 1719, in-8.

739. Lettre à M. de Voltaire sur sa tragédie d'OEdipe. *Paris,* 1719, in-8.

740. Lettre critique sur la nouv. tragédie d'OEdipe (de Voltaire ; par le P. FOLARD, jésuite). *Paris, Mongé,* 1719, in-8.

M. Beuchot dit qu'elle a été attribuée au P. Arthuis, jésuite.

741. Lettre d'un abbé à un gentilhomme de province, contenant des observations sur le style et les pensées de la tragédie d'OEdipe, et des réflexions sur la dernière lettre de M. de Voltaire. *Paris, Mongé,* 1719, in-12.

Dix ans plus tard, à l'occasion d'une représentation de l'OEdipe de Corneille, l'abbé Pellegrin fit insérer dans le « Mercure » (1729, deuxième volume de juin, pages 1315—1345, et mois d'août, pages 1700—31), une Dissertation sur l'OEdipe de Corneille et sur celui de Voltaire, par M. le chevalier de...., à madame la comtesse de....».

La Grange Chancel a fait une « Épître à M. Arouët de Voltaire sur la tragédie et sur les deux Dissertations qui la suivent ».

Hérode et Mariamne (n° 103) :

742. Vérités littéraires sur la tragédie d'Hérode et Mariamne ; par MM. l'abbé DESFONTAINES et GRANET. *Paris, Musier,* 1725, in-12.

743. Observations critiques sur la tragédie d'Hérode et Mariamne, de M. de Voltaire. (Par l'abbé NADAL). *Paris, Ribou,* 1725, in-12.

744. Lettres (trois) à M. de...., contenant quelques observations sur la tragédie de Mariamne, de M. de Voltaire. (Par J.-J. BEL). 1725, in-12.

Dans le troisième volume de la continuation des Mémoires de littérature et d'histoire (par le P. Desmolets).

745. Examen de la tragédie d'Hérode et Mariamne.

Impr. dans les Mémoires de Desmolets, tome I, pages 206 à 245.

746. Lettres (trois) sur Hérode et Mariamne.

Imprimées aussi dans les Mémoires de Desmolets, tome III, pages 43 à 75.

Brutus (n. 106) :

747. Lettre à l'auteur du « Mercure. (Par l'abbé PELLEGRIN).

Imprimée dans le « Mercure » de mars 1731.

748. Réflexions sur la tragédie de Brutus.

Imprimée dans le « Nouvelliste du Parnasse », 1re lettre.

749. Réflexions à l'occasion du Brutus de M. de Voltaire, et de son Discours sur la Tragédie. (Par Jean SOUBEIRAN DE SCOPON, avocat de Toulouse, né en 1699, mort en 1751).

Imprimées dans le « Mercure » d'avril 1731.

750. Jugement en dernier ressort rendu par Momus, conseiller d'État, lieutenant-général du Parnasse.

Cette prétendue facétie a été réimprimée en grande partie dans le tome III de l'Histoire littéraire de Voltaire, par Luchet.

Ériphyle (n. 108) :

751. Mémoire sur Ériphyle ; par M. L. D. M.

Imprimé dans le « Mercure » de mars 1732, et réimprimé dans « l'Almanach littéraire » de 1780, pag. 55 à 62.

Boissy fit représenter, le 20 mars 1732, sur le théâtre de la Foire, « le Triomphe de l'ignorance », opéra-comique en un acte, non imprimé, dans lequel il y avait des traits contre *Ériphyle*.

Zaïre (n. 110) :

Indépendamment de quatre parodies auxquelles cette tragédie donna naissance, elle fut aussi l'objet de plusieurs critiques. J.-B. Rousseau fit insérer, dans « le Glaneur » (n° 28, de 1733), une critique de *Zaïre ;* on y répondit dans le « Mercure » d'avril 1733, page 651. L'extrait d'une « Lettre sur Zaïre » fait partie du tome XVII de la « Bibliothèque française », page 384. L'abbé Nadal, outre la parodie qu'il a faite, a écrit une « Lettre à madame la comtesse de F.... , sur la tragédie de Zaïre » : on la trouve dans ses Œuvres. Des « Notes critiques sur Zaïre », par d'Açarq, sont imprimées pages 148 à 165 de ses « Observations sur Boileau », etc. (1770, in-8). Un émailleur mit, en 1756, Zaïre en figures d'émail.

Adélaïde du Guesclin (n° 112) :

752. Lettre à un ami de province, contenant quelques observations sur Adélaïde du Guesclin, tragédie de M. de Voltaire. *Amsterdam (Paris)*, 1765, in-12 de 38 pages.

Duc (le) de Foix (n° 113) :

753. Observations sur la tragédie du

Duc de Foix, de M. de Voltaire ; par de LA MORLIÈRE. 1752, in-12 de 42 pages.

Mort (la) de César (n° 117) :

754. Lettre de M. ALGAROTTI à M. l'abbé Franchini, envoyé de Florence à Paris, sur la tragédie de Jules-César, par Voltaire.

Réimprimée en tête de quelques éditions séparées de la Mort de César, et dans le théâtre de Voltaire.

755. Lettre de M. L..... sur la Mort de César. 1730.

Ouvrage cité dans les « Observations sur les écrits modernes », tome IV, page 238.

Alzire (n. 118) :

756. Épître à M. de Voltaire sur sa nouvelle tragédie d'Alzire. 27 février 1736, in-8 de 7 pages.

Enfant (l') prodigue (n° 119) :

757. Lettre de M. le chevalier de.... à madame la comtesse de....

Imprimée dans le « Mercure » de décembre 1736 c'est une vive critique de l'*Enfant prodigue.*

758. Lettre critique sur la comédie (de Voltaire) intitulée : l'Enfant prodigue (par CONTANT D'ORVILLE). *Paris, P. Ribou,* 1737, in-12 de 38 pages.

Zulime (n° 121) :

759. Lettre de M. de R.... à M. de S... R... sur la tragédie de Zulime et sur l'Écueil du sage. *Genève (Paris)*, 1762, in-12.

760. Lettre du sieur de l'Épine, dit Floribel, acteur breton, à la demoiselle de ***, directrice de la comédie à Quimper.

Imprimée dans le « Mercure » de juin 1740, page 1203.

Mahomet (n° 123) :

761. Lettre à M. A***, du 1er juin 1739, au sujet de la tragédie de Mahomet II. (Par de SAINT-MARC). In-8.

762. Lettre d'un comédien de Lille sur la tragédie de Mahomet, de M. Voltaire. *Paris, Prault,* 15 juillet 1742, in-8 de 14 pages.

763. Sentiments d'un spectateur. Août 1742, in-8.

L'auteur est l'abbé CABAGNE, qui pourrait bien aussi être l'auteur de la « Lettre d'un comédien », dont il avoue avoir fourni le canevas.

764. Lettre à M. de V***. (Par VILLARET). 1742, in-12 de 37 pages.

765. Lettre écrite à M. le comte de ***, au sujet de la tragédie de Mahomet. 1742, in-12.

Le Catalogue imprimé de la bibliothèque du roi, n° 5603 des belles-lettres », attribue cette Lettre à l'abbé CABAGNE ; mais une personne a corrigé à la main ce nom et y a mis celui de MONET.

La « Lettre d'un comédien de Lille », les « Sentiments d'un spectateur » et la dernière lettre citée, sont des apologies qui ont été réimprimées dans les tomes XIII et XIV des « Amusements du cœur et de l'esprit ».

Mérope (n° 125) :

766. Critique de Mérope. In-8 de 16 pages.

767. Lettre à M. le marquis de ***, sur la Mérope de M. de Voltaire, tragédie. (Par Aubert de LA CHESNAYE DES BOIS). 1743, in-8 de 22 pag.

Il existe une autre édition sous la même date portant pour titre : *Lettre sur la Mérope de Voltaire ; comparaison avec celle de M. Maffei*, in-8.

768. Lettre sur la Mérope de Voltaire. In-12.

769. Lettre sur la tragédie de Mérope, sur la comédie de l'École des mœurs et sur les francs-maçons. *Bruxelles*, 1744, in-12.

770. Naissance de Clinquant et de sa fille Mérope, conte allégorique et critique. 1744, in-12.

771. Parallèle des deux Méropes, tragédies, de Maffei et de Voltaire, 1744, in-12.

772. Réponse du marquis Scipion de MAFFEI, auteur de la Mérope italienne, à M. de Voltaire, auteur de la Mérope française. In-12.

773. Lettre à madame la marquise de ... sur la tragédie de Mérope. (Par

M. LIEUDÉ DE SEPMANVILLE). In 8.

774. Lettre à Fréron ; par LAGRANGE CHANCEL.

Imprimée dans le « Journal étranger » du mois d'août 1756.

775. Lettre du P. de TOURNEMINE, jésuite, au P. Brumoy, sur la tragédie de Mérope. 23 décembre 1738.

Imprimée en tête de « Mérope », en 1746, t. III des Œuvres diverses de Voltaire.

Sémiramis (n° 130) :

776. Critique, scène par scène, sur Sémiramis, tragédie de M. de Voltaire. *Paris, Cailleau,* 1748, in-8.

Attribuée par les uns au libraire Cailleau ; par les autres, à l'abbé Marchadier ou Merchadier. Cette Critique, faite sur les premières représentations, donne quelques vers que l'auteur a changés depuis ; mais ce ne sont guère que des vers isolés, et qu'il serait insignifiant de reproduire.

777. Épître chagrine du chevalier Pompon à la Babiole contre le bon goût, ou Apologie de Sémiramis, tragédie de M. de Voltaire. (Par TRAVENOL). 1748, in-12 de 24 pages.

Cette Épître, en vers libres, pourrait bien être de Mannory, auteur de la lettre qui la termine.

778. Lettre critique sur la tragédie de Sémiramis (de Voltaire); par DESFORGES. *Paris, Cailleau,* 1748, in-12 de 30 pages.

779. Lettre de Ma. Sémiramis à M. Catilina, mise en vaudeville par un chansonnier de Paris. In-8 de 16 pages.

780. Lettre sur la « Sémiramis » de Voltaire. (Par DUPUY-DEMPORTES). *Paris, Clousier,* 1748, in-8 de 15 pages.

Barbier, par erreur, attribue cette Lettre à Gazon Dourxigné.

781. Parallèle de la Sémiramis de M. de Voltaire et de celle de M. Crébillon ; par M. D. (DUPUY-DEMPORTES). 1748, in-8 de 46 pages.

782. Épître à Philon sur la tragédie de Sémiramis. (En vers. Par M. l'abbé P.). In-12 de 10 pages.

783. Lettre sur la tragédie de Sémiramis. *Paris*, 1748, in-8.

784. Poëte (le) réformé, ou Apologie pour la Sémiramis de V***. (Par FAVIER). *Amsterdam*, 1748, in-8 de 20 pages.

785. Vie (la) de Sémiramis; par M. JOURDAIN. *Londres*, 1748, in-12.

786. Critique de Sémiramis, tragédie de Voltaire. *Amsterdam*, 1749, in-12.

787. Observations sur la Sémiramis de Voltaire, et sur la première critique de cette tragédie. (Par L. MANNORY). *Alethopolis* (*Paris*), 1749, in-8 de 77 pages.

Il existe des exemplaires avec un titre plus court. L'auteur des « Observations » est MANNORY. C'est la « Lettre critique » de Desforges, qui est désignée sous le titre de première critique.

Nanine (n° 131) :

388. Réflexions sur le comique larmoyant; par M. de C....; trésorier de France et conseiller au présidial, de l'Académie de la Rochelle. 1749, in-12 de 74 pages.

Cette brochure est celle dont Voltaire parle dans sa préface de « Nanine » ; l'auteur est Pierre-Matthieu-Martin de CHASSIRON, né à l'île d'Oléron, en 1704, mort en 1767.

789. Lettre à l'auteur de Nanine. (Par GUIARD DE SERVIGNÉ, avocat à Rennes). 1749, in-12 de 16 pages.

790. Réflexions critiques sur la comédie de Nanine; par M. G. (GRESVIK). *Nanci*, 1749, in-8 de 16 pages.

791. Nanin et Nanine, fragment d'un conte traduit de l'arabe; par le sieur L. D. V. (LEFEVRE). 1749, in-8.

792. Lettre du roi de Prusse (FRÉDÉRIC II) à Voltaire (sur Nanine). 11 janvier 1750.

Imprimée pour la première fois complète dans le Voltaire de M. Beuchot, et à sa date : quelques-uns des précédents éditeurs s'étaient bornés à donner un *extrait* de cette lettre.

Oreste (n° 133) :

793. Lettres de Boug... d'Asnerie, pour le sieur Arouët de Voltaire.

Ces Lettres, qui parurent peu après Oreste, ont été imprimées dans les « Mémoires de Collé », t. 1er, page 158, et dans les « Mémoires pour servir à l'Histoire de la Calotte », tome VI, page 145. Voltaire y est proclamé conseiller traducteur ordinaire

et extraordinaire des auteurs anciens et modernes, à l'usage de nous et des nôtres.

794. Voltaire âne, jadis poëte. *En Sybérie, de l'impr. volontaire*, 1750, pet. in-8 de 39 pages.

Cet opuscule contient : 1° les Lettres (de Boug.... d'Asnerie) ; — 2° la Pétarade, ou Polichinel auteur, pièce qui n'a point encore paru en foire, et qui n'y paraîtra peut-être jamais ; c'est une espèce de parodie d'Oreste; — 3° Dispute entre Voltaire et Rousseau, dialogue en vers ; — 4° trois épigrammes.

795. Précis des Électres. Pet. in-8 de 16 pages.

796. Lettre de M. de V*** sur la tragédie d'Oreste. In-8 de 16 pages.

797. Électre vengée, ou Lettre sur la tragédie d'Oreste et d'Électre; par M. le N. de C. In-12 de 23 pages.

798. Lettre à madame la comtesse de*** sur la tragédie d'Oreste de M. de Voltaire, et sur la comédie de la « Force du naturel », de M. Néricault Destouches. (Par LIEUDÉ DE SEPMANVILLE). In-12 de 36 pages.

799. Justification de la tragédie d'Oreste, par l'auteur. In-12 de 28 pages.

Au bas de la première page est en note : « On croit devoir avertir, crainte d'équivoque, que ces mots : *par l'auteur*, doivent s'entendre de l'auteur de la Justification.

800. Précis de l'Électre de Sophocle. (Par l'abbé DANET). In-12 de 28 pages.

801. Réflexions sur la tragédie d'Oreste (de Voltaire), où se trouve placé naturellement l'Essai d'un parallèle de cette pièce, avec l'Électre de M. de C*** (Crébillon). (Par de LA MORLIÈRE). *Sans nom de ville, ni d'impr.*, et sans date, in-12 de 47 pag.

802. Dissertation sur les principales tragédies anciennes et modernes, qui ont paru sur le sujet d'Électre, et en particulier sur celle de Sophocle; par M. DUMOLARD (-BERT), membre de plusieurs académies (né en 1709, mort en 1772). *Londres*, 1750, in-8.

Réimpr. par M. Beuchot à la suite de « Oreste ». A l'occasion de l'Oreste de Voltaire. « Cette Dissertation de M. Dumolard, dit La Harpe dans « son Commentaire, est d'un amateur aveugle de « l'antiquité, qui trouve tout beau dans Sophocle, « et rien dans Crébillon. Il manque de goût et d'é- « quité »—Il est probable qu'avant de la faire imprimer dans sa tragédie d'*Oreste*, Voltaire en a revu le-

style. On croit y reconnaître en quelques passages son esprit et sa plume, et particulièrement dans sa troisième partie. C'est ce qui a porté A.-A. Barbier à considérer le nom de Dumolard comme un pseudonyme de Voltaire.

803. *Parallèle des quatre Électres, de Sophocle, d'Euripide, de M. de Crébillon et de M. de Voltaire. (Par GAILLARD). *La Haye, J. Néaulme*, 1750, in-12 de 124 pages.

804. Électre d'EURIPIDE, tragédie traduite du grec. (Par LARCHER). 1750, in-12.

Rome sauvée (n° 134) :

805. Lettre à M. de Voltaire sur sa tragédie de Catilina. (Par DUPUY-DEMPORTES). *Londres (Paris)*, 1748, in-8 de 15 pag.

806. Natalica, conte indien, ou Critique de Catilina. (Par DESFORGES). 1749, in-12 de 22 pag.

807. Observations sur Catilina (de Crébillon) et Rome sauvée (de Voltaire). In-8 de 32 pages.

808. Parallèle de Catilina (de Crébillon) et de Rome sauvée (de Voltaire). In-12 de 32 pages.

809. Lettre à madame de *** sur la tragédie de Rome sauvée. Pet. in-8 de 13 pages.

En 1756, lors de la reprise du « Catilina » de Crébillon, Fréron fit un grand éloge de la « Rome sauvée » de Voltaire, qui a « substitué des beautés aux défauts » (voy. l'Année littéraire, 1756, II, 341). Mais, en 1762, il tint un autre langage. Oreste et Rome sauvée, disait-il alors (voy. l'Année littéraire, 1762, VII, 236), n'ont servi qu'à confirmer le mérite d'Électre et de Catilina.

On a quelquefois indiqué comme relatives à « Rome sauvée » des brochures dont la date même prouve qu'elles sont relatives au « Catilina » de Crébillon, qui est de 1748. « Natalica », que nous citons, se trouve peut-être dans ce cas.

Orphelin (l') de la Chine (n° 135) :

810. Analyse de la tragédie de l'Orphelin de la Chine; par de LA MORLIÈRE. *La Haye (Paris, Valleyre fils)*, 1755, in-12 de 43 pages.

811. Lettre (de POINSINET le jeune) à un homme du vieux temps sur l'Orphelin de la Chine, tragédie de M. de Voltaire, représentée pour la première fois le 20 août 1755. 1755, in-8 de 15 pag.

812. Lettre à madame de **, sur l'Or-

phelin de la Chine. 1755, in-12 de 24 pages.

Murphy, comédien anglais et auteur d'une tragédie de l'Orphelin de la Chine, adressa, le 30 avril 1759, à Voltaire, une « Lettre » contenant la critique de la pièce française. Cette Lettre, traduite et imprimée dans les « Variétés littéraires », par Arnaud et Suard, donna naissance à l'opuscule anglais intitulé : « A letter from M. de Voltaire to the author of the Orphan of China », 1759, in-8. C'est une critique de la pièce de Murphy; mais elle n'est point de Voltaire, quoiqu'on y ait mis son nom.

Des « Observations sur l'Orphelin de la Chine » sont imprimées à la suite d'une « Épître à M. de Voltaire, par Gazon d'Ourxigné, dont une nouvelle édition fut publiée en 1760. (Voy. n° 1069).

Socrate (n° 136) :

813. Lettre au sujet de Socrate, pièce dramatique, supposée traduite de l'anglais.

Imprimée dans le « Journal encyclopédique », du 1er février 1760.

Écossaise (l') (n° 137) :

814. Relation d'une grande bataille.

Imprimée dans l'Année littéraire, tome V, de 1760, page 209 : c'est un compte rendu de la première représentation.

815. Lettre sur la comédie de l'Écossaise, avec cette épigraphe: *Usquequo tandem ?* 1760, in-12 de 12 pages.

816. Discours sur la satire contre « les Philosophes «, comédie de Palissot. (Par l'abbé COYER). 1760, in-12.

L'auteur parle à la fin du succès brillant de « l'Écossaise ».

817. Avis (les). In-8 de 16 pages.

Cette pièce, contient des réflexions critiques sur la comédie des « Philosophes » et sur celle de l'Écossaise.

818. Épître à un ami, dans sa retraite à l'occasion des « Philosophes » et de l'Écossaise. (En vers libres). 1760, in-12 de 12 pages.

819. Épître (en vers) sur la comédie de l'Écossaise; par DUVERGER DE SAINT-ÉTIENNE.

Imprimée dans le « Mercure », deuxième volume d'octobre 1760, pages 41—45. Voltaire en remercia l'auteur par une lettre qu'on trouve dans la Correspondance (édition de M. Beuchot, au moins), en décembre 1760.

Tancrède (n° 138):

820. Lettre critique à M***, sur la tra-

gédie de Tancrède. *Paris*, 25 sept. 1760, in-8 de 30 pages.

Voltaire, dans sa Lettre à Thieriot, du 19 octobre 1760, dit avoir lu deux brochures sur Tancrède : celle que nous venons de citer, et une autre de La Noue. Je ne sais, dit M. Beuchot, qu'elle est la brochure que Voltaire attribue à La Noue.

821. Lettre de DIDEROT à Voltaire, sur Tancrède. 28 novembre 1760.

Imprimée dans les OEuvres de Diderot. On a quelquefois attribué à ce dernier, par erreur, la « Lettre critique», citée précédemment.

822. Lettre sur les rimes croisées dans les vers alexandrins, et sur l'unité de lieu ; par l'abbé LEVESQUE.

Imprimée dans le « Mercure » de novembre 1760. Elle avait été écrite à l'occasion de « Tancrède », et une réponse qu'on y fit, parut dans l'Année littéraire, tome VIII, de 1760, page 236, sous le titre de « Lettre sur la versification de la tragédie de Tancrède », par M. MONISEAU, avocat au parlement. Le « Mercure » de février 1761, pages 57—67, contient une réponse à la lettre de M. Moniseau.

Droit du seigneur (n° 139) :

823. Lettre de M. de R... à M. de S...R. sur..... et sur l'Écueil du sage. 1762, in-8 de 32 pages.

Voy. le n° 759.

Scythes (*les*) (n° 144) :

824. Lettre à un ami de province sur..... les Scythes ; par J.-B. MILLIET.

Voy. le n° 829.

825. A M. de Voltaire, sur ce que bien des gens avaient critiqué sa tragédie des Scythes ; par M. de C... (peut-être CIDEVILLE.

Sixain imprimé dans le « Mercure » de juin 1767.

826. Vers sur la première représentation des Scythes; par DU BELLOY.

Imprimés dans le « Mercure » de juin 1767. Voltaire en remercia Du Belloy par sa lettre du 19 avril.

827. Examen des Scythes. 1763, in-8 de 33 pages.

828. Lettre à un ami de province.....

M. Beuchot n'a pu trouver cette lettre ; elle est peut-être enfouie, dit-il, dans quelque journal. Si elle existe, elle ne peut être que de 1769.

Guèbres (*les*) (n° 149) :

829. Lettre à un ami de province sur les Guèbres et les Scythes, tragédies de M. de Voltaire; par J.-B. MILLIET (mort en 1774).

Voy. la note du numéro précédent.

Sophonisbe (n° 150) :

830. Examen des Sophonisbes de Mairet, de Corneille et de Voltaire ; par CLÉMENT, de Dijon.

Imprimé dans le tome II du « Tableau annuel de la littérature », 1801, in-8, pages 282—331.

Loix (*les*) *de Minos* (n° 152) :

831. Réflexions critiques et politiques sur la tragédie, au sujet des Loix de Minos (de Voltaire), à M. Thomas, de l'Académie française. (Par l'abbé T.-J. DU VERNET). *Amsterdam, et Paris, Lambert*, 1773, in-8 de 51 pages.

Sur le théâtre de Voltaire, en général.
(n° 157) :

832. Ami (l') de la vérité, ou Lettres impartiales semées d'anecdotes curieuses sur les pièces de théâtre de Voltaire. (Par GAZON DOURXIGNÉ). *Amsterdam*, 1767, in-12.

833. Lettres (neuf) à M. de Voltaire, ou Entretiens sur plusieurs ouvrages de ce poëte; par CLÉMENT, de Dijon. *La Haye et Paris, Moutard*, 1773-77, 2 part. in-8.

Chacune de ces Lettres a été publiée séparément.

834. De la Tragédie, pour servir de suite aux (neuf) Lettres à Voltaire; par CLÉMENT, de Dijon. *Amsterdam, et Paris, Moutard*, 1784, 2 part. in-8.

Ces deux derniers ouvrages sont d'un critique éclairé et pénétré des bons principes ; mais le style est prolixe, pesant, diffus ; on pourrait réduire chacune de ces lettres à moitié, et s'en tenir aux bonnes observations qui en font la base. Ce n'est pas le tout d'avoir raison, il ne faut pas l'avoir trop longtemps; cela finit par fatiguer le lecteur. On reproche aussi à Clément de trop appuyer sur des fautes légères.

835. Commentaire sur le Théâtre de Voltaire, par de LA HARPE ; imprimé d'après le manuscrit autographe de ce célèbre critique, et approprié aux différentes éditions de ce théâtre ; recueilli et publié par *** (M. DECROIX). *Paris, Maradan*, 1814, in-8, 6 fr.

Le fonds de ce travail était, à ce qu'il semble,

fort ancien.... « Les notes qui forment ce volume furent retrouvées à Ferney, écrites en marge d'un exemplaire du Théâtre de Voltaire qui avait pris soin de les parapher. L'éditeur qui les a publiées en 1814 y a joint, pour les compléter, quelques extraits du « Lycée » relatifs aux opéras de Voltaire, à ses comédies, et à ceux de ses poëmes tragiques qui n'ont été imprimés qu'après sa mort. Il y a donc dans ce volume deux parties faciles à distinguer par les signes qui les accompagnent, et mieux encore, comme le dit l'Avertissement, par la *diversité des principes et des opinions*. En effet, les remarques extraites du « Lycée » ont été rédigées ou retouchées depuis 1795 ; elles sont d'un nouveau converti, et la critique y est si amère, si hautaine, si indécente, que l'éditeur a cru devoir y opposer ses propres réflexions qui nous paraissent fort judicieuses. Il fait observer que, tout au contraire, l'esprit philosophique domine dans les notes écrites avant 1778. La plupart néanmoins tient à la littérature ou à la simple grammaire : elles concernent la diction, le style plus que les sujets, les plans et les caractères. Bien que rigoureuses, un peu minutieuses, et quelquefois hasardeuses, elles ne sont point à négliger ; le volume qui les renferme est, à nos yeux, un très-utile supplément au chapitre III du livre 1er de la troisième partie du Lycée (Discours préliminaire de M. Daunou, pag. 116—17).

Le *Commentaire sur le théâtre de Voltaire* n'a point été réimprimé dans les OEuvres de La Harpe.

Romans. (n° 159) :

836. Sur le reproche que l'on a fait à Voltaire d'avoir pris son chapitre de Zadig, intitulé : « l'Hermite », dans un conte de Parnell.

Voy. le Journal de la librairie, 1825, page 743.

837. Lettre sur un écrit anonyme : Jean qui pleure et Jean qui rit. — Réponse de M. de Voisenon. In-8.

Critique. — Mélanges.

Lettres sur l'OEdipe de Sophocle (n° 161) :

838. Apologie de Sophocle, ou Remarques sur la troisième lettre critique de M. de Voltaire. (Par Cl. CAPPERONNIER). *Paris, Coustellier,* 1719, in-8.

Le Préservatif (n° 171) :

839. Voltairomanie (la), ou Lettre d'un jeune avocat, en forme de mémoire, en réponse au libelle du sieur de Voltaire, intitulé : le Préservatif, etc. (Par l'abbé DESFONTAINES). 1738, in-12.

La Voltairomanie est de Desfontaines, à qui Voltaire voulait intenter un procès criminel (voyez sa lettre à d'Argental, du 9 janvier 1739); mais on étouffa cette affaire, dit l'abbé Irailh, dans ses « Querelles littéraires », tome II.

La « Voltairomanie » est un écrit aussi violent que les attaques de Voltaire avaient été indécentes. Dans le préambule de cé pamphlet, Desfontaines dit, en parlant de son adversaire : « Il n'a ménagé « personne, et, comme un chien enragé, il s'est « jeté sur tous les auteurs les plus distingués. Théo- « logiens, philosophes, poëtes, tous les savants, « ont été les objets de ses mépris, de ses railleries, « de son badinage. Il a tourné en ridicule les reli- « gions, les nations et les gouvernements. Personne « ne l'ignore ; et pourquoi ne pourrait-on démas- « quer le persécuteur du genre humain, cet ennemi « des vivants et des morts, et lui arracher cette in- « faillibilité dans les belles-lettres, dont il se pare « arrogamment. Autant de coups de plume qu'il a « donnés, sont autant de brocards ou de calomnies « atroces qui ne devaient pas rester impunies, etc. »

840. Médiateur (le) (entre Voltaire et l'auteur de la Voltairomanie), lettre à M. le marquis de *** ; par J.-B. D. *Toulouse,* le 10 janvier 1739, in-12 de 24 pages.

Inséré aussi dans quelques exemplaires des «Amusements du cœur et de l'esprit ».

841. Jugement désintéressé du démeslé qui s'est élevé entre M. de Voltaire et l'abbé Desfontaines. *Sans lieu d'impression,* et sans date, in-12 de 8 feuillets sans pagination.

Une édition, qui doit avoir été faite clandestinement, porte en faux-titre : *Combat de M. de Voltaire contre M. l'abbé Desfontaines,* ajouté après coup : c'est cette dernière que nous avons vue.

Conseils à Racine (fils) (n° 181) :

842. Réflexions sur l'anonyme (Voltaire), et sur ses Conseils à M. Racine, au sujet du poëme de la Religion. (Par René de BONNEVAL). 1742, in-8 de 7 pag.

843. Lettre de M. D. L. M. à M....., au sujet des conseils donnés à M. Racine. 1742, in-12 de 20 pages.

Discours de réception à l'Académie française (n° 188) :

844. Discours prononcé à la porte de l'Académie française, par M. le directeur, à M***. (Attribué au poëte ROY). 1743.

845. Le même, avec le Triomphe poétique (1739). (Le tout publié par L. TRAVENOL fils, violon de l'Académie royale de musique). 1746.

Voltaire traduisit Travenol devant les tribunaux.

846. Réflexions sur le Remercîment de M. de V*** à l'Académie française.

Faisant partie du « Voltairiana ».

847. Discours prononcé à l'Académie par M. de Voltaire. 1746.

Harangue ironique, dont l'auteur est BAILLET DE SAINT-JULIEN.

848. Lettre d'un académicien de Villefranche à M. de Voltaire, au sujet de son remerciment à l'Académie française. 1746, in-4.

Mensonges imprimés (n° 194) :

849. Lettre sur le Testament politique du cardinal de Richelieu (contre Voltaire). (Par Ét.-L. de FONCEMAGNE). 1750, in-12.— Nouv. édition, augmentée. 1764, in-8.

Réimprimée dans le tome second du Testament du cardinal de Richelieu, qui parut dans la même année.

La querelle entre Voltaire et Foncemagne se réengagea sur le même sujet, en 1764.

850. Réfutation du sentiment de M. de Voltaire, qui traite d'ouvrage supposé le Testament politique du cardinal de Richelieu. (Par Léon MÉNARD, mort en 1767). *Paris,* 1750, in-12 de 31 pages.

851. Mensonges (les) imprimés par M. Arouët de Voltaire. *Hollande,* 1750, in-8.

Réfutation d'un écrit anonyme (n° 216) :

852. Guerre littéraire, ou Choix de quelques pièces de M. de V*** (Voltaire). (*Lausanne, F. Grasset*), 1759, in-12 de cxl et 183 pages.

Dans la même année on y mit ce nouveau frontispice : Choix de quelques pièces polémiques de M. de V*** (Voltaire), avec les réponses, pour servir de suite et d'éclaircissements à ses ouvrages.

L'éditeur s'appelait Lervéche, ou La Roche, suivant Voltaire.

Quand (les) (n° 221) :

853. VII Quand (les), en manière des VIII de M. de V***, ou Lettre d'un apprenti bel-esprit, qui ne manque pas de sens commun, à M. son père, en province , pour lui donner une bonne opinion de lui. 1760, in-12 de 11 pages.

854. Pourquoi (les), réponse aux ridicules Quand de M. le comte de Tornet. 1760, in-8 de 4 pages.

855. Réponses aux Quand, aux Si et aux Pourquoi. 1760, in-12 de 20 pages.

Lettre à M. Palissot (n° 232) :

856. Discours sur la satire (de Palissot) contre les philosophes, représentée par une troupe qu'un poëte philosophe (Voltaire) fait vivre, et approuvée par un académicien (Crébillon le père), qui a des philosophes pour collègues. (Par l'abbé COYER). *Athènes , chez le libraire anti-philosophe,* 1760, in-12.

857. Lettre de M. de Voltaire à M. Palissot, avec la réponse, à l'occasion de la comédie des « Philosophes ».

Imprimées dans les OEuvres de Palissot, tome II de l'édition de 1763 , et tome VI de celle de 1779.

Éloge de Crébillon (n° 245) :

858. Réponse à l'Éloge de Crébillon, ou Lettre à M. de Voltaire; par M. l'abbé de S***.

Imprimée dans la « Renommée littéraire », pages 26, 129, 145.

L'*Éloge de Crébillon* fut aussi critiqué dans « l'Année littéraire ». 1762, VII, 217—36.

Commentaire sur Corneille (n° 258) :

859. Critique posthume d'un ouvrage de M. de Voltaire. (Par l'abbé CHAMPION DE NILON). *Londres,* 1772, in-8 de 27 pages.

860. Lettre (V^e) à M. de Voltaire ; par CLÉMENT, de Dijon. 1774, in-8 de 237 pages.—VIe Lettre au même, par le même. 1774, in-8 de 360 pages.

Ces deux Lettres renferment l'examen des Commentaires sur Corneille par Voltaire : celui-ci y répondit par le *Sentiment d'un académicien de Lyon, etc.* (Voy. le n° 332).

Discours aux Welches. (n° 260) :

861. Réponse d'un Français à la harangue d'Antoine Vadé aux Welches.

Imprimée dans le « Mercure » de septembre 1764, pages 43 à 69.

682. Lettre de mademoiselle REYDELLET à M. de La Place, auteur du « Mercure », sur le Discours aux Welches, contenant l'Apologie des Français.

Imprimée dans le même recueil, décembre 1764, pages 28 à 40.

863. Lettre du fils d'un bourgeois de

Saint-Claude à M. Fréron, au sujet d'une note injurieuse à cette ville, insérée par M. de Voltaire en son « Discours aux Welches » ; par le P. JOLY.

Impr. dans « l'Année littéraire » de 1764, t. VII, pages 28 à 40.

Le P. Joly observe, avec raison, « qu'il n'est pas possible d'être citoyen et mainmortable en même temps ; ces deux qualités, suivant les jurisconsultes, s'excluent et ne se rencontrent jamais dans la même personne ». Il ajoute que la ville de Saint-Claude « n'a point été délivrée de la mainmorte, puisqu'elle est, dans son origine, de condition franche ». Voltaire s'est exprimé exactement ailleurs à l'occasion des *chanoines de Saint-Claude*, qui tenaient en esclavage les sujets du roi, habitant au mont Jura, vers Saint-Claude ». Voy. la première phrase de l'opuscule intitulé : *Au roi en son conseil, etc.*

Voy. aussi la section : *Imitations et Parodies.*

664. Lettre sur le Supplément du Discours aux Welches.

Imprimée dans le « Mercure » de 1764, octobre 11 150—58.

C'est la défense de la découverte, faite par Poissonnier, du moyen de dessaler l'eau de mer. Voltaire, dans son Supplément du Discours aux Welches, avait parlé de cette découverte en plaisantant, ou du moins en sceptique.

Doutes nouveaux sur le Testament attribué au cardinal de Richelieu (n. 263) :

865. Lettre de M*** (MERCIER, abbé de Saint-Léger) aux auteurs des «Mémoires pour servir à l'histoire des sciences et des beaux-arts », touchant les nouveaux écrits sur le véritable auteur du « Testament politique du cardinal de Richelieu ». 1765, in-8 de 24 pages.

Honnêtetés littéraires (n° 281) :

866. Lettre d'un ami à un ami sur les « Honnêtetés littéraires », ou Supplément aux Erreurs de Voltaire. (Par l'abbé Cl. Fr. Nonnotte). *Avignon (Lyon)*, 1767, in-8.

Nonnotte, blessé au vif de ce que, dans ses « Honnêtetés littéraires », Voltaire rapportait de lui, sur le témoignage vrai ou supposé d'un homme en place, publia la Lettre que nous citons. Nonnotte, qui reproche l'orgueil à son adversaire, étale longuement ses propres titres à la célébrité, dit que son « Discours préliminaire des Erreurs de Voltaire est l'un des plus excellents morceaux en genre de préface ». Il parle du bon succès de ses sermons et des armoiries de sa famille. Chaudon, dans une note manuscrite que M. Beuchot a eue sous les yeux, ajoute que Nonnotte « avait l'air un peu suffisant ; il était très-prévenu en faveur de son mérite ; c'était Feller cadet ». Voltaire répliqua à la « Lettre d'un ami à un ami, etc. », par sa Lettre d'un avocat de Besançon, etc. (Voy. n° 294).

Défense de mon oncle (n° 286) :

867. Réponse à la Défense de mon oncle ; par LARCHER. 1767, in-8 de 16 pages.

868. Lettre à l'auteur d'une brochure intitulée : « Réponse à la Défense de mon oncle. 1767, in-8 de 16 pages.

Tocsin (le) des rois (n° 317) :

869. Mandement du muphti, portant condamnation d'un écrit qui a pour titre : « le Tocsin des rois », par M. de Voltaire, imprimé à Genève ; suivi d'un décret du divan qui ordonne que cet écrit sera foulé aux pieds dans tous les carrefours de Constantinople, et brûlé aux portes des principaux mécréants qui y résident ; ouvrage traduit de l'arabe, et enrichi de notes de l'éditeur. *Imprimé à Constantinople*, l'an de l'hégire 1168, gr. in-8 de 95 pages.

Voltaire y est appelé « vieillard insensé, vieillard méchant et cruel, etc. ». L'auteur du Mandement a fait erreur dans la date qu'il a mise. L'année 1768 de l'hégire est antérieure de seize ans à 1771, et correspond à nos années 1754—55.

Lettre à l'Académie française (n° 347) :

870. Observations à MM. de l'Académie française, au sujet d'une Lettre de M. de Voltaire, lue dans cette Académie, à la solennité de la Saint-Louis, le 25 auguste, vulgairement août 1776 ; par M. le chevalier de RUTLIDGE. 1767, in-8 de 42 pages.

871. Essay on the Genius and Writing of Shakspeare, compared with the Greek and French Dramatics Poets ; with Remarks upon the Misrepresentations of M. de Voltaire ; by Mrs Elizabeth MONTAGUE. *London*, 1772, in-8.

Voltaire répondit à la dame auteur de cette Apologie dans sa *Lettre à l'Académie française*, ou dédicace d'*Irène*, qui est en tête de cette tragédie.

872. Apologie de Shakspeare, trad. de l'angl. de milady MONTAGU, par F. LETOURNEUR, traducteur de Shakspeare. *Paris*, 1777, in-8.

873. Discours sur Shakspeare et sur M. de Voltaire ; par Jos. BARETTI, secrétaire, pour la correspondance étrangère, de l'Académie royale britannique. *Londres*, 1777, in-8 de ij et 185 pages.

CORRESPONDANCE.

(n. 362 à 387) :

874. Examen critique de l'ouvrage intitulé : Lettres inédites de Voltaire, adressées à madame la comtesse de Lutzelbourg.

Voy. le Magasin encyclopédique, XVIIe année, 1812, tome Ier, page 238.

875. Notice sur la Correspondance inédite de Voltaire avec l'abbé d'Olivet; par M. GUILLAUME, avocat à Besançon. Besançon, 1814, in-8.

Cette Correspondance a été imprimée pour la première fois, en 1817, dans le Voltaire de Desoër.

876. Notice sur les Lettres inédites de Voltaire à madame de La Live d'Épinay.

Imprimée dans la « Chronique religieuse », t. V, pages 216 à 223.

Voici ce que M. Beuchot disait en 1820, dans sa Bibliographie de la France, page 602, à l'occasion de cette Notice :

« Rien n'annonce la prochaine publication de ces Lettres. Deux phrases surtout révoltent les rédacteurs de la « Chronique religieuse ». Voltaire écrivait, le 24 juillet 1760, à madame d'Épinay : « Est-« il vrai, ma chère philosophe, qu'on a pendu « vingt-deux jésuites à Lisbonne ? Je n'en demande « que deux à Paris avec deux jansénistes seulement, « pour l'édification ». Mais la nouvelle ayant été reconnue fausse, il ajouta dans une autre lettre : « Il n'est donc pas vrai qu'on ait envoyé vingt-deux « jésuites en paradis du haut d'une échelle ? Je me « crois très-humain ; mais, quand en étranglerait « deux ou trois jésuites avec les boyaux de deux ou « trois jansénistes, le monde s'en trouverait-il plus « mal ? »

HISTOIRE.

Essai sur les guerres civiles de France
(n° 388).

877. Remarks on Essay on civil wars of France.

Imprimées à la suite de celles sur la poésie épique (voy. n° 711).

Histoire de Charles XII
(n° 389) :

878. Remarques historiques et critiques sur l'Histoire de Charles XII; par M. de LA MOTRAYE. 1732, in-12.

Imprimées avec quelques éditions de l'Histoire de Charles XII (voy. n° 389).

Dès l'année suivante Voltaire inséra les Remarques de La Motraye dans une nouvelle édition de l'Histoire de Charles XII, mais en les accompagnant de soixante-six notes.

879. Remarques sur l'Histoire de Charles XII, de Voltaire. (Par NEMEITZ). *Francfort*, 1738, in-8.

880. Remarques d'un seigneur polonais (le comte PONIATOWSKI), sur l'Histoire de Charles XII, de Voltaire. *La Haye, Moetjens*, 1741, in-12.

Voltaire fit son profit de celles qu'il croyait justes et importantes.

Ces *Remarques* ont été réimprimées en entier à la fin de l'Histoire de Charles XII, dans le t. XXVIII du Voltaire Dalibon, et elles occupent 100 pages.

Siècle de Louis XIV (n° 391) :

881. Lettre à l'occasion d'un article concernant Saurin. (Par LERVÊCHE).

Imprimée dans le Journal helvétique, d'octobre 1758. — Voltaire répondit à cette Lettre par sa *Réfutation d'un écrit anonyme*, etc. (Voy. n° 216).

882. Réponse à la Réfutation d'un écrit anonyme. (Par LERVÊCHE).

Impr. dans le volume ayant pour titre : « Guerre littéraire », etc. » (Voy. n° 1115).

883. Réfutation d'un mensonge imprimé dans le « Siècle de Louis XIV ». (Par Fr.-L. CIZERON-RIVAL). 175., in-4.

884. Remarques sur le « Siècle de Louis XIV »; par M. de LA BEAUMELLE.

Imprimées avec des éditions de l'ouvrage de Voltaire. (Voy. n° 391).

885. Mémoire de M. de Voltaire, apostillé par M. de LA BEAUMELLE; précédé d'une Lettre à madame D. (Denis). *Francfort*, 1755.

Réimprimé sous la rubrique de La Haye et Paris, et sous celle de Neufchâtel.

886. Lettre de M. de LA BEAUMELLE à M***, sur ce qui s'est passé entre lui et Voltaire. *Francfort.*

Réimprimée sous les deux rubriques citées précédemment.

Ces deux opuscules de La Beaumelle, ont encore été imprimés dans le « Siècle de Louis XIV » (voy. n° 391) à la suite de la « Réponse au Supplément au Siècle de Louis XIV (voy. n° 888), et à la fin des Lettres de M. de La Beaumelle à Voltaire.

887. Siècle (le) politique de Louis XIV, ou Lettres du vicomte BOLINGBROCKE sur ce sujet, avec les pièces qui forment l'Histoire du « Siècle » de M. F. de Voltaire, et de ses querelles avec MM. de Maupertuis et

de La Beaumelle ; suivies de la disgrace de ce fameux poëte. (Le tout publié par MAUBERT DE GOUVEST). *Siéclopolis, aux dépens de la compagnie*, 1753, in-12 de 64 pages non chiffrées et 431 chiffrées.

Le faux-titre porte : *Nouveau volume du Siècle de Louis XIV, pour suppléer à ce qui manque à cet ouvrage de M. F. de Voltaire*. Après la page 204, on trouve un frontispice portant : *Recueil des pièces concernant le livre intitulé le Siècle de Louis XIV et les querelles de son auteur avec MM. de Maupertuis et La Beaumelle. A Siéclopolis*, 1753.

— Le même ouvrage, sous ce titre et sans faux-titre : le Siècle politique de Louis XIV, avec les pièces qui forment l'Histoire du siècle de M. F. de Voltaire, et de ses querelles avec MM. de Maupertuis et de La Beaumelle ; suivies de la disgrâce de ce fameux poëte. Tome V, première partie ; tome V, deuxième partie. *Siéclopolis, aux dépens de la compagnie*, 1754, 2 part. in-12.

Il y a des exemplaires qui, au lieu de tome V, première et deuxième parties, portent tome III, première et deuxième parties : la première partie a xxviij et 294 pages ; la deuxième 272 pages.

— Le même ouvrage (sous le même titre). *Dresde, George Conrad Walther*, 1755, in-12 de xx et 438 pag.

Les deux Lettres de BOLINGBROCKE qui composent la première partie de cet ouvage, ne sont autre chose que le tome second de la traduction des « Lettres sur l'Histoire, du même auteur, par BARBEU DU BOURG.

Au lieu de la Lettre ou Dédicace à M. Roques, qui se trouve à la tête du « Supplément au Siècle de Louis XIV », il y a dans les pièces diverses du volume que nous venons de citer, un « Mémoire de M. de Voltaire, apostillé par M. de La Beaumelle », et qu'on peut regarder comme la première version de la Dédicace à M. Roques. Si la date que lui donne La Beaumelle est exacte, ce Mémoire est peut-être le testament littéraire dont Voltaire parle dans sa lettre à d'Argental, du 10 février 1753.

888. Réponse au Supplément du Siècle de Louis XIV. Avec cette épigraphe :

An, si quis atro dente me petiverit,
Inultus ut flebo puer ?   HORACE.

Par M. de LA BEAUMELLE. *Colmar*, 1754, in-12 de 166 pag.

Cette Réponse fut rédigée dès le mois d'octobre 1753, c'est-à-dire aussitôt après que La Beaumelle fut sortie de la Bastille ; mais qui ne put être imprimée qu'en avril 1754. Il y reproduisit une « Lettre sur mes démêlés avec M. de Voltaire », déjà imprimée plusieurs fois.

L'acharnement de Voltaire et de La Beaumelle, l'un contre l'autre, n'a cessé qu'avec la vie. Les « Lettres de M. de La Beaumelle à M. de Voltaire », 1763, in-12 de 213 pages, sont une nouvelle édition entièrement refondue de la « Réponse au Sup-

plément », avec quelques autres morceaux relatif à Voltaire.

Cette réponse finit à la page 116. Le reste du volume est rempli par une *Lettre sur mes démêlés avec M. de Voltaire*, une *Lettre à madame D*** (Denis), et un *Mémoire de M. de Voltaire, apostillé par M. de La Beaumelle* (le Mémoire du 27 janvier 1753, les apostilles du 3 mars 1753). Ces pièces, déjà publiées, comme on l'a vu plus haut, à Francfort, La Haye et Paris, diffèrent, dans cette édition, de la première à cause des additions et des retranchements que l'auteur y a fait.

La Réponse au Supplément du Siècle de Louis XIV était prête à être mise sous presse à la fin d'octobre 1753, lorsque l'auteur sortit de la Bastille ; elle ne fut imprimée qu'en avril 1754. Plusieurs personnes l'ont fait relier avec le Siècle politique, édition de 1754.

Cet ouvrage a été réimprimé sous un autre titre et sous une autre forme, mais on ne sait pas si c'est La Beaumelle qui l'a publié ; il est intitulé : *Lettres de M. de La Beaumelle à M. de Voltaire* (avec la même épigraphe qu'à la Réponse d'Horace, Londres J. Nourse, 1763, in-12 de 213 pages. — On trouve en tête un avis du libraire, de deux pages ; suivent vingt-et-une lettres à Voltaire, la première du 15 octobre 1753, la vingt-et-unième du 18 novembre. La lettre 22, du 15 juillet 1754, est adressée à M. Mésangi ; la lettre 23 est celle qui avait déjà paru à Francfort, La Haye, Paris, Neufchâtel, dans les démêlés de La Beaumelle avec Voltaire ; la lettre 24 et dernière est celle adressée à madame Denis, dont nous avons déjà parlé.

Les Lettres de La Beaumelle ont eu une autre édition, mais le seul exemplaire qui nous soit connu étant défectueux, nous ne pouvons indiquer ni le lieu ni la date de l'impression ; le volume serait intitulé : *Lettres de M. de La Beaumelle à M. de Voltaire, augmentées de beaucoup de pièces relatives à leurs démêlés*. In-12. Les 213 premières pages sont conformes aux 213 de l'édition de Londres, 1763. La seconde partie du Siècle politique dont il a été parlé plus haut, se trouve reproduite ici depuis la page 214 jusqu'à la page 431, qui est la dernière de ce qui reste de l'exemplaire que nous avons vu, auquel il manque, après cette page, d'autres pages en nombre assez considérable.

889. Relation de la Querelle de M. de La Beaumelle avec M. de Voltaire; par M. R. (ROQUES). *Hanovre*, 1755, in-8.

Imprimée dans toutes les éditions du Siècle politique de Louis XIV (voy. n° 887).

M. Beuchot, d'après Meusel, donne pour titre à cet écrit : Lettre de M. R. sur la part qu'il a eue aux démêlés de MM. de Voltaire et de La Beaumelle.

Jacques-Emmanuel Roques de Maumont de La Rochefoucault, né en 1727, mort le 16 mars 1806, est le même à qui sont adressées plusieurs lettres de la Correspondance générale, années 1752 et 1753.

890. Examen historique des quatre beaux siècles de M. de Voltaire (dans le premier chapitre du « Siècle de Louis XIV»); par Ant.-Jacq. ROUSTAN, ministre protestant.

Imprimé dans un volume de Roustan, intitulé : Offrande aux autels de la patrie, ou Défense du Christianisme. Amsterdam, 1764, in 8. Roustan pense que Voltaire a beaucoup trop loué Louis XIV.

C'est aussi l'opinion de feu Lemontey, dans son « Essai sur l'établissement monarchique de Louis XIV», 1818, in-8. Voltaire répondit à l'Examen en maltraitant son auteur et le clergé de Genève dans sa « Remontrance des pasteurs de Gévaudan ».

Il est à remarquer que ni le « Mercure », ni les « Lettres sur quelques écrits de ce temps » (par Fréron), n'aient rendu compte de la première édition du *Siècle de Louis XIV*, qui fut déchiré dans le « Journal de Gottingue ». Voltaire répondit par l'*Avis à l'auteur du Journal de Gottingue*.

Abrégé de l'Histoire universelle (n° 393) :

891. Lettre de M. de B***(Rich. de Bury) à M. de Voltaire, au sujet de son Abrégé de l'Histoire universelle. *Londres, J. Nourse*, 1755, in-8.

Voltaire répondit à son critique par l'écrit qui a pour titre : « Lettre civile et honnête à l'auteur malhonnête de la critique de l'Histoire universelle de M. V***, qui n'a jamais fait d'histoire universelle. (Voy. n° 226).

892. Critique de l'Histoire universelle de M. de Voltaire, au sujet de Mahomet et du mahométisme. Sans date, in-12 de 43 pages.

893. Lettre à M. de Voltaire sur Sadi, célèbre poëte persan.

Imprimée dans l'Année littéraire, de Fréron, ann. 1760, tome VIII, p. 335.

894. Au poëte Sadi.

A propos de cette lettre, et imprimé dans le même journal, année 1766, tome VII, page 133. C'est une diatribe contre Voltaire.

Voltaire répondit à cette critique en publiant le n° ...

Histoire de la guerre de 1741 (n° 397) :

895. Réflexions sur le peu d'exactitude des mémoires d'après lesquels M. de Voltaire a traité, dans son « Abrégé de l'Histoire universelle jusqu'à nos jours », le morceau qui porte pour titre : « Affaire de Gênes et de Provence, en 1746 et 1747. (Par M. de LA PORTE, mort en 1793). Sans date, in-8 de 15 pages.

Le morceau critiqué termine, sous le titre d'*Additions*, la seconde partie de « l'Histoire de la guerre de 1741 »; il n'a jamais fait partie de « l'Abrégé de l'Histoire universelle, ni d'aucune édition de l'Essai sur les mœurs.

Philosophie de l'Histoire (n° 403) :

896.Supplément à la «Philosophie de l'His-

toire », de feu l'abbé Bazin ; par P.-H. LARCHER. *Amsterdam*, 1767. — Nouv. édit., augmentée. *Amsterdam, Changuion*, 1769, in-8.

En critiquant l'ouvrage de Voltaire, Larcher avait usé d'un droit qu'a tout le monde, il est vrai; mais il s'est laissé emporter à des expressions violentes qu'on peut qualifier d'odieuses.

Dans sa préface (page 34, soit de la première, soit de la seconde édition), à propos de quelques phrases qu'il citait de Voltaire (voy. le «Dictionnaire philosophique », au mot *guerre*), Larcher prétendait que c'était de la part de l'auteur « s'exposer à la haine du genre humain, et vouloir se faire chasser de la société comme une bête féroce dont on a tout à craindre ». Ce n'est donc pas sans raison qu'on reproche à Larcher d'avoir traité Voltaire de « bête féroce ».

En réponse à l'écrit de Larcher, Voltaire publia la « Défense de mon oncle ». (Voy. n° 405).

897. Réponse à la Philosophie de l'Histoire ; par L. VIRET, cordelier. 1767, in-12.

Opuscule tout à fait oublié. Le nom du P. Viret se retrouve dans quelques écrits de Voltaire.

898. Défense des livres de l'Ancien Testament contre l'écrit (de Voltaire) intitulé : « la Philosophie de l'Histoire ». (Par l'abbé Jos.-Guill. CLÉMENCE, sous le masque de Goulmy de Rosoy). *Rouen, Dumesnil, et Paris, Pillot*, 1768, in-8.

899. Abbé Bazin (Voltaire's) Philosophie d. Gesch.; übers. m. Anmerkungen (von J. Gf. HERDER). *Riga, Hartknoch*, 1768, in-8, 2 fr. 50 c.

900. Observations sur la Philosophie de l'Histoire et sur le Dictionnaire philosophique, avec des réponses à plusieurs difficultés ; par l'abbé LE FRANÇOIS. *Paris, Pillot*, 1770, 2 vol. in-8.

C'est ce même abbé Le François qui a fourni le sujet de la première section de l'article *ignorance* dans le Dictionnaire philosophique, et duquel Voltaire a dit (dans son Épître à d'Alembert, en 1771) :

L'abbé François écrit : le Léthé sur ses rives
Reçoit avec plaisir ses feuilles fugitives.

Défense de mon oncle (n° 405) :

901.Réponse à la »Défense de mon oncle», précédée de la Relation de la mort de l'abbé Bazin, etc. (Par P.-H. LARCHER). *Amsterdam (Paris), Changuion*, 1767, in-8.

Dans ce pamphlet, Larcher essaya de prendre le ton plaisant qu'avait employé Voltaire dans sa « Défense de mon oncle » ; mais il échoua complétement dans cette tentative, et son style froid, lourd, diffus, a rendu ridicules ses prétentions à la légèreté et à l'enjouement.

L'auteur ne s'y montre pas bon prophète quand il dit (page 27) : « Dans un demi-siècle le Dictionnaire philosophique ; la Philosophie de l'Histoire, les Honnêtetés littéraires, ... l'Ingénu, et autres pareilles rapsodies, ne se trouveront plus, pas même chez les épiciers ».

Voy. aussi le n° 868.

Essai sur les mœurs et l'esprit des nations
(n° 414) :

902. Lettre à M. Formey, où l'on examine deux chapitres de M. de Voltaire dans l'Essai sur l'Histoire universelle concernant Calvin ; par le professeur Jacob VERNET.

Imprimée dans la Nouv. Bibliothèque germanique tome XXI.

903. Torts (les) à M. de V., sur son démêlé avec M. V. (Vernet).

Pièce de vers à laquelle Voltaire répondit par les stances aussi intitulées : « les Torts ».

904. Erreurs (les) de Voltaire. (Par l'abbé Cl.-Fr. NONNOTTE). *Avignon, Ant.-Ign. Fez*, 1762, 2 vol. in-12. — V^e édition. *Lyon, et Paris, Costard*, 1770, 2 vol. in-12. — Esprit de Voltaire dans ses écrits (formant le tome III dudit ouvrage). 1799, in-12. — Nouv. édition (du tout). *Paris, Méquignon junior*, 1822, 3 vol. in-12.

Les deux premiers vol. sont un examen critique de « l'Essai sur l'histoire générale », dont Nonnotte releva, sans nul ménagement, les fausses citations, et les principes religieux. Cet ouvrage ne pouvait manquer d'irriter Voltaire, dont on sait quelle était l'extrême susceptibilité ; et il répondit à ce nouvel adversaire par les « Éclaircissements historiques » (impr. d'abord dans le tome VIII de l'édition de « l'Essai sur l'histoire générrle, 1761—63, et reproduits à la suite de « Un chrétien contre six juifs »), où il prodigue les épithètes les plus injurieuses. Nonnotte ne borna point sa réponse à la *Lettre d'un ami à un ami* ; mais, dans la seconde édition de son ouvrage, il inséra une *Réponse* aux « Éclaircissements historiques », et il se contenta d'opposer aux injures et aux plaisanteries des raisonnements presque toujours victorieux.

Le style de l'ouvrage de Nonnotte, dit l'abbé Sabatier, est clair et vigoureux, et l'auteur joint une saine critique à une connaissance profonde de l'Histoire.

Voltaire répondit à l'abbé Nonnotte, en 1763, par ses *Éclaircissements historiques* (Voy. n° 401).

905. Lettre sur l'origine des sciences, et sur celle des peuples de l'Asie ; adressée à M. de Voltaire ; par Jacq.-Silv. BAILLY. *Londres, Elmesly, et Paris, De Bure frères*, 1777, in-8.

906. Décadence (de la) des lettres et des mœurs depuis les Grecs et les Romains. (Par J.-Ant. RIGOLEY DE JUVIGNY). *Paris, Mérigot le jeune*, 1787, in-4 et in-8. — Sec. édition. 1787, in-12.

L'auteur attribue cette décadence au relâchement des bonnes études, à la manie du bel esprit, et surtout aux principes philosophiques répandus par Voltaire. Cette affectation à décrier sans cesse l'auteur de la Henriade, lui valut un article très-piquant dans le petit Almanach de nos grands hommes, par Rivarol.

Éclaircissements historiques
(n° 401) :

907. Réponse aux « Éclaircissements historiques » de M. de Voltaire. (Par l'abbé Cl.-Fr. NONNOTTE).

Imprimée dans la deuxième édition des Erreurs de Voltaire, par le même, ouvrage contre lequel sont dirigés les Éclaircissements historiques.

Histoire de l'empire de Russie, etc.
(n° 399).

908. Observations sur cet ouvrage ; par LOMONOSSOFF.

Imprimées en 1828 dans le « Télégraphe de Moscou », et dans le « Bulletin du Nord ». (Voy. n° 399).

909. Lettre du czar Pierre à M. de Voltaire, sur son Histoire de Russie. 1761, in-12 de 39 pages.

Ce pamphlet, sorti des presses de Dalles, à Toulouse, avait pour auteur LA BEAUMELLE, qui depuis longtemps s'acharnait sur Voltaire, et qui, suivant son usage, remplit son écrit de passion et de personnalités.

910. Remarques sur le premier tome de l'Histoire de Russie ; par Gérard-Frédéric MULLER (né en 1705, mort en 1783).

Ces *Remarques* furent imprimées, en 1760 et 1761, dans le premier et deuxième volumes du »Nouveau Magasin des sciences utiles», qui se publiait à Hambourg. Voltaire ne savait pas quel en était l'auteur ; mais, à la manière d'écrire certains noms, à sa prodigalité des *s, c, k, h,* il pensait que ce devait être un Allemand : il ne se trompait pas, comme on le voit ; et, plus piqué que convaincu de ses critiques, il lui souhaitait plus d'esprit et moins de consonnes.

911. Observations extraites d'un journal de Hambourg.

Ces *Observations*, qui sont probablement de la même main que les Remarques précédentes, ont été rapportées dans le « Journal encyclopédique » du 1er décembre 1762, avec des notes qui semblent avoir été dictées par Voltaire.

912. Gesch. d. russ. Reichs unter Peter dem Grossen ; aus dem franz., von J. Mich. HUBER, mit Zus. u. Verbess. v. Ant. F.

BUSCHING. *Francfurt und Leipzig , Brœnner*, 1761-64, 2 vol. in-8.

Précis du siècle de Louis XV
(n° 407).

913. Dialogue entre le siècle de Louis XIV et le siècle de Louis XV. (Par CARACCIOLI). *La Haye*, 1751, in-12.

914. Lettre à M. de Voltaire sur un passage de son « Essai du siècle de Louis XV ».

Imprimée dans le « Journal encyclopédique », 1769, t. VII, p. 296. Le ch. de S. B. , dont cette Lettre porte la signature, dit que c'est un Irlandais, nommé Rutlidge, qui fit connaître Walsh au prince Édouard. Cette circonstance valait-elle la peine d'être indiquée.

915. Lettres des Indes à l'auteur du Siècle de Louis XV. (Par de LA FLOTTE). *Amsterdam, et Paris, Mérigot le jeune,* 1770, in-8.

L'auteur de cette Lettre, antagoniste, sinon ennemi du général Lally, reproche à Voltaire sa partialité pour le général, et critique quelques phrases de son *Précis*.

916. Lettre à M. de Voltaire sur son « Siècle de Louis XV »; par BOURCET cadet (neveu d'un lieutenant-général de ce nom). *Pondichéri*, 1er février 1776.

Imprimée pour la première fois , en 1826, à la page 100 du tome Ier des « Mémoires sur Voltaire, par Longchamp et Waguière ».
Le début de cette Lettre est très-flatteur pour Voltaire. Le reste de la lettre de Bourcet contient des observations et rectifications sur plusieurs passages du *Précis du Siècle de Louis XV*. Voltaire corrigea plusieurs passages de son livre d'après les remarques de Bourcet. M. Beuchot , dans son édition , en a rapporté quelques autres dont Voltaire n'avait pas fait usage.

BIOGRAPHIES.—ÉLOGES.

Vie de Molière (n° 417) :

917. Lettre de M***, au sujet d'une brochure intitulée : Vie de Molière. 1739, in-12 de 24 pages.

Cet écrit est rempli de personnalités.

SUR LES OUVRAGES DE VOLTAIRE EN GÉNÉRAL.

(Pages 91 et suivantes).

918. Préface des OEuvres de M. de Voltaire ; par LINANT.

En tête de l'édition d'Amsterdam , 1738—39 4 vol. in-8.

919. Préface des OEuvres de M. de Voltaire. 1746.

Imprimée en tête de l'édition de Londres, 6 vol. in-12.

920. Préface des OEuvres de M. de Voltaire ; par M. H. DUMONT et J. BERTAUD. 1748.

Imprimée avec l'édition de Dresde , 1748 , 8 vol. in-8.

921. Dissertation historique sur les ouvrages de M. de Voltaire ; par M. (BACULARD) D'ARNAUD, de l'Académie de Berlin. 1750, in-12 de xxjv pag.

922. Lettres sur quelques ouvrages de M. de Voltaire. (Par Rich. de BURY). *Amsterdam, et Paris, De Hansy,* 1769, in-8.

923. Grands hommes (les) vengés , ou Examen des jugements portés par M. de V. (Voltaire), et par quelques autres philosophes, sur plusieurs hommes célèbres, par ordre alphabétique ; avec un grand nombre de remarques critiques et de jugements littéraires. *Amsterdam, et Lyon, J.-M. Barret,* 1769, 2 vol. petit in-8 de xij-338 et 296 pages.

Cet ouvrage , publié sous le pseudonyme de Des Sablons, est de l'abbé L.-M. CHAUDON , qui a eu plusieurs collaborateurs. Le premier volume , ou la première partie contient quarante et un articles relatifs à l'histoire littéraire , et la seconde partie trente-huit , qui ont rapport à l'histoire sacrée et ecclésiastique. La série des « Grands hommes vengés » ouvre par une critique des ouvrages de Voltaire en général , morceau de 44 pages, dans lequel l'auteur examine , en six chapitres : 1° quelle est la place que mérite Voltaire parmi les poëtes dramatiques ; 2° les beautés et les défauts de sa Henriade ; 3° de ses Poésies fugitives ; 4° de ses Mélanges philosophiques ; 5° du poëme de la Pucelle , et de quelques autres infamies de ce genre ; 6° des Ouvrages historiques de M. de V.

924. Réflexions sur la jalousie, pour servir de commentaire aux derniers ouvrages de Voltaire. (Par LE ROY). *Amsterdam,* 1772, in-8 de 29 pag.

En prenant la défense d'Helvétius , dont il était l'ami intime , de Montesquieu et de Buffon, Le Roy attaqua imprudemment l'écrivain le plus redoutable de son siècle.
Voltaire répondit par sa *Lettre sur un écrit anonyme.* (Voy. n° 320).

925. Examen des ouvrages de Voltaire, considéré comme poëte, comme prosateur, comme philosophe; par LINGUET. *Bruxelles, Lemaire*, 1788, in-8. — Nouv. édition, avec des notes et additions. *Paris, Égron*, 1827, in-8, 4 fr. 50 c.

C'est une des bonnes productions littéraires de l'auteur : sans être tout-à-fait exempt de partialité, il s'y montre un critique exercé dans les divers genre de littérature. (*Biogr. univ.*).

926. Analyses et critiques des ouvrages de Voltaire, avec plusieurs anecdotes intéressantes et peu connues qui le concernent, depuis 1762 jusqu'à sa mort. *Kehl*, 1789, in-8.

927. Esprit de Voltaire dans ses écrits; par l'abbé Cl.-Fr. NONNOTTE. (Ouvr. posth.). 1799, in-12.

Voy. le n° 904.

928. Génie (le) de Voltaire apprécié dans tous ses ouvrages; par Ch. PALISSOT. *Paris, Gilbert et Cie*, 1806, in-12, et in-8.

C'est la réunion des préfaces de l'édition des OEuvres de Voltaire, publiée par Palissot.
Palissot y admire le génie de Voltaire; mais il cherche à venger Corneille des critiques malveillantes de son commentateur.

929. Voltairiana; by miss Maria-Julia YOUNG. *London*, ..., 4 vol. in-12.

Les bibliographes anglais n'indiquent pas la date de cet ouvrage; il doit avoir paru vers 1812.

930. Encore quelques mots sur Voltaire; petite lettre sur un grand sujet. *Paris, de l'impr. de Leblanc*, mars 1817, in-8 de 14 pages.

931. Jugement philosophique sur J.-J. Rousseau et sur Voltaire; par H. AZAÏS. *Paris, Plancher*, 1817, in-8 de x et 72 pages.

932. Justification des OEuvres de Voltaire, et le pardon de ses erreurs accdoré par Alpha et Omega, prince étranger, plus équitable que ses ennemis, nouvellement arrivé ici. *Paris, de l'impr. de Laurens aîné*, 1817, in-8 de 8 pag.

933. Jugement philosophique et littéraire sur Voltaire. 1820.

Imprimé à la tête d'un volume de Lettres inédites de Voltaire, publié dans la même année (Paris, Mongie, in-8 et in-12).

934. Voltaire et la Littérature anglaise de la reine Anne; par M. VILLEMAIN.

Imprimé dans la Revue des Deux-Mondes, 4e série, tome X, 1837.

On trouve des jugements sur les ouvrages de Voltaire dans beaucoup de recueils de critique littéraire, tels, entre autres, ceux ci : les Observations sur les écrits modernes, par l'abbé Desfontaines, l'Année littéraire, par Fréron, et autres recueils du temps; dans des théories et préceptes de littérature, parmi lesquels les Cours de La Harpe, de M. Villemain; enfin des opinions qui lui sont plus ou moins favorables, ont été émises dans les ouvrages présentés à Napoléon, en 1810, lors des concours décennaux : ceux de MM. Jay, Chénier, Barante, Vict. Fabre, Vialart Saint-Morys, etc., et dans les Histoires, plus ou moins étendues de notre littérature. Rappeler les fragments et les passages de tous ces ouvrages qui concernent ceux de Voltaire, nous forcerait à dépasser les bornes d'une simple notice, déjà plus étendue que nous ne le voulions.

Écrits relatifs à plusieurs éditions des OEuvres de Voltaire.

935. Mandement de MM. les vicaires-généraux du diocèse de Paris, pour le carême de 1817. *Paris*, 1817, in-4 et in-8.

936. Mandement de MM. les vicaires-généraux, administrateurs du diocèse de Paris, contre la nouvelle édition des OEuvres de Voltaire et de celles de Rousseau. *Paris*, 1817, in-8.

937. Réflexions sur le mandement de MM. les vicaires-généraux, etc.

Imprimées avec l'édition de 1817 de l'ouvrage du P. Élie HAREL. (Voy. n° 962).

938. Lettre de l'éditeur des OEuvres complètes de Voltaire, en douze volumes in-8, à MM. les vicaires-généraux du chapitre métropolitain de Paris, au sujet de leur dernier mandement (signée Th. Desoer, éditeur, etc., mais composée par M. OURRY). *Paris, Th. Desoer*, 1817, in-8 de 25 pag.

939. Questions importantes sur les nouv. éditions des OEuvres complètes de Voltaire et de J.-J. Rousseau; par l'abbé CLAUSELS DE MONTALS; avec ces paroles de Louis XVI, pour épigraphe : «Ces deux hommes ont perdu la France ». *Paris, Égron*, 1817, in-8 de 48 pages.

940. Deux mots au Constitutionnel et un mot au Mercure, au sujet des nouvelles éditions des OEuvres complètes de Voltaire, et relativement à la philosophie et aux philosophes; par M. G. J. M. *Paris, Ad. Leclère*, 1817, in 8 de 40 pag.

941. Réflexions sur les deux éditions des OEuvres complètes de Voltaire. *Paris, Ad. Leclère,* 1817, in-8 de 64 pag.

942. Sur la nouvelle édition des OEuvres de Voltaire, édition compacte.

Imprimé dans la « Quinzaine littéraire », n. VIII, 15 avril 1817.

943. Recherches sur les ouvrages de Voltaire, contenant : 1° des réflexions générales sur ses écrits; 2° une notice raisonnée des différentes éditions de ses OEuvres choisies ou complètes, depuis 1732 jusqu'à ce jour; 3° le détail des condamnations juridiques qu'ont encourus la plupart de ses écrits; et 4° l'indication raisonnée des principaux ouvrages où l'on a combattu ses principes dangereux ; par J.-J. E. G., avocat. *Dijon, de l'impr. de Frantin,* 1817, in-8 de viij et 70 pag.

Dans le courant de notre Bibliographie voltairienne, nous avons constamment nommé M. Peignot comme l'auteur de ces Recherches, et pourtant il serait possible qu'elles fussent de M. GUILLAUME, alors avocat à Besançon, et de qui l'on avait déjà une « Notice sur la Correspondance inédite de Voltaire avec l'abbé d'Olivet. (V. n° 875). A la fin du Discours préliminaire on lit: « Comme « nous ne voulons pas nous attribuer ce qui n'est « point de nous, nous déclarons que, n'étant « nullement versé dans la bibliographie, nous de-« vons à l'obligeance d'un de nos amis, qui a cul-« tivé cette science, la liste des éditions de Vol-« taire et celle des ouvrages où l'on a réfuté les « erreurs et les impiétés de cet auteur. Il est juste » de rendre à César ce qui est à César ; nous y « ajoutons avec plaisir le tribut de notre sincère « reconnaissance ». L'ami, auteur de la partie bibliographique, et qui n'est pas nommé, est M. Peignot. Si la critique des Recherches est un peu inconvenante et sent trop l'époque où elle a été écrite, la partie bibliographique sent aussi la précipitation. La Notice des condamnations qu'ont encouru la plupart des écrits de Voltaire, fait mention de trente-sept ouvrages; celle des principaux ouvrages qui ont été publiés contre Voltaire, comme historien et comme poëte, sont au nombre de dix-huit seulement. Et cependant le rédacteur de la partie bibliographique dit avoir découvert plus de trois cents ouvrages de ce genre; « mais, ajoute-t-il, il « s'en faut de beaucoup que tous aient le même mé-« rite ; les uns ne sont que de simples badinages « littéraires, avec lesquels on piquait l'amour-« propre si irritable du poëte, et, dans d'autres, le « le talent n'a pas toujours répondu à l'intention. « Nous avons donc fait, parmi ces écrits, un choix « de ce qui nous a paru le meilleur et le plus propre « à rendre palpables les erreurs et les sophismes de « Voltaire (soit historien, soit philosophe), et à en faire sentir l'absurdité et le danger ».

944. Épitre de Voltaire aux nombreux éditeurs de ses OEuvres complètes, avec notes et pièces justificatives ; publiée par N.(Ant. SÉRIEYS). *Paris, de l'impr. de Lefebvre,* 1818, in-8 de 20 pag.

945. Épitre de Voltaire à M. Beuchot, l'un de ses éditeurs. *Paris, de l'imp. de Lottin,* 1817, et 1818, in-8 de 8 pages.

946. Sur quelques éditions de Voltaire; par M. BEUCHOT.

Dans le Journal de la librairie, 1820, page 481 ; — et 1824, page 660.

947. Fidèles (les) catholiques aux évêques et à tous les pasteurs de l'Église de France, au sujet des nouvelles éditions des OEuvres de Voltaire et de Rousseau. *Paris, A. Égron,* 1821, in-8 de 52 pages.

948. Instruction pastorale de Mgr l'évêque de Troyes (Ét.-Ant. de BOULOGNE) sur l'impression des mauvais livres, et notamment sur les OEuvres complètes de Voltaire et de Rousseau. *Lyon, Rusand,* 1821, in-8 de 56 pages. — *Toulouse, Colinet Delrieu,* 1821, in-8 de 24 pages. — *Paris, Leclère,* 1821, in-8 de 76 pag.

949. Lettre de M. TOUQUET à sa grandeur Mgr l'évêque de Troyes et Ét.-Ant. de Boulogne, archevêque élu de Vienne, en réponse à son Instruction pastorale, contre les éditions des OEuvres complètes de Voltaire et de J.-J. Rousseau. *Paris, l'Auteur,* 1821, in-8 de 48 pag.

950. Lettre de M. BEUCHOT, adressée à plusieurs journaux, relative aux OEuvres complètes de Voltaire, en 50 vol. in-12. Mai 1821. *Paris, de l'impr. de madame Perronneau.*

Imprimée dans le Journal de la librairie, 1821, page 280.

951. Lettre à Mad. Perronneau et comp^e, relative à l'édition des OEuvres complètes de Voltaire, en 50 vol. in-12, par M. BEUCHOT. *Paris, de l'impr. de Fain,* 1821, in-12 de 8 pag. — Seconde Lettre (en attendant la troisième) à madame Perronneau et comp^e, par M. BEUCHOT. *Paris, de l'imp. de Fain,* 1821, in-12 de 24 pag. — Troisième Lettre. *Paris, de l'impr. de Fain,* 1821, in-12 de 24 pages. — Encore quatre pages sur les OEuvres complètes annoncées en 50 vol. in-12, par M. BEUCHOT. *Paris, de l'impr. de Fain,* 1821, 4 pages. — Remarques sur les quarante volumes des OEuvres complètes de Voltaire, publiés par madame Perronneau.

Paris, de l'impr. de Fain, 1821, in-12 de 4 pag.

Ces Lettres forment une collection de onze pièces qui n'ont pas toutes le titre de *Lettre*.

952. Notice sur une nouvelle édition des Lettres de Voltaire à l'Académie française; par A.-A. BARBIER.

Imprimée dans la « Revue encyclopédique », t. XV, page 227.

953. Exploitation du Voltaire Touquet. Recueil des traités, sentences, transactions, jugements, arrêts, actes divers, relatifs à cette opération. *Paris, de l'impr. de Bailleul*, 1823, in-4 de 28 pag. — Publication relative au procès entre MM. Garnery et Touquet. — Exploitation du Voltaire Touquet. Précis par et pour l'ex-colonel Touquet, libraire appelant d'un jugement rendu par le tribunal de commerce de Paris, le 23 septembre 1823, contre MM. Berte et Lanoë. *Paris, de l'impr. de Bailleul*, 1823, in-4 de 104 pag.

954. Lettre de M. DALIBON à M. Beuchot, relative à son édition de Voltaire, et réflexions de M. BEUCHOT à ce sujet.

Imprimée dans le Journal de la librairie, 1824, page 707.

955. Préface générale des OEuvres de Voltaire; par M. BEUCHOT. In-8.

Il a été tiré à part un certain nombre d'exemplaires de cet excellent morceau de bibliographie, pour l'auteur et ses amis. Nous avons dit, dans notre avertissement, que notre « Bibliographie voltairienne » n'était guère que la réunion de cette Préface générale aux préfaces de chaque ouvrage particulier de Voltaire, du même éditeur.

X. PRINCIPAUX OUVRAGES RELATIFS A LA PERSONNE DE VOLTAIRE.

INTRODUCTION. — DANGER DE TROP DÉCLAMER CONTRE VOLTAIRE.

Depuis une trentaine d'années, il s'est formé contre Voltaire une ligue d'écrivains qui ne cessent de harceler, d'injurier sa mémoire, de la dévouer au mépris et à l'horreur du public. Je demande, de bonne foi, quel peut être leur but. « Voltaire, disent-ils, a ébranlé tous les fondements de la société, en attaquant l'autorité, la religion et la morale même; il a disposé les esprits à secouer le joug de toutes les anciennes institutions, et il peut être regardé comme un des premiers auteurs de la révolution qui les a renversés ». Je ne ferai pas remarquer que Voltaire, homme singulièrement habile, et poussé en tous sens par le souffle de ses passions, des ses intérêts, de ses caprices du moment, a fait le plus magnifique éloge des choses même qu'il a le plus outragées, et qu'il pourrait suffire de l'opposer à lui-même, sinon pour réparer, du moins pour condamner le mal qu'il a fait. Je conviendrai que ses satires étaient plus sincères que ses louanges, et qu'elles ont eu plus d'influence sur l'opinion. Enfin j'avouerai, avec tous les vrais admirateurs de Voltaire, que cette influence a été pernicieuse en ce qu'elle a fait éclore trop hâtivement, et surtout répandu trop généralement, certaines idées que la marche naturelle de la civilisation eût amenées avec plus de lenteur et moins de danger. Mais enfin, lorsque tout le monde est d'accord sur ce point, lorsque aucune voix ne s'élève pour justifier les écrits impies et licencieux de Voltaire, comment se trouve-t-il des gens qui aient le courage de répéter sans cesse, depuis trente ans, ce qu'on ne leur conteste pas, et la mauvaise foi de supposer des adversaires de leur opinion, pour avoir le plaisir de la soutenir avec le ton de la colère, et quelquefois de l'injure? Encore une fois, quel peut être leur but? de remédier aux maux que Voltaire a causés? de rendre à la religion les partisans dont il l'a privée? la foi produit des miracles, et ces messieurs ont de la foi, sans doute; mais ce miracle paraît excéder leur puissance. Les faits parlent : depuis tant d'années que dure leur pieuse croisade, quelles conversions ont-elles faites? Voltaire est-il moins lu? nos temples sont-ils plus fréquentés? L'effet le plus certain de leurs déclamations doit être de donner aux ignorants et aux simples la tentation de lire ces écrits maudits qu'ils anathématisent avec tant de zèle, et de les faire aimer un en davantage à ceux qui les connaissent, irritent de les voir attaquer avec une fureur si indiscrète. Je suis convaincu que le silence, ou du moins la modération, aurait de bien meilleurs résultats. Mais apparemment cela ne ferait pas le compte de ces infatigables détracteurs de Voltaire. On les voit rechercher, ressasser, étaler avec une complaisance plus scandaleuse qu'édifiante, les impiétés, les invectives, les saletés même dont il a trop souvent souillé ses ouvrages; ils semblent ravis de joie quand ils ont découvert quelque phrase coupable qui avait échappé à leurs perquisitions; toute la troupe la répète en triomphe, et la France a le bonheur d'apprendre par eux qu'un de ses plus beaux génies a vomi un blasphême révoltant, ou une injure ordurière de plus. Les sages partisans de ce grand homme en sont aussi affligés que les autres s'en montrent joyeux; ils voudraient pouvoir anéantir ce que ceux-ci font renaître; ils le taisent du moins, au lieu de le proclamer; et je crois qu'ils honorent davantage par cette conduite la patrie, la littérature, la morale et la religion.

(*Mélanges philosophiques et littéraires,* par AUGER. Paris, Ladvocat, 1828, in-8, tome Ier, p. 463-465.)

Biographies.

956. M. de Voltaire peint par lui-même, ou Lettres de cet écrivain, dans lesquelles on verra l'histoire de sa vie, de ses ouvrages, de ses querelles, de ses correspondances, et des principaux traits de son caractère, avec un grand nombre d'anecdotes, de remarques, etc. *Lausanne (Avignon)*, 1766, 2 parties in-12; — *Toulouse*, 1768, in-12; — *Lausanne*, 1769, petit in-8;—*Rouen*, 1772, 2 parties in-12; — *Lausanne*, 1775, in-8.

La préface et les notes ont été attribuées à La Beaumelle.

957. Anecdote relative à Voltaire et à Fréron; par B. S. (M. BERRIAT SAINT-PRIX, professeur à l'École de droit).

Imprimée dans le Journal de la librairie, année 24, pages 326-27.

M. Berriat relève une erreur de M. Peignot dans ses Recherches sur la vie et les ouvrages de La Harpe, 1820, qui attribue à Voltaire un éloge de Fréron, que d'autres écrivains auparavant avaient répété, mais d'après Fréron.

658. Tableau philosophique de l'esprit de M. de Voltaire, pour servir de suite à ses ouvrages, et de mémoires à l'histoire de sa vie. (Par Ant. SABATIER, de Castres. *Genève, Cramer frères, et Paris, Lejay,* 1771, in-8 et in-12.

Réimprimé sous ce titre: *Vie polémique de Voltaire, et Histoire de ses proscriptions; suivie des Pièces justificatives. Par G***y.* Paris, Dentu, 1802, in-8 de 450 pages. Lorsque cette nouvelle édition parut, quelques personnes attribuèrent l'ouvrage au célèbre Geoffroy, à cause des initiales que porte le titre du livre.

959. Précis historique sur M. de Voltaire; par J.-Fr. de LA HARPE.

Imprimé dans les OEuvres de l'auteur, édition de 1777, 3 vol. in-8, et réimpr. dans d'autres éditions, et notamment dans celle publiée par M. de Saint-Surin, de 1820 à 1821, 16 vol. in-8.

960. Lettre d'Ant. SABATIER, de Castres, à l'abbé Fontenai, rédacteur des «Annonces et affiches pour la province, sur feu M. de Voltaire. *Amsterdam, et Paris, Laporte,* 1779, in-12 de 16 pag,

Réimprimée à la suite de la Ve édition des «Trois siècles de la littérature», etc., de l'auteur.

961. Mémoires et anecdotes pour servir à l'histoire de Voltaire. *Liège*, 1780, in-16.

962. Voltaire, Recueil de particularités curieuses de sa vie et de sa mort. (Par le P. Élie HAREL). *Porentruy, Gœtschy,* 1780, in-8 de iv et 144 pag.—Autre édition, avec des Réflexions sur le mandement de MM. les vicaires-généraux, administrateurs du diocèse de Paris, contre la nouvelle édition de ses OEuvres et de celles de J.-J. Rousseau. *Paris, Adr. Leclère,* 1817, in-8, 2 fr. 50 c.

Le P. Harel, mort seulement en 1823, était un ancien religieux de l'ordre de S. François: il avait été lecteur en théologie, gardien du couvent de Notre-Dame de Nazareth, près le Temple, à Paris, et prédicateur: aussi son livre est-il dirigé contre la mémoire de Voltaire. Il renferme beaucoup d'inexactitudes et de faits entièrement dénués de fondement. Deux des plus récents biographes de Voltaire, MM. Lepan et Paillet de Warcy (voy. les n. 977 et 983) ne se sont fait faute d'aller puiser à une aussi bonne source.

963. Histoire littéraire de Voltaire, contenant sa vie littéraire et privée, les anecdotes et les succès de chacun de ses ouvrages. (Par le marq. de LUCHET); édition augmentée des détails des honneurs qu'il a obtenus pendant sa vie, et de ceux qu'on lui décerne au Temple des grands hommes. *Cassel (Paris)*, 1782, 6 vol. in-8.

Cet ouvrage est d'un des amis intimes de Voltaire, et peut servir de suite aux éditions de Kehl.

964. Vie privée du roi de Prusse, ou Mémoires pour servir à l'histoire de Voltaire. *Amsterdam,* 1785, in-12.

965. Vie (la) de Voltaire. (Par le marq. de LUCHET). *Genève,* 1786, in-12.

966. Vie (la) de M. de Voltaire. Par M*** (l'abbé T.-J. DU VERNET). *Genève,* 1786, in-8; 1787, in-12; — Nouv. édition (refondue). *Paris, Buisson,* an VI (1798), in-8.

La dernière édition est préférable.

· 967. Mémoires pour servir à l'histoire de Voltaire, dans lesquels on trouvera divers écrits de lui peu connus, etc. (revus par CHAUDON). *Amsterdam,* 1785, 2 parties in-12.

968. Vie de Voltaire, par M. de CONDORCET; suivie des Mémoires de Voltaire; écrits par lui-même. *Genève,* 1787; *Londres,* 1790, 2 vol. in-18.—Autre édition, précédée de l'Épître à Voltaire, par CHÉNIER, et suivie de Mémoires de Voltaire, écrits par lui-même. *Paris, Brissot-Thivars,* 1822, in-18, 3 fr.

Les *Mémoires de Voltaire,* écrits par lui-même, ont été imprimés plusieurs fois séparément (Voy. le n° 428).

969. Mq. v. CONDORCET : Leben Voltaire's; mit d. autobiogr. Nachr. Voltaire's; nebst Rechtfertigungsstücken und and. Beylagen; aus d. franz. mit Anmerkungen und Zus. d. Uebers. (Dr H. STOEVER). *Berlin, Unger,* 1791, in-8, 6 fr.

970. Historische und Kritische Nachrichten von dem Leben und den Schriften des Hrn v. Voltaire und anderer Neuphilosophen unserer Zeit; von Johann Christoph von ZABUESNIG. *Augsbourg, F. A. Veith,* 1779, 2 part. in-8 (5 fr.).

971. Anecdotes intéressantes et peu connues concernant Voltaire, depuis 1762 jusqu'à sa mort. *Kehl,* 1789, in-8.

Imprimées avec l'ouvrage intitulé, « Analyses et critiques des ouvrages de Voltaire ». (Voy. n° 926).

972. Vie de Voltaire, suivie d'anecdotes qui composent sa vie privée; par F. J. B. V. *Paris,* 1797, in-8.

Voy. le Magasin encyclop., 4e année, 1789, tom. 1er, p. 316.

973. Vie de Voltaire; par Y. Cousi d'Avalon. 1801.

Imprimée en tête du Voltairiana. (Voy. n° 44

974. Soirées de Ferney, ou Confiden de Voltaire, recueillies par un ami de grand homme (SIMIEN DESPRÉAUX). *Pa Dentu,* an X (1802), in-8.

975. Sur Voltaire; par le marq. de V VENARGUES.

Impr. dans les OEuvres de ce dernier, publ par le marq. de Fortia d'Urban, Paris, de l'in de Delance, 1807, 2 vol. in-12.

976. Mon séjour auprès de Voltaire; Côme-Alex. COLINI, secrétaire de taire. 1807, in-8.

977. Vie politique, littéraire et moral Voltaire, où l'on réfute Condorcet et autres historiens, en citant et rapproc un grand nombre de faits inconnus et curieux; par LEPAN. *Paris, de l'impr. Cordier,* 1817, in-8, 5 fr. — Sec. édit augmentée d'un grand nombre de fa avec la Réponse de l'auteur à M. Vien *Paris, de l'impr. de Migneret,* 18 in-12.

Cette biographie n'a pas été écrite par un a rateur de Voltaire.

Il existe une édition de 1838, in-18, qui p le chiffre de VIe édition.

978. Histoire littéraire et philosoph de Voltaire; par R.-J. DURDENT. *Paris, mery',* 1818, in-8 et in-12.

979. Vie de Voltaire. (En anglais); STANDISH.

Cette biographie obtient le plus grand succè Angleterre. On assure que cet ouvrage contier certain nombre d'anecdotes inédites concerna philosophe de Ferney; l'auteur s'est surtout att à repousser les attaques dirigées contre Voltair des écrivains français.

Revue encyclop., tome IX, page 380. (18

980. Vie privée de Voltaire et de M Du Châtelet, ou Six mois de séjour à Ci par l'auteur des « Lettres péruvienn (madame de GRAFIGNY) (publiée avec notes, par M. DU BOYS); suivie de quante Lettres inédites, en vers et en pr de Voltaire. *Paris, Treuttel et Wu* 1820, in-8, 6 fr.

Voy. la Revue encyclopédique, VI, 591.

981. Notice sur la vie et les ouvrages de Voltaire; par L.-S. Auger. 1827, in-8.

Notice imprimée dans le tome XLIX de la « Biographie universelle », publié en 1827, et dont il y a eu des exemplaires tirés à part : elle est non-seulement écrite avec élégance, mais encore avec impartialité ; enfin ce n'est point un pamphlet ; aussi a-t-on lieu d'être surpris que M. Michaud l'ait accepté pour son recueil.

982. Voltaire; par Ed. Richer.

Impr. dans la France littéraire, publiée par M. Ch. Malo, tome 1er, 1832.

983. Histoire de la vie et des ouvrages de Voltaire, suivie des jugements qu'ont portés de cet homme célèbre divers auteurs estimés; par L. Paillet de Warcy. *Paris, de l'impr. de Boucher*, 1823, 2 vol. in-8, avec deux fac-simile et une planche double contenant cinq portraits.

L'auteur de cette biographie a surpassé M. Lepan en diatribe. Voy. la Revue encyclop., tome XXI, page 195.

984. Mémoires sur Voltaire et ses ouvrages, par S.-G. Longchamp et J.-L. Wagnière, ses secrétaires; suivis de divers écrits inédits de la marquise du Châtelet, du président Hénault, de Piron, d'Arnaud Baculard, Thieriot, etc., tous relatifs à Voltaire. *Paris, Aimé-André*, 1825, 2 vol. in-8, 14 fr.

(Publiés par MM. Decroix et Beuchot). Voy. la Revue encyclop., tome XXVIII, page 771.

985. Vie de Voltaire; par M.-F.-A.-J. Mazure, inspecteur-général des études. *Paris, Eymery*, 1821, in-8, 5 fr.

Voy. la Revue encyclop., tome X, page 425. M. Veillard a aussi rendu compte de cet ouvrage dans le « Journal de la littérature et des arts, n. 46 et 49 : il y a eu de ses deux articles des exemplaires tirés à part.

986. Notice historique sur Voltaire; par Berville. *Paris, Baudouin frères*, 1827, in-8.

Écrite d'abord pour la « Galerie française » (...., 3 vol. in-4), l'auteur y a ensuite fait des corrections, et l'a fait insérer dans la Revue encycl. : ainsi corrigée, elle a été réimprimée en tête du Théâtre de Voltaire qui fait partie de la Collection des meilleurs ouvrages de la langue française, publié par les frères Baudouin. Il existe des tirages à part de ces deux derniers ouvrages.

987. Essai sur Voltaire, sa vie, ses ouvrages, et son influence au XVIIIe siècle; par M. Aubert de Vitry.

Imprimé dans le Moniteur, numéros des 22 et 27 novembre 1837.

988. Notice sur Voltaire; par M. Aubert de Vitry.

Impr. dans le Dictionnaire de la conversation et de la lecture, tome   , p.   . Le même auteur avait déjà donné, à la fin de 1837, dans le Moniteur, un *Essai sur Voltaire*, etc. (Voy. le précédent numéro).

989. Voltaire. (Notice sur sa vie et ses ouvrages); par M. Philarète Chasles. In-8 de 16 pages.

Imprimée dans le « Plutarque français », publié par M. Mennechet.
Des Vies de Voltaire font encore partie de quelques recueils biographiques concernant les littérateurs français, tels que les Trois Siècles de la littérature française, par Sabatier, de Castres ; les Mémoires pour servir à notre littérature, par Palissot, etc., etc.

Apologies et Éloges,
en prose et en vers.

990. Journal satirique intercepté, ou Apologie de Voltaire et de La Motte; par Bourguignon (Gacon). 1719, in-8.

991. Apologie de M. de Voltaire (par l'abbé Pellegrin, et non par Desfontaines, comme le dit Voltaire). *Paris*, 1725, in-12; et dans la « Bibliothèque française», par Du Sauzet, année 1726.

C'est plus une satire qu'une apologie.
Réimprimé dans la seconde partie du premier volume des OEuvres de Voltaire. Amsterdam (Rouen), 1774.

992. Voltaire, poëme en vers libres; par M. Leclerc de Montmercy, avocat. 1764, in-8.

993. Éloge de Voltaire, suivi de Poésies diverses. (Par Cubières de Palmezeaux). *La Haye, et Paris*, 1778, in-8.—Nouv. édition. *Paris, Gueffier*, 1783, in-8.

994. Éloge de Voltaire, lu à l'Académie de Berlin, le 26 novembre 1778. (Par Frédéric II, roi de Prusse). *Berlin, Decker*, 1778, in-8.

995. Éloge de M. de Voltaire ; par le marq. de Luchet. *Cassel*, 1778, in-8.

996. Éloge de M. de Voltaire; par Ch. Palissot. *Londres, et Paris*, 1778, in-8.

997. Éloge de Voltaire, prononcé dans la

séance publique de l'Académie française, le 4 mai 1779 ; par d'ALEMBERT.

998. Réflexions sur l'éloge de M. de Voltaire, par d'Alembert, prononcé par lui-même, le 4 mars 1779, en présence de toute l'Académie. (Par JOLY DE S.-VALLIER). *Francfort*, 1780, in-8.

Tiré à vingt exemplaires.

999. Épître à Voltaire, pièce qui a obtenu l'accessit au jugement de l'Académie française, en 1779 ; par M. de MURVILLE. *Paris, Demonville*, 1779, in-8.

1000. Voltaire, ode. Pièce qui a concouru pour le prix de l'Académie française, en 1779 ; par J. GEOFFROY. *Paris, J.-Fr. Valade*, 1779, in-8 de 12 pages.

1001. Éloge lyrique de M. de Voltaire, récité à la fin des « Muses rivales » (de J.-Fr. de La Harpe), par les acteurs du théâtre de Lyon ; par BENECH. 1779, in-8.

1002. Voltaire, poëme, lu à la fête académique de la loge des Neuf-Sœurs ; par FLINS DES OLIVIERS. 1779, in-8. — Sec. édition. *Ferney, et Paris*, 1779, in-8.

1003. Éloge de Voltaire, qui a concouru au prix proposé par l'Académie française ; par mademoiselle de GAUDIN. 1779, in-8.

1004. Éloge de Voltaire ; par GAZON DOURXIGNÉ. 1779, in-8.

1005. Éloge de Voltaire, prononcé dans la loge maçonnique des Neuf-Sœurs ; par de LA DIXMERIE. *Genève, et Paris, Valleyre l'aîné*, 1779, in-8 de viij et 120 pag.

1006. Éloge de Voltaire, poëme qui a concouru pour le prix de l'Acad. française en 1779 ; par P.-J.-B. NOUGARET. *Genève, et Paris, Gueffier*, 1779, in-8 ; *Philadelphie, et Paris*, 1779, in-8.

1007. Éloge de Voltaire, pièce qui a concouru pour le prix en 1779 ; par M. le marq. de PASTORET. *Paris, Demonville*, 1779, in-8.

1008. Réflexions impartiales sur les éloges de Voltaire qui ont concouru pour le prix de l'Académie française ; par LAUS DE BOISSY. 1779, in-8.

1009. Éloge de Voltaire (par un anonyme).

Imprimé en 1780 à la suite de *la Mort de Voltaire, ode*, etc. (Voy. n° 1084).

1010. Éloge de Voltaire ; par J.-Fr. de LA HARPE. *Genève (Paris, Pissot)*, 1780, in-8.

1011. Compte rendu de la Vie de Voltaire, de Condorcet ; par J.-F. de LA HARPE.

Impr. dans le Mercure de France, et inséré par M. de Saint-Surin dans le tome IV de l'édition des OEuvres de La Harpe, due à ses soins.

1012. Éloge de M. de Voltaire, ode qui a concouru pour le prix de l'Académie française ; par L. de LA VICOMTERIE ; suivie d'une Lettre du roi de Prusse à l'auteur. *Hambourg, et Paris*, 1782, in-8.

1013. Discours en vers à la louange de M. de Voltaire, suivi de quelques autres poésies ; par le marq. de XIMENÈS ; et précédé d'une Lettre de M. de Voltaire à l'auteur. 1784, in-8.

1014. Apologie de Voltaire. (Par J.-E. L'HOSPITAL, de Bordeaux). *Londres*, 1786, in-8.

C'est une réfutation de l'Éloge de Voltaire par La Harpe.

1015. Éloge de Marie-Franç. de Voltaire, suivi de notes instructives et édifiantes ; par M. M. Ecrlinf (RUAULT, ancien libraire). *A l'abbaye de Scellières*, 1788, in-8 de 80 pages.

1016. Éloge véridique de M. de Voltaire, l'un des grands hommes nationaux qui reposent au temple de mémoire. *Paris*, 1791, in-8 de 55 pag.

Diatribe.

1017. Lettre d'un vieillard de Ferney à l'Académie française ; Éloge de Voltaire, etc. (Par le chev. J. AUDE). *Paris*, 1799, in-8.

*Parallèles de Voltaire avec d'autres
écrivains.*

1018. Parallèle de M. de Voltaire et de
M. Crévier, comme historien. (Par de
Passe). *Paris*, 1761, in-12 de 4 pag.

Fait à l'occasion de la pièce de Voltaire, *les Chevaux et les ânes.*

1019. Parallèle de Voltaire et de J.-J.
Rousseau; par H. B. de Saint-Pierre.

Imprimé dans le tome XII de l'édition des OEuvres de l'auteur, publiée par M. Aimé Martin,
1818—20.

1020. Parallèle entre Voltaire et J.-J.
Rousseau; par le marq. de Saint-Martin.

Impr. dans les OEuvres posthumes de l'auteur,
Tours, 1807, 2 vol. in-8.

1021. Discours sur Shakspeare, et sur
M. de Voltaire. Par Jos. Baretti. 1772,
in-8.

1022. Parallèle de Racine, de Crébillon
et de Voltaire, avec des remarques grammaticales sur quelques vers des tragédies de
Crébillon ; par d'Açarq. 1779, in-8.

1023. Ritratti, o Vite litterarie e Paralelli
di G.-G. Rousseau e di Voltaire; di Obes e
di Spinosa, e vita di Pietro Bayle; per
Antonio Valsecchi. *Venezia*, 1816, in-8.

1024. Voltaire et Rousseau, ou le Procès
des morts, conte si l'on veut. (Par Rigomer
Bazin). *Au Mans*, *l'Auteur*, 1817, in-8
de 17 pag.

1025. Jugement philosophique sur J.-B.
Rousseau et sur Voltaire; par H. Azaïs.
Paris, *Plancher*, 1817, in-8 de x et 72
pages.

1026. Voltaire (de), de J.-J. Rousseau et
de Montesquieu. *Paris*, *Dentu*, 1817, in-8
de 16 pages.

OPUSCULES RELATIFS A QUELQUES CIRCONSTANCES DE LA VIE ET DE LA MORT
DE VOLTAIRE.

*a) Sur les démêlés littéraires
de Voltaire.*

Presque tous les écrits dirigés par Voltaire contre ses antagonistes ont été cités
par nous dans la section *Critique et Mélanges*, et les répliques auxquelles ils ont
donné lieu ont été rappelés dans la seconde
partie de cette notice, et dans la section
qui y correspond, et qui porte la même
subscription. Quelques autres écrits contre
Voltaire, à l'occasion de ses démêlés littéraires (1), n'ayant pu néanmoins y trouver place, nous en avons formé ici un chapitre spécial.

1027. Mémoire pour Louis Travenol,
contre le sieur Voltaire. (Par J.-Ant. Rigoley de Juvigny). 1746, in-4.

1028. Recueil de toutes les pièces con-

cernant le procès entre M. de Voltaire et le
sieur Travenol, violon de l'Opéra. Sans
date, in-4.

Voy. le Catalogue La Vallière, deuxième partie,
n° 3343.

1029. Querelle (la) de MM. de Voltaire
et de Maupertuis. 1758, in-8.

1030. Mémoire au premier syndic de Genève sur un libelle (de Voltaire); par le
prof. J. Jacob Vernet. 1766, in-4.

1031. Defence (a) of Mr. Rousseau against
the aspersions of Mr. Hume, Mr. Voltaire,
and their associates. *London*, *Bladon*,
1767, in-8.

1032. Lettre à M. Mercier, abbé de St.-
Léger, sur les démêlés de Voltaire avec
Saint-Hyacinthe, dans laquelle on trouve
des anecdotes littéraires, et quelques lettres de Voltaire et de Saint-Hyacinthe;
par J. Levesque de Burigny. *Londres*,
et Paris, 1780, in-8.

---

(1) Un ouvrage que l'on peut consulter avec fruit
sur l'origine de huit de ces querelles, ce sont « les
Grands hommes vengés », etc., de Chaudon.

b) Opuscules en vers et en prose.

1033. Vie privée de Voltaire et de madame Du Châtelet, ou Six mois de séjour à Cirey; par l'auteur des « Lettres péruviennes » (madame de GRAFFIGNY), (publiée avec des notes, par M. DU BOYS); suivie de cinquante lettres inédites, en vers et en prose, de Voltaire. *Paris, Treuttel et Wurtz,* 1820, in-8, 6 fr.

1034. Note sur une pièce relative aux négociations dont fut chargé Voltaire en 1743, auprès du roi de Prusse.

« Le Grec », journal qui s'imprimait à Paris, et, après lui, «le Voleur », donnaient cette pièce comme inédite, tandis qu'elle avait été imprimée depuis longtemps. La première fois, dans la Décade du 10 messidor an VII; puis dans les OEuvres complètes, édition de Plancher, publiées en 1820; et, depuis, dans toutes les éditions. (M. BEUCHOT, Bibliogr. de la France, ann. 1828, p. 832).

1035. Sur la date de l'orthographe dite de Voltaire; par M. BEUCHOT.

Imprimé dans la Bibliographie de la France, ann. 1819, page 191. M. Beuchot la fixe aux années de 1750 à 1754; il l'a remarquée bien arrêtée dans l'édition du « Siècle de Louis XIV », faite à Berlin, sous les yeux de l'auteur, en 1751, 2 vol. pet. in-12.

1036. Voltaire à Bruxelles.

Morceau imprimé dans les « Archives historiques et littéraires du nord de la France et du midi de la Belgique », nouv. série, t. II, dans la section de ce recueil, intitulée : « Hommes et les choses ».

1037. Initiation (l') de Voltaire dans la loge des neuf Sœurs (7 avril 1778); par L.-Théod. JUGE, de Tulle.

Imprimée dans les *Miscellanées,* première partie, Paris, de l'impr. de Delanchy, in-8.

1038. Relation des honneurs qui ont été rendus à Voltaire à Paris, en 1778.

Imprimée parmi les pièces qui se trouvent à la suite d'une édition de la Henriade, avec la réponse de M. B.... à chacune des objections de La Beaumelle; le tout publié par d'Aquin de Châteaulyon.

1039. * J'ai (les) vu du jeune homme (AUDE) à la mort du vieillard (Voltaire). *Paris, Monreau,* 1779, in-8 de 28 pag.

1040. Inhumation de Voltaire.-Extrait du registre des actes de sépulture de l'abbaye royale de Notre-Dame de Scellières, diocèse de Troyes.

Voy. le Magasin encyclop., XIXe année, 1817, tome I, page 229.

1041. Profanation du tombeau de Voltaire à Ferney.

Voy. la Revue encyclop., tome XXI, page 223.

1042. Translation de Voltaire à Paris, et détails de la cérémonie qui aura lieu le 4 juillet (1791). *Paris, Lottin,* 1791, in-8 de 37 pages.

On y lit que son corps, inhumé à l'abbaye de Scellières, qui venait d'être vendue, s'était conservé sain et entier; que, lorsqu'il avait été transporté dans l'église de Romilly, on l'avait découvert; que les femmes et les enfants, loin de s'éloigner de son cercueil, y étaient venus déposer des couronnes de fleurs et des lauriers.

1043. Détail exact et circonstancié de tous les objets relatifs à la fête de Voltaire, extrait de la Chronique de Paris. *Paris,* 1791, in-8 de 8 pag.

1044. Sur l'Apothéose de Voltaire et celle des grands hommes de la France, proposée le même jour, en faisant porter leur buste à côté de ses cendres. *Paris,* 1791, in-8 de 4 pages.

1045. Sur quelques particularités relatives à Voltaire et son appartement à Paris.

Imprimés dans le Journal de la librairie, année 18.., p. ....

c) Pièces de théâtre.

1046. Jeunesse (la) de Voltaire, ou le premier Accessit, comédie historique en un acte, mêlée de couplets; par M. SAINT-HILAIRE. *Paris, Bréauté,* 1833, in-18 de 72 pages.

1047. Voltaire en vacances, comédie-vaud. en deux actes; par MM. de VILLE-NEUVE et de LIVRY. *Paris, Barba,* 1836, in-8, 2 fr.

1048. Voltaire chez Ninon, fait histor. en un acte et en prose, mêlé de vaudevilles; par MM. MOREAU et LA FORTELLE. *Paris, Barba,* 1806, in-8.

Voy. le Magasin encyclop., XIe année, 1806, tome III, page 434.

1049. Madame du Châtelet, ou Point de lendemain, comédie en un acte (en prose), mêlée de couplets; par MM. ANCELOT et

Gustave (HECQUET). *Paris, Barba*, 1832, in-8, 1 fr. 50 c.

La pièce a été représentée d'abord sous ce titre : *Point de lendemain.*

1050. Cordonnier (le) de Voltaire, ou la Fuite de Berlin, comédie.

Joué sur le théâtre des Variétés en mars ou avril 1822. (Voy. l'Histoire critique et littér. des théâtres de Paris, par M. Chaalons d'Argé, p. 463).

1051. Voltaire à Francfort, com. anecdotique en un acte (en prose), mêlée de couplets; par MM. OURRY et BRAZIER. *Paris, Riga; Barba*, 1831, in-8, 1 fr. 50 c.

1052. * Cornélie, ou la Pupille de Voltaire, comédie en un acte et en vers : nouvelle proie de la censure théâtrale; par le chev. Th. P*** (Théodore PRINCETEAU). *Lyon*, 1825, in-8.

1053. Veuve (la) de Calas à Paris, ou le Triomphe de Voltaire, pièce en un acte et en prose; par J.-B. PUJOULX. *Paris, Brunet*, 1791, in-8.

Représentée pour la première fois sur le théâtre italien, le 31 juillet 1791.

L'auteur mit plus tard cette pièce en opéra, sous le titre d'*Une matinée de Voltaire, ou la famille Calas à Paris, drame lyrique*; par MM. Pujoulx et Solié. Il fut représenté le 2 prairial an VIII; mais la pièce n'a point été imprimée sous cette dernière forme.

1054. Bienfaisance (la) de Voltaire, pièce dramatique en un acte et en vers ; par M. WILLEMAIN D'ABANCOURT, représentée, pour la première fois, sur le théâtre de la nation, le 30 mai 1791. *Paris*, 1791, in-8 de 46 pages.

Contient une note contre « la Veuve de Calas à Paris », ouvrage de M. Pujoulx.

1055. Famille (la) Sirven, ou Voltaire à Castres, mélodrame en trois actes; par MM. Frédéric DUPETIT-MÉRÉ et J.-B. DUBOIS. *Paris, Quoy*, 1820, in-8, 75 c.

Représenté sur le théâtre de la Gaîté, le 27 juin 1820.

1056. Une Soirée de deux prisonniers, ou Voltaire et Richelieu; par MM. D. (DESPRÈS) et Z. (DESCHAMPS). *Paris, Girard*, 1803, in-8 de 48 pages.

Représentée pour la première fois sur le théâtre du Vaudeville, le 6 germinal an XI.

1057. Voltaire et mad. de Pompadour,

comédie en trois actes; par MM. J.-B.-P. LAFITTE et Ch. DESNOYER. *Paris, Barba*, 1833, in-8, 2 fr. 50 c.

Pièce représentée sur le Théâtre-Français.

1058. Cinquantaine (la) dramatique de M. de Voltaire, suivie de l'inauguration de sa statue, intermède en un acte (en prose); orné de chants et de danses. Par l'auteur du poëme du « Luxe » (le chev. DU COUDRAY). *Aux Fossés (Paris) Durand et Despilly*, 1774, in-8.

1059. Nouvelle (la) de Ferney, divertissement; par l'abbé de LAUNAY.

V. les Mémoires secrets du 9 mai 1973, t. XXIV, page 265.

1060. Voltaire, ou une Journée de Ferney, comédie en deux actes, mêlée de vaudevilles; par MM. PIIS, BARRÉ, RADET et DESFONTAINES. *Paris, Barba*, 1802, in-8.

1061. Voltaire chez les capucins, com. anecdote en un acte (en prose), mêlée de couplets. Par MM. DUMERSAN et DUPIN. *Paris, Barba*, 1830, in-8 de 44 pag.

1062. Un proscrit chez Voltaire, vaudev. anecdotique en un acte ; par MM. SAINT-HILAIRE et SIMONNIN. *Paris, Marchant*, 1836, in-32.

Le Proscrit était Gaillard d'Estallonde de Morival, co-accusé du chevalier de La Barre (voy. les n. 58 et 75) : il refusa, en 1775, des lettres de grâce. Mais, ayant obtenu, en 1788, des lettres d'abolition, il revint en France. Il mourut à Wailly, à quatre lieues d'Amiens, le 10 août 1800.

d) Sur les monuments élevés ou proposés à la mémoire de Voltaire.

1063. Sur la statue de Voltaire, faite par Houdon, placée dans la salle de l'Institut.

Voy. le Magasin encyclop., IIe année, 1796, t. II, page 274.

1064. Rapport fait à la Société des sciences et belles-lettres de Montpellier sur l'inauguration de la statue de Voltaire au Musée de la même ville; par M. P.-E. MARTIN CHOISY. 1803, in-8.

Voy. le recueil précédemment cité, ann. 1803, t. VI, p. 426.

1065. Souscription pour l'érection d'un

monument à la mémoire de Voltaire et de J.-J. Rousseau; par TOUQUET. *Paris, de l'impr. de Laurens aîné,* 1822, in-12 de 4 pages.

1066. Fac-simile de l'écriture de Voltaire calqué sur une lettre autographe et inédite, écrite, en 1752, au roi de Prusse, relativement à l'affaire de l'Akakia. *Paris, de l'impr. de Lanoë,* 1817, in-8 et in-12 d'une demi-feuille.

e) Écrits en l'honneur de Voltaire.

1067. Lettre de COLINI, secrétaire de Voltaire, à M. Schoepflin (27 novembre 1754). *Paris, de l'impr. de F. Didot,* 1827, in-8 de 8 pag.

Tiré à 30 exemplaire pour la Société des bibliophiles.

1068. Ode et Lettres à M. de Voltaire, en faveur de la famille du grand Corneille; par M. LEBRUN. Avec la Réponse de M. de VOLTAIRE. *Genève (Paris),* 1760, in-12.

Imprimées aussi dans le tome VII des OEuvres de Palissot, édition de 1779.

1069. Épître à Voltaire; par GAZON-DOURXIGNÉ. 1760, in-12.

1070. Letter (a) to M. de Voltaire; with Comparatory Descants on the extraordinary Composition and Incidents of a dramatic Poem, called, « The Desert Island »; also Remarks on the tragedy of the Siege of Aquilei; by a Gentleman. *London, Williams,* 1761, in-8.

1071. Ferney; an Epistle to M. Voltaire; in which is introduced a fine Eulogium on Shakspeare; by Geo. KEATE. *London,* 1768, in-4.

1072. Lettre à M. de Voltaire, sur les opéras philosophi-comiques, où l'on trouve la critique de « Lucile», comédie en un acte et en vers, mêlée d'ariettes. (Par de LA TOURAILLE). *Amsterdam, et Paris,* 1769, in-12.

1073. Voltaire déifié, poëme en deux chants. (Par RANDOM, avocat). *Paris,* 1771, in-8.

1074. Lettre à M. de V.... (Voltaire), par un de ses amis, sur l'ouvrage intitulé: « l'É-

vangile du jour ». (Par DUCARNE DE BLANGY). *Paris, Gueffier,* 1771, in-8.

L'auteur publia une seconde Lettre en 1772, et une troisième en 1773.

1075. Épître à M. de Voltaire; par le chev. DU COUDRAY; suivie d'une Lettre de Voltaire. 1773, in-8.

1076. Mois (le) d'Auguste, épître (en vers) à M. de Voltaire; par FRANÇOIS DE NEUFCHATEAU.

Impr. avec les Lettres chinoises, etc., de Voltaire, en 1776. (Voy. le n° 340).

1077. Lettre à M. de Voltaire; par TURGOT, depuis ministre de Louis XVI.

Réimprimée dans le tome III des OEuvres de l'auteur.

1078. Triomphe (le) de Sophocle, comédie dédiée à M. de Voltaire; par M. PALISSOT. *Londres, et Paris, J.-F. Bastien,* 1778, in-8.

1079. Vers sur Voltaire et son apothéose au Parnasse. (Par Mich.-Paul Guy de CHABANON). *Paris,* 1778, in-8 de 16 pag.

1080. Aux mânes de Voltaire, dithyrambe qui a remporté le prix au jugement de l'Académie française. (Par J.-Fr. de LA HARPE). *Paris, Demonville,* 1779, in-8.

1081. Muses (les) rivales, ou l'Apothéose de Voltaire, comédie en un acte et en vers libres; par J.-Fr. de LA HARPE. *Paris, Pissot,* 1779, in-8 de 24 pages.

Représentée, pour la première fois, par les comédiens français, le 1er février 1779.

Il existe une édition, ou, peut-être mieux, des exemplaires de cette édition sous la même date, qui ne portent que le premier titre.

1082. Vengeance (la) de Pluton, ou Suite des « Muses rivales », en un acte et en prose. (Suivie de pièces détachées. Par CUBIÈRES) » 1781, in-8 de 61 pages.

1083. Muses (les) véridiques, pièce à tiroir, en six scènes. Sans date, in-8 de 16 pages.

Critique des « Muses rivales ».

1084. Ombre (l') de Voltaire aux Champs-Élysées, comédie-ballet, en prose et en vers, dédiée aux mânes de ce grand homme;

par M. MOERNE. *Paris, Bastien*, 1779, in-8 de 36 pages.

1085. Mort (la) de Voltaire, ode, suivie de son Éloge, avec la tragédie d'Ériphile, et autres pièces, pour servir de suite aux Mémoires et anecdotes de cet homme illustre. 1780, in-12.

1086. Voltaire et autres poésies; par P.-L.-A. VEAU DE LAUNAY, 1780.

1087. Voltaire et le serf du Mont Jura; discours en vers libres, couronné par l'Académie française, en 1782; par le chev. de FLORIAN. *Paris, Demonville*, 1782, in-8 de 14 pages.

Réimpr. parmi les « Mélanges de poésies et de littérature » de l'auteur, 1787, in-16.

1088. Voltaire triomphant, ou les Prêtres déçus, tragi-comédie en un acte et en prose. In-8 de 30 pages.

Cette pièce, qui est extraite du » Conteur », 1784, n° 5, pages 156 à 184, est attribuée à Anacharsis CLOOTZ.
Les interlocuteurs sont : Voltaire ; — le marquis de Villette ; — La Harpe ; — la Fortune, secrétaire de Voltaire ; — le curé de S. Sulpice ; — l'abbé Gautier, supérieur aux Incurables ; — La Pilule, garçon apothicaire. La scène est à Paris, hôtel de Villette, quai des Célestins.

1089. Supplément à la « Manière d'écrire l'Histoire », ou Réponse à l'ouvrage de M. l'abbé de Mably. Par M. G*** de L. B*** (GUDIN DE LA BRENELLERIE). (*Kehl*), *de l'impr. littér.-typogr.*, 1784, in-8.

Cette critique d'un ouvrage de l'abbé Mably aurait pu être, dit Grimm, plus piquante et plus polie ; mais on y trouve des observations importantes et des anecdotes curieuses. Mably n'avait osé attaquer Voltaire qu'après sa mort. Gudin le défendit lorsqu'il ne pouvait plus se défendre lui-même.

1090. Dialogue entre Voltaire et Fontenelle. (Par RIVAROL). *Paris*, 1785, in-8.

1091. Tantale en procès......

Dans les OEuvres posthumes de Frédéric II, Amsterdam, 1789, t. VIII, p. 157, ou dans le Supplément aux OEuvres posthumes de 1788, t. 1er.

1092. Voltaire aux Français, sur leur Constitution. (Par M. LAYA). *Paris, Maradan*, 1789, in-8.

1093. Réponse d'un ami des grands hommes aux envieux de la gloire de Voltaire; par M. P.-Ph. GUDIN. *Paris*, 1791, in-8 de 15 pages.

C'est une réponse à la pétition de certaines gens qui voulaient s'opposer à l'exécution du décret de l'Assemblée nationale, qui a decerné à Voltaire les honneurs dus aux grands hommes. Cette courte réponse à la petite diatribe, aux longues signatures de ces modernes *Anitus*, honore l'esprit et le cœur de M. Gudin. (Moniteur, 10 juillet 1791).

1094. Voltaire apprécié, comédie; par E** B***. In-8 de 61 pages.

1095. Voltaire aux Champs-Élysées; par Sam. BERNARD.

Voy. le Magasin encyclopédique, 1801, t, VI, page 514.

1096. Épître à Voltaire; par M.-J. CHÉNIER. *Paris*, 1806, in-8; — ou *Paris, de l'imp. de Baudouin*, 1820, in-12 de 12 pages. — Autre édition, suivie des Coteries, satire, par Alexis LAGARDE. *Paris, de l'impr. de Cabuchet*, 1826, in-32 de 40 pag.

1097. Réponse de Voltaire à M.-J. Chénier. (Par Auguste d'ALDEGUIER). *Paris*, 1806, in-8.

1098. Boniface Carré, ou l'Habit de Voltaire, vaudeville en un acte.

Joué sur le théâtre des Variétés, le 22 novembre 1806.

1099. Aux détracteurs de Voltaire et de J.-J. Rousseau, ode; par J.-C. MOLINE. *Paris, Hugelet*, 1817, in-12 de 12

1100. Canne (la) de Voltaire et l'Écritoire de Rousseau, dialogue (en vers); par de MONTBRUN. *Paris, L'Huillier*, 1817, in-8 de 16 pag.

1101. Voltaire jugé par les faits; par M***. *Paris, Plancher ; Delaunay*, 1817, in-8 de 76 pag., 1 fr. 50 c.

1102. Voltaire et son génie ; son arrivée et son triomphe dans l'autre monde : drame en trois actes et en prose. Ouvrage posthume de feu M. BROS, anc. chanoine honoraire de Meaux; publié par M. CRUS-

SAIRE, son exécuteur testamentaire. *Paris, l'Éditeur*, 1817, in-8 de 72 pages, 2 fr. 50 c.

1103. Lettre philosophique, politique et littéraire de Voltaire aux Français, publiée par E. B. D. M. *Paris, Delaunay*, 1818, in-8 de 56 pages.

1104. Voltaire et un jésuite, dialogue en vers; par Constant TAILLARD. *Paris, de l'impr. de Setier*, 1826, in-32 de 32 pages.

Cet opuscule a eu une seconde édition dans la même année.

1105. Épître à Voltaire sur le gouvernement actuel; par Horace ***. *Paris, de l'impr. de Guiraudet*, 1828, in-8 de 16 pages.

1106. Épître à Voltaire. (Par LACROIX). *Bordeaux, de l'impr. de Lawalle neveu*, 1831, in-8 de 4 pag.

En vers.

1107. Pantoufle (la) de Voltaire, vaudev. en deux actes; par J.-B. SIMONNIN. *Paris, Barba*, 1836, in-8.

Voltaire n'est pas au nombre des personnages de la pièce.

1108. Voltaire étrangement défiguré par (M. de Courchamps) l'auteur des «Souvenirs de madame de Créqui». Par M. de CAYROL). *Compiègne, de l'impr. d'Escuyer*, 1836, in-8 de 32 pag.

Opuscule tiré à 150 exemplaires, qui n'ont pas été destinés au commerce.

Non content d'avoir publié sous le titre de « Mémoires de la marquise de Créqui », une collection déjà assez volumineuse de calomnies, M. de Courchamps est revenu à la charge, en faisant insérer, dans le dernier semestre de « la Presse », une Suite à ces prétendus « Mémoires ». Voici comme « le National », dans un article intitulé : « le Vol au roman », imprimé dans son numéro du 15 octobre 1841, s'exprimait sur cette suite : « Cette Suite se « composait de lettres originales des hommes les « plus célèbres du dix-huitième siècle, à commen-« cer par Voltaire, que cette harpie (nous parlons « du faussaire caché sous son nom) aurait traité « comme un galopin des rues, le tout pour la plus « grande gloire du trône et de l'autel. Heureuse-« ment les fautes de français, les anachronismes, « les bêtises de tout genre dont ces belles lettres de « Voltaire étaient farcies, empêchèrent le succès de « cette impiété littéraire, et « la Presse » fut obligée « de renoncer à l'exploitation de cette mine ».

1109. Secrétaire (le) de Voltaire, nouvelle.

Nouvelle extraite du Journal de Genève, et imprimée dans le « National » du 25 décembre 1838.

1110. Voltaire, chanson; par E.-F. BAZOT.

Impr. dans les Nouvelles Chansons maçonn. de l'auteur, 1839, in-18.

1111. Voltaire et la révolution française; par C. NAGEL. Première partie. *Paris, A. Pougin*, 1839, in-8 de 176 pages, 1 fr.

Après l'Avant-propos (en prose) adressé « Au peuple de nos jours », est une Épître (en prose, mêlée de vers), à MM. Lamartine et Béranger, viennent quatre épîtres en vers à Voltaire : la première dédiée à M. Dupin ; la deuxième à M. Jules Janin; la troisième à M. de Rothschild ; la quatrième à MM. Mauguin et Odilon-Barrot.

La seconde partie contiendra quatre épîtres, dédiée la cinquième à M. Bignon; la sixième à M. Talleyrand, la septième à M. Jacques Laffitte; la huitième à M. Anatole de Démidoff.

L'auteur, dans une note, page 71, applique à madame Du Barry deux vers des variantes du chant XIII de la « Pucelle ».

De la débauche un long et triste usage
De la beauté lui fait avoir le prix.

Or ces vers sont de 1756, et madame Du Barry n'est née qu'en 1744.

(*Note du Journal de la librairie*).

f) Pamphlets contre Voltaire.

1112. Génie (le) ombre et la Sala-Gno-Silphodine Chimboraço, conte physique (contre Voltaire ; par un jeune homme nommé de LA RONCIÈRE). *Chimerie (Paris)*, 1742, in-12.

1113. Voltairiana, ou Éloges amphigouriques de F.-Marie Arouët. *Paris*, 1748, in-8.

Ce recueil fait connaître le personnel de Voltaire, sa conduite, etc., tels que ses antagonistes les ont voulu représenter, par des pièces soi-disant authentiques, et au nombre desquelles figure le Mémoire pour le libraire Jore, dans son procès avec Voltaire, Mémoire désavoué par Jore lui-même; une Lettre de J.-B. Rousseau, une Lettre de Voltaire au P. Latour, jésuite, du 7 février 1746 ; une Lettre de Saint-Hyacinthe à Voltaire ; les pièces du procès de Voltaire avec Travenol fils et Travenol père, en 1746 ; une Critique de la Henriade, etc. La publication de ce recueil a été attribuée, par quelques bibliographes, à Saint-Hyacinthe, à cause de la lettre de lui qu'on y trouve. Je crois, dit M. Beuchot, avec M. Leschevin, que les éditeurs de cette turpitude littéraire pourraient fort bien être

Travenol fils et Mannory. Saint-Hyacinthe, à qui on l'a souvent attribué, était mort en Hollande, deux ans avant la publication qu'on en fit.

1114. Voltaire âne, jadis poëte. 1750. (Voy. le n° 794).

1115. Huit (les) philosophes aventuriers de ce siècle, ou Rencontre imprévue de MM. de Voltaire, d'Argens, Maupertuis, Prévôt, Crébillon, Mouhi et M. de Mainvillers dans l'auberge de madame Tripaudière, comédie en prose. *La Haye, Saurel, 1752, in-8.*

Il existe une autre édition de cette comédie satirique qui présente une différence non seulement dans la construction du titre, mais encore dans le choix des interlocuteurs. Cette dernière est intitulée : *les Huit Philosophes errans, ou Nouvelles découvertes de Voltaire, de Maupertuis, de Montesquieu, du marq. d'Argens, de l'abbé Prévôt, de Crébillon, de Marivaux et du chevalier de Mainvilliers, comédie du temps présent. 1754, in-8.*

1116. Guerre (la) littéraire, ou Choix de quelques pièces de M. de V***, avec les réponses, pour servir de suite et d'éclaircissements à ses Œuvres. (*Lausanne, Fr. Grasset*), 1759, in-12 de cxl et 183 pages.

Reproduit dans la même année sous le titre de *Choix de quelques pièces polémiques de M. de V***, etc.*
Ce volume fut publié à l'issue de la polémique de Voltaire avec Lervéche pour et contre Jos. Saurin. Voici ce que contient ce volume, sous l'un et l'autre titre : I, Trois Lettres sur la nature de notre âme (par Boullier). II, Avis à l'auteur du journal de Gottingue (par Voltaire). III, Mémoire sur l'Avis. C'est la réponse du journaliste. IV, Défense de milord Bolingbrocke (par Voltaire). V, Remarques sur la Défense de milord Bolingbrocke (par un anonyme). VI, Lettre de M. de Voltaire à M. T. (Thieriot). C'est la lettre du 26 mars 1757, qu'on peut voir dans la Correspondance. VII, Réponse à la précédente lettre, par une société de gens de lettres. VIII, Lettre écrite de Genève, où l'on examine deux chapitres de l'Essai sur l'Histoire générale. Cette lettre est de Vernet. IX, les Torts à M. de V., sur son démêlé avec M. V. (Vernet); pièce de vers à laquelle Voltaire répondit par les stances aussi intitulées : les Torts. X, Lettre à l'occasion d'un article concernant Saurin. C'est la lettre de Lervéche. XI, Réponse de M. de Voltaire. C'est la Réfutation d'un écrit anonyme, etc. XII, Réponse à la Réfutation; réponse qui n'avait point été imprimée dans le Journal helvétique.
La publication de ce volume choqua Voltaire, qui s'en plaignit dans un Mémoire ou déclaration du 12 février 1759, qu'il adressa à Lausanne, à Berlin et à Soleure, pour en demander la suppression; et, peu de jours après, dans une lettre au baron de Haller; mais on ne fit point attention à la demande de Voltaire. Dans sa lettre au baron de Haller, Voltaire y qualifie le volume de Grasset de libelle abominable. Le même volume renferme aussi le pamphlet sur feu Saurin. Ce dernier écrit, que Voltaire

attribue à un nommé Lervéche, ou La Roche, ministre d'un village près de Lausanne, et que le libraire Grasset, éditeur des Lettres de Voltaire et de Haller, nommait Lévéché, est une Lettre qui a été insérée primitivement dans le Journal helvétique du mois d'octobre 1758.
Le *Mémoire* de Voltaire n'avait encore été imprimé dans aucune collection de ses Œuvres, avant celle donnée par M. Beuchot.
Le volume qui donna tant d'inquiétudes à Voltaire renferme, comme on l'a vu, les trois lettres de Boullier contre ses « Lettres philosophiques »; ce qui est cause que Van Thol, dans ses notes manuscrites, l'a attribué au ministre Boullier.

1117. Épître du diable à M. de Voltaire; par M. le marq. D*** (Cl.-Mar. Giraud, médecin et littér.). *Avignon, et Lille, 1760, broch. in-8.* — Nouv. édition. *Paris, M*lle* Bouquet, 1823, in-8 de 16 pages.*

Réimprimée séparément un grand nombre de fois dans l'intervalle de 1760 à 1823, et insérée dans le « Recueil des satiriques du XVIIIe siècle ». Les traits en sont ingénieux et piquants; et l'on trouva que le diable n'avait pas mal choisi son secrétaire. Il existe une *Réponse de M. de Voltaire à l'Épître du diable*, 1762, in-8 de 8 pages. Cette *Réponse*, en vers de dix syllabes, n'est point de Voltaire.

1118. Relation de la maladie, de la confession, de la fin de M. de Voltaire, et de ce qui s'ensuivit; par moi, Jos. Dubois (ou plutôt par Nic.-Jos. Selis). *Genève, 1761, in-12.*

C'est une sorte d'imitation, ou contre-épreuve de la Relation de la mort du P. Berthier, par Voltaire : La Harpe vit dans cette pièce de la finesse et des traits heureux.
Voltaire, dans un billet du 26 mars 1761, l'appelle une «fade imitation» de sa Relation de la mort du jésuite Berthier.
Cette facétie obtint dans la même année une troisième édition, revue, corrigée et considérablement augmentée.

1119. Codicile de Voltaire, trouvé dans ses papiers après sa mort. 1762, in-12.

1120. Picklok (the), or Voltaire's Hue and Cry after a celebrated Wit-Stealer and Dramatic Smuggler. *London, 1767, broch. in-fol.*

1121. *Testament politique de M. de V*** (Voltaire), (composé par Marchand, avocat). *Genève, et Paris, Cuissart, 1770, in-8.*

1122. *Diners (les) de M. de Guillaume, avec l'histoire de son enterrement; par l'auteur de la Vie de Voltaire (l'abbé Du Vernet). 1788, in-12.

1123. Account of Voltaire's Behaviour on his deathbed. (Voy. n° 652).

1124. Voltaire's Ghost to the Apostle of the Sinless Foundery ; a familiar Epistle from the Shades. *London, Bew,* 1781, in-4.

1125. Éloge véridique de M. de Voltaire, etc. (Voy. le n° 1016).

1126. Infidel (the) and Christian philosophers, or the Last Hours of Voltaire and Addison contrasted; a poem. *London, Verner and Wood,* 1807, in-4.

1127. Voltairiade (la), ou Aventures de Voltaire dans l'autre monde, occasionnées par un événement arrivé dans celui-ci. Par M. Jos. GRAMBERT. *Paris, Patris,* 1815, in-8 de 96 pag.; — ou *Paris, Gauthier frères,* 1825, in-12 de 100 pag.

1128. Épître (en vers) de Voltaire aux Parisiens.

Imprimée, en 1821, en tête d'une nouvelle édition de « Voltaire de retour des ombres, etc. » (de P. Richard), Reims, in-8. (Voy. n° 644).

ADDITION A LA NOTICE DES OUVRAGES DE VOLTAIRE.

1129. Lettre au maréchal de Schulembourg, du 15 décembre 1740.

Imprimée d'abord, en 1750, parmi les Pièces fugitives, à la suite d'Oreste, et réimprimée, depuis 1752, avec « l'Histoire de Charles XII ».

1130. Épître (en vers) à madame la duchesse du Maine (sur la bataille de Lauwfeld). 1747.

Imprimée séparément dans la même année.

1131. Quatre (les) dernières épîtres du poëte philosophe. 1771, in-12 de xjv et 40 pages.

Ces quatre *Épîtres* sont celles: 1° *à l'impératrice de Russie;* 2° *au roi de Suède;* 3° *au roi de Danemark,* sur la liberté de la presse accordée dans tous les États ; 4° *à M. d'Alembert.* Chaque épître est suivie de notes.

IV.

INDEX.

TABLE ALPHABÉTIQUE

DES NOMS, QUALIFICATIONS SOUS LESQUELS VOLTAIRE S'EST DÉGUISÉ
DANS BEAUCOUP D'OUVRAGES.

A

Abauzit (F.). — Article *Apocalypse* du Dictionnaire philosophique.— Préface , 293.

Aimon (Jacq.)...Dieu et les Hommes, 37.

Akakia (le docteur)... Diatribe, 205.

Akib (le rabbin)... Sermon , 12.

Aléthès (Irenée)... Lettre sur les Panégyriques, 284.

Alethof (Ivan)... Russe, 984.

Aletopolis (l'humble évêque d')... Instruction , 254.

Alexis, archevêque de Novogorod... Mandement, 268.

Amabed... Lettres, 159^r.

Amateurs (des)... Questions, 38.

Archevêque (l') de Cantorbery... Lettre , 296.

Arty (l'abbé d')... Panégyrique, 421.

Aumôniers (plusieurs) d. R. D. P... Bible, 43.

Auteur (l') du Compère Mathieu (l'abbé Dulaurens)... Relation, 297.

Aveline (le sieur)... Canonisation, 307.

Avenger (Geo.)... Conversation, 000.

B

Bazin (feu l'abbé)... Philosophie , 403.

Dès l'édition de Beaumarchais, cet ouvrage sert d'introduction à l'*Essai sur les mœurs et l'esprit des nations*.

Bazin , neveu... Défense , 405.

Beaudinet... Collection de Lettres, 18.

Belleguier , ancien avocat... Discours, 41.

Big*** (Bigex) (l'abbé)... Trois Lettres à l'abbé Foucher, 308.—Histoire du Parlement, 410.

Bigorre (l'abbé de)... Histoire du Parlement, 410.

Bolingbrocke (milord)... Examen, 22.

Bourdillon (Joseph)... Essai, 406.

Bourn (le pasteur)... Homélie, 32.

C

Calmet (Dom)... Taureau, 159^r, sous le nom de Mamaki seulement.

Carré (Jérôme)... —Café, 137. — Requête, 137. — Théâtre anglais, 264.

O

Obern (le docteur)... Dieu, 37.

P

Passeran (le comte de)... Épître, 29.
Plokof (Jean)... Poëme, 313.
Polycarpe (le R. P.)... Lettre, 342.

Q

Quesnel (le .)... L'Ingénu, 159*o*.

R

Ralph (le docteur)... Candide, 159*h*.
Ramponeau... Plaidoyer, 222.
Risorius (D. Apuleius)... Préface, p. 29.
Rosette (Josias)... Sermon, 25.

S

Saint-Didier (feu M. de)... Marseillais, 98*h*.
Saint-Hyacinthe... Dîner, 24.
Scarmentado... Histoire, 159*i*.
Secrétaire (le) de M. de Voltaire...
    Lettre, 256.
Sherloc... Histoire. 159*v*.
Sheremetof... Lettres de Memmius à Ci-
    céron, 40.
Soranus... Ame (de l'), 42.

T

Tamponet... Lettres, 159*r*. — Questions,
    19.
Théro... Collection de Lettres, 18.
Thomson... Socrate, 136.
Tilladet (l'abbé de)... Tout en Dieu,
    36. — Il faut prendre son parti, 39. —
    le Douteur et l'Adorateur, 47-XXIII.
Tournay (M. le comte de)... Pièces,
    91.
Trois Avocats d'un Parlement... Requête,
    67.

U

Un académicien de Londres, de Berlin,
    etc.... Singularités, 89.
Un académicien de Lyon... Sentiment,
    332.

Un amateur de belles-lettres... Conseils,
    169.
Un auteur célèbre qui s'est retiré de France
    ... OEuvres mêlées, 211.
Un avocat de Besançon... Lettre, 294.
Un avocat de province... Commentaire,
    59.
Un bachelier en théologie... Pyrrhonisme
    de l'Histoire, 299.
Un bénédictin... Lettres chinoises, 230.
Un bénédictin de Franche-Comté... Lettre,
    343.
Un chrétien... contre six Juifs, 349.
Un citoyen de Genève... Idées, 55.
Un ecclésiastique... Lettre, 328.
Un homme de lettres... Anecd. sur Fré-
    ron, 425.
Un membre du conseil de Zurich... Let-
    tre, 279.
Un membre des nouveaux conseils...
Un membre d'un corps... Idées, 55.
Un prêtre de la doctrine chrétienne...
    Vanité, 98*g*.
Un proposant... Questions, 18.
Un quaker... Lettres, 255.
Une belle dame... Lettre, 185.

V

Vadé (Antoine)... Discours, 260.
Vadé (Catherine)... Pauvre Diable, 224.
Vadé (Guillaume)... Contes, 266. —
    Pauvre Diable, 224.
Verzenot... Conseils, 27.
Vieillard du mont Caucase (le)... Aux
    Juifs, 349.
Villette (le marquis)... la Patroclée, ou
    Commencement du XVIe chant de l'Iliade,
    traduction littérale, en vers. 1778, in-8.

W

Wellwisher good Natur'd (le docteur)...
    Défense, 8.

X

Ximenès (le marq.)... Lettres sur la Nou-
    velle Héloïse, 231.

Z

Zapata... Questions, 19.

TABLE

DES OUVRAGES DE VOLTAIRE CONDAMNÉS A ROME, ET COMPRIS DANS L'INDEX ROMAIN
ET DE CEUX CONDAMNÉS PAR LE CONSEIL (1).

A

A, B, C. Voy. Raison par alphabet.	
Abrégé de l'Histoire universel.	21 novembre 1757.
Amabed (Lettres d'),	1er mai 1779.

C

Candido, o l'Ottimismo.	14 mai 1762.
Catéchisme de l'honnête homme.	8 juillet 1765.
Colimaçons (les).	1er mars 1770.
Collection des Lettres sur les miracles.	29 novembre 1771.
Commentaire sur le livre des Délits, etc.	19 juin 1768,
Conseils raisonnables.	1er mars 1770.

D

De la paix perpétuelle.	3 décembre 1770.
Défense de mon oncle.	29 novembre 1771
Dialogue entre un caloyer.	8 juillet 1765.
Diatribe à l'auteur des Éphémérides.	Supprimée par arrêt du conseil, du 9 août 1775.
Dictionnaire philosophique.	8 juillet 1765.
Dieu et les hommes.	13 décembre 1770.
Discours aux confédérés.	11 août 1769.
Droits des hommes.	11 août 1769.

E

Épître aux Romains.	1er mars 1770.
Esprit de M. de Voltaire.	19 mai 1760.
Essai historique de Bourdillon.	12 décembre 1768.
Essai sur l'Histoire universelle.	21 novembre 1757.
Évangile de la raison.	8 juillet 1765.
Évangile du jour (tome VII).	3 décembre 1770.
Examen important.	29 novembre 1771.

F

Fragments d'une lettre du lord Bolingbrocke.	1er mars 1770.

H

Histoire des Croisades.	11 mars 1954.
Homélie du pasteur Bourn.	1er mars 1770.
Homme (l') aux quarante écus.	29 novembre 1771.

(1) Consultez : Lettres sur les ouvrages philosophiques condamnés par l'arrêt du parlement du 18 août 1770 (par Rich. de Burt), 1771, in-8.

I

Instruction du gardien des capucins de Raguse.	3 décembre 1770.

L

Lettre de Charles Gouju.	24 mai 1762.
Lettres d'Amabed.	14 mai 1779.
Lettres philosophiques.	4 juillet 1752.

N

Nouveaux Mélanges, 14 vol.	15 nov. 1773 ; 16 févr. 1778 ; 22 août 1782.

OE

OEuvres, Dresde, 1748.	22 février 1753.

P

Pensées de Pascal, avec notes, 1778.	18 septembre 1789.
Philosophie de l'Histoire.	12 décembre 1768.
Précis de l'Ecclésiaste et du Cantique des Cantiques.	3 décembre 1759.
Profession de foi des théistes.	1er mars 1770.
Pucelle (la).	20 novembre 1757.

Q

Questions de Zapata.	29 novembre 1771.

R

Raison par alphabet, et A, B, C.	11 juillet 1776.
Recueil de pièces fugitives en prose et en vers.	Condamné par arrêt du conseil, du 4 décembre 1739.
Remontrances du corps des pasteurs.	1er mars 1770.
Romans et Contes. Lyon, Leroy, 1790, 16 vol.	12 juilet 1804.

S

Saül et David.	8 juillet 1765.
Sermon des cinquante.	8 juillet 1765.
Siècle de Louis XIV.	22 février et 16 mai 1753.
Singularités de la nature.	16 janvier 1770.

T

Testament du curé Meslier.	8 juillet 1765.
Tout en Dieu.	3 décembre 1770.
Traité sur la tolérance.	3 février 1766.

V

Voix du sage et voix du peuple.	22 janvier 1751.

TABLE ALPHABÉTIQUE
DES OUVRAGES ET ÉCRITS DE VOLTAIRE CITÉS DANS CETTE NOTICE,
ET DES IMITATIONS ET CRITIQUES DONT ILS ONT ÉTÉ L'OBJET.

T

U

V

Voyage de la princesse de Babylone. Voy. *la Princesse de Babylone.*

Voyage de la raison. Voy. *Éloge hist. de la raison.*

Z

Zadig, ou la Destinée , 159[d]. — *Élog. et* Crit. , 836. — *Sujet mis au théâtre*, 502 et 503.

Zaïre , trag. , 110.— *Élog. et Crit.* , page 409. — *Parod.*, 473 à 476.

Zulime , trag. , 121.— *Élog. et Crit.*, 759 et 760. — *Parod.*, 479.

<hr>

NOMENCLATURE

DES BIOGRAPHES, APOLOGISTES, DÉTRACTEURS, IMITATEURS, TRADUCTEURS ET ÉDITEURS DE VOLTAIRE.

A

Açarcq (d'), critique de Zaïre , n° 1022.

Adam (le R. P.), 612.

Aillaud (l'abbé), 458, 710.

Aldeguier (Aug. d'), 1097.

Alembert (d'), 156 , 997.

Algarotti, 117, 754.

Allamand, 617.

Ancelot, 461 , 1046.

Ansart (dom And.-Jos.), 600.

Anseaume, 487.

Antonini, 711.

Arnaud Baculard (d'), éditeur des OEuvres de Voltaire , édition de 1749; n° 920.

Artuis (le P.), 740 (*douteux*).

Aubert (l'abbé), 632.

Aubert de Vitry, 988 , 989.

Aubry (le P. J.-B.) , 654.

Aude (J.), 1017, 1039.

Audra (l'abbé), 436.

Auger (L.-S.), éditeur de la Henriade, avec notes et variantes; du Suppl. au Recueil des lettres ;—des OEuvres de Voltaire, édition Desoer;—Notice, n° 981.

Auguis, coopérateur de l'édition des OEuvres de Voltaire, en 97 volumes.

Autrey (le comte d'), 633.

Azaïs (H.), 931, 1025.

B

Baillet de Saint-Julien, 847.

Bailly (J.-S.), 905.

Banières (J.), 690.

Barbier (A.-A.), 952.

Baretty (Jos.), 713 , 873.

Barré, 511, 512, 1060.

Barthelémy-Hadot (madame), 503.

Baston (l'abbé), 646.

Batteux (l'abbé), 701.

Bayle, avocat, 577.

Bazan de Mendoza, traducteur esp. de la Henriade.

Bazin (Rig.), 1024.

Bazot (E.-F.), 1110.

Beaumarchais, 109; — édit. de l'édition de Kehl, 1784-89.

Bécombes, 476.

Bel (J.-J.), 744.

Bellechaume (de), 696.

Benech, 1001.

Bérard (S.), 381.

Berchoux (Jos.), 657.

Bergier (l'abbé N.-S.), 611, 631, 637, 638.

Bernard (Sam.), 1095.

Bernier (l'abbé), éditeur de la Henriade.

Bertaud (J.), co-éditeur des OEuvres de Voltaire, édition de 1748; n° 920.

E

F

G

H

T

V

W

X

Y

Z

VOLTZ (Philippe-Louis), minéralogiste.

— Notice sur l'appareil qui sert à chauffer le vent, alimentant les hauts fourneaux de la fonderie royale de Wasseralfingen (royaume de Wurtemberg). *Paris, de l'impr. de Fain*, 1833, in-8 de 12 pag.

— Notice sur les creusets-puisards des hauts-fourneaux, et particulièrement sur ceux des forges du Bas-Rhin. *Paris, Carilian-Gœury*, 1835, in-8 de 20 pag.

Extrait du tome VIII des *Annales des mines.*
On trouve une courte Notice biographique sur Voltz dans le Mémorial de la littérature, mai 1840.

VOLX (Jules Blanc de). Voy. BLANC DE VOLX.

VONCK. — Abrégé historique servant d'introduction aux Considérations impartiales sur l'état actuel du Brabant; trad. du flamand, et augmenté de notes. *Lille, Jacquez*, ..., in-8.

— Histoire de la descente de l'armée anglo-russe dans le Nord-Hollande, en 1799. *Harlem, Fr. Bohn*, 1801, 2 vol. in-8.

VONDEL (Jules van), auteur tragique hollandais.

Dans le théâtre hollandais (1822), qui fait partie des Chefs-d'œuvres des théâtres étrangers, publiés par Ladvocat, on a donné la traduction, par M. J. COHEN, de deux tragédies de Vondel : *Gilbert d'Amstel, la destruction de sa ville, et son exil;* et *Lucifer :* chacune de ces tragédies est en cinq actes.

WOODWILL (miss). — Destinée (la), ou les Mémoires de lord Kilmarnoff; trad. de l'angl., par CONTANT D'ORVILLE. *Paris*, 1766, 2 vol. in-12.

VOORHELM, jardinier fleuriste d'Harlem.—Traité sur la jacinthe. *Harlem*, 1752, in-8, fig.; — 1762, in-12; — IIIe édit. *Harlem, N. Beets*, 1773, in-8.

VOPISCUS (Flavius), l'un des auteurs de l'Histoire d'Auguste, dont nous avons deux traductions : l'une par de MAROLLES, et la plus récente par de MOULINES.

VORDAC (le comte de). — Mémoires (ses), depuis 1661 jusqu'en 1693. *Paris, G. Cavelier*, 1702, in-12; —*Ibid.*, 1704, in-12; — *Ibid.*, 1709, in-12; — *Ibid.*, 1723, 2 vol. in-12;—1724, 2 vol. in-12, fig.;—1730, 2 vol. in-12; et *Amsterdam*, 1755, in-12.

Ces Mémoires sont apocryphes. Ils ont été composés par l'abbé CAVARD, ex-jésuite (pour le premier volume), et par l'abbé OLIVIER, ex-cordelier (pour le second).

VORDAINE (le chev. de). — Épître amoureuse d'Héloïse à Abailard. 1790 ; br. in-8.

VORUZ, ministre du S. Évangile, et principal du collège de Moudon.
— Exercices élémentaires d'arithmétique, suivis d'une méthode générale pour résoudre la règle de trois et toutes celles qui en dépendent. *Lausanne*, 1826, in-8.

VORZE (La). Voy. DU CLOT DE LA V.

VOS (Fr. de). — Réponse aux Remarques d'un anonyme sur la méthode de M. Jacotot. *Gand, Houdin*, 1828, in-8, 52 c.

VOSGIEN (l'abbé), chanoine de Vaucouleurs, pseudonyme. Voy. l'abbé LADVOCAT.

VOSGIEN, maire d'Épinal.
— Jaloux (le), comédie en cinq actes et en prose. *Paris, Desenne*, 1791, in-8.

VOSMAER (Arnoult). — Cahiers de l'histoire naturelle, trad. du hollandais, de M. Vosmaer, par M. RENFNER. 1784-86, in-4.

— Description d'une nouvelle espèce de porc à large groin, ou sanglier d'Afrique. *Amsterdam, Pierre Meyer*, 1767, in-4.

— Description générale, naturelle et historique des plus rares productions de la nature, qui se trouvent dans le riche dépôt du prince d'Orange. *Amsterdam*, 1767, in-4.

— Genre des oiseaux, par P. Henri-Gérard MOERING, traduit du latin, et augmenté de remarques, par Corn. NOZEMAN. *Amsterdam, Pierre Meyer*, 1758, in-8.

— Regnum animale. *Amstelodami, J.-B. Elwe*, 1804, in-4.

VOSS (J.-Henri), poëte allemand moderne.

— *Louise, poëme champêtre, en trois idylles, trad. de l'allemand de Voss (par GRIFFET-LABAUME). *Paris, Maradan*, an IX (1801), in-12, 1 fr. 50 c.

Sa traduction en vers allemands de plusieurs parties d'Horace, a été imprimée dans les OEuvres complètes, en six langues, de ce poëte latin, publiés à Lyon , chez Cormon et Blanc, en 1838, in-8.

Plusieurs de ses pièces de vers ont été traduites en français pour le volume intitulé : « l'Allemagne poétique », et publié, en 1840, par M. Alexandre Tardif.

VOTTEM (le docteur J.), professeur particulier d'anatomie à l'Université de Liége.

— Description de deux fœtus réunis par la tête. *Liége , P.-J. Collardin,* 1828, in-8 , 2 fr.

Le docteur Vottem a été l'un des rédacteurs de l'Observateur médical (Bruxelles, 1827).

VOUGLANS. Voy. Muyart de V.

VOUGNY (l'abbé Louis-Valentin de), conseiller clerc en la grand' chambre du Parlement, et chanoine de l'église de Paris; né à Paris, mort le 17 janvier 1754, dans la quarante-neuvième année de son âge.

— Ciel (le) réformé. Essai de traduction du Spaccio della Bestia Trionfante (de Jordano Bruni). *Sans lieu d'impression,* 1750 , 1754, in-8.

VOULLONNE, docteur en médecine de Montpellier, professeur à Avignon, mort en 1807, dans cette ville, qu'il avait longtemps habitée.

— Mémoire qui a remporté le prix de l'Académie de Dijon , sur cette question : « Déterminer quelles sont les maladies dans lesquelles la médecine agissante est préférable à l'expectante». *Avignon , J.-Jos. Niel,* 1776, in-8 ; — 1795 , in-8 ; — *Paris, Croullebois,* 1799 , in-8.

— Mémoire qui a remporté le prix de l'Académie de Dijon, sur cette question : « Déterminer, avec plus de précision qu'on ne l'a fait jusqu'à présent, le caractère des fièvres intermittentes, et indiquer, par des signes non équivoques, les circonstances dans lesquelles les fébrifuges peuvent être employés avec avantage et sans danger pour les malades. 1782, in-8 ; — *Avignon,* 1786, in-8 ; — *Paris,* 1795 , in-8.

VOULOT (C.-J.). — Précis d'arithmétique théorique et appliquée. Sec. édition. *Strasbourg, Derivaux ; Paris, Lagny fr.,* 1838, in-12.

VOUTIER (le colonel). — Lettres sur la Grèce, notes et chants populaires, extraits du portefeuille du colonel Voutier. *Paris , F. Didot,* 1826 , in-8 , 5 fr.

— Mémoires sur la guerre actuelle des Grecs. *Paris , Bossange frères ,* 1823 , in-8, orné de portraits , 7 fr.

Faisant partie des « Mémoires des contemporains », histoire étrangère.

VOUTY DE LATOUR (le baron Claude-Antoine), ancien président à la cour royale de Lyon , député du Rhône à la chambre des Cents-Jours, membre de l'Académie de Lyon et de plusieurs sociétés savantes; né à Lyon, en 1761, mort à Paris, le 4 mars 1826.

— Observations sur le commerce de la ville de Lyon. *Lyon, Ballanche et Barret,* 1800, in-4 de 16 pag.

M. H. Torombert a fait imprimer un Éloge de ce magistrat. Lyon , Perrin , 1826 , in-8.

VOUZELIAUD (E.), avocat, l'un des éditeurs de « l'Album judiciaire. Bulletin des décisions notables de la Cour royale de Limoges ». (1837).

VOUZIERS (de), pseudon. Voy. P.-J. Moithey, de Vouziers.

VOYER , marquis d'Argenson. Voy. Argenson.

VOYER D'ARGENSON (Ch.-Marc-René), député du Haut-Rhin ; né à Boulogne , près Paris.

— Analyse de la législation romaine et française sur les étrangers : acte public pour la licence , etc. *Strasbourg, de l'impr. de Levrault,* 1815, in-8 de 40 pag.

— Développements de sa proposition déposée le 18 janvier 1832 , relative aux concessions de mines; avec un avant-propos et des notes supplémentaires. *Paris, de l'impr. de Duverger,* 1832, in-8 de 40 pages.

— Lettre à un rédacteur de Journal. *Belfort, de l'impr. de Clerc,* 1830, in-8 de 8 pages.

Cette lettre a été imprimée dans un des premiers numéros du « Patriote ».

— Opinions sur la loi de haute police, prononcée aux deux chambres par MM. Voyer d'Argenson , Lanjuinais , Tournemine , Royer-Collard, etc. *Paris, Plancher,* 1815, in-8 de 32 pag.

Cette brochure a eu trois éditions dans l'année.

— Opinion sur le projet de loi de recrutement. *Paris, de l'impr. de Renaudière*, 1818, in-8 de 8 pag.

— Opinion sur la pétition des protestants de Bordeaux. *Paris, de l'impr. de Hocquet*, 1819, in-8 de 20 pages.

— Opinion sur les pétitions qui ont demandé le rappel des bannis. *Paris, de l'impr. de Hocquet*, 1819, in-8 de 8 pages.

— Opinion sur le projet de loi qui accorde une récompense nationale à M. le duc de Richelieu. *Paris, de l'impr. de Hocquet*, 1819, in-8 de 12 pag.

Il en a paru une deuxième édition dans la même année.

VOYER DE PAULMY D'ARGENSON (François-Élie de), archevêque de Bordeaux, primat d'Aquitaine.

— Méthode courte et facile pour rappeler à l'unité de l'Église ceux qui en sont séparés, dressée et publiée par son ordre pour l'usage de son diocèse. (Par l'abbé MICHEL, supér. du séminaire de S. Firmin). *Bordeaux, N. et J. De la Court*, 1728, in-12.

VOYMANT, teinturier-dégraisseur.
— Véritable pratique du dégraisseur, ou l'Art d'apprendre soi-même à dégraisser et à remettre à neuf les tissus. *Épinal, Faguier*, 1833, in-18.

VOYNIER (l'abbé L.-Fr.). — *Entretiens d'un père avec ses enfants sur la nature et la religion. *Nanci*, 1809, 5 vol. in-12.

VOYON (l'abbé Joseph de), chanoine de l'église de Limoges, sa patrie; mort en 17...
— Avis sur la prédication.
— Calendrier ecclésiastique et civil du Limousin, pour l'année 1762.
— Dissertation sur l'apparition de Samuel.

Inséré dans les Mémoires de M. l'abbé d'Artigny.

— * Éloge historique de François de La Fayette, évêque de Limoges. *Limoges*, 1771, in-12.
— Lettre sur les conférences, pour l'instruction de la jeunesse.
— Panégyrique de sainte Jeanne de Chantal. 1769, in-4.
— Vie de René-François de Santerre, prêtre du diocèse d'Orléans. 1747, in-8.

Il a composé une grande partie de la seconde édition du « Traité de la perfection ecclésiastique », et les Discours insérés dans cet ouvrage.

VOYRON, ancien professeur à Saint-

Cyr. — * Jardins (les), poëme en quatre chants, trad. du latin (1782). Voy. le P. RAPIN.

VOYSARD, graveur. — Histoire sacrée. Ancien et Nouveau Testament. *Paris, Voysard*, 1801-02, 2 vol. gr. in-8, composés chacun de 73 planches et 156 pages de texte.

L'ouvrage a paru en vingt-quatre livraisons, au prix de 1 fr. 80 c. chaque.

VOYSIN DE GARTEMPE, député de la Moselle.
— Opinion sur la loi du recrutement. *Paris, de l'impr. de Doublet*, 1818, in-8 de 24 pages.

On trouve une notice sur M. le baron Voysin de Gartempe dans la Biographie des hommes du jour, tome Ier, 2e part., pag. 99.

VOZELLE (de), homme de loi, l'un des auteurs du « Journal des savants », de 1790 à 1798.

VRANCKEN (L.-H.-J.), médecin. —
Annales de littérature médicale étrangère..
— Manuel de toxicologie, ou Doctrine des poisons et de leurs antidotes, par FRANK; trad. de l'allem., avec des notes. *Anvers*, 1803, in-8.

VRANCKEN (Jean-Baptiste), à Louvain, docteur en médecine, professeur agrégé à la faculté de médecine de l'Université catholique de Louvain; médecin des hospices des aliénés de la même ville, membre ordinaire de la Société Batave de physique expérimentale de Rotterdam; membre résidant de la Société de médecine de Louvain; né dans cette dernière ville.

M. Vrancken est auteur des mémoires suivants : *Commentatio chemico-technica de cerevisiis belgicis* (couronné, en 1826, par l'Université de Louvain), Louvain, 1827, in-4. — Mémoire sur les bières de la Belgique (couronné en 1828, par la Société Batave de physique expérimentale de Rotterdam, et inséré par cette Société dans le tome VII de ses Dissertations. Rotterdam, 1829, in-4). — *Specimen inaugurale medicum de usu hygienico et therapeutico cerevisiarum* (soutenu en 1829, à l'Université de Louvain). Louvain, 1829, in-4.

VRAYET, directeur du journal « l'Univers religieux ».

VREGON (l'abbé Pierre-Denis), ancien curé de Salmonville la Sauvage, membre de l'Académie de Rouen, en 1764, et son bibliothécaire en 1781, membre de l'Académie de Clermont (dès 1761); né le

20 septembre 1723, à Rouen, où il est mort, le 13 floréal an 11 (2 mai 1793).

Le Recueil de l'Académie de Rouen renferme de cet ecclésiastique quelques *Dissertations et Mémoires*, et les « Affiches de Normandie » des *Observations météorologiques*. (Voy. la Biographie de la Seine-Inférieure, par M. Guilbert, tom. II, page 440).

VRIGNAULD, docteur en médecine de la faculté de Montpellier.
— Nouvelles Recherches sur l'économie animale. *Paris, Didot le jeune,* 1782, in-8.

VRIGNAULT. — Abrégé d'un nouveau système d'astronomie. *Nantes, Suireau,* 1839, in-12, avec neuf planches et un portrait, 2 fr.

VRINDTS (l'abbé), prêtre belge.
— Croix (la) de Migné vengée de l'incrédulité et de l'apathie du siècle, ou envisagée comme une nouvelle preuve de la divinité de l'Église romaine, et présentée aux vrais fidèles comme une annonce des prochains malheurs de la France. *Paris, Rusand,* 1829, in-8.
— Erreurs (les) de M. de La Mennais. *Bruxelles, Rampelberg,* 1832, in-8.

VRIOT. Voy. **URIOT.**

VRISBERG. — Traité de la maladie muqueuse, trad. du latin par **LEPRIEUR.** 1806, in-8.

VROES, conseiller de la cour de Brabant, à La Haye, tráducteur français du livre intitulé : *De Tribus impostoribus,* sous le titre d'Esprit de M. Spinoza.

VROLIK (G.). — Mémoire sur quelques sujets intéressants d'anatomie et de physiologie ; trad. du hollandais par **FALLOT.** *Amsterdam, L. Van Es,* 1822, in-4, avec 13 planches, 16 fr.

VSANNAZ (A.), auteur dramatique.
— Deuil (le), folie-vaudeville en un acte. *Paris, Barba,* 1821, in-8, 1 fr.
— Guillaumet et Mariotte, tragédie-comédie burlesque en un acte et en vers. *Paris, Barba,* 1819, in-8.
— M. Bonaventure, comédie en un acte, mêlée de couplets. *Paris, Barba,* 1824, in-8, 1 fr.

Avec M. Maréchalle.

— Projet d'établissement d'une caisse de gratifications, à fonder dans chaque théâtre de Paris, en faveur de tous les pensionnaires et employés à l'année, sans déboursés des administrateurs et sans retenue sur les appointements ; ladite caisse établie de manière qu'à vingt années de service, la gratification sera au moins égale au triple des appointements annuels. *Paris, Barba,* 1822, in-8 de 32 pag., 1 fr.
— Soirée de Boniface Caquet chez les frères Franconi, à la représentation de Fayel et Gabriel de Vergy ; pot-pourri écrit sous sa dictée ; suivi du Ménage de fille. *Paris, Barba,* 1820, in-8.
— Soirée (la) du petit Cadet Buteux, à la représentation du ballet intitulé : la Fille soldat, pour servir de programme, et faire suite aux pots-pourris du joyeux Désaugiers. *Bordeaux, Lawalle jeune,* s. d., in-8.
— Théâtre. Trilogie. Les Comédiens (satire, de vers). *Paris, Belin; Delaunay,* 1837, in-8 de 48 pag., 2 fr.
— Trois (les) Jérôme, ou les Rivaux du Gros-Caillou, comédie-vaudeville en un acte. *Paris, J.-N. Barba,* 1822, in-8, 1 fr. 25 c.

VSÉVOLOJSKY (le chev. N.-S.), conseiller d'État de Russie.
— Dictionnaire géographique, historique de l'empire de Russie, contenant le tableau politique et statistique de ce vaste pays ; les dénominations, les divisions anciennes et nouvelles des contrées, villes, bourgs ; leur position géographique, leur histoire, leurs productions naturelles et industrielles, leur commerce, climat, la population, les mœurs, coutumes, religion des habitants de cet empire. *Moscou,* 1813, 1816, 2 vol. gr. in-8, 16 fr.
— Le même ouvrage. IIIe édition, augm. d'un Supplément, par Maur. **ALLART.** *Saint-Pétersbourg,* 1833, 2 vol. in-8, 17 fr.
— Description géographique et topographique de la Russie d'Europe, extraite en grande partie du Dictionnaire géographique et historique de cet empire, publié à Moscou. *Paris, H. Langlois,* 1819, in-4, avec treize cartes, 12 fr.

VUAILLET (F.-J.-B.). — Réflexions sur Genève, son gouvernement et ses habitants. *Paris, de l'impr. de David,* 1829, in-8 de 48 pages.

VUARIN (l'abbé), curé de Genève.
— Catéchisme raisonné sur la sainteté et

la dignité du mariage. *Lyon, Pélagaud,* 1838, 1839, in-18.

— Discours prononcé le 3 décembre 1820, jour de la fête dite de la Restauration, en présence de la députation des membres catholiques du gouvernement. *Paris, Méquignon fils aîné,* 1822, in-8 de 32 pag.

— Mémoire sur les piéges de l'hérésie. *Genève,* 1835, in-8.

Ce Mémoire, publié à l'occasion du jubilé de 1835 des protestants de Genève, donna lieu à une polémique entre M. de Roquefeuil, l'abbé de Baudry et M. César Malan.

VUARNIER (T.). — Table alphabétique et analytique des circulaires et instructions générales de l'administration de l'enregistrement et des domaines, et de la comptabilité générale des finances, jusqu'au 1er septembre 1835. *Laon, Vuarnier,* 1836, in-8, 6 fr. — Supplément, du 1er janvier 1836 au 1er janvier 1840. *Paris, rue du Bac,* n° 100 *bis,* 1840, in-8, 1 fr. 75 c.

Avec M. P. Baudouin.

VUIBERT (Robert-François-Stanislas), avocat ; né à Rethel (Ardennes), le 23 février 1743.

— Opinion sur le procès de Louis XVI. *Charleville, Raucourt,* 1793, in-8 de 8 pag.

Écrit qui fit décapiter son auteur, à Paris, le 1er juillet 1793.

VUILLEFROY DE SILLY. — Lettre d'un militaire retiré du service, à un ami, ou Réflexions sur la philosophie et la religion. Nouv. édition, augmentée de plusieurs lettres. *Lyon, et Paris, Beaucé-Rusand,* 1822, in-8.

Voy. aussi WUILLEFROY.

VUILLERMET (le P. Claude-François), né à Champagnole (Jura), en 1726, mort à Paris quelques années avant la révolution, était jésuite, et l'un des plus instruits de son ordre, en France. Il enseignait alors, avec une rare distinction, la rhétorique au collége Louis-le-Grand. On a de ce philologue diverses pièces de littérature, entre autres, une *Oraison funèbre du duc de Bourgogne,* et des *comédies* en vers latins. (D. MONNIER, Jurassiens recommandables).

VUILLIER (Joseph-Bonaventure), ex-directeur des ingénieurs attachés à l'ancienne administration provinciale de la Corse.

— Arithmétique (l') découverte par un enfant de dix ans, ou Manière d'enseigner l'arithmétique aux enfants. *Paris, Le Normant,* 1804, in-8 de 292 pag., avec deux planches et un tableau ; — ou *Paris, Béchet ; Germain Mathiot,* 1810, in-8, avec deux planches et un tableau, 3 fr. 60 c.

C'est la même édition que celle qui porte la date de 1804, et dont on n'a changé que le frontispice.

La même édition a encore été rajeunie deux fois au moyen des titres suivants qu'on a substitués au titre primitif.

Arithmétique (l') enseignée par des moyens clairs et simples. Ouvrage à l'aide duquel on peut apprendre, en peu de temps, sans le secours d'aucun maître, toutes les règles nécessaires au commerce ; par J.-B. V. (Joseph-Bonaventure VUILLIER), ancien officier supérieur du génie. Paris, Le Normant, *Fournier frères (* Renouard), 1807, in-8, avec deux planches et un tableau, 3 fr.

Euclide (l') de la jeunesse, ou l'Arithmétique en action et en exemple. Ouvrage qui simplifie les difficultés du calcul décimal, apprend facilement les règles de commerce et de la géométrie, par dialogues instructifs et amusants. Seconde édition, ornée de trois planches en taille-douce. Paris, * Laurens jeune, 1808, in-8, 3 fr.

VUITRY, maire de Sens. — A messieurs les électeurs de l'arrondissement de Sens. *Paris, de l'impr. de Dupont,* 1834, in-8 de 8 pag.

VULFRAN WARMÉ. Voy. WARMÉ.

VULFRANC GERDY (J.). Voy. GERDY.

VULLIEL (F.). — Traitement interne et rationnel de la cataracte, de plusieurs maladies des yeux et des douleurs rhumatismales. *Lyon, Babeuf ; et Paris, Just Rouvier,* 1833, in-8 de 108 pag.

VULLIÉMIN (L.), ministre du S. Évangile, écrivain suisse, neveu de feu le pasteur F.-A. Gonthier.

— * Chroniqueur (le), recueil historique et journal de l'Helvétie romande, en l'an 1535 et 1536. *Lausanne,* 1835-36, 2 part. in-4, 15 fr.

— Considérations sur les mœurs des chrétiens, leur culte et leur gouvernement pendant les trois premiers siècles. *Genève, Cherbuliez,* 1829, in-12, 3 fr.

— Essai historique sur l'Evangile. *Genève, Paschoud,* 1828, in-12, 3 fr.

— Histoire des Suisses, à l'époque de la Réformation, continuation de l'ouvrage de J. de Muller ; trad. de l'allemand de J.-J. HOTTINGER. *Zurich, Orell, Fuessly et comp.; et Paris, A. Cherbuliez,* 1833, 2 vol. in-8, 15 fr.

Cette traduction a été réimprimé dans une nouvelle édition de l'histoire de J. de Muller, avec continuation jusqu'en 1830.

— Histoire suisse. Fragment. Les réfugiés italiens au xvie siècle.

Imprimé dans la « Revue suisse », tome II, pages 455 à 489. Ce Fragment est un épisode qui fait partie de la continuation de l'Histoire des Suisses de J. Muller, par MM. Monnard et Vulliemin.

— Mémoire sur les écoles des petits enfants, adressé à la Société d'utilité publique du canton de Vaud. *Lausanne*, 1828, br. in-8.

— Notice sur F.-A.-A. Gonthier, ministre du S. Évangile. *Genève, Suz. Guers; et Paris, J.-J. Risler*, 1838, in-12 de 174 pag., avec un portr., 1 fr. 75 c.

Avec M. Ch. Vulliémin, son frère.

— Notice sur la vie et les ouvrages de Ruchat.

Imprimée à la tête d'une nouvelle édition de l'Histoire de la réformation de la Suisse, d'Abraham Ruchat, avec des appendices de l'éditeur (Lausanne, 1838, 7 vol. in-8).

VULLIEMOZ (J.-C.). — Enseignement (de l') du dessin linéaire. *Lausanne*, 1835, br. in-8.
— Méditations sur ces paroles de S. Paul : Or, maintenant ces trois choses demeurent, etc. *Vevey*, 1829, in-8, 1 fr. 25 c.
— * Repos (le). *Lausanne*, 1835, br. in-8.

VULPIAN (Alphonse), avocat, auteur dramatique; mort à Paris, le 14 octobre 1829, âgé à peine de trente-quatre ans.
— Code des théâtres, ou Manuel à l'usage des directeurs, entrepreneurs et actionnaires des spectacles, des auteurs et artistes dramatiques, etc. *Paris, Warée aîné*, 1829, in-18.

Avec M. Gauthier.

— Dames (les) à la mode, à-propos vaudeville en un acte. *Paris, Duvernois; Barba*, 1826, in-8, 1 fr. 50 c.

Avec MM. Gersin, Brazier et Gabriel.

— Dansera-t-on? ou les deux Adjoints, à-propos vaudeville en un acte. *Paris, Brunet*, 1825, in-8, 1 fr. 50 c.

Avec MM. Ledoux et Lassagne.

— Dédaigneuse (la), comédie-vaudeville en un acte. *Paris, Riga*, 1831, in-8, 1 fr. 50 c.

Avec MM. P. Dupont et Ed. Monnais.

— Éveline, ou la Mélancolie, drame en un acte, mêlé de couplets. *Paris, Bouquin*

la Souche; Barba, 1825, in-8, 1 fr. 50 c.

Avec MM. Théaulon et de Courcy.

— Français (les) en Espagne, à-propos vaudeville en un acte. *Paris, Ponthieu*, 1823, in-8.

Avec M. Abel Hugo.

— Maris (les) anglais, ou la Conversation criminelle, comédie-vaudeville en un acte. *Paris, madame Huet; Barba*, 1824, in-8, 1 fr. 50 c.

Avec M. Théaulon.

— Noce (la) et l'enterrement, vaudeville en trois tableaux. *Paris, Bezou*, 1826, in-8, 1 fr. 50 c.

Avec M. Davy.

— Pièce (la) de circonstance, ou le Théâtre dans la caserne, à-propos vaudeville. *Paris, madame Huet; Barba; Delavigne*, 1824, in-8, 1 fr. 50 c.

Avec M. Lassagne.

— Restaurant (le), ou le Quart d'Heure de Rabelais, tableau-vaudeville en un acte. *Paris, Barba*, 1822, in-8, 1 fr. 50 c.

Avec MM. de Courcy et Hippolyte.

— Roman (le) par lettres, ou le Chapitre XVIII, comédie-vaudeville en un acte. *Paris, Geo. Brunet*, 1826, in-8, 1 fr. 50 c.

Avec le même.

— * Rue (la) du Carrousel, ou le Musée en boutique, vaudeville en un acte (et en prose). *Paris, Quoy*, 1824, in-8, 1 fr. 50 c.

Avec MM. Théod. Anne et Lassagne.
Vulpian a caché sa coopération à toutes ces pièces sous le pseudonyme de GUSTAVE.

VULPIUS (C.-A.), fécond romancier allemand.
— * Albertino Giovani, chef de bandits à Naples; trad. de l'allemand, par DUPERCHE. *Paris, Lerouge*, 1823, 3 vol. in-12, 8 fr.
— *Antonia de Roscini, reine des Pirates, histoire véritable du xviie siècle; trad. de l'auteur de Rinaldo Rinaldini, sur la troisième édition, par DUPERCHE. *Paris, Lerouge*, 1824, 4 vol. in-12, 10 fr.

M. Duperche a publié ce roman comme étant de Vulpius, auteur de « Rinaldo Rinaldini »; mais l'original d'Antonia ne porte que : Vom verf. d. Abenteuer des Hrn Lämmels, ce qui laisse encore en doute que ce roman soit de Vulpius.

— * Aurora, ou l'Amante mystérieuse; trad. de l'allemand, par le cit D....che (DUPERCHE). *Paris, Ouvrier*, an x (1802), 2 vol. in-12, avec deux fig., 3 fr.

L'original est intitulé : *Aurora, eine Gemaelde d. Vorseit.* Leipzig, 1800, 2 vol. in-12.

—*Fernandino, suite et conclusion de Rinaldo Rinaldini, chef de brigands ; trad. de l'allemand par M. Duperche. *Paris, Lerouge,* 1815, 2 vol. in-12, 5 fr.

—*Glorioso-Demonio, ou le grand Diable, chef de brigands ; trad. de l'allemand, de Rinaldo-Rinaldini (par Duperche). *Paris, madame Benoist,* an IX (1801), 2 vol. in-12, 2 fr. 50 c.

— Lomelli, le hardi brigand, ou la Caverne de la vengeance ; par l'auteur de Rinaldo-Rinaldini. Trad. de l'allemand,

par J.-J.-M. Duperche. *Paris, Lerouge,* 1822, 4 vol. in-12, 10 fr.

— * Rinaldo Rinaldini, chef de voleurs ; roman historique du XVIIIe siècle, avec des romances et des gravures ; imité de l'allemand par L.-H. Delamarre. *Paris, Desenne ; Maradan,* 1801, 3 vol. in-12, 4 fr. 50 c.

— * Le même roman (trad. par Duperche). *Paris, Dufour, et Liége, J.-A. Latour,* 1800, 3 vol. in-12, 5 fr. ; 3 vol. in-18, 1 fr. 80 c. — IIIe édition. *Paris, Lecointe et Durey,* 1823, 4 vol. in-12, 10 fr.

W.

WACE, WAICE, GACE ou GASSE (Robert), trouvère normand ; né dans l'île de Jersey, au commencement du XIIe siècle, mort en Angleterre, vers 1184.

—Roman (le) du Rou (Rollon) et des ducs de Normandie. Publié d'après les manuscrits de France et d'Angleterre, avec une Notice sur la vie et les ouvrages de l'auteur, et des notes pour servir à l'intelligence du texte ; par F. Pluquet, libraire à Paris. *Paris, de l'impr. de Crapelet.* — *Pluquet,* 1822, 2 vol. in-8, 18 fr. ; et sur pap. vélin, 30 fr. — ou *Paris,* 1827, 2 vol. in-8, fig., 20 fr., et sur gr. pap., 40 fr.

M. Raynouard a rendu compte de cet ouvrage dans le « Journal des savants », mars 1828 et mars 1829. Ce compte rendu a été réimprimé à part sous ce titre : « Observations philosophiques et grammaticales sur le Roman de Rou, par M. Raynouard, avec un Supplément aux notes historiques », par M. A. Le Prévost. In-8, 3 fr. 50 c.

La *Chronique ascendante des ducs de Normandie*, autre ouvrage de Wace, composée de 314 vers alexandrins, a été publiée, pour la première fois, par les soins de M. Pluquet, et imprimée dans le tome Ier des Mémoires des Antiquaires de Normandie, avec quelques notes de l'éditeur, pour servir à l'intelligence du texte.

— Fragment sur Tombelène. *Paris, de l'impr. de Pinard,* 1833, in-8 de 28 pag.

Extrait du roman du Brut (mis en vers français par R. Wace), imprimé en caractères gothiques.

—Roman (le) de Brut, publié, pour la première fois, d'après les manuscrits des biblioth. de Paris, avec un commentaire et des notes, par Leroux de Lincy. *Rouen, Édouard Frère,* 1836-38, 2 vol. in-8, 20 fr.

MM. G. Mancel et Trébutien (de Caen), préparent dans ce moment la publication d'un autre ouvrage de Wace : l'*Établissement de la fête de la Conception de N.-D., dite la Fête aux Normands,* qui paraîtra, pour la première fois, d'après un manuscrit de la bibliothèque du roi.

WACHTER (J.). — Dictionnaire abrégé

français, italien, allemand, anglais, russe, hongrois, grec moderne et turc. *Vienne, Singer,* 1839, in-12.

WACKERHAGEN (Ch.). — Aphorismes politiques, tirés du portefeuille d'un homme d'État. *Hanovre, Ritscher,* 1795, in-8 de 157 pages.

WADD, médecin. — Embonpoint (l'), considéré comme maladie, avec un examen critique des opinions anciennes et modernes relatives à ce sujet ; ses causes, sa guérison ; trad. de l'angl. par le docteur Léon ; suivi de ses propres observations et de son traitement. *Paris, Dentu,* 1838, in-12, 5 fr.

WADELAINCOURT. Voy. Wandelaincourt.

WADSTROEM (C.-B.). —Mémoires du règne de Bossa-Ahadée, roi de Dahomé, dans l'intérieur de la Guinée ; trad. de l'anglais de Robert Norris, avec des observations. *Paris, Gattey,* 1790, in-8.

— Précis sur l'établissement des colonies de Sierra Leona et de Boulama, à la côte occidentale de l'Afrique. (Trad. de l'angl. par Ch. Pougens). *Paris, Ch. Pougens,* 1798, in-8.

—Voyage du pays de Dahomé, situé dans l'intérieur de la Guinée, avec l'histoire de ce pays ; suivi d'observations sur la traite des nègres ; trad. de l'angl. *Paris,* 1790, in-8 ; et *Paris, Gide et Gay,* an III (1795), in-8.

WAELELAER, à Bruxelles, décoré de la croix de fer, secrétaire de la Régence, chargé du bureau de l'état civil. On lui doit : Mouvement de la population de Bruxelles, État des naissances, décès, mariages et divorces de cette ville, de l'année 1786 à 1832, inclusivement, inséré dans le recueil de Documents statistiques, publié en 1833 par l'Établissement géographique de Bruxelles.

WAEL (Émilien de), à New-York, botaniste; né à Anvers. Il a publié : Un article sur la greffe de l'abricotier. — Lettre sur la greffe par racine. — Étiquette économique et commode.—Sur la transplantation et le retranchement du pivot (Horticulteur belge, t. II).—Sur la culture du choco ou chayote, *Sechium edule*, à Charlestown (Idem, t. III, 8e livraison, etc.).

WAELES (J.-B.), professeur, né à Hardifort, près de Cassel, vers 1756, mort à Lille, le 29 juin 1822.
—Ariadne, ou le Guide des grammairiens. *Lille, Lefort*, 1820-21, in-8 de 32 pages.

L'impression de cet ouvrage était interrompue depuis long-temps, lors de la mort de l'auteur.
Au bas de la page 32 il y a une réclame.
Le frontispice de cet opuscule indique que Waeles était auteur d'un *Atlas grammatical*, de diverses grammaires et prosodies, etc.

WAELWYK (Albert-G.). — Remarques patriotiques sur les ouvrages politiques de Simon van Slingelandt. *La Haye, J. Abrah. Bouvinck*, 1787, in-8.

WAFER (Lionel). —Voyage et description de l'isthme américain ; traduit de l'anglais. *Amsterdam*, 1705, in-12.
— Le même ouvrage, trad. par M. de Montirat, interprète des langues. *Paris, Cl. Cellier*, 1706, in-12.

WAFFLARD (Alexis-Jacques-Marie), spirituel auteur dramatique; né à Versailles, le 29 juin 1787, mort à Paris, le 12 janvier 1824, d'une maladie de poitrine. On lui doit plusieurs pièces de théâtre qui se distinguent par un dialogue pétillant d'esprit, et par des effets dramatiques très-bien calculés. Ces pièces sont :
— Caméléons (les), comédie-vaudeville en un acte. *Paris, madame Masson,* 1816, in-8.

Avec M. Moreau.

—Célibataire (le) et l'homme marié, comédie en trois actes. *Paris, Barba*, 1823, in-8, 2 fr.

Avec M. Fulgence (de Bury).
Cette pièce eut une deuxième édition la même année ; elle a encore été réimprimée, en 1837, dans la « France dramatique au xixe siècle »

— Deux (les) ménages, comédie en trois

actes et en prose. *Paris, Barba*, 1822, in-8, 2 fr.

Avec MM. Picard et Fulgence (de Bury).
Réimprimée en 1837 dans la « France dramatique au xixe siècle.

— Écolier (l') d'Oxford, comédie en trois actes et en prose. *Paris, veuve Dabo; Barba*, 1824, in-8, 2 fr. 50 c.

Pièce qui n'a été représentée, pour la première fois, qu'après la mort de l'auteur.

— Haydn, ou le Menuet de bœuf, comédie anecdotique en un acte (en prose), mêlée de vaudevilles. *Paris, Barba*, 1812, in-8.

Avec M. Gabriel.

— Un jeu de bourse, ou la Bascule, comédie en un acte, en prose. *Paris, Barba*, 1821, in-8, 1 fr. 50 c.

Avec MM. Picard et Fulgence (de Bury).

— Un moment d'imprudence, comédie en un acte et en prose. *Paris, Barba*, 1819, ou 1822, in-8, 1 fr. 50 c.

Avec M. Fulgence (de Bury)
Pièce qui a été réimprimée aussi dans la Fin du Répertoire du Théâtre-Français, et, en 1837, dans la France dramatique au xixe siècle.

— Une promenade à Saint-Cloud, bluette épisodique en un acte, mêlée de vaudevilles. *Paris, madame Huet*, 1817, in-8, 1 fr. 25 c.

Avec M*** (A.-A.-J. Rouval).

— Voile (le) d'Angleterre, ou la Revendeuse à la toilette, comédie-vaudeville en un acte. *Paris, madame Masson*, 1814, in-8.

Avec M. Moreau.

—Voyage (le) à Dieppe, comédie en trois actes et en prose. *Paris, Barba*, 1821, ou 1824, in-8, 2 fr.

Avec M. Fulgence (de Bury).
Réimprimée, en 1837, dans la «France dramatique au xixe siècle.
Wafflard, en mourant, a laissé une pièce qui n'a point été jouée; on en cite une de lui intitulée : *la Rencontre à moitié chemin* · c'est peut-être la même.

WAGENAAR (Jean), historien hollandais, du xviiie siècle.
— Mémoire historique sur la nature, l'excellence et les bornes de la dignité du statoudhérat dans les Provinces-Unies. (Ouvr. posth.). *Amsterdam, P. Meyer*, 1787, in-8.

Auteur de plusieurs ouvrages écrits en hollandais, et, entre autres, d'une Histoire de la patrie.

WAGENFELD. — Analyse des neuf

livres de la Chronique de SANCHUNIATHON, avec des notes par M. WAGENFELD , et précédé d'un avant-propos , par M. G.-F. GROTEFEND , directeur du lycée de Hanovre ; trad. de l'allemand , par M. Ph. LEBAS. *Paris, Paulin, 1836, in-8 , avec un fac simile, 6 fr.

WAGLER. — Tractatus de morbo mucoso, etc. Vide ROEDERER.

WAGNER (Bernhard), docteur et professeur en théologie.
— Dissertatio academica sistens controversiam de lapsis recipiendis ,olim in Ecclesiæ motam , defendente M. Joh. Schmidt. *Argentorati, Jos. Pastorius, 1721, in-4.

WAGNER (Henri-Léopold). — Inconnu (l') bienfaisant, drame en un acte (et en prose). *Francfort, les hérit. de J.-L. Eichenberg, 1775, in-8.

WAGNER (Jean-Louis). — Mémoires sur la Russie, la Sibérie et le royaume de Cazan ; trad. de l'allem. *Berne, Emm. Haller, 1790, in-8.
— Voyage et aventures d'un exilé en Sibérie. *Berne, Haller, 1794, in-8 , 2 fr. 50 c.

WAGNER (J.-J.). — Dessinateur (le) d'arbres et de paysages. *Leipzig, compt. d'indust. , 2 cah. in-4, 12 fr. en noir, colorié , 16 fr.
— Parfait (le) paysagiste. *Leipzig , compt. d'iudnstr. , 2 cah. in-4.

WAGNER (Ernest).—* Ile (l') de Saint-Pierre , dite l'île de Rousseau, dans le lac de Bienne (avec douze figures, par MM. Konig, Lafon, Lory et un anonyme). *Berne, G. Lory et T. Rheiner, peintres , sans date (vers 1810), petit in-4 de 56 pag.

WAGNER, major de l'état-major prussien.
— Recueil de plans de combats , de batailles livrées par l'armée prussienne pendant les campagnes des années 1813, 1814 et 1815 , avec des éclaircissements historiques : 1er cahier, contenant les batailles de Gros-Gorshen , de Gros-Beeren , de Dennewitz, et le combat de Hagelsberg.
— 2e cahier, contenant les batailles de la Katzbach , le passage de l'Elbe à Wortenberg, et la bataille de Mockern. — 3e cahier, contenant les batailles de Bautzen et de Laon. — 4e cahier, contenant la campagne de l'armée prussienne en Belgique , en 1815. *Berlin , Reimer, vers 1823, 4 cahiers in-4 , renfermés dans des étuis.

WAGNER (G.), professeur à Berlin.
— Instruction sur le choléra-morbus , contenant les moyens de s'en préserver, d'en guérir, et d'empêcher sa propagation ; trad. de l'allemand , et accompaguée de notes, par L. PARIS. *Paris, Vimont, 1832, in-8 de 28 pag.

Avec F. Horn , autre professeur à Berlin.

WAGNER DE TINCHEBRAY (J.-B.).
— Almanach historique, ou Un souvenir pour Napoléon (et autres pièces , soit en vers , soit en prose). *Nanci, de l'impr. de Richard Durupt, 1832, in-12 de 8 pag.
— Recueil littéraire , historique et anecdotique. *Paris, de l'impr. de Poussin, 1831, in-12 de 24 pag.

Contient des morceaux en prose et des poésies.

WAGNIÈRE (J.-L.), secrétaire de Voltaire, depuis 1756 jusqu'à la mort du poëte ; né en Suisse , en 1739, mort après 1787.
— Mémoires sur Voltaire et ses ouvrages. Par (S.-G.) LONGCHAMP et (J. L.) WAGNIÈRE , ses secrétaires ; suivis de divers écrits inédits de la marquise DU CHATELET, du président HÉNAULT, de PIRON , d'ARNAUD BACULARD , tous relatifs à Voltaire. (Publiés par MM. DECROIX et BEUCHOT). *Paris , Aimé-André , 1825, 2 vol. in-8 , 14 fr. , et sur gr. pap. vélin, 36 fr.

Quatre opuscules de Wagnière , qui avaient déjà été imprimés , ont été recueillis dans ces deux volumes.
C'est sous le nom de Wagnière que Voltaire publia son Commentaire historique sur les OEuvres de l'auteur de la Henriade.

WAGON (Charles), chansonnier.
— Franc (le) Troubadour, chansonnier. *Paris, les march. de nouv. , 1822, 1825, et 1830, in-18, 3 fr.

WAGRÉE. — Adieux (les) à l'île de Cabréra, ou Retour en France des prisonniers français détenus pendant cinq ans et onze jours dans cette île; suivis d'une analyse dédiée au roi et au peuple français. *Paris , Delaunay, 1833 , in-8.

WAGRET, médecin ordinaire du roi et de ses hôpitaux à Valenciennes.
— Observations de médecine et de chirurgie. *Paris, Huart, 1717, in-12.

WAGSTAFFE (Guillaume), médecin de l'hôpital de S. Barthélemy et membre de la Société royale de Londres.
— Lettre sur le danger et l'incertitude de l'inoculation de la petite vérole; en anglais, avec la traduction française. *Londres*, 1722, in-8.

WAHARTE. — Ode sur la naissance de S. M. le roi de Rome. *Paris, de l'impr. d'Éverat*, 1811, in-4 de 10 pages.

WAHL (Ferd.-François), directeur des bâtiments du duc de Bavière.
— Traité de l'élévation des eaux. *Munich*, 1716, in-4.

WAHL (Samuel-Fréd.-Gunth.). — Description de l'Inde. *Hambourg*, 1807, in-8.

WAILLE. — Traité de l'amour de Dieu; trad. de l'allem. (1829). Voy. F.-L. STOLBERG.

WAILLE (V.-A.). — Essai sur l'histoire politique et constitutionnelle de la Belgique. *Bruxelles*, 1838, in-8, 8 fr.

WAILLY (Noël-François de), connu en 1754 sous le nom de l'abbé de Wailly, grammairien et lexicographe distingué, membre de l'Institut; né à Amiens, le 31 juillet 1724, mort à Paris, le 7 avril 1801.
— Abrégé de la Grammaire française. *Paris, Barbou*, 1759, in-12.

La première édition de la Grammaire française est de 1754. Cet abrégé a été réimprimé quatorze fois jusqu'à l'édition que nous citons ci-après.
Les éditions de Toul, Carez, 1823, in-8, et 1824, in-12, sont copiées sur celles antérieures à 1822.

— Le même Abrégé, avec un Abrégé de versification. XVe édition, revue d'après les manuscrits de l'auteur, par de WAILLY fils. *Paris, Delalain*, 1822, in-12.

L'Abrégé de versification a paru pour la première fois à la suite de la Grammaire complète. XIIe édition.

— Grammaire française, etc. *Paris, Barbou*, 1754, in-12.

Ouvrage qui, dans le siècle dernier (jusqu'en 1799), a obtenu une dixaine d'éditions sous ce titre.
D'Açarq a publié des *Remarques sur la Grammaire française de M. de Wailly*, Saint-Omer, Boubers, 1787.

— Le même ouvrage, sous ce titre : Principes généraux et particuliers de la langue française (confirmés par des exemples choisis, instructifs, agréables, et tirés des bons auteurs); suivis d'un Abrégé de versification. XIIe édition, revue et augmentée, par M. de WAILLY, proviseur au lycée Napoléon. *Paris, Delalain*, 1808, et 1811, in-12, 2 fr. 60 c.

Ces deux éditions portent chacune *XIIe édition.* (XIIIe édition). Paris, A. Delalain, 1819, in-12. Sec. édition, revue et augmentée d'après les manuscrits de l'auteur, par M. de Wailly (de la Somme). Paris, A. Costes et comp., 1823, in-12. Paris, Maumus, 1826, 1829, in-12.

— Lettre à M***, en réponse aux difficultés proposées contre la déclinabilité du participe français. 1759, in-12.
— Lettre sur les imperfections de notre orthographe. 1770, in-12.
—Orthographe (de l'), ou Moyens simples et raisonnés de diminuer les imperfections de notre orthographe, de la rendre plus aisée, etc. *Paris, Barbou*, 1771, in-12.
— Remarques sur plusieurs articles de la Nouvelle Encyclopédie, concernant l'ellipse et ses suppléments qu'on emploie pour expliquer les phrases elliptiques, sur les compléments et les régimes, sur le supin et le participe, sur qui, que, quoi, lequel; sur qui est-ce ou qu'est-ce.

Mémoire de trente pages, imprimé dans le tome 1er des Mémoires de l'Institut (littérature et beaux-arts), 1797.

—Traité de la versification française. Nouvelle édition, suivie de matières de vers. *Paris, Delalain*, 1831, in-12, 1 fr.

Ainsi que nous l'avons dit plus haut, ce traité fut imprimé pour la première fois à la suite de la XIIe édition des Principes généraux.... de Grammaire.

—Vocabulaire (nouveau) français, où l'on a suivi l'ortographe du Dictionnaire de l'Académie, et dans lequel on trouve de plus, 1° un grand nombre de mots et d'acceptions de mots généralement reçus, et qu'on a distingués par une étoile; 2° environ huit mille termes de sciences et arts, et spécialement la nouvelle nomenclature chimique; 3° un Vocabulaire géographique; 4° la prononciation, quand elle s'écarte des règles ordinaires; 5° l'étymologie des mots dérivés du grec et du latin ; 6° la conjugaison des verbes irréguliers; par MM. de WAILLY, membre de l'Institut, et de WAILLY, chef de l'enseignement du prytanée de Paris. *Paris, Rémont*, an IX (1801), in-8. — Seconde édition, considérablement augmentée par l'auteur, et revue, quant aux termes de médecine, d'anatomie, d'histoire naturelle, par M. Bosquillon, médecin de Paris, et professeur de langue grecque au collége de France. *Paris, le même*, 1803, in-8.

Premières éditions d'un livre de classe qui, à la mort de son second auteur, avait déjà été réimprimé neuf fois ; la dixième édit. a été corrigée et augmentée par M. Drevet, censeur des études du collége de Henri IV. Les éditions, depuis la onzième, ont été revues par M. Alfred de Wailly, professeur de rhétorique au collége de Henri IV. La dernière est la dix-huitième (Paris, Guyot et Scribe ; Tourneux, in-8, 7 fr.

TRADUCTIONS ET ÉDITIONS
dues aux soins de N.-F. de Wailly.

— Commentaires de César (traduction de Perrot d'Ablancourt, revue en 1755 par l'abbé Le Mascrier, et ensuite par de Wailly), avec le texte. *Paris, Barbou*, 1767, 1776, 2 vol. in-12.

Édition souvent réimprimée. Voy. l'art César.

— Principes de la langue latine (du P. Sauger), mis dans un ordre plus clair, plus précis et plus exact (par le P. Fleuriau, jésuite). VIe édition, retouchée avec soin, par de Wailly. *Paris, Barbou*, 1768, in-12. — IXe édition, entièrement refondue par le même. *Paris, Barbou*, 1773, 1777, in-12.

Aug.-Sav. Le Blond ne s'est pas exprimé avec assez d'exactitude en parlant de cet ouvrage dans sa « Notice historique sur la vie et les ouvrages de Noël-François de Wailly ». Suivant lui, l'habile grammairien publia des *Principes de la langue latine dans un ordre plus clair*, qui eurent sept éditions.
Barbou n'acquit qu'en 1767 la propriété de cet ouvrage, qui est originairement du P. Sauger, jésuite. L'édition de 1768 est donc la première qui ait été donnée par de Wailly, et elle a été suivie de trois ou quatre autres seulement.
(*Note de A.-A. Barbier*).

— Quintilien, de l'Institution de l'orateur, traduit par l'abbé Gédoyn. Nouv. édition, faite (par de Wailly), d'après un exemplaire corrigé par l'auteur. *Paris, Barbou*, 1770, 4 vol. in-12.
— Art (l') de peindre à l'esprit (par dom Sensaric, et publié par A.-M. Lottin). Nouv. édition, revue (par de Wailly). *Paris, Barbou*, 1771, 3 vol. in-12.
— Histoires choisies du Nouveau Testament (d'après le commentaire d'Érasme, et traduites en français par M. de Wailly, avec le texte latin en regard). *Paris, Barbou*, 1774, petit in-12.

Volume souvent réimprimé.

— Dictionnaire portatif de la langue française, extrait du grand Dictionnaire de P.

Richelet (par l'abbé Goujet). Nouvelle édition, augmentée, par de Wailly *Lyon*, 1775, 2 vol. in-8 ; — *Lyon, Leroi*, 1811, 2 vol. in-8.

Édition souvent réimprimée avant que de Wailly ne publiât son Vocabulaire. Autres réimpressions.
.... 1776, 2 vol. in-8.
Lyon, 1780, 2 vol. in-8.
Lyon, 1786, 2 vol. in-8.
.... 1789, 2 vol. in-8.
.... 1797, gr. in-12.
Bâle, 1798, 2 vol. in-8.
Rouen, veuve P. Dumesnil et fils, 1803, 2 vol. in-8.

— Introduction à la syntaxe latine, par J. Clarke, trad. sur la VIe édition, et augmentée d'un Vocabulaire latin et français. *Paris, Barbou*, 1773, 1781, in-12.
— Abrégé de l'Histoire romaine, par Eutrope. Nouvelle édition, revue et corrigée (par M. de Wailly), avec le texte à côté de la traduction. *Paris, Barbou*, 1783, 1804, petit in-12.

La traduction revue par de Wailly est celle de l'abbé Lézeau. (*Barb.*).

— Oraisons choisies de Cicéron, traduction (de Villefore), revue par de Wailly, avec le texte à côté, sur l'édition de Lallemant, et avec des notes. *Paris, Barbou*, 1772, 1786, 3 vol. in-12 ;—*Lyon*, 1812, 3 vol. in-12.
— Dictionnaire des rimes, par P. Richelet, contenant les mots et leurs genres, etc., avec un Traité complet de versification. Nouv. édition, corrigée et considérablement augmentée (par de Wailly). *Paris*, 1800, in-8.

C'est une nouvelle édition de ce livre qui a paru, en 1812, sous le titre suivant :
Nouveau Dictionnaire des rimes, où l'on trouve, 1° tous les mots de la langue française ; 2° les termes de sciences et arts ; 3° le genre et la définition des mots ; 4° les noms propres de la mythologie, de la géographie et de l'histoire ; par M. de Wailly, proviseur au lycée Napoléon ; et M. Drevet, censeur-adjoint au même lycée. Paris, Debaussaux, 1812, 2 part. in-8, 12 fr.
Wailly a encore revu l'édition latine de Salluste imprimée chez Barbou. Il est auteur de l'Avertissement qui est à la tête de la traduction de Perse, par Dreux du Radier. Il a eu soin de l'édition de la Henriade de Voltaire, imprimée chez Barbou.
Outre la Notice sur N.-Fr. de Wailly, par A.-S. Le Blond, imprimée dans le Magasin encyclopédique, 7e année, 1801, tome VI, page 471, on en trouve d'autres sur cet académicien dans la Biogr. univers., dans la Biographie des hommes célèbres... de la Somme, tome II, page 417 et suiv.

WAILLY (Étienne-Augustin de), fils du précédent, successivement chef de l'enseignement au Prytanée de Paris, proviseur du lycée Napoléon, plus tard collège royal d'Henri IV; né le 1er novembre 1770, mort à Paris, le 15 mai 1821.

L'on a de de Wailly quelques articles dans le Mercure, en l'an VIII, lorsqu'il était rédigé par MM. de Fontanes, de Châteaubriand, Delalot, de Bonald, etc.; — Napoleone al Danubio (Napoléon au Danube : ode italienne du colonel J. Grobert, traduite en vers français par M. de Wailly, et en vers héroïques latins par M. Cauchy (1805, in-8); — une traduction en vers des Odes d'Horace, avec le texte, des sommaires et des notes, livres I à III (Paris, P. Didot l'aîné, 1817—18, 3 part. in-18), traduction plus remarquable par l'élégance et l'exactitude de la version, que par le coloris poétique.

De Wailly a travaillé avec son père à la nouvelle édition du Dictionnaire des rimes, de P. Ricethel (1800, in-8); au Nouv. Vocabulaire français (1801, in-8); il a revu et publié la quinzième édition de l'Abrégé de la Grammaire française (1822), et la douzième des Principes généraux et particuliers de la langue française (1808 et 1811) de son père. Enfin, il a donné une édition des OEuvres choisies de Rousseau, à l'usage des lycées, et il a revu, en l'absence de M. Morin, la première édition du Dictionnaire étymologique des mots français dérivés du grec, 1803, in-8.

Laya, membre de l'Académie française, a publié une Notice sur M. de Wailly, dans le « Mémorial universel de l'industrie française », tome V, pages 319—23; on en trouve un autre dans l'Annuaire nécrologique de M. Mahul, ann. 1821, p. 305.

WAILLY (Barthélemy-Alfred de), fils aîné du précédent, d'abord professeur de rhétorique au collége royal de Henri IV, aujourd'hui proviseur du même collége; né à Paris, le 10 décembre 1800.

— A Notre-Dame de Lorette. Ballade.

Imprimée dans la « Revue des Deux-Mondes », tome XVI (1830).

— * Adjoint (l') et l'avoué, comédie en deux actes et en prose. *Paris, J.-C. Blosse,* 1824, in-8, 1 fr. 80 c.

Avec M. Aug. Romieu, seul nommé sur la pièce. On dit que M. Alf. de Wailly a eu part à quelques pièces de son frère Gustave, et notamment à *l'Amour et l'intrigue* et à *Ma place et ma femme.*

— Dictionnaire (nouveau) latin-français, comprenant tous les mots des différents âges de la langue latine, leurs sens propres, etc., contenant, en outre, tous les synonymes de chaque mot, d'après Gardin, etc. *Paris, Baudouin,* 1829, in-8. — Seconde édition. *Paris, Guyot et Scribe,* 1830, in-8; — IVe édit. *Ibid.*, 1832, in-8, cart., 7 fr. 50 c.

Ouvrage adopté par l'Université. Le *Nouveau Dictionnaire latin-français* a, sur ceux qui l'ont précédé dans les classes, des avantages qui l'ont fait préférer dans la plupart des colléges et des établissements particuliers : 1° un plus grand nombre de mots et de citations; 2° plus de correction et d'élégance dans les exemples cités, et plus de logique dans la manière de les présenter; 3° l'étymo-

logie et la quantité indiquée sur chaque mot; 4° l'insertion en entier des synonymes de Gardin (ce livre, par la discussion de chacune des acceptions différentes du mot, en établit toutes les nuances, et conduit ainsi l'élève à l'élégance et à la précision du style qui font ses succès); 5° un Dictionnaire historique, mythologique et géographique renfermant près de 8,000 mots, etc., etc.

— Dictionnaire (nouv.) français-latin. Ouvrage adopté pour l'usage des classes par le conseil royal de l'instruction publique. *Paris, Guyot et Scribe,* 1832, in-8, cartonné, 7 fr. 50 c.

Le *Nouveau Dictionnaire français-latin* a des avantages qui lui sont communs avec le précédent, tels que : un plus grand et un meilleur choix dans les citations, une traduction plus sûre et plus élégante des exemples, ainsi qu'une manière plus logique de les présenter; une exécution matérielle en tous points supérieure à celle des livres classiques, etc. Il contient, en outre, la signification en grec, en anglais, en allemand. Cette heureuse idée, goûtée dans tous les établissements d'éducation, ne pouvait manquer de faire fortune, aujourd'hui que l'Université prescrit l'étude simultanée des langues modernes et anciennes, et que les relations de notre société avec l'univers ne permet plus l'ignorance complète des langues étrangères. — A la fin du volume se trouve également un Dictionnaire historique, mythologique et géographique, et de plus les calendriers grec et romain en concordance avec le calendrier grégorien; la division du temps chez les anciens; leurs poids, mesures et monnaies mis en rapport avec ceux que l'on met entre les mains des élèves, ainsi que d'autres renseignements qui ne se trouvent dans aucun livre en usage dans les colléges, bien qu'ils soient indispensables à l'intelligence des auteurs. Ce Dictionnaire a eu, ainsi que le précédent, plusieurs éditions, ou mieux plusieurs tirages.

— Dictionnaire (nouv.) de versification et de poésie latines. *Gradus ad Parnassum,* précédé d'un Traité de versification latine, suivi des Règles de la poésie grecque et de quelques notions sur la versification française, etc., etc. *Paris, A. Guyot et Scribe,* 1839, in-8, cart., 7 fr. 50 c.

— Épître à J.-J. Rousseau, qui a remporté le prix de poésie décerné par l'Académie française, dans sa séance publique du 25 août 1826, et dont le sujet était : les Legs et fondations de M. de Montyon en faveur des hospices et des académies. *Paris, de F. Didot,* 1826, in-4 de 16 pag.

M. Alfred de Wailly, en outre, a revu et publié les éditions du Nouveau Vocabulaire français de ses grand-père et père, faites à partir de la onzième. En société avec son frère Gustave, il a traduit, pour la Bibliothèque française latine, publiée par le libraire Panckoucke, le premier livre des Bienfaits, de Sénèque.

WAILLY (Gabriel-Gustave de), frère du précédent, auteur dramatique, maître des requêtes au conseil d'État, directeur de la division centrale et du secrétariatgénéral à l'intendance de la liste civile; né à Paris, le 13 juin 1804.

— Amour et intrigue, drame en cinq actes et en vers, imité de SCHILLER. *Paris, Sautelet,* 1826, in-8, 3 fr.

Imitation de la pièce intitulée : *Kabale und Liebe.*

— Anglais et Français, comédie à-propos en un acte, en prose. *Paris, de l'impr. de Duverger,* 1827, in-8, 2 fr.

Avec M. Bayard.

— Folle (la), ou le Testament d'une Anglaise, comédie en trois actes et en prose. *Paris, Ponthieu,* 1827, in-8, 3 fr.

— Ma place et ma femme, comédie en trois actes et en prose. *Paris, Bezou,* 1830, in-4, 3 fr.

Avec M. Bayard.

— Mort (le) dans l'embarras, comédie nouvelle en trois actes et en vers. *Paris, Barba,* 1825, in-8, 3 fr.

Impr. sous les noms de Gustave (de WAILLY) et Léon (de WAILLY, son cousin).

— Oncle (l') Philibert, comédie en un acte et en prose. *Paris, Ponthieu,* 1827, in-8.

Avec M. Bayard.
Ainsi que nous l'avons dit à l'article précédent, M. Gustave de Wailly a traduit, eu société de son frère Alfred, le premier livre de l'ouvrage de SÉNÈQUE, intitulé : *Des Bienfaits.*

WAILLY (Augustin-Jules de), frère des deux précédents, chef de bureau au ministère de l'intérieur; né à Paris, en septembre 1800.

— Comité (le) de bienfaisance, comédie en un acte. *Paris, de l'impr. de Dupont,* 1839, in-8 de 20 pages.

Avec M. Ch. Duveyrier. Pièce représentée sur le Théâtre-Français.
Réimpr., en 1840, dans la « France dramatique au xixe siècle ».

— Moiroud et compagnie, comédie-vaudeville en un acte. *Paris, Barba,* 1836, in-8, 2 fr.

Avec M. Bayard. M. de Wailly a caché sa coopération à cette pièce sous le nom de M. *Devorme.*

WAILLY (Armand-François-Léon de), cousin germain des trois précédents; né à Paris, le 28 juillet 1804.

— Angélica Kauffmann. *Paris, A. Dupont,* 1838, 2 vol. in-8, 15 fr.

— Benvenuto Cellini, opéra en deux actes. *Paris, Barba,* 1834, in-8, 1 fr.

Avec M. Aug. Barbier.

— * Ivanhoé, opéra en trois actes (et en prose), imité de l'anglais; par MM. *** (DESCHAMPS et de WAILLY). *Paris, Vente,* 1826, in-8, 3 fr.

— Moine (le); par M. G. LEWIS. Traduction nouvelle et entièrement conforme au texte de la première édition originale. *Paris, Delloye,* 1840, 2 vol. in-18, avec 2 vignettes, 3 fr. 50 c.

— Mort (le) dans l'embarras, comédie nouvelle en trois actes et en vers. *Paris, Barba,* 1825, in-8, 3 fr.

Avec son cousin Gustave.
M. de Wailly est l'un des rédacteurs de la Revue des Deux-Mondes, recueil dans lequel on trouve de lui : *L'Autre chambre* (Première série, tome IV);— 2° *Sonnets de Shakspeare* (IIIe série, tome IV); — 3° *De la tragédie avant Shakspeare* (IVe série, t. IV) — 4° *Notice littéraire sur Robert Burns* (Id., tom. IX)

WAILLY (Charles de), de la même famille que les précédents, architecte du roi; né vers 1729, à Paris, où il est mort en 1798.

— Projets de reconstruction de la salle de l'Odéon. Voy. PEYRE fils.

WAILLY (Joseph-Noël, dit Natalis, de), petit-fils de Noël-François, avocat, et chef de section aux archives du royaume, élu membre de l'Institut (Académie des Inscriptions), le 14 mai 1841, en remplacement du marquis de Pastoret; né à Mézières (Ardennes), le 10 mai 1805.

— Éléments de Paléographie. *Paris, de l'impr. royale,* 1838, 2 vol. très-grand in-4, avec 37 planches, 48 fr.

Ouvrage qui a fait ouvrir les portes de l'Institut à son auteur.
Voy. le compte rendu du Journal des savants, ann. 1838, pag. 318—641.
Il y a eu un petit nombre d'exemplaires de l'*Appendice* tirés à part.

— Notice biographique sur M. Daunou.

Imprimé d'abord dans le « Journal des savants », année 1840, et dont il existe des exemplaires tirés à part (in-4 de 4 pages); puis réimprimée en tête du catalogue de la bibliothèque du regrettable savant qu'elle concerne.
M. Natalis de Wailly, en outre, a fourni des articles de critique littéraire à la « Gazette littéraire », publiée par le libraire Paulin; une *Notice sur Henri V*, aux « Portraits et Histoire des hommes utiles, publiés par M. Jarry de Mancy; une *Notice sur les sceaux*, à « l'Annuaire de la Société de l'histoire de France »; un article remarquable de critique littéraire dans le numéro de septembre 1841 du « Journal des savants ».

WAILLY-DEVILLERS (de). — * Heureux (l') retour, pièce en un acte (et en prose), mêlée de couplets. *La Haye, Constapel*, 1772, in-8.

Réimpr. dans la même année, et dans la même ville, sous l'initiale V.....

WAINS-DESFONTAINES (Théodore), instituteur à Alençou (Orne).

— Boïeldieu et les honneurs rendus à ce célèbre compositeur par Rouen, sa ville natale, dithyrambe. *Rouen, de l'impr. de Baudry*, 1836, in-8 de 20 pag.

Cette pièce a été couronnée par l'Académie royale des sciences, belles-lettres et arts de Rouen, dans sa séance publique du 5 août 1836.

— Dernier (le) banquet des Girondins. Pièce couronnée par l'Académie de Bordeaux, dans sa séance publique du 13 décembre 1838.

Impr. dans les Actes de l'Académie de Bordeaux, pag. 203 à 209 (1839).

— Dithyrambe sur la statue de P. Corneille. Pièce couronnée par la Société libre d'émulation de Rouen, dans sa séance publique du 6 juin 1834. *Rouen, de l'impr. de Baudry*, 1834, in-8 de 20 pages.
— Fronde (ma). Romances, vaudevilles, chansons politiques, etc. *Alençon, Ralu-Matrot*, 1836, in-12 de 60 pag.

WAIPY (J. de), citoyen de Verdun.
— * Adresse pour acquérir la facilité de persuader et de parvenir à l'éloquence; par J.-D. W., citoyen de Verdun. *Verdun*, 1720, in-8.

Dom Calmet attribue mal à propos cet ouvrage au P. Wapy. (*Barb.*).

WAIS. Voy. WEISS.

WAKEFIELD (miss Priscilla).— * Flore (la) des jeunes personnes, ou Lettres élémentaires sur la botanique, écrites par une Anglaise à son amie, et trad. de l'anglais (par Octave de SÉGUR, avec un préface de M. de SÉGUR père). *Paris, Buisson*, an IX (1801), in-12. — Seconde édition. *Paris, le même*, 1802, in-12, avec 12 planches gravées en taille douce, par Sellier : en noir, 3 fr. 60 c.; et, avec les figures coloriées, 7 fr. 50 c.; et sur pap. vélin, figures noires, 7 fr., et fig. color., 10 fr. 50 c.
— Loisirs (les) de l'enfance et de la jeunesse, ou Historiettes amusantes et morales. Ouvrage traduit de l'anglais, de Charlotte Smith, de Priscilla et autres écrivains; par T.-P. BERTIN. *Paris, Blanchard*, 1811, 4 vol. in-18, fig., 6 fr.

WAL (le baron Guillaume-Eugène-Joseph de), né à Athinne, dans le Liégeois, le 29 janvier 1736.
— * Essai sur l'histoire de l'ordre teutonique; par un chevalier de l'ordre. *Paris, veuve Valade; et Liège, Tutot*, 1784-90, 8 vol. in-12.
— * Recherches sur l'ancienne constitution de l'ordre teutonique, et sur ses usages, comparés avec ceux des Templiers. *Mergentheim, Georges Thomne*, 1807, 2 vol. in-8.

M. POLZER, archiviste de l'ordre teutonique, a aidé M. de Wal pour cet ouvrage.

WAL (le vicomte de). — * Recueil de pièces trouvées dans le portefeuille d'un jeune homme de vingt-trois ans (le vicomte de WALL, avec un Avertissement, par de VIRIEU; le tout publié par l'abbé PLUQUET). *Paris, Didot aîné*, 1788, in-8.

WALCH. — Recueil des monuments des catastrophes que le globe de la terre a essuyés, etc. (1768-1778). Voy. KNORR.

WALCKENAER (le bar. Charles-Athanase), savant non moins distingué comme naturaliste, géographe, littérateur et biographe; ancien préfet, aujourd'hui conservateur adjoint à la Bibliothèque royale, section des cartes géographiques, après avoir été nommé, le 22 février 1839, secrétaire-trésorier de cet établissement; membre de l'Académie des inscriptions et belles-lettres, et secrétaire perpétuel de cette classe de l'Institut, en remplacement de M. Daunou; né à Paris, le 25 décembre 1771.

Histoire naturelle.

— Essai sur l'histoire de l'espèce humaine. *Paris, Dupont*, 1798, in-8.
— Faune parisienne, insectes, ou Histoire abrégée des insectes des environs de Paris, classés d'après le système de Fabricius; précédée d'un Discours sur les insectes en général, pour servir d'introduction à l'étude de l'entomologie. *Paris, Dentu*, 1805, 2 vol. in-8, avec 7 planches en taille-douce, 12 fr.

M. Walckenaer a aussi coopéré à *la Faune française ou Histoire générale et particulière des animaux qui se trouvent en France*, etc., ouvrage qui a paru de 1820 à 1827, mais qui, néanmoins, n'a pas été terminé. (Voy. l'art. VIEILLOT).

— Histoire naturelle des Aranéides. Livraisons I à V. *Paris, Treuttel et Würtz*,

1805 et ann. suiv., in-12 oblong, avec figures color., 25 fr.

Ouvrage qui n'a pas été terminé.

— Histoire naturelle des Insectes. *Paris, Roret*, 1836 et ann. suiv., 3 vol. in-8, avec neuf cahiers de planches, 66 fr., en noir, et 93 fr., figures coloriées.

Ouvage faisant partie des « Suites à Buffon ».

Les deux premiers volumes, contenant les *Aptères* et les *Arachnides*, ont paru : le troisième, qui doit renfermer les *Myriapodes*, doit paraître prochainement.

M. Fr. Cuvier a rendu compte du tome premier de cet ouvrage dans le mois de juillet 1837 du Journal des Savants.

— Mémoires pour servir à l'histoire naturelle des abeilles solitaires qui composent le genre halicte. *Paris, de l'impr. de F. Didot*, 1817, in-8.

Tiré à 150 exemplaires.

— Tableau de Aranéides, ou Caractère essentiels des tribus, genres, familles et races que renferme le genre *aranea* de Linné, avec la désignation des espèces comprises dans chacune de ces divisisions. *Paris, Dentu*, 1805, in-8, gr. pap. raisin superfin, avec neuf planches, 5 fr.

Littérature.

— Dissertation sur les Contes de fées.

Imprimée en tête d'une édition illustrée des Contes de fées de Perrault, publiée en 1835.

— * Histoire d'Eugénie, racontée par une ex-religieuse du couvent de *** à Paris. *Paris, Dentu*, 1803, in-12, 1 fr. 50 c.

— Ile (l') de Wight, ou Charles et Angelina. *Paris*, 1799, 3 vol. in-12. — Nouv. édition. *Paris, Laur. Beaupré*, 1813, 2 vol. in-12, 5 fr.

La dernière édition est anonyme.

— * Lettres sur les contes des fées attribués à Perrault, et sur l'origine de la féerie. *Paris, Baudouin frères*, 1826, in-12, 3 fr. 50 c.

Géographie.

— Analyse d'une carte des îles britanniques, dressée pour la lecture des historiens latins. *Paris, Gide*, 1836, in-8 de 40 pages.

Extrait des Nouvelles Annales des voyages.
Voy. la note du Journal des Savants, ann. 1836, page 185.

— Cosmologie, ou Description générale de la terre considérée dans ses rapports astronomiques, physiques, historiques, politiques et civils. *Paris, Déterville*, 1815, in-8, 8 fr. 50 c.

— Extrait d'un Mémoire sur les progrès des découvertes géographiques dans le monde maritime, ou dans les îles situées au sud-est et à l'est de l'Asie, depuis les plus anciens temps jusqu'à l'époque du voyage de Magellan autour du monde. *Paris, de l'impr. de Goetschy*, 1822, in-8 de 20 pages.

Extrait du Journal des voyages, rédigé par M. Verneur.

— Géographie ancienne historique et comparée des Gaules Cisalpine et Transalpine, suivie de l'Analyse géographique des itinéraires anciens, et accompagnée d'un Atlas de 9 cartes. *Paris, Dufart*, 1839, 3 vol. in-8, avec un Atlas de 9 cartes, 36 fr.

Voy. le compte rendu du Journal des savants, ann. 1838, page 445.

Cet important ouvrage peut être regardé comme ce qui a paru de plus remarquable sur la science géographique, depuis les travaux de d'Anville et de Gosselin, qu'il complète dans plusieurs parties, surtout en ce qui concerne les itinéraires anciens. Écrit d'abord sous la forme de mémoire, c'est celui qui a été couronné par l'Institut, et qui a ouvert à M. Walckenaër les portes de l'Académie des inscriptions. L'auteur, qui a toujours suivi avec une studieuse constance, comme il le dit lui-même, les grands progrès que la science géographique a faits de nos jours, s'en montre aujourd'hui l'interprète le plus éclairé. Il fait voir que la méthode suivie par les savants d'Allemagne et d'Angleterre pour la géographie ancienne pourrait compromettre les progrès de cette science, qu'ils semblent ne pas comprendre. — La grande carte des *Itinéraires des Gaules*, qui fait partie de l'Atlas, entièrement neuf, est un travail complet et achevé, qui ne se trouve nulle part : on peut se la procurer séparément, tirée sur une feuille colombier, au prix de six francs.

— Histoire générale des voyages, ou Nouvelle Collection des relations de voyages par mer et par terre, mise en ordre et et complétée jusqu'à nos jours ; par C.-A. WALCKENAER (et M. EYRIÈS). *Paris, Lefèvre*, 1826-31, 21 vol. in-8.

Cet ouvrage devait avoir 50 à 60 volumes, mais la publication en a été suspendue après le vingt-et-unième. Le prix de souscription, pour chaque volume, était de 7 fr., et sur grand papier, tiré à 25 exemplaires, 14 fr.

Les occupations administratives de M. le baron Walckenaër l'obligèrent de se faire aider, dans cette publication, par M. Eyriès, qui donna les trois ou quatre derniers volumes.

— Itinéraire de l'Égypte ancienne. In-4.

— Itinéraire des Gaules cisalpine et transalpine. In-4.

— Monde (le) maritime, ou Tableau géographique et historique de l'archipel d'Orient, de la Polynésie et de l'Australie; contenant la description de toutes les îles du grand océan, et du continent de la Nouvelle-Hollande, l'histoire de tous les peuples qui les habitent, l'exposition de leurs croyances, de leurs gouvernements, etc.; avec des vocabulaires comparés de leurs différents dialectes. *Paris, Nepveu*, 1818, 4 vol. in-8, avec cartes et figures, 32 fr., et fig. color., 48 ; ou 1819, 12 vol. in-18, avec cartes et figures, 48 fr., et fig. color., 72 fr.

— Notice sur l'Itinéraire de Jérusalem.

Imprimée dans l'Histoire des croisades de Michaud.

— Recherches géographiques sur l'intérieur de l'Afrique septentrionale, comprenant l'histoire des voyages entrepris ou exécutés jusqu'à ce jour pour pénétrer dans l'intérieur du Soudan; l'exposition des systèmes géographiques formés sur cette contrée; l'analyse des différents itinéraires arabes pour déterminer la position de Timbouctou; et l'examen des connaissances des anciens sur l'Afrique, suivies d'un Appendice, traduit par M. SYLVESTRE DE SACY et M. DELAPORTE. *Paris, F. Didot*, 1821, in-8, carte, 9 fr.

Il a paru un extrait des découvertes de l'auteur sur la géographie ancienne de l'Orient, dans le Classical Journal, tome XVI, page 437. Voy, aussi les rapports de la classe d'histoire et de littérature, par feu M. Daunou, 1er juillet 1814.

A cette section des travaux de M. le baron Walckenaer en géographie, on doit ajouter les ouvrages traduits ou édités par lui, non sans y faire quelques additions. Ces ouvrages sont : 1°, en société avec divers savants, la traduction de l'anglais de la Géographie moderne, rédigée sur un nouveau plan..... par J. PINKERTON (1806 et ann. suiv., 6 vol. in-8 et Atlas), ainsi que l'Abrégé du même ouvrage (1811, 2 part. in-8) ; — 2° le Nouv. Voyage dans la partie méridionale de l'Afrique, trad. de l'anglais de John BARROW (1806, 2 vol. in-8) ; — 3° le Voyage dans l'Amérique méridionale, par D. AZARA, recueilli et publié par M. Walckenaer. Paris, 1809, 4 vol. in-8. Puis, à leur ordre chronologique, nous devons citer les divers Mémoires de M. le baron Walckenaer, imprimés dans le recueil de l'Académie des inscriptions et belles-lettres, depuis 1822, au nombre de cinq, lesquels sont : Mémoire sur l'étendue et les limites du territoire des *Gabali*, et sur la position de leur capitale *Anderitum*, avec deux cartes (tome V, 1821) ; — Mémoire sur la situation des *Raubii Campi*, où Marius défit les Cimbres, et sur la route suivie par ces peuples pour se rendre en Italie (tome VI, 1822); — Mémoire sur les changements qui se sont opérés dans le cours de la Loire, entre Tours et Angers, et sur la position du lieu nommé *Murus*, dans les actes de la vie de saint Florent, avec deux cartes (id., id.) ; — Mémoire sur une portion de la voie Appienne, pour déterminer le nom ancien de Polignano et ceux des lieux environnants, avec une carte (tome VII, 1824); — Mémoire sur les dénominations des portes *Caspiennes, Caucasiennes, Sar-*

matiennes et *Albaniennes*, appliquées aux défilés de la chaîne du Caucase, et sur le *Mons Caspius*, des systèmes géographiques d'Eratosthène et d'Hipparque, avec une carte (id., id.);—Les Mémoires qui ont la Gaule pour objet ont été reproduits en 1839, dans l'ouvrage publié par l'auteur sur la géographie de ce pays. Enfin, M. le baron Walckenaër a contribué à la publication de l'Italie pittoresque (1834).

Biographie.

— Histoire de la vie et des ouvrages de J. de La Fontaine, avec portrait et fac-simile. *Paris, Le Normant*, 1820, in-8, 10 fr., et sur pap. vélin, 20 fr.; — ou 2 vol. in-18, 10 fr.; sur pap. vélin, 15 fr., et sur gr. pap. vélin, 20 fr. — IIIe édition, corrigée et augmentée. *Paris, de l'impr. de J. Didot aîné.*—*Nepveu*, 1824, in-8, orné de cinq gravures et d'un fac-simile, 10 fr.; — grand raisin vélin satiné, portrait avant la lettre, 30 fr.; — id., avec les eaux-fortes des trois gravures, les épreuves avant la lettre, tirées sur papier de Chine, 40 fr.

— Histoire de la vie et des poésies d'Horace, accompagnée d'un portrait et d'une carte. *Paris, rue du Hasard-Richelieu, n. 13*, 1840, 2 vol. in-8, 18 fr.

— Notice historique sur la vie et les ouvrages de M. Daunou, lue à la séance publique de l'Académie roy. des inscriptions et belles-lettres, le 31 juillet 1841. *Paris, de l'impr. de F. Didot*, 1841, in-4 de 48 pages.

Imprimée dans le recueil des Mémoires de l'Académie des inscriptions; mais dont il y a eu, selon l'usage, un nombre d'exemplaires tirés à part, pour les académiciens, l'auteur et ses amis.

—Vie de Lafontaine.

Imprimée à la tête du La Fontaine en estampes, Paris, Nepveu, 1821, in-4.

— Vies de plusieurs personnages célèbres des temps anciens et modernes. *Laon, de l'imp. de Melleville. — Paris, A. Bailly*, 1830, 2 vol. in-8, 12 fr.

C'est la réunion des Notices fournies à la Biographie universelle par l'auteur.

Cet ouvrage a été tiré à 300 exemplaires, dont 200 seulement ont été mis dans le commerce.

———

M. Walckenaër a fourni des notes à l'Énéide de VIRGILE, trad. par DELILLE; il a eu part à la rédaction de la troisième partie de l'Art de vérifier les dates.

Comme éditeur, il a publié les divers ouvrages suivants : 1° Dicuili liber de mensurâ orbis terræ (Parisiis, F. Didot, 1807, in-8); 2° Nouv. Œuvres diverses de J. de LAFONTAINE, et Poésies de F. MAUCROIX, accompagnées d'une Vie de F. MAUCROIX, de notes et d'éclaircissements. (Paris, Nepveu, 1820, in-8);—3° une nouv. édition de l'Abrégé chronologique de l'hist. de France, par le présid. HÉNAULT, avec des notes supplémentaires et une Notice biographique sur l'auteur (Paris, 1821); — 4° Adonis, poëme, de J. de LAFONTAINE, tel qu'il fut présenté (manuscrit) à Fouquet en 1658; publié pour la première fois d'après le manuscrit original (Paris, 1825, in-8); 5° Poésies diverses d'Ant. RAMBOUILLET DE LA SABLIÈRE et de François de MAUCROIX, et Hommages poétiques à Lafontaine; suivis de Contes attribués à cet auteur, avec les vies de la Sablière et de Maucroix, des notes et éclaircissements (Paris, Nepveu, 1825, in-8). Ainsi que l'auteur le déclare dans l'Avertissement en tête de ce volume, il n'y a que la première partie qui soit nouvelle; la seconde a déjà été imprimée sous le titre de Nouvelles OEuvres de J. de Lafontaine et Poésies de F. de Maucroix; — 6° une édition des Fables de J. de Lafontaine (Paris, Nepveu, 1826, in-8); — enfin, 7° une édition estimée des OEuvres complètes de ce poète (Paris, Nepveu, 1818-19, 18 vol. in-18), plusieurs fois réimprimée. (Voy. notre article LAFONTAINE.)

On trouve une Notice sur M. le baron Walckenaer dans la Biographie des hommes du jour, par MM. G. Sarrut et B. Saint-Edme, tome III, 1re partie, page 151, et, une autre, dans le Biographe et le Nécrologe réunis, tome Ier, page 163.

WALDBURG-TRUCHESS (le comte Frédéric-Louis), lieutenant-général, et ambassadeur prussien, alors commissaire nommé par le roi de Prusse pour accompagner Napoléon à l'île d'Elbe.
— Nouvelles relation de l'itinéraire de Napoléon de Fontainebleau à l'île d'Elbe; trad. de l'allemand, et augmentée de plusieurs faits qui ne sont pas dans l'original. *Paris, Panckoucke*, 1815, in-8 de 76 pag.

Cet ouvrage a eu trois éditions dans l'année. On a ajouté dans la troisième édition plusieurs anecdotes relatives à la bataille de Craonne, et deux lettres de l'archiduchesse Marie-Louise.

WALDECK (Fr. de). — Voyage pittoresque et archéologique dans la province d'Yucatan (Amérique centrale), pendant les années 1834 et 1836. *Paris, Bellizard, Dufour et comp.*, 1838, in-fol., avec seize planches et une carte : fig. noires, 100 fr., et fig. coloriées, 130 fr.

WALDECK - ROUSSEAU, avocat à Rennes.
— Codes (les) français, annotés des opinions de tous les auteurs qui ont écrit sur notre droit, des lois romaines, des lois, décrets, ordonnances et avis du conseil d'état, et du texte des circulaires ministérielles adressées aux tribunaux, depuis leur promulgation jusqu'à nos jours. *Paris, Alex. Gobelet; Rennes, Duchesne*, 1833, in-4, 25 fr.

Avec M. Lahaye.

— Notice sur la vie et les ouvrages de G.-L.-J. Carré, professeur et doyen de l'École

de droit à Rennes. *Rennes, de l'impr. de Marteville*, 1832, in-8 de 24 pages.

Réimprimée dans la même année par le même imprimeur.

WALDEGRAVE (le comte Jacques de), chevalier de l'ordre de la Jarretière, membre du conseil privé sous le règne de George II, et gouverneur du prince de Galles, ensuite George III.
— Mémoires (ses), depuis 1754 jusqu'en 1758. Traduit de l'anglais. *Paris, Treuttel et Wurtz*, 1825, in-8, 4 fr. 50 c.

L'original a paru en 1822.

WALDNER (Jos.). — Strassburger Gebethbuch für die Katholiken. *Strasburg, Leroux*, 1816, 1822, in-12.

WALDOR (Mélanie VILLENAVE, dame), fille du respectable littérateur cité précédemment, page 183; l'une de nos femmes auteurs contemporaines des plus distinguées, par son talent, aussi bien comme poëte que comme prosateur; né à Nantes (Loire-Inférieure), à la fin de 1796.
— Abbaye (l') des Fontenelles. *Paris, Desessarts*, 1839, 2 vol. in-8, 16 fr.
— Alphonse et Juliette. *Paris, Desessarts*, 1839, 2 vol. in-8, 15 fr.
— École (l') des jeunes filles, drame en cinq actes et en prose. *Paris, Marchant*, 1841, in-8, 50 c.

Cette pièce n'est point tirée, ainsi qu'on pourrait le penser, d'un ouvrage de M. le comte de ***, publié, en 1822, sous le même titre : cet ouvrage, qui forme 2 volumes in-12, est un recueil de six nouvelles pour la jeunesse, dont pas une n'a pu fournir la donnée première de la pièce de madame Waldor.

— Écuyer (l') Dauberon, ou l'Oratoire de Bonsecours. *Paris, Moutardier*, 1831, in-8, avec gravures et vignettes, 8 fr.
— Église (l') d'Avon.

Impr. dans le tome XXXII de la Revue de Paris.

— Heures de récréation. *Paris, Didier*, 1836, in-12, avec cinq gravures, 4 fr.

Ce livre, composé de quatre nouvelles morales pour l'enfance, a été réimprimé par le libraire éditeur en 4 vol. in-18, chacun portant le titre de la nouvelle qu'il contient.

— Livre (le) des jeunes filles. (Ouvrage moral). *Paris, Isid. Pesron*, 1834, in-12, avec gravures sur acier, de Montauf d'Oleron, 3 fr.
— Pages de la vie intime. *Paris, Dumont*, 1836, 2 vol. in-8, 7 fr. 50 c.

— Poésies du cœur. *Paris, L. Janet ; Isid. Pesron*, 1835, in-8 , 7 fr. 50 c.

Cinquante-trois pièces, portant toutes une subscription.

— Rue (la) aux Ours. *Paris, Roux*, 1837, in-8 , 7 fr. 50 c.

Indépendamment des ouvrages que nous venons de citer, cette dame a fourni beaucoup de morceaux aux divers recueils littéraires de ces derniers temps. Ainsi nous connaissons d'elle une nouvelle intitulée *Anna*, imprimée dans le tome VI des « Heures du soir. Livre des Femmes », in 8 ; des *articles* dans « l'Album », in-folio publié chez Ducasse, en 1838. Madame Waldor, en outre, a publié comme éditeur : Tarlo , roman polonais du comte Fréd. de Skarbek, trad. par M. Ch. Forster (1834, in-8).

WALEFF (Blaise-Henri de Corte, baron de), poëte liégeois, qui a été en relation avec Boileau et les plus beaux esprits de la cour délicate de Louis XIV, et qui , à certains égards, ne méritait pas l'oubli dans lequel il est tombé, même chez ses compatriotes (1).

— * Géants (les), poëme épique. *Paris, Leclerc*, 1725, in-12.

— * Odes sur les affaires du temps, avec une Description en abrégé de la Hollande. Par l'auteur des « Titans ». *Liége, Éverard Kints*, 1731, in-8 de 252 pag.

Tome premier des OEuvres de l'auteur. Ce volume renferme vingt-quatre *odes* : *la Bataille de Nervinde*, poëme en deux chants; *le Passage du Ter*, poëme en deux chants ; *Rose conquise*, poëme en trois chants ; *la Métamorphose de Clitie en fleur*, poëme en un chant, et la *Description de la Hollande*.

— * Réflexions nouvelles sur l'Iliade d'Homère. Avec la tragédie d'Électre (en cinq actes et en vers). Par l'auteur des « Titans ». *Liége, Everard Kints*, 1731, 2 vol. in-8.

Deuxième et troisième volumes des OEuvres de l'auteur.
Électre a été réimprimée à part, Liége, Ign. Broncart, 1734, pet. in-8.

— * Rues (les) de Madrid (poëme en v chants) , l'Histoire de la porcelaine, et le Combat des échasses (poëme en iv chants), avec plusieurs satires et autres pièces. Par l'auteur des « Titans ». *Liége, Everard Kints*, 1731, in-8 de 255 pag.

Tome V des OEuvres de l'auteur.
Parmi les pièces diverses qui se trouvent dans ce volume, on remarque un long *Dialogue* (en vers) entre Ariste, berger des rives d'Albion, et Évandre, berger de Germanie ; des *satires* : *les Défauts des femmes*, en 72 strophes, une pour chaque défaut , des *épîtres*, etc.

— * Siècle (le) de Louis-le-Grand (poëme en viii chants), avec Thémire, ou l'Actrice nouvelle sur le théâtre d'Athène (poëme en xii chants). Par l'auteur des « Titans ». *Liége, Everard Kints*, 1731, in-8 de 205 pages, non compris l'épître dédicatoire non paginée.

Tome IV des OEuvres de l'auteur.

— OEuvres nouvelles. *Liége, Kints*, 1731, 5 vol. in-8.

L'exemplaire que possède la Bibliothèque royale des OEuvres de cet auteur porte pour titre : *OEuvres de Saint-Didier*.

— * Titans (les), ou l'Ambition punie , et les Deux Jumeaux. *Liége, Greemme*, 1725, 2 vol. in-8.

— OEuvres choisies du baron de Waleff, avec un Discours préliminaire sur la vie et les ouvrages de l'auteur, etc. ; par le bard de Villenfagne d'Ingihoul. *Liége*, 1779, pet. in-8 ; et 1800, pet. in-12.

WALEH (Albr.-Georg.). — Géographie mathématique étendue. Sec. édit. *Gottingue, J.-C. Dietrich*, 1794, in-8.

WALERTON (Ch.).—Excursions dans l'Amérique méridionale , le nord-ouest des États-Unis et les Antilles , dans les années 1812, 1816 , 1820 et 1824 ; avec des instructions totalement neuves sur la conservation des oiseaux ; suivis de notes sur les sauvages de l'Amérique septentrionale, trad. de l'anglais (par M. De Caze). *Rouen, Périaux*, 1832, in-8 , 8 fr.

La *Notice sur les sauvages de l'Amérique du Nord*, ajoutée à cette traduction n'est pas de M. Walerton mais de Washington Irwing.

WALES (William). — Éclaircissement sur le cap de la Circoncision , pour servir de suite à ce qu'on dit à la page 24 de l'Introduction. — Preuve que le capitaine Cook a cherché le cap de la Circoncision sous son véritable méridien , etc. In-8.

WALEWSKI (le comte Alexandre), écrivain politique, rédacteur habituel d'un journal de la capitale, aujourd'hui en mission diplomatique.

— Alliance (l') anglaise. *Paris, de l'impr. de Locquin*, 1838, in-8 de 32 pag.

— École (l') du monde, ou la Coquette sans le savoir, comédie en cinq actes et en prose. *Paris, Tresse*, 1840, in-8, 6 fr.

Représentée sur le Théâtre-Français, le 8 janvier 1840.
Mademoiselle Anaïs (Aubert), artiste du Théâtre-

---

(1) M. de Chenedollé , Notice sur Villenfagne.

Français ; née à Nantes, et épouse du comte de Walewski, passe pour être l'auteur d'une grande partie de cette pièce.

— Un mot sur la question d'Afrique. *Paris, Barba*, 1837, in-8 de 32 pag., 2 fr.

WALI. — OEuvres (ses), traduites avec des notes, par M. GARCIN DE TASSY. *Paris, de l'impr. royale*, 1836, in-4 de 72 p.

WALKER (Abdias). Voy. CHAPPELL.

WALKER (Georges), littérateur et libraire anglais.
— Cinthelia, ou Une sur dix mille ; trad. de l'anglais, par P.-L. LEBAS. *Paris*, 1798, 4 vol. in-12, 9 fr. ; ou 6 vol. in-18, 6 fr.
— * Théodore Cyphon, ou le Juif bienfaisant ; trad. de l'anglais par P.-L. LEBAS. *Paris*, 1799, 2 vol. in-12, 3 fr. ; ou 3 vol. in-18, 2 fr. 25 c.
— Trois (les) Espagnols, ou les Mystères du château de Montillo, roman trad. de l'anglais par le traducteur de Théodore et Olivia, et des Visites nocturnes, etc. *Paris, Pigoreau*, 1805, ou 1823, 4 vol. in-12, fig., 6 fr.
— Vagabond (le), ou la Rencontre de deux philosophes républicains, roman philosophique ; traduit de l'anglais. *Paris, Hénée et Dumas*, 1807, in-12, 2 fr.

WALKER (George). — * Discussion épistolaire sur la religion, entre W. (George Walker, de Londres), protestant de l'Église anglicane, et M.-J.-B. B. (Martin-J.-Bapt. Bizet, anc. curé à Évreux, etc.). *Paris, Cassot*, an IX (1801), in-12.

WALKER. — Collection complète, par ordre chronologique, des lois, édits, traités de paix, ordonnances, déclarations et réglements d'intérêt général, antérieurs à 1789, restés en vigueur, avec des renvois à la législation nouvelle et à la jurisprudence de la cour de cassation, des cours royales et du conseil d'État, et d'une table des matières. Ouvrage destiné à servir de prolégomènes à toutes les collections des lois qui commencent à 1789. *Paris, Moessard et Jousset* 1836-37, 5 vol. gr. in-12, 32 fr. 50 c.

WALKER (J.-A.). — Notes analytiques sur le commerce français au Bengale. *Bordeaux, de l'impr de Lavigne*, 1840, in-4.

WALL (Ant.). — * Antoine, anecdote allemande ; suivie de plusieurs pièces intéressantes ; trad. de l'allemand, par madame

Mar.-Él. de POLIER. *Lausanne*, 1786, in-12.

WALLA. — Institutiones philosophicæ. *Lugduni*, 1782, in-8.

WALLACE (R.). — Essai sur la différence du nombre des hommes dans les temps anciens et modernes ; trad. de l'anglais, par de JONCOURT. *Londres (Paris)*, 1754, in-8 et in-12.
— Le même ouvrage, sous ce titre : Dissertation historique et politique sur la population des anciens temps, comparée avec celle du nôtre ; trad. de l'anglais (par EIDOUS). *Amsterdam (et Paris, Rozet)*, 1769, in-8.

WALLANCEY (le colonel). — Comparaison de la langue punique et de la langue irlandaise, au moyen de la scène punique de la comédie de Plaute, intitulé : le Carthaginois. *Sans nom de ville, ni d'impr.*, 1787, in-12.

WALLENBOURG (le conseiller de).
— Notice sur le Schah-Namé de Ferdoussi, et traduction de plusieurs pièces relatives à ce poëme. Ouvrage posthume de M. le conseiller de WALLENBOURG, précédé de la Biographie de ce savant, par A. de BIANCHI. *Vienne*, 1810, in-8.

WALLENBURCH (Pierre et Adrien de).
— Controversii (de) tractatus, generales contracti, per Adrianum et Petrum WALLENBURCH, Batavos (accedit Fr. VERONIUS S. J. de Regulâ fides catholicæ curâ et studio abbatis GODESCARD). *Parisiis*, 1768, in-12.

WALLERIUS (Jean-Gottschalk), naturaliste allemand.
— Agriculture (l') réduite à ses vrais principes ; ouvrage traduit en français sur la version latine, auquel on a ajouté un grand nombre de notes tirées de la version allemande (par le baron d'HOLBACH). *Paris, Lacombe*, 1774, in-12.
— Éléments d'agriculture physique et chimique. *Yverdon*, 1766, in-8.
— Minéralogie, ou Description générale des substances du règne minéral ; traduite de l'allemand (par le baron d'HOLBACH). *Paris, Durand*, 1753, 2 vol. in-8 ; — *Paris, Hérissant*, 1759, 2 vol. in-12.
— Origine (de l') du monde, et de la terre en particulier ; ouvrage dans lequel l'auteur développe ses principes de chimie et de minéralogie, et donne, en quelque ma-

nière, un abrégé de tous ses ouvrages ; trad. en français par J.-B. D. (Jean-Bapt. Dubois). *Paris, Bastien*, 1781, in-12.

WALLET (Emmanuel), professeur de dessin, à Saint-Omer.

— Atlas historique, topographique et pittoresque de la ville de Saint-Omer (antique Sithiu) et du pays qui l'environne (ancienne Morinie) : composé, 1° de vues et dessins....; 2° de cartes et plans topographiques....; 3° d'un texte, etc. *Saint-Omer, Baclé; et Paris, Ch. Picquet*, 1834 et ann. suiv., in fol. max.

— Description de l'ancienne abbaye de Saint-Bertin à Saint-Omer en Artois (Pas-de-Calais), autrefois l'abbaye de Sithiu en Morinie ; composée 1° de plans, vues et dessins d'après nature, donnant l'ensemble et les principaux détails du monastère et de la basilique, des ruines de l'église et des monuments ou objets d'art qu'elle renfermait ; 2° d'un texte contenant l'explication des planches, précédé d'un Sommaire historique. *Saint-Omer, Baclé; et Paris, Ch. Picquet*, 1834, in-4 de 59 pag., avec un Atlas in-fol. max. de 8 planches.

Ce cahier renferme une Notice des documents inédits et publiés dont l'auteur a fait usage, un Sommaire des Annales de l'abbaye de Saint-Bertin, et l'explication des huit planches qui l'accompagnent. Ces planches sont une partie de l'Atlas que nous venons de citer.

Cette publication, sans doute, a un intérêt local ; mais elle doit aussi servir à l'histoire des mœurs et des arts du moyen âge. Tout y est exécuté avec un grand soin.

Voy. la note dans le Journal des Savants, 1834, page 447.

— Description de l'ancienne cathédrale de Saint-Omer, autrefois Notre-Dame de Sithiu, en Morinie, maintenant paroisse de Notre-Dame. *Saint-Omer, Baclé; et Douai, l'Auteur*, 1840, in-4.

WALLEZ. — Pline le jeune, esquisse littéraire du siècle de Trajan ; trad. du hollandais. *Paris, Ladrange*, 1823, ou avec un nouveau titre : *Paris. A.-A. Renouard*, 1825, in-8, 4 fr.

— Précis historique des négociations entre la France et Saint-Domingue ; suivi de pièces justificatives et d'une Notice biographique sur le général Boyer, président de la république d'Haïti. *Paris, Ponthieu*, 1826, in-8, 6 fr.

WALLON (Henri). — Droit d'asile (du). Thèse présentée à la Faculté des lettres de Paris. *Paris, Bailly*, 1837, in-8 de 112 pages.

— Géographie politique des temps modernes. *Paris, Chamerot*, 1838, 2 part. in-12, 2 fr. 50 c.

Faisant suite aux Cahiers d'histoire universelle, publiés par MM. Burette, Duruy et Wallon.

— Géographie politique de la France, depuis les temps les plus reculés jusqu'à la révolution de 1789. *Paris, Chamerot*, 1839, 2 part. in-12, 2 fr. 50 c.

Avec M. Victor Duruy, auteur de la première partie, jusque la mort de Louis XI.
Cet ouvrage fait partie des Cahiers de géographie historique de MM. Burette, Duruy et Wallon.

— Qualis fuerit apud veteres ante Christum de animæ immortalitate doctrina. *Parisiis, Moquet*, 1837, in-8 de 64 pages.

Voy. une courte note sur ces trois brochures dans les Archives historiques et littéraires du nord de la France et du midi de la Belgique, nouvelle série, 1840, tome II, page 472.

WALLOT, né dans le Palatinat, compagnon de voyage de M. Cassini en Amérique, en 1768 ; guillotiné le 27 juillet 1794.

Il donna quelques Mémoires dans le recueil de l'Académie de Manheim.

WALLS (Th.). — Journal de l'expédition anglaise en Égypte, dans l'année 1800 ; trad. de l'anglais, par A. T******, avec des notes fournies par d'anciens officiers de notre armée d'Egypte, etc., et précédé d'une Introduction, par M. Agoub. *Paris, Anselin et Pochard*, 1823, in-8, avec quatre plans et quatre figures coloriées, 7 fr. 50 c., et sur pap. vélin, 14 fr.

WALMESLEY (D.-C.). — Analyse des mesures, des rapports et des angles. *Paris*, 1749, in-4.

— Théorie du mouvement des absides en général et en particulier des absides des orbites de la lune. *Paris, Quillau*, 1749, in-8.

WALMESLEY (Charles), évêque de Rama, vicaire apostolique en Angleterre, mort en 1807, ou en 1797, d'après l'Ami du roi et de la religion, n° 22, tome Ier, page 339.

— Histoire abrégée de la réforme de Luther. *Malines*, 1819, in-8.

— Histoire générale de l'Eglise chrétienne, tirée principalement de l'Apocalypse de S. Jean ; ouvrage traduit de l'anglais, par un religieux bénédictin de la congrégation de Saint Maur (dom Vilson). *Rouen, Le-*

boucher ; Paris, Durand neveu, 1777, 3 vol. in-12.

L'original a paru sous le pseudonyme de PASTO-RINI, que porte aussi la traduction.
Ch. Walmesley n'a point d'article dans la Bio-graphie universelle, de Michaud.

WALPOLE (le chev. Robert), comte d'ORFORD, et ministre d'Angleterre.
— * Histoire succincte du dernier parlement de la Grande-Bretagne, avec cette épigraphe : « Venalis « populus, venalis auria patrum ! » trad. de l'anglais. *Sans indication de lieu,* 1713, petit in-8.

Cette brochure, composée et publiée en six jours, à la demande de lord Somers, un des pairs du parti whig, avait pour but, en censurant les mesures du ministre, de diriger le choix des électeurs ; elle fut imprimée dans la maison même de Robert Walpole, afin d'éviter les recherches des hommes en place.　　(*Barb.*).

— Rapport du comité secret nommé par la chambre basse du Parlement pour faire l'examen des livres et des papiers qui roulent sur les négociations de la dernière paix et du traité de commerce fait le 9 juin 1715 ; trad. de l'angl. *Amsterdam, Wetstein,* 1715, in-8.

Quelques opuscules de Robert Walpole ont été traduits pour un petit ouvrage intitulé la Politique des deux partis, La Haye, 1734, in-18.

—

— * Histoire du ministère du chev. Walpole. (Par DUPUY-DEMPORTES). *Amsterdam, M. M. Rey (Paris),* 1764, in-12.
— Testament politique du chev. Walpole. *Amsterdam, Arkstée et Merkus ; et Paris, Dehansy,* 1767, 2 vol. in-12.

L'abbé Yvon, dans l'éloge de Maubert, prétend que la « France littéraire » de 1769 a été fondée à lui attribuer le « Testament de Walpole ». Voy. le « Nécrologe des hommes célèbres de France », Paris, 1769, in-12, p. 214.
Cependant, comme Maubert est mort dans le cours de l'année 1767, on pourrait douter qu'il se fut occupé de cet ouvrage ; aussi Grimm croit il que Dupuy Demportes en est l'auteur. Voy. sa Corresp., prem. part., tome V, p. 486.　　(*Note de Barbier*).

WALPOLE (lord Horace), depuis comte d'ORFORD, frère du précédent.
— * Château (le) d'Otrante, conte gothique, trad. de l'anglais (par EIDOUS). *Londres,* 1761, 1767, 1774, in-12.
— Essai sur l'art des jardins modernes, trad. de l'anglais par le duc MANCINI-NI-VERNOIS, avec le texte anglais. *Strawsberry-Hill,* 1785, in-4.

Walpole fit imprimer cet ouvrage chez lui et le donna en présent.

— Isabelle et Théodore (roman), trad. de l'angl. *Paris,* 1797, 2 vol. in-12 ; et 2 vol. in-18.
— Lettres (ses) à Georges Montagu, membre du parlement d'Angleterre et secrétaire particulier de lord North, depuis 1736 jusqu'en 1770 ; publiées d'après les originaux anglais, avec des anecdotes et notes biographiques, par Charles MALO. *Paris, L. Janet,* 1818, in-8, 8 fr.

Voy. aussi l'art. Du Deffand.

—Lettres à un seigneur anglais sur la Politique, en réponse à celles de milord Bolingbrocke sur l'étude de l'Histoire ; trad. de l'angl. *La Haye,* 1764, in-8.

L'original est de 1762.

— Mémoires des dix dernières années du règne de George II, d'après les manuscrits originaux d'Hor. Walpole. Trad. de l'anglais, par J. COHEN. *Paris, J.-G. Dentu,* 1823, 2 vol. in-8, 14 fr.
— Réminiscences. *Paris, Mongie aîné,* 1826, in-12, avec une planche et une vignette.
— Règne de Richard III, ou Doutes sur les crimes qui lui sont imputés ; trad. de l'angl. par LOUIS XVI ; imprimé sur le manuscrit, écrit en entier de sa main, avec des notes. *Paris, Lerouge ; Debray,* 1800, in-8, 4 fr.

Lord Walpole a participé à la publication du livre intitulé : « le Monde », et publié sous le nom d'Adam Fitz Adam. (Voy. notre art. MOORE).

WALRANT. — Rubriques générales du bréviaire de Paris, traduites à l'usage des dames pieuses. *Vienne,* 1775, in-8.

WALRAS (Aug.). — Nature (de la), de la richesse et de l'origine de la valeur. *Paris, Johanneau,* 1831, in-8.
— Réfutation de la doctrine de Hobbes, sur le droit naturel de l'individu. *Évreux, de l'impr. d'Ancelle fils,* 1835, in-8 de 76 pag.

WALSH (William). — * Discours sur les femmes (trad. de l'anglais par de LA FLOTTE). *Paris,* 1768, in-12.
— * Hôpital (l') des fous, trad. de l'angl. *Paris, Jorry,* 1765, in-8.

WALSH (le vicomte Joseph-Alexis), l'un des bons écrivains du parti légitimiste, et en même temps littérateur religieux, né le 25 avril 1782, au château de Sézant, dans l'Anjou, d'une famille originaire d'Irlande, et qui vint en France à la suite des Stuarts. Le père du vicomte Walsh était le fils de ce lord Walsh qui conduisit Charles-Édouard en Écosse, en 1745. La révolution força la nombreuse famille Walsh de chercher un refuge à l'étranger, et ce fut à Liége qu'elle se fixa (1). M. le vicomte Walsh fit ses études au collége des jésuites de cette ville. Après la rentrée de l'émigration, il se plaça dans l'administration, et fut nommé, sous l'Empire, inspecteur de la librairie dans les provinces de l'Ouest de la France (la Bretagne et la Vendée), fonction qu'il remplit encore dans les premiers temps de la Restauration; mais les inspecteurs de la librairie ayant été supprimés, M. le vicomte Walsh obtint en échange la place de commissaire du roi près la Monnaie de Nantes, qu'il quitta bientôt pour celle de directeur des postes de la même ville. Depuis 1830, M. le vicomte Walsh n'a plus rempli aucune fonction, il a rédigé la Gazette de Normandie, et depuis ne s'est plus occupé que de belles-lettres. Il est membre de l'Athénée de Vaucluse et de la Société académique de Nantes.

—Adam, ou la Création. *Paris, de l'impr. de madame Dondey-Dupré*, 1838, in-18, 1 fr. 25 c.

C'est une espèce de poëme en prose, formant le premier numéro d'une série de *Tableaux bibliques*, qui devaient en comprendre douze. Cette publication fut suspendue par suite des malheureuses affaires de l'éditeur.

— Exploration de Normandie. Rouen. *Rouen, Legrand*, 1835, in-8, 7 fr. 50 c.

—Fille (la) de Moab, ou l'Anathème. (En prose). *Paris, Le Normant*, 1818, in-18, figures, 2 fr. 50 c.

Réimpr. à la suite de l'ouvrage suivant.
C'est un fragment d'un poëme, en prose, inti-

tulé *David*, que l'auteur a perdu à la révolution de juillet.

—Fratricide (le), ou Gilles de Bretagne; chronique du xve siècle. *Paris, Hivert*, 1827, 2 vol. in-12, 6 fr. 50 c. — IIIe édition, revue, corrigée, et augmentée de la Fille de Moab. *Paris, le même*, 1836, 2 vol. in-8, avec quatre vignettes, 13 fr.; ou 3 vol. in-12, 7 fr. 50 c.

— Histoires, Contes et Nouvelles. *Paris, rue Saint-Hyacinthe-Saint-Michel*, n° 8, 1838, in-8, 2 fr. 60 c.

Les Nouvelles que renferme ce volume ne sont pas les seules que l'on doive à la plume de M. le vic. Walsh : les recueils auxquels il coopère en ont inséré un assez grand nombre d'autres, mais que, jusqu'à ce jour, leur auteur n'a point encore réunies. Nous connaissons, entre autres, les suivantes : *l'Ange gardien*, et *le Traineau*, histoire russe, insérées l'une et l'autre dans « Londres et Paris », Keepsake pour 1839; *l'Enlèvement des fiancées vénitiennes*, et *Fatale curiosité*, imprimées dans « l'Album vénitien « (1840, in-4), etc.

— Journées mémorables de la révolution française, racontées par un père à ses fils, ou Récit complet des événements qui se sont passés en France depuis 1787 jusqu'en 1804. *Paris, Poussielgue-Rusand*, 1839-40, 5 vol. in-8, 30 fr.

— Légendes, Souvenirs et Impressions. Avec cette épigraphe : J'ai vu, je me souviens, je raconte. *Tours, Mame*, 1841, gr. in-18, format anglais.

— Lettres sur l'Angleterre, ou Voyage de la Grande-Bretagne en 1829. *Paris, Hivert*, 1830, in-8, avec six lithographies, 7 fr. 50 c.

— Lettres vendéennes, ou Correspondance de trois amis en 1823. *Paris, Égron*, 1825, 2 vol. in-8, figures, 12 fr. — Sec. édition, revue et augmentée de plusieurs lettres, et d'une table des matières. *Paris, Hivert*, 1826, 2 vol. in-8, 12 fr., et 3 vol. in-12, 8 fr. — Suite aux Lettres vendéennes, ou Relation du voyage de S. A. R. Madame, duchesse de Berry, dans la Touraine, l'Anjou, la Bretagne, la Vendée et le midi de la France, en 1828. *Paris, le même*, 1828, in-8, 7 fr.

Les Lettres vendéennes ont eu trois autres éditions dans les deux formats in-8 et in-12, et la Suite, une seconde en 1829, in-8, et 2 vol. in-12.

— Mélanges. Feuilletons politiques et littéraires. Scènes contemporaines. *Paris, Hivert*, 1832, in-8, 6 fr.

Voyez la note dans la Revue de Paris, 1833, tome 50, page 202.

— Monuments de Paris.

---

(1) M. le vicomte Walsh a eu huit frères, et il a survécu aux huit. Un membre de cette lignée, Thomas Walsh, né à Angers, en 1778, était entré au service de l'Angleterre, et est mort colonel du 93e régiment d'infanterie, en 1811, au moment où il venait d'être nommé commissaire civil à Bombay. On lui doit un ouvrage qui a obtenu deux éditions dans l'année de sa publication, mais qui n'a pas été traduit en français; il est intitulé : *Journal of the late campaign in Egypt, including descriptions of that Country, and of Gibraltar, Minorca, Malta, Marmorice, and Macri, with an Appendix containing officials papers and documents*. London, T. Cadell and W. Davies, 1803, in-4, avec vues, cartes et plans. —Un autre de ses frères, père du comte Théobald Walsh, que nous citons à l'article suivant, est le premier blanc que les noirs aient massacré lors de la révolte de Saint-Domingue, à l'issue de la révolution française : il avait vingt-deux ans.

Dix-huit articles sous ce titre ont paru en 1840 dans la Gazette de France, et l'auteur en donne aujourd'hui la suite dans un nouveau journal, intitulé « l'Union catholique ».

Ce sont autant de chapitres d'un ouvrage important que M. le vicomte Walsh se propose de publier très-prochainement : une Histoire des monuments de Paris. L'auteur n'a eu nullement l'intention de faire un nouveau Tableau de la capitale, ni encore moins de traiter ses monuments sous le rapport de l'art. Son livre est une Histoire des monuments de Paris, considérés dans leurs légendes, leur histoire, sous un point de vue historique. — L'ouvrage sera composé de deux parties, l'une comprenant les monuments religieux, sous le titre d'*Histoire des églises de Paris*, et qui formera deux forts volumes in-8, et l'autre, comprenant les monuments civils, qui formera trois ou quatre autres volumes.

— * Pensées d'un Breton sur la sainteté des serments. *Nantes*, 1815, in-8.

— Procès-verbal de la cérémonie funèbre en l'honneur de Boïeldieu, qui a eu lieu, le 13 octobre 1834, à Rouen, sa ville natale. *Rouen, de l'impr. de Périaux*, 1835, in-8, de 44 pag.

— Providence (la), esquisse historique, religieuse et morale ; par le R. P. A. Touron, de l'ordre de Saint Dominique. Nouvelle édition, refaite pour le style, et enrichie d'anecdotes. *Paris, Dezobry et Magdelaine*, 1840, in-12, 2 fr. ; et in-8, 5 fr.

— Tableau (poétique) des fêtes chrétiennes. *Paris, rue Saint-Antoine, n° 76, (*Hivert)*, 1836, in-8, avec une gravure, 4 fr.

Ouvrage qui peut servir de complément au « Génie du Christianisme » de M. de Châteaubriand.

On prépare de cet ouvrage une édition de luxe, et l'auteur doit publier, dans un format uniforme, un *Tableau poétique des sacrements*, volume qui sera suite à celui que nous citons.

— Vie de madame de Sévigné. *Paris, Débécourt*, 1841, gr. in-18, format anglais, 3 fr. 50 c.

Ce volume fait partie d'une collection intitulée : « les Gloires de la France ».

— Voyage à Prague et à Léoben, ou Correspondance entre un père et son fils, en septembre 1833. *Paris, Hivert*, 1833, in-8, 5 fr.

Réimprimé dans la même année.

M. le vicomte Walsh a été le rédacteur en chef de la « Gazette de Normandie », le directeur de l'Écho de la Jeune France, et, en société, d'abord avec M. Máx. Raoul, plus tard avec l'abbé Glaire, le directeur de « l'Encyclopédie catholique » ; M. le vicomte Walsh a encore écrit dans plusieurs journaux organes de son parti, et notamment dans ceux-ci : la Mode, la Gazette de France, le Populaire : il écrit encore aujourd'hui dans la Mode, la Revue catholique, l'Union catholique, le Journal des jeunes personnes, le Journal des enfants. Les Français peints par eux-mêmes lui doivent aussi quelques types : *l'Angevin, la Bougieuse et le Donneur d'eau bénite.*

WALSH (le comte Théobald), neveu du précédent, et fils d'un homme dont la tête tomba la première, lors de la révolte des nègres de Saint-Domingue contre les Européens (1) ; il est né pendant le temps de l'émigration, à Liége, en 1792.

— Georges Sand. (Examen critique). *Paris, Hivert*, 1837, in-8, 4 fr.

— Notes sur la Suisse et une partie de l'Italie. *Paris, J.-C. Trouvé*, 1823, in-8.

Réimprimées sous le titre suivant : *Notes sur la Suisse, la Lombardie et le Piémont.* Seconde édition, refondue en entier et considérablement augmentée. Paris, 1825, 3 vol. in 12.

— Voyage en Suisse, en Lombardie et en Piémont ; suivi du tableau résumé de la Suisse depuis 1830, et d'un itinéraire. *Paris, Hivert*, 1834, 2 vol. in-8, avec huit lithographies, 13 fr. 50 c.

WALSH (Robert), cousin du vicomte Joseph, second écrivain américain.

— Voyage en Turquie et à Constantinople, trad. par H. Vilmain et E. Rives. *Paris, Moutardier*, 1828, in-8, avec trois cartes et trois gravures, 8 fr.

WALSINGHAM, ministre et secrétaire d'état sous Élisabeth, reine d'Angleterre.

— Mémoires et Instructions pour les ambassadeurs, ou Lettres et négociations de Walsingham ; trad. en français (par Bouleistes de la Contie). *Amsterdam*, 1725, 4 vol. in-12.

WALTER (Richard). Voy. G. Anson.

WALTER. — Description du ban de la Roche (dans les Vosges), ornée de planches. *Strasbourg, Levrault*, an VI (1798), in-8.

— Métallurgie pratique du fer, ou Atlas des machines, appareils et outils actuellement employés à la fabrication de la fonte et du fer, avec un texte méthodique relatif à la conduite et aux résultats des opérations, renfermant, tous les détails nécessaires pour exécuter les constructions. *Paris, Mathias*, 1835, in-4 et Atlas in-fol. de 60 planches, 120 fr.

Avec M. Leblanc.

---

(1) La mère du comte Théobald Walsh, femme de beaucoup d'esprit, existe encore : elle est depuis longtemps grande maîtresse de la grande duchesse Stéphanie de Baden, le filleule adoptive de Napoléon.

— Vues pittoresques de l'Alsace (1785).
Voy. GRANDIDIER.

WALTER, fabricant de soieries,
— Demande d'une augmentation de droits
d'entrée sur les velours étrangers, présentée à S. M., lors de son voyage à Metz,
le 5 septembre 1828. *Paris, de l'impr. de
Cordier fils*, 1828, in-4 de 4 pag.

Avec M. Joyeux.

WALTER (Albert). — Électeurs (les) et
l'armée d'Afrique, ou les deux Combats,
ode en faveur des veuves et des enfants
des soldats morts à Alger. *Paris, de l'impr.
de Poussin*, 1830, in-8 de 8 pages.
— Inspirations (les) de Satan. (En vers).
Paris, Thomine, 1832, in-8 de 200 pag.

WALTER. — Notice sur les perfectionnements apportés à la disposition des chaudières à vapeur. *Paris, de l'impr. de Fain*,
1833, in-8 de 8 pages.

WALTER (madame la baronne de). —
Cantine (la) de la rue Verte et le domino
noir. *Paris, Pougin*, 1838, in-8, 3 fr.
50 c.

WALTER (James). — Ben-Habad.
(Poésie). *Paris, l'Auteur, rue d'Aguesseau
n.* 10, 1838, in-8 de 12 pag.
— Monts (the). (En vers). *Paris, l'Auteur*
1838, in-8 de 16 pages.

WALTER (Edmond). — Amour (l') di-
vin, poëme, trad. de l'angl. par A. CUNIN-
GHAM. *Paris, de l'impr. de Wanackère*,
1840, in-8 de 20 pages.

WALTHARD (R.). — Description topographique et historique de la ville et des
environs de Berne. *Berne, Bourgdorfer*,
1827, gr. in-8, pap. vélin, orné de quatre
vues, d'un plan et d'une vignette, 16 fr.

WALTHER (Jean-Christophe). — Traité
juridique, politique, militaire et historique
sur le droit de loger les gens de guerre,
tiré des ordonnances et des constitutions
de l'Empire. *Francfort*, 1734, in-4.

WALTHER (Wolfgang). — *Variétés
littéraires, ou Recueil des meilleures pièces
fugitives du temps, dédiées à S. A. S Mgr
le margrave régnant de Brandebourg-Ans-
pach et Culmbach. *Erlang, Walther*, 1770,
4 vol. in-12.

WALTON. — Dissertations sur les Pro-

légomènes (tirées du latin de l'auteur, par
le P. Fr. BOYER, oratorien). *Liége, Justel
(Lyon, Certe)*, 1699, in-8.

Cette traduction a été aussi attribuée au P. Émery,
autre oratorien.

WALTON (William). — Lettre à sir
James Mackintosh sur sa motion relative
aux affaires du Portugal, du 1er juin 1829;
trad. de l'anglais par A. LARDIER. *Paris,
de l'impr. de Pihan Delaforest*, 1829,
in-8.

WALZ (G.-H.), vétérinaire.
— Gale (de la) des moutons, de sa nature, de ses causes et des moyens de la
guérir; trad. de l'allemand. *Paris, madame Huzard*, 1811, in-4 de 80 pages,
avec figures, 1 fr. 80 c.

WALZ (Chr.). — Amicissimo Ludovico
de Sinner summis in philosophia honori-
bus ornato gratulantur *Chr. Walz, Ferd.
Hautal, G.-L. Anders. Parisiis, F. Didot*,
1830, in-8 de 12 pag.

La pièce de M. Walz est en vers grecs; la pièce
de M. Hautal est en vers latins; deux pièces de
M. Anders.

WALZ (Rodolphe). — Hydroconion (l'),
ou le Bain en pluie. *Paris, de l'impr. de
Jules Didot*, 1829, in-8 de 16 pages.

WALZ (B.) et compagnie.
— Mémoire sur un nouveau projet de
docks, de port auxiliaire et de passe de
sortie pour le port de Marseille, dans le
vallon de la Joliette. *Paris, Bachelier*,
1838, in-8 de 32 pag., plus une planche.

WAMAIN, membre de l'Université impériale.
— Essai sur les inversions latines. *Paris,
Le Normant; veuve Nyon; l'Auteur*, 1811,
in-8, 4 fr.

WANDELAINCOURT (l'abbé Antoine-
Hubert), né le 28 avril 1731, à Rupt-en-
Voivre, diocèse de Verdun, successivement préfet du collège royal de Verdun,
précepteur des enfants du duc de Clermont-
Tonnerre, sous-directeur de l'École militaire de Paris, curé de Planrupt, diocèse
de Châlons-sur-Marne. En 1791, il fit le
serment exigé par la nouvelle constitution,
fut élu évêque de la Haute-Marne, et l'année suivante député de son département à
la Convention, et passa ensuite au Conseil
des Cinq-Cents. Wandelaincourt donna sa

démission d'évêque en 1801, et fut nommé curé de Monthar. Il finit par se retirer dans une maison de campagne qui lui appartenait, à Belleville, près de Verdun, où il mourut, le 30 décembre 1819.

—Abrégé de l'Histoire de SULPICE SÉVÈRE, avec la construction du latin, et l'interprétation française littérale. *Bouillon*, 1776, in-12.

—Abrégé de l'histoire sainte. *Bouillon*, 1780, in-8.

— Abrégé de l'Histoire de France, pour les écoles du premier âge. Seconde édition, revue, corrigée et augmentée par l'auteur. *Paris, Ancelle*, 1811, in-12, 1 fr. 20 c.

La première édition est de 1801.

— Abrégé de l'histoire générale, à l'usage des écoles du second âge ou des adolescents. *Paris, Durand*, 1769, 2 part. in-12; — *Paris, Ancelle*, 1802, 2 vol. in-12, fig., 5 fr. 50 c.

Cet ouvrage fait partie du « Cours d'éducation » du même auteur.

—Abrégé de l'Histoire naturelle de PLINE le naturaliste. *Durand*, 1780, in-12.

— Ami (l') des mœurs, de l'État et de la Religion; ouvrage dans lequel on établit les principes propres à perfectionner l'humanité, et à rendre les états florissants, en dirigeant vers le bien l'homme considéré, soit individuellement, soit en société, soit relativement à la religion. *Paris, Ancelle*, 1803, 3 vol. in-12, 6 fr.

Cet ouvrage, fruit d'un travail consommé et plein de savantes recherches, montre l'homme tel qu'il doit être, probe, ami de sa patrie et soumis à la Divinité. Les gouvernements, la religion, la morale publique, avoueront les sages principes qui y sont contenus.

— * Ami (l') des théophilanthropes. In-8.

L'auteur y signalait les niaiseries de ce culte.

— Appendix de Diis, etc., trad. en français. *Paris*, 1775, 1779, in-12.

—Comédies choisies de TÉRENCE, mises à la portée des jeunes gens, etc. *Paris*, 1779, in-12.

—Cours abrégé d'histoire naturelle. *Paris*, 1778, in-12.

—Cours d'éducation, à l'usage des demoiselles et des jeunes messieurs qui ne veulent pas apprendre le latin. *Rouen*, 1782, 8 vol. in-12.

— Cours d'éducation du premier âge, à l'usage des deux sexes. 1802, 2 vol. in-12.

— Cours d'éducation pour les écoles des premier et second âges. *Paris, Ancelle*, 1802, 9 vol in-12.

Deuxième âge, ou adolescents, 4 vol.

— Cours de littérature, ou Introduction aux connaissances nécessaires pour juger sainement des ouvrages d'esprit. 1776, in-12.

— Cours de morale, à l'usage des jeunes gens. 1778, in-12.

— Cours de philosophie. 1776, in-12.

— École (l') de la vertu et de la politesse. *Paris, L. Collin*, 1808, in-18.—Franc. et polonais. *Breslau*, 1809, in-18.

— Éléments de morale, ou Devoirs de l'homme et du citoyen. *Paris, Durand*, 1782, in-12.

— Éléments de mythologie. *Paris*, 1802, in-12; — *Brunswick, Pluchart*, 1817, 2 vol. in-12, avec 38 figures coloriées, 6 fr. 50 c. — Franc. et polon. *Breslau, Korn*, 1806, in-8.

C'est encore une partie du « Cours d'éducation ».

— Entretiens d'une mère avec son enfant, sur les devoirs du citoyen et du chrétien. *Paris, Ancelle*, 1803, in-12 de 180 pag., 1 fr. 25 c.

— Exposition des principaux phénomènes de la nature. 1802.

Partie du « Cours d'éducation ».

—Fables de PHÈDRE, avec la construction en latin et une interprétation française littérale et interlinéaire. 1772, in-12.—1804, in-12.

—Géographie (nouvelle), destinée au Cours d'éducation, etc. *Rouen, Le Boucher*, 1782, in-12.

— Géographie du premier âge, ou Entretiens d'une mère avec son enfant sur la connaissance du globe. Seconde édition, revue, corrigée, et considérablement augmentée par l'auteur. *Paris, Ancelle*, 1805, in-12, 1 fr. 25 c.

— Grammaire du second âge. 1802, in-12.

— Grammaire française destinée au Cours d'éducation des demoiselles, etc. *Bouillon*, 1776, in-12.—*Rouen*, 1782, in-12.

— Guide (le) des enfants. *Paris, Ancelle*, 1801, in-8, 2 fr.

—Histoire des arts, destinée au Cours d'éducation des jeunes demoiselles. *Paris, Durand*, 1782, in-12.

— Histoire universelle destinée au Cours d'éducation des demoiselles et des jeunes messieurs qui ne veulent pas apprendre le latin. *Paris, Durand*, 1783, 3 vol. in-12.

— * Leçons de la sagesse. In-18.

— Logique, etc. 1782, in-12.

— Logique du second âge. 1802, in-12.

— Manuel des jeunes physiciens. *Verdun, Christophe*, 1773, in-12.

— Mémoire sur la manière de rassembler, etc., les curiosités de l'histoire naturelle. *Lyon*, 1758, in-8.

— Mentor (le), ou Livre des demoiselles et des jeunes dames; ouvrage destiné aux personnes du sexe, et surtout aux pensions de jeunes demoiselles. *Paris, Léopold Collin*, 1808, in-18, 1 fr. 25 c. — Franç. et polonais. *Breslau*, 1809, in-18.

— Méthode latine, où l'on réduit à sept questions toutes les règles nécessaires pour apprendre, en moins d'un mois, les vrais principes de cette langue. *Paris, Ancelle*, 1804, in 12, 1 fr. ; — VIe édition, revue et entièrement refondue par l'auteur. *Paris, le même*, 1822, in-12, 1 fr. 75 c.

— Méthode raisonnée pour apprendre la langue latine très-facilement et en très-peu de temps. *Bouillon*, 1775, et 1778, in-8.

— Observations sur l'avis de M. Wandelaincourt, adressées à MM. les instituteurs des colléges, par M. Le Frère; suivies de la Réponse de M. Wandelaincourt à M. Le Frère. 1780, in-12.

— Particules latines, pour servir de suite à la Méthode latine, qui réduit à sept questions toutes les règles nécessaires pour apprendre cette langue; par le même auteur. IIIe édition. *Paris, Ancelle*, 1804, in-12, 90 c.

La première édition est de 1779, in-12.

— Physique (nouvelle), destinée au Cours d'éducation. *Rouen*, 1782, in-12.

— Plan d'éducation et d'instruction publiques, où l'on s'est appliqué à rendre l'éducation et l'instruction plus utiles, plus agréables aux particuliers, et moins dispendieuses pour le gouvernement ; où l'on donne l'analyse des livres que ce nouveau plan exige, et où l'on indique des méthodes propres à produire les heureux effets qu'on s'en promet. *Paris, veuve Fournier*, an IX (1801), in-8.

La première édition est de 1773, et anonyme.

—Précis d'histoire naturelle. 1778, in-12.

— Preuve de la durée du monde encore pendant vingt mille ans; de l'impossibilité qu'une comète nous cause aucun mal, et qu'elle se précipite vers la terre. *Paris, Ch. Villet*, 1812, in-24 de 48 pages, 40 c.

— * Preuves de la religion développées d'après le plan de Pascal....

— Principes d'astronomie. *Paris*, 1784, in-8.

— Principes de littérature et de belles-lettres ; à l'usage de la jeunesse. *Paris, Ancelle*, 1805, in-12.

Formant le tome VII du Cours d'éducation à l'usage des deux sexes du même auteur. Prix des sept volumes, en noir, 18 fr., et 21 fr. 50 c. colorié.

— Principes généraux et particuliers de la langue française. 1776, in-12.

—Réflexions philosophiques sur les athées...

— Traduction mot à mot des deux premiers livres de l'histoire ancienne de Justin, selon la Méthode latine de l'auteur. *Paris, Ancelle*, 1802, in-12.

— * Voie (la) du salut, ou nouveau Livre de piété, etc.; par l'auteur de « l'Ami des mœurs, de l'état et de la religion ». *Paris*, 1804, in-12.

— Vues sur l'éducation d'un prince; ouvrage où l'auteur donne une méthode facile pour apprendre à un jeune seigneur, en peu de temps, sans peine et sans livre, non-seulement à écrire, à lire, mais encore les sciences et le latin. 1784, in-12.

Wandelaincourt fut un homme de mœurs douces mais qui, s'étant plus occupé d'éducation que de théologie, fut la dupe d'un parti qui annonçait la réforme de tous les abus.

WANDERBUCK (Mad.) (1).—Richesse et pauvreté. *Paris, Pesron*, 1834, in-12, avec 4 gravures, 3 fr.

WANDERSON. — Lettres et Contes sentimentaux, publiés par Le Roy de Lozembrune. *Augsbourg*, 1777, in-8.

WANDER-WIEL.—Observations rares de médecine, d'anatomie et de chirurgie, trad. du latin par Planque. *Paris, Nyon l'aîné*, 1780, 2 vol. in-12, avec vingt-cinq planches.

WAN DEURSEN (mademoiselle R.).—Historiettes morales, à l'usage des écoles primaires. *Paris, rue des Saints-Pères*, n. 69, 1837, in-12, 1 fr. 50 c.

WANGENHEIN (le baron de).— Observations sur le discours du président de la diète, et sur les mesures adoptées pour

---

(1) Lisez *Vander Burch*, mère de l'auteur dramatique.

le maintien de l'ordre et de la tranquillité dans les états de la confédération. *Paris, Thoisnier-Desplaces*, 1832, in-8 de -100 pag., 2 fr. 50 c.

WANNER, de By, médecin.
— Aperçu d'une nouvelle doctrine médicale, d'après les phénomènes chimiques et physiques de la vie. *Paris, Baillière*, 1838, in-18 de 112 pag., 2 fr.
— Croup (du) et de son traitement par la vapeur d'eau; suivi de quelques considérations sur la nature de cette maladie. *Paris, Germer-Baillière*, 1834, in-8 de 40 pages.
— Traité de l'action régulatrice et vivifiante du fluide électrique ou magnétique dans l'école animale. *Paris, Baudouin*, 1840, in-8 de 64 pages.

WANOSTROCHT (N.), docteur en droit et grammairien anglais.
—Abrégé de la Grammaire anglaise (1798). Voy. J.-S. CHARRIER.
— Classical (a) Vocabulary, french and english. *Paris, Louis*, 1803, in-8 de 168 pages, 2 fr.

Ce Vocabulaire français et anglais convient réciproquement à tous ceux qui veulent apprendre ces deux langues.

— Encyclopédie (petite) des jeunes gens, ou Définitions abrégées des notions relatives aux sciences et arts. *Londres*, ... , petit in-8, 5 sh.
— Easy and familiar dialogues in french and english. *London*, ... , in-12.
— French (the) class Book, ou Choix de littérature. In-12.
— Grammar (a) of the french language, with practical exercises. *London*, 1780, in-12; — *Paris, Theoph. Barrois the son*, 1817, in-12; — or *Paris, Paris, Duplessis*, 1825, in-12, 4 fr.

Les deux dernières sont les quatorzième et quinzième éditions.

— Kei (a) to Wanostrochts french Grammar. IVth edition. *Paris, Theoph. Barrois the son*, 1817, in-12.
— Livre des enfants, ou Syllabaire français, auquel on a ajouté des définitions des choses dont les enfants doivent être instruits, servant d'introduction au Recueil choisi, etc. *Londres*, 1786, in-12.
— Recueil choisi de traits historiques et de contes moraux avec des mots anglais au bas de chaque page. *Londres*, 1785, in-12, 3 sh. 6 d.

— Tableau (petit), ou Éléments de la constitution, des lois, du gouvernement du royaume de la Grande-Bretagne et de l'Irlande. *Londres*, 1806, in-12.
— Le même ouvrage, sous ce titre : Tableau de la constitution, des lois et du gouvernement du royaume-uni de la Grande-Bretagne et d'Irlande; publié avec des notes, par R. S. T. *Paris, Bavoux; Delaunay*, 1823, et 1824, in-12.

WANTE. — Importance de nos colonies occidentales, particulièrement celle de Saint-Domingue, démontrée par la réfutation d'un ouvrage, ayant pour titre : Examen politique des colonies modernes, etc, par M. Carteau. 1805, in-8.

WANTHIER. — Géographie ancienne comparée à la moderne. *Londres*, ... , 10 sh. 6 p.

WANTZEL (Fréd.). — Traité complet d'arithmétique théorique et pratique, à l'usage des négociants. *Paris, Renard*, 1838, in-8, 6 fr. 50 c.

Avec M. Jos. Garnier.

WAP (J.). — Réponse aux hommes égarés de ma patrie. *Bruxelles, les princip. libr.*, 1828, in-8, 1 fl. 6 cents.

WARBURTON (William), chapelain du prince de Galles, évêque de Glocester.
— Abrégé de la Vie de Pope, trad. de l'angl. (par LACOMBE DE PREZEL).

Imprimé avec les Pensées de Pope, publiées par le même Lacombe de Prezel, Genève, 1766, in-12.

— Dissertation sur les tremblements de terre et les éruptions de feu, etc.; trad. de l'angl. (par l'abbé MAZEAS). *Paris, Tilliard*, 1754, 2 vol. in-12.
— Dissertations sur l'union de la religion, de la morale et de la politique, tirées d'un ouvrage de M. Warburton (par de SILHOUETTE). *Londres, Guill. Darrès*, 1742, 2 vol. in-12.
— Essais sur les hiéroglyphes des Égyptiens, trad. de l'angl. (par LÉONARD DES MALPEINES). *Paris, Guérin*, 1744, 2 vol. in-12, avec gravures.

Les remarques sur la chronologie, qui se trouvent dans cette traduction, sont de Fréret.

WARCHOUF ou WERCHOUF (Mlle Stéphanie), alors âgée de quinze ans.
— Vélocifère grammatical, ou la Langue française et l'orthographe apprises en chan-

tant ; ouvrage très-élémentaire, unique en son genre, mis en vaudevilles, et dédié aux demoiselles. *Paris, Le Normant, etc.,* 1806, in-12, 1 fr. 25 c.

WARCLAW.— Hymne à Catherine II, trad. du russe, par Mar.-Fr. CHALUMEAU. 1777. — Sec. édition. *Paris,* 1814, in-8.

WARD (John).— Guide (le) des jeunes mathématiciens, ou Abrégé des mathématiques, à la portée des commençants ; trad. de l'angl. (par le P. PEZENAS). *Paris, Ch.-Ant. Jombert,* 1756 et 1757, in-8, fig.

WARD.— Recettes de remèdes. *Lyon,* 1766, br. in-12.

WARD (John). — Table (a) of the duties of customs on articles usually imported by passengers. *Paris, Bréauté,* 1829, in-12 de 36 pages.

WARD (madame). — Jour (le) de foire, ou la Famille villageoise. Conte pour les enfants. *Paris, Maumus,* 1833, in-18.

WARDEN (David-Bailie), anc. consul-général des États-Unis d'Amérique, naquit en 1777, à Bally-Castle, dans le comté de Down, en Irlande. Il étudia à l'université de Glascow, en Écosse, où il remporta plusieurs prix. Ses parents, le destinant à l'état ecclésiastique, le placèrent au presbytère de Banger. Toutefois, les troubles politiques de son pays le forcèrent à s'expatrier, et il se rendit en Amérique. Il était directeur de l'Académie de Kingston (New-York) en 1806, lorsque le président Jefferson l'envoya à Paris, en qualité de secrétaire de légation. Peu après, il fut nommé consul-général des États-Unis, dans cette capitale, fonctions qu'il remplit jusqu'en 1814. M. Warden est membre des sociétés philomatique, asiatique, d'encouragement, de géographie, d'agriculture et des antiquaires de |Paris ; des sociétés d'histoire naturelle et des antiquaires de Caen ; de l'Académie royale de Nanci ; de la Société d'agriculture et des sciences de l'Eure ; des sociétés philosophiques de New-York et de Philadelphie ; de la Société historique de Belfast, en Irlande ; de la Société royale des antiquaires de Copenhague ; et docteur de la Faculté de médecine de New-York.

— * Bibliotheco americo-septentrionalis, ou Collection d'ouvrages écrits en diverses langues, qui traitent de l'histoire, du climat, de la géographie, etc., de l'Amérique septentrionale. *Paris,* 1820, in-8.

— Chorographical (a) and statistical description of the district of Columbia. *(Paris),* Th. Barrois, 1816, in-8.

— Description des mines de Palengües, dans la province de Guatimala ; suivie de Recherches sur l'ancienne population de l'Amérique.

Imprimé dans le tome II du Recueil de la Société de géographie (1827).

— Description statistique, historique et politique des États-Unis de l'Amérique septentrionale, depuis l'époque des premiers établissements jusqu'à nos jours ; trad. de l'angl. (par l'auteur). *Paris, Rey et Gravier,* 1820, 5 vol. in-8, avec cartes et figures, 40 fr.

L'original parut à Édimbourg, en 1819, 3 vol. in-8.

— Dissertation sur l'origine de l'ancienne population des deux Amériques, et sur les diverses antiquités de ce continent.

Imprimée dans la Relation des trois expéditions du capitaine Dupaix, publiée en 1831.

— Histoire des deux Amériques.

Imprimée dans la troisième partie de l'Art de vérifier les dates.

— Mémoire sur les antiquités d'Amérique....
— On the origin, nature, progress and influence of Consular establishments. *Paris, printed by Smith,* 1813, in-8, 7 fr.
— De l'origine, de la nature, des progrès et de l'influence des établissements consulaires ; traduits de l'anglais par B. BARRÈRE. *Paris, Dentu,* 1815, in-8, 5 fr.

Outre les ouvrages que nous venons de citer, on doit à M. Warden la traduction de l'introduction des Tables de CALLET, et une foule d'autres traductions, et d'articles de Dictionnaires, de Revues, etc.

WARDEN (G.). — Correspondance (sa) à bord du vaisseau le Northumberland, qui a conduit Napoléon Buonaparte à l'île de Sainte-Hélène. *Bruxelles, Mayer et Frank,* 1817, in-8, 4 fr.

WARE (H.). — Souvenirs de Jotham Anderson, ou Mémoires d'un pasteur de campagne ; trad. de l'angl. *Genève,* 1837, in-8, 2 fr. 50 c.

WARÉE aîné (B.), libraire, à Paris.
— Nécessité (de la) d'amender la proposition de M. Laffitte, relative à l'emprunt

fait par la librairie sur le prêt des trente millions accordés au commerce. *Paris, de l'imp. de Tillard,* 1833, in-8 de 24 pag. — Encore un mot sur la proposition de M. Laffitte, relative à l'emprunt fait par la librairie sur le prêt des trente millions. *Paris, de l'impr. de Lottin Saint-Germain,* 1833, in-8 de 8 pag.

M. B. Warée a fait de nombreuses additions à la Bibliothèque de droit, qui forme le second volume des Lettres sur la profession d'avocat, de Camus, pour les éditions publiées par M. Dupin aîné, l'ancien président de la chambre des députés. Il avait préparé des *Annales de la famille des plus célèbres typographes français, les Étienne ;* mais il a été devancé dans leurs publications par M. Ant.-Aug. Renouard, à qui on devait déjà celles des Aldes, et M. B. Warée a renoncé à son travail.

WARELLES (J.). — * Tableau grammatical, ou Idée de la grammaire, à l'usage des jeunes gens ; par J. W. *Paris, l'Auteur,* 1812, in-plano.

WARENS (Israël), Juif de nation ; né à Hambourg.

Il a eu part au Journal de Paris, et au Magasin encyclopédique (1795), dont il était le fondateur.

WARENS (De Latour, baronne de), naquit en 1699, dans le pays de Vaud, et mourut à Chambéry, en 1759. Elle dut presque tous ses malheurs à une trop grande sensibilité. Ses parents n'approuvèrent point le choix que son cœur avait fait d'un époux ; ils la forcèrent de se marier avec un homme qu'elle n'aimait pas, et qu'elle abandonna. Étant allée habiter Annecy, elle y embrassa la religion catholique, en 1726. L'activité de son esprit lui fit faire plusieurs entreprises qui la ruinèrent ; mais l'infortune n'altéra point sa gaîté. Elle était d'un caractère doux, et d'une sensibilité excessive pour les malheureux. Un inconnu arrivait-il chez elle avec l'ombre de quelque talent, elle s'intéressait à lui : écrivains, artistes, tous étaient également accueillis. Ses bienfaits firent souvent des ingrats ; on regrette de trouver sur cette liste le nom de J.-J. Rousseau ; il outrage, dans ses « Confessions » la mémoire de madame de Warens. Une personne, indignée des imputations de galanterie qu'il faisait à sa bienfaitrice, voulut, pour les détruire, exposer aux yeux du public la vie de cette femme de mérite, et publia : *Mémoires de madame de Warens, suivis de ceux de Claude Anet, pour servir de suite aux Confessions de Rousseau* (Genève et Paris, Leroy, 1783, in-8). L'éditeur de ces Mémoires (le général Doppet), assure que les premiers sont écrits par madame de Warens, et les seconds par Claude Anet. Après la mort de madame de Varens, on trouva, parmi ses papiers, deux ou trois petites pièces de théâtre : l'une intitulée : *les Perdrix,* et prise d'un conte qui a été mis en vers par Pons de Verdun. (*Madame* BRIQUET, *Dictionn. histor. des Françaises.*

WARGEMONT (la marquise de).—Instruction pour la jeunesse. *Bâle,* 1785, in-8.
— OEuvres diverses. *Bâle,* 1783, in-8.

WARGNY (de), à Bruxelles. — * Almanach de la maçon.·. symbolique belge, pour les ann. de la V.·. L.·. 5827, 5828. *Bruxelles, veuve Stapleaux,* 1827-29, 2 fol. in-18, et sur pap. vélin satiné, avec vg., 4 fr. 22 c.

WARIN (J.-J.). Voy. REGNAULT-WARIN.

WARIN (Ant.). — Influence du commerce sur la prospérité du royaume des Pays-Bas, exposé à la seconde chambre des États-Généraux, le 21 mars 1826, dans un discours relatif aux droits d'entrée et de sortie, et de transit ; avec des notes, dont une au sujet du canal de Marken et de la fermeture de l'Y, et deux cartes. *Bruxelles, de l'impr. de Tencé frères,* 1827, in-8, avec deux cartes.

WARIN (V.), auteur dramatique. Voy. Victor VARIN.

WARIN. — Tableau de l'Histoire de France, depuis Pharamond jusqu'à nos jours ; avec une Notice sur l'origine des Français. *Paris, les princip. libr.,* 1839, in-plano d'une feuille lithogr.

Avec M. Michel.

WARIN-THIERRY.— Calendrier usuel et perpétuel pour 2200 ans ; contenant, etc. ; terminé par un abrégé du calendrier, donnant l'explication, etc., et des tables indicatives du cycle solaire, du nombre d'or, des épactes, de l'indication romaine et de la période julienne, avec les calendriers des nouvelles et pleines lunes depuis 1700 jusqu'à 2200, d'après M. RIVARS. *Épernay, Warin-Thierry, et Paris, Leprieur,* 1819, in-8 ; — ou *Paris, l'Auteur,* 1839, in-12, 1 fr. 25 c.

Il a revu et augmenté la troisième édition du

nouveau Dictionnaire complet géographique, statistique, etc., de la France et des colonies, par Briand-de-Verzé, publié par M. Leprieur, in-8, en 1837.

WARING (John-Scott). — Voyage de l'Inde à Chiraz, etc. Voy. Jacq. MORIER.

WARKULEWICZ (le baron Alexandre de). — Captivité des Polonais en Prusse. *Troyes, Bouquot; et Paris, Roret*, 1835, in-18, avec deux lithogr.
— Dix mille Polonais en Prusse, mélodrame en trois actes. *Troyes, de l'impr. de Cardon*, 1837, in-18.
— Triumvirat (le) aboli, ou les Polonais à Dantzick, narrodrame en trois actes. *Troyes, Anner-Anéré*, 1840, in-18.

WARMÉ (Vulfran-Joseph-Florimond), littérateur et journaliste; né le 13 juillet 1797, à Amiens, était le fils d'un banquier de cette ville, et parent, par sa mère, du célèbre Delambre, l'astronome. Il est mort membre du conseil municipal de la Somme, à Amiens, le 11 mars 1835.
— Dernier Mot aux électeurs....
— Éloge historique de M. Delambre, qui a obtenu l'accessit, et une médaille d'or au concours de l'Acad. d'Amiens. *Amiens, de l'impr. de Caron-Duquesne*, 1824, in-8 de 48 pages.
— Essai sur le point d'honneur....

Warmé, à l'occasion de la question mise au concours par l'Académie de Dijon sur les moyens d'abolir le duel, fut entraîné dans d'immenses recherches qui l'empêchèrent de concourir. L'écrit que nous citons n'est qu'une ébauche du discours qu'il destinait à l'Académie de Dijon, qui ne donne qu'une idée imparfaite du système de l'auteur.

— Instruction sur la loi du 2 mai 1827...
—* M. Caumartin (député de la Somme)...
— Opuscules. Dernier hommage de M. Vulfran Warmé à ses compatriotes. (En prose). *Amiens, de l'impr. de Machart*, 1835, in-8 de 540 pages, et un fac-simile.

Choix des écrits de l'auteur, fait d'après son vœu, et par les soins de son ami DAUPHIN, éditeur testamentaire.

— Pensez-y bien.....

Écrit politique.
Warmé a coopéré pendant dix ans d'une manière très-active aux journaux de son département : le Miroir de la Somme, et la Sentinelle picarde. Ses articles dans les deux journaux sont signés ..R..
On trouve dans la Biographie de la Somme, t. II, pages 424 à 432, une Notice sur cet excellent citoyen, due à M. H. D. (H. DUSEVEL), mais dans laquelle les opuscules de Warmé ne sont pas cités avec toute la précision bibliographique.
Nous reviendrons sur cet article dans notre « Littérature française contemporaine ».

WARMHOLTZ (Charles-Gustave), conseiller du roi de Suède.

— Histoire de Charles XII, traduite du suédois (1748). Voy. NORDBERG.

WARNER. — Observations de chirurgie, avec des remarques; trad. du latin, par MAGENIS. *Paris*, 1757, in-12.

WARNER. — Uwagi nadkawalerya przez generala. *Paris, de l'impr. de Pinard*, 1835, in-8 de 80 pages.

WARNERY (Charles-Emmanuel de), général-major, au service de Pologne, écrivain militaire; né en 1719, à Morges, dans le pays de Vaud, où son père était gouverneur, mort à Breslau, le 9 mai 1786.
— * Anecdotes et Pensées historiques et militaires; par M. le G. de W. *Halle, J.-J. Court*, 1781, in-4.
— * Campagnes de Frédéric II, de 1756 à 1762. 1788, in-8.
— Campagnes de Frédéric, roi de Prusse, de 1765-72. *Vienne, Graeffer*, 1787, in-8.
— * Commentaires sur les Commentaires du comte de Turpin de Crissé sur Montécuculli; par M. de W. G. M. *Saint-Marino (Breslau, G. Korn)*, 1777-79, 3 vol. in-8.
— * Mélange de remarques, surtout sur César et autres auteurs militaires anciens et modernes, pour servir de continuation aux Commentaires de M. Turpin de Crissé. *Varsovie*, 1782, in-8.
— Remarques sur la cavalerie. *Lublin*, 1781, in-8. — Nouv. édition, soigneusement revue, accompagnée de notes et d'un chapitre supplémentaire par un officier-général (M. le comte A. de DURFORT). *Paris, Anselin*, 1828, in-12, 4 fr.
— * Remarques sur « l'Essai général de tactique », de Guilbert; par le G. W..Y. *Varsovie*, 1782, in-8.
— * Remarques sur le militaire des Turcs, et sur la façon de les combattre. *Leipzig, et Dresde, M. Groell*, 1770, in-8 ; — Nouv. édition, augmentée de Remarques sur le militaire des Russes. *Breslau, Korn*, 1771, in-8.

La dernière édition porte le nom de l'auteur.
Avec ces cinq derniers ouvrages, et en retranchant les longueurs, un homme de l'art pourrait faire un traité qui serait utile.

— * Remarques sur plusieurs auteurs militaires et autres; par le G. de W. *Lublin, Staroludzki*, in-8.

WARNET. — Soixante (les) chapitres, ou Mémoires d'un fou. *Paris, Francart; Lille, Dumortier*, 1801, 2 vol. in-12, 2 fr. 50 c.

WARNKOENIG (Léopold-Auguste), docteur et professeur en droit, né Bruchsal, dans le grand-duché de Bade, le 1er août 1794. Il commença ses études en droit à l'université de Gottingue, au commencement de 1815, et, dès février 1816, il y reçut le grade de docteur. Alors commença pour M. Warnkœnig la carrière du professorat. D'abord professeur à Liége, et membre de l'Institut des Pays-Bas, il obtint, en 1827, la chaire des Pandectes, à Louvain. Par suite de la révolution belge, en décembre 1830, il fut mis à la retraite comme tous les professeurs étrangers à la Belgique; mais, dès le 1er janvier 1831, il était réinstallé comme professeur en droit à Gand. En 1836, son souverain le nomma à l'Université de Fribourg en Brisgau, et il obtint le titre de conseiller intime du grand-duc. M. Warnkœnig a écrit en latin, en français et en allemand, des ouvrages estimés : l'indication de ceux en langue française rentre seule dans le plan de notre livre.

— Essai de réponse aux questions officielles sur l'enseignement supérieur (1828). Voy. REIFFENBERG.

— Histoire de la Flandre et de ses institutions civiles et politiques jusqu'en l'année 1305 ; trad. de l'allemand, avec des corrections et additions, par A.-E. GHELL-DOLF. *Bruxelles, Hayez,* 1835 et ann. suiv., 2 vol. in-8, 10 fr.

La Préface est suivie d'une Introduction qui indique et apprécie les sources de l'ancienne Histoire de Flandre.

— Histoire du droit belgique pendant la période franke. *Bruxelles,* 1837, in-8.

— Histoire externe du droit romain. *Bruxelles,* 1836, in-8.

— Introduction à l'étude du droit romain, trad. de l'allemand de F. MACKELDEY, par L. ÉTIENNE; revue et augmentée par L.-A. WARNKOENIG. *Mons, Leroux,* 1826, in-8, 3 fr.

— Recherches sur la législation belge au moyen-âge. *Gand,* 1834, in-8.

Le docteur Warnkœnig, en outre, a contribué à divers recueils de la Belgique et de la France, et, parmi beaucoup d'autres, nous citerons les suivants : la Thémis, ou Bibliothèque du jurisconsulte, publiée à Paris (1819) ; la Bibliothèque du jurisconsulte et du publiciste, publiée en Belgique (1826) ; la Revue encyclopédique, avant 1830 ; le, Messager des sciences et des arts de la Belgique ; etc., commencé en 1833.

WAROQUIER (le comte Louis-Charles de), sieur de Méricourt, de la Motte et de Combles, généalogiste, lieutenant des grenadiers royaux de Picardie, ex-major de la garde nationale parisienne ; né à Saint-Afrique (Aveyron), le 20 juin 1757, fut condamné à mort le 5 thermidor an II (23 juillet 1794), par le tribunal révolutionnaire, comme complice d'une conspiration dans les prisons des Carmes, où il était détenu.

— Armorial général de plusieurs maisons de France et étrangères, etc. 1782, 3 vol. in-12.

— Dictionnaire militaire de France, contenant les noms, surnoms et qualités, etc., de MM. les officiers au service de Sa Majesté. 1784-90, in-8.

— État de la France, contenant le clergé, la noblesse et le tiers-état. Recueil de devises héraldiques. *Paris, Lesclapart,* 1783, in-12.

Puis réunis sous le titre de : *État-général de la France,* Paris, Nyon, 1789-91, in-8.

— État de la France, ou les Vrais marquis, comtes, vicomtes et barons. Première partie. *Paris,* 1783-85, in-12.

— État de la noblesse. *Paris,* 1782, 5 vol. in-12.

— État général de la France, ou la France vivante ou mourante pour 1790 et 1791. 2 vol. in-8.

— Fragment général des maisons de Philippe de Billy, d'Albignac et de Villeneuve. 1783 et 1784, in-12.

Ces généalogies ont été imprimées séparément.

— Généalogie de la maison de Waroquier. 1781, in-4.

— Parfait (le) jeu d'armoiries, pour apprendre le blason, la géographie et l'histoire. À l'usage des princes.

—* Parfait (le) miroir des nobles, ou l'Origine de l'ancienne et nouvelle noblesse, contenant leur nom patronimique, leurs armes, leur livrée, leur maintenue, et des anecdotes curieuses sur la plupart des familles introduites à la Cour, ou qui ont usurpé la noblesse, et les armes et la livrée de toute autre famille, etc. *Paris, Guillaume, ci-devant généalogiste archiviste,* 1791, in-8.

Il devait paraître un numéro par jour.

— Tableau généalogique, historique, chronologique, héraldique et géographique de la noblesse, enrichi de gravures ; contenant : 1° l'état des vrais marquis, comtes, vicomtes et barons ; 2° un traité sur les bannerets, ba-

cheliers, écuyers, et sur leur différence ;
3° un traité sur les dignités féodales et politiques, les dignités ecclésiastiques, les
dignités des vidames attachés à l'église,
les titres et qualités des gens de lettres,
etc. ; 4° la Recherche de Normandie faite
par Montfaoucq, en 1453 ; 5° un traité
sur l'origine des fiefs, les francs-fiefs,
nouveaux acquêts et leur différence, etc. ;
6° les généalogies des familles ; 7° les dépôts où la noblesse peut avoir recours pour
ses différentes recherches ; 8° une table
des matières des terres et des personnes ti-
trées, des noms de famille compris dans
l'ouvrage, avec le renvoi aux auteurs qui
en ont donné les généalogies, et l'indication de plus de cent mille titres originaux
que l'auteur possède dans son cabinet.
Paris, rue Git-le-Cœur, 1786-89, 9 vol.
in-12, figures.

— Tableau historique de la noblesse militaire, contenant les noms, surnoms et qualités, ensemble la date de tous les grades,
actions, siéges, campagnes, blessures de
MM. les officiers au service de Sa Majesté,
tant sur terre que sur mer, etc. Ouvrage
enrichi d'un recueil d'ordonnances militaires. *Paris*, 1784, in-8.

— Traité sur les devises héraldiques, de
leur origine et de leur usage, avec un recueil des armes de plus de deux mille maisons qui en portent ; ensemble un précis
sur leur origine, et un recueil de faits qui
leur sont particuliers, et qui ne sont point
encore connus ; pour servir d'Introduction
à l'État de la France. Enrichi de gravures.
1784-85, 2 vol. in-12.

Waroquier n'a point d'article dans la Biographie
universelle.

WARRAND (S.). — English extracts
from the best classical authors, consisting,
etc. *Paris, Baudry*, 1830, in-8, 5 fr.

WARREN (Sam.), pseud. Voy. (au
Supplément) DICKENS.

WARTEL (le P.), chanoine régulier de
l'abbaye du mont Saint-Éloi, membre de
la Société littéraire d'Arras ; né à Lille en
Flandre.

— Bêtes (les) sensitives.....

— * Mémoire sur les limaçons terrestres
de l'Artois ; par un membre de l'Académie littéraire d'Arras. 1758, 1765, in-8.

— *Mémoires sur quelques fossiles de l'Artois. *Arras*, 1765, in-12.

— * Observations sur l'Histoire de Lille (de
l'abbé de Montlinot). *Avignon, Emeri-
toni*, 1765, in-12.

Les personnalités contenues dans cette critique
forcèrent l'abbé Montlinot de s'éloigner de la ville
de Lille.

WARTMANN (L.-F.). — Grande Carte
céleste, représentant les positions et la
marche des comètes périodiques de Halley
et d'Encke, dressée par L.-F. WARTMANN.
Genève, et Paris, Ab. Cherbuliez et comp.,
1835, une feuille avec un livret explicatif,
5 fr.

WARTON. Voy. VIRGILE.

WARWICK (le chevalier Philippe).—
Mémoires sur le règne de Charles Ier, et ce
qui s'est passé depuis la mort de Charles Ier
jusqu'à la restauration des Stuart. Trad. de
l'angl. (Accompagnés de notes et d'éclaircissements). *Paris, Béchet aîné*, 1823, in-8.

Traduction faisant partie de la Collection des
Mémoires relatifs à la révolution d'Angleterre, publiée par M. Guizot, depuis ministre.

Il a été publié un *Discours sur le Gouvernement,*
servant d'appendix aux Mémoires du règne de Charles Ier (en anglais), Londres, 1701, in-8.

WARVILLE (J. B. de). Voy. BRISSOT
DE W.

WARVILLE (Charles de).—Un regard.
Roman. *Paris, Bazouge et Pigoreau fils*,
1838, in-8, 7 fr. 50 c.

Cet ouvrage est d'un M. POISSON, préfet ou sous-
préfet de l'Isère.

WASDYK (A. van).—Vocabulaire hollandais, français et anglais. *Rotterdam,
W. Locke*, 1812, in-12.

WASHINGTON (George), général en
chef des armées américaines, durant la
guerre de l'Indépendance, et président de
la république des États-Unis d'Amérique.

—Vie, Correspondance et Écrits de Washington, publiés d'après l'édition américaine, et précédés d'une Introduction sur
l'influence et le caractère de Washington
dans la révolution des États-Unis de l'A-
mérique ; par M. Guizot, membre de l'Institut (et alors ministre). *Paris, Ch. Gosselin*, 1837-40, 6 vol. in-8 et Atlas in-4
de 22 planches, 90 fr.

Longtemps avant cet ouvrage, John Marshall
(voy. ce nom), président de la Cour suprême de
justice des États-Unis, avait publié une Vie de
George Washington, composée sur ses Mémoires,
qu'il avait légués à son parent, le très-honorable
Bushord Washington. Il existe une traduction française de ce dernier ouvrage, due à P. F. HENRY (Paris,
Dentu, 1807, 5 vol. in-8, et Atlas de 16 pl.).

L'*Éloge* de Washington a été composé par deux
Français ; par L. Dubroca, en 1799 ; et par Fontanes, en 1800 ; et M. le marq. de Fortia d'Urban
a fait imprimer des Maximes de ce grand homme
(1840, in-12 de 16 pages).

WASHINGTON IRWING. Voy. IRWING.

* WASSE ou VASSE (Cornélie de). Voy. VASSE.

WASTELAIN (le P. Charles), jésuite, très-érudit et fort versé dans la connaissance des langues anciennes; né le 22 septembre 1695 à Marimont, village du Hainaut, et non à Maroille, comme le dit Feller; mort à Lille, le 24 décembre 1782.
— Description de la Gaule-Belgique selon les trois âges de l'Histoire : l'ancien, le moyen âge et le moderne, avec des cartes généalogique et historique. *Lille , Cramé,* 1761, in-4.
— Le même ouvrage. Nouv. édit., corrigée et augmentée de quelques remarques. *Bruxelles, veuve de Franç. T'Serstevens,* 1788, in-8.

Ouvrage écrit avec beaucoup de précision. Les exemplaires de l'édition de 1761, étant devenus extrêmement rares dans les Pays-Bas autrichiens, on fit à Bruxelles l'édition que nous venons de citer. Elle a sur la première l'avantage d'être non-seulement corrigée et revue avec soin, mais encore enrichie de remarques et d'observations importantes. Les « Mémoires de Trévoux », 1761, octobre, pages 2408—2421, en parlent avec éloge.

On doit encore au P. Wastelain diverses *brochures* en latin et en français, contenant des descriptions accompagnées d'emblêmes, de devises, d'inscriptions, etc., publiées à l'occasion de fêtes et de réjouissances publiques.

M. L'Écuy a consacré une Notice à cet écrivain, dans la Biographie universelle, tome L, p. 262, et M. Lebon, conseiller de préfecture du département du Nord, en a donné une autre dans sa « Notice sur les historiens de la Flandre française », (Lille, 1827, in-8).

WATEL (de). Voy. VATEL.

WATELET (Claude-Henri), peintre et littérateur, conseiller du roi et receveur-général des finances d'Orléans, membre de l'Académie française, associé libre honoraire de celle de peinture et de sculpture, honoraire de celle d'architecture et de la Société royale de médecine, correspondant des académies de Vienne, Berlin, Rome, Madrid, Parme, Cortone, Bologne, Florence, Marseille; né en 1718, à Paris, où il est mort le 12 janvier 1786.
— Art (l') de peindre, poëme, avec des réflexions sur les différentes parties de la peinture. *Paris, Guérin et Delatour,* 1760, gr. in-4, fig.; ou petit in-8 de XXII et 152 pages, avec deux planches, des vignettes et un frontispice, gravés en taille-douce.

Il existe une Lettre à M***, contenant quelques observations sur le poëme de l'Art de peindre (de Watelet, par de La Font de Saint-Yenne), 1760, in-8.

— Le même ouvrage. Nouvelle édition, augmentée de deux poëmes sur l'Art de peindre, de M. C. A. Du FRESNOY et de M. l'abbé de MARSY. *Amsterdam , aux dépens de la compagnie,* 1761, gr. in-12 de XX et 312 pages, avec vignettes et culs de lampe.

L'Art de peindre, poëme (latin), par M. C. A. Du Fresnoy, avec la traduction française en regard, commence à la page 179, et finit à la page 145. La Peinture, poëme traduit du latin de M. l'abbé de Marsy, avec le texte latin, commence à la page 246 et va jusqu'à la fin.

— Deucalion et Pyrrha, tragédie (lyrique en quatre actes et en vers libres). *Sans nom de ville, ni d'impr.,* 1768, in-4.

Nous connaissons un amateur qui en possède un exemplaire avec beaucoup de corrections manuscrites.

— * Programme de l'opéra de Deucalion et Pyrrha, exécuté au concert des écoles gratuites de dessin, le 29 avril 1772, dans la salle du Wauxhall de la foire Saint-Germain. *Paris, Gueffier,* 1772, in-4 de 34 pages.

Ce n'est pas seulement le programme, mais la pièce toute entière, en quatre actes, composée en 1765 par Watelet, et que Gueffier a donnée sans nom d'auteur.

— Dictionnaire des beaux-arts, extrait de l'Encyclopédie méthodique; suivi du Supplément sur la pratique des beaux-arts. *Paris,* 1788, 2 vol. in-4.
— Le même ouvrage, sous ce titre : Dictionnaire des arts de peinture, sculpture et gravure. *Paris, L.-F. Prault,* 1792, 5 vol. in-8.

Imprimé en partie pendant la vie de l'auteur, augmenté et continué par L'Évêque.

Watelet est auteur des articles de l'Encyclopédie qui regardent la peinture et la gravure, depuis le mot *dessin* jusqu'à la suspension de l'ouvrage.

— Discours prononcé à l'Académie française, à sa réception. 1761, in-4.
— Essai sur les jardins. *Paris, Prault; Saillant et Nyon, etc.,* 1774, in-8.
— Maison (la) de campagne à la mode, ou la Comédie d'après nature, comédie en deux actes et en prose. *Paris, Prault,* 1784, in-8.
— Phaon, drame lyrique en deux actes, représenté devant LL. MM. à Choisy, en septembre 1778. *Paris, Ballard,* 1778, in-8.
— Recueil de quelques ouvrages de M. Watelet. *Paris, Prault,* 1784, in-8 de 446 pages.

Ce volume renferme : 1° *Silvie;* 2° *Zénéide,* comédie en un acte et en prose, composée en janvier 1743, et mise en vers par Cahusac, en 1744 (voy.

plus bas); 3° *les Statuaires d'Athènes*, comédie en trois actes, en prose, 1766; 4° *les Veuves*, ou la *Matrone d'Éphèse*, comédie en trois actes et en vers; 5° *Milon*, intermède pastoral, en un acte, en vers; 6° *Deucalion et Pyrrha*; 7° *Délie*, drame lyrique, en un acte, en vers, 1765; 8° *Phaon*.

— * Sylvie. *Londres (Paris, Prault)*, 1742, in-8, figures.

Roman.

— * Vallée (la) de Tempé. 1747, in-12.

Réimprimée en 1784, in-18, à la suite de la seconde édition d'*Aabba*.

— Vie (la) de Louis de Boulongne, premier peintre du roi.

Imprimée dans le recueil des « Vies des cinq premiers peintres du roi », 1752, 2 part. in-8.

— Zénéide (comédie en un acte et en prose, mise en vers par CAHUSAC). *Paris, Prault fils*, 1744, 1754, in-8; — *Paris, Duchesne*, 1754, in-8.

Réimprimée plusieurs fois à l'étranger : à La Haye, en 1750; à Munich, en 1756.

Watelet avait fait une traduction en vers du poëme de la Jérusalem délivrée, qui n'a point été imprimée.

On lit, sous le n° 13242 du Dictionnaire des ouvrages anonymes, de Barbier, à la suite de la citation des Œuvres de Salomon Gessner, la note suivante :

« La *Lettre à M. Fuessly* sur le passage (inséré dans l'édition des Œuvres de Gessner, 1799, 4 vol. in-8), traduite originairement par Huber, a été refondue par Watelet, au point qu'elle ne peut être considérée que comme un bon extrait de l'ouvrage de Gessner ».

Vicq d'Azir a prononcé l'éloge de Watelet.

M. Thevenet et Mad. Lucy de Beaurepaire ont publié un petit livre, auquel ils ont attaché le nom de Watelet, vraisemblablement parce qu'il est tiré de ses ouvrages : l'*Isabey de l'amateur des beaux-arts, ou Abrégé élémentaire de l'art de peindre l'aquarelle et la miniature*. Paris, de l'impr. de Brun, 1836, in-4 de 16 pages.

WATELY. Voy. WHATELY.

WATIER (J.-B.), instituteur.

— Préparations, résolutions et réglements de vie, avant et après la communion. *Douai, de l'impr. de Derégnancourt*, 1825, in-12 de 24 pages; — *Troyes, de l'impr. de mad. Garnier*, 1825, in-12 de 24 pag.; — *Lissot-le-Grand, de l'impr. de Collombier*, 1832, in-18 de 36 pag.

WATIN (Jean-Félix), marchand de couleurs à Paris, peintre, doreur, vernisseur, membre de l'Académie de Saint-Luc; né à Paris, le 26 octobre 1728, mort en....

— Art (l') du peintre doreur et vernisseur. *Paris, Quillau*, 1772, in-8. — Dixième édition, entièrement refondue, et augmentée de l'Art du fabricant de couleurs, d'après les procédés les plus récents, et de plusieurs traités sommaires sur les principes de la combinaison des couleurs, et

sur l'art de peindre le tableau. Par Ch. BOURGEOIS. *Paris, Belin-Leprieur*, 1828, in-8, 5 fr.

La première édition de ce livre, auquel Prévost de Saint-Lucien a eu part, fut publié sous ce titre : l'*Art de faire et d'employer le vernis, ou l'Art du vernisseur*, auquel on a joint ceux du peintre et du doreur. Paris, Quillau, 1772, in-8. Supplément au livre intitulé : l'Art de faire et d'employer le vernis, en réponse à la Réfutation du sieur Mauclerc, auteur d'un Traité des couleurs et des vernis, 1773, in-8, et à ses Prospectus, 1773, in-8.

Toutes les éditions suivantes, augmentées et avec des changements, ont paru sous le titre de l'*Art du peintre*, etc.

M. Ch. Bourgeois, peintre, a remanié et augmenté ce livre, à partir de la VIII° édition, qui parut en 1819. — Une autre VIII° édition, mais sans le travail de M. Bourgeois, a été imprimée à Lyon, chez Mistral, en 1828, in-8.

WATIN fils. — * Provincial (le) à Paris, ou État actuel de Paris. *Paris*, 1787, 4 vol. in-24, avec cinq cartes.

WATKIN TENCH (le capitaine). — Relation d'une expédition à la baie Botanique, située dans la Nouvelle-Hollande, sur la côte méridionale nommée par le capitaine Cook « Nouvelle Galles méridionale », avec des observations sur les habitants de cette contrée, et la liste de l'état civil et militaire, au Port Jackson; trad. de l'anglais par C*** P**. *Paris, Knapen et fils*, 1789, in-8.

Il existe des exemplaires de cette traduction qui portent pour titre *Voyage à la Baie botanique*, avec une Description du nouveau pays de Galles méridional, de ses habitants, de ses productions, etc., et quelques détails relatifs à M. de La Peyrouse, pendant son séjour à la Baie botanique, par Watkin Tench. Paris, Letellier, 1789.

WATKINS (F.). — Exercice du microscope, trad. de l'anglais. *Londres*, 1754, in-8.

WATKINS (John), maître ès-arts, docteur ès-lois, etc.

— Dictionnaire (nouveau) universel, historique, biographique et portatif. Trad. de l'anglais; considérablement augmenté par M. L'ÉCUY, ci-devant docteur de Sorbonne. *Paris, de l'impr. de Crapelet.* — *Desray*, 1803, 2 vol. in-8, 12 fr., et sur pap. vélin, 25 fr.

WATON (Denis). — * Annuaire statistique du département de Vaucluse, pour l'an XII (1804). *Carpentras, Proyet*, 1804, in-12 de xx et 326 pag.

WATREMEZ (Jules). — Chansons patriotiques et autres. *Paris, les march. de nouv.*, 1832, in-18, 2 fr.

— Ode sur l'inauguration de la statue de

Napoléon, dédiée à Jos. Napoléon. *Paris, Bousquet; Garnier*, 1833, in-8 de 8 pag.

WATRIN (L.), médec. vétérin., à Metz.
— Essai sur le strongle épineux (Strongulus-Armatus, de Rudolphi).
Imprimé dans les Mémoires de l'Académie roy. de Metz, ann. 1837—38, pag. 94—101 (1838).

WATSON (William), de la Société royale de Londres.
— Expériences et Observations sur l'électricité, trad. de l'angl. *Paris, Jorry*, 1748, in-12.

WATSON (le rév. Richard). — Vie du révérend Jean Wesley, maître ès-arts, fondateur de l'église wesleyenne; avec quelques détails sur son frère le révérend Charles Wesley; trad. de l'anglais sur la quatrième édition. *Paris, Delay*, 1840, 2 vol. in-8, 12 fr.

WATSON (Robert), professeur au collége de Saint-André.
— * Histoire du règne de Philippe II, roi d'Espagne; trad. de l'anglais (par le comte de MIRABEAU et Jean DURIVAL). *Amsterdam, Changuion*, 1777, 4 vol. in-12.
— Histoire du règne de Philippe II, roi d'Espagne, continuée par THOMPSON; trad. de l'anglais par L.-J.-A. BONNET. *Paris*, 1809, 3 vol. in-8.

WATTEAU (Ant.), peintre du roi.
— OEuvre (son), gravé d'après ses tableaux et dessins originaux, tirés du cabinet du roi et des plus curieux de l'Europe, par de JULIENNE. In-fol. atlant.

WATTENVILLE ou WATTENWYL (Alexandre-Louis de), bailli de Nideau, plus tard membre du grand conseil à Berne (conseil souverain du canton), commandant en chef de la vallée de Münster, chez les Grisons; né à Berne, en 1740, mort le 2 novembre 1780.
— * Manifeste au sujet de la conspiration découverte à Berne, en juillet 1749 (trad. par Loys de BOCHAT). *Berne*, 1749, br. in-4.
— Histoire de la confédération helvétique. *Berne*, 1754, 2 vol. in-8; et 1768, 2 vol. in-8.

WATTIEAUX (Nestor). — Tables de réduction des anciennes mesures agraires du département de l'Aisne. *Laon, Lecointe*, 1840, in-8 de 52 pages, 1 fr.

WATTIER (le bar.), éditeur des Recherches historiques, concernant la ville de Boulogne-sur-Mer, etc. d'ABBOT DE BAZINGHEN.

WATTIER (Ed.). — Musée en plein air, ou Choix des enseignes les plus remarquables de Paris, lithographiées; accompagnées d'un texte explicatif. *Paris, Engelman; Gihaut; Martinet*, 1824, in-4.

WATTMANN (C.-L. de).—Histoire de la guerre de trente ans. Voy. SCHILLER.

WATTS (Isaac), D. D. — Catéchisme historique; trad. de l'angl. *Paris, Risler*, 1840, in-12, 30 c.
— Culture (la) de l'esprit, ou Direction pour faciliter l'acquisition des connaissances utiles; trad. de l'anglais par D. S*** (Daniel de SUPERVILLE). *Amsterdam*, 1762, in-8; — Nouv. édition, retouchée avantageusement. *Lausanne, François Lacombe*, 1782, in-12.
— Méditations pieuses, trad. de l'anglais. *Paris, Servier*, 1827, in-32.

WAUDIN. — Défense de la liberté de la presse contre le projet de loi présenté à l'Assemblée nationale, au nom du comité de constitution, le 20 janvier 1790. In-8.

WAUTERS (P.-E.), à Gand, docteur en médecine, membre de l'Académie roy. des sciences et belles-lettres de Bruxelles, président de la commission médicale, membre de la commission directrice de l'École d'émulation à Gand, et de plusieurs autres sociétés savantes.
— Dissertation sur la manière de faire l'uytzit, et sur sa salubrité comparée avec celle des bières et autres boissons qui sont le plus en usage dans les neuf départements réunis. *Gand*, 1798, in-8.
— Tableaux d'essais pratiques, sur quelques remèdes usités à l'hôpital civil de la ville de Gand, où l'on apprendra par expérience à les rendre à leur juste valeur. Il y est joint une Lettre critique sur cet ouvrage, par M. J.-B. van Lokeren, médecin des hospices civils; avec des notes et des réflexions du rédacteur. *Gand, de l'impr. de Ch. Gœsin-Disbeck*, 1807, in-8 de xjv et 194 pages.
Les tableaux présentés dans ce volume sont au nombre de quatre, sur les sujets suivants : 1° sur la *digitale pourprée de Linné*, dans le traitement de l'hydropisie et de la phthisie pulmonaire; 2° sur *l'usage de la douce-amère*, surtout contre les douleurs rhumatiques et goutteuses:—3° sur *les fleurs de camomille vulgaire*, dans les fièvres intermittentes; —4° sur *l'usage de l'écorce de chêne*, dans les fièvres intermittentes et dans les continues. La Lettre de

M. van LOKEREN commence à la page 174 et finit à la page 178, où commencent les notes et réflexions du rédacteur.

— *Tractatus de exutoriorum delectu. Parisiis, Croullebois*, 1801, in-8.

Les deux écrits que nous venons de citer de ce médecin sont les seuls en français que nous connaissions ; mais il a publié, en latin et en hollandais, plusieurs autres ouvrages; entre autres, une *Dissertatio botanico-medica de quibusdam plantis in locum exotic.* Gandavi, 1785, in-8 ; — un Mémoire sur les enterrements précipités, en latin, envoyé à l'ancienne Académie de Bruxelles, en 1787. - *Handboek voor den dienst der zieke, door M. Carrere*, revu et corrigé par le docteur Wauters. Gand, 1807, 1 vol. in-12.—*Commentarius theoretico practicus de dyzenteriá.* Gand, 1810, 1 vol. in-8.— *Repertorium remediorum indigenorum exoticis in medicina substituendorum, sive responsum ad plura problemata.* Gand, 1810, 1 vol. in-8.

WAUTERS (Jean), docteur en médecine, à Gand, sa ville natale.
— Projet de loi sur l'enseignement médical aux frais de l'État, présenté au roi et aux chambres. *Bruxelles, Voglet*, 1835.

Avec M. Ch. Houdet.

WAUTERS (Alph.). — Faubourgs (les) de Bruxelles, leur passé et leur état présent.

Imprimé dans l'Athénée historique, ou Recueil de Mémoires et Traités sur l'histoire politique, civile et religieuse, etc., de la Belgique. Bruxelles, 1840, grand in-4, n° 1.

WAUTHIER (J.-M.), géographe.
— Description géographique de la France, en vers techniques, à l'usage des jeunes gens. *Paris, G. Mathiot*, 1834, in-8 de 16 pag. ; 60 c.
— Géographie (nouv.) méthodique, simplifiée et divisée en soixante leçons, ou Tableaux à l'aide desquels on peut apprendre cette science en peu de temps ; suivie d'un Traité de la sphère. *Paris, Germain-Mathiot*, 1828, in-8 oblong, 3 fr.

WAUTIER (G. de). — Guide des gens d'affaires, notaires, arpenteurs et propriétaires ; contenant, 1° le tarif de toutes les monnaies de l'Europe ; 2° les mesures agraires des départements, etc. *Bruxelles, Weissenbruck*, 1813, in-12, 4 fr.
— Remarques curieuses et peu connues sur la ville de Bruxelles et sur ses environs. *Bruxelles, André Le Duc*, 1810, in-8.

WAUTIER (Édouard). — Instruction sur l'histoire de France, appliquée à la méthode polonaise. *Reims, Jacquet*, 1838-1840, in-8 de 128 pages.
— Quelques notions relatives à un nouveau mode d'éducation. *Lille, de l'impr. de*

Parvillez-Rousselle, 1840, in-8 de 28 pag., avec une planche, 1 fr.
— Tableau mnémonique. Application à l'Histoire, depuis la naissance du Christ jusqu'à nos jours. *Lille, l'Auteur*, 1840, demi-feuille in-plano lithogr., 35 c.

WAXEL (Léon de), colonel du corps des ingénieurs des ponts et chaussées, correspondant de l'Académie des sciences de Saint-Pétersbourg ; mort le 6 septembre 1816.
— Essai sur les médailles plaquées des anciens. *Londres*, 1809, in-8.
— Recueil de quelques antiquités trouvées sur les bords de la mer Noire, appartenant à l'empire de Russie : dessinées d'après les originaux, en 1797 et 1798, avec une carte géographique ancienne du pays où ces antiquités furent découvertes. (En français et en allemand). Avec une suite. *Berlin, J.-Fr. Schüppel*, 1803, in-4 de 30 pages et 21 planches représentant 66 sujets et une carte, 12 fr.

WAY (Lewis). — Discours prononcé au nom de la Société biblique de Londres, à la séance générale de la Société biblique de Paris. *Paris, de l'impr. de Chassaignon*, 1824, in-8 de 8 pages.

WAYSSE DE VILLIERS. Voy. VAYSSE.

WEBB (Daniel). — Recherches sur les beautés de la peinture, et sur le mérite des plus célèbres peintres anciens et modernes; ouvrage traduit de l'anglais par M. B*** (BERGIER, frere du théologien). *Paris, Briasson*, 1765, petit in-8.

C'est à tort que cette traduction a été attribué à Eidous, dans la « France littéraire de 1769.

WEBB (Philip BARKER), naturaliste anglais.
— Histoire naturelle des îles Canaries. *Paris, Béthune ; Mercklein*, 1836, in-fol.

Avec M. Sabin Berthelot.
L'ouvrage devait former 3 vol. in-4, avec un Atlas in-fol., qui eussent été publiés en 50 livraisons, à 6 fr. chacune ; mais il n'en a paru que les deux premières livraisons, ensemble de six feuilles et cinq planches.

— Iter hispaniense, or a Synopsis of plants collected in the southern provinces of Spain and in Portugal, with geographical remarks, and observations on rare and undescribed species. *Paris, Béthune ; Roret*, 1839, in-8 de 88 pag.

WEBEL (C.-G.). — Méthode de guérir

la plupart des maladies. *Halles*, 1732, in-8.

WEBER, ministre de Saxe, résidant alors près de Pierre Ier.
— Mémoires (nouv.) sur l'état présent de la Moscovie (publiés en français par le P. MALASSIS). *Paris, Pissot,* 1725, 2 vol. in-12.

Il existe une édition de cette traduction qui porte pour titre : *Mémoires-anecdotes d'un ministre étranger résidant à Saint-Pétersbourg.* La Haye, Van Duren, 1729, in-12.

— Le même ouvrage, sous ce titre : Mémoires pour servir à l'histoire de l'empire russien, sous le règne de Pierre-le-Grand; par un ministre étranger. (Trad. de l'allemand). *La Haye, Johnson,* 1725, in-12.

WEBER (Geo.-Fréd.).— Observationes sacræ circa funera populorum Orientis. *Argentorati, H. Heitzius,* 1767, in-4.

WEBER (Joseph), frère de lait de Marie-Antoinette. Voy. le marq. de LALLY-To-LENDAL.

WEBER. — Plan pour amortir les dettes de l'État. *Strasbourg, et Paris, Monory,* 1776, in-4.

WEBER (F.-A.).—Dictionnaire (nouv.) portatif français - allemand et allemand-français. Édition stéréot. *Leipzig, Tauchnitz,* 1822, in-12, 6 fr.

WEBER (J.-F.). — Avant-projet des chemins de fer proposés entre Paris et Poissy, passant par Saint-Germain, Paris et Saint-Cloud, Paris et Versailles, Versailles et Poissy, passant par Saint-Germain. *Paris, de l'impr. de Bacquenois,* 1835, in-8 de 120 pag.
— Impuissance de notre système financier. *Versailles, de l'impr. de Marlin,* 1833, in-8 de 4 pag.
— Mémoire sur l'entretien des routes en France. *Paris, Delaunay,* 1829, in-8; 2 fr.
— Notice sur les causes de la prospérité publique et de la décadence du commerce. *Versailles, Larcher,* 1831, in-8 de 16 pages.

WEBER, bachelier ès-lettres.
— Trois (les) journées. (En vers). *Paris, Mansut fils,* 1830, in-8 de 12 pag.

WEBER (le docteur).—Exposition systématique des effets pathogénétiques purs des remèdes, par le docteur Weber; traduite et publiée par le docteur PESCHIER, de Genève. Livraisons I à V. *Genève, et Paris, J.-B. Baillière,* 1833-34, 5 livraisons in-8, 19 fr.

WEBER (J.-B.).— Économie politique. Réflexions présentées au roi et soumises à la méditation des chambres. Session 1832-1833. *Paris, de l'impr. de Tilliard,* 1833, in-8 de 68 pag.

WEBER (G.), pharmacien à Paris.
— Instruction sur l'emploi des médicaments homœopatiques contre les maux de dents, par S. GUTMANN, dentiste à Leipzig; trad. de l'allemand. *Paris, Weber,* 1837, in-32 de 96 pages.

WEBER (E.-H.), célèbre chirurgien allemand.
— Atlas anatomique du corps humain de grandeur naturelle, en quatre-vingt-quatre planches, avec texte explicatif. *Dusseldorf,* 1834, in-fol., 200 fr.
— Traité complet d'anatomie générale et descriptive; trad. de l'allem., par A.-J.-L. JOURDAN. *Paris,* 1838, 4 forts vol. in-8, avec gravures.

WEBER. — Cours gradué de langue allemande, ou Recueil de petites versions allemandes. *Paris, Truchy,* 1840, in-18, 2 fr.

WEBSTER (Will.), théologien anglais du XVIIIe siècle.
— Essai sur l'Honneur, en forme de lettres (trad. de l'angl. par Cl.-Fr. BLONDEAU DE CHARNAGE). *Sans indication de lieu* (Paris), 1745, pet. in-12.

La préface est signée R. Hooker, masque de Webster. L'*Essai sur l'Honneur* est tiré de ses Mélanges hebdomadaires. On a de lui beaucoup d'ouvrages sur différents objets de théologie. Voy. Nichols, Anecdotes littéraires du dix-huitième siècle. Londres, 1812, tome V, page 162.

WEBSTER (le chevalier Sinclair) (1).
— * Crise (la) de l'Europe, ou Pensées sur le système que les différentes puissances de l'Europe, et en particulier la neutralité armée, devraient suivre dans la conjecture présente; trad. de l'anglais. 1763, in-12 de 59 pages.

---

(1) Et non Sinclair-Webster, comme il est imprimé au tome IX, page 181.

— Discours patriotique sur la décadence de la Pologne. 1787.

WEBSTER. — Colonne de Bunker-Hill, monument élevé à la mémoire des patriotes américains, morts sur le champ de bataille où fut remportée la première victoire de l'indépendance. *Paris, Eymery*, 1825, in-8 de 40 pag., 1 fr. 50 c.

Cette brochure se compose du Discours prononcé par M. Webster, et d'un Discours de M. Kératry.

WEDDELL, capitaine de marine.
— Portulan du cap Horn, ou Description du cap Pilarès au cap Horn, côtes du Brésil, fleuve de la Plata, Montévideo et Buénos-Ayres; trad. sur le manuscrit par un capitaine de corvette, suivi d'un tableau des îles, bancs et récifs, qui ne sont pas portés sur les cartes françaises. *Toulon, Bellue*, 1838, in-8 de 48 pag., 4 fr.

Avec le capitaine King.

WEDDERBURNE WEBSTER (J.).
— Waterloo and other poems. *Paris, printed by Didot l'aîné*, 1816, in-8 de 96 p.

WEDEKING (G.), officier de santé, éditeur des Mémoires d'Adam Lux (1794).

WEDEKING (Chrétien-Théophile), professeur de médecine à Mayence.
— Sur la dyssenterie. *Strasbourg*, 1798, in-8.

WEDEKING (A.-Chr.). — Almanach des ambassades, ou Liste générale des ambassadeurs, envoyés, ministres, résidents, chargés d'affaires, conseillers et secrétaires de légation, drogmans, consuls, commissaires des relations commerciales, et agents diplomatiques et commerciaux près les puissances et dans les villes, etc.; ports de l'Europe. *Brunswick, Fréd. Wieveg; et Paris, Henrichs*, 1805, petit in-8, 3 fr.
— Manuel chronologique de l'histoire générale. *Lunebourg, Herold et W.*, 1814, in-8, 8 fr.; — in-4, pap. fin, 11 fr., et sur pap. vélin, 16 fr.

WEDMANN. — Essai d'une nouvelle minéralogie, trad. du suédois et de l'allemand, par P.-Fr. Le Dreux. *Paris, Didot le jeune*, 1771, in-8.

WEEGER (L.). — Interprète (l') des cœurs, ou nouveaux Compliments pour fêtes et jours de l'an, épithalames, épitaphes, etc., tous encore inédits. (En vers). *Paris, l'Auteur*, 45, *rue des Prouvaires*, 1839, in-8 de 112 pag.

WEGELIN (Jean-Reinhard). — Dissertatio theologica de natura et affectionibus religionis generatim consideratæ, præsidente Eliæ Silberradio. *Argentorati, Joh. Henr. Heitzius*, 1727, in-4.

WEGUELIN (1) (Jacques), professeur d'Histoire à l'Académie des gentilshommes de Berlin, membre et archiviste de l'Académie royale des sciences de cette ville; né à Saint-Gall (Suisse), en 1721, mort à Berlin, en 1791.
— Caractères historiques des Empereurs, depuis Auguste jusqu'à Maximien, à l'usage de l'Académie roy. des jeunes gentilshommes. *Berlin*, 1768, 2 vol. in-8.
— Considérations sur les principes moraux et caractéristiques des gouvernements. *Berlin*, 1766, in-8.
— Histoire universelle diplomatique, contenant les événements les plus remarquables depuis l'Empire jusqu'à la fin de la dynastie des Carlovingiens. *Berlin, G.-J. Decker*, 1776-80, 3 vol. in-4, et 6 vol. in-8.

Le projet de Weguelin avait été de continuer son Histoire jusqu'à l'année 1740; mais l'ouvrage ne fut point encouragé : il l'a lui-même traduit en allemand, 1778, in-8.

— Mémoire historique sur les principales époques de l'histoire d'Allemagne. *Berlin*, 1766, in-8.
— Mémoires sur la philosophie de l'Histoire. *Berlin*, 1772-79, 4 vol. in-8.

Le recueil de l'Académie de Berlin renferme de Weguelin plusieurs *Mémoires* en français.
On doit, en outre, à Weguelin, quelques ouvrages écrits en allemand.

WEGUELIN (J.-P.). — Dialogues français et russes. *Moscou*, 1810, in-12, 3 fr.
— Enfant (l') géographe, ou Géographie adaptée à l'usage de la jeunesse russe. V^e édition, en français et en russe, corrigée et augmentée. *Moscou*, 1820, in-12, 4 fr. 50 c.

WEIBEL (S.), dessinateur et graveur.
— Principes d'après nature, en vingt-quatre planches, pour apprendre à dessiner le paysage. *Paris Gillé*, 1805, in-4 oblong.
— Voyage pittoresque autour du lac de Genève. Orné de onze figures dessinées par Weibel, et lithographiées par Batiste, avec une carte routière des environs du Léman. *Paris, Gide*, 1822, in-folio, 36 fr.

---

(1) Et non Wegelin, comme l'a imprimé M. Ustéri dans la Biographie universelle, t. L, p. 323,

WEIDMANN (J.-Pierre), professeur de médecine à Mayence.
— Traité de la nécrose, traduit du latin par F.-M. CORENTIN JOURDA, ex-chirurgien-major du 9ᵉ régiment d'infanterie de ligne, etc. *Paris, Migneret*, 1808, in-8, 2 fr. 25 c.

WEIDEMANN (le doct. Fr.), éditeur des Rapports et différences entre les principes de la doctrine du docteur Quesnay, etc. (1832). Voy. ce titre aux Ouvrages anonymes.

WEIH (J.-J.). — Traité des jeux de la roulette et du trente-un, ou de la rouge et de la noire. Accompagné 1° de deux tableaux représentant chacun l'un de ces jeux, etc., et terminé par une table abrégée de la comparaison des monnaies de France à celles d'Allemagne. (En français et en allemand). *Bade, et Carlsruhe, Marx*, 1829, in-16, pap. vélin, 1 fr. 80 c.

WEIKARD (A.), médecin, et conseiller d'État de Russie.
— Doctrine médicale simplifiée, ou Éclaircissement et confirmation du nouveau système de médecine de Brown, avec des notes de Jos. Frank. Trad. de l'allemand par R.-J. BERTIN. *Paris, Th. Barrois*, 1798, 2 vol. in-8, 5 fr.
— Manuel de médecine et de chirurgie pratique, fondé sur les principes de Brown et sur l'expérience; trad. de l'allemand, sur la troisième édition, considérablement augmentée, et enrichie de notes; par J.-F. CHORTET. *Paris, Allut*, 1804-07, 4 vol. in-8, 10 fr.

Cet ouvrage a paru par livraisons.

— Méthode de médecine simplifiée, d'après les principes de Brown, trad. de l'allemand. *Heilbronn*, 1798, pet. in-8.

WEIL (Baruch), fabricant de porcelaines.
— Lettre à M. Rey, relative à son Mémoire sur la nécessité de bâtir un édifice consacré aux expositions générales des produits de l'industrie. *Paris, de l'impr. de Dondey-Dupré*, 1827, in-8 de 20 pages.

WEILER, de Strasbourg.
— * Nouvelles Lettres sur l'éducation. *Londres*, 1787, in-8.
— Petite Grammaire raisonnée. *Augsbourg*, 1792, in-8.

WEILER (J.-D.), de Strasbourg.

— Acte public sur la forme des testaments ordinaires, soutenu à la Faculté de droit de Strasbourg, en 1819. *Strasbourg, de l'impr. de Levrault*, 1819, in-4 de 22 pages.

WEILER, capitaine du génie; né à Diekirch (Belgique),
— Dissertation sur la manière de se servir du baromètre pour déterminer les hauteurs des montagnes....

WIENIEWSKY. Voy. WISNIEWSKY.

WEINGART (J.-Auguste). — Livre (le) du chrétien, ou l'Esprit instruisant l'âme. *Bienne, de l'impr. de Schneider et comp.*, 1839, in-8 de VIII et 103 pages.

WEIROTTER. — OEuvres complètes. In-folio, contenant 221 planches.

WEISLINGER (Jean-Nicolas), de Putlingen.
— Examen et torture des prédicateurs non catholiques. (En allemand). *Strasbourg*, 1726, in-8.

WEISS (François-Rodolphe de), ancien bailly de Mondon, littérateur et publiciste suisse, membre de diverses académies; né à Yverdun, en 1731, servit avec distinction, d'abord en Suisse, puis en Prusse, avec le grade de colonel, voyagea ensuite en Allemagne et en Angleterre, et devint membre du conseil souverain de Berne en 1785. Il écrivit en faveur des principes de la révolution française, fut nommé, en 1797, commissaire général du pays de Vaud, se réfugia en Allemagne après l'invasion de la Suisse par les Français, rentra dans sa patrie lors de l'établissement du gouvernement consulaire en France, et se suicida, par suite d'une aliénation mentale, dans une auberge de Nion, en 1802.
— Coup-d'œil politique. 1793, in-8.
— Début (du) de la révolution en Suisse, ou Défense du ci-devant général de Weiss contre ses détracteurs. Avril 1799, in-8.
— * Deux (des) chambres, etc. 1789, in-8.
— Mémoire à Bonaparte, premier consul, avec une lettre d'envoi aux deux conseils de la république helvétique. *Berne*, 15 janvier 1801, in-4.
— Principes philosophiques, politiques et moraux. Xᵉ édition. *Paris, Cherbuliez*, 1828, 2 vol. in-8, 12 fr.

La première édition est de ..... Quelques-unes

des suivantes ont été publiées eu trois vol. in-12, et notamment celle de Genève, 1780 (3e édit.), et celle de Paris, Maradan, 1789.

Sur le frontispice d'une édition publiée en 1806, on lit ces mots : *septième édition, y compris les traductions.*

— Réveillez-vous, Suisses! le danger approche. 1796, in-8.

— Sur les relations de la France avec le corps helvétique. 1793, in-8.

Barthez de Marmorières (voy. ce nom) a publié dans la même année des Observations en réponse à cet écrit.

WEISS (J.-H.), lieutenant-colonel, ingénieur-géographe suisse.

— Atlas de l'Europe, en 220 feuilles. *Carlsruhe et Freyburg*, 1831 et ann. suiv. in-folio plano.

Avec J.-E. Woerl. En 1835, il avait paru huit livraisons de cet Atlas.

Ces huit livraisons, les seules qui aient été publiées jusqu'en janvier 1841, comprennent *la Suisse,* en 20 feuilles, et *la France,* en 25 feuilles.

— Atlas de la Suisse, levé et dessiné par J.-H. Weiss, en seize cartes, sur une échelle d'environ 18 lignes par lieue, et une carte générale, gravées par Scheurmann. *Aarau, J.-R. Meyer,* 1796-1802, in-fol., 60 fr.

C'est la première Carte générale de ce pays qui ait été levée trigonométriquement. Toutes celles qui l'ont précédée n'étaient en grande partie que des compilations de parties détachées ou faites sans connaissances mathématiques et astronomiques.

Il faut ajouter aux seize feuilles de cet Atlas :

Carte hydrographique et routière de la Suisse, levée et exécutée par J. H. Weiss, pour servir de Carte générale à son Atlas, de 32 pouces de largeur sur 20 de hauteur. An VIII, 9 fr.

— Carte d'une partie très-intéressante de la Suisse, à l'usage des voyageurs. Elle renferme principalement une grande partie du canton de Berne et du Valais, et les glaciers qui dominent les frontières d'Italie. *Paris, Levrault,* 1786, gr. feuille, 9 fr.

— Notice et observations relatives à la vie de la chaine des Hautes-Alpes, prise du sommet du mont Rigi, en Suisse, *Paris, F. Didot,* 1815, pet. in-folio de 8 pages et trois planches, 18 fr.

WEISS (Mathias), professeur de langues à Paris, et alors interprète au ministère du grand-juge.

— Art (l') d'apprendre les langues, ramené à ses principes naturels. *Paris, l'Auteur; A. Kœnig,* 1808, in-8, 3 fr.

— Choix de différents morceaux de littérature allemande, en vers et en prose, avec la traduction française. *Paris, Drissonnier,* 1798, in-12.

— Choix de poésies allemandes, à l'usage des Français. *Paris,* 1798, in-12.

— Deux (les) frères, comédie en quatre actes, imitée de l'allemand, de KOTZEBUE, et arrangée pour la scène française. *Paris, Barba,* an IX (1801), in-8, 1 fr. 50 c.

Avec MM. L.-F. Jauffret et J. Patrat.

— Honneur et indigence, ou le Divorce par amour, drame en trois actes et en prose, imité de l'allemand, de KOTZEBUE. 1803, in-8.

Avec Patrat.

— Théâtre de KOTZEBUE, trad. de l'allem. (1799). Voy. KOTZEBUE.

Weiss, en outre, a coopéré à la traduction du Code général pour les États prussiens (1801).

WEISS (Charles), l'un de nos plus savants, consciencieux, infatigables, et en même temps l'un de nos modestes historiens littéraires, surnommé pourtant par M. J.-V. Leclerc (1) « l'Atlas de ce monde biographique », le principal auteur de la Biographie universelle, dite d'abord *de Michaud,* du nom de son libraire-éditeur, mais à laquelle le monde littéraire a substitué, avec raison, le nom de M. Weiss, auteur des deux tiers de l'ouvrage, est né le 15 janvier 1779, à Besançon (Doubs). Fort jeune, il cultiva la poésie, et notre époque compterait un poëte distingué de plus, si les lauriers poétiques avaient pu assurer une existence à une bonne mère, et à des nièces chéries; comme il ne devait pas en être ainsi, M. Weiss dut résister à ses goûts, sans néanmoins les sacrifier entièrement, car la poésie a fait non-seulement les délassements, mais encore les délices de toute sa vie. Sa part dans des *Essais littéraires,* par une société de jeunes gens, et quelques travaux sérieux le firent admettre, dès 1807, à l'Académie de Besançon, à laquelle il a lu, depuis cette époque jusqu'à ce jour, plusieurs *pièces de vers,* des *dissertations, mémoires* et *notices biographiques,* qui, pour la plupart, ont été imprimés dans les recueils annuels que publie cette académie. En 1812, il fut nommé conservateur-administrateur de la bibliothèque de sa ville natale, et, comme tel, il ne tarda pas à se faire connaître comme l'un des bibliothécaires les plus érudits de la France, même parmi les plus érudits. Ses profondes connais-

____

(1) Dans un très-bon article sur la dernière livraison de la « Biographie universelle », inséré dans le « Journal des Débats », du 23 décembre 1828.

sances en histoire littéraire le firent rechercher des frères Michaud, lorsqu'ils con-
çurent le projet de l'œuvre colossale qu'ils
ont publiée sous le titre de Biographie universelle. Son précieux concours leur fut
acquis, et dès-lors M. Weiss devint le collaborateur le plus actif, le collaborateur
indispensable de cette grande entreprise.
Le nombre des articles qu'il a fourni à ce
recueil biographique est incalculable. Si les
articles d'un intérêt de troisième ordre dé-
passent de beaucoup en quantité ceux très-
importants, qui, nonobstant, se trouvent
en assez grand nombre, il ne faut point,
comme quelques esprits chagrins, venir
jeter à la face de M. Weiss le reproche de
remplissage (1). Pour justifier son titre, la
Biographie universelle devait non-seulement
donner des notices sur les célébrités de
tous les temps et de tous les lieux, mais
encore sur les quasi célébrités, et jusque
sur les hommes utiles. Le mérite de cette
vaste galerie biographique n'est pas d'a-
voir présenté l'analyse, ou la substance
de dix ou vingt notices, éloges, biographies, existant déjà sur de mêmes personnages! mais d'offrir une série assez nombreuse d'articles que l'injustice et l'ignorance avaient fait omettre dans les travaux
précédents du même genre. La Biographie
de M. Weiss, toute universelle qu'elle soit
intitulée, n'a malheureusement pas su toujours éviter les reproches que nous adres-
sons à ses devancières, et bon nombre de
noms historiques et littéraires, appartenant
même à la France, y sont omis (2). La
France littéraire a déjà fourni aux auteurs
du Supplément les moyens de réparer ses
omissions. Les savants et consciencieux
travaux de Weiss lui valurent, le 20 janvier
1832, le titre de correspondant de l'Académie royale des inscriptions et belles-
lettres, en remplacement de M. Rever, mort
dès le 12 novembre 1828; il avait été auparavant décoré de la légion d'honneur. Plus
tard, il a été nommé par le ministre de
l'instruction publique, président de la commission chargée de la publication des «Papiers d'État du cardinal de Grandvelle». En
tête du premier volume, il a placé une Notice intéressante et très-étendue sur cette importante collection dont il a paru jusqu'à ce
jour deux volumes (Paris, de l'impr. roy.,
1841 et ann. suiv., in-4). Dans ces derniers temps, on a présenté, comme publiée
sous la direction de M. Weiss, une Biographie universelle en 6 vol. in-8 compactes,
qui n'est autre qu'une nouvelle édition du
« Dictionnaire historique, ou Biographi-

---

(1) D'après ces critiques maladifs le nom de
M. Weiss ne devrait point figurer ici, car, jusqu'à
présent, il n'a publié aucun ouvrage proprement
dit; mais les critiques chagrins, malades, dont
nous venons de parler, ne s'apercevraient point, si
nous ne prenions la peine de le leur indiquer, que
notre livre n'est point un « Manuel du libraire et de
l'amateur de livres », mais bien une Statistique de
la France intellectuelle, depuis 1700, à laquelle
nous avons ajouté, dans l'intérêt des personnes
qui, par goût ou par position, s'occupent de livres,
le plus d'informations possibles. Avant tout, elle devait être complète : d'ailleurs ce n'est pas à nous, qui
nous rangeons parmi les modestes bibliographes,
qu'appartient de juger d'une manière tranchée si le
gros bagage composé de nombreuses productions,
formant de gros volumes, doit avoir la préférence
sur un mince opuscule d'un homme plein d'avenir
en littérature. Notre question est là : *To be, or not
to be.* Combien de gens en littérature ont débuté par
de très-faibles productions, et qui n'en sont pas moins
arrivés avec le temps, et par leur propre mérite, à
prendre place parmi les immortels.... au moins de
l'Institut. C'est la meilleure censure de cette accusation de remplissage, jetée inconsidérément. Nos
neveux, pour peu qu'ils s'occupent un peu moins
de cette politique qui gangrène tout, et un peu plus
d'histoire littéraire, sauront gré à M. Weiss de ne
s'être pas exclusivement occupé de personnages célèbres et fameux, et d'être souvent descendu jusqu'à
l'homme honorable, utile, resté ignoré avant lui.
L'auteur de la « France littéraire et de la Littérature
française contemporaine » partagera, peut-être aussi,
cette honorable distinction. Car petit poisson devint
grand; et, avant la fin du XIXe siècle, combien
d'hommes qui, comme écrivains, n'étaient pas à
leurs débuts *connu de leurs plus proches voisins,* seront
devenus, sinon des célébrités, au moins des académiciens; tandis que d'autres, qui, dès leur apparition en littérature, avaient rêvé la postérité, seront
restés sur la route. Nos deux ouvrages, sauf quelques erreurs inévitables, seront de bons renseignements, car ils ont été faits la main sur la conscience
quand même !... sans préoccupation d'argent, ni d'a-
venir, et sans camaraderie aucune.

---

(2) Ainsi, parmi quelques centaines d'articles
dont nous avons remarqué l'omission, sans jamais en signaler, nous citerons un nom qui précède
de peu de pages celui de M. Weiss : celui de *Waroquier de Combles,* généalogiste du XVIIIe siècle,
qui, n'étant pas dans la Biographie universelle,
n'a été compris dans aucune de celles faites depuis,
qui ont servilement suivi sa nomenclature.

Voici, du reste, une opinion écrite qui pourrait
être accompagnée de mille autres qui ne l'ont pas
été, et qui vient appuyer la nôtre. Nous la tirons
des « Mélanges biographiques et littéraires pour
servir à l'histoire de Lyon », par M*** (Breghot du
Lut), Lyon, 1828, in-8. Page 420 de ce volume,
l'érudit auteur y signale l'apparition du Le volume
de la Biographie universelle, et dit, entre autres :
« Nous avons déjà, dans un autre article, exprimé
« nos regrets de ce que les rédacteurs avaient omis
« beaucoup de personnages du second et même du
« troisième ordre, parce que c'est, en effet, pour y
« puiser les notions dont on a besoin sur ces per-
« sonnages, que l'on consulte plus ordinairement
« les Dictionnaires historiques : ce qui concerne les
« grands écrivains, les hommes célèbres de pre-
« mière classe, est généralement connu et se trouve
« partout ».

universelle classique », par le général Beau-vais , et par une société de gens de lettres, revu et augmenté pour la partie bibliogra-phique, par A.-A. Barbier, et, depuis sa mort, par son fils aîné, Louis Barbier, sous-bibliothécaire du Louvre (1825 et ann. suiv.). Nous savons d'une manière bien positive que cette édition est due, ainsi que ses additions, à M. Viancin, avocat et poëte, membre résident de l'Académie de Besançon (un peu aidé de M. Gousset, aujourd'hui archevêque de Reims, et de M. Perenès, si l'on en juge par l'esprit de certains articles), et que la part de M. Weiss dans cette publication c'est d'avoir con-seillé et surveillé son principal éditeur. Si les frontispices de cette nouvelle édition ont rappelé en quoi que ce soit le nom du bi-bliothécaire de Besançon, c'est que M. Weiss, recherché de tout ce qui écrit en histoire littéraire et en biographie, est le véritable La Fontaine de l'histoire littéraire , et qu'il s'est laissé enlacer dans des liens de bienveillance. Les amis des lettres atten-dent avec impatience la publication de divers ouvrages de M. Weiss, qui tous ont rapport à l'histoire de sa province. En première ligne, on doit citer une *Vie de Gilbert Cousin*, tableau littéraire de la Franche-Comté au temps de cet homme célèbre, qui fut le restaurateur des lettres dans cette province , ouvrage auquel l'au-teur travaille depuis longues années ; une *Histoire de l'imprimerie dans la Franche-Comté* , un vol. in-8 , qu'il doit prochai-nement livrer à l'impression ; une *Bio-graghie franc-comtoise*, formée des ar-ticles sur les hommes célèbres de cette pro-vince, fournis à la Biographie universelle , aux Mémoires de l'Académie de Besançon, et d'une partie inédite.—Nous ne connais-sons de M. Weiss, imprimé séparément , que les trois ouvrages suivants :

— Catalogue des livres (d'architecture) de la bibliothèque de M. Pâris ; précédé d'une Notice sur la vie de cet architecte, et suivi de la description de son cabinet. *Be-sançon, Déis* , 1821, in-8.

— * Essais littéraires, par une société de jeunes gens (MM. Ch. Nodier, Ch. Weiss, Compaguy, Baud et Monnot). *Besançon* , sans date, in-12.

Tirés à cinquante exempl.

— Noëls (anc.) franc-comtois. *Besançon* , *Déis*, 25 déc. 1841.

Cités par M. Marmier, dans son article intitulé :

« De la Poésie populaire », impr. dans le t. XXXVI de la Revue de Paris , page 265 , décembre 1841.

WEISS , ancien curé à Thann.
— Inconséquences (les) et les conséquences dévoilées devant le tribunal de l'opinion publique, ou le Refus de la rétractation justifié par l'appel porté à ce tribunal , de la conduite des vicaires-généraux de Stras-bourg envers les prêtres dits constitution-nels de ce diocèse. *Belfort, Clerc*, 1819, in-8 , 1 fr. 50 c.

WEISS (V.). — Canton (le) de Berne, divisé en districts. *Berne*, 1830, une feuille in-plano.

WEISS (W.). — Dialecte (le) d'Aix-la-Chapelle.—Dictionnaire d'idiotismes, suivi d'un appendice. *Aix-la-Chapelle* , 1836, in-12.

WEISS (Charles). — Hugonis de sancto Victore methodus mystica. Dissertatio phi-losophica , etc. *Argentorati , ex typ. V. Berger-Levrault*, 1839, in-8 de 72 pag.
Thèse.

WEISS DE LA RICHERIE. — Atlas politique de la France, sa législation , ses fastes militaires, depuis 1789 jusqu'au règne de Charles X , avec les antécédents , depuis 1774. (En douze tableaux). *Paris, Bossange père ; Treuttel et Würtz*, 1828, in-folio plano , 48 fr.
— * Fruits (les) de l'entendement, ou Guide moral par la recherche de la nature des êtres ; précédé de Sagesse et folie, ou les Rêves de l'imagination. *Paris, Bossange père ; Rey et Gravier ; l'Auteur*, 1824, in-8 , 5 fr. 50 c.

WEISSE (Christian-Félix), mort à Leip-zig , le 15 octobre 1804 , à 79 ans.
— Correspondance d'une petite famille, imitée de l'allem. de Weisse, par J. LA CHAISE. *Leipzig, Crusius*, 1799, 4 vol.in-8 .

WEISSENBACH (Jos.-Ant.). — Vie du bienheureux Nicolas de Flue, trad. de l'allemand. *Einsidlen*, 1794, in-8.

WEISSENBRUCH, l'un des éditeurs de l'Esprit des journaux français et étrangers ·(1794-1818).

WEISSENTHURM (Jeanne-FRANUL DE) née GRUENBERG, artiste d'un des théâtres impériaux de Vienne, le Théâtre de la Cour.

— Dernière (la) ressource , comédie en quatre actes et en prose , imitée de l'allemand par H. JOUFFROY. *Leipzig, et Paris, Brockhaus et Avenarius ,* 1838 , in-8 , 2 fr.

Les OEuvres dramatiques (*Schauspiele*) de cette dame ont été imprimées à Vienne en 1810, en six volumes, qui contiennent vingt-et-une pièces, parmi lesquelles plusieurs sont traduites du français, sans que l'astiste ait toujours pris le soin de nommer leurs auteurs.

WEISSHAUPT (Adam). — Discours philosophique sur les frayeurs de la mort; trad. de l'allm. *Hambourg ,* 1789 , in-12.

WEITENAUER (Ignace). — Lexicon biblicum in quo explicantur Vulgatæ et phrases quæcumque propter linguæ hebraicæ græcæque peregrinitatem injicere moram legenti possunt, etc. *Avenione, typ. Seguin,* 1835 , in-12.
— Syntagma quo facilior pateat aditus ad sacrorum bibliorum intelligentiam et annalium ecclesiasticorum notitiam , complectens artificiosa saneque perutilia opera duo. 1, Introductio ad sacram scripturam et compendium historiæ ecclesiasticæ; 2, Lexicon biblicum WEITENAUERI. *Avenione, typ. Seguin,* 1836, in-8, 6 fr.

WEITENKAMPF. — Principes philosophiques de consolation , trad. de l'allemand par A.-C. C. (And.-Ch. CAILLEAU) ; suivis d'un extrait de la Consolation de la philosophie, de BOECE. *Paris, Cailleau,* 1778, 2 vol. in-12.

WEITZEN (Quint.). — Traité des avaries; trad. du latin. *Amsterdam,* 1703, in-12.

WELCKER (A.). — Système métrique. *Paris , de l'impr. lithogr. de Houbloup ,* 1840, in-plano d'une feuille.

WELD (Isaac). — Voyage au Canada , de 1795 à 1797; trad. de l'anglais. *Paris, Lepetit jeune,* an VIII (1800), 3 vol. in-8 , avec onze planches, 12 fr.
— Voyage de Dublin à Londres dans un bateau à vapeur; trad. de l'anglais. *Genève, et Paris, Paschoud,* ...., in-8, 1 fr.

WELLEKENS (Charles), à Liége, l'un des inspecteurs des machines à vapeur, dans le voisinage de Liége; ingénieur des mines, et chef de service dans le cinquième district; auteur d'un mémoire sur le septième district des mines , inséré dans le Dictionnaire géographique de la province de Liége, publié par M. Ph. Vandermaelen, en 1830, et d'un État des machines à vapeur en activité dans la partie de l'arrondissement judiciaire de Liége , située à la rive gauche de la Meuse, inséré dans le Recueil de documents statistiques, publié en 1833 par l'Établissement géographique de Bruxelles. — Tableaux statistiques des mines de houille de la province de Liége, pour 1828 , dans le même recueil.

WELLER (C.-H.), médecin oculiste de Dresde.
— Traité théorique et pratique des maladies des yeux, trad. de l'allemand sur la troisième édition, par J.-F. REISTER , augmenté de notes par L. JALLAT, docteur en médecine. *Paris, Villeret,* 1828, 2 vol. in-8 , 14 fr.

En tête du premier volume est une *Bibliographie ophtalmologique.* Cette bibliographie est divisée en 2 classes : I. Ouvrages qui traitent des maladies de l'œil en général. II. Monographie sur la maladie des yeux. Elle comprend environ 450 articles rangés, dans chaque classe, par ordre chronologique. Le plus ancien est de 1497; le plus moderne, de 1825.

WELLESLEY (W. L.). — Un mot aux Belges. *Bruxelles , Méline ,* 1839 , in-8 de 125 pages, 3 fr. — Deuxième mot aux Belges. *Bruxelles , le même,* 1840 , in-8 , 3 fr.

WELLINGTON (le marquis de WELLESLEY, duc de), feld-maréchal anglais.
— Dépêches du duc de Wellington pendant ses campagnes. (Trad. de l'angl.).

Impr. dans la Revue des Deux-Mondes, t. XIX de la IVe série.

— Recueil des principales pièces de la correspondance du feld-maréchal duc de WELLINGTON, pendant les dernières guerres, par le colonel GURWOOD. Traduit de l'anglais; et suivi d'un résumé historique, publié par J. CORRÉARD. Tome Ier. Prem. livr. *Paris, Corréard,* 1840, in-8.

L'ouvrage original intitulé : the Dispatches of field marshal the duke of Wellington during his various compaigns, forme 12 gros volumes in-8. L'Index forme un 13e volume. On ne sait encore ce que formera de volumes la traduction.
On trouve une Notice sur ce personnage fameux dans la « Revue des Deux-Mondes », IVe série, tome XII.

WELLOZO OLIVEIRA. — Discours (trois) prononcés dans le cercle de morale universelle de l'Élysée, fondé par madame la sultane d'Eldir, princesse d'origine mogole. *Paris, de l'imp. de Malteste*, 1838, in-8 de 24 pag.

WELLS (Hélène). — Constantia Néville, ou la jeune Américaine; trad. de l'anglais par BAILLIO. *Paris*, 1802, 5 vol. in-12 , 7 fr. 50 c.

WELLS. — Traité d'astronomie, de chronologie et de gnomonique; trad. de l'anglais par M.-Ant. EIDOUS. In-12.

WELLS (W.-Ch.).— Essai sur la Rosée et sur divers phénomènes qui ont des rapports avec elle; trad. de l'anglais par A.-J. TORDEUX. *Paris, Crochard*, 1817, in-8, 4 fr.

WELTER (Guill.). — Observations et réflexions sur le tétanos traumatique, et sur l'emploi du cautère actuel dans le traitement de cette maladie, etc. *Strasbourg, de l'impr. de Levrault*, 1815, in-4 de 24 pag.

WELTHEIM (de). Voy. TREBRA.

WELZ (G. de). — Saggio su i mezzi da moltiplicare prontemente le richezze della Sicilia. *Parigi, dai torchi di F. Didot*, 1822, in-4.

WEMAER (Eugène), médecin à Bruges, auteur de diverses observations de médecine, imprimées dans le Bulletin médical belge, dans l'Encyclographie des sciences médicales, et autres recueils de la Belgique.

WENCKEBACH (W.), un des trois rédacteurs du « Bulletin des sciences physiques et naturelles en Néerlande » publié en français à Rotterdam.

WENDEL (de), député de la Moselle. — Opinion sur la loi proposée par le ministre des finances pour la continuation du monopole. *Paris, de l'impr. de Le Normant*, 1819, in-8 de 16 pages.

WENDEL-WURTZ. Voy. WURTZ.

WENDER. — Essai sur les pollutions produites par la masturbation chez les hommes. *La Flèche, Voglet*, 1811, in-8 de 36 pages.

WENDROEK (pseudonyme de P. Nicole). Voy. PASCAL.

WENVES ou WEUVES. Voy. WEUVES.

WENZEL (Chr.-Fr.). — * Catalogue des tableaux de la galerie électorale de Dresde. *Dresde*, 1761, in-4.
    Avec J.-A. Ridel.

WENZEL (Joseph), docteur en médecine et en chirurgie, professeur d'anatomie et de physiologie à l'école de Mayence, membre de l'académie Joséphine de Vienne, etc.
— Observations sur le cervelet, et sur les diverses parties du cerveau dans les épileptiques. Par Jos. Wenzel; publiées, après sa mort, par son frère et collaborateur, Charles Wenzel, médecin, etc., ornées de cinq planches, dont les dessins ont été faits d'après nature; trad. de l'allemand, par M. BRETON. *Paris, J.-E. Gabriel Dufour et comp.*, 1811, in-8 , avec planches , 6 fr.

WENZEL (le baron de), médecin oculiste à Paris, membre de l'Académie roy. de médecine.
— Manuel de l'oculiste, ou Dictionnaire ophtalmologique. *Paris*, 1808, 2 vol. in-8, figures, 12 fr.
— Traité de la cataracte. *Paris*, 1806, in-8 , 4 fr.

WENZEL (T... J.), fleuriste à Paris.
— Mémoire présenté à l'Assemblée nationale en faveur de l'établissement d'une manufacture des végétaux artificiels rédigé par C.-F. JAUFFRET. 1790, et 1796, in-8.

WENZYK (Fr.), auteur tragique polonais.
— Glinsky, tragédie.
. Traduite dans les Chefs-d'œuvre des Théâtres étrangers.

WERCHOUF (mademoiselle Stéphanie), alors âgée de quinze ans, élève de M. Galimard, professeur de grammaire , d'écriture, d'arithmétique.
— Vélocifère grammatical, ou la Langue française et l'orthographe apprises en chantant; ouvrage élémentaire unique dans son genre, mis en vaudeville. Première édition, suivie de l'Arithmétique des dames; ouvrage simplifié et à la portée des personnes les moins intelligentes. *Paris, Le Normant*, 1806, in-12 de 96 pages, 2 fr. 50 c.

WERDET père. — Cahier complet d'écriture, en soixante-douze modèles , contenant les cinq genres. *Paris, Hachette*, 1840 , in-8 , oblong.
— Calligraphie métrique. Manuel d'écriture cursive française, où les principes sont démontrés mathématiquement. Sec. édition. *Paris, Hachette*, 1838, in-8 oblong de 6 pages.

—Raccordateur (le). (Principes de calligraphie, réduits à leur plus simple.expression). *Paris, chez tous les libraires,* 1838, 14 tableaux imprimés en taille douce.

WERMANE (H.). — * De la dernière représentation du « Mariage de Figaro » au Théâtre-Français, ou Histoire de ses mutilations. *Paris,* 1820, in-8 de 18 pages.

M. H. Wermane, en outre, est l'éditeur de quelques Mandements de M. de BOULOGNE. (Voy. ce nom).

WERNE. — Parfait (le) maréchal expert moderne. Traité complet du cheval, etc. *Paris, L.-L. Lefèvre,* 1839, in-12, avec une grav., 2 fr.

WERNER (Abraham-Gh.), professeur de minéralogie, conseiller des mines de Saxe.
— Théorie (nouvelle) de la formation des filons. Application de cette théorie à l'exploitation des mines, particulièrement de celle de Freyberg. Nouv. édition, trad. de l'allem. par J.-F. DAUBUISSON, revue et augmentée d'un grand nombre de notes, dont plusieurs ont été fournies par l'auteur. *Paris, et Strasbourg,* 1803, in-8, 4 fr.
— Principes de minéralogie, trad. de l'allemand par BERGHEM et H. STRUVE....
— Traité des caractères extérieurs des fossiles ; traduit de l'allemand (par mademoiselle PICARDET, depuis madame GUYTON-MORVEAU). *Dijon, et Paris,* 1790, in-8.

WERNER (Frédéric-Louis-Zacharie), auteur tragique allemand, d'abord ministre protestant, et depuis prêtre catholique.
— Cour (la) de Valentinien en 494. Dialogue traduit de l'allemand.

Imprimé dans la Revue de Paris, tome XXI, 1830.

Deux tragédies de lui : *Luther* et *le Vingt-quatre février* ont été traduites en français pour les Chefs-d'œuvres des théâtres étrangers, publiés par Ladvocat.

Son Théâtre a été imprimé à Vienne en 1813, en 5 vol. in-8.

WERNER (W.-G.), pseudon. Voy. PORTHMANN.

WERNER (Paul). — Projet d'un démembrement total de la France, constaté par le témoignage public des apôtres du cabinet prussien. *Paris, veuve Agasse,* 1815, in-8 de 32 pag.

WERNER (C.-J.), peintre d'histoire naturelle à Paris.
—Atlas des oiseaux d'Europe, pour servir

de complément au Manuel d'ornithologie de M. Temminck. *Paris, l'Auteur; Belin,* 1826 et ann. suiv., in-8.

Cet ouvrage avait été promis en 55 livraisons ; mais la dernière publiée, en 1834, est la 31e.

Chaque livraison a coûté par souscription : sans texte, figures noires, 3 fr., et fig. color., 6 fr.; — avec texte, figures noires, sur pap vélin, 3 fr. 50 c., et avec les fig. color., 6 fr. 50 c.

WERNER (Callixte). — Inez. *Paris, Serigné,* 1838, 2 vol. in-8, 15 fr.

WERNER (Hans), pseudon. Voy. J. JANIN.

WERPEN (le P. Ch.), jésuite liégeois du XVIIe siècle.
— Strenæ Norbertæ, élégie latine, avec une traduction en vers français en regard (par M. l'abbé L'ÉCUY). *Paris, de l'impr. de madame Huzard,* 1827, in-8 de 16 pages.

L'original, composé de 130 vers, a été imprimé à la tête d'un poëme du même auteur sur la Madeleine, *Magdalena pœnitens, exulans et amans* (Liège, 1667, in-12).

La traduction de M. L'Écuy est en 164 vers.

WERTHEIM (L.). — De l'eau froide appliquée au traitement des maladies, ou de l'Hydrothérapeutique ; suivie de remarques sur l'emploi des bains et des lotions dans l'enfance. *Paris, Cousin,* 1840, in-8 de 108 pages, 2 fr.

WERTHES (Fr.-Aug.-Clément). — * Aventures (les) d'Édouard Bomston, pour servir de suite à la « Nouvelle Héloïse » (traduites de l'allemand par G.-H. SEIGNEUX, de Lausanne). *Lausanne, et Paris, Lavillette,* 1789, in-8 de 240 pag., avec fig., 3 fr.

L'Épitre dédicatoire du traducteur est signée de S..... Ersch, dans le troisième volume de la « France littéraire », Hambourg, 1798, in-8, attribue, à tort, cette traduction à madame Marie-Élisabeth de Polier, chanoinesse.

L'original allemand parut, sous le voile de l'anonyme, à Altenbourg, en 1782, sous le titre de *Begebenheiten Eduard Bomstons in Italien, ein Roman in Briefen.* Pet. in-8.

WERY. — Alphabet du catholique, contenant diverses prières. *Soissons, madame Lamy-Leullier,* 1838, in-12 de 36 pages.
— Résumé grammatical, ou Éléments de la grammaire française. Sec. édition. *Paris, Saintin,* 1838, in-12 ; ou *Paris, Hachette,* 1839, in-12, 1 fr. 25 c.

WESLEY. — Médecine primitive, ou Recueil de remèdes choisis et éprouvés par

des expériences constantes. Trad. de l'angl.
sur la treizième édition (par J.-M. BRUYS-
SET). *Lyon, Bruysset*, 1772, in-12.

WESLEY (John). — Jeûne (le). Sermon
trad. de l'anglais. *Paris, Rissler*, 1832,
in-12 de 24 pag.
— Vingt-neuf Sermons. *Lille, Leleux, et
Paris, Rissler,* 1834-37, 2 vol. in-8, 9 fr.

Ces Sermons ont été publiés séparément par ca-
biers de 12 à 16 pages, à 15 c.
Voy. Rich. WATSON.

WESMAEL (Constantin), naturaliste
belge, professeur d'histoire naturelle à l'A-
thénée de Bruxelles, de zoologie et de
géologie à l'École royale vétérinaire et d'a-
griculture de la même ville, membre de
l'Académie royale des sciences et belles-
lettres de Bruxelles, de la commission administrative du Musée d'histoire naturelle,
du conseil d'administration de la Société
pour l'intruction primaire et populaire, et
du jury d'examen pour l'enseignement supérieur ; né à Bruxelles.
— Monographie des braconides de la Belgique. *Bruxelles, Hayez*, 1835-37, 2 part.
in-4, avec figures, 10 fr.

Cette Monographie, publiée en deux mémoires,
est extraite du recueil de l'Académie de Bruxelles.

— Monographie des odynères de la Belgique. *Bruxelles, Hauman et Cie*, 1833,
in-8, fig., 3 fr.

L'auteur a donné, en 1836, un Suplément à cet
ouvrage dans les Bulletins de l'Académie de Bruxelles , n° 2.
On a encore de M. Wesmael : 1° un Mémoire sur
un nouveau genre de Brachelytres, impr. dans le Recueil encyclopédique belge, tome Ier, 2e livraison,
1833 ; — 2° une Revue des Coléoptères carnassiers
de la Belgique, présentée à l'Academie : — 3° la
Description d'une nouvelle espèce de quadrumane ;
4° des Observations sur les espèces du genre Sphé-
code ; — 5° une Notice sur un nouveau genre de
Coléoptères xylophages : ces trois derniers Mémoires
sont imprimés dans les Bulletins de l'Académie,
ann. 1835, n. 7, 8 et 9.

WESSENBERG (de), vicaire-général
du diocèse de Constance.
— * Considérations sur l'état actuel de
l'instruction publique du clergé catholique
en France et en Allemagne ; par un ancien
grand-vicaire. *Zurich, Orell*, 1812, in-8,
1 fr.

WEST (le chevalier Gilbert). — Observations sur l'histoire et sur les preuves
de la résurrection de Jésus-Christ, trad. de
l'anglais (par l'abbé Ant. GUÉNÉE). *Paris,
Tilliard*, 1757, in-12.
— Religion (la) chrétienne démontrée, etc.
Voy. G. LYTTLETON.

WEST (mistriss). — Histoire de la famille Glainville, ou les Effets de l'éducation ; trad. de l'anglais, par mademoiselle
..... *Paris, Fain et comp.*, 1805, 3
vol. in-12, 5 fr.
— Sidney, comte d'Avondel ; trad. de
l'anglais, par le traducteur d'Ida, du Missionnaire et de Glorwina (M. DUBUC). *Paris, Nicolle*, 1813, 4 vol. in-12, 10 fr.

WEST, D. M.—Introduction à l'étude
de la physiologie. *Paris , de l'impr. de Duverger*, 1831, in-4 de 36 pag.
—Maladies (des) inflammatoires des femmes
en couches. *Paris, Béchet jeune; Compère*,
1825, in-8, 2 fr.

WEST (C.), un des rédacteurs de la
« Revue britannique », commencée en 1825,
et de quelques journaux, entre autres du
« Droit », dans lequel il a fourni *les Prisons de l'Autriche. Une visite au Spilberg*,
en deux articles : le premier dans le numéro du 26 avril, et le second dans celui
des 27 et 28 mai.

WEST (Guillaume van), professeur de
langues à Saint-Trond (Belgique).
— Grammaire belge, réformant, d'après
les principes généraux de la parole, le système de la grammaire flamande. *Saint-
Trond*, 1836.

M. van West a en manuscrit un *Dictionnaire flamand-français et français-flamand*.

WEST (Gustave). — Un homme entre
deux femmes. *Paris, Desessart*, 1836,
in-8, 7 fr. 50 c.

WETSTEIN (R.).— Histoire véritable
et secrète des vies et des règnes de tous les
rois et reines d'Angleterre, depuis Guillaume Ier jusqu'à la fin du règne de la
reine Anne. Trad. de l'angl. par R. WET-
STEIN. *Amsterdam, Wetstein*, ..., vol.
in-12.
Catal. mss. de la Biblioth. roy.

WESTENDORP (Gérard-Daniel), chirurgien-accoucheur à Bruxelles ; né à La
Haye.
On trouve de lui, dans les Bulletins de l'Académie des sciences de Bruxelles : Notice sur une nouvelle espèce de Paludine (ann. 1835, n° 9), et une
autre, sur une nouvelle espèce d'Épilobium (1836,
n° 8.).

WESTER. — Soirées du château du
Rheinveld, ou Entretiens d'un père de
famille sur l'histoire de notre patrie (la
Belgique) ; imité du hollandais, par T.-C

Roud. *Leyde, Deventer et Groningue*, 1822, in-8, 2 fr.

WESTREENEN VAN TIELANDT (le baron W.-H.-J. van).

— Rapport sur les recherches relatives à l'invention première et à l'usage le plus ancien de l'imprimerie stéréotype, faites à la demande du gouvernement. (En français et en hollandais). *La Haye, de l'impr. de l'État*, 1833, in-8 de 61 pag., avec plusieurs fac-simile, 4 fr.50 c.

— Recherches sur la langue nationale de la majeure partie du royaume des Pays-Bas. *La Haye*, 1830, in-8.

— Recherches sur l'ancien forum Hadriani et ses vestiges, près de La Haye. *Amsterdam, et La Haye, les frères Vanleb*, 1827, in-16 de 16 pag., avec une carte.

M. le baron de Westreenen est aussi auteur de quelques ouvrages écrits en hollandais, tels que ceux-ci : *La Haye au treizième siècle, d'après un ancien dessein* (La Haye, 1804, in-8); *Mémoire sur l'invention de l'imprimerie en Hollande* (La Haye, 1809, in-8).

WEITE (W.-M.-L.).

— Épreuve (de l') des esprits. Sermon trad. de l'allem. *Bâle, Neukirch*, 1822, in-8.

— Predict uber ev. Johannis, 18, 36; gehalten in Mulhausen am 14 october 1832. *Mulhausen, gedruckt bey Rissler*, 1833, in-8 de 16 pag.

WETZEL (Jean-Charles).

— * Tableau de l'Allemagne et de la littérature allemande, par un Anglais, à Berlin, pour ses amis, à Londres. (Trad. de l'allemand de Dik, libraire à Leipzig, et de J.-Ch. Wetzel, par Huber le fils). 1782, in-8.

WETZEL (J.), peintre de paysages, Suisse.

— Chute (la) du Rhin, représentée en deux feuilles; dessinées d'après nature par J. Wetzel, gravées par Hurlimann, et coloriées, avec texte. In-folio, 21 fr.

— Voyage pittoresque au lac de Côme, représenté en quinze vues, dessinées d'après nature par J. Wetzel, gravées par Hegi, Hurlimann, etc., coloriées ; accompagné de texte. *Zurich, Orell et comp.*, ..., in-folio, 150 fr.

On peut se procurer les feuilles séparées à 12 fr., savoir : 1. Ripa. 2. Domaso. 3. Gravedona. 4. Musso. 5. Menaggio. 6. Hauteur de Menaggio. G. Villa Somariva. 8. Villa Melzi. 9. Villa Serbelloni. 10. Isola St. Giovani. 11. Villa Pliniana. 12. Faubourg de Vico. 13. Palazzo al Ulmo. 14. Côme. 15. Lecco.

— Voyage pittoresque au lac de Wald-stetten, ou des quatre cantons, représenté en dix vues, gravées par Fr. Hégi, avec texte descriptif. *Zurich, Orell et comp.*, 1817, gr. in-folio, figures coloriées, 100 fr.

On peut se procurer chaque feuille séparément, à 12 fr. l'une, savoir : 1. Vue de Lucerne. 2. de Meggenhorn. 3. de Winkel. 4. d'Alpnach. 5. de Stanzstad. 6. de Beckenried. 7. de Garsau. 8. de Brunnen, vers le canton d'Uri. 9. de Brunnen, vers le canton d'Unterwalden. 10. de Fluelen.

— Voyage pittoresque au lac de Génève ou Leman, représenté en dix vues, dessinées d'après nature par J. Wetzel, gravées par Fr. Hegi, et coloriées, avec texte. *Zurich, Orell et comp.*, ..., in-folio, 100 fr.

On peut aussi s'en procurer chaque feuille séparément, à 12 fr. l'une, savoir : 1. Vue de Genève. 2. de Nyon. 3. de Morges. 4. de Lausanne. 5. de Glerolle et de Saint-Saphorin. 6. de Vevey. 7. de Montreux. 8. du château de Chillon, vers Vevey. 9. de Saint-Gingoulph sur la grande route du Simplon. 10. de Thonon vers Genève.

— Voyage pittoresque aux lacs de Thoune, Brienz, Lungern et Sarnen, dessiné par J.-J. Wetzel, gravé par Fr. Hegi. *Zurich, Orell et comp.*, 1827, gr. in-folio, avec treize planches, 128 fr.

— Voyage pittoresque aux lacs de Zurich, Zoug, Lowertz, Egeri, Wallenstadt, représenté en dix vues, dessinées par J. Wetzel, gravées par Hegi, et coloriées, avec texte. *Zurich, Orell et comp.*, 18.., in-folio, 100 fr.

Les vues que renferme ce volume peuvent être acquises séparément, à raison de 12 fr. l'une, savoir: 1. Vue prise de Zurich. 2. prise de Zurichhorn. 3. de Richterschweil. 4. de Rapperschweil. 5. de Zoug. 6. d'Arth. 7. de Lowertz. 8. d'Egeri. 9. de Wésen. 10. de Wallenstadt.

— Voyage pittoresque aux lacs Majeur et de Lugano, représenté en quinze vues, dessinées par J. Wetzel, gravées par M. Rordorf, et coloriées ; accompagnées de texte. *Zurich, Orell et comp.*, ..., in-folio, 150 fr.

Chaque feuille séparée, à 12 fr., savoir : 1. Vue de Locarno. 2. de Luvino. 3. Laveno. 4. Intra. 5. l'Isola San Giovanni ou Isolino. 6. Baveno. 7. les iles Boromées. 8. l'Isola Bella. 9. Stressa. 10. la statue de saint Charles Borromé, près d'Arona. 11. Lugano, vis-à-vis du San Salvador. 12. Lugano, au pied du San Salvador. 13. San Martino, vers la baie de Porlezzo. 14. Bissone vis-à-vis Melide. 15. Maroggio.

WETZELL (madame), traductrice.

— Joueuse (la petite) de Luth, suivie des Cerises ; trad. de l'allemand du chanoine

Schmid. *Paris , Langlumé et Peltier ,* 1836, ou 1839, in-18 , 75 c.

WEUSTENRAAD (Théodore), avocat avant la révolution belge de 1830 , aujourd'hui auditeur militaire de la province de Liége , secrétaire général de la Société pour l'encouragement de l'instruction élémentaire dans la province de Liége , secrétaire-général de l'association pour l'encouragement et le développement de la littérature en Belgique , etc.; né à Maestricht, le 9 novembre 1806.

— Chants de réveil. (Poésies). *Liége,* 1832 , in-18.

— La Ruelle , ou le Banquet de Warfusée , drame en cinq actes. *Liége ,* 1835 , in-8.

Cet épisode des Annales du pays de Liége a parfaitement réussi.

M. Weustenraad , en outre , est collaborateur de la « Revue belge », et rédacteur en chef du journal « le Politique ».

WEUVES ou WENVES le jeune, négociant.

— Réflexions historiques et politiques sur le commerce de la France avec les colonies de l'Amérique. *Genève, et Paris, Cellot,* 1780 , in-8.

WEY (Francis). — Enfans (les) du marquis de Ganges, ou les Expiations. *Paris, Levavasseur ,* 1838 , in-8, 7 fr. 50 c.

M. Wey est l'un des onze auteurs de l'ouvrage publié sous le titre : *une Arabesque* (1840 , 2 vol. in-8); il a fourni des feuilletons à divers journaux, et quelques types aux Français peints par eux-mêmes : nous connaissons de lui, entre autres, celui de *l'Ami des artistes* (dans le tome II).

WEYER (Syl. van de). Voy. Wande-weyer.

WEYLAND (G.), de Weimar, médecin.

— Traité sur le choléra asiatique, offrant l'histoire de cette maladie, ainsi que les moyens de s'en préserver et de s'en guérir. *Paris, l'Auteur; Heideloff et comp.,* 1831, in-8 , 3 fr. 50c.

WEYLAND (A.-N.). — Tableau historique de la vie d'Abeilard et d'Héloïse. *Metz, de l'impr. de Verronnais,* 1840 , in-8 de 104 pages, avec une grav.

Extrait du tome V de l'Austrasie (1839).

WEYROTHER (Maximilien de), écuyer en chef de l'école espagnole.

— Embouchure (de l') du cheval, ou Méthode pour trouver la meilleure forme de mors , d'après les proportions et les prin-

cipes les plus simples de l'embouchure du cheval; suivi de la description d'une bride qui empêche le cheval de se cabrer. Trad. par un officier français sur la seconde édition. *Paris, Anselin,* 1828, in-8, avec deux planches, 2 fr.

— Utile (l') à tout le monde, ou le Parfait écuyer militaire et de campagne. *Bruxelles, J.-J. Boucherie,* 1768 , 2 vol. in-8.

WEZEL. — * Hermann et Ulrique, trad. de l'allem. (par L.-H. Delamarre). *Paris, Lavillette,* 1792, 2 vol. in-12.

WEZEL (Joseph-Lambert), docteur ès-sciences, professeur de mathématiques supérieures à l'Athénée d'Anvers, membre du conseil d'administration de l'École de navigation et de la Société des sciences, lettres et arts de la même ville; né à Wavre, le 26 juin 1802.

— Algèbre élémentaire. *Louvain, Van Linthout et Vandenzande ,* 1839 , in-8.

— Traité de Géométrie élémentaire. *Louvain, Van Linthout et Vandenzande,* 1833-34 , 2 vol. in-8.

La première partie de cet ouvrage , qui contient la géométrie plane et la trigonométrie rectiligne, a paru en 1833; la seconde partie, qui comprend la géométrie à trois dimensions et la trigonométrie sphérique, a paru en 1834.

M. Wezel, en outre, est auteur des deux Mémoires suivants : Exposition des principes de l'analyse indéterminée du second degré (en latin); dissertation couronnée en 1822 par l'Université de Liége , et insérée dans ses annales. — Des polyèdres réguliers inscrits et circonscrits à l'exoctaèdre et à l'icosidodécaèdre (en latin); dissertation couronnée par l'Université de Louvain , et insérée dans ses annales, en 1823.

WHATELY (Th.). — Art (l') de former des jardins modernes , ou l'Art des jardins anglais; traduit de l'anglais (de Th. Whately, par Latapie), avec un Discours préliminaire du traducteur, des notes, le plan et la description des jardins de Stowe. *Paris, C.-A. Jombert,* 1771, in-8 , avec une planche, 7 fr.

WHATELY. — Traité pratique de la gonorrhée virulente dans l'homme ; trad. de l'anglais , par Ph. Mouton. *Paris, Gabon ,* an XII (1804), in-8.

WHATELY, archevêque de Dublin.

— Doutes historiques relatifs à Napoléon Bonaparte ; trad. de l'anglais sur la quatrième édition. *Paris, les march. de nouv.,* 1833 , in-8 de 72 pag. , 1 fr. 25.

WHATLEY (Estienne). — Notes sur

l'Abrégé historique du recueil des actes publics d'Angleterre (de Rymer), par de Rapin Thoyras. *La Haye, Gosse*, 1733, 2 vol. in-4.

WHEATCROFT (F.), professeur. — Méthode de langue anglaise. *Paris, Lance*, 1830, in-12, 3 fr.

WHELER (Georges), écuyer.—Voyage de Dalmatie, de Grèce et du Levant, trad. de l'anglais. *La Haye, Rutgert Alberts*, 1723, 2 vol. in-12.

La première édition de la traduction française est de Lyon, 1678, 3 vol. in-12,
Wheler eut pour compagnon de voyage le savant Spon.

WHITE (William).—Recherches sur la nature et les moyens curatifs de la phthisie pulmonaire; trad. de l'anglais par A.-A. TARDY, avec notes et planches. *Paris, Théoph. Barrois*, 1795, in-8.

WHITE (Charles), membre du collége de chirurgie de Londres, et chirurgien de l'hôpital de Manchester.
— Avis aux femmes enceintes et en couches, ou Traité des moyens de prévenir et de guérir les maladies qui les affligent dans ces deux états; trad. de l'anglais; et augmenté d'un Traité sur l'allaitement maternel; par M...., docteur en médecine. *Paris, Vincent*, 1774, in-12 de xxiv et 408 pages, avec 2 planches.

WHITE (John), chirurgien.
— Voyage à la Nouvelle-Galles du Sud, à Botany-Bay et au port Jackson, en 1787-89; trad. de l'angl., avec des notes, par M.-Ch.-Jos. POUGENS. *Paris*, 1795, et an VI (1798), in-8, fig.

WHITE (James). — Mémoire sur le nouveau système des roues dentées, dont l'action est nécessairement constante. *Paris, Colas*, 1812, in-4 de 28 pag., avec figures, 1 fr. 50 c.

WHITE (J.), ex-vétérinaire des dragons royaux d'Angleterre.
— Abrégé de l'art vétérinaire, ou Description raisonnée des maladies du cheval, et de leur traitement; suivie de l'anatomie et de la physiologie du pied, et des principes de la ferrure; avec des observations sur le régime, la nourriture et l'exercice du cheval, et sur les moyens particuliers d'entretenir en bon état les chevaux de poste et de course; trad. de l'anglais, sur la onzième édition, par H. GERMAIN, annotée

par DELAGUETTE. *Paris, Raynal*, 1823, in-12. — Sec. édition, revue et augmentée de plusieurs notes sur les maladies des bêtes à cornes. *Paris, le même*, 1827, in-12.

Réimpr. de nouveau : Paris, Bourayne, 1835, in-12 ; et Paris, Roret, 1838, in-18, 3 fr. 50 c.

WHITE (Charles), à Bruxelles, ancien officier supérieur attaché à l'état-major des gardes anglaises.
— Histoire de la révolution de la Belgique en 1830; traduite de l'anglais sous les yeux de l'auteur par miss Mary Corr. *Bruxelles, Haumann et comp.*, 1839, 3 gr. vol. in-18, 10 fr.

WHITEFOOT. — Dissertation critique sur les peines de l'enfer.

Traduite (par le baron d'HOLBACH) à la suite d'un autre ouvrage intitulé : l'Enfer détruit. Londres, Amsterdam, M. M. Rey, 1769, in-12.

WHITEHEAD (C.). — Vies et exploits des voleurs de grands chemins, pirates et brigands anglais; trad. par DEFAUCONPRET. *Paris, Bellizard*, 1834, 2 vol. in-8, 16 fr.

WHITWORTH (le lord Charles). — État du commerce de la Grande-Bretagne dans ses importations et exportations progressives, depuis 1697. Trad. de l'anglais. *Paris*, 1777, in-fol.

L'original est de 1776.

WHYTT (Robert). — Essai sur les vertus de l'eau de chaux pour la guérison de la pierre; trad. de l'angl. par Augustin Roux. *Paris*, 1757; *et Paris, Vincent*, 1766, in-12.
— Essais philosophiques, contenant des recherches sur les causes du mouvement des fluides dans les très-petits vaisseaux des animaux, etc.; traduit de l'anglais (par THIÉBAULT). *Paris, Étienne*, 1759, in-12.
— Vapeurs (les) et maladies nerveuses, hypocondriaques ou hystériques, par WHYTT, avec une Exposition anatomique des nerfs, d'Alex. MONRO. Trad. de l'angl. par A.-G. LEBEGUE DE PRESLE. *Paris, Vincent*, 1767, 2 vol. in-12.
— Le même ouvrage, sous ce titre : Traité des maladies nerveuses, hypocondriaques et hystériques; trad. de l'angl., auquel on a joint un extrait d'un ouvrage anglais du même auteur sur les mouvements vitaux et involontaires des animaux, servant d'In-

troduction à celui-ci. *Paris, Didot jeune,* 1777, 2 vol. in-12, 5 fr.

WIART (Henri), jurisconsulte.
— Monde (le) social, ou le Bienfait de la religion ; ouvrage utile aux instituteurs, etc. 1802, in-8.

WICAR (J.-B.), peintre ; né à Lille, mort le 27 février 1834.
—Tableaux, statues, bas-reliefs et camées de la galerie de Florence et du palais Pitti, dessinés par VICAR, peintre, et gravés sous la direction de L.-J. MASQUELIER, graveur; avec les explications, par MONGEZ. *Paris, Masquelier; Aillaud,* 1789-1821, 50 livraisons, formant 3 volumes in-fol.

Quarante-huit livraisons avaient été publiées en 1813 ; les deux dernières n'ont paru qu'en 1821.
Le prix de chaque livraison par souscription était de 24 fr., et avec les gravures avant la lettre, 48 fr.
On trouve une Notice sur cet artiste dans le Biographe et le Nécrologe réunis, tome Ier, page 93.

WICARD (L.-Aug.). — Essai sur l'orthographe des sons applicable aux mots à difficultés de la langue française, etc. *Paris, Bailleul,* 1819, in-12, 2 fr.
— Grammaire française simplifiée.... *Paris, Brunot-Labbe,* 1811, in-12.
—Grammaire latine, contenant : 1° l'idéologie des mots et de leur lexigraphie; 2° un traité du genre de tous les substantifs latins ; 3° un tableau synoptique de tous les verbes réguliers distribués en cinq classes, pour la formation de tous leurs temps formels; 4° la syntaxe générale, ou concordance de la langue française avec la langue latine, 5° la syntaxe particulière, ou disconvenance de la langue française avec la langue latine; 6° des principes de la construction directe, et sur la construction usuelle des mots latins, sur leur quotité, leur arrangement et leur choix; 7° un traité de la quantité des mots latins. *Paris, Brunot-Labbe; Rouen, Barré,* 1812, in-12.

WICHERLEY, auteur dramatique anglais.
— Femme (la) de campagne, comédie.

Traduite en français, et imprimée à la suite d'une Lettre sur le théâtre anglais (par Du Bocage), 1752, 2 vol. in-12.

WICHMANN (Ernest), prem. médecin du roi d'Angleterre, à Hanovre.
— Dissertation sur la pollution diurne involontaire; trad. du latin et augm. de notes par E. SAINTE MARIE. *Lyon, Reymann,* 1817, in-8, 4 fr.

WICQUEFORT (Joachim, ou selon d'autres, Abraham), diplomate, écrivain du XVIIe siècle. Le cardinal Mazarin, en 1659, fit mettre Wicquefort à la Bastille, à cause de Mémoires qu'il publiait contre lui. L'électeur de Brandebourg le réclama, et il sortit au bout de quelques semaines. De là il passa en Hollande en qualité de résident du duc de Neubourg. Il y fut accusé de prendre de tous côtés; les États le firent arrêter, et, quoique M. de Neubourg le réclama, il fut condamé à une prison perpétnelle, à La Haye, d'où il se sauva au bout d'un an, et par le secours de sa fille. Il passa chez les ducs de Brunswick, où il mourut en 1681, à Wolfenbutel. Il était ennemi du prince d'Orange.
— Ambassade (l') de D. Garcias de Silva FIGUEROA en Perse ; trad. de l'espagnol. *Paris,* 1667, in-4.
— Ambassadeur et ses fonctions. *Cologne, Pierre Marteau,* 1715, 2 vol. in-12.

La première édition est de La Haye, Maur.-Geo. Veneur, 1682, 2 vol. in-4. Une autre édition du XVIIe siècle, sur les frontispices de laquelle on lit : *dernière édition, augmentée,* fut publiée à Cologne, chez P. Marteau, en 1690, 2 vol. in-4.

— Le même ouvrage. Nouv. édition, augmentée d'un Traité du juge compétent des ambassadeurs, écrit en latin par M. de BYNKERSHOEK, et traduit en français par J. BARBEYRAC. *La Haye, T. Johnson,* 1724, 3 vol. in-4.

Édition réimprimée en 1730 et 1746, 2 vol. in-4.

— *Avis fidèle aux véritables Hollandais, touchant les cruautés inouies commises par les Français dans les villages de Bodegrave et de Swammerdam. (Hollande),* 1673, in-4, figures de Romain de Hooge.
— *Discours historique de l'élection de l'Empereur, et des électeurs de l'Empire. Paris, Courbé,* 1658, in-4 ; — *Rouen,* 1711, in-12.
—Epistolæ ad Gasp. Barlœum, cum hujus Responsis, lat. et gallicè. *Amstelodami, G. Gallet,* 1696, in-12 ; — *Ultrajecti ad Rhen.,* 1712, in-12.
— Histoire de l'établissement de la république des Provinces-Unies. *Londres,* 1749, 3 vol. in-fol.
— * Mémoires touchant les ambassadeurs et les ministres publics; par L. M. P. (le ministre prisonnier). *La Haye, Steucker,* 1677, in-8; ou *Cologne,* 1678, in-12 ; —et *Cologne,* 1679, 2 vol. in-12.

Il a paru dans la même année : Réflexions sur les Mémoires pour les ambassadeurs, et Réponse au ministre prisonnier (par GALARDI). Ville-Franche, P. Petit, 1677, in-12. — Ces Réflexions ont été réimprimées dans le Traité de l'ambassadeur de Wicquefort, 2 et 3 vol. in-4.

— Relation de Siam, de Jer. van ULIET; traduite du flamand. *Paris*, 1663, in-4.

— * Relation du voyage de Moscovie, Tartarie et Perse, trad. de l'allem. d'OLEARIUS, par L. R. D. B. (le résident de Brandebourg, c'est-à-dire de Wicquefort). *Paris*, 1656-59, 2 vol. in-4.

— La même. Augmentée dans cette édition de plus d'un tiers, et particulièrement d'une seconde partie, contenant le Voyage de Jean-Albert de MENDELSO, aux Indes-Orientales; trad. de l'allemand. *Paris, J. Dupuis*, 1666, 2 vol. in-4; ou *Paris, Ant. Dezallier*, 1679, 2 vol. in-4.

— Voyage très-curieux et très-renommé fait en Moscovie, Tartarie et Perse, en 1633, par Adam OLEARIUS, suivi du Voyage fait de Perse aux Indes-Orientales, par J.-A. de MENDELSO, dans lesquels on trouve une Description curieuse et exacte des pays et des États par où ils ont passé, tels que la Livonie, la Moscovie, la Tartarie, la Médie, la Perse, l'Indostan; des royaumes de Siam, du Japon, de la Chine, du Congo, etc., ainsi que sur les usages, les mœurs, la manière de vivre, les coutumes, etc., de leur habitants. Traduit de l'original (allemand), et augmenté par de WICQUEFORT. Avec des cartes géographiques, des plans, et des gravures représentant les usages, costumes, etc. Nouvelles éditions. *Leyde*, 1719, ou *La Haye* (*Amsterdam, Le Cène*, 1727, et *Amsterdam*, 1737, 4 tomes en 2 vol. in-fol.

Ces deux ouvrages, assez estimés, ne doivent pas être séparés : 20 à 30 fr. Vendus en gr. papier, 75 à 80 fr.

La première édition, que nous avons précédemment citée, ne contenait pas le Voyage de Mendelso.

— * Relation du voyage de Perse et des Indes-Orientales; traduites de l'anglais de Thomas HERBERT (par de WICQUEFORT), avec les Révolutions du royaume de Siam, en 1648; traduites du flamand (par le même de WICQUEFORT). *Paris, Dupuis*, 1663, in-4

—Thuanus restitutus, sive Silloge locorum variorum in historiâ ill. V. Jacobi Augusti Thuani hactenus desideratorum. Item Francisci Guicciardini Paralipomena, ex autographo recensita et aucta (edente de Wicquefort). *Amstelodami*, 1663, in-12.

WICQUET D'ORDRE (du). Voy. ORDRE.

WIDEMANN, de Vienne en Autriche.

— Charlemagne au palais des Tuileries dans la nuit du 10 mars. *Paris, de l'impr. de Didot l'aîné*, 1811, in-4 de 16 pag.

— Océanocrates (les) et leurs partisans, ou la Guerre avec la Russie, en 1812. *Paris, P. Didot; Delaunay*, 1812, in-8, 2 fr. 50 c.

WIDMAN (Georges-Rodolphe). — * Histoire (l') prodigieuse et lamentable du docteur J. Fauste, magicien, avec sa mort épouvantable (traduite de l'allemand par Pierre-Victor-Palma GAYET). Nouv. édition. *Cologne, Héritiers de P. Marteau*, 1712, in-12.

La première édition est de Paris, 1603.

WIEBEKING (le chev. Ch.-Frédéric), architecte bavarois distingué.

— Analyse descriptive, historique et raisonnée des monuments de l'antiquité, des édifices les plus remarquables, et des constructions hydrotechniques de l'Italie. *Munich*, 1838, 2 vol. in-4, et deux Atlas in-fol.

— Architecture civile, accompagnée de l'Histoire analytique des édifices anciens et modernes. *Munich, l'Auteur*, 1821-26, 7 vol. in-4, avec un très-grand nombre de planches, 805 fr.—Collection des tables appartenant au septième et dernier volume de l'Architecture civile, théorique et pratique, enrichie de l'Histoire descriptive des édifices anciens et modernes les plus remarquables, et de leurs dessins exacts. *Munich, Finsterlin*, 1831, in-4, sur pap. vélin, avec une planche et un tableau lithographiés, 6 fr. 50 c.

Les cinq premiers volumes de l'ouvrage ne renferment rien moins que 186 planches.

— Description du port près de Lindau, sur le lac de Constance. *Munich, l'Auteur*, 1812, in-fol., avec cinq planches, 8 fr.

— Mémoire sur des ponts suspendus en chaînes de fer, relatifs aux ponts construits dans le dernier temps en Angleterre et en Russie, et lequel servira de complément à l'ouvrage sur l'Architecture civile. Accompagné de huit planches, qui font partie de l'édition française de l'Architecture en sept volumes in-4. *Munich, Franz*, 1832, in-4 de 40 pages, avec huit planches, 20 fr.

— Mémoire sur l'architecture hydraulique, en allemand et en français. *Darmstadt, Stahl*, 1808-12, 6 livr. in-4.

— Mémoires concernant les améliorations.

du port de Venise, l'amélioration des îles nommées Lidi, l'amélioration du cours de la Brenta, du Bacchiglione et des canaux de dessèchement et de navigation entre Venise, Padoue, Vérone et l'Adige; avec un projet d'un port de mer devant Trieste, et la description du port de Nieuwendiep, en Hollande, appuyés sur les recherches locales faites par l'auteur; auquel on a joint la description du port de Cronstadt. *Munich, l'Auteur*, 1810, in-folio, avec quatre planches, 24 fr.

— Traité contenant une partie essentielle de la science de construire les ponts, avec une description de la nouvelle méthode économique de construire les ponts à arches de charpente. (Trad. de l'allem. par le fils de l'auteur). *Munich, l'Auteur*, 1810, in-folio, avec dix-sept grandes planches, 110 fr.

Le chevalier de Wiebeking est auteur d'un assez grand nombre de traités, mémoires et plans. Les sept ouvrages ci-dessus sont les seuls qui aient été publiés ou traduits en français.

WIEDEMANN (J.-C.). — Livre de lecture française, à l'usage de ceux qui ont déjà fait quelques progrès dans la langue française, revu et augmenté d'un Dictionnaire français et hollandais, par S.-J.-M. van Moock. *Zutphen, M.-C.-A. Thième*, 1812, in-12.

— Recueil d'historiettes instructives, morales et amusantes, à l'usage des enfants, accompagné de l'explication allemande des mots et des phrases les plus difficiles en faveur des commençants. *Leipzig, Muller*, 1819, in-8, 1 fr. 25 c.

WIDRICUS, ou WINDRICUS, abbé de S. Apri de Tulle.
— Vie de S. Gérard, traduite du latin, avec des notes historiques, par le P. Benoist, de Toul, capucin. *Toul*, 1700, in-8.

WIEDMANN, ou WEDMANN. Voy. Wedmann.

WIED-NEUWIED (le prince de). Voy. Maximilien.

WIEL (Van der). Voy. Wander Wiel.

WIELAND (Christophe-Martin), poëte et romancier philosophique allemand du dix-huitième siècle, assez heureux imitateur de l'école de Voltaire.
— Abdérites (les), suivis de la Salamandre et de la Statue; trad. de l'allemand par

A.-G. Griffet de La Baume. *Paris*, 1802, 3 vol. in-8, 9 fr., et sur pap. vélin d'Annon., 18 fr.

— Aristippe et quelques-uns de ses contemporains, traduit par H. Coiffier; suivi d'une Notice sur la vie et les ouvrages de Wieland. *Paris, Poignée*, an x (1802), 5 vol. in-8, avec cinq portraits, 17 fr. 50 c. — Sec. édition. *Paris, Hénée*, an x (1802), 5 vol. in-12, avec cinq portraits, 12 fr.

On avait fait en même temps que l'in-8, seulement des trois premiers volumes, une autre édition format in-12, en 4 volumes, avec portr. (7 fr. 50 c.).

—*Aventures (les) merveilleuses de Don Sylvio de Rosalva, par l'auteur de l'Histoire d'Agathon; trad. de l'allem. *Dresde, Walther*, 1769, ou 1772, 2 vol. pet. in-8, 6 fr. 50 c.

— Le même ouvrage, sous ce titre : le Nouveau Don Quichotte, imité de l'allemand par madame d'Ussieux. *Bouillion*, 1770, 4 part. en 2 vol. in-8.

L'original de ce roman porte pour titre : *Der Sieg der Natur ueber die Schwaermerey, oder die Abentheuer des don Sylvio de Rosalba.*
Il existe une édition de la traduction de madame d'Ussieux, intitulée : *les Aventures de Sylvio de Rosalba*, Genève, 1801, in-12, fig.

— Contes comiques, trad. de l'allemand, par M. *** (Juncker). *Francfort, Varentrapp, et Paris, Fétil*, 1771, in-8 de 152 pages.

— Contes de Wieland et du baron de Ramdohr, trad. de l'allemand par M***; suivis de deux contes russes, et d'une anecdote historique. *Paris, Schœll*, 1812, 2 vol. in-12, 4 fr. 50 c.

— Cratès et Hipparque, par Wieland; suivi des Pythagoriciennes, du même auteur; trad. de l'allem. par Vanderbourg. *Paris, Nicolle*, 1818, 2 vol. in-18, 5 fr., et sur pap. vélin, 7 fr. 50 c.

—Dialogues des Dieux, trad. de l'allemand par L. C. D. V. (Duvau). *Zurich, Gessner*, 1796, in-8.

— Endymion, conte comique, suivi du Jugement de Pâris (imitation de Wieland par d'Ussieux). In-8 de 52 pag.

—Grâces (les), et Psyché entre les Grâces; traduites de l'allem. (en prose) par M. Juncker. *Francfort, Varentrapp, et Paris, de Hansy le jeune*, 1771, in-12.

—Histoire d'Agathon, ou Tableau philosophique des mœurs de la Grèce, imité de l'allemand (par Jos.-P. Frénais). *Lausanne (Paris, De Hansy le jeune)*, 1768, 4 part. in-12.

Extrait de l'ouvrage allemand plutôt que traduit, et peu digne d'être lu.

— Le même ouvrage, sous ce titre : Histoire d'un jeune Grec, conte moral; trad. de l'allemand (par BERNARD). *Leyde, et Paris*, 1778 , 2 part. in-8.

— Le même ouvrage, sous ce titre : Histoire d'Agathon, traduction nouvelle et complète faite sur la dernière édition des OEuvres de Wieland ; par l'auteur de Pietro d'Alby et Gianetta (M. PERNAY). *Paris, Maradan*, an x (1802), 3 vol. in-12 , avec gravures, 6 fr.

Dans cette traduction, M. Pernay a abrégé quelques chapitres et supprimé des longueurs.

— Le même ouvrage, sous ce titre : Philoclès, imitation de l'Agathon de Wieland; par M. le préfet des Hautes-Alpes (le bar. J.-C.-F. LADOUCETTE). *Paris, Cretté*, 1806, 2 vol. in-8 , 7 fr. , et sur pap. vélin, 14 fr.

M. Ladoucette a non-seulement changé le nom du héros de Wieland, mais a encore réduit à douze les quinze livres de l'original, éloigné ou resserré les réflexions, les monologues, les entretiens philosophiques, etc. Quant au style, cette imitation est fort supérieure à la traduction.

— Histoire du sage Danischmend, favori du sultan Scha-Gebal , et des trois calenders , ou l'Égoïste et le Philosophe; trad. de l'allem. *Paris, Barez ; Ch. Pougens*, 1800, 2 vol. in-12 , ornés de 7 figures, 4 fr. 50 c. , et un vol. in-8 , 6 fr.

—Mélanges littéraires, politiques, et morceaux inédits de Wieland, trad. de l'allem., et précédés d'un Essai sur la vie et les ouvrages de cet écrivain, par A. LOÈVE-VEIMARS et SAINT-MAURICE. *Paris, Tenon*, 1824, in-8 , 7 fr.

—Miroir (le) d'or, ou les Rois du Chéchian, trad. de l'allem. *Francfort-sur-le-Mein*, 1773 , 4 part. in-8 ; — *Neuchâtel et Berne*, 1774 , 4 part. in-8.

Traduction du roman politique intitulé en allemand : Der Goldenen Spiegel.

—Musarion, ou la Philosophie des Grâces, poëme en trois chants; trad. par J.-J. ROEHDE. *Lausanne*, 1769 , in-8.

— Le même, trad. par JUNCKER. 1770, in-8.

— Le même, trad. par M. de LAVEAUX: *Bâle, Thourneisen ; et Paris, Bleuet père et fils*, 1782, in-8 de 93 pages, avec fig.; —*Kehl*, 1784, in-8; —*Paris, Maradan*, 1788 , in-8; — *Londres*, 1802, in-18; *Paris; Gilbert*, 1808, in-18, avec une gravure.

De ces cinq éditions la première est la seule qui porte le nom du traducteur.

On cite trois autres traducteurs de ce poëme : Blin de Sainmore, en 1781; madame d'Ussieux , et l'abbé Maydieu. Une traduction qui ne nous est pas plus connue que les trois précédentes , a été imprimée dans le tome II de la « Bibliothèque des romans » : c'est , peut-être, celle de l'un des trois écrivains nommés dans cette note.

—Oberon, poëme en xiv chants , traduction libre en rimes octaves (par P.-Fr. de BOATON). *Berlin, C. S. Spener*, 1784, in-8.

—Le même ouvrage , trad. de l'allemand, en vers français, par le comte BORCH. *Leipzig*, 1798 , in-8.

— Le même ouvrage, trad. de l'allemand (en prose) par F.-D. PERNAY. *Paris, Fuchs; Desenne*, 1799, in-12 , 2 fr. 25 c.

— Le même ouvrage, sous le titre d'Oberon, ou Huon de Bordeaux; trad. de l'allem. (par le baron d'HOLBACH fils). *Paris, Clousier*, 1800, in-8. — Sec. édition, entièrement revue et corrigée, et précédée d'une Notice ; par A. LOÈVE-VEIMARS. *Paris, C.-L.-F. Panckoucke*, 1825, in-32, 3 fr.

— Le même ouvrage , sous ce titre : Obeberon, ou Un moment d'oubli, traduction libre de l'allemand, par Ludwig de Sabaroth (ISNARD DE SAINTE-LORETTE). *Paris, Masson*, 1824, 2 vol. in-12,figures, 5 fr.

— Pérégrinus Protée, ou les Dangers de l'enthousiasme ; traduit de l'allemand (par A. LABAUME). *Paris*, 1795 , 2 vol. in-18; 2 fr.

Bonne traduction , mais très-mal imprimée.

— Petite (la) Chronique du royaume de Tatoïaba, traduite de l'allemand. *Paris, Dufart*, an vi (1798); 2 vol. in-12, avec figures , 3 fr.

—Philoclès. Voy. plus haut : « Histoire d'Agathon ».

— Poetische Werke. *Paris, Tétot*, 1839, in-8 , avec portr. , 10 fr.

— Sélim et Sélima, poëme imité de l'allemand par Cl.-Jos. DORAT, suivi du Rêve du musulman , traduit d'un poëte arabe; précédé de Réflexions sur la poésie allemande. *Leipzig, et Paris, Jorry*, 1768, in-8.

Réimprimé en 1769, précédé d'Irza et Marcis, ou l'Ile merveilleuse, de Dorat.

— Socrate ; dialogues traduits de l'allem., par M. WINTERSDED. *Londres, Davies*, 1772, 2 vol. in-12.

— Socrate en délire, ou Dialogues de Diogène à Sinope, traduit de l'allemand, par B. de M. (le comte F. BARBÉ-MARBOIS).

Paris, Delalain, 1772, in-8 ; — *Paris, Rochette*, 1797, in-18.

Cette traduction, dont il y a des contrefaçons de Dresde, 1773, in-8, et d'Amsterdam, 1780, in-8, a encore été réimprimée en 1798, chez Le Vacher, sous le titre de *Socrate fou*, in-12.

— Le même ouvrage, sous ce titre : la Vie, les amours et les aventures de Diogène le cynique, surnommé le Socrate fou, écrites par lui-même; traduites du grec par Wieland, et de l'allemand par le baron de H***. *Paris, Pigoreau*, 1819, in-12, 3 fr.

Même ouvrage que *Socrate en délire*, par un autre traducteur.

— Sympathie (la) des âmes, trad. de l'allemand (par J.-P. FRESNAIS). *Amsterdam, et Paris, De Hansy le jeune*, 1768, in-12.

— Tonneau (le) de Diogène, imité de l'allemand par J.-P. FRESNAIS, avec des remarques et additions de J.-J. REGNAULT-WARIN. *Paris, André*, 1802, 2 vol. in-12, avec figures; 3 fr.

Huber, dans son Choix de littérature allemande (1766, 4 vol. in-12), a donné la traduction de quelques contes de Wieland, *der gepruefte Abraham*, entre autres (t. Ier), ainsi que de quelques-unes de ses *poésies pastorales et odes sacrées*. Peyron, dans ses Jeux de Calliope, 1776, in-8, a donné la traduction de *der verklagte Amor*.
Wieland a été l'éditeur des Mémoires de mademoiselle de Sternheim (trad. de madame de La Roche, par madame de La Fite). La Haye, 1773, 2 vol. in-12.
Sa traduction en vers allemands de plusieurs parties d'HORACE, a été imprimée dans les OEuvres complètes, en six langues, de ce poëte latin, publiées à Lyon, chez Cormon et Blanc, en 1838, in-8.

WIELAND (le chev.), lieutenant-colonel suisse
— * Manuel militaire pour l'instruction des officiers suisses de toutes armes, ou Essai d'un système de défense de la confédération helvétique. Trad. de l'allemand, sous les yeux de l'auteur, par KUENLIN. *Basle, Schweighauser*, 1826, in-8 de xviij et 496 pages, avec une carte et quatre plans, 7 fr.
— Un mot sur les Lettres de Bâle et sur la réponse d'un Génevois. *Bâle, et Genève*, 1821, in-8, 25 c.

WIELAND (F.). — Abrégé d'histoire universelle. Première partie. Histoire de la vie politique, civile et intellectuelle des anciens peuples. *Berlin*, 1837, in-8, 2 fr. 35 c.

WIELHORSKI (le comte de), maître d'hôtel du grand-duc de Lithuanie.

— Essai sur le rétablissement de l'ancienne forme du gouvernement de Pologne. 1775, et 1782, in-8.

WIESECKE (Henri), médecin.
— Homœopathie (de l'), Mémoire présenté à MM. les membres de la Cour royale. *Paris, Remmelmann*, 1838, in-8 de 100 pages.
— Influence (de l') pernicieuse des saignées. *Paris, Béchet jeune*, 1837, in-8, 3 fr.
— Parallèle de l'homœopathie et de l'allopathie. Ouvrage adressé à la chambre des députés. Sec. édition. *Paris, Remmelmann*, 1838, in-8 de 96 pag.

Peut-être une nouvelle édition du premier opuscule cité.

WIESECKE (P.). — Plans d'amortissement qui prouvent que la dette française inscrite au grand livre de la dette publique est remboursable sans aucune conversion avant l'expiration des 43 semestres, ou 21 ans $\frac{1}{2}$, avec les seuls moyens et ressources de la caisse d'amortissement. *Paris, de l'impr. de Moessard*, 1840, in-8 de 16 pages, avec un tableau.

WIESENHUETTEN (la baronne Fréd.-Henr.), auteur de quelques romans et de plusieurs ouvrages d'éducation écrits en français; née à Anspach, le 8 octobre 1754, morte le 12 mars 1815.
— * Contes imités de MUSAEUS et d'autres auteurs allemands. *Gotha*, 1810-11, 5 vol. in-12, 9 fr.
— * Élise; par l'auteur du « Journal de Lolotte ». *Metz; et Paris, Ouvrier*, 1801, 2 vol. in-12, 3 fr.
— * Hélène; par madame la bar. de W., auteur du « Journal de Lolotte ». Neuv. édition. *Francfort*, 1800, in-12, 4 fr.

La première édition est de 1797.

— * Historiettes et Conversations à la portée des enfants et à l'usage de la jeunesse; suivie de Lydie (de Gersin). Par madame de W... IVe édition, corrigée. *Leipzig, Kœchly*, 1817, in-8.

La première édition est de Cotta, 1796, in-12. On attribue cet ouvrage à cette dame.
Les *Historiettes et Conversations*, ainsi que *Lydie de Gersin*, qui font partie de ce livre, ont été souvent réimprimés séparément en France, mais à tort sous le nom de Berquin.
Autres éditions, sous le titre suivant:
Historiettes et Conversations à l'usage des enfants qui commencent à épeler, et de ceux qui commencent à lire un peu couramment; nouvelle édition, ornée de 22 vignettes et d'un frontispice. Paris,

A.-A. Renouard, 1805, 3 vol. in-18, 2 fr. 25 c.
Paris, Leprieur, 1805, in-12, 2 fr.
V^e édition. Paris, Leprieur, 1812, in-12, 2 fr.
Paris, Moronval, 1814, in-12, 2 fr.
Paris, Hautcœur et Gayet, 1822, 2 vol. in-18, avec douze gravures, 3 fr.—Sous le nom de Berquin.
Lyon, Périsse, 1828, 1832, in-18.
Amiens, Bourbon-Caron, 1830, 2 part. in-18.
Lille et Paris, Delarue, 1835, in-18, avec quatre gravures lithogr., 75 c.—Sous le nom de Berquin.
Paris, Babeuf, 1836, in-32.—Sous le nom précédent.

— * Journal de Lolotte; par madame la baronne de W. *Francfort*, 1793, 2 vol. in-12, 4 fr.

— * Lydie de Gersin; ou Histoire d'une jeune Anglaise de huit ans, pour servir à l'instruction et à l'amusement des jeunes françaises du même âge. Nouv. édition, ornée de quinze gravures. *Paris, Billois*, 1812, in-18.

Lydie de Gersin fut imprimée pour la première fois avec les *Historiettes et Conversations*, en 1796. Depuis, ce petit ouvrage a été souvent réimprimé séparément, et notamment en France.

Autres éditions :
Lyon, Périsse frères, 1830, 1832, in-18.—Sous le nom de Berquin.
Lille, et Paris, Delarue, 1835, in-18, avec 4 fig. lithogr., 1 fr. 25 c.

— * Mathilde; par l'auteur du « Journal de Lolotte ». *Gotta*, 1803, in-12, avec fig., 2 fr. 50 c.

WIFFEN (J.-H.). — Farewel to Normandy. *Paris, Lefèvre*, 1826, in-fol. de 4 pages.

En stances de douze vers.

WIGMORE (lord), pseudon. Voy. Mortemart-Boisse.

WIGTON, officier écossais. — Lettre sur la campagne de 1778. *Maestricht*, 1784, in-8.

WILBERFORCE (William). — Christianisme (le) des gens du monde, mis en opposition avec le véritable christianisme; traduit de l'angl. par Frossard. *Montauban, Crozilhes*, 1818, 2 vol. in-8, 8 fr.
— Lettre à S. Exc. Monseigneur le prince de Talleyrand Périgord, au sujet de la traite des nègres; trad. de l'angl. *Paris, Treuttel et Wurtz*, 1814, in-8.
— Lettre à l'empereur Alexandre sur la traite des noirs (traduite en français par M. Benjamin La Roche). *Londres*, 1822, in-8.

WILBERT (Alceste), avocat; né à Cambrai.
— Atlas historique et critique de l'organisation politique de la France. *Paris, Benard*, 1829, in-fol. plano de 18 tableaux, 72 fr.

Avec M. Ad. Fliniaux.

— Gardes (des) bourgeoises avant 1789 et des gardes nationales jusqu'en 1829. *Paris, Benard*, 1829, une feuille in-plano.

Avec M. Ad. Fliniaux.

— Lettres (quatre) à M. Le Glay, archiviste du département du Nord, sur la dernière édition de la « Chronique latine de Balderic ». *Cambrai, de l'impr. de Lesne-Daloin*, 1836, petit in-fol. de 20 pag.
— Qu'est-ce que le côté droit? ou Itinéraire du ministère Polignac, tracé par les membres de l'extrême droite, depuis le 14 octobre 1815 jusqu'au 31 juillet 1829. *Paris, Benard*, 1829, in-8, 2 fr.
— Tableau historique et critique des communes françaises, depuis leur établissement jusqu'en 1829. *Paris, Benard*, 1829, in-plano, 4 fr.

Avec M. Ad. Fliniaux, avocat.

WILBOURG (Ch.-Ant.). — Médecine vétérinaire, ou Instruction aux cultivateurs; trad. de l'allemand par G. Moschard. *Berne*, 1785, in-8.

WILCOCK (Th.). — Miel (le) découlant du rocher, qui est Christ, ou Briéve exhortation aux saints et aux pécheurs; trad. de l'angl. Nouv. édition. *Valence, Marc-Aurel*, 1821, in-16 de 64 pag.

WILD (Marquard). — Apologie pour la vieille cité d'Avenche ou *Aventicum* en Suisse, au canton de Berne, et située dans une des quatre contrées ou départements de l'Helvétie, appelée Urbigène; opposée au Traité mis au jour par l'auteur de la découverte de la ville d'Antre, qui, par une hétérodoxie en fait d'histoire toute pure, et contre la foi historique, tant ancienne que moderne, déplace et établit Aventicum sur les ruines de la ville d'Antre, en Franche-Comté. *Berne*, 1710, in-8.

Les continuateurs de la « Bibliothèque historique de la France » attribuent, avec raison, cet ouvrage à Marquard Wild, d'après une note manuscrite de M. Haller fils.

On avait déjà sur le même sujet : la Découverte de la ville d'Antre en Franche-Comté, avec des Questions curieuses pour éclaircir l'histoire de cette province (par Pierre-Joseph Dunod, jésuite. Paris, 1697, in-12 de 23 pages.—Découverte entière de la ville d'Antre en Franche-Comté, les Méprises des auteurs de la critique d'Antre, avec la notice de la province des Sequanois, rétablie par la Découverte de la ville d'Antre (par Pierre-Joseph Dunod, jésuite). *Amsterdam*, 1709, in-8.

WILD. — Voyage dans les colonies du milieu de l'Amérique septentrionale, par WILD, avec des Observations sur l'état des colonies, par André BURNABY. Traduit. *Lausanne*, 1778, in-12.

WILD (François-Samuel), intendant des mines à Bex, dans le canton de Berne; né à Berne, mort en 1802.

— Dieu et raison, ouvrage dédié à tous les hommes, mais surtout aux Français, aux Suisses et aux Cisalpins. 1798.

— Essai sur la montagne salifère du gouvernement d'Aigle, située dans le canton de Berne. *Genève, Manget*, 1788, in-8.

— * Recueil concernant les mines de sel et les salines, particulièrement celles du canton de Berne. *Berne*, 1792, in-8.

WILD ou WYLD (W.). — Voyage pittoresque dans la régence d'Alger, pendant l'année 1833; par MM. LESSORE et WILD, publié et imprimé par Ch. Motte. *Paris, Ch. Motte*, 1834-35, in-fol. de 50 planches, 100 fr.

L'ouvrage a paru en cinq livraisons, à 20 fr.

WILDMANN (Th.). — Guide complet pour le gouvernement des abeilles pendant toute l'année; trad. de l'angl. par SCHWARTZ. *Amsterdam, van Hareweld*, 1774, in-8, figures.

WILDRICK. — Recherches sérieuses et plaisantes sur la question : Si les causes de la petite vérole, la rougeole, du cours de ventre, etc., doivent être attribuées..... *Amsterdam, Keyser*, 1781, in-8.

WILHELM (le P. Jean-Baptiste), jésuite ; né à Monthureux en Lorraine, au mois de mars 1700, mort vers l'année 1763.

— Histoire abrégée des ducs de Lorraine, depuis Gérard d'Alsace jusqu'à François III. *Nanci, Franç. Midon*, 1735, in-8.

WILHELM (Gottl.-Tobie). — Récréations tirées de l'histoire naturelle; traduites de l'allemand, par le traducteur du « Socrate rustique » (par J.-R. FREY DE LANDRES). Classe des insectes. *Bâle, Haag, et Paris, Kœnig*, 1799-1800, six cahiers in-8, avec 48 planches coloriées.

WILHELM (B.), directeur de l'école modèle de chant élémentaire, à Paris.

— Choix de mélodies des psaumes, rhythmées et disposées à trois parties pour voix égales ou inégales, pour le consistoire de l'église réformée de Paris. Nouvelle rédaction. *Paris, de l'imp. de Duverger*, 1836, in-12 de 48 pages.

— Choix (nouv.) de mélodies des psaumes rhythmées et disposées à trois parties (voix égales et inégales). Pour le consistoire réformé de Paris. *Paris, de l'impr. de Duverger*, 1836, in-12 de 168 pag. — IVe édition. *Paris, Risler*, 1838, in-12 de 500 pages, 4 fr.

— Guide de la méthode élémentaire et analytique de musique et de chant, adopté par la Société d'instruction élémentaire, ou Instruction propre à diriger le professeur ou le moniteur général de chant, dans l'emploi des tableaux de la méthode rédigée conformément aux principes et aux procédés de l'enseignement mutuel, et d'une application facile dans les institutions de tous les degrés. *Paris, Louis Colas*, 1821-23, in-8, avec tableaux. — IIIe édition. *Paris, Hachette*, 1834, in-8 de 100 pag., 1 fr.

La première édition, beaucoup plus volumineuse, a paru ainsi : Première et secondes classes. 1821—22, 2 cah. ensemble de 124 pages, plus un tableau imprimé ; — II et III classes, 1822 ; — IV. classe, 1823, in-8, avec la quatrième livraison des tableaux, 29 feuilles in-folio, gravées, et 16 pages de musique in-8, gravées ; — V classe, 1823, in-8 de 16 pages ; — VII et VIII classes, 1823, in-8 de 26 pages.

— Le même ouvrage, sous ce titre : Guide complet, ou Instructions pour l'emploi simultané des tableaux de lecture musicale et de chant élémentaire. IVe édition. *Paris, Hachette*, 1839, in-8, 1 fr. 50 c.

— Complément du Guide de la méthode. *Paris, Hachette*, 1835, in-8 de 64 pages, 50 c.

— Méthode de B. Wilhelm. Manuel musical, comprenant, pour tous les modes d'enseignement, le texte et la musique en partition des tableaux de la méthode de lecture musicale et de chant élémentaire. Sec. édition. *Paris, Perrotin; Dufour*, 1839-40, in-8.

Publiée en quinze livraisons, dont huit pour le premier cours (5 fr.) et sept pour le second (4 fr.).

— Méthode élémentaire et analytique de musique. *Paris, L. Colas*, 1827, in-folio de 24 pages.

— Orphéon. Répertoire de musique vocale sans accompagnement, à l'usage des jeunes élèves et des adultes, composé de pièces inédites et de morceaux choisis, à voix seule et à plusieurs parties. *Paris, Hachette; L. Colas*, 1837, 3 vol. in-8, 18 fr.

— Psaumes (les) de David, tout en musique, suivis de Cantiques sacrés. *Paris, Marc Aurel*, 1840, in-12, 4 fr.

On a fait disparaître un assez grand nombre de mots surannés, de locutions vieillies.

— Tableaux (nouv.) de lecture musicale et de chant élémentaire, avec le Guide et le Complément du Guide de la méthode. *Paris, Hachette*, 1834, in-fol., 7 fr. 50 c.; — ou *Paris, le même*, 1835, in-fol., 6 fr.

WILHELM (N.-V.). — Corps (du) des sapeurs-pompiers, ou Mémoires sur l'organisation et le service de ce corps. *Dijon, V. Lagier*, 1823, in-8 de 80 pages.
— Traité (nouveau) élémentaire sur l'art de l'équitation. *Dijon, Vict. Lagier; et Paris, madame Huzard*, 1821, 3 vol. in-8, avec six planches, 21 fr.

WILHELM (J.-B.). — Esprit de la charte française. *Paris, de l'impr. d'Éverat*, 1839, in-plano d'une feuille.

WILHELMI (Ch.), pasteur. — Anciens (les) tombeaux germaniques à Sinsheim, près de Heidelberg, grand-duché de Bade; leur ouverture, et description des antiquités qu'on y a trouvées. Extrait de l'ouvrage allemand. Avec quatre tables de figures lithographiées. Suivi de la description des monuments romains découverts à l'Odenwald, et déposés dans le cabinet d'antiques à Erbach; accompagné d'un guide dans l'Odenwald. A l'usage des voyageurs et des antiquaires. *Heidelberg, Engelmann*, 1831, gr. in-8 de 84 pages, avec cinq planches in-fol., 8 fr.

WILHELMINE, de Prusse (la princesse Frédérique-Sophie). — Mémoires (ses). IIIe édition. *Paris, Buisson*, 1811, 2 vol. in-8, 9 fr. — IVe édition. *Paris, Delaunay*, 1813, 2 vol. in-8, 9 fr.

WILHORGNE (C.).—Cenerentola (la), ou Cendrillon, opéra-buffa en quatre actes, paroles de C. Wilborgne, musique de Rossini, arrangée par M. Della Porta. *Rouen, impr. lith. de Surville*, 1836, in-4 de 60 pages.

Tiré à 30 exemplaires.

WILIBALD (Alexis). — Cabanis, ou la Guerre de sept ans, roman historique allemand. *Paris, Ch. Gosselin*, 1834, 2 vol. in-8, 15 fr.

WILICH (Ch.). — Lois nationales et réglements du royaume de Hanovre, et particulièrement des principautés de Colenberg, de Gottingue et de Grubenhagen, en extraits, par ordre alphabétique. Sec. édition. *Gottingue*, 1825, 3 vol. in-4.

WILKES (John). — * Essai sur la femme, en trois épîtres; traduit de l'angl. *Londres, imprimé pour l'auteur* (1763), in-8 de 40 pages.

Le fameux J. Wilkes fut jugé coupable par la cour du ban du roi d'avoir imprimé et publié ce poëme licencieux, auquel il avait joint, dans une autre édition que celle-ci, des notes impies sous le nom de Warburton, évêque de Glocester. Cette édition d'un poëme qui fit beaucoup de bruit en Angleterre, présente en regard de l'anglais une traduction française, qui, à en juger par le style, ne peut être que l'ouvrage d'un Anglais. Il est à présumer qu'elle a été faite par Wilkes lui-même, ou par son ami Churchill, auquel le fougueux écrivain s'adresse dès son début, en le désignant par la lettre C.
Les ministres anglais (lord Halifax et lord Egremont), qui en voulaient à l'auteur, firent saisir chez lui cet ouvrage comme obscène; mais ils furent condamnés à quatre mille louis de dommages et intérêts pour avoir violé la liberté et propriété de M. Wilkes, en lui prenant son livre. *(Note de Barbier)*.

WILKIE. — Fablier (le) anglais, fables choisies de J. Gay, Moore, Wilkie, etc.; traduit en français, avec le texte anglais; précédé de la prosodie et de la versification anglaise. Par AMAR DU RIVIER. *Paris, Debray*, 1802, in-8.

WILKIN (C.-J.). — Abrégé de la grammaire anglaise. *Paris, Baudry*, 1837, in-12 de 60 pages.

WILKINS, orientaliste anglais, mort en 1836, à qui l'on doit une version anglaise du « Baghuat-Gueta », sur laquelle M. Parraud en a donné une traduction française, en 1787.

WILKINSON (W.). — esq., ancien consul général d'Angleterre à Bucharest.
— Tableau historique, géographique et politique de la Moldavie et de la Valachie; trad. de l'anglais (par M. DEZOS, de la Roquette); augmenté des principaux traités entre la Russie et la Porte-Ottomane. *Paris, Boucher*, 1821, in-8, 5 fr. — Sec. édition, à laquelle on a joint : 1° les principaux traités entre la Russie et la Porte-Ottomane, et notamment ceux de Kaïnardgik (1774), d'Yassi (1792), et de Bucka-

rest (1812) ; 2° un sened ou acte d'engagement relatif à l'administration des finances de la Moldavie et de la Valachie ; 3° un commandement impérial renfermant les règlements rendus à différentes époques par le ministère ottoman, sur le gouvernement intérieur des deux provinces ; 4° le chapitre II d'un ouvrage inédit de M. le comte d'Hauterive, membre de l'Académie des inscriptions et belles-lettres, où l'on trouve des renseignements nouveaux et curieux sur quelques usages des habitans de la Moldavie et sur l'idiôme moldave. *Paris, Michaud; Delaunay*, 1824, in-8, 5 fr.

La seconde édition porte le nom du traducteur.

WILL (P.). Voy. KOTZEBUE.

WILLAN. — Abrégé pratique des maladies de la peau, trad. de l'anglais par BATEMAN. *Paris, Plancher*, 1820, in-8, 6 fr.

WILLARD, ministre protestant. — Croyance religieuse des Baptistes, justifiée par quelques-uns des principaux passages de l'écriture qui s'y rapportent et en sont le fondement. *Paris, Risler*, 1836, in-8 de 28 pages.

Avec MM. Sheldon et Wilmarth, autres ministres protestans.

WILLAUME (Ambroise-Mathis-Louis), ancien chirurgien principal des armées françaises en Espagne, ex-chirurgien en chef de l'hôtel succursal des invalides de Louvain, docteur en médecine de la Faculté de médecine de Paris, chirurgien en chef, premier professeur de l'hôpital d'instruction de Metz, membre de la Société des sciences médicales du département de la Moselle, et correspondant de plusieurs académies et sociétés savantes nationales et étrangères ; né à Metz, le 18 juillet 1772. — Éloge historique de M. Coste, lu à la Société des sciences médicales de la Moselle, en 1821. — Mémoire couronné par la Société des sciences, belles-lettres et arts de Macon en 1812 (sur l'ancienneté des hôpitaux). Voy. PERCY. — Notice physique, médicale et historique sur le climat, le sol et les productions de l'Espagne, considérés particulièrement sous le rapport de leur influence sur les armées étrangères qui y font ou qui y ont fait la guerre. *Paris, Gabon*, 1812, in-8 de 128 pages, 2 fr.

— Notice sur Anuce Foës, lue à la Société des sciences médicales de la Moselle, dans sa séance du 28 novembre 1822. *Metz*, 1823, in-8 de 4 pages. — Recherches biographiques, historiques et médicales sur Ambr. Paré, de Laval. *Épernay, de l'impr. de Warin-Thierry*, 1838, in-8 de 84 pag.

On a, en outre, de M. Wuillaume plusieurs *Mémoires* insérés dans les recueils des sociétés savantes dont il fait partie, et plusieurs *Observations*, insérées dans les Mémoires de médecine, de chirurgie et de pharmacie militaires, publiés par le conseil de santé des armées.

On trouve une Notice sur ce chirurgien dans la Biographie de la Moselle, par M. Begin, tome IV, page 476.

WILLAUMEZ (Jean-Baptiste-Philibert), vice-amiral et pair de France ; né à Belle-Ile-en-Mer, le 7 août 1763. — Dictionnaire de marine. *Paris, Bachelier*, 1820, in-8, avec six planches, 9 fr., et avec 157 pavillons, etc., coloriés, 12 fr. — Nouv. édition. *Paris, de l'impr. de Gaultier-Laguionie*, 1825, in-8, avec sept planches ; — IIIe édition, corrigée et considérablement augmentée. *Paris, de l'impr. de Dupont*, 1831, in-8, avec huit planches, 15 fr., et, avec les 157 pavillons, etc., 18 fr.

On trouve une Notice récente sur le vice-amiral Willaumez dans la « Biographie des hommes du jour », de MM. B. Saint-Edme et G. Sarrut, t. III, 2e part., page 264.

WILLAUMEZ (Étienne-Joseph), capitaine de vaisseau de première classe ; né le 19 mars 1774, mort le 19 février 1817. — Exercices et manœuvres du canon à bord des vaisseaux du roi, et règlement sur le mode d'exercice des officiers et des équipages. Nouv. édition, augmentée de nouvelles manœuvres des deux bords, es de plusieurs tables de pointage, extraitet de « Churueea ». *Paris*, 1815, in-8. —IVe édition, augmentée, etc. *Paris, Bachelier*, 1830, in-8 de 92 pag., 2 fr.

Willaumez a revu, enrichi de notes, et publié, en 1815, la seconde édition du Traité élémentaire de la mâture des vaisseaux, etc., par FORFAIT. Voy. ce nom.

WILLE (J.-G.), graveur. —Variétés de gravures, faites à différentes époques, et terminées en l'an VIII et en l'an IX. *Paris, l'Auteur*, un cahier de vingt planches.

WILLE (P.-Alex.). — Gebet (Vollstandiges) und Tugendbuch, etc. *Strasburg, Leroux*, 1823, in-12.

WILLEBRAND (Jean-Pierre), conseiller et membre du suprême tribunal des appels de la justice et du grand consistoire de S. M. le roi de Danemark et de Norwège, et son directeur de police à Altona.

— Abrégé de la police, accompagné de réflexions sur l'accroissement des villes. *Hambourg, J. Estienne*, 1765, in-8.

La Bibliothèque royale possède un autre ouvrage du même, mais écrit en allemand, intitulé : Instructions historiques et remarques pratiques sur les voyages faits en Allemagne et en d'autres pays. Leipzig, 1769, in-8.

WILLEMAIN D'ABANCOURT. Voy. VILLEMAIN.

WILLEMET (Remi), botaniste et chimiste, avant la révolution, pharmacien, et doyen du collége de pharmacie de Nanci, démonstrateur de chimie et de botanique au même collége; depuis la révolution, professeur d'histoire naturelle et de botanique, directeur du Jardin des plantes de Nanci, membre des académies des sciences, arts et belles-lettres de Lyon, Dijon, Rouen, Bordeaux, Orléans, Arras, Nanci, Mayence, Gottingue, Stockholm, et des curieux de la nature d'Allemagne; associé des Sociétés roy.,électorales, de botanique et de physique de Suède, de Leipzig, de Bâle, de Berne, de Bourghausen; des Sociétés de médecine, d'histoire naturelle, philomatique, galvanique et d'agriculture de Paris, de Toulouse et de Montpellier; de la Société linnéenne, etc., etc.; né à Norroi, près de Pont-à-Mousson, le 3 septembre 1735, mort à Nanci, le 21 juin 1807.

— Catalogus plantarum horti botanici nanceinensis. 1802.

— Essais botaniques, chimiques et pharmaceutiques sur quelques plantes indigènes substituées avec succès à des végétaux exotiques, etc. Couronnés en 1776 à Lyon. *Nanci*, 1778, in-8.

Avec M. Coste.

— Lichénographie économique, ou Histoire des lichens utiles dans la médecine et dans les arts. *Lyon*, 1787, br. in-8.

Ouvrage qui obtint un accessit de l'Académie de Lyon.

Ce Mémoire a été aussi imprimé à la suite de celui de Geo. Fr. Hoffmann (voy. ce nom), qui avait remporté le premier prix.

— Matière médicale indigène. Nouvelle édition, augmentée. *Nanci, Le Clerc*, 1793, in-8.

— Monographie pour servir à l'histoire naturelle et botanique de la famille des plantes étoilées; ouvrage couronné dans la séance publique de l'Académie royale des sciences, arts et belles-lettres de Lyon, le 7 décembre 1790. *Strasbourg, Kœnig*, 1791, in-8.

— * Ornithologie abrégée de la France, contenant les figures et la nomenclature, en un grand nombre de langues, de trente-quatre espèces d'oiseaux gravés en taille-douce. *Neuwied*, 1795, in-4.

— Phytographie économique de la Lorraine, ou Recherches botaniques sur les plantes utiles dans les arts. *Nanci*, 1780, in-8.

Couronné par l'Académie de Nanci.

— Phytographie encyclopédique, ou Flore de l'ancienne Lorraine et des départements circonvoisins. *Nanci*, 1805, 3 vol. in-8, 15 fr.

Après la mort de l'auteur, l'éditeur fit mettre de nouveaux titres à cet ouvrage, lesquels portent : *Phytographie encyclopédique, ou Flore économique,* contenant les lois fondamentales de la botanique; les caractères essentiels des genres et des espèces, avec leurs synonymes ,l' exacte indication des localités, de la station et du sol de la plante ; l'époque de la floraison; le signalement de la couleur de la fleur, son port, sa stature, sa durée et ses variétés; la manière de cultiver les plantes; leurs usages comme comestibles, fourrages, dans les arts et métiers, la décoration des jardins; leurs propriétés et leurs vertus dans la médecine et l'art vétérinaire, avec les doses; les moyens de détruire les insectes avec certaines plantes; le temps propre à recueillir les racines, feuilles et fleurs, etc., etc., terminée par une table des noms français des plantes, des tables latines des genres et des espèces; des synonymes et des noms triviaux. Paris, Brunot-Labbe; Artaud; Maradan ; Caille et Ravier, 1808.

Willemet était, en outre, collaborateur de la partie chimique de «l'Encyclopédie méthodique»; il a fourni une foule d'articles dans différents journaux et recueils d'histoire naturelle, ainsi qu'au Journal de Lorraine et Barrois. Il a laissé en manuscrit une *Biographie et Bibliographie des naturalistes*, en un vol. in-fol.

WILLEMET (Pierre-Remi-François de Paule), fils du précédent, docteur en médecine, l'un des fondateurs de la Société linnéenne de Paris, en 1788; né à Nanci, le 2 avril 1762, mort à Seringapatnam, dans l'Inde, en 1790.

— De frigoris usu medico. *Nanceii*, 1783, in-8 de 23 pages.

— Herbarium Mauritianum, præfatus est A.-L. MILLIN.

Imprimé dans les Annales d'Usteri, Leipzig, 1796.

— Lettre à M. Millin sur la Flore japonaise de Thunberg. In-8 de 14 pages.

Imprimée dans les « Mélanges de littérature étrangère », publiés par Millin, Paris, 1784, in-8.

— Lettre de M. ELLIS à M. Charles de Linné, sur la Dionée attrape-mouche (Dionæa muscipula). Traduite de l'angl. In-4.

En 1787, Willemet publia des Mémoires biographiques sur Linné, traduits de l'anglais de COXE. Il est traducteur de plusieurs volumes des Transactions philosophiques de Londres.

Alb.-L. Millin a donné une notice sur sa vie.

WILLEMIN (N.-X.), archéologue, membre de la Société royale des antiquaires de France et de plusieurs autres sociétés savantes et littéraires; mort en février 1833, âgé de soixante-neuf ans et demi.

— Choix de costumes civils et militaires des peuples de l'antiquité, leurs instruments de musique, leurs meubles et les décorations intérieures de leurs maisons, d'après les monuments antiques, avec un texte tiré des anciens auteurs; dessiné, gravé et dirigé par N.-X. Willemin. *Paris, l'Auteur*, 1798-1802, 2 vol. gr. in-fol., figures.

Cet ouvrage, orné de 180 planches, a été publié en trente livraisons, à 9 fr. chacune; il y a quelques exemplaires en grand papier, qui font suite à la collection du Piranesi; mais ils sont moins chers que les autres, parce que le texte n'y est point joint.

— Collection des plus beaux ouvrages de l'antiquité, statues, bustes, groupes, etc., choisis parmi les monuments des étrusques, des grecs, etc., utile aux études des artistes et des amateurs. *Paris*, 2 vol. in-4 oblongs.

— Monuments de l'antiquité et du moyen âge de la France et de l'Italie; les notices sont de Fd. de SAINT-LÉGER et de plusieurs autres gens de lettres. Première livraison (et unique). *Paris, Willemin; Engelmann*, 1825, in-fol. de six planches, avec texte, 7 fr.

— Monuments français inédits, pour servir à l'histoire des arts, des costumes civils et militaires, armes, armures, instruments de musique, meubles de toute espèce et décorations intérieures et extérieures des maisons; rédigés, dessinés, gravés et coloriés à la main, d'après les originaux, par N.-X. Willemin. Classés chronologiquement, et accompagnés d'un texte historique et descriptif, par André POTTIER. *Paris, l'Auteur; Panckoucke, et Leblanc; Mlle Willemin*, 1806-39, 3 vol. petit in-folio.

Cet ouvrage a été publié en cinquante livraisons de six planches : le prix de souscription était de 12 fr. la livraison.

On peut se procurer le texte séparément, formant 2 volumes. Prix : 18 fr.

On trouve une notice sur N.-X. Willemin par

M. GILBERT, dans les Mémoires de la Société roy. des antiquaires de France, nouvelle série, tome II.

WILLEMIN (J.-A.), de Haguenau. —Essai sur les fumigations sulfureuses, considérées comme moyen thérapeutique; dissertation soutenue à la Faculté de médecine de Strasbourg. *Strasbourg, de l'impr. de Levrault*, 1819, in-4 de 20 pag.

WILLEMIN (Jean-Marc), ancien régent de la première classe du collége académique de Genève; né à Genève, vers 1786.

— Exercices pour la composition latine; disposés dans le même ordre que ceux de la Grammaire de L. Veillard. *Genève*, 1829, in-8.

— Précis de géographie moderne, adopté par l'Académie de Genève, pour l'usage du collége de cette ville. *Genève*, 1825, ou 1836, in-8.

— Réponse à M. le ministre et professeur Jean Humbert, sur son plan d'amélioration pour le collége de Genève. *Genève*, 1827, br. in-8.

WILLEMIN (E. et Ch.).—Prieuré (le) de Morteau, de l'an mil à 1793. Texte et illustrations. *Pontarlier, Laithier*, 1839, n-8, avec neuf planches, 4 fr.

Publié en quatre livraisons.

WILLEMIN DE WALLIER. — Mars mil huit cent quinze. *Paris, Delaunay*, 1815, in-8 de 32 pages.

WILLEMS (Jean-François), receveur de l'enregistrement à Gand, membre de l'Académie royale des sciences et belles-lettres de Bruxelles, de l'Institut des Pays-Bas et de plusieurs autres sociétés savantes ; né à Bouchaut, près d'Anvers.

— Langue (de la) belgique. — Lettre à M. Sylvain Van de Weyer. *Bruxelles, Brest van Kempen*, 1829, in-12, 1 fr. 50 c.

—Population (de la) de quelques villes de la Belgique au moyen âge. *Sans lieu d'impr.* (Bruxelles), ni date, in-8 de 8 pages, 75 c.

M. Willems est auteur de plusieurs ouvrages, mais nous ne connaissons de lui, en français, que ces deux opuscules; ses autres publications sont en flamand.

WILLEQUET (R.). — Grammaire (nouvelle) française, à l'usage des écoles belges, avec l'application des règles à l'histoire de la Belgique. *Gand, Lebrun-Devigne*, 1839, in-12 de 436 pages.

Avec M. A.-F. Guillerez.

WILLERECK (G.-F.). — Faustine et
l'ancien Paris, ou l'Enfant de la chaumière
lancé dans le grand monde; roman criti-
anecdoti-comique, traduit de l'allemand,
par M. Grétry neveu. *Paris, Delacour et
Levallois*, 1809, in-12, 1 fr. 25 c.

WILLERMET (le P. Claude-François),
jésuite; né à Champagnolle, diocèse de
Besançon, le 22 janvier 1726.
— Serenissimi Burgundiorum Ducis Laudatio funebris. Oraison funèbre Mgr le
duc de Bourgogne. 1761, in-8.

WILLERMOZ, nom qui appartient à
une famille de médecins français distingués,
nés à Lyon : Willermoz (Pierre-Jacques),
né en 1735, fut nommé, en 1761, professeur démonstrateur de chimie à l'Université de Montpellier; mais il se démit
de cette chaire en 1763, et revint à Lyon,
où, d'après les conseils de ses amis, il
ouvrit un cours de chimie, qui fut très-
fréquenté. S'étant fait aggréger au collége
(des médecins) de cette ville, il continua
de consacrer aux recherches scientifiques
les loisirs que lui laissait l'exercice de son
art. L'Académie de Lyon s'empressa de
l'admettre dans son sein. Les registres de
cette académie contiennent trois morceaux
inédits de ce médecin. Lié d'une étroite
amitié avec Rozier, il ne fut point étranger à la rédaction du Dictionnaire de ce
célèbre agronome. P.-J. Willermoz mourut
le 26 juin 1791. — Willlermoz (Pierre-
Claude-Catherine), fils du précédent, né le
17 mars 1767, fut l'héritier des talents de
son père, et se disposa de bonne heure à
suivre la même carrière. Reçu docteur à
Montpellier en 1788, sur sa thèse intitulée : *Morborum recidivorum desquisitio
medico-practica, etc.... Pro baccalaurea-
tus gradu consequendo* (Mouspelii, Joan.
Martel natu major, 1788, in-4 de 86 pag.),
l'année suivante, il fut aggrégé au collége de Lyon, et nommé professeur d'anatomie. En 1792, il fut envoyé comme médecin à l'armée du nord; et il remplit ensuite les fonctions de médecin en chef des
armées de la Moselle et d'Italie. Ayant eu
l'autorisation de rentrer dans ses foyers
en 1796, il obtint la place de médecin en
chef de l'Hôtel-Dieu. Il mourut le 12 janvier
1810. Il était membre des académies de Lyon,
de Mantoue, de la Rochelle, d'Orléans,
et d'un grand nombre ds sociétés de médecine et d'agriculture. On a de lui des
mémoires : 1° *sur la macération du lin et*

du chanvre (en italien), couronné par l'Académie royale de Mantoue (Mantoue, 1788,
in-4); 2° *sur l'influence contagieuse des
miasmes qui s'exhalent des lieux où l'on
pratique le rouissage du chanvre à l'eau
dormante*, couronné, en 1790, par la Société royale de médecine de Paris; 3° *sur
les perfectionnements des brûleries d'eau de
vie*, couronné par l'Acad. de la Rochelle,
en 1791; 4° *sur la méthode à employer pour
corriger le goût du fût dans les cuves et les
tonneaux*, couronné par l'Académie d'Orléans, en 1791 (1). — Willermoz (Jean-
Baptiste), neveu du premier et cousin du
second, né le 10 juillet 1730, mort le 29
mai 1824, avait été successivement administrateur des hospices, membre du conseil
général du département du Rhône, etc.,
de la Société d'agriculture de Lyon. J.-B.
Willermoz n'a laissé aucun ouvrage; mais,
de même que le docteur Pierre-Jacques,
son oncle, et un de ses frères qui était médecin, il coopéra, par ses conseils et ses
lumières, à la rédaction du Dictionnaire
de l'abbé Rozier, auquel il était uni par les
liens de la plus étroite amitié. M. le docteur Terme, son parent, a composé et fait
imprimer une Notice sur lui d'après l'ordre
de la Société d'agriculture de Lyon (Lyon,
1828, in-8).

WILLERVAL, imprimeur à Douai.
— * Réflexions concernant l'opinion de
M. l'abbé Sieyes, sur l'arrêté pris, le 4
août 1789, par l'assemblée nationale, relativement aux dîmes. *Douai, Willerval*,
1789, in-8 de 44 pag.

WILLEUMIER (S.), chef de division
au gouvernement provincial à Namur.
— Annuaire administratif, à l'usage des
administrations provinciales, communales,
des établissements publics et des prisons,
ainsi que des fonctionnaires, ressortissant
aux départements de l'intérieur, des finances
et de la justice. *Namur, F.-J. Doux fils*,
1837, et ann. suiv.
— Manuel administratif de la garde civique.
Namur,

WILLIAMS (J.). — Histoire des gouver-

---

(1) M. Weiss, dans le L^e volume de la Biographie
universelle a consacré des articles à ces deux médecins. Ces deux articles ont été reproduits par
M. Breghot du Lut dans ses « Mélanges biographiques et littéraires pour servir à l'histoire de Lyon »
(1828, in-8, pages 421 et suiv.), mais en les accompagnant de notes complémentaires qui ne sont
pas sans importance.

nements du Nord, traduite de l'anglais (par DEMEUNIER). *Amsterdam (Paris)*, 1780, 4 vol. in-12.

WILLIAMS (Mlle Hélène-Maria), né à Londres, le 27 juin 1769.
— Aperçu de l'état des mœurs et des opinions dans la République française, vers la fin du xviiie siècle; traduit de l'anglais par madame GRANDCHAMP. *Paris, Levrault frères*, an ix (1801), 2 vol. in-8 de xiv-300 et 300 pages, 7 fr.; pap. vélin, 14 fr.; — *Paris, Debray*, 1803, 2 vol. in-8, 7 fr. 50 c.
— Correspondance politique et confidentielle, inédite de Louis XVI, avec ses frères, et plusieurs personnes célèbres, pendant les dernières années de son règne, et jusqu'à sa mort (composée par MM. BABIÉ et DE LA PLATIÈRE); avec des Observations, par Hélène-Maria WILLIAMS. *Paris, Debray*, 1803, 2 vol. in-8, 7 fr. 50 c.
— Évènements arrivés en France depuis la Restauration de 1815; trad. de l'angl. *Paris, Rosa*, 1819, in-8, 3 fr. 75 c.

Cet ouvrage a obtenu une seconde édition dans la même année.

— Lettres écrites de France à une amie en Angleterre, pendant l'année 1790, contenant l'histoire des malheurs de M. du F..... (du Fossé); trad. de l'anglais par M..... (de LA MONTAGNE). *Paris, Garnery*, 1791, in-8.
— Recueil de poésies, extraites de ses ouvrages, traduites de l'anglais (en vers français) par M. Stanislas de BOUFFLERS, membre de l'Institut de France, et par M. ESMÉNARD (et publ. par Ch. POUGENS). *Paris, Fr. Cocheris fils; A.-A. Renouard*, 1808, in-8 de vij et 737 pag., 2 fr. 50 c., et sur papier vélin, 5 fr.

Ce volume renferme trente pièces de divers genres, dont vingt-trois traduites par BOUFFLERS, et sept par ESMÉNARD.

— Relation des évènements qui se sont passés en France depuis le débarquement de Napoléon Bonaparte au 1er mars 1815 jusqu'au traité du 20 novembre; suivie d'Observations sur l'état présent de la France et sur l'opinion publique; trad. de l'angl., et accompagnée de notes critiques et d'anecdotes curieuses, par M. BRETON DE LA MARTINIÈRE. *Paris, Dentu*, 1816, in-8, 5 fr.
— Souvenirs de la révolution française; trad. de l'anglais. *Paris, Dondey-Dupré*, 1827, in-8; — ou *Paris, Mesnier*, 1828, in-8.

— Voyage (nouv.) en Suisse, contenant une peinture de ce pays, de ses mœurs et de ses gouvernements actuels; avec quelques traits de comparaison entre les usages de la Suisse et ceux de Paris moderne. Trad. de l'anglais par SAY. *Paris, Ch. Pougens*, 1798, 2 vol. in-8, 6 fr.

WILLIAMS (David). — Réclamations de la littérature, contenant l'exposé des motifs qui ont donné lieu en Angleterre à l'établissement connu sous le nom de Société pour un fond de littérature, suivi du prospectus qui vient de paraître à Paris, pour engager les amis et les protecteurs des sciences à concourir au projet d'un pareil établissement. Ouvrage trad. de l'angl. par le cit. BLONDEL. *Nantes*, au ix (1803), in-8.

WILLIAMS. — Jeunesse (la) de Duguesclin, scène équestre. *Paris, de l'impr. de Hocquet*, 1811, in-8 de 20 pag.

Avec M. Magniaudé.

WILLIAMS (John), alors maître d'anglais à Paris.
— Entertaining stories, english and french. *Paris, F. Louis*, 1818, in-18, 2 fr.
— Historiettes amusantes, en anglais et en français, divisées par leçons. *Paris, F. Louis*, 1818, in-18, 2 fr.
— Manuel (nouv.) de la langue anglaise, contenant les mots les plus usités, la conjugaison des verbes; les dialogues les plus nécessaires, des modèles de lettres, les idiotismes anglais, quelques avis à ceux qui voyagent en Angleterre, et une courte description des principaux édifices de Londres. *Paris, de l'impr. de Smith*, 1821, in-12, 2 fr.

WILLIAMS (John), oculiste du dispensaire de Londres.
— Compte rendu des cures faites sur les maladies des yeux, réputés incurables. *Paris, Royez*, 1815, in-8.
— Observations nouvelles sur les maladies des yeux et des oreilles. *Paris, Chanson*, 1816, in-8 de 64 pages.
— Traité des maladies des yeux, avec des observations pratiques, constatant les succès obtenus, tant à Paris qu'à Londres, par l'usage d'un topique inventé par J. Williams. *Paris, de l'impr. de Maugéret*, 1814, in-8, 2 fr.
— Traités approfondis des maladies des yeux et des oreilles. Sec. édition; suivi de

l'Hygiène des yeux, ou des circonstances physiques de la vie qui peuvent nuire à leur état sanitaire. *Paris, Pesron*, 1834, in-8, 5 fr.

WILLICH (le docteur). — Hygiène domestique, ou l'Art de conserver la santé et de prolonger la vie, mis à la portée des gens du monde, etc. Traduction libre et élaguée de l'ouvrage anglais du docteur Willich, avec un grand nombre de notes critiques et explicatives par E.-M. ITARD. *Paris, Ducauroy*, an XI (1802), 2 vol. in-8, 8 fr.

Cet ouvrage a été reproduit sous le titre suivant : *l'Art de prolonger la vie humaine, ou l'Hygiène domestique.* Ouvrage qui contient, entre autres choses utiles, des préceptes simples et raisonnés sur l'éducation physique des enfants, l'usage des bains, le choix des aliments, la conservation des yeux, et la direction des affections de l'âme. Trad. de l'anglais du docteur Willich, avec un grand nombre de notes critiques et explicatives, par E.-M. ITARD, médecin de l'institution des sourds-muets. Sec. édition. Paris, Artaud, 1805, 2 vol. in-8 de IV et 600 pages.

WILLIS.— Whole (the) anatomy of the human body, with his various practical applications, including a system of operatore surgery, translated from the french (1834). See BOURGERY.

WILLM (Jos.), d'abord professeur de rhétorique à l'Académie de Strasbourg, plus tard inspecteur de la même Académie.
— Deutsches lesebuch für die mittlernklassen der primarschulen des Elsasses. *Straburg, Levrault*, 1836, in-12.
— Discours prononcés à la distribution des prix aux élèves du gymnase, faite le 24 août 1826, par M. Matter et M. Willm. *Strasbourg, Levrault*, 1826, in-8 de 16 pages.
— Essai sur la philosophie de Hegel. Première partie. Introduction. *Strasbourg, et Paris, Levrault*, 1836, in-8 de 108 pag.
— Jugement de M. SCHELLING sur la philosophie de M. Cousin; trad. de l'allemand, et précédé d'un Essai sur la nationalité des philosophies, par J. WILLM. *Strasbourg, et Paris, Levrault*, 1835, in-8 de 92 pag.
— Lectures allemandes, avec un Vocabulaire allemand. *Strasbourg, Levrault*, 1840, in-12.
—Lettres à Bettina sur la religion. (1825). Voy. Th. PFEFFEL.
— Morceaux choisis de littérature allemande, avec des notes et de courtes notices sur les auteurs; publiés à l'usage des collèges. *Strasbourg, Levrault*, 1830-31, 2 vol. in-12.

— Secondes Lectures françaises, à l'usage des classes supérieures des écoles primaires; faisant suite aux premières lectures françaises. *Strasbourg, Levrault*, 1832, gros in-12.

WILLOMMET (Pierre), ingénieur et géomètre juré de LL. EE. de Berne.
—Traité de la grandeur des mesures, etc., en usage dans le canton de Berne et quelques lieux voisins. *Berne, et Payerne, l'Auteur*, sans date (1698), in-4.

WILMARTH.—Croyance religieuse des Baptistes. (1836). Voy. WILLARD.

WILMOT HORTON (R.). — Correspondance on the distressed state of the labouring classes in the United Kindom. *Paris, printed by Pihan-Delaforest*, 1830, in-8 de 44 pages.

Tirée à 100 exempl.

— Second Series : Causes and remedies of pauperism, containing correspondence with M. Duchatel, with a preliminary Letter to C. Poulett Thompson. *Paris, printed by Smith*, 1830, in-8 de 48 pages.

WILSON (Th.). — Instructions courtes et simples pour ceux qui se préparent à recevoir le sacrement de la sainte cène, destinées particulièment à l'usage des cathécumènes. *Genève*, 1817, in-12.
— Vérités (les) et les devoirs du christianisme, expliqués d'une manière accommodée à la capacité des plus faibles. *Bâle*, 1774, in-8.

WILSON (Henri), capitaine de la marine anglaise. Voy. Geo. KEATE.

WILSON (sir Robert-Thomas), général anglais.
— Tableau politique et militaire de la Russie, en 1817; trad. de l'angl. *Paris, Dentu*, 1817, in-8, avec une carte, 3 fr.

Cette traduction a eu une seconde édition dans la même année.

— Le même ouvrage, sous ce titre : Puissance politique et militaire de la Russie en 1817, attribuée à sir Robert Wilson (trad. de l'anglais par M. Ch. MALO). *Paris, Plancher; Delaunay; Rousseau*, 1817, in-8, avec une carte, 3 fr. 50 c.

WILSON (Alexandre-Philippe), médecin écossais.
— Fièvres (des) intermittentes et remit-

tentes. Ouvrage trad. de l'anglais sur la troisième et dernière-édition, avec un Discours préliminaire et des notes; par J.-B.-D. LÉTU. *Paris, Croullebois, 1819, in-8*, 4 fr. 50 c.

WILSON (Th.). — Quadrille (the) and cotillon panorama ; or Treatise on quadrille dancing, in two parts, etc. *London, Adlard ; Paris, Pleyel, 1819, in-8 de 52 pages.*

WILSON (sir Charles), major anglais. — Mousquetaire (le), ou la Conjuration des dames. *Paris, Locard et Davy, 1820, 3 vol. in-12, 9 fr.*

WILSON (Harriette), actrice anglaise, et femme de mœurs légères. — English Society in Brussels described, or Letters in Rhune, addressed to his cousin. *Paris, Baudry, 1825, in-12.*

Publié sous le pseudonyme d'Horatius Coclès Wittol , esq. , A. S. S.

— London tigers and Paris lions. *Paris, the Author, 1825, in-12, 4 fr.*

Réimpr. dans la même année.

— Lions (les) de Paris et les tigres de Londres (trad. de l'anglais). *Paris, l'Auteur, rue du Faubourg Saint-Honoré, n° 111, 1825, 2 vol. in-12, 8 fr.*

Réimprimés ou reproduits seulement dans la même année, avec de nouveaux titres portant : seconde édition.

— Memoirs of Harriette Wilson, written by herself. Edition perused and corrected by the author. *Paris, rue Dauphine, n° 36, 1825, 7 vol. in-12, with portr.*
— Mémoires de Henriette Wilson, concernant plusieurs grands personnages d'Angleterre, et publiés par elle-même ; trad. de l'anglais (par M. LARDIER), revus et corrigés par l'auteur. *Paris, rue Dauphine, n° 36, 1825, 8 vol. in-12, 24 fr.*—Sec. édition. *Paris, l'Auteur, cour de Rohan, n° 3, 1826, 6 vol. in-12.*

WILSON (H.-H.), orientaliste anglais. —Chefs-d'œuvre du théâtre italien , trad. de l'original sanscrit en anglais par H.-H. WILSON , et de l'anglais en français ; par M. A. LANGLOIS, accompagnés de notes et d'éclaircissements, etc. *Paris, Dondey-Dupré, 1828, 2 vol. in-8, 15 fr.*, et sur pap. vélin, 24 fr.
— Sur un drame indien, extrait du « Calcutta Annual register », et traduit par Don-

DEY-DUPRÉ fils. *Paris, de l'imp. de Dondey-Dupré, 1827, in-8 de 52 pages.*

WILSON (Peter). — Précis historique de l'épidémie de la fièvre jaune qui a régné à Gibraltar pendant l'automne de 1828 ; trad. de l'angl. et accompagné de notes , par M. CHERVIN. *Paris, Baillière, 1831, in-8 de 80 pages.*

WILSON. — Conférence de droit public. Séance du 23 mai 1832. Rapport de la commission chargée d'examiner le projet de loi de M. Mulineau sur l'amortissement. (M. Wilson, rapporteur. *Paris, de l'impr. de Béthune, 1832, in-8 de 16 pages.*

WILSON. — Aventures d'un lieutenant de marine , publiées par WILSON ; trad. de l'angl. par P. HENNEQUIN. *Paris, Dumont, 1834, 2 vol. in-8, 15 fr.*
— Croisière de « la Mouche ». Par l'auteur des « Aventures d'un lieutenant de marine ». *Paris, Dumont, 1837, 2 vol. in-8, 15 fr.*

On trouve dans la « Revue des Deux-Mondes, IIIe série, tome 1er, la traduction du *Journal d'un officier de la marine anglaise* , par le même Wilson.

WILSON (le rév. Daniel). — Commission (la) apostolique, considérée dans ses rapports avec l'autorité du clergé de l'Église anglicane. Extrait d'un sermon. Traduit de l'anglais. *Valence, et Paris, Marc Aurel, 1840, in-12 de 30 pages.*

WILSON C. (J.).—Tales of a grandfather on english history, being a collection of stories taken from the History of England. *Paris, Truchy, 1840, in-18, 2 fr. 50 c.*

WIMPFEN (le baron P. Christian de). — * Commentaires des Mémoires du comte de Saint-Germain , ministre et secrétaire-d'État au département de la guerre. *Londres, 1780, in-8.*

WIMPFEN (Louis-Félix de), mort à Bayeux en 1814. — Manuel (le) de Xepholius. *Au grand Orient, 1788, gr. in-8.*

Tiré à cent exemplaires qui tous ont été donnés.

WIMPFEN (le baron Alexandre-Stanislas de). — Lettres d'un voyageur sur l'Angleterre, la France , etc. *Paris, De Bure, 1788, 2 part. in-12.*
— Lettres extraites du manuscrit d'un voyage en Angleterre. *1798, in-8.*

— Voyage à Saint-Domingue pendant les années 1788-90. *Paris, Cocheris,* 1797, 2 vol. in-8.

WIMPFEN (Mlle de), nièce du suivant. Voy. madame SARTORY.

WIMPFEN DE BORNEBOURG (François-Louis de), général de division de la République française; né à Deux-Ponts, en 1732, mort le 24 mai 1800.

— Loisirs depuis trente jours qu'il est à Paris, ou Indices sur l'empire d'Allemagne; avec un aperçu des moyens que peut employer le congrès de Rastadt, afin de parvenir promptement à des résultats très-heureux pour les électeurs ecclésiastiques, et pour les princes et comtes séculiers qui ont perdu leur souveraineté à la rive gauche du Rhin. 1798, in-8.

— Militaire (le) expérimenté, ou Instructions de ce général à ses fils, et à tout jeune homme destiné au métier des armes. *Paris,* an VII (1799), in-12.

— Refonte de l'économie de l'armée française, ou Extrait du développement d'un plan militaire, avec un grand tableau. *Paris,* 1797, in-8.

— Vie (sa) privée, écrite par lui-même. *Paris, Didot fils aîné,* 1788, in-8.

WINCKE (1) (le baron de).—Tableau de l'administration intérieure de la Grande-Bretagne, par M. le baron de WINCKE, et l'Exposé de son système de contributions, par M. de RAUMER, traduit de l'allemand (par M. THÉREMIN, qui a ajouté à la fin de l'ouvrage une Dissertation d'Édouard CHRISTYAN sur l'origine des deux chambres du Parlement, traduite de l'angl. par M. A. T. BARBIER). *Paris, Gide fils,* 1819, in-8, 5 fr.

WINCKELMANN (l'abbé Jean), célèbre antiquaire allemand.

— Allégorie (de l'), ou Traités sur cette matière, par Winckelmann, Addison, Sulzer, traduits de l'allemand et de l'anglais (par H. (JANSEN). *Paris, Jansen,* an VII (1799), 2 vol. in-8, 7 fr.

L'ouvrage de Winckelmann, qui fait partie de ce recueil, avait paru en allemand, sous ce titre : *Essai des allégories concernant les arts, et Remarques sur l'histoire des arts de l'Antiquité.* Première partie. Dresde, Walther, 1766, 1767, in-4.

— Description des pierres gravées du ba-

<hr>

ron de Stosch. *Florence,* 1760, in avec figures.

Les exemplaires de cet excellent ouvrage trouvent pas facilement : 18 à 24 fr.

— Histoire de l'art chez les Anciens, de l'allemand (par (SELLIUS), rédigée ROBINET. *Amsterdam (Paris, Saille* 1766, 2 vol. in-8, fig.; et 1775, 2 in-8.

Les deux traductions qui suivent ont été sur une édition postérieure de l'original que eur augmenta d'un volume.

— Le même ouvrage, sous le titre d' toire de l'art de l'Antiquité, trad. par M HUBER (qui y a ajouté une Vie de l'aut *Leipzig,* 1781, 3 vol. in-4, avec figu 15 à 20 fr., et plus en grand papier *Yverdon,* 1784 3 vol. in-8, avec

— Le même ouvrage, traduit de l'aller (par HUBER, et revue par JANSEN), des notes historiques et critiques de férents auteurs. *Paris,* 1790-94, 3 in-4, figures. — ou *Paris, Bossa Masson et Besson,* 1802, 3 vol. i ornés de 160 planches, vignettes et rons, 72 fr.

Bonne édition (de 1802), dont les deux pr volumes, dit M. Brunet, dans son Manuel braire, parurent d'abord en 1793, sous le d'*OEuvres de Winchelmann.* Il y a des exemp en papier vélin.

— Le même ouvrage, de la même tra tion (avec des additions et des correct par KRUTOFFER et l'abbé LE BLOND). *ris, Barrois l'aîné,* 1789, 3 vol. in-8 à 12 fr.

—Lettre de M. l'abbé Winckelmann à l comte de Brühl, sur les découvertes d' culanum; trad. de l'allemand (par M HUBER, revue par P.-J. MARIET *Dresde, et Paris, Tilliard,* 1764, i

Réimprimée dans le Recueil de lettres pu par Jansen. Voy. plus bas.

— Lettres familières de WINCKELM sur divers sujets, avec son Éloge h torique, par HEYNE, traduits de l'a (par JANSEN). *Amsterdam (Paris),* turier, 1781, 2 vol. in-8; — et ave OEuvres de M. le chev. MENGS. *Yver* 1784, 3 vol. in-12, 7 fr. 50 c.

Indépendamment de la vie de Winckelman Huber, citée plus haut; de l'Éloge de cet antiq par Heyne, il existe encore une Notice biogra et littéraire sur Winckelmann, par J. GUALTIT debourg, 1797, in-4, en allemand, dont n connaissons pas de traduction française.

— Monuments inédits de l'Antiquité

pliqués par Winckelmann, gravés par DA-
VID et mademoiselle SIBIRE, avec des explications françaises par A. F. (FANTIN)
DÉSODOARS. *Paris, Leblanc*, 1808-09, 3
vol. in-4, avec figures au bistre, 36 à
48 fr.; pap. vélin, 60 a 72 fr.

L'original italien, intitulé : *Monumenti antichi
inediti*, est de Rome, 1760, in-fol.

— Recueil de différentes pièces sur les
arts, trad. de l'allem. (par JANSEN). *Paris,
Barrois l'aîné*, 1786, in-8.
— Recueil de lettres de M. Winckelmann
sur les découvertes faites à Herculanum, à
Pompéi, à Stabia, à Caserte et à Rome,
avec des notes, etc., de M. Dasdorf, et
des seize lettres à Bianconi. Trad. de l'allemand (par H. JANSEN). *Paris, Barrois
l'aîné* (*Leleux*), 1784, in-8, 4 fr.
— Remarques sur l'architecture des Anciens, traduites de l'allem. (par JANSEN).
Paris, Barrois l'aîné, 1783, in-8.

WINCKLER (J.-H.), professeur de
l'université de Leipzig.
— Essai sur la nature, les effets et les
causes de l'électricité; trad. en français.
Paris, Jorry, 1748, in-12.

WINCKLER (Théophile-Frédéric), ancien employé au cabinet des antiquités; né
à Strasbourg, en 1771, mort à Paris, le
26 février 1807.
— * Notice biographique sur Jean Chry-
sostôme-Wolfg. Théoph. Mozart. 1801,
in-8.

Il a donné plusieurs traductions de l'allemand et
de l'anglais, et, entre autres, celles d'un Voyage
à la Chine, par J.-C. HUTTNER, et des Furies, de
BOETTIGER (voy. ces noms); il a aussi fourni des Extraits au « Magasin encyclopédique », etc. Comme
éditeur, il a publié le « Répertoire du Vaudeville », etc., avec un Discours préliminaire et des
notes historiques et grammaticales (Iéna et Leipzig,
1800, 2 part. in-8.

WINDISCH (Ch.-S. de). — Lettres sur
le joueur d'échecs de Kampelen, trad. de
l'allem. (par Mich. MECHEL). *Bâle*, 1783,
in-8.

WINDISCH-GRÆTZ (le comte Joseph-
Nicolas de).
— Ame (de l'); de l'intelligence et de la
liberté de la volonté. IIIe partie. Première
section. *Strasbourg, Treuttel*, 1790, in-8.
—Discours sur deux questions : 1° Un monarque peut-il changer la constitution?
2° Est-il dans son intérêt de le faire?
1789, in-8.
— Principes métaphysiques de l'ordre so-

cial; de la loi et de la religion naturelle.
Strasbourg, 1790, in-8.

Nous connaissons encore du même, en allemand,
des Observations sur plusieurs objets dont on s'occupe beaucoup aujourd'hui. Nuremberg, 1785, in-8.

WINK (George), pseudon. Voy. AL-
LAINVAL (d').

WINKELL (A.). — Géographie de la
Belgique. *Mons, Monceaux-Hoyois*, 1839,
in-12.

Avec M. J.-B. Bivort.

WINNE (le doct.) — * Abrégé de l'Essai de Locke, sur l'Entendement humain;
traduit de l'anglais par BOSSET. *Genève*,
1738, in-8; — *Londres, Jean Nourse*,
1741, in-12; — *Genève*, 1788, in-8.

WINS (Valère). — Guide (nouveau) des
mesureurs de corps d'arbres, ouvrage mis
à la portée de toute personne intéressée
au cubage des bois, etc. *Mons, Hoyois-
Derely; Valenciennes, Henry*, 1836, in-12
de 68 pages.

WINSCHELSEA (la comtesse).—Aristomène, ou le royal Berger, tragédie en cinq
actes; trad. de l'angl.

Traduction imprimée dans le « Parnasse des
Dames », in-8.

WINSLOW (Jacques-Bénigne), docteur-
régent de la faculté de médecine de Paris,
interprète de la langue teutonique à la Bibliothèque du roi, ancien professeur d'a-
natomie et de chirurgie au jardin royal,
membre de l'Académie royale des sciences
et belles-lettres; né à Odensée, en Danemarck, le 2 août 1669, mort le 2 avril 1760.
— Dissertation sur l'incertitude des signes
de la mort, et l'abus des enterrements et
embaumements précipités; traduite et commentée par Jacq. J. BRUHIER. *Paris, Cl.-
Franç. Simon*, 1742, in-12.
— Exposition anatomique de la structure
du corps humain. *Paris, Desprez*, 1732,
in-4, avec fig.; — *Amsterdam (Paris)*,
1743, 4 vol. in-12, fig.—Autre édition,
avec les planches et l'explication d'Albinus.
Amsterdam, 1752, 3 vol. in-8. — Nouv.
édition, faite sur un exemplaire corrigé,
et augmenté par l'auteur, à laquelle on a
joint de nouvelles figures et tables qui en
facilitent l'usage, et la Vie de l'auteur.
Paris, Savoye, 1766, trois tomes en 4 vol.
in-12, fig.; ou *Paris, le même*, 1776,
4 vol. in-12.
— Lettre pour s'excuser d'avoir approuvé
le Traité des maladies des os.

—Lettre sur la taille au haut appareil dans le traité sur cette matière, donné par M. Morand.

— Machinœ (de) plantanimalis œconomia analogica. 1694, in-4.

— Remarques sur le Mémoire de M. Ferrein, touchant le mouvement de la mâchoire inférieure. 1755, in-12.

WINSLOW-LEWIS, des États-Unis.
— Description des feux ou phares sur la côte des États-Unis d'Amérique. *Bordeaux, de l'impr. de Coudert*, 1817, in-8 de 20 pages.

WINSOR (F.-A.). — Notice historique sur l'utilisation du gaz hydrogène pour l'éclairage, avec un extrait du procès-verbal d'enquête faite, par le parlement d'Angleterre, sur cet éclairage; et l'application aux arts et métiers des produits tirés de la distillation du charbon de terre. *Paris, de l'impr. de Nouzou*, 1816, in-8 de 64 pag.
— Résumé historique et démonstratif sur l'éclairage par le gaz hydrogène. *Paris, F. Didot et fils*, 1824, in-8 de 32 pages.
— Traité pratique de l'éclairage par le gaz inflammable, etc.; trad. de l'anglais. (1816). Voy. Accum.

WINSSINGER (R.), l'un des rédacteurs de la « Bibliothèque du jurisconsulte et du publiciste » (1826).

WINT (Paul de). — Prévôt (le) de Paris. 1380. *Paris, Rosier*, 1835, in-8, 7 fr. 50 c.

WINTER (Anna-Maria). — Histoire de Henri Woodford, écrite par lui-même, et publiée par Anna-Maria Winter. *Paris, Lecointe et Durey*, 1826, 2 vol. in-12, 5 fr.
— Ronseval, ou l'Oncle supposé. *Paris, Béchet aîné*, 1818, 2 vol. in-12, 5 fr.— Nouv. édit. *Paris, de l'impr. de Casimir*, 1826, in-12.

WINTER (H.), professeur. — Système de la diplomatie, rédigé préalablement en ébauche, pour servir de base et de guide aux cours de diplomatie théorique et pratique. *Berlin, Logier*, 1830, in-8, 3 fr.

WINTER (Alex.), insulaire du Nouveau-Monde (de S. Pierre-Martinique).
— Humanisation (l'), ou Adresse au genre humain sur la doctrine infinie, tout-à-fait inconnue et toute nouvelle de l'humanisation. *Paris, Delaunay*, 1835, in-8 de 40 pages.
— Régénérabilité (de la) parfaite de l'univers, ou Adresse à toutes les nations, au 59e siècle du monde, sur la nécessité, la possibilité, la facilité même, immensément grandes de la régénération universelle, parfaite, indestructible et immortelle de l'univers entier et du genre humain, par l'établissement théorique et pratique de la doctrine sans exemple et incomparable de l'humanisation. Ouvrage destiné à fonder la régénération de l'univers et du genre humain, et l'établissement du grand et nouveau journal « l'Humanisation, ou le Régénérateur parfait et universel ». *Bordeaux, Peletingeas*, 1831, in-8 de 52 pages.

WINTER (Fr.-Guill.).—Considérations sur l'état de la religion, de l'église et de la théologie pendant la première moitié du douzièmes siècle. Dissertation présentée à la faculté de théologie de Strasbourg, et soutenue publiquement le 18 décembre 1831. *Strasbourg, de l'impr. de Heitz*, 1832, in-4 de 32 pages.

WINTER DE GADEBUSH. — Fables de Lessing (en allemand et en français), en vers et en prose, avec des notes critiques, grammaticales, prosodiques, historiques et mythologiques. *Paris, Eug. Udron; Baudry*, 1825, ou 1832, et 1840, in-12, 2 fr. 50 c.

WINTGENS (Willem.).—Code de commerce du royaume de Hollande, trad. par Wintgens. *Rennes, Blin; et Paris, Joubert*, 1839, in-8, 7 fr.

WIRIOT, ci-devant de Courbière. — Apologie de la Constitution française, ou Tableau historique et politique des abus du pouvoir des rois, de la noblesse, du clergé et de la magistrature, depuis l'établissement de la monarchie jusqu'à l'époque de la révolution. *Angers*, 1791, in-8 de 330 pag., 3 fr. 60 c.

WINTERSDED.— Socrate; Dialogues, traduits de l'allemand de M. Wieland. *Londres, Daviès*, 1772, 2 vol. in-12.

WIRGMAN (Th.). — Divarication du nouveau Testament en doctrine, parole de Dieu. Histoire, parole de l'homme; trad. de l'anglais sur la seconde édition, par

N.-F. Lambert. *Paris, Cherbuliez ; Johanneau*, 1838, in-8, 12 fr.

— Éducation universelle pour le monde entier. *Paris, Lambert, rue Croix des Petits-Champs, n.* 37, 1838, in-8 de 12 pag.

Contient deux dialogues. On avait promis une suite.

— Euclide (l') de la Grande-Bretagne, ou Principes de philosophie transcendentale. *Paris, Cherbuliez,* 1835, in-8 de 12 pages.

WIRTEMBERG (Maximilien-Emmanuel, duc de).
— Mémoires (ses), contenant les particularités de la vie de Charles XII, roi de Suède. *Amsterdam,* 1740, pet. in-12.

WIRTGEN (Pierre), médecin vétérinaire belge. Il a publié dans le « Journal d'agriculture » Ire série, tome XVII et XVIII, plusieurs observations de médecine vétérinaire recueillies dans le grand-duché de Luxembourg, sur les maladies qui attaquent les porcs.

WIRTHE. — Confiseur (le) national et universel, par Wirthe ; suivi du distillateur liquoriste et du limonadier, traité complet et pratique de la distillation et des opérations du limonadier, d'après les découvertes modernes de la chimie, par M. Mathieu. *Paris, Baudouin,* 1836, in-8, avec deux planches, 6 fr.
— Manuel (nouveau) du confiseur chimiste. *Paris, rue du Battoir, n.* 3, 1838, in-18, avec une gravure, 1 fr. 50 c.

WIRZ-WIDMER (J.-C.). — Souvenirs du Rigi, avec un texte explicatif en allemand, traduit en français par C.-G. Schlotterbeck. *Zurich,* 1837, in-8 oblong, avec six vues coloriées.

WISEMANN (Nicolas), docteur en théologie, professeur à l'Université de Rome, membre correspondant de la Société asiatique.
— Conférences sur les doctrines et les pratiques les plus importantes de l'Église catholique ; traduites de l'anglais, et précédées d'un Essai sur les progrès et la situation du catholicisme en Angleterre, par M. Alfred Nettement. *Paris, Beaujouan et Jourdan,* 1839-40, 2 vol. in-8, 15 fr.
— Conférences de Wiseman, sur l'Église et sur divers articles de la foi catholique. Traduites et abrégées de l'anglais, par M. l'abbé ***. *Tours, Mame,* 1840, in-12.
— Discours sur les rapports entre la science et la religion révélée, prononcés à Rome par Nic. Wiseman ; pour faire suite à la « Raison du christianisme », publiée par M. de Genoude. *Paris, Sapia,* 1837, 2 vol. in-8, 13 fr. — Sec. édition. *Paris, le même,* 1841, 2 vol. in-8, 8 fr.

WISHART (A.), chapelain du marquis de Montrose.
— * Mémoires de James Graham, marquis de Montrose, contenant l'histoire de la rébellion de son temps ; traduits de l'anglais (par l'abbé Gaudin). *Paris, Prault le jeune,* 1768, 2 vol. in-12.

On croit que le traducteur s'est plus servi de la version latine (Londini, 1647, in-8) que de l'original anglais.
Suivant le « Catalogue des livres nouveaux » de Bellepierre de Neuve-Église, année 1767, n° 10, art. 3, cette traduction est due à M. M***.

WISNIEWSKY (V.), astronome russe, membre de l'Académie impériale de Saint-Pétersbourg.

Nous connaissons de cet astronome, en français, les diverses observations suivantes insérées dans le recueil de l'Académie dont il est membre :
1° Observations sur la grande comète de l'année 1812, faites à Novo-Tcherkask, au mois d'août 1812 (mémoire de 10 pages, inséré dans le tome VI du recueil de l'Acad. des sciences de S-Pétersbourg, 1818) ; 2° Mesure de la hauteur du mont Elbrus, au dessus du niveau de la mer. (Mémoire de 36 pages, inséré dans le tome VII du recueil de l'Académie des sciences de Saint-Pétersbourg, 1820) ; — 3° Vérification de la latitude de l'Observatoire impér. des sciences de Saint-Pétersbourg (Mémoire de 22 pag., id.) ; — 4° Diamètre de la lune déduit des occultations d'Aldebran, Mémoire de 22 pages (tome VIII, 1822) ; — 5° Longitude de Stawropol, déterminée par l'observation des occultations des étoiles 1 θ, 2 θ et *a* du taureau ; — 6° avec F.-T. Schubert : Passage de la comète de 1819 au méridien, observé à l'Observatoire de l'Académie imp. des sciences. — Longitude de Kherson, déterminée par les observations d'occultations de 1 *n* des poissons et de τ du taureau ; — 7° Longitude d'Orenbourg, déterminée par l'observation de l'occultation de l'étoile 96 du verseau ; — 8° Longitude de Catherinbourg, déterminée par l'observation de l'occultation d'Aldebaran (tome IX, 1824) ; — 9° Longitude d'Astrakan, déduite des occultations d'étoiles par la lune (Mémoire de 11 pages, dans le Xe vol) ; —10° Longitude de Tambow, détrminée par l'observation de l'étoile 1 δ 8 par la lune (de 5 pages, id.)

WISSCHER (P.). — Dictionnaire (nouveau) flamand-français. 1836.

WISSOCQ. — Éléments de chimie, ornés de vignettes. *Paris, rue Jacob, n.* 30, 1838, in-18, 1 fr.

Avec MM. Cazeaux et A. Chevalier.

WISSINGER (L.), lieutenant-colonel

d'artillerie, chef de la 3ᵉ division d'artillerie belge.

— De la cause principale de l'abandon de la culture du ver à soie en Belgique vers la fin du siècle dernier. (Imprimé dans le « Journal d'agriculture », 2ᵉ série, t. I).

WITHE, médecin. Voy. A.-A. TARDY.

WITMANN, coadjuteur, évêque de Ratisbonne.

—Faux (des) prophètes, à l'occasion d'une lettre consultative sur la doctrine de l'abbé Châtel et celle des Saints-Simoniens, par un solitaire; avec une exhortation chrétienne sur l'imminence du choléra, où sont indiqués les remèdes spirituels dont il faut user pour n'avoir point à redouter les suites de ce fléau. *Paris, Depelafol*, 1833, in-8 de 76 pages et deux planches.

WITRY (l'abbé d'ÉVERLANGE DE), académicien de Bruxelles.

— Recueil de divers mémoires lus à l'Académie des sciences et belles-lettres de Bruxelles et de quelques autres pièces. *Tournay, Warlé*, 1789, in-8 de vj et 128 pages.

Ce volume renferme :

1° *Avant-propos*, qu'il convient de lire pour mieux entrer dans les vues de l'auteur.

2° *Mémoire succinct sur l'utilité des académies des sciences et belles-lettres*, lu à l'Académie imp. et roy. des sciences et belles-lettres, le 5 janvier 1774.

3° *Mémoire sur l'électricité*, relativement à la qualité du fluide moteur dans les végétaux, et dans le corps humain; lu le 24 juin 1773.

4° *Mémoire sur les eaux minérales du Sauchoir*; lu le 6 octobre 1773.

5° *Mémoire sur des recherches hydrauliques et minéralogiques dans le Tournesis et le Hainaut autrichien*, lu le 14 janvier 1779.

6° *Mémoire sur les fossiles du Tournesis, et les pétrifications en général*, relativement à leur utilité pour la vie civile; lu le 9 décembre 1777.

7° *Mémoire pour servir de suite à l'histoire des fossiles belgiques*; lu le 18 mai 1785.

8° Extrait d'un *Mémoire sur les Grossopetras et les Buffonistes*; lu le 3 mai 1775.

9° Extrait d'un *Mémoire sur un poële économique*, plus propre à chauffer les appartements que ceux inventés jusqu'ici; lu le 21 mai 1776.

10° *Mémoire sur diverses manières de s'éclairer dans les ténèbres*, et sur une lampe plus propre à cet effet que celles inventées jusqu'ici; lu le 7 mars 1774.

11° Courte indication de ce qui a été publié dans les journaux touchant mes deux lampes d'étude, et des avantages, surtout de la seconde; de pouvoir servir de fourneau, tant pour les usages domestiques que pour la chimie la plus relevée.

12° Observation singulière de l'effet de la vue sur les lunettes; par M. NÈVE, proto-médecin du collége de médecine, etc.

13° Suite de l'Observation des lunettes de la dame Bernadine Miroult, dont il a été parlé dans divers journaux de cette année 1787.

14° *Réflexions sur les géodes aqueuses*; lues le 15 août 1784.

15° Moyen très-facile de composer le pyrophore pour se procurer du feu au besoin.

16° Description d'une méthode pour obtenir l'air déphlogistiqué, mise à la portée de chacun.

17° Extrait du *Mémoire* envoyé à l'Académie sur l'Aurum Musivum, *relativement à l'électricité*.

18° Sur une indication qui annonce que l'électricité opère efficacement contre les rhumatismes, et sur la méthode qui a paru la plus propre à l'administrer dans cette maladie : article adressé aux rédacteurs de « l'Esprit des journaux ».

19° Méthode pour faire revivre les anciennes broderies en or et en soie.

WITSCHEL (J.-H.-W.). — Moralische blætter. *Strasburg, gedr. bey Heitz*, 1826, in-18.

WIT (Jacob de), graveur hollandais.

—Iconologie, ou Recueil de trophées, fontaines, frontispices, pyramides, cartouches, etc.; par J.-C. Delafosse, et gravés par J. de Witt. *Amsterdam*, 1775, in-fol.

— Proportions du corps humain, inventées et dessinées par J. de Witt, gravées par J. Punt. Avec un texte descriptif en français et en hollandais. *Amsterdam, W. Wermandel*, 1790, in-4.

WITT (Jean de), pensionnaire et garde des sceaux des provinces de Hollande et de Westfrise.

— Lettres et négociations entre J. de Witt et les plénipotentiaires des Provinces-Unies des Pays-Bas, depuis l'année 1652 jusqu'à l'an 1669; traduites du hollandais. *Amsterdam*, 1725, 5 vol. in-12.

— Mémoires (ses) sur les affaires et les différents intérêts de la Hollande; traduits du hollandais par madame de *** (de ZOUTELANDT). *La Haye, Van Bulderen* 1706; ou *Ratisbonne, Kinkins*, 1709, in-12.

WITT (J.), pseudon. Voy. BULOZ.

WITTASSE (Charles), docteur et professeur royal de théologie en Sorbonne; né à Chauny, en 1660, s'était acquis une telle réputation, que le parlement de Paris l'invita à faire l'examen de l'édition des Conciles du P. Hardouin. La maison des prêtres de saint François de Sales lui devait son établissement. Il mourut en 1716.

— * Indication des principaux ouvrages qui traitent les différentes questions théologiques.

Imprimée à la suite de la « Méthode pour étudier la théologie » (par L. ELLIES-DUPIN). *Paris*, 1716, in-12.

— * Lettre d'un docteur de Sorbonne à un docteur de la même maison, touchant le » Système d'un théologien » (Louis de

Léon), sur la Pâque. *Paris, P. de Nully,* 1665, in-12.

— Theologia. *Parisiis, J.-B. Coignard, et Lottin,* 1717-29, 11 vol. in-12..

— * Traité de la Pâque, ou Lettre d'un docteur de Sorbonne, touchant la traduction du Système d'un théologien espagnol sur la Pâque. *Paris, J. de Nully,* 1695, in-12.

WITTE (Gilles de), pasteur et doyen de l'église collégiale de Notre-Dame au delà de la Dille, à Malines.

—Apologie(nouvelle) de la sainte doctrine de Jansénius, touchant les cinq propositions, suivie de la Réponse à la critique qu'André Vander Scheeur en a faite. Sec. édition (donnée par M. l'abbé Pierre Le Clerc). 1756, in-12.

G. de Witte avait publié son ouvrage en latin, en 1698, sous ce titre : *Pauli Aurelii (Ægidii de Witte) panegyris Janseniana. Delphis,* in-4.

— Histoire de l'Inquisition, suivie de documents sur l'inquisition de Goa, établie par les jésuites. *Lyon, Faverio,* 1826, in-32.

WITTE. — Races de bêtes à cornes de l'Allemagne, représentées d'après nature. *Paris, Mad. Huzard,* 1812, trois livraisons in-fol. oblong, 45 fr., et avec les figures coloriées, 6o fr.

WITTE (Jean-Joseph-Antoine-Marie de), antiquaire, membre de l'Institut archéologique de Rome, et correspondant de l'Académie royale des sciences et belles-lettres de Bruxelles; né à Anvers, en 1808.

— Description des antiquités et objets d'art qui composent le cabinet de feu M. le chevalier E. Durand. *Paris, Rollin,* 1836, in-8.

La vente de ce cabinet a eu lieu dans le courant de 1836.

— Description d'une collection de vases peints et bronzes antiques provenant des fouilles de l'Étrurie. *Paris, Bourgeois-Maze,* 1837, in-8 de 160 pages et une planche, 3 fr. 50 c.

La vente de cette collection a été faite au mois de mai 1837.

M. Raoul-Rochette a rendu compte de cet ouvrage dans les mois d'août et de septembre 1837 du Journal des Savants.

— Description des vases peints et des bronzes antiques qui composent la collection de M. de M*** (Magnoncourt).*Paris,*

Brockhaus et Avenarius, 1838, in-8 de 104 pages, avec une planche.

La vente a eu lieu le 17 avriL 1839 et jours suivants.

— Description de la collection d'antiquités de M. le vic. Beugnot. *Paris, Brockhaus et Avenarius,* 1840, in-8 de 180 pages, avec une planche, 4 fr.

— Élite des monuments céramographiques, matériaux pour l'intelligence des religions et des mœurs de l'antiquité, expliqués et commentés par Ch. Lenormant et J. de Witte. *Paris, Bourgeois-Maze (* Leleux),* 1837 et ann. suiv., gr. in-4.

On sait que les vases mythologiques forment la classe la plus nombreuse des peintures de vases. Aussi les auteurs de ce grand ouvrage ont-ils commencé par les *mythes des dieux,* puis viennent les *mythes des héros,* et, dans ces divisions, les deux plus riches de l'ouvrage, on aura une *galerie mythologique* aussi complète que possible, tirée uniquement des produits de l'art céramographique. La troisième division de leur travail (après les *vases historiques,* dont le nombre est très-limité, et qui formeront comme un appendice à la mythologie) comprendra un choix de *peintures mystiques et funéraires.* Enfin, dans la quatrième et dernière division de cet ouvrage, ils donneront des sujets relatifs à *la vie privée,* aux *mœurs domestiques des anciens.* Dans cette partie entreront les *jeux de théâtre, du stade et de la palestre, les usages particuliers,* et, en un mot, tous les sujets sans allusion directe à la religion, sujets dont le nombre se restreint toujours davantage à mesure que la comparaison jette de nouvelles lumières sur l'études des monuments.

Cet ouvrage sera distribué en 150 à 200 livraisons gr. in-4, qui formeront six ou sept volumes. Chaque livraison est composée de quatre planches gravées sur pierre, et d'une on deux feuilles de texte. Trente livraisons avaient paru en janvier 1842. Prix de chaque livraison, planches en noir, 4 fr., et planches coloriées, 6 fr. 50 c.

— Étude du mythe de Géryon. *Paris, Leleux,* 1841, in-8 de 116 pages, avec deux planches, dont une grande, 15 fr.

Extrait tiré à une soixantaine d'exemplaires des Nouvelles Annales archéologiques. Ce mythe n'est pas le seul que M. de Witte ait fourni à ce recueil et à celui qui l'a précédé, ni le seul dont il y ait des exemplaires tirés à part, et aussi à très-petit nombre.

M. de Witte a fourni différents articles aux Annales de l'Institut archéologique, et aux Nouvelles Annales archéologiques; et il est l'un des rédacteurs de la Nouvelle Galerie mythologique, publiée dans le « Trésor de numismatique et de glyptique, de la Revue numismatique, qui paraît à Blois, etc.

WITTENBACH. Voy. Wyttenbach.

WITTERSHEIM. — Mémoire pour les subsistances militaires. *Paris, de l'impr. de Boucher,* 1818, in-8 de 32 pages.

Avec M. Thomas.

— Mémoire sur la subsistance des troupes.

Paris, de l'impr. de Boucher, 1818, broch. in-8.

Avec M. Thomas.

WITTERSHEIM (Prosper), associé de M. Hadamard, imprimeur de Metz, membre correspondant de la Société des siences, de l'agriculture et des arts de Strasbourg, secrétaire de la Société d'encouragement des arts et métiers parmi les israélites de Metz, etc.

— Aurélia et Valérius, épisode de la dictature de Sylla, an de Rome de 669 jusqu'à 673. *Paris, Denn*, 1828, 2 vol. in-12, 6 fr.

Ce roman, composé pour répondre aux désirs d'un ami, est écrit dans le genre du « Numa » de Florian.

— Esquisses morales, ou Préceptes mis en action. Ouvrage destiné à développer les sentiments naissants des adolescents des deux sexes. *Metz, et Paris, Hachette*, 1829, 2 vol. in-12, avec 3 planches, 7 fr.

« En publiant cet ouvrage, l'auteur avait principalement en vue de faire connaître quelques fables extraites d'un recueil volumineux auquel il a consacré de nombreuses veilles, et que l'état de souffrance de la librairie ne lui a pas permis de mettre au jour. Les *Apologues* faisant partie des *Esquisses morales*, sont bien adaptés au sujet ; le style en est simple, correct, la versification aisée ; mais peut-être M. Wittersheim ne se tient-il pas assez en garde contre sa facilité. Plusieurs de ses fables sont trop longues : elles gagneraient presque toutes à être resserrées dans un cadre plus étroit ».

— Mémoire sur les moyens de hâter la régénération des israélites de l'Alsace. *Metz, de l'impr. d'Hadamard*, 1826, in-8 de 56 pages.

Ce Mémoire, présenté au concours ouvert par la Société des sciences et arts de Strasbourg, obtint une mention honorable, et valut à son auteur le titre de correspondant de cette Société.

— Mythologie (la) en miniature. *Metz, de l'impr. d'E. Hadamard*, 1827, in-64.

On trouve une Notice sur M. P. Wittersheim dans la Biographie de la Moselle, de M. Bégin, tome IV, pag. 479—81.

WITTOL (Hor. Coclès), esq., A S. S., pseudonyme. Voy. Harr. WILSON.

WITWICKI (Étienne), littérateur polonais, né à Varsovie, débuta comme auteur par la publication d'un roman intitulé : *Edmond*, que le public goûta peu : il composa ensuite des poésies lyriques ou chansonnettes populaires : ce genre lui réussit mieux. Depuis son séjour en France M. Witwicki a publié, en polonais :

— Moskale w Polszcze (les Moscovites en Pologne). *Paris, libr. polonaise*, 1833, in-18, 1 fr. 50 c.

— Poezje biblijne, Piosnki sielskie i Wiersze rozne (Poésies bibliques, Chansons populaires et Poésies diverses). *Paris, libr. polonaise*, 1836, in-18 de 376 pages, 7 fr.

— Wieczory pielgrzyma rozmaitosci moralne, literackie i polityczne. (Mélanges de morale, de littérature et de politique. Tome Ier). *Paris, libr. polonaise*, n. 17 bis, 1837, in-18 de 388 pages, 7 fr.

L'auteur se propose de publier un second volume. M. Witwicki, en outre, a publié à Paris, sans y mettre son nom, le *Paroissien polonais* et la *Couronne de la Mariée*, deux livres de prières, ainsi que leur titre l'indique.

Article de M. E. J.

WITY, prêtre licencié en théologie, chanoine d'Origny.

— Oraison funèbre du très-illustre et très-vertueuse dame Agnès-Catherine de Grillet de Brissac, abbesse de l'abbaye royale d'Origny Sainte-Benoiste, prononcée dans l'Église de la même abbaye, le onzième jour de mars 1723. *Saint-Quentin, P. Boscher*, 1724, in-4 de 74 pages.

WITZ (Pierre), pasteur de l'église protestante à Colmar ; né à Mulhausen, le 3 mai 1767, a fait ses études à Bâle, et est devenu successivement précepteur des enfants du comte de Sellon, de Genève (voy. ce nom), desservant de l'église de Mulhouse, et chef d'institution dans la même ville ; pasteur à Bienne, en Suisse, fonction qu'il quitta en 1814 pour s'établir à Colmar. Dans ces différents postes, il a toujours bien mérité de la jeunesse dans son mode d'instruction, par sa bonne methode d'enseigner, qui est celle de Condillac et de Develey. Ses principaux ouvrages sont :

— Allgemein fassliches und vollstaendiges Sprachenbuch. *Bern*, 1826, 2 part. in-8.

— Essai d'une manière très-facile pour apprendre aux enfants qui savent déjà lire l'allemand, à lire en peu de temps le français, etc. (En allemand). *Basel*, 1794, in-8 ; *Mulhouse, J. Risler*, 1817, in-8.

— Gebethe für Kinder, etc. 2te aufl. *Mulhausen, gedruckt bey J. Risler*, 1817, pet. in-8 de 64 pages.

— Versuch einer franzœsischen Sprachlehre für deutsche Kinder. *Zurich*, 1812, in-8.

Ces divers ouvrages ont été réimprimés plusieurs fois.

Article de M. Mathias Graf.

WITZ (P.-Eug.), de Bienne (Suisse).
— Essai sur la vie et sur quelques articles de la doctrine d'Emmanuel Swedenborg. Thèse présentée à la faculté de théologie protestante de Strasbourg, et soutenue publiquement le 25 juillet 1835. *Strasbourg, de l'impr. de Heitz*, 1835, in-4 de 36 pages.

WIX (Samuel), vicaire de S. Barthelemy, à Londres.
— Préface d'un écrit qui a pour titre : Réflexions sur l'importance d'assembler un concile entre l'église anglicane et celle de Rome, dans la vue d'aplanir les différends religieux, et de ramener l'union par le lien de la paix : humblement, mais sérieusement présentées à l'attention du prince régent. *Paris, Le Normant*, 1820, in-8 de 32 pages.

WLACQ. — Trigonométrie (la) rectiligne. *Paris*, 1720, in-8.
— Tables (les) de Sinus et des logarithmes mises au jour par Ozanam, avec la Trigonométrie. 1765, in-8.

WLGRIN DE TAILLEFER. Voy. Taillefer.

WLLYAMOR (madame). Voy. Pont-Wllyamoz.

WODON. — Commentaire sur la loi de l'enregistrement du 22 février an VII. 1837, in-8.

WODON (L.) à Liége. — Jules Janin et Nina Lassave, ode. (Imprimée dans la « Revue belge », tome III, 4e livr.).

WODWARD. — Géographie physique, ou Essai sur l'histoire naturelle de la terre; trad. de l'anglais par Noguez. *Amsterdam*, 1735, in-8.

WOENSEL (P. van). — Expériences nouvelles faites avec le mercure dans la petite vérole. *Amsterdam*, 1780, in-8.
— Précis de l'Histoire philosophique et politique des établissements et du commerce des Européens dans les deux Indes (de Raynal). *Amsterdam, Rosart*, 1782, in-8.

WOERL (J.-F.). — Atlas de l'Europe. Voyez J.-H. Weiss.

WOESTYN (Eugène). — Essais poétiques. 1838, in-12 de 36 pages.

Le recueil contient trois pièces, dont la dernière est intitulée : *Un amour de prêtre*, imitée de *Notre-Dame de Paris*.

— Riens, poésies. *Orléans, chez tous le libr.*, 1839, in-18.

WOEYKOFF (Alexandre), littérateur russe, anc. professeur de langue et de littérature, à l'Université de Dorpat, depuis inspecteur des classes à l'École impériale d'artillerie ; né à Moscou, le 13 novembre 1773.

M. Dupré de Saint-Maure, dans son Anthologie russe (Paris, 1823, in-4), a donné la traduction en vers français d'une *Épître* de M. Woeykoff, en cent quinze vers.

WOGUE (Lazare). — Éloge funèbre de M.-L. Schvabe, président du consistoire israélite de Metz, prononcé dans la synagogue consistoriale de Metz, le 6 juillet 1837. *Metz, de l'imp. de Wittersheim*, 1838, in-8 de 24 pages.
— Livre du puits vivant et voyant, poëme composé en hébreu, par Abraham Bélaïs, et traduit en français par Laz. Wogue. *Metz, de l'imp. de Wittersheim*, 1839, in-4 de 12 pages.
— Odes et prières hébraïques, trad. en français en l'honneur de S. M. Louis-Philippe, ainsi que de toute sa famille, par son serviteur Abr. Bélaïs, ex-trésorier du dey de Tunis, grand rabbin de Nice et d'Alger ; traduits en français par Lazare Wogue. *Paris, de l'impr. de Smith*, 1835, in-8 de 20 pages.

WOHLFART (Aug.). — Acte public sur l'usage et l'habitation, soutenu à la faculté de droit de Strasbourg, en 1820. *Strasbourg, de l'impr. de Levrault*, 1821, in-4 de 32 pages.

WOHLZOGEN (madame Caroline). — * Agnès de Lilien, traduit de l'allemand. *Paris, Agasse*, 1802, 2 part. en un vol. in-8 de 425 pages, 4 fr.
— * Trois Nouvelles, par l'auteur d'Agnès de Lilien ; trad. de l'allem. *Paris, Paschoud*, 1812, 2 vol. in-12.

Nous ne savons pas d'après quelle autorité Barbier attribue *Agnès de Lilien* et les *Trois Nouvelles* à madame Kunkler ; ce qu'il y a de bien certain, c'est que les bibliographes allemands présentent ce deux romans comme étant de madame Wohlzogen, Madame Kunkler peut les avoir traduits en français.

WOIDELL (madame). — * Fille (la) d'une femme de génie, trad. de l'anglais (1829). Voy. Hofland (mistr.).

WOILLEZ (madame). — * Édouard et Mathilde, ou la Caverne du brigand. *Paris, Lerouge*, 1822, 2 vol. in-12, fig., 5 fr.

Cet ouvrage est un répertoire des aventures les

plus romanesques. Amours insensées, naufrages, enlèvements, scènes de souterrains..... Entrez sans effroi dans la caverne du bandit, vous y trouverez les meilleurs gens du monde. Tout s'arrange à la fin et se termine à la plus grande satisfaction des âmes sensibles !

— Emma, ou le Robinson des demoiselles. *Paris, Langlumé et Peltier*, 1834, in-12, avec trois gravures, 3 fr.

— Enfant (l') du boulevard, ou Mémoires de la comtesse de Tourville. *Paris, Lerouge*, 1819, 2 vol. in-12, 5 fr.

— Mes prisons. Des devoirs des hommes, par Silvio PELLICO; trad. nouvelle, accompagnée du texte, par mesdames WOILLEZ et D'HOLLOSY. *Paris, Lefèvre*, 1839, in-8, 7 fr. ; — ou 1840, in-12, 5 fr.

— Souvenirs d'une mère de famille, ou Contes et nouvelles, pour servir à l'instruction et à l'amusement de la jeunesse. *Paris, Langlumé et Peltier*, 1833, in-12, 3 fr. 50 c.

— Vies et aventures des voyageurs, extraites des relations les plus curieuses, et faisant suite au Nouveau Voyageur de la jeunesse dans les cinq parties du monde. Sec. édition. *Paris, Langlumé et Peltier*, 1833, in-12, 3 fr.

WOILLEZ (Emmanuel), fils de la précédente.

— Description de la cathédrale de Beauvais, accompagnée du plan, des vues et des détails remarquables du monument, et précédée d'un résumé des principaux événements qui s'y rattachent. *Paris, Derache; Beauvais, Tremblay; Boquillon*, 1838, in-4 de 24 pages et treize planches, 10 fr. 50 c.

WOILLEZ (Eug.-J.), frère du précédent.
— Archéologie des monuments religieux de l'ancien Beauvoisis, depuis le Ve siècle vers la fin du XIIe. *Clermont, veuve Danicourt*, 1840, in-fol.

Cet ouvrage paraît par livraisons d'une feuille de texte et des planches. On en promet vingt à 3 fr. Six livraisons ont été publiées jusqu'à ce jour.

—Essai historique, descriptif et statistique sur la maison d'aliénés de Clermont (Oise), accompagné d'un plan général de cet asile. *Clermont, de l'impr. de la veuve Danicourt*, 1839, in-8 de 56 pages, avec une planche.

— Recherches pratiques sur l'inspection et la mensuration de la poitrine, considérées comme moyens diagnostiques complémentaires de la percussion et de l'auscultation. *Paris, Béchet jeune*, 1838, in-8, 6 fr.

WOINEZ (Charles), né à Caen (Calvados), en 1814.
— Hier et demain, poésies. *Paris, Paulin*, 1839, in-8, 7 fr. 50 c.

Trente-sept pièces de vers, portant presque toutes des subscriptions.

— Histoire de la ville de Caen et de ses progrès. *Caen, Clérisse*, 1836, in-8.

Avec M. Geo. Mancel, conservateur de la Bibliothèque de Caen.

L'ouvrage doit être divisé en quatre parties : I, Établissement des *North-man*; les quatre races de Gaels, des Kimris, des Saxons et des North-man, etc. ; II, Durant la possession de la Normandie par les North-man ; la féodalité; III, Depuis la réunion de cette province jusqu'à la révolution ; IV, Depuis 1788, époque où la révolution commence partout ». Toute cette matière sera comprise dans un fort volume in-8, qui doit paraître en 12 à 15 livraisons à 50 c. — Le Prospectus ne fait aucune mention du savant ouvrage de Huet, « Origine de la ville de Caen », 2e édit., Rouen, 1706, in-8.

Il n'a encore paru de cet ouvrage que la première livraison, in-8 de 48 pages.

— Mazagran. (En vers). *Paris, Degouve Denuncques*, 7 mars 1840, in-8 de 8 pag., 25 c.

— Nationales (les), poésies. *Paris, rue Lepelletier, n. 3*, 1840, in-12, avec une vignette, 1 fr. 25 c.

— Poésies. *Caen, Haulard*, 1839, in-8 de 16 pages.

— Promenades au Musée. Revue critique du salon de 1841. *Paris, France Thibaut*, s. d. (1841), in-18 de 100 pages, 75 c.

L'un des écrits de M. Woinez annonce, comme devant paraître, *le Péché originel, roman de mœurs*.

WOIRHAYE (Fr.), instituteur primaire à Metz.
— Traité d'arithmétique, par demandes et réponses. *Metz, l'Auteur; Paris, Corbet jeune*, 1828, in-12.

WOIRIN (Jacq.). — Pot-pourri de madame Milfort, dite la Thaumaturge. *Mézières, de l'impr. de Trécourt*, 1822, in-8 de 8 pages.

WOISARD (Jean-Louis), mathématicien distingué, ancien élève de l'École polytechnique, professeur de mathématiques au collège royal de Metz, répétiteur des sciences appliquées de l'École royale d'artillerie de Metz, et membre de la Société académique de la même ville ; né en 1798, à Metz, où il est mort le 16 février 1828.
— Arithmétique appliquée aux spéculations commerciales et industrielles; sommaire des leçons publiques données dans

l'hôtel de ville de Metz. *Metz, de l'impr. de Lamort*, 1827-29, 2 part. in-8, avec une planche. — Sec. édition, revue et augmentée des Proportions, des progressions, de l'extraction des racines et de notions élémentaires d'algèbre; par C.-L. BERGERY. *Metz, madame Thiel; et Paris, Bachelier*, 1839, in-8, avec une planche.

L'édition de M. Bergery a été réimprimée en 1837. Paris, Bachelier, in-8, avec une planche, 7 fr.

— Exercices d'arithmétiques, à l'usage des jeunes ouvriers qui veulent suivre les cours industriels, publiés par ordre de la Société des lettres, sciences et arts et d'agriculture de Metz. *Metz, Lamort*, 1826, in-8.
— Recherches sur la détermination des fonctions de deux variables dont les coëfficiens différentiels du premier ordre sont donnés implicitement.

Impr. d'abord dans le recueil de la Société académique de Metz, ann. 1827—28, pag. 165 à 184, et réimpr. dans le tome III des Mémoires présentés par divers savants à l'Académie royale des sciences (de l'Institut), 1833.

Woisard, en outre, à lu à la Société académique de Metz plusieurs *Mémoires* qui ont été imprimés dans les recueils de cette Société.

On a des Notices sur Woisard, par M. Bégin, dans la Biographie de la Moselle, tome IV, page 481 ; et par M. Bergery, dans le XLe volume de la Revue encyclopédique (1828).

WOLDEMAR (Michel), compositeur de musique, né à Orléans, le 17 septembre 1750, d'une famille recommandable dans le commerce et très-aisée. Il reçut une brillante éducation; et se livra à l'étude de la musique et du violon sous Lulli. Des revers de fortune l'obligèrent à utiliser ses talents, et il mourut professeur de musique à Clermont-Ferrand, en janvier 1816. Il est auteur de plusieurs œuvres de musique. (VERGNIAUD-ROMAGNÉSI, *Personnages remarquables d'Orléans*).

WOLF (Frédéric-Auguste), hélléniste allemand. Voy. PLATON.

WOLF (J.). — Histoire naturelle des oiseaux de l'Allemagne, représentés d'après nature et décrits (en allemand et en français). *Nuremberg, J.-F. Frauenholz*, 1805-16, 25 livr. grand in-fol., figures coloriées à 36 fr. chacune.

Avec M. Bern. Meyer.
Ouvrage bien exécuté sous le rapport des gravures, mais dont le texte est ordinaire. Il semble que cet ouvrage aura trente livraisons et formera deux volumes. Le premier volume est composé de quinze livraisons.

WOLF (J.-J.). — Kornelia, etc. *Stras-burg, gedrucht bey Heitz*, 1829, petit in-12.

WOLF (J.-L.), marchand de minéraux à Spa.
— Itinéraire des environs de Spa. *Liége*, 1816, in-12.
— Résumé de l'histoire des eaux minérales de Spa, de leur analyse, de leur propriété, etc., avec un tableau chronologique des principaux étrangers qui sont venus aux eaux de Spa. *Bruxelles, C.-J. De Mat*, 1829, in-18, 1 fr. 50 c.

WOLF (Ferdinand-Joseph), l'un des premiers employés de la bibliothèque impériale de Vienne (Autriche), très-versé dans les littératures du midi de l'Europe.
— Floresta de rimas modernas castellanas, o Poesias selectas castellanas desde el tiempo de Ignatio de Luzan hasta noestros dias, con una Introduccion historica, y con Noticias biograficas y criticas, recogidas y ordenadas por F. José WOLF. *Paris, de la impr. de Casimir*, 1836, 2 vol. in-8, 20 fr.

L'impression de ce livre a été soignée par M. Francisque Michel.

WOLF D'ORFEUIL, pseudon. Voy. LE CAMUS DE MEZIÈRES.

WOLFE-TONE. Voy. TONÉ.

WOLFF (Chrétien). — Cours de mathématiques, qui contient toutes les parties de cette science, mises à la portée des commençants; traduit en français et augmenté (par Antoine-Joseph PERNETTY et par dom BERZILLAC). *Paris Jombert*, 1747, 3 vol. in-8. — Nouv. édition, corrigée et augmentée (par Ch.-Ant. JOMBERT). *Paris*, 1757, 3 vol. in-8.
— Cours abrégé de la philosophie Wolffienne, par Jean DESCHAMPS. *Amsterdam*, 1743, in-12.
— Institutions du droit de la nature et des gens, trad. du latin, par M...., avec des notes (par Élie LUZAC). *Leyde, E. Luzac*, 1772, 2 vol. in-4, et 6 vol. in-12.
— Logique ou Réflexions sur les forces de l'entendement humain, et sur leur légitime usage dans la connaissance de la vérité. (Trad. du latin, par J. DESCHAMPS). *Berlin, A. Haude*, 1736, in-8.
— Philosophe (le) roi et le roi philosophe, trad. du latin par Jean DESCHAMPS. *Berlin*, 1740, in-4.
— Principes du droit de la nature et des

gens, extrait du grand oùvrage latin de Wolff, par J.-H.-Sam. FORMEY. *Amsterdam*, 1758, in-8, et 3 vol. in-12.

—Psycologie, ou Traité de l'âme. *Amsterdam*, 1745, in-12, 3 fr.

WOLFF (Jean-Christophe). — Description du Pégu et de l'île de Ceylan, renfermant des détails exacts et neufs sur les climats, les productions, etc., de ces contrées; par W. HUNTER, Chr. WOLFF et ESCHELSKROON; trad. de l'anglais et de l'allemand, par L. (LANGLÈS). *Paris, Maradan*, 1793, in-8.

Le Voyage à l'île de Ceylan, parut en allemand, à Berlin, en 1782, in-8. La version de Eschelskroon est de Londres, 1785, in-8.

WOLFF (madame Élisabeth), née BEKKER.
— Histoire de Mlle Sara Burgerhart, trad. en français. 1787, in-4.

En 1825, on a imprimé, à Paris, le prospectus d'un ouvrage intitulé : *Voyages et Aventures de madame Wolff*, membre de l'Académie de Rome, de l'Académie virgilienne de Mantoue, poëte comique; suivis de la Vie de deux célèbres aventuriers du xviiie siècle, et de l'Histoire d'un soi-disant dauphin, écrits par elle-même. Nous présumons que c'est un ouvrage de l'auteur de l'*Histoire de mademoiselle Sara Burgerhart*; les *Voyages et Aventures* devaient former quatre volumes; mais les souscriptions n'ayant pas couvert les frais, l'ouvrage n'a pas été imprimé.

WOLFF (F.), docteur en philosophie, professeur au Gymnase de Joachimsthal.
— Dictionnaire de chimie. Voy. M. H. KLAPROTH.

WOLFF (Jens), ci-devant consul de Danemark.
— Runakefli le Runic rim stok, ou Calendrier runique, avec l'explication des divers caractères, fêtes, etc, qui sont gravés sur ces anciens bâtons, auquel est ajoutée une Ode tirée de l'Edda Samundar, appelée Thryms-Quida, ou le Rapt du marteau du Thor, composée dans le onzième siècle; trad. en français de la langue islandaise; suivi de quelques remarques sur la mythologie du nord. On y a joint quelques planches représentant des monuments runiques, dont on donne l'explication. *Paris, de l'impr. de Nouzou*, 1820, in-8 de 72 pages, plus les planches.

WOLFF (O-.L.-B. et J.-B.), écrivains belges. Voy. « la Littérature française contemporaine ».

WOLFF, député à la chambre du grand-duché de Bade.
— Discours à la chambre....., pour obtenir que les médecins homœopatiques puissent, comme par le passé, dispenser eux-mêmes leurs médicaments. *Paris, de l'impr. de Cosson*, 1840, in-8 de 32 pages.

WOLFFERS (Fr. de), maître de langues à Paris.
— Élégies romaines de GOETHE, suivies de ses épigrammes, ballades et épîtres, et d'un choix de ses poésies fugitives, trad. par Fr. de WOLFFERS. *Paris, Dondey-Dupré*, 1837, in-8, 5 fr.
— Leçons (nouvelles) de littérature, ou Morceaux choisis de Schiller, Gœthe, Zschokke, etc., contes, histoires, mémoires, voyages, choix de poésies; etc., à l'usage de la jeunesse française. *Paris, Thiériot*, 1837, in-12, 3 fr. 50 c.
— Notice sur l'usage des tableaux synoptiques des langues anciennes et modernes. *Paris, Thiériot*, 1837, in-8 de 8 pag.
— Tableau synoptique de la langue allemande. *Paris, Thiériot*, 1837, in-4 d'une feuille imprimée d'un seul côté.
— Tableau synoptique de la langue anglaise. *Paris, Thiériot*, 1837, in-4 d'une feuille imprimée d'un seul côté.

WOLFRAM (F.-R.), ingénieur.
— Charpente (la) de l'ouvrier et du propriétaire, ou Art de la charpente enseigné dans tous ses détails. *Paris, Audin,* 1828, in-12, avec planches, 7 fr.

Avec M. Fillastre, maître charpentier-menuisier. Cet ouvrage a paru en sept livraisons.

WOLFROM (J.). — Bade dans le grand-duché....; trad. de l'allemand (1833). Voy. SCHREIBER.
—Voyageur (le) dans le grand-duché de Bade, trad. de l'allem. (1829). Voy. ce titre à la table des Ouvrages anon.

WOLFSOHN (J.).—Predigt, etc. *Strasburg, Pfaehler*, 1821, in-8 de 24 pag.

WOLK (Gottlieb). — Nouvelles (les) Soirées d'Aarau. Voy. ZSCHOKKE.

WOLKE (Chrétien-Henri). — Livre (le) pour ceux qui apprennent à lire et à penser, consacré à la jeunesse; trad. de l'allemand. *Saint-Pétersbourg*, 1785, in-8.
—Méthode naturelle d'instruction, traduite par MM. L. et K., revue par M. HUBER. *Leipzig*, 1782, in-8. — Explication des planches appartenant à cet ouvrage. *Ibid.*, 1788, in-8 oblong.

— Premières Connaissances pour la jeunesse!, ou Description de 160 figures gravées en taille-douce, à l'usage des jeunes gens qui veulent apprendre l'allemand, le russe et le français. Traduction de l'allemand. *Saint-Pétersbourg*, 1787, in-8.

WOLKONSKA (la princessse Zénéide), née princesse BELOSELSKY.
— * Tableau slave. *Paris, veuve Renard*, 1824, in-12.
—Quatre Nouvelles. *Moscou*, 1819, in-12.

WOLLASTON (William).—Ébauche de la religion naturelle, ouvrage trad. de l'anglais, avec un supplément et autres additions considérables (par GARRIGUE). *La Haye, Swart*, 1726, in-4; 1756, 3 vol. in-12.

C'est à tort que quelques rédacteurs de Catalogues ont attribué cette traduction à Genest.   *Barb.*

WOLLSTONECRAFT (Mary). Voy. Mrs GODWIN.

WOLOWSKI, anc. médecin de l'armée polonaise.
— Documents sur le choléra-morbus, communiqués à la « Revue médicale ». *Paris, de l'impr. de Cosson*, 1832, in-8 de 12 pages.

WOLOWSKI (L.'). — Mobilisation (de la) du crédit foncier. Mémoire lu à l'Académie des sciences morales et politiques, dans sa séance du 13 juillet 1839. *Paris, l'Auteur*, 1839, in-8 de 36 pages.
— Sociétés (des) par actions. *Paris, rue des Beaux-Arts, n. 9*, 1838, in-8 de 100 pages.

Réimpression revue et augmentée de deux articles qui ont paru dans les cahiers de janvier et février 1838 de la *Revue de législation et de jurisprudence*, recueil publié par M. Wolowski.

WOLTMANN (Charles-Louis de). — Histoire de la paix de Westphalie, trad. de l'allemand, et accompagnée de notes, par M. A. MAILHER DE CHASSAT.

Imprimée avec la traduction, par le même, de 'Histoire de la guerre de trente ans, de SCHILLER (Voy. ce nom).

VOLZOGUE (Louis de).— Dictionnaire hébraïque, contenant toutes les origines des mots hébreux, tant primitifs que dérivés du Vieux Testament, écrit en anglais, par le chev. LEIGH, traduit en français et augmenté de diverses remarques. *Amster-*

dam, *Rudolph et Gerard Wetstein*, 1712, in-4.

WONCK (J.-F.), avocat.
— * Considérations impartiales sur la position actuelle du Brabant. *Bruxelles*, 1790, in-8.

WOOD (Robert). — Essai sur le génie original d'Homère, avec l'état actuel de la Troade, comparé à son état ancien; trad. de l'angl. (par J.-N. DE MEUNIER). *Paris, frères De Bure*, 1777, in-8.
— Ruines (les) de Palmyre, autrement dite Tedmor au désert, par Robert WOOD et DAWKINS. *Paris, Lugan*, 1829, in-4, figures.

L'ouvrage a paru en quinze livraisons, qui ont coûté aux souscripteurs 18 fr. 75 c.

WOOD (Nic.). — Traité pratique des chemins de fer, trad. de l'anglais, avec des notes et additions, par F. de MONTRICHER et E. de FRANQUEVILLE, ingénieurs des ponts et chaussées, et H. de RUOLS. *Paris, Carilian-Gœury*, 1834, in-4, et Atlas de 14 planches.

WOOD (J.). — De la liberté du commerce considérée comme nécessaire à la prospérité de l'industrie, de l'agriculture, et au progrès de la civilisation de tous les pays. *Paris, de l'impr. de Moreau*, 1836, in-8 de 20 pag.

WOODES ROGER (le cap.).—Voyage autour du monde; trad. de l'angl. *Amsterdam, Honoré*, 1725, in-12, 5 fr.

WOODWARD. — Distribution méthodique des fossiles, trad. de l'angl. par P. NICÉRON. *Paris, Briasson*, 1735, in-4.

WOODARD(David).—Relation des malheurs et de la captivité pendant deux ans et cinq mois du capitaine David Woodard, et de quatre de ses compagnons, dans l'île de Célébès, située sous la ligne équinoxiale; avec la description de cette île, de ses productions, et des mœurs et coutumes de ses habitants. Traduit de l'anglais. *Paris*, 1805, in-8, avec planches et cartes, 5 fr.

WOODWILL (miss). — Destinée (la), ou Mémoires de lord Kilmarnoff; traduit de l'angl. (par A.-G. CONTANT D'ORVILLE). *Amsterdam, et Paris, Hérissant*, 1766, 2 vol. in-12.

WOODWILLE, alors médecin des inoculés à Londres.

— Rapport sur le cowpox, ou la petite-vérole des vaches, et sur les avantages qu'il y aurait à substituer l'inoculation de cette maladie à celle de la petite vérole; traduit de l'anglais par A. AUBERT-D. M., augmenté de notes et d'un précis historique des expériences faites sur ce virus (par le traducteur). *Paris, Gabon,* 1799, in-8, 2 fr. 50 c.

WOOG (Ignace). — Théâtre alsaçois, ou Description historique du comté d'Alsace. (En allemand). *Strasbourg, Heitz,* 1789, in-8.

WOOLHOUSE, gentilhomme anglais et médecin oculiste du feu roi d'Angleterre.

— Dissertations savantes et critiques sur la cataracte et le glaucome de quelques modernes et principalement de MM. Brisseau, Antoine et Heister, avec une Réponse juste et énergique à l'apologie du dernier imprimée à Altof, 1717. Tirées des manuscrits de l'auteur et mises au jour par M. Christoffle LE CERF, D. M. à Francfort-sur-le-Mein. *Offenbach - sur - le - Mein, Bonav. de Launoy,* sans date (1717), in-12 de xjv, 366 et xj4 pages.

WOOLSTON. — Discours sur les miracles de J.-C. Traduits de l'angl. XVIIIe siècle. 2 vol. in-12.

WORBE, avocat et médecin à Dreux.
— Éloge de Louis XVI. *Paris, A. Eymery; Delaunay,* 1816, in-8 de 48 pag., 1 fr.— Seconde édition, augmentée d'une partie de la Correspondance de l'auteur à l'occasion de ce discours. *Paris, de l'impr. de Marchand-Dubreuil,* 1830, in-8 de 16 pages.

La Correspondance était destinée pour des exemplaires de l'édition précédente.

WORCELL (Stanislas). — Aux réfugiés polonais. *Paris, de l'impr. de Mie,* 1833, in-8 de 4 pages.

Avec M. C.-A. Pulaski.

WORCESTER (J.-E.). — Abrégé de la géographie sacrée, trad. de l'angl. par E. CORTAMBERT. *Paris, Picquet,* 1830, in-18 de 45 pages.

WORCESTER (Noé). — Coup-d'œil raisonné sur la guerre, où l'on prouve que la guerre n'est fondée que sur un préjugé devenu populaire, et où l'on propose les moyens de mettre un terme à ce fléau; trad. de l'angl. *Londres,* 1823, in-8.

WORDSWORTH (William).—Poetical works (his), complete in one volume. *Paris, Galignani,* 1828, in-8, avec un portrait. Prix, sur pap. fin satiné, 20 fr.; sur pap. vélin, 30 fr., et grand pap. vélin, 45 fr.

— Vie de Shakspeare, traduite en français.

Traduction imprimée avec une édition des Œuvres complètes du poëte anglais, qui fait partie du « Panthéon littéraire ».

WORDSWORTH (le docteur Christophe). — Grèce (la) pittoresque et historique. Trad. de l'angl. par E. REGNAULT. Illustré par trente-quatre splendides gravures sur acier, par deux cartes et par six cents gravures sur bois. *Paris, Curmer,* 1839 et ann. suiv., gr. in-8.

Ouvrage publié en vingt-quatre livraisons, à 4 fr. 50 c. chacune.

WORMS (Aaron), membre correspondant de l'Académie royale de Metz.

Il a été le rédacteur du journal français, publié à Carlsruhe sous le titre de *Gazette, ou Journal universel.*

WORMS. — Exposé des conditions d'hygiène et de traitement, propres à prévenir les maladies et à diminuer la mortalité dans l'armée, en Afrique, et spécialement dans la province de Constantine; suivi d'une théorie nouvelle de l'intermittence et de la nature, ainsi que du siége des maladies des pays chauds. *Paris, Baillière,* 1838, in-8, 3 fr. 50 c.

WORMS (Siméon).— Projet d'un nouveau système d'emprunt pour le gouvernement, présenté à la chambre des députés, qui en a voté le renvoi au ministre des finances, et le dépôt au bureau des renseignements, dans sa séance du 20 juin 1839; suivi d'une Lettre à M. Passy, ministre des finances. *Metz, Lamort,* 1840, in-8 de 16 pages.

Ce projet a eu une seconde édition en novembre de la même année.

— Question d'amortissement pour les fonds publics. *Metz, de l'impr. de Lamort,* 1840, in-8 de 12 pages.

WORMS (le comte de), pseudon. Voy. PASERO.

WORMS DE ROMILLY (Emm.). —

Odes d'Horace, traduites en prose (1826).
Voy. HORACE.

WORONICZ (Janus), parent du célèbre archevêque de ce nom.
— Rzecz o dynastyi w Polsce. (Un mot sur la dynastie en Pologne). *Paris, libr. polonaise*, 1839, in-8.

M. Woronicz est un des premiers qui ont conçu l'idée de propager l'opinion que la famille du prince Czartoryski doit régner en Pologne. Cette coterie croit même que c'est le seul moyen de faire ressusciter la Pologne. Pour développer cette idée, M. Woronicz a fondé, en 1840, un journal intitulé : *Trzeci May* (le 3 mai), destiné à propager les doctrines dynastiques.

WORSLEY (Israel). — On the state of religion in France. *Paris, printed by Ducessois*, 1831, in-4 de 8 pages.

WORTLEY MONTAGUE (lady). Voy. MONTAGUE.

WOUSSEN (J.-F.). — Véritable (la) jurisdiction du Pape dans les affaires de religion. *Lille*, 1791, in-8.

Avec Honoré de Clercq.

WOUTERS (mademoiselle Cornélie). Voy. madame de VASSE.

WOUTERS (Marie), sœur de la précédente.
— * Décameron (le) anglais, ou Recueil des plus jolis Contes traduits de l'anglais. *Londres , et Paris , veuve Ballard et fils ,* 1783-86, 6 vol. in-18.

Ouvrage qui a été quelquefois faussement attribué à sa sœur.

—Nelson, ou l'Avare puni. *Paris, Lepetit,* an VI (1798), 3 vol. in-12 , ornés de quatre jolies gravures, 4 fr. 50 c.

Mademoiselle Wouters a aussi traduit, en société avec sa sœur, le *Théâtre anglais , depuis l'origine des spectacles jusqu'à nos jours* (1784—87), 12 vol. in-8). Elle a consigné , dans des vers pleins de sensibilité, les regrets qu'elle a éprouvés à la mort de madame de Vasse.

WOUTERS (E.-W.). — Traité du choix des exutoires, trad. du latin , et augmenté d'un grand nombre d'additions et de notes, par CURTET. *Bruxelles*, 1803, 2 vol. in-8.

WOUVERMANS (Ph.). — OEuvre de Ph. Wouvermans, gravé d'après ses meilleurs tableaux, par J. MOYREAU, graveur du roi; collection de cent planches. Grand in-folio oblong , 200 fr.

WOYT (Jo.-Jac.). — Curieuse chirurgie. *Dresde*, 1715, in-8.

WRAXAL (N.). — Mémoires historiques de mon temps , contenant des particularités remarquables sur les souverains et les personnages les plus remarquables de l'Europe, pendant une grande partie du XVIIIe siècle; le récit des principaux événements du règne de George III , des notices sur les ministres anglais et les principaux membres du parlement, tels que Pitt, Fox , Sheridan, etc.; trad. de l'angl. sur la deuxième édition , par R.-J. DURDENT. *Paris , Dentu,* 1817, 2 vol. in-8, 10 fr.
— Voyage dans quelques parties du nord de l'Europe. Traduit de l'anglais sur la deuxième édition. *Rotterdam ,* 1777, in-8.

WREST (mistriss). — Alicia de Lacy, roman historique; trad. de l'angl. par madame Élis. de BON. *Paris , Lecointe et Durey,* 1819, 5 vol. in-12, 12 fr. 50 c.

WRIGHT (miss). — Quelques jours à Athènes. Trad. de l'angl. (par Mlle SOBRY). *Paris, Alexis Eymery,* 1822, in-8.
— Voyages aux États-Unis d'Amérique , ou Observations sur la société , les mœurs, les usages, et le gouvernement de ce pays; recueillies en 1818-20. Trad. de l'angl. par J.-T. PARISOT. *Paris , Béchet aîné,* 1822, 2 vol. in-8 , 10 fr.

WRIGHT (Th.). — Coup-d'œil sur les progrès et sur l'état actuel de la littérature anglo-saxonne en Angleterre; trad. de l'anglais par M. de LARENAUDIÈRE. *Paris, Silvestre,* 1836 , in-8 de 60 pages.

En société avec M. Francisque Michel, M. Th. Wright a publié : 1° *Galfridi de Monemuta vita Merlini* (1838, in 8). Cette vie de Merlin, attribuée à Geoffroy de Monmouth , est publiée d'après les manuscrits de Londres; 2° les *Relations des voyages de Guillaume de Rubruk, Bernard Lesage et Sœwulf ,* d'après les manuscrits de Cambridge, de Leyde et de Londres (1839, in-4).

WRIGHT (Ch.).— Familiar (a) digest of the law of british residents in France. *Paris, Baudry,* 1838, in-12 de 96 pages.

WRIGHT (W.-E.). — Memoirs of the marschal count de Rochambeau, relative to the war of independance of the United-States. Extracted and translated from the french by W.-E. WRIGHT. *Paris, rue Neuve-Saint-Augustin, n. 55,* 1838, in-8.
— Méthode de balance de comptes, pour obtenir sans pointage et sans erreur possible , une balance générale ou une balance journalière. *Paris, rue Neuve-Saint-Augustin, n. 55,* 1840, in-8 de 24 pages, plus un tableau.

WRINDTS (l'abbé), prêtre belge.

— Du mal. A l'occasion du jubilé. *Paris, Méquignon-Havard*, 1826, in-8, 6 fr.

— Erreurs (les) de l'abbé de La Mennais. *Bruxelles, Rampelberg*, 1832, in-8.

— Nouvel essai sur la certitude, où l'on simplifie enfin la question fondamentale de la certitude humaine agitée en particulier dans « l'Essai sur l'indifférence en matière de religion ». *Lyon, et Paris, Rusand,* 1828, in-8.

—* Paroles (les) d'un croyant, revues, corrigées et augmentées. Par un catholique. *Paris, Jeanthon,* 1834, in-8, 4 fr.

Lorsque ce livre parut, l'éditeur de l'ouvrage de M. de La Mennais présumant que le public pourrait être trompé par le titre, et acheter l'un pour l'autre, il intenta un procès à M. Jeanthon, et le tribunal le condamna à supprimer ce titre : il fut remplacé par celui-ci : *Réfutation des Paroles d'un croyant, selon l'Église romaine,* par un catholique.

WRIBBERG (Henr.-Aug.).— Tractatus de morbo mucoso, etc. Vide ROEDERER.

WRONIECKI (Antoine), général de brigade ; mort à Paris, le 3 décembre 1838.

— Mécanisme des manœuvres de guerre. *Bourges,* 1832, in-8, 2 fr.

— Sprawa piesza wedlug ducha naszego wecku. ksiag dwoje. *Paris, de l'impr. de Bourgogne,* 1835-36, 2 part. in-18.

WRONSKY (J.-Hoéné), ancien colonel-lieutenant d'artillerie au service de Russie ; né en Pologne.

— Accomplissement des théories des probabilités pour maîtriser les opérations de rentes à la bourse, les jeux, et généralement tous les phénomènes dépendant du hasard. *Paris, Treuttel et Würtz,* 1833, in-4 de 4 pages.

— Anneau-Arithmétique. 1832.

Cité par l'auteur.

— A Sa Majesté l'empereur Nicolas. *Paris, de l'impr. de Poussielgue,* 1831, in-4 de 8 pages.

— Aux souverains de l'Europe (sur l'Union antinomienne). *Paris, de l'impr. de Poussielgue,* 1831, in-4 de 8 pages. — Union antinomienne. *Paris, de l'impr. du même,* 1831, in-4 de 8 pages.

— Calculateur-universel. (Prospectus de nouveaux instruments pour tous les calculs arithmétiques et algébriques). 1823.

Cité par l'auteur.

— Canons de logarithmes de H. W. : Tables n. 1, 1 *bis,* 2, 3, 3 *bis,* 4 ; Instruc-

tions et théorie, avec un Supplément donnant la résolution générale de l'équation du cinquième degré. *Paris, de l'impr. de J. Didot aîné.* — *Treuttel et Würtz,* 1827, in-8 de 68 pages.

—Cours de philosophie(Programme).1819, in-4 de 2 pages.

Ce Cours devait durer trois mois, en vingt-cinq séances.

— Critique de la Théorie des fonctions générales de M. Laplace. *Paris, Treuttel et Würtz ; Delaunay ; Dentu,* 1819, in-4 de 145 pages.

— Documents pour l'histoire des mathématiques. *Paris, de l'impr. de Charles,* 1812, in-8 de 8 pages.

Opuscule qui n'a pas été destiné au commerce.

— Extrait du Mémoire de M. Hoéné Wronski sur la Théorie de la terre....

—* Instructions pour l'Anneau arithmétique de Hoéné Wronski. *Paris, rue Neuve-Saint-Eustache, n.* 18, 1833, in-8 de 24 pages.

— Introduction à la Philosophie des mathématiques et technie de l'Algouthmie. *Paris,* 1811, in-4.

— Introduction à l'ouvrage intitulé « le Sphinx, ou la Nomothétique schelienne ». *Paris, Treuttel et Würtz ; Delaunay,* 1818, in-4 de 36 pages. — Le Sphinx, ou la Nomothétique schelienne. Nᵒ Iᵉʳ. *Paris, Treuttel et Würtz,* 1818, in-4 de 84 pag. — Nᵒ II. *Paris, au bureau du Sphinx,* 1819, in-8 de 36 pages,

Le premier numéro du « Sphinx » a été aussi imprimé dans la même année, dans le format in-8, en trente-six pages.

— Introduction to a curse of mathematicks. *London,* 1821, in-4.

— Lettres (trois) à sir Humphry Davy, président de la Société royale de Londrès, sur l'imposture publique des savants à privilège ou des sociétés savantes. *Londres,* mars 1822, in-8.

— Loi téléologique du hasard. (Premier Aperçu). *Paris, de l'impr. de Trouvé,* 1828, in-8 de 4 pages. — Second Aperçu. *Paris, de l'impr. du même,* 1828, in-4 de 8 pages.

L'auteur donne à ces deux Aperçus la date de 1833 : il y a vrai-emblablement un troisième aperçu publié dans cette année.

—Machines à vapeur : aperçu de leur état actuel sous les points de vue de la mécanique et de l'industrie, pour conduire à la solution accomplie du problême que présentent ces machines, avec un Supplément donnant la théorie mathématique rigoureuse des machines à vapeur, fondée sur la nouvelle théorie générale des fluides. *Paris, Treuttel et Wurtz*, 1829, in-4 de 56 pages.—Complément de la Nouvelle Théorie mathématique des machines à vapeur. *Paris, de l'impr. de Jul. Didot*, 1830, in-4 de 8 pages.

— Messianisme : union finale de la philosophie et de la religion, constituant la philosophie absolue. Tome Ier. Prodrome du Messianisme : révélations des destinées humaines. *Paris, rue Montmartre, n.* 164; *rue Bellefond*, 1831, in-4 de 104 pages, avec une planche, 6 fr.—Tome II. Métapolitique : désordre révolutionnaire du monde civilisé. *Paris, de l'impr. de J. Didot aîné*, mai 1839, in-4, 6 fr.

On trouve un Examen de cet ouvrage dans le Mémorial encyclopédique et progressif de Bailly de Merlieux, ıx^e année, n° 107, page 699.

— Pétition au parlement britannique sur la spoliation d'un savant étranger, par le bureau des longitudes de Londres, soumise par Hoëné Wronski. *Londres*, mars 1822, in-8.
— Pétition aux deux chambres législatives de France, sur la barbarie des chemins de fer, et sur la réforme scientifique de la locomotion. *Paris, de l'impr. de Didot aîné*, 1838, in-4 de 32 pages.
— Philosophie critique découverte par Kant, fondée sur le dernier principe du savoir. Tome Ier, sect. I-III. *Marseille, et Paris*, 1803, in-8.
—Philosophie de la technie algorithmique : première section, contenant la Loi suprême et universelle des mathématiques. *Paris, de l'impr. de Didot aîné*, 1815, in-4 de 300 pages, 20 fr. — Seconde section, contenant les lois des séries comme préparation à la réforme des mathématiques. *Paris, de l'impr. de P. Didot aîné.—Madame Courcier; Treuttel et Wurtz*, 1817, in-4 de 668 pages, 50 fr.
— Philosophie de l'infini, contenant des contre-réflexions sur la métaphysique du calcul infinitésimal. *Paris, de l'impr. de P. Didot aîné*, 1814, in-4 de 208 pages, 9 fr.
— Philosophie des progrès des lumières, etc., etc. *Paris, de l'impr. d'Éverat*, 1833, in-4 de 2 pages.

Prospectus d'un Cours public.

—* Problème fondamental de la politique

moderne. *Paris, Ladvocat*, 1829, in-8 de 52 pages.
— Programme du cours de philosophie transcendantale de M. Hoëné Wronski. *Paris, de l'impr. de Pillet*, 1811, in-8 de 16 pages.

Il y a une autre édition de ce programme impr. dans la même année par F. Didot.

— Prospectus de la Philosophie absolue. 1826.

Cité par l'Auteur.

— Prospectus historique de la réforme de la locomotion. *Paris, de l'impr. de J. Didot*, 1840, in-4 de 8 pag.
— Question décisive sur Napoléon. *Paris, Paulin*, 1840, in-12 de 36 pages.
— Secret politique de Napoléon, comme base de l'avenir moral du monde. *Paris, de l'impr. de J. Didot aîné*, 1840, in-8 de 128 pages. — Faux (le) Napoléonisme : comme suite du « Secret politique de Napoléon », et comme interprète des idées du prince Louis Napoléon. *Paris, de l'impr. du même*, 1840, in-8 de 68 pages.
— Réfutation de la Théorie des fonctions analytiques de Lagrange, dédiée à l'Institut impérial de France. *Paris, de l'impr. de P. Didot. — Blankenstein*, 1812, in-4 de 140 pages, 6 fr.
— Réponse au Mémoire du sieur Arson, intitulé : Document pour servir à l'histoire des grands fourbes qui ont figuré sur la terre. *Paris, de l'impr. de Poulet*, 1818, in-4 de 68 pages.

Le véritable titre de l'écrit de M. Arson est : Document, etc., ou Mémoire d'Arson (de l'île de Vaucluse), contre Hoëné Wronski, auteur de divers ouvrages sur les mathématiques. Paris, madame Courcier, 1818, in-4 de 104 pages.
L'année suivante parut une Réplique au sieur Hoëné Wronski, faisant suite au Mémoire d'Arson, Paris, de l'impr. de P. Didot aîné, in-4 de 20 pag., à laquelle M. Wronski répondit par une *Déclaration concernant le sieur Arson*. Paris, de l'impr. d'Éverat, 1818, in-4 de 8 pages, et encore un *Extrait des journaux de Paris* (Paris, de l'impr. de Doublet, 1818, in-8 de 2 pages) qui se compose de la lettre de M. Arson, insérée dans le Journal général du 2 juin, et dans la Gazette de France du 3 ; et la lettre de M. H. Wronski, insérée dans la Gazette de France du 4.

— Résolution générale des équations de tous les degrés ; dédiée à la Pologne, ancienne patrie de l'auteur. *Paris, J. Klostermann fils*, 1812, in-4 de 16 pages, 1 fr.
— Résultats des expériences faites avec les rails mobiles, ou chemins de fer mouvants de Hoëne Wronski. *Paris, de l'impr.*

de J. Didot ainé, 1839, in-4 de 8 pages.
— Systèmes (nouveaux) des machines à vapeur, fondés sur la découverte des vraies lois des forces mécaniques. Introduction philosophique, contenant le programme industriel et l'établissement scientifique des nouvelles lois physiques. *Paris, de l'impr. de Jules Didot ainé. — Treuttel et Wurtz*, 1835, gr. in-4 de xvi et 64 pag.

WRONSKI (mademoiselle Sarrazin de Montferrier, dame), épouse du précédent; née à Paris.

Madame Wronski a composé quelques *élégies*, dont on a rappelé certains vers érotiques dans la Biographie des Bouches-du-Rhône.

WROTNOWSKI (Félix), écrivain polonais, réfugié en France; né dans le Palatinat de Troki (Wilna), a fait ses études à l'Université de cette ville. Il a publié la traduction polonaise des romans de Cooper. Pendant la campagne de 1831, il a été aide-de-camp du général Chlapowski. Arrivé à Paris, il s'occupa de la publication des Mémoires sur l'insurrection de la Lithuanie. En avril 1841, il a commencé à publier, avec le comte Ladislas Plater, le « Dziennik Narodowy (Journal national), paraissant chaque samedi, et qui compte aujourd'hui quarante-six numéros. En 1842, il publia le « Cours de littérature slave », de M. Mickiewicz, en langue polonaise. On connaît de lui un petit conte : « les Deux sorts dans la vie de Joséphine », en polonais, publié à Cracovie, sans nom d'auteur. Nous connaissons de M. Wrotnowski, imprimés à Paris, les ouvrages suivants :
— Pamientniki o powstaniu Litwy i ziem Ruskich w roku 1831. (Mémoires sur l'insurrection de la Lithuanie et des terres russiennes, en 1831). *Paris, de l'impr. de Pinard*, 1833, in-8 de 80 pag., avec une carte de la Lithuanie.
— Powstanie na Wolyniu, Podolu i Ukrainie w roku 1831 podlug podan dowodzcow i wspoluczestnikow tegoz powstania. (Insurrection en Volhynie, Podolie et Ukraine, en 1831, d'après les notes des chefs et agents de cette insurrection). *Paris, libr. polonaise*, 1837-38, 2 vol. in-8 de 339 et 401 pages, 13 fr. 50 c.
— Zbior pamietikow o powstaniu Litwy w. r. 1831 (Collection des Mémoires sur l'insurrection de la Lithuanie en 1831). *Paris, de l'impr. de Pinard*, 1835, in-8, 8 fr.

Article de M. E. J.

WUIET DE M..... (Caroline), plus tard baronne Auffdiener, femme d'un colonel de génie de ce nom au service de Portugal, née vers 1770, fut un enfant célèbre, qui, à l'âge de cinq ans, jouait du piano comme les grands maîtres. Marie-Antoinette, avant d'être reine, se chargea de son éducation, et ensuite lui fit une pension : elle eut pour maîtres : Beaumarchais et Demoustier pour la littérature; Grétry, pour la musique, et Greuze pour la peinture. A l'époque de la révolution, Caroline Wuïet, suspectée par suite de ses relations avec la famille royale, fut arrêtée et condamnée à la déportation : elle s'enfuit en Angleterre, et passa ensuite en Hollande. Elle revint bientôt à Paris, où elle se fit remarquer comme lionne du Directoire, avec madame Tallien, à laquelle elle était intimement liée; comme bonne musicienne et comme bas-bleu. En 1806 ou 1807, elle épousa M. Auffdiener, et suivit son mari à Lisbonne, où elle prit le nom de donna *Elidora*. Les revers des Français en Espagne et en Portugal la firent rentrer dans sa patrie; elle y vécut en écrivant, en composant des romances (1), et en donnant des leçons de musique. Elle mourut vers 1835, dans une enfance prématurée, à Saint-Cloud, où elle s'était retirée depuis plusieurs années. Elle avait été reçue membre de l'Académie des Arcades de Rome, et agrégée à plusieurs autres académies étrangères.
— * Couvent (le) de Sainte-Catherine, ou les Mœurs du treizième siècle. Roman historique d'Anne Radcliffe, traduit par madame la baronne Caroline A........, née V... de M......, agrégée à plusieurs académies étrangères, auteur du Phénix, d'Ésope au bal de l'Opéra, des Mémoires de Babiole, du Sterne de Mondego, etc., etc. *Paris, Renard*, 1810, 2 vol. in-12, 4 fr.
— * Ésope au bal de l'Opéra, ou Tout Paris en miniature; dédié à tous ceux qui se reconnaîtront. *Paris, Gueffier*, 1806, 2 vol. in-12, 4 fr.
— *Essai sur l'opinion publique, fragments de poésies fugitives. Dédié à madame Bonaparte. *Paris*, 1800, in-12.
— * Mémoires de Babiole, ou la Lanterne magique anglaise; par W..... Dédiés à madame la duchesse de Devonshire. *Paris*,

---

(1) Parmi les romances et chansonnettes qu'elle composa, et qui devinrent populaires, nous citerons, entre autres, celle intitulée : *Comme elle était jolie !* et l'Écossaise, commençant par ce vers : *Moi, j'aime la danse.*

Ch. Pougens ; Le Normant, 1803, 3 vol. in-12, 6 fr.

On dit que GRIMOD DE LA REYNIÈRE a eu beaucoup de part à cet ouvrage.

— Sophie, comédie en un acte et en prose. *Paris, Cailleau*, 1787, in-8.

Caroline Wuïet avait composé quelques autres pièces de théâtre ; on cite d'elle : *Angélina*, pièce en trois actes, composée à l'âge de douze ans ; un opéra joué aux Beaujolais, etc.

— * Sterne (le) de Mondego, ou le Français en Portugal ; traduit du portugais, par une réfugiée. *Paris, Demantin*, 1809, in-8, 5 fr.

On doit encore à cette dame différents *morceaux de poésie*, insérés dans « la Mouche », recueil qui paraissait en l'an VI (1798), et la rédaction d'un journal qui parut en l'an VII (1799), d'abord sous le titre du *Phénix*, ensuite sous celui de *Chrysalide*, et auquel on redonna son premier titre.
Sous le titre de « Souvenirs de la République. Mémoires d'un bourgeois de Paris. Une femme célèbre », M. Émile Souvestre a fourni au feuil- « leton du Siècle », dans le mois d'avril 1841, une Notice en cinq articles sur cette femme extraordinaire.
Son portrait a été gravé par Evangelisty, avant la Révolution.

WUILLEFROY. — Principes d'administration, extraits des avis du conseil d'État et du comité de l'intérieur, des circulaires ministérielles, etc., etc. *Paris, Joubert*, 1837, in-8, 7 fr. 50 c.

Avec M. Léon Monnier.

WUK (Stephanowitsch). — Chants populaires des Serviens, recueillis par Wuk Stéphanowitsch, et trad. d'après Talvy, par madame Élise VOIART. *Paris, Mercklein*, 1834, 2 vol. in-8, 15 fr.

WULLYAMOZ. Voy. PONT-WULLYAMOZ et SAINT CHARLES.

WUILLAUME (Cl.). Voy. VILLIAUME.

WUNDERLICH, membre du Conservatoire de musique.
— Méthode de flûte du Conservatoire. 1805, in-fol.

Avec M. Hugot.

WURSTEN-FAVRE. — Arithmétique des industriels. *Lausanne*, 1835, in-8.
— Enseignement (de l') du dessin linéaire. *Lausanne*, 1835, br. in-8.
— Réponse à une réponse. *Lausanne*, 1834, br. in-8.

WURTEMBERG (la duchesse de), née princesse CZARTORYSKA.

—* Polonaise (la), ou l'Instinct du cœur, roman traduit du polonais, de la princesse W***, par madame NAKWASKA. *Paris, Peytieux*, 1822, 2 vol. in-12, 5 fr.

La traductrice avait déjà publié ce roman sous le titre de *Malvina, ou l'Instinct, etc.* Varsovie, Glucksberg, 1816, 2 vol. in-8.

WURTH aîné (J.-François Xavier), doct. en philosophie et ès-lettres, ancien juge suppléant près le tribunal de première instance de Liége, puis avocat, aujourd'hui professeur de langues et de littérature dans la même ville.

— Cours (petit) d'exercices hollandais, pour les enfants de huit à quatorze ans, à l'usage des écoles primaires et des basses classes des athénées et colléges; accompagné 1° d'un Précis de la grammaire hollandaise; 2° d'une liste de tous les verbes disparisonnants et irréguliers, simples, avec quelques-uns de leurs dérivés et de leurs composés; 3° d'une explication des syllabes initiales et finales, et de quelques particules qui entrent dans la composition des mots. *Liége, P.-J. Collardin*, 1824, in-8, 1 fr. 25 c.

— Cours préparatoire à l'étude de la littérature hollandaise, contenant, 1° un Tableau historique de la littérature hollandaise ; 2° des Biographies des auteurs les plus distingués, avec des extraits des plus beaux passages de leurs ouvrages ; 3° la traduction française de plusieurs des extraits recueillis dans le cours. *Liége, P.-J. Collardin*, 1823, in-8, 6 fr.

— Histoire abrégée des Liégeois et de la civilisation dans le pays des Éburons et des Tongrois, suivie d'un petit Guide de l'étranger à Liége, et d'un tableau sommaire des éléments de moralité, de puissance intellectuelle, et de bien-être que possède la cité de Liége à l'époque actuelle. *Liége, P.-J. Collardin*, 1833, in-8 de 338 pag.

— * Hollandais (le) rendu facile, précédé d'un Précis de grammaire. *Liége, Desoër*, 1829, in-8, 2 fr. 64 c.

— Leçons hollandaises de littérature et de morale, ou Recueil, en prose et en vers, des plus beaux morceaux de la langue hollandaise dans la littérature des trois derniers siècles. *Liége, P.-J. Collardin*, 1824, 2 vol. in-8, 10 fr.

— Lettre respectueuse d'un catholique sincère à Mgr van Bommel, à l'occasion d'un sermon sur les avantages de l'obéissance et sur l'abus de pouvoir, prononcé le 20 janvier 1833, suivie d'un canevas d'un cours vraiment populaire d'histoire universelle. *Liége*, 1833, in-12 de 90 pages.

— Principes (les) de la langue hollandaise, mis en pratique, ou Précis de la grammaire hollandaise, accompagné d'exercices, au moyen desquels un maître habile peut apprendre en trois mois à des élèves intelligents à comprendre les auteurs bataves, et à écrire correctement la langue hollandaise, et d'un dialogue en patois de Liége, avec la traduction hollandaise en regard. *Liége, P.-J. Collardin*, 1824, in-8, 1 fr. 25 c.

WURTZ (G. Christ.), médecin, frère de l'un des chefs de la puissante et honorable maison de librairie française, connue sous la raison Treuttel et Würtz; né à Strasbourg, mort à Versailles, le 9 septembre 1823.

— Conamen Mappæ generalis medicamentorum simplicium, secundum affinitates virium naturalium, cum tabulâ ænâ. *Argentorati*, 1778, in-4.

— Mémoire adressé au Consistoire de l'Église évangélique luthérienne de Paris, sur une institution pieuse (une école chrétienne). *Paris*, 1811, in-8.

— Mémoire sur le moyen de réparer les torts faits au commerce de France par l'insurrection de l'île de Saint-Domingue. *Paris, Treuttel et Wurtz*, 1820, in-8 de 20 pages.

— Mémoire (second) relatif aux anciens colons de Saint-Domingue, pour faire suite à celui qui a pour titre : Mémoire sur le moyen de réparer les torts, etc. *Paris, Treuttel et Wurtz*, 1822, in-8.

Ces deux Mémoires ont été reproduits sous le titre suivant :
Mémoires sur l'amélioration du commerce maritime de la France, par la colonisation de la Guyane française. Deux Mémoires présentés au roi. Paris, Treuttel et Wurtz, 1822, in-8, 2 fr. 50 c.
La grande question de l'esclavage des noirs est envisagée, dans ces écrits, sous un point de vue qui n'a point satisfait les philanthropes.

— Mémoire sur l'établissement des Écoles de médecine pratique, à former dans les principaux hôpitaux de France. *Strasbourg, et Paris*, 1784, in-8.

— Moyens de rendre la Franche-maçonnerie plus utile à l'humanité. *Strasbourg*, 1790.

— Observations sur les maladies qui proviennent d'une acrété, d'une dégénérescence, ou d'une corruption du sang et de la lymphe, avec l'indication des propriétés curatives constatées par une longue expérience, d'un remède connu sous le nom de *dépurgatif général.* V^e édition. *Paris.*

— Prospectus d'un nouveau Cours théorique et pratique du magnétisme animal. *Strasbourg*, 1787, in-8.

— Reise eines auswaertigen Arztes von Prag nach Carlsbad. *Leipzig*, 1779, in-8.

— * Sur la police des remèdes secrets, et les mesures les plus avantageuses au public à prendre à leur égard. *Amsterdam, et Paris, Lhuillier*, 1808, in-8.

Le doct. Wurtz n'a point attaché son nom à cette publication. On lit sur son titre : *par un ancien représentant du peuple, décédé en Hollande.*

— Teinture confortative nerveuse. Br. de 14 pages.

L'auteur expose, dans cet opuscule, les avantages d'une composition pharmaceutique de son invention.
Le docteur Wurtz a été l'éditeur de l'ouvrage de D. Alex. Schumlansky, intitulé : De Structura rerum tractatus phisiologico-anatomicus (Argentorati, 1788, in-8).
Peu de temps avant sa mort, le docteur Wurtz avait lu à la Société d'agriculture de Seine-et-Oise, dont il était membre, un *Mémoire sur la conservation des grains.*   Mah.
On a publié un écrit intitulé : « Quelques Notes biographiques sur M. le docteur Wurtz », Paris, Herhan, 1823, in-8 de 8 et 6 pages, plus un feuillet non chiffré. On y trouve le Discours prononcé par le pasteur Boissard lors des funérailles de cet ancien médecin.

WURTZ (D.). — Sur les causes de l'ascension des globes aëriens. (En allemand). *Strasbourg*, 1784, in-8.

WURTZ (Jean-Wendel), naquit à Walsbronn, aujourd'hui département de la Moselle, vers 1766. Vicaire de la paroisse de Saint-Nizier, à Lyon, l'abbé Würtz n'était guère connu, malgré la publication de quelques brochures, productions d'une imagination malade ou du moins excessivement exaltée; lorsqu'un incident inopiné lui procura un instant de célébrité. Me Dupin aîné, plaidant devant la Cour royale de Paris, assemblée pour juger le procès de tendance au mépris de la religion de l'État, intenté au journal *le Constitutionnel*, en 1825, récrimina en dénonçant un écrit de l'abbé Würtz adressé à M. l'abbé de La Mennais, comme contenant une attaque formelle aux libertés de l'Église gallicane, reconnues par la Déclaration du clergé de 1682, érigée en loi de l'État par Louis XIV, et enregistrée au Parlement. Par suite de cette dénonciation, des poursuites furent dirigées contre l'abbé Würtz, et un jugement par défaut, devenu définitif, fut rendu par

le tribunal correctionnel de Lyon, le 18 janvier 1826. L'abbé Wurtz est décédé à Colonges, aux environs de Lyon, le 1er octobre 1826. A part ses idées bizarres et ses sentiments outrés en matière de religion, c'était un homme très-pieux et très-sincère.
— A Monsieur de La Mennais. *Lyon, de l'impr. de Boursy*, 1828, in-8 de 28 pag.

C'est cet écrit qui donna lieu au jugement rapporté plus haut: tissu de déclamations et d'incohérences, il est, comme tous ceux du même auteur, au-dessous de la critique.

— * Appollyon (l') de l'Apocalypse, ou la Révolution française prédite par saint Jean l'évangéliste. *Lyon, Rusand*, 1816, in-8.

Cet ouvrage obtint quatre éditions sous ce titre. La cinquième, publiée la même année, revue et considérablement augmentée, a pour titre : *les Précurseurs de l'Antéchrist*, histoire prophétique des plus fameux impies qui ont paru depuis l'établissement de l'Église jusqu'à l'an 1816, etc., suivi d'une *Dissertation sur l'arrivée et le règne futur de l'Antechrist*, Lyon, Rusand, in-8 de 328 pages, plus la table.— Anonyme.

Cet ouvrage motiva les premières plaintes de l'autorité civile contre l'auteur, qui obtint des grands-vicaires de Lyon, la suspension des pouvoirs ecclésiastiques de l'abbé Wurtz. Après quelque temps d'absence, à mesure que le parti ultramontain gagna de l'influence dans l'Église et dans l'État, on vit l'abbé Wurtz successivement attaché à la paroisse de la Guillotière, faubourg de Lyon, ensuite à une communauté de religieuse de cette ville, en qualité de directeur ; enfin, en 1824, réinstallé dans la même Église de Saint Nizier, dont la manifestation inconsidérée de ses principes l'avait fait éloigner.

Les Précurseurs de l'Antechrist obtiurent néanmoins une septième édition en 1822 (Lyon, Rusand, in-8).

— Épître à Pie VII, pour servir d'introduction à un petit ouvrage intitulé : « l'Amour infini dans la divine eucharistie. *Lyon, de l'impr. de Boursy*, 1824, in-12 de 24 pages.
— * Superstitions et Prestiges des philosophes, ou Démonolâtrie du siècle des lumières. *Lyon, Rusand*, 1817, in-8 de viij et 230 pages.— Anonyme.

L'auteur prétend prouver que le démon est l'auteur des phénomènes du magnétisme ; il rapporte à la même cause les miracles du diacre Pâris, les visions de Cagliostro, les ventriloques, les francs-maçons ; mais il range parmi les rêveries, ou même parmi les fourberies, les révélations de Martin, paysan de la Beauce, dont il fut question en 1816 et 1817.

Deux Opuscules de l'abbé Wurtz, *la Prophétie turgotine* et *l'Examen du magnétisme*, ont été insérés dans un volume imprimé à Avignon, en 1840, sous ce titre : « Des Prédications modernes, etc. » (in-12).

On trouve de courtes notices biographiques sur l'abbé Wurtz dans l'Annuaire nécrologique de M. Mahul, 1826, page 257, et dans la Biographie de la Moselle, tome IV, page 491.

WUSSON (de). — Coup-d'œil topographique sur le théâtre de la guerre d'Orient ; trad. de l'allemand, par Jules MARMIER.

Paris, de l'impr. de Gaultier-Laguionie, 1829, in-8 de 12 pag.

WUST (de). — Art (l') militaire du partisan. *La Haye*, 1768, in-8.

Les rédacteurs du catalogue manuscrit de la Bibliothèque du roi ont attribué, à tort, à l'auteur de cet ouvrage, des « Remarques sur plusieurs auteurs militaires et autres », par le G. de W., qui sont du général de Warnery (voy. ce nom).

WUST (Jules-Oscar de), de Strasbourg. — Essai sur la doctrine de Jésus-Christ concernant le mosaïsme. Thèse théologie biblique. *Strasbourg, de l'impr. de veuve Berger-Levrault*, 1840, in-8 de 108 pag.

WYBICKI (Antoine-Joseph de), Polonais.
— * Éléments de la géographie moderne, d'après les derniers traités de paix, en français et en polonais. *Breslau*, 1804, in-8.
— * Prémisses (les) de ma jeunesse, ouvrage élémentaire, en français et en polonais. *Breslau*, 1804, in-8.

Nous connaissons aussi du même auteur, en polonais, *les Heures de bonheur* (Breslau, 1806, in-12), et des *Principes de géographie politique* (ibid., 1806, in-8).

WYCHERLEY (William), poëte anglais.
Une traduction de sa comédie intitulée *l'Homme franc*, due à M...., est imprimée dans le Théâtre anglais qui fait partie des «Chefs-d'œuvre des théâtres étrangers », publiés par Ladvocat.

WYDER. — Robinson (le) français, ou Histoire d'une famille habitant une île de la mer du Sud. *Lausanne*, 1822, 4 vol. in-8.

WYENBERGH (van den). — Du Culte orthodoxe de la très-sainte mère de Dieu. *Genève*, 1822, in-8.
— Lettres adressées à M. Mollard-Lefèvre, à Lyon, en réponse à celle qu'il a publiée sur les motifs qui l'ont déterminé à embrasser la religion chrétienne prétendue réformée. *Lyon, et Paris, Rusand*, 1825, in-8.

WYIASNICKI (Apathomachos) (1).— Turco-Fédéromanie (la), avec son spécifique coté gratis, par Apatomachos Wyiasnicki, opérateur patriote : ou bien, Considérations raisonnées sur les inconvénients et les dangers d'une alliance étroite de la Pologne avec la Porte ; y joint un Appendice et des notes instructives et anecdoti-

---

(1) Prénom et nom sont ici deux pseudonymes, ou plutôt la même qualification dans deux langues.

ques, en guise de preuves justificatives ; suivies de la minute du Traité d'aillance et de commerce en question, entre la Pologne et la Turquie. *A Eleuthéropolis, chez Philarète (en Pologne)*, sans date, in-4 de 72 et 31 pages, plus quatre pages non chiffrées pour la minute du traité.

WYN (van), capitaine belge.
— Tableaux statistiques de l'armée belge. *Bruxelles, établ. géogr. de M. Vandermaelen*, 1836.

WYNNE (Justine), comtesse DES URSINS et de ROSEMBERG.
— * Alticchiero (ou Description d'une maison de campagne située au village de ce nom, près Padoue), par madame J. W. C. D. R. (Publ. par le comte BENINCASA). *Padoue*, 1787, in-4.
— * Morlaques (les) ; par J. W. C. D. U. R. 1788, in-8 de 358 pag.

Cet ouvrage, imprimé pour l'auteur, n'a point été mis dans le commerce.

D'après la *Biographie des hommes vivants*, article Benincasa, ces deux ouvrages ont été édités par le comte Barthélemi Benincasa, l'ami ou le sigisbé de la comtesse de Wynne.

M. Ch. Nodier, dans ses « Mélanges tirés d'une petite Bibliothèque, ou Variétés littéraires et philosophiques » (1829, in-8), pages 187 à 194, a donné un chapitre sur ce livre rare : il n'admet pas l'hypothèse qui a fait attribuer cet ouvrage au comte Benincasa.

— Pièces morales et sentimentales de madame J. W. (Justine WYNNE), C-T-SS. de R.-S-G. (comtesse de ROSEMBERG), écrites à une campagne. *Londres, J. Robson*, 1785, in-18.
— Séjour (du) des comtes du Nord à Venise, en janvier 1782. Lettre de madame la comtesse douairière des Ursins, et Rosemberg à M. Richard Wynne, son frère, à Londres. *Sans lieu d'impr.*, 1782, in-8 de 79 pages.

Cette Lettre a été publiée par un éditeur.

Richard Wynne est auteur d'une *Universal Grammar*. London, Brotheron, 1775, in-12.

WYNS (Camille), avocat à Mons.
— Discours sur la phrénologie.

Imprimé dans le tome II des « Mémoires de la Société des sciences, des arts et des lettres du Hainaut », Mons, de l'impr. de Hoyois, 1839, in-8 de 14 pages.

— Notice biographique sur Charles-Jean-Baptiste-Joseph Delecourt, avocat. *Mons*, 3 juin 1839, in-8 de 8 pag.

Compte rendu dans les Archives histor. et littér. du nord de la France et du midi de la Belgique. Nouv. série, 1840, tome II, page 467.

WYSS (le professeur J. Rud.), de Berne.
— Robinson (le) suisse, ou Journal d'un père de famille naufragé avec ses enfants ; trad. de l'allemand, par madame de MONTOLIEU. *Paris, Arthus-Bertrand*, 1813, 2 vol. in-12, 6 fr.

Traduction souvent réimprimée, en quatre et trois volumes. La seconde édition, revue avec soin, est augmentée des *Petits Robinsons dans leur île*, comédie. Paris, A. Bertrand, 1816, 4 vol. in-12, avec 12 grav., 12 fr. — La dernière édition est la cinquième (Paris, le même, 1823, 3 vol. in-12, avec figures et carte).

Pour une continuation de cet ouvrage, voyez l'article de madame de MONTOLIEU.

— Robinson (le) suisse, ou Récit d'un père de famille, jeté par un naufrage dans une île déserte, avec sa femme et ses enfants. Traduction nouv., contenant la Suite donnée par l'auteur allemand, M. WYSS, revue et corrigée par P. BLANCHARD. *Paris, Lehuby*, 1836, 2 vol. in-12, avec neuf gravures, 7 fr.
— Robinson (le) suisse, ou Histoire d'une famille suisse naufragée ; trad. de l'allemand sur la dernière édition, par Fr. MULLER. *Paris, Lavigne*, 1836, 2 vol. in-12, avec grav., 4 fr. — Seconde édition. *Paris, le même*, 1838, 2 vol. in-12, avec gravures, 3 fr.

Faisant partie de la « Bibliothèque des familles ».

— Robinson (le) suisse, ou Histoire d'une famille suisse, jetée, par un naufrage, dans une île déserte ; avec la suite donnée par l'auteur lui-même. Nouvelle traduction de l'allemand, par M. Victor J..... *Besançon, Déis*, 1836, 2 vol. in-12, avec grav. et un plan.
— Robinson (le) suisse ; par M. WYSS ; avec la Suite donnée par l'auteur. Traduit de l'allemand par madame Élise VOIART ; précédé d'une Notice de M. Charles NODIER. *Paris, Lavigne*, 1840, gr. in-8, orné de gravures, et de 200 vignettes gravées sur bois, 10 fr.

Bonne traduction et belle édition, qui a été publiée en quarante livraisons, à 25 c.

— Le même. Traduction nouvelle, contenant la Suite donnée par l'auteur allemand. Par madame FRIAS-DESJARDINS. *Limoges, Martial Ardant*, 1840, 2 vol. in-12, avec deux gravures et une carte.
— Voyage dans l'Oberland bernois, trad. de l'allem. par H. de C. *Berne, J.-J. Burgdorfer*, 1817, 2 vol. in-8, avec quatre vues.
— Atlas portatif à l'usage des voyageurs dans l'Oberland bernois. *Berne, le même*.

1816, in-8 de dix plans et cartes, et texte, 18 fr.

Le libraire Audin a donné, sous le nom du professeur Wyss, des *Promenades dans l'Oberland*, qui sont extraites de cet ouvrage (in-18 de 72 pages, 1 fr. 50 c.).

Deux *Nouvelles* du professeur Wyss ont été traduites par madame de Montolieu, et insérées dans ses Châteaux suisses (1816, 3 vol. in-12).

WYSS, colonel suisse. — Défense du colonel Wyss, relative à l'article de la Gazette d'Aarau, en Suisse, du 21 août, qui le concerne. *Paris, de l'impr. de Le Normant*, 1815, in-8 de 8 pag.

WYTTENBACH (Daniel), célèbre philologue hollandais (1). Voy. PLATON.

WYTTENBACH (madame), née GALIEN, nièce et femme du précédent; morte à Leyde, vers 1828.
— Alexis. *Paris, A.-A. Renouard*, 1832, in-12, 1 fr. 20 c.
— Le même ouvrage, trad. en grec moderne, sous le titre : O ΑΛΕΞΙΣ. *Paris, F. Didot*, 1823, in-12.
— Banquet de Léontis. *Paris, Schœll*, 1817, in-12.
— Histoire de ma petite chienne Hermione. *Paris, A.-A. Renouard*, 1820, in-12, 1 fr. 50 c.; et sur pap. vélin, 3 fr.

— Symposiaques, ou Propos de table. *Paris, A.-A. Renouard*, 1823, in-12, 2 fr., et sur pap. vélin, 4 fr.
— * Théagène ; par mademoiselle G...... *Paris, Schœll*, 1815, in-12, 1 fr. 50 c.;
— ou *Paris, A.-A. Renouard*, 1825, in-12, 3 fr. 60 c.

La dernière édition porte le nom de l'auteur.

WYTTENBACH (J.-Samuel). — * Instruction pour les voyageurs qui vont voir les glaciers et les Alpes du canton de Berne (traduction de l'allemand, revue et corrigée par Berthold-Frédéric HALLER, praticien à Berne). *Berne*, 1787, in-8.
— Vues remarquables des montagnes de la Suisse, dessinées et coloriées d'après nature, avec leur description (par Alb. de HALLER et WYTTENBACH, publiées par R. HENTZI). *Amsterdam*, 1785, in-fol.

Wyttenbach a été l'éditeur du Manuel pour les savants et les curieux qui voyagent en Suisse, par BESSON, ouvrage auquel il a ajouté des notes (Lausanne, 1786, 2 vol. in-8).

WYTTENBACH (Jean-Hugues). — Recherches sur les antiquités romaines dans la vallée de la Moselle de Trèves. Nouvelle édition, revue par l'auteur. *Trèves, Lintz*, 1840, in-8, avec cinq gravures et huit vignettes.

X.

XANFERLIGOTE, pseudon. Voy. F. NOGARET.

XAUPI (l'abbé Joseph), chanoine et archidiacre de l'église de Perpignau, abbé de Saint-André de Jau, plus tard docteur et doyen de la faculté de théologie de Paris, correspondant de l'Académie de Bordeaux; né à Perpignan, le 6 mars 1688, mort à Paris, le 7 décembre 1764 (2).
— Discours ou Compliments faits au nom de la Faculté de théologie de Paris, dont un en latin, prononcé le 20 juin 1766, à la procession du recteur de l'Université.
— Dissertation sur le prétendu épiscopat de Gabriel de Grammont, élu évêque de Bordeaux, par le chapitre, en 1529. 175., in-4.
— Dissertation sur l'édifice de l'église primatiale de Saint-André de Bordeaux. *Bordeaux, P. Brun*, 1751, in-4.

— Mémoire des citoyens nobles de la ville de Perpignan, etc. *Perpignan*, 1742, in-folio de 188 pages.
— Mémoire pour le droit de joyeux avènement dans la province de Roussillon, pays réuni à la couronne....
— Mémoires imprimés à Perpignan pour les droits de son chapitre....
— Observations sur la requête au roi, composée en faveur des avocats de Perpignan, par Me Moriceau, avocat aux conseils. *Perpignan*, 1742.
— Oraison funèbre de Louis XIV, prononcée dans la cathédrale de Perpignan. *Perpignan*, 1715, in-4.
— Recherches historiques sur la noblesse des citoyens honorés de Perpignan et de Barcelonne, connus sous le nom de citoyens nobles, pour servir de suite au Traité de la noblesse de La Roque. *Paris, Nyon*, 1763, 1 vol. in-12. — Continuation du livre des Recherches historiques sur la noblesse des citoyens majeurs de Perpignan et de Barcelonne, pour servir

______
(1) Mort le 17 janvier 1820. (Voy. l'Annuaire de M. Mahul, ann. 1822, p. 347).
(2) Ersch, tome III, p. 430, le fait mourir en 1778.

de réponse aux objections des autres nobles de la province de Roussillon, en cause pendante devant Sa Majesté entre eux et les citoyens nobles de Perpignan. *Perpignan, F. Regnier*, 1773, in-4.

Réimprimées avec augmentations. Paris, Simon, 1776, 3 vol. in-12.
La Continuation des Recherches historiques forme le deuxième volume de l'édition publiée en 1776, in-12.

XAVIER (le F.), capucin. Voy. François-Xavier.

XAVIER, fécond auteur dramatique. Voy. Xav. Boniface.

XÉFOLIUS, pseudon. Voy L.-F. de Wimpfen.

XÉNOCRATE. — Xenocrate et Galien. De la nourriture que fournissent les oiseaux aquatiques. En grec, avec des notes de D. Coray. *Paris, Eberhart*, 1814, in-8, 8 fr.

Formant le troisième volume du Supplément à la Bibliothèque hellénique, publiée par D. Coray.

XÉNOPHON, général grec, philosophe, historien, et écrivain politique; né à Athènes l'an 450 avant Jésus-Christ, mort vers l'an 360.

Apologie de Socrate.

— Apologie de Socrate, trad. par Charpentier....
— Apologie de Socrate, traduite du grec (par Larcher). 1767.

Imprimée à la suite de la Réponse à la Défense de mon oncle (de Voltaire), par le traducteur. (Voy. Larcher).

— La même, trad. par J.-B. Gail. 1795.

Imprimée à la suite d'une « Vie de Xénophon », citée plus bas.

— Apologie de Socrate, d'après Platon et Xénophon, avec des remarques sur le texte grec et la traduction française, par Fr. Thurot. *Paris, F. Didot*, 1806, in-8, 4 fr.
— Apologie de Socrate, en grec, édition collationnée sur les textes les plus purs, avec des sommaires et des notes nouvelles; par Jos. Planche. 1823.

Imprimée avec une édition de la Cyropédie. (Voy. plus bas).

— Apologie de Socrate expliquée en français suivant la méthode des colléges, par deux traductions, l'une littérale et interli-

néaire, avec la construction du grec dans l'ordre naturel des idées; l'autre conforme au génie de la langue française, précédée du texte pur et accompagnée de notes explicatives, d'après les principes de MM. de Port-Royal, Dumarsais, Beauzée, et des plus grands maîtres, par M. Belèze. *Paris, Delalain*, 1829, in-12.
— Banquet (le) de Xénophon, traduit en français, par P. de La Montagne. 1795.

Imprimé à la suite de la Vie de Xénophon, publiée par M. le marq. de Fortia d'Urban, et citée plus bas.

Commandement de la cavalerie.

— Traité de la cavalerie, trad. par Dupaty de Clam. *Deux-Ponts*, 1771, in-12.

Imprimé aussi à la suite du Traité de l'équitation du traducteur.

— Commandement de la cavalerie, traduit du grec, par J.-B. Gail. 1795.

Traduction imprimée à la suite d'une nouvelle édition du Traité d'équitation de Dupaty de Clam.

— Commandement de la cavalerie et de l'équitation, deux livres de Xénophon, en grec, et traduit du grec, avec des notes, par un officier d'artillerie (M. Courier). (Avec le texte grec). *Paris, Renouard*, sans date (1812), in-8, 12 fr.; et plus en grand papier.

L'épître dédicatoire, datée de 1807, annonce que la publication de cette traduction a éprouvé un retard.

— De l'Équitation. Traduit en français, par le baron de Curnieu. (Avec le texte grec en regard). *Paris, rue du Bac, n.* 104, etc., 1840, in-8, 5 fr.

Cynégétiques.

— Cynégétiques, ou Traité de la chasse, trad. du grec par J.-B. Gail. *Paris*, 1801, in-18.

On ajoute à cette traduction :
Réponse de J.-B. Gail à la critique de son Traité de la chasse, par E. Clavier. Paris, Fuchs, 1801, in-18.
Et
Observations historiques et critiques sur le Traité de la chasse, de Xénophon; par J.-B. Gail. Paris, de l'impr. impér., 1809, in-8 de 164 pages.
Ces *Observations* ont été reproduites, sans réimpression, dans le tome VI du Philologue, de J.-B. Gail.
Voy. aussi Arrien.

Cyropédie.

— Cyropédie. Premier et deuxième livres, avec notes et variantes inédites, par J.-B.

Gail. Texte grec. *Paris, Delalain*, 1813, 2 part. in-12.

— Cyropédie et Apologie de Socrate ; en grec, édition collationnée sur les textes les plus purs, avec des sommaires et des notes nouvelles, par J. Planche, procédé stéréotype du marq. de Paroy et Durouchail. *Paris, Lesage*, 1823, in-12.

Cette édition a été réimprimée, livre par livre, par le libraire Belin-Mandar.

— Cyropédie (la), livre Ier, texte grec, revue sur l'édition allemande de Weiske, avec arguments et analyses en français ; notes critiques, géographiques, historiques, et table analytique des matières ; par A. H. L. *Paris, A. Delalain*, 1825, in-12, 1 fr. 50 c.

— Cyropédie (la), expliquée en français, suivant la méthode des colléges, par deux traductions, l'une littérale et interlinéaire, avec la traduction du grec dans l'ordre naturel des idées ; l'autre conforme au génie de la langue française, précédée du texte pur, et accompagnée de notes explicatives, d'après les principes de Port-Royal, Dumarsais, Beauzé, etc. ; par MM. G. Rhally (pour les deux premiers livres), et Genouille (pour le troisième). *A. Delalain*, 1828-29, 3 part. in-12, 11 fr. 50 c.

M. Genouille a publié depuis, à l'usage des classes, des livres séparés de la Cyropédie, en grec, avec des sommaires et des notes. Paris, Delalain, 1839 et ann. suiv. Prix de chaque livre : 1 fr.

— Cyropédie (la), texte grec, avec deux traductions, l'une interlinéaire et l'autre correcte ; par P. Boutmy. *Paris, de l'impr. de Thuau*, 1829, in-8, 5 fr.

Ce volume fait partie du Manuel grec pour le Baccalauréat ès-lettres.

— Cyropædiæ liber primus græcè ; ad fidem opt. edd. cum selectis variorum suisque notis edidit Car. Huret, ad usum scholarum. *Parisiis, Hachette*, 1829, in-12 de 72 pages.

— Cyropédie (la). Livres I et II, traduction littérale en regard du texte, par M. Vendel-Heyl. *Paris, Dessessarts*, 1837, in-18.

— Cyropédie (la) en grec. Livre Ier, collationnée sur les textes de Schneider, de Lange, etc., enrichie de sommaires nouveaux et de notes historiques, mythologiques et grammaticales ; par V. Parisot et L. Liskenne. *Paris, Poilleux*, 1838, in-12, 1 fr. 25 c.

— Cyropédie, ou l'Histoire de Cyrus, roi de Perse, avec l'Éloge d'Agésilas ; trad. du grec par Fr. Charpentier, *La Haye, Gosse*, 1732, 2 vol. in-12 ;—*Paris*, 1749, 2 vol. in-12 ;—*Paris*, 1775, in-12.—Autre édition, avec l'Éloge d'Agésilas. *Avignon, Fr. Seguin*, 1812, 1820, 2 vol. in-12, 5 fr. ; — ou *Paris, A. Delalain*, 1824, 2 vol. in-12, 5 fr.

La première édition de cette traduction est de 1661.

— Le même ouvrage, trad. du grec par B.-Jos. Dacier. *Paris, les frères Denure*, 1772, 1777, 2 vol. in-12, 5 fr.

Économique (l').

—Économique (l') et le Projet de finances, du même auteur, trad. avec des notes par Ph. Dumas. *Paris, Hon.-Clém. de Hansy*, 1768, in-12, 3 fr.

Éloge d'Agésilaüs.

— Éloge d'Agésilaüs, en grec, avec notes et variantes, par Gail. *Paris, Delalain*, 1812, in-8, 1 fr. 60 c. — Le même, grec et latin, in-8, 2 fr. 60 c.

— Le même, texte grec, collationné sur les textes les plus purs, etc., par E. Lefranc. *Paris, Belin-Mandar*, 1829, in-12.

— Le même, texte grec, avec sommaires et notes en français, par A. Mottet. *Paris, Delalain*, 1832, in-12 de 46 pages, 1 fr. 25 c.

— Éloge d'Agésilas, trad. du grec par Fr. Charpentier.

Imprimé avec la traduction, par le même, de la Cyropédie, édition de 1732.

Entretiens de Socrate.

— Xenophontis memorabilium Socratis dictorum liber primus ; latinè ex interpretatione Leunclavii. *Parisiis, Delalain*, 1816, in-12 de 36 pag.

— Xenophontis memorabilia Socratis, et Platonis Gorgias. *Parisiis, ex typis Eberhart*, 1828, in-8.

— Entretiens mémorables de Socrate, texte grec, avec sommaires et notes, par A. Mottet. *Paris, Delalain*, 1833 et ann. suiv., in-12.

Édition qui a paru par livres séparés : le 2e en 1833 ; les 1er, 3e et 4e, en 1840 ; quelques-uns ont eu des réimpressions.

— Dits (les) mémorables de Socrate, en quatre livres, trad. par Fr. Charpentier.

La première édition fut publiée, à Paris, en

1650, in-8 , sous le titre de : *les Choses mémorables de Socrate.*

Réimpr. dans un recueil contenant la traduction de trois ouvrages de Xénophon. (Voy. plus bas).

— Le même ouvrage, sous le titre : Entretiens (les) mémorables de Socrate, trad. du grec par P.-C.-M. LEVESQUE. *Paris, Didot aîné,* 1782, 2 vol. in-18.

Traduction faisant partie de la Collection des moralistes anciens.

— Entretiens mémorables de Socrate. Traduction de J.-B. GAIL, revue et corrigée. *Paris, J. Delalain,* 1840, in-12.

Nouv. édition, qui a été publiée par livres séparés, à 1 fr. 25 c. chaque.

Expédition de Cyrus.

— Expeditione (de) Cyri libri septem, sive Recessus decem millium, quo omnia quæ à Græcis Chrysopoli profectis, donec Pergamum Mysæ urbem revertissent, gesta sunt, narrantur. Accuratè revisum divisit capitibus, argumentis explicavit, notisque illustravit A. MOTTET, græcè. *Parisiis, Delalain,* 1829-30, 7 part. in-12 , 6 fr. , et grec-latin, 12 fr.

— Expédition (l') de Cyrus , trad. du grec par PERROT D'ABLANCOURT, *Paris, veuve Barbin,* 1706, in-12.—Nouvelle édition, revue par CHARPENTIER. 1745, 2 vol. in-12.—Autre édition. *Amsterdam,* 1758, 2 vol. in-12.

La première édition de la traduction de Perrot d'Ablancourt est de Paris, Camusat, 1648 , in-8.

—Expédition (de l') de Cyrus, ou de la Retraite des dix mille, trad. du grec par ***, avocat. *Paris,* 1772.

— Expédition (l') de Cyrus , ou la Retraite des dix mille, ouvrage traduit du grec (par le comte de LA LUZERNE, et publié par DACIER). *Paris, Cellot et Jombert jeune,* 1777, in-8.—Nouv. édition. *Paris, Cellot,* 1778 , 2 vol. in-12. — Troisième édition. 1786, 2 vol. in-12, 6 fr.

L'édition de 1778 contient des réflexions sur la traduction du même ouvrage, par Larcher.   *Barb.*

— Expédition de Cyrus dans l'Asie supérieure, et la Retraite des dix mille, trad. du grec, avec des notes, par LARCHER. *Paris, Debure,* 1778, 2 vol. in-12, 5 fr.

Il existe en français un *Commentaire sur la Retraite des dix mille de Xénophon, ou nouveau Traité de guerre, à l'usage des jeunes officiers.* Par M. LECOMTE. Paris, Nyon ; Saillant ; et Desaint, 1766, 2 vol. in-12.

Hiéron.

— Hiéron , ou le Tyran, texte grec , avec sommaires et notes en français , par M.-A. MOTTET. *Paris, Delalain,* 1834, in-12, 1 fr. ; et grec-latin , 2 fr.

— Hiéron , ou de la Condition des rois, trad. du grec par P. COSTE. *Amsterdam,* 1711, pet. in-8 , 3 à 4 fr.

—Le même ouvrage, sous ce titre : Hiéron, ou de la Royauté, trad. du grec par A.-L. MILLIN.

Histoire grecque.

— Histoire (l') grecque, trad. du grec par Michel PERROT D'ABLANCOURT. *La Haye, Gosse,* 1713, 3 vol. in-12.

Cette histoire, commençant où Thucydide a fini la sienne, est souvent ajoutée à celle de Thucydide.

Projet de finances.

Voy. ci-dessus : *l'Économique.*

République des Lacédémoniens et des Athéniens.

—République de Sparte et d'Athènes, trad. par J.-B. GAIL. (Avec le texte grec). Nouv. édition. *Paris, Delance,* 1795, in-8.

Gabriel BRIZARD (voy. ce nom) a publié un Fragment nouvellement trouvé dans les ruines de Palmyre par un Anglais, etc., publié sous le nom de Xénophon.

OEuvres.

— Xenophontis scriptæ quæ supersunt, græcè et latinè, cum indicibus nominum et rerum locupletissimis. (Edente DUBNER). *Parisiis, F. Didot,* 1838 , gr. in-8, 15 fr.

Belle et bonne édition qui fait partie de la magnifique et correcte collection compacte des auteurs grecs, avec version latine, dont il a paru jusqu'à ce jour 13 volumes.

Le texte de cet auteur a été singulièrement amélioré par un critique des plus habiles, M. L. Dindorf, qui a eu l'occasion d'y revenir à plusieurs reprises , en perfectionnant de plus en plus son travail. Il y a tel traité que M. Dindorf a publié jusqu'à cinq fois ; et , à chaque édition, le texte a été notoirement amélioré à l'aide d'une connaissance approfondie du style attique. Le nouvel éditeur n'avait donc rien de mieux à faire qu'à reproduire le dernier texte de M. Dindorf, pour chacun des traités que cet helléniste a publiés. Il s'est borné à y introduire quelques changements partiels , tels que d'excellentes corrections tirées des *adversaria* de Dobree qui ont paru trop tard pour que M. Dindorf ait pu en profiter, ou qui ont été proposées par ce savant critique lui-même dans le *Thesaurus.*

Mais si le texte , épuré et constitué d'une manière presque complète, n'exigeait , pour ainsi dire, que les soins de la correction typographique , il n'en était pas de même de la version latine ; elle réclamait un véritable travail de la part du nouvel éditeur. Il n'y avait de traduction postérieure à celle de Lœwenklau (Leonclavius) que celle de l'*Anabase* , de la *Cyropédie* et de l'*Agésilas* par Hutchinson , et des *Mémorables* par Edwards ; mais, depuis ces deux éditeurs, le texte a subi tant et de si notables changements, que leurs versions avaient besoin d'être modifiées , ou même refondues presque à chaque paragraphe, surtout celle d'Edwards, auquel on peut reprocher une légèreté excessive, et telle qu'il paraîtrait quelquefois avoir traduit le texte sans prendre la peine de le regarder. Pour le reste, on avait donc la traduction de Lœwenklau, homme sans nul doute très-habile , et qui entendait fort bien son auteur, mais malheureusement trop systématique. Par sa manie inconsidérée d'imiter le style de Tite-Live, dans les *Helléniques* , où la manière de Xénophon est si différente de celle de l'historien latin, il a trop souvent changé la tournure et le mouvement de la phrase grecque, et donné à son style une couleur qui est tout à fait étrangère à celle du style de Xénophon. Cette circonstance, ainsi que les différences du texte, ont exigé de la part de M. Dubner une attention particulière et un travail continu où brille sa profonde connaissance des deux langues.

Dans les *Helléniques* , comme dans le *Banquet* , l'*Économique* et l'*Hiéron* , les changements n'ont guère porté que sur la forme ; mais à l'égard des six autres écrits de Xénophon , ils ont porté sur le fond même ; il a fallu rectifier le sens de bon nombre de passages importants. On peut dire que les traités des *Républiques* de *Sparte* et d'*Athènes* et des *Revenus de l'Attique* n'ont été compris que de nos jours ; une foule de détails curieux n'ont été éclaircis que tout récemment par plusieurs habiles critiques, tels que M. Bœkh et M. Haase. Lœwenklau n'a pu , de son temps, en avoir une intelligence exacte ni complète. M. Dübner a dû en refaire la traduction en beaucoup de points.

Le volume est précédé d'arguments détaillés pour chacun des chapitres de tous les livres de Xénophon ; ils en donnent une sorte d'analyse continue. Il est terminé par une table beaucoup plus complète que celle d'aucune des éditions précédentes. Elle a été refaite pour les *Helléniques* , celle de Schneider ne donnant que les noms sans les faits. Nous n'y avons remarqué qu'une seule faute, et bien légère, *Erymachus* au lieu d'*Eurymachus* ; les manuscrits et les éditions donnent en effet Ἐρύμαχος (*Anab.* V, 6, 21) ; mais ce nom , qui est étranger à la langue grecque, a été changé par M. Dindorf en celui d'Εὐρύμαχος. Cette leçon , qui a été , avec raison, admise dans l'édition nouvelle, devait donc l'être aussi dans la table.

(Note de M. Letronne, tirée du Journal des Savants).

— Ouvrages de Xénophon (trois des) : Portrait de la condition des rois , trad. par Coste ; la Retraite des dix mille. par Perrot d'Ablancourt ; les Choses mémorables de Socrate, par Charpentier. *Amsterdam*, 1745, 2 vol. in-12, 6 à 7 fr.

— OEuvres complètes de Xénophon , traduites en français par J.-B. Gail, avec le texte grec et l'ancienne version latine de Leonclavius, retouchée par l'éditeur, avec des Observations historiques , géographiques et critiques , tables chronologiques , variantes de nombreux manuscrits du Vatican et de la bibliothèque du Roi. *Paris,* 1795 à 1814, 10 vol. in-4 et un Atlas de 107 planches et 48 estampes, la plupart relatives aux batailles des anciens, 180 fr. ; sur gr. pap. vélin, avec figures avant la lettre (tiré à 45 exempl.), 260 fr.

Il y a deux exemplaires imprimés sur vélin. Dans le nombre des onze volumes sont compris un Atlas, et un volume d'observations géographiques et militaires.

— Les mêmes, trad. en français , par le même, avec le texte en regard. *Paris, de l'impr. royale ; — l'Auteur ; Delalain,* 1814 , 10 vol. in-8, avec grand nombre de planches, 200 fr.; et sur pap. vélin , 400 fr.

— OEuvres complètes de Thucydide et de Xénophon, avec notes biographiques ; par J.-A.-C. Buchon. *Paris , Desrez,* 1836-38 , gr. in-8, 20 fr.

Faisant partie du « Panthéon littéraire ».

Extraits de Xénophon.

— Harangues tirées d'Hérodote , de Xénophon , etc. Voy. Ath. Auger.

— Extraits de Lucien et de Xénophon, en grec et en français , par M. l'abbé Gail. *Paris, l'Auteur,* 1786 , 2 vol. in-12.

— Vie de Xénophon, par M. le marq. de Fortia d'Urban ; suivie d'un Extrait historique et raisonné de ses ouvrages, où se trouve la traduction de plusieurs opuscules de cet auteur, qui n'ont point encore paru en français, tels que l'Apologie de Socrate, etc. (traduits par J.-B. Gail). *Paris*, an iii (1795), in-8.

L'ouvrage est terminé par *le Banquet de Xénophon*, de la traduction de P. de La Montagne. Cette monographie d'histoire littéraire sert de préambule à la traduction des OEuvres complètes de Xénophon, par Gail.

— Morceaux choisis de Xénophon, ou Extraits de ses histoires et traités moraux. Texte grec , avec des notes philologiques et critiques, par M. Fleury Lécluse , professeur de littérature grecque à la Faculté des lettres de Toulouse. Ouvrage autorisé par l'Université. *Paris, Delalain,* 1835, in-12, 1 fr. 75 c. — Troisième édition. *Paris, le même,* 1837, in-12, 2 fr.

XÉNOPHON le jeune, d'Éphèse, romancier grec.

— Éphésiaques (les), ou les Amours d'Anthia et d'Abrocomos (en v livres), trad. en français. *Paris, Bauche (Hollande),* 1736 , petit in-12.

— Amours (les) d'Abrocome et d'Anthia, histoire éphésienne; trad. du grec par J*** (JOURDAN). *Paris*, 1748, in-12.

Traduction peu fidèle, mais remarquable comme édition; on y a joint un certain nombre de gravures et des cartes historiques et géographiques.

— Le même ouvrage, sous le titre d'Habrome et Anthia, histoire éphésienne, traduction nouvelle, avec des notes (par M. T.-Ch. HURET). *Paris, Merlin,* 1823, in-16, 3 fr. 50 c.

Faisant partie de la Collection des romans grecs publiés par le même libraire.

— Éphésiaques (les), en grec, avec les versions latine d'Antoine COCCHI, italienne d'Antoine SALVINI, et française de J. (JOURDAN). *Lucques, F. Bonsignor,* 1781, in-4.

La version italienne de Salvini parut, pour la première fois, en 1723, in-12.

— Efesiaci (gli), volgarizzati da Ant. Mar. SALVINI. *Parigi, N. Pissot,* 1781, in-4;— Ovvero. *Parigi, Renouard,* 1800, in-18, fig., 1 fr.; pap. vélin, 2 fr. 25 c.; et in-12, 2 fr. 50 c.; pap. vélin, 4 fr. 50 c.

Jolie édition, complétée par le savant Visconti sur le texte grec de l'édition de 1796. Il y a deux exemplaires de l'in-12 sur vélin, et un sur papier rose.

XENTRALES (Hugues de), pseudon. Voy. FOURNIER DE PESCAY.

XERICA (don Pablo de), littérateur espagnol, résidant en France.
— Ensayos poeticos. *Paris, Rodriguez,* 1817, in-18, 2 fr.
— Letrillas y Fabulas. *Bordoa, Laplace,* 1838, in-18.

En vers.

— Miscellanea instructiva y entretenida, recopilada y traducida al castellano. *Bordoa, madame veuve Laplace,* 1836, 4 vol. in-12.

Cet étranger a traduit en espagnol et publié en France la traduction des Aventures de Nigel, de W. Scott, et celle de Mon voisin Raymond, de Paul de Kock (1836, 4 vol. in-12).

XÉRÈS (Fr.). — Voyages, Relations et Mémoires originaux pour servir à l'histoire de la découverte de l'Amérique; publiés pour la première fois en français, par H. TERNAUX-COMPANS.— Relation véridique de la conquête du Pérou et de la province de Cuzco, nommée Nouvelle-Castille, par Fr. XÉRÈS. Salamanque, 1547, *Paris, Arthus-Bertrand,* 1838, in-8, 6 fr.

Huitième volume de la collection.

XHROUET (J.).—Tarifs, ou Comptes-faits concernant les alliages et les bonifications d'or et d'argent. *Paris,* 1763, in-12.

XIMENÈS (le marquis Augustin-Louis), littérateur; né à Paris, le 28 février 1726, n'était pas de la famille du cardinal de ce nom, mais d'une ancienne famille d'Aragon. Il servit avec distinction sous Louis XV, d'abord comme sous-lieutenant des gendarmes de Flandres, ensuite comme mousquetaire; mais il fut obligé de quitter le service à cause de l'affaiblissement de sa vue. Le marquis de Ximenès était aussi chevalier non profès de l'ordre de Malte (1). Il est mort à Paris, le 1er juin 1817. Il avait été reçu chez Voltaire, et avait même été l'amant de madame Denis, nièce de ce dernier.

Théâtre.

—*Amalazonte, tragédie, représentée pour la première fois par les comédiens français, le jeudi 30 mai 1754. *Paris, Jorry,* 1755, in-8.
— Don Carlos, tragédie en cinq actes, représentée pour la première fois sur le théâtre de Lyon, le 5 mai 1761, précédée et suivie de Poésies diverses. *La Haye,* 1761, in-8. — *Ibid.,* 1762, in-12.

Ce volume contient, entre autres pièces :
Ode sur l'inoculation (en huit strophes), qui avait d'abord paru dans le « Journal encyclopédique » du 15 mai 1756, et la traduction de quelques vers d'Euripide, tirés des Troyennes.
Dans le « Journal de Paris » du 2 mars 1809, Ximenès dit que sa tragédie avait été jouée à Paris, en 1759, à Lyon, en 1761, à La Haye, en 1763. Il donna en même temps une scène qu'il venait d'ajouter (scène première du second acte). C'était sur un théâtre particulier que *Don Carlos* avait été joué à Paris.

—Épicharis, tragédie en cinq actes, jouée au Théâtre-Français, le 2 janvier 1753.

Quoique cette pièce n'ait pas été imprimée (2), je la mentionne, 1° parce que l'auteur en a fait imprimer un fragment dans son *Choix de Poésies;* 2° parce qu'on publia dans le temps une « Lettre à M. Fr. (Fréron) sur la tragédie d'*Épicharis*, de M. le marquis de Ximenès. Paris, veuve Cailleau, 1753, in-12 de 24 pages, signée G... Dourx. (Gazon Dourxigné).
C'est dans cette pièce qu'un poignard est appelé :

La ressource du peuple, et la leçon des rois.

---

(1) Ce qui n'était point obstacle à ce qu'il se mariât; car il avait épousé, en 1768, Angélique-Honorée Jourdan, de Marseille (et non de Lyon), morte à Paris, en 1825.
(2) Mécontent du peu de succès qu'elle avait obtenu, Ximenès jeta le manuscrit au feu.

— Programme de Sélim, tragédie du marquis de Chimène (Ximenès). 1748, in-12.

Voyez Catalogue de Pont-de-Vesle, n° 791.

C'est, sans doute, dans cette tragédie de *Sélim* que se devait trouver un personnage du nom de Mustapha, à-propos duquel M. de Thiard fit la réponse mordante rapportée dans la « Correspondance de Grimm » (novembre 1772).

Indépendamment de la tragédie d'*Épicharis*, qui n'a point été imprimée, et de *Sélim*, dont nous n'avons que le programme, le marquis de Ximenès avait présenté à l'Académie royale de musique deux opéras qui n'ont été ni représentés ni imprimés : *Hélène* et *Pharamond*.

Poésies.

— Aux mânes de Voltaire. 1779.— *Paris, Chamerot*, 1807, in-8 ;—*Paris, Herhan*, 1836, in-8 d'une demi-feuille.

Je n'ai pas vu l'édition de 1779, je n'en parle que d'après la mention que j'en trouve à la page 7 de l'édition de 1835.

Les deux éditions de 1807 et 1835 que j'ai sous les yeux commencent ainsi :

> Muses ! dont le destin fut autrefois si beau,
> Votre empire finit : Voltaire est au tombeau.

Cet écrit a été aussi imprimé sous le titre de : *Discours en vers à la louange de M. de Voltaire.* (Voy. ci-après).

— * César au sénat romain, poëme. *Paris*, 1759, in-8.

Réimprimé dans les *OEuvres*, en 1772, et dans le *Choix de poésies*, 1806 et 1807.

— Choix de poésies anciennes et inédites d'Augustin Ximenès. *Paris*, 1806, in-8 de 25 pages. — Seconde édition. *Paris, Dabin*, 1807, in-8 de 24 pages.

C'est la même édition. L'impression est de la fin de 1806. Les exemplaires avec la date de 1807 ont, à la page 12, deux vers qui manquent dans les exemplaires datés de 1806. On y trouve la première scène du second acte d'*Épicharis*, tragédie jouée cinquante-trois ans auparavant.

— Codicile d'un vieillard, ou Poésies nouvelles. *Paris, madame Vaux Fleury*, 1792. in-8 de 74 pages.

On y trouve *la Mort de Patrocle*, imitation d'Homère. C'est une tragédie en deux actes, dont le premier n'a qu'une scène. Il n'y a que les scène I et III du deuxième acte.

— Discours en vers à la louange de M. de Voltaire, suivi de quelques autres Poésies, et précédé d'une Lettre de M. de Voltaire à l'auteur. *Paris*, 1784, in-8 de 48 pag.

C'est, comme je l'ai déjà dit, une nouvelle édition de l'écrit : *Aux mânes de Voltaire.* Les variantes sont nombreuses, et commencent avec la pièce dont voici le début :

> Muses, qui de Voltaire entourez le berceau,
> Pour le peindre aujourd'hui, prêtez-moi son pinceau.

On trouve à la suite l'imitation de deux odes d'Horace, les scènes sur la Mort de Patrocle, César au sénat romain, etc.

— * Essai de quelques genres divers de poésie. In-8 de 36 pages.

Sans date, mais qu'on croit de 1761.

— * Lettres portugaises, en vers libres ; par mademoiselle d'Ol***. *Lisbonne (Paris)*, 1759, in-12.

Réimprimées à la suite des *Quatre parties du jour*, de l'abbé de Bernis. Francfort-sur-le-Mein, 1760, in-8.

Imitation en vers des première et quatrième des célèbres Lettres portugaises qui furent adressées vers 1664 à Noël Bouton, marquis de Chamilly, par une religieuse ou chanoinesse portugaise, qui s'appelait, à ce qu'on croit : *Alcaforada*.

— * Mon Testament, en vers et en prose. *Bouillon, et Paris, Bailly*, 1787, in-8 de 18 pages.

— Nunc dimittis (le) d'un vieillard. *Paris, Michaud*, 1810, in-4.

C'est un quatrain sur la naissance du roi de Rome, et est réimprimé dans les *Hommages poétiques* recueillis et publiés par J.-J. Lucet et Eckard, tome II, page 391.

— Ode sur l'Inoculation. 1756.

En huit strophes : elle parut d'abord dans le « Journal encyclopédique » du 15 mai 1756.

— Poëme sur l'amour des lettres. 1771, in-8.

Je ne connais, toutefois, cette pièce que par la mention que l'on trouve dans la « France littéraire » de J.-S. Ersch, tome III, page 420.

Prose.

— * Examen impartial des meilleures tragédies de Racine. (*Paris, Merlin*), 1768, in-8 de 88 pages.

Ouvrage anonyme, mais avoué par l'auteur dans une note de : *Mon Testament.*

— * Influence (de l') de Boileau sur l'esprit de son siècle. *Paris, Lesclapart*, 1787, in-8 de 16 pages.

Avait été imprimé dans le n° 48 du « Mercure de France » du 2 décembre 1786. C'est dans une note de cet écrit, qu'à l'occasion des Poëmes en prose, il dit ingénieusement : « Ces sortes d'ouvrages ressemblent un peu aux sauts du Gilles de la Foire qui exécute sur le plancher tout ce que ses camarades font sur la corde lâche ».

— * Lettre à M. Rousseau sur l'effet moral du théâtre. 1758, in-8 de 30 pages.

Voy. « Année littéraire », 1758, tome VIII, page 324.

— * Lettre sur la tragédie d'Oreste. (1750), in-12.

Il existe une *Lettre à M. de Voltaire sur la tragédie d'Oreste*, 1750, in-8 de 16 pages ; et aussi ; *Électre vengée, ou Lettre sur les tragédies d'Oreste et d'Électre*, par M. le marq. de C., in-12 de 23 pages. Les initiales mises à cette dernière brochure pourraient faire penser qu'elle est de Ximenès, dont le nom se prononce Chimène ; mais je crois que c'est l'autre lettre qui est de lui.

— *Lettres (les) ont autant contribué à la gloire de Louis XIV, qu'il avait contribué à leurs progrès*, poëme. *Paris, Jorry*, 1750, 1755, in-8 de 12 pages.

Voltaire l'a admis dans le volume intitulé : *les Lois de Minos*, tragédie, etc., et plusieurs autres pièces détachées, 1773, in-8 de 392 pages ; mais ce poëme n'a pas été compris dans la contrefaçon de ce volume en 170 pages in-8.

Ce poëme a été réimprimé à la suite du *Discours en vers*, etc., dans les *Poésies philosophiques et descriptives* des auteurs qui se sont distingués dans le dix-huitième siècle, Paris, Caïlleau, 1792, 3 vol. petit in-12 : recueil assez bien fait, mais très-incorrectement imprimé.

Enfin Ximenès l'a reproduit encore dans ses *OEuvres* en 1772, et dans son *Choix de poésies*, 1806 et 1807.

Je regarde Ximenès comme l'auteur de la notice qui le concerne dans le « Dictionnaire des théâtres », par les frères Parfaict, etc., pages 746—47 du tome VI ou VII (*additions et corrections*).

Il a donné beaucoup de Lettres ou pièces en vers ou en prose dans beaucoup de journaux, tels que le « Journal encyclopédique », le « Journal de Paris », le « Moniteur », « la Décade », « le Publiciste », etc., etc. Je citerai seulement la lettre *Des richesses de notre théâtre tragique* (dans la « Décade » du 30 vendémiaire au VI), et l'*Essai sur la destinée des poètes* (dans le « Moniteur » du 30 ventôse an XIII).

La « Correspondance » de Grimm (janvier 1756), le « Journal-encyclopédique » du 15 février 1756, contiennent une *Épître sur la ruine de Lisbonne*. C'est une réponse au poëme de Voltaire sur le *Tremblement de terre de Lisbonne*.

Palissot, dans les dernières éditions de ses *OEuvres*, Paris, L. Collin, 1809, 6 vol. in-8, donne, dans le tome II, six Lettres de Ximenès.

Dès 1754, il aspirait à être membre de l'Académie française, et Voltaire le recommandait à l'abbé d'Olivet, secrétaire perpétuel de l'Académie. Jusque dans les dernières années de sa vie, il a poursuivi sa candidature. Ce fut quelquefois pour lui un sujet d'épigrammes. J'en ai rapporté une dans la « Biographie universelle », à l'article Devaines.

Ouvrage attribué à Ximenès.

C'est sous le nom du marquis de Ximenès que Voltaire publia ses *Lettres sur la Nouvelle Héloïse*, de J.-J. Rousseau, 1761, in-8, ce qui est cause que pendant longues années, même après la mort de Ximenès, elles n'avaient pas été réimprimées dans les OEuvres de leur véritable auteur.

Ces Lettres sont au nombre de quatre : il n'y a pas de nom d'auteur sur le frontispice, mais la première lettre est signée : *le marquis de Ximenès*.

Cependant Ximenès n'en est pas l'auteur. Barbier dit que ces lettres sont de Ximenès, et ont été revues par Voltaire. C'est l'inverse, si toutefois on peut appeler révision ce qu'a fait Ximenès.

Ce poète, à qui j'en parlai un jour, me dit que ces Lettres étaient de M. de Voltaire, et que lui,

Ximenès, n'était l'auteur que des premières et dernières lignes de la première lettre ; je ne savais que penser, et, Ximenez étant mort quelque temps après, je compris ces Lettres, sans aucune explication dans la liste que je donnai de ses ouvrages, (*Bibliographie de la France*, 1817, page 351).

Bientôt après, s'établirent de fréquents rapports avec feu Decroix, l'un des éditeurs des OEuvres de Voltaire faite à Kehl ; il me dit que Ximenès lui avait, bien longtemps auparavant, adressé les mêmes paroles qu'à moi, et qu'il était persuadé que les Lettres étaient de Voltaire.

En mars 1820, un manuscrit des *Lettres sur la Nouvelle Héloïse* passa dans une vente. Ce manuscrit provenait de madame Dufour de Villeneuve, sœur de Naigeon. J'en fis l'acquisition. C'est un petit in folio de 24 pages, sans intitulé. Les premières et dernières lignes de la première lettre sont de la main de Ximenès. La première lettre est terminée par la signature autographe : *le marquis de Ximenès*, et datée de : *à Lyon, le 20 janvier 1761*.

Voilà donc confirmées les paroles de Ximenès qui n'avouait que les premières et dernières lignes de cette première lettre. Cependant il y a encore quelque chose de lui. Voltaire avait employé la première personne du pluriel : Ximenès y substitua la première personne du singulier, ainsi que le porte l'imprimé. Voici quel était le début du manuscrit.

« A qui pourrions-nous adresser nos doutes qu'à vous, Monsieur, qui avez rendu tant de services à notre langue et au bon goût. Nous ne savons plus de quels termes il faut se servir aujourd'hui. Nous comparons aujourd'hui le langage des illustres écrivains de notre siècle à celui des bons auteurs du siècle de Louis XIV, que vous avez vu finir, et nous n'y trouvons rien qui se ressemble. Nous sentons bien qu'on a aujourd'hui plus de goût, plus de talent, etc. ».

Le manuscrit porte, pendant toute la première lettre, la substitution, de la main de Ximenès, du singulier au pluriel.

Dans la seconde lettre, rien de Ximenès. Quelques mots en interligne, ou à la fin des phrases, sont de la main de Voltaire.

Les quatre cinquièmes de la troisième lettre sont de la même écriture que les deux premières, sans aucune ligne de la main de Ximenès, ni de celle de Voltaire.

La fin de la troisième lettre et toute la quatrième sont de la main de Wagnière, sans intervention d'aucune main étrangère.

Les éditeurs de Kehl avaient quelquefois fait des suppressions dictées par la prudence, ou par égard pour des personnes alors vivantes. M. Decroix, qui m'a communiqué toutes ces suppressions, m'a aussi indiqué quels étaient les noms qu'ils avaient laissé en blanc.

Il ne fut plus permis alors de douter du vol fait par Ximenès d'un manuscrit informe de Voltaire, l'*Histoire de la guerre de mil sept cent quarante et un*. L'ouvrage fut publié au grand chagrin de Voltaire, et Ximenès, amant de madame Denis, fut obligé de quitter les Délices. Mais lorsque, six ans après, Voltaire eut la mauvaise pensée d'écrire contre J.-J. Rousseau, il reçut en grâce Ximenès ; mais ce fut à condition qu'il se porterait auteur des *Lettres sur la Nouvelle Héloïse*. Voltaire écrivait à d'Argental, le 16—18 février 1761 : *Mandez-moi qui les a faites, vous qui avez le nez fin*. Le 18 février, il écrivait à Damilaville : *Le marquis de Ximenès n'a fait aucune difficulté d'y mettre son nom*. D'autres lettres, que j'ai citées à la page 205 du tome XL de mon édition de Voltaire, sont dans le même sens.

Le manuscrit ne nomme pas la personne à laquelle les *Lettres sur la Nouvelle Héloïse* devaient être adressées. Le début que j'en ai transcrit indique un critique déjà avancé en âge. A l'impression on mit en tête de la première lettre : *Lettres à M. de Voltaire*, d'où il faut bien se garder d'inférer que cela doit exclure l'idée que Voltaire en soit l'auteur. C'était un moyen de détourner les soupçons. Ce n'est pas la seule fois que Voltaire a eu recours à la même ruse.

La première édition des *Guèbres*, qu'il ne vouloit pas qu'on crut de lui, contient une *Épitre dédicatoire à M. de Voltaire*, qui ne se retrouve dans aucune édition des *OEuvres de Voltaire*, si ce n'est à la page 7 du tome IX de mon édition in-8.

Fréron, au reste, ne s'y laissa pas prendre. Aussi lit-on dans l'*Année littéraire*, 1761, VIII, 350 : *Il n'est pas possible qu'un homme qui a du goût, de l'esprit et de l'honnêteté, se soit abandonné à de pareilles indécences contre M. Rousseau.*

OEuvres.

—OEuvres de M. le marquis de Ximenès, ancien mestre de camp de cavalerie. Nouvelle édition, revue et corrigée. *Paris*, 1772, in-8.

On y a reproduit : *les Lettres ont autant contribué à la mémoire de Louis XIV qu'il avait contribué à leurs progrès*, *César au sénat romain.*

On y trouve des imitations d'Homère (en trois scènes), l'ode sur l'*Inoculation*, et l'ode sur *la Passion du jeu.*

Ce n'est, au reste, qu'une *première partie* ; la seconde n'a pas paru.

Si l'auteur donna à ses *OEuvres* le titre de *nouvelle édition*, c'est probablement parce qu'il compte les premières impressions de chaque pièce.

(Article communiqué par M. Beuchot).

XUARB DE CLOPINCOURT (pseudonyme), ex-cocher du roi, et conducteur de coucous.

— Rudiment du promeneur en voiture, ou l'Art du voyageur dans Paris, et les départements, prestement, sûrement, économiquement et tranquillement, et surtout sans être la dupe des cochers, des conducteurs, postillons, courriers, maîtres de postes, mariniers, etc. *Paris, les march. de nouv.*, 1828, in-18.

Y

YAN CAASE. — Grosse (la) bête, ou le Lion colossal de Waterloo. *Dunkerque, de l'impr. de veuve Weins*, 1826, in-32 de 8 pages.

YANIZ (D. Miguel de), traducteur espagnol de deux ouvrages de chimie de M. PALLAIS. (Voy. ce nom).

YANSSENS (J.-A. DES CAMPEAUX).— Progrès (les) de l'histoire naturelle et des sciences analogues en Danemarck et en Norvège, trad. du danois de BRUNNICH. *Copenhague*, 1783, in-8.

YANKOSKI (Jean-Baptiste), de la famille des Paléologues de Constantinople(1). — Discours sur l'éloquence, avec des Réflexions préliminaires sur le même sujet. *Paris, Estienne*, 1723, in-12.

YART (l'abbé Antoine), successivement curé de S. Martin-du-Vivier, et du Saussay dans le Vexin, membre des académies de Rouen, de Caen et de Lyon, censeur royal et secrétaire-rédacteur de la Société royale d'agriculture de Rouen; né dans cette dernière ville, en 1709, mort au Saussay, en 1791.

—Idée de la poésie anglaise. *Paris, Briasson*, 1749-71, 8 vol. in-12.

L'abbé Yart fut un des premiers littérateurs français qui essayèrent de nous faire connaître les beautés de la langue anglaise; mais sa traduction n'est pas exempte de reproches, sous le rapport de la fidélité. On a lieu d'être étonné que le traducteur se soit permis de supprimer des strophes entières ou des passages du texte original. L'abbé Yart semble avoir prévu ce reproche ; car il avertit qu'il a retranché ce qui avait trait au gouvernement et à la liberté de conscience, dans la crainte de déplaire aux bons Français. Il est plus naturel de penser qu'il redouta l'improbation des censeurs ecclésiastiques.

— * Mémoire ecclésiastique et politique concernant la translation des fêtes aux dimanches, en faveur de la population. *Philadelphie*, 1765, in-12 de 122 pages.

C'est l'ouvrage qui eut dû, peut-être, faire le plus d'honneur à l'abbé Yart, si, né des circonstances, il n'eût passé avec elles. On ne saurait plaider avec plus d'esprit, de raison et de philosophie, la cause de la religion et des mœurs. Quoique cette production d'économie politique ait été publiée sans nom d'auteur, on l'attribue à l'abbé Yart. L'on y retrouve, en effet, cette ironie fine qu'il maniait si agréablement. Si cette brochure eût été imprimée à l'époque où le gouvernement français publia le Concordat, elle eût infailliblement fait sentir au clergé et aux fidèles combien là suppression des fêtes était avantageuse à l'État et au peuple.

L'abbé Yart a lu dans diverses séances particulières et publiques de l'Académie des belles-lettres et arts de Rouen, des petits poëmes, des odes et des discours sur des sujets différents. Parmi ses poésies, on doit distinguer le poëme lu par lui dans la séance publique de l'Académie, du 7 août 1765.

---

(1) Voy. l'Histoire de cet auteur dans le «Voyage de Paul Lucas au Levant», Paris, 1714 et 1731, 2 vol. in-12.

ayant pour titre : *les Académies.* Deux ans plus tard, l'Académie de Caen fit lire, dans sa séance publique, une ode intitulée : *Jeanne d'Arc, ou l'Héroïne de la France.* En août 1774, il lut, dans la séance publique, un *Éloge de Marc-Aurèle,* dans lequel l'orateur s'attache à démontrer que cet empereur n'avait aucun vice, et qu'il avait été un modèle de vertu. En 1775, il lut à la même Académie un *Discours sur la précision du style, considéré dans sa construction;* enfin, en 1776, une *Dissertation* sur la politesse française, comparée avec la politesse littéraire de la critique.

YAUVILLE (d'), premier veneur, et ancien commandant de la vénérie du roi.
— Traité de la vénérie. *Paris, de l'impr. royale,* 1788, in-4, figures.

Cet ouvrage n'a pas été mis dans le commerce; on ne le donnait qu'aux personnes attachées à la vénérie royale.

YBOS DE L'HOLASAC (H.). — Quelques chants à ma patrie, ou le Tribut d'un soldat français à la gloire. *Paris, Ponthieu; Ladvocat,* 1827, in-8 de 28 pag.

YDRA DE EROU. — Ode à S. M. Louis-Philippe Ier, roi des Français, sur les circonstances présentes. *Paris, de l'impr. d'Appert,* 1840, in-8 12 pages, 60 c.

YEBRA (Lucas Domingo y), Espagnol, alors prisonnier de guerre.
— Historia de las senoritas de San-Janvier o San Genaro, las dos solas blancas que se libraron de la mortandad de Santo Domingo; trad. del original francez. *Paris, Audot,* 1813, in-18, 1 fr. 80 c.

YEMROF, pseudon. Voy. **FORMEY.**

YENNI (Pierre-Tobie), évêque de Fribourg.
— Lettre au clergé et à tous les fidèles de son diocèse. *Fribourg,* 1827, br. in-4.

YERMOLOFF, général russe, qui a épousé la fille du général français La Salle.
— * Ammalat-Beg, histoire caucasienne. *Paris, Pougin et Lecointe; Legrand et Bergougnioux,* 1835, in-8 de 404 pag.

Le faux-titre du volume porte : *Collection de romans russes;* mais il ne renferme qu'*Ammalat-Beg.*
La préface du traducteur nous apprend que ce volume est le commencement de la traduction d'une « Collection de romans et contes de M. MARLINSKY, laquelle obtint à son apparition en Russie un succès général et mérité ». *Ammalat-Beg* était le dernier publié de cette série. Le traducteur, ou soi-disant tel, a pris la collection par la queue, parce que ce roman offre une peinture exacte des mœurs des diverses peuplades qui habitent le Caucase, mœurs fort peu connues, même en Russie. Cette préface du traducteur est signée M.....y***, mais ces lettres sont aussi bien l'abréviation du nom de Marlinsky, présenté comme l'auteur de ce roman, que de celui de M. Yermoloff, auquel, du reste, est attribuée la composition et non la traduction de ce roman.

YEZDY (le cherif Eddyn Aly), historien persan.
— Histoire de Timur Bec (Tamerlan), trad. du persan par Fr. PETIS DE LA CROIX. *Paris,* 1722, 4 vol. in-12.

Cette traduction n'a paru qu'après la mort de l'auteur, par les soins de son fils. Malgré les nombreuses fautes qu'elle renferme, elle prouve que Pétis savait mieux le persan que le français.

YMBERT (J.-G.), anc. employé supérieur au ministère de la guerre, aujourd'hui maitre des requêtes.

Théatre.

— Dîner (le) de garçon, comédie en un acte, mêlée de couplets. *Paris, Huet,* 1820, in-8.
Avec M. Varner.

— Faubourien (le), ou le Philibert de la rue Mouffetard, comédie grivoise en un acte, mêlée de couplets. *Paris, madame Huet,* 1823, in-8, 1 fr. 50 c.
Avec M. Varner.

— * Homme (l') automate, folie-parade (en un acte et en prose), mêlée de couplets; par MM. ***. *Paris, Pélicier,* 1820, in-8, 1 fr. 50 c.
Avec M. Varner.

— Intérieur (l') d'un bureau, ou la Chanson, comédie-vaudeville en un acte. *Paris, Duvernois,* 1823, in-8, 1 fr. 50 c.
Avec MM. Scribe et Varner.

— Marchand (le) de Coco, ou les Projets de réforme, folie grivoise en un acte. *Paris, madame Huet,* 1822, in-8, 1 fr. 50 c.
Avec M. Varner.

— * Mari (le) sans le savoir, comédie-vaudeville en un acte (et en prose). *Paris, Huet-Masson,* 1817, in-8, 1 fr. 50 c.
Avec le même.

— Obligeant (l'), ou la Fureur d'être utile, comédie-vaudeville en un acte. *Paris, madame Huet,* 1820, in-8, 1 fr. 25 c.
Avec le même.

— Précepteur (le) dans l'embarras, comédie-vaudeville en un acte. *Paris, madame Huet; Barba,* 1823, in-8, 1 fr. 50 c.
Avec le même.

— Propriétaire (le) sans propriété, comédie, vaudeville en un acte. *Paris, Fages,* 1820, in-8, 1 fr. 50 c.
Avec le même.

— * Solliciteur (le), ou l'Art d'obtenir des places, comédie en un acte (et en prose), mêlée de vaudevilles. *Paris, madame Ladvocat*, 1817, in-8, 1 fr. 50 c.

Avec MM. Scribe et Varner.

— Sous-Chef (le), ou la Famille Gautier, comédie-vaudeville en un acte. *Paris, Ponthieu*, 1825, in-8, 1 fr. 50 c.

— Trottin, ou le Retour du sérail, folie-vaudeville en un acte. *Paris, Quoy*, 1820, in-8, 1 fr. 50 c.

Avec M. Varner.

— Ville (la) neutre, ou le Bourgmestre de Neustadt, comédie-vaudeville en un acte. *Paris, Duvernois*, 1825, in-8, 1 fr. 25 c.

Avec le même.

Varia.

— Allocution prononcée pour l'inauguration de la statue de Jean Racine à la Ferté-Milon. *Paris, de l'impr. de Dupont*, 1833, in-4 de 12 pages; — ou in-8 de 20 pages.

— An (l') VIII et l'an 1838, ou Causeries familières à la portée de tous les contribuables, sur cette question : Les conseils-généraux de département et d'arrondissement doivent-ils avoir plus de libertés qu'il y a trente-sept ans? avec examen détaillé du projet de loi présenté à la chambre des députés, sur les attributions des conseils généraux et d'arrondissement, par M. le comte de M. de Montalivet. *Paris, de l'impr. de Dupont*, 1838, in-8 de 68 pages.

— Art (l') d'obtenir des places, ou Conseils aux solliciteurs. *Paris, Pélicier*, 1816, in-8 de 120 pages. — IIIe édition. *Paris, le même*, 1817, in-8 de 160 pages.

Avec M. Varner, l'un des collaborateurs de M. Scribe.

— Bureaucratie. Extrait de l'Encyclopédie moderne. *Paris, de l'impr. de Moreau*, 1825, in-8 de 16 pages.

— * Dénonciateurs (des) et des dénonciations; par l'auteur de l'Art d'obtenir des places. *Paris, Pélicier; Delaunay*, 1816, in-8, 4 fr.

Avec M. Varner.

— Discours prononcé par M. Ymbert, comme commissaire du gouvernement, à la chambre des députés (7 avril 1834), pour la défense du budget des gardes nationales. *Paris, de l'imp. de Dupont*, 1834, in-8 de 8 pages.

— * Éloquence (l') militaire, ou l'Art d'émouvoir le soldat, d'après les plus illustres exemples tirés des armées des différents peuples, et principalement d'après les proclamations, harangues, discours et paroles mémorables des généraux et officiers français. Par une société de militaires et d'hommes de lettres. *Paris, Magimel, Anselin et Pochard*, 1818, 2 vol. in-8, 10 fr.

— Mœurs administratives, pour faire suite aux Observations sur les mœurs et usages français, au commencement du XIXe siècle. *Paris, Ladvocat*, 1825, 2 vol. in-12, avec vignettes et planches, 8 fr.

— Nouvelle manifestation de l'opinion publique, ou Premiers résultats des réélections dans la garde nationale de Paris. *Paris, Dupont*, 1834, in-8 de 8 pages.

Extrait de « l'École des communes », n° 3.

— Profession de foi. *Paris, de l'impr. de Dupont*, 1834, in-8 de 20 pages.

— Session de 1836. Question d'administration financière (plus grave qu'on ne le pense). Une main pour recevoir le milliard, et une autre pour le payer; ou Faut-il supprimer les payeurs contrôleurs de département? *Paris, de l'impr. de Dupont*, 1836, in-8.

YMBERT (V.), du Finistère.

— Considérations sur l'amortissement. *Brest, Michel*, 1817, in-8, 3 fr.

— Recherches sur l'amortissement de la dette publique. *Brest, de l'impr. de Rozais*, 1829, in-8 de 72 pages; — ou 1831, in-8 de 112 pages.

YMBERTUN (J.-G.). — Essais historiques sur la vie et les ouvrages de William Robertson, etc.; trad. de l'angl. (1806). Voy. Dug. STEWART.

YOMNS (Edw. Tom), pseudonyme. Voy. SIMON.

YON ( ), avocat, de Paris.

— Deux (les) Sœurs, comédie en trois actes, en vers, 1755.

— Épître contre les déistes....

— * Femmes (les) de mérite, histoires françaises. 1759, in-8.

— Folie (la) et l'amour, comédie en un acte, en vers. *Paris, Duchesne*, 1755, in-12.

— Lettre au sujet de la place destinée à la statue du roi. In-4.

— Métempsicose (la), comédie en trois actes et sans prologue. 1752.

— * Relation en forme de lettre, sur les dépenses suggérées par un goût outré pour des curiosités passagères, ou par une passion désordonnée pour différents genres de compilations. 1757, in-12.

YON (de Saint). Voy. SAINT-YON.

YORICK. Voy. STERNE.

YORKE (Ch. et Phil.). Voy. HARD-WICH.

YORKE (Ch.). — Principaux Monuments égyptiens du Musée britannique, et quelques autres qui se trouvent en Angleterre, expliqués d'après le système phonétique. Mémoire présenté et lu à l'Académie royale de littérature, à Londres, le 7 juin 1826. Extrait et traduit du tome I des «Memoirs of the royal Society of literature». *Londres, Treuttel et Wurtz*, 1827, in-4, avec 21 planches lithogr., 20 fr.

Avec le colonel Lake.

Y'OSSY. — Glorianna et Léopold, ou l'Empire du préjugé ; trad. de l'angl., par R*******. *Paris, Haut-Cœur et Gayet*, 1823, 4 vol. in-12, 10 fr.

YOUNG (Edward), poëte anglais du XVIIIe siècle, recteur de Welwin et chapelain de S. M.
— Busiris, roi d'Égypte, tragédie en cinq actes, traduite de l'angl. par LETOURNEUR.

Impr. dans les *OEuvres diverses* de l'auteur.

—

— Jugement (le) dernier, poëme, traduit de l'angl. par M. LETOURNEUR. Nouv. édit. *Avignon, J.-A. Joly*, 1822, in-24.

Le faux-titre de ce volume porte : OEuvres de Young, tome IVe.

— Jugement (le) dernier, poëme en trois chants, imité d'Young, par H.-L. BOUCHARLAT. *Paris, Le Normant*, 1809, in-8, 1 fr. 50 c.

—

— * Première Nuit d'Young, traduite par Honoré-Auguste SABATIER DE CABRE. In-8 de 31 pages.
— Première Nuit d'Young, en vers français, par COLARDEAU. *Amsterdam, et Paris, Delalain*, 1770, in-8.—Seconde Nuit, traduite par le même. *Amsterdam, et Paris, Delalain*, 1770, in-8.—IVe, XIIe et XVe Nuits, traduites en vers français, par le même. *Londres, et Paris, Costard*, 1771, in-8.
— Quinzième Nuit d'Young, traduite en vers français (par DOIGNY DU PONCEAU).

Amsterdam, et Paris, Costard, 1770, in-8 de 23 pages.
— Triomphe (le) du chrétien, nuit ; trad. de l'anglais par dom DEVIENNE. *Paris, Leroy*, 1781, in-8.
— Monde (le), quinzième Nuit, traduite en vers français par L. de LIMOGES. 1787.
— Nuits d'Young, traduites de l'anglais, par LETOURNEUR (et publiées par J.-E. HARDOUIN). *Paris, Lejay*, 1769, 2 vol. in-8, et 2 vol. in-12.

Traduction très-souvent réimprimée.
Autres éditions :
Paris, Lejay, 1770, 2 vol. in-8, avec gravures, ou 2 vol. petit in-12.
Paris, Lejay, 1775, 2 vol. in-12. — Cette édition porte le chiffre de *quatrième édition*.
Paris, 1783, 2 vol. in-12.
Paris, Didot l'aîné, 1792, 4 vol. in-12.
Édition avec le poëme du *Jugement dernier*, trad. par le même. Lyon, Blache et Boget, 1812, 4 vol. in-18, 5 fr.
Paris, Ledentu, 1817, 1821, 1827, 2 vol. in-18, 3 fr.
Paris, Depelafol, 1818, 2 vol. in-12, 6 fr.
Avignon, J.-A. Joly, 1822, 3 vol. in-24. — Tomes I à III d'une édition des OEuvres de l'auteur.
Paris, Tenré, 1823, 2 vol. in-12.
Édition suivie des *Tombeaux* et des *Méditations d'Hervey*, etc., traduction de Letourneur. Nouvelle édition. Paris, Ledoux, 1824, 2 vol. in-8, avec deux gravures, 14 fr. : pap. superfin d'Annonay, 20 fr. ; grand raisin vélin, épreuves doubles, eaux fortes et avant la lettre, 42 fr. ; — ou 1827, 2 vol. in-8, figures.
Lons le Saulnier, Escalle et comp^e, 1825, 2 vol. in-18.
Édition suivie de l'Élégie de Gray sur un cimetière de campagne, traduite (en prose) par le même, et en vers par M.-J. Chénier. Paris, H. Langlois fils, 1826, 1828, 1829, 2 vol. in-18, avec deux vignettes, 4 fr. — ou Paris, Lebigre frères, 1831, 1836, 2 vol. in-18, 2 fr. ; — et Paris, Philippe, 1834, 2 vol. in-18, avec deux vignettes, 4 fr.

— Nuits (les) d'Young, trad. de l'angl. par LETOURNEUR, mises en vers français. *Paris, de l'impr. de Didot*, 1792, 4 vol. in-12.
— Notti (le) d'Young, tradotte in italiano da l'abbate ALBERTI. *Parigi, Lejay*, 1771, 2 vol. in-12.— Le medesimi, col francese accanto (della traduzione di Letourneur). *Marsiglia, e Parigi, il medesimo*, 1771, 3 vol. in-12.
—Abrégé des Nuits (trad^{on} de Letourneur). *Bâle, Haas*, 1796, in-16, impr. sur pap. fin satiné, 1 fr. 20 c.

On trouve ordinairement joint à cet abrégé celui des OEuvres d'Hervey, trad. par le même.

—

— Satires d'Young, ou l'Amour de la renommée, passion universelle; traduction libre de l'angl. par Th.-P. BERTIN. *Londres,*

et Paris, *l'Auteur*, 1787, in-8 , 1 fr. 50 c.
— Nouv. édition. *Paris*, *Bertin*, an VI (1798), in-18 , 1 fr. 50 c.
— Satires sur l'amour de la renommée, traduction libre en vers français, par J. LABLÉE. *Paris*, *Marchand*, 1802 , in-12.
— Seconde édition, suivie de quelques poésies dans le genre grave. *Paris*, *de l'impr. de Patris*, 1818, in-18.

—

— OEuvres diverses, trad. de l'angl. par LETOURNEUR. *Paris*, *Le Jay*, 1770, 2 vol. in-8 , et 2 vol. in-12.

Cet ouvrage fait suite aux *Nuits* du même auteur, traduites par Letourneur.

— OEuvres complètes d'Young, trad. de l'angl. par LETOURNEUR. *Paris*, 1796, 6 vol. in-18, avec 12 gravures.
— OEuvres. Traduction de LETOURNEUR. *Avignon*, *J.-A. July*, 1822 , 4 vol. in-24.

On peut se procurer séparément les tomes I à III . les *Nuits*, ou le tome IV, *le Jugement dernier*.

Extraits d'Young.

— Vérités philosophiques, tirées des Nuits d'Young, et mises en vers libres, par M. de M***. *Paris*, *Pillot*, 1747, 2 vol. in-12.
— Esprit, Maximes et Pensées d'Young, extraits de ses « Nuits », par l'auteur de « l'Ame élevée à Dieu » (l'abbé BAUDRAND). *Paris*, *Cailleau*, 1786, in-12.
— Beautés (les) poétiques d'Édouard Young, traduites en français, avec le texte anglais en regard, par Bertrand BARRÈRE; avec une Notice sur Édouard Young, par J. ÉVANS. *Paris*, *Buisson*, 1804, in-8 de 450 pages, avec une figure.

YOUNG (Arthur), écuyer, célèbre agronome anglais, du XIXe siècle, membre de la Société royale de Londres ; mort en 1820.
— Arithmétique politique, adressée aux sociétés économiques établies en Europe, par M. Young; ouvrage traduit de l'anglais, par M. FRÉVILLE. Tome Ier. *La Haye*, *Pierre-Frédéric Gosse (Paris)*, 1775 , in-8 de VI et 464 pages.

Le tome second porte le titre suivant :
Arithmétique politique, contenant un Traité sur l'utilité des grandes fermes et des riches fermiers (par ARBUTHNOT), et l'état présent de l'agriculture des îles britanniques (pag. 216 jusqu'à la fin du volume). Ouvrage traduit de l'anglais, par M. FRÉVILLE. Tome second. La Haye, Pierre-Frédéric Gosse, 1775 , in-8 de 519 pages. Les deux volumes, 10 fr.
Réimprimé en 1780 , en 2 volumes in-8, sous ce titre : *Recueil d'ouvrages d'économie politique et rurale*, *trad. de l'angl.* La Haye, 1775 , 2 vol. in-8 ; Paris, Nyon , 1780.

— Cultivateur (le) anglais, ou OEuvres choisies d'agriculture et d'économie rurale et politique ; traduit de l'angl. par LAMARE, BENOIST et BILLECOQ, avec des notes par DELALAUZE. *Paris*, *Maradan* ; *Perlet*, an IX (1800 et 1801), 18 vol. in-8, fig. , 81 fr.

Cette collection comprend la traduction des divers écrits suivants : 1° the Farmer's Letters to the people of England ; 2° A Six Week's Tour through the southern countries of England and Wales ; 3° A Six Month's Tour through the north of England ; 4° Farmer's Guide in hiring and stocking farms ; 5° Course of experimental agriculture ; 6° the Farmer's Tour the east of England ; 7° Rural economy, etc. ; 8° Political arithmetic, etc. Tous ouvrages publiés séparément par l'auteur, de 1767 à 1774.

— Essai sur la nature des engrais, trad. de l'anglais , par M. M***. *Paris*, *Arthus Bertrand*, 1808 , in-12 , 2 fr. 25 c.
— Filature, commerce et prix des laines en Angleterre, ou Correspondance sur ces matières. (Trad. de l'angl.). *Paris*, 1790, in-8.

Composé avec Banks.

— * Guide (le) du fermier, ou Instructions pour élever, nourrir, acheter et vendre les bêtes à cornes, les brebis, etc. ; trad. de l'angl. (par Jos.-P. FRENAIS). *Paris*, 1770, 1782 , 2 part. in-12.

Traduction du *Farmer's Calendar.*
On trouve dans cet ouvrage deux Traités du traducteur ; l'un sur l'art de faire la bière , l'autre sur la fabrication du pain de pomme de terre.
M. Mahul en cite une traduction sous le titre de *Manuel du fermier*; c'était vraisemblablement le *Parfait fermier* qu'il fallait dire. (Voy. plus bas : *Voyage agronomique*).

— Mémoires sur l'éducation, les maladies, l'engrais et l'emploi du porc. *Paris*, *madame Huzard*, 1823, in-8, avec trois planches, 4 fr. — Seconde édition, corrigée et augmentée de notes publiées depuis la première édition, par des agronomes et des vétérinaires. *Paris*, *le même*, 1835 , in-8, avec cinq gravures, 4 fr. 50 c.

Ce volume est la réunion de deux ouvrages sur le même sujet : celui d'Young , et celui d'Érik VIBORG , professeur et chef de l'école vétérinaire de Copenhague , sur l'éducation des cochons.

— * Voyage agronomique, précédé du Parfait fermier, contenant l'état général de la culture anglaise ; ouvrage traduit de l'anglais (par de FRÉVILLE). *Paris*, 1774, 2 vol. in-8.

C'est une traduction de quelques Voyages d'Arth. Young , qui trouva cette traduction si peu ressemblante à l'original, qu'il ne s'y reconnut pas lui-même.

Barbier, sous le n° 1923r de son Dictionnaire des ouvrages anonymes, dit que ces deux volumes ne sont autres que ceux publiés sous le titre de *Recueil d'ouvrages sur l'économie politique et rurale.* (Voy. ci-dessus l'*Arithmétique politique*).

— Voyage en France pendant les années 1787-90 ; trad. de l'angl., par F. S. (Soulès), avec des notes et observations par Cazeaux. *Paris, Buisson,* 1793, 3 vol. in-8 , avec cartes. — Sec. édition. *Paris, Maradan ,* an 11 (1794), 3 vol. in-8 , avec cartes.

— Voyage en Irlande (fait dans les années 1776-79), trad. de l'angl. par Ch. Millon, avec des Recherches sur l'Irlande , par le traducteur. *Paris, Moutardier; Cérioux,* 1799, 2 vol. in-8 , 7 fr. 50 c.—Seconde édition, augmentée d'un Essai sur le commerce d'Irlande. *Paris,* 1801, 2 vol. in-8 , avec gravures , 7 fr. 50 c.

— Voyage en Italie, pendant les années 1787-90; traduit de l'angl. par F. Soulès. *Paris ,* an v (1796), in-8.

YOUNG (Thomas). — Résumé complet de mécanique et de la science des machines , précédé d'une Introduction historique de la mécanique et de l'hydraulique, et suivi d'une biographie, d'une bibliographie et d'un vocabulaire , trad. de l'angl. du Cours de physique et des arts mécaniques, par Th. Young ; avec un Appendice sur l'écoulement des liquides , et une Notice historique sur les machines à vapeur, par M. Hachette, professeur à la faculté des sciences de Paris. *Paris , Bachelier,* 1829, in-32 , 3 fr. 50 c.

Cet ouvrage fait partie de l'*Encyclopédie portative.*

YOUNG (William).— Portugal (le) sous Don Miguel, trad. de l'angl., par Nisard. *Paris, Moutardier,* 1830, in-8, 6 fr.

YOUNG (G.).—Life (the) and Voyages of captain James Cook, drawn up from his journals and other authentic documents, and comprising much original information. *Paris, Baudry ,* 1836 , in-12, 3 fr. 50 c.

YOUNG (Bingham). — Traité de l'art de fabriquer la bière, renfermant des procédés nouveaux sur cette importante opération , etc. *Lille, de l'impr. de Danel,* 1839, in-12 de 96 pages.

YREIHT, pseud. Voy. Thiéry.

YRIARTE (don Th. de), poëte espagnol du xviiie siècle.
— Abrégé de l'histoire d'Espagne, trad. par Ch. Brunet, suivi d'une courte Description géographique de l'Espagne et du Portugal , trad. du même auteur. *Paris , Gérard ,* 1803, in-12, 3 fr.
— Fabulas litterarias. *Perpignan, Alzine,* 1817, in-18 , 1 fr. 50 c.;— *Paris, Seguin,* 1825, in-18 , 1 fr. 50 c.; — *Bordoa, Lawalle neveu,* 1829, in-18 ; — *Bordoa, Teycheney,* 1836, in-18.
— Fables littéraires, traduites en vers français, avec le texte espagnol à côté; par J.-B. Lanos. *Paris, Desenne,* an ix (1801), in-12 , 2 fr.
— Les mêmes , trad. en prose , par P.-F.-M. Lhomandie. *Paris, Bailleul,* an xii (1804), in-12.
— Les mêmes , traduites en français, avec le texte espagnol en regard, pour faciliter la lecture de ces deux langues; par M.... *Paris, Warée oncle,* 1805, in-12 , 1 fr. 70 c.
— Les mêmes , traduites en vers, par Ch. Brunet. *Paris, Ledoyen ; Brockhaus et Avenarius,* 1838 , in-18, 3 fr.
— Musica (la), poema. Nueva edicion. *Leone, Cormon y Blanc ,* 1822, in-18, 1 fr. 50 c.
— Musique (la) , poëme, trad. de l'espag. par J.-B.-Christ. Grainville ; avec des notes , par Langlé, membre et bibliothécaire du Conservatoire de musique. *Paris, Fuchs,* 1800, in-12 de 230 pages, 1 fr. 50 c.

Cet ouvrage est divisé en cinq chants, le premier traite des éléments de l'art de la musique: le second , de l'expression musicale; le troisième prouve l'excellence de la musique par des arguments fondés en raison et en autorité; le quatrième traite en détail de la musique du théâtre, et démontre ses beautés et ses défauts : et le cinquième explique qu'elle est la musique propre aux divertissements dans les sociétés privées.

On trouve en tête de cet ouvrage , un arrêté du Conservatoire de musique, bien flatteur pour Grainville, qui témoigne à cet homme de lettres toute l'expression de sa reconnaissance, et dont le zèle et le talent ont enrichi la littérature française d'un aussi excellent ouvrage.

— Robinson (el nuevo), historia moral, reducida a dialogos traducida dal Campe. Voy. Campe.

YRIARTE (don Juan de). — Grammatica latina, escrita con nuevo metodo y nuevas observaciones en verso castellano, con su explicacion en prosa. *Paris, Lecointe,* 1835, 1838, in-12, 10 fr.

YRVOIX (J.-A.). — Canilogie, ou Coup-d'œil rapide sur la nature du chien. *Angoulême, de l'impr. de Reynaud*, 1839, in-4 de 20 pages.

YRWIN (Eylès). — Voyage à la mer Rouge, sur les côtes de l'Arabie ; en Égypte, et dans les déserts de la Thébaïde ; trad. sur la troisième édition anglaise par PARRAUD. *Paris, Briand*, 1792, 2 vol. in-8.

YSABEAU (A.). — Aiguillon (l'), chansonnier nouveau, dédié aux gueux. *Paris, Verney*, 1831, in-18.
— Contes pour l'enfance. *Strasbourg, et Paris, Levrault*, 1839, in-18, avec une gravure.
— Guide manuel de l'épicier droguiste, contenant, par ordre alphabétique, les substances simples et composées, les diverses préparations qui sont du ressort de l'épicier droguiste, et la composition des couleurs et des vernis. *Paris, Malher et comp.*, 1827, in-12, 4 fr.

Cet ouvrage fait partie de la « Bibliothèque industrielle ».

— Maître Pierre, ou le Savant de village. Entretiens sur la minéralogie. *Strasbourg, et Paris, Levrault*, 1837, in-18, 60 c.

N° 34 de la « Bibliothèque d'instruction populaire ».

YSABEAU DE BRÉCONVILLIERS.
— Traduction (du latin) de la Pædotrophie, ou Poëme sur l'éducation des enfants en bas âge. (1777). Voy. Sc. de SAINTE-MARTHE.

YSABELLE, essayeur de commerce.
— Traité des essais de cendres contenant or et argent. *Paris, de l'impr. de veuve Cussac*, 1821, in-4 de 4 pages.

YSARN (Justin d'), auteur dramatique.
— Morin l'ouvrier, vaudeville en deux actes. *Paris, Michaud*, 1838, in-8 à deux colonnes, 40 c.

Avec M. P. Murville.

— Tanneur (le), ou la grande Entreprise, vaudeville populaire en un acte. *Paris, Gallet*, 1840, in-8, 15 c.
— Un Mariage à faire, comédie-vaudeville en un acte. *Paris, Michaud*, 1838, in-8 à deux colonnes, 20 c.

M. Justin d'Yzarn a coopéré à la « Galerie his-

torique des célébrités populaires », dont la première livraison a paru dans le mois de juin 1840.

YSARN (le chev. J. d'). — Sur la baisse du prix courant des produits agricoles en Russie. Mémoire de concours à la question d'économie politique (qui a obtenu une mention honorable). Publié par l'Académie impériale des sciences, le 29 décembre 1829. *Saint-Pétersbourg*, 1830, in-8 de 56 pages.

YSE de Saleon (Jean), évêque et comte de Rodez.
— Instruction pastorale sur l'autorité des décisions de l'Église. *Rodez*, 1738, in-4.

YSLA (le padre). Vease ISLA.

YSQUICTA (A. M. de). — Mobilisation (de la) du sol, sa nécessité, son but, ses résultats. *Paris, de l'impr. de Appert*, 1838, in-8 de 28 pages.

YUNG. — Catalogue d'arbres, arbustes et plantes herbacées d'Amérique. *Paris, veuve Hérissant*, 1783, in-8.

YUNG (Anna-Maria). — Amours (les) d'un jésuite, ou Mémoires historiques sur l'abbé Martial Marcet de la Roche Arnaud, de la compagnie de Jésus ; suivies de ses Lettres érotiques à Julie. *Paris, les march. de nouv.*, 1828, in-12.

YVAN (Melchior). — Friction électro-magnétique, administrée à frère Jacques. *Digne, de l'impr. de madame veuve Guichard*, 1834, in-8 de 64 pages.
— * Observations critiques sur le Traité de médecine légale criminelle (1834). Voy. Ir. ITARD.

YVAREN (Prosper). — A mon ami Louis Brian, d'Avignon, statuaire, premier grand prix au concours de sculpture de 1832. *Avignon, de l'impr. de Séguin*, 1833, in-8 de 16 pages.
— Christ (le) au jardin des olives. Oratorio en vers français, par Prosper YVAREN, musique de van BEETHOVEN, arrangée pour le piano. (Avec musique). *Avignon, Séguin aîné*, 1836, in-4, 12 fr.

Le texte seul, sans musique, a été imprimé chez le même, in-8 de 4 pages.

— Harmonie (l'), trilogie-lyrique, musique de M. Séguin fils. *Avignon, Séguin aîné*, 1839, in-4 de 20 pages, 3 fr.

Faisant partie de « Chants divers », mis en musique par F. Séguin fils.

YVART (J.-A. Victor), propriétaire cultivateur à Maisons Alfort, canton de Charenton, ancien professeur d'économie rurale à l'École royale d'Alfort, membre de l'Académie royale des sciences, et l'un des membres fondateurs de la Société roy. d'agriculture ; décédé le 19 juin 1831.

— Aperçu des efforts faits pour l'amélioration de l'agriculture, dans le département de la Seine. *Paris, madame Huzard*, an XIV (1805), in-8 de 27 pages.

Extrait des « Mémoires d'agriculture, etc. », publiés par la Société d'agriculture du département de la Seine, tome VIII.

— Considérations générales et particulières sur la jachère, et sur les meilleurs moyens d'arriver graduellement à sa suppression, avec de grands avantages. *Paris, madame Huzard*, 1822, in-8.

— Considérations sur la première livraison des «Annales agricoles de Roville», par Mathieu de Dombasle. *Paris, madame Huzard*, 1824, in-8 de 64 pages.

— Coup-d'œil sur le sol, le climat et l'agriculture de la France comparée avec les contrées qui l'avoisinent, et particulièrement l'Angleterre. *Paris, madame Huzard*, 1807, in-8.

— Excursion agronomique en Auvergne, principalement aux environs des monts d'Or et du Puy de Dôme; suivie de Recherches sur l'état et l'importance des irrigations en France. *Paris, de l'impr. royale*, 1819, in-8.

— Faits et Observations sur les questions de l'exportation des mérinos (1814). Voy. GABIOU.

— Notice historique sur l'origine et les progrès des assolements raisonnés; suivie de l'Examen des meilleurs moyens de perfectionner l'agriculture française, ou Introduction à la nouvelle édition du Traité des cultures et des assolements les plus convenables à la diversité des sols, des climats, des usages et des débouchés de la France. *Paris, de l'impr. de madame Huzard*, 1821, in-8.

Extrait de la deuxième édition du *Nouveau Cours complet d'agriculture théorique et pratique.*

— Objet d'intérêt public, recommandé à l'attention du gouvernement et de tous les amis de l'agriculture. *Paris, madame Huzard*, 1816, in-8 de 96 pages, 1 fr. 50 c.

— Traité des prairies artificielles (1826). Voy. H.-F. GILBERT.

— Voyages agricoles en France et en Angleterre.....

Yvart, en outre, a coopéré à la nouvelle édition du Théâtre d'agriculture d'Olivier de Serres (1804-1807, 2 vol. in-4), au Cours complet d'agriculture théorique et pratique, en 12 vol. in-8 ; au Nouveau Dictionnaire d'histoire naturelle, publié chez Déterville ; enfin au Journal de médecine vétérinaire et comparée.

YVER (P.). — Catalogue raisonné de toutes les estampes qui forment l'œuvre de Rembrandt et des principales pièces de ses élèves, composé par les sieurs GERSAINT, HELLE, GLOMY et P. YVER. Nouvelle édition, corrigée et considérablement augmentée, par le chev. de CLAUSSIN. *Paris, F. Didot ; Bossange ; Renouard*, 1824, in-8 avec une planche.

YVER (Jacq.-Gab.), prêtre. — Dévoilement (le) de l'erreur, ou la Réforme citée au tribunal des divines écritures, de la tradition, des saints pères et de la raison. *Paris, de l'impr. d'Eberhart*, 1834, in-8.

Poëme en cinq chants, sans préface et sans notes.

YVERDUN. Voy. DEYVERDUN.

YVERNOIS. Voy. IVERNOIS.

YVERT (Eugène). — Épître au fauteuil de Molière. *Paris, de l'impr. de Trouvé*, 1829, in-8 de 4 pages.

— Épître royaliste à un officier de l'expédition d'Alger. *Paris, Levavasseur*, 1830, in-8 de 20 pages.

— Inconvénients (les) du spectacle. Épître. *Paris, de l'impr. de Locquin*, 1829, in-8 de 16 pages.

YVES (Alex.), archevêque de Lyon.
— Mandement de l'archevêque de Lyon, primat des Gaules, pour la publication du bref de notre saint père le Pape, du 13 avril 1791, portant des peines et des censures au sujet du schisme opéré dans l'Église de France, donné au château de Rêves en Brabant, le 18 mai 1791. *Paris, de l'impr. de Guerbart*, 1791, in-8 de 28 et 52 pages.

YVES Voy. YV. BASTIOU.

YVETOT (L. René).— Aventures (les) de Polydore et d'Honorine. *Paris, Ledoux*, 1831, 2 vol. in-8, 10 fr.

YVOIRY (d'). — Essai de médecine théorique et pratique (1784). Voy. BRION.
— Portefeuille antivénérien, rédigé d'a-

près les leçons publiques de M. d'Yvoiry. *Bâle*, 1785, in-16.

YVON (l'abbé), prêtre philosophe, littérateur médiocre ; né vers 1720, en Normandie, fut, sur la fin de sa carrière, chanoine de la cathédrale de Coutances et historiographe du comte d'Artois ; il mourut dans la retraite et l'obscurité, vers 1784, suivant de nouveaux éditeurs de Feller, ou vers 1790, suivant M. Weiss, dans la Biographie universelle.

— * Accord de la philosophie avec la religion, ou l'Histoire de la religion, divisée en douze époques. (Tome 1er, contenant le Discours préliminaire). *Paris, Moutard*, 1776, in-12 ; 1782, in-8 ; — ou *Paris, Panckoucke*, 1785, 2 vol. in-8.

— Discours généraux et raisonnés sur l'histoire de l'Eglise. *Amsterdam (Paris)*, 1768, 3 vol. in-12.

Ces *Discours* ont aussi paru sous le titre d'*Abrégé de l'Histoire ecclésiastique*. Paris, 1768, 3 vol. in-12, avec le nom de l'auteur.

— * Histoire philosophique de la Religion. *Liége, Plomteux*, 1779, 2 vol. in-8.
— * Lettres (deux) à M. Rousseau, pour servir de réponse à sa lettre contre le mandement de l'archevêque de Paris. *Londres (Paris)*, 1763, in-8 de 136 pages.

A.-A. Barbier en cite une édition d'Amsterdam, M. M. Rey, sous la même date.
L'auteur devait publier quinze lettres.

— * Liberté de conscience résserrée dans ses bornes légitimes. *Londres*, 1754-55, 3 part. in-8.

L'abbé Yvon a fourni, dans l'Encyclopédie de Diderot et d'Alembert, les articles *Ame*, *Athée*, *Dieu ;* il a fait l'*Éloge de l'abbé de Marsy*, qui a paru dans le Nécrologe. De l'*Histoire ecclésiastique*, qu'il avait commencée, il n'a paru, ainsi qu'on l'a vu plus haut, que le *Discours préliminaire.*

Les rédacteurs du Catalogue manuscrit de la Bibliothèque du roi ont attribué à l'abbé Yvon le livre intitulé : « l'Asiatique tolérant » ; mais c'est une erreur : cet ouvrage, qui a été quelquefois attribué à Crébillon le fils, est de La Beaumelle (Voy. ce nom).

YVON. — * Réflexions d'un patriote parisien sur la révolution, dédiées à ses frères d'armes de la garde nationale. *Paris*, 1790, in-8 de 24 pages.

YZARD, juge du tribunal civil à Bordeaux.
— Autorité (de l') des ordonnances royales sur les tribunaux. *Paris, Alex. Mesnier*, 1830, in-8.

YZARN-FREISSINET (le vicomte de), ancien sous-préfet.
— Coup-d'œil sur les landes de Gascogne, et sur les compagnies formées pour leur exploitation. Seconde édition, revue et augmentée de documents officiels sur le chemin de fer de Bordeaux à la Teste. *Paris, madame Huzard ; Carilian-Gœury*, 1837, in-8 de 72 pages.

YZER (Van den), pseudon. Voy. FERRI.

YZO. — Lettre sur la musique française, en réponse à celle de J.-J. Rousseau. 1754, in-8.

Z

ZABA (Napoleon-Felix). — Glós Kosciuszki do jenerala la Fayetta. *Paris, de l'impr. de Pinard*, 1831, in-8 de 12 pages.

En vers.

ZABERN. Voy. HOEFKEN.

ZACCHARIE (le P.), jésuite.
— Lettre de N. N. au marquis N. N. sur le Supplément au n° 41 du » Messager de Modène » ; ou Apologie de la Théorie morale des PP. Busembaum et Lacroix, jésuites, contre les arrêts des parlements qui ont condamné cet ouvrage. En italien, avec la traduction française (et un avertissement par l'abbé GOUJET). 1758, in-12.

Cet écrit a été traduit par ordre ; il a été dénoncé au parlement ; *sans l'avertissement*, le vendredi 10 mars 1758 ; et condamné au feu.

Le P. Zacharie avait travaillé sans permission. Dès que ses supérieurs eurent appris qu'il songeait à justifier Busembaum, ils lui envoyèrent l'ordre de n'en rien faire. Le P. Zaccharie, qui avait remis son manuscrit à l'imprimeur, courut le redemander ; mais il était imprimé, et un exemplaire fut soustrait à la diligence de l'auteur par une main ennemie, qui l'envoya en France, où on ne tarda pas à le réimprimer.

Catal. manuscrit de l'abbé Goujet.

ZACCHIROLI (François), de Ferrare.
— Description de la Galerie royale de Florence. *Florence, P. Allegrini*, 1783, in-8.

ZACH (le baron François de), célèbre astronome italien.
— Attraction des montagnes et ses effets

sur les fils à plomb ou sur les niveaux
des instruments d'astronomie, constatés et
déterminés par des observations astronomiques et géodésiques faites, en 1810, sur
le mont Mimet et au fanal de l'île de Pla-
nier, près de Marseille. *Avignon, F. Séguin*, 1814, 2 vol. in-8, avec trois planches, 18 fr.

—Mémoire sur la nouvelle planète Uranus.

Impr. dans le recueil de l'Académie de Bruxelles,
anc. série, tome V.

— Notice historique sur les comètes qui
ont été découvertes de 1801 à 1808 par
M. J.-L. Pons, concierge de l'Observatoire
de Marseille.

Imprimée dans les Mémoires de l'Académie de
Marseille, tome VII, 1808.

—Observations sur quelques passages (des
dix-huit premiers volumes) du « Cours d'histoire des États européens », de M. Schœll.
Paris, Pihan Delaforest, 1832, in-8 de
89 pages.

Ces Observations font partie du tome XIX du
Cours d'histoire de M. Schœll. Elles ont été continuées pour les volumes suivants.

— Tables abrégées et portatives de la lune,
calculées pour le méridien de Paris, d'après
la théorie de M. le comte Laplace, et d'a-
près les constantes et les coëfficients de
M. Burg. *Florence, Molini*, 1809, in-4,
4 fr. 50 c.

— Tables abrégées et portatives du soleil,
calculées pour le méridien de Paris sur les
observations les plus récentes, d'après la
théorie de M. le comte Laplace. *Florence,
Molini*, vers 1810, in-8, 14 fr. 50 c.

— Tables (nouv.) d'aberration et de nutation pour 1404 étoiles, avec une table
générale d'observations pour les planètes et
les comètes; précédées d'une instruction
qui renferme l'explication de l'usage de ces
tables; suivies de plusieurs nouvelles tables
destinées à faciliter les calculs astronomiques. *Marseille, de l'impr. de madame
Mine*, 1812, in-8, 6 fr. — Supplément
aux nouvelles Tables d'aberration et de
nutation pour 1404 étoiles, publiées en
1812, à Marseille, avec une nouvelle table
générale pour faciliter le calcul rigoureux
de la précession des équinoxes en ascension
droite et en déclinaison, et des mouvements
propres des étoiles. *Marseille, de l'impr. de
Bertrand*, 1813, in-8, 6 fr.

Le baron de Zach est auteur de plusieurs autres
ouvrages importants, mais publiés en latin et en
allemand, et à l'étranger; tels que: une Correspondance mensuelle pour l'avancement de la géographie et de l'astronomie (Gotha, 1800 à 1803, 7
vol. in-8); les Éphémérides astronomiques, etc., etc.

ZACHARIÆ (M.-C.-S.), professeur à
l'Université de Heidelberg.

— Cours de droit civil français, trad. de
l'allem., revu et augmenté avec l'agrément
de l'auteur, par MM. C. Aubry et C. Rau.
Strasbourg, Lagier; Paris, Hingray,
1838-39, 4 vol. in-8, 30 fr.

ZACHARIE (G.-G.). — * Prostituée (la)
trompeuse trompée; par G.-G. *Amsterdam*,
1755, in-12.

ZACHARIE (Fréd.-Wilhelm), poëte
allemand célèbre.

— Essai d'un nouveau Cours de langue
allemande, ou Choix des meilleurs poëmes
de Zacharie, Kleist et Haller; avec
deux traductions françaises, dont une absolument littérale, et destinée à faciliter
l'étude de cette langue (par M. Boulard).
Paris, Kœnig, 1798, in-8.

— * Louise, ou le Pouvoir de la vertu du
sexe, conte moral; trad. de l'allem. par
Junker. *Paris, De Hansy le jeune*, 1771,
in-12.

— Métamorphoses (les), poëme héroï-
comique, trad. de l'allem. par M*** (de
Muller, secrétaire des commandements
du prince de Lambesc). *Paris, Fournier*,
1764, in-16.

— Phaëton (le), poëme héroï-comique en
VI chants, imité de l'allem. (par Nic.
Fallet). 1776.

Imprimé dans le volume intitulé : « Mes Bagatelles, ou les Torts de ma jeunesse ») par l'auteur
des Amours de Chœrée et Callirohée (Fallet). Londres, et Paris, Costard, 1776, in-8.

— Quatre (les) parties du jour, poëme,
traduit de l'allemand (par Muller). *Paris, Musier*, 1769, in-8. — Nouv. édit.
1781, in-8.

Le traducteur s'est masqué, au bas de son épître
dédicatoire, sous le nom de Capitaine.

ZADEH (le cheikh). — Histoire de la
sultane de Perse et des vizirs, contes turcs;
trad. par Franç. Pétis de la Croix. *Paris*,
1707, in-12.

La seconde partie de cette traduction est restée
inédite.

ZAEPFFEL (And.-L.), de Strasbourg.
— Dissertation sur l'emploi de quelques
machines dans le traitement des fractures
des membres, et particulièrement dans
celui des fractures compliquées. *Strasbourg*,

de l'impr. de Levrault, 1817, in-4 de 40 pages, et 2 planches.

ZAGHELLI (Aimé). — Maurice, ou la Confiance en Marie. *Paris, Gaume frères*, 1839, in-18, 80 c.

— *Mémoires (les) d'un ange gardien. Paris, les mêmes*, 1840, in-18, 80 c.

— Parisien (le) et le Savoyard, ou Une excursion en Savoie. *Paris, les mêmes*, 1840, in-18, 80 c.

— Stéphane. *Paris, les mêmes*, 1839, in-18, 80 c.

— Un homme de douze ans. Nouvelle. *Paris, les mêmes*, 1841, in-18, 80 c.

— Une Lettre venue de l'autre monde; par l'auteur des «Mémoires d'un ange gardien». *Paris, les mêmes*, 1840, in-18, 80 c.

— Vengeance et pardon. *Paris, les mêmes*, 1838, in-18, 80 c.

Ces sept petits ouvrages font partie de la « Bibliothèque instructive et amusante », publiée par les mêmes libraires.

ZAGOSKINE, littérateur russe.

— Youry Miloslavsky, ou la Russie en 1612, roman historique; traduit du russe par madame S. C...., née d'Ott. *Paris, Gosselin*, 1831, 4 vol. in-12, 9 fr.

ZAHN (W.). — Peintures à fresques découvertes à Pompéi. *Stuttgard*, sans date, in-fol.

—Plus (les) beaux ornements, les tableaux les plus remarquables de Pompéi, d'Herculanum et de Stabiæ, avec quelques plans et vues d'après les dessins originaux exécutés sur les lieux. (Avec un texte français et allemand). *Berlin, G. Reimer*, 1828-29, 10 livr. in-folio atlantique.

Prix de chaque livraison, composée de douze planches, dont plusieurs coloriées, 6 thaler (24 fr.), et, édition de luxe, 2 frédérics d'or.

La première livraison d'une seconde série a paru en 1841, in-fol. de 10 pl., dont 4 color.

ZAJONCZEK (le général), anc. vice-roi de Pologne.

— *Histoire de la révolution de Pologne, en 1794; par un témoin oculaire. *Paris, Magimel*, an v (1797), in-8, 3 fr.

Un des généraux les plus distingués de la nation polonaise, si féconde en hommes de guerre (M. Zajonzek), est l'auteur de cette histoire. Il a été témoin oculaire de tous les événements qu'il raconte. Aussi sait-il parfaitement intéresser le lecteur, à l'agonie d'une nation malheureuse que ses voisins se sont partagée, quoiqu'elle comptât 8,000,000 d'hommes. —Mais il fallait que la Pologne pérît, étant abandonnée de tout le monde.

L'historien, en représentant la révolution de 1794 comme un événement extraordinaire, mais qui cependant a un rapport intime avec celle qui l'a précédée, s'en prend à l'Europe entière, et, après avoir fait des reproches à tous les Polonais qui en méritent, il s'empresse de rendre justice aux patriotes qui, ne calculant que leurs devoirs, ont prolongé tant qu'ils l'ont pu l'existence de leur patrie.

Ce livre est divisé en deux parties : la première, sous le titre de *Mémoires historiques*, contient, en dix chapitres, le récit des faits, que l'espace ne permet pas de relater ici.—La deuxième, qui a pour titre: *Recueil d'actes authentiques*, contient vingt quatre pièces, dont plusieurs sont très-curieuses et d'autres très-importantes, publiées par les puissances belligérantes.

ZALESKI (Joseph). — Histoire de la révolution polonaise. *Toulouse*, 1834, in-8, 2 fr. 50 c.

ZALESKI (Bohdan), l'un des premiers poëtes de la Pologne.

— Poezya (Poésies). *Paris, libr. polonaise*, 1841, gr. in-18.

Ses *Dumki Ukrainskie (Chants ukrainiens)* l'ont fait connaître avant la révolution. Nonce à la diète de Pologne, il partagea l'exil avec son frère, et a résidé habituellement à Fontainebleau. A Posen, en 1841 (1842), il a publié deux volumes de ses Poésies : un troisième va paraître à Paris, et un quatrième, contenant la collection de ses poésies avant la révolution polonaise.

(*Note de M. E. J.*)

ZALIK (Grégoire), de Thessalonique, professeur de langue grecque.

—Coutrat social (le), trad. en grec moderne (1828). Voy. J.-J. Rousseau.

—Dialogue sur la révolution grecque (en grec moderne), publié par Agathophron, Lacédémonien (Nicolopoulo). *Paris, de l'impr. de Casimir*, 1829, in-18.

—Dictionnaire français-grec moderne, à l'usage des deux nations, le seul qu'il y ait en France; précédé d'un Discours préliminaire sur la grammaire et la syntaxe de l'une et de l'autre langues. *Paris*, 1809, in-8; — ou *Paris, Dondey-Dupré*, 1822, in-8, 12 fr. 50 c.

— Éléments (nouveaux) de la grammaire grecque, par H.-H. G***. IIIe édition, revue et corrigée par G. Zalik. *Paris, de l'impr. d'Eberhart*, 1815, in-8, 1 fr. 50 c.

Il a été l'éditeur de plusieurs opuscules grecs.

ZALIWSKI (Joseph).—Révolution (la) polonaise du 29 novembre 1830. *Paris, les princip. libr.*, 1833, in-8 de 60 pag.

On trouve une Notice sur l'auteur de cet écrit dans la Biographie des hommes du jour, par MM. Sarrut et Saint-Edme, troisième partie, page 89.

ZALKIND HOURWITZ. Voy. Hourwitz.

ZALLINGER (Jac.-Ant.), de Turin.
— Institutionum juris naturalis et ecclesiastici publici libri VI. Editio nova, accurante A. Sionnet. *Parisiis, rue de
Vaugirard, n.* 60, 1839, 2 vol. in-8,
10 fr.

Faisant partie de la « Bibliothèque ecclésiastique ».

ZALLONY (Marcaki-Ph.), médecin
grec.
— Essai sur les Fanariotes, où l'on voit
les causes primitives de leur élévation aux
hospodariats de la Valachie et de la Moldavie, etc. ; suivi de quelques Réflexions
sur l'état actuel de la Grèce. *Marseille,
Camoin, et Paris, A. Bertrand,* 1824,
in-8.
— Voyage à Tine, l'une des îles de l'Archipel de la Grèce, suivi d'un Traité de
l'asthme, avec la carte générale de l'île de
Tine. *Paris,* 1809, in-8, 5 fr.

ZAMAN (P. de). — * Exposition des
trois États du pays et du comté de Flandres. 1711, in-8.

ZAMBAULT ou Zembo, chevau-léger
de l'une des compagnies d'ordonnances de
la gendarmerie.
— * Conquête (la) des Pays-Bas par le
roy, dans la campagne de 1745, avec la
prise de Bruxelles, en 1746, par Z***. *La
Haye,* 1747, in-12.

La Bibliothèque royale possède un exemplaire de
cet ouvrage surchargé de notes manuscrites de
l'auteur.

ZANG (Ch.), de Strasbourg. — Essai
sur le dogme de l'immortalité, d'après le
Nouveau Testament. Thèse présentée à la
faculté de théologie de Strasbourg, et
soutenue publiquement le 12 août 1835.
Strasbourg, de l'impr. de Silbermann,
1835, in-4 de 26 pag.

ZANNONI (Rizzi), géographe italien,
membre de l'Académie de Gottingue.
— Atlas des royaumes de Naples et Sicile.
1792, in-fol.

Cet Atlas, exécuté sur une grande échelle, devait
contenir 50 feuilles , y compris la carte hydrographique du littoral des royaumes de Naples et Sicile,
en 23 feuilles ; mais il n'a pas été terminé.

— Atlas géographique, contenant la Mappemonde et les quatre parties, avec les
différents États d'Europe ; 37 petites cartes,

avec un texte sur la géographie astronomique. Nouvelle édition. *Paris, * Dela-
marche,* 1806, in-8.
— Atlas géographique et militaire, ou
Théâtre de la guerre présente en Allemagne, depuis 1756 jusqu'en 1761, par
Rizzi Zannoni. (Avec le Journal de cette
guerre, par Étienne-Franç. Drouet). *Paris,*
1761, in-16.
— Atlas historique de la France ancienne
et moderne, pour l'intelligence de l'Histoire de France, de MM. Velly et Villaret. *Paris,* 1764, in-4.

Une autre édition porte pour titre : Atlas historique de la France ancienne et moderne, depuis
Pharamond jusqu'à Louis XV, dressé pour servir à
l'Histoire de France de Velly, Villaret et Garnier.
Paris , 1777, 34 cartes petit in-4.

— Dissertation sur différents points de
géographie, adressée à l'Académie royale
des sciences et belles-lettres de Gottingue.
1764, in-12.

ZANNONI, antiquaire florentin, mort
le 12 août 1832.

Il est l'un des trois auteurs des explications qui
accompagnent la Galerie impériale de Florence,
gravée au trait sous la direction de M. Benvenuti
(Florence , Molini , 1812 et ann. suiv., in-8), dont
il existe deux éditions : l'une avec un texte français,
l'autre avec un texte italien.

ZANNONI (G.-B.).—Grammaire (nouv.)
italienne. Voy. Cl. Pantini.

ZANNOWICH (Stéphano), imposteur
qui se disait être le prince Castriotto d'Albanie, onzième petit-fils du grand Scander-
berg ; né le 18 février 1751 à Pastrovicio,
bourg de l'Albanie vénitienne, d'un père
marchand de mules ou de pantoufles, et
joueur effréné, mort le 25 mai 1786,
suicidé.
— Alcoran des princes destinés au trône ;
par le prince d'Albanie. *Saint-Pétersbourg,*
1783, pet. in-8.

C'est à tort que quelques biographes attribuent
cet ouvrage à J.-B. Cloots.
D'après un récent catalogue de vente d'une bibliothèque, le véritable titre de cet ouvrage est ainsi
conçu : *Sticpan. Annibale d'Albanie à Frédéric-Guillaume de Prusse, ou l'Alcoran des princes destinés au
trône ; trad. sur la dixième édition italienne, par main
de maître.* Saint-Pétersbourg, 1783 , pet. in-8.

— Épîtres et Chansonnettes amoureuses
d'un Oriental, né dans l'année 1751, le
18 février, écrites à Frédéric-Guillaume de
Prusse, et à Gertrude de Pologne ; avec les
ouvrages posthumes du pacha de Carama-
nie et d'un anonyme. *Dans la pyramide*

de Tholomie d'Égypte, 1779, in-8, avec le portr. de l'auteur.

On y trouve une conversation de l'auteur avec Gluck sur la musique, et, page 74, une lettre par laquelle Métastase le remercie de l'envoi de ses *Lettres turques*; enfin l'Horoscope de l'Europe, fragment tiré d'un ouvrage politique.

— Fameux (le) Pierre III, empereur de Russie, ou Sticpan-Mali, qui parut dans le duché de Montenegro, etc. 1784.

Avant de se faire prince d'Albanie, Zannowich avait essayé, dans le pays des Monténégrins, de se faire passer pour l'empereur Pierre III.

— Fragment d'un nouveau chapitre du Diable boiteux, envoyé de l'autre monde à Le Sage. 1781.

— * Grand (le) Castriotto d'Albanie, histoire. *Francfort, J.-J. Kesler (Paris)*, 1779, in-8 de 112 pages.

M. Weiss, dans la Biographie universelle, dit que cet ouvrage est dédié à l'empereur Joseph II, par une Épitre très-remarquable; mais la même dédicace ne se trouve pas à tous les exemplaires : A.-A. Barbier en a vu un qui est dédié au comte Oginski, grand-général du grand-duché de Lithuanie.

— * Horoscope (l') politique de la Pologne, de la Prusse, de l'Angleterre, etc. *Porto Vecchio (La Haye)*, 1779, in-12.

— Lettres turques. *Leipzig*, 1779, 2 vol. in-8.

— Opere diverse. *Milano, e Parigi*, 1775, 3 vol. in-8.

— Opere postume. *Dresda*, 1775, pet. in-8.

On voit que Zannowich avait répandu le bruit de sa mort. Les journaux italiens furent complètement la dupe de cette supercherie. Le Giornale encyclopedico de Vicence, février 1774, II, pag. 129, contient un pompeux éloge de cet aventurier, mort à Colorno, le 4 février, regretté de tous les savants qui avaient pu apprécier son rare talent. Cet éloge a passé depuis dans le Dictionnaire historique de Bassano.

Les *Opere postume* contiennent des sonnets, des *capitoli*, des madrigaux, des lettres à l'impératrice Catherine II, à J.-J. Rousseau, etc. Le morceau le plus étendu est une lettre sous le nom d'Abraham Levi, rabbin de la synagogue de Constantinople. L'auteur y donne douze règles de conduite assez extraordinaires : « Si vous avez fait, dit-il, la folie de jouer, gardez-vous de faire encore celle de payer, car vous serviriez en enfer de risée aux avares et aux prodigues ». En terminant cette lettre, il annonce un ouvrage sur les défauts des femmes dans leur longueur, largeur et profondeur.

— Pensées de Sticpan Annibale, vieux berger d'Albanie, etc.; Épilogue à Frédéric-Guillaume, prince de Prusse, le sage, le magnifique, etc.

— * Poésie (la) et la philosophie d'un Turc à 8 queues, à 3 plumes de héron, à 2 aigrettes et à un collier d'émeraudes.

Albanopolis, aux dépens de l'Auteur; le tout se vend au profit des pauvres, 1775, in-8; — Nouv. édition. *Amsterdam*, 1779, in-8.

Ce recueil, dit Barbier, renferme des morceaux philosophiques très-hardis, et qui annonçaient un penseur emporté par une imagination bouillante.

ZANOLE (J.), avocat. — Manuel du créancier hypothécaire. *Paris, Malher et comp.*, 1827, in-18, 3 fr. 50 c.

ZANTH (L.), architecte. — Architecture moderne de la Sicile. Voy. J. HITTORF.

ZAOROWSKY (Jérôme), ancien membre de la Société de Jésus, dont il fut chassé vers 1611.

Mylus (t. II, p. 1356), lui attribue le livre publié en 1617 ou 1618, sous le titre de *Monita privato societatis Jesu*. Il en parut une traduction française dans les « Secrets des jésuites », Cologne, 1669, in-12, réimprimés sous le titre de « Cabinet jésuitique. Jean Le Clerc fit imprimer une autre traduction, avec le texte latin, dans le « Supplément des Mémoires de Trévoux », mai et juin 1701. Il en existe une édition particulière sous ce titre : « les Intrigues secrètes des Jésuites, traduites du Monita secreta, etc.». Turin, 1718, in-8. La même traduction a été reproduite, avec quelques changements, avec le texte latin, sous le titre de « Secreta Monita, ou Avis de la Société de Jésus». Paderborn (Paris), 1761, in-12. — Nouv. édition, Paris, Ponthieu, 1824, in-12, avec le texte latin.

On trouve une autre traduction des « Monita privata » dans l'ouvrage de Gabriel Musson, intitulé : « Ordres monastiques ».

ZAPATA (Alf.-Gomez). Voy. CORNELIUS NEPOS.

ZARATE (Aug. de). — Histoire de la découverte et de la conquête du Pérou, trad. de l'espagnol par S. CITRI DE LA GUETTE. *Amsterdam*, 1700, 1717; *Paris*, 1716, 2 vol. in-12, fig.; 1742, et 1774, 2 vol. in-12. — Nouv. édition. *Paris, de l'impr. de Guyot*, 1831, 2 vol. in-8.

Des recherches récentes sur la vie et les ouvrages de ce traducteur ont conduit à découvrir que son véritable nom était de BROE, seigneur de Citry de la Guette.

ZARILLO (Mathias).—Lettera apologetica scritta al cittadino Luigi Fonseca e dal Fonseca stesso fatta stampare colla sua riposta al Zarillo. *Parigi, Patris*, 1801, in-4.

— Lettres au C. Millin (sur une inscription grecque, gravée sur un vase antique. *Paris*, an x), in-8.

— Lettres au C. Millin (sur un buste trouvé dans le port de Marseille. *Paris*), vendémiaire an x), in-8.

ZASS (de), alors employé au ministère des affaires étrangères de Russie.
—* Description du Caucase, avec le précis historique et statistique de la Géorgie. 1804, in-8.

ZAULI SAJANI (Tomasso).—Faliero, tragedia. *Bastia, Fabiani,* 1828, in-8.

ZAVALA (don Gaspar). Voy. FLORIAN.

ZAVALA (don Lorenzo de). — Ensayo historico de las revoluciones de Megico, desde 1808 hasta 1830. Tomo primero. *Paris, de la impr. de Dupont,* 1831, in-8.
— Viage a los Estados-Unidos del norte de America. *Paris, de la impr. de Decourchant,* 1834, in-8.

ZAVALETA (F.). — Grammaire élémentaire de la langue espagnole, dans laquelle les principes, l'orthographe et la prosodie de cette langue sont expliqués avec clarté, et mis à la portée de tous les amateurs français. *Paris, ...,* in-8.
— Petit Traité, extrait, ou recueil choisi des éléments de la langue espagnole, qui conduit les élèves comme par la main, rapidement et sans peine, à la meilleure locution ; ouvrage utile à ceux qui se destinent à enseigner l'espagnol ; mais plus utile encore à ceux qui desirent l'apprendre. *Poitiers, de l'impr. de Catineau,* 1812, in-8, 3 fr.
— Quadernillo, suma, o Quintaesencia de los elementos de la lengua castellana. *Poitiers, Catineau,* 1812, in-8, 3 fr.

ZAY (le docteur).— Goldau et son district, tel qu'il était ci-devant, et comme il est actuellement. Extrait trad. de l'allem. *Lucerne, Meyer,* 1820, in-16, 1 fr.

ZAY. — Dictionnaire (nouv.) de poche français-allemand et allemand-français, contenant tous les mots des deux langues, dont l'usage est autorisé ; rédigé par M. ZAY, d'après l'Académie, Laveaux et Boiste, pour le français ; et d'après Campe, l'abbé Mozin et Martin, pour l'allemand. *Paris, Thiériot,* 1831, 2 vol. in-18, 5 fr.

ZÉA (madame de), née de VELASCO.
— Dialogues (trois) espagnols, qui enseignent la manière de se saluer dans la bonne société espagnole, soit entre dames et cavaliers, soit entre dames seules, soit

entre cavaliers seuls. *Bordeaux, de l'impr. de Laloubère,* 1838, in-8 de 8 pag.

A deux colonnes, l'une en espagnol, l'autre en français.

— Europa y America en 1821 ; trad. del frances (1822). Voy. PRADT.

ZEA BERMUDEZ (don Francisco), ancien premier secrétaire d'État, président du conseil des ministres de S. M. catholique.
— Vérité (la) sur la question de succession à la couronne d'Espagne. *Paris, de l'impr. de Fournier,* 1839, in-8 de 32 pages.

Mémoire présenté à la cour de Berlin. Les journaux de la capitale, et de toutes les nuances, l'ont reproduit soit en entier ou par fragments.
Observations sur ce Mémoire, par M. le comte de VILLEMUR, impr. dans la « Gazette de France », du 25 mai 1839.
Réponse au Mémoire présenté à la cour de Berlin par M. Zéa Bermudez. Éclaircissements sur la succession à la couronne d'Espagne. Paris, Dentu, 1839, in-8 de 52 pages, 1 fr. 25 c.

— Vrais droits de Don Carlos à la couronne d'Espagne, en réponse à la note présentée à la cour de Berlin. *Paris, Dentu,* 1839, in-4 de 108 pages ; ou in-8 de 108 pages.

ZEDLITZ (le baron Charles-Abraham de), membre de l'Académie royale de Berlin.
— Sur le patriotisme....

Des Mémoires dans le recueil de l'Académie de Berlin.

ZEGHERS, curé de Saint-Léonard, près d'Hoogstraeten.
— Mémoire sur la question : Quels seraient les meilleurs moyens d'élever les abeilles dans nos provinces, et d'en tirer le plus grand avantage par rapport au commerce et à l'économie ? qui a remporté le prix en 1779. Trad. du hollandais. *Bruxelles, de l'impr. académ.,* 1780, in-4 de 55 pag.

ZEGOWITZ (L.)— Annuaire historique et statistique du département de la Sarre. *Trèves, Hedtrotz,* 1803, in-16.
— Chemins vicinaux. Modifications à apporter au projet de loi pour la réparation des chemins vicinaux et communaux, présenté à la chambre des députés, dans la séance du 18 avril 1834, par M. Vatout, au nom de la commission ; proposées par M. Zégowitz. *Paris, de l'impr. de Dupont,* 1834, in-8 de 28 pag.
— Loi (de la) sur les prestations en nature,

de ses inconvénients et de son incompatibilité avec nos libertés constitutionnelles. *Wissembourg, de l'impr. de madame veuve Roch,* 1831, in-8 de 112 pag.

ZEH (P.).— Recueil (nouveau) de lettres de commerce, suivies de plusieurs documents. *Nuremberg, Zeh,* 1838, in-8, 3 fr.

ZEHNER.—Télémaque allemand-franç., trad. par ZEHNER ; précédé d'un rappel de la méthode naturelle et de trois leçons de langue allemande, approuvé par J. Jacotot. *Lyon, L. Babeuf,* 1830, in-12.

ZELLER (le comte de), anc. clerc du notaire Jonquoy.
— Essai sur l'Homme, ou Philosophie religieuse et politique. *Paris, Brockhaus et Avenarius,* 1838, 2 vol. in-8, 16 fr.
—Réflexions sur le meilleur gouvernement. *Paris, Delaunay ; Ponthieu,* 1824, in-8.
— Réponse à l'écrit de l'honorable M. de Hauranne, ayant pour titre : » De la chambre des députés dans le gouvernement », et inséré dans la « Revue française », numéro du 29 mars 1838, ou Moyens de sortir légalement du conflit signalé par M. de Hauranne, sans volonté de violation ni perturbation. *Paris, Delaunay.* 1839, in-8.

En réponse à des articles publiés par M. Fonfrède dans le « Courrier de Bordeaux », et à la brochure de M. Ch. His, intitulée : « Des ministères dans la monarchie représentative », M. Duvergier de Hauranne publia, dans la « Revue française » de mars et de juin 1838, deux articles, qu'il a depuis réunis à une brochure, sous le titre de : « Principes du gouvernement représentatif ». C'est au premier des articles de M. Duvergier de Hauranne, qui avait été tiré à part, que répond M. de Zeller.

ZELOTTINI (L.-F.), pseudon. Voy. MAURISSET.

ZELTNER (Ed.). — Stances sur la naissance de S. A. R. le duc de Bordeaux. *Paris, de l'impr. de Plassan,* 1821, in-4 de 8 pages.

ZEMGANNO, pseudon. Voy. GOEZMANN.

ZENI, officier supérieur d'artillerie de la marine française.
—Renseignements sur le matériel de l'artillerie navale de la Grande-Bretagne et les fabrications qui s'y rattachent. Publication faite avec l'agrément du ministre de la marine et des colonies. *Paris, Corréard,* 1840, in-4, avec un Atlas in-fol. de 18 planches, 30 fr.

Avec M. DESHAYS, autre officier supérieur du même corps.

ZENO (Apostolo), auteur dramatique italien du ... siècle.
— Poésie drammatiche. *Orléans,* 1785, 11 vol. in-8.
— OEuvres dramatiques d'Ap. Zeno, trad. de l'ital. (par Math.-Ant. BOUCHAUD). *Paris, Duchesne,* 1758, 2 vol. in-12.

Ce n'est qu'un choix.

ZENON, provincial des capucins.
— Discours prononcé, le 24 septembre, pour la bénédiction des drapeaux du district des capucins de la rue Saint-Honoré. *Paris, Demonville,* 1789, in-4.

ZENON-PONS. Voy. PONS.

ZENOWICZ (G. de DESPOTS DES). Voy. DESPOTS DES Z.

ZEREZA (don Narciso Alvaro y). Veáse LA ROCHEFOUCAULD.

ZEYDELAAR (Ernest). — Grammaire générale raisonnée hollandaise, à l'usage des étrangers, et principalement des français qui veulent apprendre cette langue. Nouv. édition , corrigée. *Utrecht,* 1815, in-12, 2 fr. 50 c.

ZIELINSKY (Joseph), professeur au lycée de Varsovie.
— Cours de littérature française, ouvrage élémentaire rédigé sur le plan de l'instruction publique polonaise , contenant les règles , l'histoire et les modèles de tous les genres d'ouvrages en vers et en prose, depuis 1630 jusqu'en 1823. *Varsovie, Glucksberg,* 1823, 3 vol. in-8, 15 fr.
— Grammaire française comparée. *Varsovie,* vers 1822, in-8.
— Histoire de Pologne. *Paris, Barbezat,* 1830, 2 vol. in-8, 15 fr.

ZIENKOWICZ (Léon). — Peuple (le) polonais, etc., ou Description exacte de ses mœurs, usages et coutumes. *Strasbourg,* 1838-41, 10 livr. in-4, avec planches : en noir, 30 fr. , et fig., color. , 40 fr.

M. Zienkowicz est un des principaux rédacteurs d'un journal polonais satirique, intitulé : « Psronka », in-4, paraissant à Strasbourg.

ZIETEN (le chev. C.-H. de), major.

— Pétrifications (les) de Wurtemberg, ou Représentations, d'après nature, des pétrifications qui se trouvent dans les collections les plus complètes, nommément dans celle de M. le docteur Hartmann, avec indication des formations des roches, dans lesquelles on les rencontre, et des endroits où elles ont été découvertes. (En franç. et en allem.). *Stuttgart, Schweizerbart,* 1830-32, in-fol., avec planches lithogr.

A la fin de 1832, il paraissait douze livraisons de cet ouvrage. Nous ignorons si la douzième en est la dernière.

Le prix de souscription de chaque livraison, composée de 6 planches lithographiées, était de 7 fr. en noir, et 9 fr. sur pap. vélin et planches coloriées.

ZIGORGNE. Voy. SIGORGNE.

ZILLESEN (C.). — Projet. Comment toutes les inondations causées par des eaux supérieures, ou d'obstruction des glaçons dans les rivières de la Hollande, pourraient à jamais être prévenues par la dérivation d'eau pure du fond de la rivière, à l'aide et avec le secours de vannes à robinets inventées à ce sujet, etc. *Utrecht, de l'impr. de J. Altheer,* 1812, in-8 de 52 pages, avec une planche.

ZIMMERMANN (Joan.-Jac.). — Miraculis (de) quæ Pythagoræ, Apollonio, Thyanensi, Fr. Assisio, Dominico et Ignatio Loyolæ tribuuntur, libellus. *Duaci,* 1734, in-8.

Publié sous le pseudon. de Phileleuthère, helvétien.

Réimprimé, en 1755, à Édimbourg, ou au moins sous cette rubrique.

ZIMMERMANN (Jean-Georges), célèbre médecin suisse, membre des académies de Berlin, Munich, Palerme, Pesare, des sociétés de Zurich, de Bâle et de Berne ; né à Brugg, dans le canton de Berne, en 1728, mort en 1795.

— Avantages (des) et des inconvénients de la solitude pour l'esprit et le cœur. Traduit de l'allem. par J.-B. MERCIER. *Paris,* 1788, in-8.

C'est un fragment de son grand ouvrage de *la Solitude.*

— Orgueil (l') national. Trad. de l'allem. *Amsterdam, et Paris, Delalain,* 1769, in-12.

On cite une autre édition imprimée à Hanau, dans la même année.

— Solitude (la) considérée relativement à l'esprit et au cœur ; trad. de l'allem. par J.-B. MERCIER. *Paris, Leroy,* 1788, et 1790, in-12 ; *Londres (Paris),* 1791, in-8.

—IIIᵉ édition. *Paris, Guillaume et comp.,* 1817, 2 vol. in-12, 5 fr.

— Solitude (la) ; trad. de l'allem. par A.-J.-L. JOURDAN. *Paris, J.-B. Baillière,* 1825, in-8.

Traduction reproduite à l'aide d'un nouveau frontispice, qui porte :

De la Solitude, des causes qui en font naître le goût, de ses inconvénients, de ses avantages, et de son influence sur les passions, l'imagination, l'esprit et le cœur.... Nouv. édition, augmentée d'une Notice sur la vie de l'auteur. Paris, Baillière, 1840, in-8, 7 fr.

— Sur Frédéric-le-Grand, et mes entretiens avec lui peu de jours avant sa mort ; trad. de l'allemand sur la septième édition (par J.-B. MERCIER). *Lausanne, Lacombe, et Paris, Desray,* 1790, in-8.

Le véritable traducteur parait être HOLLEBBACH, dont le nom se trouve sur les frontispices originaux. Le libraire Desray l'a fait disparaitre des frontispices qu'il a réimprimés. *Barbier.*

Zimmermann a aussi publié une Justification de Frédéric-le-Grand contre le comte de Mirabeau, Hannover, 1788 ; mais cet ouvrage est écrit en allemand, et n'a pas été traduit en français.

— Traité de la dyssenterie, trad. de l'allemand par LEFEBVRE DE VILLEBRUNE ; précédé d'un Discours préliminaire du traducteur sur la manière dont a été traité cette maladie dans les différents âges. *Paris, Vincent,* 1775, in-12 ;— ou *Paris, Barrois le jeune,* 1788, in-12.

—Traité de l'expérience en général, et en particulier de l'art de guérir ; trad. de l'allem. par LEFEBVRE DE VILLEBRUNE, précédé d'un Discours préliminaire sur les principes d'Hippocrate. *Paris,* 1774, 3 vol. in-12.—Nouv. édit., augmentée de la Vie de l'auteur, par TISSOT. *Montpellier,* 1798, 3 vol. in-12, 7 fr. 50 c. ; et *Avignon, veuve Seguin,* 1800, 3 vol. in-12.—Autre édition. *Paris, Crochard ; Gabon,* 1817, 2 vol. in-8, 7 fr. 50 c. — Autre édition, revue sur l'original et augmentée de notes, par le doct. C.-F.-V.-G. PRUNELLE. *Montpellier, Picot,* 1820, 3 vol. in-8, 10 fr.

ZIMMERMANN (de), colonel d'infanterie, lieutenant au régiment des gardes suisses ; chevalier de Saint-Louis.

— Essais de principes d'une morale militaire et autres objets. *Amsterdam (Paris, Merlin),* 1769, in-12.

ZIMMERMANN (Éberhard-Auguste-Wilhelm). — Essai de comparaison entre la France et les États-Unis de l'Amérique septentrionale, par rapport à leur climat, etc., etc., enrichi de développements et de notes. Trad. de l'allemand par l'auteur lni-même. *Leipzig*, 1797, 2 vol. in-8.

— Sur l'élasticité de l'eau, trad. de l'allemand par l'auteur même. *Amsterdam, M. M. Rey*, 1780, in-12.

— Voyage à la nitrière naturelle, qui se trouve à Morsetta. *Paris, Barrois l'aîné*, 1789, in-8.

— Zoologie géographique, trad. de l'allem. par Jacq. MAUVILLON. *Cassel*, 1784, in-8.

ZIMMERMANN (Henri). — Dernier voyage de Cook autour du monde, où se trouvent les circonstances de sa mort; trad. de l'allem. par ROLLAND, avec un Abrégé de la vie de ce célèbre navigateur et des notes. *Berne*, 1782, in-8.

ZIMMERMANN (Christophe).—Sermon prononcé à l'église française de Zurich, le 16 mars 1794, jour de prières et d'actions de grâces solennelles dans toute la Suisse. *Zurich*, 1794.

ZIMMERMANN (Mlle). — * Comte (le) de Soissons et la duchesse d'Elbœuf, roman historique du siècle de Louis XIV, par madame de.... (ZIMMERMANN). *Paris, Renard*, 1805, in-12, 2 fr.

Ce roman a été composé originairement par Isaac CLAUDE, fils du célèbre ministre protestant de ce nom; mademoiselle Zimmermann en a resserré l'action et retouché le style.

Cette dame a traduit aussi, en société avec le comte Germain Garnier, les Visions du château des Pyrénées, par Anne Radcliffe (1809, 4 vol. in-12).

ZINK, membre de la Société cantonale des sciences naturelles de Lausanne.
— Essai sur la vaccine. *Lausanne*, 1827, broch. in-12.

M. Zink a lu plusieurs *Mémoires* à la Société dont il est membre. Les Feuilles (d'agriculture et d'économie générale) du canton de Vaud, tomes IX, X et XIII, contiennent de lui plusieurs observations.

ZINMANN. — Mémoires politiques et anecdotiques, inédits, du baron de GRIMM, agent secret à Paris de l'impératrice de Russie, de la reine de Suède et autres souverains du Nord, depuis l'année 1743, jusqu'en l'année 1789; trad. de l'allem. par M. ZINMANN. *Paris, Lerouge-Wolff*, 1829, 2 vol. in-8, 15 fr.

Mémoires apocryphes.

ZINSERLING (E.-A. de), professeur d'Histoire.

— Histoire romaine. Tome Ier. *Varsovie, de l'impr de N. Glucksberg*, 1824, in-8, 11 fr. 50 c.

Toutes les histoires romaines que nous possédons sont remplies d'erreurs grossières que l'ignorance et la mauvaise foi de nos sophistes modernes ont perpétuées. M. de Zinserling, dont le nom est, à la vérité, peu ou point connu dans la république des lettres, et qui veut y signaler son entrée par une importante production; n'a rien moins qu'*entrepris de lever le voile qui depuis plus de deux mille ans couvrait l'histoire de la ville éternelle et du peuple roi*, en publiant une histoire critique.

Ce nouvel historien, jésuite d'après ce qui nous semble par les principes qu'il a émis en tête de son livre, n'a que la modeste prétention de faire oublier tous ceux qui, avant lui, se sont occupés de recherches sur l'histoire romaine. Montesquieu, Villemain, Heeren, et plusieurs autres écrivains estimables, tant français qu'allemands, ne sont, d'après lui, que des hommes entachés de philosophisme qui ont mal entendu l'histoire de ce pays, et qui ont faussement interprété les matériaux dont ils se sont servis, soit avec volonté, ou soit avec manque de possibilité. Rollin est le seul sur lequel notre Aristarque sarmate n'ait rien dit dans ses notes, faute, peut-être, de l'avoir jamais lu. Si ce peu de mots ne donnent pas une idée juste de la profondeur et de la valeur de ses recherches, au moins suffiront-ils pour faire connaître dans quel esprit l'auteur a composé son livre. L'histoire romaine de M. Zinserling est écrite avec beaucoup d'emphase, sans que le style en soit toujours bien pur.

Une critique assez mordante, et dans laquelle l'ignorance de cet historien sarmate est passablement démontrée, a été insérée dans le vingt-troisième volume des « Nouvelles Annales des voyages », page 382.

— Système (le) fédératif des anciens mis en parallèle avec celui des modernes. *Heidelberg, Engelmann*, 1809, in-8.

ZINZINDORF (le comte de), ancien ambassadeur de Saxe à Berlin.
— Mémoire sur la Sicile. 1773.

Imprimé parmi les additions de la traduction du Voyage en Sicile et dans la Grande-Grèce, du baron RIEDESEL (Voy. ce nom).

—- * Sur l'accord de la morale avec la politique, etc.; trad. de l'allem. (1789). Voy. GARVE.

ZIPPERLEN, ministre protestant.
— Quelques Réflexions d'un protestant sur la brochure de M. l'abbé Desmoulins. *Toulouse, de l'impr. de Cadeaux*, 1838, in-12 de 24 pages.

ZIX (Benjamin). — Vues pittoresques de l'Alsace ancienne. (En allemand). *Strasbourg*, 1805, in-4.

ZOEBST (J.). — Méthode (nouvelle) de lectures et d'écritures françaises et allemandes, destinées aux écoles où les deux langues sont enseignées simultanément. *Strasbourg, de l'impr. de Heitz*, 1831, in-8 de 16 pag.

ZOÉGA (Frédéric). — Cours élémentaire de géométrie. *Beauvais, Moisand,* 1839, in-4 , avec 16 planches.

— Manuel du fabricant et du raffineur de sucre de cannes , de betteraves, d'érable, de raisin , de fécule , de châtaigne , et généralement de diverses substances végétales et animales susceptibles d'en produire , contenant la culture de la canne , celle des betteraves , et les divers perfectionnements que cette fabrication a éprouvés, tant en France que dans l'étranger. Seconde édit., considérablement augmentée, par M. JULIA DE FONTENELLE. *Paris, Roret,* 1833, in-18, 3 fr. 50 c.

Avec M. Blachette. (Voir ce nom).

ZOHRAB (J.), de Constantinople.
— Élégie sur la prise d'Edesse. V. NERSES KLAIETSI.
— Lettre au sujet de la nouvelle Grammaire arménienne, publiée par M. CIRBIED, adressée au rédacteur du Journal asiatique. *Paris, Dondey-Dupré,* 1822, in-8, 1 fr.
— Réponse de M. Zohrab , docteur arménien, à une brochure publiée par M. Cirbied. *Paris, Dondey-Dupré,* 1823, in-8, 1 fr.

ZOÏLE, pseudon. Voy. de SAINT-AULAS.

ZOÏLOMASTIX, pseudon. Voy. BARBEU DU BOURG.

ZOLA (F.), ingénieur civil.
— Lettre adressée à M. le directeur-général des ponts et chaussées, prouvant : 1° l'inopportunité de la modification apportée au canal de sortie, depuis le bassin de carénage jusqu'à Eugoume, par M. l'ingénieur chargé de l'examen de ce projet ; 2° les inconvénients graves et l'impossibilité de substituer le remorquage à la vapeur à ce canal de sortie. *Paris, de l'impr. de Poussielgue,* 1838, in-8 de 24 pages.
— Lettre adressée à M. le ministre des travaux publics. *Paris, de l'impr. de madame Porthmann,* 1839, in-8 de 32 pages.
— Lignes stratégiques pour la défense de la capitale du royaume du territoire français et de l'Algérie. *Paris, de l'impr. de Blondeau,* 1840, in-4 de 20 pag.
— Mémoire à consulter par MM. les membres du conseil-général des ponts et chaussées, servant de réponse au Mémoire de M. Eugène Flachat. *Paris, Fournier,* 1836, in-8 de 168 pag., avec quatre planches et un tableau.
— Mémoire adressé à MM. les membres du conseil général des ponts et chaussées , indiquant les modifications définitives apportées au projet du dock et du canal de sortie du port de Marseille. *Paris, de l'impr. de Poussielgue ,* 1837, in-8 de 36 pages.
— Questions posées par la direction générale des ponts et chaussées, relativement aux différents projets de Docks et autres travaux présentés au concours, pour être exécutés dans le port de Marseille. *Marseille, de l'impr. de Feissat aîné ,* 1836, in-4 de 36 pages.

ZOLLIKOFER (Georges-Joachim), ministre protestant.
— Exercices de piété et de prières pour l'édification particulière des chrétiens éclairés et vertueux; trad. de l'allem. par M. le past. J.-L.-A. DUMAS. *Strasbourg ,* 1786, in-8. — Nouv. édition, revue et corrigée. *Paris,* 1810, 2 vol. in-8 , 4 fr.
— Prières et Méditations sur les solennités chrétiennes, à l'usage du culte public et particulier ; traduites de l'allemand par J.-L.-A. DUMAS , pour servir de suite aux Exercices de piété du même auteur. *Genève, et Paris, Paschoud ,* 1821 , in-8 , 3 fr.
— Sermons (deux), trad. de l'allem. par J.-C. de LA VEAUX. 1785.

Imprimé à la suite de l'Essai philosophique sur les prêtres et la prédication , du traducteur.

— Sermons sur le prix des choses les plus importantes de ce monde; suivis d'Exercices de piété. Trad. de l'allem. par J.-C. de LA VEAUX. *Lausanne ,* 1798, 2 vol. in-8.

ZOMPI (Giosef-Giov.), littérateur toscan.
— Décalogue (le) et les Psaumes, traduits en vers italiens. *Paris, Dentu,* 1825, in-12 , 5 fr.
— Poesie sacre. *Parigi, Baudry,* 1824, in-16 de 16 pages.
— Straniero (lo) in patria, o l'Italiano senza Italia , sonetto dedicato agli amici del nome italiano , nelle quattro parti del mondo. *Paris, dai torchi di Guiraudet,* 1832, in-8 de 4 pag.

ZOPF (J.-H.). — Précis d'histoire universelle, politique, ecclésiastique et littéraire, depuis la création du monde jusqu'à la paix de Schoenbrunn; trad. de l'allemand, d'après la vingtième édition de J.-H. Zopf (par H. JANSEN), continué sur un plan plus étendu, et augmenté d'une Histoire de la révolution française; suivi de deux Mémoires sur les différents peuples de l'Europe et sur les religions qu'ils professent. *Paris,* 1810, 5 vol. in-12; et sur pap. vélin, 24 fr.

La partie politique des derniers siècles, l'Histoire de la révolution, la plupart des notices sur les hommes de lettres allemands et du nord, sont de M. SCHŒLL, ainsi que les deux Mémoires sur les langues et les religions des peuples de l'Europe, et la table alphabétique de tout l'ouvrage.

ZOPFL (le docteur Henri), professeur de droit à l'université de Heidelberg.
— Essai historique sur la succession d'Espagne; traduit de l'allemand, accompagné de notes et de commentaires, par le baron BILLING. *Paris, de l'impr. de Crapelet.— Amyot,* 1839, in-8, 3 fr.
— Le même ouvrage, en espagnol, sous ce titre : Bosquejo historico sobre la succession a la corona de España. Trad. de aleman, por don Santiago de TEJADA. *Paris, de la impr. de Crapelet; — Amyot,* 1839, in-8.

ZORITA (Fr.-Ang.). — Catecismo del santo concilio de Trento para los parrocos, ordenada por disposicion de san Pio V, traducido in lingua castellana, segun la impresion que de orden del papa Clemente XIII, se hizo en Roma en el ano de 1761. *Paris, Rosa,* 1837, 2 vol. in-8.

A deux colonnes, dont l'une latine, l'autre espagnole.

ZOROASTRE, sectaire et moraliste persan, roi de la Bactriane.
— Vendidad Zade, l'un des livres de Zoroastre, publié d'après le manuscrit zend de la bibliothèque du roi, avec un Commentaire, une traduction nouvelle et un Mémoire sur la langue zende, considérée dans ses rapports avec le sanscrit et les anciens idiômes de l'Europe, par Eug. BURNOUF. Texte zend. *Paris, de l'impr. lithog. de Senéfelder,* 1829-30, in-fol., 120 fr.

Tiré à cent exemplaires.

— Zend Avesta, contenant les idées théologiques, physiques et morales de ce législateur, les cérémonies du culte religieux qu'il a établi, et plusieurs traits relatifs à l'histoire des Perses: trad. en français sur l'original zend, par Abr.-Hyac. ANQUETIL DUPERRON. *Paris,* 1771, 3 vol. in-4, fig.

ZOTTI (Romualdo). — Nouveau (le) Veneroni, ou Grammaire italienne, contenant tout ce qui est nécessaire pour apprendre facilement la langue italienne; augmentée des règles sur la prononciation, avec une remarque sur la Grammaire de V. Peretti, relative à la prononciation de l'o fermé et ouvert, d'une liste des verbes irréguliers rangés par ordre alphabétique, et d'un tableau des verbes réguliers. VIIIe édition. *Paris, Bossange; Baudry,* 1822, in-12.
—Thèmes sur la langue italienne, où, par gradation, toutes les difficultés de cette langue sont expliquées; avec des renvois aux règles énoncées dans la grammaire. Précédés d'un recueil d'idiotismes, de phrases familières et de dialogues sur différents sujets, et suivis de deux traités, l'un sur la poésie toscane, et l'autre sur la prononciation des e et des o ouverts et fermés. VIIIe édition. *Paris, Baudry; Bossange,* 1823, in-12. — Clef des Thèmes. *Paris, les mêmes.*
— Vocabulaire (nouveau) en trois langues, français, anglais et italien. In-12.

ZOUBKOFF (B.), naturaliste. — Observations faites sur le choléra-morbus, dans le quartier de la Yakimanka, à Moscou, en 1830. *Moscou, de l'impr. d'Auguste Semen,* 1830, in-8 de 54 pages, avec un plan.

ZOUTELANDT (madame de), femme de BOISSON, ingénieur du roi.
— Éloge de la médecine et de la chirurgie.
— Défense de la médecine contre les calomnies de Montagne, par le sieur de Beeverwyk.—Lettres de mademoiselle Anne-Marie Schurmans.—Introduction aux médicaments de Hollande, par le sieur de Beeverwyk. Le tout traduit du hollandais. *Paris, Rebuffé,* 1730, 2 tomes en un volume in-12.
— Mémoires de Jean de WITT, grand pensionnaire de Hollande; traduits de l'original (hollandais de VAN DEN HOEF), en français; par madame de ***. *La Haye, Van Bulderen,* 1709, in-12.
—* Mémoires de la famille et de la vie de madame de ***, contenant plusieurs particularités du gouvernement de la république

de Hollande , etc. *La Haye, H. Van Bul-deren,* 1710 , in-12.

ZOZIME. — ZOZIME, POLYBE et HÉRODIEN (ouvrages historiques de), avec notes biographiques, par J.-A.-C. BUCHON. *Paris, Desrez,* 1836-38, un vol. gr. in-8, 10 fr.

Volume faisant partie du « Panthéon littéraire ».

ZSCHOKKE (Henri), littérateur suisse distingué, le W. Scott helvétien.

Littérature.

—Abelino, ou le grand Bandit de Venise, tragédie, traduite de l'allemand par J.-H.-F. LA MARTELIÈRE. 1799.

Traduction imprimée à la suite du Théâtre de Schiller, traduit par le même.

— * Abelino , ou le Héros vénitien, drame en quatre actes et en prose, imité de l'allemand par CHAZET père. *Paris, Vinçard,* an X (1802), in-8.
— Contes suisses, trad. de l'allemand par A. Loève-Veimars. *Paris, Audin,* 1828, 4 vol. in-18 , avec quatre vignettes , 9 fr.

Ces quatre volumes contiennent :
Tome Ier,....
Tome II, la Fiancée de Thosa ;—la Nuit Saint-Sylvestre.
Tome III , le Pacha de Bude ; — la Fève ;—C'est possible.
Tome IV, Jonathan Frok ; — la Vieille Fille; — la Cruche cassée.

— Créole (la), ou le Naufrage de l'Austria ; trad. de l'allemand par Jules LAPIERRE. *Paris, Audin,* 1832, 4 vol. in-12, 12 fr.
— Galérien (le), roman philosophique et historique, trad. de l'allemand sur la cinquième édition, par THEIL et GAERTHNER. *Paris, Gosselin,* 1829, 2 vol. in-12 , 6 fr.
— Giesbach (le), scènes de la vie; trad. de l'allemand par J. LAPIERRE, de Neufchâtel, *Paris, Audin,* 1831, 4 vol. in-12, 13 fr.
— Grison (le), ou la Côte-aux-Fées, simple épisode des troubles de la Suisse en 1799; trad. de l'allemand par A. LOÈVE-VEIMARS. *Paris, Urbain Canel,* 1828, 2 vol. in-12, 6 fr.

Réimprimé sous le titre du *Fugitif du Jura , ou le Grison ,* simple épisode des troubles de la Suisse, en 1799 , traduit de l'allemand par A. Loève-Veimars, deuxième édition. Paris, Gosselin, 1829, 2 vol. in-12.

— Hermengarde, nouvelle; traduite de l'allem. par madame J. LAPIERRE. 1832.

Imprimée dans un recueil de nouvelles traduites de l'allemand de divers auteurs, par le même, et publié par le libraire , sous le titre de « l'Anneau de Luther ». (Paris, Audin , 1832, 4 vol. in-12), du titre d'une nouvelle de Blumenhagen qui en fait partie.

— Matinées (les) suisses, 1re, 2e et 3e séries, trad. de l'allemand par A.-I. et J. CHERBULIEZ. *Paris, Lecointe,* 1830-32, 12 vol. in-12 , 36 fr.

Première série. Tome Ier, les Divers âges de la vie d'une femme ;—le Voyage involontaire ;— la Veille des noces. Tome II , le Fou du XIXe siècle ;— Une nuit à Brezwezmcisl. Tome III, les Aventures guerrières d'un ami de la paix ;—les Projets de mariage d'Abraham Nothnagel. Tome IV, Quelques feuilles du journal d'un pauvre vicaire de Wiltshire.
Deuxième série. Tome Ier, Hans Dampf , fragment extrait des chroniques de Lalenbourg. Tome II , le Millionnaire ;— Essai d'une apologie du nez. T. III , le Voyage du philhélène. Tome IV, la Fondation de Maryland , extrait des papiers de la famille Baltimore.
Troisième série. Peu de chose appartient à Zschokke dans cette série, aussi est-on étonné qu'elle porte son nom. Voici , du reste, l'indication des nouvelles qui forment cette troisième série : Tomes I à III , Une vie de poëte, par TIECK, et les Deux Caves , conte de LAUN. Tome IV, la Matinée du premier jour de l'an , par H. ZSCHOKKE, Antonio Solario le chaudronnier, par madame SCHOPENHAUER.

— Ménétrier (le), ou Une insurrection en Suisse, histoire de 1653 ; trad. de l'allem. par A. LOÈVE-VEIMARS. *Paris, Urbain Canel,* 1828, 5 vol. in-12, 15 fr.

Reproduit , en 1831, avec de nouveaux titres , chez Gosselin.

— Muet (le), nouvelle; trad. de l'allem. par madame J. LAPIERRE. 1832.

Imprimé dans un recueil de nouvelles traduites de l'allemand de divers auteurs , par le même, et publié par le libraire , sous le titre de « l'Anneau de Luther ». (Paris, Audin, 1832, 4 vol. in-12). (Voy. plus haut : *Hermengarde*).

— * Princesse (la) de Wolfenbutel , trad. de l'allem. par madame de MONTOLIEU. *Paris, Demonville,* 1807, 2 vol. in-12 ; — ou *Paris, A. Bertrand,* 1820, in-12, 3 fr.
— Le même roman, sous ce titre : la Princesse Christine, épisode historique du commencement du XVIIIe siècle ; traduit de l'allemand par A. Loève-VEIMARS. *Paris, Urbain Canel,* 1828, 2 vol. in-12, 6 fr.
— Soirées (les) d'Aarau ; traduites de l'allemand par le traducteur des romans et des contes du même auteur (par A. LOÈVE-VEIMARS). *Paris, Barbezat; Gosselin,* 1829, 4 vol. in-12, 12 fr.

Contenant :
Tome Ier, le Mort fiancé.
Tome II , l'Extase.
Tome III, les Deux Étoiles.
Tome IV, le Mariage de Suzette.

— Soirées (les nouvelles) d'Aarau, par H. Zschokke; précédées des Mémoires sur sa vie, écrits par lui-même, et suivis de Jacques, ou les Montagnards de la Savoie, par Gottlieb VOLK; trad. de l'allemand par J. CHERBULIEZ. *Paris, Gosselin,* 1833, 5 vol. in-12, 12 fr.

Ces cinq volumes renferment :
Mémoires de H. Zschokke; — l'Heureux jour; — M. Marbel, ou la Manche trouée : — le Naufrage; — le Démon familier ; — Agathoclès, tyran de Syracuse ; — Jacques, ou les Montagnards de la Savoie.

— Sorcier (le), par H. ZSCHOKKE; suivi de Lichtenstein, par W. HAUFF. *Paris, Audin,* 1834, 5 vol. in-12, 15 fr.

— Véronique, ou la Béguine d'Aarau, histoire de 1644; trad. de l'allemand par A. LOÈVE-VEIMARS. *Paris, Urbain Canel,* 1828, 4 vol. in-12, 12 fr.

Reproduit, en 1831, avec de nouveaux titres, chez Gosselin.

— Village (le) des faiseurs d'or, trad. de l'allemand par madame GAUTERON. *Lausanne, et Paris,* 1819, in-8.

On trouve encore des traductions de nouvelles de Zschokke dans deux recueils de divers auteurs allemands, publiés par le libraire Audin, l'un sous le titre des Soirées de Chaumont (1832, 4 vol. in-12), l'autre, sous celui des Matinées de Brienz (1832, 4 vol. in-12), et dans ce dernier recueil, nommément : *Agatocles, tyran de Syracuse,* nouvelle, déjà traduite dans les « Nouvelles Soirées d'Aarau ».

Histoire.

— Histoire de la destruction des républiques démocratiques de Schwitz, Uri et Unterwalden ; trad. de l'allemand par J.-B. BRIATTE. *Paris,* 1802, in-8, 4 fr.
— La même, traduite par A. P. (Adolphe PICTET). *Genève, et Paris, Paschoud,* 1823, in-8.
— Storia della republica delle tre leghe nell' alta Rezia ; tradotte del tedesco sulla seconda edizione da G. di CASTELMUR. *Marseille, dai torchi di Barili,* 1837, 2 vol. in-8.
— Histoire de la nation suisse, trad. de l'allem., avec des changements faits par l'auteur depuis la publication de l'ouvrage original, par Ch. MONNARD. *Aarau, Sauerlander; et Paris, Paschoud,* 1823, in-8.
— Nouv. édition, revue par le traducteur. *Aarau, le même,* 1830, 1832, in-12, 2 fr. 50 c., et sur pap. fin, 4 fr.
— Histoire de la Suisse, trad. de l'allem. sur la dernière édition, avec des additions et des notes, par J.-L. MANGET, ancien professeur de littérature à l'Académie de Lausanne, et maître de conférences de philosophie à l'École normale de France. *Paris, Barbezat,* 1828, 2 vol. in-8, 13 fr.

A l'avantage de présenter dans un cadre peu étendu le tableau le plus complet qui existe jusqu'ici de l'histoire de la Suisse, l'ouvrage de M. Zschokke joint des titres plus réels et plus durables à la renommée littéraire. Une marche rapide, une narration animée, un style mâle, empreint d'une sorte d'austérité républicaine, cette franchise inflexible qui seule donne de la dignité à l'Histoire, et qui n'épargne ni les sages avertissements aux peuples, ni les leçons sévères au pouvoir; un langage où tout respire le patriotisme et la haine de la tyrannie : tels sont les traits qui caractérisent cette nouvelle histoire de la Suisse, et qui lui ont assigné une place parmi les productions les plus distinguées de notre époque. Elle n'a guère été lue avec moins d'avidité dans l'étranger que dans la Suisse même, où l'auteur a obtenu la récompense la plus honorable peut-être à laquelle un écrivain puisse prétendre, celle de voir son livre devenir la lecture de tous les âges et de toutes les conditions, et servir à ranimer dans le cœur de tous ses concitoyens l'amour de la patrie et de la liberté.

— Histoire abrégée de la confédération suisse jusqu'à la réformation. *Genève, et Lausanne, Marc Ducloux,* 1839, in-8.

« Cet abrégé se fait lire avec intérêt. Il est écrit avec clarté, avec charme : on reconnaît la main d'une femme. Le caractère mâle, la marche souvent tumultueuse et les vives couleurs de l'histoire suisse ressortent moins que l'on est captivé par l'entraînement d'une narration simple et toujours soutenue. L'on a reproché à M. ZSCHOKKE de couvrir les faits de ses réflexions. Le nouvel écrivain entremêle trop rarement les siennes à son récit. On promet un second volume, qui embrassera l'époque de la Réformation et les temps modernes. (*Revue suisse,* août 1839).

— Histoire de la nation suisse, de 1815 à 1833, traduite de l'allemand par Ch. MONNARD. *Lausanne,* 1833, in-8.
— Pacte (le), la Suisse et le canton de Vaud. Opinion émise dans le grand conseil du canton de Vaud, le 5 juillet 1833. *Lausanne,* 1833, br. in-8.
— Vues classiques de la Suisse, gravées sur acier par H. Wincles et les meilleurs artistes de Londres, d'après les dessins de G.-A. Muller, et accompagnées d'un texte explicatif, par Henri ZSCHOKKE. Ouvrage traduit de l'allemand par E. HAAG. *Paris, Lebrasseur; Veith et Hauser,* 1836, in-8.

Ouvrage publié en 24 livraisons, à 1 fr. 25 c., et sur pap. de Chine, 2 fr. 50 c.
Plusieurs ouvrages historiques de ce bon écrivain n'ont pas encore été traduits en français ; nous citerons, entre autres, les suivants : *Mémoires historiques sur la révolution suisse* (Wintherthur, 1803, 3 vol. in-8); — *Histoire de la Bavière* (Aarau, 1813, sec. édit., 1821, 4 vol. in-8); — *De l'Esprit du peuple allemand au commencement du dix-neuvième siècle* (Aarau, 1820, in-12).
Un choix de ses OEuvres a été imprimé à Aarau, en 1825, en 40 vol. in-18.

ZUANELLI (Ant.). — Méthode (nouv.) pour apprendre facilement la langue italienne. *Strasbourg*, 1785, in-8.

ZUAZNAVAR Y FRANCIA (D. José Maria de). — Mis ocios, o ratos ociosos en Bayona. *Bayona, Lamaignère*, 1835, in-8.

— Secunda edicion de los Memorias para la vida de D. José Maria de Zuasnavar y Francia, corregida considerablemente por el mismo Zuasnavar. *Bayonne, Lamaignière*, 1834, in-8 de 108 pag.

ZUBER (J.), de Rixheim (Haut-Rhin). — Observations relatives à l'impôt proposé sur la fabrication des papiers. *Paris, de l'impr. de Fain*, 1816, in-4 de 20 pages.

ZUGMAYER (Cl.-Ch.-Mich.), de Morainville (Vosges). — Essai sur la paralysie des extrémités inférieures, qui accompagne souvent une courbure de la colonne vertébrale. *Strasbourg, de l'impr. de Levrault*, 1817, in-4 de 30 pages.

ZUM BACH (Ch.), alors juge au tribunal criminel du département de la Roër. — Projet de finances, pour établir des effets sur la contribution foncière payables par chaque canton aux porteurs. *Cologne*, 1799, in-8.

ZUMSTEIN (Jos.). — Voyage sur le Mont-Rose, et première ascension sur le sommet méridional confinant avec le Piémont.

Imprimé dans le tome XXV des Mémoires de de l'Académie royale de Turin (1820).

ZUNIGA. Voy. VERA.

ZURITA (Alonzo de). — Rapport sur les différentes classes de chefs de la Nouvelle-Espagne. Inédit. Publié pour la première fois en français, par H. TERNAUX-COMPANS. *Paris, Arthus-Bertrand*, 1839, in-8, 13 fr.

Faisant partie des « Voyages, Relations et Mémoires, pour servir à l'histoire de la découverte de l'Amérique », publiés par le même.

ZURLAUBEN (Beat-Fidèle-Antoine-Jean-Dominique), baron de LA TOUR CHATILLON, brigadier des armées du roi, capitaine au régiment des gardes suisses, conseiller du roi, retraité en 1780, avec le grade de lieutenant-général et la croix de commandeur de S. Louis; honoraire étranger de l'Académie royale des inscriptions et belles-lettres de Paris (en 1749), membre extraordinaire de la Société d'histoire naturelle de Zurich et de celle des Arcades de Rome; né à Zug(1), en Suisse, le 4 août 1720, mort dans sa maison de campagne, près de Zug, le 13 mars 1795.

— * Bibliothèque militaire, historique et politique. *Paris, Vincent*, 1760, 3 vol. in-12.

On trouve, dans ces trois volumes, une traduction française de ONOSANDRI Strategiticum, qui avait déjà paru en 1754, et que Schwebel a joint à l'édition grecque-latine d'Onosander, qu'il a publiée en 1762, in-fol.

— Code militaire des Suisses, pour servir de suite à l'Histoire militaire des Suisses au service de la France. *Paris, Vincent*, 1758-64, 4 vol. in-12; 1764, 4 vol. in-12.

—Différentes pièces de Theuerdank, poëme héroïque, appartenant aux anciens temps de la poésie allemande, traduites en français, avec des remarques. *Paris*, 1776.

— Histoire de Guillaume Tell. *Parts, Vincent*, 1767, in-12.

—Histoire diplomatique des commanderies de l'ordre de S. Lazare à Seedorf et Gefenn en Suisse. (En allemand). 1769, in-fol.

— Histoire militaire des Suisses au service de la France, avec les pièces justificatives. Dédiée à S. A. R. Mgr de Dombes, colonel-général des Suisses et des Grisons. *Paris, J.-Th. Hérissant*, 1751-53, 8 vol. in-12.

* En commençant, l'auteur fait connaître l'ancienne constitution de la république helvétique, la position géographique et topographique des cantons et de leurs alliés. Il donne ensuite l'histoire de la république, depuis son origine jusqu'en 1450; il expose, selon l'ordre chronologique, les capitulations passées entre la France et la nation helvétique, ce qui le conduit naturellement à son sujet, qui est l'histoire des troupes suisses au service de France. Après avoir dit ce qu'est un colonel-général des Suisses et Grisons, il explique les prérogatives de cette haute dignité, et donne une notice sur les princes et sur les seigneurs qui en ont été revêtus. Aux chapîtres suivants, il entre dans les mêmes détails sur le régiment des gardes-suisses et sur les officiers supérieurs de ce corps. De là il passe aux régiments que les capitaines des gardes suisses ont levés ou possédés en propriété. Venant à la partie historique qui les concerne, il fait voir à quelles batailles, à quelles actions, à quels sièges ou événements de guerre ces corps ont pris part; quels officiers ou soldats se sont particulièrement distin-

---

(1) D'une antique famille dont plusieurs de ses membres ont des articles dans le LIIe volume de la Biographie universelle.

gnés , depuis le premier traité passé avec la France. A la fin de son livre , l'auteur donne le recueil des ordres du jour, des brevets et lettres que les rois de France ont accordés pour récompenser la bravoure, le dévouement , la fidélité et les services des gardes et régiments suisses. Tous ces détails sons accompagnés de l'indication des ouvrages ou des archives dans lesquels l'auteur a puisé.

— Lettre sur Guillaume Tell , adressée au président Hénault. *Paris*, 1767, in-12 de 60 pages.

Dans ce petit ouvrage, consacré à la gloire du fondateur de la liberté helvétique , Zurlauben en présente l'historique du grand événement auquel présida Guillaume Tell, et sur lequel la tragédie de Lemierre venait de fixer l'attention publique. Il cite toutes les autorités qui le constatent , et réfute victorieusement l'opinion des critiques qui voulaient le faire révoquer en doute.

—Mémoire sur deux documents passés sous Rodolphe II , roi de Bourgogne , ayant rapport à Genève , à Lausanne et au *Pagus equestricus.* (En allemand). 1784.

—Mémoire sur l'inscription d'une colonne militaire au bourg de Saint-Pierre-Montjoux , en Valais. *Paris,* 1782, in-fol.

— Mémoire sur les Alpes pennines et sur le dieu Pennin ou Pœninus, avec vingt-une inscriptions inédites en l'honneur du dieu Pœnin , sur le sommet du mont Pœnin ou du grand Saint-Bernard , trouvées dans le temple de ce dieu. (En allemand).

— Mémoires et Lettres de Henri , duc de ROHAN, sur la guerre de la Valteline , depuis 1631 jusqu'en 1637, publiés pour la première fois , et accompagnés d'observations historiques, par le baron de Zurlauben. *Genève* (*Paris, Vincent*), 1758, 3 vol. in-12.

Cette édition est précédée d'une préface très-étendue , qui offre une notice fort intéressante sur le duc de Rohan. L'auteur y expose , de la manière la plus lucide , la vie militaire de cet officier. Il le défend contre les reproches qui lui ont été adressés comme militaire. A la fin se trouvent , sur la famille de Rohan , des détails d'autant plus curieux que Zulauben n'affirme jamais rien qui ne soit appuyé sur d'imposantes autorités.

— Mémoires sur l'origine de l'auguste maison de Hapsbourg-Autriche, en français et en latin. *Bade, en Suisse,* 1760 , in-4.

Cet ouvrage se trouve aussi à la fin du traité diplomatique; intitulé : « Charta quâ probatur Adalbertum atavum imperatoris Rodolphi primi fuisse Werneri comitis ab Hapsburg filium , etc. ».

— Observations sur la Valteline et sur les terres que l'abbaye de Saint-Denis en France possédait dans ce pays , sous l'empire de Charlemagne et de ses successeurs.

Impr. parmi les *Preuves* des « Tableaux topographiques , etc. , de la Suisse». (Voy. plus bas).

— Observations sur un titre original de l'an 1255 , dans lequel sont nommées les villes de Zurich , de Lucerne , de Zug , de Klingenau et du Meyenberg. (En allemand).

Impr. dans le « Muséum de la Suisse » (Zurich , 1787, in-8), huitième partie.

— Principes du droit public d'Allemagne , par MASCOW, traduits du latin en français. *Paris,* 1752.

— Soleil (le) adoré par les Taurisques sur le mont Gothard. *Zuric,* 1782 , in-4.

—Tableaux topographiques, pittoresques, physiques, historiques, politiques et littéraires de la Suisse, par J.-B. de LABORDE (et ZURLAUBEN), avec la Table analytique (par QUÉTANT). *Paris, Clousier,* 1780-86, 4 vol. gr. in-fol, avec 420 gravures.

Les Dissertations physiques répandues dans cet ouvrage sont de Besson , intendant général des mines de France.

Cet ouvrage a été réimprimé sous le titre de *Tableaux de la Suisse, ou Voyage pittoresque dans les treize cantons du corps helvétique.* Paris, 1784 à 1788, 12 vol. in-4. Il en parut une troisième édition , 2 vol. in-4 , mais sans gravures. (Voy. l'art. LA BORDE).

Cet ouvrage a encore été réimprimé dans ce siècle, en Belgique, dans le format in-4, sous le titre de *Voyage pittoresque en Suisse,* et cette édition fait partie d'une « Collection de voyages pittoresques ».

— Tables généalogiques des augustes maisons d'Autriche et de Lorraine , et de leurs alliances avec l'auguste maison de France; précédées d'un Mémoire sur les comtes de Hapsbourg, tiges de la maison d'Autriche. *Paris, Desaint,* 1770, in-8.

Outre ces ouvrages savants, Zurlauben a composé , sur différents sujets , des *Mémoires* qu'il lisait aux séances de l'Académie des inscriptions et belles-lettres , et dont plusieurs lui ont valu des prix. On y trouve une érudition variée, profonde, que l'on ne peut assez admirer dans un officier supérieur qui avait passé une grande partie de sa vie dans les camps. Ces Mémoires sont :

1° *Qu'elles étaient les différentes acceptions des titres de* ἄσυλος *et* ἱερὰ ἄσυλος, que plusieurs villes prennent sur les médailles? Le droit d'asile devait-il toujours son origine à la religion ? Son étendue était-elle partout la même : à qui était confié le soin de le maintenir ? Quels sont les asiles qui ont subsisté sous la domination des Romains, et quand ont-ils été abolis ?

2° *Examen critique de l'histoire de Marie d'Aragon , femme d'Othon III.* — Dans ce Mémoire, lu à l'Académie des inscriptions , et inséré, en 1756 , tome XXIII, p. 220 , du recueil de cette compagnie, l'auteur discute le fait historique suivant, qui lui paraît avoir été pris dans ce que la Genèse raconte de Joseph et de la femme de Putiphar. Selon Godefroi de Viterbe, qui écrivait vers la fin du XIIe siècle, Marie d'Aragon , femme de l'empereur Othon III , fit des propositions honteuses à un seigneur de la cour, qui les repoussa ; accusé par la princesse , il fut mis à mort par ordre de l'empereur. La veuve de ce seigneur, ayant fait connaître l'innocence de son mari, demanda vengeance, et la reine fut punie de mort. Deux tableaux, peints par le célèbre Holbein, représentent cet événement qui est expliqué par d'anciens vers flamands. Zurlauben, s'appuyant des historiens contemporains, démontre l'absurdité de cette fable.

3° *Histoire d'Arnaut de Cervole*, dit l'archi-prêtre. — Dans ce Mémoire, lu à l'Académie des inscriptions, le 11 janvier 1754, et inséré, en 1759, tome XXV, p. 153. Zurlauben raconte les aventures d'Arnaut, un des partisans les plus entreprenants qu'ait vu le quatorzième siècle.

4° *Abrégé de la vie d'Enguerrand, septième du nom, sire de Couci*, avec un détail sur son expédition en Alsace et en Suisse. — Ce Mémoire, lu au mois de mai 1757, est inséré dans le tome XXV, p. 168.

5° *Sur une clef antique.* — Ce Mémoire, lu le 21 janvier 1763, est inséré dans le tome XXXI, p. 301.

6° *Observations sur la Notice des Diplômes, publiée par l'abbé de Foy.* — Lues au mois de mars 1766, et insérées dans le tome XXXIV, p. 170. Zurlauben fait voir que l'auteur a copié aveuglément les « Stemmata Lotharingiæ ac Barri ducum », auct. Rosières (Paris, 1580, in-fol.), et que la plupart des pièces diplomatiques sont dans l'un et l'autre compilateur, ou d'origine douteuse, ou falsifiées.

7° *Charte de l'an 1553, qui prouve qu'Adalbert, comte de Hapsbourg, bisaïeul de l'empereur Rodolphe I, était fils de Werner, comte de Hapsbourg;* avec une Dissertation historique et critique. — Lue au mois de mai 1764, et insérée dans le tome XXXV, p 677.

8° *Observations historiques sur l'origine et le règne de Rodolphe I, roi de la Bourgogne transjurane, et sur l'étendue de ce royaume.* — Insérées dans le tome XXXVI, p. 142. En commençant ce Mémoire, Zurlauben annonce qu'il y examinera de quelle maison est sorti Rodolphe Ier, qui, en 808, fonda le royaume de la Bourgogne transjurane. Il devait continuer cet examen sur les autres points qui ont rapport à l'histoire de ce royaume.

9° *Sur le tombeau du duc de Conrad, fondateur du chapitre de Limbourg sur le Lahn.* — Lu en 1768, et inséré dans le tome XXXVI, p. 539.

10° *Sur une inscription dédiée à Mercure Marunus, découverte à Baden en Argovie.* — Imprimé dans le même volume, page 163.

11° *Sur une traduction allemande d'Onosander, imprimée à Maience, 1532, in-fol.* — Cette traduction, que Schwebel n'a point connue, a un chapitre entier qui n'est ni dans les éditions du texte grec, ni dans les versions publiées jusqu'à présent.

12° *Sur une traduction française de Valère-Maxime.* — Impr. dans le même volume. Zurlauben avait découvert dans l'abbaye bénédictine de Rheinau en Suisse, la traduction de Valère-Maxime, commencée par Simon de Hesdin, d'après les ordres du roi Charles V, et terminée par Nic. de Gonnesse : elle est en deux volumes in-fol., écrite sur papier, à l'exception de quelques feuilles en parchemin, avec des peintures dont les couleurs vives se sont très-bien conservées. Zurlauben dit avoir vu dans la Bibliothèque des Jésuites, à Louvain, une traduction française de Valère-Maxime, en deux vol. in-fol., manuscrite et dédiée à un roi *Charles*. Le caractère lui paraît être du quatorzième siècle.

13° *Sur un titre original de l'an 913, donné par Hatton, archevêque de Maïence.* — Impr. dans le même volume, p. 166.

14° *Observations sur le Recueil qui a pour titre Formulæ Alsaticæ;* d'après un manuscrit de l'abbaye bénédictine de Rheinau. — Impr. dans le même volume, p. 176. Ces *Formules*, au nombre de vingt-sept, étaient particulièrement destinées au royaume d'Austrasie, comme celles de Marculphe furent rédigées d'après les usages de Paris et de la Bourgogne. Le recueil de Rheinau contient non-seulement des *Formules*, mais encore des *Lettres* inédites, précieuses pour l'histoire.

15° *Vision de Charles-le-Gras (le Gros), roi de France et d'Italie*, lue le 7 juillet 1769. — Imprimée dans le même volume, p. 207. Le moine de Saint-Denis, et d'autres chroniqueurs ont attribué à Charles-le-Chauve cette vision célèbre dans notre histoire. Zurlauben, prenant en main les manuscrits dans lesquels elle se trouve, et en comparant les faits, montre clairement qu'elle ne peut avoir rapport qu'à Charles-le-Gros.

16° *Observations sur un manuscrit de la Bibliothèque du roi*, qui contient les chansons des Trouvères ou Troubadours de la Souabe ou de l'Allemagne, depuis la fin douzième siècle jusque vers 1330. — Lu le 9 mars 1773, et inséré, tome XL, p. 154. Ce Recueil est le célèbre manuscrit de Manesse (n° 7266 de la Bibliothèque du roi), dont Zurlauben donne l'histoire, avec ses détails bibliographiques et littéraires.

17° *Mémoire sur le traité de Dijon*, en 1513. — Lu le 12 août 1774, et inséré dans le tome XLI, page 726. Ce Mémoire a rapport à un fait important de notre histoire. Les Suisses, vainqueurs à Novarre, pénétrèrent dans la Bourgogne, et vinrent mettre le siège devant Dijon. La Trémouille, trop faible pour tenir dans la place, et ne voyant point ce qui pourrait retenir les Suisses après l'avoir prise, et les empêcher d'aller jusqu'à Paris, entra en négociation, et conclut avec eux (13 septembre 1513), un traité que Louis XII reconnut bien malgré lui. L'acte original, écrit en allemand sur parchemin, fut découvert dans le siècle dernier, chez un paysan, sur les bords du lac de Zurich, d'où il parvint dans la bibliothèque du président Bouhier, à Dijon. Zurlauben en a publié la traduction française, accompagnée de notes, ainsi que le rapport de La Trémouille et la lettre de Louis XII, en confirmation du traité.

Zurlauben a laissé en manuscrit : I, *Phalantide, ou les Aventures de Phalantus, législateur de Tarente*, poëme en XII chants, d'après le Télémaque. (En allemand). II, *Histoire des Suisses et de leurs alliés*, avec des notes historiques et critiques, depuis l'origine de ce peuple jusqu'à la mort de Rodolphe III, dernier roi de la Bourgogne transjurane, et continuée jusqu'à la fin du XIIIe siècle.

Avec des connaissances aussi profondes que variées, Zurlauben n'avait rien de ce qui plaît en société. Il avait dans le maintien et dans l'esprit une gaucherie que la vie militaire n'avait pu modifier : aussi mademoiselle de Lussan disait-elle de lui qu'il était une bibliothèque immense, dont le bibliothécaire était un sot. Zurlauben se montra l'un des ennemis les plus acharnés du duc de Choiseul, qui avait conservé, après sa retraite du ministère, la dignité de colonel des Suisses et Grisons. Il fit même un voyage dans sa patrie pour déterminer les cantons à demander un autre général, mais il ne réussit pas.

ZUYLAND DE NIEVELT. — Supériorité aux échecs, mis à la portée de tout le monde. 1792, in-8.

ZUYLEN DE NIEVELT (le comte de), lieutenant-général.
— Attraction (l') détruite par le mouvement primordial, ou Théorie nouvelle du cours des corps célestes et du mouvement. *Bruxelles, de l'impr. de Weissenbruck, et Paris, Scherff*, 1818, in-12 de 72 pages, plus une planche, 2 fr. 50 c.

ZWIERKOWSKI (Valentin). — Dalszy ciong zbioru uchwat sejmu polskiego z r. 1831 (Suite de la Collection des décisions de la diète polonaise, 1831). *Paris*, 1833.
— Kilka slow o czynnosciach sejmu polskiego w emigracji. (Quelques mots sur la marche de la diète polonaise dans l'émigration). *Paris*, 1833.

M. Valentin Zwierkowski a été député de Pologne de l'opinion très-avancée ; il a été secrétaire de la diète en 1831 ; aujourd'hui il est un des membres du comité polonais de l'Union polonaise. Il a publié encore à Poitiers quelques brochures et pamphlets contre le prince Czartoryski et contre l'aristocratie.

ZWIERZCHOWSKI. — Trahisons en Pologne , réponse au général Chrzanowski. *Bourges*, 1833 , in-8, 1 fr.

ZYGOMALA. — Céleste Paléologue. Roman historique, trad. par DEMAIMIEUX. *Paris*, 1811, 4 vol. in-12.

FIN DU DIXIÈME ET DERNIER VOLUME.